임용 수험생을 위한 진심을 담은 강의

임수진
보건임용

04

합격이 보건 임용!

머리말

학습법 안내

효율적인 학습법에 대한 연구는 매년 급변하는 보건임용 출제경향에 대비하여 어떻게 하면 쉽게 무너지지 않고 탄탄한 시험 준비를 하게 할 수 있을까? 하는 진지한 고민에서부터 시작되었습니다.

결국 수많은 고민 끝에 다다른 결론은 **"공부에는 왕도가 없다"** 라는 지극히 상식적인 귀결이었습니다. 공부란 무릇 노력한 만큼 결실을 맺는 것이 당연한 이치이고, 또 그렇게 되어야 공부하는 보람을 찾을 수 있겠지요!?

그런데 현실은 때론 왕왕 반대의 결론이 나오기도 하지요. 공부하는 시간과 양은 그 누구보다도 많았으나 거두어들이는 결실은 의외로 적은 경우 말이에요. 그것은 바로 공부하는 방법(학습법)이 잘못되었기 때문이라고 생각합니다.

우리가 자루에 물건을 넣을 때 이것저것 마구잡이로 집어넣다 보면 마구 섞이고 뒤엉켜 자루에 담을 수 있는 양이 적지요? 반면에 자루에 종류별로 분류하여 차곡차곡 집어넣으면 많은 양이 들어가고 다시 꺼내기도 쉽다는 것을 알게 됩니다.

보건임용 시험 준비도 마찬가지입니다.

종류별로 **체계적인 분류를 마이맵**으로 하였고, 차곡차곡 **구조화하는 것을 보건임용(이론서)**로 하였습니다. 그리고, **집어넣고 다시 꺼내고 하는 것을 암기노트**에 맡겼지요.

이 학습법은 너무도 상식적이고 정도를 걷는 학습법으로 이 방법에는 편법이 통할 수 없답니다. 즉, 이 학습법으로 하면 노력한 만큼의 정당한 결실을 맺을 수 있다는 뜻이죠.

`마이맵` – `보건임용(이론서)` – `암기노트` 학습법을 한마디로 표현한다면, 어떤 상황에서도 대처 가능하도록, 수험생 여러분들의 **기초체력을 높이는 학습법**이라고 할 수 있겠습니다.

임수진 보건임용 연간 커리큘럼에서 사용되는 교재와 강의자료까지 총 5종이며, 각 교재와 자료는 체계적으로 분류하고 구조화하여 인출이 용이하게 하기 위한 학습법의 구현을 위해 가장 효율적인 형태 및 구성으로 보건이론을 표현하였습니다.

01 마이맵

마이맵 교재는 각 과목의 전반적인 체계(키워드 구조)의 습득을 목표로 하며, 나침반이자 지도(Map)의 역할을 담당합니다. 이에 따라 각 과목의 학습체계를 키워드 Tree로 연계한 마인드맵 형태로 구성하였으며, 해당 과목의 전체 영역을 한눈에 조망할 수 있도록 하였습니다.

마이맵 학습법이란 방대한 공부량을 지도를 만들듯이 표현해 내는 학습법입니다. 즉, **각 과목의 학습체계(키워드 구조)를 세우고, 그 체계를 사진을 찍듯이 머릿속에 각인하고 연상**하는 연습을 꾸준히 해나가는 학습법입니다.

연상을 할 수 있다는 것은 곧 쓸 수 있다는 것을 의미합니다. 이러한 학습법이다 보니 서술형 보건임용 시험에 최적합한 학습법이다 할 수 있겠습니다.

또한 마이맵 학습은 수험생활 후반기로 갈수록 정리와 인출하는 시간을 압축시키는 엄청난 힘을 발휘하게 됩니다. 그 이유는 수험 후반기로 갈수록 자신의 현재 상태를 빠르게 점검하는 것이 매우 중요한데, 마이맵 학습이 바로 자신의 현재 상태를 가장 빠르게 점검할 수 있게 하는 도구이기 때문입니다.

마이맵을 펴 놓고 연상하면서 선명하게 떠오르는 부분은 학습이 많이 된 부분이고 흐릿하거나 전혀 연상이 되지 않는 부분은 학습이 더 필요한 부분으로 바로 구분이 가능하기 때문입니다. 또한 마이맵 전체를 놓고 이러한 점검을 진행하기 때문에 학습범위가 중복되거나 벗어날 우려도 없고 반복할수록 익숙해지며 빠르게 인출 및 점검이 가능하기 때문입니다. 실제로 방대한 공부량을 요구하는 시험을 준비하는 고시생에게 필수불가결한 학습체계이며, 그 탁월한 효과는 현재까지 **16년간** 보건임용 수험생들에게 적용하면서 철저하게 입증되고 있습니다.

보건임용(이론서) 교재는 시중의 각론서, 국시교재, 의학서적, 연수원 교재, 유관기관의 보도자료 등의 내용을 포괄하였고, 구조화된 표 형식으로 일목요연하게 요약정리를 하였습니다. 이론의 이해부터 단권화까지 망라한 임수진 보건임용 강의의 기준교재 역할을 맡고 있습니다.

마이맵으로 먼저 전체적인 키워드를 Tree 형태(줄기-세부가지)로 구조화한 후 그 세부 내용을 보건임용(이론서) 교재로 연결하여 그 효과를 극대화시킬 수 있도록 체계적으로 구성하였습니다.

> 🔗 교재 구성을 각 단원마다 「**기출영역분석표 → 마이맵 → 기출문제 → 이론구조화**」 순으로 구성하여 체계적인 학습이 가능토록 하였습니다.
> 🔗 보건임용 교재에 상위 마이맵과 기출문제를 수록하여, 전체 세부 마이맵까지 들어 있는 마이맵 교재 및 기출문제&응용문제가 수록된 기출분석완전학습 교재와의 연결고리를 마련하였습니다.

기출분석완전학습 교재는 1992~2025학년도까지의 **전체 기출문제 수록**과 해설은 물론, 기출문제를 면밀하게 분석 후 다각도로 변형된 문제들로 추가 확장하여 기출 응용의 적응력을 높이고, 기출영역의 완전학습 체계를 구현토록 하였습니다.

암기노트는 기본이론반과 요약정리반 강의에서 제공되는 자료로서 마이맵, 보건임용(이론서)과 연결되어 **신속하고 효과적인 학습의 실행 및 암기의 역할을 담당**합니다. 암기노트는 각 과목별 핵심내용을 정리하여 매 강의에서 제공하여, 접근성과 휴대성을 높이고 학습효율을 극대화하도록 하였습니다.

복습노트는 올해 신규로 출간되는 교재로서 기본이론반 강의를 듣고 체계적인 복습을 진행할 수 있도록 기획되었습니다. **마이맵-단답형 문제(개념정리학습)-서술형(개념인출학습)으로 구성**하여, 객관식 시험인 간호사 국가고시 준비에 익숙한 최근 졸업생뿐만 아니라 졸업하고 임상이나 양육 등 여러 가지 이유로 오랫동안 전공 공부를 하지 않으셨던 분들까지 서답형(단답형+서술형) 시험인 보건교사 임용시험 준비에 실질적인 도움이 되도록 하였습니다.

이 책의 구성과 활용법

Step 1
기출개념 파악하기

1992년부터 2025년까지의 기출문제를 분석하여 정리표로 제시했습니다.
이를 통해서 출제 빈도와 주요 기출내용을 한눈에 확인할 수 있습니다.
학습 시 우선순위를 두어 학습할 개념과 학습 범주를 확인 후 학습을 시작하세요.

📢 평가범주가 넓어서 모두 암기할 수 없습니다. 출제가능성이 있는 영역을 선택해서 암기하는 것이 단기합격의 전략입니다.

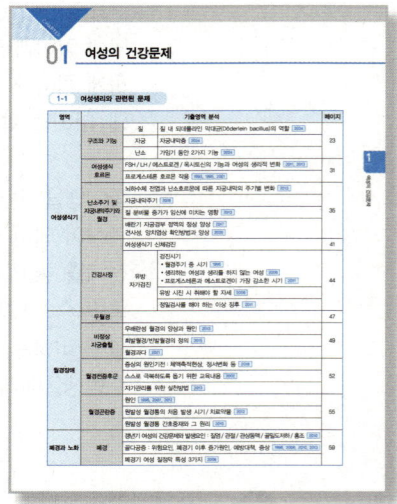

Step 2
영역을 한눈에 확인하기

영역의 내용 구성을 마이맵으로 작성하여 한눈에 볼 수 있도록 정리하였습니다.
학습 전·중·후에 마이맵을 통해 내용의 단순화와 체계화를 통해 효율적인 학습을 해보세요.

📢 전체 맥락과 구성, 흐름을 파악한 후에 다지기 학습, 정교화 학습을 해야 시험일이 가까워올수록 학습의 가속도가 붙습니다. 따라서 전체 구성을 파악하는 것은 단기합격의 전략입니다.

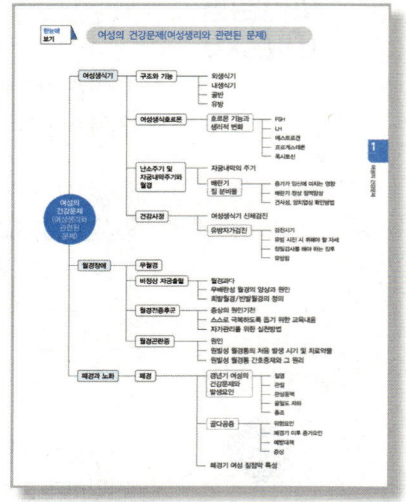

Step 3
기출문제를 통해서 확장학습 영역 확인하기

해당 영역에서 출제된 기출문제를 모두 모아서 정리해서 제시했습니다.
각 문항의 지문과 선지에 포함된 개념을 통해 확장학습을 해보세요.

📢 선택과 집중이 단기합격을 이루어줍니다. 선택은 출제가능성이 있는 영역을 의미합니다. 출제가능성이 가장 높은 내용은 기존 기출문제에 포함된 개념과 표현들입니다.

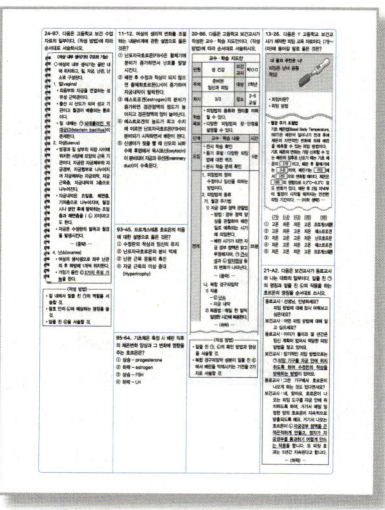

Step 4
기출기반 내용을 키워드 중심으로 학습하기

시험에 출제된 내용을 기반으로, 시중 각론서, 간호사 국가고시 교재, 의학서적, 보건교사 연수교재, 간호사 연수교재 등의 내용을 포괄하여 논리적으로 구성하였습니다. 또한 키워드는 색글씨로 표시하여 학습 시 키워드에 집중할 수 있게 했습니다.

📢 선택과 집중이 단기합격을 이루어줍니다. 집중은 선택된 영역에서 집중해서 기억해야 할 키워드를 의미합니다.

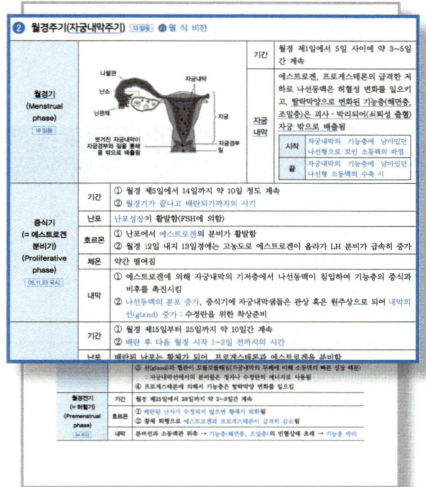

Step 5
보건교사 임용시험과 인접한
관련 시험의 기출표시로 확장 학습하기

보건교사 임용시험의 기출표시뿐 아니라, 8급 간호직 공무원 시험, 간호사 국가고시의 기출표시를 하였습니다.
이를 통해서 보건교사 임용시험 외 확장내용 중 출제가능성이 높은 개념을 학습해보세요.

📢 시험에서 고득점을 받기 위해서는 수험생이면 누구나 학습하는 영역에 대해서는 정확도를 높이고, 그 외 확장영역에 대한 학습을 추가하는 것입니다.

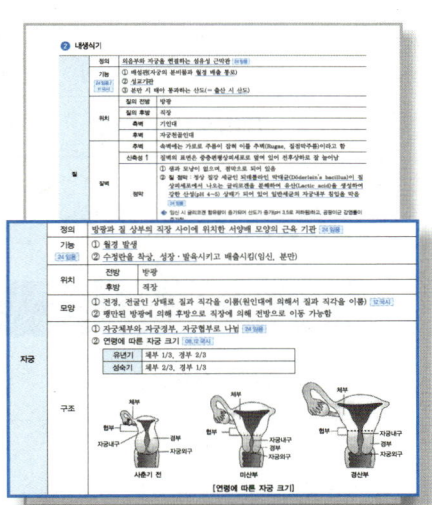

보건교사 임용시험 안내

1. 시험과목 · 출제범위 · 출제형식 · 배점

[1차 시험]

시험 과목 및 유형				문항수	배점	출제 범위(비율) 및 내용
교육학		1교시	논술형	1문항	20점	- 응시시간(60분) : 09 : 00~10 : 00 - 출제범위 : 교육학개론, 교육철학 및 교육사, 교육과정, 교육평가, 교육방법 및 교육공학, 교육심리, 교육사회, 교육행정 및 교육경영, 생활지도 및 상담
전공	A	2교시	단답형	4문항	8점	- 응시시간 • 2교시(90분) : 10 : 40~12 : 10 • 3교시(90분) : 12 : 50~14 : 20 - 출제범위 • 교과교육학(25~35%) : 학교보건, 지역사회간호 • 교과내용학(75~65%) : 아동간호, 응급간호, 성인간호, 모성간호, 정신간호
전공	A	2교시	서술형	8문항	32점	
전공	B	3교시	단답형	2문항	4점	
전공	B	3교시	서술형	9문항	36점	
소계				23문항	80점	
합계(배점)				24문항	100점	

[2차 시험]

시험과목	출제 범위 및 내용	배점
교직적성 심층면접	교원으로서의 적성, 교직관, 인격 및 소양, 시 · 도교육청 정책	100점

2. 시험장 준비물

챙겨갈 것	가져가지 말 것
흑색필기구(번지지 않는 것) 동일한 것으로 3~4자루	휴대폰
수험표(컬러프린터로 출력한 것, 이면지 사용 불가) ** 원서접수 시 출력한 접수증이 아니니 꼭 확인바람	태블릿 PC, 넷북, 스마트워치 등
신분증(주민등록증, 운전면허증, 여권 등)	귀마개, 무릎덮개, 모자
먹거리(초콜릿, 사탕, 꿀물, 호박죽, 물, 죽, 쿠키 등)	커피, 소화가 잘 안 되는 음식

3 실전 Tip

(1) 실전 시험문제 푸는 요령

① **문제지 받을 때** : 눈을 감고 심호흡을 하세요. 마음이 진정되는 데 도움이 돼요.

② **문제 푸는 순서** : 평소 연습한 방식에 따라 자신만의 문제 풀이 방법을 적용하세요.

③ **시간 안배** : 우선 전체 문제 양을 확인하고 시간을 안배하세요.

④ **문제 풀기**
- 낯선 개념이나 문제 유형에 절대로 당황하지 마세요. 당황스럽기는 모든 수험생들이 마찬가지이므로, 우선 넘기고 나중에 시간을 갖고 해결한다고 생각하세요.
(매년 예상치 못한 낯선 문제가 적어도 2~3문항 출제되니 미리 마음의 준비를 하세요.)
- 아리송하거나 애매하게 느껴지는 문제는 출제자 입장에서 정답'을 생각해 보세요. 왜 출제했는지, 무엇을 묻고 싶었던 것인지, 문제를 통해서 강조하고 싶은 개념이 무엇인지… 등을 생각해서 답을 작성하세요.

⑤ **답지 교환**
- 가급적 이미 쓴 답을 바꾸지 말아요.
- 논리적인 분석, 추론보다 직관이 더 우수할 때도 있답니다.

⑥ **시험 치른 후 마음가짐**
- 이미 치른 시험을 망쳤다는 생각을 하지 마세요.
- 미리 판단하여 나머지 영역까지 망치지 마세요.
- 매 교시 최선을 다한다는 생각으로 임하세요.

(2) 시험을 실수 없이 잘 치르는 요령

① **쉬운 문제부터 순서대로 풀어나가세요.** 어려운 문제에 집착하면 쉬운 문제를 풀 수 있는 시간도 없어져요. 풀지 못한 문제는 나중에 다시 푼다고 생각하며 진행하세요.

② **문제의 함정에 조심하고 끝까지 읽도록 하세요.** 점차 종합적인 사고력과 분석력을 요하는 문제가 늘고 있기 때문에 급하게 풀다 보면 함정에 빠지기 쉬워요.
또 **지문이 긴 문제일수록 의외로 쉬운 문제가 많아요.** 지문이 길다고 긴장 말아요.

③ **답안 작성 시 글씨를 또박또박 쓰고, 체계적으로 답안을 구성하세요.**
- **두괄식**으로 묻는 개념을 **키워드**를 포함해서 답을 작성하고, 문제의 요구에 따라 정의, 근거, 이유 등을 부연하세요.
- 마지막까지 최선을 다해서 작성하세요.
(**척!척!척!** → 아는 척!, 노력한 척!, 모든 준비가 완료된 척! 하기)

보건교사 임용시험 안내

(3) 시험장에서의 대처방법

① 누구나 시험장에 들어서면 흥분하기 마련이고, 대개 가슴이 두근거리고 머리가 띵해진다고 호소하죠. 이런 현상은 우리가 너무 잘 알고 있는 교감신경이 항진되어 나타나는 자연스런 반응이에요. 시험 시작 전까지 맘껏 흥분하게끔 내버려두세요. 이렇게 하면 막상 시험이 시작될 때 안정을 되찾아져요. 따라서 **시험장에 도착하면 마음을 느긋하게 갖고 '마음대로 흥분해 봐라'라는 식으로 내버려두세요.** 어차피 시험이 시작되면 안정을 되찾게 될 테니까요.
'경고반응'의 지속시간은 짧다! 우리가 익히 알고 있는 바에요..

② **문제지가 배포되었을 때는 조용히 묵상하면서 마음을 가라앉히세요.**
허리를 반듯하게 편 다음, 두 손을 잡고 눈을 감은 채, 조용히 복식호흡을 하세요.
(감독관이 '저 사람은 잘 하는 사람인가보다.'라는 생각이 들게끔 연기를 섞어서~ ^^)

③ **어려운 문제에 부딪히면 속으로 주문을 외우세요.**
문제를 풀어나가다가 어려운 문제를 만나거나 잘 기억나지 않는 경우, 흥분이 다시 시작돼요. 이럴 때를 대비해서 흥분이 멈추는 자기 나름의 주문을 만들어 두세요. 주문의 예로 "걱정하지 말자.", "나는 이미 보건 선생님이다.", "내게 합격이 찾아오고 있다.", "나는 합격에 이르는 공부를 하고 있다.", "해가 뜨기 전에 가장 어둡다.", "반드시 이루어진다.", "나는 할 수 있다.", "이게 마지막 관문이다. 합격은 코 앞에 있다." 등등이 있어요.

④ **시간이 부족할 때는 기분을 바꾸세요.**
문제풀이에 몰입하다가 시계를 보면 시간은 얼마 남지 않았는데, 남아있는 문제는 많을 때가 있을 수 있어요. 이럴 때는 입이 마르며 가슴이 다시 두근거리기 시작하죠. 이것은 초조한 심리에서 나오는 흥분으로 시험 치기 전의 불안에서 나오는 흥분과는 다른 흥분이에요. 이럴 때는 허둥대기보다는 천장을 올려다보면서 판자조각의 수를 세어본다든지 시험 감독관의 나이, 배우자는 어떤 사람일까?, 무얼 가르치는 사람일까 등을 생각하면 빨리 안정을 되찾는 데 도움이 돼요.

⑤ **문제를 풀다가 생각이 얽히고설켜 정리가 안 될 때는 가볍게 몸을 푸세요.**
앉은 채로 손가락, 발가락을 가볍게 움직이게 되면 혈액순환이 좋아져서 흥분이 진정되는 데 도움이 돼요.

⑥ **앞선 시간의 시험을 잘 못 보았을 때도 일단 지난 것은 말끔히 잊으세요.**
1교시가 끝난 다음, 아리송했던 문제를 놓고 맞네, 틀리네 하고 짚어보게 되는데, 이렇게 되면 눈앞이 캄캄해지면서 흥분이 다시 고개를 들기 시작해서 2교시에는 정신없을 정도로 흥분이 높아지게 돼요. 이 같은 당황이 계기가 되어 시험이 망쳐지게 되므로 일단 끝난 것은 말끔히 잊어버려야 다음 교시 시험을 차질 없이 치를 수 있어요.

평가영역 및 평가내용요소

구분	기본이수 과목 및 분야	평가영역	평가내용요소
교과 교육학	학교보건 및 실습	학교 보건의 이해	학교보건의 의의와 기능, 역사와 정책의 변화, 학교보건법, 보건관리인력
		학교 간호과정	학교건강사정을 위한 자료수집과 우선순위 선정, 학교간호 목표설정 및 간호방법과 수단선택, 학교간호의 수행계획과 평가계획, 직·간접 학교간호활동, 학교간호평가
		학교 보건사업	학교 보건교육의 개념과 목표, 방법과 매체활용 및 평가, 학교건강상담의 특성과 기법, 학교건강평가, 환경관리 및 안전과 폭력사고 예방관리
		학교 건강증진	학교건강증진의 배경 및 원칙, 흡연·음주·영양·운동 건강증진, 구강·시력·청력 건강관리, 약물오남용 예방, 성교육, 학교스트레스 관리와 인터넷 중독관리 프로그램
		학교 보건실 운영	학교보건실의 시설, 설비 및 약품관리, 예산관리, 보건실 운영의 기록과 보고, 보건실 운영의 공문서 관리
	지역사회 간호학 및 실습	지역사회 간호학의 개요	지역사회 건강의 이해, 지역사회 간호 관련 이론, 지역사회간호사의 역할, 보건간호사업의 기획/수행 및 평가
		가족 및 가정간호	가족의 구조와 기능, 가족간호과정, 가정간호의 이해, 호스피스
		역학과 질병관리	역학의 이해, 질병의 자연사, 역학적 연구방법, 질병관리
		산업보건	산업보건관리, 근로자 건강진단, 작업환경, 산업재해 통계지표, 주요 직업성 질환
		환경보건	환경관리의 이해, 대기환경관리, 수질환경관리, 식품위생
교과 내용학	기초 건강과학	약리학	약물의 이해, 호흡기계 약물, 심혈관계 약물, 위장관계 약물, 중추신경계 약물 및 기타약물
		병태생리학	호흡기계 질환 병태생리, 심혈관계 질환 병태생리, 소화기계 질환 병태생리, 근골격계 질환 병태생리, 신경계 및 기타 기관 질환 병태생리
	건강사정 및 실습	신체사정	건강사정을 위한 자료수집, 신체검진 기구의 종류 및 사용법, 신체검진방법
		건강사정	피부검진, 호흡기계 검진, 심혈관계 검진, 근골격계 검진, 신경계 및 기타 기관 검진
	아동간호학 및 실습	아동의 성장발달	성장발달 단계별 특성과 요구, 발달 단계별 부모의 역할, 성장발달에 영향을 미치는 요인, 신체발달장애
		안전과 사고관리	아동기 안전사고의 원인 및 유형, 사고예방을 위한 안전한 방법, 아동의 사고에 따른 간호수행, 아동응급처치의 원칙 및 올바른 응급처치
		소아질환의 간호	통증관리가 필요한 아동사정, 진단 및 간호수행, 아동기 급성질환의 유형, 원인 및 간호수행, 전염성 질환의 유형, 원인 및 간호수행, 아동기 악성종양의 진단적 검사와 아동간호수행
		아동학대	아동학대의 현황, 아동학대의 유형과 원인, 아동학대의 징후와 후유증, 아동학대의 예방법, 아동간호수행

평가영역 및 평가내용요소

구분	기본이수 과목 및 분야	평가영역	평가내용요소
교과 내용학	성인간호학 및 실습	수분과 전해질	수분과 전해질의 생리기전, 수분과 전해질 균형/불균형, 산염기의 생리기전, 산염기의 균형/불균형
		성인병 간호와 관리	감염성 질환관리, 급성질환관리, 만성질환관리
		면역과 알레르기	면역에 대한 이해, 특이성 반응과 비특이성 반응, 장기이식에 대한 개념 및 간호중재, 후천성면역결핍 및 자가면역질환
		종양간호	종양에 대한 이해, 종양치료법, 암환자간호
		재활간호	재활간호의 원리, 이학적 요법의 종류
	정신간호학 및 실습	정신건강관리의 기초	인간행동/정신건강 및 정신질환의 이해, 정신건강사정, 심리검사 및 진단분류체계, 정신약물관리, 청소년정신보건정책, 사업 및 관련법규, 학교와 지역사회 정신보건사업의 이해
		아동기 정신건강간호	아동기 주요정신장애에 대한 이해, 아동기 정신장애의 특징과 중재전략
		청소년기 정신건강간호	청소년기 주요정신장애에 대한 이해, 청소년기 정신장애의 특징과 중재전략
	노인간호학 및 실습	노화와 건강문제	노화에 대한 이해, 노인의 건강관리, 노인의 생활환경 및 의사소통
		노인성 질환	노인성 질환의 특성과 간호중재(치매, 낙상, 요실금), 만성질환(고혈압, 당뇨, 골관절염), 노인성 장애의 재활간호
		노인 복지제도	노인인구의 현황과 특성, 노인보건복지 정책 및 제도, 노인보건복지사업
	모성간호학 및 실습	여성의 건강문제	여성생리와 관련된 문제, 여성의 통상적 건강문제, 성 접촉성 질환, 피임
		여성건강 윤리와 법률	모자보건법, 모성보건지표, 가정폭력 관련법
		임신, 출산	임신 및 산전관리, 출산 및 산후관리
		가정폭력	가정폭력의 실태, 가정폭력의 원인과 예방법
	응급간호학 및 실습	응급처치 기본원리	응급간호의 개념, 응급환자 사정, 응급환자의 분류, 긴급이송
		심폐소생술	심폐소생술에 대한 이해, 심폐소생술 방법
		폐색 및 쇼크	기도폐색에 대한 응급처치, 무의식장애에 대한 응급처치, 쇼크에 대한 응급처치
		내과적 응급처치	실신 및 현기증에 대한 응급처치, 저온 및 고온에 대한 응급처치, 중독 등의 응급처치
		외과적 응급처치	화상에 대한 응급처치, 출혈에 대한 응급처치, 두부손상에 대한 응급처치, 척추 및 흉부손상에 대한 응급처치, 근골격계 손상에 대한 응급처치, 기타 손상에 대한 응급처치

이 책의 차례

- 머리말 ········· 2
- 이 책의 구성과 활용법 ········· 4
- 보건교사 임용시험 안내 ········· 6
- 평가영역 및 평가내용요소 ········· 9

PART 07 모성간호학

제1장 여성의 건강문제 ········· 17
- 1-1 여성생리와 관련된 문제 ········· 17
- 1-2 여성의 통상적 건강문제 ········· 69
- 1-3 성접촉성 질환 ········· 119
- 1-4 피임 ········· 134

제2장 여성건강 윤리와 법률 ········· 150

제3장 임신과 출산 ········· 160
- 3-1 임신과 산전관리 ········· 160
- 3-2 출산 및 산후관리 ········· 246

제4장 가정폭력 ········· 320

PART 08 정신간호학

제1장 정신건강관리의 기초 ·· 331

제2장 아동기 정신건강간호 ·· 451

제3장 청소년 정신건강간호 ·· 473

임수진
보건임용
04

PART 07

모성간호학

CHAPTER 01 여성의 건강문제

CHAPTER 02 여성건강 윤리와 법률

CHAPTER 03 임신과 출산

CHAPTER 04 가정폭력

PART 07 모성간호학

한눈에 보기 모성간호

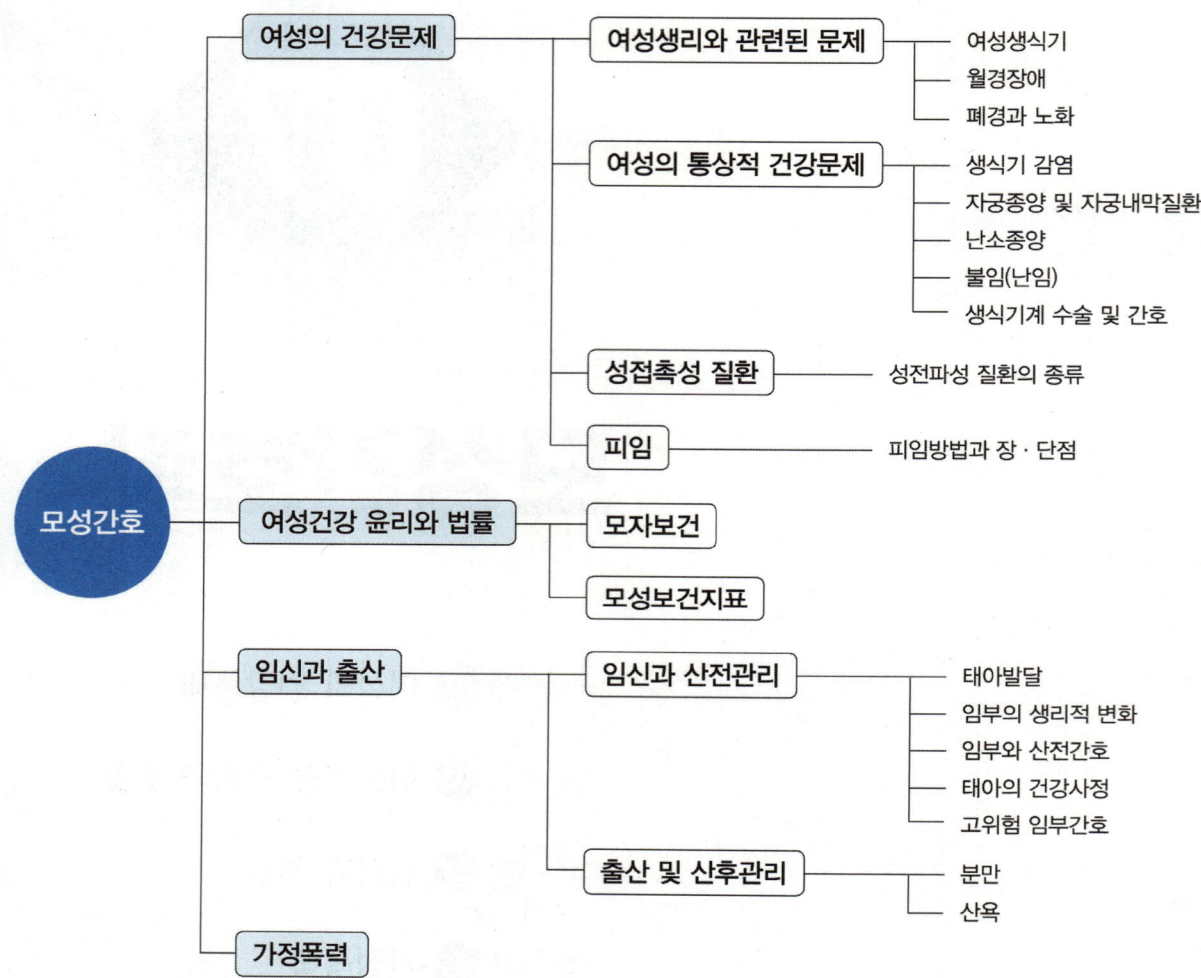

01 여성의 건강문제

1-1 여성생리와 관련된 문제

영역			기출영역 분석	페이지
여성생식기	구조와 기능	질	질 내 되데를라인 막대균(Döderlein bacillus)의 역할 `2024`	24
		자궁	자궁내막층 `2024`	
		난소	가임기 동안 2가지 기능 `2024`	
	여성생식 호르몬		FSH / LH / 에스트로겐 / 옥시토신의 기능과 여성의 생리적 변화 `2011, 2013`	32
			프로게스테론 호르몬 작용 `1993, 1995, 2021`	
	난소주기 및 자궁내막주기와 월경		뇌하수체 전엽과 난소호르몬에 따른 자궁내막의 주기별 변화 `2013`	36
			자궁내막주기 `2019`	
			질 분비물 증가가 임신에 미치는 영향 `2013`	
			배란기 자궁경부 점액의 정상 양상 `2017`, 견사성, 양치엽상 확인방법과 양상 `2020`	
	건강사정		여성생식기 신체검진	42
		유방 자가검진	검진시기 • 월경주기 중 시기 `1995` • 생리하는 여성과 생리를 하지 않는 여성 `2006` • 프로게스테론과 에스트로겐이 가장 감소한 시기 `2011`	45
			유방 시진 시 취해야 할 자세 `2006`	
			정밀검사를 해야 하는 이상 징후 `2011`	
월경장애	무월경			48
	비정상 자궁출혈		무배란성 월경의 양상과 원인 `2013`	51
			희발월경/빈발월경의 정의 `2015`	
			월경과다 `2021`	
	월경전증후군		증상의 원인기전 : 체액축적현상, 정서변화 등 `2016`	54
			스스로 극복하도록 돕기 위한 교육내용 `2002`	
			자가관리를 위한 실천방법 `2013`	
	월경곤란증		원인 `1996, 2007, 2012`	57
			원발성 월경통의 처음 발생 시기 / 치료약물 `2012`	
			원발성 월경통 간호중재와 그 원리 `2010`	
폐경과 노화	폐경		갱년기 여성의 건강문제와 발생요인 : 질염 / 관절 / 관상동맥 / 골밀도저하 / 홍조 `2010`	61
			골다공증 : 위험요인, 폐경기 이후 증가원인, 예방대책, 증상 `1998, 2008, 2010, 2013`	
			폐경기 여성 질점막 특성 3가지 `2006`	

✅ 학습전략 Point

1st	월경전증후군, 월경곤란증	발생기전과 근거를 포함하여 관리법을 학습한다.
2nd	난소주기 및 자궁내막주기	기출되었던 내용을 포함한 주기별 특성을 학습한다.
3rd	여성생식호르몬	난포자극호르몬, 황체호르몬, 에스트로겐, 옥시토신 등 여성생식호르몬의 기능을 학습한다.

여성의 건강문제(여성생리와 관련된 문제)

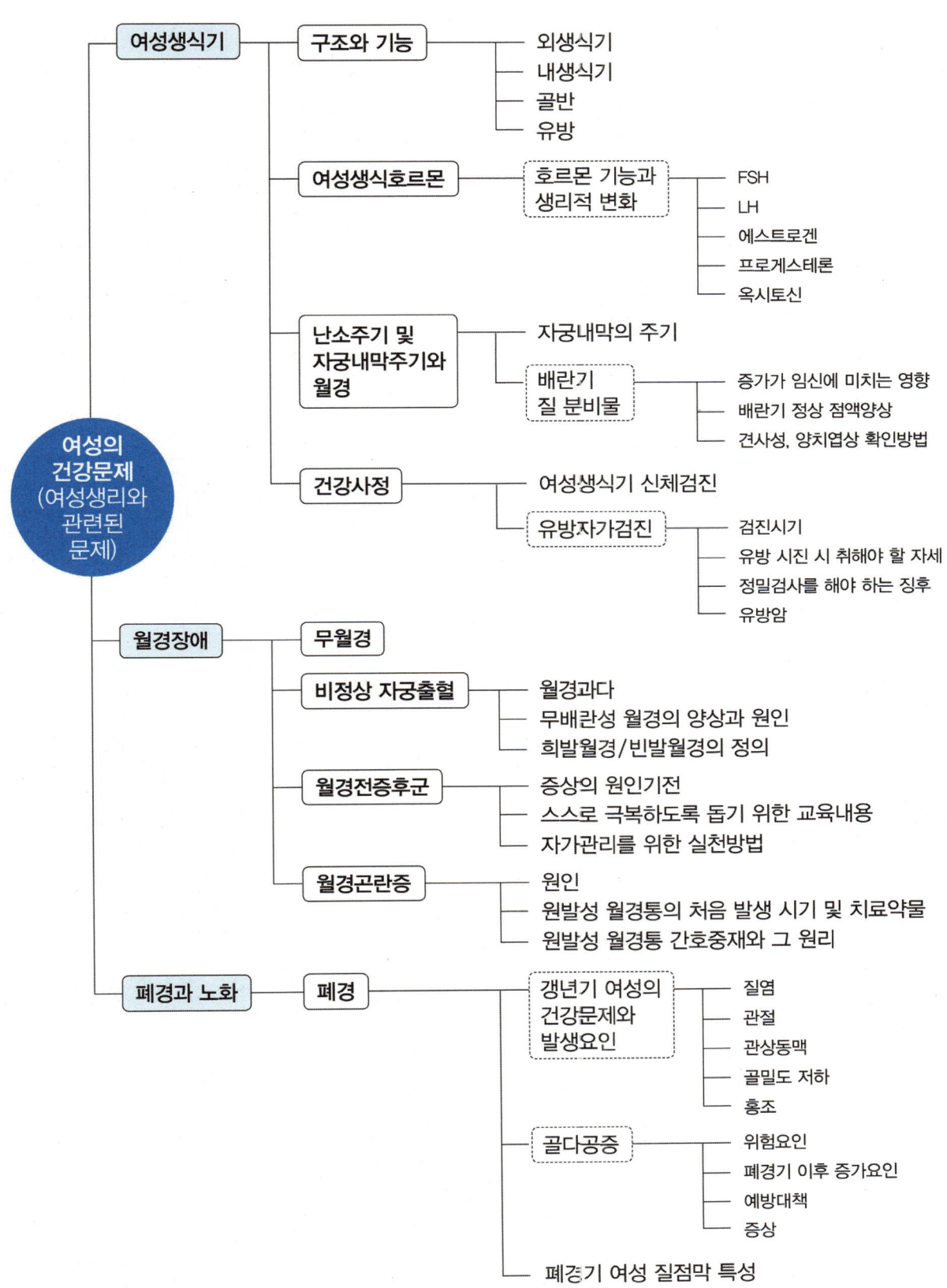

24-B7. 다음은 고등학교 보건 수업 자료의 일부이다. 〈작성 방법〉에 따라 순서대로 서술하시오.

〈여성 내부 생식기의 구조와 기능〉
◇ 여성의 내부 생식기는 골반 내에 위치하고, 질, 자궁, 난관, 난소로 구성된다.
1. 질(vagina)
 • 외음부와 자궁을 연결하는 섬유성 근막관이다.
 • 출산 시 산도가 되며 성교 기관이고 월경이 배출되는 통로이다.
 • 질 내에는 ㉠ 되데를라인 막대균(Döderlein bacillus)이 존재한다.
2. 자궁(uterus)
 • 방광과 질 상부의 직장 사이에 위치한 서양배 모양의 근육 기관이다. 자궁은 자궁체부와 자궁경부, 자궁협부로 나누어지며 자궁체부는 자궁외막, 자궁근육층, 자궁내막의 3층으로 나누어진다.
 • 자궁내막은 조밀층, 해면층, 기저층으로 나누어지며, 월경 시나 분만 후에 탈락하는 조밀층과 해면층을 (㉡)(이)라고도 한다.
 • 자궁은 수정란의 발육과 월경을 발생시킨다.
 … (중략) …
4. 난소(ovaries)
 • 여성의 생식샘으로 좌우 난관의 후 하방에 1개씩 위치한다.
 • 가임기 동안 ㉢ 2가지 주요 기능을 한다.

〈작성 방법〉
• 질 내에서 밑줄 친 ㉠의 역할을 서술할 것.
• 괄호 안의 ㉡에 해당하는 명칭을 쓸 것.
• 밑줄 친 ㉢을 서술할 것.

11-12. 여성의 생리적 변화를 조절하는 내분비계에 관한 설명으로 옳은 것은?
① 난포자극호르몬(FSH)은 황체기에 분비가 증가하면서 난포를 발달시킨다.
② 배란 후 수정과 착상이 되지 않으면 황체화호르몬(LH)이 증가하여 자궁내막이 탈락한다.
③ 에스트로겐(estrogen)의 분비가 증가하면 경관점액의 점도가 높아지고 경관점액의 양이 늘어난다.
④ 에스트로겐의 농도가 최고 수치에 이르면 난포자극호르몬(FSH)이 분비되기 시작하면서 배란이 된다.
⑤ 신생아가 젖을 빨 때 산모의 뇌하수체 후엽에서 옥시토신(oxytocin)이 분비되어 자궁과 유선관(mammary duct)이 수축된다.

93-45. 프로게스테론 호르몬의 작용에 대한 설명으로 옳은 것은?
① 수정란의 착상과 임신의 유지
② 난포자극호르몬의 분비 억제
③ 난관 근육 운동의 촉진
④ 자궁 근육의 이상 증대 (Hypertrophy)

95-64. 기초체온 측정 시 배란 직후의 체온변화 양상과 그 변화에 영향을 주는 호르몬은?
① 상승 – progesterone
② 하락 – estrogen
③ 상승 – FSH
④ 하락 – LH

20-B6. 다음은 고등학교 보건교사가 작성한 교수·학습 지도안이다. 〈작성 방법〉에 따라 순서대로 서술하시오.

교수·학습 지도안			
단원	성 건강	보건교사	박○○
주제	준비된 임신과 피임	대상	2학년
차시	3/3	장소	2-5 교실
학습 목표	• 피임법의 종류와 원리를 이해할 수 있다. • 다양한 피임법의 장·단점을 설명할 수 있다.		
단계	교수·학습 내용		시간
도입	• 전시 학습 확인 • 동기 유발 : 다양한 피임법에 대한 퀴즈 • 본시 학습 문제 확인		5분

전개	1. 피임법의 정의
	 수정이나 임신을 피하는 방법이다.
	2. 피임법의 종류
	 가. 월경 주기법
	  1) 자궁 경부 점액 관찰법
	   – 방법 : 경부 점액 양상을 관찰하여 배란일로 예측되는 시기에 피임한다.
	   – 배란시기가 되면 자궁 경부점액은 맑고 투명해지며, ㉠견사성과 ㉡양치엽상 등의 변화가 나타난다.
	   … (중략) …
	 나. 복합 경구피임약
	  1) 작용
	   – ㉢난소
	   – 자궁 내막
	  2) 복용법 : 매일 한 알씩 일정한 시간에 복용한다.
	   … (하략) …
			35분

〈작성 방법〉
• 밑줄 친 ㉠, ㉡의 확인 방법과 양상을 서술할 것.
• 복합 경구피임약 성분이 밑줄 친 ㉢에서 배란을 억제시키는 기전을 2가지로 서술할 것.

13-26. 다음은 Y 고등학교 보건교사가 제작한 피임 교육 자료이다. (가)~(마)에 들어갈 말로 옳은 것은?

내 몸의 주인은 나!
피임은 남녀 공동 책임!

• 피임이란?
• 피임 방법

• 월경 주기 조절법
 기초 체온법(Basal Body Temperature, BBT)은 배란이 일어나기 전과 후에 체온의 자연적인 변화에 의해 배란을 예측할 수 있는 피임 방법이다. 기초 체온의 변화는 가장 신뢰할 수 있는 배란의 징후로 난포기 때는 기초 체온이 (가) 이고, 배란 후 황체기에는 (나) 이며, 배란기는 (다) 에서 (라) 으로 변화할 때이다. 체온은 (마) 의 영향으로 0.2℃~0.3℃ 정도 변화가 있다. 배란 후 3일 저녁부터 월경이 시작될 때까지는 안전한 피임 기간이다. … (이하 생략) …

	(가)	(나)	(다)	(라)	(마)
①	고온	저온	저온	고온	프로게스테론
②	고온	저온	고온	저온	에스트로겐
③	저온	고온	고온	저온	난포호르몬
④	저온	고온	저온	고온	에스트로겐
⑤	저온	고온	저온	고온	프로게스테론

21-A2. 다음은 보건교사가 동료교사와 나눈 대화의 일부이다. 밑줄 친 ㉠의 명칭과 밑줄 친 ㉡의 작용을 하는 호르몬의 명칭을 순서대로 쓰시오.

동료교사: 선생님, 안녕하세요? 피임 방법에 대해 잠시 여쭤보고 싶은데요?
보건교사: 어떤 피임 방법에 대해 알고 싶으세요?
동료교사: 아이가 둘이라 몇 년간은 임신 계획이 없어서 적당한 피임 방법을 찾고 있어요.
보건교사: 장기적인 피임 방법으로는 ㉠피임 기구를 자궁 안에 위치하도록 하여 수정란의 착상을 방해하는 방법이 있어요.
동료교사: 그런 기구에서 호르몬이 나오게 하는 것도 있다면서요?
보건교사: 네, 맞아요. 호르몬이 나오는 피임 도구를 자궁 안에 위치하도록 하여, 거기서 매일 일정한 양의 호르몬이 지속적으로 방출되도록 해요. 거기서 나오는 호르몬이 ㉡자궁경부 점액을 끈적끈적하게 만들고, 정자가 자궁경부를 통과하기 어렵게 만드는 작용을 합니다. 또 피임 효과는 5년간 지속된다고 합니다.
… (하략) …

13-주관식 04. 다음은 월경과 관련된 고민을 갖고 있는 중학생들의 사례이다.

〈사례 1〉 1학년 이○○ : 7개월 전 초경을 시작하였다. 월경주기는 불규칙하여 2개월 만에 하기도 한다. 기간은 7일 이상이며, 처음 2~3일 동안은 패드 5~6개를 적실 정도로 양이 많다. 걱정이 되어 산부인과 진료를 받았더니 초경 시 흔히 나타나는 월경양상이라고 한다.

〈사례 2〉 3학년 김○○ : 월경이 끝나고 3~4일 정도 지나면 악취 없는 질 분비물이 많아지고 가끔 하복부 통증이 있다. 산부인과 진료를 받았더니 특별한 질병은 아니라고 한다. 월경주기는 규칙적이다.

뇌하수체 전엽과 난소호르몬에 따른 자궁내막의 주기별 변화를 설명하시오. 그리고 〈사례 1〉에서의 월경양상과 그 원인에 대해 서술하고, 〈사례 2〉에서의 질 분비물 증가와 하복부 통증의 원인에 대해 설명하시오. 또한 질 분비물 증가가 임신에 미치는 영향을 서술하시오.

19-10. 다음은 여성의 월경주기에 관한 건강 게시판 자료이다. 〈작성 방법〉에 따라 순서대로 서술하시오.

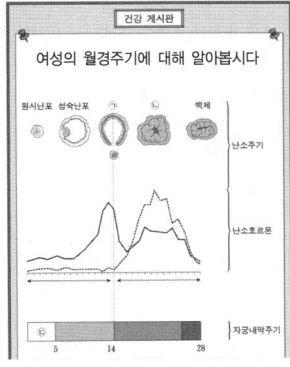

〈작성 방법〉
- ⊙ 시기에 나타나는 기초체온의 변화 양상을 설명할 것.
- ⓒ의 기능을 제시할 것.
- ⓒ 시기의 명칭과 자궁내막의 특징을 설명할 것.

17-13. 다음은 보건교사가 작성한 불임 관련 교육 자료의 일부이다. 〈작성 방법〉에 따라 순서대로 서술하시오.

〈불임이란?〉
1. 불임의 정의 : 정상적 부부 관계에서 피임을 하지 않고 (⊙) 이내 임신이 되지 않은 상태
   … (중략) …
2. 진단 검사
1) 난관 및 복강 요인 사정 : 자궁난관조영술 검사, 복강경 검사, 루빈(Rubin) 검사
   (1) 자궁난관조영술 검사
   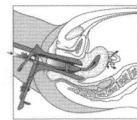
   - 자궁경부에 조영제를 주입하여 자궁강과 난관의 해부학적 특성을 보는 것
   - 월경 후 2~5일경 검사를 시행함.
   - 검사 중 ⓒ 어깨 통증이 발생하면 체위 변경이나 경한 진통제로 조절함.

〈작성 방법〉
- 괄호 안의 ⊙에 들어갈 기간을 제시할 것.
- 밑줄 친 ⓒ이 발생하는 이유를 서술할 것.
- 배란기 자궁경부 점액의 정상 양상 3가지를 서술할 것.

11-18. 보건교사가 여교사들을 대상으로 유방자가검진에 대한 교육계획서를 작성하였다. (가)~(마)에 대한 설명으로 옳지 않은 것은?

보건 교육 계획서			
주제	유방 자가 검진	일시	2010년 ○월 ○일 ○시
장소	학교 강당	대상자	여교사 20명
방법	강의 몇 시범	매체	모형
도입	인사말 • 유방암의 발병 통계 수치를 제시하여 관심을 유발함.		
전개	• 유방암의 원인, 증상, 예방 설명 • 유방 자가검진법을 다음과 같이 설명 (가) 월경 시작일로부터 5~7일이 지난 기간에 자가검진을 실시한다. 단, 폐경이 되었으면 매월 일정한 날짜를 정하여 실시한다. (나) 상체를 노출시키고 팔은 양 옆으로 자연스럽게 내려 차려 자세를 취하고 유방을 관찰한다. (다) 양쪽 유방의 유두 함몰 정도를 본다. (라) 양팔을 머리 위로 천천히 올리면서 유방의 움직임을 관찰한다. (마) 바닥에 반듯이 누워 촉진할 유방 어깨 아래에 패드를 대고, 그 쪽 팔을 머리 위로 올린 후 다른 쪽 손으로 유방을 촉진한다.		

① (가) 프로게스테론이 증가하여 유방울혈이 적으므로 자가검진하기에 적절한 시기이다.
② (나) 유방의 피부가 오렌지 껍질 같이 변한 것이 보이면 정밀검사를 해야 한다.
③ (다) 최근 유두가 함몰되었다면 정밀검사를 해야 한다.
④ (라) 양쪽 유방이 대칭적으로 위로 올라가는 것이 정상이며, 유방에 퇴축이 나타나면 정밀검사를 해야 한다
⑤ (마) 유방을 촉진하였을 때 덩어리가 만져지면 정밀검사를 해야 한다.

95-11. 유방자가검진은 월경주기 중 언제 실시하는 것이 가장 좋은가?
① 첫째 날
② 7일째 날
③ 14일째 날
④ 21일째 날

06-17. 여성의 유방자가검진 시기를 생리를 하는 여성과 생리를 하지 않는 여성으로 구분하여 쓰고 유방 시진 시 취해야 하는 자세 4가지를 기술하시오.

21-B6. 다음은 보건교사가 동료교사와 나눈 대화의 일부이다. 〈작성 방법〉에 따라 순서대로 서술하시오.

동료교사: 선생님, 상의드릴 것이 있어요.
보건교사: 네, 선생님.
동료교사: 저희 어머니가 52세이신데 자궁근종으로 진단받으셨어요. 곧 폐경이 되실 것 같은데… ⊙ 폐경이 되면 근종은 어떻게 되나요?
   … (중략) …
동료교사: 그런데 병원에서 저도 마찬가지로 자궁근종이라고 하네요.
보건교사: 두 분이 같은 진단을 받으셨군요. 자궁근종은 자궁에서 발생하는 종양 중 가장 흔한 양성 종양이에요.
동료교사: 저 같은 경우는 담당 의사가 자궁근종 때문에 ⓒ 빈혈이 생겼다고 했어요.
보건교사: 그래서 얼굴색이 창백하신가 봐요. 그런데 근종이 어디에 위치한다고 하나요?
동료교사: 저의 경우에는 ⓒ 자궁근종이 자궁 내막 바로 아래에 위치한대요.
   … (하략) …

〈작성 방법〉
- 밑줄 친 ⊙이 자궁근종에 미치는 영향에 대해 호르몬의 명칭을 포함하여 서술할 것.
- 밑줄 친 ⓒ을 유발하는 자궁근종의 월경 관련 증상을 제시할 것.
- 발생 위치에 따른 분류를 기준으로 밑줄 친 ⓒ에 해당하는 자궁근종의 종류를 제시할 것.

15-09.
월경과 관련된 건강 문제를 상담하기 위하여 ○○중학교 1학년 여학생 2명이 보건실을 방문하였다. 두 여중생과 보건교사의 상담 대화에서, 괄호 안의 ㉠, ㉡에 해당하는 용어를 순서대로 쓰시오.

> A 학생: 선생님, 안녕하세요?
> 보건교사: 안녕? 어서 들어오렴.
> B 학생: 저희 둘 다 월경과 관련된 상담을 하고 싶어서 왔어요.
> 보건교사: 그래, 잘 왔다. 무슨 문제가 있는 거니?
> A 학생: 저는 월경의 양이나 기간은 정상인데요, 정상적인 주기보다 길어요. 주기가 35~40일 이상이 돼요.
> 보건교사: 그렇구나. 그런 월경은 비정상 자궁출혈의 유형 중의 하나인데, (㉠)(이)라고 한단다.
> B 학생: 저도 월경의 양이나 기간은 정상인데요, 정상적인 주기보다 짧고 보통 21일 미만이에요.
> 보건교사: 그것도 비정상 자궁출혈의 유형 중의 하나인데, (㉡)(이)라고 하지.
> B 학생: 왜 그런 거죠?
> 보건교사: 비정상 자궁출혈의 주된 원인은 배란 장애(무배란)와 연관이 있고, 특히 초경이 시작되는 시기에는 시상하부-뇌하수체-난소축의 미성숙으로 야기되는 경우가 많단다.
> A 학생: 아, 그렇군요. 감사합니다. 선생님!

16-12.
다음은 보건교사가 월경전증후군에 대해 학생과 상담한 내용이다. 밑줄 친 ㉠, ㉡의 원인 기전을 순서대로 서술하시오.

> 학 생: 선생님, 안녕하세요. 월경전후에 대해 궁금한 게 있어요.
> 보건교사: 궁금한 게 뭐니?
> 학 생: 저는 월경 시작하기 2~3일 전부터 손발이 통통 붓고 체중이 많이 늘어요.
> 보건교사: ㉠ 체액축적 현상이 심한가 보구나.
> 학 생: 그게 무엇인가요?
> 보건교사: 그것은 일시적으로 몸에 수분이 많이 쌓이는 것을 말한다.
> 학 생: 아, 그렇군요.
> 보건교사: 다른 증상들은 없니?
> 학 생: ㉡ 불안하고 예민해지면서 주의 집중이 잘 안되는데 심하지는 않아요.
> 보건교사: 그래, 지금 너에게 있는 증상들은 월경이 시작되면 금방 사라질 거다.
> 학 생: 자세히 설명해 주셔서 감사합니다.

13-24.
그림은 보건 교육 시간에 C 학생(여, 18세)이 발표한 월경전증후군에 대한 내용이다. (가)~(마) 옳은 것만을 있는 대로 고른 것은?

> **월경전증후군(Premenstrual syndrome)에 대해 알아봅시다.**
>
> • 월경전증후군이란?
> 월경과 관련된 정서 장애로, 일상생활에 지장을 줄 정도의 신체적, 정서적 또는 행동적으로 복합된 증후군이 월경 전 2~10일에 나타났다가 월경 시작 직전이나 월경 직후에 소실되는 증후군을 말한다.
>
> • 자가 관리를 위해 우리가 실천할 수 있는 방법들은?
> (가) 월경 일지를 만들고, 월경 일지에 모든 증상과 배란일을 기록한다.
> (나) 부종을 확인하기 위해 매일 체중을 잰다.
> (다) 탄수화물, 야채, 콩류 및 섬유소를 섭취한다.
> (라) 스트레스와 통증을 줄이고, 언짢은 기분을 완화시키기 위해 규칙적인 운동을 한다.
> (마) 카페인이 든 음료, 초콜릿 및 단 음식의 섭취는 제한한다.
>
> • 치료약은?
> … (이하 생략) …

96-47.
월경 시 동통을 느끼게 하는 원인은?
① 자궁내막의 탈락
② estrogen 분비 감소
③ progesterone 분비 감소
④ prostaglandin 분비 증가

07-17.
보건교사가 '원발성 월경곤란증(월경통)'의 소견을 보이는 아래의 학생에게 통증발생의 원인으로 설명할 수 있는 내용을 3가지만 쓰시오.

> 중학교 1학년인 여학생이 심한 골반 통증으로 보건실을 방문하였다. 학생은 초경을 한 지 8개월이 되었으며 골반의 기질적인 문제가 없고 2시간 전 생리를 시작하면서부터 갑자기 통증이 유발되었다.

10-21.
다음의 소견을 보이는 여학생이 보건실에 왔다. 이때 보건교사가 학생에게 해줄 수 있는 간호중재와 그 원리로 옳은 것을 <보기>에서 모두 고른 것은?

> 14세 여학생이 수업 도중 월경 시작과 동시에 갑작스런 통증이 있어 보건실에 왔다. 이 여학생은 13세에 초경을 했으며 현재 하복부와 치골상부에 국한된 통증이 있고 통증의 양상은 둔하게 쑤시는 형태로 나타난다고 하였다.

> ─ <보기> ─
> ㉠ 열요법으로 통증부위에 혈류를 감소시키고 고긴장성 근수축을 감소시킨다.
> ㉡ 골반 흔들기 등의 운동으로 혈관이완을 증가시켜 자궁 허혈을 감소시킨다.
> ㉢ 복부 마사지로 2차적인 자극을 주어 통증의 역치를 감소시킨다.
> ㉣ 요가나 명상으로 이완을 유도하여 통증을 감소시킨다.

02-06.
한 여학생이 학교에서 주기적인 도벽으로 인하여 보건실로 상담을 의뢰하여 왔다. 보건교사가 상담한 결과 정서불안, 신경과민, 더부룩함, 오심 등의 전형적인 월경전 긴장증후군 증상을 보였다. 학생이 이를 올바르게 인식하고 스스로 극복하도록 돕기 위하여 보건교사가 지도할 수 있는 내용을 6가지만 열거하시오.

10-34.
다음 61세 여성의 신체 소견 중 골다공증 발생위험 요인으로 옳은 것을 모두 고른 것은?

㉠ 폐경 후 10년 경과
㉡ 체질량 지수 : 16kg/m²
㉢ 50세부터 당뇨병을 앓고 있음
㉣ 혈중 콜레스테롤 : 180mg/dL

06-12.
폐경기 이후 여성에게 호르몬의 변화로 인한 질염이나 외음 소양증이 자주 나타난다. 이와 같은 결과를 초래할 수 있는 폐경기 여성 질 점막의 특성을 3가지만 기술하시오.

12-29.
보건 상담 기록부의 내용 (가)~(라)에 대한 설명으로 옳은 것을 〈보기〉에서 있는 대로 고른 것은?

보건 상담 기록부			
학년반	2학년 3반	성명	김○○
성별	여	나이	15세
상담일	2011.10.○○.		

- 건강 문제 : 하복부 통증 – 월경통, 월경 1일 째
- 상담 내용
  - (가) 통증으로 인해 교실에 앉아 수업을 들을 수가 없음.
  - 불규칙한 월경 주기에 대해 걱정함.
  - (나) 10개월 전 초경을 시작하였으며 월경통으로 산부인과를 방문했더니 원발성 월경통이라고 진단을 받았다고 함.
- 지도 내용
  - (다) 원발성 월경통에 대해 설명함.
  - 더운물 주머니 적용 및 복부 마사지 제공함.
  - (라) 약물 투여 관련 정보를 제공함.

〈보기〉
ㄱ. (가) 통증조절을 위해 월경통이 있을 때는 비스테로이드 소염제(NSAIDs) 등을 투여한다.
ㄴ. (나) 원발성 월경통은 주로 초경 후 첫 6개월~1년간 나타나는 경우가 많다.
ㄷ. (다) 자궁내막증으로 인한 골반 내 울혈의 결과로 원발성 월경통이 나타남을 설명한다.
ㄹ. (라) 약물치료로는 프로스타글란딘(Prostagladin)의 수준을 낮추는 경구피임약 등을 사용한다.

10-23.
갱년기 여성의 건강문제와 그 관련 발생요인으로 옳게 설명한 것은?

	건강문제	발생요인
①	질염	얇아진 질벽으로 글리코겐의 분비가 많아지고 되덜라인막대균의 수가 감소하여 질의 살균작용 저하
②	관절 손상	연골세포의 증식은 증가하고 분해는 감소하여 연골세포의 증식과 분해의 불균형
③	관상동맥 질환	고밀도 지단백 콜레스테롤의 증가와 저밀도 지단백 콜레스테롤의 감소
④	골밀도 저하	장내의 칼슘흡수 증가로 혈중 칼슘농도가 저하되어 뼈에서 칼슘이 유출
⑤	홍조	자율신경계의 불안정으로 인한 혈관 수축과 이완의 장애

98지방-02.
폐경기 이후 여교사의 골다공증이 증가하고 있다. 골다공증의 원인과 예방대책을 기술하시오.

08-19.
갱년기 여성은 폐경 이후 에스트로겐의 분비 감소로 인한 골관절계의 변화로 골다공증을 경험할 수 있다. 골다공증을 의심할 수 있는 특징적인 증상을 4가지만 쓰시오.

13-06.
다음은 J 여자 고등학교 보건교사가 작성한 교수·학습 지도안이다. (가)~(마) 중 옳지 않은 것은?

교수·학습 지도안			
단원	근골격계 건강관리	지도교사	K
주제	골다공증의 위험요인과 예방법	대상	3-2반 30명
차시	2/3 차시	장소	3-2반 교실
학습목표	골다공증의 위험 요인과 예방법을 이해할 수 있다.		

단계	교수·학습 내용	시간
전개	1. 위험요인 • (가) 여성은 폐경으로 인해 골 손실이 빠르게 진행되므로 골다공증이 발생할 수 있음. • (나) 코르티코스테로이드를 장기간 투여하면 골다공증이 발생할 수 있음. • (다) 비타민 D 결핍으로 장에서 칼슘의 흡수가 감소되어 골다공증이 발생할 수 있음. • (라) 칼슘섭취가 부족하면 갑상선호르몬 분비가 증가되어 골다공증이 발생할 수 있음. 2. 예방법 • (마) 골질량 유지를 위해 체중 부하 운동을 권장함. • 흡연과 과도한 음주를 피하도록 함. …이하 생략)…	40분

1 여성생식기의 구조와 기능

1 외생식기

불두덩 (치구)	구조	① 외부 생식기 중 가장 표면에 위치해 있으므로 치모가 덮여 있음(초경 1~2년 전부터 거칠고 구불구불한 치모발생) ② 치골결합 앞쪽을 덮고 있는 피부, 지방조직, 결합조직이 잘 발달된 부분으로 대음순과 합쳐짐 ③ 안쪽은 부드럽고 풍부한 혈관, 지방샘, 땀샘이 있어 습한 상태를 유지함
	기능	① 성적 역할, 성교 중 치골결합 보호 ② 분만 시 파열로부터 보호를 위해 풍부한 혈액을 공급받음
대음순 06 국시	구조	① 치구에서 회음부까지 양쪽 앞뒤로 길게 뻗은 두꺼운 피부 주름으로 좌우대칭임 ② 겉 표면은 갈색색소가 침착, 음모와 땀샘, 피지선이 많아 습하고 혈관, 림프절, 감각신경이 풍부함 ③ 피하에 평활근을 포함하는 지방조직이 많고, 결합조직으로 되어 있음
	기능	남성의 음낭의 기능으로 소음순, 요도구, 질구를 보호함
소음순	구조	① 대음순 안쪽에 위치, 상단부는 음핵 포피에 둘러싸여 있음 ② 모낭이 없고, 피지선과 탄력섬유로 구성되어 있음
	기능	신경과 혈관이 풍부하여 성적 흥분 시 붉어짐
음핵	구조	① 작은 발기성 조직으로 자극에 매우 민감함(남성의 음경에 해당함) ② 혈관분포가 많고, 혈액공급이 잘 됨
	기능	성적인 흥분을 담당하고, 보통 때에는 음핵포피에 싸여 있음
질 전정		① 좌우 소음순 사이의 함몰부위로 위로는 음핵, 밑으로는 음순후연합부까지 포함된 아몬드 모양의 공간을 지칭함 ② 전정 내에 질구, 요도구, 2개의 스킨샘과 2개의 바르톨린샘, 총 6개의 구멍이 존재함

질 전정	질구	요도구 밑에 있는 약간 큰 구멍으로 입구는 처녀막으로 덮여 있음 ◆ 처녀막(Hymen) - 여성생식기의 외부와 내부를 구별하는 곳으로 질구에 위치함 - 얇은 점막의 지방질로 되어 있으며 형태(원형 또는 초승달 모양 등)와 구멍(1개 혹은 2개)은 개인에 따라 다양함 - 첫 번째 성교, 탐폰 등에 의해 파열되고 분만으로 거의 없어짐 - 완전히 막혀있을 경우, 초경 때 월경혈의 배출이 안 되고 성교가 불가능함
	요도구	방광에서 내려오는 요도의 입구로 길이는 4~5cm로 남성의 요도보다 짧음
	스킨샘	외요도구 밖에 있는 2개의 작은 분비샘으로 2시와 10시 방향으로 위치함
	바르톨린샘 04,13 국시	• 질구의 4시와 8시 방향으로 위치한 2개의 분비기관 • 성적 자극 시 다량의 점액물질을 배출하여 질 주위를 축축하고 윤활하게 함 • 성적 자극 시 알칼리성 질 분비물을 분비하여 질내 정자이동을 원활하게 함 • 임균의 좋은 은신처로 임질에 감염된 여성은 바르톨린샘이 화농의 원인이 되어 감염 시 샘 전체가 고름으로 인해 부풀기도 함

회음		① 음순후연합부에서 항문까지 삼각으로 된 근육체로 치골결합, 좌골결절, 미골을 연결한 마름모꼴 공간임 ② 구성 : 질, 항문 및 요도를 둘러싼 두꺼운 근막

골반 저근	항문올림근	치골미골근, 장골미골근, 치골직장근으로 구성되어 직장, 요도, 질이 뚫고 지나감 01, 02 국시
	회음체	• 회음구조의 기본적인 틀로 망울해면체근(구해면체근), 회음가로근(= 회음외조임근, 회음표면횡근), 외항문괄약근(항문외조임근)으로 구성되어 골반구조를 지지함 • 요도, 항문, 질의 수축을 돕고 태아만출 시 늘어나고 납작해짐 • 분만 시 손상을 잘 받는 부분임 • 치골미골근과 회음체는 케겔 운동을 통해 강화될 수 있음

③ 혈관 및 신경

혈관	내장골동맥의 가지인 내음부동맥과 그 가지로 구성
신경	음부신경이 분포

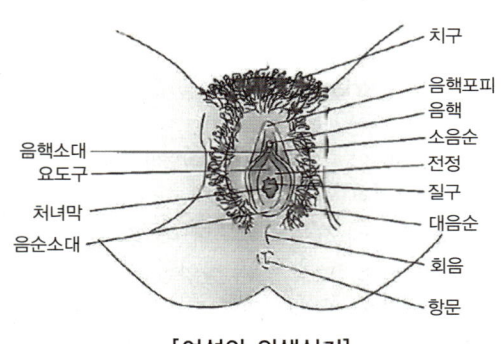

[여성의 외생식기]

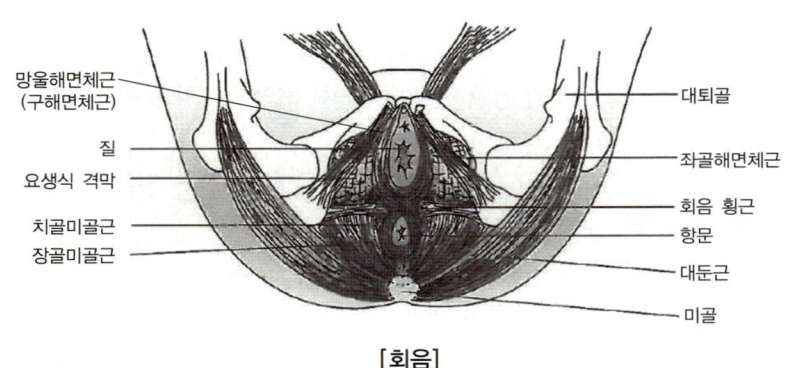

[회음]

② 내생식기

질	정의	외음부와 자궁을 연결하는 섬유성 근막관 24임용	
	기능 24임용/ 11국시	① 배설관(자궁의 분비물과 월경 배출 통로) ② 성교기관 ③ 분만 시 태아 통과하는 산도(= 출산 시 산도)	
	위치	질의 전방	방광
		질의 후방	직장
		측벽	기인대
		후벽	자궁천골인대
	질벽	추벽	속벽에는 가로로 주름이 잡혀 이를 추벽(Rugae, 질점막주름)이라고 함
		신축성↑	질벽의 표면은 중층편평상피세포로 덮여 있어 전후상하로 잘 늘어남
		점막	① 샘과 모낭이 없으며, 점막으로 되어 있음 ② 질 점막 : 정상 질강 세균인 되데를라인 막대균(Döderlein's bacillus)이 질 상피세포에서 나오는 글리코겐을 분해하여 유산(Lactic acid)을 생성하여 강한 산성(pH 4~5) 상태가 되어 있어 일반세균의 자궁내부 침입을 막음 24임용 ◆ 임신 시 글리코겐 함유량이 증가되어 산도가 증가(pH 3.5로 저하됨)하고, 곰팡이균 감염률이 증가함
	질원개	① 경관이 질 상부에 삽입된 부분의 빈 공간으로 전후좌우 구분함, 이곳의 벽은 매우 얇기 때문에 자궁, 난소, 맹장 등의 다양한 구조물 들을 촉진할 수 있음 ② 전원개는 앞쪽의 질벽과 경부 사이에 위치함 ③ 후원개는 후질벽과 경부 사이로 전원개보다 깊게 위치함 • 암세포 검사물 채취부위(자궁내막이나 경관에서 흐르는 분비물이나 세포가 탈락되어 후질원개에 고이기 쉬움) • 맹낭천자와 맹낭경 검사의 중요부분임(자궁외임신 시 혈액이 고여 있어 진단 시 활용함)	
자궁	정의	방광과 질 상부의 직장 사이에 위치한 서양배 모양의 근육 기관 24임용	
	기능 24임용	① 월경 발생 ② 수정란을 착상, 성장·발육시키고 배출시킴(임신, 분만)	
	위치	전방	방광
		후방	직장
	모양	① 전경, 전굴인 상태로 질과 직각을 이룸(원인대에 의해서 질과 직각을 이룸) 12국시 ② 팽만된 방광에 의해 후방으로 직장에 의해 전방으로 이동 가능함	
	구조	① 자궁체부와 자궁경부, 자궁협부로 나뉨 24임용 ② 연령에 따른 자궁 크기 08,12국시 | 유년기 | 체부 1/3, 경부 2/3 | | 성숙기 | 체부 2/3, 경부 1/3 |	

[연령에 따른 자궁 크기]
사춘기 전 / 미산부 / 경산부

자궁	구조	자궁체부 : 경부 [10 국시]	초경 전	0.5 : 1, 자궁체부가 자궁경부의 절반 수준
			사춘기 이후	1 : 1, 자궁체부와 자궁경부가 거의 같음
			경산부	2 : 1, 자궁체부가 자궁경부에 비해 2배 이상으로 증가
			폐경기 이후	0.5 : 1, 노년기에는 사춘기 이전의 크기로 되돌아감
		자궁의 크기		① 성인의 임신 전 자궁의 무게는 60~70g, 만삭에는 1,100g에 달함 ② 길이 7.5~8cm, 너비 5cm, 두께 2.5cm
	자궁경부	탄력성 있는 결합조직으로 배란 또는 임신 시에는 호르몬의 영향을 받음		
		자궁내구		자궁강과 경관 내막 사이의 좁은 입구, 분만 시 소실, 개대
		자궁외구		경관 내막과 질 사이의 가장 좁은 입구, 분만 시 개대(10cm까지)
		편평원주접합점		• 편평상피세포와 원주상피세포가 만나는 부위(질 : 편평상피세포, 자궁 : 원주상피세포) • 종양성 세포변화가 가장 잘 생기는 부분(자궁경부암 호발부위)으로 pap smear 검사부위임 [23 임용 / 18 국시]
	자궁벽	자궁외막		장막층, 자궁을 감싸고 있음, 광인대가 자궁의 앞뒤를 싸고 있으며 고정
		자궁근층		자궁의 대부분을 구성하는 평활근 조직, 3층 구조, 자궁두께의 7/8 차지
			A 외층	• 종행근(세로근) • 분만 중 태아와 태반 만출 시킴
			B 중간층	• 사행근(사위근, 8자 모양으로 서로 꼬여진 근육) • 큰 혈관을 둘러싸고 있어 분만 후 자궁수축 → 지혈 작용
			C 내층	• 윤상근(돌림근) • 경부의 대부분을 차지 • 기능 : 월경 역류방지와 임신 중 자궁 내용물 유지, 출산 및 분만 중에 자궁경부 확장 방지 • 윤상근(괄약근) 손상 시 자궁경관무력증 유발
		자궁내막 [24 임용]		자궁체부의 가장 안쪽에 위치한 층, 점막으로 구성, 많은 혈관 분포 [19 국시]
			재생층 기저층	• 알칼리성의 분비물을 생성하는 선이 들어 있는 원주상피조직 • 임신과 월경기에도 그대로 유지
			기능층 해면층 / 조밀층	결합조직으로 되어 있으며 월경 시나 분만 시 탈락
	혈액공급	① 자궁의 혈액공급은 2개의 자궁동맥(주로 공급)과 2개의 난소동맥에 의해 이루어짐 ② 자궁동맥 → 궁상동맥 → 부챗살동맥 → 나선동맥(기능층까지 혈액공급), 곧은동맥 (기저층까지 혈액공급)		
		나선동맥		• 기능층(해면층, 조밀층)에 혈액공급 • 호르몬의 영향받아서 주기적으로 탈락되어 기능층 조직과 함께 배출 → 월경
		곧은동맥		• 기저층에 혈액공급 • 호르몬의 영향받지 않고 남아 있음 → 기능층 재발육, 나선동맥과 조직을 재생

자궁	혈액공급		[자궁의 혈액공급]
	인대	자궁, 난소, 난관들은 골반 내에서 인대에 의해 각기 일정한 위치와 자세 유지 `08,10,15 국시`	
		기인대 (cardinal ligament)	• 자궁내구 높이에서 양측 질 원개를 지나 골반의 양측에 붙어 있음 • 자궁동맥과 자궁정맥이 들어 있음 • 요관 가까이 있어 자궁절제술을 할 때 손상받기 쉬움 • 역할 : 자궁의 탈수방지
		광인대 (broad ligament)	• 자궁체의 전후 양면과 경부 전체를 모두 덮고 있는 얇고 딱딱한 인대 • 지방조직으로 되어 있고 자궁측방에서 난소골반벽까지를 모두 둘러싼 인대 • 역할 : 자궁, 난관, 난소를 정상위치에 놓이게 함
		원인대 (round ligament)	• 자궁저부에서 대음순까지 연결 • 임신 시 힘을 가장 많이 받음. 임신 중 자궁이 커졌을 때에도 자궁의 위치를 전방으로 고정시킴 • 역할 : 자궁의 전경 굴곡 유지
		자궁천골인대 (uterosacral ligament)	• 자궁경부의 후외측에서 천골을 덮고 있는 근막으로 연결 • 역할 : 자궁탈수 방지, 자궁을 견인시켜 제 위치에 놓이게 함

	신경지배	① 자궁은 주로 교감신경계(자궁근육, 혈관수축)의 지배를 받으며 부분적으로 부교감신경계 (자궁근육 수축작용 억제 및 혈관확장)과 뇌척수의 지배를 받음
		② 신경분포
		   - 자궁 : $T_{11\sim12}$
		   - 자궁경부와 질 : $S_{2\sim4}$	

난관	기능 `02 국시`	① 난자와 수정란 운반 : 난관점막에는 섬모가 있어 섬모운동, 연동운동, 호르몬에 의한 난관수축운동(자궁을 향해 박동하는 난관운동, 프로스타글란딘에 의한 다양한 유형에 의한 난관의 근위부 수축 및 원위부 이완을 포함함)으로 운반함 ② 수정의 장소	
	구조	① 근육으로 된 3층의 관으로 자궁의 간질부에서 양쪽으로 난소까지 뻗어있음	
		복막	광인대에 연결
		근막	난관에서 난자 이동 시 연동운동
		점막	점막세포로 난자 이동 시 자궁쪽으로 움직임
		② 끝이 마치 나팔의 끝처럼 열려 있어서 나팔관이라고도 불림 ③ 길이 : 8~14cm 정도 ④ 한쪽이 막히거나 없는 경우에는 정상적인 나머지 한쪽에서 수정란의 이동이 이루어짐 ⑤ 난관은 난소와 직접 연결되어 있지 않고 접속 부위가 복강으로 열려 있어 복강과 질 바깥쪽 공간에서 난자의 교통이 이루어짐	

난관	구조	⑥ 난관은 채부(난관깔대기), 난관팽대부, 난관협부, 간질부(자궁부)의 네 부분으로 나뉨	
		간질부	• 자궁의 근층에 포함
		협부(25%)	• 난관에서 가장 좁은 부분(직경 2~3mm)
		팽대부(55%)	• 난관의 가장 두꺼운 부분을 차지(직경 5~8mm) • 수정이 이루어지는 곳 • 자궁외임신이 가장 많이 일어나는 곳 02 국시
		채부	• 나팔 모양으로 손가락 모양의 난관채에 의해 둘러싸여 있음 • 운동성이 있으며 배란 시 난자를 끌어당김
난소 04 국시	정의	여성의 생식샘으로 좌우 난관의 후 하방에 1개씩 위치함 24 임용	
	기능 24 임용	배란	출생 시 10~60만개의 난포를 지니고 태어남, 주기적으로 하나 또는 그 이상의 난자를 배출함
		내분비	여성의 성장발달에 필요한 성호르몬(에스트로겐, 프로게스테론, 안드로겐) 생성 및 분비
	위치 및 모양	① 자궁의 좌우로 1개씩 난관 후방부에 위치 ② 자궁 광인대와 난소인대에 의해 지지 ③ 아몬드 모양, 진주빛, 배란기에 일시적으로 커지고 폐경기에 현저히 퇴축	
	구조	피질	① 난소의 외피, 회백색 ② 태생에 40~50만 원시난포가 있으며, 사춘기에는 3만개가 남아서 월경주기에 따라 배출됨 ③ 발달단계가 다른 원시난포, 성숙난포(그라피안 난포), 황체와 백체, 난자가 들어 있음
		수질	난소 내부층의 느슨한 결합조직, 많은 혈관, 림프관과 비횡문근으로 이루어짐

3 골반

구성	관골(볼기뼈)	① 장골(엉덩뼈) ② 치골(두덩뼈) : 치골결합 ③ 좌골(궁둥뼈) : 좌골결절(궁둥뼈 조면), 좌골극(궁둥뼈가시)
	천골(엉치뼈)	① 5개의 척추골 융합 ② 천골갑(천추와 요추 접합부위의 돌출부)
	미골(꼬리뼈)	분만 시 후방으로 밀려나 산도를 넓혀줌(전후경선이 확대됨)
관절	천장관절(엉치엉덩뼈 관절) 2개, 천미관절(엉치꼬리뼈 관절) 1개, 치골결합(두덩뼈 결합) 1개	
사정	① 정상 분만 가능성을 예측하기 위해 시행함 ② 사정법 : 골반외측 측정법, 골반내측 측정법, X-선 촬영법, MRI, CT	
골반 주요 경선	골반입구	대각결합선 : 치골결합 하연~천골갑까지 거리, 대체로 12.5cm, 내진으로 측정가능
		진결합선 : 치골결합 상연~천골갑까지 거리, 대각결합선-(1.5~2cm)
		cf) 협골반 : 대각결합선 11.5cm 이하, 횡경선 8cm 이하
		산과적 결합선 : 치골결합 내면 최돌출부~천골갑까지 거리, 진결합선-0.5cm, 보통 10cm, 분만 시 가장 짧은 경선
	골반강	횡경선 : 양쪽 좌골극간 거리, 골반입구로 13.5cm
	골반출구	전후경선 : 치골결합 하연~천미관절(천골단), 대체로 9.5cm

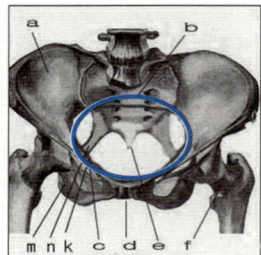
[여성골반]

a. 장골
b. 천추
c. 쿠퍼인대
d. 치골결합
e. 미추
f. 대퇴골
k. 골반입구(색, 원)
m. 좌골
n. 천극인대

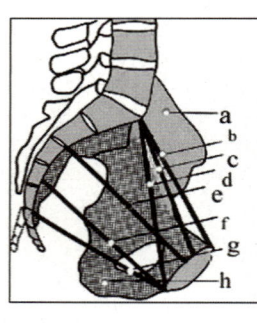
[골반강 평면의 직경]

a. 가상 골반강
b. 진성 결합선
c. 산과 결합선
d. 대각결합선(12.5cm)
e. 골반강 최대 전후직경
f. 골반강 최소 전후직경 (12.75cm)
g. 하 골반강 최후직경 (11.5cm)
h. 진 골반

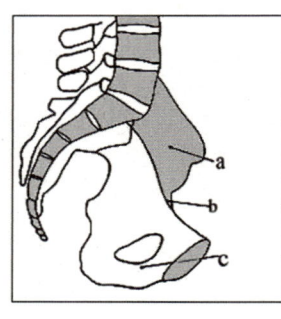
[골반강 평면도]

a. 상 골반
b. 중성
c. 진 골반

❹ 유방

구조			
구조	외부구조	구성	피부, 유륜, 유두로 구성됨
		크기	① 나이, 유전, 영양상태에 따라 크기, 모양이 다름(지방에 의해 결정됨) ② 2~6번째 늑골에 대칭적으로 위치
		유두	① 많은 혈관과 신경분포로 성적 자극 시 예민한 발기성 조직 ② 15~20개의 젖샘관이 개구됨
		유륜	유두 주위를 둘러싼 핑크나 갈색 부분
		몽고메리샘	① 유륜표면의 거칠고 작은 결절로 지방샘이 있어 유두를 보호함 ② 임신 중에 짙은 갈색으로 뚜렷해짐
	내부구조	구성	실질인 샘조직과 기질인 지지조직, 지방층, 섬유성 결체조직으로 구성됨
		실질	① 샘조직을 통한 유즙배출 기전 : 선방세포(=소엽세포)에서 삼투압에 의해 유즙 생산 → 젖샘소엽 → 젖샘관 → 젖샘관동(유즙저장) → 유두 통해서 배출 ② 젖샘의 양이 유방의 탄력성이나 강도를 좌우함
		기질 - 지방조직	젖샘조직 및 관을 보호
		기질 - 지지조직	쿠퍼인대에 의해 흉벽에 유방지지
기능	수유기능 및 성적 흥분 유발		

2 여성생식호르몬

1 여성생식 관련 호르몬의 작용

분비기관	호르몬	기능		
시상하부	성선자극호르몬 분비인자(GnRH)	뇌하수체 전엽에서 FSH, LH 분비 자극		
뇌하수체 전엽	난포자극호르몬 (FSH) 95(선지),11 임용 / 04 국시 ❶ F 포트 정	여성	난포 발달	① 난소주기 중 난포기에 분비가 증가하면서 난포를 발달시킴 ② 자궁내막주기 중 증식기에 분비가 증가하면서 난포를 발달시킴
			에스트로겐 분비	난포세포를 자극하여 에스트로겐 분비를 촉진
		남성	정자 형성	남성 고환 속의 정세관을 자극하고 발달시켜 정자 형성 촉진
	황체화호르몬 (LH) 95(선지),11 임용 / 04,13 국시 ❶ L 배황 테	여성	① 난포 성숙의 마무리 과정과 배란 유도 ② 에스트로겐의 농도가 최고 수치에 이르면 분비되기 시작하면서 배란이 됨 ③ 배란된 난포를 황체로 변화시키고 프로게스테론 분비를 자극 ④ 배란 후 수정과 착상이 되지 않으면 황체호르몬이 감소하여 자궁내막이 탈락함	
		남성	정소에서 간질세포(Leydig cell)를 자극하여 테스토스테론 분비 촉진	
	유선자극호르몬 (Prolactin)	① 임신 5주부터 분비, 분만 시 최고수준 상태가 됨 ② 수정란의 착상과 임신유지 ③ 유즙을 형성하도록 함 ④ 분만 후 유즙분비 촉진 ⑤ 난소주기 억제하여 배란을 억제시킴		
뇌하수체 후엽	옥시토신 (Oxytocin) 11 임용	분비	① 임신 4개월부터 늘어나기 시작하여 임신말기에 최대가 되었다가 분만 후 점차 줄어들어 분만 후 3주에는 비임신 수준으로 돌아옴 ② 신생아가 젖을 빨 때 뇌하수체 후엽에서 분비	
		기능	자궁수축과 유즙사출 : 분만 동안 자궁의 평활근 섬유를 적절히 수축시켜 태아의 배출을 돕고 수유기에는 유선세포에서 만들어진 유즙을 유관으로 배출시켜 유즙분비를 촉진함, 유선의 근상피세포에 수축을 일으켜 유즙사출	

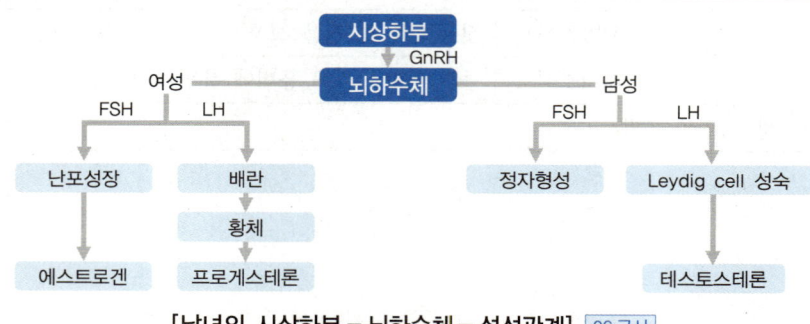

[남녀의 시상하부 - 뇌하수체 - 성선관계] 06 국시

❷ 여성호르몬의 특징

구분		난포호르몬(에스트로겐) - 여성호르몬(여성화) 11 임용 / 12,13,14 국시		황체호르몬(프로게스테론) - 모성호르몬(착상, 임신 유지) 93,95 임용
특징	생성	난소의 과립막, 난포막, 황체, 태반, 부신, 고환에서 생성(특성 : 지용성, 약한 수용성 호르몬) ◆ 종류(발견되는 시기에 따라 다름) **에스트라디올(E_2, estradiol)** 가임기 여성에게서 발견되는 여성호르몬으로 난소에서 생성, 콜레스테롤이 난포막세포에서 안드로겐으로 전환된 후, 다시 과립막세포로 옮겨져 에스트라디올로 전환 **에스트리올(E_3, estriol)** 임신 시, 태아의 부신에서 생성된 DHEAS라는 호르몬이 태반에서 전환되어 생성 **에스트론(E_1, estrone)** 폐경기의 여성에서 부신에서 생성된 안드로스테네디온(Androstenedione)이 신체의 지방세포에 의해 전환되어 생성	생성	황체, 태반, 부신, 고환에서 생성

	분비	① 월경주기 13일째 최대 상승 [11 임용]
		  (증식기에 소변에서 검출)
		② 가장 낮을 때는 3일째
			분비	① 월경주기의 20~21일 때 가장 많이 분비
				  → 월경 전 2일간 최대로 저하됨
				② 임신이 되면 황체호르몬 양의 증가

❸ 여성호르몬의 기능

구분	난포호르몬(에스트로겐) - 여성호르몬(여성화) 11 임용 / 12,13,14 국시	황체호르몬(프로게스테론) - 모성호르몬(착상, 임신 유지) 93,95 임용
질 07 국시	① 질 점막 비후 ② 질강 상피 각질화로 백대하 분비 ③ 점막세포의 글리코겐 증가로 산도(pH) 유지	질강 상피 각질화로 백대하 분비
자궁	① 자궁체부의 혈액공급 증가, 자궁근육 증대시켜 성인의 자궁으로 성장시킴 [93 임용(선지)] ② 자궁내막 비후, 자궁내막선 증가 ③ 월경 후에는 자궁내막을 회복시킴	① 수정란의 착상과 임신의 유지 [93 임용] ② 자궁내막의 선이 나선모양으로 꼬이며 혈액공급과 선 분비 증가 ③ 자궁내막 유지 : 자궁내막선 분비자극, 글리코겐 축적 → 착상 위한 영양상태 ④ 자궁의 운동성 감소 ⑤ 옥시토신 분비억제 : 자궁의 운동성 억제와 자궁근육층 이완, 자궁경관 닫힘

구분	난포호르몬(에스트로겐) - 여성호르몬(여성화) 11 임용 / 12,13,14 국시		황체호르몬(프로게스테론) - 모성호르몬(착상, 임신 유지) 93,95 임용	
자궁경관 11,13,17 임용 / 14 국시	① 자궁외구 개방 ② 경관점액		경관점액	
	점성도(끈적이는 정도)	감소	점성도(끈적이는 정도)	증가
	견사성(탄력있게 늘어나는 성질로, 두 손가락 사이에 묻히고 두 손가락 사이에서 늘려서 확인) 20 임용	증가 ** 난포기 6cm, 배란기 12~13cm, 황체기 3cm	견사성(탄력있게 늘어나는 성질로, 두 손가락 사이에 묻히고 두 손가락 사이에서 늘려서 확인) 20 임용	감소
	pH	증가(다량의 비세포성 점액분비와 알칼리화)	pH	감소
	양상(양, 색, 구성물질)	무색투명, 양 많음	양상(양, 색, 구성물질)	불투명, 양 적음
	현미경 관찰 (점액을 슬라이드에 묻혀서 말린 후 관찰) 20 임용	양치엽상	현미경 관찰 (점액을 슬라이드에 묻혀서 말린 후 관찰) 20 임용	벌집모양 (비즈모양)
	정자 통과	• 정자 운동성 항진 • 정자 통과 용이함	정자 통과	정자가 통과하기 어려움
	③ 임신 시 연화됨 11 임용(선지)			
난관	① 혈관 풍부 ② 난관 성장에 자극 ③ 난관근육의 운동을 촉진 93 임용(선지), 특히 배란기에 난관운동을 최대한으로 하여 난자를 운반		연동운동 촉진하여 자궁강 내로 수정란 운반 (비교적 운동성이 적은 황체기)	
난소	① 혈류증대, 콜레스테롤 축적(프로게스테론의 전구물질) ② 원시난포의 발달		-	
유방 04,07 국시	① 유선(젖샘)자극 → 유선엽 폐포 발달과 비후 ② 젖샘관에 영향(황체기) ③ 유두발기 및 색소 침착		① 젖을 준비하는 선방세포와 젖샘소엽의 발달에 영향 (황체기/젖을 준비하기 위함) ② 유즙분비 억제	
내분비계	① FSH 분비 억제 93 임용(선지), LH 생성 촉진(에스트로겐 농도가 최고수치에 이르면 LH가 분비되기 시작함) ② 안드로겐 길항작용(기름샘 퇴행, 표피층이 얇아지고 피하지방 침착)		① LH 분비 억제 ② 뇌하수체에서 분비되는 ICSH(간질세포자극호르몬)의 분비 억제	

구분			난포호르몬(에스트로겐) – 여성호르몬(여성화) 11 임용 / 12,13,14 국시	황체호르몬(프로게스테론) – 모성호르몬(착상, 임신 유지) 93,95 임용
기타	근골격계	뼈 성장 촉진	골단 연골판 폐쇄로 초경시작 후 성장정지 유발	체온 : 기초체온 측정 시 배란 직후 약간 상승 (0.2~0.5℃ 상승)시켜 유지 95 임용 / 13,19 국시 - 기초체온의 변화는 가장 신뢰할 수 있는 배란의 징후임(난포기에는 저온, 배란 후 황체기에는 고온, 배란기는 저온에서 고온으로 변화하는 것)
		골량 유지	골아 세포 자극, 칼시토닌 농도조절, 비타민 D 농도 증가, 칼슘배설 억제, 골 흡수 억제	
		콜라겐 합성 촉진		
	혈액		항동맥경화작용 : 혈액 내 단백질 증가, LDL 콜레스테롤↓, HDL 콜레스테롤↑, 응고인자와 섬유소원 증가, 체액을 증가시켜 혈액을 희석시킴	
	여성화		이차 성징 : 대음순 비후, 외생식기 윤곽형성, 유방성장 자극, 치모의 여성적 패턴	

3 난소주기, 자궁내막주기와 월경 13,17 임용 / 00,06 국시

1 난소와 자궁내막주기의 상관관계

날짜		1~4일	5~8일	9~13일	12~16일	15~18일	19~25일	26~27일	28~32일
월경주기		월경기	증식기		분비기			월경전기	월경기
난소주기		난포기			배란	황체기			백체
뇌하수체	FSH	GnRH 상승 → 난포자극호르몬(FSH) 상승하기 시작			배란 전 상승	분비억제(에스트로겐 지속 상승 시 FSH 억제, 단 에스트로겐 상승파동 후 배란준비 위해서 일시적 분비 증가)			다시 상승 GnRH 상승
	LH	황체화호르몬(LH) 낮은 상태임 (점점 상승)			급속히 증가 → 배란유도	분비 억제(배란 후)			
난소	에스트로겐	감소	FSH가 난포를 자극하여 생산을 촉진 → 난포발육에 따라 분비증가 → 혈액이나 소변에서 점차적으로 증가함		고농도 (peak)	2차적인 증가			감소
	프로게스테론	無	나타나기 시작		꽤 있음	황체에서 분비되어 상당히 많음(peak)			감소
체온		저온(약 98°F 이하)		배란기 무렵 0.2~0.5℃ (0.4~1.0°F) 급하강	약 3일 후(배란기 중심), 체온 상승(0.2~0.5℃ 상승)된 후 유지 : 98°F 이상 by 프로게스테론 → 저온에서 고온으로 변화(체온 상승) = 배란이 끝남을 의미				
자궁내막		재정리하고 비후시킴	더 성장시키고 수분을 분비	샘이 증대되며 글리코겐 분비		분비가 축적되고 부종		월경 전 퇴축 시작	자궁내막 탈락과 월경
자궁경관 점액		월경 후 2~3일	월경 후 3~4일		배란기 (월경주기 약 13~14일)		배란 후 2~3일		월경전기
		• 우유 빛깔 • 견사성 無 • 분비물 거의 無	• 점액 분비가 점차 많아짐		• 에스트로겐에 의해 - 물 같이 맑고 양 多 - 세포성분 無 - 점도가 낮음 - 견사성 큼 (최대 13cm) - 점액을 슬라이드에 말린 후 현미경 관찰 시 양치모양 → 정자 운동성 항진, 정자 통과 용이함		• 물처럼 투명 • 약간 늘어지다 끊어짐		• 우윳빛깔 띠며 양 小 백혈구 多 • 견사성 감소, 점성도 높아짐 • 현미경 관찰 : Beaded 모양 관찰 (구슬, 염주모양) → 정자가 통과하기 어려워짐

월경 직후	월경 후 3~4일	배란 전	배란기

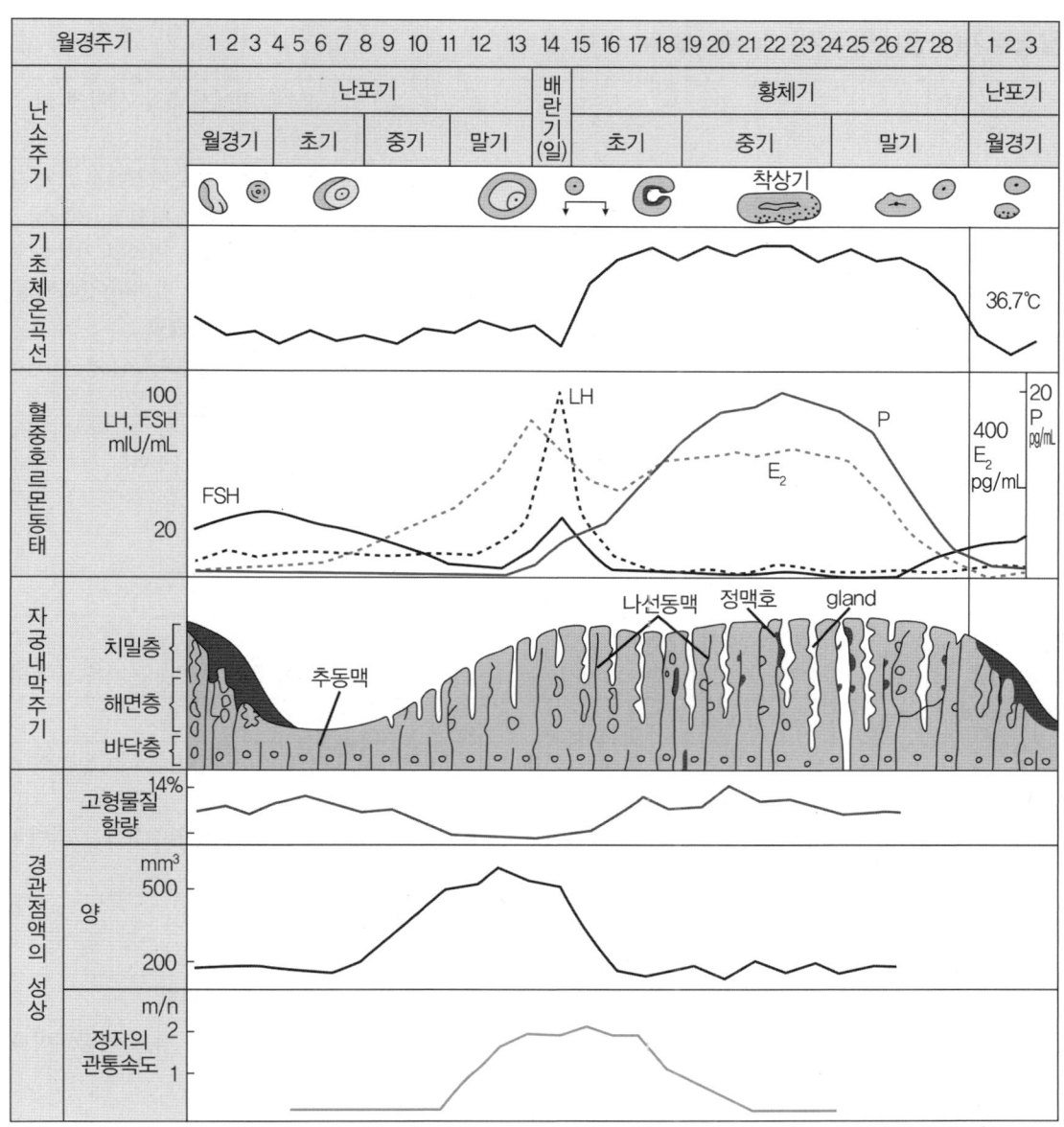

[여성생식주기와 호르몬 작용]

시상하부에서 성선자극호르몬분비호르몬(GnRH) 분비 → 분비된 GnRH는 뇌하수체 전엽에서 성선자극호르몬인 난포자극호르몬(FSH)과 황체형성호르몬(LH) 분비 자극 → 분비된 FSH과 LH는 난소에서 원시난포의 성장과 성숙을 자극 → 성숙난포에서 난자배출(배란) → 배란 후 성숙난포가 황체로 변화되고, 황체에서 다량의 프로게스테론과 소량의 에스트로겐 분비 → 프로게스테론은 수정란의 착상을 위해 자궁내막을 준비 → 수정이 이루어지지 않음 → 황체가 퇴화되면서 프로게스테론과 에스트로겐의 분비 감소 → 호르몬에 의한 자궁내막지지 효과가 상실되어 월경 초래 → 혈중의 낮은 프로게스테론과 에스트로겐 수준은 다시 시상하부의 GnRH 분비를 자극함

❷ 월경주기(자궁내막주기) [13 임용] 🎧 월식비전

월경기 (Menstrual phase) 19 임용	기간	월경 제1일에서 5일 사이에 약 3~5일간 계속
	자궁 내막	에스트로겐, 프로게스테론의 급격한 저하로 나선동맥은 허혈성 변화를 일으키고, 탈락막양으로 변화된 기능층(해면층, 조밀층)은 괴사·박리되어(쇠퇴성 출혈) 자궁 밖으로 배출됨
		시작: 자궁내막의 기능층에 남아있던 나선형으로 꼬인 소동맥의 파열
		끝: 자궁내막의 기능층에 남아있던 나선형 소동맥의 수축 시
증식기 (= 에스트로겐 분비기) (Proliferative phase) 06,11,23 국시	기간	① 월경 제5일에서 14일까지 약 10일 정도 계속 ② 월경기가 끝나고 배란되기까지의 시기
	난포	난포성장이 활발함(FSH에 의함)
	호르몬	① 난포에서 에스트로겐의 분비가 활발함 ② 월경 12일 내지 13일경에는 고농도로 에스트로겐이 올라가 LH 분비가 급속히 증가
	체온	약간 떨어짐
	내막	① 에스트로겐에 의해 자궁내막의 기저층에서 나선동맥이 침입하여 기능층의 증식과 비후를 촉진시킴 ② 나선동맥의 분포 증가, 증식기에 자궁내막샘들은 관상 혹은 원주상으로 되어 내막의 선(gland) 증가 : 수정란을 위한 착상준비
분비기(= 황체기) (Secretory phase)	기간	① 월경 제15일부터 25일까지 약 10일간 계속 ② 배란 후 다음 월경 시작 1~2일 전까지의 시간
	난포	배란된 난포는 황체가 되어, 프로게스테론과 에스트로겐을 분비함
	호르몬	① 황체호르몬의 분비가 활발함 : 프로게스테론은 에스트로겐과 함께 자궁내막을 수정란의 착상과 발육에 적합한 상태로 만듦 ② FSH와 LH 분비가 억제됨
	체온	기초체온 상승
	내막	① 배란이 일어나면 프로게스테론은 에스트로겐과 함께 나선동맥을 더욱 증식시킴 ② 자궁내막선도 프로게스테론의 영향을 받아서 구부러지고, 글리코겐이 풍부한 분비물을 분비하기 시작함 → 수정란 착상 시, 이상적인 영양상태 제공(프로게스테론 영향)함, 이때 자궁내막의 두께는 5~6mm 정도임 ③ 선(gland)과 혈관이 꼬불꼬불해짐(자궁내막의 두께에 비해 소동맥의 빠른 성장 때문) : 자궁내막선에서의 분비물은 정자나 수정란의 에너지로 사용됨 ④ 프로게스테론에 의해서 기능층은 탈락막양 변화를 일으킴
월경전기 (= 허혈기) (Premenstrual phase) 04 국시	기간	월경 제25일에서 28일까지 약 2~3일간 계속
	호르몬	① 배란된 난자가 수정되지 않으면 황체가 퇴화됨 ② 황체 퇴행으로 에스트로겐과 프로게스테론이 급격히 감소됨
	내막	분비선과 소동맥관 위축 → 기능층(해면층, 조밀층)의 빈혈상태 초래 → 기능층 박리

3 난소주기   13 임용 / 00,06,10 국시   🎧 난 배 황

난소호르몬의 분비와 난소 내에 있던 원시난포가 발육난포, 성숙난포, 배란, 황체, 백체의 과정을 거쳐 주기적으로 반복되어 일어나는 성숙과정임

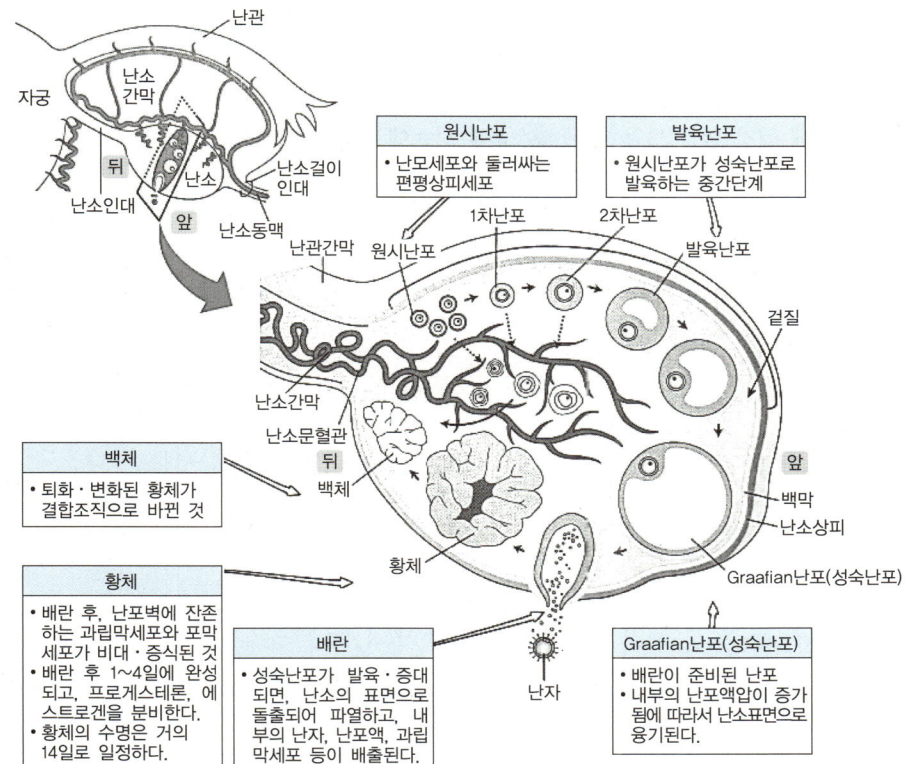

성숙된 1개의 난포를 남기고 나머지 난포들은 폐쇄난포가 되어 퇴축됨

난포기 (Follicle phase)	① 원시난포가 성숙하여 배란하기 전까지로 월경주기 28일 기전 1~13일 ② 출생 시 40~60만개 원시난포 존재, 사춘기에는 3~4만개 존재함 ③ 사춘기 무렵 원시난포가 증식, 발육하여 성숙난포로 성장(사춘기 후 매 월경 시마다 여러 개의 난모세포가 커짐, 배란 준비가 완료된 상태의 성숙난포가 5~10개임), 성숙난포는 점점 난소의 겉질 표면 가까이에 올라와 10~20mm 크기의 여러 형태의 투명한 난포를 난소의 표면에서 발견할 수 있음 ㉠ 원시난포 : 난모세포와 이를 둘러싸는 편평상피세포로 구성됨 ㉡ 발육난포 : 원시난포가 점차 증식발육하여 투명대라는 교질성 점막인 낭포상피의 과립세포로 난모세포가 둘러쌓인 난포 ㉢ 성숙난포 • 발육난포 중 가장 빨리 성장하는 난포 하나가 더욱 성장하면서 그 주위의 기질세포가 증식되고 모세혈관망과 결합하여 성숙난포가 됨, 나머지는 퇴화됨 • 성숙난포는 결합조직으로 된 난포막과 난포상피세포인 과립막, 난자, 난포액 등으로 구성되어 있음 | 난포막 | 혈관이 많이 분포되어 있고 바닥을 둘러싸며 에스트로겐을 생산하는 내협막과 성글고 두꺼운 섬유조직인 외협막으로 구성되어 있음 | | 난포액 | – 투명한 단백성 액체로 에스트로겐을 함유하며, 과립세포층에 두껍게 입방형으로 층을 이룬 곳을 부챗살관이라고 하는데 이 속에 난자가 들어있음 – 난자의 원형질이 커지면 난황과립과 같은 영양물질을 저장함, 이 영양물질은 수정 초기에 수정란에 영양을 제공함 | ④ 에스트로겐의 양이 점차 증가

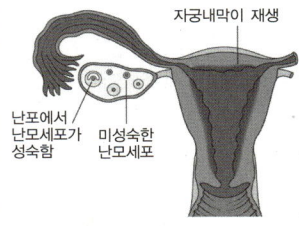

[난포기(증식기 : 난포의 발달)]

배란 (Ovulation) 13,17,19 임용 / 03,10,13,15, 16,18,21 국시	① 배란기에 LH, estrogen 분비가 급상승 ② 원시난포가 성숙난포가 되어 직경이 커지면(약 10~15mm) 난소 표면에 도달하여 불쑥 융기됨 → 난포액 생성과 난포액 팽창으로 인한 내압과 난포막의 괴사변성으로 난자를 복강으로 배출(한 개만 배출) 　◆ 월경주기 짧아지는 것은 난포기가 짧아지는 것 　　"배란 이후 14일은 동일함" 　◆ 월경이 불규칙한 이유 : 불규칙한 배란(여성호르몬의 불균형을 의미함) ③ 배란기에 월경 14일(28일 기준) 후, 좌우 난소에서 번갈아 난자 방출 ④ 배란의 증상과 징후 03,13,15,18 국시 | 증상과 징후	설명
---	---
복통과 약간의 출혈 13 임용	• 난소의 난포가 성숙해서 배란되는 순간 주변혈관이 자극을 받아 소량의 출혈이 발생하면서 복막을 자극하여 한쪽 하복부에서 배란통(mittelschmerz)을 느낌 • 배란 시 약간의 질 출혈이 있기도 함
기초체온곡선 13,19 임용 / 18 국시	• 증식기(난포기)에 저온, 배란 후 분비기(황체기)에는 0.3~0.6℃ 상승한 고온 상태임 • 배란기 : 저온에서 고온으로 옮겨갈 때임
자궁경관 점액의 변화 13,17 임용 / 16,21 국시	• 정자가 통과하기 용이한 환경조성 • 경관점액 특성 　| 점성도 | 저하 | 　| 견사성 | 증가(최대 12~13cm) | 　| pH | 증가(약알칼리성) | 　| 양상 | 맑고투명, 양 많음 | 　| 현미경 관찰 | 양치엽상 |
자궁내막검사	자궁내막 생검을 통해서 황체호르몬의 변화를 확인
호르몬검사	소변검사에서 성선자극호르몬, 프레그난디올, 에스트로겐의 증가		[배란기]
황체기 (Luteal phase) 19 임용	① 배란 후 바로 시작하여, 월경의 시작과 더불어 끝남 ② 배란 후부터 월경 직전까지 난소의 상태, 12~14일 지속 ③ 황체 : 배란 직후에 난자, 난포액, 과립막이 떨어져 나간 자리가 쭈글쭈글해지며 혈액이 고여 밝은 황색을 띰 ④ 항체기능 | 수정이 된 후	㉠ 황체가 난소에 남아 프로게스테론과 에스트로겐을 분비하여 수정란이 자궁내막에 착상하는 것을 도움 ㉡ 임신황체는 10배 정도 커지며 태반이 완성되는 12주까지 기능이 최고조에 달함 ㉢ 태반이 형성되면 태반에서 프로게스테론이 분비되므로 황체는 소량의 프로게스테론을 분비하며 임신을 유지시킴, 그 후에 서서히 변성위축되어 임신 말기까지 지속되다가 분만 후 백체가 됨
---	---
수정이 안 된 경우	황체는 퇴행기에 들어가 백체가 되어 위축되어 소실		[황체기]
백체기	① 퇴화된 황체로 회백색을 띰 ② 난포가 백체로 될 때 난포벽은 붕괴되고 얇은 과립막세포는 접혀 들어가며 파열된 난소의 표면은 섬유소로 잘 봉해짐 ③ 혈액순환이 왕성한 젊은 여성의 경우, 백체는 빨리 흡수되어 새로운 결합조직에 의해 다시 채워져 최종적으로 회백색의 두터운 결합조직의 흔적만 남음, 그러나 혈액순환이 느리면 흡수가 잘 안 되므로 폐경기 이후에 여러 가지 크기의 백체로 남아있음	

- 여성호르몬

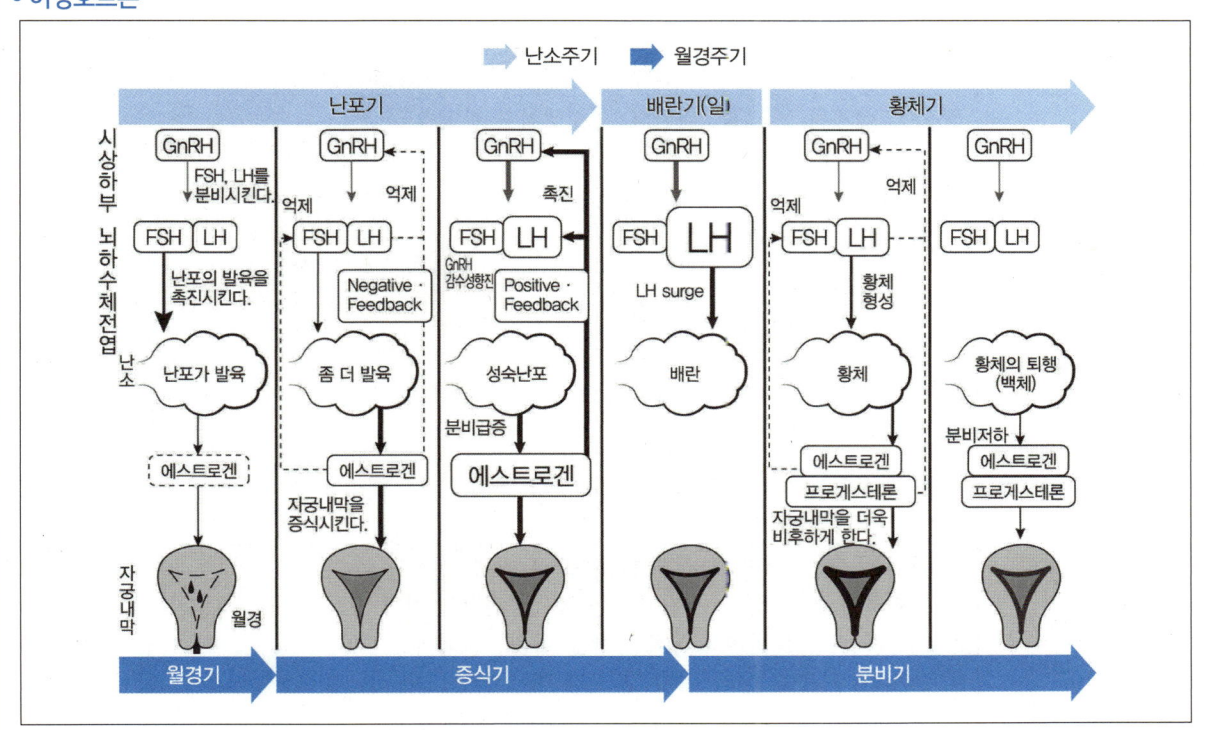

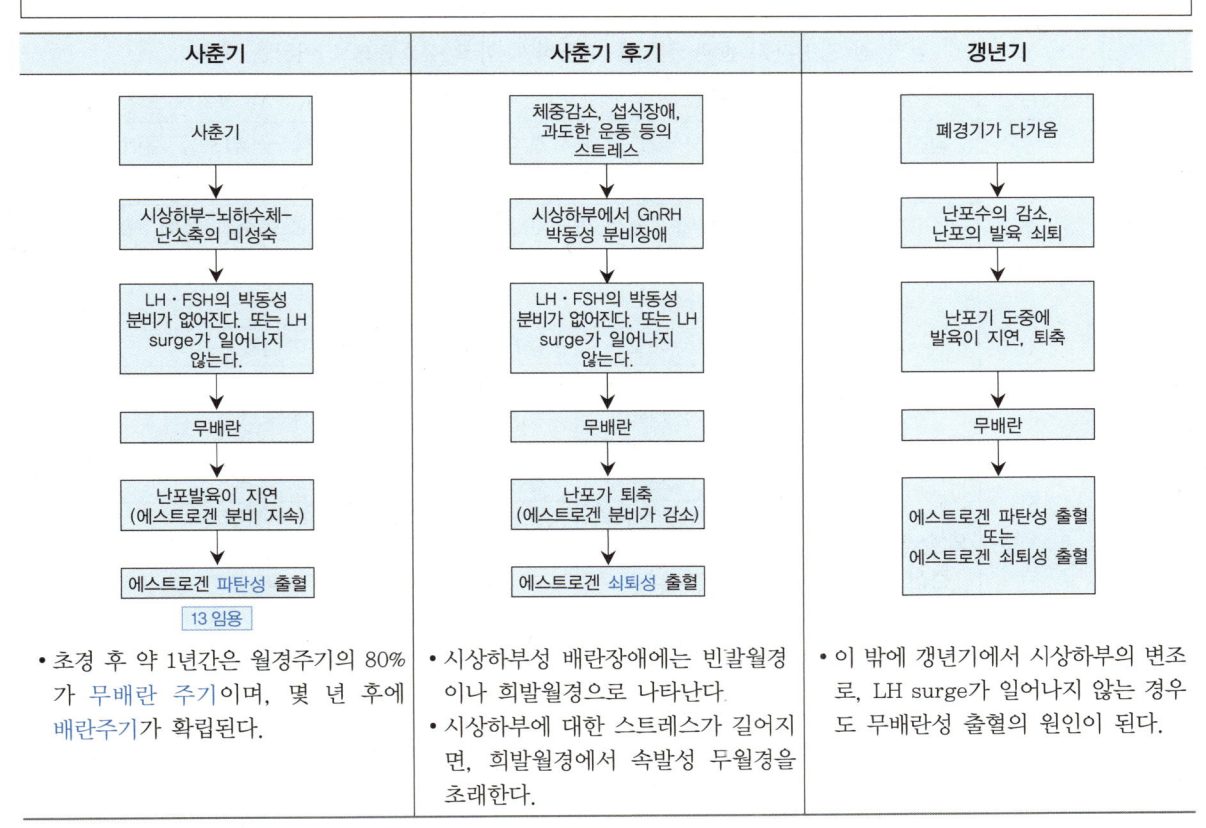

- 초경 후 약 1년간은 월경주기의 80%가 무배란 주기이며, 몇 년 후에 배란주기가 확립된다.
- 시상하부성 배란장애에는 빈발월경이나 희발월경으로 나타난다.
- 시상하부에 대한 스트레스가 길어지면, 희발월경에서 속발성 무월경을 초래한다.
- 이 밖에 갱년기에서 시상하부의 변조로, LH surge가 일어나지 않는 경우도 무배란성 출혈의 원인이 된다.

4 여성생식기 건강사정

건강력 사정	현재력	주 호소, 질 분비물, 통증, 출혈, 무월경, 갱년기 증상 등		
	과거력	월경력, 산과력, 성생활, 피임력, 여성생식기 질병력 등		
		산과력 표기법 • TPAL : 정상 분만수(만기분만) − 조산수 − 유산수 − 살아 있는 아이수(생존아) [Term birth(fullterm) − Preterm birth − Abortion − Living children(alive)] • GPLDA : G gravida(총임신수) P para(출산) L live(생존) D death(사망) A abortion(유산)		
	가족력	가족의 질병(심장병, 고혈압, 당뇨병 등), 가족기능 등		
	건강생활 양식	영양, 개인적 습관, 스트레스, 활동과 운동, 수면과 휴식 등		
	생의 주기별 건강력	사춘기, 성인기, 임신기, 갱년기별로 사정		
신체검진	전반적 준비와 간호	① 사정은 시진, 촉진, 타진, 청진 순으로 진행 ② 검진자는 손을 씻고, 검진절차, 방법, 불편감을 설명 ③ 대상자는 검사 전 배뇨하여 방광을 비움 ④ 24시간 이내 질 세척 여부 및 월경 여부 확인 ⑤ 검진자세는 쇄석위로 하며, 검진 시 무균법 적용 ⑥ 검진 전 검진자의 손과 질경을 따뜻하게 하고 심호흡으로 이완을 유도		
	전신검진	활력징후, 신장, 체중, 전반적 외모, 심장, 폐, 유방, 복부, 사지, 비뇨생식계 등을 사정		
	생식기 검진 07,10,11 국시	검진 순서	복부관찰 → 외생식기 검사(시진 후 촉진) → 질경검사 → 검사물 채취 → 양손진찰법 01,06 국시	
		외생식기 검진	시진	① 방법 : 장갑 낀 손으로 대음순을 벌리고 소음순과 음핵, 요도 개구부, 질구 관찰 ② 사정 | 치모	• 숱이 많고 치구와 대퇴안쪽 위치
대음순	• 대칭을 이룸 − 미산부 : 대음순이 중앙에서 만남 − 경산부 : 음순이 벌어지고 약간 쭈그러듦
소음순	• 짙은 분홍색이며 축축하고 대칭적
요도개구부	• 별모양 또는 길쭉하며 중앙선에 위치
질구	• 세로로 길쭉하며 중앙선에 위치	
			촉진	① 외생식기에 병소가 의심스러울 때 촉진함 ② 자세 : 쇄석위, 좌측위(기동제한 있는 경우) ③ 사정 | 요도와 스킨샘	• 오른쪽 검지를 질내에 4~5cm 삽입하여 요도를 안에서 바깥쪽으로 가볍게 눌러 분비물이 있으면 균 배양(단, 이 과정 시 통증이 없어야 함)
바르톨린샘	• 검지를 질강 후부까지 삽입 → 엄지손가락을 바깥쪽에 놓고 아래 방향으로 돌려 대음순의 4시, 8시 방향 촉진 • 바르톨린샘을 눌러 부종과 분비물, 동통 여부 검사	

신체검진	생식기 검진 07,10,11 국시	외생식기 검진	골반 근육 지지 정도 사정 06 국시	① 방법: 한쪽 손의 검지와 중지로 음순을 벌리고 다른 쪽의 검지, 중지를 질 안으로 넣은 후 대상자에게 아래로 힘을 주도록 함 ② 결과 <table><tr><td>정상</td><td>• 질 벽의 팽윤이나 요실금 없음</td></tr><tr><td>비정상</td><td>• 질벽 팽윤: 방광류, 직장류, 경한 자궁탈수 시 아래로 힘을 줄 때만 나타남 • 복압성 요실금: 아래로 힘줄 때 소변이 흐름 • 성적 만족감 감소: 탄력성 감소, 상실</td></tr></table>
		내생식기 검진	질경 검사 02,05, 06,07,14, 20 국시	① 준비사항 <table><tr><td>대상자</td><td>• 24시간 전에 질세척이나 질약 사용 금지 • 방광 비우기 • 쇄석위</td></tr><tr><td>검진자</td><td>• 질경을 따뜻하게 준비(따뜻한 생리식염수에 적시기, 윤활제 사용 금기(∵윤활제가 정균 작용하여 검사물 세포의 변화 유발)) • 손을 씻고 소독된 장갑 착용 • 검진부위만 노출, 프라이버시 보호 • 검사의 목적과 방법 설명</td></tr></table> ② 방법 <table><tr><td colspan="2">질경을 다루지 않는 손의 검지와 중지를 질구에 넣고 가볍게 회음부 쪽으로 눌러서 벌리고 다른 손의 검지와 중지로 질경의 날을 모아잡고 다음의 순서로 질강 검사를 실시함</td></tr><tr><td rowspan="5">적절한 크기의 질경 선택</td><td></td></tr><tr><td>㉠ 질경을 사선으로 삽입</td></tr><tr><td>• 적절한 크기의 질경 선택 • 따뜻한 물에 질경을 덥히기(∵질경이 차면 근육이 긴장되어 불편감 유발, 윤활제 사용 시 정균작용으로 검사결과에 영향을 주므로) • 질 외구를 사정하면서 삽입 • 질경을 다루지 않은 손의 시지와 장지를 질구에 넣고 가볍게 회음부쪽으로 눌러서 벌리기 • 다른 쪽의 손의 시지와 장지로 질경의 날을 모아 잡고 엄지로 나사를 잡아서 질경을 닫은 상태에서 45°각도 아래쪽 방향으로 삽입</td></tr><tr><td>㉡ 질경을 후질원개 방향으로 삽입</td><td>• 감각이 예민한 질 전벽과 요도를 건드리지 않도록 조심하면서 질경을 질후벽 쪽으로 힘을 가하며 사선으로 삽입 • 이때 치모를 잡아당기거나 질경 사이로 음순이 끼어들어가지 않도록 주의</td></tr><tr><td>㉢ 자궁경부 찾기</td><td>• 질경을 삽입한 후 질 안에 넣었던 손가락을 빼고 질 후벽 쪽으로 압력을 가하는 상태에서 질경의 날이 수평이 되도록 회전시키기</td></tr><tr><td>㉣ 후질원개 관찰</td><td>• 질경이 완전히 들어간 후에 자궁경부가 완전히 보이도록 질경 벌리기</td></tr><tr><td>㉤ 경부시진</td><td>• 자궁이 전경, 전굴인 경우에는 자궁경부가 질 후벽 쪽에서 보이고 자궁이 후굴된 경우에는 자궁경부가 질 전벽 쪽에 있으므로 질경을 질 후벽으로 수평이 되게 해야 자궁경부가 잘 보임 • 자궁경부가 가운데에서 보이면 질경의 나사 고정시키기</td></tr><tr><td>성 경험 없는 대상자</td><td>항문으로 검진할 수 있음을 설명해 주고, 작은 질경을 사용할 수 있다고 알려줄 것</td></tr></table>
			경관도말 및 배양	임질검사	• 배양검사를 실시함으로써 임질 여부 확인 가능 • 임균의 배양이 필요한 경우에는 pap smear 검사 전에 검사물을 채취할 것

신체검진	생식기 검진 07,10,11 국시	내생식기 검진	경관도말 및 배양	pap smear 07,14,20 국시	• 자궁경부암 95%, 자궁내막암 40% 진단가능 • 검사 전 질세척, 질약, 성교를 금할 것 • 월경기가 아닐 때 검사할 것 • 노인은 질 점막이 건조하므로 면봉 끝에 식염수를 적셔서 사용할 것 • 채취부위 : ① 편평원주 상피세포 접합부, ② 후질원개, ③ 자궁경부 내구에서 채취 • 과정 : 목적 및 방법 설명 → 손 씻기 → 편평상피세포의 표면을 360°로 회전하여 채취 → 점액을 문지르지 말고 슬라이드에 가볍게 펴서 고정제를 뿌린 후 건조 → 대상자 이름, 날짜, 주된 호소, 검사 이유 등 기재

			양손 진찰법 05,13 국시	목적	• 질경 사용 후 실시
					• 질과 경관, 자궁 및 난소, 난관 등의 부속기와 직장을 두 손 사이에서 촉진
					  − 한 손은 배꼽부위와 치골부위의 중간부의 복부에 두고, 위에서 질 내에 있는 손가락 쪽으로 압력을 줌
					  − 복부 위의 손을 RLQ쪽으로 움직이면, 질내 손가락도 따라서 우측 질원개 부분으로 움직여서 자궁의 후벽과 자궁 부속기 사정
					  − 난소와 난관은 잘 촉지되지 않음, 특히 폐경 후 여성에서 난소가 촉지되면 난소종양 의심
					  − 정상적으로 자궁경부는 어느 정도 움직일 수 있으며 난소 크기는 3~4cm 이하
					• 항문과 방광의 상태 확인
					• 자궁의 크기, 압통, 종양 여부 확인

				방법	장갑을 낀 손으로 윤활제 바른 다음 내진 실시 → 장갑을 끼지 않은 손의 엄지와 검지는 음순 벌림 → 윤활된 검지와 중지를 질 속으로 삽입하여 아래쪽으로 부드럽게 압박(성 경험이 없는 여성, 폐경기 여성 등은 직장에 한 손가락 삽입) → 자궁목(경도, 크기, 움직일 때 압통 여부), 자궁(치골결합 위 복부 압박하는 손으로 자궁의 크기, 윤곽, 경도, 운동성 평가), 난소(두 손의 손가락들 사이로 촉진) 확인 → 질 속에 있는 손가락을 빼내기 전 대상자에게 가능한 만큼 강하게 질을 좁히라고 지시
			직장- 질 검진	목적	• 자궁경부 후면의 경부 크기 확인 • 이동성, 자궁후굴 관찰 • 직장과 질 누공 확인
				방법	장갑을 끼고 윤활제 바름 → 검지를 질 속에, 중지는 직장 속에 삽입(엄지는 외전, 무명지, 약지는 구부림) → 삽입 시 대상자가 아래쪽으로 힘을 주도록 지시(∵ 항문 조임근 이완)
			항문 검진 13 국시		① 골반의 질병을 평가할 때 시행하고 성 경험이 없는 여성이나 질구가 위축된 노인의 생식기 검진을 할 때 ② 직장에 삽입할 손가락 끝에 윤활제를 바르고 삽입 전 항문 주위를 문질러 주어 항문 조임근을 이완시킴

5 유방자가검진

검사 시기 95,06, 11 임용/ 07 국시	자가 검진	월경이 규칙적일 때 (18세 이후 여성)	월경 후 2일부터 7일까지(월경주기 중 5~12일, 월경시작일로부터 5~7일이 지난 기간에 실시) → 에스트로겐과 프로게스테론 감소하여 유방 조직이 가장 부드러워져 검사하기 좋음(월경 직전에 작은 병소가 발견되었다면 월경 후에 다시 사정)	
		임신부나 폐경기에 접어든 여성	일정한 날을 정해 매달 그날에 검사	
		에스트로겐 요법을 받는 경우	폐경기 이후 호르몬 대체요법을 받는 경우	약물 복용 마지막 날에 유방자가검진을 실시(∵ 에스트로겐 영향 여부를 확인하기 위함)
			경구피임약 복용	약물 복용 시작 전(∵ 금기증 대상 여부 확인)

	병원 검진	• 30~40대 여성은 2년에 한 번씩
		• 만 40세 이상은 1년에 한 번씩 병원에서 전문의의 진찰을 받도록 함
		  cf) 국가 암 검진사업
		    − 만 40세 이상의 여성은 2년에 한 번 검진
		    − 유방 촬영을 원칙으로 하며 숙련된 의사의 유방촉진		

검진 방법	시진 06,11 임용/ 15 국시	자세	관찰내용	
		(1) 상반신을 노출시킨 후 → 앉은 자세나 선 자세에서 실시 (차렷 자세) → 양팔을 옆으로 자연스럽게 내리기 모양, 크기, 대칭성 정맥돌출 증가 부종 정맥혈관 증가(정맥울혈), 부종(오렌지 껍질 피부)	유방	모양, 크기, 대칭성 관찰
				비정상	한쪽 유방이 갑작스럽게 커지는 것은 염증이나 종양, 낭종을 의미
			피부	피부병변(부스럼, 종기), 과다착색, 비정상 모발의 분포, 정맥혈관 증가 관찰
			유방주위 피부	발적, 돌출(혹), 피부의 함몰, 납작한 곳이 있는지 살핌
			부종유무	• 부종은 피부모공과 모낭을 확대시키고 오렌지 껍질 같은 양상을 보임 • 유방암일 때 피부 부종, 피부가 오렌지 껍질 모양이나 돼지 피부 • 두께 관찰
			유륜관찰	크기, 형태, 대칭성, 색깔

			유두관찰	• 모양, 크기, 출혈, 발진, 궤양, 퇴축, 유두함몰(→ 최근 발생 시 정밀검사를 실시해야 함)
				• 분비물(특히, 유두 한쪽에서 나오는 분비물)
				• 유두 끝의 방향
				  − 유두가 종양이 위치한 방향으로 편향
				  − 오랫동안 서 있을 때 유두가 함몰되는 것은 정상

		자세	관찰내용	
검진 방법	시진 06,11 임용/ 15 국시	(2) 양팔을 천천히 머리 위로 올리게 하여 유방의 움직임 관찰	유방	• 유방의 모양, 크기, 대칭성 관찰 • 유방의 내측 사분원 부위 돌출 여부
				양쪽 유방이 대칭적으로 올라가야 정상
			액와, 쇄골 부위	피부변색, 돌출, 퇴축, 부종 확인
		(3) 양손을 대퇴관절의 뒷부분에 대거나 양쪽 손바닥끼리 마주대고 밀어보게 하여 대흉근을 수축시키기		피부 퇴축(움푹 들어간 것), 주름이 잡히는 곳이 없는지 관찰
		(4) 팔을 앞으로 뻗고 상체를 숙이기		양쪽 유방의 모양, 크기, 대칭성 관찰
	촉진 15 국시	(1) 앉거나 선 자세 → 2, 3, 4번의 손가락 끝마디의 바닥부분, 볼록한 부위로 → 12시 방향부터 시작하여 시계방향으로 작은 원형을 만들면서 가볍게 누름 → 점차 유두부위로 모아서 모양 관찰	유방	• 유두를 향해서 2.5cm씩 안쪽으로 움직이면서 덩어리(소결절) 유무를 확인(→ 덩어리가 만져지면 정밀검사를 실시해야 함) 11 임용
			유두	• 엄지와 검지손가락으로 유두를 만져보며 탄력성을 살피고 분비물이 나오는지 관찰 • 색깔과 분비물을 확인 • 유두 분비물이 없어야 정상, 혈액과 같은 분비물이 있으면 유두종을 추정할 수 있음
		(2) 누운 자세	① 검사하는 쪽의 어깨 밑에 작은 베개로 고여 어깨를 높이고 팔은 머리 위로 올린 상태에서 액와부, 유방의 외측 사분원을 촉진(검사하는 쪽 유방을 가슴 위쪽으로 잡아당겨 유방조직이 넓게 퍼지게 하여 유방 깊은 곳의 변화를 쉽게 확인할 수 있음)	• 유방조직의 표면 상태를 느끼고(매끄러운지 또는 각이 져 있거나 거친지) 또한 힘을 주어 누르면서 조직의 단단한 정도 확인 • 유방 근육의 경도와 신축성 확인 • 유방 병변이나 압통 확인 → 소결절이 촉진되면 자세히 확인
			특징	양성은 표면이 매끈하고 조직도 부드러운 반면, 암은 표면이 거칠고 각이 져 있으며 돌같이 단단한 것이 특징
			② 팔을 내린 후 겨드랑이의 정수에 갈 수 있는 데까지 넣어 촉진	흉근 임파결절, 쇄골하결절, 겨드랑이 측면 임파결절의 비대, 압통유무 확인
		(3) 허리를 굽히고 상체를 앞으로 내밀기		① 팔을 움직임으로써 흉근이나 피하지방 밑에 숨어 있는 림프 결절과 종양 확인 ② 유방의 탄력성과 결절 유무를 촉진할 것

검진 방법	촉진 15 국시	1단계 거울을 보면서 육안으로 관찰: 평상시 유방의 모양이나 윤곽의 변화를 비교 ❶ 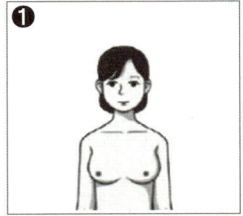 양팔을 편하게 내려놓은 후 양쪽 유방을 관찰한다. ❷ 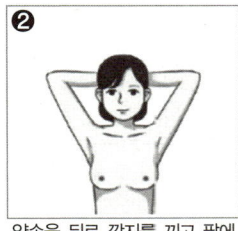 양손을 뒤로 깍지를 끼고 팔에 힘을 주면서 앞으로 내민다. ❸ 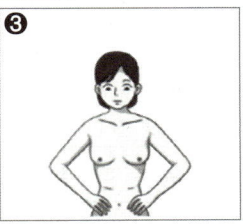 양손을 허리에 짚고 어깨와 팔꿈치를 앞으로 내밀면서 가슴에 힘을 주고 앞으로 숙인다. 2단계 서거나 앉아서 촉진: 로션 등을 이용 부드럽게 검진 ❶ 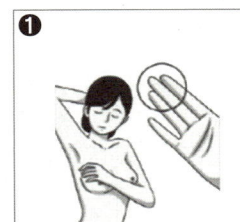 검진하는 유방 쪽 팔을 머리 위로 들어올리고 반대편 2, 3, 4번째 손가락 첫마디 바닥면을 이용해 검진한다. ❷ 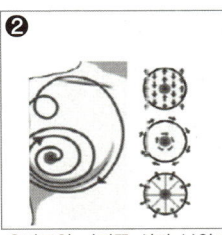 유방주위 바깥쪽 상단 부위에서 원을 그려가면서 안쪽으로 반드시 쇄골 위, 아래 부위와 겨드랑이 밑에서부터 검진한다. 동전크기만큼씩 약간 힘주어 시계방향으로 3개의 원을 그려가면서 검진한다. 유방 바깥쪽으로 원을 그리고 좀 더 작은 원을 그리는 식으로 한 곳에서 3개의 원을 그린다. ❸ 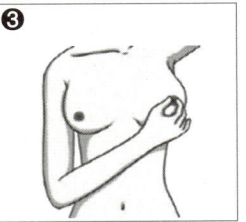 유두 주변까지 작은 원을 그리며 먼저 본 후에는 유두 위아래와 양 옆에서 안쪽으로 짜보아서 분비물이 있는지 확인한다. 3단계 누워서 촉진: 2단계를 보완 자세로 바꿈으로써 문제조직 발견 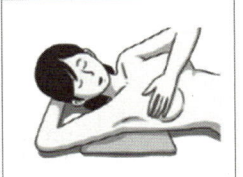 편한 상태로 누워 검사하는 쪽 어깨 밑에 타월을 접어서 받친 후 검사하는 쪽 팔을 위쪽으로 올리고 반대편 손으로 2단계의 방법과 같이 검진한다.
비정상 소견 11 임용		다음과 같은 소견이 있으면 정밀검사를 해야 함 ① 양팔을 올릴 때 대칭적으로 올라가지 않음 ② 유방함몰, 퇴축(악성종양에 의한 섬유조직 수축) ③ 오렌지 껍질같이 변한 피부(악성종양이나 염증성 종양에서 림프배액이 폐색되어 나타남) ④ 한쪽 유방에서 발견되는 정맥구조(악성종양에 의한 혈류량 증가) ⑤ 최근 함몰된 유두(악성종양) ⑥ 최근에 생긴 병변, 덩어리가 만져지는 경우 ⑦ 유두의 방향이 서로 다를 때(악성종양의 섬유조직이 유두의 축을 변화시킴) ⑧ 유륜의 압통, 화농색 분비물: 유륜피부기름샘 염증

6 무월경

정의	사춘기 이후에도 월경을 하지 않는 상태			
	무월경	월경이 없거나 주기를 건너뛰는 것		
	생리적 무월경	사춘기 이전, 임신과 산후 수유기간, 폐경 이후, 자연폐경		
	병리적 무월경	해부학적 이상이나 내분비질환 등 여러 질환에 의해서 발생하는 것		
			원발성 무월경	속발성 무월경
종류 05,21,23 국시		정의	① 이차성징의 발현이 없으면서 13세까지 초경이 없는 경우 ② 이차성징의 발현과 관계없이 15세까지 초경이 없는 경우	① 정상 월경주기가 3번 지나도록 월경이 없는 경우 ② 정상 월경이 있었던 여성이 6개월 이상 월경이 없는 경우
	원인 03,20 국시	시상하부성	칼만증후군	시상하부의 기능장애(심인성 포함), 신경성 식욕부진, 체중감소성 무월경 등 ◆ 기능성 무배란성 무월경 : 난포기, 배란, 황체기, 월경× → 계속적으로 에스트로겐만 배출 ◆ 체중감소 : 극도의 현저한 체중감소 → 피하지방의 심한 소실 야기
		뇌하수체성	선천성 고나도트로핀(GnRH) 결손증	Sheehan 증후군, 뇌하수체선종(고프로락틴혈증) 등
		난소성	터너증후군	다낭성난소증후군, 조기난소부전, 수술에 의한 난소적출 등
		자궁성	뮐러관 무발생, 자궁기형 등 ◆ 뮐러관 : 뮐러관의 정상적인 발달을 하지 못해 자궁, 자궁경부, 질상부가 형성되지 않는 질과 자궁의 선천성 기형	Asheman 증후군(외상성 자궁강유착증으로 자궁강 내의 수술조작 등에 의한 자궁내막기저층의 파괴나 박리가 원인이 되어 자궁강 내의 유착이 초래된 것), 자궁내막증 등
		질성	처녀막 폐쇄증, 질폐쇄증	

진단	무월경에 대한 간호사정은 원발성 무월경과 속발성 무월경의 진단과정에 따라 다름
	① 원인규명 : 병력 청취, 신체검진을 통한 유전적 요인, 내분비 장애 파악
	    ㉠ 우선적으로 임신가능성 확인 위해 hCG 검사 19,22 국시
	    ㉡ **병력청취 & 신체검진** : 유전적 요인(성염색체의 이상상태 파악), 내분비장애 파악			

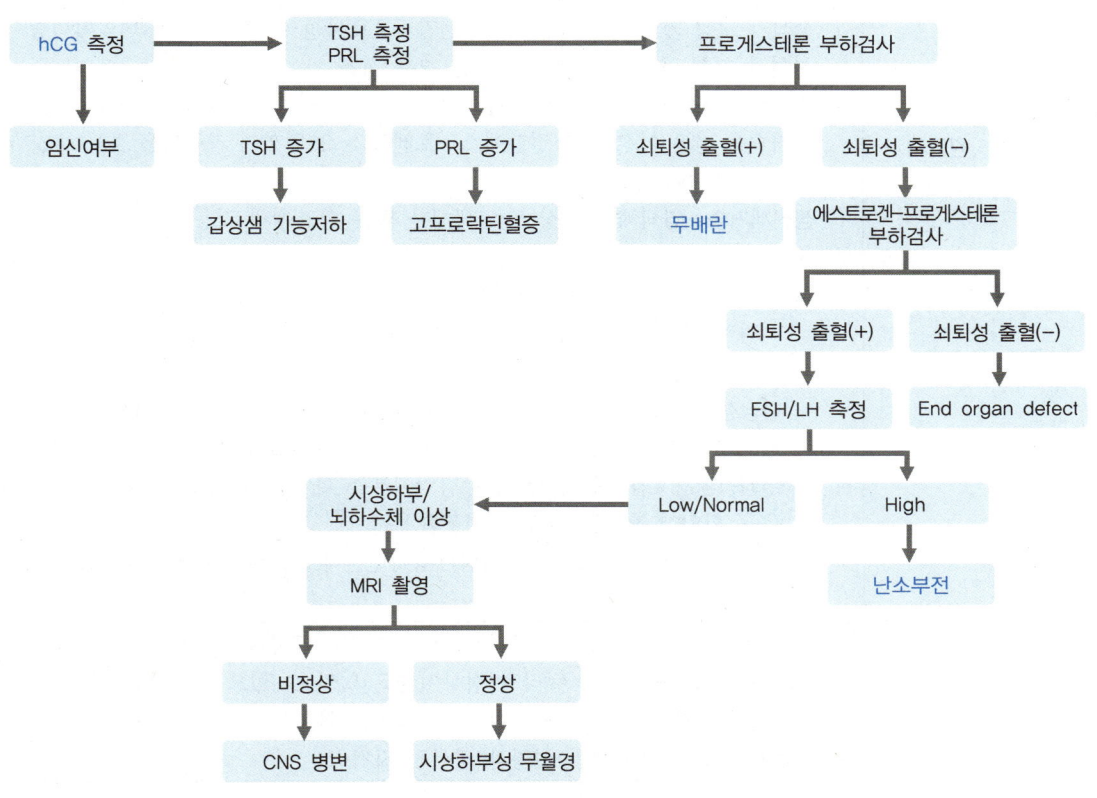

[속발성 무월경의 진단과정]

ⓒ 원인 판별을 위한 검사 시행

	혈중 갑상샘자극호르몬(TSH)과 유즙호르몬(prolactin) 농도, 프로게스테론 부하검사	
1단계	▶ 갑상샘기능저하증이 원인인 경우에 치료가 간단하므로 권장되는 검사	
	프로게스테론 부하검사	
	▶ 내인성 에스트로겐의 수준과 자궁내막에서 질에 이르는 경로의 정상 여부를 평가	
	검사방법	Provera 경구 투여(1일 10mg씩 5일간 경구 투여한 후 2~7일 이내 출혈 유무로 판정)
	판정	질출혈이 있으면 무배란성 무월경으로 진단, 월경 유출 경로는 정상으로 판단
2단계	에스트로겐-프로게스테론 부하검사	
	▶ 프로게스테론 투여 후에도 질출혈이 없는 경우 실시(월경 유출 경로가 정상적이지 않거나 에스트로겐에 의한 자궁내막 증식이 일어나지 않는 경우)	
	검사방법	conjugate estrogen 1.25mg 또는 estradiol 2mg 21일 동안 경구 투여 후 1단계와 같이 프로게스테론을 경구 투여
	판정	쇠퇴성 출혈이 없다면 자궁 및 월경 유출 경로의 구조적 이상을 고려하고 출혈이 있다면 에스트로겐 자극으로도 정상적인 월경이 이루어진다고 볼 수 있음
3단계	FSH/LH 측정	
	▶ 에스트로겐을 생성할 수 있는 난포형성 기능과 난소자극 기능을 평가	
	검사방법	생식샘자극호르몬검사를 실시하여 FSH/LH 측정
	판정	FSH/LH 상승 시 난소부전, 감소하거나 정상은 시상하부/뇌하수체의 문제

진단

치료 및 간호	원인제거	① 생식기 교정 및 성형수술 : 정상 성선자극호르몬성 무월경으로 처녀막막힘증, 가로질중격, 선천성 기형 등의 생식기형이 있는 경우 적용 ② 호르몬 대체요법 : 난소기능 상실, 시상하부성 무월경, 조기폐경, 불감성 난소증후군, 성선제거술을 받은 여성 등에 결합에스트로젠을 1~25일까지 경구복용, 16~25일까지 프로게스테론 추가 경구복용 ③ 성선제거술 : 염색체 검사상 Y 염색체가 있는 환자에게 적용 ④ 배란유도
	대증요법	ⓘ 갑상샘질환, 부신질환, 고프로락틴혈증 등은 그 질환에 대한 특수한 치료를 하면 자연배란이 가능하나, 배란이 안 될 경우에는 원인인자에 대한 치료와 병행하여 배란을 유도할 수 있음 ⓛ 다낭성 난소질환을 가진 여성 : 임신을 원하지 않는 무배란성 여성에게는 주기적으로 황체호르몬치료를 하고, 임신을 원할 경우 배란유도제 사용 ⓒ 무월경환자 : 임신을 원할 경우 난임여부를 확인할 수 있는 검사를 시행하여 이상이 없음을 확인한 후 배란유도를 시행함 ⓔ 배란유도 약물 : 클로미펜, 사람폐경성선자극호르몬(menotropin), GnRH, 브로모크립틴 등
	보존 및 지지요법	① 대상자의 반응을 인지하고 잘 극복할 수 있도록 적절한 지지로 안심시킴 ② 청소년기에는 동년배와 달라 비정상이라고 느낄 수 있으므로 상담 필요 ③ 호르몬의 영향으로 발생하는 신체상 변화에 대해 상담 ④ 배우자나 보호자에 대한 설명과 정서적 지지

7 비정상 자궁출혈

종류	주기	월경기간	실혈량
정상월경	규칙(평균 28일)	7일 이하(3~5일)	80(70)mL 이하
월경과다	규칙	지연	과다(80~100mL)
부정자궁출혈	불규칙	월경기간이 아닌 때 발생	점상 또는 다량
빈발월경	짧아짐(규칙 or 불규칙)	보통	보통
희발월경	지연(규칙 or 불규칙)	보통	보통
과소월경	규칙	단축(1~2일)	감소
과다월경	규칙	보통	과다

분류		내용
정상월경	정의	약 4주 간격을 두고 자궁내막에서 주기적으로 흐르는 생리적인 출혈로 이것은 배란으로 인한 호르몬의 변화에 따라 일어나는 현상
	양상	평균기간 5일, 60~100(180)mL의 양, 28일 주기(개인차, 신체적·정서적·환경적 영향을 받음)
	주증상	① 둔부의 무거운 느낌 ② 빈뇨 및 변비 ③ 경미한 불안정감, 특별한 불편감은 없음
	특성	① 정맥혈 같이 검붉은색, 섬유용해성 효소가 있어서 응고가 안됨 ② 음부 피지선 분비물과 혼합되어 특유의 냄새가 남 ③ 혈구, 경관점액, 괴사된 조직 및 질 점액, 세균 등을 포함함 ④ 개인의 나이, 육체, 정서상태, 환경이 월경의 규칙성에 영향을 줌
	초경	① 일반적으로 13~14세에 시작됨(여성의 성 성숙도를 나타내는 지표임) 22 국시 ② 초경 후 1~2년간은 무통성, 무배란성 월경이 흔하고 수개월간 불규칙적인 양상을 보임 ③ 시상하부, 뇌하수체의 균형이 생기면서 난소에서 에스트로겐이 주기적으로 생산되어 난포성숙 및 배란 후 월경이 발생함
	청소년기 월경이상 평가기준(미국 산부인과학회, 소아과학회, 1981) ① 월경이 규칙적으로 매달 하다가 불규칙해졌는지 ② 월경주기의 기간 : 21일 이하, 45일 이상 ③ 월경주기가 사이클이 90일 이상 소요되는지 ④ 월경을 7일을 초과하여 진행하는지 ⑤ 1~2시간에 패드나 탐폰 1개 이상을 사용하는지	

	Normal	Abnormal
Duration	4~6 days	Less than 2 or More than 7 days
Volume	20mL	More than 80mL
Interval	24~35 days	

분류		내용
부정 자궁 출혈 98 국시	정의	① 월경기간 아닌 때에 점상 또는 다량의 비정상적인 자궁출혈 ② 생리적으로 모든 여성의 약 25%는 배란시기에 약간의 출혈이 있음
	원인	① 혈중 에스트로겐 농도 저하 ② 생식기의 기질적 병소, 즉 자궁내막암의 초기, 자궁경부의 미란과 폴립, 자궁외임신과 분만 후 태반조직잔류 등이 있을 때도 발생할 수 있음 ③ 자궁내장치를 한 여성도 월경주기가 아닌 때에 점적출혈이나 월경과다를 경험할 수 있음
	치료	① 혈중 에스트로겐 저하로 점적출혈이 있는 경우 : 배란 전 처음 며칠과 배란 후 며칠 동안 에스트로겐 투여로 예방 ② 경구피임약은 일정한 월경주기를 회복하는 데 도움이 될 수 있음 ③ 월경주기와 출혈양상을 지속적으로 관찰하도록 교육

월경과다 13,21 임용 / 13 국시	정의	① 규칙적인 주기, 출혈기간이 보통보다 긴 경우 ② 월경이 7~8일 이상 지속, 실혈이 80~100mL 이상		
		빈도	건강한 여성의 15~20%	
	원인	경구피임약 복용, 자궁내장치(IUD)		
		기질적 병소	국소질환	자궁경관염, 자궁내막염, 자궁근종
			전신질환	혈액질환, 간질환, 신장질환감염
		비만	일차적으로 무배란 초래, 이후 월경과다 초래	
		약물	항암화학요법제, 항응고제, 스테로이드 제제, 신경이완제 등	
	치료	젊은 여성, 가임연령층 여성	지나친 혈액손실이 없으면 치료하지 않음	
			원인제거	자궁내장치 제거, 경구피임약 변경, 소파수술(다수의 자궁내막 폴립 확인 시 치료법) 19 국시
			대증요법	프로베라, 에스트로겐-프로게스테론 병합제를 3~6개월 복용, 자궁출혈 심하면 자궁수축제 투여
			보존요법	단백질, 칼슘, 비타민, 철분 섭취, 우유나 치즈가 좋음, 비타민 C, 비타민 K, 황산철(FeSO$_4$) 등 권장
		갱년기 이후 여성	출혈은 암이나 다른 병적 상태를 의미하므로 최대한 빨리 치료해야 함	
과소월경	정의	① 규칙적인 주기, 출혈기간이 보통보다 짧은 경우 ② 출혈기간이 1~2일로 짧고 양이 적음 ③ 월경주기가 17~20일로 짧으면 무배란을 암시 (30세 이전 여성이 무배란성 월경주기가 지속되면 불임과 자궁내막염의 위험 증가)		
	원인	① 내분비 기능장애가 원인 ② 경구피임약 복용, 자궁경부 협착, 심한 체중감소, 단백결핍, 약물 복용 등		
	치료	원인규명	골반검사, 배란검사	
		원인제거	① 경구피임약 복용 중단 ② 경관 협착이 원인인 경우에는 경관확대 ③ 체중감소가 원인인 경우에는 영양개선	
희발월경 15 임용	정의	① 월경주기가 정상보다 긴 경우(35~40일) ② 규칙적인 출혈양상 : 출혈량과 기간은 정상		
	원인	배란장애, 무배란(특히, 초경이 시작되는 시기에는 시상하부 - 뇌하수체 - 난소 축의 미성숙으로 야기되는 경우가 많음)		
	치료	① 에스트로겐-프로게스테론 병용요법이나 프로게스테론 단독요법 시행 ② 불임이 원인인 경우 : 배란유도제 사용, 어느 경우에나 임신여부를 확인해야 하며 3개월에 한번 정도는 황체호르몬을 이용하여 월경을 유발시켜야 자궁내막증식증을 예방할 수 있음		
빈발월경 15 임용	정의	① 월경주기가 정상보다 짧은 경우(21일 미만) ② 규칙적인 출혈양상 : 출혈량과 기간은 정상		
	원인	① 자궁외임신, 유산 ② 호르몬 불균형, 무배란 ③ 자궁근종(중년 여성)		
	진단	기초체온표를 보면 자궁내막 조직검사의 시기 및 배란여부를 알 수 있고, 난포기와 황체기의 단축여부를 알 수 있음		
	치료	① 난포기 단축에 의한 빈발월경일 경우에는 에스트로겐 제제, 클로미펜으로 교정 ② 황체기 단축에 의한 빈발월경은 황체호르몬을 투여하여 교정		

기능성 자궁출혈 10 국시	정의	① 자궁의 기질적인 병변과 관계없이 내분비 장애에 의한 자궁내막주기의 변화로 발생 ② 초경 직후나 폐경전기에 흔히 발생 ③ 출혈양상은 월경과다/과소, 부정자궁출혈 등이 있음		
		빈도		무배란성 자궁출혈의 90% 이상 차지
		분류	① 에스트로겐 쇠퇴성 출혈	난포는 발육하기 위해 에스트로겐을 분비하지만 배란이 되지 않아 프로게스테론을 분비하지 않음 → 난포가 쇠퇴하면서 에스트로겐 분비가 저하되어 자궁내막을 유지할 수 없게 됨 → 혈행장애를 일으킨 자궁내막이 괴사하여 박리됨
			② 에스트로겐 파탄성 출혈 13 임용 / 07 국시	• 에스트로겐의 생산량이 적어서 지연성 간헐적 점상출혈이 오거나 에스트로겐 생산이 과다하게 지속되어 무배란성이고 양이 과다한 희발월경(35~40일 이상의 불규칙한 월경)이 초래된 경우 • 초경기, 폐경기, 경구피임제, 호르몬 요법, 다낭성난소증후군 등에서 발생함
			③ 프로게스테론 쇠퇴성 출혈	• 만성 무배란이나 비만 등에서 프로게스테론이 저하되면 나선동맥을 유지할 수 없게 됨 → 혈행장애가 일어나 자궁내막이 괴사되어 박리됨 • 정상월경에서 나타남
			④ 프로게스테론 파탄성 출혈	에스트로겐에 비하여 황체호르몬 생산이 비례적으로 많아서 기간의 변동이 심한 간헐적 출혈
	원인	기능성 자궁출혈		시상하부 – 뇌하수체 – 난소 축의 장애
				외인성 스테로이드 호르몬의 영향으로 발생
		국소요인		자궁내막 위축성 출혈, 호르몬대체요법에 의한 의인성 출혈, 생식기 병소
		전신요인		갑상샘 기능이상, 간 기능 장애, 영양장애, 향정신성 약물, 약물중독 등이 있음
	치료	급성출혈		• 호르몬 치료 : 대부분의 무배란성 자궁출혈은 호르몬치료를 시행하면 24~36시간 이내에 호전됨 • 심한 자궁출혈이 있는 경우 : 1) 안정시키고, 2) 저혈량성 쇼크를 예방하기 위한 처치와 함께 3) 임신합병증, 생식기계의 종양, 혈액질환 등이 없을 경우에 흡인소파술로 지혈 도모
		만성무배란		• 자궁내막증이 나타나는 경우 : 프로게스테론제제로 치료 • 사춘기의 기능장애자궁출혈은 일정기간 동안 관찰한 후 주기적으로 황체호르몬을 투여하거나 에스트로겐-황체호르몬 복합제제(경구피임약 : combined estrogen-progestin) 투여 • 가임기 여성의 경우 : 출혈양상이 약간 불규칙하지만 양이 많지 않다면 주기적인 진찰을 받으면서 관찰하도록 함 • 지속적으로 배란되지 않는 여성 : 임신을 원할 경우에는 클로미펜을 투여하여 배란 유도하고 임신을 원하지 않을 경우에는 출혈의 재발을 예방하고 주기적인 월경의 유도와 배란 억제를 위해 저용량 경구피임제 투여가 가장 유용한 방법임 • 고령인 경우 : 더 이상 임신을 원하지 않으면서 보존적 치료가 부적절하거나 출혈이 재발될 우려가 있는 여성은 전자궁절제술을 고려할 수 있음

8 월경전증후군(= 월경전긴장증, 월경전긴장증후군)

정의	① 월경과 관련된 정서장애로 일상생활에 지장을 줄 정도의 신체적, 정서적 또는 행동적으로 복합된 증후군 (증상들은 월경이 시작되면 최소화되거나 금방 사라짐) 13 임용(지문) / 03,08,15 국시 ② 기간: 월경 전 약 2~10일(배란 후 황체기)에 시작, 월경 시작 직전이나 월경 직후에 소실	
역학	발생빈도	성인 여성의 30~50% 경험, 이 중 10~20%는 증상이 심해서 일상 활동을 하지 못함
	연령별 특성	20대가 불편감을 가장 많이 경험, 그 다음이 30대, 40대 순으로 불편감을 많이 경험함, 젊은 나이일수록 더 경험
	관련요인	다산부, 임신중독증, 알코올중독증, 직장을 가진 여성에서 빈도가 높음
	관련 없는 요인	결혼생활, 교육 정도, 인종이나 문화적 배경과는 관련이 없다고 알려져 있음
원인 16 임용	① 월경전증후군의 원인요인은 다양한 연구를 통하여 많은 학설들이 제시되고 있으나 아직 불명확하며 현재도 연구 중임 ② 호르몬의 변화나 영양소 결핍설 등은 단독으로는 월경전증후군을 초래하지 않음 ③ 그 외 월경전증후군을 촉발 or 강화하는 요인들은 신체적, 심리적, 환경적, 사회문화적 변수들로 알려짐	
	내분비설	**호르몬 불균형** 16 임용 황체기에 에스트로겐의 상대적 과잉 분비와 프로게스테론의 상대적 결핍 (황체기에 프로게스테론은 나트륨의 배설을 증가시키나, 황체기에 에스트로겐은 레닌 분비를 증가시키므로) → 레닌, 안지오텐신, 알도스테론 증가 ➡ 염분과 수분이 조직 내에 축적되어 부종이나 체중증가를 야기 ◆ 프로게스테론: 알도스테론의 길항작용으로 나트륨 배설 에스트로겐: RAA 활성화로 염분과 수분 보유
		프로락틴 분비 증가 황체기에 프로락틴 분비가 증가되어 유방의 팽대와 압통 유발
		인슐린 수용체 증가 난포기에 비해 황체기에 인슐린 수용체가 배로 증가(→ 탄수화물 내성이 증가하면 탄수화물을 섭취해도 혈당치가 상승하지 않음)하여 단 음식을 찾게 됨
	내재성 엔돌핀설	① 뇌하수체 문맥계에서 분비되는 아편제제 펩타이드의 혈중 농도가 월경주기에 따라 주기적으로 변화: 황체기에 절정, 월경기에는 거의 없음 ② 혈중 아편제제 펩타이드: 아편제제 펩타이드 혈중 농도가 월경주기에 따라 주기적으로 변화한다는 설로 아편제제 펩타이드는 신경전달물질로 내분비, 정서 및 행동의 생리현상 조절에 영향을 주는 물질임 - 아편제제 펩타이드 중 엔돌핀은 항이뇨호르몬의 분비를 증가시켜 체액의 저류를 야기하고, 프로락틴 농도를 증가시켜 월경전증후군의 여러 증상을 유발함
	영양소 결핍설 16 임용	① 비타민 B_6(세로토닌 생성물질)와 마그네슘(신경안정제 역할)의 부족 때문에 발생하는 것으로 불안하고 예민해지면서 주의집중이 잘 안됨 ② 특히 비타민 B_6는 단백질 이용을 증가시키고 피로, 긴장, 우울을 완화시키는 작용을 함
	심리적 측면	① 원래 정서적으로 불안정하거나 우울증 성향이 있는 여성 또는 자율성이 낮으며 여성적이고 일상생활에서 예민하고 섬세할수록 그 증상이 월경전후기에 더 악화되는 것으로 분석 ② 불안, 우울, 스트레스 등이 월경전증후군의 강도에 영향

증상 및 징후	신체적 증상		가스팽만, 더부룩함, 오심, 유방의 팽만감과 통증, 골반통, 체중증가, 배변장애 등
	정서적 증상		집중력 장애, 정서적 불안정, 신경과민, 불안, 우울증, 기면, 식욕 변화, 성욕 감퇴, 공격적·파괴적 충동, 자살기도 등
	특성에 따른 분류	불안군	불안, 예민, 기분동요, 안절부절못함, 주의집중 장애
		우울군	마음이 혼란함, 울고 싶고, 불면, 우울, 자살사고, 망각 등
		탄수화물 대사군	단 음식이 먹고 싶고, 식욕 증가, 피곤, 현기증이나 두통 등
		수분 대사군	유방 비대/단단/압통, 얼굴과 말초부위 부종, 복부 팽만
치료 및 간호 02,13 임용 / 01,17,18, 21,23 국시	대증 요법	중등도 이상 시	① 비타민 B$_6$를 장기투여하거나 저염식/고단백 식이 ② 이뇨제 투여(주의점 : 장기간 투여해 온 경우 갑자기 사용을 중단하면 레닌 – 안지오텐신 – 알도스테론계의 반작용으로 급성 체액저류를 일으킬 수 있음)
		부종, 우울증, 불안	① 프로게스테론의 질정 삽입, 분말로 된 프로게스테론의 경구 투여 ② 우울증이 주증상인 경우 리튬, 불안과 정서불안정에는 클로니딘, 베라파밀 사용 ③ 두통이 주증상인 경우 메페나믹산(mefenamic acid)을 황체기 동안 투여하면 두통 외의 많은 증상을 완화할 수 있음
		유방 불편감	유방 팽만감, 통증에는 브로모크립틴(bromocriptine) 2.5mg을 1~2회/일 투여
		정서장애	① 정신과적 치료 ② 우울증이나 두통 완화를 위한 약물투여 ③ 경구피임약, 다나졸, GnRH 활성제 등의 호르몬요법 | 경구피임약 | FSH, LH의 분비를 억제하여 에스트로겐 분비감소 | | 다나졸 | 테스토스테론 유도체로 시상하부와 뇌하수체를 억제(GnRH, FSH, LH 억제)하여 난소에서 에스트로겐 분비를 억제함 | | GnRH 활성제 | 음성회환기전에 의해 FSH, LH 억제 |
	보존 및 지지 요법	(1) 월경일지 작성	① 2~3개월 동안의 월경날짜, 배란일, 모든 증상, 스트레스 정도 등을 기록하게 함 → 스스로 기록해 그 자료를 가져오게 하는 것이 진단의 중요한 방법이 됨 PMS를 경험하는 여성의 신체·정서적 변화에 관한 자료 수집 내용 • PMS 시작 나이 • 작할 때의 주위 환경 • 지속 기간 • 촉진시키는 요인들 • 증상의 형태와 정도 • 증상이 나타나는 시기와 주기성 • 자존감, 신체상, 자아개념에 미치는 영향 • 대인관계에 미치는 영향 • 자구책의 형태와 효과 • 의학적 치료 형태와 효과 ② 주기적으로 반복되는 기분변화와 증상에 대한 기록으로 미리 관리계획 수립 ③ PMS를 가진 여성 스스로 관리할 수 있도록 생활양식 변경이 필요함
		(2) 교육과 상담	① 월경에 대한 부정적인 태도를 변화시켜주고 자아개념을 증진시킴 ② 그룹치료 : 긍정적인 여성상을 갖는데 효과적이며 서로의 경험을 나누고 지지적인 관계를 형성시켜 줌으로써 증상완화, 자아개념과 대처전략 증진에 도움이 됨
		(3) 스트레스 관리	스트레스가 PMS 유발에 영향을 주므로 월경 전 스트레스를 줄이고, 조절

치료 및 간호 02,13 임용 / 01,17,18, 21,23 국시	보존 및 지지 요법	(4) 체중측정		부종을 확인하기 위해 매일 체중측정
		(5) 휴식		피로는 스트레스를 가중시킴. 충분한 수면, 낮잠이나 이완요법 등
		(6) 운동		① 적절하고 규칙적인 운동, 실외에서 맑고 신선한 공기를 마시면서 빠른 걸음으로 걷는 운동이 좋음 ② 엔돌핀 분비 촉진하여 PMS 증상을 예방하는 데에 도움이 됨(스트레스와 통증을 줄이고, 언짢은 기분을 완화시킴) ③ 월경전긴장성두통에도 효과가 있음
		(7) 식이	권장	① 저염식, 비타민 B 복합군(돼지고기, 곡식의 눈, 우유, 달걀노른자, 효소, 곡식의 열매, 콩류), 탄수화물, 신선한 녹황색 야채, 과일, 섬유소 등 섭취 ② 소량씩 자주 섭취 : 혈당을 안정되게 유지하는 방법임
			제한	짠 음식(특히, 월경 전 7~9일부터 염분섭취를 줄여야 함)이나 농축된 단 음식, 육류나 튀긴 음식, 신경흥분을 초래하는 커피, 차, 탄산음료 및 초콜릿 등 카페인 식품의 섭취를 줄일 것 → 카페인이나 저혈당으로 인해 악화되는 불안정감의 감소를 위함
DSM-5-TR	**월경전불쾌장애의 진단기준** (1) 대부분의 월경주기마다 월경이 시작되기 전 주에 아래 기준 (2)와 (3)의 증상들 중 5가지 이상이 나타나고, 월경이 시작된 후에는 며칠 안에 나아지기 시작하고, 월경이 끝난 후에는 증상이 최소화되거나 없어져야 함 (2) 다음 증상들 중 1가지 이상 존재 　① 뚜렷한 정동 불안정성(예 기분 변동; 갑자기 슬퍼지거나 울고 싶거나, 거절에 대한 민감성 증가) 　② 뚜렷한 과민성이나 분노 또는 대인관계의 갈등 증가(예 짜증, 분노, 다른 사람들과 잦은 갈등) 　③ 뚜렷한 우울기분, 절망감 또는 자기비하적 사고(예 우울한 기분 혹은 절망감) 　④ 뚜렷한 불안, 긴장 또는 안절부절못한 느낌 (3) 다음 증상들 중 1가지 이상 존재, 기준 (2)와 (3)을 합쳐 5개 이상의 증상이 나타나야 함 　① 일상적 활동의 흥미감소(예 일, 학교, 친구, 취미) 　② 주의집중의 곤란 　③ 무기력감, 쉽게 피곤해짐 또는 뚜렷한 에너지 부족 　④ 식욕의 현저한 변화; 과식; 또는 특정 음식의 갈망 　⑤ 수면과다 또는 불면 　⑥ 압도되거나 자제력을 잃을 것 같은 느낌 　⑦ 유방의 압통이나 부종, 관절통이나 근육통, 붓는 느낌 혹은 체중 증가와 같은 신체 증상들 (4) 증상들이 일, 학교, 일상적 사회활동 또는 다른 사람과의 관계에서 임상적으로 심각한 고통이나 방해 초래(예 사회 활동 회피; 직장, 학교, 가정에서 생산성과 효율성 감소) (5) 장애는 주요우울장애, 공황장애, 지속적 우울장애(기분부전장애), 성격장애와 같은 다른 장애의 증상들이 단지 악화된 것이 아니어야 함 (6) 적어도 2회의 증상 (월경) 주기 동안 전형적인 일일 평가로 확인되어야 함 (7) 증상들이 물질이나 다른 의학적 질환의 생리적 효과들로 인한 것이 아니어야 함			
간호 진단	(1) 자궁경련과 관련된 통증 (2) 불안 　① 월경전증후군 이해부족과 관련된 불안 　② 혼란으로 야기된 스트레스와 관련된 불안 　③ 활동제약에 관련된 불안 (3) 월경전증후군 영향과 관련된 비효율적 대응 (4) 수분축적과 관련된 체액 과다 (5) 원인, 촉진요인, 치료, 자가간호법과 관련된 지식부족 (6) 월경전증후군의 정서적인 영향과 활동장애와 관련된 신체적 장애			

9 월경곤란증

1 월경곤란증

정의	① 통증을 동반한 월경(부인과 질환 중에서 가장 흔한 증상의 하나) ② 종류 : 원발성 월경곤란증과 속발성 월경곤란증 두 가지 분류로 나눌 수 있음		
원인	**원발성 월경곤란증** 07,12 임용 / 02,13,16,19 국시	(1) 월경 전 프로게스테론의 감소는 → 자궁내막에서 아라키돈산 분비와 사이클로옥시게나아제의 활성을 증가시키는 유발요인이 됨 → 자궁내막에서 프로스타글란딘 생성을 증가시킴 [96 임용] ① 자궁근의 과도한 수축의 강도와 빈도가 증가 및 자궁동맥 혈관경련을 야기시킴 : 허혈과 주기적인 하복부 경련을 초래(허혈성 월경통의 주된 원인이 됨), 월경이 시작되기 전 4~24시간 전부터 자궁내막 동맥에 수축이 지속되고 난 후 수축과 확장이 교대로 일어남 ② 자궁협부의 긴장도가 정상적인 경우보다 증가되어 월경혈 유출 장애를 초래함 ③ 프로스타글란딘의 체순환에 유입 → 전신적 반응 : 요통, 허약감, 발한, 위장관계 증상(식욕부진, 오심, 구토, 설사), 중추신경계 증상(어지러움, 실신, 두통, 집중력 저하) 등	
		(2) 정서적인 요인 → 정신적인 불안증 또는 신경질적인 소질	
		(3) 기타 영향 요인 : 가족력, 카페인 복용, 스트레스, 사회적 환경, 월경에 대한 긍정적 또는 부정적 태도 등	
	속발성 월경곤란증	경련성 월경곤란증	점막하 자궁근종, 월경과다, 자궁내막폴립, 자궁목협착이나 자궁내장치 사용 시 발생	❶ 속발성 월경곤란증에서도 프로스타글란딘이 통증 및 염증성 반응의 중개 역할을 하는 것으로 설명됨
		울혈성 월경곤란증	만성 골반염증성질환, 자궁선근증, 자궁근종, 자궁내막증	❶ + 골반 내 울혈의 결과
		폐쇄성 월경곤란증	선천성 원인에는 처녀막 폐쇄, 횡질증격, 자궁목 및 자궁의 선천성 기형 등	❶ + 월경혈의 배출장애에 기인
			후천성 원인에는 자궁목의 원추절제 전기소작 후의 자궁목의 유착, 유산 후 아셔만증후군(자궁내막 유착), 결핵성 자궁내막염	

		원발성 월경곤란증	속발성 월경곤란증
분류 96,07 임용 / 02,13, 16 국시	정의	골반의 기질적인 병변이 없는 경우	자궁내막증 등 골반 내 울혈을 초래하는 골반의 기질적인 병변과 동반된 경우 [12 임용]
	시기	• 첫 발생 시기 : 대개 배란주기에 발생하므로 초경 6~12개월이 지난 후 발생함 [12 임용] - 속발성 월경곤란증보다 이른 나이에 시작되고 40대까지 지속될 수도 있음. 대개 나이가 들수록 호전됨 • 주기적 발생 : 월경이 시작되기 전에 수시간 내 발생	• 첫 발생 시기 - 25세 이후(나이에 구애받지 않음) - 초경 시작과 동시에 통증이 나타남 - 초경 2년 경과 후 발생된 때 - 결혼 후 없던 월경통이 발생 - 첫 아기 분만 후 월경통이 처음 나타남 - 무배란성 월경주기를 가진 여성에게서 발생한 월경곤란증

분류 96,07 임용/ 02,13, 16 국시	통증	주기	대개 배란주기에 발생	월경주기와 무관하게 하복부 통증, 불쾌감이 심함
		지속 시간	월경 시작 몇 시간 전 또는 시작 직후에 발생하여 48~72시간 지속(72시간 경과하는 일은 거의 없음)	• 월경 시작 1~2주 전부터 나타날 수 있음 • 월경 후까지 지속될 수 있음(월경 양과 출혈기간이 길어진 경우)
		양상	• 치골상부와 하복부에 통증(경련성)이 국한되어 둔하게 쑤시는 형태 10 임용(지문) • 허벅지 쪽으로 통증이 방사되기도 해서 산통과 유사한 양상을 나타냄 • 심한 경우 오심, 구토, 설사, 피곤, 어지러움, 식욕부진, 두통 및 신경과민을 동반하기도 함	• 월경이 시작된 후에도 지속되는 통증 • 월경 시작 후 더 심해진 통증
		완화 요인	NSAIDs, 저용량 경구피임제 : 통증완화	NSAIDs, 경구피임제 : 통증이 완화되는 경우는 드묾

치료 및 간호	원인 제거	대증요법이나 호르몬 및 약물요법이 실패할 경우 일상생활에 장애를 받을 정도이면 천골신경차단술이나 전자궁적출술을 수행		
	대증 요법 12 임용/ 07,10,12, 18,20, 23 국시	약물 요법	진통제	NSAIDs, COX-2억제제, 프로스타글란딘 합성 억제제(indomethacin)	• 기전 : 고리산화효소(COX)를 억제하고 프로스타글란딘 합성 억제 12 임용 • 투여 : 진통제나 진정제를 월경 시작 전과 월경일에 투여할 수 있음(원발성 월경통에 효과적) • 안정, 국소 온열요법을 병행하면 좋은 효과 기대 • 식사와 함께 섭취, 알코올 섭취금지, 위장관계출혈증상 관찰
			호르몬제	선택적 에스트로겐 수용체 작동제, 라록시펜(Evista)	• NSAIDs와 경구피임약에 반응하지 않는 대상자에 사용 • 기전 : 매일 투여하여 배란성 주기를 무배란성으로 바꾸어 통증을 제거 • 부작용 : 안면홍조, 오심과 구토 • 혈전색전증은 위험한 증상임
				안드로겐	• 기전 : 프로스타글란딘 생성량을 감소시킴 • 원인이 자궁내막증인 경우 methyltestosterone을 매일 5mg씩 6개월간 사용하면 배란이 억제되지 않는 정상월경을 할 수 있음 • 메틸테스토스테론의 부작용 : 여드름과 같은 남성화 증상, 모발성장 증가, 성욕 증가 등
				호르몬 피임제, 저용량 경구피임약, 데포프로베라, 미레나	• 기전 : 배란을 억제하며 자궁의 위축성 탈락과 관련된 프로스타글란딘 수치를 낮추는 역할을 함 12 임용(보기) • 월경주기를 감소시키고 싶은 횟수만큼 피임약 복용 • 치료 9~12개월 내 75%의 여성이 무월경 상태가 됨 • 배란을 억제하고 자궁내막 두께를 감소시킴, 자궁수축을 억제하고 월경통에서 고통을 감소시킴
			자궁수축억제제 (Ritodrine)		• 베타효능제로 자궁근육의 수축을 억제(β_2는 평활근 이완)하고 자궁혈류량을 증가시키는 효과가 있음

치료 및 간호					
대증 요법	비약물 요법 10 임용	열요법	더운물 주머니 적용(국소), 뜨거운 물 목욕 10 임용	혈액	혈관을 확장시켜 통증 부위 혈류 증가
				근육	고긴장성 근수축 감소
				진통	피부 대섬유 자극으로 척수통증관문을 닫음
		마사지	복부마사지 10,12 임용	혈액	골반 혈액 공급 증대
				근육	근육이완, 골반 혈액공급 증대
				진통	피부 대섬유 자극으로 척수통증관문을 닫음
				역치	2차적 자극으로 통증역치 증가
				전환	통증에 대한 주의를 전환시켜 다른 곳에 집중하게 하므로 통증완화에 유용함
			허리마사지	혈액	골반 혈액공급을 증가시켜 통증이 감소
				근육	허리마사지는 척추 양쪽 근육을 이완시킴
				피부	피부 대섬유 자극으로 척수통증관문을 닫음
				역치	2차적 자극으로 통증역치 증가
		운동	골반 흔들기 운동 10 임용	혈액	혈관이완을 증가시켜 자궁허혈 감소
				근육	근긴장 이완
				방출	엔돌핀과 같은 내인성 마약제 방출
				억제	프로스타글란딘 억제, 골반의 부담을 줄여 불편감 완화
		이완 요법	바이오피드백, 요가, 점진적 이완요법, 명상 10 임용		① 이완유도 ② 월경통으로 인한 활동장애, 정서적 불안정과 관련된 비효율적 대처는 부정적인 스트레스를 일으킬 수 있음 → 스트레스 해소에 도움이 됨
		휴식			① 월경기간 중 수면시간을 늘리면 긴장완화 ② 적당한 휴식이 월경통을 감소시킬 수 있음
보존 및 지지 요법		교육			① 월경생리에 대한 이해도를 높임 ② 월경불편감을 예방하거나 최소화하는 방법을 찾도록 도와줌 ③ 약물투여 관련 정보 제공
		식이개선 21 국시			① 월경 직전 카페인과 소금 섭취 제한 ② 고단백, 복합탄수화물을 소량씩 자주 섭취하도록 하여 저혈당 증상을 완화시킬 수 있음 ③ 칼슘/마그네슘/비타민 B_1/비타민 E 섭취 권장 특히 비타민 B_6군은 단백질 이용을 증가시키고 피로, 긴장, 우울을 완화
		적당한 운동			① 수영, 기타 유산소 운동 ② 근육의 긴장 강화를 위해 좋은 운동(근육을 강화하고 혈액순환을 증가시키는 운동은 국소 빈혈을 완화시킴)
		자아개념 인식			① 자아개념이 저하된 여성은 월경통과 관련해서 자기 자신에 대해 부정적인 느낌이나 견해를 가질 수 있고 남성보다 가치 없는 존재로 느낄 수 있음 ② 월경에 대해 긍정적인 태도를 가지며 자신을 정상적이고 건강한 여성으로 인식하도록 도와주어야 함 ③ 통증을 경감시키는 효과적인 방법을 찾도록 하는 것이 긍정적인 자아개념을 증진시키는 데 도움을 줄 수 있음

간호
진단
	• 경련성 자궁수축과 관련된 통증
	• 월경통의 원인, 치료와 자가간호법과 관련된 지식부족
	• 비효율적 대응
	  - 정서적 불안정과 관련된 비효율적 대응
	  - 활동장애와 관련된 비효율적 대응
	• 오심, 구토, 설사, 피로감에 관련된 신체요구량 저하
	• 피로감이나 심한 통증과 관련된 영향과 관련된 신체상 장애
	• 역할수행에 지장을 받는 것과 관련된 상황적 자긍심 저하

❷ 월경전증후군과 월경곤란증 비교

	월경전증후군	월경곤란증
발생양상	• 완만하게 나타남	• 급성으로 나타남
발생기간	• 월경 전 2~10일 사이에 시작됨 • 월경 시작과 함께 해소됨	• 골반통이 월경 전 24~48시간 또는 월경 시작과 함께 있음
증상정도	• 생리변화로 인식하는 경증에서 무력감이나 생활에 지장을 초래하는 심한 정도까지	• 월경이 끝나면 없어지거나 감소됨 • 약한 무력감이나 심한 무력감을 24~48시간 동안 느낌
빈도	• 전체 여성의 5~95%	• 약간의 불편감 : 전체 여성의 80% • 심한 통증이 있는 경우 : 전체의 10%

10 폐경

정의 00,05 국시	갱년기	폐경을 전후한 40~50세 사이를 의미(= 여성이 출산할 수 없는 시기로 전환되는 중년기)
	폐경	난소의 기능이 상실되어 에스트로겐의 분비가 없어지고, 임신할 수 없는 상태, 즉 노년기로 가는 과도기
	생리적 폐경	50세 전후 발생하며, 이 시기를 폐경기라고 함. 갱년기나 중년기와 동의어로 사용
	폐경 증후군	에스트로겐 결핍으로 심맥관계 질환, 비만, 골다공증 등 신체 생리적 및 사회 심리적 불편감 경험
폐경 이행 과정 10,11,14, 18,22 국시	폐경이행과정	난소기능의 쇠퇴로 뇌하수체 - 난소 - 자궁내막주기의 변화, 월경이 사라지기까지의 과정
	폐경이행기	40세 전후로 난소기능의 쇠퇴가 시작되어 폐경으로 진행되는 시기
	주폐경기	폐경을 기점으로 몇 년 동안이며, 난소의 기능저하와 에스트로겐 결핍현상으로 인한 월경불순과 기타 폐경증상 동반되는데 폐경이행기에서 폐경 후 1년까지 의미

※ 여성의 정상 생식 노화 7단계(2001년 생식 노화 단계 워크숍)

최종 월경일 ↓

단계	−5	−4	−3	−2	−1	+1	+2
	가임기			폐경이행기		폐경기	
용어	초기	정상	후기	초기	후기*	초기*	후기
				폐경 주변기			
기간	다양			다양		1년	4년 사망 시까지
월경주기	다양~ 규칙적	규칙적		다양한 월경주기 정상보다 7일 이상 차이 남	월경주기 2회 이상 건너뜀 무월경 간격 60일 이상	무월경 12개월	없음
내분비	FSH 정상			FSH 상승			

*혈관운동성 증상 있음

폐경진단	FSH	난포자극호르몬 100IU/L 초과(참고치 : 5~10IU/L), 가장 중요함
	LH	황체화호르몬 75IU/L 초과(참고치 : 5~20IU/L)
	에스트라디올(E_2)	감소
	임상증상	안면홍조, 두근거림, 발한, 불면, 생리불순 등

생식 생리 변화 05,18, 20,21,22 국시	폐경전기	난소의 크기와 무게의 감소로 난포수가 적어지고 에스트로겐과 인히빈 분비 저하 ↓ 에스트로겐의 시상하부에 대한 음성 되먹임 기전 약화 ↓ 뇌하수체의 FSH 분비 증가 ↓ 난포의 성숙 촉진으로 월경주기 단축(23~25일)	① 폐경되기 전 약 5~10년 전부터 ② 에스트로겐 혈중농도(정상치 40~300pg/mL)는 월경주기의 중기나 후기에 낮지만(난소의 에스트로겐 분비는 주기적 합성 능력을 상실하여 최고 및 최저 분비 간에 양적 차이가 적어져 뇌하수체 성선자극호르몬을 억제시키기에 부적합한 상태에 이름) 황체기능 유지, 황체화호르몬 농도 변화 없음 ③ 난포자극호르몬(FSH)의 혈중 농도 증가 20IU/L 이상 (정상치 : 5~10IU/L), 황체기능유지(LH 변화 없음) ④ 난포기 짧아짐 ◆ 폐경이 가까워졌음을 예측할 수 있는 소견 : FSH↑, 에스트로겐↓
	주폐경기	비정상적인 난포 성숙으로 배란성과 무배란성 월경 ↓ 난포 소실 가속화, LH의 상승파동 소실, 배란 중단 또는 불규칙 월경주기 불규칙 (21일 이하~45일 이상)	① 현저한 월경주기의 변화 초래 : 배란성과 무배란성 월경(무배란에 의한 LH 감소로 자궁내막이 에스트로겐의 과도한 자극으로 자궁내막 증식증을 동반한 기능성 자궁출혈) ② 난포기에 FSH 농도가 증가(24IU/L 이상)하여 21일 이하의 짧은 월경주기(빈발월경), 45일 이상의 긴 월경주기(희발월경) 동반(폐경기가 진행됨에 따라 성선자극호르몬의 분비량은 증가하고 에스트로겐량은 점차 감소하여 난소에 남아 있는 난포들의 성장 촉진시켜 난포 소실 현상이 가속화됨 / 월경은 비배란형이 많고 배란이 일어날지라도 자궁경부 분비물의 견사성이나 수정형 점액상은 보기 드묾) ③ 배란이 중단되거나 불규칙한 생식생리 상태로 임신가능성 있음 ④ 안면홍조, 유방통 등의 발생
	폐경후기	배란 완전 중단, LH 분비 증가 ↓ 폐경	① 배란이 완전히 중단되어 황체화호르몬의 분비가 증가되고, FSH 농도가 40IU/L 이상, LH 농도 상승 ② 최종월경 후 1년 동안 월경이 없으면 완전한 폐경으로 간주함
월경 변화	40세 이후 정상 월경주기가 짧아졌다가 길어지고, 2~3개월은 무월경이 나타나다가 1~2년이 지나면 완전히 없어짐		
폐경 후 성호르몬 분비의 변화	에스트로겐	에스트라디올(E_3)	혈중농도는 폐경 전 40~300pg/mL에서 10~20pg/mL 이하로 감소
		에스트론(E_1)	① 에스트로겐의 대부분을 차지 (에스트론 혈중농도는 30~70pg/mL로 에스트라디올의 2~4배) ② 부신에서 분비된 안드로스테네디온이 지방조직, 근육 또는 골기질 세포 등의 말초조직에 존재하는 전환효소에 의하여 에스트론으로 전환됨 → 폐경여성의 에스트로겐 효과는 안드로스테네디온의 생성과 에스트론으로 전환되는 정도에 의해 영향받음(에스트론 전환율은 폐경 전 여성에 비해 약 2배 증가, 비만여성의 전환율이 높음)
	프로게스테론		① 생성은 난소기능이 멈춤에 따라 30% 정도 감소 ② 혈중농도가 0.5mg/mL 이하, 주기적 변동 없음

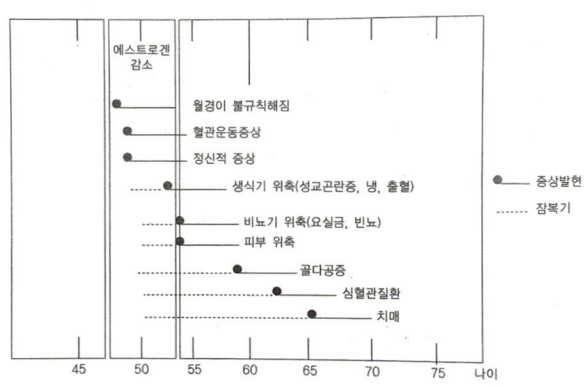

[나이에 따른 폐경증상의 발현]

	갱년기의 신체적 건강문제는 난소의 기능이 떨어져 에스트로겐 분비가 감소하여 에스트로겐 수용체가 있는 비뇨생식기계, 혈관운동계, 심혈관계, 골관절계, 기타 피부와 유방 등 신체 각 기관의 변화에 의해 일어남			
신체적 변화 00,01,02, 03,04,05, 07,08 국시	**자율 신경계 변화** 11 국시	주폐경기 여성의 약 75%에서 나타나며, 대개 폐경 후 1~2년 동안 지속됨 10 임용 / 19 국시		
		원인	자율신경계의 불안정으로 인한 혈관수축과 이완의 장애	
		증상	홍조, 발한, 무딘 감각과 얼얼하게 쑤심, 수족냉증, 현기증, 심계항진, 두통, 실신	
			야간 발한	• 야간 발한은 밤에 잘 때 홍조가 있으면서 발한이 일어나는 현상 • 이 증상으로 잠을 깬 후 불면을 경험하기도 함
			홍조 10 임용 / 22 국시	에스트로겐의 감소로 모세혈관이 불규칙하게 확장되어 상부 가슴과 목에 갑자기 뜨거운 기운이 느껴지고 피부가 빨갛게 달아오르면서 얼굴, 머리, 팔로 열이 퍼져나가며 곧이어 땀이 나는 현상
				기전
				• 정확한 기전 알려지지 않음 • 에스트로겐 감소로 시상하부 체온조절중추가 자극받아 홍조 발생 & set point의 변화는 내적, 환경적 요인에 반응하여 강한 발열감을 증가시켜 혈관 확장이나 땀과 열손실 반응을 활성화
				유발 요인
				주위의 자극이나 변화로서 초인종, 전화벨 소리, 더운 커피나 차, 자극적인 음식, 밀집된 환경과 더운 장소
		중재	① 에스트로겐 요법이 가장 효과적 ② 비호르몬 처방약물 : 클로니딘, 선택된 세로토닌, 노르에피네프린 재흡수 억제제 등 ③ 비처방약물 : 이소플라본 공급제, 콩제품, 비타민 E ④ 생활양식의 변화 : 체온 낮추기, 정상체중유지, 금연, 호흡조절	
	골관절계 변화 : 골다공증 98,08,10, 13 임용 / 05 국시	※ 에스트로겐의 골 대사에 관한 기전		
		정상 생리	직접작용 : 골아세포	① 골아세포(조골세포)를 자극하여 뼈 형성 도움 ② 파골세포에 의한 골흡수 방해(골흡수 억제) → 골성장과 골밀도를 높임
			간접작용 : 칼슘조절 호르몬	① 칼시토닌의 혈중농도 증가시켜 골흡수 억제 ② 활성비타민 D 농도 증가시켜 장내 칼슘흡수 촉진 ③ 신세뇨관에서 혈중 칼슘 배설 억제
			① 30~35세를 정점으로 연령이 증가함에 따라 남성, 여성 모두에서 골밀도의 점진적 감소가 나타남 ② 폐경기 이후부터는 급속히 소실되어 남성은 매년 0.3%의 소실이 있으나 여성은 매년 평균 2~3% 소실에 이름	

신체적 변화 00,01,02, 03,04,05, 07,08 국시	골관절계 변화: 골다공증 98,08,10, 13 임용 / 05 국시	원인	에스트로겐 결핍	관절손상 10 임용	연골세포의 증식은 감소하고 분해는 증가하여 연골세포의 증식과 분해의 불균형
					골형성 억제, 골흡수 촉진하여 골소실 가속화
			활성Vit D₃ 생합성 저하		장내의 칼슘흡수 저하로 혈중 칼슘농도가 저하되어 뼈에서 칼슘이 유출 → 골밀도 저하 10 임용
			골다공증 이환요인 (위험요인) 98,10,13 임용		폐경 시 이미 저하되어 있는 골밀도, 폐경 후의 낮은 혈중 스테로이드, 골흡수를 촉진시키는 요인들, 폐경 후 저하된 골형성 능력 등 ① 여성 : 폐경으로 인해 골손실이 빠르게 진행되므로 ② 코르티코스테로이드 장기간 투여 ③ 비타민 D 결핍 : 장에서 칼슘 흡수 감소 ④ 칼슘섭취 부족 : 부갑상선호르몬 분비 증가 ⑤ 체중부하운동 부족 : 골파괴 증가로 골질량 저하 ⑥ 흡연과 과도한 음주
			발생 시기		대개 폐경 후 10~20년 사이에 발생
		증상 08 임용	진행	병리적 골절 (압박골절)	골절이 일어날 정도의 골밀도가 감소된 경우로, 외부의 작은 충격에도 골절 발생(남성보다 여성의 위험도 높음)
					① 70세까지는 손목뼈들이 약해지고 부러지기 쉬움[원위 전박 골절(colle's fracture) 多] ② 70세 이후로는 고관절골절과 척추의 압박골절 多
			척추 변형		키가 작아지고(골다공증의 첫 번째 징후) 척추후만증, 짧아진 허리가 특징적 증상
			흉곽의 하부나 요부에 통증, 어깨, 팔꿈치, 손 관절 등의 저림과 심한 관절통, 근육통		
			X-선 촬영과 골밀도검사에서 탈칼슘화 현상		
		예방 98,13 임용	의사의 처방에 따른 약물 복용		
			운동	체중부하 운동	근력과 뼈를 강화하여 골다공증 등 퇴행성 변화 지연시킴. 걷기, 달리기, 댄스, 테니스, 골프 등
			식이	권장	칼슘섭취, 식물성 에스트로겐이 들어 있는 음식(콩) 섭취
				제한	카페인, 술이나 담배 등 위험요인 삼갈 것, 과도한 인 섭취 제한
			① 노년기에 들면 넘어져서 골절을 입을 수 있으므로 비만이 되지 않도록 정상 체중, 신체의 균형을 유지해야 함 ② 시력 보호에 힘쓰며, 현기증을 유발할 수 있는 약물복용은 피함 ③ 걸을 때 보조기구를 사용하며, 집안에 넘어지기 쉬운 위험한 곳이 없는지 잘 살펴보도록 해 골절을 미연에 방지할 수 있는 중요한 방법		
	심혈관계 변화 10 임용		에스트로겐의 심혈관계 영향 ① 저밀도 지단백 콜레스테롤(콜레스테롤 함량이 많으며 말초조직혈관세포에 콜레스테롤을 운반하여 허혈성심질환의 위험인자임) 농도를 낮추고 고밀도 지단백 콜레스테롤(조직에서 과다 콜레스테롤을 제거하고 처리를 위해 간으로 이동시키므로 허혈성 심질환의 예방인자임) 농도를 높여서 관상동맥질환의 빈도 감소 ② 동맥벽에 직접 작용하여 항동맥경화성 작용과 혈관확장 작용을 함			
		기전	에스트로겐 결핍에 의해 혈중지질과 지질단백의 변화 → HDL-C 저하, LDL-C 증가 10 임용 / 20 국시 → (폐경 후) 심장의 관상동맥질환, 심혈관성 고혈압 및 동맥경화성 질환 발병률 상승			

신체적 변화 00,01,02, 03,04,05, 07,08 국시	요로 생식계 변화 06,10 임용/ 02,04,14 국시	기전	주된 변화는 위축과 요실금으로 폐경 후 3~4년에 걸쳐 서서히 나타남	
			에스트로겐 결핍으로 나타남 → 골반 내 혈류량 감소, 골반 내 장기 허혈상태 초래 → 외음, 요도의 말단부, 질, 자궁, 호음부 등 위축됨, 질 상부 1/3로 좁아짐	
		증상	생식 기계	질 점막, 외음, 요도의 점막 쇠퇴하고 혈관분포 감소 → 점막 상피의 두께가 얇아지고, 질 추벽 사라짐 → 얇아진 질벽에서 글리코겐 분비가 적어지고 되데를라인 막대균의 수가 감소하여 질의 살균작용 저하 → 다른 박테리아가 증가될 수 있음	질염 06,10 임용
				생식기 위축, 질 탄력성과 긴장도의 저하, 성적 흥분 시 질 팽창력과 골반층의 지지가 저하됨	위축성 질염, 성교통
			요로계	요도 pH 증가	요도염 발생 위험 증가
				배뇨 조절 기능에 중요한 요도 괄약근은 에스트로겐에 민감한 조직	잔뇨량 증가, 배뇨 시 작열감, 위축성 요도염
				폐경기 여성에서 방광의 운동신경 활동이 저하되어 잔뇨량이 증가함	
				외음 조직이 얇아지고 탄력성이 없어져서 자극을 받기 쉬움, 긁으면 더 악화됨	외음소양증
				요도점막의 점막두께가 얇아지고 요도가 위축되어 요도 괄약근의 저항력 감소, 요도 이완으로 실금 억제 기능이 저하	복압성 또는 절박성 요실금 발생
	피부, 체모	에스트로겐은 진피의 하이알루론산 대사를 활성화하여 진피의 두께를 늘이고 피부 수분 함량과 모세혈관의 수를 증가시킴		
		에스트로겐 결핍 시	피부 대사활동 감소 → 피부의 교원질 양 감소, 진피와 표피가 위축되고 얇아짐	
			한선과 피지선의 분비 저하로 땀 분비 감소, 모낭의 변화로 탈모, 피부감각의 둔화, 면역기능 저하 → 피부 건조, 탄력성 소실, 주름 발생	
	유방	① 폐경이행기에는 호르몬 불균형으로 황체기 때와 유사한 유방통 경험 ② 유선 위축으로 유방과 유두의 크기가 작아지고 근 탄력성과 긴장도가 저하됨		
	피로감	① 흔한 호소, 원인은 알 수 없으나 호르몬 불균형과 관련 있을 것으로 추측 ② 피곤한 느낌 또는 약한 느낌이 폐경 1~2년 사이에 가장 흔하고 폐경 후 몇 달까지 이어짐		
사회 심리적 변화 10 국시	사회 심리적 변화	① 두통, 기억력 감퇴, 집중력·판단력 저하, 신경과민, 기운 없고 의욕 없음, 침체된 기분 ② 균형 있는 생활실천 정도가 높을수록 폐경기 적응을 잘하고, 신체적 변화, 자아개념 변화, 역할기능 변화와 상호의존성 변화에 대한 폐경기 적응 수준이 높았음		
	성 기능 변화	폐경 후 여성의 성생활은 감소하지 않고, 폐경으로 인해 오히려 성기능이 향상되기도 함		
		에스트로겐 결핍	질의 윤활성·탄력성·긴장도 저하, 성적 흥분 시 질 팽창 저하, 질 주위 조직의 지지저하, 오르가즘 시 자궁수축이 함께 되는 등의 변화로 성반응에 영향	

치료 및 간호	대증 요법	(1) 호르몬 대체요법 : 체내 결핍된 에스트로겐을 보충하여 폐경기 관련 신체·정신적 증상을 치료하는 것			
		사전검사 내용	간호사정		유방, 자궁 및 중추신경계의 종양, 관상동맥질환, 뇌졸중 등의 과거력, 식생활 유형, 흡연, 음주, 상습 약물복용 여부
			가족력		악성종양, 고혈압, 심혈관 질환, 골다공증의 유무
			신체사정		혈압, 체중측정, 신체사정, 유방, 골반검진, 자궁경부암 검사와 질세포 성숙도 검사
			혈액검사		혈중 난포자극호르몬과 에스트라디올 수준 측정, 간기능 검사, 지질검사 (콜레스테롤, 고밀도 지단백, 중성지방 등)
			영상촬영		유방 방사선 촬영, 초음파 검사 등
		적응증과 금기증	적응증		• 폐경 : 홍조, 질 위축, 요로증상 • 골다공증 위험요인 : 가족력, 흡연자, 저체중 • 심혈관질환 위험요인 : 심근경색/협심증 과거력, 고혈압, 흡연자, 가족력
			금기증 05,16, 23 국시	절대 금기증	임신, 최근 발생한 심근경색, 최근 발생한 뇌졸중 또는 일과성 허혈성 발작, 중증 급성 간질환, 현재 담낭질환, 간질환, 유방암, 자궁내막암, 확진되지 않은 질출혈, 활동성 혈전성 정맥염
				보통 금기증	유방암 과거력, 재발성 혈전성 정맥염 또는 혈전성 정맥염 과거력
		호르몬 제제의 종류 01,04,07, 16 국시	에스트로겐 제제		conjugated equine estrogen, piperazine estrone sulfate, micronized estradiol, estradiol valerate 등
					장기간 사용 시 자궁내막증식증 및 자궁내막암 발생위험이 증가
			프로게스테론 제제		폐경여성의 에스트로겐 대체요법에 progestin을 추가하는 중요한 이유는 에스트로겐에 의한 불규칙적인 질출혈, 자궁내막증식증, 내막암 등의 위험성을 낮추기 때문 (에스트로겐 대체요법의 결과로 초래될 수 있는 악성·양성 합병증이나 부작용 예방 위해 병용)
			티블론		• 3가지 대사물질을 통해 에스트로겐, 프로게스테론, 안드로겐의 효과를 모두 나타냄 • 골다공증 및 골절을 예방하는 효과가 있고, 유방통도 적고 출혈빈도도 낮음
		이점 05,23 국시			• 초기폐경 여성에서 저용량의 에스트로겐과 에스트로겐/프로게스테론 요법은 골 손실 방지 • 안면홍조 증상완화 • 질 위축과 복압성 요실금의 증상완화
		부작용			• 질출혈 : 가장 흔한 부작용 • 오심, 구토, 우울감, 유방통 • 복부팽만감, 자궁내막암, 유방암
		(2) 호르몬 이외의 약물요법			
		칼시토닌			• 갑상선호르몬으로 파골세포의 수용체에 직접 작용하여 골흡수를 억제하며 뼈 대사 속도를 감소시켜 골다공증 여성의 골량 안정화, 진통 효과가 있음 • 폐경 후 여성에게 골다공증의 예방 목적으로 사용할 경우 에스트로겐과 동일한 효과를 나타냄 • 호르몬요법을 적용하지 못하는 여성에게 사용할 수 있음(경구, 주사, 비강 분무제 형태로 투여) • 부작용 : 메스꺼움, 구토, 식욕부진 및 비염(비강에 사용하는 경우)
		골흡수 억제제 (fosamax)			• 골다공증 치료법으로 많이 사용됨 • 파골세포의 작용을 저지시켜 골세포의 재흡수를 억제해 총체적으로 골질량을 증가시킴
		골세포 형성제			• calcitriol • 음식물로 섭취한 칼슘 이용률을 최대로 높이고 조골세포의 골형성을 자극함 • 고칼슘혈증의 부작용을 예방할 수 있음

치료 및 간호	보존 및 지지요법	정보제공과 지지체계 구축	① 폐경과 관련된 지식 증진 위한 교육적 중재 → 심리·정신적 지지 ② 폐경은 젊음의 상실이기보다 성숙의 지표, 노쇠를 초래하는 병적 상태가 아니라 자연발달과정에 있는 생리적 과정임을 교육	
		생활습관	① 규칙적인 생활 ② 정기검진 : 골다공증, 심혈관계 질환의 위험요인과 각종 암을 조기에 발견하여 적절한 예방조치 실시	
		적당한 운동과 휴식 05,12 국시	효과	① 건강 증진의 기초, 활기찬 생활을 영위할 수 있게 하는 원동력 ② 심폐기능의 증진으로 혈액순환 촉진, 노폐물 배설과 산화물질 배설 증진, 혈중 콜레스테롤 저지 및 체중조절 등으로 순환계 질환 예방 ③ 근력과 뼈 강화하여 골다공증 등 퇴행성 변화 지연 ④ 골반과 주위의 혈액순환 촉진하여 질 건조증 방지, 질 주위 근육의 긴장도 강화 ⑤ 반사신경의 저하와 정신적 노화 방지 ⑥ 우울증 개선, 숙면, 스트레스 해소, 자신감을 갖게 함
			방법	① 평소 바른 자세 유지, 요가 등 ② 운동을 시작하기 전에 심혈관계 질환의 유무나 기존의 운동능력을 잘 평가하여 개인에 따라 적절한 운동처방을 받는 것이 좋음 ③ 체중부하 유지 : 빨리 걷기, 조깅, 줄넘기, 등산, 하이킹, 에어로빅 등 체중부하가 있는 유산소운동 ④ 하루 30~40분가량 일주일에 3~4일 정도 하도록 함 ⑤ 체중부하 유산소운동과 근육 스트레칭 운동을 겸하도록 함 ⑥ 체중부하운동에 참여하지 못하는 여성들에게는 수영, 수중 에어로빅이 권장됨 ⑦ 노년기에 들면 넘어져서 골절을 입을 수 있으므로 비만이 되지 않도록 정상 체중과 신체의 균형을 유지해야 함
			케겔운동	질 주위 근육의 긴장도와 탄력성 강화로 긴장성 요실금과 자궁하수를 예방함
		영양과 식이요법	① 식물성 에스트로겐	효과	식물성 에스트로겐이 풍부한 음식 섭취 → 리그난, 이소플라보노이드 → 장내 박테리아에 의해 에스트로겐으로 전환
					낮은 농도의 에스트로겐 유지하면서 폐경증상 예방·완화, 유방암과 자궁내막암 예방 효과
				종류	우리콩, 메주콩, 호콩, 해바라기씨, 과일, 당근·토마토 등 녹황색 야채
			② 칼슘	• 많이 함유된 음식섭취는 우유, 치즈, 멸치/시금치, 배추 등 녹색 야채/김, 미역, 다시마 등 해조류, 참깨(칼슘이 많고 인이 적은 식품으로 매일 2가지 이상 섭취, 인은 하루 700mg 정도로 섭취 제한) • 폐경 후 여성은 식이를 통해서 칼슘을 하루 1,200~1,500mg까지 섭취하거나 칼슘보충제를 통해 이 수준까지 복용하도록 함
				• 칼슘보충제는 식이를 통해서 칼슘권장량을 충분히 섭취하지 못하는 여성에게 권장 • 칼슘보충제 금기 대상 : 신장 결석의 기왕력, 신부전, 고칼슘혈증 • 뼈의 손실을 보충하거나 골절을 막을 수는 없지만 폐경 후 골다공증의 진행을 늦출 수 있음 • 칼슘보충제를 복용할 때에는 위산 분비를 증가시키기 때문에 식사와 함께 복용하는 것이 좋으며 칼슘의 용해를 돕기 위해 200cc 이상의 물을 마시도록 함 • 저지방 식품, Vit D(햇빛 쬐기와 식품으로는 생선, 유제품, 달걀노른자, 버터, 마가린, 표고버섯)는 칼슘 흡수를 높임

치료 및 간호	보존 및 지지 요법	영양과 식이요법	③ 비타민과 미네랄의 섭취 강화	Vit A : 뼈세포 분화와 단백질 합성기능, 뼈 성장과 발달에 필요
				미네랄 : 인, 아연, 마그네슘, 엽산 등
			④ 항산화제 섭취	• Vit C : 항산화제로 뼈의 단백질인 콜라겐의 생성과 통합에 필요 • 항산화제 풍부한 음식 : 비타민 E가 함유된 콩, 땅콩, 콩기름, 야채기름, 시금치, 엽산 권장
			⑤ 붕소 섭취	• 붕소가 많이 든 음식섭취 : 혈중 에스트로겐 현저히 증가 - 자두, 딸기, 복숭아, 양배추, 사과, 아스파라거스 등
			⑥ 저지방, 고섬유 식이	• 나이가 들면서 기초대사율이 감소하고 운동량은 줄어 비만이 오기 쉽기 때문에 칼로리 섭취를 줄여 체중을 유지할 필요가 있음 • 저지방(지방섭취는 1일 열량 섭취량의 20~25% 이하로 낮출 것), 고섬유질(섬유질을 하루 20~30g 이상 섭취), 고칼슘 식품을 선택하고 과도한 단백질은 피하여야 함 • 음식의 양을 줄이고, 특히 저녁 8시 이후에 적게 섭취할 것
			⑦ 물을 많이 마시고, 카페인·탄산음료 및 술을 금할 것 ⑧ 조미료는 흑설탕이나 죽염 등을 사용할 것	
		비뇨기계 감염 예방	① 속옷 착용, 축축하거나 꽉 끼는 옷 입지 않기, 성관계 전후 소변보기, 배변 본 후 회음부를 앞에서 뒤로 닦기 등 ② 회음체와 치골미골근을 강화시키는 케겔 운동은 요실금을 호전시키고 질의 수축력을 향상시킴	
		성생활	① 나이 든 부부에게도 성생활이 중요하다는 것과 만족한 성생활이 가능함을 설명 → 능동적, 만족한 성생활 동기부여 ② 부부가 성에 관한 원만한 의사소통을 할 수 있도록 지지적인 태도로 성상담 제공 ③ 성행위 저해하는 요인(질 위축·건조, 성교통) 해소할 수 있는 방안 지도 : 성관계 전 윤활제 사용 등	
		심리·정신적 지지	긍정적 사고, 적당한 운동, 호르몬 대체요법이 도움이 됨	
간호 진단	(1) 갱년기 변화와 관련된 지식부족 (2) 난소기능 쇠퇴와 관련된 감각 지각변화 (3) 갱년기 신체·정서적 반응과 관련된 자긍심 저하 (4) 골다공증 예방 및 치료와 관련된 지식부족 (5) 골절의 공포와 관련된 신체적 가동성 장애 (6) 골다공증과 관련된 외상 (7) 요로생식기 위축과 관련된 성적 기능장애 (8) 갱년기 변화와 관련된 개인·가족의 비효율적 대처			

1-2 여성의 통상적 건강문제

영역			기출영역 분석	페이지
생식기 감염	질염	칸디다성 질염	모닐리아성 질염 감염 시 그 산모에게 출생한 신생아가 이환될 수 있는 질병 [1993, 1996, 2019]	76
			칸디다성 질염의 원인균 [2019]	
		질염의 종류별 증상과 교육내용 [2011]	트리코모나스 질염	
			칸디다성 질염	
			세균성 질염	
	골반염증성 질환		정의, 원인균, 급성기 중재, 대상자·체위 [1995]	80
	독성쇼크 증후군		탐폰 교환하지 않고 장기간 사용 시 발생할 수 있는 독성쇼크 증후군과 이를 예방하기 위한 탐폰사용 시 유의사항 [2017]	83
생식기 구조이상	자궁의 위치이상			85
	자궁탈출증		치료 및 관리방법 [2022]	86
자궁종양 및 자궁내막질환	자궁내막증 [2012]			87
	자궁내막증식증			91
	자궁선근증			92
	자궁근종		호발시기, 호발부위, 임신과의 관련성, 증상 [1992]	94
			유형과 이차성 변성 [2014]	
			폐경이 자궁근종에 미치는 영향 [2021], 월경관련 증상 [2021], 발생위치에 따른 분류 [2021]	
	자궁경부암		국가예방접종사업 : 접종시기, 백신명 [2020]	96
			국가암검진사업 : 자궁경부암 검사항목 [2023]	
			호발부위 [2023]	
유방종양	유방암		유방암 사례 [2011, 2013], 호발부위와 그 이유 [2023]	101
			국가암검진사업 : 유방암 검사항목 [2023]	
			타목시펜 약리기전 [2023]	
난소종양	유피낭종 [2018]		발생기전, 진단검사	105
	다낭성난소증후군 [2025]		초음파 검사 결과(난소의 변화와 난포의 변화), 다모증 유발이유, 메트포르민(metformin) 복용 목적	
불임(난임)	난임		정의 [2017]	108
			진단검사 : 자궁난관조영술 중 어깨통증 발생기전 [2017]	
생식기계 수술 및 간호	인공임신중절술		신체회복과 생식기 2차 감염예방을 위해 제공해야 할 교육내용 [2006]	115
	여성 생식기 수술		난소설상(쐐기)절제술의 기대효과 [2018]	118

✅ 학습전략 Point

1st	칸디다성 질염, 트리코모나스 질염, 세균성 질염	각 질염의 원인과 증상, 신생아에 미치는 영향, 치료방법 등을 학습한다.
2nd	자궁근종	발생관련요인 및 발생기전, 호발부위, 증상, 유형 및 이차성 변성 등 기출된 내용을 포함하여 학습한다.
3rd	불임, 난임	주요한 사회적 문제가 되고 있는 주제이므로, 기출된 내용을 포함하여 포괄적인 학습을 한다.

여성의 건강문제(여성의 통상적 건강문제)

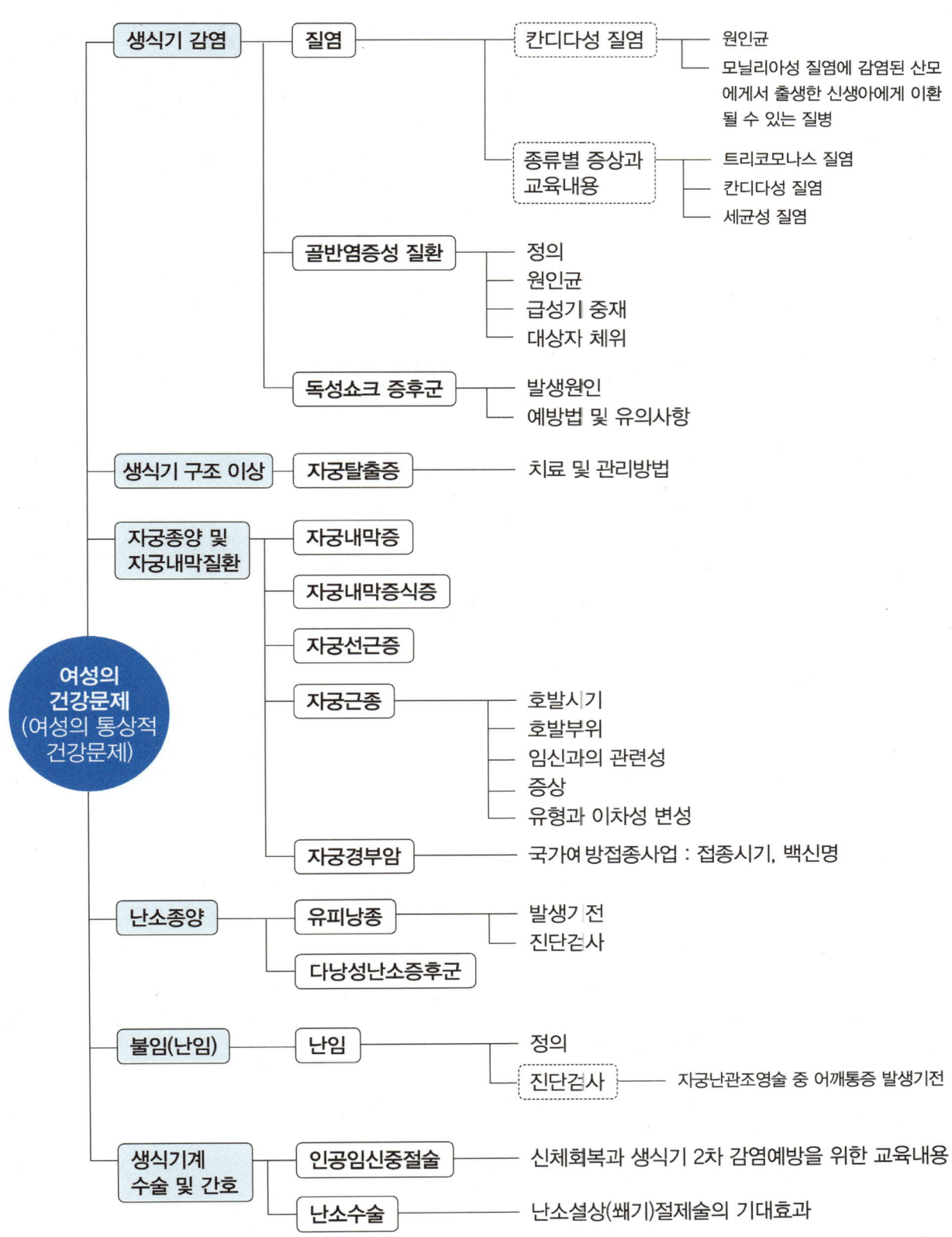

93-48. 어떤 산모가 모닐리아성 질염에 감염되었다면, 그 산모에게서 출생한 신생아는 어떤 질병이 유발될 수 있는가?
① 폐렴
② 아구창
③ 신생아 안염
④ 신생아 피부염

19-5. 다음은 보건교사와 임신 30주인 박 교사와의 대화 내용이다. 밑줄 친 ㉠으로 확인할 수 있는 원인균과 밑줄 친 ㉡에 해당하는 질환 명을 순서대로 쓰시오.

박 교사 : 선생님, 안녕하셨어요?
보건교사 : 안녕하세요. 이젠 배가 많이 불러서 몸이 무거우시겠어요.
박 교사 : 네, 임신 중반부터 하루가 다르게 몸이 무거워져서 많이 불편해요. 자주 쉬어주고 있기는 한데 앞으로 아기 낳는 것도 걱정돼요. 그런데 여쭤볼게 있어요.
보건교사 : 무엇인가요?
박 교사 : 며칠 전부터 속옷에 치즈 형태의 질 분비물이 묻어나고 가려워요. 소변도 자주 마렵고 소변볼 때 따끔거리고 아파요. 병원에 가봐야겠지요?
보건교사 : 네. 병원에 가면 ㉠ 질 분비물을 검사하게 될 거에요.
박 교사 : 태아에게 문제가 있을까봐 걱정돼요.
보건교사 : 태아에게 문제는 없지만 ㉡ 임신 동안 치료가 안 되면 출산할 때 아기에게 문제가 생길 수 있으니까 치료 잘 받으세요.
박 교사 : 네. 잘 알겠습니다.

96-36. 출산 전 산모의 성병 감염이 원인이 되어 올 수 있는 신생아의 질환이 아닌 것은?
① 임질 – 신생아 안염
② Condyloma – 폐렴
③ 매독 – 지속성 비염
④ Candida 질염 – 아구창

11-16. 임신 32주인 28세 교사가 질 분비물과 외음부 소양증 및 성교 시 통증을 호소하였다. 이 여교사에게 의심되는 질환, 증상과 교육내용으로 맞게 짝지어진 것은?

〈질환〉
가. 트리코모나스 질염 (trichomonas vaginitis)
나. 칸디다성 질염 (vaginal candidiasis)
다. 세균성 질염 (bacterial vaginosis)

〈증상〉
ㄱ. 계란 흰자위 같은 점액 농성 질 분비물
ㄴ. 우유 찌꺼기 같은 백색 질 분비물
ㄷ. 거품이 있는 녹황색의 화농성 질 분비물

〈교육내용〉
A. 질강 세척(douche)을 하도록 한다.
B. 배우자도 함께 치료를 받도록 한다.
C. 에스트로겐 질크림을 바르도록 한다.
D. 조산 우려가 있으므로 조속히 치료 받도록 한다.

95-33. 골반 내 장기 염증(PID)으로 맞지 않는 것은?
① 자궁을 포함한 골반 내 장기의 염증성 질환이다.
② 가장 흔한 원인균은 연쇄상구균이다.
③ 급성기 환자는 절대 안정을 취한다.
④ semi-fowler 자세를 취한다.

17-07. 다음은 보건교사가 여중생을 대상으로 실시한 생리대 사용법에 대한 교육 자료의 일부이다. 괄호 안의 ㉠에 해당하는 용어를 쓰고, 밑줄 친 ㉡에 해당하는 내용 4가지를 서술하시오.

〈생리대 이렇게 이용하세요!〉
1. 생리대의 종류
 1) 질 내로 삽입하는 유형 (예 : 탐폰)

 2) 속옷에 부착하는 유형(예 : 팬티라이너, 패드)

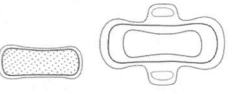

2. 생리대 사용과 관련된 건강문제와 유의사항
 1) 탐폰
  (1) 탐폰을 교환하지 않고 장시간 사용 시, 포도상구균(포도알균) 감염에 의해 (㉠) 증후군이 발생할 수 있고, 주요 증상으로 고열, 홍반성 반점, 쇼크 등이 나타날 수 있다.
  (2) ㉡ 이 증후군을 예방하기 위한 탐폰 사용 시 유의사항은 다음과 같다.

…(하략)…

22-A3. 다음은 고등학교 보건교사가 작성한 교육자료의 일부이다. 괄호 안의 ㉠에 해당하는 기구명과 괄호 안의 ㉡에 해당하는 관리방법을 순서대로 쓰시오.

주제	자궁탈출증 (uterine prolapse)	대상/ 장소	여교사 ○명/ 소강당
교육 목표	• 자궁탈출증의 치료 및 관리 방법을 설명할 수 있다.		
구분	교육 내용		시간
도입	• 동기 유발 : 자궁탈출증에 대한 퀴즈		5분

전개	1. 자궁탈출증의 치료 및 관리 방법
	1) 비수술요법
	 • 적응증 : 경미한 정도의 탈출증 환자나 다른 질병으로 수술을 할 수 없는 경우 등
	 (1) (㉠)의 삽입
	  – 개인에게 크기가 맞는 것을 사용함.
	  – 삽입된 상태에서는 질의 산도를 pH4.0~4.5로 유지하기 위하여 (㉡)을/를 실시함.
	  – 폐경 후에는 삽입 전 질을 에스트로겐화한 후 사용함.
	 (2) 케겔(Kegel) 운동
	  – 복근이나 둔근을 사용하지 않고 골반저근육과 회음부 근육을 이용함.
	… (하략) …
			35분

12-29. 보건 상담 기록부의 내용 (가)~(라)에 대한 설명으로 옳은 것만을 〈보기〉에서 있는 대로 고른 것은?

보건 상담 기록부			
학년반	2학년 3반	성명	김○○
성별	여	나이	15세
상담일	2011.10.○○.		

- 건강문제 : 하복부 통증 – 월경통, 월경 1일째
- 상담 내용
  - (가) 통증으로 인해 교실에 앉아 수업을 들을 수가 없음.
  - 불규칙한 월경 주기에 대해 걱정함.
  - (나) 10개월 전 초경을 시작하였으며 월경통으로 산부인과를 방문했더니 원발성 월경통이라고 진단을 받았다고 함.
- 지도 내용
  - (다) 원발성 월경통에 대해 설명함.
  - 더운물 주머니 적용 및 복부마사지 제공함.
  - (라) 약물 투여 관련 정보를 제공함.

〈보기〉
ㄱ. (가) 통증조절을 위해 월경통이 있을 때는 비스테로이드 소염제(NSAIDs) 등을 투여한다.
ㄴ. (나) 원발성 월경통은 주로 초경 후 첫 6개월~1년간 나타나는 경우가 많다.
ㄷ. (다) 자궁내막증으로 인한 골반 내 울혈의 결과로 원발성 월경통이 나타남을 설명한다.
ㄹ. (라) 약물치료로는 프로스타글란딘(Prostaglandin)의 수준을 낮추는 경구피임약 등을 사용한다.

92-26. 자궁근종을 설명한 내용 중 옳은 것은?
① 폐경기 이후에 많이 발생한다.
② 주로 자궁경부에서 빈발한다.
③ 임신 기간에는 크기가 축소되었다가 분만 후 커진다.
④ 자궁출혈이 월경과다의 형태로 나타난다.

14-15. 다음은 △△여자 고등학교 보건 교육 시간에 김○○ 학생이 발표한 자궁근종에 대한 자료이다. 괄호 안의 ㉠, ㉡에 해당하는 내용을 차례대로 쓰시오.

자궁근종에 대해 알아볼까요?
일 시 : 2013년 ○월 ○일 발표자 : 3-2 김○○ 1. 자궁근종(uterine myoma)이란? 평활근종, 섬유종으로 불리며, 자궁에서 발생하는 종양 중 가장 흔한 종양임. 2. 유형 1) 점막하 근종 2) 근층내 근종 3) (㉠) 근종 3. 증상 무증상인 경우가 많으나 월경과다, 비정상 자궁출혈, 만성 골반통 등의 증상이 있음. 4. 이차성 변성 1) 초자성 변성 : 소용돌이 형태가 없어지고, 조직이 균일하게 보이는 것. 2) 낭포성 변성 : 초자성 변성이 액화되어 투명액 또는 젤라틴 물질 및 낭강(cystic cavity)을 형성하는 것. 3) (㉡) 변성 : 혈액순환 장애로 인해 허혈성 괴사를 형성한 후 인산칼슘, 탄산칼슘 등이 침착하여 딱딱해지는 것. … (하략) …

21-B6. 다음은 보건교사가 동료교사와 나눈 대화의 일부이다. 〈작성 방법〉에 따라 순서대로 서술하시오.

동료교사 : 선생님, 상의드릴 것이 있어요.
보건교사 : 네, 선생님.
동료교사 : 저희 어머니가 52세이신데 자궁근종으로 진단받으셨어요. 곧 폐경이 될 것 같은데 ……
㉠폐경이 되면 근종은 어떻게 되나요?
… (중략) …
동료교사 : 그런데 병원에서 저도 마찬가지로 자궁근종이라고 하네요.
보건교사 : 두 분이 같은 진단을 받으셨군요. 자궁근종은 자궁에서 발생하는 종양 중 가장 흔한 양성 종양이에요.
동료교사 : 저 같은 경우는 담당 의사가 자궁근종 때문에 ㉡빈혈이 생겼다고 했어요.
보건교사 : 그래서 얼굴색이 창백하신가 봐요. 그런데 근종이 어디에 위치한다고 하나요?
동료교사 : 저의 경우에는 ㉢자궁근종이 자궁 내막 바로 아래에 위치한대요.
… (하략) …

〈작성 방법〉
- 밑줄 친 ㉠이 자궁근종에 미치는 영향에 대해 호르몬의 명칭을 포함하여 서술할 것.
- 밑줄 친 ㉡을 유발하는 자궁근종의 월경 관련 증상을 제시할 것.
- 발생 위치에 따른 분류를 기준으로 밑줄 친 ㉢에 해당하는 자궁근종의 종류를 제시할 것.

20-A4. 다음은 ○○중학교 가정 통신문이다. 2019년도 질병관리본부 국가예방접종사업 관리지침에 근거하여 괄호 안의 ㉠에 해당하는 백신 명칭과 ㉡에 해당하는 연령을 쓰시오.

〈가정 통신문〉

학부모님, 댁내 건강과 평안을 기원합니다.
질병관리본부에서 국가예방접종사업으로 「건강여성 첫걸음 클리닉」을 시행하고 있으므로 안내드립니다.
아래 내용을 확인하시어, 자녀의 건강 증진에 도움이 되기를 바랍니다.

『건강여성 첫걸음 클리닉』

건강여성 첫걸음 클리닉은 성장 발달과 초경에 대한 건강 상담을 통해 여성 청소년의 건강한 성장을 돕고 (㉠) 접종으로 자궁경부암을 예방하기 위한 사업입니다.
전국 보건소 및 지정 의료 기관에서 무료로 건강 상담과 예방 접종이 가능합니다.

○ 사업 내용
 - 지원 내용 : 표준 여성 청소년 건강 상담 및 예방접종 비용
 - 무료 예방접종 대상 : 1차 접종은 해당 연도 만 (㉡)세 여성 청소년
… (하략) …

○○○○년 ○○월 ○○일
○ ○ 중 학 교 장

20-A3.
다음은 보건교사와 동료교사의 대화 내용의 일부이다. 밑줄 친 ㉠의 검사항목 명칭과 괄호 안의 ㉡에 들어갈 발생부위를 순서대로 쓰시오.

동료교사 :	선생님, 제 건강검진 결과가 나왔는데 궁금한 것이 있어서 왔어요.
보건교사 :	결과가 어떻게 나왔나요?
동료교사 :	다른 검사는 모두 정상이라는데 자궁경부암 검사에서 이상이 있다고 나왔어요. 암이라는 건가요?
보건교사 :	㉠ 암 검진 기준에 있는 자궁경부암 검사항목을 말씀 하시는 거죠? 그 검사에서 이상이 있다는 것이 곧 자궁경부암이라는 뜻은 아니에요.
동료교사 :	그래도 걱정이 되네요. 자궁경부암은 주로 어디에서 발생하나요?
보건교사 :	자궁경부는 내자궁경부와 외자궁경부로 이루어져 있는데 이 둘을 덮고 있는 세포들이 만나는 지점인 (㉡)에서 자궁경부암이 잘 발생해요.
	… (하략) …

※ 근거 : 암검진 실시기준[보건복지부고시 제2021-355호, 2021. 12. 30., 일부개정]

23-B11.
다음은 보건교사가 작성한 보건교육 자료의 일부이다. 〈작성 방법〉에 따라 서술하시오.

주제	유방암 예방 및 관리	대상	교사 ○○명
		장소	교직원 연수실
교육목표	• 유방암의 위험요인과 발생부위를 설명할 수 있다. • 유방암의 예방 및 관리 방법을 설명할 수 있다.		

구분	교육 내용	시간
도입	• 동기 유발 : 유방암에 대한 퀴즈	5분

전개	1. 유방암 위험요인 및 발생부위
	 1) 위험요인
	  – 가족력, 자궁암이나 난소암 등의 병력
	  – 이른 초경 또는 늦은 폐경
	  – 출산 경험이 없거나 30세 이후 첫 출산
	  … (중략) …
	 2) ㉠ 발생부위
	[그림: E-A-B / C-D]
	
	2. 유방암 예방
	 1) 건강검진
	  – 40세 이상 여성은 2년 마다 (㉡)을/를 실시함.
	  … (중략) …
	3. 유방암 치료 및 관리
	 1) 약물요법
	  – 항암화학요법
	  – 호르몬요법 : ㉢ 타목시펜(tamoxifen), 아로마타제 등
		30분

―〈작성 방법〉―
• 밑줄 친 ㉠에서 가장 많이 발생하는 부위의 기호를 그림의 A~E 중에서 제시하고, 그 이유를 서술할 것.
• 암검진 실시기준[보건복지부고시 제2021-355호, 2021. 12. 30., 일부개정]에 근거하여 괄호 안의 ㉡에 들어갈 검사항목 명칭을 제시할 것.
• 밑줄 친 ㉢의 약리기전을 서술할 것.

11-18.
보건교사가 여교사들을 대상으로 유방자가검진에 대한 교육계획서를 작성하였다. (가)~(마)에 대한 설명으로 옳지 않은 것은?

보건 교육 계획서

주제	유방 자가 검진	일시	2010년 ○월 ○일 ○시
장소	학교 강당	대상자	여교사 20명
방법	강의 및 시범	매체	모형

도입	• 인사말 • 유방암의 발병 통계 수치를 제시하여 관심을 유발함.
전개	• 유방암의 원인, 증상, 예후 설명 • 유방 자가검진법을 다음과 같이 설명 (가) 월경 시작일로부터 5~7일이 지난 기간에 자가검진을 실시한다. 단, 폐경이 되었으면 매월 일정한 날짜를 정하여 실시한다. (나) 상체를 노출시키고 팔을 양 옆으로 자연스럽게 내려 차려 자세를 취하고 유방을 관찰한다. (다) 양쪽 유방의 유두 함몰 정도를 본다. (라) 양팔을 머리 위로 천천히 올리면서 유방의 움직임을 관찰한다. (마) 바닥에 반듯이 누워 촉진할 유방 쪽 어깨 아래에 패드를 대고, 그 쪽 팔을 머리 위로 올린 후 다른 쪽 손으로 유방을 촉진한다.

① (가) 프로게스테론이 증가하여 유방울혈이 적으므로 자가검진하기에 적절한 시기이다.
② (나) 유방의 피부가 오렌지 껍질 같이 변한 것이 보이면 정밀검사를 해야 한다.
③ (다) 최근 유두가 함몰되었다면 정밀검사를 해야 한다.
④ (라) 양쪽 유방이 대칭적으로 위로 올라가는 것이 정상이며, 유방에 퇴축이 나타나면 정밀검사를 해야 한다.
⑤ (마) 유방을 촉진하였을 때 덩어리가 만져지면 정밀검사를 해야 한다.

13-25.
다음은 유방암 수술을 받고 퇴원한 K 교사(여, 45세)가 보건교사와 상담한 내용이다. (가)~(마) 중 옳은 것만을 있는 대로 고른 것은?

K 교사 :	1주일 전 병원에서 항암제를 처방받았어요.
보건교사 :	어떤 항암제인데요?
K 교사 :	처방전에 사이클로포스파마이드(Cyclophosphamide : Cytoxan)라고 씌어 있었어요.
보건교사 :	(가) 사이클로포스파마이드는 대사길항제 항암제입니다.
K 교사 :	그게 뭔데요?
보건교사 :	(나) 사이클로포스파마이드는 세포 주기의 모든 단계에서 암세포를 죽이는 약물로, (다) DNA와 RNA의 단백질 합성을 방해하는 항암제예요. (라) 심각한 부작용으로 출혈성 방광염이 나타날 수 있습니다.
K 교사 :	부작용이 생기지 않도록 하려면 어떻게 해야 하나요?
보건교사 :	우선, (마) 그 약을 드시는 중에는 평소보다 물을 많이 드세요.

① (가), (나)
② (가), (다)
③ (다), (라)
④ (나), (라), (마)
⑤ (다), (라), (마)

18-06. 다음은 보건교사와 동료교사와의 대화 내용이다. 〈작성 방법〉에 따라 유피낭종(Dermoid cyst)에 대해 순서대로 서술하시오.

> 동료교사 : 선생님, 언니가 난소에 혹이 있어서 3일 전에 수술을 했는데 궁금한 게 있어요.
> 보건교사 : 네, 무엇이 궁금하신가요?
> 동료교사 : 복강경으로 오른쪽 ㉠ 난소설상(쐐기)절제술을 받았는데, 아직 아기가 없어 걱정을 많이 해요.
> 보건교사 : 혹의 종류는 무엇이었는데요?
> 동료교사 : 유피낭종이라고 하는데 ㉡ 혹 안에 머리카락, 치아, 뼈가 들어 있었대요.
> 보건교사 : 유피낭종일 경우 보통 양측으로 오는데 한쪽 난소에만 있었군요. 일반적인 혈액검사 말고 다른 검사는 어떤 것을 받으셨어요?
> 동료교사 : ㉢ 골반 초음파와 혈청 CA-125 검사를 받았다고 했어요.
> 보건교사 : 검사 결과는 어떻게 나왔어요?
> 동료교사 : 네, 검사 결과는 괜찮게 나왔어요. 그런데, 퇴원할 때 의사가 ㉣ 하복부에 급성 통증이 있으면 빨리 병원에 오라고 했대요.
> 보건교사 : 네, 그렇군요. 빨리 쾌유하시라고 전해 주세요.
> 동료교사 : 고맙습니다.

── 〈작성 방법〉 ──
- ㉠ 수술의 기대 효과를 서술할 것.
- 유피낭종에서 ㉡의 특징이 나타나는 이유를 서술할 것.
- ㉢의 검사를 시행한 목적을 서술할 것.
- ㉣처럼 말한 이유를 서술할 것.

25-A8. 다음은 보건교사와 동료교사의 대화 내용의 일부이다. 〈작성 방법〉에 따라 순서대로 서술하시오.

> 동료교사 : 선생님, 몇 개월 전부터 월경 간격이 40~45일로 늘어나고 불규칙해졌어요. 병원에 가서 ㉠ 초음파 검사를 했는데, 다낭성난소증후군이라고 들었어요.
> 보건교사 : 많이 놀라셨겠어요. 다낭성난소증후군은 뇌하수체 기능에 이상이 있거나 에너지 대사에 이상이 있으면 많이 생기거든요. 혹시 ㉡ 다모증은 없으신가요?
> 동료교사 : 맞아요. 다모증도 생겼어요.
> 보건교사 : 다낭성난소증후군 치료약은 처방 받으셨나요? 일반적으로 ㉢ 메트포르민(metformin)이나 경구피임약을 치료약으로 씁니다.
> 동료교사 : 네, 자세히 설명해 주셔서 고맙습니다.

── 〈작성 방법〉 ──
- 밑줄 친 ㉠의 결과를 난소의 변화와 난포의 변화 측면에서 각각 서술할 것.
- 밑줄 친 ㉡을 유발하는 이유를 서술할 것.
- 밑줄 친 ㉢을 복용하는 목적을 서술할 것. (단, ㉡의 치료 목적은 제외할 것.)

17-13. 다음은 보건교사가 작성한 불임 관련 교육 자료의 일부이다. 〈작성 방법〉에 따라 순서대로 서술하시오.

┌─── 불임이란? ───┐
1. 불임의 정의 : 정상적 부부 관계에서 피임을 하지 않고 (㉠) 이내 임신이 되지 않은 상태
　… (중략) …
2. 진단검사
1) 난관 및 복강 요인 사정 : 자궁난관조영술 검사, 복강경 검사, 루빈(Rubin) 검사
(1) 자궁난관조영술 검사
- 자궁 경부에 조영제를 주입하여 자궁강과 난관의 해부학적 특성을 보는 것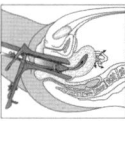
- 월경 후 2~7일경 검사를 시행함.
- 검사 중 ㉡ 어깨 통증이 발생하면 체위 변경이나 경한 진통제로 조절함.

── 〈작성 방법〉 ──
- 괄호 안의 ㉠에 들어갈 기간을 제시할 것.
- 밑줄 친 ㉡이 발생하는 이유를 서술할 것.
- 배란기 자궁경부 점액의 정상 양상 3가지를 서술할 것.

06-19. 한 여학생이 성폭력으로 인한 임신으로 인공유산을 하였다. 이 여학생의 신체회복과 생식기 2차 감염 예방을 위하여 제공해야 할 교육내용을 각각 3가지만 기술하시오.

1 질염

1 트리코모나스 질염(Trichomonas vaginitis) 11 임용 / 99,00,05,07,12,16 국시

원인균 및 특성		증상	진단법	간호중재	
원인균	트리코모나스 원충류에 의한 감염 • 알칼리성 환경에서 잘 자람 • 습기나 젖은 곳에서 살고 위생이 안 좋은 욕조나 배수구에 서식함	① 기포(거품)가 있는 녹황색, 화농성, 다량의 악취(계란 썩는 냄새) 나는 화농성 질 분비물 ② 질점막, 외음부 : 약간의 부종과 홍반 동반 ③ 심한 동통(질에 닿기만 해도), 작열감, 소양증 및 심한 성교통 ④ 질 내 pH 5.0 이상 ⑤ 후원개 : 과립상의 딸기모양 같은 출혈 반점이 특징 ⑥ 자궁경관 : 작은 점막 출혈을 일으키는 미란 ⑦ 분비물 자극으로 2차 감염 발생 : 요도염, 외음질샘 감염 등 ⑧ 무증상 : 남성은 흔히 증상이 없는 보균자임	① 시진 : 녹황색 대하와 질벽 및 자궁경부 딸기모양 반점 ② 도말표본 • 질 후벽에서 채취한 가검물을 생리식염수 튜브에 담아 몇 번 흔든 후 직접 슬라이드 유리에 도말 표본 → 현미경으로 트리코모나스 원충(흔들거리면서 움직이는 형태를 가진 단일세포의 원충균) 확인 • 검사 전 질 세척하지 말고, 검사 시에는 윤활제를 바르지 않은 질경 삽입(∵ 윤활제가 원생동물의 활동을 파괴함)	원인 제거	① metronidazole (flagyl) 투여 • 임신 3개월까지 금기 : 조기진통 유발 • 술과 같이 섭취 금기 : 복부경련, 오심·구토, 두통 및 현기증 유발(술과 함께 섭취 시 디설피람처럼 작용함. 디설피람은 만성 알코올 중독 치료제로 아세트알데히드 탈수소효소 억제로 알코올 숙취 ↑) ② clotrimazole (Povidone iodine) : metronidazole (Flagyl)을 사용하지 못하는 경우와 임부 : 증상완화를 위해 질 크림이나 질 좌약을 1주일 동안 하루에 한 번씩 밤에 국소 치료
전파	흔히 성교 통해 (→ 성병으로 간주), 수건이나 기구 등으로 오염될 수 있음				
① 성인 여성의 가장 흔한 질염 ② 월경 직후 흔히 발생 ③ 증상이 완화되어도 균은 치료에 저항력을 가지고 여성의 질과 요도, 남성의 요도와 전립샘에 기생 ④ 재발이 흔함					
여성	질, 스킨샘 잘 감염 • 뚜렷한 증상이 있거나 또는 없을 수 있음 • 조산, 산후자궁내막염, 불임이 유발됨			대증 요법	① 배뇨곤란 : 좌욕, 스테로이드 크림 도포 ② 성교통 시 : 치료될 때까지 2~3일간 금욕
남성	하부 요로 생식관과 전립샘염의 원인			지지 요법	배우자도 함께 치료받을 것

❷ 칸디다성 질염(= 모닐리아성, 진균성, 효모성 질염, Monilial vaginitis) 93,96,11,19 임용 / 04,06,10 국시

원인균 및 특성		증상	진단법	간호중재	
원인균 19 임용	칸디다 알비칸스가 가장 흔한 원인균	① 백색의 냉대하증, 특이 냄새는 거의 없음 ② 우유 찌꺼기 같은 백색 질분비물, 자궁경부와 질벽에 노란 치즈 같은 반점(→ 제거 시 출혈이 있을 수 있음) ③ 외음부, 회음부에 심한 소양증(∵ 자극적인 질분비물) ④ 질내 pH 4.5 미만 (정상 pH) ⑤ 외음부와 질점막의 발적, 부종이 심함, 작열감, 배뇨곤란, 빈뇨, 심한 성교통 등	채취한 질 분비물을 식염수와 10~20% KOH에 섞은 후 습식 도말하여 현미경으로 칸디다균의 균사와 포자 검출(곰팡이 특징인 실모양의 균사와 포자 확인)	원인 제거	① azole계 약물 (fluconazole) 가장 흔히 사용 ② mycostatin (Nystatin) 질정, 질 크림 투여
발생 빈도	임산부 1/3, 비임부 10%			대증 요법	1% 하이드로코르티손 연고 - 외음의 가려움증과 자극증상 완화
전파	장내상재균인 칸디다 알비칸스는 항문 주위 결장에 집락을 이루고 있다가 배변이나 신체 접촉을 통해서 질로 이동하여 감염을 일으킬 수 있는 환경을 만듦 → 일시적으로 면역력이 저하되거나 질 내 생태계 균형이 깨지게 되면 질내 존재하던 칸디다 알비칸스에 의해 질염이 발생함			지지 요법	① 질 세척 금지, 성교는 치료기간 동안 피하거나 콘돔 사용 ② 헐렁한 면제품 내의 ③ 재발된 경우, 남성의 음경이나 회음에 존재하는 균 때문일 수 있으므로 배우자 검사 → 균 발견 시 배우자도 함께 치료 (항진균성 약물 투여)
	내의, 손, 수건, 목욕물 또는 기구에 의해 전염되기도 함				
	분만 시 감염된 모체의 산도로부터 신생아에게 전파 → 신생아 아구창 발생 93,96,19 임용				
관련 요인	임신, 경구피임약 복용은 질 pH를 높임				
	당뇨병은 요당이 나와 진균 증식에 좋은 조건을 제공				
	항생제의 장기 복용은 정상균 무리를 소멸시켜 질의 방어 작용 약화, 스테로이드나 면역억제제 등은 신체 저항력을 약화시켜 감염 빈도 증가				
	잦은 질 세척, 향료, 분무약제, 비누, 합성제품 내의 등에 의한 자극 → 저항력 약화				
	그 외 HIV 감염, 활동을 제한하는 꽉 조이는 의복과 나일론 속옷의 착용				

❸ 세균성 질염 = 비특이성 질염(Bacterial vaginitis) 〔11임용〕

원인균 및 특성	증상	진단법	간호중재	
① 질의 정상 세균총의 파괴로 발생 ② 질내 정상 세균총을 구성하는 Prevotell, Gardnerella vaginalis 종과 같은 질내 혐기성 세균 증가, Lactobacillus 종의 농도 감소 시 발생	① 질 분비물 증가 : 묽으면서 회백색인 균질성 분비물, 계란 흰자위 같은 점액 농성 질 분비물 〔11임용〕 ② 생선 비린내 같은 악취 있음(특히 성교 후나 월경 중에) ③ 약간의 소양증과 성교통은 있거나 없을 수 있음, 부종은 거의 없음 ④ 질내 pH 4.5 이상	① 직접검경법(wet smear) : clue cell을 현미경으로 확인 ② clue cell : 세포막에 부착된 세균덩어리를 가진 점상형의 질상피세포 ③ 진단을 위해 4가지 중 3개 해당 ㉠ 엷은 회백색 균질성 질 분비물 ㉡ 질의 pH 4.5 이상 ㉢ Whiff test 양성(분비물을 슬라이드에서 10% KOH과 혼합하면 특징적으로 썩은 생선냄새 유발) ㉣ 직접검경법에서 현미경으로 clue-cell(세포막에 부착된 세균덩어리를 가진 점상형의 질상피 세포) 확인	원인 제거	① metronidazole 투여 : 광범위 항생제로 장기 사용 시 모닐리아성 질염 가능성 증가 ② sulfonamide 같은 항생제 크림, teramycin 질정 또는 경구 복용 ③ clindamycin 투여 : 임부(metronidazole은 조산위험이 있으므로 임부에게 투여금기)
			지지 요법	임부는 조산우려가 있으므로 조속히 치료 받을 것 〔11임용〕
감염 자체는 경미하나, 감염으로 경관염, 골반 감염, 양수 내 감염, 산후 자궁내막염, 자궁절제술 후 질 절단부 조직염, 조산 및 재발성 요로감염 등을 초래할 수 있음				

❹ 노인성 질염(Senile vaginitis)

원인균 및 특성	증상	진단법	간호중재
① 폐경으로 에스트로겐 농도 저하 → 질 상피가 얇아져 염증 반응 ② 양측 난소절제술을 받은 여성이 호르몬 대체요법을 받지 않을 때에도 발생 (위축성 질염)	① 가장 특징적인 증상 : 질 분비물(엷으며 혈액이 섞여 나옴) 소양감, 타는 듯한 통증, 질의 궤양 ② 후기 : 질강 수축으로 성교통 발생 → 성생활 장애 초래	폐경 이후 발생 확인	에스트로겐 치료 : 질정, 질크림 • 장기간 사용 시, 자궁내막증식증 및 자궁내막암 발생 위험을 증가시킴(국소 에스트로겐 요법 시 자궁내막염과 질 출혈의 합병증이 보고되고 있음)

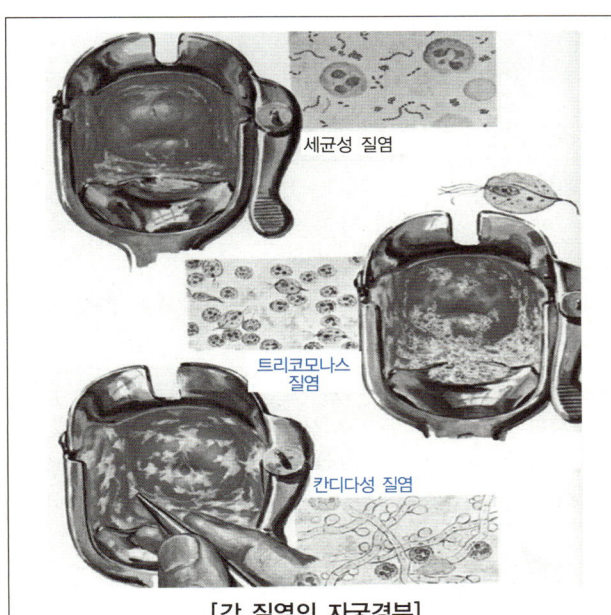

[각 질염의 자궁경부]

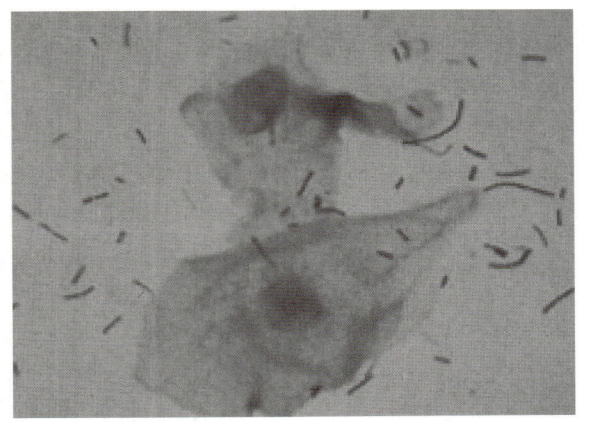

질 상피세포와 유산균이 관찰됨
[정상 질 분비물 검사]

5 질염의 증상 비교표

구분	트리코모나스 질염	칸디다성 질염	세균성 질염
소양증	있음	매우 심함	약간 있음
냄새	달걀 썩는 냄새(악취)	거의 없음	생선 비린내
질 분비물	기포가 있는 녹황색의 다량 분비물	우유 찌꺼기 같은 백색 분비물	묽으면서 회백색인 균질성 분비물 (달걀 흰자위 같은 점액농성 분비물)
성교통증	심함	심함	약간 있음
부종	질점막과 외음부에 약간 있음	질점막과 외음부에 심함	없음
pH	5.0 이상	< 4.5(보통 정상임)	4.5 이상(보통 4.7~5.7)
현미경 소견	움직이는 균 (트리코모나스 원충)	나뭇가지 모양 (실모양의 균사, 포자)	Clue-cell (세포막에 부착된 세균덩어리를 가진 점상형의 질상피세포)

2 골반염증성 질환

정의 04 국시	① 자궁을 포함한 골반 내 장기의 염증성 질환 95임용 ② 질환의 경과는 원인균에 대한 개체의 저항력이나 균의 독성에 따라 다름	
원인	원인균 95 임용 / 04, 14 국시	① 임균, 클라미디아균이 주된 원인균 ② 마이코플라즈마와 그람음성과 양성세균, 혐기성 연쇄상구균과 호기성균과 같은 화농성균, 그 외 질내 내인성균(특히 gardnerella vaginalis)
	전파경로	**성전파성 균** 자궁경부에 집락을 이루고 있는 임균, 클라미디아균, 마이코플라즈마균이 점막을 따라 난관, 난소, 복막, 자궁주위 등으로 상행성 전파 cf) 대부분의 상부 생식기관 감염 시 자궁경부가 직접적인 병소, 자궁경부에 보균상태로 있다가 환경요인의 변화가 생기면 염증이 즉시 상부 생식기관에 퍼짐 **비성전파성 화농성균** 주로 분만 혹은 유산 후에 자궁경부염이나 자궁내막염이 있을 때 자궁주위의 혈관이나 림프관을 따라 골반주위와 난관으로 파급되어 염증반응 초래 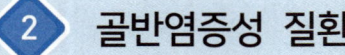
	위험요인	① 이전 골반염증성질환의 병력, 성병 병력(PID 대부분은 성전파성 감염의 결과) ② 성 활동이 활발한 청소년과 생식연령이 젊은 여성에서 감염기회가 3배 이상 높음 ③ 자궁내장치 삽입으로 인한 감염 ④ 산후나 유산 후에는 화농성균에 의한 감염이 흔함
	경과	일반적으로 심한 급성 염증성으로 시작 → 완전히 치료되어 흡수되거나 급성과 아급성으로 재발되는 만성과정으로 점차 이행되어 만성형이 됨
진단검사	급성 PID	① 병력 ② 내진 전 자궁경관 점액의 도말염색 : 그람음성쌍구균(임균) 확인 → 진단 시 도움 ③ 배양검사에서 원인균 확인 ④ 혈액세포검사 : ESR↑, CRP↑, WBC↑ ⑤ 경관 가검물로 임균 및 클라미디아 효소면역항체검사 ⑥ 초음파검사 : 난관-난소 농양 특성 확인 ⑦ 최종적으로 복강경 검사 : 병소확인, 가검물 채취·배양 → 원인균 확인
	만성 PID	병력/진찰소견 양성/불임 시 의심, 복강경 검사로 확진

진단검사	감별진단	급성 충수염	① 통증 : 초기에 광범위하게 시작하나 이후 맥버니 부위에 국한됨 ② 약간 미열(PID는 고열임), PID에 비해 더 많은 백혈구 증가증을 나타냄 ③ 복막염을 동반한 천공된 충수염 　• 골반 감염과 감별이 어려움 　• 복부통증, 압통 및 강직이 전 하복부에 나타나면서 열은 더 오르고 맥박 빠름 　• 골반검사 : 약간의 압통 있으나 급성 골반염증의 심한 경우처럼 명백하지는 않음
		급성 신우염	① 고열과 약간의 통증(난관염, 충수염에서만큼 쇠약감이나 고통을 느끼지는 않음) ② 가끔 전 복부에서 통증이 나타나기도 하나, 주로 상복부의 옆구리 통증이 요추통증과 동반되며 신장부위의 촉진 및 타진 시에 늑골 척추각에서 심한 압통을 나타내기도 함 ③ 심한 급성 신우염은 급성 PID 증상과 유사(경한 배뇨곤란, 이급후증 동반한 빈뇨)하나 무균적 소변검사에서 신우염인 경우 백혈구 증가가 현저함
종류와 임상적 특징	급성 PID	자궁내막염	자궁내막, 난관과 난소에 심한 만성 혹은 아급성 염증이 있는 경우에도 염증증상이 없이 정상일 때가 있음 (∵ 자궁강의 좋은 배액작용과 월경의 박리로 자연적 해결되는 경향)
		난관염	① 하부 생식기의 급성 감염 후 즉각적인 후유증으로 오거나 경관에 있는 보균상태의 균에 의한 감염으로 생길 수 있음 ② 난관염 발생 → 골반염증성 질환의 특징적인 증상이 발현됨 ③ 난관에 부종이 생기고 곧 화농성으로 진행되어 삼출액이 배출됨 → 삼출액과 함께 미생물이 골반강으로 유출되면 급성 골반복막염과 골반농양이 발생됨 ④ 난관이 염증으로 팽창되고 난관-채부가 폐쇄되면 화농난관을 형성, 만약 빨리 소실되지 않으면 아급성이 됨 ⑤ 임질에 의한 난관폐쇄는 난관 섬모 말단부가 구근 모양을 이루는 것이 특징
		난소주위염	난소가 난관에 인접하고 있으므로 급성 PID가 파급되나 난소염은 드물고 난소주위염이 됨
		골반 복막염	① 소장, S상 결장 및 직장 사이에 장액성 또는 섬유소성 삼출액 형태로 나타나 유착을 일으킴 ② 골반농양이 생기면 맹낭 부위를 촉진할 때 파동성을 느낌
	만성 PID	급성 염증 반복적으로 재감염	악화된 상태로 진행되어 만성형(급성 환자 약 25%)
		재발성 급성염증과 차이가 남 — 만성 염증성 진행	몇 주 또는 몇 달간 점진적으로 진행
		재발성 급성염증과 차이가 남 — 재발성 급성발작	성교 시에 재감염되거나 잔류된 염증의 단순한 재발
		난소	감염의 침습부위가 더 광범위하여 만성 난소주위염이 되며 주위조직과 유착 형성
		복막	자궁, 난관 및 난소를 포함하여 골반 주위조직과 유착 일으킴
		병변	난관폐쇄, 난관수종 및 골반 주위 조직관의 유착 등 병변 → 불임증의 원인, 자궁외임신의 유발요인

증상 98,03 국시	급성증상	① 통증부위 : 골반과 하복부에 심한 통증 ② 내진 : 경부를 움직이면 통증이 심하며, 자궁의 압통과 자궁부속기의 압통과 근육경직이 있음 ③ 염증증상 : 심한 월경통, 악취 나는 농성 질 분비물, 고열(38도 이상), 오한, 빈맥, 오심과 구토, 백혈구 증가증, 권태감 등 ④ 통증 : 드물게 성교통, 배변통 호소 ⑤ 발생시기 : 급성증상은 대개 월경기간 중이나 월경 직후 발생(∵ 월경 시 자궁내막의 탈락으로 세균에 대한 자궁강 내의 저항력이 떨어졌을 때 감염이 일어나기 때문)
	만성증상	① 만성염증과정 : 만성재발성 골반통, 경한 발열(37.7℃), 백혈구 증가증, 적혈구 침강속도 증가 ② 만성 재발성 하복부 통증, 골반통, 불임을 호소하는 환자에게서 발견됨 ③ 하복통, 골반통의 정도는 일반적으로는 경하거나 중정도지만 아주 심한 경우에는 날카롭고 찌르는 듯한 극심한 통증 → 무기력, 월경 전이나 월경 중 더 심하고 요통과 직장 불편감 또는 압박감도 있음 ④ 비정상적인 질출혈, 대하증 ⑤ 방광자극증상 : 빈뇨, 배뇨곤란, 이급후증 나타날 수 있음 ⑥ 골반진찰 소견 : 압통, 자궁경부와 난소의 이동성 제한(∵ 샤들리에 징후로 자궁경부 움직임에 따른 심한 양측성 자궁부속기 압통이 발생하므로) 양손진찰법으로 난관-난소부위에 골반종괴(pelvic mass) 촉진 ** 샤들리에 징후는 급성 증상으로도 나타날 수 있음
합병증	난관	난소농양, 골반농양, 난관폐쇄, 팽대, 불임 등
	감염성 간주위염 (PID환자의 15~30%)	급성 임균성 복막염의 확산이 자주 대장 옆의 우측 상부로 올라가서 간과 횡격막 사이의 간원개로 감 → 따라서 흉곽 확장 시 늑막 우측 상부 1/4 부위에 심한 통증이 있으면서 PID증상이 있으면 간주위염을 의심할 수 있음
치료 및 간호 95 임용 / 00,04,06, 11,15,16,17, 23 국시	원인제거	원인균에 따른 광범위 항생제 투여, 단일 균이 아닌 경우 복합 약제로 치료

	대증요법	통증완화 — 진통제 투여
		       열 요법 — 염증부위에 적용, 안정과 염증회복 촉진
		       따뜻한 좌욕 — 통증완화, 안위, 치유 촉진
		체위 — 반좌위 → 자궁강의 점액 농성 분비물의 배설 촉진 95 임용 / 19 국시

	보존 및 지지요법	① 침상안정(급성기) 95 임용 ② 적절한 수액공급 ③ 재감염 예방을 위해 올바른 약물복용과 성 파트너와의 동반치료 중요성 교육

3 독성쇼크 증후군

정의 17 임용	① 탐폰을 교환하지 않고 장시간 사용 시, 포도상구균(포도알균) 감염에 의해 독성쇼크 증후군이 발생할 수 있음 ② 독성쇼크 증후군은 드물지만 포도상구균이 분비한 독소에 의해 발생하는 잠재적으로 치명적인 생명을 위협하는 상태(다발성 장기기능부전을 초래할 수 있고, 패혈성 쇼크와 같은 임상양상을 초래함) ③ 남자, 나이 든 여성, 아동에서도 발생할 수 있음	
원인	(1) 탐폰의 사용	① 영양분이 풍부한 월경 혈액에 박테리아를 잡아두는 고흡수 탐폰의 사용 ② 탐폰을 질에 삽입하는 동안 손가락 또는 외음부에 있는 병원체가 질벽을 손상시킬 수 있고, 또는 병원체의 성장에 유리한 환경이 됨
	(2) 피임기구	자궁경부캡 사용(드물지만, 48시간 이상 적용 시 독성쇼크 증후군 발생가능) → 오랜 기간 동안 사용할 경우
	(3) 상처 감염	① 코 수술을 받은 적이 있거나 비강패킹 등으로 이물질에 의한 감염 ② 이전의 포도상구균에 의한 상처 감염, 축농증, 폐렴 등
병태 생리	① 포도상구균 감염에 의한 2차 반응으로 인해 초래됨(병원체가 표피의 독소를 생성하는데 전파양식은 알려져 있지 않음) ② 탐폰을 사용하고 있는 생리 중인 여성과 관련이 있음 → 탐폰을 질에 삽입하는 동안 손가락 또는 외음부에 있는 병원체가 질 벽을 손상시킬 수 있고 또는 병원체의 성장에 유리한 환경이 됨 ③ 축농증, 폐렴, 비강패킹이나 피임기구 등의 이물질과 관련된 감염 등과 같은 세균성 감염과도 관련이 있음 ④ 균의 독성이 모세혈관 투과성을 변화시키고 혈관 내 체액이 혈관에서 새어 나오게 하여 혈량 저하증, 저혈압 그리고 쇼크를 일으킴. 또한 독성은 장기에 직접적인 상해를 일으키고 응고에 심각한 결함을 촉발	
진단 기준	(1) 주 진단기준(5개의 주 진단기준 중 4개에 해당하는 경우 진단) ① 38.9℃ 이상의 고열 ② 광범위한 반점 모양의 붉은(홍색) 피부 ③ 질병 발현 후 1~2주에 표피탈락, 특히 손바닥과 발바닥에 나타남 ④ 저혈압 : 성인의 경우 수축기혈압이 90mmHg 미만인 경우와 16세 미만 아동의 경우 5백분위수 미만인 경우 또는 누워 있다가 앉을 때 이완기혈압 15mmHg 이상 기립성 저하를 보이는 경우 또는 기립성 실신, 기립성 어지럼증이 있는 경우 ⑤ 다음의 기관 중 3개 이상이 관련된 경우 : 위장관, 근육, 점막, 신장, 간, 혈액, 중추신경계 (2) 추가로, 혈액 또는 뇌척수액 배양 시 황색포도상구균을 제외한 다른 균주에서는 음성이어야 함. 또한 로키산열, 렙토스피라증, 홍역에 대한 혈청학적 검사에서도 음성이어야 함	
증상 17 임용	① 갑작스럽게 치솟은 고열(38℃) ② 인플루엔자 유사증상 : 두통, 인후통, 구토, 설사 ③ 심한 저혈압, 쇼크, 핍뇨 ④ 일광 화상과 닮은 일반화된 발적 ⑤ 구진 : 질병 시작 1~2주 후 홍반성 반점이 손바닥, 발바닥으로부터 생기며 피부낙설로 이어짐 ⑥ 그 외 두통, 흐릿한 시각, 화농성 결막염, 화농성 질 분비물 등	
합병증	호흡부전증, 순환장애, 혈액변화(특히 파행성 혈관 내 응고) 및 비정상적 간 기능, 사지의 관류손상이 심해지면 괴사가 진행되어 사지를 상실할 수도 있음	
치료	원인제거	균 배양 후 적절한 항균제 치료(다른 원인에 의한 쇼크와 동일함)
	대증요법	① 수분보충, 혈압 상승제, 코르티코스테로이드(피부변화치료) ② 순환계 손상으로 인한 합병증을 예방하기 위해서 저혈압, 폐 기능 부전, 산독증, 혈액학적 변화, 신장손상에 대한 관찰과 즉각적인 치료관리가 필요함

예방법	독성쇼크 증후군을 예방하기 위한 탐폰사용법 17 임용	손 씻기	탐폰을 삽입하기 전에 박테리아를 제거하기 위해 손을 깨끗이 씻을 것
		교환	• 탐폰 개봉 후 바로 사용할 것 • 오랜 시간 동안 착용한 탐폰에 박테리아의 과도한 증식을 막기 위해 적어도 4시간마다 탐폰을 교환할 것 • 탐폰 사용 시 질에 찰과상을 입지 않도록 주의해서 삽입하도록 교육
		고흡수 탐폰 금기	고흡수 탐폰은 질에 장기간 머물면서 박테리아가 증식하게 할 수 있으므로 사용금지
		수면 시	자는 동안에는 탐폰 사용의 4시간 간격을 대체로 초과하게 되므로 탐폰보다 패드를 사용할 것
		제거	• 사용 후 몸 안에 제거하지 않은 탐폰이 남아 있지 않은지 반드시 확인할 것 • 만약 사용 후 손잡이 끈이 빠져서 탐폰을 제거할 수 없을 때는 즉시 산부인과를 찾아 제거해야 함
		의뢰해야 하는 경우	탐폰을 사용하는 여성은 갑자기 고열이 있거나 구토, 설사, 근육통, 현기증, 서 있을 때 기절하는 것, 햇볕화상과 유사한 발진 등이 나타나면 즉각 탐폰을 제거하고 건강관리전문가에게 의뢰해야 함
	피임기구 사용 (격막, 자궁 경부캡)	손 씻기	격막 또는 자궁 경부캡을 삽입하기 전에 손을 깨끗이 씻을 것
		월경 시	월경 기간에는 격막 또는 자궁 경부캡 사용금기
		지도 및 교육	돌봄 제공자가 권장한 시간 내에서 격막 또는 자궁 경부캡을 제거할 것

4 자궁의 위치이상

자궁	구조	① 골반강 내에서 자유로이 떠 있으며 방광과 직장 사이에 위치함 ② 방광팽만이나 직장팽만에 의해 영향을 받아 앞쪽이나 뒤쪽으로 움직여짐		
	정상	전경, 전굴의 모양으로 골반축과 일치하게 앞으로 굽어져 있음		
자궁의 전방전위	정의	자궁경부축과 자궁체부축과의 관계에서 체부축이 정상보다 더 앞으로 기울어진 것		
	원인	생식기 발육부전		
	치료	① 대부분 치료할 필요 없음 ② 유아기 자궁크기의 발육부전증 : 호르몬의 자극과 자궁내막 소파술		
자궁의 후방전위	정의	① 자궁경부측에 대해 자궁체부 장축이 정상보다 뒤쪽으로 기울어진 것 ② 기울어진 양상 　후경(retroversion)　: 자궁이 횡축에서 뒤쪽으로 기울어진 것 　후굴(retroflextion) : 자궁의 경부는 변화 없이 체부만 뒤쪽으로 구부러진 것 　후퇴(retrocession) : 자궁 전체가 천골을 향해 정상보다 뒤쪽으로 처진 것		
	원인	선천	발육부전	
		후천	산욕기 요인	① 자궁지지조직(근막조직)의 손상과 지속적인 방광 팽만으로 초래 ② 분만 중에 골반기저층이 근육과 근막구조가 손상되거나 신전되어 자궁경부가 질하방으로 처지고 질내로 늘어지기 때문 ③ 난산 후에 전위가 많이 발생함 ④ 분만 후 퇴축기간 동안 크고 유연한 자궁을 인대가 지지해주어야 하나 이완된 인대의 약한 지지력 때문에 자궁을 정상위치로 복귀시킬 수 없을 경우 발생 ⑤ 분만 후 방광팽만의 지속 → 자궁퇴축을 방해하여 후방전위 초래
			부속기 질환 요인	① 골반감염 등의 부속기염이나 자궁내막증으로 후방전위가 초래됨 ② 골반종양, 난소종양 등
	증상	자궁이 무겁고, 퇴축부전 및 부종		
		월경전 요통과 월경통	페서리 사용(자궁유지와 통증감소를 위해)	
		월경장애	지속적으로 검붉은색의 냄새가 심한 월경지속	
		임신 후 유산위험 증가		
		골반염증 또는 종양	심한 요통과 자궁탈출	
		폐경기 후	증상 현저하게 완화, 울혈감소, 월경이 중지됨과 동시에 장기들 위축	
	진단	과거력, 복부검진, 직장, 질검사, 골반 초음파 검사		
	치료 및 간호	슬흉위	출산 후 자궁이 정상위치로 회복하도록 하루 3~4회, 1회에 5분씩 권장	
		골반감염 시	유착방지를 위해서 즉시 치료	
		보존요법	페서리로 교정	손으로 자궁을 전방으로 밀고 질후원개에 압력을 가해 자궁저를 위로 밀어올린 다음 자궁경부에서 후하방으로 압력을 가해서 페서리 삽입
		재발 시	교정수술(질식 성형술, 질식 자궁절제술) 실시	

5 자궁탈출증(= 자궁하수증, Prolapse of uterus)

정의	골반층 손상이나 과잉 신장, 골반근막층 결함으로 자궁의 일부 또는 전체가 질구 쪽으로 탈출되어 나온 비정상적 위치	
원인	노년기, 다산부	① 폐경으로 인한 에스트로겐 저하에 따르는 골반지지 조직의 약화 ② 과거 분만 시 회음근과 근막의 신전 혹은 외상에 의해 질 출구가 이완되어 있거나 무력 → 복압을 상승시키는 요인들이 장기적으로 작용 → 자궁탈출
	분만 시 손상	임신, 분만으로 골반저근육과 인대의 손상
	전신적 요인	비만, 천식, 만성기관지염, 기관지 확장증
	국소적 요인	복수, 골반내 거대종양(자궁근종, 난소낭종)
	기타	당뇨병성 신경장애, 척추이분증, 미단마취사고, 천골전방 종양 등
분류 20 국시	0도	자궁탈출이 없는 경우
	1도	자궁경부가 질내에 있을 때
	2도	자궁경부가 처녀막고리(질입구)까지 내려왔을 때
	3도	자궁경부가 처녀막고리 밖(질밖)까지 내려왔을 때
	4도	질이 완전히 외번되거나 또는 전 자궁이 탈출된 경우
증상 22 국시	① 경미한 압박감, 질을 통한 생식기 하수감, 경한 요통, 하복부의 중압감 → 자궁인대에 가해지는 견인과 정맥울혈 때문에 누워있으면 편해지고, 아침보다는 오후에 증상이 심해짐 ② 직장류, 방광류 ③ 탈수된 자궁, 요실금, 변비, 배뇨곤란 ④ 완전탈출 : 의복이나 보호용 기저귀, 환자 자신의 피부접촉으로 궤양성 출혈	
진단	시진	자궁탈출 관찰
		자세	쇄석위(직립상태에서 증상이 나타나고 바로 누우면 돌출이 사라짐)
		1도·2도	일상생활에서 돌출되지 않음. 복압을 주게 하면 자궁경부가 질구 밖으로 돌출됨
	촉진	① 질에 시지를 넣고 복압을 주게 하여 자궁경부가 질구 쪽으로 돌출되는 것 촉진 ② 방광류와 직장류가 동반된 경우 앞쪽으로 부드럽고 습한 방광류와 뒤쪽에 수포같이 돌출된 직장류가 촉진됨 ③ 시진·촉진과 함께 질경검진 통해 관찰
	직장· 질검진	직립상태에서 직장·질검진은 엄지와 시지를 이용하여 맹장에서 탈장된 소장을 쉽게 촉진할 수 있기에 탈장을 진단하기에 용이함
치료	비수술 요법	적응증	경미한 정도의 탈출증 환자나 다른 질병으로 수술을 할 수 없는 경우 등
		방법 22 임용	① 페서리의 삽입 : 개인의 질의 크기가 맞는 것 사용, 삽입된 상태에서는 질의 산도를 pH 4.0~4.5로 유지하기 위하여 희석한 식초 또는 과산화수소로 질 세척을 실시함 ② 폐경 후에는 삽입 전 질을 에스트로겐화한 후 사용할 것
		케겔(Kegel) 운동 (= 골반저 근훈련)	복근이나 둔근을 사용하지 않고 골반저근육(항문회음근, 회음체로 구성됨. 항문회음근은 치골미골근, 장골미골근, 치골직장근으로 구성되고 회음체는 구해면체근, 회음북횡근, 항문괄약근으로 구성되어 골반구조를 지지함)과 회음부 근육을 이용함 6~12개월 계속했을 때 회음근과 항문거근의 탄력성이 증가되어 근력유지와 배뇨조절력을 향상시킴
	수술 요법	질식 자궁적출술, 탈수교정술 20 국시	

6 자궁내막증 12 임용(보기)

정의 09 국시	성장, 증식 및 출혈 등과 같은 기능이 있는 자궁내막 조직이 자궁 외 부위에 존재하는 것 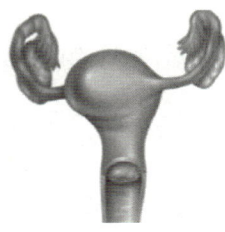 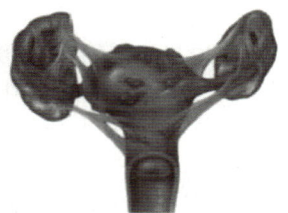 [정상 여성 생식기관] [자궁내막증]	
역학 05 국시	발생부위	① 호발부위 : 골반장기와 복막, 그중 난소에 가장 흔히 발생 ② 자궁인대(원인대, 광인대, 자궁천골인대), 직장 및 질중격, 자궁, 난관, 직장, S상 결장 또는 방광을 덮고 있는 골반의 복막, 제와부, 복부 절개 반흔부, 탈장낭, 충수돌기, 외음부, 자궁경부, 난관 기시부, 임파절 등에 발생 ③ 드물게 팔, 대퇴, 흉막, 심외막강 등에 발생하기도 함
	발생 시기	① 초경 이전에는 발견되지 않음 (∵ 자궁내막의 성장과 발달이 에스트로겐의 자극을 받기 때문) ② 75%가 25~40세 사이의 가임기에 발생, 첫 진단 연령은 평균 27세 ③ 만성 골반통이 있는 청소년층의 52%에서 진단 복강경으로 확진될 수 있음
원인	월경혈 역류설 (이식설)	월경 시 월경혈 및 자궁내막 조직이 난관을 통해 역류 → 자궁내막 세포가 골반 내에 직접 착상되어 성장한다는 이론
	체강상피 화생설	① 체강상피가 자궁내막 조직으로 변형된다는 설 ② 태생학적으로 체강상피에서 기원하는 골반복막의 일부 혹은 배상피세포가 이상 분화되어 발생한다는 설
	유도설	체강상피 화생설의 연장개념으로 어떤 내인성 생화학적 요인에 의해 미분화된 복막세포들이 자궁내막 조직으로 분화된다는 이론
	혈행성 파종설	월경 시 자궁내막 세포가 자궁의 혈관 및 임파계를 통하여 원거리 장기 및 장소로 전이된다는 이론
	유전적 요인	가족력 있는 여성의 경우 발생빈도 7배 높음
	면역학적 요인	면역기능의 결핍 또는 이상이 있을 때, 골반 내로 역류된 자궁내막 세포의 제거 능력이 감소 → 상대적으로 자궁내막증 쉽게 발생
	내분비학적 호르몬 요인	자궁내막증의 병인에 중추적인 역할을 하고 있음
	신체·환경적 요인	30~44세 사이의 여성, 키 크고 마른 여성, 여성호르몬 과다, 월경주기가 짧거나(27일 이하) 월경기간이 긴 경우(7일 이상), 빠른 초경, 출산 횟수가 적은 여성 등

증상 05,16,18, 20,21,22 국시			진행성 월경통, 성교통, 불임, 월경 전 출혈 및 배변통과 맹낭의 경결, 자궁천골인대의 결절, 고정되어 있는 난소의 종괴 등
	통증 20,21 국시	기전	유착, 반흔, 복막의 긴장, 골반 혈류의 변화, 골반 신경로의 침범 및 골반 프로스타글란딘 등으로 생각됨
		① 가장 흔한 증상, 주로 월경과 함께 또는 월경 직전에 초래되는 골반통(통증 발생 기전 : 자궁내막조직이 자궁 이외의 장기에 붙어 증식되고 탈락이 일어나는 과정을 통해 유착, 반흔, 복막의 긴장, 골반혈류의 변화, 골반신경로의 침범 및 프로스타글란딘 등으로 월경곤란증이 초래됨) ② 성인 여성에서 통증 없는 월경이 수년 지속되다 월경통(속발성 월경통)이 발생 → 자궁내막증의 가능성 12 임용(지문) ③ 자궁천골인대 또는 질 부위에 병변이 있을 때는 성교통이나 배변 시 통증 호소 ④ 경증일 때도 심한 통증 유발할 수 있고 중증이지만 전혀 통증 없을 수 있음	
	불임증	자궁내막증 환자 30~50%에서 불임증 동반, 이 중 50~60%가 원발성 불임임 22 국시	

※ 자궁내막증 복막 병변의 3가지 양상

	적색병변	흑색병변	백색병변
복강경 소견			
단면도			
병변의 종류	• 점상출혈반 • 장막하출혈 • 소수포 • 장액성 낭포	• blueberry spot(블루베리반점) • 혈성낭포 • 헤모시데린(저장철이 불용성 형태로 있는 혈색소) 침착	• 유착 • 주름상반흔
병변의 성상	혈관증식이 왕성함	난소호르몬의 변화에 동조하여 출혈을 일으킴	섬유화되고 병변은 치유되어 있음
비고	사이토카인을 방출하므로 불임과 관계됨	난소 내에 출혈이 저류되어, 자궁내막종을 형성함	주위조직과 유착됨

진단검사	병력검사	월경통, 골반통, 성교통 및 월경이상의 유무 확인	
		① 골반검진	젊은 여성의 골반 진찰 시 압통과 고정된 자궁후굴 및 자궁천골인대 부위의 소결절 촉지, 한쪽 또는 양쪽 자궁부속기의 비후나 소결절 촉지
		② 초음파	난소의 자궁내막증 등과 같은 골반 내 종괴 확인과 크기 추적검사에 용이
		③ MRI	더 정확한 영상정보 제공
		④ 복강경 시험적 개복술	자궁내막증의 확진과 병소 파악
		⑤ CA-125	자궁내막증 진단과 치료 후 추적검사로 혈중 CA-125 측정 시 농도가 유의하게 증가된 것이 확인됨

	수술치료	복강경 수술, 개복 수술	
치료 및 간호	치료목적	일차적	시상하부 – 뇌하수체 – 난소축의 생식 내분비체계를 억제하므로 에스트로겐 의존성 종양인 자궁내막증의 병변을 소멸 또는 위축 상태에 이르게 하여 증식 방지
		이차적	통증 완화와 소실, 성교 시 통증 완화, 이상 질출혈의 방지 및 수태능력의 개선 등 도모
	약물치료	기전	에스트로겐의 생성 억제 → 자궁내막증 병변 위축 유발 → 병변의 자극 및 출혈을 방지하는 호르몬요법
		적응증	젊은 여성으로 임신을 원하며 유착이 없는 경우와 어떤 치료로도 임신이 불가능한 불임여성 및 임신을 원하지 않는 여성에게 시행
		약물 [19 국시]	경구피임제, 프로게스틴(월경과다증이 있을 때 적용), 제스트리논(프로게스테론 수용체 결합으로 항프로게스테론 작용), 다나졸, GnRH 작용제, 프로스타글란딘 생성효소 억제제 등
		다나졸	• 테스토스테론을 변화시켜 만든 인공합성 유도제로 다른 성호르몬과 달리 안드로겐 효과가 약함 • 치료 시작 시기 : 월경 끝난 직후 • 작용 : 1) 테스토스테론 유사 작용, 2) LH와 FSH 분비 억제, 3) 자궁내막증식 억제, 4) 난소에서 에스트로겐 합성 억제 • 부작용 : 남성화 증상(체중증가, 여드름, 다모, 쉰 목소리 등), 그 밖의 증상(혈전증, 간기능장애, 내당기능 저하 등) • 부작용 억제를 위해서 저용량(100~200mg/일)으로 장기투여하는 방법이 주류가 되고 있음
		GnRH 작용제 부작용	일과성 열감, 질 건조감, 불면증, 성충동 감소, 골밀도 감소, 그 외 두통, 어지러움증, 남성화시키는 효과(목소리가 깊어지고, 안면과 신체의 체모 증가, 체중증가 등), 안면홍조, 질 건조, 성욕 저하, 골밀도 소실 등

• 자궁내막증 병변 부위

구분	복막병변	자궁내막종	곧창자 자궁오목폐색
진행	• 커지고, 수가 증가한다.	• 난소가 증대되어, 주위와 유착된다.	• 자궁이 후굴되어, 직장자궁오목이 폐색된다.
병변의 깊이	표재성		
병변의 성질	염증성 변화	탈조직(내막조직에서의 적혈구 삼출, 혈액, 내막조직 등)의 저류	염증으로 인한 섬유화, 평활근화
자각증상	없는 경우가 많음	심함	
영상진단의 확인 여부	확인하기 어려움	확인이 쉬움	
주요확인방법	복강경	초음파검사	질·직장 양손진찰

7 자궁내막증식증

정의	비정상적인 자궁출혈을 동반하는 자궁내막선과 기질의 비정상적인 증식을 말하며, 과도한 월경변화에서 상피내암까지 다양한 상태를 보임 ◆ 모든 연령에서 발생 05 국시 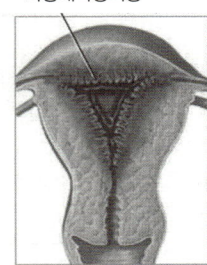 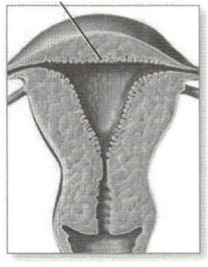 자궁내막증식증 정상자궁내막
원인	① 에스트로겐의 대사이상 및 성호르몬 결합 글로불린의 감소로 에스트로겐의 순환과 자궁내막의 감수성 증가 14 국시 ② 자궁내막에 여성 호르몬 중 황체호르몬(프로게스테론)의 길항작용 없이 난포호르몬(에스트로겐)이 지속적으로 작용할 때 발생됨 | 무배란 | 가임 여성, 무배란 주기의 경우 황체가 형성되지 않아서 황체호르몬의 길항작용 없이 난포호르몬의 지속적인 자극이 일어나므로 발생됨 | | 난포호르몬(에스트로겐)의 지속적 자극 | 폐경 후, 비만 여성에서 흔히 발생됨(부신피질에서 분비되는 안드로스테네디온이 말초지방조직에서 에스트론으로 전환됨) | | 호르몬 치료 | 에스트로겐(난포호르몬)만 복용하는 경우 | | 난소질환 | 에스트로겐을 생성하는 종양 등 |

증상		
	주증상	월경과다, 부정자궁출혈, 지연월경 ◆ 폐경기 여성의 가장 대표적인 증상 : 불규칙적 자궁출혈(폐경 후 출혈원인의 5~10%) → 출혈원인 : 혈관 내의 투과성 증가와 작은 부위에서의 괴사 등
	하복통	자궁내강에 피 고임으로 발생(혈괴를 제거하면 복통 사라짐)
	비정형성 복잡성 자궁내막증	자궁내막암으로 진행 가능(∴ 자궁내막 생검 실시)

치료 및 간호 19,23 국시

치료 방향 설정 시 가장 중요한 것은 여성의 연령과 조직학적 유형임

아기를 원하는 젊은 여성		보존적 치료
10대 소녀	무배란성 주기인 경우	인위적인 에스트로겐-프로게스테론 주기를 만들기 위해 최소한 6개월 이상 치료(3개월 후에 자궁내막 생검으로 정상 월경주기의 자궁내막 조직으로 회복되었는지 사정)
	배란유도 치료제	클로미펜, 메노트로핀
가임기 여성		인위적인 에스트로겐-프로게스테론 주기를 3개월 동안 치료(3개월 후에 자궁내막 생검으로 정상 월경주기의 자궁내막 조직으로 회복되었는지 사정)
주폐경기 여성	• 자궁절제술 또는 적당량의 프로게스테론 제제를 간헐적으로 사용	
	자궁절제술	중등도와 고도의 비정형증식증을 가진 대상자
	프로게스테론	프로베라 20㎎을 2개월에 한 번씩 6개월간 반복 투여
폐경 이후 여성	선종성 또는 비정형성 선종성 증식증	자궁절제술 및 양측 난소난관절제술
	자궁내막암	보존적 치료 전에 자궁내막 생검 필요

8 자궁선근증

① 자궁선근증

정의	자궁내막선, 간질 등이 자궁근층에 존재하는 것으로 대개 자궁근의 비후가 동반됨
증상	• 보통 무증상이나 월경 시작 1주 전부터 과다출혈과 지연출혈, 월경과다, 속발성 월경곤란증 • 성교통 • 복부통증, 배변곤란증
진단	• 자궁이 커져 있음 • 임신반응검사 시 음성 • 40대 경산부가 임신이 아니면서 자궁비대, 월경과다증, 월경통이 심해지면 선근증으로 진단 내림 • CA-125 증가 : 확진할 수 없음, 진단 시 보조수단
치료 및 간호	• 경구피임약 • 증상이 심하면 자궁적출술 적용

② 자궁내막증과 자궁선근증의 비교

감별내용	자궁내막증	자궁선근증
나이	25~45세	40대 이상
출산력	미산부	다산부
사회계층	상류층, 백인	하류층
증상		
성교통	매우 심함	없음
월경통	심함	경함
불임증	75%	20%
자궁크기	정상	전체적으로 증대
자궁내막	기능성(월경 사이)	비기능성(월경)
진단	복강경 검사	병리조직학적 진단
치료	고식적 치료(= 완화치료)	자궁적출술

③ 자궁내막증식증, 자궁내막증과 자궁선근증에 대한 각 질환의 비교

구분	자궁내막증식증	자궁내막증	자궁선근증
특성	• 비정상적인 자궁출혈을 동반하는 자궁내막의 비정상적인 증식 • 과도한 월경변화에서 상피내암까지 다양한 상태를 보임 • 가임기 여성이나 폐경 후 여성 등 모든 연령에서 발생함	• 성장, 증식 및 출혈과 같은 기능이 있는 자궁내막 조직이 자궁 외 부위에 존재하는 것 • 호발부위 : 골반 장기와 복막, 그중 난소가 가장 흔히 발생 • 초경 이전에는 발견되지 않고, 75%가 25~40세 사이의 가임기에 발견됨	• 자궁내막선과 간질이 자궁근층 내에 존재하는 것으로 정의하며 대개 자궁근의 비후가 동반됨 • 육안적 소견은 자궁의 크기가 약 60%에서 비대되어 있으나 임신 12주 이상의 크기는 보이지 않음

증상	• 가임기 여성
	  − 월경과다, 부정자궁출혈, 지연월경 혹은 이들의 복합증상
	• 폐경 후 여성
	  − 부정자궁출혈, 가끔 상당량의 출혈이 있음
	  − 출혈의 원인은 혈관 내의 투과성 증가와 작은 부위에서의 괴사
	  − 하복통이 있을 수 있는데, 이것은 자궁내막강에 혈액이 고여서 올 수 있음. 혈괴를 제거하면 복통은 사라짐
		• 통증
		  − 가장 흔한 증상
		  − 주로 월경과 함께 또는 월경 직전에 초래되는 골반통
		  − 기전 : 유착, 반흔, 복막의 긴장, 골반혈류의 변화, 골반신경로의 침범 및 골반 프로스타글란딘 등으로 생각되며, 개인차가 큼
		  − 자궁천골인대 또는 질부위에 병변이 있을 때는 성교통이나 배변 시 통증을 호소함
		  − 사춘기에는 초경 시부터 월경통이 계속되는 경우가 대부분임. 성인여성에서는 통증이 없는 월경이 수년간 지속되다가 월경통이 발생하면 이는 자궁내막증의 가능성을 시사함
		• 불임증
		  − 30~50%에서 불임증 동반, 이 중 50~60%가 원발성 불임
		  − 원인 : 정자 이동의 변화, 성교통에 의한 성교 횟수의 감소, 황체화된 난포의 파열 불능, 기능적 황체기의 단축, 이입자궁내막에 대한 난자의 주화성, 만성 난관염에 의한 난관분비의 변화 및 난관주위의 유착, 프로스타글란딘 증가와 관련한 복강내 액의 증가, 난관기능의 변화, 맹낭액의 증가 등
			• 월경과다와 속발성 월경통이 있으며 내진 소견상 크고 통증이 있는 자궁이 촉지됨
			  − 과다월경은 커진 자궁강 내의 자궁내막의 양적 증가와 프로스타글란딘의 영향 및 고에스트로겐 혈중과 관련이 있음
			  − 월경통은 팽창된 자궁내막이 프로스타글란딘 방출에 의해 자궁근이 수축될 때 유발된 것
			• 성교통, 만성 골반통 등도 나타나며, 무증상인 경우도 35%가 됨
			• 자궁선근증은 약 80%에서 자궁근종, 자궁내막증식증, 자궁내막증, 자궁내막암 등을 동반함

9 자궁근종

정의	자궁의 평활근세포에서 발생되는 종양으로 근종 또는 평활근종(= 섬유종)으로 불림 14 임용(지문)
역학 92 임용	① 자궁에서 발생하는 종양 중 가장 흔함 14 임용(지문) ② 35세 이상 여성의 약 20~40%가 자궁근종을 가지고 있음 ③ 어느 연령에서나 발생가능하나, 30~45세 호발, 폐경기 이후 대개 크기가 감소함 92 임용(보기) ④ 초경이 빠를수록 발생위험이 높아지며 출산력이 있는 경우 위험이 감소하여 4~5명의 출산력이 있는 경우 미산부와 비교해 70~80%의 위험도 감소가 보고됨 ⑤ 위험요소 : 가족력, 임신, 에스트로겐 함유 경구피임제 사용, 폐경기 호르몬 요법을 받는 여성, 특히 비만(과체중) 여성은 3배 이상 위험요소를 가짐
원인 02,08,11 국시	① 원인은 현재까지 정확하게 알려져 있지 않으며 자궁 평활근 내의 미성숙세포에서 기인하는 것으로 알려짐 ② 호르몬 의존성 종양 : 에스트로겐에 의존하여 근종이 성장되는 것으로 생각됨 (∵ 난소 기능이 왕성할 때 근종이 잘 자라고, 초경 이전이나 폐경기 이후에는 발생이 드물고, 임신 중에는 크기가 커지고 폐경기 이후 대개 근종 크기가 감소함) 21 임용

분류 (= 유형) (발생위치에 따라) 14 임용 / 03,11 국시	점막하 근종 21 임용	정의	근종이 자궁내막 바로 아래에 발생하고 자궁강 내를 향해서 발육되는 것
		특성	① 자궁내막 바로 아래 발생, 약 5% 차지 ② 드물게 자궁경부와 광인대에도 발생가능함 ③ 작은 크기로도 출혈의 원인이 되기 쉬움 ④ 육종성 변성위험이 많으며, 육경(peduncle)을 형성하여 자궁경부나 질내로 이탈되기도 함 ⑤ 육경을 형성할 경우 근종의 표면은 괴사, 출혈 및 감염되기 쉬움
	근층내 근종	정의	자궁의 근육층에 발생하는 근종
		특성	① 자궁근종의 대부분을 차지(약 70%) 92 임용 ② 크기가 크고 다발성일 때는 자궁이 현저히 커지고 결절이 뚜렷하며 견고해짐
	장막하 근종 14 임용	정의	근종이 자궁장막 바로 아래에 발생·발육되는 것
		특성	① 빈도 : 10~20% ② 점막하 근종과 같이 육경형태로 자라기 때문에 고형성 난소종양으로 오진하는 경우가 있음 ③ 임신 시 동반될 경우, 종양 표면을 지나가는 혈관이 터져 다량의 복강 내 출혈 발생 ④ 무증상인 경우가 많지만, 염전을 일으키면 급성 복통을 초래함

증상 92,14 임용 (지문) / 03,11 국시	① 무증상인 경우가 많으나 월경과다, 비정상 자궁출혈, 만성 골반통 등의 증상이 있음 ② 증상의 양상은 근종의 크기, 수, 위치에 따라 단독 또는 복합적인 증상을 나타냄		
	덩어리 촉지		• 하복부에서 덩어리 촉지 또는 하복부 팽만감
	이상 자궁출혈 21 임용		• 월경과다, 부정자궁출혈, 특히 점막하근종의 부정과다출혈, 빈혈을 유발하는 증상
	만성 골반통		• 하복부 중압감, 월경곤란증 및 성교통
	압박감		• 방광 압박 시 빈뇨, 배뇨곤란 • 직장 압박 시 약간의 변비증상, 배변통 • 하대정맥/장골정맥 압박 시 하지의 부종과 정맥류 • 신경 간 압박 시 등이나 하지로 퍼지는 통증
	기타		• 월경과다로 인해 혈색소가 15~20% 정도 감소되어 빈혈 초래 • 매우 드물게 불임 발생

이차적 변성 14 임용	초자성 병변		2차 변성 중 가장 흔함
		원인	근종자체의 혈액공급 장애로 발생
		특성	절개한 단면은 근종의 소용돌이 형태가 없어지고, 조직이 균일하게 보이는 것
	낭포성 병변		초자성 변성이 액화되어 투명액 또는 젤라틴 물질 및 낭강(cystic cavity)을 형성하는 것
	석회화		근종이 혈액순환장애로 허혈성 괴사가 형성된 후 인산칼슘, 탄산칼슘 등이 근종에 침착하여 돌처럼 단단하게 변화되는 것
	감염과 화농		① 근종이 자궁강 내로 돌출하면서 자궁내막이 얇아지거나 육경이 꼬여 괴사된 조직에 연쇄상구균 등이 화농성 병변을 일으킴 ② 점막하근종에서 가장 많이 발생
	괴사		① 근종에 혈액공급장애, 심한 감염 또는 육경성 근종의 염전으로 발생 ② 근종의 내부에서부터 검붉은 출혈성 색채를 띰
	지방화		진행된 초자화 변성에서 발생할 수 있으나 대우 드묾
	육종화		① 근종이 갑자기 커지거나 특히 자궁근종을 가지고 있던 여성이 폐경기 이후에 자궁출혈을 동반하면 육종성 병변을 의심함 ② 자궁근종의 육종성 변성은 아주 드묾

근종과 임신과의 관계	① 생식기능에 방해를 주어 불임 유발 ② 임신기간에 대개 크기가 커졌다가 분만 후 작아짐(∵ 태반에서 분비되는 에스트로겐의 영향으로 임신 중에 커지고, 분만 시 태반이 만출되므로 대개 분만 후에는 작아짐) 92 임용 (→ 임신 시에는 되도록 치료하지 않으며, 질식분만을 우선 고려함)	
	임신 1기	유산, 특히 점막하근종은 착상을 방해하거나 초기유산 유발
	임신 2기	• 자궁근종에 혈액순환장애로 괴사성 변성의 일종인 적색변성 일으킴 (적색변성 시 발열, 백혈구 증가증, 압통 등 발생 → 진통제, 해열제 투여) • 근종이 크면 태아성장 방해(자궁 내 성장지연)
	임신 3기와 분만 시	출혈(태반박리 방해), 자궁근무력증, 드물게 산도의 기계적 폐쇄 초래
	분만 후	자궁이완으로 인한 산후출혈, 자궁내막염 유발

치료 및 간호	원인제거	외과적 수술요법 적응증	① 처음 발견했을 때보다 크기가 커졌을 때 ② 비정상적인 출혈로 인한 빈혈 ③ 월경통이나 하복부 압박감 등의 만성 통증 ④ 근종의 육경성 염전으로 인한 급성통증 ⑤ 폐경 전 근종의 급속한 증가 ⑥ 폐경 후 자궁의 크기 증가로 육종성 병변 의심 시 ⑦ 불임증의 원인 ⑧ 커진 자궁에 의한 압박 증상이나 불편감 등이 심할 때
	보존 및 지지요법	정기검진	크기가 작고 증상이 없으면 6개월마다 정기검진을 받으면서 관찰
		호르몬 요법 (GnRH 활성제 사용)	저에스트로겐 현상을 유발한 후 자궁근종 크기를 40~60% 감소시키는 방법으로, 저용량으로 단기간 사용하는 것이 바람직

10 자궁경부암

정의	자궁경부에 발생하는 악성종양으로 여성 종양 중 가장 흔함	
원인 02,04,07, 12,15 국시	결혼과 성교	① 기혼여성에서 발생빈도가 높고, 특히 다산부에서 많음 ② 성교는 첫 성교연령이 낮을수록, 성 파트너가 많을수록 발병률이 증가함
	포경유무와 음경의 위생 상태	포경수술을 하지 않은 남성이나 음경이 청결치 못한 남성과 성교를 하는 것이 영향을 미침[음경포피 밑에 지방샘의 분비물과 박리된 상피세포 등으로 이루어진 구지(smegma)가 영향을 미침]
	성전파성 질환	매독, 임질, 트리코모나스 감염과 폐렴 마이코플라스마에 대한 항체가 있는 경우 및 하부 생식기의 클라미디아에 대한 항체가 있는 경우 및 하부 생식기의 클라미디아 감염과 단순포진 바이러스 감염이 있는 여성에서 발병률이 높음
	인유두종 바이러스 감염	① 자궁경부암에서 인유두종 바이러스 16, 18, 31 유형이 흔히 관찰됨 ② 발생요인 중 가장 유력한 요인임
	사회경제적 특성	낮은 경제적 수준과 낮은 교육수준에서 흔히 발생
	기타	정자의 DNA이상, 구지(smegma), 트리코모나스, 클라미디아 및 콘딜로마 등에 노출된 경험, 흡연 등

호발 부위

편평원주상피세포 접합부 [23 임용 / 04 국시]

◆ 화생: 초경 시 자궁경부가 성장하면서 내자궁경의 원주상피가 외자궁구로 외번하여 질의 산성환경에 노출된 원주상피가 편평상피로 치환되는 것

[자궁경부 상피의 변화]

진단 검사	세포진 검사 03,05,10,11,22 국시	적응증	침윤 전, 초기 자궁경부암의 조기발견을 위한 검사(악성종양 진단검사를 위해서 사용됨)
		검사 시기	① 성 접촉이 시작된 여성들은 최소 매년 1회씩 검사받도록 권장함 ② 발생위험이 큰 여성은 최소 6개월에 한 번씩 검사를 받도록 함 ③ 접촉성 출혈과 월경 사이에 출혈이 있을 때는 반드시 검사를 받아야 함 **국가암검진사업**: 20세 이상의 여성은 2년 주기로 자궁경부세포검사를 받아야 함 [23 임용]

진단 검사	세포진 검사 03,05,10,11,22 국시	검사법	채취 전 대상자 준비	① 골반검사를 하기 전에 방광을 비우게 한 후 실시 ② 채취 전 24시간 동안은 질 세척과 성교를 하지 않으며, 생리 중에는 검사를 하지 않음 ③ 검사 전 1주일 동안은 질내 약물투여 또는 다른 처치하지 말 것
			재래식 세포진 검사 / 검사물 채취 과정	① 후질원개에서 경관으로부터 떨어져 나온 세포를 끝이 둥근 나무 또는 플라스틱 주걱으로 긁어내거나 cytobrush로 긁어냄 ② 준비된 유리 슬라이드에 바름 ③ 경부의 외자궁구 주위를 360도로 돌려가면서 세포를 긁어냄 ④ 유리 슬라이드에 바름 ⑤ 경관 내부의 세포를 채취하는데 고무 스포이드가 달린 작은 피펫을 경관 내에 삽입하고 흡인하거나 면봉을 경관 내로 삽입하여 빙빙돌리면서 채취함 (자궁경부암의 호발부위로 생각되는 편평원주상피세포 접합부의 세포가 반드시 채취되도록 하는 것이 중요함) ** 3곳에서 채취 : 경관내부, 편평원주상피세포접합부(자궁경부암 호발부위), 후질원개(후질벽과 경부 사이로 전원개보다 깊게 위치하고 있어서 자궁내막이나 경관에서 흐르는 분비물이나 세포가 탈락되어 고여있기 쉬운 곳임) ⑥ 슬라이드에 바름 ⑦ 유리 현미경 슬라이드에는 대상자의 이름을 적어서 검사실로 보냄 ⑧ 슬라이드는 즉시 95% 알코올 고정액에 담가서 15분 이상 고정시킴
			씬프랩 검사	① 재래식 세포진 검사의 단점을 보완하기 위해 새로 개발된 검사 ② 채취된 체액을 세포보존액이 담긴 병에 넣어 검사실로 보내 진단에 방해가 되는 혈액, 염증세포, 점액 등의 이물질을 분리해 낸 후 잘 정제된 세포만을 슬라이드에 얇게 도말시켜 검사의 정확도가 매우 높음
		확진율		90%이지만 편평상피병변은 20~30%, 선암은 40%, 침윤전암은 50% 정도 위음성률을 보임
		세포도말 검사 분류체계 19 국시		Class I : 정상 Class II : 염증으로 인한 이상세포 출현 Class III : 비정상 유핵세포 변화(= 이형성증) Class IV : 상피내암(자궁경부암 전구단계) Class V : 편평세포암(침윤암)
		치료		① 여성의 나이, 성에 대한 태도, 임신을 원하는지 여부, 병소의 심각성 정도, 범위, 위치 및 추적관찰 가능성 등에 따라 치료방향이 결정됨 ② 검사결과에 따른 치료방향 정상 : 1년마다 반복검사 19 국시 비정형 세포 발견 시 : 원인 치료 후 3개월마다 반복 검사 이상 시 : 질확대경 검사 및 쉴러검사 후 원추생검 또는 자궁경관 내구소파술 경증이형증 : 국소파괴요법, 원추생검 중등이형증 : 국소파괴요법, 원추생검, 자궁적출술 중증이형증 상피내암 : 원추생검, 자궁적출술 침윤암 : 병기에 따른 치료

진단검사			
진단검사	쉴러검사 07 국시	적응증	① 세포진 검사에서 양성으로 조직생검 전에 병소부위 확인 위해 사용 ② 암이 의심되는 병소부위 결정 ③ 질확대경을 이용할 수 없을 때 ④ 자궁절제술 후 보조진단 시 이용
		경부에 요오드 용액을 묻혀 변화 관찰	
		정상세포	적갈색 변화(정상세포는 글리코겐을 함유하여 요오드 용액에 반응)
		암세포	노란색(이 부위에서 생검 실시)
	질확대경 검사 12,16 국시	적응증	세포진 검사와 병행하여 자궁경부조직의 변화를 확인하여 직접 의심스러운 부위를 관찰하여 경부의 이상소견, 정도, 범위를 파악함
		장점	자궁경부조직의 변화를 확인하여 이상소견의 종류, 정도 및 범위를 파악하는 것으로 질확대경 조준하에 비정상 병소를 생검하는 것임
		검사법	① 환자를 쇄석위로 눕히고 Pap 도말검사를 먼저 실시 ② 생리식염수나 솜으로 자궁경부의 점액을 제거하고 질확대경을 자궁경부에 조준하여 자궁경부의 정상 여부를 관찰한 다음 녹색필터를 이용해서 혈관의 정상, 비정상 형태와 색깔을 관찰함 ③ 3% 초산(acetic acid)용액으로 자궁경부의 점액을 다시 닦아내고 20~40초 후 질확대경으로 자궁경부의 편평상피와 원주상피를 관찰하고 변형대도 관찰
		결과해석	비정상세포는 정상세포보다 핵과 세포질 내에 핵산을 비롯한 단백질의 함량이 높으므로 초산이 첨가되면 희고 불투명한 상태를 보이는데, 병변이 심할수록 더 심하게 나타남
		검사소견	(아래 표 참조)
	조직검사 18 국시		① 경부조직의 일부를 떼내어 검사 ② 경부암 확진검사
	원추조직절제술 11,23 국시		① 진단과 치료를 겸한 목적으로 주로 사용 : 자궁경부의 조직일부를 원뿔모양으로 제거하는 시술 ② 시술 시 통증이 적고 치유 빠름
증상	출혈		① 자궁경부암의 첫 증상은 경미한 출혈 ② 월경 사이의 출혈이나 성교 후 또는 심한 운동이나 힘을 들여 대변을 본 후 접촉출혈
	비정상적인 질 분비물		① 출혈이 있기 전에 담홍색 또는 핏빛을 띤 분비물이 있을 수 있는데, 이 증상은 선암에서 많이 나타남 ② 병이 진행될수록 출혈과 질 분비물이 많고, 궤양이 심하며 이차 감염이 되면 악취가 남

검사소견:

진단	검사용	소견
정상소견	• 정상편평상피 • 정상원주상피 • 정상변형대	• 연한 분홍빛으로 혈관이 잘 보이지 않음 • 단층의 원주상피로 작은 융모, 포도송이 모양 • 화생상피로 구성
비정상소견	• 백색상피 • 모자이크 • 반점형성 • 비정형성 혈관 • 백반증 • 침윤암이 의심되는 소견	• 상피세포가 초산용액에 백색을 띰 • 상피주위에 혈관막을 형성함 • 상피표면의 붉은 반점이 보임 • 혈관이 comma모양, 올챙이 모양 • 자궁경부의 흰점, 편평한 흰 반점이 보임 • 자궁경부 표면이 불규칙하고 비정상 혈관이 분포됨
불만족스러운 소견		편평원주상피세포의 경계가 경관 내로 상승
기타		염증성 변화, 위축성 변화, 콘딜로마, 미란

증상	통증		암이 상당히 진행되기 전까지는 느끼지 못함
	암이 더 진전된 경우		경부의 궤양, 월경과다가 올 수 있음
		전신증상	식욕부진, 원인불명의 체중감소와 출혈, 통증, 요독증 등
		공포의 3대 증상	지속적인 요추천골통, 편측성 임파샘 부종, 요관 폐쇄증
	신체검진상 소견	초기 침윤암	① 외자궁경 표면이 과립상이거나 융기되어 있고, 가끔은 미세한 유두상 증식으로 덮혀 있는 것을 볼 수 있음 ② 약간의 접촉에도 출혈이 됨 ③ 병변이 경관내부에 있을 경우에는 외자궁경이 정상으로 보임
		암이 더 진행된 경우	자궁경부의 일부 또는 전체로 침윤되면서 암세포가 외자궁경의 표면 위로 증식하여 유두상 경향이 두드러진 외향성 발육형인 양배추 모양이 관찰되거나 외자궁경 표면으로의 증식은 거의 없고 자궁경부 조직 내로 자라게 되어 돌같이 딱딱한 양상을 띠는 내향성 발육형인 경결을 볼 수 있음
		암이 상당히 진행된 경우	① 자궁경부의 파괴 부위가 넓고 괴사가 심하여 조심스러운 진찰에도 출혈이 있음 ② 질벽도 침윤으로 딱딱하게 경결되고 광인대까지 상당히 침윤형상을 보임 ③ 때로 증식된 암이 요관을 폐쇄하고 질-요관 누공 등 비뇨생식 누공이나 직장질 누공을 일으키며 골반 임파절, 대동맥 및 원거리 임파절과 폐, 간, 뼈, 뇌까지 전이가 됨
치료 및 간호	보존요법		루프환상 절제술, CO_2 레이저 요법, 전기소작, 냉동요법, 원추절제술, 자궁경부절단술
	수술요법		전자궁절제술, 광범위근치자궁절제술
	방사선요법		골반외부 조사, 자궁강 내 조사
	항암화학요법		
예방	▶ 인유두종 바이러스 예방접종		
	예방백신		모든 자궁경부암이 아닌 HPV 16, 18형과 관련된 자궁경부암을 예방할 수 있음 → 약 70%를 예방할 수 있음
	접종방법(예방접종 후에도 정기적 자궁경부암 검진이 중요함)		
	시기		• 첫 성교 5년 전(권장 연령 : 9~26세, 최적 접종 연령 : 15~17세) • 성생활을 하고 있더라도 바이러스 감염이 없는 경우 예방효과가 있음 - 4가 백신 : 45세까지, 2가 백신 : 55세까지
	방법		• 15~26세 연령에서 첫 접종 시 3회 접종 - 2가 백신(서바릭스) : 0, 1, 6개월 - 4가 백신(가다실) : 0, 2, 6개월 • 9~14세 연령에서 6개월 간격으로 2회 접종 - 2가 백신(서바릭스) : 0, 6개월 - 4가 백신(가다실) : 0, 6개월 ※ 사람유두종바이러스 예방접종 시에는 동일한 백신으로 접종할 것 권장함

예방	접종대상	\multicolumn{2}{l|}{권장 접종연령 9~26세, 가능하면 성생활이 시작되기 전에 접종하는 것이 가장 효과적임 (성경험이 있더라도 접종효과 기대 가능, 다만 이미 HPV 노출되었을 가능성이 있으므로 효과가 떨어짐)}

예방 - 접종대상

권장 접종연령 9~26세, 가능하면 성생활이 시작되기 전에 접종하는 것이 가장 효과적임 (성경험이 있더라도 접종효과 기대 가능, 다만 이미 HPV 노출되었을 가능성이 있으므로 효과가 떨어짐)

◆ **HPV 국가예방접종 지원사업** [20 임용] : 「건강여성 첫걸음」(기존사업) + HPV 예방접종 사업(확대대상)

접종 필요성	• 자궁경부암은 사람유두종바이러스 감염이 주원인으로, HPV 예방접종을 통해 자궁경부암 등 관련암에 대해 90% 이상의 높은 예방효과를 확인할 수 있음 • HPV 예방접종은 HPV 감염의 가장 큰 원인인 성경험 이전에 접종을 권고하고 있으며, 12세가 지났어도 성경험이 없는 경우라면 예방효과가 높아 대상자 확대를 통한 접종의 기회를 높이고자 함
지원대상	① 12~17세 여성 청소년 ② 18~26세 저소득층 여성
지원내용	① HPV 예방접종 2~3회 지원 ② 12세는 예방접종과 건강상담 함께 제공

	첫 접종나이	접종횟수	백신	차수	다음 접종간격
접종 횟수와 접종 간격	12~14세	2회	HPV2, HPV4	1차	6~12개월
				2차	–
	15~25세	3회	HPV2	1차	1개월
				2차	5개월
				3차	–
	15~26세		HPV4	1차	2개월
				2차	4개월
				3차	

예방접종 전·후 주의사항	• 안전한 예방접종을 위해 미성년자는 보호자와 동행하도록 함 • 예방접종 전 반드시 의사의 예진을 받도록 함 • 중등도 이상의 심한 급성질환이 있는 경우에는 접종을 연기하거나, 감기 등 가벼운 질환을 앓는 경우는 접종시행 가능함 • 접종부위는 청결하게 유지 • 백신 접종 후 통증으로 일시적으로 실신하는 경우가 있으나, 예방접종 후 20~30분 동안 접종기관에 앉아있거나 누워있는 것으로 예방가능함 • 예방접종 후 2~3일간은 주의깊게 관찰하고, 평소와 다른 신체증상이 나타날 경우 반드시 의사의 진료를 받도록 함

부작용	가장 흔한 이상반응 - 실신, 주사부위의 통증, 전신 불쾌감, 발열 같은 경미한 부작용

11 유방암 11(지문), 13(사례), 23 임용

정의	① 유방암은 유방조직에 비정상적인 조직이 불규칙적으로 성장하는 것으로서 우리나라의 경우 여성암 중에서 갑상샘암 다음으로 발생 빈도가 높음 ② 5년 생존율은 다른 암에 비해 비교적 높은 것으로 알려져 있음	
원인	① 정확하게 밝혀진 바는 없으나 유전적 소인이나 호르몬과 관련된 요인들이 보고되고 있음 ② 그 외의 요인들로 신체활동 부족, 고지방식이 섭취, 알코올 섭취 등이 있음 ③ 환경적 요인들은 화학약품, 살충제, 방사선 노출 등도 역할을 함	
	고위험군 (위험요인) 23 임용	① 어머니나 자매 중 유방암 가족력이 있는 여성 ② 유방암 관련 유전자의 변이가 있는 여성(BRCA-1, BRCA-2 등) ③ 유방암의 병력을 가지고 있는 여성 ④ 유방암 조직검사에서 비정형세포들이 발견되었던 여성 ⑤ 자궁내막암, 난소암, 대장암의 병력이 있는 여성 ⑥ 이른 초경이나 늦은 폐경으로 장기간 호르몬의 자극을 받은 여성 ⑦ 30세 이후에 첫 아기를 출산하거나 출산 경험이 없는 여성 ⑧ 모유수유를 하지 않는 여성 ⑨ 폐경 후 비만여성(부신에서 생성된 안드로스테네디온이 신체의 지방세포에 의해 에스트로겐으로 전환됨. 지방세포는 에스트로겐을 생산하고 비축함) ⑩ 술과 동물성 지방을 과잉 섭취하는 여성 ⑪ 경구피임약을 오랫동안 복용한 여성 ⑫ 에스트로겐 + 프로게스틴 복합 호르몬 대체요법을 시행 중이거나 장기간 복용한 여성
병태 생리	① 일반적으로 유방암은 유관의 상피세포선(유관암) 또는 소엽의 상피세포(소엽암)에 발생 ② 침윤성 또는 상피내암이며, 대부분의 유방암은 유관에서 발생하고 침윤성임 ③ 개인차가 있음 ④ 유방암 예후에 영향을 주는 요소 • 병변의 크기, 림프전이, 종양 분화 • DNA content(악성 세포의 특성) • 에스트로겐과 프로게스테론의 수용체 상태	
증상 및 징후	유방의 멍울 또는 두꺼워짐	한쪽 유방에서만 만져지는 하나의 멍울 혹은 종괴가 발견되는 것이 일반적임
	종괴	1) 종괴가 부드럽지 않고 단단함, 2) 모양이 불규칙함, 3) 움직이지 않음
	발생부위 23 임용	대부분의 유방암은 유방의 상외측 1/4 부위에서 주로 발견됨: 유방조직은 샘조직과 관조직의 내부연결망, 섬유성조직, 지방으로 구성되는데 유방암은 관이나 소엽의 상피세포에서 발생됨. 따라서 소엽을 포함한 샘조직과 관조직 등은 상부외측에 가장 많이 위치하고 있기 때문임

증상 및 징후	유두	분비물과 위치변화 및 함몰
	피부변화	① 림프조직의 폐쇄로 피부 부종과 모공이 커지고 피부가 두꺼워짐(오렌지 껍질 모양) ② 유두 주위의 지속적인 피부 홍조와 발진 또는 벗겨짐
	통증	일반적으로 통증이 없으나, 작열감이나 찌르는 듯하고 따끔한 감각을 보이기도 함
진단	유방촬영 23 임용	조기발견 가능
		국가 암검진사업 : 유방암은 40세 이상 여성, 2년 주기로 유방촬영을 실시함
	MRI, PET 스캔	비정상적인 림프절이나 뼈 전이 등 확인
	세침흡인생검	낭종과 섬유성 변화 규명, 흡인으로 세포나 체액을 제거(정확한 진단)
	액와림프전이 여부	조기 유방암의 가장 중요한 예후인자
	그 외, 에스트로겐과 프로게스테론 수용체 검사, DNA 내용분석, 세포증식표지자 검사	
	자가유방검진	

치료
▶ 유방암은 병기에 따라 치료가 다르나, 다른 암과 마찬가지로 수술요법, 화학요법, 그리고 방사선요법이 주로 이용되며 그 외에도 호르몬요법과 표적치료제도 중요한 치료제가 됨

- 국소치료 : 수술, 방사선요법
- 전신치료 : 항암화학요법, 호르몬요법

방법		설명
수술요법	유방보존술 (= 국소절제술)	① 종괴 및 깨끗한 변연을 위해 약간의 정상조직 제거 ② 국소절제술이라고 불리기도 함 ③ 작은 암 종괴를 가진 조기 유방암인 경우에 적용 ④ 목표는 건강한 유방조직을 가능한 한 많이 남기는 것으로 암 종괴와 함께 주위의 건강한 조직을 아주 조금 떼어내게 되는데, 이때 겨드랑이에 있는 림프절을 제거하기 위해 액와를 절개할 수도 있음
	사분절제술	유방조직의 사분원 내에 있는 종양을 대흉근 근막과 유방사분위 상의 피부와 함께 절제하여 제거하는 것
	유방 전절제술 - 단순유방 절제술	① 유방 전체를 제거하는데, 피부판을 근치유방절제술과 같이 처리하고, 액와의 꼬리부분까지 유방을 제거하기 위해서 액와의 하부까지 제거하게 됨 ② 림프절은 제거하지 않음 ③ 양측유방절제술은 두 개의 유방 모두를 제거하는 것으로서, 주로 다른 쪽 유방에도 암에 걸릴 확률이 높을 때 예방차원에서 시행됨
	근치유방 절제술	① 유방과 유두 전체, 액와림프절, 유방 밑의 흉근까지 제거함 ② 수술 부위가 광범위하여 수술 후 상흔이 커서 미관상 좋지 않으며 근육도 제거되어 수술한 쪽 팔의 기능이 감소되는 등의 단점이 있어서 최근에는 거의 행해지지 않고 있음
	변형근치유방 절제술	① 유방과 유두 및 액와림프절 일부를 절제함 ② 흉근은 제거되지 않아 근치유방절제술에 비해 수술 후 팔 기능의 손상이 적음

치료				
수술요법	기타	양측난소 적출술		① 진행성 유방암으로 진단받은 폐경기 이전의 여성에게 호르몬 요법의 형태 ② 난소에 방사선을 조사함으로써 인공적으로 폐경을 유도하는 방법도 있음 ③ 2가지 모두 같은 효과를 보이나, 단지 방사선 요법을 사용할 경우에는 그 효과가 나타나는 데 8~10주가 소요되는 것이 단점임 ④ 난소적출술이나 폐경 후의 여성에게 양측 부신적출술이나 뇌하수체 적출술 같은 수술을 시행하는 것도 남아 있는 에스트로겐 농도를 감소시키기 위함임
		유방재건술		조직확장기와 삽입술을 이용하여 시술되는 것으로 치료를 방해하지 않으며, 유방암 재발위험이 없음
방사선 요법	목적			수술 후 전이를 일으킬 수 있는 남아 있는 암세포를 파괴시킴(재발방지, 전이방지)
	부작용			소양증, 피부건조, 압통, 발적, 종창 및 표피 탈락 등의 일시적인 피부 변화, 피로, 인후 건조, 방사선으로 인한 폐렴, 팔 부종 등
	피부 간호			건조하게 유지, 비누 사용하지 않기(물로만), 연고/파우더/로션 사용하지 않기, 자극/마찰 가하지 않기, 찬바람에 노출시키지 않기
항암화학 요법 23 임용(지문)	목적			유방암은 항암화학요법에 잘 반응하는 고형암으로 복합적으로 약물을 사용했을 때 세포 성장과 분화에 작용하여 많은 이점이 있음
	적용			① 액와 림프를 침범한 유방암의 중요한 치료방법 : 후기 전이 암환자의 생명을 연장하는 데 우선적인 치료 ② 선행 항암화학요법 : 수술 전 이루어지는 치료, 종괴의 크기를 줄여서 유방을 전체적으로 제거하는 절제술 대신에 국소절제술로 제거할 수 있게 됨 ③ 보조 항암화학요법 : 수술 및 방사선요법이 완결된 후 몇 주가 지나 시행
	약물			① 전이성 유방암 : cisplatin, cyclophosphamide, doxorubicin, mitomycin, 5-FU, methotrexate, paclitaxel, vincristine 등 이용 ② 이 중 cycolphosphamide, 5-FU, methotrexate을 가장 많이 사용
	부작용			탈모, 구내염, 오심, 구토, 변비, 설사, 적혈구/백혈구/혈소판 억제, 피로, 폐경, 광과민성, 말초신경장애, 무월경, 쿨임, 질 건조증, 체중증가 등
호르몬 요법	목적			유방암 세포 증식에 영향을 주는 에스트로겐 및 다른 호르몬의 혈중 농도를 낮춤으로써 에스트로겐과 프로게스테론 수용체 양성인 유방암을 치료
	약물	토레미펜 (toremifene ; Farestone)		에스트로겐 활동을 차단하는 대표적인 약물로 초기 유방암의 보조제로서 진행된 유방암 치료에 사용됨. 예방적 치료에도 사용
		타목시펜 (tamoxifen ; Nolvadex) 23 임용		유방암 치료 약물로 가장 널리 처방됨
				보통 폐경기 후 여성의 에스트로겐 양성 유방암의 재발을 예방하기 위해 사용
			약물 기전	암세포의 에스트로겐 수용체 부위를 차단하여 종양의 성장을 억제함
			부작용	자궁내막암, 심부정맥혈전증, 폐색증의 발생 위험 증가시킴, 간기능 저해
		아로마타제 억제제 (aromatase inhibitor) 23 임용	약물 기전	에스트로겐 합성에 필수적인 효소 아로마타제 억제로 에스트로겐의 생성 억제
			부작용	골다공증, 골절, 안면홍조, 두통, 오심, 부종, 체중증가
			특성	• 타목시펜보다 효과가 좋음 • 폐경기 이후 유방암 환자의 1차 치료제

치료	수술 후	활력징후 사정	출혈, 쇼크 예방
		압박 드레싱	수술 부위 유합 촉진
		환측 부위 팔 보호	혈압 측정, 정맥주사 및 제모 시 면도기 사용 금지
		부종(환측에 잘 생김) 예방	① 림프선 종창 ② 부종완화 위해 환측 상승, 말초에서 어깨 방향으로 마사지(정맥과 림프순환 증진)
		배액관 관찰 및 개방성 유지	
	운동	① 근육의 위축과 단축 예방, 림프계와 혈액 순환 증진을 위해 등척성 운동(수술 후 24시간 이내 운동시작) ② 목표 : 4~6주간 안에 서서히 운동 범위 회복 ③ 수술 직후 : 팔의 삼출물 양을 줄이기 위해서 등척성 운동을 시행하게 함(주먹을 쥐고 펴는 손 운동, 공을 압축시키는 운동), 팔꿈치를 굽히고 펴는 운동 ④ 손 운동, 머리 빗기, 세수하기 ⑤ 로프 돌리기, 벽 오르기, 팔꿈치의 굴곡·신전 운동, 어깨운동 등 ⑥ 운동을 안 하면 수술한 쪽 팔 근육의 굴곡 구축 발생 : 환측 팔이 몸에 붙고 머리가 기울어지는 기형적 체위될 수 있음 벽오르기 운동 막대 올리고 내리기 줄 돌리기 도르래 끌기 운동 [유방 절제술 후 운동]	
	수술 부위 피부 간호	① 목욕 후 크림 바르고 마사지 ② 건조하게 유지 ③ 부드럽고 유연하게 유지 ④ 태양광선 피하고 벌레에 물리지 않도록 주의 ⑤ 감염예방 ⑥ 상처 입지 않게 주의	
	금기 행동	① 수술받은 쪽에 장신구 착용하지 않기(예 팔찌, 반지 등 끼는 것 하지 말 것, 혈압 측정하지 말 것) ② 무거운 물건 들지 않기	
	사회심리적 지지	자가간호 증진, 자존감 강화, 자조 모임 정보제공, 가족 지지체계	
간호 진단	① 죽음의 위협 : 질병 정도, 불확실한 예후, 죽음에 대한 부정과 관련된 불안/죽음불안 ② 자아개념의 위협 : 신체상 변화와 관련된 불안/죽음불안 ③ 위기상황과 관련된 불안/죽음불안 ④ 피부와 조직의 외과적 제거와 관련된 피부손상/조직손상 ⑤ 수술과 관련된 급성통증 ⑥ 수술로 인한 신체 구조 및 외모의 변화와 관련된 상황적 자존감 저하 ⑦ 신경근육 손상(통증, 불편감, 부종)과 관련된 운동장애		

12 난소종양

1 유피낭종(Dermoid cyst) 18 임용

특성	① 생식세포종양에 속하는 양성종양으로, 생식세포종양 중에서 가장 빈도가 높음 ② 10대 후반~30대 여성에서 난소종양의 5~15%를 차지함 ③ 3배엽(외배엽, 중배엽, 내배엽) 성분이 분화되어 성숙한 조직상이 있으며 낭포 내에는 황색피지나 모발, 치아, 뼈 등이 보이는 경우가 많음 18 임용 / 22 국시 <table><tr><td>외배엽</td><td>표피 + 신경계</td></tr><tr><td>중배엽</td><td>뼈, 근육, 심혈관계, 성선계, 림프 등</td></tr><tr><td>내배엽</td><td>심혈관계와 성선계 외 내장</td></tr></table>④ 대부분 양측성임(약 10~20% 일측성임)
원인	태생기 약 13주경 시작되는 감수분열 도중 단일 생식세포로부터 유래되는 것으로 추정함
증상	① 대부분은 무증상임(드물게 하복부 팽만감이나 월경곤란증 등을 호소함) ② 드물게 급성복통이 동반됨 • 가장 흔한 합병증은 육경의 염전으로 육경의 크기가 작거나 중간 정도일 때 잘 오고, 염전이 되면 괴사를 초래하고 복막염을 유발함 • 염전이 있을 때 편측 하복부에 격렬한 급성 통증이 지속적으로 이어지거나 중정도의 통증이 일시적으로 나타나며 하복부의 긴장으로 오심과 구토가 발생함
진단 검사 18 임용	<table><tr><td>내진</td><td>압박하면 함요되어 잘 복원되지 않는 특이한 감촉의 난소 종괴를 확인</td></tr><tr><td>골반 초음파 검사</td><td>난소에서 모발, 피지, 치아, 뼈 등이 관찰됨</td></tr><tr><td>복부 X-선 검사</td><td>석회화 등이 관찰됨</td></tr><tr><td>혈액검사</td><td>CA 19-9 증가가 확인됨. 난소암과의 변별 위해 CA-125 확인</td></tr></table>
치료 및 간호	① 난소종양절제술(낭종 절제 및 종양의 크기와 위치에 따라서 난소 조직 일부만 절제하여 대부분의 난소를 보존할 수 있음) → 수술 후 출혈, 골반내 염증, 장폐색 등과 같은 급성 합병증의 발생으로 급성 하복부 통증이 나타날 수 있음 → 퇴원 시 급성 하복부 통증이 있으면 병원에 방문해야 한다고 설명함 ② 예후 : 35세 이상에서는 1~2%의 확률로 악성화됨 이 경우 표면 상피성 악성종양보다 예후가 좋지 않으므로 난소종양절제술이 필수적임

PLUS⊕

• 난소암의 진단검사

검사 종류	검사 목적
세포진 검사	복수천자를 통해 악성세포 확인
정기적 골반진찰	양손골반진찰로 부속기 병변과 더글라스와 내의 결절성 병변 촉지
종양관련 항원	CA-125(참고치 : 0~35μg/mL)는 상피성 난소암에서 증가하고, β-hCG는 융모상피암에서, α-fetoprotein은 내배엽동 종양에서 증가함
초음파	복식과 질식 초음파로 고형성분이나 유두상 투영이 증명될 때 악성종양을 의심함
복강경	난소암과 자궁근종, 자궁내막증 또는 견고형 난소증양을 감별하는 데 이용
임파관 조영술	임파절의 전이유무와 범위를 확인하기 위한 검사
시험적 개복술	• 수개월간의 관찰 동안 종양이 5cm 이상으로 커질 때 • 피임제 복용에도 불구하고 난소종양이 나타나거나 계속 존재할 때 • 1차 발견 시 종양의 크기가 10cm 이상일 때 • 난소암과 자궁근종의 감별이 필요할 때

❷ 기타 난소종양

종류	특징
미분화 세포종	어린이(6~12세)에게 많으며 악성화로 진행됨
과립막 세포종	여성화 촉진(에스트로겐 분비), 조기 사춘기 발생, 유방 증대, 주기적 자궁출혈, 액와모 및 음모성장, 폐경기 여성에게 출현하며 25%에서 악성화로 진행됨 13 국시
남성화 세포종	남성호르몬(테스토스테론) 분비, 무월경, 다모증, 남자 목소리, 음핵의 증대, 근육발달 후 악성화 경향 10 국시
섬유종	난소피질에서 발생, 폐경기 여성에서 호발, Meig's syndrome(복수와 흉수를 동반한 난소섬유증)

❸ 기능성(비종양성) 난소종양(난소낭종) 02 국시

종류			
종류	난포낭종	특징	• 성숙한 난포(배란과정 중 파열되지 않은 과립막 세포로 덮인 난포낭종)나 퇴화 중인 난포에서 유동액이 정상 이상으로 고여서 발생 • 크기는 5cm 이하가 대부분이고, 7~8cm 이상은 드묾. 그러나 종양의 크기가 커질 경우 임상적으로 중요한 의의가 있음
		증상	• 월경이상 • 낭종이 큰 경우 낭종 부위에 중압감과 둔통 호소 • 염전(torsion)이나 자연 파열되면 복강내 출혈을 일으켜 난관 임신 파열과 같은 증상 초래
		진단	• 촉진 • 기능성 낭종과 종양성 낭종을 변별해야 함 : 기능성 낭종은 몇 주간 자연히 파열되어 없어지지만, 종양성 낭종은 크기가 그대로이거나 점차 커지게 되므로 수술이 필요함 → 젊은 여성은 8~10주, 중년기에는 4~5주 정도 기다려 본 후 수술 결정, 폐경기에는 즉시 수술을 결정해야 함
		치료	작은 낭종일 경우 단순히 바늘로 찔러 유동액을 뽑아내거나 절제하고, 낭종이 큰 경우에는 정상 난소조직은 보존하면서 낭종만 제거할 수 있음
	황체화낭종 (=루테인낭종)	특징	• 난소가 융모생식샘자극호르몬(hCG)의 과다한 자극을 받아 발생한 것으로, 난소 주위를 둘러싸고 있는 기질이 황체화 현상을 보임 • 포상기태나 융모상피암이 있을 때 자주 동반됨
		증상	다른 낭종과 비슷하며 염전이나 자연파열이 생길 수 있음
		진단	촉진이나 초음파를 통해 진단함
		치료	염전이나 자연파열로 인한 출혈이 없는 경우에는 포상기태의 상태나 분만 후 hCG의 과다 자극의 원인이 제거되면 낭종도 자연 소멸됨
	황체낭종	특성	• 배란 후에 생기는 황체가 비정상적으로 성장하거나 강내로의 출혈로 낭성으로 변화된 것(황체가 낭성이 되거나 출혈된 지 14일 후에도 정상적으로 퇴행되지 않은 경우) • 자궁외임신과 감별이 필요함 • 황색 또는 회색이며 만약 혈액으로 차 있으면 암적색 또는 자색의 낭종이 난소 표면에 돌출되어 있음
		증상	• 호르몬 생산이 계속되면 무월경과 불규칙적인 자궁출혈이 있음 • 낭종 내의 갑작스런 출혈이 있으면 골반통이 나타나며, 낭종파열로 복강 내 출혈이 되면 자궁외임신과 비슷한 증상이 보임

종류			
	황체낭종	진단	• 대부분이 수술 전에는 알기 힘들며 크기가 커지면 촉진됨 • 자궁외임신이 의심될 경우 임신반응검사로 판별하며, 질경검사 또는 복강경검사로 확진함
		치료	• 대부분이 자연적으로 소멸되므로 관찰하며 기다림 • 크기가 매우 크거나 복강내 출혈이 있을 때는 낭종절제를 함 • 임상적 치료법 : 피임약을 2개월 정도 투여하여 낭종의 소멸 여부를 보고 종양성 낭종을 감별(피임약 투여 후에도 낭종이 계속 자라면 종양성 낭종일 가능성이 큼)
	다낭성 난소낭종 25 임용	특성	표적기관의 호르몬 과잉에도 불구하고 뇌하수체 자극호르몬 분비기능이 과민할 때, 특히 안드로겐의 과다생산(난소의 남성호르몬의 분비능력 항진)으로 난소표면이 두꺼워져 성숙난포가 배란되지 못하여 낭종을 형성하게 됨
		증상 13 국시	• 희발월경, 불규칙 무통성 자궁출혈의 양측성 난소증대로 인한 불임이 나타남 • 50% 이상의 환자에서 무월경과 므배란이 나타남 • 남성화 현상은 드물지만, 70%에서 다모증(∵ 표적기관의 호르몬 과잉에도 불구하고 뇌하수체 자극호르몬 분비기능이 과민하여 안드로겐의 과다생산) 발생 • 비만증과 불규칙한 무통성 자궁출혈이 흔히 있으면 양측성 다낭성 난소낭종을 가지고 있는 질환일 가능성이 높음
		합병증	월경이상, 자궁내막증과 자궁내막암 위험증가, 남성호르몬 과다 증상(다모증, 여드름, 탈모 등), 난임, 2형 당뇨병 위험 증가, 심혈관계 위험 증가
		진단	• 난소에서 황체가 관찰되지 않으며, 혈중 내 프로게스테론 농도가 결여되어 있음 • 육안적으로 난소가 정상 난소의 0.5~2배로 커져 있으며, 진주 같은 흰 피막 속에 많은 작은 소낭포를 가지고 있음 • 초음파검사 : 난포 표면이 정상의 2.8배가 되고 두꺼워지며 난소의 피질과 가까운 쪽 수질은 1/3로 줄고 먼 쪽은 5배 정도 증가함. 초음파상 미성숙 난포가 20~100개 정도 보임 • 혈중 황체화호르몬의 증가(≥ 25 IU/L), 혈중 안드로겐 증가, 에스트로겐 중 E_1(에스트론)은 증가하고 E_2(에스트라디올)는 증가하거나 감소함
		치료	• 난소절제술 : 장막, 림프절, 난소, 난관, 자궁, 자궁경부 제거(편측 난소 절제술 시 매달 월경을 하고 임신이 가능함. 양측 난소 절제술 시에는 외과적 폐경에 이름) • 선천성 부신증식증이 있으면 코티손을 투여하거나 난소를 쐐기모양절제(wedge resection)함 • 기능성 자궁출혈을 치료하거나 다모증의 치료 등 대증요법을 함 • 난임 치료 : 임신을 원할 경우에 클로미펜으로 배란촉진, 경구 배란유도제에 반응 보이지 않으면 배란유도주사 적용 • 내과적 약물치료 : 당대사 이상이 있으면 메트포르민(metformin) 투여 – 인슐린 저항성, 무배란, 남성호르몬 과다 증상을 완화하는 데 도움이 됨(혈중 인슐린과 안드로겐 농도 감소를 통해 배란을 개선시킬 수 있음) ** 혈중 증가된 인슐린은 LH에 대한 난포막 세포의 반응성을 증가시켜 난소에서 안드로겐이 더 많이 합성되도록 작용함 • 고프로락틴 혈증의 치료는 브로모크립틴을 투여함 • 임신을 원하지 않을 때는 경구피임약 투여, 이는 황체형성호르몬을 억제하고 테스토스테론 농도를 낮춤

13 불임(난임)

정의	정상적 부부관계에서 피임을 하지 않고 정상적인 성생활을 하면서 1년 이내 임신이 되지 않는 상태 17 임용 / 07 국시		
	원발성 불임증	한 번도 임신한 경험이 없는 경우	
	속발성 불임증	임신을 경험한 후 임신 능력이 없어진 것	

원인		여성	남성	
	발육 이상	자궁 결여, 기형, 발육부전, 난소 장애 (Turner 증후군)	무정자증	
			정자의 성숙부전, 정액 성분의 이상	
	전신적 이상	• 심한 빈혈 • 마른 체격, 영양장애 • 음주, 흡연 • 정서적 불안, 공포	정자결핍증·정자 운송로 폐쇄	
			생식기 발육이상	잠복고환, 요도하열, Klinefelter 증후군
			전신적 이상	• 과다음주, 흡연, 과로 • 성생활 습관(과다 성교), 발기부전 • 중금속·고열에 장기간 노출되는 직업
	내분비 이상	시상하부-뇌하수체 기능부전, 갑상샘 질환, 고프로락틴증, 고안드로겐증, 다낭성난소증후군	내분비 이상	뇌하수체기능부전, 갑상샘기능저하증, 고프로락틴증, 부신증식증
	생식기 질환	성 관련 질환, 골반감염결핵, 난관폐쇄, 자궁내막증, 자궁근종, 폴립	생식기 질환	고환염, 정관정맥류, 성병
			사춘기 이후의 이하선염을 앓은 경우, 소아당뇨 등의 질병	
	남녀 복합요인	결혼 부조화, 성적 문제, 면역학적 부적합		

불임 사정	사정	과거력 조사	불임 평가의 첫 단계에서는 연령, 성관계 기간과 빈도, 중금속, 방사선 또는 특정 독소의 노출 유무, 긴장도가 높은 직업에 종사하는지 여부, 생활습관 형태, 성생활 양상, 내외과적 및 산과적 과거력과 불임부부의 과거력을 조사
	불임 기초 검사 (순서대로 실시) ❶ 정배 내복 경관	정액검사	정상 정자의 생산 여부 파악
		배란검사	배란 현상, 성숙된 난자 배출 여부 파악
		경관점액검사	정자 운송, 저장에 적당한 경관점액 파악
		난관검사(Rubin test)	정자/수정란 이동 가능한 난관 소통과 운동성 파악 22 국시
		자궁내막검사	수정란이 착상하기에 적합한 황체기 발달 파악
		복막강검사	임신 방해하는 물리적·기계적 장애 파악

※ 생리주기에 따른 불임 검사

검사	시기(월경주기)	근거
자궁난관조영술	7~10일	• 난포 후기, 초기 증식기 : 수정된 난자를 방해하지 않음 • 배란 전 난관을 개통시킬 수 있음
성교 후 검사	배란 전 1~2일(14일)	증식기 : 경관점액 내에서 정상 활동성이 있는 정자를 찾음
정자부동성(항원-항체반응)	다양, 배란	정자와 경관점액의 상호작용에 대한 면역학적 검사
경관점액 사정	다양, 배란	경관점액의 점도는 낮고 견사성을 확인
황체 퇴화에 대한 초음파검사	배란	배란 후 퇴화된 황체가 보임
혈장 프로게스테론 혈청분석검사	20~25일	황체기 중반(분비기 중반) : 황체의 프로게스테론 생산 검사
기초체온표	전체	프로게스테론 영향으로 체온상승, 배란일을 기록
자궁내막생검	21~27일	황체기(분비기 후반) : 프로게스테론과 황체기의 적합성 평가
정자투과검사	금욕 2일 후(1주일 내)	정자가 난자를 투과하는 능력 평가

▶ 기본검사에서 불임의 원인을 발견할 수 없다면 다음 단계는 내과에 의뢰하여 불임과 관련된 대사성 질환 여부를 조사

불임 사정	남성 검사	※ 남성 먼저 검사 – 원인이 남성의 무정자증일 경우 여성의 검사로 원인 밝혀내는 것 불가능 – 시간적, 경제적 낭비 방지		
		(1) 정액검사 05,12,17, 18,19 국시	목적	적절한 정액 생산 여부 파악
			시기	2~7일 성생활 금한 후, 2~4주간 간격 두고 2회 실시
			방법	① 윤활제 사용금지 ② 검사실은 체온과 같은 온도 유지 ③ 자위로 정자를 받음 ④ 깨끗하고 마른 용기에 담음 ⑤ 1시간 이내에 분석
			결과	1회 사정량과 pH : 1.5~5mL, pH 7.2 이상이 정상 정자 밀집도 : 1mL당 1,500만개 이상 정상형태 정자 : 60(50)~70% 이상 운동성 : 사정 1시간 후 60% 이상 20~30분 내 실온에서 액상화 백혈구, 박테리아 없어야 함

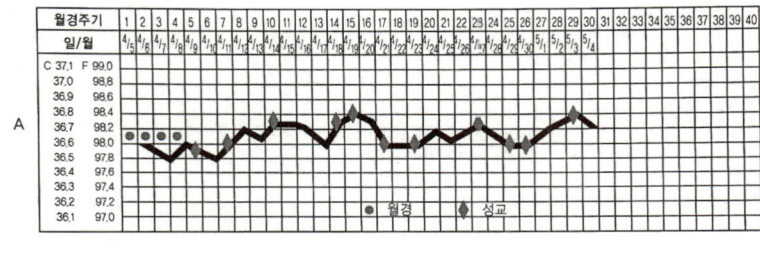

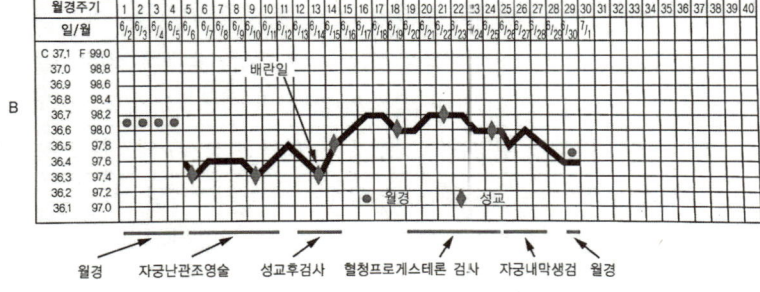

A. 무배란 여성의 단일곡선 기초체온곡선
B. 배란 여성의 저체온과 고체온을 보이는 기초체온곡선(배란 예정일과 불임검사 시기, 배란과 월경시기를 알 수 있음)

[기초체온곡선과 불임검사 시기]

난소기능이상	자궁경부이상	자궁이상	난관이상
기초체온측정	성교 후 검사	자궁난관조영술	자궁난관조영술
			루빈검사
호르몬검사		자궁경검사	복강경검사

성교 후 검사는 배란기에 성관계를 하고 난 뒤 2~12시간 내에 자궁경관점액을 받아 검사하는 방법임

[불임검사 분류]

불임 사정	여성 검사	▶ 배란을 예측할 수 있는 검사는 월경력, 기초체온 측정, 경관점액검사, 혈중 또는 소변 내의 난포호르몬(estrogen)·황체호르몬(progesterone)·황체화호르몬(LH)의 측정, 황체기의 자궁내막검사, 초음파검사 등이 있다.		
		(1) 기초체온 검사 25 임용 / 21 국시	방법 25 임용	〈대상자 교육〉 ① 3~4개월간 매일 측정(처음 시작일은 월경 시작 첫날로 함) ② 기초체온 : 아침에 잠에서 깨어 활동하기 전의 체온 ③ 체온은 숙면 후 눈뜨자마자 누워서 측정(체온계를 머리맡에 준비, 체온 측정 전에는 말하거나 먹거나 담배를 피우지 않도록 함) ④ 화씨 체온계 사용하여 혀 밑에 넣고 3~5분간 측정 ⑤ 체온 변화에 영향을 주는 특기사항(성교일, 감기, 몸살, 소화불량, 긴장, 불면증, 정신적인 흥분, 하복통, 유방통 등의 증상)은 해당 날짜에 기록해 둠
			결과	배란기: ① 24시간 이내 체온 상승 : 0.6~0.8°F ② 다음 생리 24~36시간 전까지 고온기 지속 그 외 기간: ③ 생리 후부터 배란 전까지 저온기
		(2) 경관점액 사정(점액 검사, 성교 후 검사) 08,10,16, 20,21 국시	방법	배란기(혈중 에스트로겐 최고치)의 경관점액의 산도, 분비량, 점도, 견사성 검사
			결과	배란기: ① 물같이 맑고 투명, 세포성분이나 균이 섞여있지 않음 ② 견사성 : 8~10cm(손으로 늘여보았을 때 길이), 점도가 낮고 양이 많음 ③ 현미경으로 양치엽상 관찰 배란장애: 배란 시 경관점액의 양이 많고 투명하나 견사성과 양치엽 형태가 나타나지 않음
		(3) 호르몬 검사	목적	불규칙한 월경주기와 무월경을 진단하기 위해 혈중 프로락틴 수준과 난포자극호르몬, 황체형성호르몬, 에스트라디올, 프로게스테론, 갑상선호르몬의 검사가 필요
			정상 소견	배란 하루 전에는 에스트로겐 혈중농도가 최고치가 되고, 배란 후에는 프로게스테론의 혈중농도가 2.5ng/mL 이상
		(4) 자궁내막 생검 04,18 국시	목적	수정란의 착상부위, 황체 기능, 황체기의 호르몬의 영향, 배란 여부 평가
			시기	월경 주기 중 황체기(월경 시작 7일 전)
			방법	자궁내막 긁어내고 흡인하여 황체기의 분비선 상태 파악
			교육	① 경미한 자궁경련 : 5~10분 이내 소실 ② 검사 후 즉시 운전 및 정상 활동 가능 ③ 검사 후 24시간 이내 과격한 운동 금지, 무거운 물건 들지 않기 ④ 검사 후 72시간 동안 질 세척, 성교 금지 ⑤ 심한 출혈, 발열, 동통 있으면 의사에게 연락

▶ 난관 및 복막 사정

여성 검사	(1) 자궁난관 조영술 17 임용 / 15,22 국시	목적	① 난관 소통 여부, 난관강 이상 여부, 골반 병소 및 유착 여부 확인 ② 난관강의 상태, 자궁내막 상태를 관찰 ③ 불임의 치료적 효과
		치료적 효과	① 조영제가 통과하면서 꼬인 난관을 풀어줌 ② 난관점막의 섬모운동을 자극하여 난관의 점액 찌꺼기 제거하여 유착 용해 ③ 조영제 자체의 정균효과로 불임 치료
		방법	경관으로 조영제 주입하며 자궁, 난관의 해부학적 특성을 보기 위해서 방사선 촬영(20~30분간 짧게)
		시기	월경이 끝난 2~3(5)일 후
		이유	① 수정된 난자가 난관을 통해 복강으로 흘러나갈 가능성이 있으므로 이를 피하기 위해 ② 월경이 끝난 직후여서 개방된 혈관이 없고 모든 월경 부산물이 배출된 후이므로 색전증의 위험과 월경 부산물이 난관을 통해 복강으로 들어갈 위험이 낮은 때 → 조영제 소통 원활
		단점 / 견갑통 호소	난관을 가득 채운 조영제가 횡격막하 늑간신경을 자극하여 생기는 것(정상적일 경우 조영제 주입 후 10~15분 내에 복막강 전체로 조영제가 퍼지므로 그 자극으로 호소) 17 임용 검사 중 어깨 통증이 발생하면 체위 변경이나 경한 진통제로 조절
불임 사정	(2) 복강경검사 17 임용(지문)	목적	난관, 복막 관련된 불임인자의 정보 파악(임신 방해하는 물리적, 기계적 장애 파악)
		방법	복강 내 내시경 삽입하여 직접 복강, 골반장기 관찰 〈대상자 교육〉 ① 외래에서 전신마취 하에 약 30분간 실시 ② 시술 전 6~8시간 NPO ③ 마취에서 회복, 구강 수분섭취 가능, 자연배뇨 가능 시 퇴원 ④ 시술 후 24시간 내 운전금지, 퇴원 시 타인의 도움 필요 ⑤ 일시적 견갑통 : 주입된 가스 흡수 시 사라짐
		적응증	① 다른 검사 모두 정상소견일 때 : 약 1년간 임신 시도 후 안 되는 경우 ② 자궁난관 조영술, 자궁내막 생검에서 이상소견 보일 때 : 즉시 시행 ③ 난소 평가 시
	(3) 루빈검사 17 임용(지문) / 06,07 국시	목적	난관의 개방 여부 확인(난관 통기성 검사)
		방법	배뇨 후 루빈 캐뉼러 통해 자궁 경관으로 이산화탄소 가스가 자궁, 난관 복강으로 통하는지 확인
		주의	환자의 견갑통 호소 : 적어도 한쪽 난관 소통 증거, 복강으로 배출된 탄산가스가 횡격막 근처의 늑간 신경을 자극하여 오는 일시적 반응
상호 작용 검사	성교 후 검사 20 국시	목적	① 경관점액의 정자 수용성 ② 정자의 경관점액 통과하는 침투력, 운동성
		시기	① 배란주기 : 배란 1~2일 전 시행 ② 검사 예정 1~2일간 금욕 후 검사 2~12시간 전 성교
		방법	① 검사 48시간 전부터 통 목욕, 질 세척, 질정, 윤활액 사용 금지 ② 성교 후 10~15분간 침대에 누워 있음 ③ 성교 후 여성의 질 분비물 채취하여 관찰
		결과 / 정상소견	① 경관점액이 투명하고 견사성 8~10cm, 현미경으로 양치엽상이 관찰됨 ② 경관점액 내에 활동성 정자가 15~20개 있음

| 치료 | 여성 | 배란장애 치료 | 원인에 따른 치료를 하며, 일반적으로 배란유도나 난포를 자극시키는 방법과 같이 직접 배란장애를 치료하기 위해 약물 사용 : 배란유도 약물
① clomiphene citrate(Clomid, Serophene) : 선택적 에스트로겐 수용체 조절제
<table><tr><td>기전</td><td>• 시상하부-뇌하수체 작용하여 성선자극호르몬의 분비를 촉진하여 난포 발달과 성숙을 촉진하여 배란 유도(뇌하수체의 에스트로겐 수용체와 결합)
• 배란유도로 무배란 주기와 연관된 불임치료</td></tr><tr><td>투약방법</td><td>• 월경주기 5~9일째에 50mg을 5일간 경구투여
• 기초체온표와 황체기 혈중 프로게스테론 수치와 더불어 배란 관찰
• 배란되지 않으면 50mg씩 증량하여 250mg까지 투여가능
◆ metformin, dexamethasone 병합하여 사용 : 다낭성난소증후군을 가진 무배란성 주기 여성의 클로미펜 사용 효과 강화</td></tr><tr><td>부작용</td><td>• 난소증대, 혈관운동성 홍조, 복부 불편감, 유방압통, 오심/구토</td></tr></table>② gonadotropins(human Menopausal Gonadotropin, hMG)
<table><tr><td>기전</td><td>• 무배란성 여성에게 다수의 난포를 발달시키기 위해 FSH 포함
◆ FSH 주입은 난포의 성장과 성숙 유발
– 퍼고날 : 폐경 후 여성의 소변에서 추출된 것으로 FSH, LH 혼합제</td></tr><tr><td>투약방법</td><td>• 월경 후 3일부터 근육주사 또는 피하주사로 매일 투여
– 난소반응에 따라 용량 조절 첫 번째 투여 시 7~12일 동안 FSH, LH 1amp(75) hCG 10,000IU
• 과자극 증상을 예방하기 위해 초음파로 난소에서 자라는 난포의 수와 크기 관찰, 에스트라디올 수치 감시</td></tr><tr><td>부작용</td><td>• 과배란증후군, 난소파열, 복강내출혈, 다태임신, 난소과자극증후군</td></tr></table>③ human Chorionic Gonadotropin, hCG(Urinary or recombinant hCG)
<table><tr><td>기전</td><td>난포에 직접 작용하여 배란유발, 감수분열, 파열 자극 : 난포 성장이 목적이 아닌 난포가 충분히 성장했을 때 LH surge를 유발하기 위해 사용</td></tr><tr><td>투약방법</td><td>근육주사 5,000~10,000unit/일(metotropins 투여 후)</td></tr><tr><td>부작용</td><td>주사부위 자극, 두통, 불안정, 부종, 우울, 피로</td></tr></table>④ GnRH pump
<table><tr><td>기전</td><td>• 성선호르몬 생산 자극
• 적응증 : 시상하부성 무월경, 월경주기가 없거나 적절한 호르몬이 배출되지 않은 여성</td></tr><tr><td>투약방법</td><td>• 60~90분마다 여성의 체내로 약물이 투여되도록 하는 장치
• 장점 : 다태 임신율이 낮고 환자에 대한 모니터가 거의 요구되지 않음</td></tr><tr><td>부작용</td><td>계속 설치되어 있어야 해서 불편함이 있음</td></tr></table>⑤ Bromocriptine 25 임용
<table><tr><td>기전</td><td>• 목적 : 프로락틴 분비 과잉 억제제로 프로락틴이 상승되어 무배란을 초래하는 경우에 사용하여 프로락틴을 감소시켜 배란을 유도함
• 적응증 : 프로락틴이 상승되어 무배란을 초래할 때 사용
그 외 유루증, 고프로락틴혈증, 파킨슨(고용량), 말단 비대증 치료에 사용</td></tr><tr><td>투약방법</td><td>• 경구용 약물로 하루에 1~2회 투여
• 배란유도의 성공률은 여성의 나이, 약물의 유형, 다른 불임의 원인에 따라 달라짐</td></tr><tr><td>부작용</td><td>구역감, 메스꺼움, 어지러움 : 예방하기 위해 식사 직후 또는 취침 전에 복용</td></tr></table> |

치료	여성	경관점액 이상 치료	▶ 각 원인별로 치료		
			에스트로겐/ 배란유도제	점액량이 적거나 점액의 질이 나쁜 경우에는 월경 후 5일부터 12일까지 투여하거나 또는 두 가지 약을 동시에 투여	
			항생제	경관염이 있는 경우 균배양검사 후 적절한 항생제를 투여	
			알칼리성 질세척제	산성 경관점액인 경우에 세척(에스트로겐 함께 투약)	
		난관 폐쇄 치료	▶ 난관채, 난관 외부, 난관 내부 감염이 불임의 주요 원인이 됨		
			난관성형술	난관 유착이나 폐쇄 시 복강경이나 개복하여 치료(난관 개통에 실패하면 체외수정하여 배아 자궁내 이식 시도)	
			전기소작법, 냉동요법	만성 경관염증으로 난관 폐쇄 시	
		자궁내막이상 및 황체기 결함의 치료	자궁내막이상	평활근종이 있을 경우 근종절제술 시행, 자궁내막염은 항생제 치료	
			황체기 결함	황체호르몬 치료	
			• 질 좌약이나 근육주사로 투여 • 12.5mg을 배란 예정일 후 2일 시작해서 월경기가 시작될 때까지 매일 투여 • 황체기의 결함을 보충해 줄 수는 있으나 정상 월경 시 분비되는 양은 못 됨 • 치료받는 동안 자궁내막 조직을 검사하여 황체기 결핍증 치료 여부 확인		
	남성	일반적 대증요법	▶ 먼저 체질 개선과 일반적인 개인위생 개선이 중요함		
			담배와 술 제한		
			매일 뜨거운 물 또는 통목욕, 사우나 피할 것 → 음낭의 온도를 상승시켜 고환의 효과적인 정자 생성 방해		
			적당한 휴식과 정신적인 스트레스 관리		
		인공수정	자궁강 내 인공수정(IUI)의 근본적인 적응증은 정자가 자궁경관 점액을 통과하지 못하는 남성 불임증임		
			인공수정의 성공률	나이, 배란 촉진제의 종류, 불임의 기간, 불임의 원인, 정자의 운동성과 특성에 따라 다름	
			인공수정을 3회 이상 실패했을 때에는 그 다음 방법으로 보조생식술인 체외수정과 배아이식, 미세수정술 등을 시행함		
			▶ 인공수정 종류		
				배우자 간 인공수정	남편의 정자 사용
				비배우자 간 인공수정	공여정자 사용(남편이 무정액증이거나 유전적 질환이 있을 때)
			▶ 방법		
				배란유도제	자연배란주기에 갖추어 시행할 수도 있으나, 대개 배란유도제나 과배란 유도주사를 생리 2~3일째부터 투여하여 과배란 유도를 시행하여 배란시기에 정자가 결합할 수 있는 확률을 높임
				배란시기 측정 및 수정	기초체온 기록표와 배란 예측도구를 이용하여 배란시기를 알아내고 배란되기 전부터 인공수정 계획을 세움. 인공수정 3~4일 전부터 금욕하고, 시술 당일 남편은 수음으로 정액채취
				정자 추출	다양한 정자 처리 과정을 통해 채취한 정액에서 고도의 운동성이 있는 정자만을 추출
				정자 주입	가늘고 부드러운 카테터를 이용하여 경부나 자궁강 내에 주입
				휴식	처치 후 환자는 15~20분 정도 그대로 누워 있도록 함

치료	보조 생식술	① 체외수정 – 배아이식(시험관 아기 시술) 25 임용 　㉠ 배란유도 : 과배란 약으로 많은 난포를 성숙시킴 　㉡ 난자채취 : 과배란된 난자를 채취한 후 황체호르몬 투여(∵ 난자를 채취한 날로부터 자궁내막의 안정성을 위해 황체호르몬을 투여함) 　㉢ 임신확인 : 난자채취 후 12~14일에 혈청 β-hCG 검사를 통해 임신을 확인하고, 혈청에서 임신이 확인되면 임신 5~6주에 초음파로 임신을 확인함 ② 생식세포 또는 접합자 난관 내 이식 : 시험관 아기술의 단점 보완 ③ 난자 공여
간호	▶ 정신적 지지 간호	
	① 불임 부부가 자신들이 입장을 표현할 수 있도록 격려하고 좋은 청취자가 되어줌(신뢰성 있는 치료적 관계를 형성) ② 진단검사와 치료 과정에 대한 정보 제공 및 교육 ③ 불임 부부의 스트레스 해소를 도움 ④ 성생활이 아이를 갖기 위한 의무적인 행위가 되지 않도록 함	

14 인공임신중절술

문제점	① 최근 우리나라는 기혼여성의 인공임신중절 건수는 감소하는 반면, 미혼여성의 경우는 계속 증가하고 있어 사회적인 문제가 되고 있다. ② 성 개방 문화 속에서 성경험 연령이 점차 낮아져 청소년기의 성 활동 빈도가 증가하고 이에 따른 피임이 실천되지 않아 청소년의 원치 않는 임신은 대부분 인공임신중절로 이어지고 있다. ③ 10대 임신모의 주요 사망원인은 불법적 임신중절로 인한 패혈증과 출혈이다. ④ 특히 출산 경험이 없는 첫 번째 임신의 인공임신중절은 자궁경부의 손상과 합병증 빈도가 경산부보다 높게 나타난다.
종류	재태 기간에 따라 적용방법이 다름 ① 월경예정일이 지난 2주 이내 : 월경조절법 적용 ② 임신 12주 전, 초기 임신 : 진공흡인술, 경관확장 소파술 적용

월경조절법	방법	개대되지 않은 경관을 통한 강압적인 자궁내막 흡인법
	실시시기	최종 월경 후 5~7주 이내에 자궁내막을 흡인
	장점	법적 처방 불필요, 외래에서 처치가능(비교적 간단), 소요 시간이 짧음(5~15분), 자궁경관의 손상이 없음
	단점	출혈, 수정물의 잔존 및 감염의 위험
	효과	착상부위 적용 시 100%
진공흡인술	방법	정맥 내 진정제 투여, 흡인 또는 경부 주위 차단술이나 척수마취 후에 경관확대 후 삽관 흡인
	실시시기	임신 12주 이내 실시
	장점	합병증 거의 없음, 출혈 및 불편감 최소, 외래처치 가능, 소요시간 짧음
	단점	경관외상(시술 4~24시간 전 라미나리아 삽입으로 이완이 안될 때), 자궁천공, 출혈, 감염
	효과	착상부위 적용 시 자궁기형만 없으면 100%

◆ 라미나리아 : 작고 딱딱한 막대기 모양이며, 해초류를 건조시킨 것으로 흡수력과 팽창력이 강한 부유지다. 10대 또는 젊은 여성은 자궁경관이 미성숙하거나 성인보다 더 길어서 경관개대 시 손상의 위험이 높으므로 출산 경력이 없는 첫 임신일 경우에는 라미나리아를 이용하여 자궁경부를 확장시킨다.

자궁경관 확장과 소파	방법	헤가 개대기로 경관개대 후 큐릿으로 수정산물 긁어냄
	실시시기	임신 12주 이내
	장점	소요시간이 비교적 짧음(15분 소요)
	단점	자궁천공, 감염, 출혈, 경관손상, 마취 후유증
	효과	착상부위 놓치지 않으면 100%

③ 임신 12주 이후, 임신 중기 : 경관개대, 태아치사와 자궁수축을 유발하는 방법 병행

합병증	수술 중 합병증	초기 합병증 (전체 88% 차지)	자궁천공, 자궁경부 열상, 출혈 및 마취사고, 수혈을 요하는 출혈, 예기치 못했던 자궁절제술 등
		그 외 합병증	쇼크, 허탈, 사망, 불완전 유산, 자궁수축부전증, 재시술로 인한 자궁경관과 자궁벽의 상처와 출혈 및 자궁천공

합병증	수술 후 합병증	골반염증성 질환, 정맥 내 혈전증, 폐색전증, Rh동종 면역출혈, 수혈, 자궁 및 자궁경부 손상과 발열		
		유산증후군		인공임신중절에 따른 정신적 후유증
			증상	• 죄의식, 슬픔, 두려움, 수치심, 불안, 우울감, 의심, 상실감, 분노 등의 감정에서 심한 정신질환까지 포함 → 젊은 여성, 사회적 지지가 부족한 여성, 경산부, 정신과적 병력이 있는 여성의 경우 죄의식과 불안이 더 잘 발생함
			영향 요인	유산 전후 여성의 특성, 지지체계, 유산에 대한 문화적 태도, 유산 당시 병원의 분위기, 유산 후 일어난 사건 등이며 10대 여성과 미혼여성의 경우 정서적 후유증이 더 심하게 나타나고 차후 임신의 가능성에 대한 두려움이 더 큼
	다음 출산력에 미치는 영향	① 자궁경관무력증 : 내자궁 경부 손상으로 자궁경부 약화 ② 골반염증성 질환 ③ 자궁외임신 ④ 태아 부분 잔류		
간호	(1) 사정	① 월경력, 최종월경일, 출산력, 과거 출산 시 위험한 합병증 여부, 피임사용 여부, 신체검진, 혈액검사, 소변검사 등 ② 임신중절술에 대한 위험성, 수술 후 기대, 합병증 등 대상자의 지식 정도 파악		
	(2) 상담	임신중절술 결정에 대한 상담 : 대상자의 의사결정 초기부터 편안하게 선택할 수 있도록 유용한 정보제공		
	(3) 자가간호 (신체회복과 감염예방을 위한 교육내용) 06 임용	① 인공 임신중절술 선택 시 수술 전후 처치 및 수술 후 자가간호에 대한 정보제공 ② 수술 전·중·후 처치 및 지지적 간호 실시, 퇴원 후 합병증 예방법 및 추후관리 등에 대한 교육제공		
		③ 감염예방		• 질내삽입금지 : 수술 후 질내로 절대로 무엇을 넣어서는 안됨. 질 분비물이나 출혈이 있을 때 생리대만 사용할 수 있고 탐폰은 절대로 사용할 수 없음 • 금지행위 : 적어도 2주까지는 수영이나 통목욕, 질 세척을 금하고, 성관계도 피하도록 함 • 감염의 징후 : 체온 38℃ 이상, 하복부의 심한 경련이나 통증 또는 골반통, 악취가 나는 질 분비물 등 • 병원방문 : 감염의 징후에 주의를 기울이는 것으로 하루 2번 이상 체온을 측정하여 38℃ 이상이면 의사에게 전화로 연락하거나 방문하도록 함
		④ 회복촉진		• 권장식품 : 야채, 단백질, 과일 등을 충분히 섭취 • 수면과 휴식 : 충분한 수면과 휴식, 무리하지 말 것 → 운동은 자궁출혈을 증가시키는 요인이므로 1주간은 피하여 에너지 회복에 집중되도록 하며 몇 주간 힘든 일, 복압이 필요한 일은 피함 • 검진 : 이상 증후가 있는 경우 외에도 정상적인 외래검진을 2주 후에 받도록 할 것 • 교육내용 : 다음 임신에 대한 교육 등

간호	(4) 수술 후 대상자 예후 사항	출혈		• 중절술 후 약 1주간은 월경 띠와 유사한 출혈이 약간 있을 수 있음 • 출혈량은 개인에 따라 다름(출혈이 전혀 없을 수도 있고 출혈이 많을 수도 있음)
			심한 출혈	2~3시간 내 여러 개의 패드를 흠뻑 적셨을 때 또는 2일 이상 아주 많이 흐르거나 출혈이 2주 이상 지속되는 경우
			혈괴	• 검붉은색·갈색의 혈괴가 있을 수 있음 • 자궁 경련은 대개 자궁강 내에 머물러 있는 혈괴를 배출시키는 생리현상 • 혈괴를 배출시키는 데 하복부 마사지가 도움이 됨 • 경련은 대개 혈괴가 완전히 배출되면 없어짐 • 심하고 지속적인 경련이 있으며 회백색 혈괴가 보이면 합병증일 수 있음
		하복부 경련		• 중절술 후 며칠간은 하복부 경련이 자주 올 수 있음 • 의사가 처방한 아스피린, 아세트아미노펜을 복용 • 따뜻한 물주머니나 가온 패드를 하복부에 대어주어 경련을 완화시킴
		월경		• 다음 월경은 대개 수술 후 4~6주 후 시작, 임신중절술을 받은 그날을 월경 시작 첫날로 생각하고 한 달 후 월경이 있을 것을 예상하면 됨
		피임		• 피임법 선택하고 성관계를 시작하는 첫날부터 피임법 실천 - 루프 등 다른 피임법이 준비되지 않았다면 콘돔이나 살정제를 함께 사용하면 더 효과적 • 임신중절수술을 받고 2주경부터 성관계를 갖는다면 대개 그때가 배란기(수술 후 4주에 월경이 시작될 경우)이므로 임신이 가능
		유방통		• 유방통이 임신중절 후 2~3일경에 발생 가능 • 유즙 생성에 의한 유방 울혈도, 특히 임신중기 중절 시 발생 빈도가 더 높음 • 유즙을 짜지 말고 유방대를 해주면 2~3일간 유방통이 있다가 사라짐 • 필요시 얼음주머니를 대주거나 아스피린 등 경한 진통제 투여, 유즙억제제(Unergol) 복용
간호 진단	(1) 유산의 선택결정에 대한 갈등과 관련된 비효율적인 대처 (2) 정보원 노출부족과 관련된 유산의 선택, 처치과정에 대한 지식부족 (3) 안위변화 : 유산처치와 관련된 급성통증 (4) 조직손상과 관련된 감염 위험성 (5) 정보원 노출부족과 관련된 퇴원 후 위험증상, 합병증의 조기발견 및 자기간호에 대한 지식부족			

15 여성 생식기 수술

① 난소수술

정의	난소절제술은 한쪽 또는 양쪽 난소를 외과적으로 제거하는 수술로 난소절제술과 난소쐐기절제술이 있음	
적응증	심한 골반염증성 질환, 난소의 양성 및 악성 종양, 난소낭종, 자궁내막증, 자궁외임신	
수술 방법별 효과	**수술방법**	**효과**
	설상(쐐기) 절제술 18,20 임용	• 원인적 난소질환 치료 • 배란 자극 • 설상형으로 절제하면 시상하부 – 뇌하수체 – 난소축에 자극을 주어 배란–월경주기를 정상으로 이끌어주는 효과가 있음 • 난소호르몬의 분비 가능 • 임신 가능(63%)
	한쪽 난소절제술 07,16,22 국시	• 한쪽 난소만 절제하므로, 정상배란과 월경주기가 유지됨 • 난소호르몬 분비 • 임신 가능
	양쪽 난소절제술	• 수술 후 난소가 없으므로, 배란과 월경 없음 • 난소호르몬 분비 없음 • 폐경증상이 나타남 • 임신할 수 없음

② 자궁절제술의 종류 및 생리적 변화 07,09,10,16,20,21 국시

수술명	절제부위	생식생리의 변화
전자궁절제술	자궁체부와 경부 모두를 절제	• 월경 없고 임신이 안됨 • 에스트로겐이 분비됨
전자궁절제술과 양쪽 난소난관절제술	자궁과 함께 양쪽 난소·난관 절제	• 월경 없고 임신이 안됨 • 에스트로겐 분비 안됨 • 폐경증상 나타남
근치자궁절제술	자궁과 함께 양쪽 난소·난관절제, 질의 일부, 자궁주위의 림프절과 인대까지 절제	• 월경 없고 임신이 안됨 • 에스트로겐 분비 안됨 • 폐경증상 나타남 • 소변장애 올 수 있음 • 주위조직 절제범위에 따라 다양한 변화

1-3 성접촉성 질환

영역			기출영역 분석	페이지
성전파성 질환의 종류	세균성	클라미디아	전파경로, 증상, 합병증, 임부 감염 시 태아에게 미치는 영향 2012	122
		임질	진단검사법 2010	123
			임신 중 합병증 4가지 1992, 1996, 2008	
		매독	병원체, 남녀발생 비율, 서혜부 임파선염과 연관성, 호발부위 1992, 1993, 1996	125
			진단검사법 2010	
		연성하감	진단검사법 2010	129
		서혜부 육아종	진단검사법 2010	130
		성병성 림프육아종	진단검사법 2010	131
	바이러스성	첨형콘딜로마 1996, 2011	원인균, 병소특성(돌기형의 무통성 사마귀) 및 증상, 임신부와 면역저하 대상에게 병변이 자라는 속도, 질분만 시 신생아에게 미치는 영향	132

✓ 학습전략 Point

1st	임질, 클라미디아 감염증	우리나라에서 가장 흔한 성병인 임질과 클라미디아 감염증의 증상과 합병증 등 기출된 내용을 포함하여 학습한다.
2nd	매독	선천성 매독과 후천성 매독을 구분하여 원인, 전파경로, 특징적인 증상과 임상경과, 치료법 등을 학습한다.
3rd	첨형콘딜로마	대표적인 바이러스로 인한 성전파성 질환의 원인과 증상, 합병증 등 기출내용을 포함하여 학습한다.

여성의 건강문제(성접촉성 질환)

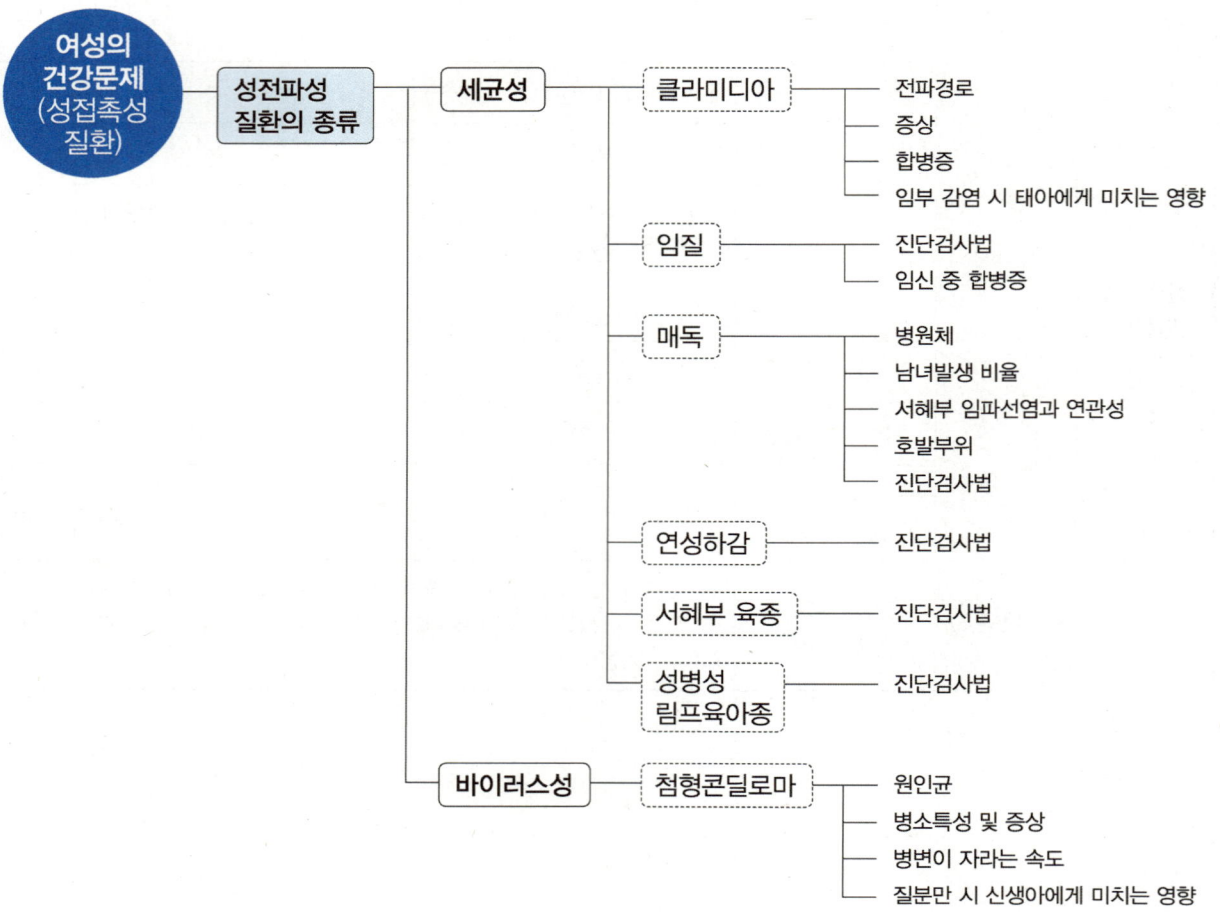

12-30. 클라미디아(Chlamydia) 감염에 대한 서○○ 학생의 생각 (가)~(라) 중 옳은 것만을 있는 대로 고른 것은?

(가) 증상이 나타나지 않는 경우가 많아서 자신도 감염되었는지 모른 채 질병을 퍼뜨리고 다니겠는데

(나) 엄마의 산도를 통해 균이 전파되어 신생아가 결막염에 걸린 것을 보니 정말 안됐어.

(다) 클라미디아로 인해 난관염이 생기고 불임까지 되는 줄은 정말 몰랐어.

(라) 질병의 전파를 막기 위해서는 성관계 후 살정제를 정확하게 사용하는 것이 중요해.

08-18. 임신 중 임질에 감염된 경우 발생할 수 있는 주요한 합병증을 4가지만 쓰시오.

96-36. 출산 전 산모의 성병 감염이 원인이 되어 올 수 있는 신생아의 질환이 아닌 것은?
① 임질 – 신생아 안염
② Condyloma – 폐렴
③ 매독 – 지속성 비염
④ Candida 질염 – 아구창

10-19. 다음은 성전파성 질환의 일례에 대한 설명이다. 이 질환의 진단방법으로 옳은 것은?

> 이 질환은 원인균이 주로 성교에 의해 피부나 점막으로 침입하며 심각한 전신질환을 유도할 수 있는 복합질환이다. 감염 시 임상 양상과 시간 경과에 따라 독특한 질병의 단계를 거친다. 전염성이 강하며 전형적인 일차적 병변은 경성하감의 형태로 나타난다.

① 요도구, 직장, 자궁경부, 바르톨린샘에서 검사물을 채취하여 TM(Thayer-Martin)배지에서 배양검사를 한다.
② 궤양의 삼출물을 배양하여 도말 표본검사로 듀크레이 간균을 발견한다.
③ 서혜부의 특징적인 과립모양의 병소와 급성기와 아급성 시기에 라이트 방법으로 조직을 염색하여 도노반소체를 발견한다.
④ 바이러스에 감염된 쥐의 뇌로부터 추출한 항원을 주사한 후 양성 피부반응을 보는 프라이 검사로 진단한다.
⑤ 현미경으로 환부에서 원인균을 확인하고 혈청학적 검사를 이용하여 진단한다.

93-27. 다음 〈보기〉의 특징을 가진 질병은?

> 〈보기〉
> • 병원체는 스피로헤타이다.
> • 여성보다 남성에서 흔히 발생한다.
> • 서혜부 임파선염이 연관되어 발생한다.
> • 질이나 자궁경관보다 외음부에 더욱 흔하다.

① 임질 ② 경성하감
③ 연성하감 ④ 서혜육아종

92-45. 〈보기〉 중 선천성 매독에 해당하는 것만으로 짝지어진 것은?

> 〈보기〉
> ㉠ 임신 5개월 이내에 모체의 태반을 통해서 감염된다.
> ㉡ 비성 호흡(snuffles), 패혈증, 뇌막염 등이 나타난다.
> ㉢ 출생 직후 안염 예방을 위해 1% 질산은 용액을 점적시킨다.
> ㉣ 입, 코, 항문의 점막 부위에 반점상 구진이 생긴다.

92-63. 허친슨(Hutchison) 치아의 특징이 아닌 것은?
① 정상치아보다 작다.
② 깨무는 표면에 절흔이 생긴다.
③ 치아 사이의 간격이 넓어진다.
④ 유치에 침범을 받는다.

11-14. 성전파성 질환의 일종으로 여성의 외음부에 생긴 첨형콘딜로마(condyloma acuminatum)에 대한 특성이다. 이 질병에 대한 설명으로 옳은 것은?

> 〈특성〉
> • 꽃양배추(cauliflower) 모양을 지닌 돌기형의 무통성 사마귀
> • 외음부 소양증을 초래하기도 함
> • 임신부와 면역 저하 환자에서 병변이 자라는 속도가 빨라짐

① 협착과 천공이 생긴다.
② 사마귀를 제거하면 재발되지 않는다.
③ 질 분만 시 신생아에게 안염을 일으킨다.
④ 2기가 되면 병변이 회백색의 삼출물로 덮이고 악취가 난다.
⑤ 원인균은 인유두종바이러스(human papilloma virus)이다.

1 클라미디아

정의	① 클라미디아 트라코마티스에 발생되는 성병 ② 미국 여성에게 가장 흔하고 빠른 전파력을 지닌 성병이고, 우리나라에서는 임질에 비해 적은 발생률을 보이나 흔한 질환(매독과 임질 이후 흔하면서도 위험한 성병)
원인균	클라미디아 트라코마티스(chlamydia trachomatis) ** 클라미디아는 세포 내 기생충임 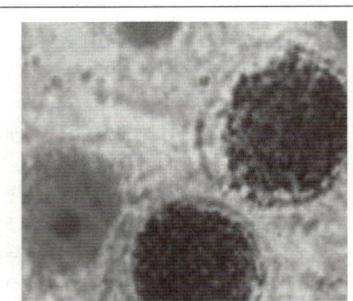 • 주로 요도구와 항문주위부에 호발 • 전염력이 매우 강함, 한 번의 성 접촉으로 약 50% 감염 • 잠복기 : 1~5주
전파	성 접촉에 의해 감염, 임질을 앓고 있는 여성 중 25~50%가 클라미디아를 갖고 있음
증상 12임용	① 임질과 증상 유사 ② 흔한 증상 : 묽은 장액성의 노란색 질 분비물과 배뇨곤란, 하복부 통증, 직장 통증, 점액변, 성교통, 질 주변 소양증, 미열, 위화감 등이 있음 ③ 여성의 75%와 남성 50%에서 무증상(→ 자신도 모르게 전파시킴), 성교 후 출혈, 후에 경부염/요도염/난관염과 같은 증상이 나타남/임신 시 감염 → 자연유산, 사산/산후 → 자궁내막염에 잘 걸림 ④ 질식 분만 시 클라미디아 결막염, 신생아 안염 발생하며 폐렴, 기관지염 등을 초래함
합병증 12임용	① 접촉 5~21일 후 음부와 항문 부위에 증상이 나타나며 실제로는 직장 결장염, 항문협착성 농양 및 누공 나타남 ② 증상은 일반적(간과하기 쉬움)이나 후유증이 심각한 편, 감염된 40%가 치료를 받지 않아 골반염으로 진행되고 골반염에 걸린 여성의 1/5이 불임증을 나타냄 → 상행성으로 감염되어 염증이 진행됨, 반복되는 염증으로 난관 내강이나 난관 주위에 유착이 생김 → 난관협착이나 난관폐색 등으로 정자의 통과 장애가 생겨서 수정되지 않음 ③ 염증이 간 주위까지 상행하면 간주위염(간장과 횡격막 사이에 바이올린 현과 같은 밧줄모양의 유착) 초래, 급성 복통이나 상복부 만성 복통 호소
진단	① 클라미디아 조직배양 : 여성의 경우 밀봉된 면봉을 자궁경관 내 약 1~1.5cm 깊이까지 삽입한 후 회전시켜 분비물을 채취하여 배양검사를 실시하고, 남성은 밀봉된 면봉을 요도 내 2~2.5cm 깊이까지 삽입한 후 분비물을 채취하여 배양검사 실시, 정확한 진단 위해 이용되나 비싸고 일주일 후에 결과 알 수 있음 ② DNA probe(유전자 탐침법), ELISA(효소면역 성분법) 등은 값은 덜 비싸나 덜 민감한 검사법임
치료 및 간호 12임용	원인 제거	① minocycline, doxycycline, erythromycin을 7일간 외음부에 도포 ② 안구 감염 시에는 erythromycin 안연고를 21일간 도포 ③ 성병성 림프육아종 동반 시에는 tetracycline 500mg을 21일간 투여
	보존 및 지지 요법	① 예방을 위해 부부가 함께 검사받고 치료 ② 안전한 성교를 통해 감염 위험성을 감소 → 안전한 차단용 피임기구(콘돔 등)를 사용해야 함, 살정제 사용으로는 예방되지 않음 ③ 클라미디아에 감염된 임부가 질 분만을 하는 경우 영아의 60~70%가 산도를 통해 감염되며, 이때 영아의 50%에서 결막염이 생기고 신생아 안염이 자주 발생, 감염된 신생아의 10~20%에서 폐렴 96임용 발생 → 질산은 용액은 클라미디아 결막염에 효과적이지 않지만, erythromycin이나 tetracycline 안연고는 눈 감염을 예방할 수 있음, 클라미디아 폐렴 예방을 위해서는 고위험아동은 erythromycin 구강시럽 같은 전신 항생제를 사용해서 치료

2 임질

정의	임질균에 의해 발생되며, 성교에 의해 전파되는 가장 흔한 질환
역학	① 10대와 젊은 성인에게 호발, 이 중에서도 15~19세 여성과 20~24세 남성에서 가장 호발 ② 낮은 사회경제적 상태에서 호발
원인균 04 국시	임질균(Neisseria gonorrhea, 그람 음성균인 쌍구균 → 하부생식기관의 점막에 가장 흔히 감염되는 임균) • 건조한 상태, 저농도의 살균액, 비눗물에서 짧은 시간 내에 사멸 • 온도 변화에 예민하여 대개 40~41℃에서 15시간 내에 약 90% 사멸, 42℃에서는 5~15시간 내에 사멸, 습한 실내에서는 약 24시간, 젖은 수건에서는 10~24시간, 유리 슬라이드 위에서 17시간까지 생존
특징	① 남성의 10%, 여성의 80% 이상 → 감염 초기 증상이 나타나지 않거나, 증상 있어도 개인마다 침범 부위가 다르므로 감염 여부를 알지 못하여 치료받지 못함(여성 감염증상은 남성보다 덜 분명함) ② 11~30% 정도가 재발, 불결한 성관계를 반복하기 때문

증상 03,05, 07 국시	남성	요도염 증상 : 화농성 요도 분비물, 배뇨 시 통증, 요도입구 발적
	여성	① 종종 무증상, 자궁경부염 또는 요도염 증상 ② 자궁경부염 : 임질 노출된 지 3~5일 만에 많은 양의 노랗거나 황록색의 화농성 질 분비물 분비 ③ 요도염 : 때로는 허리 통증, 배뇨 시 따가우며 빈뇨, 하복부 불편감이 오며, 비뇨기계 감염(요도염, 방광염 등)과 동반될 수 있음 ④ 침범 부위 : 스킨샘, 바르톨린샘, 경관, 요도, 난관, 복강 등에 자극, 발적, 부종, 가려움증이 있음

※ 클라미디아 감염과 임균 감염 증상 비교

		클라미디아 감염	임균 감염
잠복기		2~3주간	2일~며칠
임상 경과	자궁경관염	• 자궁경부점막의 원주상피세포 내에 침입하여 번식, 이로 인해서 면역반응이 잘 일어나지 않아서 염증이 가벼움 • 자각증상 : 물같이 투명한 장액성 대하	• 자궁경부점막의 원주상피세포에 부착하여 증식, 이로 인해서 면역반응이 쉽게 일어나서 염증이 심함 • 자각 증상 : 농성대하, 악취
	자궁내막염, 부속기(난소·난관)염	• 면역반응이 일어나고 있지만 약하므로 가벼운 염증인 채로 진행되어 감 • 자각증상 : 가벼운 하복부 통증, 미열, 위화감	• 강한 염증상태로 진행 • 자각증상 : 강한 하복부 통증, 발열, 농성대하 증가
	불임	자각증상이 가벼워 방치되기 쉬워서, 불임을 초래하기 쉬움	자각증상이 강하여 빠른 단계에서 병원을 찾는 경우가 많아 클라미디아에 비해서 불임이 적음

합병증	불임	임질균이 상행하면 난관으로 전파 → 난관염을 치료하지 않으면 반흔 형성 → 난관이 좁아져 불임 초래
	전신 감염	임질 진행 → 음부, 직장 상피의 과다성장을 초래 → 이어서 스킨샘염, 바르톨린샘염, 방광염, 직장염, 난관염, 골반감염과 복막염 초래
		임균혈증	전신적인 임질은 관절염, 심내막염, 심장근염, 뇌막염으로 나타나기도 함
	임신 시 96, 08 임용	① 임신 1기에 난관염 ② 주산기 합병증 : 조산, 조기파막, 융모양막염, 신생아 패혈증 초래, 신생아 안염이 가장 흔함 ③ 자궁내 성장 지연 등의 발생률 증가

진단 10 임용	확인	병력과 증상 확인
	배양검사 등	① 요도구, 직장, 자궁경부, 바르톨린샘에서 검사물 채취 → 직접 도말 및 현미경 검사 혹은 TM(Thayer-Martin)배지에서 배양검사와 그람염색을 함 ② 배양검사를 할 수 없을 때는 핵산 증폭법 검사로 진단
	골반검진	양손 골반검진 시 골반압통과 자궁불편감 확인
	복부진찰	복부진찰 시 복막염 증세와 반동성 압통이 있으며, 청진하여 장운동 저하를 확인할 수 있음
치료 및 간호	원인제거 05 국시	① 배우자도 임질 감염 여부 확인 → 함께 치료 ② cefixime, ceftriaxone 등 투여, 항생제 사용 1~2주 후 다시 균배양 → 치료 효과 확인하고 예방교육 실시(∵ 약물 내성이 있으므로 완전히 치료 시까지 규칙적인 복용을 할 것) ③ 치료 기간 중 성교 금지
	임신 중의 임질관리	① 임신 중 임질 감염된 경우 증상이 거의 없지만, 산모와 신생아 감염은 심각(유산, 조산, 저체중 출생아, 조기양막파열, 융모양막염 등 초래) → 임신 초기에 기본적으로 임질검사를 해야 하고 고위험군은 임신 28주에 다시 실시 ② 감염된 상태에서 분만 시 → 심한 산욕기 감염 일으킴 : 신생아의 30~35%는 산도 통해 감염 (안구감염이 가장 흔함. 그 외 비인강, 질, 항문, 귀 등에도 감염) 13 국시 ③ 치료 : 단기간 내에 효과적인 항생제 사용해야 함 ④ 흔히 페니실린과 함께 프로베네시드 사용 → 프로베네시드는 근위세뇨관에서 요산 재흡수를 억제하는 약물로, 세뇨관에서 요산을 경쟁적으로 배설케 하고 페니실린, 아스피린 등의 배설을 억제하여 페니실린 효과를 높이기 위함 04 국시 ⑤ 페니실린 다량 사용 시 2~9시간 내 임균이 죽기 시작 ⑥ 테트라사이클린은 태아 기형 초래하므로 금기 ⑦ 신생아가 모체 산도에서 임균 접촉 시 결막염 초래됨 → 1% 질산은 안약이나 항생제 안연고(erythromycin) 주입으로 결막염 예방 02 국시

3 매독

정의 93,10 임용(지문)	① 매독균 감염에 의한 성병으로 태반 경유 또는 산전 감염으로 인한 전신성 감염병(제3급 법정 감염병) ② 트리포네마 팔리듐이라는 스피로헤타균이 주로 성교에 의해 피부나 점막으로 침입하며 심각한 전신질환을 유도할 수 있는 복합질환임 ③ 감염 시 임상 양상과 시간 경과에 따라 독특한 질병의 단계를 거침 ④ 전염성이 강하고 초기 단순궤양부터 시작하여 반점, 구진, 농포, 탈모증 등 다양한 피부증세를 보이다가 치료 없이 병변이 사라진 후 수년이 지나서 여러 형태의 병변이 다시 나타남 ⑤ 2024년 1월 1일부터 매독은 4급에서 3급 법정 감염병으로 상향되었음, 표본감시 지정된 의료기관에서만 신고하던 것을 전수 감시하고 매독을 진단하고 발견한 모든 의료기관이 신고하게 되었음. 또한 매독 1기, 2기, 선천성 매독만 신고하던 것을 2024년 1월 1일부터 조기잠복매독, 3기 매독도 신고해야 함 ** 조기잠복매독 : 감염 후 1년 이내의 시기에 나타난 것으로 매독 2기가 2~6주 지속된 이후의 상태로 모든 증상이 사라진 임상소견이 없는 매독 ** 3기 매독 : 매독성 고무종, 매독성 궤양, 신경매독, 심혈관 매독이 나타난 경우임

원인균 93 임용 / 10 국시	Treponema pallidum(트리포네마 팔리듐)이라는 스피로헤타균/나선균에 의해 발생 → 전염성 강함 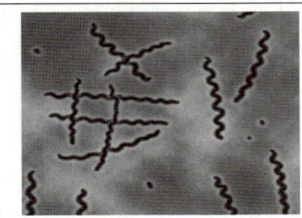 • 주로 피부의 상처로 성교 중 침입(질이나 자궁경관보다 외음부에 더 흔함) • 인체 밖에서는 12시간 이상 살지 못함. 비누나 물에 닿으면 죽음 • 잠복기 : 10~90일 정도 • 남성에서 더 흔히 발생함

전파 06 국시		성교 시 감염자의 삼출액에 의해 전염되는데 특히 개방성 상처, 감염된 혈액에 의해 전신 전파(감염된 배우자로 인해 감염될 확률 30%)
	태아 감염	① 태아의 경우 태반 통해 전파 → 선천성 매독 초래 ② 임신 18~20주 이전에는 태반이 방어막 역할을 하지만(임신 4~5개월 이내에 치료를 받아야 함) 그 이후에는 감염되어 유산, 사산 초래(대개 임신 4개월 후에 감염이 발생)

분류				
	선천성 매독 92 임용	① 임부가 매독균에 감염되어 태아가 선천성 매독아가 되는 것(지속성 비염, 난청, 빈혈, 간, 치아, 뼈 같은 모든 가능한 장기에 영구적인 손상을 초래)		
		조기 선천성 매독	생후 2년 내에 발병하며 성인의 2기 매독과 비슷한 양상 보임. 비성호흡, 패혈증, 뇌막염, 입/코/항문의 점막 부위에 반점상 구진 발생	
		후기 선천성 매독	생후 2년 후에 발병하며 수포, 반문상 구진을 포함하는 피부병변, 안창코, 신장염, 복수, 난청, 관절염 등이 생김. 허친슨 치아(영구치, 작은치아, 큰 치아간격)	
		② 4년 이상 매독에 감염된 여성보다 최근 임신 동안에 매독 감염 시 증상이 더 심각		
	후천성 매독	1기 전형적인 병변 : 경성하감 93 임용 / 11 국시	발생 시기	① 잠복기는 10~90일 정도이며 발병 후 2(4)~6주 후 자연 소실되지만 전염력이 있음 ② 매독 초기 진단은 병소에서 스피로헤타균을 발견하는 것. 굳은 궤양은 처음 발현 시부터 1~4주까지는 매독에 대한 혈청학적 검사상 음성
			경성하감 (굳은 궤양) 10 임용	
			발생 위치	여성보다 남성에서, 질이나 자궁경관보다 외음부에 흔히 발생(외음부가 스피로헤타균의 침입을 쉽게 받기 때문), 이외에도 구강, 턱, 항문에 발생 93 임용
			형태	① 통증 없고, 가장자리가 부풀고 단단하게 만져짐 ② 적갈색으로 부풀고 경계는 명확하고 중앙은 함몰되어 있음 (평균 크기 0.5~2cm) ③ 대개 단독출현하며 때로 여러 개의 작은 궤양으로 나타나기도 함

분류				
분류	**후천성 매독**	1기 전형적인 병변 : 경성하감 93 임용 / 11 국시	경성하감 (굳은 궤양) 10 임용	특성	① 예후 : 굳은 궤양은 통증이 없으므로 그냥 지나치기가 쉽고 치료하지 않아도 4~6주면 자연 소실되지만 전염력이 있음 → 전형적인 1차 병변 ② 외음부위 궤양은 치료 시작 전에 반드시 매독을 의심해야 하며 철저한 검사가 시행되어야 함 경성하감(남성)　매독균　경성하감(여성)
			임파선 종창	① 주위의 임파절 증대(서혜부 임파절), 두통, 전신권태가 나타나거나 체온이 약간 상승하기도 함 93 임용 ② 샅 부위의 림프샘염 발생
		2기 : 편평 콘딜로마	시기	① 2기 매독은 경성하감이 사라진 6주~6개월 이후부터 혈행성 전파가 나타남 ② 2기 매독은 전염력이 매우 높아 암시야 검사에서 매독균을 발견할 수 있으며 혈청검사에서 양성을 나타냄
			전신 증상	① 전신권태, 식욕부진, 고열, 오한, 체중감소 ② 두통, 관절통 등 ③ 백혈구 증가, 비장종대 ④ 목과 구강의 통증성 염증 병소, 쉰 목소리 ⑤ 림프샘염이 나타나고 간염이나 뇌막염도 나타날 수 있음 → 치료 없이도 2~6주 후 사라짐
			피부 병변	장미진	① 매독균은 혈액 내로 침투하여 전신감염을 일으켜 환자의 얼굴, 몸체, 사지에 적갈색의 피부 발진(장미진)이 거의 대칭적으로 나타남 ② 다양한 형태로 전신의 피부나 점막에 나타나며 약진, 탈모증, 건선, 편평 콘딜로마 등과 유사한 증상으로 나타날 수 있으나 대부분의 경우 반점, 구진, 혹은 인설의 형태로 나타남
				편평 콘딜로마	① 외음부에서 볼 수 있는 전형적인 제2기 병소 ② 둥글거나 난형의 병소로 가장자리는 약간 경화되어 있고, 표면은 습하며 회백색의 괴사성 삼출액으로 덮이고(사마귀 같은 납작하고 두꺼운 조직), 악취가 남 ③ 외음, 회음부, 대퇴내측, 둔부에 퍼짐
		잠복기	① 매독 2기가 2~6주간 지속된 이후의 상태로서 모든 증상이 사라진 상태로 임상 소견이 없는 매독 ② 임상증상은 없지만 혈청검사 시 양성으로 나타남
			초기 잠복 매독	① 감염 후 1년 이내의 시기 ② 2기 매독 증상이 재발할 수 있고 성교를 통해 전파시킬 수도 있음
			후기 잠복 매독	① 감염 후 1년이 지난 시기임 ② 성교에 의한 전파는 감소, 태아감염이나 수혈감염을 일으킬 수 있음

분류	후천성 매독	3기: 고무종 혹은 매독성 궤양	시기		2기 발진 쇠퇴 후 1년~수년간 잠복기 지나 발현
			경과	매독성 고무종	① 여러 장기 내에 쌀알만한 크기에서 달걀만한 크기의 결절형성 ② 피부, 뼈, 간 등을 침범
				매독성 궤양	① 궤양 시 크고 완만한 괴사를 일으키는 경향이 많음 ② 내장기관(주위에 병변과 부종을 일으키고 질과 직장 사이에 누공을 일으킴)이나 관절 파괴
				신경 매독	중추신경 퇴화, 급성뇌막염, 운동능력의 감소, 지적능력의 감소
				심혈관 매독	① 주로 상행 대동맥을 침범함 ② 대동맥판 폐쇄부전, 대동맥류 야기

[고무종(gumma)] [심혈관 매독] [신경 매독]

진단	현미경으로 환부에서 원인균을 확인하고, 혈청학적 검사를 이용하여 진단		
	현미경 진단법 10 임용	암시야 현미경 검사법	현미경으로 환부 또는 병변의 삼출물·조직에서 살아있는 매독균 확인
		직접 형광 테스트	검체를 슬라이드에 고정 후 매독균의 항체가 붙어있는 형광체를 이용하여 관찰
	혈청학적 진단법	매독균에 감염되었을 때 나타나는 항원·항체 반응에서 생긴 항체를 검출하여 간접적으로 감염을 진단하는 방법으로 2기 매독과 잠복기 매독 확진 위해 실시	
		비매독 항원검사법 (선별검사)	① VDRL(Venereal Disease Research Laboratory) ② RPR(Rapid Plasma Reagin)법 • 선별검사와 치료효과 판정에 유용 • 1차 매독 시 75%, 2차 매독 시 100% 확인 가능
		매독 항원시험법 (특이적 혈청검사) (확진검사)	① TPHA(Treponema Pallidum Hemagglutination Assay) ② TPPA(Treponema Pallicum Particle Agglutination) ③ FTA-ABS(Fluorescent Treponemal Antibodyabsorption) • 확진에 유용 • 1차 매독 시 86% 정도 발견할 수 있고 위양성은 드묾
	뇌척수액 검사	① 3기 매독 시 확진 위해 실시 ② 매독을 1년 이상 앓은 경우 신경 매독을 배제하기 위해 뇌척수액 FTA-ABS 반응검사를 시행함	
	매독 치유 여부는 항체 감소 및 임상증상과 과거력 등에 기초하여 판정 치유·재감염 여부의 정확한 판정이 필요한 경우에는 IgM 항체가를 측정하는 것이 도움됨		
	진단기준 (질병관리청)	다음에 해당되는 경우 매독으로 진단 ① 피부 병변에서 암시야 현미경 또는 직접면역형광항체법으로 관찰하여 매독균의 존재를 확인한 경우 ② 문진 및 임상증상에 부합하며 혈청학적 진단에서 양성인 경우	

치료 및 간호	기본관리	① 부부 함께 페니실린 치료(1, 2, 3기 모두 페니실린에 98% 정도의 효과를 보임) ② 재발 예방교육 실시 ③ 추적검사 : 치료 24개월 후 추적검사. 특히, 신경매독환자는 적어도 3년 이상 F/U
	전파방지	① 매독의 치료는 완치될 때까지 성교를 금할 것 ② 환자가 사용했던 주삿바늘, 정맥주사의 도구관리를 철저히 해야 함 ③ 철저한 손 씻기(매독은 배설물로도 감염될 수 있음 → 내장, 요도관을 통한 병원균의 전달 위험을 줄이기 위해 음식 취급자는 화장실에 다녀온 후 손 씻는 습관을 가져야 함)
	임신 시 매독관리	① 임신 16~18주 이전에는 태반이 방어역할을 함. 그 이후에는 균이 태반을 통과 → 임신 18주 이전(5개월 이내)에 적절한 치료 시 잠정적 해로움은 없지만, 치료 전 발생된 조직의 파괴는 회복될 수 없음 ② 바로 (벤자틴) 페니실린 주사치료를 시작 ③ 1, 2차 매독일 경우 스피로헤타 혈증이 반복적으로 나타나면 미숙아, 주산기 사망, 선천성 매독 발생가능성 높음 ④ 첫 번 산전관리 시 비특이적 혈청검사(VDRL) 실시 ⑤ 과거감염이나 치료 경험 검토 ⑥ 조산된 신생아의 손바닥에 발적이나 비익호흡이 있는지 관찰 ⑦ 재발 가능성이 있는 매독감염 위험행위를 수정하게 할 것

- **선천성 매독**
- 매독균에 감염된 산모로부터 태아에게, 태반을 통해 감염될 때 발생
- 매독균은 임신 어느 시기에도 태반을 통과할 수 있으나, 조기 매독을 가지고 있을수록 감염될 가능성이 높아짐
- 선천성 매독에는 생후 2년 이내에 나타나는 조기 선천성 매독 증세와 2년 이후에 나타나는 만기 선천성 매독 증상이 있음

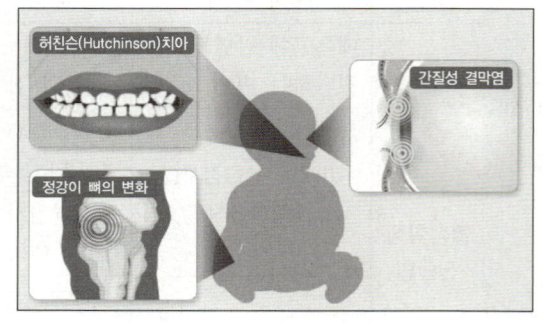

조기 선천성 매독	생후 1~2주에 콧물이 심하게 흐르고 입 주위, 손·발바닥에 홍반과 각질이 나타날 수 있고 성인의 2기 매독진들이 나타날 수도 있음. 대부분 미숙아로 출산되고 빈혈이나 혈소판 감소 소견 → 비성호흡, 지속성 비염, 비익호흡, 패혈증, 뇌막염, 입/코/항문의 점막부위에 반점상 구진 발생 92 임용 / 08 국시
만기 선천성 매독	2~16세 사이에 증상이 나타나며 치아의 이상(허친슨 치아 - 영구절치, 정상치아보다 작고, 깨무는 표면에 절흔이 생기며, 치아 사이 간격이 넓음), 눈의 각막염, 난청, 코가 내려앉거나, 골이나 관절의 이상 증상이 나타남 92,96 임용

4 연성하감 93 임용(보기)

정의	헤모필루스 듀크레이균(듀크레이 간균)에 의한 성 접촉성 질환
원인균	헤모필루스 듀크레이(Haemophilus Ducreyi) → 궤양의 기저에서 발견됨 10 임용 • 성 접촉으로 전파됨 • 그람음성간균 • 잠복기 : 통상 4~5일

증상			
	진행	① 2~4일의 짧은 잠복기 후에 구진발생 ② 초기 병변인 구진은 작은 피부유두나 소농포로 나타남 → 2~3일 내에 궤양으로 진행되어 작은 경화 발생 → 궤양이 점점 커지며 수주 내에 림프부종, 때로 고름 발생 ③ 외음의 어느 부위에나 발생 가능	
	증상	성기궤양	• 붉은 구진에서 시작하여 농포로 진행한 후 농포가 터져 통증성 궤양을 형성함 • 전형적인 궤양은 지름 1~2cm로 경계가 뚜렷함 • 원발성 병소에 통증이 있고, 보통은 경화 없음
			남성: 음경의 포피, 음경귀두관, 음경 등
			여성: 음순, 질입구, 항문주위 등에 주로 궤양이 분포(대음순에 침윤 시 가끔 국소적 부종이 심하게 나타나기도 함)
		부보 (Buboes)	• 편측성 서혜부 림프절염은 남성 환자의 1/3, 여성 환자는 그보다 낮은 빈도로 나타나는데 치료를 하지 않으면 침범된 림프절이 액화과정을 거쳐 부보로 진행되고 저절로 터져서 농이 흘러나옴 • 성기궤양이 나타난 후 1주 내지 2주일이 지나서 발생하며 종종 심한 통증을 동반함

진단	궤양의 삼출물을 배양하여 도말표본검사로 듀크레이 간균 발견 10 임용(보기)
치료 및 간호 07 국시	① 청결유지 + 세포트리악손, 에리스로마이신 등 항생제 투여 ② 국소적 방부제와 설파제 사용이 효과적임 ③ 침상안정 ④ 필요시 진통제 사용

5 서혜부 육아종 [93 임용(보기)]

정의	① 외음과 회음부에 단일 혹은 다수의 작은 궤양이 나타나는 성병으로 드물게 발생 ② 성기의 만성적 박테리아 감염 ③ 외음이나 인접한 회음부에 발생하며 한 개 또는 다수의 작은 궤양이 있음
원인균	칼리마토박테리움 글라눌로마티스(calymmatobacterium granulomatis)로 도노반 봉입체(= 도노반 소체)라 불리기도 함
잠복기	며칠~몇 달까지 다양(평균 2~3주)
증상	① 보통 소음순이나 서혜부에 작은 유두 같은 병소로 시작하여 몇 주 내에 특징적인 포행상 궤양으로 발전함 ② 궤양 표면은 붉은 과립형이고 많은 장액성 화농성 삼출액이 있음 ③ 무통성 붉은색 단추모양 구진, 수포 혹은 결절 등의 초기 병변은 곧 포행상 형태의 궤양으로 발전하며 악취가 있는 분비물과 함께 육아종성 병변을 형성 ④ 자가 감염을 통해 주위로 파급되며 혈행성이나 림프관을 통해 내부 장기, 눈, 입술, 후두 등으로 전파 ⑤ 병변이 장기간 지속되면 반흔으로 림프관 폐쇄, 림프부종 및 가성상피병이 생길 수 있음 ⑥ 병변은 반흔을 남기면서 서서히 치유되나 일부는 궤양을 형성하여 세균의 2차 감염이 되기도 함. 또 암성변화도 간혹 볼 수 있음
호발부위	① 생식기(90%), 서혜부(10%), 항문주위(5~10%) ② 남성에게는 귀두부 및 표피, 여성에게서는 음순에 흔히 발생
진단 [10 임용(보기)]	① 서혜부의 특징적인 과립상 병소와 분비물 도말검사를 통해 60~80%가 진단 ② 라이트 방법 : 100%에서 급성기와 아급성기에 Wright 염색으로 도노반소체를 발견 → 확진 칼리마토박테리움 글라눌로마티스
치료 및 간호	항생제 사용	Tetracycline(500mg 1일 4회, 3주간 경구투여), Erythromycin, Gentamycin, Chloramphenicol 등
	수술	병소가 충분히 국소화되어 있으면 수술하는 것이 좋음

6 성병성 림프육아종

정의	대부분 클라미디아 트라코마티스(chlamydia trachomatis)라는 병원균에 감염되어 나타나는 성병
증상	① 보통 며칠의 잠복기 후에 질, 자궁경부 또는 외생식기에 초기 병소로 구진 발생 ② 곧이어 광범위한 염증 병변을 일으켜 자궁경부에서 장액성 화농성 분비물과 출혈로 협착이나 천공을 초래, 동시에 배뇨곤란, 성교 통증 호소 ③ 화농성 서혜부위샘염 또는 서혜부위샘종, 림프관의 이상 비대성 변화, 림프수종, 배농루 초래 ④ 임신 중 감염 시 자연유산, 조산, 저체중아 출생, 사산의 빈도가 높으며 신생아는 산도를 통과하면서 감염됨 ⑤ 서혜부 육아종과 같이 성병성 림프육아종에서 암종으로 발전되는 경우가 종종 있음
진단	① 프레이 검사 : 무균적 또는 바이러스에 감염된 쥐의 뇌에서 추출한 항원을 주사한 후 양성 피부반응을 보는 것 10 임용(보기) ② 직접 형광항체검사와 PCR(중합효소연쇄반응)로 진단 ③ 모든 육아종성 질병 시 생검하여 악성종양과 감별해야 함
치료 및 간호	약물 치료 : 테트라사이클린, 옥시사이클린, 에리스로마이신에 효과적임 외과적 치료 : 육아종 제거, 직장협착 시 결장루술(colostomy)

7 첨형콘딜로마

정의		HPV(Human Papilloma Virus)가 원인이며 피부 부위에 있는 콘딜로마가 성교로 감염됨
원인균 15,18,21 국시		사람유두종 바이러스(Human Papilloma Virus, HPV) 11 임용 • 주로 요도구와 항문주위부에 호발 • 전염력이 매우 강함. 한 번의 성 접촉으로 약 50% 감염 • 잠복기 : 2~3개월 ** 자궁경부암 예방접종으로 예방가능
증상 11 임용	병변특성	① 넓은 부위에서 나타나며 양배추 같은 덩어리(꽃양배추 모양을 지닌 돌기형의 무통성 사마귀)가 있거나 작고 단순하기도 하고 넓게 분산되어 나타나기도 함 ② 보통 다발성이며 외음, 질, 경관, 항문 등에서 발견됨
	성장양상	임신부와 면역저하 환자에서 병변 자라는 속도가 빨라짐
	동반증상	발생부위에 따라 성교통, 외음부 소양증, 배변 시 통증과 출혈 나타남
	주산기 노출 시	주산기에 콘딜로마에 노출된 영아는 2~4세에 후두 유두종증으로 발전 : 쉰 목소리와 위막성 후두염, 기침 발생 96 임용
진단	시진	육안검사, 질확대경 검사를 통해 병변 확인
	조직검사	조직생검 및 자궁경부 세포검사를 통해 사람유두종 바이러스에 의한 조직학적 변화 확인
	DNA 유형검사	사람유두종 바이러스에 대한 DNA 유형 검사를 통해서 확인함
치료 및 간호 중재	비임신 시	① 주위 조직에 묻지 않도록 바세린을 바르고 25% podophylline tincture of benzoin을 도포하고 4시간 후 물비누로 세척해내면 약 50%에서 병변 소실 ② 질과 경부의 콘딜로마인 경우에는 외과적 절개나 레이저 등으로 전기소작하며, 수영을 금하고 건조하게 유지 ③ 병소로부터 자가백신을 만들어 치료 ④ 배우자도 검사하여 치료, 완치 시까지 부부관계 금기, 전염에 주의
	임신 시	① 임부의 약 30% 정도에서 콘딜로마가 발견되며, 경관, 질, 외음부위의 크기가 커지므로 때로는 질 분만을 방해하기도 함 → 병소가 큰 경우에 냉동요법이나 레이저요법 사용 ② podopylline tincture of benzoin은 태아에 대한 해로움으로 사용금기, trichloroacetic acid(TCA)는 체내 흡수되지 않으므로 임신 시 적용 가능, TCA는 1주일에 한 번씩 4~6주간 실시하거나 피부병변이 완전히 사라질 때까지 도포, 병변의 주변 정상조직은 리도케인 연고 또는 젤리로 덮어서 보호 ③ 분만 후 자연 소실되므로, 임신 중 반드시 치료할 필요는 없음

- 성전파성 질환 비교

질환명		임균	생식기 클라미디아	생식기 헤르페스
원인	속성	세균	클라미디아(세균)	바이러스
	명칭	임질균	Chlamydia trachomatis	단순헤르페스 바이러스
잠복기간		2일~며칠간	2~3주간	3~7일간
외음부 소견 주요 자각증상		• 대부분은 경증 • 외음부 가려움증	대부분 무증상	• 강한 동통을 수반하는 수포 • 얕은 궤양성 병변
대하	양	증가	약간 증가	-
	성상	농성	물 같은 투명한 장액성	-
	악취	있음	없음	없음
기타 특징		방치하면 상행성감염이 진행, 난관성 불임 등 초래		세포진에서 핵 내 봉입체, 다핵거대세포
		클라미디아에 비해 증상이 강함	경우에 따라서 간주위염 초래	
치료		세프트리악손	• 플로퀴논론 • 테트라사이클린	항바이러스제

질환명		첨형콘딜로마	질 트리코모나스	생식기 칸디다증
원인	속성	바이러스	원충	진균
	명칭	Human Papilloma Virus	Trichomonas Vaginalis	Candida Albicans
잠복기간		3주~8개월간(평균 2.8개월)	5일~1개월간	상재균
외음부 소견 주요 자각증상		• 양배추상으로 융기된 사마귀성 병변(외음부에도) • 경도 외음부 소양증	• 경도 외음부 소양증 • 심한 성교통	외음부 소양증
대하	양	-	증가	증가
	성상	-	황색~옅은 회색, 포말상	죽상, 요구르트상
	악취	-	있음(달걀 썩는 냄새)	거의 없음
기타 특징		• 조직진에서 이상한 각화, Koliocytosis(자궁경부가 오랫동안 HPV에 감염되면 세포모양 변형되어 원반세포증) • 3개월 이내 재발하는 경우가 많음	의료, 변기, 입욕, 내진, 검진대 등에서도 감염	성교 외에 당뇨병, 항균제 복용, 임신 등에서도 발생하는 경우가 있음
치료		• 전기소작 • 외과적 절제 • 냉동요법 • 항종양제(5-FU)	메트로니다졸	• 유발요인 제거 • 질 세정 금지 • 항진균제

1-4 피임

영역		기출영역 분석	페이지
피임방법과 장·단점	경구피임약	기전 2012, 2000 , 금기증 2014	139
		모유수유 중에 복용 가능한 경구피임약 2022	
	차단피임법	여성용 페미돔 삽입방법 2025	143
		여성용 다이어프램 사용법 2025	144
	생리적 피임법	오기노씨법, 점액관찰법, 기초체온법 1996, 2000	145
		월경주기 조절법 : 기초체온의 변화양상과 관련 호르몬 2013	
	자궁내장치	금기증 2014 , 명칭과 미레나에 포함된 호르몬 명칭 2021	147
	응급피임약	피임원리, 성교 후 72시간 내 투약 이유, 메스꺼움과 구토 발생 원인 호르몬 2016	149
	자궁내 구리장치	성관계 후 80시간이 지난 시점에서 임신을 예방하기 위한 피임방법 2009	149

✓ 학습전략 Point

1st	각종 피임방법	각종 피임방법의 기전을 학습한다.

한눈에 보기 — 여성의 건강문제(피임)

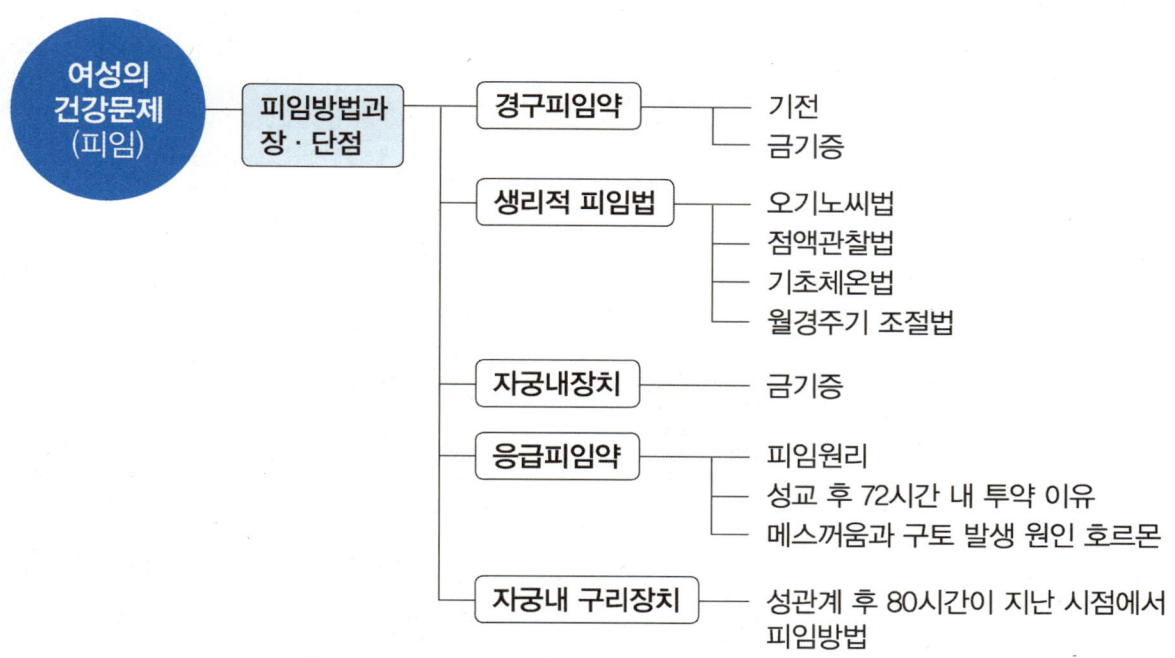

12-31. 경구 피임법에 대한 안내지의 (가)~(다)에 들어갈 말로 옳은 것은?

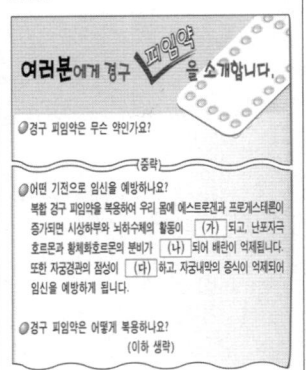

- 경구 피임약은 무슨 약인가요?
  … (중략) …
- 어떤 기전으로 임신을 예방하나요?
  복합 경구 피임약을 복용하여 우리 몸에 에스트로겐과 프로게스테론이 증가되면 시상하부와 뇌하수체의 활동이 (가) 되고, 난포자극호르몬과 황체호르몬의 분비가 (나) 되어 배란이 억제됩니다. 또한 자궁경관의 점성이 (다) 하고, 자궁내막의 증식이 억제되어 임신을 예방하게 됩니다.
- 경구 피임약은 어떻게 복용하나요?
  (이하 생략)

14-14. 다음은 당뇨병이 있는 김○○ 교사(여, 32세)가 휴대폰을 통해 보건교사와 상담한 내용이다. 괄호 안의 ㉠, ㉡에 해당하는 내용을 차례대로 쓰시오.

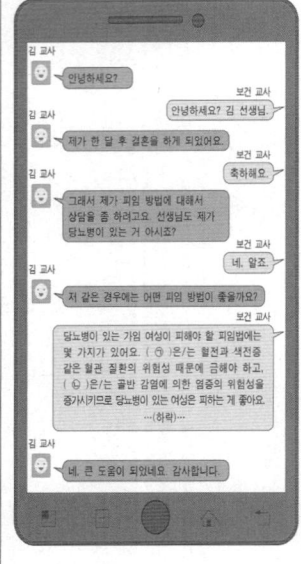

21-A2. 다음은 보건교사가 동료교사와 나눈 대화의 일부이다. 밑줄 친 ㉠의 명칭과 밑줄 친 ㉡의 작용을 하는 호르몬의 명칭을 순서대로 쓰시오.

동료교사: 선생님, 안녕하세요? 피임방법에 대해 잠시 여쭤보고 싶은데요?
보건교사: 어떤 피임 방법에 대해 알고 싶으세요?
동료교사: 아이가 둘이라 몇 년간은 임신 계획이 없어서 적당한 피임 방법을 찾고 있어요.
보건교사: 장기적인 피임 방법으로는 ㉠피임 기구를 자궁 안에 위치하도록 하여 수정란의 착상을 방해하는 방법이 있어요.
동료교사: 그런 기구에서 호르몬이 나오게 하는 것도 있다면서요?
보건교사: 네, 맞아요. 호르몬이 나오는 피임 도구를 자궁 안에 위치하도록 하여, 거기서 매일 일정한 양의 호르몬이 지속적으로 방출되도록 해요. 거기서 나오는 호르몬이 ㉡자궁경부 점액을 끈적끈적하게 만들고, 정자가 자궁경부를 통과하기 어렵게 만드는 작용을 합니다. 또 피임 효과는 5년간 지속된다고 합니다.
… (하략) …

20-B6. 다음은 고등학교 보건교사가 작성한 〈교수·학습 지도안〉이다. 〈작성 방법〉에 따라 순서대로 서술하시오.

교수·학습 지도안			
단원	성 건강	보건교사	박○○
주제	준비된 임신과 피임	대상	2학년
차시	3/3	장소	2-5 교실
학습목표	•피임법의 종류와 원리를 이해할 수 있다. •다양한 피임법의 장·단점을 설명할 수 있다.		
단계	교수·학습 내용		시간
도입	•전시 학습 확인 •동기 유발: 다양한 피임법에 대한 퀴즈 •본시 학습 문제 확인		5분

전개	1. 피임법의 정의
	  수정이나 임신을 피하는 방법이다.
	2. 피임법의 종류
	  가. 월경 주기법
	    1) 자궁 경부 점액 관찰법
	      - 방법: 경부 점액 양상을 관찰하여 배란일로 예측되는 시기에 피임한다.
	      - 배란시기가 되면 자궁 경부점액은 맑고 투명해지며, ㉠견사성과 ㉡양치엽상 등의 변화가 나타난다.
	      … (중략) …
	  나. 복합 경구피임약
	    1) 작용
	      - ㉢난소
	      - 자궁 내막
	    2) 복용법: 매일 한 알씩 일정한 시간에 복용한다.
	      … (하략) …
			35분

〈작성 방법〉
- 밑줄 친 ㉠, ㉡의 확인 방법과 양상을 서술할 것.
- 복합 경구피임약 성분이 밑줄 친 ㉢에서 배란을 억제시키는 기전을 2가지로 서술할 것.

13-26. 다음은 Y 고등학교 보건교사가 제작한 피임 교육 자료이다. (가)~(마)에 들어갈 말로 옳은 것은?

내 몸의 주인은 나!
피임은 남녀 공동 책임!

- 피임이란?
- 피임 방법

• 월경 주기 조절법
기초 체온법(Basal Body Temperature, BBT)은 배란이 일어나기 전과 후에 체온의 자연적인 변화에 의해 배란을 예측할 수 있는 피임 방법이다.
기초 체온의 변화는 가장 신뢰할 수 있는 배란의 징후로 난포기 때는 기초 체온이 (가) 이고, 배란 후 황체기에는 (나) 이며, 배란기는 (다) 에서 (라) 으로 변화할 때이다. 체온은 (마) 의 영향으로 0.2~0.3℃ 정도 변화가 있다. 배란 후 3일 저녁부터 월경이 시작될 때까지는 안전한 피임 기간이다.
… (이하 생략) …

	(가)	(나)	(다)	(라)	(마)
①	고온	저온	저온	고온	프로게스테론
②	고온	저온	고온	저온	에스트로겐
③	저온	고온	고온	저온	난포호르몬
④	저온	고온	고온	저온	에스트로겐
⑤	저온	고온	저온	고온	프로게스테론

16-4. 피임법을 주제로 한 수업 중에 보건교사와 학생의 질의 응답내용이다. 〈작성 방법〉에 따라 서술하시오.

> 학   생: 선생님, 예기치 못한 성관계 후 임신을 방지하는데 어떤 피임방법이 사용되나요?
> 보건교사: 사후피임법을 질문하는 거구나. 사후피임법에는 여러 가지가 있지. 그중에서 많이 사용하는 방법이 먹는 응급피임약이란다.
> 학   생: 그 약은 어떤 원리로 임신이 안되게 하는 거예요?
> 보건교사: 피임 원리는 ㉠ _____.
> 학생: 약은 언제 먹는 거예요?
> 보건교사: 일반적으로 ㉡ 성교 후 72시간 내에는 먹어야 한단다.
> 학생: 약은 한번만 먹는 건가요?
> 보건교사: 그건 약의 종류에 따라 다르단다.
> 학생: 약의 부작용은 없나요?
> 보건교사: 메스꺼움과 구토가 있지.
> 학생: ㉢ 메스꺼움과 구토가 생기는 것은 왜 그런 건가요?
> … (하략) …

―〈작성 방법〉―
- ㉠에 응급피임약의 피임원리 2가지를 제시할 것.
- ㉡의 이유를 제시할 것.
- ㉢을 일으키는 피임약의 성분을 제시할 것.

22-A6. 다음은 보건교사와 동료교사의 전화통화 내용이다. 〈작성 방법〉에 따라 서술하시오.

> 동료교사: 안녕하세요, 선생님. 제가 첫 아이를 2주 전에 출산하고 모유를 먹이고 있는데 궁금한 점이 있어 연락 드렸어요.
> 보건교사: 무엇이 궁금하신지 말씀해 보세요.
> 동료교사: 제가 3년 뒤에 둘째를 낳으려고 생각 중인데 적당한 피임 방법을 잘 모르겠어요. 주변에서는 모유를 먹일 경우 임신이 안 된다고 말하지만…….
> 보건교사: ㉠ 모유수유가 피임을 가능하게 해요. 그렇지만 완전하지는 않아요.
> 동료교사: 그러면 혹시 모유수유 중에 경구피임약을 먹는 것이 가능한 건가요?
> 보건교사: (㉡)이/가 함유된 복합 경구피임제는 피하셔야 하지만 (㉢)이/가 함유된 단일 경구피임제는 모유의 양과 질에 영향을 미치지 않아 모유수유 중에 복용이 가능합니다.
> 동료교사: 아, 그렇군요. 좋은 정보 감사드려요. 나중에 학교에서 뵙겠습니다.

―〈작성 방법〉―
- 밑줄 친 ㉠의 이유를 호르몬 조절기전으로 설명할 것.
- 괄호 안의 ㉡과 ㉢에 해당하는 호르몬의 명칭을 순서대로 제시할 것.

25-A3. 다음은 보건교사가 작성한 고등학생 교육 자료의 일부이다. 괄호 안의 ㉠에 해당하는 부위의 명칭과 ㉡에 해당하는 약품의 명칭을 순서대로 쓰시오.

> 〈피임 방법에 대해 알아보아요.〉
> 1. 피임 방법의 종류
>   차단 피임법에는 무엇이 있을까요?
>   ☞ 콘돔, 페디돔, 다이어프램 등
>   1) 차단 피임법
>   (1) 남성용 콘돔
>   • 남성의 음경에 씌워 정자가 질 내로 들어가는 것을 방지하는 방법으로 성병 예방 효과가 있다.
>   (2) 여성용 페미돔
>   • 여성이 사용할 수 있도록 질에 맞게 제조된 콘돔으로, 성병과 임신 예방을 위해 사용한다.
>   • 질 내로 삽입하여, 막혀 있는 한쪽 면의 링을 (㉠) 바로 앞까지 끼운다.
>   (3) 여성용 다이어프램
>   • 정자를 물리적으로 차단하는 돔 형태의 여성용 피임기구이다.
>   • 피임 효과를 높이기 위해 돔 안과 가장자리에 (㉡)을/를 도포하여 사용한다.

96-64. 생리적 피임법에 들어가는 것은?
① 오기노씨법, 콘돔
② 점액관찰법, 루프
③ 오기노씨법, 점액관찰
④ 기초체온법, Jelly질정

09-10. 박 씨는 1명의 자녀를 둔 24세 기혼여성으로 1개월 전에 풍진예방접종을 하였다. 그런데 피임을 하지 않은 상태에서 성관계 후 80시간이 지났다. 이 시점에서 임신을 예방하기 위해 가장 적절한 피임방법은?
① 질세척
② 살정제
③ 경구용 피임약
④ 응급복합 피임약
⑤ 구리 자궁 내 기구

1 각종 피임법

가족계획 10,11,12,13 국시	① 수태횟수와 터울 조절 → 계획적으로 출산, 자녀 제한 → 모성건강보호, 양육능력에 맞는 건강 자녀 출산 ② 불임부부 : 원인규명, 치료하고 자녀를 갖게 함		
피임법 정의	수정이나 임신을 피하는 방법 20 임용(지문)		
피임법의 조건 01,03,05 국시	(1) 가장 좋은 피임법이란 부부가 가장 자연스럽고 편안하게 느끼며 효과가 확실하고 지속적으로 사용할 수 있는 방법 (2) 우선 두 가지 조건을 고려 　① 피임법이 갖는 일반적 특성으로서 피임법이 갖추어야 할 이상적인 조건에 어느 정도 적합한지 판단 　② 개인적인 특성으로서 부부의 개인 사정에 어느 방법이 적합한지 (3) 피임법이 갖추어야 할 이상적 조건을 고려하여 피임법을 서로 보완해서 사용하거나 자기의 여건에 따라 가장 알맞은 방법을 검토하여 사용		
	효과성	효과는 절대적이고 확실해야 함	
	복원가능	효과가 일시적이며 복원가능한 것이어야 함	
	무해성	부부 중 어느 한쪽이라도 건강에 위험을 주어서는 안 되며 부작용이나 합병증이 적고 일시적이어야 함	
	수용성	피임법을 사용함으로써 성행위가 부자연스럽거나 불완전해서는 안됨	
	간편성	특히 사용자 자신이 사전에 조작하여 실행할 수 없는 방법은 실용적 가치가 적음	
	경제성	여러 가지 조건이 모두 구비되었다 하더라도 고비용이 드는 방법은 한정된 인원만이 사용할 수 있음	
	성병예방	성접촉에 의한 성병과 HIV의 감염을 예방하는 효과도 피임효과 못지않게 중요하다.	
피임법의 이론	1단계	성세포 생산 억제 방법은 정확히 보면 피임법이라고 할 수 없음	
	2단계	여성 측에서 배란을 억제하는 방법	
		일시적인 피임방법	호르몬 피임제 : 먹는 피임약, 주사, 피하이식법
		영구적인 피임방법	정관절제술, 난관결찰술, 난관절제술 등
	3단계	수정 저지방법	
		생리적 방법	질내 사정을 피하는 성교 중절법
			배란기를 피하여 성관계를 갖는 안전기 성교법 : 점액관찰법, 월경주기법, 기초체온이용법
		기구·약물을 사용하는 방법	질내 사정된 정자의 자궁내 진입을 막는 법 콘돔, 페서리, 캡 등
			① 사정된 정자를 체외로 제거하는 세척법 ② 정자를 질내에서 사멸시키는 살정제, 젤리 등을 이용한 살정자법 등
	4단계	수태(착상) 저지방법 : 정자와 난자의 수정 과정은 허용하나 그 이후 수정란이 자궁강 내에 운반되어 자궁내막에 착상하는 과정을 방해하거나 만약 착상하더라도 조기에 자궁 탈락막을 박리시키는 방법	
		착상 방지에 사용	자궁강 내 기구를 장치하여 수정란의 착상을 방지
		착상 후 사용	인공임신 중절법, 월경조절법, 성교 후 복용하는 응급복합피임약 등

			각종 피임법의 원리 / 장·단점
복합 경구용 피임제 (에스트로겐-프로게스테론 피임제) 04,08,09,17 국시	원리 12,20 임용 / 06 국시	난소	시상하부와 뇌하수체 활동 억제 → FSH/LH 분비 억제 → ❶ 배란억제, ❷ 난포호르몬 분비 억제로 경관점액 점도 상승, 난소와 정자 수송 지연
		자궁내막	시상하부와 뇌하수체 활동 억제 → FSH/LH 분비 억제 → 증식억제
			복용 중에 일어날 수 있는 경한 출혈이나 복용기간 중의 무월경을 방지하기 위하여 황체호르몬과 난포호르몬이 같이 들어 있음
	사용법		① 월경 첫 날부터 3주간 매일(저녁 또는 잠들기 전) + 1주간 쉬기 반복 (28개 포장은 21개의 활성 알약과 7개의 비활성 물질로 되어 있어 4주간 복용)
			② 적용시기
			월경이 시작한 날로부터 5일 이내 복용시작
		유산 후	유산한 날로부터 5~7일 이내
		출산 후	• 수유모는 산후 6주에 프로게스틴 단독제제 복용해야 모유의 양과 질에 영향을 미치지 않음 22임용 • 비수유모는 산후 3주(태반부착위외 자궁내막 회복완료시기)에 시작해야 함. 너무 이른 시기에 투약 시 혈전과 색전증의 위험이 높음
	장점		규칙적 월경/출혈량 감소, 월경전증후군 완화, 무월경 감소, 여드름 감소, 골밀도 증가
	부작용 04,08 국시		① 고용량 에스트로겐으로 인한 부작용 : 오심, 유방압통, 수분정체, 기미 등 ② 고용량 프로게스틴의 부작용 : 식욕 증가, 피로, 우울, 유방통증, 질 곰팡이 감염, 지방성 피부와 두피, 다모증 및 무월경 ③ 일단 복용을 중단하면 원상태로 깨끗하게 복구됨
		오심, 구토	에스트로겐에 의한 반응으로 1~2개월 복용하면 몸에 적응되어 대부분 중지됨
		대하증	에스트로겐으로 인하여 대하의 양이 증가되는데 염증이 없으면 걱정할 필요 없음
		체중증가	에스트로겐으로 인해 수분과 염분의 조절이 달라져서 월경 전 체중증가가 있음
		월경의 비정상	보통은 약을 쓰면 불순이던 월경주기가 정상이 되고 월경통도 없어지지만 때로는 비정상적인 출혈이 있고 또한 약을 잘 복용하지 않으면 심한 출혈과 월경불순도 생길 수 있음
		혈전증 14 임용	① 가장 심한 부작용으로 에스트로겐 성분과 관련 있음 ② 특히 담배를 피웠던 여성, 당뇨병에 이환된 경우, 분만 후 1개월간은 혈전과 색전증의 위험이 높으므로 복용하지 않는 것이 좋음
	절대 금기 14 임용 / 99,05, 08 국시		먹는 피임약은 전신에 작용하고 매일 복용하게 되므로 다음과 같은 경우에는 절대적으로 피하도록 함 ① 혈전형성 위험군 : 혈전성 정맥염, 뇌/심/간질환, 중증고혈압(약으로 잘 통제되지 않음), 35세 이상 흡연여성, 심한 고지혈증, 혈관질환을 동반한 당뇨병(20년 이상)의 병력을 가진 경우 ② Estrogen 의존 신생물(자궁내막암의 발생 이전에는 예방효과가 있으나, 발생된 이후에는 절대 금기증임), 유방암, 난소암 ③ 원인불명의 질출혈 ④ 임신 또는 임신이 의심될 때
		출산 후 수유	복합 경구피임약은 정맥혈전염의 위험을 높이고 수유를 하는 여성의 모유 생산량을 줄이고 매우 적은 양이 젖으로 전달됨 22임용
			복용 금지	출산 후 3주 동안은 사용을 피해야 함
				수유를 하는 여성은 피해야 함
				혈전염의 위험인자(부동상태, 수술, 외상, 탈수 등)를 가진 여성은 6주 동안 피해야 함

단일 프로게스틴 경구피임제 (minipills) 22임용	원리	① 배란 억제 효과는 적음 ② 경부점액을 진하게 하며 양 감소 → 정자가 침투하는 것을 막음 ③ 자궁내막을 얇게 하고 난관의 섬모를 변화시킴으로써 수태능력을 저하시킴	
	장점 12임용/ 06국시	① 모유수유 여성을 위해 가장 좋은 경구용 피임약으로 모유생산량을 변화시키지 않음 (영아에 대한 역효과의 증거는 없고 대기기간이 필요 없음) ② 비수유부 여성, 에스트로겐을 복용할 수 없는 여성에게 유용	
	단점	① 미니필은 저용량의 프로게스틴을 함유하므로 매일 같은 시간에 복용해야 함 (만약 2개 이상 잊고 복용을 하지 않았을 때 임신의 위험 증가) ② 갑작스런 출혈과 임신 위험이 높아 많이 사용하지는 않음	
[공통] 경구피임약	장점	① 효과가 매우 좋음(교육을 받아 지속적으로 1년간 사용할 때 지시된 방법대로 복용하면 100% 피임효과를 보임) ② 월경 주기를 규칙적으로 만들고 월경으로 인한 혈액 손실과 관련된 빈혈을 줄임 ③ 무월경(단점으로도 보일 수도 있음) ④ 임신능력은 보통 3개월 안에 돌아옴 ⑤ 다음의 경우가 감소 : 월경전증후군, 양성유방질환, 골반염증성질환, 나팔관염, 자궁외임 신, 난소암, 자궁내막암, 대장직장암 ⑥ 다음의 경우가 호전 : 여드름, 자궁내막증, 월경 관련 증상, 월경불순, 섬유종으로부터의 출혈(평활근종), 골 종양, 다모증, 류마티스 관절염	
	단점	① 거의 같은 시간에 매일 먹어야 함(특히, 프로게스틴 단독 제제) ② 성전파성 질환으로부터 보호되지 않음 ③ 갑작스런 출혈 ④ 구역질 ⑤ 두통, 유방압통 ⑥ 무월경(장점으로 보일 수도 있음) ⑦ 검버섯 ⑧ 위험 증가 : 심부 혹은 표면 정맥혈전증, 폐색전증, 심근경색, 뇌졸중(흡연가에게 발생), 고혈압, 편두통, 클라미디아 감염, 담낭 질환	
	다른 약물	① 경구피임약은 다른 약물과 상호작용할 수 있어 각 효과가 변할 수 있음 ② 어떤 것은 에스트로겐 혹은 프로게스테론의 수치를 높이거나 줄임 ③ 상호작용 약물 : 항경련제, 항레트로바이러스약, 리팜핀, 리파부틴, 일부 우울약	
	경구 피임제 복용을 잊었을 때 복용 방법 11국시	1알 복용 안함	2알 복용 안함	3알 이상 복용 안함
			↓	
			1~2주 복용한 경우 / 3주 복용한 경우	
			↓ ↓	↓
			2일간 하루 2알씩 복용	나머지 버리고 같은 날에 새 피임제로 시작
		↓	↓ ↓	
		가능한 바로 복용, 다른 피임방법 사용 불필요	7일간 다른 피임방법을 사용 피임 없이 성관계 했다면 응급피임법을 5일 이내 사용	

누바링 (피임용 질링)	원리	링은 프로게스틴과 에스트로겐을 끊임없이 방출 → 배란억제, 점액점도 증가시켜 정자의 자궁 및 난관으로의 이동을 억제함
	방법	한 달에 한 번(월경주기 첫날) 부드럽고 구부러지는 링을 질내 깊숙이 삽입 → 3주간 질내에 머물면서 피임효과가 지속 → 3주 후 1주간 휴약기(링 제거 3시간까지 효과 지속) → 제거 일주일 후 새로 삽입 (링 없이 48시간 이상 지나면 링을 다시 삽입하고 대체 피임법이 7일간 사용되어야 함) 출처 : https://en.wikipedia.org
	장점	① oral pill과 효과는 비슷하며 매일 복용하지 않아도 됨 ② 적은 용량으로도 효과적 ③ 정확한 방법을 지켰을 경우 피임 성공률은 약 99% 정도 ④ 간에서 바로 대사되지 않고 흡수되어서 혈중 호르몬치가 일정하게 유지됨 ⑤ 위장관을 통과하지 않고 질벽을 통해 흡수 → 위장관 부담 없음
	단점	① 호르몬으로 인한 부작용과 질염과 질내 피부자극, 질 분비물 증가, 두통, 체중증가, 오심 ② 스스로 삽입/제거해야 하므로 교육 필요
	금기증	심질환 또는 뇌졸중 기왕력, 정맥혈전 또는 폐색전의 기왕력, 고혈압, 흉통, 합병증이 있는 당뇨질환, 간 기능 이상, 유방암이나 자궁암, 임신이 의심되는 경우, 원인 불명의 질출혈, 본 제의 어떤 성분에도 과민반응이 있는 여성
피하이식술 (Norplant 캡슐)	원리 11 국시	캡슐 안에 프로게스틴 유형인 levo-norgestrel이 들어 있으며, 캡슐로부터 지속적으로 매우 느리게 소량씩 프로게스틴 방출됨 (에스트로겐은 방출되지 않음) → 경관점액의 점도를 증가시켜 정자 통과 어렵게 함. 배란 정지는 월경주기의 약 반수에서 이루어짐. 착상이 잘 되지 않는 내막을 만듦
	방법	작은 성냥개비 크기 캡슐 6개 상박의 피부 밑 설치 [Norplant 캡슐 이식법]
	장점	① 모유수유 동안 안전 → 출산 후 6주 정도 된 모유수유 여성이 이식해도 무방 ② 임신이 된 상태에서도 임신 지속에 관한 방해 작용은 없음 ③ 1회 시술로 5년간 높은 피임 효과를 보임. 가역적 방법 ④ 성교 시 다른 조치가 필요하지 않고 임신 걱정이 없어 성교 시 즐거움 상승 ⑤ 에스트로겐이 함유되지 않아 혈전성 질환의 위험이 없음 ⑥ 철분 결핍성 빈혈, 자궁내막암, 자궁외임신 예방에 도움
	단점	① 월경혈의 변화가 있음(약간의 점적출혈과 월경기간 사이에 출혈이 흔하나 지연된 출혈은 흔하지 않음. 15~20%의 여성에서 무월경이 있음) ② 몇몇 여성의 경우 두통, 난소가 커지고 난소낭종이 커지고 어지럼증, 유방통증 및 과민, 분비물, 신경질, 오심, 여드름, 피부발진, 식욕 변화, 체중증가 또는 감소, 털이 빠지거나 털이 자라는 증상 / 대부분의 경우 부작용이 없고, 부작용이 있더라도 1년 안에 별다른 처치 없이도 사라짐 ③ 성전파성 질환은 예방할 수 없음
경피피임법	원리	에티닐 에스트라디올과 노엘게스트로민이라는 프로게스테론을 일정량 분비하게 되어 있음 → 배란억제, 자궁경부 점액 점도 증가 → 정자 이동 억제
	방법	① 피임패치를 상지외측, 상체(유방을 제외한 전면과 후면), 하복부 또는 둔부에 부착 ② 생리주기 첫날부터 1주일에 한 장씩 3주간 붙이고 1주간의 휴지기를 갖음
	장점	복합경구피임제와 같은 효과가 있지만 사용이 간편함

CHAPTER 01. **여성의 건강문제**

임플라논 (합성 프로게스테론)	원리	합성 프로게스테론의 활동성 대사물질이 매일 약 30mcg씩 분비됨 → 배란억제, 자궁경부 점액 점도 증가 → 정자 이동 억제
	방법	① 상완의 피하부위에 이식(생리시작 1~5일에 시술) ② 이식 후 바로 피임 효과가 있으나 월경 시작 후 7일을 경과한 시점에 시술하는 경우 금욕하거나 추가 피임법을 병용하는 것이 안전
	장점	① Norplant보다 삽입과 제거가 용이 ② 프로게스테론만 함유하여 에스트로겐 부작용 없음 ③ 장기(3년 동안) 효과가 지속되는 가역적 방법 ④ 위장관을 통과하지 않으므로 소화기계 부담이 없음
주사형 피임제 (프로게스테론)	원리	프로게스테론 장기지속형 주사 형태 → 배란정지, 경관점액 두텁게 하여 정자 통과를 어렵게 함(임신상태 방해는 하지 않음)
	효과	3개월 지속효과, 3개월마다 정확하게 규칙적으로 사용 시 효과가 매우 높음
	주의점	주사하기 전 임신검사 실시
	장점	① 비밀 보장, 어느 연령이나 사용 가능 ② 수유부 가능(모유의 양과 질에 해가 없음) ③ 에스트로겐 관련 부작용이 없음 ④ 3개월간은 피임 보장, 임신 걱정 없음 ⑤ 성감을 해치지 않고 경구피임약처럼 매일 먹을 필요가 없음
	단점	① 월경량 변화(무월경, 양 多 or 사용 1년 이후에 무월경이 올 수도 있으나 이는 정상으로 봄), 두통, 유방조직의 과민반응, 우울감, 오심, 탈모, 성욕 감퇴, 여드름이 있을 수 있음 ② 수정력 회복 지연(임신 대기기간이 약 4개월 지연됨) ③ 3개월마다 주사를 맞아야 함 ④ 성병예방 안됨
	금기증	① 진단받지 못한 질출혈 ② 임신이 확인됐거나 의심되는 경우
정관절제술 (영구적 피임술)	원리	정자가 정액에 섞여 사정관에 들어가지 못하도록 양쪽 수정관 결찰, 절단
	장점	① 한번 시술로 피임효과(100%), 시술이 비교적 간단하고 회복이 빠름 ② 성생활 지장 없고 정액량도 감소되지 않음
	단점	① 수술 즉시 효과× ② 수술 중 출혈・부종과 수술 후 감염・음낭 부종 등의 합병증 유발 가능
	주의점	정자 수명 약 90일 → 수술 후 약 2~3개월간은 다른 피임법 사용하고 음낭에 무리가는 신체적 활동은 삼가야 함 → 적어도 2번 이상 정액 검사로 정자가 없다는 것을 확인해야 함
난관절제술, 난관결찰술 (영구적 피임술)	원리	① 난관을 폐쇄하여 정자와 난자가 결합하는 것을 방해하는 것 ② 난관을 소작시키거나 Yoon's ring을 끼워 난관을 막음
	장점	① 수술 간단하며 피임방법으로 선호도가 높음 ② 즉시 피임가능, 성생활에 장애 없음, 임신에서 영구적으로 해방
	단점	① 감염・자궁외임신 등의 합병증, 복원 가능성 낮음 ② 소개복술은 비만여성, 과거 수술이나 감염으로 난관이 유착된 경우에는 시행이 어려움

콘돔 96 임용(보기)	원리	① 음경에 콘돔을 씌워 정자의 질내 진입 방지 ② 지시된 대로 주의해서 사용하면 거의 완전한 효과가 있으며 실패하는 이유는 콘돔이 파손된 경우
	주의점	① 성교 시마다 새로운 콘돔을 사용함 ② 여성 성기와 접촉하기 전에 발기된 음경에 1/2인치 정도 끝을 접어두고 끝까지 덮어씌움 ③ 질이 건조하면 콘돔이 찢어질 수 있음 ④ 성교 후에는 음경이 발기하고 있는 동안 콘돔을 제거해서 정액이 밖으로 새어 나오지 않게 하며 사용 즉시 버림 ⑤ 새 콘돔 용기는 시원한 곳에 보관하도록 함(실온에서 고무가 약해지기 때문)
	장점	① 피임, 성병 예방(특히 HIV 전파 예방에 유일한 방법으로 간주됨) ② 비용 저렴, 간편함(10대 임신의 예방을 위해 경구용 피임제와 콘돔이 권장할 만한 방법)
	단점	① 성교에 미숙한 경우는 바람직하지 않음 ② 피임 실패율도 다른 피임법에 비해 높음 : 파손 및 벗겨질 수 있음 ③ 성교 직전에 사용되어야 하므로 성감을 해치는 경우가 있음 ④ 매회 새로운 콘돔을 사용해야 함 ⑤ 성기에 너무 꽉 끼는 경우에는 사정 시 콘돔이 파열될 수 있는 빈도가 높아 성기 끝에서 1~2cm 정도 여유가 있는 것을 사용
	라텍스 콘돔	① 사람면역결핍바이러스를 포함한 성적으로 전염되는 질병을 막는 것이 가능한 최상의 보호책(자연막으로 된 콘돔은 미생물의 투과를 막지 못해 성전파성 질환의 감염을 초래) ② 라텍스에 알레르기가 있는 사람들은 라텍스 콘돔 사용을 피해야 함 ③ 지용성 윤활제는 라텍스의 기능 저하를 초래할 수 있기 때문에 수용성 윤활제만을 사용해야 함
페미돔 (여성형 콘돔) 25 임용	정의	여성이 사용할 수 있도록 질에 맞게 제조된 콘돔으로 성병과 임신예방을 위해 사용함
	원리	부드러운 플라스틱 제품으로 질내에 넣어 질벽을 덮음 → 남성의 음경은 페미돔 내로 삽입되어 정자가 경부로 들어갈 수 없음
	사용법	질 내로 삽입하여 막혀 있는 한쪽 면의 링을 자궁경부 바로 앞까지 끼움
	장점	① 여성 의지에 따라 성교 전 삽입 ② 성병 및 임신 예방에 효과, 명백한 부작용 없음
	단점	① 콘돔보다 가격 비싸고, 남성용 콘돔에 비해 높은 실패율 ② 여성의 성적만족 저하(음핵과 음부 덮임)
살정제 96,09 임용(보기)	원리	사정된 정자가 경관으로 들어가는 것을 방해하는 물리적·화학적 차단 방법(거품, 크림, 정제, 좌약, 얇은 막, 스펀지 등) **구성성분 [Nonoxynol-9]** : 세포벽을 파괴하는 능력으로, 정자, 임균, 클라미디아균을 죽임. 그러나 바이러스와 기타 균들은 덜 민감하므로 성병 완전히 예방할 수 없음
	주의점	① 질내에 삽입되면 체온으로 인해 활성화 ② 삽입 15분 후에 작용을 시작하므로 최소한 성교 1시간 전에 삽입해야 함 → 질 윤활작용을 증가시키고 성관계 방해받지 않으려면 1시간 전에 삽입 ③ 성교 후 6시간 이내의 질세척 금기 ④ 성교 후 배뇨하여 비뇨기 감염 예방
	장점	처방이나 검진 없이 비교적 저렴하게 구입할 수 있음
	단점	① 피부자극, 알러지 반응 유발 ② 성교 시마다 살정제 다시 넣어야 함 ③ 실패율이 높으므로 다른 피임법과 더불어 사용하는 것이 좋음

다이어프램	원리	경관을 덮어 정자의 자궁 내 이동 억제
	방법	① 의사의 진찰을 받아 자궁 크기에 알맞은 것을 정하고 성관계 전에 질내에 깊숙이 넣어 자궁구를 완전히 덮어야 함 ② 피임효과를 높이기 위해 돔 안과 가장자리에 살정제를 도포하여 사용
	장점	여성의 의지에 따라 가능
	단점	① 각자 맞는 크기에 맞춰야 함 → 전문적 진찰을 받아야 함 　(여성은 4.5kg 이상의 체중증가나 감소 후, 매 임신 후에는 크기 변화를 확인) ② 요도를 압박하여 자극을 주거나 요로 감염을 일으킬 수 있음
	주의점	① 성교 때마다 약 1시간 전에 삽입하고 성교 후 6~8시간 전에는 빼지 말아야 함 ② 24시간 이상 장착할 경우 세균이 성장할 우려가 있으므로 주의, 사용 후 씻어 말려 파우더 묻혀 공기가 통하지 않는 통에 보관 ③ 라텍스 알러지나 독성쇼크증후군의 이력이 있는 경우 사용하지 않음
자궁경부캡 (= 페서리) 25임용	원리	컵모양의 부드러운 고무제품으로 다이어프램과는 달리 경부에 꼭 끼도록 씌우는 피임도구 (정자를 물리적으로 차단하는 돔 형태의 여성용 피임기구) ** 자궁경부캡(페서리)은 피임목적 외에도 요실금, 자궁탈출증의 증상완화를 위해 시술하기도 함
	방법	다이어프램과 유사하나 다이어프램은 성교 시마다 살정제를 질내에 첨가해야 하는 것과 달리 자궁경부캡은 48시간 동안 성교의 횟수와 상관없이 한번 투입된 살정제로 충분함
피임스펀지	원리	1g의 nonoxynol-9이라는 살정제를 적신 일회용 폴리우레탄 스펀지로, 경부에 꼭 맞게 끼울 수 있도록 일부가 우묵하게 들어가 있고 다른 면은 스펀지를 제거할 때 사용되는 고리 모양의 손잡이가 달려있음, 정자가 스펀지에 걸리게 되어 차단역할을 하고, 질내에 남아있는 정자를 죽임
	방법	① 스펀지에서 살정제가 방출되므로 스펀지를 삽입하기 전에 살정제가 작용하도록 물로 적셔줌 ② 삽입한 후 24시간까지는 여러 번 성교를 해도 피임효과가 있음 ③ 스펀지는 성교 후 시간이 지나서 제거하며 반드시 검사하여 찢겨진 부분이 있는지 확인, 찢겨진 부분이 질내에 조금이라도 남아있으면 반드시 제거해야 함
	주의점	① 포도구균감염이 독성쇼크증후군을 유발할 수 있으므로 다이어프램, 자궁경부캡, 피임스펀지 등을 사용할 때는 이들 피임기구 삽입하기 전에 반드시 손을 씻게 하고 독성쇼크증후군 증상(햇볕에 탄 듯한 발진, 설사, 현기증, 실신, 허약감, 인후통, 근육과 관절의 통증, 갑작스런 고열, 구토 등)을 알려주어 발생 즉시 의료진에게 알리도록 함 ② 살정제나 제품의 재질로 인해 부부 중 누구든지 질이나 음경에 피부의 국소적 자극이 발생할 수 있음 ③ 기구 제거가 어렵거나 분비물에서 악취가 나거나 요로감염 등의 위험이 드물게 발생할 수 있음
질외사정법 (성교중절법)	원리	① 성행위는 하여도 생식기 외부에서 사정함 　→ 정액이 질내에 들어가지 않아 임신이 성립되지 않음 ② 보다 완벽한 피임을 위해서는 사정 전에 정액을 구성하는 정낭액이 몇 방울 요도로 나올 수 있는데 이때에는 성교 전에 닦아 내어 적은 수의 정자라도 질내에 투입되지 않도록 함
	장점	① 쉽게 사용할 수 있음 ② 비용이 들지 않고 개인 통제가 가능
	단점	① 특히 젊은 층에서 실패가 많으므로 효과가 적음 ② 남성의 심한 자제력 필요, 흥분기에 방해를 받으므로 성적 흥분이 감소할 수도 있음 　(특히, 청소년에게는 오르가즘이 너무 빠르게 오므로 사용하기 힘들 수도 있음) ③ 건강에 위험은 없으나 성병이나 HIV 감염은 예방하지 못함

[공통] **자연피임법** **(=생리적 피임법, 월경주기법)** 96,20 임용 / 03,06 국시	원리		① 난자가 배란된 후 12~24시간 수정이 가능 → 이 시기에 성교를 피하는 방법 ② 수정은 정자와 난자의 결합 → 난자가 배출되지 않는 시기에는 임신 가능성이 없음 → 월경주기마다 1회의 배란이 일어나므로 이를 예측하여 그 시기에만 금욕하거나 다른 확실한 피임법 사용 ③ 이 원리를 이용한 피임법 : 월경력법, 기초체온법, 점액관찰법 등
	장점		① 간편, 경제적 부담이 없음 ② 부작용 없음(화학물질, 호르몬을 사용하지 않음)
	단점		① 피임 실패율(25%) 높음(생리주기에 대한 엄격한 기록이 요구됨) ② 성전파성 질환 감염예방 못함
자연피임법 **(1) 월경력법** **(오기노씨법)** 96 임용	원리		배란은 다음 월경 시작 전 14±2일(월경 주기의 12~16일)에 일어나고, 정자는 자궁과 나팔관에서 60시간 생존하며 난자의 수정 능력은 배란 후 24시간(최대 48시간)이라는 가정에서 출발
	방법	임신 가능기간	① 1년 동안의 월경주기를 참고 ② (가장 짧은 주기 − 18)~(가장 긴 주기 − 11) 사이의 기간 ③ 5일간의 배란기에 정자가 생존할 수 있는 3일간, 즉 다음 월경 전날부터 12일~19일간의 8일간을 임신가능 기간이라고 간주함
		예	가장 짧았던 주기가 24일, 가장 긴 주기가 30일 ∴ 월경주기 6일째~19일까지 금욕기간
	주의점		최소 6개월~1년간 월경주기 기록 후 적용 : 이 피임법은 간단한 것 같이 생각되나 실제로는 다음 월경일을 정확하게 알 수 없으며 월경주기가 보통 1~2일씩 차이가 있기 때문에 정확한 계산이 불가능
자연피임법 **(2) 기초체온법** 13 임용 / 03,05 국시	원리 13 임용		배란 일어나기 전과 후 체온의 자연적인 변화에 의해 배란을 예측하는 방법, 가장 신뢰할 수 있는 배란의 징후 → 낮은 체온에서 높은 체온으로 이행되는 기간에 배란, 체온이 높아진다는 것은 배란이 끝났다는 것을 의미(배란 시 프로게스테론의 체온 상승작용으로 인함)
		기초체온	우리 몸의 체온을 변화시킬 수 있는 모든 요인을 제외하였을 때 측정한 체온
		배란 전	저온 상태 유지(난포기 시기)
		배란기 무렵	0.3℃ 급하강하였다가(난포기) → (배란 후 황체기) 상승(0.2~0.5℃) → 체온이 감소되지 않고 다음 월경 전까지 유지 ∴ 체온이 상승된 배란 후 3일 저녁부터 월경이 시작될 때까지의 기간은 안전기로 성교를 해도 무방함
			낮은 체온에서 높은 체온으로 이행되는 기간에 배란이 일어나게 됨, 이유는 배란이 되면 난포가 황체로 변화되어 황체에서 분비되는 프로게스테론의 체온상승 작용으로 체온이 높아짐 따라서 체온이 높아진다는 것은 배란이 끝났음을 의미함
		체온변화 영향요인	감염, 과로, 수면(불면, 늦게까지 깨어 있는 것), 불안 및 성교 여부, 전날 저녁의 술, 흡연, 전기담요를 덮고 잔 것, 표준 시간대를 넘는 여행, 체온을 재기 전에 다른 활동을 한 것 등

자연피임법 (2) 기초체온법 13 임용 / 03,05 국시	방법	① 매일 아침 일어나자마자 다른 활동을 하기 전에 누운 자세에서 측정 ② 체온 차이가 미미하므로 부인용 화씨체온계 사용 **기초체온 사용법** [기초체온곡선]
자연피임법 (3) 자궁경부 점액관찰법 96,20(보기) 임용	원리 12 국시	① 혈액 내에 에스트로겐과 프로게스테론의 양이 증가할 때 경관점액 분비물의 양과 성질이 달라지는 현상을 관찰하여 배란 시기를 피하는 방법(경부점액양상을 관찰하여 배란일로 예측되는 시기에 피임하는 방법) 96,20(보기) 임용 ② 배란 시와 배란 전에는 에스트로겐이 우세, 배란 후에는 프로게스테론 우세 • 임신가능 시기 : 점액분비 가장 많이 분비된 후 3~4일간 • 안전한 기간 : 월경 직후 건조기와 점액분비가 가장 많은 3~4일 후부터

기간	양상	영향 요인
건조기 (월경 끝난 후 2~3일 동안)	분비물이 거의 없다가 3~4일 후부터 점액분비 시작	경부가 점액을 형성하지 않기 때문
배란 직전	맑고, 미끄러우며 달걀 흰자위 같은 투명한 점액(견사성↑)이 다량으로 배출, 현미경에서 양치엽상 관찰 → 최고의 수정일임을 나타냄	에스트로겐 우세
배란 후	양이 차츰 감소되고 흰빛을 띠며 끈적끈적해지다가 배란 14일 후에 월경이 시작	프로게스테론 우세

	영향 요인	① 항히스타민제를 복용한다면 더 두꺼울 수 있음 ② 질의 감염, 피임 거품이나 젤리, 성적 흥분, 정액은 배란이 일어났더라도 점액을 더 묽게 만듦

자연피임법 (3) 자궁경부 점액관찰법 96,20(보기) 임용	방법	① 이 방법을 사용하려면 먼저 1~2개월 동안 콘돔으로 피임하면서 각자의 질 분비물 변화를 매일 관찰 기록해야 함 ② 매일 점액의 양상과 그것에 영향을 미칠 수 있는 요인을 계속 기록 • 음순의 젖음(배란 즈음), 마름(배란 가까이가 아닌)에 대한 전반적인 느낌 • 진하고 끈적거리고 흰색인지 혹은 옅고 미끌거리고 맑고 물과 같은 점액의 변화 양상 (달걀 흰자위와 같은 성질) • 손가락 사이에서 점액이 늘어나는 거리(견사성) [Belling's 점액관찰법]
자연피임법 (4) 2일법	방법	자궁경부 분비물을 매일 관찰하여 기록하는 것 → 오늘과 어제 2일간 분비물이 없었다면 피임을 하지 않고 성관계가 가능하다고 보는 것, 분비물이 관찰되면 임신이 가능하다고 간주
	장점	다른 자연방법들보다 배우기 쉽고 사용하기 쉬움
	단점	실패율은 14%에 이름
자연피임법 (5) 질세척법 09(보기) 임용	방법, 원리	물 또는 물에 식초산을 혼합해 성교 후 질세척 → 정자를 기계적으로 제거하고 산의 살정 효과를 이용하는 방법
	단점	피임법 중 가장 효과가 적음
	부작용	질내 정상 세균총에 변화를 일으키고 질 점막에 손상을 줄 수 있음
[공통] 자궁내장치 (IUD) 14,21 임용	원리 02,11 국시	자궁경부를 통해 삽입되어 자궁 내에 장치되는 T자형의 작은 기구(= 피임기구를 자궁 안에 위치하도록 하여 수정란의 착상을 방해하는 방법) → 정자의 이동을 방해하고 자궁내막을 변화시켜 착상을 방해함
	장점	① 장기간(5년간) 피임효과를 가질 수 있음 21 임용(지문) ② 제거 즉시 수태능력을 회복할 수 있음 ③ 매우 안전하며 효과가 높음 ④ 약을 먹거나, 주사를 맞거나, 성교 전에 다른 일을 하지 않아 간편함
	단점 14 임용 (지문) / 02 국시	① 의사에 의해 삽입 ② 자궁내장치 삽입 후 골반염증성 질환, 감염 및 자궁 천공 등 위험은 증가하므로 당뇨임부는 되도록 사용하지 말도록 함 ③ 자궁내장치의 탈출
	적용	① 여성이 임신하지 않았고 성적으로 전염되는 질병과 골반 감염이 없을 때 언제든지 삽입이 가능 ② 태반의 분만 직후와 수유기 동안 삽입하는 것이 안전함(가장 이상적인 안전기는 분만 4~6주 후이나, 자궁경부가 열려있는 분만 직후에 흔히 적용함) ③ 자궁경부를 통과해서 시술되기 때문에 출산을 경험한 여성이 사용하는 것이 좋음

[공통] **자궁내장치** **(IUD)** 14,21 임용	금기 00 국시	① 자녀가 없는 여성, 골반염이나 자궁외임신 병력이 있는 여성, 자궁기형, 면역결핍증, 혈액응고질환이 있는 여성은 사용할 수 없음 ② 절대 금기증은 아니나, 당뇨병에 이환된 여성은 감염위험성이 있으므로 삼갈 것 14 임용
	주의점	① 질로 들어간 자궁내장치에서 나온 플라스틱 실이 있는 것을 확인하는 것이 중요 　• 처음 4주 동안은 매주, 그 다음 매달 월경 후 실을 느껴야 함 　• 실이 튀어나오는 신호(복통과 예상치 못한 출혈)가 있는지를 알아야 함 　• 실이 전보다 길거나 짧으면 건강 관리자를 방문해야 함 ② 비정상적인 질의 통증, 분비물과 가려움, 하복부 통증, 발열과 같은 감염 증상과 징후가 나타나면 건강관리자 방문
루프 **(Copper** **IUD =** **paragard)** 96(보기), 09 임용	원리	구리를 함유한 자궁내장치로 이 기구를 여성의 자궁 안에 넣어서 수정란이 착상되는 것을 막는 피임방법 → 구리는 ① 살정제 기능을 하며 ② 자궁내막에 염증반응을 일으켜 수정란의 착상 방해 → 즉시 효과가 있으며 대체 방법이 필요하지 않음
	부작용	① 삽입 후 복통과 출혈, 월경 시 생리통이 생기기도 함 ◆ PAINS(루프 부작용) 　– P(period, 월경 사이에 불규칙적인 출혈), A(abdominal pain, 복통/요통/성교통 등), I(infection, PID), N(not feeling well, 발열/오한), S(string missing, 실이 짧아지거나 없어짐) ② 월경량이 많아질 수 있는데 실제로 15% 정도에서 과도한 월경량으로 루프를 제거하기도 함
	주의점	임신이 확정되면 자궁내장치는 바로 제거되어야 함(자궁내장치는 정자가 죽는 불임 염증 반응의 원인이 되지만 유산을 초래하지는 않음)
미레나 **(Mirena =** **LNG-IUS)**	원리	기존 자궁내장치(루프)와 비슷한 모양, 안에 황체호르몬이 있어 매일 일정량의 황체호르몬을 자궁 내에만 분비하며 우수한 피임효과를 나타냄 → 황체호르몬에 의해 21 임용 ① 자궁경부점액이 끈끈해져 정자가 난자에 접근해 수정하는 것을 방해(= 자궁경부 점액을 끈적끈적하게 만들고, 정자가 자궁경부를 통과하기 어렵게 만드는 작용) ② 자궁과 난관 내 정자의 정상적인 운동을 방해 ③ (호르몬이 주로 자궁 내에만 작용) 자궁내막이 얇아져 수정란이 착상하는 것을 막고 더불어 생리량이 줄고 생리기간도 짧아지며 생리통이 경감
	적응증	① 장기간의 확실한 피임을 원하는 여성(5년간) ② 피임과 함께 생리량, 생리기간의 감소를 원하는 여성 ③ 월경과다 또는 월경통의 치료를 원하는 여성 ④ 철결핍성 빈혈이 있으면서 피임이 필요한 여성 ⑤ 부작용 때문에 기존 자궁내장치가 잘 맞지 않았던 여성 ⑥ 수유 중인 여성 22 임용
	적용 가능 시기	① 생리 중이거나 생리 시작일로부터 7일 이내(그 이후 삽입되면 대체 피임법이 필요함) ② 인공유산 후 즉시 ③ 자궁내장치 제거 후 즉시 ④ 피임약 복용 시에 마지막 정제 복용 후 ⑤ 분만 후 4~6주부터

[미레나의 작용]
- 자궁 안에서 정상적인 정자의 운동 억제
- 자궁내막 성장(증식) 감소
- 자궁경부의 점액을 끈끈하게 함

성교 후 응급피임법(사후피임법) [착상 저지] 16 임용(지문)

개념	보호되지 않은 성교를 하고나서 임신을 막기 위한 방법 ① 계획되지 않은 성교 ② 피임실패 : 성교 중에 콘돔이 찢어진 경우, 여성이 너무 많은 경구피임약을 놓친 경우 ③ 강간이나 피임 방법이 잘못 혹은 전혀 활용되지 않은 상황에서 사용		
응급복합 피임약 09 임용 / 23 국시	원리 16 임용 / 07,13 국시	에티닐에스트라디올(E_2) 0.1mg과 황체호르몬인 노르게스트렐 1.0mg 복합제를 ① 성교 후 72시간 내에 1회 복용하고 ② 그 후 12시간 후 다시 1회 복용하는 방법(약의 종류에 따라 1번만 복용하기도 함)	
		단기간에 강력한, 폭발적인 호르몬의 노출에 의해	난포발달 억제 → 배란지연 또는 억제
			정자나 난자의 난관 통과를 방해 → 수정을 억제
			가장 주된 작용은 자궁내막을 변형시켜 착상 억제하여 임신 예방
	특성	① 수정란 착상 시점을 기준으로 하여 착상 이전 시기에 사용해야만 임신 예방 가능, 이미 착상된 후에는 효과 없음 ② 약 복용 후 21일 이내에 월경이 시작되지 않으면 임신 여부를 확인해야 함(약 4명 중 1꼴은 응급피임약의 사용에도 불구하고 임신이 됨. 응급피임약은 착상된 임신을 방해하지는 못하기 때문에 이미 임신이 되었다면 효과가 없음) ③ 두 번째 약을 복용한 후에는 추가로 피임약을 더 복용하여도 임신 예방에는 도움이 되지 않고 오심·구토만 심해짐	
	장점	태아기형을 야기하지 않음 → 만약 피임에 실패하여 임신 지속되더라도 태아는 문제 없음	
	부작용	오심과 구토 16 임용	① 고용량의 에스트로겐과 프로게스틴 때문 ② 오심의 부작용을 줄이기 위하여 복용 1시간 전에 항구토제를 복용하는 것이 추천 ③ 피임약 복용 2시간 내에 구토를 할 경우에는 진토제와 함께 다시 같은 용량을 처방
		두통, 유방통, 어지러움, 피로감, 체액저류가 드물게 있음	
	절대 금기	임신, 편두통, 동맥질환, 간세포성 황달, 겸상 적혈구성 질환, 정맥혈전증 과거력, 비정상 질 출혈(금기가 있을 때는 copper IUD나 황체호르몬 단일 제제를 사용한 피임법이 바람직함)	
	주의점	즉시 의사의 진찰을 받아야 하는 위험 증상 : 다리의 심한 통증(장딴지, 넓적다리), 심한 복부 통증, 흉통, 기침, 호흡곤란, 심한 두통, 오심, 구토, 어지러움, 쇠약, 마비, 시력 불선명, 시력소실, 언어곤란, 황달 등	
응급용 미니필	원리	황체호르몬제만 포함된 약(레보노르게스트렐 0.75mg)을 ① 성교 후 48시간 내에 1회 복용한 후 ② 12시간 후 같은 용량을 한 번 더 복용하도록 함	
	장점	부작용이 적고, 임신 이외 금기증 없음	
	부작용	오심, 구토, 두통, 현기증, 하복부통증, 피로, 월경과다, 설사 등이 나타나나 대개 복용 후 48시간 이내에 사라짐	
Copper IUD (구리 자궁내 장치) 09 임용	원리	성교 후 5일(120시간) 이내, 배란 예상일 5일 이내 삽입(∵ 수정 후 상실체가 되는데 걸리는 시간은 3일, 상실체가 착상 시까지 3일을 합하여 6일 이내) → 일시적 응급피임(착상방지) + 지속 피임 효과 　(계속 피임을 원하지 않는 경우는 다음 월경이 정상적으로 나오면 제거함)	
	장점	평균 99% 피임효과	
	주의	임신경험 없으면 부적절	
	적응증	① 성교 후 72시간이 경과하였으나 5일은 되지 않았을 때 ② 응급 피임 후에도 지속 피임 원할 때 ③ 응급복합피임약 금기증이 있을 때 ④ 약 복용 2시간 내 구토하고 임신가능성 높을 때	

02 여성건강 윤리와 법률

영역	기출영역 분석		페이지
모자보건	모자보건사업 : 우리나라 모성보건사업의 문제점 1993		153
	모자보건법 : 인공임신중절의 허용한계 2018		154
모성 보건지표	우리나라 모성사망 원인 : 가장 많은 비중을 차지하는 것 1993		155
	출산 관련 지표	일반출산율/순재생산율 해석 1995, 2011	156
	사망 관련 지표	모성사망률 공식 1992	157
		모성사망률/영아사망률/신생아사망률/알파 인덱스 계산 2012	
		모성사망비/영아후기사망률/주산기사망률 2011	
		주산기사망률/영아사망률/원인별 특수사망률/조사망률 1994	
		조출생률/모성사망률/출생전후기사망률(주산기사망률) 2024	
		비례사망지수/영아사망률/일반출생률/연령별사망률 1995	

✓ 학습전략 Point

1st	모성보건지표	출산율, 재생산율, 모성사망률, 모성사망비, 주산기사망률 등 각종 모성보건지표들의 공식과 결과의 의미와 활용에 대해 학습한다.
2nd	모자보건법	기출내용을 포함하여 모자보건법의 주요 내용을 학습한다.

한눈에 보기 여성건강 윤리와 법률

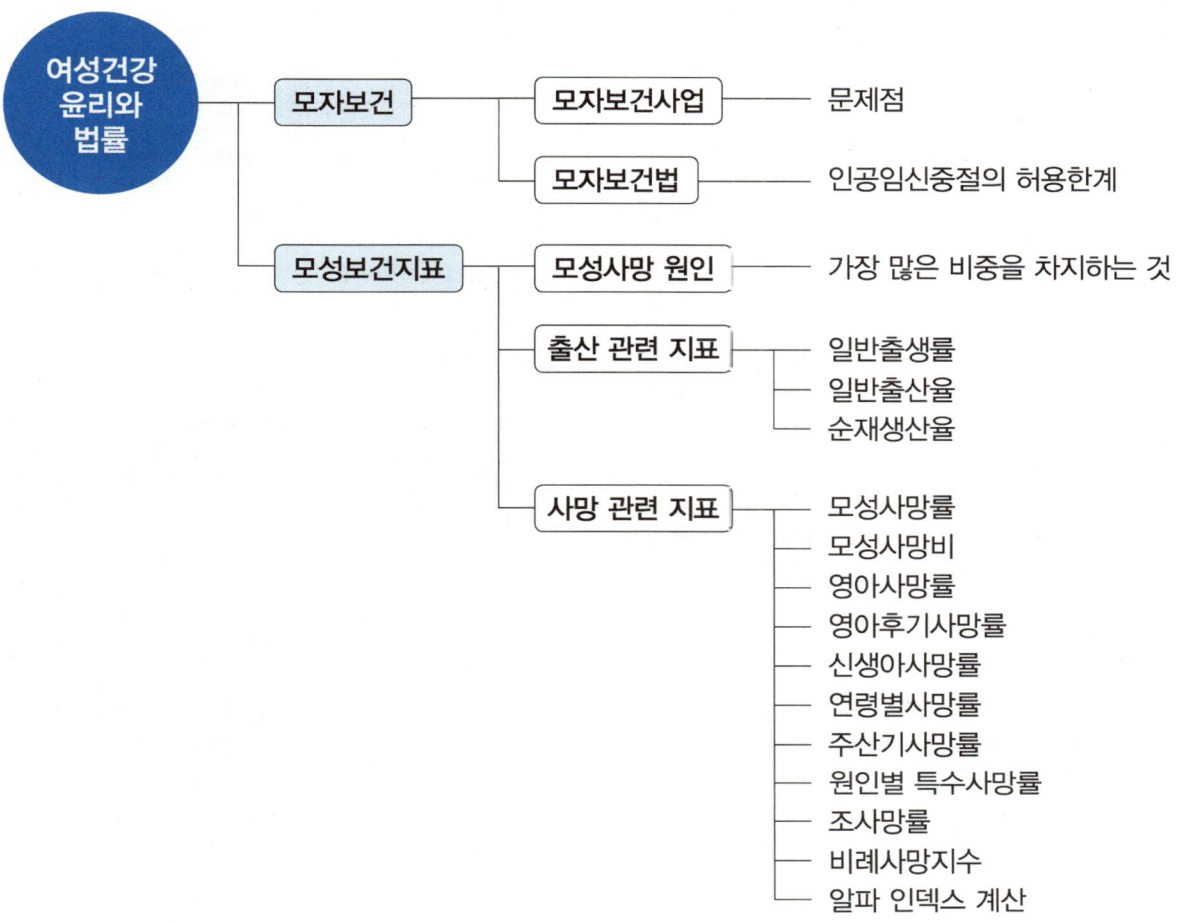

93-62. 우리나라 모성보건사업의 문제점이 아닌 것은?
① 국가의 재정적 뒷받침이 없다.
② 보건지소에 분만 시설이 없어 안전 분만율이 낮다.
③ 모자보건 전담요원 제도가 없는 행정 조직상의 결함이 있다.
④ 가족계획과 모자보건사업이 이원화되어 혼란을 빚고 있다.

93-15. 우리나라 모성사망의 원인 중에서 가장 많은 비중을 차지하는 것은?
① 출혈
② 자궁외임신
③ 산욕열
④ 임신중독증

12-24. 수집된 자료를 비교한 내용으로 옳은 것을 〈보기〉에서 고른 것은?

자료	(가) 지역	(나) 지역
가임 여성수	250,000명	200,000명
1년간 출생아수	9,000명	6,500명
1년간 모성 사망수	1명	1명
1년간 신생아 사망수	20명	16명
1년간 영아 사망수	30명	28명

〈보기〉
ㄱ. 모성사망률은 (가) 지역이 (나) 지역보다 더 높다.
ㄴ. 영아사망률은 (나) 지역이 (가) 지역보다 더 높다.
ㄷ. 신생아사망률은 (가) 지역이 (나) 지역보다 더 높다.
ㄹ. 알파 인덱스(α-index)는 (나) 지역이 (가) 지역보다 더 높다.

95-57. 보건 통계 지표공식 중 옳은 것은?

① 비례 사망 지수 = $\dfrac{\text{연간 60세 이상의 사망자수}}{\text{연간 총 사망자수}} \times 1,000$

② 영아 사망률 = $\dfrac{\text{생후 28일 미만의 사망자수}}{\text{연간 출생아수}} \times 1,000$

③ 일반 출생률 = $\dfrac{\text{연간 출생아수}}{15\sim49\text{세의 가임여자 인구}} \times 1,000$

④ 연령별 사망률 = $\dfrac{x\text{세의 1년간 사망자수}}{\text{연간 총 사망자수}} \times 1,000$

18-03. 다음은 고등학교 예비 보건교사가 작성한 교수·학습 지도안이다. ㉠에 해당하는 법과 ㉡에 들어갈 내용을 순서대로 쓰시오.

	교수·학습 지도안		
단원	여성건강과 생명윤리	보건교사	박○○
주제	건강한 임신	대상	2학년 2반 28명
차시	2/3차시	장소	2-2 교실
학습 목표	인공임신중절의 허용한계를 설명할 수 있다.		

단계	교수·학습 내용	시간
도입	• 전시 학습 내용 확인 : 생명윤리의 개념 • 본시와 관련하여 동영상 시청 • 본시 학습 목표 확인	5분
전개	○ 인공임신중절의 허용한계 • 우리나라는 인공임신중절이 합법적으로는 허용되지 않고, 의학적·윤리적으로 정당한 사유가 있을 때만 허용한다. • ㉠인공임신중절의 허용한계는 법으로 정하고 있으며, 그 외의 경우는 불법으로 간주한다. • 인공임신중절수술의 허용한계는 다음과 같다. 1) 본인이나 배우자가 대통령령이 정하는 우생학적 또는 유전학적 정신장애나 신체질환이 있는 경우 2) 본인이나 배우자가 대통령령이 정하는 (㉡)이(가) 있는 경우 3) 강간 또는 준강간에 의하여 임신된 경우 4) 법률상 혼인할 수 없는 혈족 또는 인척 간에 임신된 경우 5) 임신 지속이 보건의학적 이유로 모체의 건강을 심각하게 해치고 있거나 해할 우려가 있는 경우 … (하략) …	40분

11-15. 모자보건과 관련된 통계 지표에 대한 설명으로 옳은 것은?
① 출산율은 인구 1,000명당 출생수를 말하며 인구분석학적 이해를 돕는다.
② 순재생산율은 1.0을 기준으로 1.0보다 크면 인구는 늘고 1.0보다 작으면 인구가 줄어드는 것을 의미한다.
③ 모성사망비는 임산부의 산전·산후관리 및 사회·경제적 수준을 반영하며 사고나 우발적 원인에 의한 모성사망도 포함된다.
④ 영아 후기 사망률은 1,000명 출생당 생후 6개월부터 1년 미만의 사망으로서 일반사망률에 비하여 통계적 유의성이 높다.
⑤ 주산기 사망률은 10,000명 출산당 사산수와 생후 2주일 이내 신생아 사망수를 합친 것으로 보건수준을 평가하는 지표이다.

92-70. (㉠)에 해당하는 것은?

$$\text{모성 사망률} = \dfrac{\text{임신, 분만, 산욕 합병증으로 사망한 부인수}}{(\ \text{㉠}\ )} \times 100$$

① 가임 연령 여성 인구
② 부인 사망수
③ 총 출생수
④ 중앙 인구

94-62. 사망률을 추정하는 방법들 중 옳지 않은 것은?

① 주산기 사망률 = $\dfrac{\text{같은 해에 일어난 28주 이후의 태아 사망수}}{\text{1년간 출산수}} \times 1,000$

② 영아 사망률 = $\dfrac{\text{(같은 해) 출생 후 1년 미만에 사망한 영아수}}{\text{(어떤 연도) 1년간 출생수}} \times 1,000$

③ 원인별 특수 사망률 = $\dfrac{\text{같은 해 특정 원인에 의한 사망수}}{\text{연평균(또는 중앙) 인구}} \times 100,000$

④ 조사망률 = $\dfrac{\text{같은 해의 총 사망자수}}{\text{1년간 출산수}} \times 1,000$

24-A2. 다음은 고등학교 보건교사가 작성한 교수·학습 지도안의 일부이다. 괄호 안의 ㉠에 해당하는 지표명과 ㉡에 들어갈 숫자를 순서대로 쓰시오.

	교수·학습 지도안		
단원	모성 보건 지표	보건교사	김○○
주제	모성 보건 관련 통계 지표	대상	2학년 3반
차시	1/3	장소	2-3 교실
학습 목표	모성 보건과 관련된 통계 지표의 의미를 설명할 수 있다.		

단계	교수·학습 내용	시간
도입	• 학습 목표 확인	5분
전개	1. 모성 보건 통계 지표 이해하기 1) 조출생률 : 1년간의 총 출생아 수를 해당 연도의 연앙 인구로 나눈 수치를 1,000분비로 표시한 것. 2) (㉠) : 임신과 관련된 원인으로 임신 또는 분만 후 42일 이전에 발생한 여성 사망자 수를 해당 연도의 출생아 수로 나눈 수치를 100,000분비로 표시한 것. 3) 출생전후기사망률 : 임신 (㉡)주 이상 태아 사망자 및 생후 7일 미만의 사망자 수를 해당 연도의 총 출생아 수로 나눈 수치를 1,000분비로 표시한 것. … (중략) …	35분
정리	• 학습 내용 정리하기 • 차시 예고하기	10분

1 우리나라 모자보건사업의 문제점 93임용

(1) 자원의 분포 및 관리의 문제
① 모자보건 자원의 측면에서는 ㉠ 주산기 관련시설 및 장비와 전문인력이 절대적 부족, ㉡ 지역적으로 편재해 있어 투입된 자원의 비효율적 사용, ㉢ 현행 건강보험수가체계는 주산기 의료 분야의 경우 타 의료 분야보다 원가보전 수준이 월등히 낮고 불합리한 지불보상체계로 인하여 필수 의료시설 및 장비의 확대 재생산을 제약하고 있음
② 현재 공공 보건의료시설에서 제공되는 모성보건서비스는 대부분 무료이나 실제 사업대상들은 대부분 민간기관을 이용하고 있어 공공자원이 효율적으로 활용되지 못하고 있음
③ 가족계획과 모자보건사업이 이원화되어 효과적인 사업추진전략 개발에 어려움이 있음

(2) 조직의 문제(모자보건 관련조직에서의 문제점)
① 서비스 공급조직인 공공과 민간기관 간에 수직적·수평적인 연계와 유기적 협조관계가 전반적으로 이루어지지 못하고 있음
② 현행 공공부문의 사업담당조직은 타 업무와 통합, 축소되어 범정부차원에서 실행력 있는 사업추진 및 조정기능을 수행하는 데 미약함

(3) 서비스 제공에서의 문제(모자보건서비스 전달 측면에서의 문제점)
① 주산기 의료의 지역화가 이루어져 있지 않고 있음
② 모자보건대상들의 의료이용 관행을 보면 대형 종합병원 집중현상을 보이고 있음
③ 공공 및 민간 또는 민간 1차·2차·3차 진료기관 간의 의료체계 역시 기능분담보다는 경쟁적인 서비스 제공으로 인하여 사전예방 및 조기발견, 추후관리 서비스가 제공되지 못하고 있음
④ 제공되는 서비스의 질과 적정성에 대한 관리가 제대로 이루어지고 있지 않아 선진국보다 월등히 높은 제왕절개 분만율을 보이고 있는 등 왜곡된 진료행태나 과잉진료현상이 나타나고 있음
⑤ 청소년과 미혼여성에게서 발생되고 있는 문제해결이 사후조치 성격의 서비스 제공으로 인하여 건전한 모성 의식과 모성 기능을 함양시킬 수 있는 서비스가 개발, 전달되지 못하고 있음

2. 모자보건법

정의	임산부	임신 중이거나 분만 후 6개월 미만인 여성
	모성	임산부와 가임기(可姙期) 여성
	영유아	출생 후 6년 미만인 사람
	신생아	출생 후 28일 이내의 영유아

	미숙아	신체의 발육이 미숙한 채로 출생한 영유아로서 대통령령으로 정하는 기준에 해당하는 영유아
		
		모자보건법 시행령 제1조의2(미숙아 및 선천성이상아의 기준) 「모자보건법」(이하 "법"이라 한다) 제2조 제5호 및 제6호에 따른 미숙아 및 선천성이상아(이하 "미숙아등"이라 한다)의 기준은 다음 각 호와 같다.
		1. 미숙아 : 임신 37주 미만의 출생아 또는 출생 시 체중이 2천500그램 미만인 영유아로서 보건소장 또는 의료기관의 장이 임신 37주 이상의 출생아 등과는 다른 특별한 의료적 관리와 보호가 필요하다고 인정하는 영유아
		2. 선천성이상아 : 보건복지부장관이 선천성이상의 정도·발생빈도 또는 치료에 드는 비용을 고려하여 정하는 선천성이상에 관한 질환이 있는 영유아로서 다음 각 목의 어느 하나에 해당하는 영유아
		  가. 선천성이상으로 사망할 우려가 있는 영유아
		  나. 선천성이상으로 기능적 장애가 현저한 영유아
		  다. 선천성이상으로 기능의 회복이 어려운 영유아

	선천성 이상아	선천성 기형(奇形) 또는 변형(變形)이 있거나 염색체에 이상이 있는 영유아로서 대통령령으로 정하는 기준에 해당하는 영유아
	인공임신중절수술	태아가 모체 밖에서는 생명을 유지할 수 없는 시기에 태아와 그 부속물을 인공적으로 모체 밖으로 배출시키는 수술
	모자보건사업	모성과 영유아에게 전문적인 보건의료서비스 및 그와 관련된 정보를 제공하고, 모성의 생식건강(生殖健康) 관리와 임신·출산·양육 지원을 통하여 이들이 신체적·정신적·사회적으로 건강을 유지하게 하는 사업
	난임 〔17 임용〕	부부가 피임을 하지 아니한 상태에서 부부간 정상적인 성생활을 하고 있음에도 불구하고 1년이 지나도 임신이 되지 아니하는 상태
	보조생식술	임신을 목적으로 자연적인 생식과정에 인위적으로 개입하는 의료행위로서 인간의 정자와 난자의 채취 등 보건복지부령으로 정하는 시술 모자보건법 시행규칙 제1조의2(보조생식술의 범위) 「모자보건법」(이하 "법"이라 한다) 제2조 제12호에서 "보건복지부령으로 정하는 시술"이란 다음 각 호의 시술을 말한다. 1. 남성의 정자를 채취 및 처리하여 여성의 자궁강 안으로 직접 주입하여 임신을 시도하는 자궁내 정자주입 시술 2. 여성의 난자와 남성의 정자를 채취한 후 체외에서 수정 및 배양하여 발생한 배아를 여성의 자궁강 안으로 이식하여 임신을 시도하는 체외수정 배아이식술(이하 "체외수정 시술"이라 한다)
인공임신 중절술 허용기간		모자보건법 시행령 제15조(인공임신중절수술의 허용한계) ① 법 제14조에 따른 인공임신중절수술은 임신 24주일 이내인 사람만 할 수 있다. ② 법 제14조 제1항 제1호에 따라 인공임신중절수술을 할 수 있는 우생학적 또는 유전학적 정신장애나 신체질환은 연골무형성증, 낭성섬유증 및 그 밖의 유전성 질환으로서 그 질환이 태아에 미치는 위험성이 높은 질환으로 한다. ③ 법 제14조 제1항 제2호에 따라 인공임신중절수술을 할 수 있는 전염성 질환은 풍진, 톡소플라즈마증 및 그 밖에 의학적으로 태아에 미치는 위험성이 높은 전염성 질환으로 한다.

인공임신
중절술
허용사유
18 임용
	모자보건법 제14조(인공임신중절수술의 허용한계)
	① 의사는 다음 각 호의 어느 하나에 해당되는 경우에만 본인과 배우자(사실상의 혼인관계에 있는 사람을 포함한다. 이하 같다)의 동의를 받아 인공임신중절수술을 할 수 있다.
	  1. 본인이나 배우자가 대통령령으로 정하는 우생학적(優生學的) 또는 유전학적 정신장애나 신체질환(연골무형성증, 낭성섬유증)이 있는 경우
	  2. 본인이나 배우자가 대통령령으로 정하는 전염성 질환(풍진, 톡소플라즈마증)이 있는 경우
	  3. 강간 또는 준강간(準強姦)에 의하여 임신된 경우
	  4. 법률상 혼인할 수 없는 혈족 또는 인척 간에 임신된 경우
	  5. 임신의 지속이 보건의학적 이유로 모체의 건강을 심각하게 해치고 있거나 해칠 우려가 있는 경우
	② 제1항의 경우에 배우자의 사망·실종·행방불명, 그 밖에 부득이한 사유로 동의를 받을 수 없으면 본인의 동의만으로 그 수술을 할 수 있다.
	③ 제1항의 경우 본인이나 배우자가 심신장애로 의사표시를 할 수 없을 때에는 그 친권자나 후견인의 동의로, 친권자나 후견인이 없을 때에는 부양의무자의 동의로 각각 그 동의를 갈음할 수 있다.

※ 우리나라는 인공임신중절이 합법적으로 허용되지 않고, 의학적·윤리적으로 정당한 사유가 있을 때만 인정한다. 18 임용

 PLUS⊕

- **연골무형성증**
① 유전양식 : 상염색체 우성유전
② 특징 : 사지가 몸통에 비해 상대적으로 짧은 불균형 단신으로 특히 하박보다 상박이 짧고, 하퇴보다 상퇴(대퇴부)가 짧음, 최종 성인 키가 남성은 130cm, 여성은 120cm임

- **낭성섬유증**
① 유전양식 : 상염색체 열성유전
② 특징 : 외분비샘 질환으로 폐, 부비동, 췌장, 생식기내 상피세포에서 정상적으로 점액분비를 해야 하는데, 끈적거리는 점액이 만들어지는 질환으로 폐에서 나오는 끈적거리는 점액이 병원성균의 이동을 막아 세균감염이 호발하고, 췌장에서 끈적거리는 점액이 췌장액의 이동을 막아 소화장애를 일으킴, 그 외에도 간경변, 당뇨, 불임 등이 나타날 수 있음

- **톡소플라즈마증**
① 세포 내 원충인 톡소포자충에 의한 감염증으로 주로 숙주의 중추신경계 내에서 잠복감염상태로 기생함
② 임부의 경우 양수 및 태반을 통해 태아의 선천 감염이 발생될 수 있음, 이 경우 신경계 병증, 소두증, 뇌수종 등이 초래될 수 있음

- **선천성 풍진**
① 감염 시 난청, 눈의 이상, 중추신경 결함, 심장기형 등이 흔히 발생됨
② 그 외에도 소두증, 정신발육 지연, 자궁내 성장지연, 폐렴, 간비종대, 용혈성 빈혈, 혈소판 감소증 등이 초래될 수 있음

③ 우리나라 모성사망 원인 93 임용

- 모성사망의 주요원인은 분만 후 출혈, 산과적 색전증, 단백뇨 및 고혈압성 장애, 산욕기 감염 순임
- 단일요인으로 가장 높은 것은 분만 후 출혈임

4 출산 관련 지표

지표	설명
조출생률 (= 일반 출생률) 95,24 임용	① 1년간의 총 출생아 수를 해당 연도의 연앙인구로 나눈 수치를 1,000분비로 표시한 것 24 임용 ② 그 나라의 건강수준, 보건의료 수준에 영향을 받으며 인구의 연령 구성, 연령별 결혼율 등에 따라 크게 영향을 받게 됨
출산율 11 임용	▶ 출산율은 가임여성인구 1,000명당 출생수를 말하며 인구분석학적 이해를 도움 11 임용

출산율 세부

일반출산율

가임여성인구(15~49세) 1,000명당 출생수로 인구분석학적 이해를 돕는다. 가임연령은 일반적으로 15~49세가 통용되나 미국에서는 15~44세로 규정

$$\text{일반출산율(GFR)} = \frac{\text{같은 기간 내의 총 출생아수}}{\text{특정 기간의 가임연령 여성의 중앙인구}} \times 1,000$$

연령별 출산율

어느 곳에서나 20대 후반에 가장 높으며 그 후 서서히 감소하여 50세를 전후하여 0이 되며, 결혼연령, 연령층 유배우자율, 연령별 피임 실시율에 의해 크게 영향을 받음

$$\text{연령별 출산율} = \frac{\text{같은 연령의 가임여성의 같은 기간 내의 총 출생수}}{\text{특정 기간의 특정 연령의 가임여성의 중앙인구}} \times 1,000$$

합계출산율 23 국시

① 한 여성이 일생 동안 몇 명의 자녀를 낳는가를 나타내주는 수치
  각 연령별 출산율을 전체 가임연령(15~49세)에 걸쳐 합하여 산출한 것
② 합계출산율 2.1명은 인구대체 수준임

$$\text{합계출산율} = \sum_{n=15}^{49} f_x \quad (f_x : x\text{세 여성의 출산율})$$

재생산율

총재생산율

① 한 여자 아기가 현재의 출생력이 계속된다는 가정하에서
② 가임기간, 즉 15~49세 동안에 몇 명의 여자 아기를 낳는가를 나타내는 것
  (15~49세 여자의 연령별 여아 생산율(f_x)의 합계)
③ 따라서 총재생산율에서는 출생한 여자아기가 커서 어머니가 될 때까지 사망확률을 고려하지 않은 것이므로 합계출산율에 출생성비를 곱하여 간편하게 구할 수도 있음

$$\text{총재생산율} = \text{합계출산율} \times \frac{\text{여아 출생수}}{\text{총 출생수}}$$

순재생산율 11 임용

① 재생산율을 산출할 때 가임기간의 각 연령에서 여자아기를 낳은 연령별 여아 출산율에 태어난 여자아이가 죽지 않고 가임연령에 도달할 때까지 생존하는 생산율을 곱해서 산출한 것
② 여성 인구의 사망양상을 고려한 재생산율임
③ 순재생산율은 1을 기준으로 1 이상이면 확대 재생산(인구 증가)이라 하는데 이는 한 여자가 다음 세대에 남기는 여자수가 하나 이상이므로 다음 세대에 인구가 증가하는 것을 의미
④ 반면, 순재생산율이 1 미만이면 축소 재생산(인구감소)이라 하고 이는 현재의 재생산력이 다음 세대에 인구를 감소시키는 것을 의미

$$\text{순재생산율} = \text{합계출산율} \times \frac{\text{여아 출생수}}{\text{총 출생수}} \times \frac{\text{가임연령 시 생존하는 여아수}}{\text{여아 출생수}}$$

5 사망 관련 지표

지표	설명
조사망률 94 임용	① 전체 인구 중 사망자수를 분자로 하여 구함 ② 그 해의 평균 인구수를 이용하는 원칙은 지켜지기 어렵고 일반적으로 그 해의 중앙인구를 이용함 $$\text{조사망률} = \frac{\text{같은 해의 총 사망자수}}{\text{특정 연도의 중앙인구수}} \times 1{,}000$$
연령별 사망률 94 임용	① 조사망률은 그 지역의 연령분포에 따라 크게 영향을 받으므로 지역 간의 비교를 할 때에 지역들의 조사망률은 정확한 사망 정도에 대한 정보로는 미흡함 ② 지역의 연령분포를 고려한 사망 정도를 비교하기 위하여 용이하게 사용할 수 있는 것은 연령별 사망률을 계산하여 연령별로 사망 정도를 비교하는 것 $$\text{연령별 사망률} = \frac{\text{같은 해, 같은 연령층어서의 총 사망자수}}{\text{특정 연령층의 중앙인구수}} \times 1{,}000$$
원인별 특수 사망률 94 임용	주어진 기간 동안 인구집단에서 특정 원인에 의해 발생한 사망자수 $$\text{원인별 특수사망률} = \frac{\text{같은 해, 특정원인어 의한 사망자수}}{\text{특정 연도의 증앙인구수}} \times 1{,}000$$
비례 사망지수 95 임용	① 일년 동안의 총 사망자 중에서 50세 이상 사람의 사망이 차지하는 비율을 백분율로 표시 ② 세계보건기구에서 한 나라의 건강수준을 파악함과 동시에 다른 나라와 건강수준을 비교하는 건강지표로 제시한 지수 ③ 비례사망지수가 크면 클수록 전체 사망자 중 50세 이상 인구의 사망자가 큰 것을 나타내기 때문에 지역사회의 건강수준은 좋은 것으로 판단 ④ 비례사망지수가 낮으면 어린 연령층에서의 사망률이 높은 것을 의미하므로 지역의 건강수준도 낮은 것으로 판단 $$\text{비례사망지수} = \frac{\text{같은 해에 일어난 50세 이상의 사망자수}}{\text{일년 동안의 총 사망자수}} \times 100$$
신생아 사망률 12 임용	① 연간 출생아 1,000명에 대한 생후 28일 이내(미만)의 사망수 ② 신생아 사망은 태아발육장애(미숙아, 저체중아), 호흡곤란, 출산 질식 등이 주원인 $$\text{신생아 사망률} = \frac{\text{생후 28일 이내 사망아수}}{\text{특정 연도의 출생아수}} \times 1{,}000$$
영아 사망률 94,95,11, 12 임용	① 이론적으로 분모는 1세 미만 인구가 되어야 하나 현실적으로 1세 미만 인구를 파악하기 어려우므로 1년간 출생수로 대신하며 해당 연도의 영아사망률을 제대로 나타낼 수 있기 위해서는 해당 연도, 전후 연도의 출생아수와 영아 사망아수가 크게 변화되지 않아야 함 ② 분모의 출생아 중 다음해에 1세 미만으로 사망하는 경우가 포함되기 때문인데 대개의 경우 이를 무시하고 계산함 ③ 영아는 환경, 영양, 질병 등의 외인성 요인에 매우 민감하게 반응하여 영아사망률은 경제상태, 영양문제, 산전관리 및 산후관리 등의 의료 수혜 정도, 교육정도, 환경 위생상태 등에 따라 크게 영향 받게 됨 → 국제 간은 물론 같은 국가 내에서도 지역에 따라 인종에 따라 크게 변화되므로 국제적으로 또는 지역적으로 보건수준을 평가하는 지표로 널리 이용

영아 사망률 94,95,11, 12 임용	④ 신생아후기 사망률은 <u>1,000명 출생당 생후 28일 이후부터 1년 미만의 사망</u>으로서 일반사망률에 비하여 통계적 유의성이 높음 $$\text{영아사망률} = \frac{\text{같은 해의 출생 후 1년 미만에 사망아수}}{\text{특정 연도의 출생아수}} \times 1{,}000$$ $$\text{신생아후기 사망률} = \frac{\text{생후 28일~1년 미만에 사망한 수}}{\text{특정 연도의 출생아수}} \times 1{,}000$$
알파 인덱스 12 임용	① 영아 사망자수와 신생아 사망자수의 비 $$\alpha\text{-index} = \frac{\text{(같은 해의) 영아 사망자수}}{\text{(일 년 동안의) 신생아 사망자수}}$$ ② 1 또는 1에 가까울수록 그 사회의 보건수준이 <u>높음을 의미</u> <table><tr><td>1에 가까울수록</td><td>영아사망의 대부분이 어떤 방법으로도 살릴 수 없는 신생아 사망</td></tr><tr><td>1보다 커질수록</td><td>영아사망 원인에 대한 예방대책이 수립·시행되어야 할 필요가 있다는 것</td></tr></table>
주산기 사망률 (= 출생 전후기 사망률) 94,11,24 임용	① 제1주산기 사망률은 <u>1,000명 출산당 임신 28주 이후의 사산아수와 초생아(7일 이내 신생아) 사망수를 합친 것</u> ② 제2주산기 사망률은 1,000명 출산당 임신 20주 이후의 사산아수와 신생아 사망수를 합친 것으로 보건 수준을 평가하는 지표 ③ 임신 28주 이상 태아 사망 및 생후 7일 미만의 사망자 수를 해당 연도의 총 출생아 수로 나눈 수치를 1,000분비로 표시한 것 24 임용 $$\text{제1주산기 사망률} = \frac{\text{임신 28주 이상 사산아 및 생후 7일 미만의 사망아수}}{\text{특정 연도의 총 출산아수}} \times 1{,}000$$
모성 사망비 11 임용	① 모성사망비는 <u>10만명의 신생아 출생당 임신과 출산 관련으로 사망한 산모의 비</u>(= 임신과 관련된 원인으로 임신 또는 분만 후 42일 이전에 발생한 여성 사망자수를 해당 연도의 출생아수로 나눈 수치를 100,000분비로 표시한 것) ② 임산부의 산전·산후관리 및 사회·경제적 수준을 반영하며 사고나 우발적 원인에 의한 모성사망은 제외됨 ③ 원칙적으로 분모는 총 임신수가 되어야 하나 정확하게 총 임신수를 파악하는 것은 불가능하므로 특정 연도의 출생수로 대응 $$\text{모성사망비} = \frac{\text{같은 해에 임신, 분만, 산욕합병증으로 사망한 수}}{\text{특정 연도의 총 출생아수}} \times 100{,}000$$
모성 사망률 92,12,24 임용	① 임신과 관련된 원인으로 임신 또는 분만 후 42일 이내에 발생한 여성 사망자수를 해당 연도의 가임기 (15~49세) 여성의 연앙인구로 나눈 수치를 100,000(10만)명당 수치로 표시 24 임용 ② 모성사망률은 임신부의 산전관리 및 산후관리, 나아가서는 그 지역사회의 의료전달체계에 의해 큰 영향을 받으며 사회·경제적인 수준에 의한 영향도 크므로 지역사회의 전반적인 보건수준을 표시하는 데 많이 이용 $$\text{모성사망률} = \frac{\text{같은 해에 임신, 분만, 산욕합병증으로 사망한 수}}{\text{당해 연도 가임기 여성의 연앙인구}} \times 100{,}000$$

• **출산전후기(주산기) 사망률**

출산전후기에 발생하는 태아 사망 및 신생아 사망으로, 우리나라의 출산전후기 사망률은 임신 28주 이상 태아 사망과 생후 7일 미만의 신생아 사망으로 정의한다.

연간 출산전후기 사망자수를 해당 연도의 총 출산아수로 나눈 수치를 1,000분비로 표시한다.

	정의
UN, OECD	임신 28주 이상 태아 사망 + 생후 7일 미만 신생아 사망
WHO	임신 22주 이상 태아 사망 + 생후 7일 미만 신생아 사망
일본	임신 22주 이상 태아 사망 + 생후 7일 미만 신생아 사망
미국	Ⅰ : 임신 28주 이상 태아 사망 + 생후 7일 미만 신생아 사망 Ⅱ : 임신 20주 이상 태아 사망 + 생후 28일 미만 신생아 사망 Ⅲ : 임신 20주 이상 태아 사망 + 생후 7일 미만 신생아 사망

CHAPTER 03 임신과 출산

3-1 임신과 산전관리

영역			기출영역 분석	페이지
태아	태아발달		수정란의 착상과정에서 출혈이 발생하는 이유 2019	170
			임신 초 약물, 감염, 화학물질, 방사선 등을 피해야 하는 이유 2014	
			태반의 내분비 기능 2023	
임부의 생리적 변화	계통별 변화	생식기계	Goodell's sign, Chadwick's sign, Hegar's sign 2015	179
		심맥관계	생리적 빈혈 발생기전 2010, 2014, 혈액량 증가로 심박출량 증가 2009	
		위장계	위궤양 발생, 생리적 빈혈, 담낭 비워지는 시간 지연 2010, 장연동 운동 감소 2009	
		신장계	사구체 여과율 증가 2009, 당에 대한 신장역치 감소 등으로 소변으로의 당 배출 2010	
		내분비계	임신 및 분만 중 당대사 변화 2012, 태반에서 생성된 에스트로겐의 소변으로의 배출 2009	
		근골격계	골반가동성 증가 2009	
		유방·피부계 2012		
		대사 : 체중증가 정상범위 2013		
	임신의 징후 2010	가정적 징후	Goodell's 징후, 무통성의 불규칙한 자궁수축, 부구감	190
		추정적 징후	빈뇨, 유방의 울혈 및 예민함 증가	
임부와 산전간호	임부의 건강사정		임신확인 검사 2019	192
			산과력 1995, 2022	
			분만예정일 계산(네겔 법칙 사용) 2019	
			레오폴드 복부촉진법 2024	
	간호진단 및 간호중재		• 분만예정일 한달 전 분만을 촉진시킬 수 있는 자세와 그 이유 2013 • 철분제 복용법, 복용해야 하는 이유 2012, 2021 • 엽산 복용 목적 2012, 2019 • 양수 과다 시 누울 때 바른 자세와 그 이유 2013 • 요통관리 : 발생기전 2012, 완화 위한 운동 1993 • 유방관리 2012 • 태아알코올증후군을 가진 아동의 외견상 특성과 행동 특성 3가지 2003	197
태아의 건강사정			태아목덜미 검사 2020	207
			모체혈청 AFP 2020	
			양수검사 : 태아 폐성숙이 완성되었음을 의미하는 레시틴과 스핑고마이엘린(L/S) 비율 2024	
			임부 자가측정법 및 판단기준 2012	
			무자극 검사 : 태아의 건강상태를 평가하는 요소 2022, 검사목적/결과(정상반응) 2025	
			태아심박동 양상 : 후기하강 2023	

고위험 임부간호	고위험 임신	모체요인	나이 어린 임부의 합병증 `1996`		218
		다태임신	다태 임신 여성의 산전교육 내용 `2011`		
	임신 중 출혈성 합병증	임신 초기 자궁출혈	유산		221
			자궁외 임신	진단검사	혈청 내 hCG 수치와 초음파 검사 `2017`	222
				치료	Methotrexate의 작용기전 및 약물섭취 시 피해야 할 성분제제 `2017`	
			자궁경관 무력증	진단검사	초음파 검사소견 2가지 `2018`	224
				치료	외과적 교정 명칭과 방법 `2018`	
			포상기태	`1996 – 보기`		226
		임신 후기 자궁출혈	전치태반 `2011 – 보기`		228
			태반조기박리 `2019`		
	임신 중 고혈압성 장애	자간전증	발생시기 `2012`		232
			증상 `2012`		
			합병증	HELLP 증후군의 명칭 `2021`	
			중재법	• 자간전증 임부 식이 `2009` • 자간전증 관리법 `2012` • 황산마그네슘 투여 중인 대상자 관리 `2013` • 황산마그네슘 투여 이유와 이로 인한 독성작용 시 투여약물 `2017`	
		자간증	증상과 징후	자간전증에서 자간증으로 진행되었음을 확인할 수 있는 특징적인 증상 또는 징후 `2021`	
			관리	방의 조명 관리법과 이유 `2021`	
	임신성 당뇨	임신 중 당대사	임신 1기 인슐린 투여량 `2009`		238
			임신 및 분만 중 당대사 변화 `2012`		
		선별검사	실시 시기와 임신성 당뇨병을 의심하는 결과 `2024`		
		신생아에 미치는 영향	거대아, 호흡곤란증후군의 발생기전 `2020`		
			출생 직후 저혈당 발생위험이 높은 이유 `2024`		
	임부의 감염성 질환	풍진 `1992`			244
		성전파성 질환	임질 `1996, 2008`, 콘딜로마 `2011`, 매독 `1996`		
		질염(모닐리아성 질염/칸디다 질염) `1993`			
		출산 전 산모의 성병감염의 원인이 되는 신생아 질환 `1996`			

학습전략 Point

1st	임부의 계통별 변화	생식기계, 심맥관계, 위장관계, 신장계, 내분비계, 근골격계 등 임부의 신체 계통별 변화를 자세하게 학습한다.
2nd	임부의 산전관리	식이, 불편감 관리법, 유방관리법 등 구체적인 임부의 산전관리방법을 그 이유와 함께 학습한다.
3rd	임신 중 고혈압성 장애	자간전증과 자간증과 관련하여 기출내용을 포함하여 자세하게 학습한다.

한눈에 보기: 임신과 출산(임신과 산전관리)

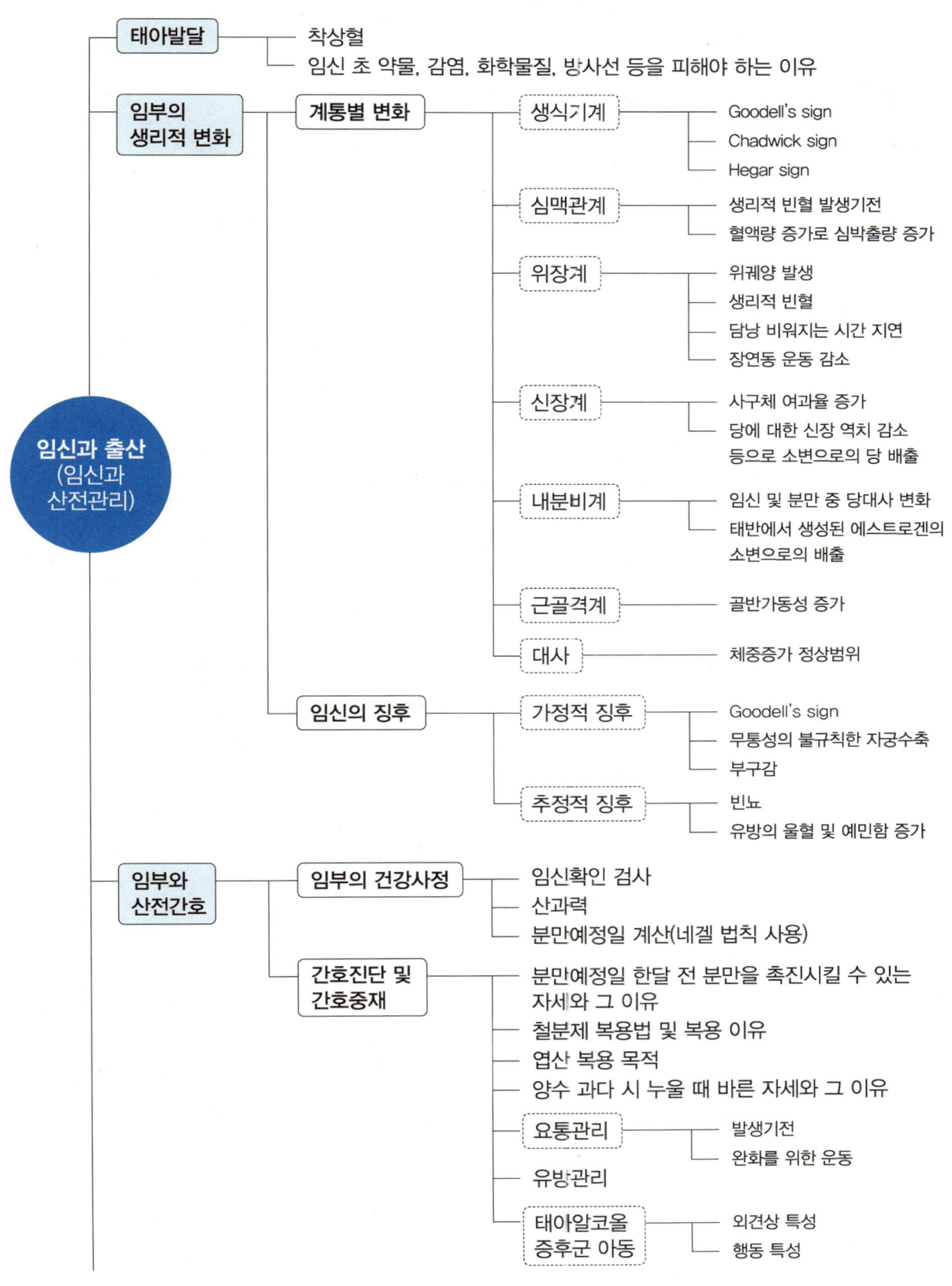

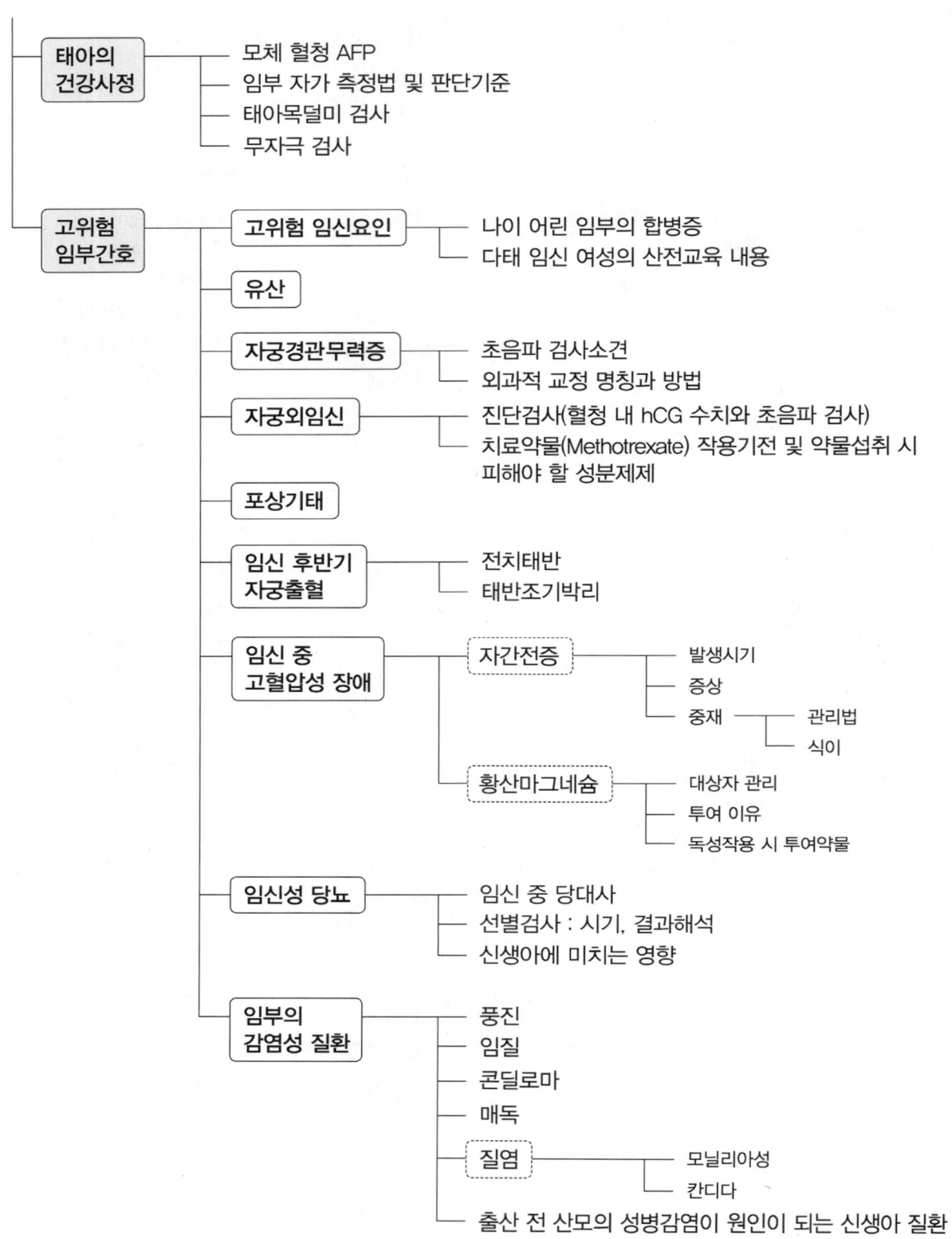

23-B8.
다음은 고등학교 보건교사가 작성한 보건교육 자료의 일부이다. 〈작성 방법〉에 따라 서술하시오.

보건교육 자료
△△고등학교 보건교사 ○○

1. 태반의 내분비 기능

호르몬	특성 및 기능
융모생식샘자극호르몬 (hCG)	• 임신 60~70일경에 분비량이 가장 많음. • 임신 반응검사에 사용됨.
(㉠)	• 수유 준비를 위해 유방 발달을 촉진함. • 모체의 당, 단백 및 지방 수준을 조절하여 태아 성장을 증진함.
에스트로겐	• 임신 6~12주 사이에 태반과 태아로부터 분비되어 임신 말기까지 계속됨. • 유방의 샘(선)조직을 증식함.
(㉡)	• 임신 초기에는 황체에서 분비되고, 임신 12~13주경에 태반이 형성되면 태반에서 분비되어 32주에 분비량이 최고 수준에 도달함. • 유방의 포상조직(alveoli tissue) 발달과 모체의 신진대사를 촉진함.

2. 분만 시 태반 만출 방법
   - 슐츠 기전(Schultze mechanism)
   - ㉢ 던칸 기전(Duncan mechanism)
   … (하략) …

〈작성 방법〉
- 괄호 안의 ㉠에 들어갈 호르몬의 명칭을 제시할 것.
- 괄호 안의 ㉡에 들어갈 호르몬의 명칭을 제시하고, 이 호르몬이 임신 중 자궁에 미치는 영향을 서술할 것.
- 밑줄 친 ㉢에 해당하는 만출 방법을 서술할 것.

19-B2.
다음은 중학생 교육용으로 제작된 '건강한 임신과 출산'에 관한 보건교육 자료의 일부이다. 〈작성 방법〉에 따라 순서대로 서술하시오.

건강한 임신과 출산
임신은 미리 충분히 준비한 후에 하는 것이 바람직하다.

1. 임신 준비하기
   • 계획 임신을 통해 건강한 임신을 위한 준비가 가능하다.
   • 건강한 임신 관리를 위한 구성 요소
   • 가족력 : 가계도를 그려본다.
   • 영양 : ㉠ 임신 전부터 엽산 섭취를 권장한다.
   … (중략) …
2. 임신 과정 알아보기
   • 정자와 난자가 만나서 수정이 된다.
   • ㉡ 수정란이 착상한다.
3. 임신 확인하기
   • 월경이 중단된다.
   • 임신반응검사로 ㉢ 임신 여부를 확인한다.
4. 분만 예정일 확인하기
   • 네겔 법칙(Nagele's rule)을 이용하여 분만 예정일을 계산한다.
☞ 퀴즈 : ㉣ 마지막 월경 시작일(LMP)이 2018년 10월 25일인 여성의 분만 예정일을 계산해 보기
   … (하략) …

〈작성 방법〉
- 밑줄 친 ㉠을 권장하는 이유를 제시할 것.
- 밑줄 친 ㉡의 과정에서 출혈이 발생하는 이유를 제시할 것.
- 밑줄 친 ㉢을 확인할 수 있는 호르몬의 명칭을 제시할 것.
- 밑줄 친 ㉣의 분만 예정일을 제시할 것(연월일로 제시).

14-[03~04]
다음의 교수·학습 지도안을 읽고 물음에 답하시오.

교수·학습 지도안

단원	임신·출산	지도교사	김○○
주제	임신 및 산전 관리/출산 및 산후관리	대상	○○여고
차시	2/3차시	장소	2-3교실
학습목표	• 임신 및 산전 기간 중 자가 건강관리 방법을 이해할 수 있다. • 출산 및 산후 기간 중 자가 건강관리 방법을 이해할 수 있다.		

단계	교수·학습 내용

도입	• 전시 학습 내용 확인 : 인체의 신비
	• 본시 학습 목표 확인
	  – 임신 및 산전 기간 중 자가 건강관리 방법의 이해
	  – 출산 및 산후 기간 중 자가 건강관리 방법의 이해

전개	1. 임신 및 산전관리
	  – 임신 1, 2, 3기 구분하기
	  – 수정이 일어난 후부터 자궁 내 성장 발달 3단계 설명하기
	  – 전통적, 현대적 태교 방법 비교하기
	  – ㉠ 임신 초기에 약물, 감염, 화학물질, 방사선 등을 피해야 하는 이유 설명하기
	  – ㉡ 임신 중 생리적 빈혈이 생기는 기전 설명하기
	  – 임신 중 불편감 완화 방법 설명하기
	2. 출산 및 산후 관리
	  – 태아 폐 성숙을 확인하기 위한 shake test 방법 설명하기
	  – ㉢ 양막 파수를 확인하는 방법 2가지 설명하기
	  – 분만 1, 2, 3, 4기 구분하기
	  – 분만 통증 완화법 알아보기
	  – 산후 관리의 목적 설명하기
	  – ㉣ 조기이상(early ambulation)이 출산과 관련된 산모의 생리적 변화에 미치는 영향 3가지 설명하기
	  … (하략) …

정리 및 평가	임신, 출산에 관한 O, X 질문

14-03. 밑줄 친 ㉠, ㉡에 해당하는 내용을 각각 서술하시오.

14-04. 밑줄 친 ㉢, ㉣에 해당하는 내용을 각각 서술하시오.

15-10.
임신 진단을 받은 김 교사가 보건실을 방문하였다. 김 교사와 보건교사가 상담한 다음 내용 중 괄호 안의 ㉠, ㉡에 해당하는 용어를 순서대로 쓰시오.

보건교사 : 김 선생님, 어서 오세요.
김 교 사 : 안녕하세요? 선생님, 잘 지내시지요? 저는 지금 병원에 다녀오는 길인데, 임신이라고 하네요.
보건교사 : 축하드려요.
김 교 사 : 감사합니다. 초임부라 궁금한 게 많아요. 임신을 하면 몸에는 어떤 변화들이 나타나죠?
보건교사 : 임부에게는 많은 변화들이 있습니다. 임신을 하면 혈관 발달로 자궁경부가 부드러워지는데 이것을 구델 징후(Goodell's sign)라고 하고, 자궁경부나 질 점막이 자청색을 띠는데 이것을 (㉠)(이)라고 해요. 임신 초에 자궁경부 바로 위에 위치한 자궁 하부(자궁 협부)가 매우 부드러워지는데, 이를 (㉡)(이)라고 하고요. 또 임신 초기부터 말기까지 전 임신 기간에 걸쳐 간헐적으로 불규칙적인 자궁 수축이 발생하는데 이것을 브랙스톤 힉스 수축(Braxton Hicks contraction)이라고 합니다. 이런 징후들은 검사자에 의해 감지되는 변화들이라 임신의 가정적 징후라고 하지요.
… (중략) …
김 교 사 : 많은 도움이 되었네요. 감사합니다.

10-22.
임신 기간 중 나타날 수 있는 모체의 생리적 변화에 대한 설명으로 옳은 것을 〈보기〉에서 고른 것은?

〈보기〉
㉠ 에스트로겐은 염산의 분비를 증가시키므로 위궤양이 흔히 발생한다.
㉡ 적혈구 생산은 증가하나 혈장량의 증가보다 적게 증가하므로 생리적 빈혈 상태가 된다.
㉢ 담낭이 비워지는 시간이 지연되고 프로게스테론이 상승되어 혈중 콜레스테롤치가 증가할 수 있다.
㉣ 당에 대한 신장의 요역치가 저하되고 사구체의 여과작용 증가로 소변으로 당이 배출될 수 있다.

24-B5. 다음은 보건교사와 출산을 앞 둔 동료교사의 대화 내용이다. 〈작성 방법〉에 따라 서술하시오.

동료교사 : 선생님, 분만 예정일이 일주일 앞으로 다가오니 아기를 잘 낳을 수 있을지 걱정이 돼요.
보건교사 : 병원에서 산전 진찰은 받으셨지요?
동료교사 : 네, 어제 병원에 갔는데 의사 선생님이 제 배를 진찰하셨어요.
보건교사 : ㉠ 복부 검진을 하셨겠네요.
동료교사 : 네, 처음에는 양손을 제 배 위에 두고 진찰하시더니 아기 머리가 밑으로 향해 있다고 하셨어요. 그리고 양손으로 제 배 옆을 만지셨어요.
보건교사 : ㉡ 태위에 대해서도 들으셨나요?
동료교사 : 잘 모르지만 다른 문제는 없다고 하셨어요.
보건교사 : 의사 선생님이 ㉢ 엄지와 나머지 손가락을 이용하여 하복부를 잡고 태아를 위로 밀어 보셨겠네요.
동료교사 : 네, 그리고 의사 선생님이 마지막 촉진을 하시면서 ㉣ 두정위라고 하셨어요.
보건교사 : 아, 그러시군요.

―〈작성 방법〉―
• 위 내용을 토대로 밑줄 친 ㉠에 해당하는 검진법의 명칭을 쓸 것.
• 밑줄 친 ㉡의 정의를 서술할 것.
• 밑줄 친 ㉢을 시행하는 목적을 서술하고, 밑줄 친 ㉣을 태세(fetal attitude)를 중심으로 서술할 것.

13-29. 그림은 임산부를 위한 블로그의 운영자와 회원 간의 '질문 및 답변'을 나타낸 것이다. (가)~(라) 중 옳은 것만을 있는 대로 고른 것은?

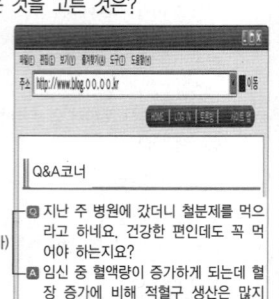

(가) ― ㄱ 다음 달에 분만 예정인 초임부입니다. 진통이 시작되면 산부의 자세가 분만 과정에 영향을 준다고 들었습니다. 분만을 촉진시킬 수 있는 자세가 있나요?
― A 걷거나 앉아 있는 자세는 산부의 장축이 똑바로 되어서 분만에 도움이 됩니다.

(나) ― ㄴ 철분제를 우유와 같이 복용하고 있는데 괜찮을까요?
― A 우유보다는 비타민 C가 많은 오렌지 주스와 같이 드시면 흡수율을 높일 수 있어요.

(다) ― ㄷ 임신 8개월 임부입니다. 임신 전에는 정상 체중이었는데, 지금은 일주일에 몇 kg의 체중이 증가하여야 정상인가요?
― A 네, 지금은 체중이 일주일에 0.8kg 이상 증가하여야 합니다. 임신 중에 영양이 결핍되면 합병증이 쉽게 생기니 충분한 영양을 섭취하세요.

(라) ― ㄹ 임신 7개월 양수과다증 임부입니다. 배가 많이 불러서 힘들어요. 쉴 때 어떤 자세로 누워 있으면 좋을까요?
― A 앙와위, 즉 똑바로 눕는 자세가 좋습니다. 이 자세는 자궁-태반 혈류와 신장으로 가는 혈류를 증가시켜 줍니다.

12-28. 임신 및 분만 중 당대사 변화에 관한 설명으로 옳은 것만을 〈보기〉에서 있는 대로 고른 것은?

―〈보기〉―
ㄱ. 임신 1기 동안 모체 췌장의 베타세포(β-cell)가 자극되어 인슐린 분비가 증가하여 혈당치가 저하될 수 있다.
ㄴ. 모체의 포도당과 인슐린은 태반을 통과하여 태아의 혈당 상승과 인슐린 분비를 촉진한다.
ㄷ. 분만 시에는 태반이 만출되면서 순환하던 태반호르몬이 갑자기 감소하고, 코르티솔(cortisol)과 인슐린 분해 효소 등이 증가하여 모체는 인슐린에 대한 민감성을 회복한다.
ㄹ. 임신 2기와 3기에는 에스트로겐(estrogen), 코티졸, 프로게스테론(progesterone), 태반락토겐(placental lactogen) 등이 인슐린 길항제로 작용한다.

95-52. 산과력 조사 시 만삭분만 1회, 자연유산 1회, 인공유산 2회, 생존아이 수가 1인 여성의 임신과 출산을 4자리 수로 표시한 것은?

① 1-1-2-1   ② 1-3-0-1
③ 1-0-3-1   ④ 1-1-0-3

12-32. 임산부 카페 운영자와 회원 간의 건강상담 내용 (가)~(라)에서 옳은 것을 고른 것은?

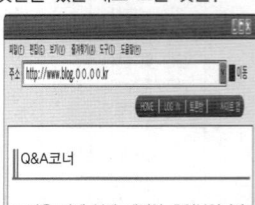

(가) ― ㄱ 지난 주 병원에 갔더니 철분제를 먹으라고 하네요. 건강한 편인데도 꼭 먹어야 하는지요?
― A 임신 중 혈액량이 증가하게 되는데 혈장 증가에 비해 적혈구 생산은 많지 않아 빈혈이 나타나게 됩니다. 적혈구가 만들어지게 하기 위하여 철분제를 주는 것이니 꼭 드세요.

(나) ― ㄴ 결혼을 앞둔 예비 신부입니다. 남친이 TV에서 임신 전에 엽산이라는 약을 먹어야 한다고 들었다던데……. 엽산제가 무슨 약인가요? 벌써부터 먹어야 하나요?
― A 엽산제는 아기의 신경관 결손 예방에 도움을 주는 약입니다. 임신하기 전부터 투약하는 것이 효과적입니다.

(다) ― ㄷ 임신 7개월째 예비 맘입니다. 가끔 시야가 흐리고 머리가 아프고 다리가 잘 붓네요. 얼굴과 손도 부어서 결혼 반지를 끼고 다닐 수가 없어요. ㅠㅠ
― A 자궁이 커져서 골반의 혈관을 누르기 때문에 발생하는 현상입니다. 정상이니 걱정하지 마시고 시간이 나실 때마다 틈틈이 다리를 올려놓으세요.

(라) ― ㄹ 모유수유를 계획하고 있는 임신 6개월째 예비 맘입니다. 저는 함몰 유두는 아닌데 임신 중 유방 관리는 어떻게 하나요?
― A 임신 중에 유두 마사지를 하는 경우 자궁 수축을 유발하여 조산이 될 가능성이 있습니다. 몽고메리선에서 윤활 물질이 분비되므로 샤워 시 유륜과 유두를 비누로 잘 닦아 주세요.

09-34. 임신에 따른 신체적 변화에 대한 설명으로 옳은 것을 〈보기〉에서 고른 것은?

―〈보기〉―
㉠ 릴렉신 호르몬에 의해 골반 관절의 가동성이 증가한다.
㉡ 사구체 여과율이 감소되어 혈장 크레아틴 농도가 증가한다.
㉢ 장의 연동운동과 긴장도가 증가하여 음식물 통과 시간이 빨라져 식욕이 증가한다.
㉣ 태반에서 에스트로겐이 생성되어 임부의 소변으로 배출된다.
㉤ 혈액량이 증가하여 심박출량이 증가한다.

22-B8. 다음은 김 교사의 진료기록지 일부이다. 〈작성 방법〉에 따라 서술하시오.

진료기록지			
성명	김○○	성별/연령	여/31세
진료 일시	○○○○년 ○월 ○일 ○시		

교육 내용	• 과거력
	  – 10년 전 우측 난소에 낭종(cyst)이 있어 수술함.
	  – 임신 36주에 3,200g의 여아 1명을 질식 분만하여 현재 3세임.
	  – 자연유산 1회함.
	• 현재력
	  – 임신 38주, 체중 67kg, 혈압 120/70mmHg
	  – 이슬(show) 없음. 조기양막파열(premature rupture of membrane, PROM) 없음.
	  – ㉠무자극 검사(nonstress test, NST) : 무반응(nonreactive)
	  – ㉡ 양수지수(amniotic fluid index, AFI) : 3cm
	  … (하략) …		

			○○병원

―〈작성 방법〉―
• 김 교사의 산과력을, 임신력을 제외한 4자리 숫자체계로 제시할 것.
• 밑줄 친 ㉠에서 태아의 건강상태를 평가하는 요소 2가지를 제시할 것.
• 밑줄 친 ㉡의 의미를 해석하여 서술할 것.

93-14. 임신으로 인한 요통과 진통 초기에 요통을 감소시키기 위한 운동으로 가장 좋은 것은?

① 견갑돌리기(shoulder circling)
② 골반흔들기(pelvic-rocking)
③ 쭈그리고 앉기(squatting)
④ 책상다리(tailor sitting)

10-20. 임신 여부를 확인하는 방법 중 가정적 징후에 해당되는 내용으로 옳은 것을 〈보기〉에서 고른 것은?

―〈보기〉―
㉠ 빈뇨
㉡ 자궁경부 끝이 부드러워지는 징후(Goodell's sign)
㉢ 무통성의 불규칙한 자궁수축
㉣ 부구감(ballottement)
㉤ 유방의 울혈 및 예민함 증가

23-A9. 다음은 보건교사와 동료교사의 대화 내용의 일부이다. 〈작성 방법〉에 따라 서술하시오.

동료교사: 선생님, 안녕하세요?
보건교사: 선생님이 분만 휴가 중이라 얼굴 뵙고 싶었는데 이렇게 방문해 주셔서 반가워요.
동료교사: 감사해요. 제가 궁금한 게 있어요. 분만실에서 전자 태아감시 장치(Electronic Fetal Monitoring, EFM)를 부착하고 있었는데 이런 그래프를 받았어요.

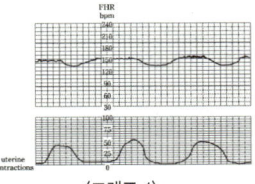
〈그래프 1〉

보건교사: 〈그래프 1〉은 (㉠)을/를 의미하네요.
동료교사: 분만실에서 제가 천장을 보고 똑바로 누운 자세로 있었더니 간호사 선생님이 체위를 (㉡)(으)로 변경해 주셨어요. 그랬더니 아기가 괜찮아졌다고 하더라고요.
보건교사: 네, 다행이네요.
동료교사: 그런데 제 옆에 있던 산부는 모니터상 태아심음이 매우 불안정하다고 하면서 갑자기 수술실로 갔어요. 왜 그런 걸까요?
보건교사: 책에서 보여 드릴게요. 아마도 그 산부의 아기는 〈그래프 2〉와 같은 상태였을 거예요. 이런 경우에는 태아가 위험할 수 있어요.

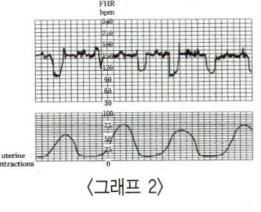
〈그래프 2〉

… (하략) …

─〈작성 방법〉─
• 괄호 안의 ㉠에 들어갈 태아 심박동 양상의 명칭을 제시할 것.
• 괄호 안의 ㉡에 들어갈 체위명을 제시하고, 이 체위로 태아의 상태가 개선되는 기전을 서술할 것.
• 〈그래프 2〉에 해당하는 태아 심박동 양상의 발생 원인을 서술할 것.

12-주관식 04. ○○여자 고등학교의 보건교사는 아래와 같은 주제로 보건교육을 시행하고자 한다. 교수·학습 지도안을 참고하여 질문에 답하시오.

보건과 교수·학습 지도안			
단원	2. 건강한 임신	지도교사	임○○
차시	2/3차시	대상	3학년 3반 (30명)
학습목표	임신 중 태아 발달과 임부의 신체적 변화 및 자가관리방법을 이해할 수 있다.		
단계	교수·학습 내용		시간
도입	• 전시 학습 내용 확인: 생명의 소중함 • 본시 학습 목표 확인: 임신 중 태아 발달과 임부의 신체적 변화 및 자가관리방법의 이해		5분
전개	• 임신 중 태아 발달 단계 – 임신 과정에 대한 비디오 시청 • 태아의 건강사정법 – 초음파 측정법: 초음파상 태아 움직임, 태아심음, 태아 신체 기관에 대한 동영상 시청 – 임부자가측정법: (가) 구체적인 측정 방법 및 정상 판단 기준 • 임신 중 신체적 변화 • 임부에게 발생하는 신체적 불편감 및 관리방법 – 입덧의 원인 및 관리방법 … (중략) … – (나) 임신으로 인한 요통의 발생기전 및 관리 방법 • 임신으로 인한 합병증 – 자간전증: (다) 발생 시기와 경한 자간전증의 증상 및 자가관리방법 – 자간증: 증상 및 관리방법		40분
정리	• 학습 내용 정리 및 질의 응답 • 차시예고		5분

교수·학습 지도안의 (가), (나), (다)에 제시된 내용을 각각 설명하시오.

20-B8. 다음은 보건교사가 첫 아이를 임신한 동료교사와 나눈 대화 내용이다. 〈작성 방법〉에 따라 순서대로 서술하시오.

동료교사: 선생님, 안녕하세요? 제가 임신 진단을 받았는데 노산이라 여러 가지가 걱정이 돼요. 태아의 건강 상태를 어떻게 알 수 있나요?
보건교사: 혈액이나 초음파를 이용한 검사가 있어요.
동료교사: 그렇군요. 다음 산전 검사에서 ㉠ 태아에게 기형이 있는지 선별하는 4가지 혈액 검사를 한다고 들었는데 어떤 검사인지 알려주시겠어요?
보건교사: 네, 자세한 내용을 설명 드릴게요.
… (중략) …
동료교사: 그런데 혈액 검사 외에도 ㉡ 태아 목덜미 투명대 검사를 한다고 했어요. 이 검사로 어떤 것을 알 수 있나요?
보건교사: 그 검사는 초음파를 보면서 태아의 염색체 이상뿐만 아니라 다양한 선천성 이상을 예측할 수 있는 거예요.
동료교사: 그런데 선생님, 결혼 전부터 제가 완전 채식주의자예요. 그래서 임신 진단을 받고 나서 채식을 계속해도 되는지 걱정이 많이 돼요. 채식을 고수하면 어떤 영양소가 결핍될까요?
보건교사: 여러 가지 영양소가 결핍될 수 있지만, 그중에서도 (㉢)은/는 고기, 달걀, 유제품 등 동물성 식품에만 포함되어 있기 때문에 채식주의자들에게는 결핍 현상이 나타날 수 있어요.
동료교사: 그러면 어떤 문제가 발생할까요?
보건교사: 이 영양소가 결핍되면 특징적으로 ㉣ 거대적아구성 빈혈, 설염, 신경계 질환이 임부에게 나타날 수 있으니 주의하셔야 해요.
… (하략) …

─〈작성 방법〉─
• 밑줄 친 ㉠ 중에서 신경관 결손을 선별할 수 있는 검사 항목을 제시할 것.
• 밑줄 친 ㉡에서 '태아 목덜미의 투명대'를 확인할 수 있는 부위를 서술할 것.
• 괄호 안의 ㉢에 해당하는 영양소의 명칭과, 밑줄 친 ㉣에서 나타나는 혈구의 특징을 제시할 것.

96-18. 나이 어린 임산부의 첫 임신 시 합병증은?
① 빈혈, 임신중독증, 저체중아
② 저혈당, 자궁외임신, 고체중아
③ 포도상기태, Down's syndrome
④ 자궁경관 경직, 자궁기능 장애, 저체중아

11-19. 초임부인 29세의 여교사가 산부인과를 다녀온 후 임신 8주이며 쌍태 임신임을 알게 되었다. 이 여교사에게 제공해야 할 산전교육 내용과 그 근거로 옳은 것은?
① 양수과다증으로 인해 거대아를 출산할 위험이 있으므로 염분섭취를 제한한다.
② 저체중아를 출산할 위험이 있으므로 단태임신 여성보다 하루 1,000 칼로리를 더 섭취하도록 한다.
③ 자궁증대로 인해 혈전이 형성될 위험이 높기 때문에 임신 기간 내내 침상 안정을 취하도록 한다.
④ 모체 혈량의 감소로 임신성 고혈압의 위험이 있으므로 하지부종이 나타나면 즉시 병원을 가도록 한다.
⑤ 전치태반 위험이 있으므로 임신 후반기 이후에는 복부 통증을 동반하지 않는 질출혈이 있는지 확인한다.

03-09. 임신 시 술의 남용은 태아알코올증후군을 초래한다. 태아알코올증후군의 효과적인 중재를 위해서는 조기발견이 중요하다. 다음 물음에 답하시오.
9-1. 태아알코올증후군을 가진 아동에게 많이 나타나는 외견상 특성을 3가지만 쓰시오.
9-2. 태아알코올증후군을 가진 아동의 행동특성을 3가지만 쓰시오.

18-A13.
다음은 보건교사가 여고생을 대상으로 실시한 자궁목 무력증(Incompetent cervix)에 대한 교육 자료이다. 〈작성 방법〉에 따라 순서대로 서술하시오.

자궁목 무력증
- 정의 : 자궁목의 구조적 기능적 장애로, 임신 2기에 진통이나 자궁의 수축없이 무통성으로 자궁목이 개대(열림)되어 태아와 그 부속물이 배출되는 임신 전반기 출혈성 합병증
- 원인
  외상성 – 과거 분만 시 받은 자궁목 열상, 소파술, 원추조직절제술 등
  선천성 – 길이가 짧은 자궁목, 자궁기형
- 증상 : 자궁목의 무통성 개대, 이슬, 양막 파열
- 진단 : 임상 병력, 질경 검사, ㉠ 초음파 검사
- 치료 : 내과적 관리 – 침상안정, 페서리, 항생제, 소염제, 프로게스테론 사용
  ㉡ 외과적 관리 – 교정술 시행

… (하략) …

〈작성 방법〉
- 자궁목 무력증에서 보이는 ㉠의 검사 소견 2가지를 서술할 것.
- ㉡에 해당되는 외과적 교정술 중 1가지 명칭을 쓰고, 그 방법을 서술할 것.

17-A14.
다음은 여 교사가 보건교사와 상담한 내용이다. 〈작성 방법〉에 따라 순서대로 서술하시오.

여 교 사 : 안녕하세요, 선생님. 제가 현재 임신 5주 정도 되었는데 오늘 질에서 약간의 출혈이 있어요.
보건교사 : 질출혈 이외의 다른 증상은 없으신가요?
여 교 사 : 아랫배가 아픈 것 같기도 해요.
보건교사 : 그러시군요, 임신 초기의 질출혈은 유산과 자궁외임신을 의심해 볼 수 있으니, 검사를 받아 보시는 게 좋을 듯해요.
여 교 사 : 네, 병원에 가 볼게요. 그런데 자궁외임신은 어느 부위에 잘 생기고 어떤 검사로 알 수 있나요?
보건교사 : 자궁외임신은 난소, 복강 등의 부위에서도 생기지만 난관에서 가장 많이 생겨요. 그리고 (㉠) 검사가 자궁외임신을 조기에 진단하는 데 이용 돼요.
여 교 사 : 아, 그렇군요. 만약에 제가 자궁외임신이라고 하면 수술을 받아야 하나요? 제 주변에 자궁외임신으로 수술한 친구가 있거든요.
보건교사 : 자궁외임신은 무조건 수술을 하는 것은 아니고요. 경우에 따라서는 수술하지 않고 ㉡ 메소트랙세이트(methotrexate) 약물을 사용하기도 해요. 그런데 이때에는 질내에 아무것도 삽입하지 않도록 하고, 햇빛에 노출되는 것과 알코올 섭취를 삼가고, (㉢)이/가 함유된 제제는 피해야 해요.
여 교 사 : 네, 알겠습니다. 감사합니다.

〈작성 방법〉
- 괄호 안의 ㉠에 해당하는 검사 2가지를 제시할 것.
- 밑줄 친 ㉡ 약물의 작용 기전을 서술할 것.
- 괄호 안의 ㉢에 해당하는 성분의 명칭을 제시할 것.

19-B5.
다음은 보건교사가 여고생을 대상으로 실시한 '태반조기박리'에 대한 교육 자료이다. 〈작성 방법〉에 따라 순서대로 서술하시오.

태반조기박리
- 정의
  - 태아만출 이전에 태반이 착상 부위로부터 부분적 또는 완전히 박리되는 것
- 원인
  - 자궁 나선동맥 변성
  - 코카인 등 약물 복용, 자궁 크기 감소, 외회전술 적용 시, 다산 등
- 분류
  - 박리 정도와 태아에게 미치는 영향에 따른 분류 : 0~3등급
  - 출혈 양상에 따른 분류 : 외출혈, 은닉출혈

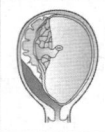	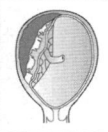
외출혈	㉠은닉출혈

- 증상
  - ㉡복통, 질출혈, 자궁 압통
- 진단
  - 초음파 검사, 양수 검사
- 산모와 태아에게 미치는 영향
  - 산모 : 저혈량 쇼크, 파종성혈관내응고, 2차적으로 ㉢ 시한증후군(Sheehan's syndrome) 발생
  - 태아 : 질식, 사망

… (하략) …

〈작성 방법〉
- 밑줄 친 ㉠일 때 복부 촉진으로 확인할 수 있는 증상과 자궁 수축 양상을 제시할 것.
- 태반조기박리에서 밑줄 친 ㉡의 전형적인 특징을 제시할 것.
- 밑줄 친 ㉢의 정의를 제시할 것.

09-19.
산부인과 병동에 근무하는 간호사가 임부와 산모를 대상으로 수행한 간호중재로 옳은 것은?

① 자궁내막염이 있을 경우 오로 배출을 위해 트렌델렌버그 체위를 해 준다.
② 임신 1기 당뇨병 임부에게는 임신 전보다 더 적은 양의 인슐린을 투여한다.
③ 분만 후 출혈 예방을 위해 자궁이 부드러워질 때까지 자궁저부를 마사지한다.
④ 유선염인 경우에는 완치될 때까지 모유수유를 중단하라고 교육한다.
⑤ 자간전증 임부에게는 저단백, 저염분 식이를 제공한다.

17-B3.
다음은 자간전증(preeclampsia)으로 치료 중인 35주된 임부의 간호 기록지 일부이다. 〈작성 방법〉에 따라 순서대로 서술하시오.

간호 기록지
성명 : 이○○   성별/연령 : 여/40세

- ㉠ 황산마그네슘($MgSO_4$)을 정맥으로 주입 중임
- 두통 있음. 흐린 시야 없음
- 태아 심박동수(fetal heart rate) : 130회/분
- 혈압 : 160/90mmHg, 맥박수 : 90회/분, 호흡수 : 12회/분, 체온 : 36.8°C
- ㉡심부건 반사(deep tendon reflex) : 양쪽 무릎 관절 1+

… (하략) …

담당 간호사 : ○○○
○○병원

〈작성 방법〉
- 밑줄 친 ㉠을 투여하는 이유를 서술할 것.
- 밑줄 친 ㉡을 확인하는 이유와 양쪽 무릎 관절 1+의 의미를 서술할 것.
- 황산마그네슘으로 인한 독성 작용이 나타났을 때 투여하는 약물을 제시할 것.

21-A8. 다음은 보건교사와 동료교사가 나눈 대화의 일부이다. 〈작성 방법〉에 따라 순서대로 서술하시오.

> 동료교사: 선생님, 안녕하세요? 아내가 임신 34주인데 병원에서 자간전증이라고 해서 조심하는 중이었어요. 그런데 갑자기 토하고 명치 끝이 아프다고 해서 병원에 갔더니 간이 부었다고 해서 입원했어요.
> 보건교사: 그러시군요. 황달도 있으셨나요?
> 동료교사: 네, 그랬어요. 병원에서는 ㉠ 피 검사 결과 혈소판 수치가 낮고, 간 효소 수치도 많이 높고, 적혈구도 많이 깨졌다고 하네요. 그래서 지금 약물 투여를 하며 지켜보고 있습니다.
> 보건교사: ㉡ 자간증으로 진행되지 않도록 조심하셔야 돼요. 그러기 위해서는 병실 환경을 조성하는 것도 중요합니다.
> … (중략) …
> 동료교사: 선생님의 설명을 들으니 병실 환경을 어떻게 조성해야 하는지 알겠네요. 아내가 심리적 안정을 찾도록 ㉢ 방의 조명을 밝게 해 주어야겠네요.
> … (하략) …

〈작성 방법〉
· 밑줄 친 ㉠의 증상을 특징으로 하는 증후군의 명칭을 쓸 것.
· 자간전증에서 밑줄 친 ㉡으로 진행되었음을 확인할 수 있는 특징적인 증상 또는 징후를 제시할 것.
· 밑줄 친 ㉢은 동료교사가 잘못 이해한 내용이다. 그 이유를 서술할 것.

20-A7. 다음은 보건교사가 박 교사와 나눈 대화 내용이다. 〈작성 방법〉에 따라 순서대로 서술하시오.

> 박교사: 지난주 산부인과 검사 결과 임신성 당뇨로 진단을 받았어요. 처방된 당뇨 식이를 잘 지키고, 규칙적으로 운동하고 혈당 체크를 매일 하라고 하는데 걱정이 되어서 왔어요.
> 보건교사: 임신성 당뇨 진단을 받아 걱정이 많이 되시겠네요.
> 박교사: 그런데 임신성 당뇨가 지속되면 태아에게 어떤 영향을 미칠까요?
> 보건교사: 엄마가 임신성 당뇨로 고혈당 상태가 지속되면 태아도 고혈당 상태가 됩니다. 그래서 ㉠ 거대아(macrosomia)로 태어나거나, 출생 후 ㉡ 호흡곤란 증후군(respiratory distress syndrome)이 발생할 가능성이 증가합니다.
> … (중략) …
> 박교사: 자세한 설명을 들으니 이해가 잘 되네요.
> 보건교사: 출산까지 정상 혈당을 유지하도록 꾸준히 운동과 식이 요법을 병행하시기 바랍니다.

〈작성 방법〉
· 밑줄 친 ㉠이 발생하는 기전을 2단계로 서술할 것.
· 밑줄 친 ㉡이 발생하는 기전을 2단계로 서술할 것.

24-A8. 다음은 임신한 동료교사와 보건교사의 전화 통화 내용이다. 〈작성 방법〉에 따라 서술하시오.

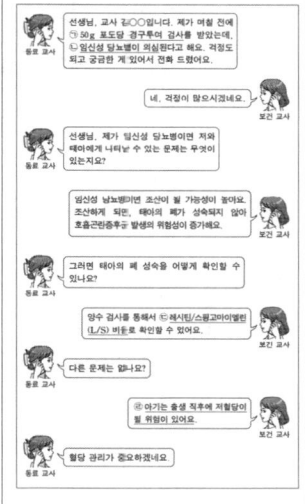

〈작성 방법〉
· 밑줄 친 ㉠을 시행하는 임신 주수를 쓰고, ㉡의 기준이 되는 혈당 수치(mg/dL)를 순서대로 쓸 것.
· 태아의 폐 성숙이 완성되었음을 나타내는 밑줄 친 ㉢의 비율을 쓸 것.
· 밑줄 친 ㉣의 이유를 서술할 것.

25-B8. 다음은 보건교사와 임신한 동료교사의 대화 내용의 일부이다. 〈작성 방법〉에 따라 순서대로 서술하시오.

> 보건교사: 선생님, 아기 낳을 때가 다 되어 가는 것으로 알고 있는데 배가 임신 주수보다 작은 것 같아요.
> 동료교사: 너, 그렇지 않아도 어제가 임신 32주여서 산부인과에서 초음파검사를 했는데 ㉠ 양수과소증으로 진단 받았어요. 의사 선생님은 제가 ㉡ 전자간증이 있어서 양수과소증이 되었다고 하세요.
> 보건교사: 0-기가 많이 걱정되시겠어요.
> 동료교사: 네, 그래서 의사 선생님이 매주 병원에 와서 ㉢ 무자극 검사를 하자고 하셨어요.
> 보건교사: 예제 출산까지 두 달 남으셨는데 산전 진찰을 더 자주 하면서 태아 상태를 잘 보셔야겠네요.

〈작성 방법〉
· 밑줄 친 ㉠의 초음파 검사 결과를 양수 지수로 서술할 것.
· 밑줄 친 ㉡의 이유 1가지를 서술할 것.
· 밑줄 친 ㉢의 목적을 쓰고, 검사 결과에서 반응(정상)의 기준을 서술할 것. (단, 검사를 20분 동안 진행하는 경우를 전제함.)

08-18. 임신 중 임질에 감염된 경우 발생할 수 있는 주요한 합병증을 4가지만 쓰시오.

92-37. 임산부가 임신 3개월 전에 감염되면 선천성 기형아를 출산할 수 있는 질환은?
① 홍역
② 수두
③ 풍진
④ 성홍열

93-48. 어떤 산모가 모닐리아성 질염에 감염되었다면, 그 산모에게서 출생한 신생아는 어떤 질병이 유발될 수 있는가?
① 폐렴
② 아구창
③ 신생아 안염
④ 신생아 피부염

96-36. 출산 전 산모의 성병 감염이 원인이 되어 올 수 있는 신생아의 질환이 아닌 것은?
① 임질 – 신생아 안염
② Condyloma – 폐렴
③ 매독 – 지속성 비염
④ Candida 질염 – 아구창

11-14. 성전파성 질환의 일종으로 여성의 외음부에 생긴 첨형 콘딜로마(condyloma acuminatum)에 대한 〈특성〉이다. 이 비병에 대한 설명으로 옳은 것은?

〈특성〉
· 꽃양배추(cauliflower) 모양을 지닌 돌기형의 무통성 사마귀
· 외음부 소양증을 초래하기도 함.
· 임신부와 면역 저하 환자에서 병변이 자라는 속도가 빨라짐.

① 협착과 천공이 생긴다.
② 사마귀를 제거하면 재발되지 않는다.
③ 질 분비 시 신생아에게 안염을 일으킨다.
④ 2기가 되면 병변이 회백색의 삼출물로 덮이고 악취가 난다.
⑤ 원인균은 인유두종바이러스(human papilloma virus)이다.

1 태아

태아의 발달 과정

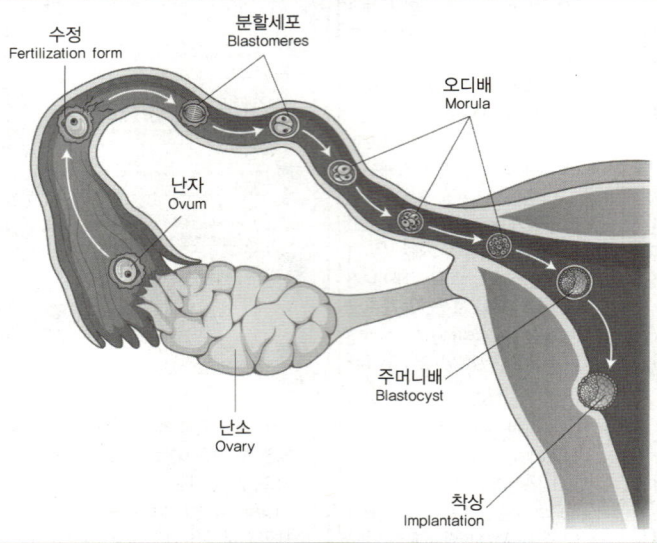

수정이 일어난 후부터 자궁내 발달 3단계	14 임용(지문)

수정란기	• 수정부터~14일 또는 마지막 월경 첫날(LMP)부터 4주 • 세포분열, 배포형성, 초기배엽 형성(수정란은 난관의 섬모운동과 연동운동에 의해 자궁으로 이동하는 데 약 3~4일이 소요됨. 이 기간 동안 수정란은 빠른 세포분열로 상실체를 거쳐 배포가 되어 자궁내막에 착상함)
배아기	• 수정 후 15일~8주 • 모든 주요기관 형성시기 : 기형 초래 가능성 높음(특히, 3~8주)
태아기	• 수정 후 9주~분만까지

1. 수정란기(수정과 착상)

(1) 성세포
형성과정
	① 난자의 발생과 성숙(22X)
	  ㉠ 1개의 난원세포에서 1개의 난자로 분화(3개의 극체는 퇴화됨)
	  ㉡ 난자의 발생과정
	    • 태생기에 이미 난소에서 만들어진 난원세포가 세포분열을 통해 출생 시에는 1차 난모세포가 됨
	    • 출생 시 난소에서 미숙한 상태의 1차 난모세포가 약 200만개 들어있음
	    • 46개의 염색체를 지닌 난모세포는 출생 후부터 사춘기까지 휴지기에 있다가 배란 직전 첫 감수분열을 하여 염색체가 반수(23개)로 줄어들며 1개의 극체와 1개의 난모세포(약 40만개)로 분리
	    • 2차 감수분열은 배란 시에 일어나며 하나의 운동성이 없는 성숙난자와 제2극체로 분리
	    • 극체는 생식작용이 없으며 곧 분해됨
	② 정자의 발생과 성숙(22X 또는 22Y)
	  ㉠ 1개의 정원세포가 4개의 정자로 분화
	  ㉡ 정자의 발생과정
	    • 남성 성세포의 원조인 정원세포는 태생기에 이미 형성되었으나 활동하지 않고 있다가 사춘기 때 46개의 염색체를 지닌 1차 정모세포 형태로 성숙
	    • 1개의 1차 정모세포는 감수분열로 2개의 2차 정모세포로 분열되며 23개의 염색체를 가짐
	    • 2차 감수분열을 통해 4개의 정자세포로 나뉜 후 점차 운동성을 가진 정자로 분화됨

(1) 성세포 형성과정	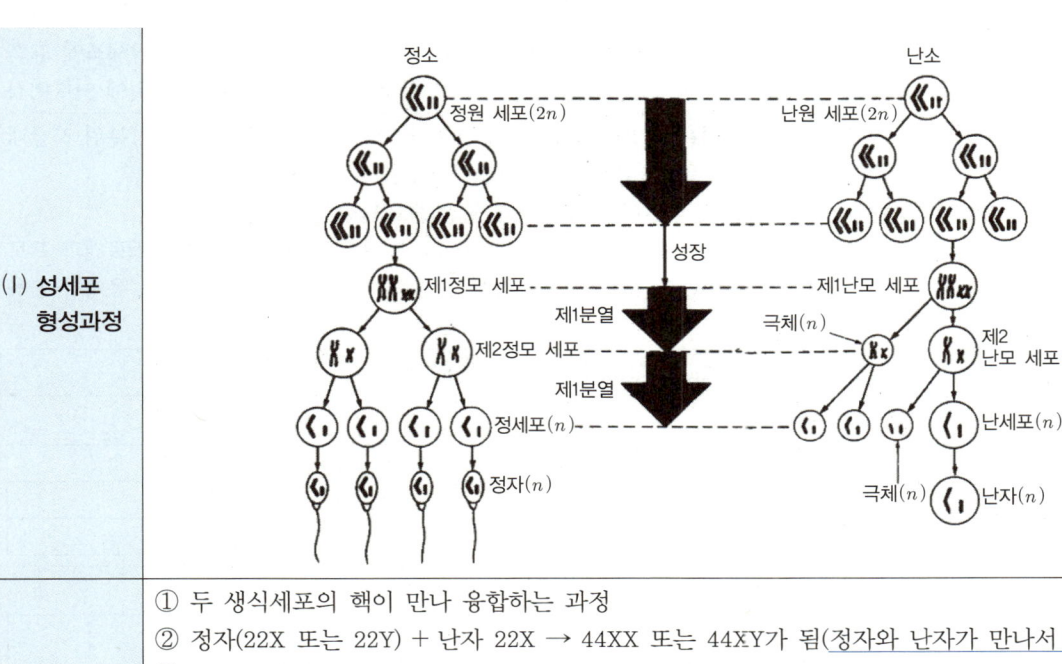
(2) 수정 19 임용(지문) / 14 국시	① 두 생식세포의 핵이 만나 융합하는 과정 ② 정자(22X 또는 22Y) + 난자 22X → 44XX 또는 44XY가 됨(정자와 난자가 만나서 수정이 됨) ③ 난자의 이동 　㉠ 고농도의 에스트로겐은 난관의 운동성을 증가시킴 　㉡ 난소에서 난자 배란 시 난관채(나팔관)가 난자를 난관으로 끌어들임 　㉢ 난관의 섬모운동과 연동운동에 의해 난관 팽대부로 이동함 ④ 정자의 이동 　㉠ 정자의 수명 : 48~72시간 　㉡ 배란기때 질의 pH 증가(알칼리성) 시 정자의 운동성이 활발해짐 　㉢ 정자는 사정 후 4~6시간에 나팔관에 도달함 　㉣ 정자의 선체부분에 히알루론산분해효소가 분비되어 난자의 투명대막을 뚫고 들어가는 것을 도움 ⑤ 정자 생존기간은 2~3일, 난자 생존기간은 24시간이므로 배란 전 3일~배란 후 24시간까지가 수정 가능 한 기간임

수정란은 수정 후 즉시 나팔관을 지나 자궁으로 옮겨가는 동안 접합자, 상실체, 배포기의 세포분열과정을 거침(3~4일)

① 접합자	▶ 난자와 정자가 수정된 최초의 인간세포 • 정자가 난자에 닿아 세포막에 밀착하면, 이 접촉점에서 난자의 세포질이 밀려나면서 정자를 빨아들임 • 이 접촉부분은 또 다른 정자가 들어오지 못하도록 하는 자체 방어현상이 일어나는데 이를 투명대 반응이라고 함 • 핵이 융합되고 염색체가 합체되는 이때의 수정란을 접합자라고 함 • 접합자 형성 직후 세포분열을 시작함(난할) • 난관의 섬모운동과 연동운동에 의해 자궁강으로 이동함
② 상실체	▶ 수정란이 16개 분할구로 형성, 뽕나무 열매 모양 (수정 후 3일 이내 완성되는데, 3일은 수정란의 나팔관 통과시간임)
③ 배포	▶ 배포강을 형성하여 내세포(→ 배아)와 외세포(→ 영양배엽)로 구분됨 • 수정 후 7일까지 • 세포 덩어리 안에 액체가 고여 배포강을 형성하여 내세포와 외세포 구조로 구분함 　- 내세포 : 배아배엽을 형성, 안쪽의 세포덩어리, C자 모양으로 배아로 발달함 　- 외세포 : 영양배엽, 바깥 세포층, 자궁내막세포에 효소를 분비하여 융모막을 형성하여 착상을 준비함

(3) 착상 19임용/ 00,03,05, 06,08,22 국시		수정란이 자궁내막으로 매몰되는 것, 배포착상 시 영양배엽세포들이 착상부위의 자궁내막세포에 효소를 분비하여 침식하면서 배포 전체가 자궁내막에 덮일 정도로 파고들어감, 수정 후 6~10일에 이루어짐
		① 배포착상 시 자궁내막의 접합면은 영양배엽세포에서 분비한 세포분해효소로 인해 착상부위 자궁내막 혈관들이 손상되어 약간의 착상출혈을 경험 19임용/22국시 ② 융모발달 : 영양배엽에서 융모가 발달하여 모체와의 물질을 교환함 ③ hCG 생성 : 융모에서 hCG(human Chorionic Gonadotropin) 생성 → 황체에서 에스트로겐과 프로게스테론의 분비를 촉진하여 배란과 월경을 막고 착상하기 좋은 상태로 자궁벽 상태를 유지하며 융모막을 형성함

2. 배아기(배아발달) : 이 시기에 모든 주요 기관이 형성되므로, 심한 기형발생의 위험이 높음 14임용

(1) 초기배엽	수정 3주째부터 초기배엽 형성	
	외배엽	피부, 손톱, 머리털, 중추신경계, 말초신경계, 눈의 렌즈, 치아의 에나멜층
	중배엽	뼈, 근육, 골수, 결체조직, 심근, 혈관, 림프조직. 신장, 성선, 자궁 등
	내배엽	호흡기계, 위·간·췌장을 포함한 위장계, 방광의 상피 형성
(2) 배아발달	① 난막 : 태아와 양수를 둘러싼 2개의 막	
	양막	• 배포의 내세포층에서 발달 • 난막 중 안쪽의 투명한 막으로 내부에 태아와 양수를 갖고 있음 • 임신 2주에 생성됨 • 양수생성 및 양수지지 기능, 인지질을 생산하여 자궁수축을 야기하는 프로스타글란딘 형성
	융모막	• 난막의 바깥쪽의 불투명한 막 • 영양배엽에서 발달하여 표면에 융모막 융모를 가짐. 이 융모는 기저탈락막안으로 파고 들어가 점점 커지고 복잡해지며, 혈관망이 태반안으로 발달함 • 융모막은 태반의 태아측면이 되며, 태반 표면으로 가지를 형성해 발달하는 제대혈관들을 포함함 • 배아가 성장하면서 기저탈락막도 늘어나며, 이쪽의 융모막 융모는 위축, 퇴화하면서 매끈한 융모막이 남음 • 물질이동과 대사활동 → 임신 3개월 이후에 태아가 성장하면서 양막과 융모막이 접하게 됨 (양막융모막)
	② 난막과 태반발달	
	융모막 (태아측)	• 영양배엽에서 융모(원시 융모 → 융모막 융모 → 번생 융모) 발달 • 영양배엽은 원시 융모를 형성하고, 융모는 모세혈관에 침투하여 영양분, 산소 공급 • 원시 융모 → 융모막 융모로 발전 : 융모성선자극호르몬 분비 → 황체에서 에스트로겐, 프로게스테론 분비자극 → 임신 기간 중 배란, 월경중지 • 번생융모는 기저탈락막과 접하는 부분이고, 후에 기저탈락막과 결합하여 태반이 됨
	탈락막 (모체측)	• 착상 후의 자궁내막으로 모체측임 • 수정 후 프로게스테론의 영향으로 수분과 당이 풍부해져 수정란 착상에 이상적인 내막을 형성함 • 탈락막은 3부분으로 구분됨
		피포탈락막 : 배아를 덮고 있는 부분으로 이 부분과 접해 있는 바깥층 융모는 성장을 멈춰 퇴화
		기저탈락막 : 배아의 바로 밑층으로 기저탈락막에 수정란에서 발생한 융모막 융모가 모세혈관을 뻗어내려 모체와 태아를 연결함 ** 융모간강 : 기저탈락막과 융모막 융모 사이에 일종의 간격, 이 곳에서 융모 속을 흐르는 혈액 사이에 물질 교환이 이루어짐 → 모체의 동맥혈이 운반 해온 산소와 영양물은 융모에 분포된 모세혈관망에 의하여 흡입되어 태아의 정맥혈을 신선한 동맥혈로 만들고, 태아의 정맥혈에서 나온 탄산가스와 노폐물을 모체의 정맥으로 돌아감. 태반에서 받아들인 태아의 동맥혈은 탯줄 속의 제정맥을 지나 태아에게 돌아가고, 태아에서 생긴 노폐물은 탯줄 속의 제동맥을 통해 태반으로 운반되어 모체의 정맥혈로 들어감
		진탈락막 : 자궁강의 나머지 부분, 임신 4개월 정도가 자궁의 확장으르 피포탈락막과 서로 융합되고 그 두께가 1~2mm 정도로 얇아짐
	• 번생 융모와 기저탈락막은 태반으로 형성됨(12주, 태반은 20주까지 성장하여 자궁표면의 절반을 덮음)	

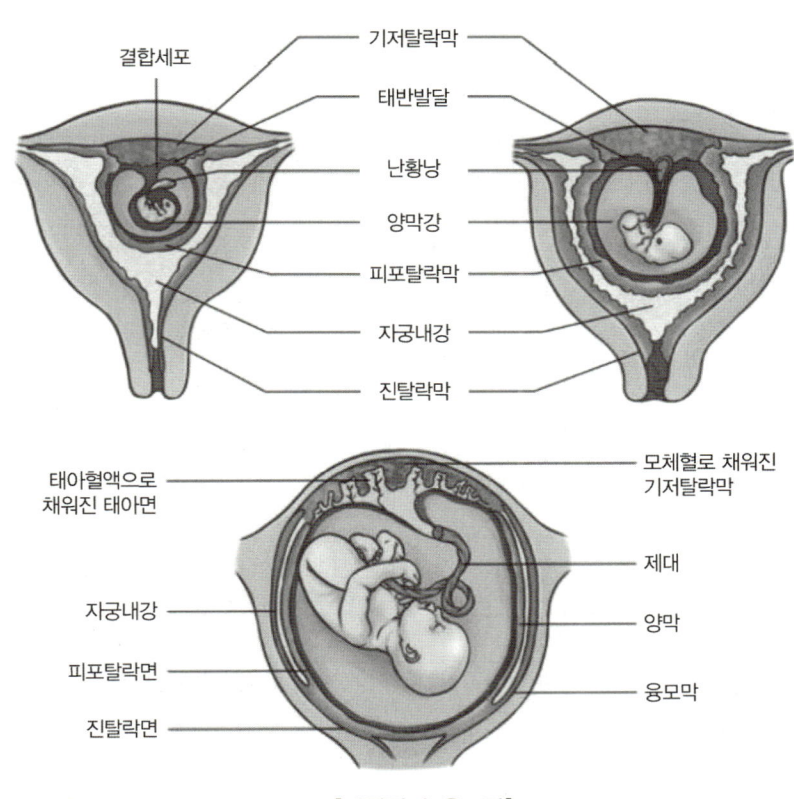

[탈락막과 융모막]

(2) 배아발달

③ 양수 02,24 국시

생성	처음에는 삼투압에 의해 모체 혈액에서 생성, 임신 진행으로 태아 소변에서 생성
성상	• 투명하고 신선한 냄새가 나는 노르스름한 색의 맑은 액체 • pH : 7.0~7.25(중성, 약알칼리성) → Nitrazine test시 청회색으로 변함 • 비중 : 1.007~1.025(물과 비슷함) • 정상 양 : 800~1,200mL ** 양수량이 500cc 이하 또는 양수지수 5 이하 시 양수과소증으로 태아의 신장이상 의심, 양수량이 2,000cc 이상 또는 양수지수 24 이상 시 양수과다증으로 태아 위장계 또는 다른 기관의 기형과 관계됨 • 구성성분 중 인지질은 계면활성제 성분임
기능	**임신 중 양수기능** • 충격을 분산시켜 태아를 외부 충격으로부터 보호 • 태아를 난막과 분리시킴 • 태아가 운동할 수 있도록 하여 근골격계의 발달을 도움 • 양수 내에 포함된 성장호르몬을 통해 태아의 성숙을 도움 • 열의 손실을 막고 비교적 일정한 온도를 유지함 • 태아 경구 수액의 근원이 됨 • 분비된 물질이 집합하는 장소이므로 태아 건강에 대한 정보를 알 수 있음 **분만 시 양수기능** • 진통 시 가해지는 강한 자궁수축의 압력을 방지함 • 산도 통과 시 윤활 역할을 하여 분만을 용이하게 함 • 태포를 형성하여 자궁경관의 개대 및 숙화를 진행시킴 • 태반의 조기박리를 방지함
양수천자	양수성분을 조사하여 염색체 이상, 성별, 건강상태, 기형유무 등 파악

④ 난황낭

기능	• 배아발달에 중요한 기능을 함 : 자궁태반 간 순환이 이루어질 때까지 2~3주간 배아에게 영양공급, 간에서 조혈작용이 이루어질 때까지 6주간 혈액세포 생성 • 원시적 소화관 기능
퇴화	6주 초에 배아에서 분리되어 퇴화됨

	⑤ 제대		
	구조	• 길이 50~55cm, 지름 2cm 평활근으로 구성됨 　- 긴 경우 : 목에 감길 가능성 　- 짧은 경우 : 태아운동 시 태반박리 가능성 • 통각수용기가 없음 → 제대 절단 시 불편감 없음 • 2개의 동맥과 1개의 정맥이 있음 : 출산 시 제대정맥과 동맥수를 사정(신장과 심장의 선천성 기형 발생가능성 여부를 확인하기 위함) 　- 동맥 : 이산화탄소가 많은 혈액을 태반으로 전달 　- 정맥 : 산소가 많은 혈액을 태아에게 공급 • 교양조직(Wharton's jelly) : 정맥과 동맥을 둘러싼 점액질 성분의 결합조직　03 국시 　- 완충 역할을 하는 점액질 조직으로 제대혈관압박 방지 　- 분만 후 건조되어 제대위축을 도움 　- 프로스타글란딘 분비	
	기능	• 태반으로부터 산소와 영양분을 태아에게 공급 • 태아의 노폐물을 태반으로 배출 • 혈액공급 : 제대동맥 2개(탄산가스 多) + 제대정맥 1개(산소 多) 　- 모체 → 제대정맥 → 태아정맥관 → 하대정맥 ┐ 　↑제대동맥 ← 대동맥 ← 폐 심장(우 → 좌)◄┘ • 태아사정 또는 치료목적에 의한 제대정맥에서 혈액 채혈 및 수혈가능 • 임신 말기 분당 350mL 정도의 혈액흐름 : 초음파로 사정 가능	
(2) 배아발달	⑥ 태반		
	발생 및 구조 04,14 국시	• 영양배엽의 번생융모막과 모체 기저탈락막이 합쳐 형성됨 • 임신 12주 완성되어 20주까지 발달함 • 태아 : 태반 = 6 : 1(태반은 직경이 15~20cm, 무게는 400~500g 이상) • 암적색의 불규칙한 15~20개의 태반엽으로 구성됨	
	기능 05,12,14, 15 국시	신진 대사	• 호흡 : 태반의 확산현상을 통해 산소와 이산화탄소 교환 • 영양공급 : 탄수화물, 지방, 단백질, 무기질, 전해질, 물 등을 공급 • 노폐물 배설 : 태아 대사 분해산물 → 태반 → 모체혈액 → 모체 신장을 통해 배설
		면역과 보호	• 임신 초기에 태반이 두꺼워서 방어기능이 더 강함. 매독은 임신 5개월 이후 통과 가능함 • 모체 면역체인 IgG를 임신 마지막 4주 동안 태반을 통해서 태아에게 전달 • 태반은 반투과성 물질로 태아에게 해로운 물질이 통과되지 못하도록 방어 • 초기에는 태반막이 두껍고, 후기로 갈수록 얇아짐 • 주의 : 바이러스, 약물, 카페인, 알코올, 니코틴 등 태반을 통과
		내분비 23 임용	융모 성선 자극 호르몬 23 임용	① 태반에서 만들어지는 당단백호르몬 ② 황체를 자극하여 에스트로겐과 프로게스테론 분비를 도움 ③ 임신확인 : 임신 초기(수정 8~10일 후) 모체혈액과 소변에서 검출되어 임신 여부 확인, LMP 3주(착상직후)에 모체혈청에서 검출되고 LMP 5주에는 소변에서 검출되므로 진단적 가치가 높음 - 수정이 된 후 약 6~10일 경에 착상이 됨, 착상 후 영양배엽에서 융모가 발달하고, 융모에서 hCG가 생성되어 황체에서 에스트로겐과 프로게스테론의 분비를 촉진하여 배란과 월경을 막고 착상하기 좋은 상태로 자궁벽 상태를 유지하고, 융모막을 형성함, 이 시기는 수정된 시점에서 14일 또는 마지막 월경일로부터 4주 이후의 시기임 ④ 임신 2~3개월(60~70일) 최고수준으로 입덧을 유발함 ⑤ 임신 초 황체기능을 유지하게 해서 에스트로겐과 프로게스테론 분비를 유지함 ⑥ 11주 이후부터 태반에서 에스트로겐/프로게스테론 분비함 ⑦ 간질세포가 남자 태아의 고환에 영향을 주어 생식기 성숙을 도모함
			태반 락토젠 23 임용	① 태반에서 생성되는 단백호르몬 ② 태아에게 우선적으로 글루코즈를 보내므로, 모체의 글루코즈 섭취를 억제하는 항인슐린 작용과 모체로의 영양공급을 위한 지질분해작용을 함 ③ 수유준비를 위해 유방발달을 촉진함 ④ 모체의 당, 단백 및 지방수준을 조절하여 태아성장을 증진함 ⑤ 태반기능사정 지표(임신주수에 따라 계속 증가)
			에스 트로겐 23 임용	① 임신 6~12주 사이에 태반과 태아로부터 분비되어 임신 말기까지 계속됨 ② 유방의 유관을 증식하고, 유즙분비의 준비(뇌하수체전엽에서 프로락틴을 생성함)와 임신 중의 유즙분비 억제(유선조직의 프로락틴 수용체를 감소시킴) ③ 임신유지(자궁근이완과 비대, 자궁혈류량 증대)와 분만의 준비(임신 말기에 자궁경관 숙화와 연화작용) 등 상반되는 작용을 동시에 수행함 ④ 에스트리올 측정으로 태반기능과 태아 상태 파악 ⑤ RAA 활성화로 체내 수분 축적 ⑥ 멜라닌 세포 자극호르몬의 분비촉진으로 과다색소 침착을 일으킴

(2) 배아발달	기능 05,12,14, 15 국시	내분비 23 임용	프로게스 테론 23 임용	① 임신 초기에 황체에서 분비되고, 임신 12~13주경에 태반이 형성되면 태반에서 분비되어 32주에 분비량이 최고수준에 도달함
				② 임신 중 배란억제(뇌하수체 전엽에서 황체화호르몬 분비를 억제)
				③ 유즙분비 준비[수유준비를 위해 유방의 소엽(= 포상조직) 발달 촉진]와 임신 중 유즙분비 억제
				④ 임신유지
				   ㉠ 자궁내막선 분비자극, 글리코겐 축적 : 수정란의 착상과 임신유지를 위해서 자궁내막을 유지함
				   ㉡ 옥시토신분비 억제 : 자궁운동성 억제, 자궁근육층 이완, 자궁경관 닫음으로 유산과 조산을 예방함
				⑤ 모체의 당, 단백 및 지방 수준을 조절하여 태아 성장을 증진함
				⑥ 모체의 신진대사를 촉진함
				⑦ 태아에 대한 거부반응 방지
				⑧ 나트륨 배설

			릴렉신 09 임용 (보기)	① 자궁활동 억제 ② 자궁경부 결합조직을 부드럽게 함 ③ 골반관절의 연골과 결합조직을 이완시킴

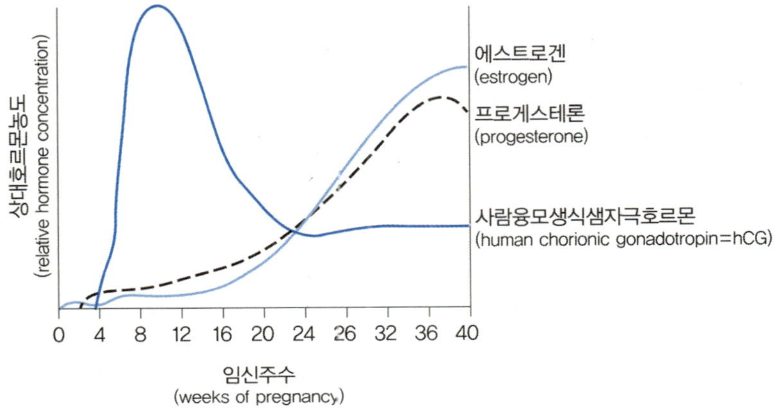

[임신주수에 따른 호르몬 변화]

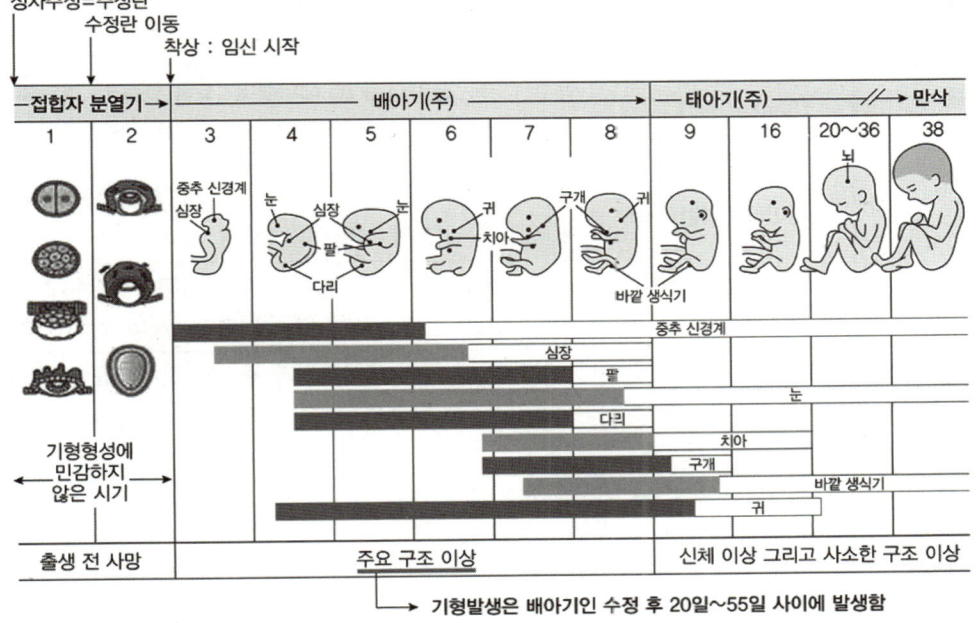

[태아의 발달에 따른 기형발생 위험 기간] 14 임용 / 03 국시

3. 태아기(태아발달)

심맥관계	태아기 가장 먼저 발달하는 기관 [12 국시]		
	3주 말	난황낭에서 혈관과 혈구 생성, 심장박동 시작	
	4~5주	심장은 4개의 방으로 발달하여 배아기말에 완벽하게 발달 [19 국시]	
	신생아	동맥관, 난원공 닫힘 → 태반 순환정지 : 동맥관, 정맥관, 제대혈관 수축 인대로 변함	
		동맥관 폐쇄	첫 호흡 시 폐혈관 저항 감소 → 폐 혈액이 증가 → 산소의 압력차
		난원공 폐쇄	폐 혈액 증가 → 좌심방 내 압력 > 우심방 압력
조혈계	태아 헤모글로빈	• 산소운반 능력이 높음(평균 헤모글로빈 수준과 적혈구 용적률이 높기 때문) • 높은 산소친화력, 농축되어 있음 ∴ 태아는 저산소 환경에서 살아남을 수 있음	
	3~6주	난황낭에서 혈액생성	
	6주 이후	• 간에서 조혈 • 혈액형 구별하는 항원 적혈구에 존재 → Rh(-)여성 동종면역위험	
	11주 이후	비장, 골수, 흉선, 림프절에서 조혈	
호흡계	• 임신 7주경부터 형성 시작 26주 무렵 구조 거의 완성 • 폐는 배아기에 발달하여 출생 후에야 기능함 • 24주 이후부터 폐포, 모세혈관 형성 시작 • 호흡은 태반의 주된 기능으로, 산소와 이산화탄소는 단순 확산을 통해 태반막을 통과함		
	폐 성숙도 검사 (양수천자)	① L/S의 비율 [14 임용]	• [레시틴 : 스핑고마이엘린 = 2 : 1]일 때 폐 성숙으로 간주(35주) • 폐의 계면활성제의 일종인 레시틴은 24주(28주)부터 양수 내 증가하다가 35주에 최고 [12 국시] ** 레시틴은 약 임신 24주부터 양수 내에 축적되어 증가하여 35주에 최고에 달함. 다른 폐 인지질인 스핑고마이엘린은 양이 일정하게 같음. 따라서 임신 35주에 레시틴과 스핑고마이엘린 비율이 2 : 1에 이름. 이 인지질 물질은 폐의 확장을 용이하게 함. 만약 계면활성제의 양이 불충분하면 폐가 적당한 정도로 부풀수가 없으며 심하면 호흡곤란증후군으로 발전할 수 있음 • 스핑고마이엘린의 양은 일정
		② 쉐이크 테스트 (Shake test) [14 임용(지문)]	양수 1cc와 동량의 95% 에탄올을 섞어 15초간 격렬히 흔든 후 15분간 방치 후 판독하여 포말이 많으면 폐성숙 확인
		③ 마이크로버블테스트	피펫으로 양수의 흡입, 배출을 반복한 뒤 현미경으로 포말 수를 세어 폐 성숙 확인(포말이 많은 것이 폐 성숙을 의미)
		④ 계면활성제와 알부민 비율	양수에 있는 계면활성제의 성분과 거품안정지수(Form Stability Index, FSI)를 판정하기 위해 계면활성제와 알부민의 비율 측정
	호흡시작의 기전	압력 차이, 주위온도 저하, 잡음과 빛 등의 출산과정과 관련된 반사작용 + (더불어) 대동맥 화학수용기와 경동맥체의 산소저하, 중추감수체(연수)의 이산화탄소 증가 & pH 감소에 따른 신경적 반사작용	
신장계	• 신장은 5주에 형성되어 8주부터 기능을 함 • 소변은 3개월에 생성 → 임신 말 500mL 소변배설 ※ 양수과소 : 신장 기능 부전의 지표 • 태생기 때는 태반에서 배설, 태아수분 유지, 전해질 균형 유지의 기능을 함 • Henle's loop : 출생 때까지 완전 분화되지 않음 → 신생아 : 사구체 여과율, 소변농축 능력 부족		

위장계	9주	간 내에서 글리코겐 합성, 저장
	5개월	양수흡입 시작, 장의 연동운동 시작
	26~30주	갈색지방 저장 : 자궁 외 추위에 대비 → 36주에 완성
	임신 말기	태변이 장에 축적(16주 초 장에서 형성), 출생 후 48시간 내 태변 배설 ※ 태변 배설 안 되는 경우 : 소화기계의 폐색, 폐쇄항문, 장폐색의 지표 연하반사는 태아 32주 또는 태아가 1,500g이 될 때까지 완성되지 않음
	출생 후	소화효소 아밀라아제, 리파아제 출생 후 3개월까지 완성× → 전분, 지방의 소화 어려움
간담도계	4주	간과 담도형성
	6주	조혈시작
	9~10주	글리코겐 저장, 담즙분비, 철분 저장(생후 5개월까지 사용 가능한 양)
		태아의 장은 무균상태이므로 비타민 K 합성이 안 되므로, 출생 후 비타민 K 투약
	12주	담즙배출
근골격계	4주	뼈, 근육이 중배엽에서 만들어짐
	12주	화골세포 생기기 시작
	16~20주	첫 태동 [19 국시]
신경계	수정 18일 : 외배엽에서 발생	
	4주	신경관 형성 후 뇌, 척수, 중추신경계로 분화 → 말초신경계
	16~20주	태동인식 가능 → 애착형성에 중요
	5개월	양수 삼키고, 단맛, 온도변화에 반응(딸꾹질)
	7개월	빛에 반응
	생후	뇌 발달 생후 → 1년간 빠른 증식, 5~6세까지 성장지속
내분비계	4주	갑상샘 발달, 티록신 합성 → 8주에 갑상샘 호르몬 분비 cf) 모체의 갑상샘 호르몬이 태반을 통과하지 않기 때문에 태아 스스로 갑상샘 호르몬을 생산하지 못하면 선천성 갑상샘 기능저하로 태어나게 됨
	6주	부신피질 형성 → 8~9주 부신피질 호르몬 생성 → 임신 말기에 태아는 많은 양의 코티졸을 생산해 모체 황체호르몬의 저하와 프로스타글란딘의 생산을 자극해 분만 개시에 도움을 줌
	5~8주	췌장형성

	12주	인슐린 생성 → 모체의 인슐린 태반 통과× [12 임용]
		cf) 조절되지 않은 당뇨를 가진 모체의 신생아는 모체의 과혈당으로
		    → 태아의 고혈당, 고인슐린혈증, 섬세포의 비대를 가져와
		    → 결국 태아가 커지게 되고, 고인슐린혈증은 태아의 폐 성숙 장애를 가져옴
		    → 출생 시 신생아 호흡장애, 모체의 당원 상실로 태아는 저혈당이 오게 됨

		12주	외생식기 성별구별 가능(8주 - 고환과 난소, 외생식기 구분 ×) 04,19 국시
		16주	난자 발생 과정 시작
		28~31주	고환이 음낭으로 하강 04 국시

생식기계	참고 남녀 생식기의 발달 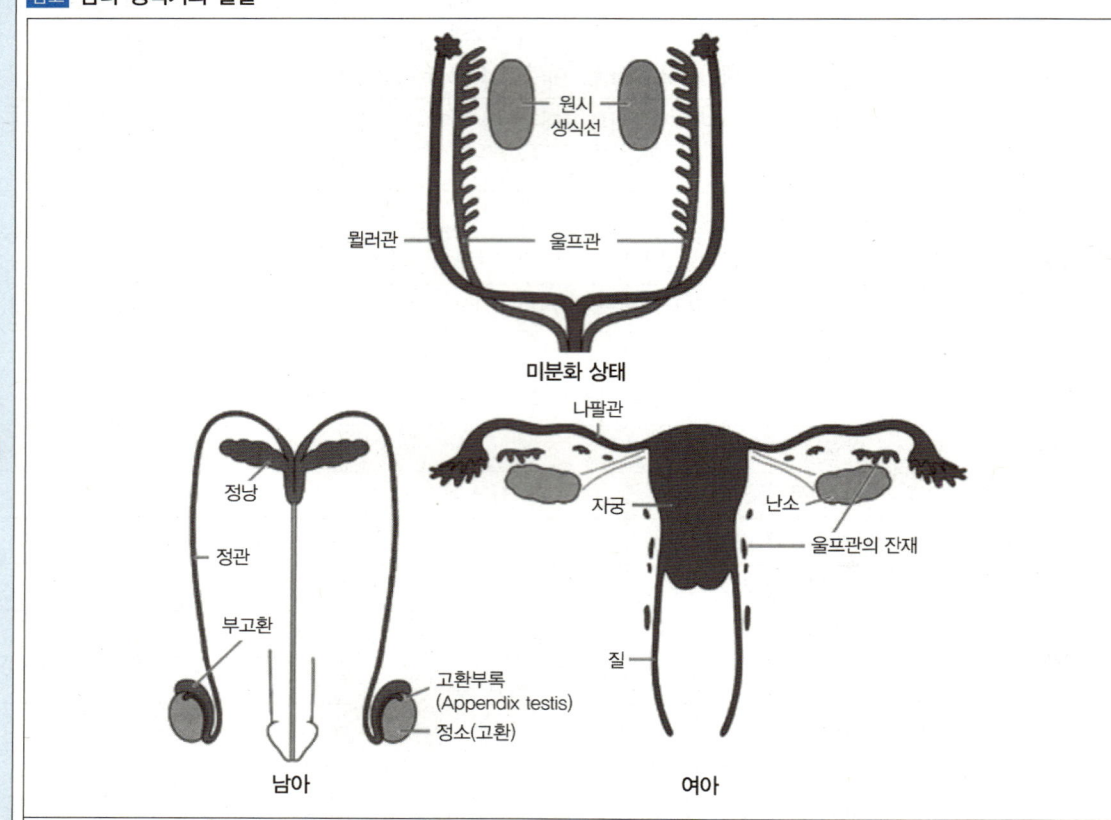 ① 염색체상 유전적 성은 수정되는 순간 결정되지만, 태아는 수정 후 6주경에 생식 기관이 될 울프관(Wolffian duct) 과 뮐러관(Mullerian duct)을 좌우 한쌍씩 발달시킴
	② 수정 후 7주가 지나야 비로소 남성 또는 여성의 형태적 특징이 성선에서부터 나타나기 시작함
	  ㉠ 남아 : 고환분화 후 8주째부터 테스토스테론을 분비해 울프관이 부고환과 정관으로 발달하도록 촉진하고, 여성 기관인 뮐러관의 발달을 억제하는 호르몬을 생성함. 이어서 외부 생식기인 음경과 음낭 형성
	  ㉡ 여아 : 13주경에 난소로 분화된 후 테스토스테론이 없으므로 울프관은 저절로 위축돼 흔적 기관으로 사라지며 뮐러관은 자궁, 난관, 질로 발달됨. 이어서 외부 생식기인 클리토리스와 음순이 형성됨		

면역계	임신 3기에 알부민과 글로불린이 태아에 존재		
	IgG	임신 마지막 4주 동안 태반 통해 태아에게 전달 → 생후 9개월 이후 감소	
	IgA	모유수유 시 초유를 통해 획득	
	IgM	임신 1기 말에 태아 스스로 생성	
피부계	4주	외배엽으로부터 단층세포인 표피가 발생	
	12주	손·발톱, 솜털(눈썹, 윗입술) 19 국시	
	16주	지문 / 머리카락 발생	
	20주	전신이 솜털에 덮힘	
	24주	태지	
	28주	두피모발이 길어짐	
	32주	피하지방 축적으로 피부주름 감소	
	36주	솜털이 사라지기 시작함	
	40주	발바닥 지문(표면 2/3 차지), 솜털 사라짐, 태지형성 완료	

2 임부의 생리적 변화 [09,10,12,13,14,15 임용]

자궁	자궁증대 [14 임용 (지문)]	임신 1기 (수정~ 13주까지)	(1) 초기에는 에스트로겐과 프로게스테론의 증가에 대한 반응으로 증대 ① 혈관증식과 증대 ② 자궁근섬유의 증식(새로운 자궁근섬유와 탄력섬유의 생성)과 증대(기존 자궁근섬유와 탄력섬유들이 근육들 사이에 그물망을 형성하여 자궁벽 강화) ③ 탈락막의 비후 때문 (2) 임신 초 프로게스테론의 주요역할 ① 임신유지에 가장 큰 역할(착상을 위한 자궁내막 유지 - 글리코겐 침전은 배아에 영양공급을 함. 자궁수축 억제) ② 태아조직에 대한 거부반응을 방지함(태아조직에 대한 면역반응이 일어나지 않게 함) ③ FSH, LH를 억제하고, 에스트로겐과 함께 배란 방지 ④ 그 외 유방의 소엽과 세엽 발달 촉진, 지방침전으로 수유를 위한 유방준비와 임부와 태아 요구를 위한 에너지 이용을 가능케 함
		임신 2기 (임신 14~ 27주)	자궁벽은 두꺼워지고 더욱 탄력성이 좋아지며 원형이 됨
		임신 3기 (임신 28주 ~분만까지)	① 태아가 커짐에 따라 자궁은 더 증대되고 달걀 모양이 되며 골반에서 복강으로 올라옴 ② 자궁벽의 두께가 점점 얇고 부드럽게 되어 복벽을 통하여 태아 촉지 가능
	자궁저부 위치 [18,20 국시]	\multicolumn{2}{l	}{12주(3개월) : 치골결합 위 (이때 자궁저부는 오른쪽으로 기울어짐 : 복강 내의 직장과 S자 결장이 왼쪽에 위치하기 때문) 16주 : 치골결합과 제와부 사이에 위치 24주(6개월) : 제와부 수준 36주(9개월) : 검상돌기 수준 [22 국시] 38~40주 : 하강(lightening) (아두가 골반강으로 들어갈 때 자궁저부는 점점 하강하며 자궁하부가 이완되고 경부는 얇아지고 부드러워져 분만을 맞음)}
			미산부	분만 시작 2주 전에 하강 일어남
			다산부	분만 시작 시 일어남
	자궁-태반 관류	\multicolumn{2}{l	}{① 자궁증대와 태아 및 태반의 발달로 자궁으로 공급되는 혈액도 증가 → 임신 말기에는 자궁태반 혈류의 양이 임부 심박출량의 1/6(자궁혈류는 20배 증가하지만 태아태반 혈류는 더 빠르게 증가하기 때문에 더 많은 산소를 보내야 함) ② 자궁으로 공급되는 혈액의 급격한 감소에 대비하여 골반정맥이 팽창하고 측부 혈류가 광범위하게 증가 ③ 혈류 흐름을 감소시키는 세 가지 요인 : 임부의 낮은 동맥압, 자궁수축력, 임부의 자세 ④ 에스트로겐 자극은 자궁혈류 흐름을 증가시킴}

[임신기 자궁 성장의 패턴]
- 검상돌기 Xiphoid process
- 늑골 Ribs
- 하강 후 After lightening
- 배꼽 Umbilicus
- 치골결합 Symphysis pubis

자궁	수축력의 변화	불규칙한 자궁수축 (브랙스톤 힉스 수축) 15 임용(지문) / 03 국시	정의	임신 초기부터 말기까지 전 임신기간에 걸쳐 간헐적으로 일어나는 불규칙적인 자궁수축
			효과	태반의 융모간강으로의 혈액공급 촉진시켜 태아에게 산소공급을 증진시킴
			① 임신 약 4개월 정도부터 간헐적으로 나타나며 후기로 갈수록 증가, 임신 28주 이후 더욱 분명해짐(그러나 자궁수축의 강도, 빈도, 경부 개대를 증가시키지는 않음) ② 임신 후기로 갈수록 브랙스톤 힉스 수축의 빈도는 증가되어 임부에게 불편감을 주거나 진통으로 잘못 파악될 수 있음 ③ 걷거나 운동을 하면 일반적으로 중지됨		
자궁 경부	변화 🔊 라딘반점 색종 부착	① 경부는 주로 결합조직으로 이루어져 있어 콜라겐 섬유의 농도가 감소할 때는 부드러워질 수 있음 ② 경부는 임신 후에 큰 변화를 일으켜 수분 함량과 혈관 분포가 증가		
		Goodell's sign 15임용(지문) / 06,10국시	혈관발달로 자궁경부가 부드러워짐(연화)	
		Hegar's sign 15 임용	자궁하부(자궁협부 : 자궁체부와 경부 사이)가 부드러워지는 것	
		Ladin's sign	자궁체부와 경부 접합부 근처의 중앙부 앞면의 부드러운 반점이 나타남	
		Piskacek's sign	거의 종양처럼 보이기도 하는 비대칭성 증대	
		Braun von Fernwald's sign	착상 부위의 불규칙한 부드러움과 크기의 증가(15주)	
		McDonald's sign	경부 반대쪽으로 자궁체부가 조금 기울어진 것	
		Chadwick's sign 15 임용 / 16,18,23 국시	혈관분포의 증가와 충혈로 질 점막과 자궁경부가 자청색(푸르스름한 보라색)을 띰	
	점액마개	에스트로겐 증가	① 선 조직 활성화로 점액분비를 증가시켜 분비물 과다 초래, 자궁경부의 분비샘의 벽들이 얇아지고 넓게 분리됨. 그 결과 자궁경부 분비샘들이 분비한 점액으로 가득 찬 벌집모양이 됨 ② 끈적끈적한 점액이 가득 찬 벌집모양의 '점액성 마개(mucous plug)' 형성 (만삭까지 유지) ③ 임신 중 질을 통한 세균감염 예방, 진통 시작 시 경관 개대와 함께 배출 → 이슬(show)이라 함	

[라딘징후]

[브라운본펀월드징후]

[피스카섹징후]

[비임신] [임신]

임신기에 일어나는 자궁경부의 변화, 자궁경관을 채우고 있는 두꺼운 점액질 마개에 주목한다.

질, 외음		① 임신호르몬의 영향으로 → 질의 결체조직 느슨, 평활근 증식, 질원개 길어져 분만과정 동안 질 확장을 위한 대비를 하게 됨 ② 질과 골반 내 장기의 혈관분포의 증가는 민감도를 높임 → 임신 2기의 성적 흥미, 자극 증가 ③ 질과 골반 내 혈관벽의 이완, 충혈, 자궁증대 → 외음의 부종, 정맥류 초래
	백대하 (leukorrhea) 10,11 국시 16 국시	① 에스트로겐 증가 → 질 분비물의 양이 증가하며 희고 농도가 짙으며 산도 pH 3.5~6 수준 ② 산성 환경(정상보다 더 산성)은 질내 병원균 증식을 억제하는 작용을 함 ③ 임신 동안에 질 상피의 글리코겐이 풍부해 젖산균의 젖산생성 증가 → 곰팡이균의 감염 호발 예 모닐리아성 질염
	채드윅 징후	혈관 증가, 충혈 → 푸르스름한 보라색을 띰
난소		① 임신 중에는 일반적으로 1개의 황체만 존재 ② 황체 : 임신 유지를 위해 태반에서 충분한 프로게스테론 생성할 때까지 프로게스테론 분비 ③ 난관의 근조직 비대는 거의 없음. 난소와 난관을 지지하는 인대는 심하게 당겨진(신전된) 상태
유방	유방 성장자극 21 국시		
		에스트로겐	유관세포의 성장을 자극	유방샘의 성장 →	커지고 민감성이 증가하고, 저림과 무거움을 느낌
		프로게스테론	유방소엽, 유륜의 성장 자극		
		혈액공급 증가	혈액공급 증가로 인한 정맥 울혈 때문에 피부 밑으로 섬세한 정맥이 관찰 (초임부에서 더 뚜렷하게)		
		임신선	임신 진행에 따라 점점 뚜렷하게 나타남 (임신 중 보라색과 같이 진한 색 → 출산 후 서서히 은빛 줄무늬로 변함)		
	유두, 유륜 14 국시	몽고메리결절	이 지방샘은 모유수유를 위해 유두에 윤활제가 되는 물질로 유두 보호
		① 유두는 더 커지고 색소가 더 짙어지고 발기함 ② 유륜도 더 넓어지고 색소가 더 침착됨
	초유 00 국시	① 프로락틴 효과로 유선엽의 선방세포에서 항체가 풍부한 노란색의 전초유가 임신 12주부터 유두에서 짜낼 수 있으며 임신 말기에는 초유가 저절로 유출되기도 함(초유는 출산 후 첫 며칠 동안 점진적으로 성숙 모유로 전환) ② 그러나 고농도의 에스트로겐, 프로게스테론이 젖 분비를 억제(프로락틴분비 억제, 유즙분비 억제)
호흡 기계	산소 소비 증가	① 임신 16~40주 사이 태아·태반의 산소소모량과 증가된 임부의 요구량을 충족시키기 위해 임부의 산소소모량이 약 15~20% 정도 증가됨 07 국시 ② 임신 동안 호흡량 증가, 잔류량 20% 감소(비임신 시와 비교하면 분당 호흡량 30~40% 증가) → 프로게스테론 영향으로 호흡수는 변화지 않지만 좀 더 깊게 숨을 쉬게 하여 약간의 과호흡을 하게 하여 이산화탄소 분압을 감소시킴 ③ 폐 순응도와 폐 확산은 일정하게 유지되는 반면, 폐활량은 거의 변화 없거나 약간 증가됨(때로 감소하기도 함)
			호흡수	변화 없거나 약간 증가
			1회 호흡량(tidal volume)	30~40% 증가
			폐활량	거의 변화 없거나 약간 증가됨(때로 감소하기도 함)
			흡기호흡량	증가
			호기호흡량	증가
			총 폐용량	변화 없거나 약간 저하
			산소소비량	20~40% 증가

호흡 기계	호르몬 인자	프로게스테론 (가장 큰 영향)	① 프로스타글란딘과 함께 프로게스테론은 기도에 있는 민무늬근육을 이완시켜 기도저항은 감소됨
			② 연수 호흡중추의 이산화탄소에 대한 민감성을 높임 → 분당 환기량 증가 자극 → 호흡수와 상관없이 산소포화도(SPO_2) 증가, 호흡용적 증가 　: 낮아진 이산화탄소 분압에 반응하여 활발한 가스교환이 일어나기 때문 ③ 호흡성 알칼리증(얼얼함, 저림, 어지럼증), 대사성 산증(보상기전)
		에스트로겐	① 상부기도의 점막에 더 많은 혈관이 분포되게 함 ② 모세혈관이 충혈됨에 따라 코, 후두, 성대, 기도에 부종, 충혈이 생김
	자궁 증대영향		임신 중 자궁증대로 인한 압력으로, 횡격막이 약 4cm 상승 & 늑골하각 넓어짐 → 흉곽의 횡경과 전후경을 증가시킴 → 흉곽둘레 6cm 정도 늘어나게 됨(출산 후에도 늘어난 흉곽은 임신 전 상태로 회복되지 않음)
	복식호흡		임신이 진행되면서 흉식호흡은 복식호흡으로 변화 → 이러한 보상체계로 전반적인 폐 기능에서 임신으로 인한 문제는 나타나지 않으나 많은 여성이 임신 초기에 호흡노력에 대한 자각이 증가되므로 이를 호흡곤란으로 인식할 수도 있음(이는 혈중 이산화탄소 분압의 감소를 유발하는 호흡량의 증가 때문)
심혈 관계 및 조혈계	심장 크기, 위치 등의 변화		① 자궁 증대 → 횡격막 상승 → 심장, 좌측 전방으로 상승 → 심첨부가 좌측 상방으로 1~1.5cm 올라감 ② 모체 및 태반순환을 위한 혈액량, 심박출량 증가 → 약간의 비대 나타남(출산 후 본래 크기로 돌아옴) ③ 심음의 변화 : 임부의 90%에서 수축기 심잡음(S_1, S_3 증가 → 일시적, 분만 후 사라짐)
	심박출량 09 임용		① 초기 : 혈액량이 증가하여 심박출량 증가 → 임신 2기(25~30주) : 임신 전에 비해 30~35% 증가 → 임신 40주 : 대략 20%로 감소 ② 임신 후기 임부의 심박출량의 17%는 자궁으로 이동하고, 그중 거의 90%는 태반으로 이동함(자궁의 혈류흐름 속도는 분당 450~600mL이며, 태아요구를 채우기 위해 임신 중 자궁의 산소소비가 증가함. 모체저혈압/자궁수축/앙와위는 혈액운반을 늦추는 3가지 요인으로 알려져 있음) ③ 임신 동안 자궁과 신장으로 흐르는 혈류량은 증가하는 반면, 간과 뇌로 흐르는 혈류량은 변화없이 일정하게 유지됨
	혈역학적 변동	맥박	다양하게 변화 나타나지만 증가되는 경우가 많음
		혈압	① 임신 1기에는 유지 또는 감소 → 임신 2기에 가장 감소 → 점차 상승하여 만삭이 되면 거의 임신 전과 같은 수준 06 국시 　- 기전 : 에스트로겐과 프로스타글란딘 증가로 혈관확장, 임신 중 RAA 활성화되나 angiotensinⅡ의 민감도 감소 ② 임신 20주 이후 혈압상승은 임신성 고혈압 의심 ③ 증대된 자궁이 순환하는 혈류에 압박을 가하므로 대퇴정맥압 약간 상승 → 하지 혈류정체 야기 → 다리 정맥의 울혈이 오래 지속되면 → 의존성 부종, 정맥류(하지, 외음부, 직장), 치질(임신 후반기) 07 국시

심혈관계 및 조혈계	혈역학적 변동	혈압	앙와위성 저혈압 12 임용 / 00,07,12, 19,21 국시	① 커진 자궁이 복부와 맞닿고 장이 옆쪽으로 밀리게 되며 골반 축과 수평의 위치에 있게 됨 → 임부가 앙와위를 취하면 척추 위에 자궁 위치 → 하대정맥, 대동맥 같은 큰 혈관 압박 → 우심방으로 귀환하는 혈액량 감소 → 심박출량 저하 ② 정상 : 임신으로 발달한 측부 순환이 다리와 골반에서 오는 혈류를 심장으로 돌아가게 도와줌
			앙와위성 저혈압 증후군	① 10~15% 여성이 앙와위성 저혈압증후군의 증상을 나타냄 ② 정맥환류 저해하여 현기증, 창백, 차고 끈끈한 피부를 동반한 저혈압 야기 ③ 앙와위 → 측와위(자궁-태반 혈류와 심장으로 가는 혈류를 증가시켜 줌. 심박출량이 약 22% 증가하여 곧 교정됨)

[앙와위성 저혈압증후군]

임신부가 똑바로 누우면 자궁의 무게가 하대정맥과 대동맥을 부분적으로 막게 된다. 옆으로 누우면 앙와위성 저혈압이 없어진다.

		혈액량 10,12,14 임용 / 08,09 국시		① 임신 1기와 임신 말기에는 비임신 시의 40~45% 정도인 1,500mL가 늘어남 ② 혈장(1,000mL), 적혈구(450mL)의 증가(총 적혈구량은 18~30% 정도, 혈장은 50% 정도 증가) ③ 임신 중 혈액량이 증가하는 이유 ㉠ 자궁증대와 혈관장애로 심장에 돌아오는 혈액량 감소 ㉡ 태아와 모체조직에 적절한 수분공급 ㉢ 보호기전 : 분만 시 혈액손실량 대비 → 말초혈관의 확대로 혈액량이 증가하여도 정상 혈압 유지
			임신 중 생리적 빈혈 기전	적혈구 생산은 증가하나 혈장량의 증가보다 적게 증가하므로 (헤마토크리트 약간 감소) 생리적 빈혈상태가 됨 10 임용
				이러한 혈액량의 증가에도 불구하고, 중심정맥압이나 폐 모세혈관 쐐기압은 증가되지 않음 → 정상 혈압을 유지하면서 순환이 가능하도록 체순환과 폐순환 저항이 모두 감소하기 때문
		혈구	백혈구 생성	혈류량과 비슷하거나 약간 많은 정도(평균 5,000~12,000/mm³ 정도), 분만과정과 초기 산욕기 동안 25,000/mm³까지 증가
				① 혈소판은 임신 중 거의 변화 없으나 혈장 섬유소원은 증가 ② 혈장 섬유소원(피브리노겐) : 50% 이상 증가, 침강속도의 상승 야기 ③ 혈액응고인자 증가 → 혈액응고 경향 높아지므로 임신 말기, 정맥정체현상과 정맥혈전증 위험 증가

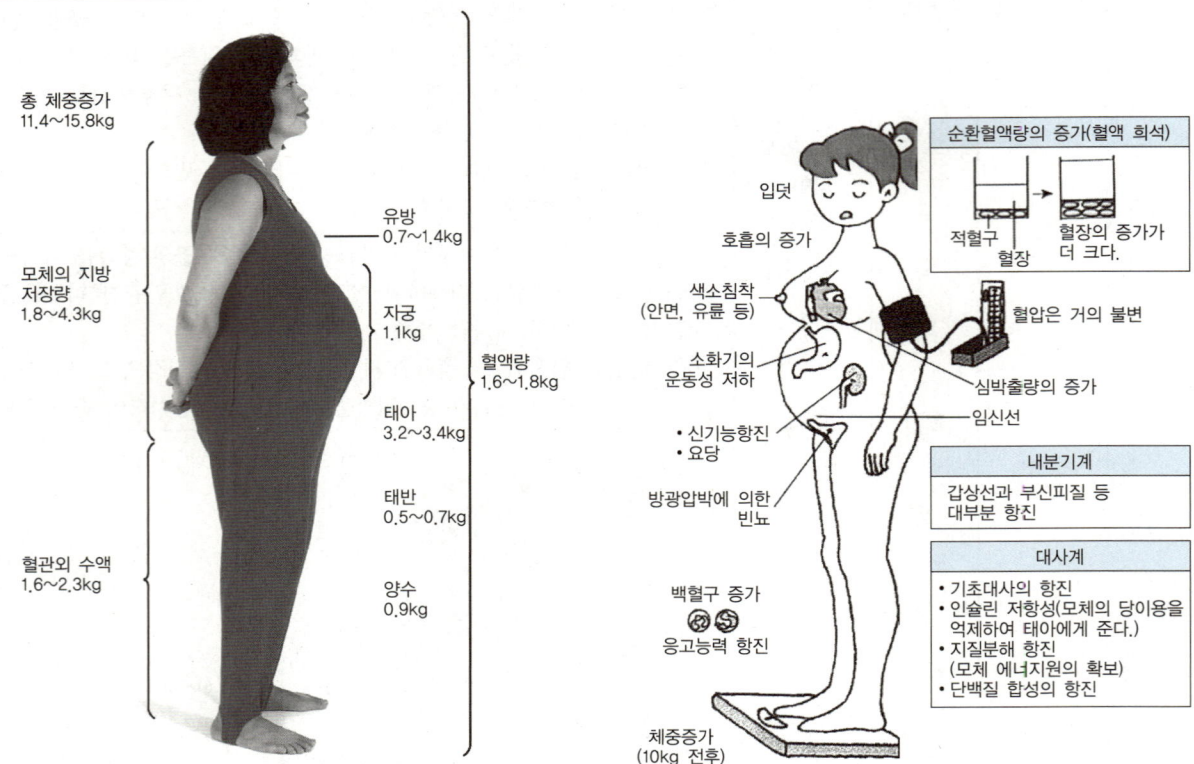

[임신 전 정상 체중인 여성에 대한 임신 시 체중증가의 분포]
임부들 사이에 다양성이 크기 때문에 숫자들은 일반적인 분포를 나타낸다. 체중 변화의 가장 큰 요인은 혈관외 수액(부종)과 모체의 지방 저장량의 증가이다.

소화기계		입덧	① 임신 초기 탄수화물 대사 변화, 융모생식샘 자극호르몬(hCG)의 영향으로 약 4~6주에 발생하여 3개월 말에 사라짐 ② 구토, 메스꺼움, 맛과 냄새에 민감해짐 ③ 오심이 없으면 임산부의 식욕은 대개 증가함
	구강	잇몸 충혈	에스트로겐 증가로 잇몸이 충혈되고 부드러워져 약한 충격에도 쉽게 출혈(치은종에 의한 잇몸증대현상 때문), 치아 주위막에 병변 발생
		타액 분비 증가	① 타액 분비가 증가, 때로는 과다하게 분비되기도 함 ② 구토 시 무의식적으로 침을 적게 삼키거나, 전분 섭취로 인한 침샘 자극 때문에 나타날 수 있음
	위장		에스트로겐 증가는 위염산 분비를 감소시켜 임신 중기에 소화성 궤양이 덜 악화되고 증상이 개선될 수도 있음 10 임용
		가슴앓이 01,06,10, 17 국시	① 프로게스테론 증가는 하부 식도 괄약근의 민무늬근육을 이완시켜 위장관의 긴장도와 운동성을 저하시킴 ② 증대된 자궁압력의 증가 → 장이 후방측위로 위는 위쪽으로 밀려 이동하고, 분문괄약근의 이완으로 산도가 높은 위 내용물이 식도로 역류
		틈새탈장	① 임부의 15~20%는 임신 7~8개월 이후에 위가 위쪽으로 변위 ② 횡격막의 틈새가 확대됨에 따라 위가 위로 향하게 됨 ③ 경산부나 비만 여성에게 자주 발생
	담낭	담석, 소양증	프로게스테론 증가 → 평활근 이완 → 담낭 수축 저하(담낭 통과시간 지연) → 담석 형성, 담즙산염의 누적에 따른 소양증
		고지혈증	프로게스테론 상승으로 담낭이 비워지는 시간이 지연되고 혈중 콜레스테롤치가 증가할 수 있음 10 임용

소화기계	장	변비 09 임용 / 98 국시	① 프로게스테론 증가 영향 : 음식물 통과시간과 장의 긴장도 저하, 장의 운동성 저하로 철분을 비롯한 영양분과 수분흡수가 잘되는 장점이 있음. 그러나 가스가 차고 변비가 나타나며 식욕이 저하됨 ② 증대된 자궁에 의한 복부 압박과 내장의 변위로 발생
비뇨기계	방광	감염 증가	① 증대된 자궁(임신 1기)과 선진부 골반 진입(말기) → 방광 압박 → 방광의 혈관과 림프로의 배액을 저해 → 감염, 손상의 위험 가중 ② 자궁이 우측으로 치우쳐 위치 → 우측 신장, 요관 팽대가 흔함 → 요관이 늘어나고 꼬일 수 있음 → 요관 내 소변정체(미생물 성장의 좋은 환경을 만듦)와 소변 중 아미노산과 포도당의 배출(소변의 산도가 증가해 알칼리로 만듦)로 인해 비뇨기계 감염 위험 더욱 증가 ③ 방광이 자궁에 의해 밀려 요도의 길이가 길어짐(7.5cm) ④ 방광용량 증가 : 호르몬의 영향으로 방광근육의 긴장력 감소(1,500mL)
		빈뇨 98,06,19 국시	① 증대된 자궁이 방광을 압박해 빈뇨가 발생(임신 2기가 될 때까지 지속) → 만삭이 가까워짐에 따라 선진부가 골반에 진입하게 되면 다시 방광에 압력이 가해져 빈뇨가 나타남 ② 호르몬의 영향, 혈액량의 증가, 콩팥 혈류량의 변화, 사구체 여과율 등
	신장	신 혈류량	① 혈장량, 심박출량의 증가 → 신 혈류량 증가 : 임신 초기부터 증가 → 3기 동안에 약간 감소 ② 임부는 혈액과 세포외액의 증가로 수분을 증가시키고 등장액을 유지하기 위해 나트륨이 필요 ③ 임신 동안 태아의 요구량에 따라 나트륨을 유지함. 과도한 나트륨 결핍을 예방하기 위해 임부의 신장은 세뇨관 재흡수를 증가시킴 ④ 임신 중 증가된 신장 기능은 혈중 요소와 질소를 감소시킴 → 혈장 크레아티닌 수치는 임신 중 신장 기능을 평가하는 가장 정확한 지표 ⑤ 측위로 누워 있을 때 신장 관류가 증가하며 요 배설이 증가하고 부종이 감소
		사구체 여과율 09,10 임용 / 05,06,07,11, 23 국시	① 임신 2기 초반까지 50% 정도 증가 → 임신 말기까지 유지 ② 당에 대한 신장의 요역치 저하로 소변으로 당이 배출될 수도 있음(반드시 사구체에서 여과된 포도당을 재흡수하는 신장의 기능장애를 의미하는 것은 아님) ③ 사구체여과율이 증가하여 혈장 크레아티닌 농도가 감소함 ④ 단백뇨는 분만과 산욕기를 제외하고 정상임신에서 나타나지 않음
피부계	색소침착		에스트로겐 증가로 인해 멜라닌 세포 자극호르몬 분비 촉진으로 피부의 색소침착(유두, 유륜, 외음부, 회음부)
	흑선		치골에서 배꼽 위까지 복부 중앙에 있는 선(백선)으로 임신 동안 호르몬의 증가로 피부 색소침착 → 선의 색이 진해지면 → 흑선
	임신선 10 임용		① 복부, 유방, 대퇴부의 약간 함몰된 붉은색을 띤 선 : 증가된 부신 피질호르몬(스테로이드)의 영향으로 피부 바로 아래 결합조직이 단열되어 발생하는 것으로 임신 후반기에 나타남 ② 과거 임신 시 생겼던 임신선은 반짝이는 은빛으로 보임
	갈색반		뺨, 이마, 코 등의 얼굴 부위에 기미로 불리는 것, 태양에 노출되면 심해지며 출산 후 옅어지거나 없어짐
	거미상 혈관종		① 중앙에서 가장자리로 뿌리를 뻗는 듯한 선홍색의 작은 융기로 목, 가슴, 얼굴, 팔 등에 나타남 ② 에스트로겐의 증가로 피하지방의 혈류가 증가되기 때문, 분만 후 사라짐
	모발		모발의 성장속도가 느려짐, 모낭 수 감소 → 1~4개월 동안 탈모 진행 → 6~12개월 지나서 몸이 회복되면 다시 모발이 나게 됨
	땀샘		대사증가로 생산된 여분의 열을 분산시키기 위해 피부순환이 증가 → 땀샘, 피지선 활동 증가 → 심한 발한, 야간 발한, 여드름 등

[임신선, 흑선]

근골격계	체위의 변화	임신 초기		릴락신, 프로게스테론이 증가하며 인대를 이완시키기 시작
		임신 2~3기	척추전만	복부의 증대(임신 3기) → 척추전만이 두드러지고 임부 자세 변화(자궁이 증대되고 복부둘레가 증가하여 나타날 수 있는 신체변화로 평형을 유지하려고 가슴을 뒤로 젖혀 몸의 중심을 하지 상부의 뒤쪽으로 이동시키는 자세 취함) → 하부요통 유발 21 국시
			waddling gait (뒤뚱거리는 걸음걸이)	골반관절의 가동성 증가(분만을 돕기 위해 골반의 확장을 증가시킴) → 치골결합 / 천장골 관절 / 천미골 관절 이완으로 불안정 초래 → 뒤뚱거리는 걸음과 요통을 호소
	복직근 이개 06 국시	자궁증대로 복부근육이 늘어나고 복직근이 정중선에서 분리됨(28~30주)		

A. 비임부   B. 잘못된 자세   C. 올바른 자세   A. 비임부의 정상적인 위치   B. 임부의 복직근 이개

[임신 중 자세 변화]   [임신 중 복직근의 변화]

중추 신경계	① 임신 직후부터 주의력, 집중력, 기억력 감소 호소 → 출산 직후 사라짐 ② 수면 유지 어려움, 짧은 밤잠과 수면 효율성 감소와 같은 수면 문제		
	감각이상	수근관 증후군 08 국시	① 임신 3기에 부종으로 인해 손목의 수근인대 아래에 있는 정중신경을 압박해서 발생 ② 분만 후에 증상은 사라짐
		다리경련	커진 자궁에 의해 서혜부의 인대나 골반 벽에 위치한 신경이 압박받아 생김
		말단과민증	① 말초신경의 압박 → 사지의 감각이상(손이 따끔거리거나 다비) ② 임신 중에 허리와 어깨의 구부정한 자세로 인해 발생(상완신경총 부분의 견인과 관련)
	두통		① 임신으로 인한 불안 또는 불확실성으로 긴장성 두통이 생길 수 있음 ② 또는 시력에 문제가 있을 때도 발생
감각계, 눈	안압 감소	유리체의 유출 증가에서 기인된 안압의 감소	→ 즉시 지각할 수는 없지만 평소 착용하던 콘택트렌즈 사용의 어려움을 경험하기도 함 (산욕 6주경 회복)
	각막 비후	수분 정체로 인함	
대사	체중증가 13 임용 / 04 국시	① 자궁과 부속물의 증가, 유방 증대, 혈액량의 증가 때문 ② 임신 1기 : 1.6~2.3kg, 임신 2기와 3기 : 각 5.5~6.8kg 증가(임신 전 정상체중 여성 : 11.5~16kg / 과체중 : 6.8~11.5kg / 저체중 : 16kg 이상 증가되어도 됨) ③ 임신 중의 체중증가, 출생 시의 신생아의 체중은 임신 전 체중과 밀접한 관련 있음 → 임신 전 비만한 여성은 체중 증가가 적은 것이 바람직하지만 임신 동안 금식, 무리한 다이어트로 체중 감소되는 경우 케톤증, 저체중아 위험 등 합병증이 쉽게 발생함 ∴ 임신 시, 열량이 높은 음식보다는 영양이 풍부한 식사를 하는 것이 바람직함	
	수분축적 (부종)	스테로이드 성호르몬(에스트로겐, 프로게스테론) 증가, 모세혈관압과 투과성을 증가시키는 혈청단백질의 저하 등의 영향 → 수분축적은 태아, 태반 및 양수를 구성하는 데 필요	

대사	영양소 대사	임신 후반기에는 태아의 몸무게가 2배로 증가하는 시기 → 단백질, 지방이 매우 중요한 영양소		
		단백질 (임신 초기)	자궁·유방 같은 모체조직의 발육증대에 이용, 모유의 항상성 유지, 모체 조직의 소모 방지	
		지방 10 임용	임신 중 혈중 지질, 지단백, 콜레스테롤 농도 점차 증가하고 장을 통한 배설은 감소 → 지방 흡수되어 축적	
		탄수화물	임신 시, 음식에서 섭취한 포도당을 사용하고 나면 포도당과 아미노산이 감소되는 공복상태로 빨리 바뀜 → 식간이나 밤에 케톤증 유발 쉬움, 임신 2기, 3기 탄수화물 요구도 증가	
			간헐적 당뇨	혈당 상승이 동반되지 않을 때의 당뇨는 사구체여과율 증가 때문
		철분	요구량 급증	① 임신 시 적혈구, 헤모글로빈, 혈액량의 증가 ② 뿐만 아니라 태아 발육과 모체조직의 수요 증가로 인함 ③ 태아의 간에 저장된 철분의 5/6는 임신 3기 동안 축적된 것 → 출생 후 첫 4달 동안 모유나 일반 분유 섭취로 철분이 부적절하게 공급되는 기간 동안 사용됨
		칼슘	① 장에서는 임신기에 가임기의 2배의 칼슘을 흡수 ② 약 30g의 칼슘이 임신 후기에 태아의 칼슘 축적을 위해 임부의 뼈에 보존 ③ 엄마의 뼈에 저장된 칼슘이 태아에게 전달되지만 모체의 전체 저장량에 비하면 소량이므로 모체의 골밀도를 감소시키지 않음	
내분비계	갑상샘	① 임신 시 선 조직 증대, 혈관분포 늘어나 약간 비대되는 경향 → 종종 촉진 ② 심계항진, 빈맥, 정서적 불안정, 피로, 발한 ③ T_3, T_4 임신 초기부터 증가(임신기에 기초대사율을 자극하기 위해 증가되며 임신 초기에 태아가 사용함) → 임신 중반에 최고 수준 09 국시 ④ TSH는 임신 1기에 잠시 감소하다 다시 임신 전 수준 회복		
	부갑상샘	① 칼슘 항상성에 중요 : 임신 1기에는 혈장 증가, 신사구체 여과율의 증가, 태아로의 칼슘 이동으로 인해 부갑상선호르몬 상승 지속 ② 임신과 수유 시 모체의 골다공증 예방을 위해 상승된 칼시토닌이 부갑상샘호르몬과 비타민 D의 역할을 억제함		
	뇌하수체	① 임신 동안 크기 약간 증대 → 출산 후 정상크기로 회복 ② 뇌하수체 전엽은 매 임신마다 무게가 증가되지만 후엽은 별 변화가 없음 ③ 임신기간 동안 자궁내막 분비기를 유지해야 하므로 난소의 황체기를 연장하도록 뇌하수체를 자극 ④ 뇌하수체 호르몬 중 갑상샘자극호르몬과 부신피질자극호르몬은 임신 유지를 위해 모체의 대사를 변화시킴		
		전엽	FSH	난자의 성숙을 시작시킴. 그러나 임신기에는 억제됨
			LH	임신 전 상태에서 성숙된 난자가 배란되도록 자극하나 임신기에 억제
			프로락틴	① 임신 초기부터 말기까지 점차 증가함 ② 분만하기 전까지 고농도의 에스트로겐과 프로게스테론이 유선조직을 억제하고 있기 때문에 임신 중에는 수유작용이 일어나지 않음
				수유 : ① 태반만출 후 유선세포에서 지방, lactose, casein의 분비 자극 ② 출산 후의 유즙 분비는 신생아가 유두를 빠는 자극으로 지속
			멜라닌자극호르몬	착색변화를 일으킴 → 기미, 흑선, 유두, 유륜, 외음부의 검은색
		후엽	옥시토신	① 태아가 성숙함에 따라 양이 증가 ② 자궁수축력 증진, 유방에서의 모유사출 촉진(신생아의 흡유에 대한 반응으로 산부의 유방이 자극되면 유선에서 평활근상피세포를 자극해 유즙 사출 작용) ③ 임신 중 자궁수축을 자극할 수 있으나 고농도의 프로게스테론으로 인해 말기까지 수축은 일어나지 않음
			ADH	혈관수축 → 혈압상승/항이뇨 작용, 혈장 삼투압과 혈액량 변화 조절

내분비계	부신	코티졸 농도 증가	인슐린 길항제로 임신 진행되면서 탄수화물, 단백질 대사 조절 (임신 1기부터 증가해 임신 말기 비임신 시의 3배)	
		알도스테론 분비 증가	① 신장에서 나트륨 배설 억제 ② 정상 임신에서 알도스테론의 증가는 프로게스테론의 영향으로 인한 소듐 배설 증가에 대한 신체 보호반응 ③ 임신 2기부터 분비 증가 → 소듐과 수분이 증가되고, 혈장액의 증가로 인한 생리적 빈혈은 모세혈관압과 투과성을 증가시키는 혈장단백질의 저하 등의 영향으로 수분이 축적됨(수분축적은 태아, 태반 및 양수를 구성하는데 필요하며, 모체의 혈액량과 간질액 증가, 신체기관의 증대 때문에 일어나는 현상임. 따라서 충분한 단백질 섭취, 염분은 정상적인 양을 섭취해야 함)	
	췌장	시기	인슐린 요구	혈당변화
		임신 1기 12 임용	① 뇌하수체 전엽호르몬의 억제와 인슐린 작용을 방해하는 태반호르몬들이 아직 많이 분비되지 않음 → 인슐린 요구 저하 → 혈당치 저하 ② 모체 췌장의 베타세포 자극으로 인슐린 분비 증가 (↓ 임신 초기 동안 지방형성 물질인 포도당과 인슐린이 지방을 발달시키고 축적시킴 → 태아의 성장으로 인해 증가하는 임신 후기의 에너지 필요에 대비) ③ 임신 초기 입덧 등으로 구강섭취 부족 ④ 배아/태아의 발달은 포도당의 지속적 공급 필요 cf) 모체의 인슐린은 태반을 통해 태아에게 통과되지 않음	혈당저하
		임신 2~3기	① 임신 후기가 되면 태아는 엄마의 혈액으로부터 포도당, 아미노산 같은 영양소를 계속해서 가져감. 그 결과 탄수화물 대사에서 포도당 신합성(단백질이나 지방처럼 탄수화물이 아닌 재료로부터 글리코겐을 생산하는 것)으로의 전환이 비임신기보다 빨리 이루어짐 → 모체는 에너지 필요량을 채우고자 지방 대사 → 포도당이 태아에게 이동함에 따라 공복 혈당이 떨어짐 ② 반면, 태반호르몬(최대치에 달함)의 항인슐린 작용 → 인슐린 사용능력↓ → 식후 혈당은 임신 전보다 더 높아져 태아의 에너지 필요를 위해 사용할 수 있는 포도당이 더 많아지게 해줌 (∵ 인슐린 저항 작용은 태아-태반에서 필요한 당의 충분한 공급을 위한 방어기전. 태반락토겐(융모성장유즙분비호르몬), 프로락틴, 에스트로겐, 프로게스테론, 코티졸 등이 인슐린 길항제로 작용함. 이 영향으로 모체 조직의 인슐린에 대한 민감성 감소 : 태아가 이용할 수 있는 포도당을 풍부하게 하기 위함) 12 임용 ③ 따라서 임신 말기에 모체 혈당치가 높아져 2~4배의 인슐린이 필요 ④ 이에 따라 건강한 여성의 췌장은 인슐린을 더 만들어 냄 : 췌장의 β세포가 정상적인 기능을 하면 임신 말기까지 계속되는 인슐린의 요구를 충족시킬 수 있음(코티졸은 인슐린 말초저항을 증가시킬 뿐만 아니라 인슐린의 생산을 자극함) → 그러나 인슐린 생산이 증가되지 않으면 주기적인 고혈당증을 겪음 ⑤ 임신 초기의 오심이 대개 가라앉고 임신으로 인한 대사적 필요를 채우기 위해 열량을 더 섭취함	고혈당

내분비계	태반	태반락토겐 23 임용	① 태반에서 생성되는 단백호르몬 ② 태아에게 우선적으로 글루코즈를 보내므로, 모체의 글루코즈 섭취를 억제하는 항인슐린 작용과 모체로의 영양공급을 위한 지질분해작용을 함 ③ 수유준비를 위해 유방발달을 촉진함 ④ 모체의 당, 단백 및 지방수준을 조절하여 태아성장을 증진함 ⑤ 태반기능사정 지표(임신주수에 따라 계속 증가)
		융모성선 자극호르몬 (hCG) 23 임용 / 05,08,15, 16 국시	① 태반에서 만들어지는 당단백호르몬 ② 황체를 자극하여 에스트로겐과 프로게스테론 분비를 도움 ③ 임신확인 : 임신 초기(수정 8~10일 후) 모체혈액과 소변에서 검출되어 임신 여부 확인, LMP 3주(착상직후)에 모체혈청에서 검출되고 LMP 5주에는 소변에서 검출되므로 진단적 가치가 높음 ④ 임신 2~3개월(60~70일) 최고수준으로 입덧을 유발함 ⑤ 임신 초 황체기능 유지 ⑥ 11주 이후부터 태반에서 에스트로겐/프로게스테론 분비 증가 ⑦ 간질세포가 남자 태아의 고환에 영향을 주어 생식기 성숙을 도모함
		에스트로겐 09(보기), 23 임용 / 03,14,21 국시	① 임신 6~12주 사이에 태반과 태아로부터 분비되어 임신 말기까지 계속됨 ② 유방의 유관을 증식하고, 유즙분비의 준비(뇌하수체전엽에서 프로락틴을 생성함)와 임신 중의 유즙분비 억제(유선조직의 프로락틴 수용체를 감소시킴) ③ 임신유지(자궁근이완과 비대, 자궁혈류량 증대)와 분만의 준비(임신 말기에 자궁경관 숙화와 연화작용) 등 상반되는 작용을 동시에 수행함 ④ 에스트리올 측정으로 태반 기능과 태아 상태 파악 ⑤ RAA 활성화로 체내 수분 축적 ⑥ 멜라닌 세포 자극호르몬의 분비촉진으로 과다색소 침착을 일으킴
		프로게스테론 23 임용 / 21 국시	① 임신 초기에 황체에서 분비되고, 임신 12~13주경에 태반이 형성되면 태반에서 분비되어 32주에 분비량이 최고수준에 도달함 ② 임신 중 배란억제(뇌하수체 전엽에서 황체화호르몬 분비를 억제) ③ 유즙분비 준비[수유준비를 위해 유방의 소엽(= 포상조직) 발달 촉진]와 임신 중 유즙분비 억제 ④ 임신유지(옥시토신의 감수성을 저하시켜 유산과 조산을 예방함) ⑤ 모체의 당, 단백 및 지방 수준을 조절하여 태아 성장을 증진함 ⑥ 모체의 신진대사를 촉진함 ⑦ 태아에 대한 거부반응 방지 ⑧ 나트륨 배설
		릴렉신 09 임용(보기)	① 자궁활동 억제 ② 자궁경부 결합조직을 부드럽게 함 ③ 골반관절의 연골과 결합조직을 이완시킴

[임신기간의 소변 속 호르몬의 배출변화]

CHAPTER 03. 임신과 출산

3 임신의 징후

시기 (재태기간)	징후	임신 외 다른 원인
추정적 징후	(임부에 의해 느껴지는 변화, 주관적 징후) 02,05,07,08 국시	
3~4주	유방의 변화(유방울혈 및 민감성 증가) 10 임용(보기)	월경 전 변화, 경구피임약
4주	무월경 19 임용(지문)	스트레스, 과중한 운동, 조기 폐경, 내분비계 문제, 영양불량, 무배란, 만성질환
4~14주	오심, 구토	위장관의 바이러스, 식중독, 정서적인 스트레스
6~12주	빈뇨(호르몬 변화와 증대된 자궁의 방광압박으로 발생) 10 임용(보기)	요로 감염, 자궁강 내 종양
12주	피로	질병, 스트레스, 라이프 스타일의 급격한 변화
16~20주	첫 태동	장 내 가스, 장의 움직임, 상상임신
가정적 징후	(검사자에 의해 감지되는 변화, 객관적 징후) : 임신진단에 좀 더 객관적이나 확증은 아님 10 임용	
5주	Goodell's sign 10 임용(보기),15 임용(지문) / 06,18 국시 (혈관발달로 자궁경부 끝이 부드러워지는 징후)	호르몬 피임약 혹은 호르몬의 불균형, 골반강 내 충혈
6~8주	Chadwick's sign 15 임용 / 00,10,16 국시 (혈관분포의 증가로 질 점막과 자궁경부가 자주색, 푸르스름한 보라색을 띰)	
6~12주	Hegar's sign 15 임용 (자궁협부가 부드러워짐. 자궁몸체가 경부 쪽으로 쉽게 구부러짐)	호르몬의 불균형
4~12주	임신검사 양성(혈청)	포상기태, 융모막 종양
6~12주	임신검사 양성(소변)	골반강 내 감염·종양으로 인한 위양성 반응, 약물
16주	Braxton Hick's contractions 10 임용(보기),15 임용(지문) / 03,07 국시 (무통성의 불규칙한 자궁수축)	자궁근종, 다른 종양, 장의 가스
16~28주	Ballottement(부구감) 10 임용(보기) (양수량에 비해 태아가 작아 떠 있는 듯한 느낌을 검진자가 내진 시 느끼게 됨) 뜬 느낌 Ballottement 경부를 툭 치면 태아가 양수 속에서 위로 떠오른다. 검진자는 태아가 다시 돌아 떨어지는 것을 느낄 수 있다.	종양, 자궁목폴립(버섯종)
임신 중기	태아 윤곽 촉진	태아의 머리처럼 느껴지는 큰 평활근종, 태아의 신체부위와 비슷한 작고 물렁거리는 평활근종
	복부증대(자궁의 크기, 모양, 경도의 변화)	복부나 자궁의 종양
	자궁의 잡음	모체의 맥박과 혼동됨
38~40주	하강감(lightening) (태아가 골반으로 진입하는 것으로 자궁저부가 내려감)	

확정적 징후	(태아출현과 관련, 검사자에 의해 객관적으로 관찰되는 변화) : 태아, 태아심음, 태동 03,04,05,13 국시	
5~6주	초음파로 태아 확인	
6주	초음파로 태아심음 확인	
16주	방사선 검사로 태아 골격 확인	
8~17주	초음파 청진기로 태아심음 확인	다른 원인 없음
17~19주	태아 심음청진기로 태아심음 확인	
19~22주	태아 움직임을 촉진으로 확인	
임신 말기	검진자에 의해 눈으로 태아 움직임 확인	

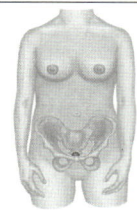

재태연령 5~8주
월경을 거른다. 오심, 피로, 유방이 저림. 자궁의 크기는 레몬 사이즈, 양성의 채드윅 징후, 양성의 구델 징후, 양성의 헤가 징후, 빈뇨, 질 분비물 증가

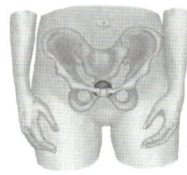

재태연령 9~12주
오심은 보통 10~12주에 끝남. 자궁이 오렌지 사이즈이고 치골결합 위에서 촉진됨. 외음 정맥류가 나타나기도 함. 태아의 심장박동이 도플러 초음파로 들릴 수 있음

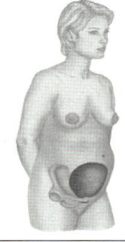

재태연령 13~16주
16주 쯤에 태동이 느껴질 수도 있음. 자궁이 복부로 올라 옴. 자궁저부는 배꼽과 치골결합의 중간 쯤에 있음. 초유가 있음. 혈액량 증가

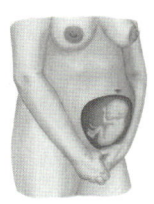

재태연령 17~20주
태동이 느껴짐.
청진기로 심박동이 들림.
피부에 색소침착이 많아짐. 유륜이 짙어짐. 기미와 흑선이 뚜렷해질 수도 있음. 가진통이 촉진(palpation)됨. 약 20주가 되면 자궁저부가 배꼽 높이에 이름

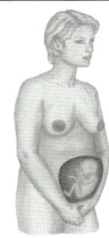

재태연령 21~24주
정맥과 방광의 민무늬근육이 이완되어 정맥류와 요로감염의 가능성이 높아짐. 임신부가 태동을 더욱 느낌

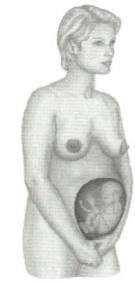

재태연령 25~28주
체중증가가 가장 크고 헤모글로빈 수치가 가장 낮은 시기가 시작됨. 척추전만이 요통을 유발할 수 있음

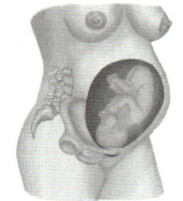

재태연령 29~32주
자궁이 횡격막을 압박하고 위장을 밀어내면서 속쓰림이 흔해짐. 가진통이 더 뚜렷해짐. 척추전만이 증가함. 골반관절의 이동성이 증가하면서 뒤뚱거리는 걸음걸이가 생김

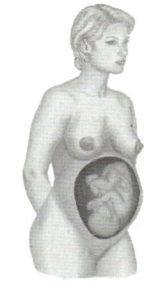

재태연령 33~36주
횡격막을 밀어올리는 압박으로 숨이 가빠짐. 편안히 잘 수 있는 자세를 찾기 힘듦. 배꼽이 돌출함. 정맥류가 더 뚜렷해짐. 발이나 발목에 부종이 올 수 있음. 태아의 선진부(하향부)가 골반강으로 내려오는 가벼워짐 후에 빈뇨가 생김

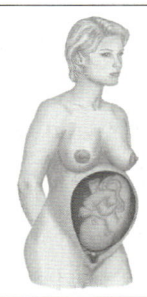

재태연령 37~40주
임신부는 편안하지 않음. 아기의 출산을 고대함. 경부가 부드러워지고 소실됨. 점액마개가 없어지기도 함

[마지막 월경주기의 날짜에 입각한 엄마의 반응들]

4 산전관리 및 임부의 건강사정 – 산전관리 목적, 산과력

❶ 산전관리

▶ **산전관리의 목적** : 산전관리는 임부의 건강과 건강한 신생아 출생 이외에 임신 중 가족건강과 출생 후의 영아 건강 관리까지 적용됨

임부를 위한 산전관리 목적	① 임신 전, 임신 중 및 분만 이후 임부의 안녕유지 및 자가 간호를 증진함 ② 모성 사망률과 이환율, 태아 사망과 같은 불필요한 임신 소모 감소 ③ 다음 임신 및 가임연령 이후의 건강 위험요인 감소 ④ 임부의 고위험 상태 선별 ⑤ 부모가 되기 위한 마음가짐 및 기술 교육
태아를 위한 산전관리 목적	① 태아의 안녕을 유지하고 건강 증진 ② 조산, 자궁내 성장 지연, 선천성 기형 및 사망 감소 ③ 신경발달장애 및 기타 질병 이환율 감소 ④ 정상적인 성장발달과 건강관리 증진 ⑤ 출생 후 어린이 학대, 손상, 예방 가능한 급·만성 질환 및 출생 후 입원치료의 가능성 감소
가족을 위한 산전관리 목적	① 원하지 않는 임신 감소 ② 자녀 양육에 대한 태만과 가정폭력을 일으킬 수 있는 가족의 행동장애 감소 ③ 가족발달과 부모-자녀 간 상호작용 증진

❷ 임부의 건강사정

문진	① 일반적 사항, 과거병력, 주호소, 가족력 ② 월경력, 성생활/피임법, 병력, 수술력		
	산과력 95,19,22 임용/ 06,08,13,14, 17,20,22 국시	임신력, 출산력	2자리 숫자체계 : 임신수(gravida) / 출산수(para)
			4(TPAL) / 5자리 숫자체계(GTPAL) 🔊 만조유생
				Gravida	출산과 관계없이 현재 임신을 포함한 총 임신수
				Term birth	37주 이후 만삭분만의 수
				Preterm birth	20주 이후에서 37주 사이의 조산의 수
				Abortion	자연 유산 또는 치료적 유산에 상관없이 유산의 수
				Living child	현재 살아있는 아이의 수
			과거 임신·분만에 대한 구체적 내용 : 분만형태, 임신기간 내과적·산과적 합병증 등
	분만예정일 (EDC) 19 임용/ 04,08,20 국시	네겔의 법칙	① 월경주기가 불규칙할 때는 정확성이 떨어짐 ② 계산법 : 마지막 월경이 시작된 날로부터 9개월을 더함. 이때 12가 넘으면 다음해로 넘기고, 3개월을 뺌 → 거기에 7일을 더함 📖 마지막 월경 : 2024년 8월 30일, 　　9를 더하면 17월이 되므로, 3개월을 빼면 2025년 5월 30일임 　　연도를 더하고, 7일을 더하면 : 2025년 6월 6일

신체검진	자궁저부 높이	목적	태아성장과 임신기간 및 고위험요인 확인에 도움이 되는 경제적이고 비침습적인 방법
		방법	① 복부 중앙선 따라 길이 측정(치골결합 상부~자궁 저부) ② 체위 : 무릎 약간 구부리고 머리와 어깨를 약간 상승시킨 앙와위
	레오폴드 복부 촉진법	목적	태아의 위치와 자세를 파악하고, 태아의 심음이 들리는 부위를 발견하기 위함
	청진		① 태아심음 : 태아 등 부분에서 잘 들림 ② 태아 자세와 위치, 다태 임신 등에 대한 정보 얻음
태아주수 사정	자궁저부 높이로 계산		12주(치골결합), 24주(제와부), 36주(검상돌기)
	맥도날드 법칙		줄자로 잰 자궁저부 높이(치골결합~자궁저부까지)로 임신 월수 및 주수를 계산
		공식	① 자궁저부높이(cm) × 2/7 = 임신 월수 ② 자궁저부높이(cm) × 8/7 = 임신 주수
	헤세의 법칙 (Hasse's rule)		임신 개월 주수로 태아의 신장을 계산
		공식	① 1~5개월 : $(M)^2$ ② 6~10개월 : $(M) × 5$
검사실 검사	임신확인 검사	융모성선 자극호르몬 (hCG) 19 임용	① 소변 내의 융모성선자극호르몬(hCG)을 측정하여 임신을 진단함 ② 소변 내의 융모성선자극호르몬(hCG)으로 인한 임신진단은 임신 4주 이후에 가능함 ③ 소변 내의 융모성선자극호르몬(hCG)은 정상임신 이외에도 자궁외임신, 융모성질환, 융모상피세포암 등이 있을 경우에도 상승됨
	요검사		포도당과 단백질 유무, 감염여부 확인
	혈액검사		혈색소, 혈액형, 매독 , Rh 상태 확인
정기적 산전관리	정기 진찰일 18 국시		① 임신 28주(7개월)까지 : 4주에 1회 ② 임신 36주(9개월)까지 : 2주에 1회 ③ 임신 37주 이후에서 분만 시까지 : 매주 1회
	정기 검사항목	태아	심음, 태아 크기 및 성장도(재태연령, 선진부), 양수의 양, 태동 등
		모체	체중, 혈압, 요 검사(단백뇨), 혈당

> **PLUS+**
>
> • 임산부·영유아 및 미숙아 등의 정기건강진단 실시기준(모자보건법 시행규칙 [별표 1])
>
> 1. **임산부**
>   가. 임신 28주까지 : 4주마다 1회
>   나. 임신 29주에서 36주까지 : 2주마다 1회
>   다. 임신 37주 이후 : 1주마다 1회
>   라. 특별자치시장·특별자치도지사 또는 시장·군수·구청장은 임산부가 「장애인복지법」에 따른 장애인인 경우, 만 35세 이상인 경우, 다태아를 임신한 경우 또는 의사가 고위험 임신으로 판단한 경우에는 가목부터 다목까지에 따른 건강진단 횟수를 넘어 건강진단을 실시할 수 있다.
>
> 2. **영유아**
>   가. 신생아 : 수시
>   나. 영유아
>   1) 출생 후 1년 이내 : 1개월마다 1회
>   2) 출생 후 1년 초과 5년 이내 : 6개월마다 1회
>
> 3. **미숙아 등**
>   가. 분만의료기관 퇴원 후 7일 이내에 1회
>   나. 1차 건강진단 시 건강문제가 있는 경우에는 최소 1주에 2회
>   다. 발견된 건강문제가 없는 경우에는 제2호의 영유아 기준에 따라 건강진단을 실시한다.

❸ 임신 준비 시 요구되는 기본검진과 부인과 검진

종류		검진내용
기본 검진	혈액검사	기본적인 혈액형 검사, 빈혈, 간기능, 신장기능 등을 확인
	풍진항체검사	–
	갑상샘기능검사	–
	에이즈, 매독혈청검사, B형간염검사	–
	소변검사	당뇨, 단백뇨
생식기 검진	초음파	자궁, 난소, 기타 골반 부속기의 정상 발달 유무, 종양 등을 확인
	자궁경부암검사	pap 도말검사
	생식기 관찰	골반 및 외음부의 구조적, 기능적인 면이 정상적으로 발달했는지 확인
	성병검사(임질, 클라미디아감염증), 인유두종바이러스(HPV) 검사	–

**풍진, 홍역, 볼거리, B형간염 등은 임신 중 감염되는 경우 태아에게 수직감염이 되거나 선천성 기형아의 발생 위험을 높이므로 임신 전 최소 3개월 이전에 접종하는 것이 좋음
**임신 전 항체검사를 통해 면역성 여부를 확인하고, 면역성이 없는 경우 예방접종을 시행할 것
**예방접종 후 최소 3개월 이상 경과한 후에 임신을 시도하는 것이 바람직함. 풍진 예방접종은 1년 동안 피임하는 것이 좋음

❹ 임신 시 초음파 검사

구분	질식초음파	복부초음파
방법	검사 전 방광을 완전히 비우도록 함. 그 이유는 방광이 차 있으면 탐촉자로부터 자궁 등이 먼 거리에 놓이게 되어 영상의 질이 떨어짐	복부초음파 검사 시 대상자의 방광이 차 있어야 좋은 영상을 얻을 수 있으므로, 검사 1~2시간 전에 물을 1리터 이상 마시도록 함
특징	• 고주파수의 초음파가 사용됨 • 근위부의 자세한 영상을 볼 수 있음	• 저주파수의 초음파가 사용됨 • 원위부의 영상까지 볼 수 있음
이용되는 시기	주로 임신 초기에 자궁이 비교적 골반 내에 있는 시기에 태아의 관찰에 이용됨	임신 중기 이후의 태아 및 그 부속물 등의 광범위한 관찰에 이용함

5 산전관리 항목

기본적인 검진항목	자궁저부높이	① 치골결합 위에서 자궁저부까지의 거리 ② 태아의 크기와 양수량의 기준이 됨		
	복부둘레	① 태아의 크기와 양수량의 기준이 됨 ② 배꼽을 기준으로 가장 높은 부위 측정 ③ 임신 후반기 정상 복부둘레는 임신 주수보다 2인치 적음(예 임신 36주 = 34인치)		
	혈압	자간전증의 조기발견		
	부종	자간전증의 조기발견		
	요단백	자간전증, 신기능저하, 임신성 당뇨 등의 조기발견		
	요당	임신성 당뇨병의 조기발견		
	체중	임신 중에는 9~16kg 증가가 적절함		
임신시기별 검사	임신 초기	목적		① 모체의 건강상태를 상세하게 파악 ② 고위험임신 확인 ③ 태아의 존재 확인과 상태 관찰
		검사내용	문진	연령, 가족력, 신장, 기왕력, 현병력, 직업, 월경력, 임신과 분만력, 알코올/흡연/약물 복용 여부, 알레르기 유무 등
			내진	생식기 상태 관찰 : 외음부, 질, 자궁, 난소, 난관
			혈액검사	혈액형, 빈혈검사, 감염증(매독, B형간염, HIV 감염증, 풍진, C형간염), 경구 당부하검사, 간접 쿰스검사
			자궁경부세포진	자궁경부암검사
	임신 중기	목적		① 자간전증의 예방과 조기발견 ② 유산과 조산의 예방 ③ 태아관리와 태아이상의 조기발견
		검사내용	혈액검사	빈혈검사, 임신성 당뇨 선별검사(임신 24~28주)
	임신 말기	목적		① 모체의 분만상태를 파악 ② 태아안녕상태 평가
		검사내용	내진	자궁경관성숙도와 산도 평가, 질분비물 세균검사
			외진	레오폴드법

6 레오폴드 복부촉진법 24 임용 / 08,14,20,21 국시

준비 사항	복부 검진의 목적 설명, 방광 비우기, 똑바로 누워 무릎을 약간 구부린 자세를 취하게 함(복근 이완되어 촉진에 도움이 됨) 98 국시			
1단계	• 산모의 머리 쪽을 보고 서기 • 양손으로 자궁저부 촉진 • 자궁저부높이, 태위(종위, 횡위), 선진부(두부, 둔부) 확인	종위	태아 부분이 둥글고 단단하게 만져지며(태아의 머리부분) 움직임. 두 손 사이나 한 손의 엄지와 검지 사이에 부구감이 있음	
			태아가 불규칙하게 만져지고 크거나 두드러지게 튀어나온 부분이 느껴지며, 머리보다는 덜 단단하게 만져짐 (둔부)	
		횡위	상기 어느 것도 아님	
2단계	• 산모의 머리 쪽을 보고 서기 • 치골결합과 자궁저부 사이 자궁의 양 측면 촉진 (자궁 좌우, 등과 팔다리) • 태위, 태향, 양수량 확인	종위	단단하고 두드러진 덩어리나 계속적으로 완만한 저항이 있는 덩어리가 촉진(태아의 등이고 어느 쪽이 팔, 다리인지 구별)	
		횡위	복부 전면에 작은 덩어리가 만져지고 태아의 등을 만지기 어려움	
		• 작고 불규칙한 움직이는 덩어리가 있고 검사자의 손가락을 차거나 칠 수 있음(태아의 소부분으로 지적되며 태아의 손, 다리, 무릎, 팔꿈치임. 태아의 등이 있는 반대편)		
3단계 07,18 국시	• 산모의 머리 쪽을 보고 서기 • 치골결합 상부(하복부) 촉진(태위, 태향, 골반진입 여부, 선진부와 하강 정도) • 선진부가 골반 진입이 안 된 경우에는 움직이는 덩어리 촉진	• 선진부가 머리인 경우 진입 현상이 일어났을 때는 쉽게 움직이지 않음(1단계와 3단계 결과를 비교하여 태위와 태향을 결정 / 둔부인지 머리인지 감별하기 위해 1단계처럼 모양, 크기, 강도, 운동을 촉진) • Pawlik's maneuver : 한 손은 자궁저부에 두고 다른 한 손은 치골결합부에 두어 동시에 자궁의 양쪽 극을 촉지하여 태아의 어느 부분 인지를 파악하는 방법		
4단계	• 산모의 다리 쪽을 향하여 서기 • 치골상부 깊숙이 촉진 (태아 머리의 신전과 굴곡, 선진부의 하강 정도)	• 머리가 선진부라면 한 손은 둥근 돌출부위를 만지고 다른 한 손은 골반강을 향해 그대로 평이하게 내려감(태아 머리의 돌출부가 태아의 등과 같은 쪽에 있으면 태아 머리가 신전된 안면위이다. 돌출부가 태아의 등과 서로 반대로 위치하면 태아 머리가 굴곡된 두정위이다.) • 태아 선진부 진입 여부를 확인하기 위해서 엄지와 나머지 손가락을 이용하여 하복부를 잡고 태아를 위로 밀어봄 24 임용		

5 임부의 간호진단 및 간호중재

1 임신 초기·중기에 적용되는 간호진단

시기	간호진단	원인과 관련된
임신 초기	건강추구행위 (지식부족)	임신에 따른 정서적·신체적 변화 22국시, 산전관리, 임신 중 자가간호, 임신에 대한 가족적응, 각종 검사와 시술과 관련된
	영양변화 : 영양부족	임신 초기 오심·구토와 관련된
	불안	임신으로 인한 신체변화, 유산 가능성, 임신에 대한 정서적 반응, 안전에 대한 염려와 관련된
	안위 변화	유방의 압통(민감), 하복부 동통, 임신 초기 빈뇨로 인한 불편감과 관련된
	건강유지 변화	흡연(알코올, 약물 사용)에 대한 임부 자신과 태아에 대한 지식부족과 관련된
	가족기능 변화	임신에 대한 가족반응과 관련된
	비효율적인 개인대처	중독, 정서장애, 신체적 질병, 경제적 곤란, 확대가족과 관련된
임신 중기	건강추구행위(지식부족)	경증의 불편감 완화, 분만과 부모준비에 대한 자가간호와 관련된
	불안	임신 후기 불편감 증가, 임박한 출산과 관련된
	수면양상 장애	신체적 변화, 신체적 불편감과 관련된
	활동내구성 장애	중력(신체중심) 변화 체중증가와 관련된

2 간호중재

(1) 건강증진 및 유지

운동	골반 흔들기 93,13 임용 / 16 국시	효과	자세를 바르게 함, <u>임신으로 인한 요통과 진통 초기 요통</u> 감소 93임용, 배 곧은근(= 복직근)을 튼튼히 함. 운동 반복 시 태아를 앞으로 향하도록 하는데 도움을 줄 뿐만 아니라 태아의 혈액순환에도 도움
		방법	누운 자세	등을 바닥에 대고 똑바로 누워서 무릎 세우기 → 흡기 시 복부와 골반근육 수축 → 허리의 굴곡 부위를 바닥에 누르듯이 하면서 숨 내뱉기
			엎드린 자세	팔과 다리가 몸에 직각이 되게 하고, 몸무게가 손과 무릎에 균등하게 함 → 팔꿈치를 똑바로 펴고 다리를 약간 벌리면서 등을 똑바로 유지 → 흡기 시 복부와 골반근육을 들어당기듯 등을 C자로 둥글게 함 → 고개를 뒤로 젖히면서 등을 곧게 함 → 호기 시 이완

출처 : 여성건강간호학Ⅱ. 현문사.

운동	팔 흔들면서 몸통 돌리기	효과	척추의 유연성 증진, 가슴을 넓힘, 측복직근 강화, 혈액순환에 도움
		방법	호기 시 오른쪽 팔을 왼쪽 어깨 뒤쪽 견갑골 밑에 대고 위로 천장을 향함 → 몸통을 틀어서 고개를 오른쪽 어깨나 팔을 향하여 위로 향함 → 오른쪽 팔 운동을 10번 되풀이하고 잠깐 쉰 다음, 왼쪽 팔도 같은 방법으로 다시 10번 되풀이함
	촛불끄기식 호흡	방법	옆으로 눕거나 앉거나 설 때 손을 배에 얹고 코로 흡기 → 강하게 입술로 불을 끄듯이 내뱉기(복부근육이 긴장되도록 호기, 흡기 반복)
	어깨 돌리기 (= 견갑돌리기) 93 임용(보기)	효과	상부 배통(upper backache), 손가락과 팔의 저림과 쿡쿡 쑤시는 것 감소
		방법	팔을 옆으로 내리고 어깨를 귀 방향으로 올림 → 어깨를 등으로 돌리고 잠시 쉰 다음 내려뜨리기 → 이를 반복
	흉곽 들어올리기	효과	임신 후기 갈비뼈 밑의 압력감소, 숨쉬기를 편안하게 해줌
		방법	왼쪽 팔을 머리 위로 올리고 → 오른쪽으로 할 수 있는 데까지 구부리기 → 팔을 교대로 하기
	종아리 펴기 운동	효과	종아리 경련 예방
		방법	발가락을 발등 쪽으로 잡아당기는 방법으로 종아리 근육 늘리기 또는 다른 사람이 한쪽 손으로 발바닥을 잡고 발등 쪽으로 밀어주는 방법
	다리 곧게 들기	효과	복부와 다리의 근육을 강하게 하고, 등 하부 쪽의 유연성 높임 혈액순환에 도움
	골반 저근운동 (= 케겔운동)	효과	회음을 강하게 함. 분만 시(아기 머리가 나올 때) 분만조정이 가능
		방법	소변을 보다가 잠시 중단할 때의 느낌으로 운동 → 회음부위를 수축시킬 때 회음부가 지하실에 있다고 상상하고 엘리베이터 1층, 2층, 3층으로 올라가는 것과 회음부를 수축시킴 → 다시 3층, 2층, 1층으로 내려온다고 생각하고 한꺼번에 이완하지 말고 서서히 1층씩 이완 → 매일 지속적으로 5~6회 실시
	나비운동	효과	가슴앓이와 호흡곤란 같은 불편감을 가진 임부에게 도움
		방법	책상다리로 앉되 운동 중 허리는 반듯하게 세울 것 → 팔꿈치를 곧게 펴고 손바닥은 모두 앞으로 향하게 하여 팔을 머리 위로 올림 → 손바닥을 위로 향하게 하고 팔을 곧게 뻗은 채 허리 아래까지 내렸다가 다시 어깨까지 올릴 것 → 5회 반복
수유 준비 및 유방 간호 12 임용 / 09,14,15 국시	임신 6~7개월경 유방에 대한 준비와 모유수유에 대해 미리 지지해주면 이후에 모유수유를 하는데 도움이 됨		
	유방마사지		① 임부는 엄지와 검지로 유두를 잡고 매일 잠깐씩 부드럽게 굴려줄 것 ② 조산 경력이 있거나 반복적인 골반의 압력, 규칙적이거나 증가하는 자궁수축 등 조산의 징후가 있는 경우에는 유방을 자극하지 말 것 12 국시
	유두세척	세척	① 12(16)주부터 전초유 분비되므로 매일 씻어줌(유관 막힘 방지) ② 모유수유를 위한 준비로 유두를 튼튼하게 하는 방법은 목욕이나 샤워 후 타월로 닦되 자극과 짓무름의 원인이 될 만큼 심하게 해서는 안됨 ③ 비누 사용금지, 물만 사용하여 씻을 것 ④ 라놀린이 들어있는 크림으로 건조된 유두를 부드럽게 해 줄 것 ※ 몽고메리선은 유두를 촉촉하게 하고 박테리아 성장을 억제하는 윤활물질을 분비하므로 알코올이나 다른 소독제의 사용이 필요하지 않음
		건조	유두는 공기나 햇볕에 노출시켜 건조시킬 것

수유 준비 및 유방 간호 12임용/ 09,14,15 국시	속옷착용		임신기간 동안 유방이 확연히 커지고 무거워지므로 가슴의 무게를 지지할 수 있는 끈이 넓고 컵이 큰 사이즈의 임부용 브라를 착용
	유두유형 확인		모유수유를 하고자 하는 여성은 집기검사(Pinch test)를 통해 함몰, 편평, 정상 확인하기
	함몰유두 관리 04국시		임신 5~6개월부터 간호시작(더 일찍 시작하는 것은 효과적이지 않음)
		유두보호기 사용 (유두덮개)	① 유두가 편평하거나 함몰된 경우 사용 ② 임신 2기 말부터 1일 1~2시간 착용하고 그 후 점차 착용시간을 늘릴 것
		Hoffman법	유두 양옆의 유륜을 검지손가락을 사용하여 서로 반대편으로 잡아당겨 유두가 돌출되게 함
		유두 굴리기	유두가 잡을 수 있을 정도로 돌출되면 유두 당기기와 굴리기를 시행함(수유 시작 초기까지 지속)
		유두 당기기	엄지손가락과 검지손가락 사이에 유두를 잡고 유두를 앞으로 잡아당긴 상태에서 몇 초간 머물러 있음
임부의 흡연과 음주	흡연	니코틴	① 니코틴은 흡연 시 즉각 폐로 흡수됨 ② 혈중 니코틴 수준은 흡연의 기간과 강도, 흡연의 양, 담배 종류, 필터의 유무에 따라 다름 ③ 니코틴은 혈관 수축과 산소결합능력의 감소와 더불어 칼슘, 인을 포함한 무기질, 비타민, 호르몬, 포도당, 지방산 및 아미노산 대사를 방해 ④ 수유 시 유즙분비를 감소시키고 유해물질이 유즙을 통해 전달되기도 함
		영향	모체 / 태아(태반순환 감소) • 니코틴 중독 • 혈관수축 • 카테콜라민 증가 • 심혈관계 질환 • 비타민과 무기질 대사방해 • 태반 기능부전 • 모유의 오염 • 자궁경부암 발생 증가 • 전치태반 초래 • 저체중 • 사산 • SIDS(태아돌연사망증후군) • 구순 및 구개열 등 선천적 기형 • 알레르기 • 호흡기 질환 • 성장장애, 지적능력과 언어장애 • 장기적 영향 시 집중력 저하 및 과잉행동장애 등
	음주의 영향		모체 / 태아 • 알코올 중독 • 탄수화물, 지방, 단백질 대사 방해 • 자연유산 • 태아기형과 기능부전 - 저체중아 - 태반조기박리, 전치태반 • 저체중아 • 세포 성장과 분화 방해 • 비특이성 기형 • 태아알코올증후군

임부의 흡연과 음주	태아알코올 증후군			① 태아알코올증후군을 야기시킬 수 있는 최소한의 음주량을 정확히 알 수는 없으나 에탄올과 그 대사산물이 배아와 태아의 성장발달을 변화시킬 수 있음 ② 심한 음주의 경우 얼굴 기형 발생
		안면특성 (외견상 특성) 03 임용	눈	짧은 눈, 췌피내각, 소안구증, 좁은 미간, 안검하수, 사시 등
			코	짧은 코, 위로 향하고 콧등이 거의 형성되지 않았음
			입 주변	얇은 윗입술, 인중이 얕거나 거의 없음, 구순열, 구개열, 상악과 안면 중간부의 편평함, 짧고 작은 턱
				작은 머리(소두증), 편평한 광대뼈, 작은 눈(소안구증), 작은 눈구멍(눈꺼풀 틈새), 윗입술의 발달 저하, 인중이 불명확함
		심장		다양한 심장구조 이상
		관절		관절이상 : ROM 감소, 비정상적인 자세
		행동 및 학습장애 03 임용	학습능력 부족	기억력 장애 등
			언어장애	
			행동장애 (행동특성)	과다행동, 판단력 장애, 충동, 산만, 사회적 적응행동장애 등
		기타		① 대다수의 신생아들은 외부의 자극과 소리(청각과민)에 매우 민감함 ② 근육긴장성 때문에 섬세한 동작에 장애가 생기고 떨며, 힘이 없어 손을 움켜쥐기 어렵고 손과 눈의 조화가 떨어지는 등 섬세한 운동을 못함
예방접종 및 약물 투여 간호 04,06,15 국시	피해야 할 예방접종			① 바이러스는 태반을 통과하므로 생바이러스 접종은 피할 것 ② MMR, 황열, 수두, 소아마비 경구용 백신(sabin)
	약물투여			① 임신 중 약물의 작용은 유산, 태아기형, 자궁내 발육부진, 영아돌연사증후군 등을 유발함 ② 투여 전 임신 여부를 알고, 의사와 상의
자세 93 임용(보기)	쭈그리고 앉기			손에 무엇을 붙잡고, 앞발을 약간 벌리면서 등을 똑바로 하고, 쭈그리고 앉으면서 옆의 물건을 잡듯이 운동을 하면 골반의 근육이 당겨져 운동이 되어 원인대의 통증경감에 도움이 됨
	책상다리			① 바닥에 앉을 때 다리가 겹쳐지지 않게 책상다리를 하고 팔은 양쪽 다리에 살짝 올려놓음 ② 일어날 때는 엉덩이를 앞으로 끌어서 두 손으로 무릎을 잡고 일어남
분만 준비				① 임신 36주부터 해야 함 ② 분만 과정과 진통형태, 급박한 분만 증상, 접촉해야 할 사람, 알려야 할 사항 등을 파악하여 준비 ③ 분만을 위한 개인 기록 완성

(2) 임신 기간 영양관리

체중증가 양상 10,13 임용	① 체중과 신장이 표준인 경우 권장되는 체중증가 	임신 1기	1.6~2.3kg | 	임신 2, 3기	1주일에 0.4kg씩 증가하는 것이 좋음 | ② 임신 2기에는 모체, 3기에는 대개 태아성장이 이루어짐 ③ 임신 20주 후 한 달에 3kg 이상의 증가는 임신성 고혈압 의심 ④ 현재 경도 비만인 임산부는 6.8~11.5kg 체중증가, 비만여성은 5~9kg의 체중증가를 권장함 → 이 기준보다 더 적은 체중증가는 권장하지 않음(∵ 태아의 신경발달에 영향을 줄 수 있음. 부적절한 체중증가는 저장된 지방대사로 케톤을 생성하는데, 케톤이 조산을 유발할 수 있음. 또한 태아의 성장지연, 선천성 기형, 유산, 사산 등을 유발할 수 있음)	[영양과 태아성장과의 관계] 임부 영양부족 → 혈액량 저하 → 부적절한 심박출량 증가(심박동수 증가) → 태반혈액량 감소 → 태반 크기 저하, 태아에게로 영양전달 저하 → 태반 성장지연
체중 증가와 태아 건강	① 임신 2, 3기의 체중증가는 태아성장에 있어 특히 중요함 ② 불충분한 체중증가 : 자궁내 성장지연 ③ 지나친 체중증가 : 아두 골반 불균형이 되어 수술 분만, 출산 시 태아손상, 저산소증 초래할 수 있음	
비만의 영향	① 과체중과 비만은 조산, 당뇨, 심장질환, 이상지질 혈증, 뇌졸중, 고혈압, 담낭질환, 게실, 빈혈, 구강질환, 변비, 골관절염, 통풍, 골다공증, 호흡기 기능장애, 무호흡증후군, 일부 암(자궁암, 유방암, 결장직장암, 신장암과 담낭암)의 위험요인으로 알려짐 ② 관련 임신 합병증 : 거대증, 임신성 당뇨, 고혈압 장애, 조산 및 제왕절개술이 포함 　(병적으로 비만한 임신여성에서는 자궁내 성장지연, 자궁내 태아사망 위험이 증가함)	
체중감량	임신 기간 동안 당을 부족하게 섭취하면 지방의 불완전 대사로 인한 케톤산혈증 유발, 태아 위험	

임신 중 필요한 칼로리와 영양소		
	① 임신 1기는 배아와 태아의 기관발달 측면에서 대단히 중요한 시기 ② 임신 중에 영양이 결핍되면 합병증이 쉽게 생기니 충분한 영양을 섭취해야 함 ③ 영양요구의 증가 원인이 되는 요인 : 자궁 - 태반 - 태아 단위, 모체혈류량과 구성성분(임신 중 전체 혈류량은 비임신 상태보다 40~50% 증가), 모체 유방조직의 발달, 대사성 요구량(기초대사율은 비임부보다 임부에서 20% 정도 높아짐)	
	열량	① 임신 중 태아 조직의 성장과 모체 조직의 요구량을 유지하기 위해서 에너지를 필요로 함 ② 임신 중에는 비임신 시보다 300kcal가 더 요구됨 13 국시 　→ 태아와 태반조직이 자라는데, 분만 후 수유, 임부의 기초신진대사 증가와 활동에 사용 ③ 적당한 체중증가는 성공적인 출산을 위해 매우 중요 ④ 체중이 모자라는 임부는 체중이 많이 나가는 임부보다 임신성 고혈압 발생 위험이 큼 ⑤ 임신 2기 동안 체중증가가 안 되면 임신성 고혈압 발병 확률↑, 태아가 정상보다 작거나 미성숙아가 됨
	단백질	① 단백질은 임신 중 태아 발달이나 모체 혈액의 증가, 유선과 자궁조직 등 모체조직 증가를 위해 아미노산과 질소 공급 ② 단백질 결핍은 비정상적 출혈의 빈도를 증가시키고 저혈소판혈증, 저능아 유발 ③ 하루 권장량은 임신 전보다 14g 이상 증가한 60g 섭취(우유, 치즈, 달걀, 고기, 곡물, 너트) ④ 단백질은 20가지 이상의 아미노산이 결합되어 형성, 이들 중 8가지는 체내에서 합성될 수 없어 필수아미노산이라 부르며 식품을 통해서만 공급됨 → 동물성 단백질 식품들이 이에 해당

임신 중 필요한 칼로리와 영양소	무기질	칼슘, 인 04 국시		① 태아의 뼈와 치아형성, 에너지와 조직형성 ② 임부 자신의 계속적 필요를 위해 부수적인 섭취가 요구됨 ③ 하루 1,000mg의 섭취 필요, 우유섭취로 칼슘요구량 충족 가능(우유 1L당 칼슘 1,200mg 함유 / 이외에도 치즈, 살코기에 포함)
		염분		① 체액균형조절과 신진대사 유지 ② 모체조직의 확장과 태아의 요구로 필요함
		마그네슘		뼈의 중요한 구성성분
		철분 12,13 임용 / 20,22 국시	모체	① 적혈구가 만들어지게 하기 위해, 증가된 적혈구에 헤모글로빈 공급 위해 철분제 투여가 필요함(임부의 생리적 빈혈 : 임신 중 혈액량이 증가하게 되는데 혈장 증가에 비해 적혈구 생산은 많지 않아 빈혈이 나타나게 됨) ② 임신 후반기 동안 태아의 철분 저장 위해 ③ 태반의 성장과 유지를 위함 ◆ 철분결핍성 빈혈 기준 02,22 국시 | 구분 | 성인 | 임신 초기 | 임신 중기 | 임신 말기 | |---|---|---|---|---| | 혈색소 | 12g/dL 미만 | 11g/dL | 10.5g/dL | 10g/dL | | 헤마토크릿 | 36% 미만 | 37% | 35% | 33% |
			태아	① 태아의 헤모글로빈/미오글로빈/많은 효소 합성 위해서 요구됨 ② 태반의 성장과 유지를 위해서 요구됨 ③ 영유아기에 혈액의 손실 보충 등을 위해서 요구됨
			교육 내용	① 가임기의 여성은 매일 18mg의 철분 섭취가 적당(대부분의 여성이 철분 저장이 부족한 상태로 임신) ② 모든 임부는 입덧이 사라진 후 임신 2기부터 하루 30~60mg의 철분제 복용을 시작하는 것이 바람직함(식사 때 섭취하는 철분과 모체의 철분 저장량은 임신 중의 요구량을 충족하기에는 일반적으로 부족) ③ 비타민 C(감귤류 과일, 토마토, 멜론, 딸기)는 철분 보충제의 흡수를 증가시키므로 식이에 자주 포함시킬 것[∵ 산화형의 Fe^{3+}(ferric 3가 철이온) 이온에 전자를 주어 Fe^{2+}(ferrous, 2가 철이온)로 환원시켜 철분흡수를 촉진함] 13,21 임용 / 22 국시 ④ 겨(bran), 차, 커피, 우유, 수산염(oxalate : 시금치 뿌리에 포함), 달걀노른자는 철분흡수를 저하시키므로 철분보충제와 동시에 복용하지 말 것 ⑤ 철분은 공복에 복용할 때 가장 흡수가 잘 되므로 식사와 식사 중간에 차, 커피, 우유를 제외한 음료와 함께 복용할 것 ⑥ 식간에 복용하여 복통이 있으면 취침 전에 복용할 수 있음 ⑦ 복용을 잊었을 경우 복용했어야 할 시간 13시간 이내면 가능한 빨리 복용하고 다음 복용시간에 2배로 복용하지 않을 것 ⑧ 어린이가 열지 못하는 용기에 두고 어린이 손이 닿지 않는 곳에 보관 ⑨ 철분 때문에 변이 검거나 진한 녹색이 될 수 있음 20 국시 ⑩ 철분 보충제로 인해 변비가 흔하므로 섬유질과 적절한 수분 섭취가 필요

임신 중 필요한 칼로리와 영양소	비타민	① 지용성 비타민(A, D, E, K)은 간에 저장되므로, 결핍상태가 흔하지 않지만, 지용성 비타민의 과도한 섭취는 독성증상을 유발함 ② 수용성 비타민(비타민 B_6, B_{12}, 엽산, 티아민, 리보플라빈, 나이아신, 비타민 C)은 쉽게 체내에 저장되지 않으므로 매일 식사에 포함해야 함. 초과된 양은 소변으로 배출되므로 초과 섭취로 인한 중독가능성은 낮음		
		지용성 비타민 (Vit A, D, E, K)	Vit A	① 조직, 세포의 성장발달, 치아발육 및 뼈의 성장에 필요한 구성요소 ② But 임신 중 비타민 A를 과도하게 복용한 경우 자연유산 또는 신생아 기형을 초래하므로 비타민 A 보충제는 피해야 함
			Vit D	① 칼슘과 인의 흡수작용을 하며 골조직과 치아발육을 강화시키는 역할 ② 비타민 D는 하루 400IU 요구되며 자외선에 피부 노출 시 충분한 양의 비타민 D를 합성할 수 있음(함유식품 : 생선, 달걀, 버터, 간 등) ③ 결핍 시 신생아 저칼슘혈증과 치아 에나멜질의 형성부전을 일으킬 수 있음 ④ 과도한 섭취는 고칼슘혈증을 일으키고 태아기형을 유발할 수 있음
			Vit E	① 조직성장에 필요하며 세포벽을 통합시키는 역할 ② 임부에게 결핍되는 경우는 거의 없음. 결핍 시 산모와 태아 빈혈을 초래할 수 있음 ③ 과량 섭취 시 Vit K 대사 및 혈액응고장애를 일으킴
			Vit K	① 신생아는 일시적으로 결핍상태가 됨 ② 출생 시 출혈을 예방하기 위해서 한번 주사함
		수용성 비타민	Vit C	뼈, 치아, 결합조직의 형성에 관여하며 철분 흡수를 도움
			엽산 12,19 임용 / 01,04 국시	태아성장: 세포분열과 단백질 합성에 필요한 DNA, RNA 합성에 필수이므로 태아 성장을 위해 꼭 필요함 뇌 발달: 뇌의 기능을 정상적으로 발달시키는데 도움을 줌 기형과 유산 방지: ① 뇌척수액의 중요한 부분이 되어 태아의 기형 및 유산을 줄여주는 효과가 있음 ② 임신 전부터 임신 6주 전까지 엽산을 복용하면 신경관 결손을 예방함 : 무뇌증, 척추이분증과 같은 신경관 결손을 예방하기 위해 신경관이 닫히기 전에 투약해야 효과적임 ③ 구순열, 구개열, 심장병 등을 예방함 빈혈예방: ① 백혈구와 적혈구 생성과 아미노산의 대사에 관여하고 그 세포분열에 필수인자로 빈혈예방 등 ② 임부 엽산 권장량 : 600mcg(규칙적 복용이 필요)
			Vit B_{12} 20 임용	① 고기, 달걀, 유제품 등 동물성 식품에만 포함되어 있음 ② 채식주의자 임부에서 결핍 시 거대적아구성 빈혈, 설염, 신경계 질환 등의 발생을 초래하므로 임신 기간 Vit B_{12}를 보충할 것
	아연	① DNA·RNA 합성, 단백질대사에 관련 ② 결핍 시 태아의 선천성 기형, 지연분만과 관련, 양수에 박테리아성 감염 빈도 증가 ③ 많은 양의 철분과 엽산섭취는 아연의 흡수를 저해하므로 처방에 의해서만 철분과 엽산을 복용하도록 함		

3 임신 중 불편감에 대한 완화요법 14 임용(지문)

▶ 임신 1기(1~13주) 불편감 04,06,09,10,11 국시

불편감	생리	간호중재

입덧
(오심, 구토)
12 임용(선지) /
23 국시
	① 융모생식샘자극호르몬(hCG)의 증가
	② 대사 변화
	③ 임신에 대한 양가감정, 냄새, 피로, 정서적인 스트레스가 증상을 가중시킬 수 있음
	④ 4~6주 출현, 12주에 사라짐
	⑤ 아침에 더욱 심함
		① 공복, 과식 피할 것
		   ㉠ 아침에 일어나기 전 마른 탄수화물 식이, 따뜻한 차 마심
		   ㉡ 소량의 음식 자주 섭취
		② 자극적 식이, 가스 생성 음식, 튀긴 음식, 임부가 좋아하지 않는 음식 피할 것
		③ 환기, 갑작스런 자세 변경 피할 것
		④ 심리적 지지, 정서적 안정
		⑤ 주의점 : 심하면 체중감소, 탈수, 케톤뇨 시 입원
		⑥ 임신오조증 : 12주 이후 오심(하루 종일), 구토, 열, 통증, 체중감소, 탈수, 전해질 불균형을 동반
		   ㉠ 초기에 초음파 검사를 시행해서 포상기태의 가능성 제외를 확인해야 함
		   ㉡ 상태가 중하면 입원치료
		   ㉢ 체중감소 예방(기아 예방) : 포도당 주사, 비타민 B_1(티아민) 주사, 필요시 위관영양, 고비타민 식이 섭취, 상태호전 시 음식은 소량씩 섭취
		   ㉣ 수액과 전해질 불균형 교정
		   ㉤ 심리적 지지

유방압통	① 유선조직 비대와 호르몬 자극(임신 5주부터 프로락틴 분비 증가) ② 유륜 착색, 유두 커지며 돌출	① 넓고 잘 맞는 브래지어로 지지하여 유선통 완화 ② 초유가 흐를 때 : 흐르는 물로 씻고, 건조 ③ 유두는 온수로 깨끗이 씻고 건조하게 유지
빈뇨	① 호르몬으로 방광기능 변화 ② 자궁증대로 인한 방광용적 감소 ③ 특히, 첫 3개월 이내(골반강 내)와 임신 말기(39주 이후 아두하강)에 증상이 있음	① 즉시 배뇨하여 방광팽만, 요정체 예방(비뇨기계 감염예방) ② 케겔운동(골반저근운동) ③ 자기 전에는 수분섭취 제한 ④ 병원방문 : 통증이나 작열감이 있는 경우
피로, 권태, 무기력	① 심폐기능 항진 및 대사율 증가 ② 에너지 부족 ③ 임신에 대한 적응 반응	① 충분한 수면과 휴식 취할 것 ② 낮에 1~2차례 휴식이나 30분 가량 낮잠 ③ 규칙적 운동 ④ 균형식이 취할 것
백대하	① 에스트로겐의 증가로 맥관의 증가(혈관 확장과 충혈 발생), 자궁분비선 및 질 세포 비대, 자궁경부비후로 풍부한 양의 점액을 만들어 냄 ② 임신 첫 3개월까지 질 분비물이 증가하기 시작해 종종 임신기간 동안 지속	① 질세척 금함 ② 회음패드 사용 ③ 기본적 회음 위생간호 제공 ④ 팬티스타킹, 꽉 끼는 레깅스, 나일론 옷 등은 피할 것 ⑤ 병원방문 : 소양증, 불쾌한 냄새, 분비물의 양상이나 색이 변화되는 경우
비출혈	에스트로겐 상승으로 점막충혈이 발생	① 생리식염수로 비점적 ② 수화작용 위해 많은 물을 마시고 가습기 사용 ③ 코를 풀 때는 손상되지 않도록 살살 풀도록 함

불편감	생리	간호중재
치은염, 치육종	① 에스트로겐에 의한 맥관 증식, 결합조직의 증식으로 인해 발생 ② 증상 : 잇몸충혈, 증대, 출혈, 압통	① 적절한 단백질, 신선한 과일 및 채소와 함께 균형 잡힌 식사- 섭취 ② 부드러운 칫솔로 양치질 ③ 좋은 개인위생 유지, 감염을 피하도록 함 ④ 정기적인 치과검진을 통해 구강상태 확인
타액분비 과다	① 에스트로겐 증가에 의해 유발될 수 있음 ② 오심 때문에 연하에 대한 저항과도 관련됨	① 수렴성 구강 세척제 사용 ② 껌을 씹거나 단단한 사탕을 먹는 것도 도움

▶ 임신 2기(14~27주) 불편감 05,07,08,13,15,17,21 국시

불편감	생리	간호중재
관절통, 요통, 골반 중압감 93,12 임용 / 12 국시	① 프로게스테론과 에스트로겐으로 인한 치골결합과 천장관절의 이완으로 관절의 안정성이 저하되어 관절의 과운동을 초래하고, 골반압박감, 요통 등을 초래함 ② 복부증대에 대한 보상으로 척추만곡이 두드러짐. 근육신장, 무게에 대한 보상으로 자세변화로 요통이 유발됨 ③ 릴렉신의 영향으로 치골결합, 천장골 관절, 천미골 이완(→ 분만 시 아두통과가 용이함)	① 좋은 자세 유지 ② 임부용 거들(복대) 사용 ③ 중간 굽의 신발 착용(5cm 이하 신발) 16 국시 ④ 규칙적 운동(골반 흔들기 운동, 산전운동, 요가) ⑤ 국소 열찜질 적용 ⑥ 적절한 체중증가 유지 ⑦ 무거운 물건 들지 말 것 ⑧ 컵이 크고 끈이 넓은 브래지어 착용(목 통증, 요통 예방)
변비 15 국시	① 프로게스테론 영향(위장관의 이완, 연동운동 감소) ② 구강으로 철분제제 섭취 시 악화 ③ 증대된 자궁압박	① 충분한 수분 및 섬유질 식이 섭취 ② 규칙적 운동 ③ 규칙적 배변습관 유지 ④ 처방 없이 변 완화제, 관장 금지 ⑤ 미네랄 오일 복용 금지(지용성 비타민 흡수 방해)
가슴앓이 17,21 국시	① 프로게스테론 영향(위의 분문 괄약근 이완, 위식도 역류, 연동운동 지연) ② 커지는 자궁에 의한 위장의 전위로 인해 명치 부위의 급성 작열감 경험(임부의 80% 이상) ③ 증상 : 역류, 트림, 식도압박	① 가스 형성, 자극적 식이, 지방성 식이, 과식 제한 ② 상체를 반듯하게 자세 유지 ③ 식후 눕거나 취침 전 과식 금지 ④ 우유를 조금씩 섭취(일시적 완화), 음식을 소량씩 자주 섭취 21 국시 ⑤ 나비운동(가슴앓이뿐만 아니라 호흡곤란 같은 불편감을 가진 임부에게도 도움) ⑥ 필요시 처방 하에 제산제 투여 ⑦ 여유 있는 옷 입기 ⑧ 하루어 6~8잔 수분을 섭취, 커피, 흡연 금기
정맥류 (하지 표재 정맥이 늘어나고 구불구불해지면서 정맥압이 증가하고 정맥이 늘어지면 판막이 불완전해지면서 정맥혈류가 역류되어 정맥압이 증가되어 정맥류가 초래됨) 07,14 국시	① 임신 중 혈액량의 증가 ② 증대된 자궁의 하지 혈관 압박 ③ 프로게스테론의 평활근 이완작용 → 골반 혈관의 울혈 ④ 비만, 장시간 서 있는 경우 발생↑ ⑤ 임신 동안 해소되지 않으며 분만 후 없어지기는 하나 완전히 없어지지 않음 ⑥ 하지의 통증, 긴장감이 하지, 외음, 항문까지 나타남	① 비만, 장시간 앉아 있는 것, 조이는 의복, 변비 피할 것 ② 일어나기 전 탄력스타킹 착용(낮에만) ③ 하지, 골반을 높이고 휴식 ④ 다리 꼬는 자세 피할 것 ⑤ 자주 걸을 것 ⑥ 굽이 낮고 편안한 구두 신을 것

불편감	생리	간호중재
체위성 저혈압	증대된 자궁의 하대정맥 압박 → 자궁, 태반, 신장의 관류 감소	① 측와위, 무릎을 구부린 반좌위 취할 것 ② 천천히 자세변경
손목굴 증후군	① 상완 신경총 긴장증후군 : 임신 동안 어깨처짐으로 인한 신경압박 → 손가락 마비, 쑤심 증상 ② 주변 조직의 변화(부종으로 인해)로 정중 신경이 눌려 발생	① 증상이 있는 팔을 올림(어깨 돌리기) ② 이환된 손에 부목 적용이 도움될 수 있음 ③ 냉찜질 적용 시 완화에 도움이 됨 ④ 분만 후 증상이 없어짐을 교육
소양증	① 원인불명 ② 유발요인 : 피부의 분비기능 증가와 긴장	① 손톱을 짧게 자르고 청결하게 유지 ② 중탄산나트륨이나 전분목욕 ③ 로션과 오일 사용 ④ 자극성 비누 사용금지 ⑤ 느슨한 옷 입기

▶ 임신 3기(28~40주) 불편감 [12 국시]

불편감	생리	간호중재
짧은 호흡과 호흡곤란	① 자궁증대에 의한 횡격막 확장 제한 : 하강감 후 완화 ② 임부가 누워있을 때 발생	① 복부에 압력을 줄 수 있는 과도한 식사 피할 것 ② 여분의 베개로 지지하면서 수면 ③ 호흡곤란을 유발할 수 있는 운동 피하고 운동 후 충분히 휴식 ④ 증상이 악화되면 빈혈, 폐기종, 천식과 감별진단 위해 병원 방문
하지경련 07,12 국시	① 칼슘과 인의 불균형 상태(혈중 칼슘농도 저하, 혈중 인 농도 증가) [14 국시] ② 피로와 근육의 긴장 ③ 자궁증대에 의한 신경압박 ④ 불충분한 말초순환 ⑤ 장딴지, 허벅지 또는 둔부 근육에 갑작스런 경련이 수면 중에 잘 생길 수 있음 (임신 1기, 마지막 달 多)	① 경련 시 근육신장(발을 족배굴곡 시킴) ② 탄산칼슘이나 유산칼슘 경구 투여 ③ Aluminum hydroxide gel을 투여하여 인 배출 ④ 마사지, 규칙적 운동(종아리 펴기운동 : 발가락을 발등쪽으로 잡아당기는 방법으로 종아리 근육 늘리기 또는 다른 사람이 한쪽 손으로 발바닥을 잡고 발등쪽으로 밀어주는 방법) ⑤ 따뜻하게 유지, 국소 열찜질 적용 ⑥ 취침 전 따뜻한 물로 목욕
불면증	태아움직임, 빈뇨, 호흡곤란, 근육경련 등	① 이완 : 마사지, 온수 목욕 ② 잠자기 전 따뜻한 우유 섭취
자궁수축 (Braxton Hick's sign)	① 분만 진행 준비와 자궁혈류 증가 작용 ② 임신 3기에 심해짐	① 정상적인 것임을 교육 ② 체위변경 ③ 휴식 및 마사지
하지부종	① 오래 서 있거나 앉아 있는 자세 ② 운동 부족 ③ 수분 정체(혈액량의 증가로 발생되는 모세혈관의 삼투압 변화) ④ 꽉 조이는 옷	① 휴식 시 하루 2~3회 20분 동안 하지 상승 ② 오래 서 있는 것 피하기 ③ 기상 전 탄력스타킹 착용 ④ 충분한 단백질 섭취 ⑤ 염분은 정상적인 양 섭취

6 태아건강사정

1 임신 중 태아건강사정

초음파 검사
12 임용(지문)
	진단 목적	① 태아의 생존력 : 수정낭의 모양과 위치, 태아심박동의 존재유무로 알 수 있음
		② 재태연령 : 태아연령을 측정하기 위한 초음파 촬영술의 적응증은 최종월경일이 불확실한 경우, 최근 경구피임약의 복용을 중단한 경우, 임신 초기에 출혈이 있는 경우, 최소 3개월 동안 무월경인 경우, 자궁의 크기가 임신주수와 일치하지 않는 경우, 기타 고위험 상태
		③ 태아의 성숙도 : 주기적으로 아두 대횡경선과 대퇴골을 측정하면 잘못된 임신주수 산정으로 인한 태아발육지연과 실제적인 태아발육지연을 구별할 수 있음
		  ㉠ 대칭적 태아발육지연 : 전 임신기간 동안 나타나며 성장이 느려지는 유전적 요인이 있거나 자궁내 감염, 나쁜 영양상태, 심한 흡연, 염색체 이상이 있는 경우
		  ㉡ 비대칭성 태아발육지연 : 임신 후기에 잘 나타나며 원인은 고혈압, 신장질환, 심장질환으로 인한 태반기능부전임
		④ 태아의 해부학적 평가
		  ㉠ 재태기간에 따라 머리(뇌실, 혈관), 목, 척추, 심장, 위, 소장, 간, 방광, 사지 등의 정상적인 해부학적 구조뿐만 아니라 심각한 태아기형을 확인할 수 있음 : 제태기간 36주 이상 되면 초음파촬영으로 모든 심각한 기형의 85% 이상 확인가능
		  ㉡ 목덜미 투명대 검사
		⑤ 태반의 위치와 기능 : 임신 1기에는 태반의 크기가 작아서 자궁내막과의 차이를 알기 어려우며, 임신 14~16주 이상 되어야 명확하게 구분됨
		⑥ 태아의 환경사정 : 양수의 양, 태반의 위치와 기능, 도플러 혈액분석, 생물리학적 계수, 변형된 생물리학적 계수
		⑦ 양수천자와 같은 침습적 검사 시행 시 합병증을 줄이기 위한 가이드로 활용되기도 함

	검사준비	**복부 초음파** ① 방광을 비우지 말고 팽만된 채로 검사 시행 : 자궁을 복부 앞쪽으로 밀어내서 검사 용이함 ② 검사체위 : 앙와위 **질식 초음파** ① 방광을 비운 상태에서 실시해야 함 ② 검사체위 : 쇄석위

	시기별 적용
	임신 1기
		① 임신의 진단
		
		        | 정상 자궁내 임신 | 임신낭, 난황낭, 배아, 배아의 수, 태아크기, 태아 심박동 등 |
		        | 비정상 임신 | 유산, 자궁외임신, 임신성 융모질환 등 |
		
		② 임신 주수의 확인
		③ 자궁 및 부속기 확인
		④ 태아목덜미 투명대 두께 측정 20 임용
		  ㉠ 임신 11주에서 13주 사이에 복식 또는 질식 초음파로 검사함
		  ㉡ 확인부위 : 태아의 목 뒤 연조직의 경계와 표면을 덮는 피부조직 경계 사이에 체액이 차 있는 저음영의 피하공간으로 3mm 이상으로 증가한 경우 태아 염색체 이상의 위험이 높음
		  ㉢ 최소 3번 이상 측정한 후 가장 높은 값을 최종결과로 기록함

초음파 검사 12 임용(지문)	시기별 적용	임신 2기	① 분만예정일 확인 ② 태아심음이 없는 경우 ③ 자궁크기 {	임신 주수에 비해 큰 자궁	잘못된 날짜 계산, 다태임신, 자궁의 평활근종, 양수과다증, 선천성 기형	} {	임신 주수에 비해 작은 자궁	잘못된 날짜 계산, 자궁내 성장지연, 선천성 기형, 양수과소증	} ④ 양수지수 확인 : 초음파를 이용해서 산모배꼽 주위 4분원 안의 양수포켓 길이를 측정하여 양수측정, 4 이하는 양수부족을 24 이상은 양수과다를 의미함 ⑤ 출혈이 있는 경우 : 완전전치태반 ⑥ 태아수종 여부 확인

		임신 3기	① 태아심음이 없는 경우
			② 자궁크기
			{| 임신 주수에 비해 큰 자궁
				거대아(임신성 당뇨), 다태임신, 양수과다증, 선천성 기형, 잘못된 분만예정일 |}
				{| 임신 주수에 비해 작은 자궁
					태아 성장지연, 양수과소증, 선천성 기형, 잘못된 분만예정일 |}
					③ 태향 결정 : 둔위, 횡위
					④ 태반 확인
					  ⊙ 전치태반 : 임신이 진행됨에 따라 자궁하부의 신장(extension) 때문에 27주가 될 때까지 진단을 내리기 어려울 수 있음
					  ⓒ 태반성숙 정도를 등급으로 평가할 수 있음 : 태반에 대한 등급평가는 태아의 폐성숙을 평가하고 분만시기를 결정하는 데 도움이 됨, 태반은 칼슘침착을 근거로 하여 0~Ⅲ등급으로 분류함
					{| 등급 0
						임신 1기와 2기의 태반임 |}
						{| 등급 Ⅰ
							임신 30~32주에 나타나며 말기까지 지속될 수 있음 |}
							{| 등급 Ⅱ
								임신 36주 이후에 관찰되며 45%에서 말기까지 지속됨 |}
								{| 등급 Ⅲ
									임신 38주에서 관찰되며 칼슘침착이 상당이 많이 된 경우임 |}
									⑤ 태아수종 여부 확인

임부의 생화학적 검사	4중지표 **3중지표는 인히빈 A 제외	목적	태아 신경관결손증 검사, 다운증후군, 에드워드 증후군의 산전 선별검사
		의의 αFP (알파-태아단백) 20 임용 / 13 국시	① AFP은 임신 13~20주 사이에 태아의 간에서 생성되는 물질, 단백질의 일부가 태아막을 건너 모체순환으로 들어가게 됨(임신 10~14주에는 양수에서 낮은 농도로 있다가 임신 12~14주경에 임부의 혈청에서 발견됨) → 모체 혈액검사 통해 태아 상태를 간접적으로 확인 가능 → 모체혈청에서 AFP를 채취할 수 있는 좋은 시기는 임신 16주와 18주 사이임(∵검사결과가 비정상이라면 임신 16주의 선별검사로 다른 종합검사를 할 수 있는 시기이기 때문임) ② MSAFP 상승 : 이분척추나 무뇌아와 같은 태아신경관 결함, 태아 용혈성 질환, 복벽결함, 식도폐쇄, 선천성 신증, 제대탈장, 양수로의 태아출혈, 양수과소증, 저체중과 태아사망 등의 경우, 정상 다태 임신 시에도 상승할 수 있음 ③ MSAFP 하강 : 다운증후군, 포상기태, 태아사망 등

임부의 생화학적 검사	4중지표 ** 3중지표는 인히빈 A 제외	의의	hCG (인간 융모성 생식선 자극 호르몬)	① 영양막 또는 태반에서 생성되는 것으로, 현재의 임신 상태나 태반의 건강상태를 나타냄 ② 임신 초기 동안 황체기능을 유지하는 것으로 임신을 진단하는데 유용 | 48시간 동안 β-hCG 수준이 증가 (임신 시 48시간마다 2배 이상씩 증가) | 태아가 살아 있음을 의미 | | 48시간 동안 수치가 변화가 없거나 감소 | 유산, 자궁외임신 의심 | | 100일 이후에도 계속 증가 | 포상기태, 융모상피암 | ③ 수정 후 임신 60~90일 경에는 최고수준에 달하고 임신 2~3기에는 상대적으로 낮은 수준으로 떨어짐
			비포합형 에스트리올 01 국시	① 대사를 거친 태아에서 생성되는 에스트로겐의 한 형태로 태아와 태반이 잘 협조하여 기능하는지 확인 : 에스트리올 전구물질은 태아의 부신피질에서 생산되고, 태반에서 에스트리올로 합성되고, 임부의 소변으로 배설됨 ② 약간의 비포합형 에스트리올은 태반을 통과하여 모체 혈액에서 측정될 수 있음 ③ 수치는 8주 근처에 상승하여 분만 직전까지 지속적으로 상승함 ④ 모체 혈청과 소변의 에스트리올 감소는 당뇨, 과숙임신, 고혈압, 임신성 고혈압, 자궁 내 성장지연 등 고위험 임신에서 태아 상태를 평가하는데 사용
			Inhibin A	① 태반에서 생성되는 호르몬으로 모체 혈액내 수치는 임신 14~17주 사이에 약간 감소하고 그 후에 다시 상승함 ② 상승 시 다운증후군 의심
	※ 임신 10~13주 사이에 1차 실시, 16~18주 사이에 2차 실시 | | αFP | estriol | hCG | inhibin A | | --- | --- | --- | --- | --- | | 다운증후군 | ↓ | ↓ | ↑ | ↑ | | 에드워드증후군 | ↓ | ↓ | ↓ | ↓ | | 신경관결손 | ↑ | — | — | — |			
	프로게스테론	① 임신 초기 황체에서 분비, 임신 8주경 태반에서 생성되기 시작 ② 낮은 프로게스테론 수치는 자연유산이나 자궁외임신과 관련 있음			
	태아섬유결합소 검사	① 태아 섬유결합소는 영양배충과 태아의 조직에서 생성되는 당 단백 ② 융모막 탈락막 경계면에 분열이 오면 자궁경부와 질 분비물로 흘러들어감 → 임신 20~34주에 질경부에서 발견되는 태아 섬유결합소는 조기진통 또는 조기파막으로 인해 발생되는 조산 예측하는데 사용			
침습적 검사	양수천자와 양수검사	시기별 확인사항	임신 15~18주	양수천자를 하여 양수 속에 떠 있는 태아세포 채취 → 적당한 조건하에 배양하여 세포내 염색체 검사
			임신 16~20주	양수 내 알파피토프로테인 농도 측정 → 태아의 이상, 특히 신경관 결손 진단
			임신 30~35주경	양수천자를 이용해 레시틴/스핑고마이엘린(2 : 1 또는 그 이상 시 폐 성숙이 되었음을 의미) 등의 사정을 통해 태아 폐 성숙 정도 확인 가능 : 스핑고마이엘린의 농도는 상대적으로 일정하지만 레시틴의 상승으로 L/S율이 증가하면 계면활성제의 생산 증가 의미

침습적 검사	양수천자와 양수검사	검사항목	① 염색체와 생화학적 측정(효소분석, AFP, 혈액형, 세포유전자 검사, 대사장애 및 DNA 검사)을 할 수 있음 ② 양수 내 빌리루빈을 측정 → 용혈성 질환을 사정할 수 있음(정상적으로 양수 내 빌리루빈의 농도는 임신 후반기 점진적으로 떨어져 태아 성숙상태가 되면 존재하지 않음) ③ 양수 내 크레아티닌은 태아신장의 성숙도를 평가할 수 있음 : 모체의 신장질환, 탈수 또는 태아기형이 없을 때 크레아티닌이 1.8mg/dL 이상이면 36주 이상임을 의미함 ④ **지방세포** : 태아의 피부에서 박리된 편평세포와 땀샘에서 나오는 지방세포는 nile blue sulfate 염색을 해서 오렌지색깔을 띠는 지방세포가 20% 이상이면 35주 이상을 의미함 ⑤ **양수내 태변** : 태아가 출생 전에 태변을 배출하는 것은 태아질식을 의미함 　분만 중 태변배출 가능성 : 태아의 성숙으로 일어날 수 있는 정상적인 생리기능이거나 저산소증으로 인한 연동운동이나 괄약근 이완의 결과, 성숙한 태아에서 제대압박으로 인한 미주신경자극의 결과임
		필요한 경우	① 출산 시 산모의 나이가 35세 이상인 경우 ② 이전에 염색체 이상이나 출생 시 결함이 있는 아이가 있는 경우 ③ 부모가 염색체 이상 특히, 염색체 전좌(한 염색체의 일부가 다른 염색체로 옮겨지는 현상)나 상염색체 열성질환으로 진단받은 경우 ④ 반성유전성 질환을 진단받은 여성 ⑤ 신경관 결함의 가족력 ⑥ 현재 임신에서 모체혈청 알파피토프로테인이 상승한 경우 ⑦ 초음파에 의해서 태아이상이 확인된 경우
		위험 및 부작용	질출혈, 자궁경련 또는 양수의 누출, 태아손상, 감염, 유산, 조산 등
	융모막 융모생검 21 국시	융모	임신 8~12주 사이 번생 융모막에서 발생되는 것으로 태아 염색체와 효소, DNA 구성 물질들이 포함되어 있음 → 태아측 결함을 (양수천자보다) 조기에 발견할 수 있으나 신경관 결손을 확인하지는 못함
		시기	임신 9~11주 사이에 실시
		확인사항	태아 핵형의 결함, 혈색소 이상(겸상적혈구성 빈혈 등), 페닐케톤뇨증, 다운증후군, 뒤시엔느 근이영양증 등 확인
		검사 위험 및 부작용	① 양수천자에 비해 유산될 확률 2배 ② 사지 결함 → 9주경 시행했을 경우 발생률이 높으므로 임신 10주 이전에는 시행하지 않는 것이 좋음
	경피적 제대혈액 채취		① '제대천자'라고도 칭하며, 임신 2기와 3기 태아순환에 대한 직접적인 사정을 위해 사용 ② 태아용혈성 질환 위험, 혈우병, 혈색소 이상증, 응고장애, 염색체 이상, 면역결핍증후군, 태아 감염 등을 검사하기 위해 자궁강 내 태아의 제대혈액을 채취

생물리학 계수 (BPP)	① 몇 가지 태아질병을 예시해주는 태아 건강사정의 한 방법 ② 태아심박동률(NST 통해 확인)을 제외한 모든 변수는 실시간 초음파로 측정 ③ 생물리학 계수의 5가지 변수 : 태아심박동수 상승, 태아호흡, 태아움직임, 태아긴장도, 양수량 　㉠ 이 중 가장 중요한 것은 NST와 양수지수임 　㉡ NST는 신경계의 손상 유무를 반영, 양수지수는 신장관류에 대한 정보 제공 ④ 생물리학 계수의 구성요소와 평가기준	

검사	2점	0점
비수축검사 (= 무자극 검사)	20~40분간 관찰 시, 태아의 움직임과 함께 심박수가 분당 15회 이상 상승하면서 15초 이상 지속되는 반응성이 2회 이상 관찰될 때	20~40분간 관찰 시, 심박수의 증가가 없거나 2회 미만 지속되는 것
태아호흡	30분간 관찰 시, 30초 이상 지속되는 율동성 호흡운동(흉벽의 상하운동, 횡격막의 상하운동)이 1회 이상 있을 때	30분간 관찰 시 30초 미만으로 지속되는 호흡운동이 있을 때
태아움직임 (= 태동)	30분간 관찰 시, 3회 이상의 몸통 혹은 사지의 구별된 움직임(몸통회전, 사지운동, 동체의 상하운동)이 있을 때	30분간 관찰 시 3회 미만의 움직임이 있을 때
태아긴장성 (= 근긴장)	30분간 관찰 시, 사지를 뻗었다가 구부리는 운동(사지나 몸통이 펴졌다 다시 구부리는 운동, 주먹을 쥐거나 펴는 손바닥 개폐)이 1회 이상 있을 때	태동이 없거나 펴고, 구부리는 운동이 없을 때
양수량	적어도, 두면에서 2cm가 넘는 양수 포켓이 있을 때	가장 큰 양수 포켓이 수직으로 2cm 이하일 때

⑤ 생물리학 계수의 판정 및 처치 권고안

생물리학계수 점수	판정	처치
10	정상으로 비가사상태	산과처치 필요 없음, 1주 후 재검(당뇨와 과숙 임신 시는 1주에 2회)
8/10, 정상 양수 8/8(비수축검사 안함)	정상으로 비가사상태	산과처치 필요 없음, 계획대로 검사 반복
8/10, 양수과소증	만성 태아가사상태 의심	분만
6	태아가사상태 가능성 있음	양수량이 비정상이면 분만 양수량이 정상이면 36주 이후이고 자궁경부가 양호하면 분만 재검사 6 이하면 분만 재검사 6 초과면 관찰 및 재검
4	태아가사상태 가능성 높음	당일 재검하여 6 이하면 분만
0~2	태아가사상태 거의 확실	분만

태동사정 (임부자가 측정법) 12 임용 / 17 국시	목적, 시기	① 태아의 움직임 통해 생존상태 확인(산소화가 잘 되지 않는 태아는 대개 움직임이 덜함), 중추신경계 기능 간접적으로 평가할 수 있음(임신 28주경부터 시작, 태동은 임신 26~32주에 가장 많음) ② 임부가 태동을 느끼면서 태아를 사정하는 것은 임신 28주경부터 시작함
	장점	① 고위험 임신과 정상 임신 모두에서 비침습적이고 비용 효과적인 측면에서 신뢰도가 높음 ② 특별한 위험인자가 없는 임부에게서 태아의 문제가 있음을 일찍 발견하게 해줌 ③ 임부에게 편리한 평가방법이며 태아의 상태에 대한 엄마의 인식을 확인하게 해줌
	단점	다음과 같은 변수들 때문에 태동횟수를 판독하는 것이 어려워짐 ① 태아가 쉴 때는 태동이 감소 ② 태동에 대한 인식은 임부마다 다름, 심지어 같은 임부라도 때에 따라 다름 ③ 하루 중 시간대에 따라 태동이 달라짐(아침에는 적고 오후에는 증가함) ④ 임부가 먹는 약물(알코올, 담배, 헤로인, 코카인, 메타돈)이 태아의 활동에 영향을 끼침 ⑤ 임부가 태동을 잘못 평가하여 정보로서의 가치가 없을 수도 있음
	임부 교육 내용	① 태아 움직임이 평소와 다르게 감소되었다는 것을 아는 즉시 병원에 연락해야 한다는 것을 임부에게 교육 ② 어떤 방법이든지 임부가 편하다고 생각하는 방법을 사용함 ③ 대부분의 임부들은 왼쪽으로 누워 있을 때 태동을 가장 많이 느낌

태동사정 **(임부자가** **측정법)** 12 임용 / 17 국시	카디프 방법 (cardiff count to ten method)	측정법	임부가 눕거나 앉아서 태아의 움직임이 10회가 될 때까지 시간기록(매일 아침 처음 10회의 태동을 세는 방법)	
		판단 기준	① 일반적으로 1시간 이내에 3회 이상 태동을 느끼면 아기가 건강한 상태임 ② 12시간 동안 전혀 태동이 없으면 경고 징후로 받아들여야 함 ③ 1시간 이내에 2회 이하로 태동을 느끼면 병원을 방문하여 태아의 건강상태를 평가하기 위한 검사(무자극 검사, 자궁수축 검사, 생물리학적 검사 등)를 해야 함	
	사도브스키 방법 (sadovsky technique)	측정법	식사 후 1시간 동안 좌측위로 누워서 태동에 집중(매일 식사 후마다, 하루에 3회 태아가 움직이는 시간을 측정하는 방법)	
		판단 기준	① 1시간 이내에 4회 태동을 느끼면 정상 ② 만일 정상이 아니면 다음 1시간 동안 움직임을 관찰하여 2시간 후에도 4회 태동이 느껴지지 않으면 의료인에게 연락해야 함	
산전 **태아심박동** **모니터링** 11,13,14,15, 19,20,21 국시	태아심음 청진 17 임용	목적	태아의 건강상태를 파악하기 위한 것으로 태아심박수, 리듬, 변화의 유무를 태아심음 청진을 통해 확인	
		기구	태아심음청진기	임신 18~20주부터 청취 가능
			초음파청진기	임신 10주부터 청취가능, 기구의 위치는 치골결합의 상부중앙에 놓고 약간의 압력을 주어야 함
		부위	선진부에 따른 부위	두정위(후두위)나 둔위 / 태아의 등을 통해서 잘 들림
				안면위 / 태아의 흉골을 통하여 잘 들림
			임신 주수에 따른 부위	20~28주 / 제와 바로 아래에서 잘 들림
				30주 이후 / 좌전방두정위(LOA) / 제와와 좌측전상골극과의 중간 지점
				좌후방두정위(LOP) / LOA보다 5cm 바깥쪽으로 떨어진 부위
				우전방두정위(ROA) / 제와와 우측전상골극과의 중간 지점
				우후방두정위(ROP) / 옆구리쪽에서 잘 들림
		청취 방법	청진기에 젤 바르기 → 청진기로 태아의 심음이 잘 들리는 부위에서 1분간 태아 심박수 측정	
		정상 범위	1분에 120~160회 사이에 있어야 하며 태반기능이 충분하다면 분만 동안 일정한 수준을 유지해야 함 ** 태아심음이 1분에 100회 이하나 160회 초과 시 이상상태를 의미함	
	태아심음 감시	임신 3기에 정기적인 태아심박동 모니터링은 고위험 임신에서 태아 건강을 평가하기 위한 일반적 방법임		
			무자극검사 (NST) 22,25 임용 / 21 국시	검사목적 25 임용 / ① 태아 건강상태 평가 ② 태아의 움직임에 대한 태아심음의 반응으로 태아심박수가 증가하는 태반호흡기능 사정 22 임용 ③ 임신 시 자궁태반관류장애 결과로 나타나는 태아저산소증 위험을 알기 위한 검사
				검사법 / ① 분만 진통 개시 후, 고위험임신에서 산전진찰 시 시행함 ② 반좌위 또는 좌측위에서 20~30분간 검사 실시, 태아의 건강상태 평가요소 : 태동, 태아심박수

산전 태아심박동 모니터링 11,13,14,15, 19,20,21 국시	태아심음 감시	무자극검사 (NST) 22,25 임용 / 21 국시	결과해석	반응 (정상) 25 임용	20분 동안 태아심음이 기준선보다 15박동 이상 상승하여 15초 이상 지속되는 것이 2회 이상 나타나는 경우 : 건강한 태아를 의미함
				무반응	① 20분 동안 태아심음이 기준선보다 15회 이상 상승하지 않거나 15초 이상 지속되지 않는 경우 : 태아 건강문제를 의미함 ② 원인 : 태아저산소증, 태변착색, 양수과소, 태아산혈증, 선천성 기형 등 ③ 태아가 수면상태일때는 40분 이상 검사를 시행할 수 있음
		태아청각 자극검사 또는 진동청각 자극검사	① 태아의 움직임을 자극하기 위해 임부의 복부에 소리와 진동을 적용하여 산전 태아심박동 양상을 평가 ② 태아가 수면 중인 경우 NST검사에서 정상적으로 무반응 나타날 수 있고 최대 70분간 지속될 수 있음 ③ 질식 때문에 움직이지 않는 불건강한 태아와 휴식 중인 건강한 태아의 구별 어려움 → 이 경우 진동청각자극검사는 NST 결과 해석을 적시에 할 수 있도록 도와줌		
		자궁수축 검사 (CST)	검사목적		① 인위적으로 자궁에 수축이 오게 하여 자궁에 흐르는 혈액의 양과 태반관류의 양을 감소시켜 이러한 감소에 잘 대처하는지 평가 ② 태아심음의 반응을 봄으로써 태아상태 평가(자궁-태반 간 순환 이상 확인)
			검사시기		① 임신 28~34주 사이에 시행함 ② 임신 28주 이전에 시행하지 않음 : 재태연령이 너무 낮은 태아에서 결과의 정확성이 명확치 않음
			검사법	옥시토신 자극 자궁수축 검사	옥시토신을 정맥주사하여 자궁수축시키고, 태아심박동 양상 확인
				유두자극 검사	유두를 자극으로 옥시토신 분비하게 하여 자궁수축 시 태아심박동 양상 확인
			적응증		자궁내 성장지연, 당뇨병, 과숙임신, 무자극검사에서 무반응 시, 생물리학 계수 검사에서 비정상적인 경우
			금기증		임신 3기 출혈, 제왕절개술 기왕력, 조기파막, 조기진통, 자궁경부무력증 또는 쉬로드카술 적용자, 다태임신, 양수과다증
			결과해석	음성	10분 이내에 40~60초간 지속되는 자궁수축이 적어도 3회 이상 있으며 후기감퇴가 없는 경우 : 건강한 태아를 의미함
				양성	① 수축의 절반 이상에서 지속적인 후기감퇴가 있을 경우 ② 10분 동안 3회 수축과 함께 후기감퇴가 있는 경우
	기타	① 태아두피자극 ② 태아두피혈액 pH 검사			

2 분만 중 태아건강사정

태아심음 청진	① 분만과정과 관련하여 발생할 수 있는 스트레스에 대한 태아측 반응은 태아심박동수 분석으로 파악 ② 일반적으로 태아심음은 태아의 등 부위에서 가장 잘 들을 수 있음 ③ 분당 심박동수가 160회 이상이거나 100회 미만, 불규칙적인 박동이 청진되는 것과 같은 비정상적인 심박동이 있는지 확인 ④ 자궁수축이 있는 동안 산소공급장애로 인한 태아심음의 하강과 같은 위험요인을 파악할 수 있으므로 자궁수축이 있는 동안과 수축이 끝난 지점에서 태아심음 사정이 매우 중요함
전자 태아감시장치 23 임용(지문)	① 태아심음을 지속적으로 관찰 → 태아심박동수의 특성을 관찰하고 평가하는데 이용 ② 외부전자감시장치 중 자궁수축변환기는 자궁저부에 두고, 자궁수축상태에 따른 태아심박동수의 변화양상을 지속적으로 파악할 수 있어 분만 동안 태아의 스트레스 정도를 확인하는데 매우 유용함
태아심음 양상	① 심음의 기본선, 심음의 변이성과 자궁수축으로 인한 스트레스 반응으로 나타나는 태아심박동수의 변화 등을 사정함으로써 평가 ② 태아심박동은 태아 자율신경계에 의해 조절 / 교감신경계 반응의 증가는 태아심박동의 상승을, 부교감신경계 반응의 증가는 태아심박동의 하강을 유발 　→ 대개 자궁수축 동안 교감신경계와 부교감신경계가 균형 있게 작용, 눈에 띄는 태아심박동수의 변화는 없음 ③ 태아심박동수의 기본선 : 10분 동안의 태아심박동수 평균값 ④ 기본선의 가변성 : 태아의 심장과 신경계의 기능을 나타내는 지표 ⑤ 태아심박동의 주기적 변화 : 상승, 하강(조기하강, 후기하강, 가변성하강)

FHR 기본선 변화	정상	만삭 시 평균 110~160회/분 20,21 국시
	빈맥	평균 160회/분 이상으로 10분 이상 지속 시
	서맥	평균 110회/분 이하로 10분 이상 지속 시
	변이성	부교감신경계와 교감신경계가 균형을 이루는 상호작용 변이성 소실 : 잠정적 태아질식 징후

FHR 주기적 변화 07,10,11,13, 14,15,19,20, 21 국시	자궁수축과 관련된 태아심박동수의 증가 또는 감소 상태		
	주기적 증가	교감신경계 지배적인 반응에 의함	
		양상	태아심박수가 기준선보다 높게 나타남
		모양	자궁수축 모양과 비슷
		원인	태아의 자연스런 움직임, 자궁수축, 둔위 등
		임상적 의의	태아의 안녕을 의미, 각성상태

FHR 주기적 변화 07,10,11,13, 14,15,19,20, 21 국시	주기적 감소	부교감신경계 지배적인 반응에 의함. 양성일 수도 있고 비정상일 수도 있음	
		조기 하강	
		정의	자궁수축과 관련하여 시각적으로 분명하게 태아심박동이 감소하였다가 기저 태아심박동수로 다시 회복되는 것
		양상	태아심박동수가 기준선보다 낮게 나타나며, 자궁수축과 함께 시작하여 자궁수축이 끝나면 기준선으로 회복 ① 감속속도는 자궁수축강도에 비례함: 태아심음이 최저로 하강하는 시기는 자궁수축이 최고점에 도달하는 시간과 같음 ② 기준선보다 100~110bpm, 20~30bpm 아래로 떨어지는 경우는 거의 없음
		원인	자궁수축이 일어나는 동안 아두압박 → 미주신경이 자극받아 일어남
		임상적 의의	정상이며 양성이므로 중재가 필요 없음
		후기 하강 (만기 하강) 23 임용 / 22 국시	
		정의	자궁수축 최고점이나 그 이후에 시작하여 수축이 끝난 후에야 기준선으로 돌아가는 태아 심박수의 부드럽고 점진적이며 대칭적인 감소
		양상	태아심박수가 기준선도다 낮게 나타나며, 자궁수축 초정점 이후 하강을 시작해서 자궁수축이 끝난 후에 서서히 회복
		원인	자궁태반관류장애(자궁수축이 일어나는 동안 융모간강을 통해 태아에게 전달되는 혈액과 산소공급이 원활하지 않아 발생): 자궁내 심계항진, 모체의 앙와위자세, 경막외 또는 척추마취, 전치태반, 태반조기박리, 고혈압성 질환, 과숙아, 자궁내 태아성장지연, 당뇨, 양막내 감염
		임상적 의의	태아질식(= 태아절박가사), 태아저산소증, 산독증, 아프가 점수 저하 등
		간호중재	① 모체 저혈압 교정: 좌측위로 모체 체위변경, 다리상승, 정맥수액 공급 ② 자궁수축제 투여중단 ③ 산소공급 ④ 즉시분만 시행

FHR 주기적 변화 07,10,11,13, 14,15,19,20, 21 국시	주기적 감소	후기 하강 (만기 하강) 23 임용 / 22 국시		
		변이성 하강 23 임용 / 21 국시	양상	자궁수축과 관련없이 태아심박동의 일시적·급격히 하강하는 현상, 태아심박동의 감소가 일어나는 시점에서 최정점에 이르는 시간이 30초 미만으로 갑자기 나타남
			원인	제대압박(→ 태아의 말초혈관 저항이 증가 → 태아 산소분압 저하되고 이산화탄소 분압은 상승하여 미주신경 자극 → 태아심박동수 저하) : 태아와 모체골반 사이에 제대가 끼인 모체 체위, 제대가 태아의 목 등을 감고 있을 때, 짧은 제대(제대의 매듭, 제태의 탈출)
			임상적 의의	모든 분만의 50%에서 발생, 심한 경우 태아질식, 태아저산소증, 산독증, 아프가 점수 저하 등
			간호중재	① 모체 체위변경 ② 자궁수축제 중단 ③ 산소공급 ④ 분만 시행
			모양	V, W자 또는 U자 모양

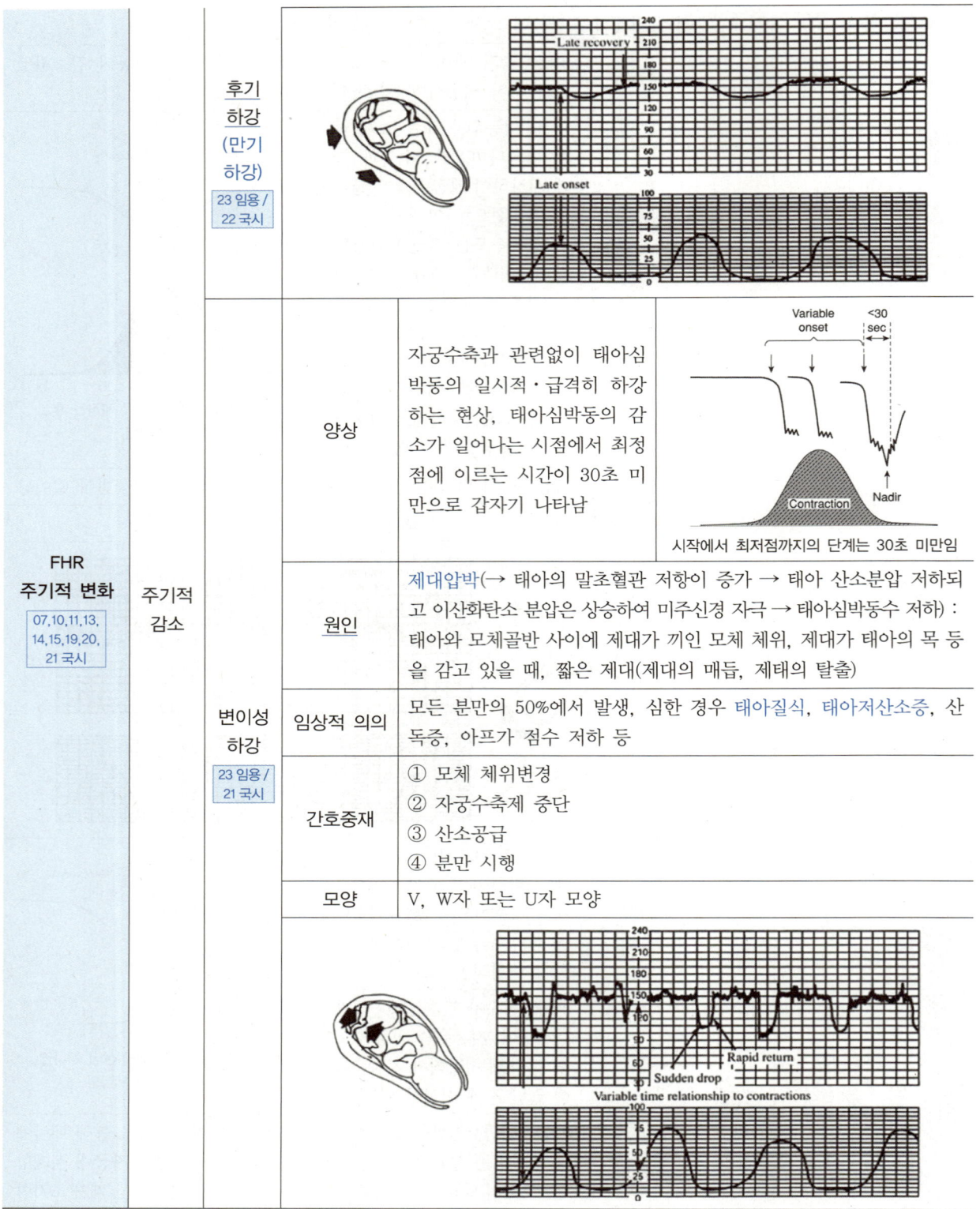

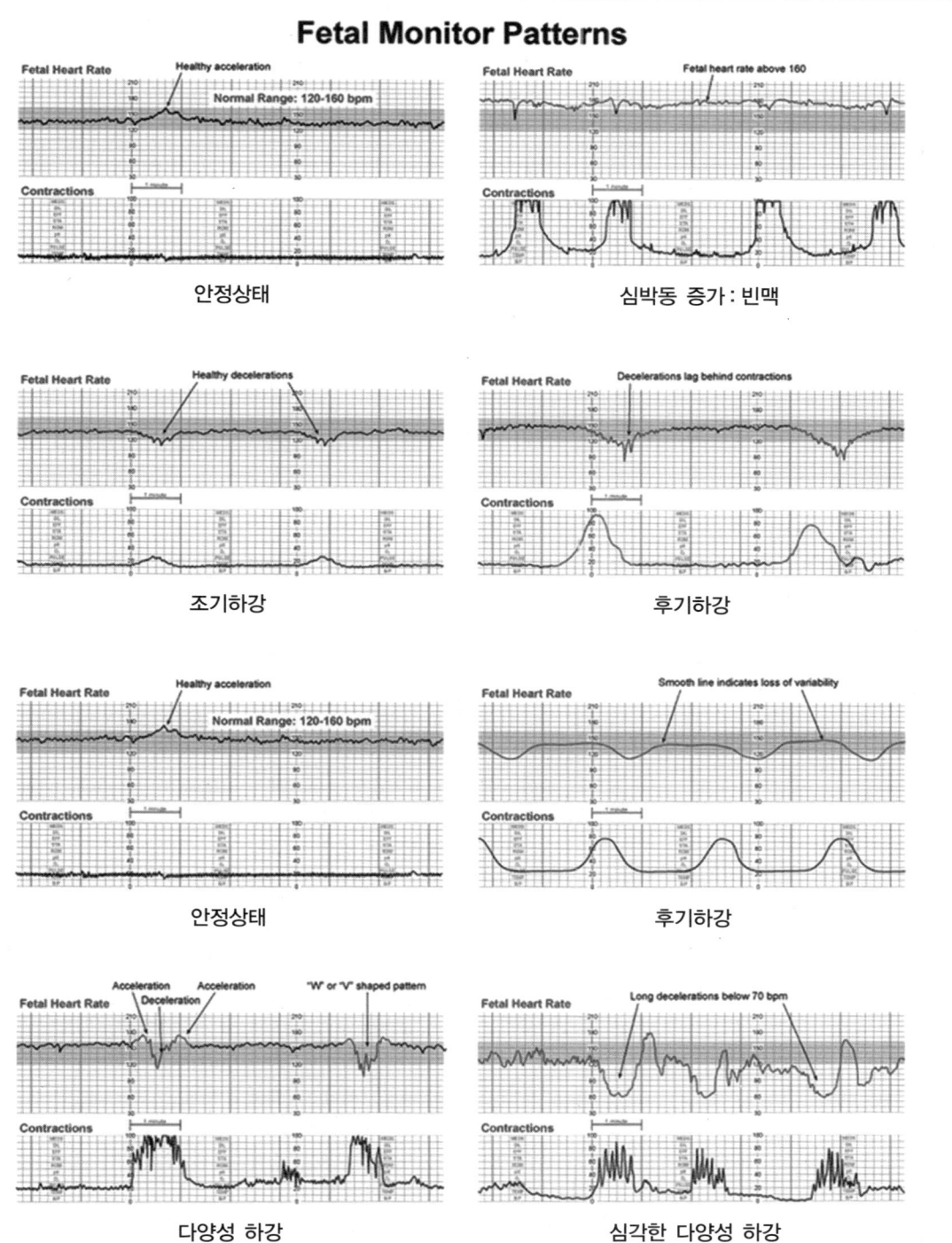

※ 조기하강과 후기하강의 차이점
- 조기하강에서 태아심박수는 자궁수축이 시작되면 느려지고 수축의 끝에서 기준선으로 돌아옴. 조기하강은 태아의 머리압박에 의해 초래되고 안심할 수 있음
- 후기하강은 자궁수축이 끝난 후에까지 기준선으로 돌아오지 않음. 후기 태아심박동 감소는 자궁태반관류 감소와 관계가 있고 안심할 수 있는 징후가 아님

7 고위험 임신

(1) 모성 사망		
정의		임신 기간과 출산 후 42일 이내의 사망
주요 원인		모성사망 3대 원인 : 분만 직후 출혈, 고혈압성 장애, 색전증 93 임용
위험 요인	산부연령	일반적으로 모성 연령 20~24세의 사망률이 가장↓, 20세 미만과 35세 이상에서 급격히 증가하는 경향
	전신마취	전신마취 시 모성 사망 증가
	고혈압성 질환	① 자간전증이 자간증으로 진전될 경우 경련 후 혼수상태로 빠지거나 사망할 수 있음 ② 중증 만성 고혈압으로 인한 모성사망률은 0.5~2% ③ 자간전증은 태아 사망이나 주산기 사망을 초래, 원인은 주로 태반기능부전과 태반조기박리
	제왕절개 분만	직접적인 사망률은 1% 이하이나 전신마취, 패혈증, 혈전증 등의 수술 합병증으로 질식 분만의 경우보다 사망위험 증가
	심장질환	선천성 심장질환과 기타 폐고혈압인 임부는 모성사망률이 높음

(2) **고위험 임신** : 임신으로 인해 모체의 생명이나 건강 또는 태아에게 독특한 질병이 초래되는 위험

고위험 임신의 모체 요인	일반적 과거력	사회경제적 수준		낮을수록 주산기 이환율과 사망률 증가와 관련됨
		연령	20세↓ 96 임용	① 생식기 미성숙과 아내로서의 정서적 미성숙으로 인해 어머니 역할 획득이 어려울 수 있음 ② 조산, 저체중, 자궁기능부전, 태아사망, 신생아 사망의 위험이 큼 ③ 나이 어린 임부의 첫 임신 시 합병증 : 빈혈, 임신중독증, 저체중아 출산 등이 나타날 수 있음 ④ 높은 출산사망률, 저체중 출산 등의 위험이 있고 골반 크기가 완전히 자라기 전에 출산을 하면 난산의 원인이 될 수 있음 ⑤ 성장호르몬과 성호르몬이 왕성하게 분비되는 시기인데, 임신 기간 중 호르몬 변화를 겪음으로써 성장이 억제 됨
			35세↑	① 난자의 수와 기능저하로 임신능력 감소, 임신 초기 유산 ② 유전적 문제(태아염색체 이상은 임부연령과 직접적 연관 있음) ③ 내과적 합병증(고혈압, 당뇨, 자간전증의 발생 가능성↑) ④ 다태임신(나이 증가에 따라 증가) ⑤ 산전 합병증 증가(출혈 : 태반조기박리나 전치태반 관련, 조산, 조기파막, 자궁내 태아사망 등) ⑥ 분만합병증(둔위분만 증가, 비정상적인 분만가능성, 높은 제왕절개술 등), 태아 이환율과 사망률↑
		중독	담배	태반조기박리, 전치태반, 임신 중 출혈, 조기파막, 조산, 자연유산, 영아 돌연사망증후군, 저체중아, 유즙감소, 호흡기 질환 등
			약물	① 코카인 사용으로 태반조기박리/저체중아 출산/조기분만/신생아 금단증상/신경행동적 이상 등 초래 ② 아편제 사용으로 신생아 금단증상/저체중아 출산/태아사망 초래 ③ 마리화나 사용으로 저체중아 출산/선천적 기형과 관련 있음
			알코올	모체 건강뿐 아니라 태아에게 태아알코올증후군 초래
			카페인	저체중아 출산 가능(자연유산이나 선천적 기형발생 위험을 증가시키지 않음)

고위험 임신의 모체 요인	일반적 과거력	취업		스트레스를 받는 직업이나 업무의 경우 조산발생 우려↑
		환경적 요인	유해화학물질	두통, 오심, 어지러움 유발
			방사선 물질	자연유산, 출생 시 결함, 백혈병 초래 등
			수은	태반을 잘 통과하여 태아의 신경학적 발달이상 초래
	산과력	임신력	미산부	임신성 고혈압, 심한 신체적 변화와 스트레스 질환, 임신에 대한 정보부족이나 임신과 관련된 합병증
			경산부	출산력 5회 이상인 다산부, 전치태반, 자궁무력증으로 인한 산후 출혈
		조산		조산 재발률은 25~40%
		4kg 이상의 신생아		① 당뇨병의 기왕력과 관련 ② 질식분만의 어려움으로 제왕절개 가능성↑ ③ 신생아에게 저혈당 등의 출산 합병증
		주산기 사망		
		선천적 기형		추후 선천적 기형아 출산위험 증가 → 다음 임신에서 예방적 관리, 유전상담
		자궁외임신		재발 가능성이 높으므로 임신 6주경 초음파 검사 등을 통해 확인하기
		제왕절개		
		출혈		임신 중의 출혈은 조산을 초래키도 함
		임신성 고혈압		가족력 관계 있음. 다음 임신 시에도 발생가능성↑
	가족력	모계		고혈압, 다태분만, 당뇨병, 자궁섬유증, 자간증
		모계와 부계		지적장애, 선천적 기형, 선천적 청각장애, 알레르기
고위험 임부 관리	간호 진단	불안		임신 중의 내과적 중재, 임부 자신과 태아의 안전과 관련된
		영양변화		① 지속적인 구토로 인한 음식과 수분섭취의 불충분과 관련된 ② 활동 제한으로 인한 식욕감퇴와 관련된
		체액부족의 가능성		① 전치태반, 태반조기박리, 자궁외임신 등으로 인한 과다한 출혈과 관련된 ② 지속적인 구토와 관련된 ③ 자간전증으로 인한 조직 내로의 체액 이동과 관련된
		임부손상 가능성		① 자간전증으로 인한 중추신경계 불안정 상태와 관련된 ② 활동 제한으로 인한 근위축과 체위성 저혈압과 관련된
		태아손상 가능성		① 감염으로 인한 모체 체온상승과 관련된 ② 태반조기박리, 자간전증, 감소된 심박출량과 관련된
	간호 중재	① 고위험 임부와 가족들에 대한 지지 ② 내과적 치료와 관련된 스트레스를 줄여줌 : 가정관리도모, 지지그룹 형성, 여러 분야 전문가와 협력하여 임부관리, 스트레스 요인을 규명하여 해결 ③ 출산 후 애착과정을 돕기 위해 가족이 함께 할 수 있는 기회마련		

(3) 다태임신

정의	둘 이상의 태아를 임신·분만						
원인	유전, 고령임신, 불임환자의 생식조작, 자궁기형 등						
종류	일란성	하나의 수정란이 발달 초기에 두 개의 배아로 분할되어 성숙					
	이란성	두 개의 난자에 각각 수정되어 발육					

구분		태반	융모막	양막	유전형질	성	외모	혈액형
일란성		1	1	1	같음	같음	같음	동일
		1	1	2				
이란성		2	2	2	다름	같거나 다름	다름	다름

영향 (= 문제점)	모체	① 태아의 철분요구량 증가로 빈혈발생 위험이 큼 : 순환혈액량 증대, 태아발육에 따른 철의 수용증대로 모체의 철분결핍성 빈혈 발생 ② 전치태반의 빈도 증대(태반면적 확대로 태반의 면적이 커서 내자궁구까지 덮어 전치태반이 발생할 수 있음) ③ 태반 조기박리될 위험이 큼 ④ 자궁기능부전 : 과도한 자궁 증대 　→ 자궁수축이 생기기 쉽고 분만에 이르게 되어 유산과 조산이 흔히 발생됨 　→ 자궁벽의 과도한 신전 때문에 자궁수축이 약해 분만 시 진통이 미약할 수 있고, 분만 후 자궁무력증이 초래될 수 있음 ⑤ 양수과다증, 자간전증의 빈도 증가 : 순환혈액량 증대에 따른 모체의 순환과 신기능에 과도한 부담으로 인해 자간전증과 HELLP 증후군이 발생될 수 있음 ⑥ 인접 장기, 골반혈관계 압박 증가(앙와위 저혈압 증후군이 더 빨리, 더 뚜렷하게 나타남) ⑦ 정신적 문제 : 두려움과 공포(조산아 출산, 출산 후의 양육) ⑧ 피로 : 혈액량 증가로 심장의 작업량을 증가시켜 피로와 활동장애를 가져옴 ⑨ 자궁의 압박이 더 커지면 부종과 경미한 단백뇨가 나타나기도 함
	태아 11 임용 / 22 국시	① 정상 분만한 단태아에 비해 체중 저하 : 이를 예방하기 위해 단태임신보다 300kcal 더 섭취해야 함 ② 선천성 기형 발생률 2배 이상 높음 ③ 태아 위치 이상 ④ 조산(과도한 자궁증대로 인해 자궁수축이 생기기 쉽고 분만에 이르게 되어 흔히 발생됨) 　→ 호흡곤란증 ⑤ 쌍태아 간 수혈증후군 : 융모막이 하나인 태반에서 동맥과 정맥 간의 문합발생으로 마치 한 태아에서 다른 태아로 수혈을 해주는 것과 비슷한 상태가 되는 것임(한 태아의 동맥과 다른 태아의 정맥 연결되어 혈류를 공급하는 태아는 혈액이 부족하고, 혈류를 받는 태아는 혈류과다로 심부담이 증가함) | 한 태아 | 과다혈증, 다혈증, 선천성 심장기능부전 | |---|---| | 다른 태아 | 작고 창백, 혈액량 감소, 자궁내 성장지연 |
진단	자궁크기	임신 주수에 비해 크고, 자궁 성장 속도가 빠름
	복부촉진	두 개의 아두나 태아 부분이 여러 개 촉진됨
	심음	서로 다른 두 개의 태아심음
	초음파	두 개 또는 그 이상의 태낭 확인
다태 임신 시 산전 교육내용 11 임용	전치태반	임신 후반기 이후에는 복부 통증을 동반하지 않는 질출혈을 확인함
	휴식	① 탄력스타킹이나 임부용 타이즈를 착용하여 하지 정맥류를 예방함 ② 자궁 및 신장의 혈액순환을 증진시키기 위해서 옆으로 누운 자세에서 침상휴식을 취하도록 함 ③ 적절한 휴식과 활동을 계획해서 실천하게 할 것
	양수 과다증	① 압박감소를 위해 체위변경을 자주 시행 ② 음식은 적은 양을 자주 섭취 ③ 휴식 시 베개나 방석으로 자궁을 지지하게 함
	임신성 고혈압	모체 혈량 증가로 임신성 고혈압의 위험이 있으므로 더 자주 세밀한 건강사정을 하고 증상이 나타나면 초기에 적절히 치료하도록 함
	식이 및 체중 조절	① 체중은 정상임부보다 50% 정도 더 증가하는(총 16~20kg) 범위 내에 있도록 하고 열량은 정상임부 요구량에 300kcal를 더 증가시킴 ② 단백질은 1.5g/kg으로 증가시키고 철분과 비타민 제제를 복용하도록 함
간호중재	산전관리	① 임신 중기부터 2주에 1회 정기적 산전관리 ② 체중 : 단태 임부보다 50% 더 증가　　　　③ 산전교육
	분만관리	① 첫 번째 태아의 선진부에 의존 : 두정위는 질 분만 가능, 둔위는 제왕절개분만 ② 자궁수축을 확인하여 산후 출혈을 예방해야 함

8 임신 초기 출혈성 합병증 - 유산 17 임용(재문)

정의	태아가 생존력을 갖기 전에 임신 종결되는 것으로 태아 몸무게가 500g 미만 또는 재태기간 20주 미만일 때를 말함
원인	**초기 자연유산**: 임신 12주 이전에 발생, 비정상적 배아 및 영양막 결함, 내분비 불균형, 유전적 요인, 감염 등으로 발생
	후기 자연유산: 임신 12~20주에 발생, 고연령, 다산력, 생식기 이상(자궁경관무력증 등) 등으로 발생

유형 및 간호 13,16 국시

종류	출혈량	자궁수축	자궁내구	관리
절박유산 06 국시	약간, 점적	경함	닫혀 있음	• 임신 초기 약간의 질출혈 시 적절한 치료(자궁수축억제제), 침상안정 → 임신유지 가능 00,04,19 국시
불가피유산 03,07, 13 국시	중등도	중등도	열려 있음	• 소파술로 신속히 임신을 종결시켜 출혈을 조절해줌 • 출혈 & 감염 예방 위해 소파술 후 수혈, 항생제 투여
	조직배출 없음			
불완전유산 20 국시	심함	심함	열려 있음	
	일부 조직배출 있음(양막파열)			
완전유산	약간	경함	닫혀 있음	• 자궁수축이 잘되어 출혈이 없고 감염되지 않았으면 더 필요한 간호는 없음(태아/태반이 모두 유출) • 자궁수축제 3~5일간 투여 • 출혈 시 수혈, 철분공급 • 성생활 3~4주간 금함 • 휴식, 3~4개월 이후 재임신 고려
	수태산물의 완전배출			
계류유산	없음, 점적	없음	닫혀 있음	• 태아사망 후 자궁내 산물이 1개월 내에 자연적으로 배출되지 않으면 적절한 방법으로 임신종결 • 퇴행성 변질 - 혈액응고요소검사 → 12주 이상 된 태아가 사망 후 5주 이상 남아 있을 때 → 저섬유소원증에 의한 파종성 혈관내 응고와 혈액응고 장애로 조절되지 않는 출혈 초래
	조직배출 없음			
패혈성유산	불쾌한 냄새	다양함	다양함	• 즉각적인 임신의 종결이 요구됨 • 경관내 균 배양과 민감성 검사 → 광범위 항생제 치료시작
습관성유산	다양함	다양함	보통 열림	• 3회 이상 연속적으로 유산 ◆ 자궁경관무력증이 원인인 경우가 많음 02 국시

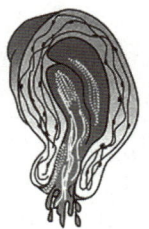
불완전유산

완전유산
(배출된 수태산물)

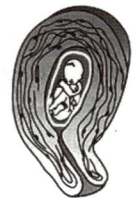
계류유산

[자연유산의 유형]

9 임신 초기 출혈성 합병증 – 자궁외임신 93/96(보기),17 임용

정의	① 자궁강 이외의 부위에 수정란이 착상된 경우 ② 임신 1기 모성사망 및 불임의 주원인 ③ 위험성 : 진단과 치료가 늦어지면 심한 출혈과 관련된 합병증으로 사망에 이를 수 있음	
호발부위	난관의 팽대부와 협부(95%) 17 임용 그 외 자궁각, 복강, 자궁경관 등	
원인 04,09 국시	① 난관이 좁아졌거나 난관점막이 수정란에 대한 수용력이 증가되어 발생 → 즉, 수정란의 운반이 지연되어 자궁강에 도달하기 전에 영양막이 발달되거나 난관 자체가 조직학적으로 자궁내막과 같은 탈락막 반응을 함으로써 난관임신이 되기도 함 ② 난관임신인 경우 난관은 탄력성이 없어 태아를 임신 말기까지 수용할 수 없으므로 난관벽이 파열	
위험요인	① 성병이나 골반염의 과거력　　② 자궁외임신의 과거력 ③ 난관수술의 과거력　　④ 골반수술이나 복강수술 후 유착 ⑤ 여러 번의 인공유산　　⑥ 연령 : 25~34세 이외의 임부 연령 ⑦ 자궁내막증　　⑧ 프로게스테론이나 에스트로겐 복용 중 ⑨ 시험관 수정　　⑩ DES에 노출된 환자로 선천성 기형이 동반된 경우 ⑪ 난관의 선천성 기형　　⑫ 자궁내장치(IUD)를 사용하고 있는 경우	
증상 07 국시	3대 증상	무월경, 복부통증, 약간의 질출혈(착상부위에 따라 증상, 징후가 달라짐) 17 임용(지문)
	월경	약간 변형(소량이거나 없음 – 착상이 난관의 측방 끝에서 일어나는 경우 월경을 하지 않고 2~3주 안에 난관 파열이 일어날 수 있음)
	통증	① 부속기 팽만감 ② 복부 골반통 : 난관이 늘어나면서 일측성 압통 및 경련 → 파열 후 산통으로 진행됨 ③ 월경을 거른 후 3~5주 내에 복통 발생 ④ 견갑골 아래로 번져가는 방사통 : 출혈이 복부로 흘러가 횡격막 신경이 자극을 받았음을 의미
	오심, 구토	가끔 있다가 파열 후엔 자주 있음
	난관파열 98,04 국시	50% 이상에서 난관파열 동반(맹낭천자에 응고되지 않은 혈액검출, 마지막 월경 후 6~8주 정도에 수정란이 파열되면서 칼로 찌르는 듯한 심한 하복부 통증, 암갈색의 질출혈, 어지러워하며 쓰러지고, 목이나 어깨 통증을 유발함)
	Cullen's sign	제와부위의 점상출혈 → 저혈량성 쇼크(혈액이 복막자극 통증유발, 횡격막을 자극하여 이환된 쪽에 방사된 견갑통이 발생키도 함)

- 맹낭 : 질과 직장 사이의 복강 일부분
- 천자방법 : 질–후질원개로 바늘삽입

[맹낭천자]

진단검사 17임용		최종 월경일을 확인하고 약간의 질출혈이 있을 때 실제로 무월경 시기인지에 대한 자세한 문진이 필요함			
	질식 초음파 : 조기진단검사	① β-hCG 검사와 병용 ② 초음파상 자궁내임신이 보인다고 해서 자궁외임신 완전 배제할 수 없음(자궁외임신이 동시에 일어나는 경우가 있기 때문)			
	β-hCG 검사 (소변, 혈청) : 조기진단검사	① 정상보다 낮은 수치인 경우 비정상적인 임신 의심 → 48시간 내에 다시 측정(정상임신 시 48시간 이후 약 2배 상승. 자궁외임신 시에는 그대로이거나 감소됨) ② β-hCG는 있으나 임신낭이 보이지 않으면 자궁외임신이라고 진단해도 거의 무방함			
	혈청 프로게스테론 농도 검사	단일진단기준으로 적용할 수 없음. 그러나 보조적 진단검사로 정상임신보다 낮게 측정됨			
	복강경 검사	자궁외임신의 3~4%는 복강에서 발생됨. 또한 난관파열 시 확인하기 위함			
간호	원인제거	수술	수술방법	① 소파술: 융모가 없는 탈락막이 관찰됨 ② 개복술: 주된 치료법으로 혈액과 응고물 제거하는 것임 ③ 일직선 난관 절개: 난관이 파열되지 않은 경우 임신산물을 제거	
			post OP	유착을 막기 위해 steroid를 투여하기도 함	
		약물 치료	Methotrexate (엽산길항제) 17임용	작용 기전	빠른 속도로 분열하는 세포를 파괴하는데 사용 → 엽산 대사를 방해해서 융모막을 파괴하여 흡수되게 함(난관 개구술과 같은 외과적 치료와 비슷한 결과를 보여줌)
				투여시기 및 방법	임신 6주 이내인 경우 근육 내로 주사 또는 임신 조직(태낭)에 직접 투여
				교육내용	난관에서 임신물이 만출될 때 일시적으로 복통이 있을 수 있음을 교육
				투약 후 관리	2~8주 동안 매주 β-hCG 검사 (β-hCG가 음성으로 나올 때까지 모니터)
				주의 사항	① 감염 위험성이 있으므로 질내 삽입(질 세척, 탐폰, 성교)는 금해야 함: β-hCG가 검출되지 않을 때까지
				금기사항	② 태양노출금지: 약물이 대상자를 감광성으로 만들기 때문에(일시적 부작용) ③ 알코올 섭취를 삼갈 것(간독성 악화우려, 메토트렉세이트의 효과를 떨어뜨림) ④ 엽산이 함유된 Vit 제제는 복용을 피해야 함: 약물 부작용 위험 증가, 자궁외임신 부위 파열
	대증요법	출혈증상 관찰	① 쇼크증상 관찰: 골반·어깨·목의 통증, 현기증, 실신, 질출혈의 증가 ② 저혈량 쇼크에 대한 예방, 조기발견 ③ 실혈과 쇼크에 대비한 수혈 준비		
		통증완화	처방받은 진통제를 투여하고 통증이 분명히 완화되고 있는지 평가		
		정서적 지지	① 임산부와 가족이 겪을 분노, 죄책감, 상실감, 자책감에 대한 정서적 지원이 필요 ② 이용 가능한 지지체계를 확인하고 활용		
	예방	① 자궁외임신의 예방은 불가능함. 그러나 임질의 조기치료로 난관염을 예방하면 자궁외임신을 다소 예방 가능함 ② 재발가능성이 높으므로 다음 임신 추정 시 자궁외임신에 대한 진단받도록 교육할 것			

간호진단	① 임부 및 태아에 대한 위협과 관련된 불안 ② 자궁외임신 파열에 의한 출혈과 관련된 심박출량 감소 ③ 치료 및 합병증에 대한 정보와 관련된 지식부족 ④ 임신상실과 관련된 슬픔의 기대반응 ⑤ 난관팽창, 난관파열이나 외과적 처치와 관련된 통증 ⑥ 출혈과 관련된 감염위험성

10 임신 초기 출혈성 합병증 - 자궁경관무력증 [18 임용]

정의 18 임용 / 08,11 국시		① 자궁목의 구조적, 기능적 장애로 임신 2기에 자궁수축 없이 무통성으로 자궁경관이 개대되어 태아와 부속물 배출되는 임신 전반기 출혈성 합병증 ② 조기 양막파열로 조산, 습관성 유산을 초래함
원인 05 국시	선천성	경관의 길이가 짧거나 자궁의 기형과 함께 나타남
	외상성	① 과거 분만 시 받은 경관열상이나 자궁경부의 외상, 즉 소파술, 원추조직절제술, 전기소작법 등으로 발생됨 ② 임신 시 디에틸스틸베스트롤(diethylstilbestrol, DES)에 노출되어 자궁경부가 비정상적으로 발육되었을 경우 발생가능(이때는 임신이 진행됨에 따라 커지는 태아의 무게를 지탱하지 못하고 경관이 열리게 되어 태아를 잃게 됨)
진단검사 18 임용	질식 초음파	① 임신 20주에 자궁경부의 길이를 측정해서 짧아졌는지 확인(짧은 자궁경부로 25mm 미만이 관찰되는지 확인) ② 경부가 넓어져서 깔때기 모양으로 관찰되는지 확인해야 함(자궁경부가 넓어져 깔때기 모양이나 모래시계 모양을 하고 있거나 자궁경부의 내구가 소실되기도 함) 　cf) 정상 자궁경부는 임신 3기까지 견고하고, 14~22주 정도면 길이가 평균 35~40mm 정도가 되며, 32주가 되면 30mm가 되어 점차 짧아짐 ③ 양막이 질 부위로 돌출되어 양막이 자궁경부를 중심으로 모래시계 모양을 보임
	질경검사	자궁경관이 짧아지거나 깔때기형 변화가 있는지 관찰
증상 18 임용		① 임신 18~28주 사이(임신 2기)에 무통성 자궁경관 개대와 이슬, 골반압박감 증가가 있으면서 양막파열과 함께 조산(배출된 태아는 대부분 생존력을 갖지 못함) [23 국시] ② 일반적으로 자궁경부 부전증 대상자는 분홍색 질분비물이 나온다고 하거나 골반압박감이 증가되었다고 호소함

(1) 내과적 관리 　18 임용(지문)
　① 침상안정
　② 페서리 적용
　③ 항생제, 소염제, 프로게스테론 투여(임신이 시작되면 프로게스테론은 프로스타글란딘 생성을 감소시키고, 임신을 유지시킴. 프로게스테론은 자궁에 작용하여 자궁내막의 증식과 탈락막화에 관여됨. 수정란이 착상되지 않으면 프로게스테론이 쇠퇴되면서 프로스타글란딘이 증가하고, 혈관확장이 되고 자궁의 기능성 내막이 탈락됨)

(2) 경관교정술을 적용 　18 임용 / 08 국시
　① 경관개대와 이완을 예방하고자 경관주위를 묶음
　② 종류

구분	맥도날드 교정술(McDonald)	쉬로드카 교정술(shirodkar)
특징	• 임신 시마다 반복시술	• 반영구 봉합
교정시기	• 임신 4개월 이내	• 임신 14주경(12주 이내 적용하지 않는 이유는 초기 자연유산 시 제거가능성이 있기 때문임)
시술조건	• 태아와 임부의 내분비계 정상 • 양막파열 전 • 경관 3cm 이내로 개대되고, 50% 이상 소실되지 않아야 함	
시술방법	• 봉합사가 자궁경부의 모퉁이 네 곳을 통과하여 자궁경부를 돌려 묶음 • 네 군데에서 봉합사(비흡수성 실 – mersilene)의 일부가 질내로 노출됨	• 자궁경부 전후면 점막의 일부를 절개하여 자궁내구 쪽으로 박리한 후 봉합사(비흡수성 실 – mersilene)가 자궁경부 점막 내로 통과하여 경부를 둘러 묶음
시술 후 주의점	• 난막파열 증상 확인	• 난막파열 증상 확인 • 봉합된 상태로 자궁수축이 시작될 경우 자궁파열이나 경부열상이 발생할 수 있으므로 주의해야 함
봉합사 제거시기	• 임신 38주 이후, 만삭이 가까우면 결찰 풀고 질분만 시행	• 임신 38주 이후, 난막 파열 시에는 봉합사 제거 후 질분만 실시 • 결찰의 위치가 좋고, 경관이 닫힌 상태로 임신이 지속되면 다음 임신을 위하여 결찰은 그대로 두고 제왕절개술을 선택할 수 있음
간호중재	• 난막파열, 자궁수축, 감염증, 출혈, 양막파열, 절박유산 등의 합병증 증상 관찰 　12 국시 • 봉합수술 후 24시간 후 안정 후 서서히 활동요구됨 • 수술 1주일 전부터 수술 후 1주까지 성관계 금지 • 장시간 서 있는 자세 피하도록 교육	

11 임신 초기 출혈성 합병증 – 포상기태(= 포도상기태) 96 임용(보기)

정의	융모막 융모가 어떤 원인으로 수포성 변성을 일으켜 작은 낭포를 형성하는 임신성 영양막 질환 • 임신성 영양막 질환은 태반의 영양막으로부터 기인함 • 임신성 영양막 질환은 ① 포상기태(영양배엽 세포의 광범위 증식), ② 침윤성 기태(자궁근층까지 기태가 파고든 것), ③ 융모상피암(융모는 영양배엽 세포로 이루어진 막으로 영양배엽 세포의 악성변화) 3군으로 나뉨 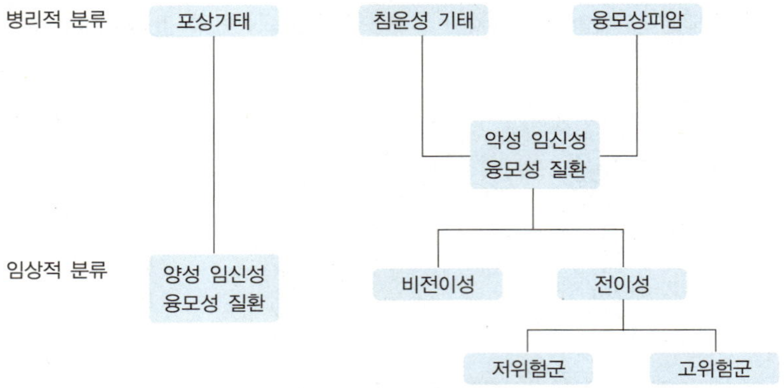 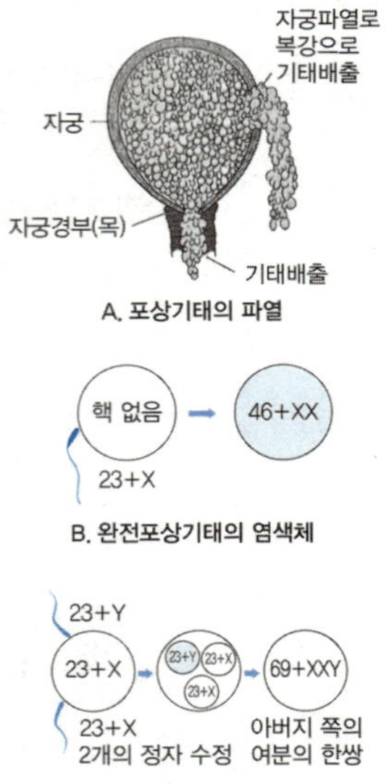 병리적 분류: 포상기태 / 침윤성 기태 / 융모상피암 → 악성 임신성 융모성 질환 → 비전이성 / 전이성 → 저위험군 / 고위험군 임상적 분류: 양성 임신성 융모성 질환 A. 포상기태의 파열 B. 완전포상기태의 염색체 (핵 없음 + 23+X → 46+XX) C. 부분포상기태의 염색체 (23+Y, 23+X, 23+X 2개의 정자 수정 → 69+XXY, 아버지 쪽의 여분의 한쌍) 발췌 : 여성건강간호학 II, 현문사
발생위험 요인	① clomiphene(Clomid, 배란유도제로 월경 2~5일째 복용을 시작해서 하루 1~2정씩 5일간 복용)으로 배란촉진을 경험한 여성 ② 10대 초기 혹은 40대 이후 임신 ③ 과거 임신성 영양막 질환이 있는 여성 ④ 영양학적 요인 : 수정 시 카로틴이나 단백질 결핍 등
종류	**완전 기태** 발생: ① 불활성화된 핵이나 핵이 없는 난자에 수정되어 발생 ② 염색체 구성이 대부분 46, XX 기태 특성: ① 흰 포도송이와 모양이 비슷함 ② 수액이 찬 수포가 빠르게 성장하여 예상되는 임신 주수보다 훨씬 더 자궁을 커지게 함 ③ 보통 태아, 태반, 양막 혹은 양수를 포함하지 않고 있음 ④ 출혈이 자궁강 내와 질출혈로 발생함(∵ 모체의 혈액을 받아주는 태반 없음) ⑤ 약 20%에서 융모상피암으로 진전되기도 함 14 국시 **불완전 기태** 발생: 정상적인 난자에 두 개의 정자가 수정될 때 발생함 기태 특성: ① 종종 배아나 태아의 부분과 양막강을 가지고 있으며, 선천성 기형이 흔함 ② 악성전이 가능성은 6% 이하
진단 18 국시	초음파와 β-hCG 검사를 통해 확진할 수 있고, 감별진단 가능 ① 혈중 또는 요중 β-hCG가 정상 임신기간의 수치에 비해 매우 높고, 정상적으로 감소해야 할 시기(임신 100일)에도 높거나 급상승함 ＊β-hCG 검사 과다: 1) 포상기태, 2) 다태임신, 3) 융모상피암 저하: 1) 자궁외임신, 2) 유산 ② 초음파에서 포상기태의 특징이 잘 관찰됨 : 자궁내 수포성 기태와 국소적 자궁내 출혈부분이 짙게 나타나고(snow storm's pattern), 태아가 관찰되지 않음

증상 98,02,06, 18 국시	① 초기에는 정상임신과 구분이 어려움 ② 질출혈(검은 갈색 or 암자색, 선홍색 질 분비물이 며칠이나 몇 주간 지속됨) : 혈액손실에 따른 빈혈, 복부경련(자궁팽만), 자궁파열 ③ 자궁의 크기가 임신 개월 수에 비해 매우 크거나 작음(2/3에서 임신주수보다 큰 자궁) ④ 태아의 움직임이나 심음, 태아 부분은 촉진할 수 없음 ⑤ 임신 1기 이후까지의 임신오조증 : 과도한 오심과 구토 발생 ⑥ 임신 9~12주에 자간전증의 증상발현(임신 20주 이전에 PIH 증상) ⑦ 임신 16주경 기태가 배출될 수 있음 ⑧ 혈청 hCG의 높은 수준 유지(70~100일 이후 감소해야 정상) : 24시간 요중에 1~2백만 IU로 상승 (정상치 : 임신 10주일 때 40만 IU/24시간 소변)
간호	① 기태 제거 후 자연치유됨(80%) : 대개 저절로 퇴화되나, 필요시 적극적 치료 적용 ② 임신 12주 이내이면 소파수술로 기태 제거 05 국시 ③ 기태 제거 후 융모상피암으로 이행될 가능성이 있으므로 추적조사가 필요함 21 국시

	β-hCG 측정	① 융모상피암으로 발전되는 것을 감시할 목적으로 시행 ② 기태 제거 후 1~2주 간격으로 혈청 β-hCG가 3회 연속 음성이 될 때까지 측정 → 그 후 6개월간 매달 → 다음 1년간 2달마다, 그 후 6개월마다 1회씩 검사 05 국시
	흉부 X-ray	① 융모상피암의 폐 전이를 알아보기 위해 시행 ② β-hCG가 음성이 될 때까지는 1개월마다 그 후에는 2개월마다 1년간 검사 03,07국시
	피임	① 임신으로 인한 융모성선자극호르몬의 상승과의 감별을 위해 ② β-hCG가 음성이 된 후 최소 1년간 피임(임신성 영양막 질환과 임신증상과 혼동을 피하기 위함, IUD를 제외한 방법으로 경구피임약이나 콘돔 등)
	화학요법 (적응증 : 융모상피암으로 파악된 경우)	① 조직검사 소견상 융모상피암으로 진단된 경우 ② 전이병소 발견 시 ③ 기태 제거 후 추적검사 중 혈청검사에서 β-hCG 수치가 3회 이상 하강이 없을 때 ④ 치료 후의 추적검사에서 다시 β-hCG 수치가 양성으로 나타날 때

융모 상피암의 전이와 증상	융모상피암은 혈관을 파괴하고 혈류를 통해 전이되므로 자궁 내 국한된 병소보다 폐, 질, 골반, 뇌, 장, 신장 및 비장의 전이에 따른 증상이 흔함

전이	증상
폐 전이	• 80%가 있으며, 객혈이 가장 흔한 증상임 21 국시 • 흉부 X-선 촬영으로 동전 음영, 과립상 음영, 폐 문부 임파선 비대 음영 등이 나타남
질벽 전이	• 30%에서 있으며, 요도 주위에 가장 흔히 나타남 • 혈종괴가 괴사된 형태로 고약한 냄새가 나는 초콜릿색 분비물이 있음 • 종양이 전후 질벽에 전이될 경우 혈관종 양상으로 나타나며 극심한 출혈을 동반함
골반강 내 전이	• 20%로, 자궁주위 조직의 전이는 자궁파열을 흔히 동반함 • 내진 시 압박으로도 혈종괴가 파열되어 복강내 출혈로 사망할 수 있음 • 내진 시 동정맥 문합에 의한 진동이 촉진되고 과격한 맥동이 있음
뇌 전이	• 10%로 대부분이 말기에 발견됨 • 증상은 대부분이 정상임신 또는 포상기태 제거 후 장기간이 지난 후에 나타나며, 특히 포상기태 제거 후 자궁적출술을 했거나 융모상피암 치료를 위해 자궁적출술을 한 후 항암화학요법을 하였으나 불완전하게 했을 때 나타남
간 전이	• 10%이며 말기에 발견됨 • 복부 촉진 시에 촉지될 정도로 큰 종괴를 형성하거나 작은 반점형의 다발성 병변으로 나타남 • 대부분 출혈이 없고 간기능 검사가 정상으로 나타나 진단이 늦어지기 때문에 예후가 나쁨
위장관 전이	• 5%로 나타나며 주로 응급수술을 요하는 극심한 출혈 때문에 발견됨 • 융모상피암 환자에서 혈변, 토혈이 있을 경우 즉시 위장관 방사선 검사를 실시하며, 모든 대상자에서 대변검사는 위장관 전이의 조기발견에 도움이 됨
신장 및 방광 전이	• 혈뇨를 동반하며 신동맥조영술, 골반동맥조영술이 가장 좋은 진단방법임

12 임신 후기 출혈성 건강문제 – 전치태반 [11 임용(보기)], 태반조기박리

구분	전치태반	태반조기박리

상태	태반이 자궁경부의 내구에 매우 근접해 있거나 덮고 있는 것으로 정도에 따라 완전전치태반, 부분전치태반, 변연전치태반, 하위전치태반으로 구분함
	
	완전전치태반
	자궁경부 내구가 태반에 의해 완전히 덮힌 상태
	
	부분전치태반
	내구가 태반에 의해 부분적으로 덮힌 상태
	
	변연전치태반
	끝부분이 자궁경부 내구의 변연에 위치하는 경우, 대개 2cm 이내로 함
	
	하위태반
	태반이 자궁의 하절부에 착상되었으나 태반의 끝이 실제로 자궁경부 내구에 닿지 않고 매우 근접해 있는 경우
		① 태아 만출 이전에 태반이 착상부위에서 부분적 또는 완전히 박리되는 것 [19 임용(지문)] 으로 이 과정에서 자궁벽과 태반 사이를 연결하는 혈관들이 터져 태반과 자궁벽 사이에 출혈이 일어남
		② 출혈이 융모막과 자궁벽 사이에 있는 공간을 통해 자궁경관으로 흘러나오는 경우가 대부분이지만, 태반 뒤로 혈액이 유출되는 경우, 변연이 자궁벽과 붙어 있는 경우, 태반은 완전히 박리되었으나 양막이 자궁벽에 붙어있는 경우, 혈액이 막을 통해 흘러나온 후 양막강 내에 고여있거나 아두가 자궁하절부에 밀착되어 혈액이 흘러나올 수 없는 경우에는 자궁 내에만 출혈이 국한되는 은폐성 출혈이 생길 수 있음
		③ 분류
		  ㉠ 출혈양상에 따른 분류 : 외출혈(태반 가장자리부터 박리 시), 은닉출혈(태반 중앙부터 박리 시)
		  ㉡ 박리 정도와 태아에 미치는 영향에 따른 분류 : 0~3등급 [19 임용(지문)]

※ 박리 정도와 태아에 미치는 영향에 따른 태반조기박리 분류 [19 임용(지문)]

분류	설명
Grade 0	• 태반의 변연부가 조금 박리된 상태로 출혈량이 100mL 이하로 심각하지 않음 • 모체에서는 통증이나 응고장애 등이 나타나지 않고 태아에게도 질식증세가 나타나지 않음 • 임신 37주 이전에는 안정하고 자궁근 이완제를 쓰면서 증상에 따른 관리를 함. 이때의 치료목표는 태아가 성숙될 때까지 임신을 유지시키는 것이므로 태아상태와 자궁수축을 모니터하여 임부의 상태를 평가함
Grade 1	• 태반이 25% 이하 정도 박리되었으며 출혈은 증가되어 100~150mL이나 심각하지는 않음 • 모체에서는 자궁의 압통 및 경한 경직이 있지만 모체나 태아 모두에게 이상증상이 나타나지 않음 • 임신 주수와 자궁경부상태를 확인하여 위험시 즉시 수술가능 여부에 따라 계획을 세우는데 출혈이 심하지 않고 경관개대가 계속 진행되고 태아하강이 진행되면 질 분만을 시도해 볼 수 있음. 이때도 임부와 태아모니터와 함께 임부의 Hb, Hct, 응고인자들에 대한 검사를 함 • 34주 미만이면서 태아곤란증이 없으면 엄격한 감시, 34주 이후이면서 태아곤란증이 없을때는 경관숙화가 잘 이루어졌으면 자연분만 유도, 34주 이후이면서 태아곤란증이 있을 때는 제왕절개
Grade 2	• 태반의 약 50% 정도가 박리되었으며 출혈도 500mL 정도 있음 • 외부로의 출혈은 없을 수도 있으나 저혈량 상태가 초래될 수 있음 • 자궁의 강직이 증가되어 압통이 심해지고 비정상적인 응고장애가 일어나기도 함 • 태아는 질식상태가 초래되어 사망할 수도 있음 • 태아곤란증이 있으면 제왕절개 적용
Grade 3	• 태반의 약 50% 이상이 박리되며 출혈은 500mL 이상임 • 출혈이 외부로 나타나지 않을 수도 있지만 저혈량 상태가 나타남 • 모체는 자궁강직이 심하고 사망할 수도 있으며 태아도 보통 질식되어 사망함

구분	전치태반	태반조기박리	
빈도	1/200명 임신	1/120명 임신	
위험요인 19 임용 (지문) / 02,04,05 국시	① 과거 자궁내막의 손상 : 소파술, 제왕절개, 유산, 전치태반 – 자궁내막 손상의 과거력이 있는 대상자는 수술 반흔으로 주위에 순환부전이 생겨 태반형성부전으로 인한 유착태반이 발생하기 쉬움 ② 다산부, 다태임신, 고령임신 등	산모측	① 태반조기박리 과거력 : 가장 중요함 ② 자궁나선동맥 변성 ③ 다산(≥ 3) ④ ≥ 35세, ≤ 20세 ⑤ 인종 : 흑인 ⑥ 병적 산과력 : 자간전증, 자궁내 태아발육제한, 사산, 조산 ⑦ 임신 중 흡연, 음주, 혈관수축제 장기복용 ⑧ 코카인 등 약물 복용 ⑨ 고호모시스테인혈증 ⑩ 혈전성향증 ⑪ 임신 중 고혈압 : 자간전증 ⑫ 임신 중 복부외상 ⑬ 자궁크기 감소 ⑭ 거대 자궁근종
		태아측	① 다태임신 ② 조기양막파수 ③ 융모양막염 ④ 태반이상 : 전치태반 ⑤ 양수이상 ⑥ 산과적 시술 : 양수감압술, 역아 외회전술(탯줄이 당겨져서 발생할 수 있음)
병태생리		자궁에서 태반으로의 혈관에 연축과 혈관변성이 일어남 → 탈락막은 혈행부전으로 괴사함 → 탈락막이 자궁에서 박리되고 박리면에서 출혈이 발생함	
		조직인자 방출	조직인자(조직트롬보플라스틴)가 모체순환에 유입되고, 혈중에 의한 장기손상과 파종성혈관내응고를 일으킴
		자궁내 용적 증대	자궁내압이 커지면서 강한 하복부 통증과 지속적인 자궁수축(판상으로 딱딱해짐)이 일어남
		태반기능 저하	태아곤란증과 태아사망을 일으킴
		출혈	자궁벽으로의 혈액침윤이 일어나면 자궁태반졸증 발생, 출혈량이 증가하면서 쇼크상태가 초래됨
증상 19 임용 / 01,03,09 국시	① 임신시기별 출혈양상 ㉠ 임신 말기 – 자궁하부의 신전, 자궁구의 개대에 따라 자궁태반혈관이 끊어지고 찢어져, 돌발성 무통성 외출혈이 반복·지속되나 소량으로 금방 멈추는 경우가 많음 – 임신 말기가 가까울수록 자궁구가 개대되므로 출혈량이 많아지기 쉬움	자궁내 태아사망이 발생할 정도의 중증 태반조기박리가 있는 임신부 임신 말기 심한 복통(처음에는 날카로운 통증이지만 후에는 둔한 통증이나 산통으로 변하는 갑작스럽고 강렬한 복부통증)을 동반한 질출혈 발생	
		외출혈	태반의 변연부위 박리 → 출혈은 난막 뒤로 배출되어 자궁경관으로 흘러 선홍색 출혈이 외부로 나옴
		은닉출혈 19 임용	태반의 중앙부터 분리 → 출혈이 태반 뒤쪽에 축적됨 → 초기에는 박리된 부위가 적어 아무 증상 없이 지나는 경우가 있지만 출혈이 태반 뒤쪽에 다량 축적되면 양수 내로 유입되거나 태반 전체가 완전히 박리되어 최종적으로 암적색 외출혈이 나타남

구분	전치태반		태반조기박리
증상 19 임용 / 01,03,09 국시	ⓒ 분만 시(진통이 있을 경우) - 진통 시 자궁구는 강하게 개대되고 박리면적이 커지므로 출혈량 증가 - 진통의 사이에는 박리면적이 작아지므로 출혈량 감소 - 태반부착으로 자궁하부가 연하·취약화되어 있으므로 열상이 생기기 쉬움 ⓒ 분만 후·산욕기 - 자궁하부·경부에서는 평활근 성분이 적어 수축이 약하므로, 자궁무력증으로 인한 출혈이 쉽고 출혈량이 많아지기 쉬움 - 유착태반을 일으킨 경우, 태반을 박리하기 어려움 - 특히 기왕제왕절개 시의 절개부위와 일치하는 부위에 태반부착 시 유착태반일 확률이 높음 ② 임신부의 혈압이 떨어질 정도로 갑작스러운 대량출혈이 일어날 때는 태아와 산모의 건강을 위협할 수도 있음	자궁압통 또는 요통	① 심한 출혈이 발생하는 경우에는 자궁근층 및 복막 내로 혈관 외 혈액유출이 일어나고 혈종에서 분비된 프로스타글란딘에 의한 자궁의 과도한 경련성 수축이 자궁동통 또는 요통을 유발시킴(초기에 날카로운 심한 자궁통증 → 후기에 둔한 통증) ② 심한 출혈 시 : 자궁근층 및 복막 내로 혈액유출 → 통증유발
		자궁강직	자궁수축검사 결과 ① 톱니바퀴 모양 같은 빈번한 수축 또는 기본 양막강 내 압력이 50mmHg 이상 ② 주기적으로 75~100mmHg까지 증가하는 지속적 긴장항진이 보이기도 함(자궁이 판자처럼 딱딱함. 자궁수축과 수축 사이 이완없이 자궁 긴장력 증가하여 강직상태임)
		태아 절박가사	태반박리의 정도와 출혈이 심한 경우 태아감시장치를 이용한 태아심박동 평가에서 자궁내 태아빈혈 및 절박을 시사하는 소견이 동반될 수 있음
		저혈량성 쇼크	과다출혈이 동반되므로 저혈량 쇼크 증상 : 요량 감소, 혈소판 감소, 혈색소 감소, 갈증호소, 체온 저하, 맥박증가, 초기 소변의 삼투압과 비중 증가는 심장보상작용에 의해 나타남. 혈액응고장애, 혈압 하강
		신부전증	과도한 출혈은 신장의 심각한 혈류공급장애를 가져오게 되고 특징적인 신혈관 경련에 의해 가속화됨
		소모성 혈액응고장애 (파종성 혈액응고장애, DIC)	① 과도한 출혈로 인해 혈액응고계가 비정상적으로 활성화되어 광범위하게 미세혈전이 형성됨 ② 이 과정에서 혈소판, 응고인자, 섬유소원이 모두 고갈됨 ③ 과도한 혈전형성은 섬유소용해계를 활성화하여 심한 출혈 야기
		자궁태반졸증	혈관 외로 유출된 혈액이 광범위하게 자궁근층과 장막으로 퍼지게 되어 자궁이 붉거나 파랗게 보이는 현상(쿠브레르 자궁)
		시한증후군 19 임용	분만 중 심한 출혈, 과도한 초기 산후출혈에 의한 뇌하수체의 허혈성 괴사로 초래된 산후 뇌하수체 기능저하증 → 분만 후 나타나는 수유장애, 무월경, 유방의 위축, 치모와 액모의 손실, 갑상선 기능저하증 등이 특징임
진단	초음파검사로 태반위치 확인(내진금기)		초음파 검사, 양수검사 확진은 분만 이후에 가능함

구분	전치태반		태반조기박리
치료	① 절대안정, 최대한 임신유지 ② 정도에 따른 치료법 20 국시		① 응급상황이므로 태반박리 정도, 모체와 태아의 상태에 따라 적절한 처치 필요 ② 태아생존, 출혈이 심하지 않으면 질분만 시도 ③ 태아곤란증, 심한 출혈, 응고장애 시 제왕절개분만 ④ 수혈 및 수액공급을 통해 저혈량성 쇼크 예방 ⑤ 저섬유소혈증, 자궁태반졸중(자궁근층과 장막하로 광범위하게 혈액이 유출됨) 및 파종성 혈액응고장애에 대한 처치(수혈, 헤파린 투여)
	부분전치태반으로 출혈이 적을 때	유도분만	
	완전전치태반, 출혈이 심할 때	제왕절개	
	심한 출혈 시	수혈, 자궁적출술	
	③ 산후 자궁수축 확인		
태아 합병증	조산, 자궁내 저산소증, 선천성 기형		질식, 15~20% 사망
임부 합병증	출혈과 유착태반과 감입태반과 같은 태반부착이상, 빈혈, 혈전정맥염, 감염 등이 생길 수 있음		DIC(파종성 혈관내응고), 쇼크(저혈량성 쇼크), 2차적으로 시한증후군(과다출혈에 의한 뇌하수체의 허혈성 괴사로 초래된 뇌하수체 기능 저하증) 발생, 사망 초래

PLUS

- **출혈과 관련된 건강문제**

저섬유소 혈증	정의	응고에 의해 출혈을 조절하는 혈장 섬유소원이 감소되어 초래
	기전	태반조기박리에 의해 트롬보플라스틴이 말초혈관 내에서 작은 피브린 형성으로 피브리노겐 수치가 순환 혈액 내에서 감소됨에 따라 정상응고기전이 손상
	관련 질환	양수색전증, 계류유산, 패혈유산, 태반조기박리 등
	치료	① 혈액과 섬유소원 보충 ② 임신종결
파종성 혈액응고 장애	정의	지속적인 만성 출혈로 프로트롬빈과 혈소판, 기타 응고인자들이 증가되어 소혈관에 혈전을 형성하고 이것이 결국 응고인자들을 다 소모시켜 심한 출혈이 발생하는 현상
	관련 질환	태반조기박리, 자궁내 태아사망, 패혈증, 양수색전증, 임신성 고혈압
	증상	① 혈소판 감소, 섬유소원 감소, 프로트롬빈시간(PT) 지연 ② 산모 : 주사부위나 잇몸에서의 출혈, 혈뇨와 같은 비정상적인 출혈, 피부의 출혈반응인 점상출혈
	진단	① PT, PTT 모두 증가 ② 혈소판, 섬유소원 수치 감소
	영향 모체	패혈증이나 산혈증, 저혈압과 같은 문제로 태아나 신생아 위험 증가
	영향 태아·신생아	저산소증 유발
	치료	① 원인치료 ② 응고장애 요인을 보충하고 신체적 기능유지를 하도록 돕기 ③ 첫 2시간이 중요함

13 임신 중 고혈압성 장애

분류		
	임신성 고혈압 98,06 국시	① 임신 20주 이후에 혈압이 140/90mmHg 이상으로 증가하거나 또는 6시간 간격으로 두 번 혈압을 측정하였을 때 평상시 혈압보다 수축기 혈압이 30mmHg 이상, 이완기 혈압이 15mmHg 이상 상승한 경우로 단백뇨를 동반하지 않은 경우를 말함 ② 일반적으로 혈압은 산후 정상으로 돌아옴(출산 후에도 계속되면 만성 고혈압으로 진단)

	자간전증
	12 임용
		① 임신 중 임신 20주 이후에 혈압이 140/90mmHg 이상으로 증가
		   추가로 다음의 단백뇨가 있는 경우
		    • 300mg/24hr 또는
		    • 요단백/크레아틴 비율 ≥ 0.3 또는
		    • 시험지 검사(dipstick) 1+ (지속적)
		   또는 다음의 증상이 동반된 경우
		    • 혈소판 감소증(혈소판 < $100,000/mm^2$)
		    • 신기능 부전(크레아티닌 수치 > 1.1mg/dL 또는 기준치의 두배)
		    • 간침윤(AST 또는 ALT가 정상치 두배)
		    • 뇌증상(두통, 시력장애, 경련)
		    • 폐부종
		② 자간전증은 임신 동안만 증상이 나타나고 태아와 태반 만출 후에는 즉시 사라짐
		   단, 심한 경우에는 분만 후 48시간까지 경련이 나타날 수 있으므로 산후 48시간 동안 4시간마다 혈압과 맥박을 측정하고 두통이나 시력장애 증상이 있는지 확인할 것

	자간증	다른 원인이 없이 자간전증에서 전신발작으로 진행
	만성 고혈압 08 국시	① 임신 전부터 혹은 임신 20주 이전에 혈압이 140/90mmHg 이상으로, 고혈압으로 진단받은 경우 ② 일반적으로 산후에도 고혈압이 지속됨 ③ 임신 20주 이후 진단검사 : 안저검사에서 출혈보임, 혈청 요소 ≥ 20mg/dL, 혈청 크레아티닌 농도 ≥ 1mg/dL, 당뇨병과 같은 만성질환
	임신 악화성 고혈압	임신 전부터 혹은 임신 20주 이전에 혈압이 140/90mmHg 이상으로, 고혈압으로 진단받은 임부가 임신 후 단백뇨가 새롭게 나타나거나 심해지거나 혹은 혈압이 증가하는 경우
	이행성 고혈압	분만 시 또는 산욕 초기에 일시적으로 혈압상승 있으나 산후 10일 이내 정상으로 회복
원인	① 임신 중 고혈압의 원인은 다양하며 확실한 원인은 잘 알려져 있지 않음 ② PIH 주요원인 : 혈관 수축력의 증가, prostaglandin의 비정상적인 작용, 내피세포의 활성화 등 ③ 태반 형성 장애, 모체의 요인, 면역학적 요소와 유전적 소인도 중요한 역할을 함 ④ 위험요인 | 임신 전 || 임신 중 || |---|---|---|---| | • 미산부 • 비만 • 만성 고혈압 • 당뇨, 신장질환 | • 20세 이하 혹은 35세 이상 • 영양결핍 • 임신성 고혈압 기왕력 | • 초임부 • 다태임부 • 큰 태아 • 태아수종 | • 사구체염 • 양수과다증 • 포상기태 |	
	정상임부	정상 임신은 혈액의 양과 심박출량이 상당히 증가함에도 ①, ②로 인해 혈압이 증가하지 않음 ① 임부의 몸에서 안지오텐신Ⅱ 같은 혈관수축제 대한 내성 물질이 생기기 때문 ② 프로스타사이클린(PGI_2), 프로스타글란딘(PGE), 내피유래 이완인자(Endothelium-Derived Relaxing Factor, EDRF)와 같은 혈관 확장제로 인해 말초혈관의 저항 감소

원인	① 자간전증에서는 임신부의 안지오텐신Ⅱ에 대한 민감성 증가와 PGI₂, PGE, thromboxane A₂의 불균형으로 초래됨 → 고혈압 발생 전 또는 임신 23주 전에도 안지오틴신Ⅱ의 혈관수축작용의 민감성이 나타남 ② 태반 내 prostaglandin의 불균형은 혈관수축의 증가, 혈소판 집합, 자간전증의 특징인 자궁태반의 혈류 감소 등에 영향을 미침(일반적으로 태반의 PGE는 혈소판, 혈관에 강력한 영향을 미침) ∴ 주요 병리적 요인은 혈압 증가가 아니라 혈관경련에 의한 관류저하, 세동맥 수축, 혈관손상임

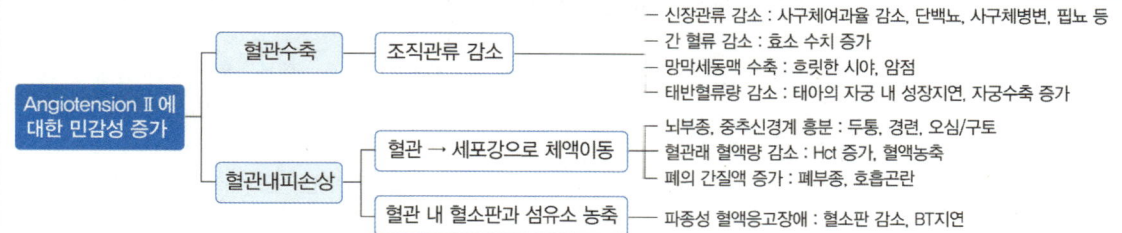

- 신장관류 감소 : 사구체여과율 감소, 단백뇨, 사구체병변, 핍뇨 등
- 간 혈류 감소 : 효소 수치 증가
- 망막세동맥 수축 : 흐릿한 시야, 암점
- 태반혈류량 감소 : 태아의 자궁 내 성장지연, 자궁수축 증가
- 뇌부종, 중추신경계 흥분 : 두통, 경련, 오심/구토
- 혈관래 혈액량 감소 : Hct 증가, 혈액농축
- 폐의 간질액 증가 : 폐부종, 호흡곤란
- 파종성 혈액응고장애 : 혈소판 감소, BT지연

AngiotensinⅡ와 같은 순환압력원의 민감성 증가와 Prostaglandin, Prostacyclin, Thromboxane A₂의 불균형으로 혈관 경련이 초래

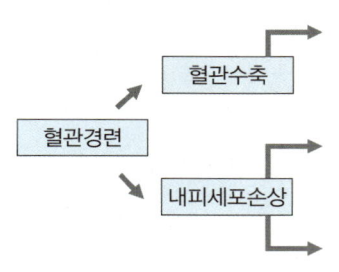

혈관수축	신체 모든 조직의 혈액 관류 감소 ∴ 태반, 신장, 간, 뇌와 같은 기관의 기능은 40~60% 정도 감소 세동맥 경련과 망막으로 가는 혈류감소로 암점, 복시 등의 시각장애 초래
내피세포손상	알부민의 투과력이 증가, 혈청 단백 감소로 혈장 교질삼투압 감소 → 체액이 혈관 내에서 세포 밖으로 이동 ∴ 뇌의 부종과 중추신경계 흥분, 혈관 내 혈액량 감소, 폐의 간질액↑
	혈소판, 섬유소 등과 다른 혈액 성분들이 내피세포 사이로 유출됨 → 파종성 혈액응고장애 → 혈소판 감소, 혈액응고 시간 지연

병태생리 : 주요 증상	심혈관계	혈액계	신경계	소장계	간장계	태반
	안지오텐신Ⅱ에 반응↑ ↓ 혈압↑ (첫 번째 징후) ↓ 심박출량↓ ↓ 체순환의 저항↑ ↓ 혈장량↓	혈액농축 ↓ 점성도↑ ↓ 혈소판 응괴 ↓ 저혈소판증 ↓ 내피의 손상↑ ↓ 프로스타사이클린에 대한 트롬복산의 비율↑ ↓ 내피유래 이완인자↓ ↓ 혈관의 저항↑ ↓ 혈압↑	뇌동맥경축 ↓ 모세혈관들 파열 ↓ 작은 출혈들 ↓ 두통, 반사항진 ↓ 경련 뇌부종 ←	사구체 혈류량↓ ↓ 사구체 손상 ↓ 단백뇨 ↓ 콜로이드 삼투압↓ ↓ 체액이동(부종) ↓ 저혈량증 ↓ 적혈구 용적률↑ ↓ 안지으텐신Ⅱ와 알도스테론↑ (Na, 수분 정체) ↓ 더 진전된 부종 ↓ 혈액 요소질소, 크레아티닌, 요산↑	기능장애 ↓ 간성부종 ↓ 피막하 출혈 ↓ 효소들↑ ↓ 우상복부 통증(자간증 전조 증상)	태반의 관류↓ ↙ ↘ 태아의 저산소증 영양소↓ ↓ ↓ 산증 자궁내 성장지연 ↓ 출생 전후의 죽음 cf) 부적당한 프로스타글란딘(prostaglandin) 합성이 자궁의 활동성과 산소의 민감성을 증가시킴

합병증	태아 합병증	저산소증으로 인한 자궁내 성장 지연, 태아 가사 등		
	모성 합병증	출혈, 심장기능부전증, 파종성 혈관내응고(DIC) 등		
	HELLP 증후군 `21 임용`	① 자간전증 환자의 4~12%에서 발생, 주로 중증 자간전증환자에서 발견되는 특징적인 양상 ② 중요 병리적 소견 `06,12 국시` : 용혈(hemolysis), 간효소 증가(elevated liver enzyme), 저혈소판증(low platelet) ③ 주로 임신 36주 이전에 증상이 나타남 ④ 바이러스 감염과 비슷한 오심, 구토, 권태감 호소, 흉통, 우상복부 통증을 호소하기도 함 ⑤ 중증 자간전증의 범위와 일치하지 않아 DBP 90mmHg 이하일 수 있고, 단백뇨가 나타나지 않거나 늦게 나타나기도 함 ⑥ 주산기 사망률이나 이환율을 매우 높일 수 있으므로 조기발견과 적절한 관리가 매우 중요		
3대 대표 증상	혈압상승	① 자간전증의 첫 증상 ② 기본혈압보다 수축기 30mmHg 이상, 이완기 15mmHg 이상 상승(또는 140/90mmHg 이상)		
	부종 (체중증가)	① 갑작스런 체중증가 ② 얼굴과 손의 확연한 부종 ③ 900g/주(정상은 주당 450g) 또는 2.7kg/월 이상 증가 시 의심		
	단백뇨	① 24시간 요검사 및 분석, 혈압상승, 체중증가보다 나중에 나타남 ② 임신성 고혈압 진행 정도 확인의 지표		
증상 `15 국시`	구분	경한 자간전증 `12 임용 / 05,09,17 국시`	중증 자간전증 `15 국시`	자간증
	정의	• 임신 20주 이후에 혈압상승과 단백뇨 또는 부종 등의 증상이 나타난 것 • 신체의 다른 기관 기능부전 없음 • 치료나 분만으로 없어질 수 있음(반면, 자간증의 증상은 계속 지속됨)	• 경한 자간전증 증상에 다른 신체 기관들의 기능부전 추가된 경우 • 두통은 경한 자간전증이 있을 때도 나타나지만 대부분은 진전된 상황을 알려 줌	• 자간전증의 좀 더 심각한 형태 • 발작과 경련 동반 `21 임용` – 경련(중추신경계 내의 신경세포에서 너무 많은 전기성 물질을 동시에 분비함으로써 초래)
	혈압	140/90mmHg 이상 (6시간 간격으로 2회 측정)	160/110mmHg 이상 (6시간 간격으로 2회 측정)	수축기압 180~200mmHg
	체중 증가	900g/주 또는 2.7kg/달 이상의 갑작스런 체중증가		
	단백뇨	• dipstick(질적) : ≥ 1+ • 24시간 소변분석(양적) : ≥ 300mg/dL/24hr • 요단백과 creatinine 비가 0.3 이상	• dipstick(질적) : ≥ 3+ • 24시간 소변분석(양적) : > 5g/dL/24hr	심한 단백뇨, 핍뇨, 무뇨
	기타 증상	• 전신부종 → 체중증가 • 손가락, 안검부종 특징 • 요흔 부종	• 전신부종, 폐부종, 복수, 뇌부종(CNS 기능저하) • 심하고 지속적인 두통 • 시각장애, 혈소판 감소증 • 태아발육지연 • 심와부 통증	• 부종은 현저하거나 없음 • 경련 전구증상 : 심한 두통 • 흥분, 과민반응, 시야의 흐려짐이나 일시적인 실명과 같은 시각장애, 심와부 통증, 혈액농축
	※ 자간전증에서 자간증으로의 악화 암시 증상(5) ① 심하고 지속적인 두통, ② 심와부 통증, ③ 희미한 시야, ④ 소변량 감소, ⑤ 단백뇨 증가			

진단	혈압	Roll-over test		① 임신성 고혈압 예측검사 : PIH 위험성이 있는 임부를 조기발견할 수 있는 예방적인 가치가 있음 ② 임신 28~32주 사이에 특히 초임부에서 이용할 수 있으나 위양성일 가능성도 높음
			방법	① 혈압이 안정될 때까지 좌측위에서 15~20분간 휴식을 취함 ② 휴식 후 임부를 등쪽으로 굴려서(roll-over) 앙와위를 취하게 한 후 즉시 혈압을 측정 ③ 다시 5분 내에 혈압을 측정하여 해석
			결과 해석	양성결과 : 이완기압 20mmHg 또는 그 이상 상승했을 때를 말함 (임신성 고혈압 위험군)
		평균혈압 측정 (MAP)		① MAP 측정으로 임신성 고혈압을 예측할 수 있는데 이는 심장 부담에 대한 저항을 반영하기 때문 ② 평균혈압을 측정하여 20mmHg 이상 증가할 경우 임신성 고혈압 의심 가능 $$평균혈압 = \frac{수축기\ 혈압 + (2 \times 이완기\ 혈압)}{3}$$
치료 및 간호 중재	경한 자간 전증	가정관리 (= 자가 관리방법) 12 임용 / 16 국시	통원치료 가능	경한 자간전증(혈압이 약간 상승하고 부종은 있거나 없고 단백뇨는 24시간 소변에서 300mg 미만이고 주관적 호소가 없을 때)과 태아성장 지연이 없을 때
			활동제한	침상안정은 필요하지 않더라도 활동량을 줄이고 안정을 취함(좌측위 : 적어도 하루 1.5시간 이상), 성교 금지
			사정 - 혈압	전자식 혈압계로 혈압 측정, 매일 2~4회 같은 팔에, 같은 자세로 측정
			사정 - 체중	매일 아침 배뇨 후 동일한 무게의 옷을 입고 같은 저울로 체중을 측정
			사정 - 소변검사	매일 아침 첫 소변의 중간뇨 표본으로 딥스틱을 사용해 단백질 측정
			사정 - 태동	산모가 느끼는 태동(아기가 차는 횟수)의 감소로 알 수 있음
			균형식이 섭취(고단백, 고탄수화물, 저지방, 섬유소가 풍부한 식이)	
			이와 같은 방법으로 대상자의 상태가 호전되지 않으면 입원 권장	
		좌측위		대정맥이 눌리지 않도록 하여 정맥환류량, 순환혈류량, 태반이나 신장혈류량 증가 → 신혈류 증가되면 안지오텐신II의 수치가 감소되어 이뇨작용을 돕고 혈압저하 역할을 함
		입원 시 확인사항 19 국시	신체사정	체중, 부종, 시각장애 혹은 심와부 통증의 진행정도 사정
			활력징후	매일 하루에 4회 혈압을 측정
			소변	매일 단백뇨 검사, 24시간 소변검사(total protein, 크레아티닌 확인)
			혈액	혈소판 수치 확인(CBC), 크레아티닌, 요산, 간기능검사(AST, ALT, LDH, 빌리루빈) 매주 1~2회 실시
		태아사정		① 무자극 검사, 태동기록, 3~4주 간격으로 초음파촬영, 양수천자(폐 성숙 확인) → 무자극 검사에서 결과가 2~3회 이상 불만족스럽거나 기타 다른 검사에서 태아가 위태로운 것으로 나타나면 임신을 종료시켜야 함 ② 혈관수축이 태반관류를 감소시킬 수 있기 때문에 필요
		환경관리		조용하고 자극↓, 조명낮추기, 침대난간 올려주기, 전화사용 제한(전화벨 소리가 자극 요인), 방문객 제한 등
	중증 자간 전증	치료목표		출산 전 산모의 상태를 안정시켜 태반 혈류와 태아의 산소화를 개선하고 발작을 방지하며 뇌졸중과 같은 합병증을 예방
		입원 시 확인사항		① 신체사정, 활력징후 측정, 소변·혈액검사 실시 ② 태아 사정(무자극 검사, 태동 기록, 초음파 촬영, 양수천자)
		침상안정		경련을 일으킬 수 있는 자극 줄이기 의해 절대적인 침상안정, 외부자극 감소
		식이		의식이 명료하고 오심, 경련 증상이 나타나지 않는 한 고단백식이와 적절한 염분 함유 식이 제공 09 임용 / 22 국시

치료 및 간호 중재	중증 자간 전증	투약간호	항경련제: 황산마그네슘 00,04,08,17 국시	기전 17 임용/ 00,04, 08,21,23 국시	① 신경근육 전달을 차단하고 아세틸콜린의 분비를 억제하여 중추신경계 억제제로 작용(칼슘통로 차단제)을 함. 중추신경계 억제하여 경련 감소 효과를 나타냄(경련예방) ② 민무늬 근육(= 평활근)을 이완시켜 혈관수축을 완화해주므로 혈압을 약간 떨어뜨리는 효과도 있음 → 혈관수축 완화로 생명 유지 기관과 태반으로의 순환이 개선(자궁내 혈류 증가로 태아를 보호하고, 프로스타사이클린을 증가시켜 자궁의 혈관수축을 예방) → 신장으로 가는 순환이 증가하면 간질액이 혈관 구획으로 이동해 이뇨가 촉진(신장에 의해 약물 배설)
				약물 혈중 농도	① 정맥 내 투여(근육주사는 흡수율이 조절되지 않고 통증이 있으며 조직괴사를 초래하므로 거의 사용하지 않음) ② 치료적 혈중 농도: 4.0~7.5mEq/L ③ 반사소실: 8~10mEq/L ④ 호흡억제, 호흡정지: 12~15mEq/L 이상 ⑤ 심장활동 정지: 25mEq/L 이상 시 ※ 독성증상 발현 시 중화제: 10% calcium gluconate
				독성 반응	초기: 열감, 갈증, 발한, 반사감소, 저혈압, 무기력 후기: 중추신경계 기능 억제, 호흡부전, 저칼슘혈증, 부정맥, 순환장애, 태아 서맥 등 황산마그네슘 사용으로 인한 독성반응 확인
				해독제	황산마그네슘 독성반응으로 호흡부전이나 심정지가 나타날 때 사용할 수 있는 중화제 10% calcium gluconate를 침상 옆에 준비해두고, 호흡 저하 시 1g을 천천히 정맥주입
				사정	V/S: 호흡수가 12~14회/분 이하이거나 / 맥박, 혈압이 떨어지면(평활근을 이완시켜 혈압이 하강함) → 황산마그네슘 투여 중단 심부건 반사: 지속적 투여 시 매 4시간마다 / 간헐적 투여되는 경우는 투여 바로 전에 확인 / 심부건 반사 소실은 마그네슘 독성의 초기 징후: 신경근을 차단하여 반사가 줄어들거나 소실될 수 있으므로 투약 전 심부건 반사를 확인 I/O: 시간당 섭취량과 배설량 측정(정체도뇨관으로 측정) / 소변의 비중, 단백뇨, 색깔, 양 확인 → 시간당 소변량이 25mL 혹은 4시간 100mL 이하인 경우 황산마그네슘 독성을 의심해 볼 수 있음 CNS 반응: • 독성반응: 처음에는 불안으로 시작해서 졸림, 기면, 부정확한 발음, 운동 실조증, 똑바로 서 있지 못하고 옆으로 넘어지려는 경향 → 이때 지남력 사정해 볼 것 • 경련전구증상 관찰
				MgSO₄ 투여금기	심근손상, 심장차단, 중증 근육무력증, 신장기능장애가 있는 경우

치료 및 간호 중재	중증 자간 전증	투약간호	스테로이드제	태아의 폐 성숙을 위해 베타메타손이나 덱사메타손 투여, 치료효과 극대화시키기 위해 분만 24~48시간 전에 투여
			진정제	바륨이나 페노바비탈을 투여하여 진정효과를 갖게 함
			혈압하강제 16 국시	① 고혈압성 뇌증, 뇌출혈로 인한 모성이환률 및 사망률을 감소시킬 수 있음 ② 이완기혈압 110mmHg 이상일 때 하이드라라진, 니페디핀(칼슘통로차단제) 등을 투여(이뇨제는 혈관 경련을 악화시키기 때문에 사용하지 않음) ③ 말초혈압을 감소시키고 좌심실 부담을 줄여 주며 자궁과 신장계로의 혈류량을 증가시키고 심장혈관질환의 위험을 감소시킴(이완기 혈압 90mmHg 이하로 떨어지면 자궁의 혈액공급이 감소하여 태아 가사상태나 저산소증을 초래할 수 있으므로 치료수준은 이완기압 90~100mmHg 사이) ④ $MgSO_4$ 투여받고 있는 임부에게 고혈압 약을 쓸 때에는 주의 (혈압이 떨어져 태반 관류가 저하될 수 있기 때문)
		수분과 전해질		저혈량증과 순환혈액량 증가 사이의 균형을 위해 수분공급, 매일 검사결과 확인하여 전해질 보충
	자간증 12 임용 (지문)			① 침상안정 : 산모는 옆으로 누워 있어야 하고 조용한 환경이 제공되어야 함(빛, 소음 등의 외부의 자극은 발작을 유발할 수 있으므로 가능한 줄여야 함) 21 임용 ② 경련이 발생하면 시작시기, 경련과정, 경련부위, 기간, 실금유무, 태아상태, 태반박리 증상 등을 관찰 ③ 경련 동안 기도 개방성 유지, 흡인방지 위해 머리를 옆으로 돌려줌 ④ 필요시 기도 분비물 제거 위해 흡인 ⑤ 신체 손상 예방 위해 침대난간을 올려주어야 하며, 침대난간에 보호대나 베개 놓아두고 억제대는 사용하지 않음 ⑥ 항경련제 : $MgSO_4$, diazepam을 투여, 계속적인 경련예방 위해 dilantin 투여 ⑦ 경련 동안 태아서맥, 태반조기박리가 나타날 수 있으므로 질출혈 정도 확인, 복부 촉진하여 자궁 긴장성 확인, 태아 안녕상태 사정 위해 무자극 검사(NST) 실시 ⑧ 경련이 멈추면 집중적인 처치와 간호중재 : 기도유지, 산소공급, 태아심음 지속 관찰, 안정될 때까지 활력징후 5분 간격으로 측정 ⑨ 폐부종, 흡인 위험성 사정 위해 폐음 자주 청진 ⑩ 순환장애, 신장기능장애, 뇌출혈 등의 증상 사정

당뇨병이 임신에 미치는 영향(임신성 당뇨)

정의	① 당뇨병 : 인슐린의 분비가 부족해져 탄수화물, 단백질, 지방대사에 이상을 초래하는 내분비 질환 ② 임신성 당뇨병은 탄수화물 대사 장애로 대개 임신 말기에 발생 ③ 임신성 당뇨병은 주로 임신 중반기, 말기에 대사 장애가 있어 태아에게 손상을 줌 • 이전에 혈당조절에서 문제가 없었던 임부가 임신 중 과혈당으로 나타나면 진단, 미처 알지 못한 당뇨병을 앓고 있다가 임신 동안 진단받은 경우도 포함 • 대개 임신 말기에 나타나며 경한 당내성, 식후 고혈당이 특징			
임신 중 대사변화 (정상) 09,12 임용	임신은 정상적으로 모체의 당 대사, 인슐린 생산, 대사의 항상성에 복잡한 변화를 일으킴 ① 배아/태아의 성장과 발달을 위해서는 포도당의 지속적인 공급이 필요 (태아는 발육에 필요한 에너지의 대부분을 포도당에 의존하고 있음. 모체는 Glucose를 태아에게 우선적으로 공급할 수 있는 구조를 만들게 됨) ② 임부의 내분비 활동 촉진 ㉠ 췌장의 랑게르한스섬의 세포에서 인슐린 분비 증가 ㉡ 임부의 태반에서 분비되는 에스트로겐, 프로게스테론, 코티졸, 태반락토젠 등이 인슐린에 길항작용 ㉢ 부신피질에서 glucocorticoid와 뇌하수체 전엽에서 성장호르몬 분비 증가 → 임부의 고혈당 초래 ③ 모체의 포도당은 확산작용에 의해 태반을 통과. But 모체의 인슐린은 태반을 통과할 수 없음 ④ 태아는 10주경에 모체에서 얻은 포도당을 사용하기 위해 스스로 적당한 양의 인슐린 분비 (∴ 모체의 포도당 수준이 상승하면 태아의 포도당 수준도 상승하여 결과적으로 태아의 인슐린 분비를 증가시킴)			
원인	인슐린 저항성을 일으키는 원인 : 태반성 호르몬 외, 아디포사이토카인 분비 이상이 주목받고 있음			
임신 각 기와 당뇨병의 관계 09,12 임용 / 06,07,11, 15 국시	시기	인슐린 요구	당뇨병 임부의 혈당변화	합병 요인
	임신 1기	• 뇌하수체 전엽 호르몬의 억제로 인한 인슐린 요구량 감소 • 모체 췌장의 베타세포 자극(에스트로겐, 프로게스테론의 상승은 췌장베타세포 자극 → 인슐린 생산증가, 당 활용 증가로 혈당수치 저하, 따라서 인슐린 의존성 당뇨였던 임부는 임신 1기에 저혈당이 초래될 위험이 증가함)	• 혈당수준이 자주 떨어지므로 혈당 과소증 증가 (인슐린 의존성 당뇨병 임부는 임신 1기 동안 저혈당증을 보임 → 인슐린 투약 용량을 감소시켜야 할 필요가 있음) • 기아, 케토시스, 케톤혈증이 증가함	• 식욕감퇴, 오심, 구토가 임신 초반기에 흔함 • 혈액 산성화로부터의 회복은 인슐린 길항물질 때문에 더욱 어려움
		인슐린 요구량 감소 (임신 전보다 인슐린 투여량을 줄여야 함)		
		• 배아/태아의 발달은 포도당의 지속적 공급 필요		
		포도당 요구량 증가		
		• 임신 초기 오심, 구토로 임부의 칼로리 섭취는 보통 감소		
		포도당 섭취량 저하		

	시기	인슐린 요구	당뇨병 임부의 혈당변화	합병 요인
임신 각 기와 당뇨병의 관계 09,12 임용 / 06,07,11, 15 국시	임신 2기	• 태반호르몬(에스트로겐, 프로게스테론, 코티졸, 태반락토겐)의 항인슐린 성질 (포도당 비축 위함) → 모체 혈당치↑ → 인슐린 분비요구량 증가 → 췌장의 인슐린 생산이 요구량에 미치지 못하면 임신성 당뇨병 초래	• 고혈당증은 케톤혈증, 아미노산 혈증 초래	• 혈액흐름의 증가로 신장역치 감소 • 체내에서 유당 등이 증가함
	임신 3기			
	분만	• 분만 시 어려움과 신진대사 증가로 요구량이 감소함 • 태반이 만출되면서 코티졸, 인슐린 분해효소 등 저하 → 모체의 인슐린 민감성 회복	• 기아, 케톤혈증으로 저혈당증, 산혈증 발생	• 임박한 제왕절개분만으로 보통 금식을 함
	분만 후	• 태반호르몬 감소로 인슐린 요구량은 현저하게 감소됨	• 저혈당증	

임신성 당뇨 18 국시	공복 시 혈당수준		식후 2시간 혈당수준	치료
	< 105mg/dL	또는	< 120mg/dL	식이요법
	≥ 105mg/dL		≥ 120mg/dL	인슐린 치료

진단	[선별검사] 포도당 50g 경구 투여 검사(50g GTT)	대상	임신성 당뇨의 70% 정도는 증상 없이 발생하므로 모든 임부에게 임신 24~28주에 선별검사 실시 24 임용 / 19 국시
		검사방법	① 식전이나 하루 중의 시간에 상관없이 50g의 포도당을 구강으로 투여하고 1시간 후에 혈청 내 포도당을 측정 ② 대부분의 임신성 당뇨 임부는 공복 시 혈당이 정상이므로 시간 상관없음
		결과평가	검사 1시간 후 혈청 내 혈당이 140mg/dL 이상이면 포도당 100g 경구 투여 검사(진단검사) 실시하여 결과 평가하고, 정상 시에는 다음 정기 검진일에 방문 24 임용 / 20,23 국시
	[진단검사] 포도당 100g 경구 투여 검사(100g GTT)	검사방법	① 산모는 검사 전날 자정부터 금식 ② 공복 혈청 포도당 농도를 측정한 다음 임부는 100g의 포도당 용액을 마시고 1시간 후, 2시간 후, 3시간 후에 혈청 포도당 농도 측정
		결과평가	① 결과 수치 중 2개 이상이 증가되면 임신성 당뇨로 진단 ② 결과 수치 중 1개라도 증가되어 있는 경우 32주에 다시 검사 	당 측정시간	혈장 내 혈당(mg/dL)	 	공복 시	≥ 95	 	1시간	≥ 180	 	2시간	≥ 155	 	3시간	≥ 140	 cf) 75g 권고 	공복 시	≥ 92mg/dL	 	1시간	≥ 180mg/dL	 	2시간	≥ 153mg/dL	 하나 이상 증가 시 진단
	이미 당뇨병을 앓고 있는 임부(Ⅰ, Ⅱ형)는 임상 검사를 통해서 혈당 조절상태를 사정 - 혈당조절은 당화혈색소(HbA1c) 수준으로 평가		

진단	\[GDM(Gestitonal Diabetes Mellitus)의 Screening Guidelines\]

```
                    1시간 50g GTT 실시
         ┌──────────────┴──────────────┐
   음성(140mg/dL 미만)              양성(140mg/dL 이상)
         ↓                              ↓
    정규적인 산전관리              3시간 100g GTT 실시
                              ┌─────────┴─────────┐
                     한가지 수치만 상승하거나       GDM양성 :
                     GDM위험 요인이 있으면      결과 수치 중 2개 이상 증가
                          32주에 재검사
```

당뇨병이 임신에 미치는 영향	모체 (임부) 01,04,12, 21 국시	비뇨기계감염		① 소변에 영양소가 풍부하여 박테리아가 증식 ② 비뇨기계 감염이 흔하고 심함. 모닐리아성 질염 발생률이 높으며 무증상 세균뇨가 자주 발생, 치료하지 않으면 조산과 관련된 신우신염으로 발전할 수 있음
		모닐리아성 질염		발생률 높음
		임신성 고혈압		정상임부보다 4배 이상 높음(원인이 알려져 있지 않으나 신장이나 혈관 손상 없이도 이 위험이 증가함)
		양수과다증	기전	정확한 원인 알려지지 않았으나 삼투압, 태아 과혈당증으로 인한 이 뇨작용과 연관
			증상 징후	① 임부의 횡격막과 위장관 압박하여 불편감, 하지 정맥순환 압박하여 정맥류의 원인이 됨 ② 유산, 조산, 비정상 태위, 조기파수, 제대탈출, 태반조기박리, 산후 출혈 가능성이 높음
		난산		① 태아의 거구증으로 산도 손상, 제왕절개의 빈도 증가 ② 출산으로 인한 엄마의 조직에 대한 부상(혈종, 열상)이 발생가능
			거구증	임부의 혈당 과다와 태아에게 증가된 인슐린의 복합작용 → 태아의 과도한 성장
		케톤산증		① 조절되지 않은 고혈당증이나 감염, 1형 당뇨병을 가진 임신부에게 가장 흔함 ② 임부와 태아의 생명을 위협하는 합병증으로 심한 과혈당(350mg/dL), 케톤뇨, 산증으로 여러 기관에 장애 초래
		산후 출혈빈도 증가		
	태아	거구증 (4,000g 초과) 20 임용		영양소가 지나치게 많이 태아에게 운반되고 → 태아의 고혈당증이 탄수화물을 대사할 인슐린 생산을 자극 → 인슐린은 강력한 성장 호르몬처럼 작용함 → 태아에게 거구증 초래 (모체의 인슐린은 태반을 통과하지 못하지만 임신 10주가 되면 태아는 스스로 인슐린을 만들기 시작함)
		선천성 기형		임신 1기에 장기가 형성되는 동안 엄마의 고혈당증으로 인한 선천성 기형 발생 (심장문제, 신경관 결손, 골격장애, 비뇨생식기 문제)
		제대탈출		양수과다증과 비정상적인 태위로 인한 제대탈출
		주산기 사망		주로 1형 당뇨병에서 엄마의 혈관 손상으로 인한 태반관류의 장애 : 태아고혈당과 고인슐린 혈증으로 인한 태아질식
		자궁내 태아 성장제한		① 엄마의 혈관 손상 ② 양수과다증과 노화된 태반으로 인한 조산과 임신이 지속되면 태아를 위험에 빠뜨리는 상황에 처함
		조산, 조기파막		임신이 만기가 되지 않았는데 양수과다와 태아의 큰 사이즈로 인해 자궁이 과다팽만됨

당뇨병이 임신에 미치는 영향	신생아	출생 시 손상	커진 태아로 인한 출생 시 손상 : 견갑난산으로 손상쪽 모로반사 소실 03국시
		호흡곤란 증후군 20임용	① 고인슐린혈증은 계면활성제를 만드는 인지질의 생산을 방해하여 2차적으로 계면활성제 생성이 부족함 → 태아의 폐 성숙이 지연됨 ② 태아 폐액의 흡수가 늦어짐
		저혈당 24임용	① 당뇨병 엄마에게서 온 과도한 포도당을 대사하기 위해 자궁에 있는 동안 태아의 인슐린 생산 속도가 빨라졌기 때문(고혈당이 주는 끊임없는 자극 때문에 태아의 췌장에 있는 랑게르한스섬이 증식하고 비대해짐) ② 태반이 배출된 후 포도당 공급이 중지되지만 진행되는 고인슐린혈증으로 인해 급격히 저혈당증이 찾아 옴
		저칼슘혈증	① 당뇨병 산모에서는 혈액에 칼슘 농도가 높아지는데(췌장에서 인슐린 분비는 칼슘의 의존적 과정임) 이 칼슘이 태아로 넘어가서 태아 혈액의 칼슘 농도를 높임 ② 태아에서는 칼슘 농도를 적당히 유지하기 위해 칼슘 생산을 늘리는 태아 부갑상선호르몬의 생산을 줄임 ③ 이 상태에서 출산을 하면 모체에서 넘어오던 칼슘 공급이 중단되어 다시 부갑상선호르몬 생산이 많아짐 ④ 신생아가 부갑상선호르몬 생산을 다시 늘려 신생아의 뼈 등에서 칼슘을 유리시켜 혈중 칼슘 농도가 높아질 때까지는 시간이 걸리며 그 사이에 혈중 칼슘 감소증으로 신생아 경련위험이 높아짐
		고빌리루빈혈증, 다혈구혈증	① 빌리루빈을 파괴할 수 없는 미성숙한 간 ② 반복되는 저산소증으로 과도한 적혈구 생산(다혈구혈증) ③ 출생 후에는 증가된 적혈구들이 파괴되어 태아의 순환 속으로 빌리루빈이 방출
			① 태지가 많음 ② 연이은 아동기 비만과 탄수화물 불내성
산전간호	식이		① 식단은 임부와 태아에게 필요한 열량과 영양소를 공급하고 정상혈당을 유지하면서 케톤산증을 방지하고 적당한 체중증가를 유도하도록 계획되어야 함 ② 정상 체중과 활동 유지 위해 하루 35kcal/kg, 또는 약 2,000~2,500kcal 권장 (비만 여성의 경우 하루에 체중 1kg당 25kcal의 섭취가 적당) ③ 전체 칼로리의 40~50% 탄수화물, 30~35% 지방, 20~25% 단백질로 섭취 ④ 하루 전체 칼로리는 3번의 식사와 3번의 간식으로 적당히 분배할 것 ⑤ 각 식사마다 당의 흡수를 지연시키는 복합 탄수화물을 제공, 적당한 지방식이는 위가 비는 것을 늦춰주고 고혈당증 예방 ⑥ 저녁 간식은 복합탄수화물과 단백질이 잘 조화된 것으로 저혈당 예방할 것
	혈당치 측정		① 혈당치는 하루 4번(아침 공복과 식후 2시간), 저혈당의 증상을 느낄 때마다 혈당측정 ② 임부에게 혈당계로 혈당을 측정하는 시범을 보여주고 역시범을 보이도록 함 ③ 공복혈당과 식후혈당을 체크하는 것이 거구증, 신생아의 저혈당, 제왕절개를 해야 하는 난산을 줄여주는 등의 좋은 성과를 가져 오는 것으로 알려져 있음
	소변검사		소변내 당 수준은 인슐린 투여량은 결정하지 못하지만, 혈당수준 측정의 필요성을 결정하는 기준이 됨

산전간호	인슐린		① 임신 기간 내내 태반 호르몬들이 인슐린의 필요량에 변화를 일으키므로 임신의 진행과 함께 인슐린의 투여량을 조절해 나가야 함 ② 임신기의 당뇨병을 치료하는 데는 태반을 통과하지 않는 인슐린이 유일한 치료법으로 사용
		임신 1기	① 일반적으로 임신 1기에는 인슐린 감소가 필요 ② 인슐린의 작용을 방해하는 태반호르몬들이 아직 많이 분비되지 않음 ③ 임신부의 오심, 구토, 식욕부진으로 인해 음식 섭취가 감소하며 태아는 자기 몫의 포도당을 가져가 임부의 혈장 포도당 농도가 낮아짐
		임신 2기, 임신 3기	① 50~70% 증가시켜 최적의 혈당치 유지, 인슐린은 NPH와 RI 병용할 것 ② 인슐린의 길항제인 태반 호르몬들이 최대치에 달함 ③ 임신 초기의 오심이 대개 가라앉고 임신으로 인한 대사적 필요를 채우기 위해 열량을 더 섭취하기 때문
		금기	다량의 톨부타마이드(설포닐유레아)나 다른 경구 저혈당 제제는 태아 기형 발생 위험이 있으므로 금기
	운동		① 규칙적인 운동으로 포도당의 이용을 증가시키고, 인슐린 요구를 감소 ② 순환을 증가시켜 심혈관 상태를 개선해주나 혈관장애가 있는 임부들이 운동을 하는 것은 심박출량의 변화를 일으켜 기관에 허혈성 손상의 가능성을 증가시킬 수 있음 ③ 근육의 긴장을 증가시킴 ④ 방법 : 매일 30분 정도의 산책이 좋음(운동을 할 때 포도당은 근육으로 흡수되고 혈당치는 떨어지며 운동의 영향은 12시간까지 지속)
	태아사정		① 임신 30~32주에 24시간 소변 내 에스트리올 측정 ② 초음파로 태아연령, 기형, 발육이상, 양수과다증 등을 사정 ③ 태아전자감식기 이용해서 NST 검사 1~2회/주 실시 ④ 레시틴/스핑고마이엘린 비율과 크레아티닌 수준으로 태아 성숙도 사정
분만, 산후간호	분만간호		① 당뇨병 임부는 임신 34~36주부터 분만 시까지 입원하는 것이 좋음 ② 임신 37~38주경에 양수에서 레시틴/스핑고마이엘린 비율을 측정하여 2.0 이상이면 분만 시도 ③ 거대아 분만 시 제왕절개 분만 ④ 분만 당일 임부는 보통 공복상태이므로 인슐린의 양을 감소시키고, RI 투여
	분만 후 간호		① 분만 후 인슐린 요구량이 급격히 감소하므로 RI 사용 ② 임신 전 당뇨병이었던 산모는 피임법으로 경구피임제나 자궁내 피임장치를 이용하지 말도록 함 → 혈관계 질환예방, 골반염증 위험도 증가예방 14임용 ③ 분만 후 혈당치가 정상으로 회복되지만, 2년 내에 35~60%가 2형 당뇨로 이환될 수 있으므로 출산 6~12주 후 75g 경구 포도당 내성 검사를 실시하고, 체중조절과 규칙적인 운동을 통해 발병을 막아야 함
	신생아 관리		신생아가 안정될 때까지 주의 깊은 관찰과 관리 요구
간호진단	영양불균형의 위험		섭취량과 이용할 수 있는 인슐린과의 불균형과 관련된
	손상의 위험		저혈당이나 고혈당으로 파생될 수 있는 합병증과 관련된
	가족기능장애		임신성 당뇨로 수반되는 입원의 필요성과 관련된

	인슐린 요구 09,12 임용 / 06,07,11,15 극시	혈당변화

임신 1기	① 뇌하수체 전엽 호르몬의 억제와 인슐린 작용을 방해하는 태반 호르몬들이 아직 많이 분비되지 않음 → 인슐린 요구 저하
	② 모체 췌장의 베타세포 자극으로 → 인슐린 분비 증가
	  (↳ 임신 초기 동안 지방형성 물질인 포도당과 인슐린이 지방을 발달시키고 축적시킴
	     → 태아의 성장으로 인해 증가하는 임신 후기의 에너지 필요에 대비)
	③ 임신 초기 입덧 등으로 구강섭취 부족
	④ 배아/태아의 발달은 포도당의 지속적 공급 필요
	  cf) 모체의 인슐린은 태반을 통해 태아에게 통과되지 않음
		저혈당

임신 2~3기	① 임신 후기가 되면 태아는 엄마의 혈액으로부터 포도당, 아미노산 같은 영양소를 계속해서 가져가서 그 결과 탄수화물대사에서 포도당 신합성(단백질이나 지방처럼 탄수화물이 아닌 재료로부터 글리코겐을 생산하는 것)으로의 전환이 비임신기보다 빨리 이루어짐 → 모체는 에너지 필요량을 채우고자 지방대사 → 포도당이 태아에게 이동함에 따라 공복혈당이 저하됨
	② 반면, 태반호르몬(최대치에 달함)의 항인슐린 작용 → 인슐린 사용능력 ↓
	  → 식후 혈당은 임신 전보다 더 높아져 태아의 에너지 필요를 위해 사용할 수 있는 포도당이 더 많아지게 해줌
	  (∵ 인슐린 저항 작용은 태아-태반에서 필요한 당의 충분한 공급을 위한 방어기전으로 태반락토겐, 프로락틴, 에스트로겐, 프로게스테론, 코티졸 등이 인슐린 길항제로 작용함. 이 영향으로 모체 조직의 인슐린에 대한 민감성 감소 : 태아가 이용할 수 있는 포도당을 풍부하게 하기 위함)
	③ 따라서 임신 말기에 모체 혈당치가 높아져 2~4배의 인슐린이 필요
	④ 이에 따라 건강한 여성의 췌장은 인슐린을 더 만들어 냄
	  : 췌장의 β세포가 정상적인 기능을 하면 임신 말기까지 계속되는 인슐린의 요구를 충족시킬 수 있음(코티졸은 인슐린 말초저항을 증가시킬 뿐만 아니라 인슐린의 생산을 자극함)
	   → 그러나 인슐린 생산이 증가되지 않으면 주기적인 고혈당증을 겪음
	⑤ 임신 초기의 오심이 대개 가라앉고 임신으로 인한 대사적 필요량을 채우기 위해 열량을 더 섭취함
		고혈당

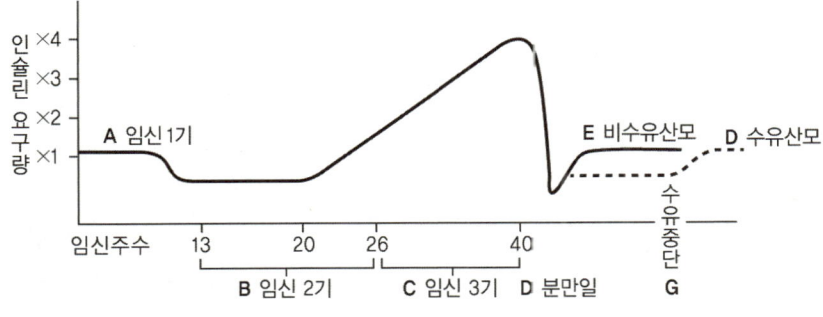

15 임부의 감염성 질환

❶ 성전파성 질환

	원인		사람유두종 바이러스(Human papilloma virus)
첨형 콘딜로마 95 임용(보기)	진단		외음, 항문, 질 내부 관찰하고 생검이나 pap 도말검사
	임신과의 관련성 11 임용	호발	임신 중 질 점막은 사람유두종 바이러스가 증식하기에 좋은 환경 제공하여 호발함. 병변이 자라는 속도도 빠름
		분만 방해	임신 중 첨형콘딜로마는 질 분만 방해하거나 회음 절개술을 어렵게 할 수 있음
		신생아· 영아에 미치는 영향	주산기에 첨형콘딜로마에 노출된 신생아는 후두 유두종으로 발전, 대개 2~4세경 발견, 초기 증상은 쉰 목소리와 위막성 후두염에 의한 기침임 96,11 임용
	분만 후 병소가 작아지거나 사라지므로 불편감이 있을 때만 치료		
클라미디아	원인		Chlamydia trachomatis(세균)
	임신 시 영향	임부	급성 요도증후군, 바르톨린샘염, 자궁경부염, 난관염, 골반염증성 질환, 관절염, 결막염의 원인이 됨, 불임증과 자궁외임신의 발생을 증가시킴
		신생아에 미치는 영향	질 분만한 신생아 60~70% 수직감염, 감염 시 결막염과 폐렴이 흔히 발생
		치료	감염증상이 심하지 않지만 태아에게 심각한 손상을 초래하므로 부부가 동시치료 받을 것
임질	원인		그람음성쌍구균인 Neisseria gonorrhea
	임신 시 영향 92,08 임용		임신 어느 시기에나 나쁜 영향을 줄 수 있음
			패혈성 자연유산, 유산 후 감염, 조기분만, 조기파막, 융모양막염, 산욕감염, 자궁내 성장지연 등을 증가시킴
		신생아에 미치는 영향	질분만 신생아의 30~35% 수직감염, 가장 흔한 합병증이 임균성 안염, 감염된 신생아는 부모와 함께 항생제 치료하며 24시간 동안 격리
매독	원인		스피로헤타균 Treponema pallidum
	임신 시 영향		일반적으로 임신 16~18주 이후에 감염되지 않는 한 태아는 안전함
			임부가 최근에 감염되었을수록(원발성 매독) 태아의 병변이 심해지며, 임산부가 초기 매독(1차, 2차 매독)일 경우 신생아 매독 발생률이 높음
			자연유산, 사산, 자궁 내 성장지연, 조기진통, 조산, 선천성 매독 신생아 발생 가능
		선천성 매독	간비종대, 골연골염, 스피로헤타가 포함된 수포성 발진, 비염으로 비성호흡 등의 증상을 나타냄 96 임용

② 기타 감염성 질환

T O R C H	톡소플라스마증	① 감염된 날 음식이나 조리가 덜 된 육류에 포함된 낭종 상태의 원충을 섭취하여 감염 ② 성인의 90%에서는 감염증상이 없음 ③ 증상 : 소두증, 뇌염, 간비종, 경련, 황달, 지능저하 등
	풍진 92,96 임용	① 임신 4개월 이내 풍진에 감염되면 태아에 치명적인 영향 초래 : 선천성 심질환, 청각장애, 백내장, 지적장애 등 → 혈액 내 풍진 IgG가 발견되면 과거 노출로 면역체가 있음을 의미 ② 결혼 전의 모든 여성은 생균을 희석해서 만든 풍진 예방접종을 하는 것이 바람직함, 예방접종을 한 여성은 적어도 3개월 동안 임신해서는 안됨, 임신기간 중 예방접종 금기
	거대세포 바이러스	① 태반과 분만 중 산도를 통해서 태아나 신생아에게 감염 ② 감염된 임부는 전신권태, 혼수, 간종대, 고열 등이 나타날 수 있고 태아나 신생아에서는 자궁내 성장지연, 소두증, 지적발달장애 등이 초래될 수 있음 ③ 양수천자 검사결과 거대세포바이러스가 발견되면 치료적 유산 실시
수두와 대상포진		① 임신 초기부터 감염된 경우 태반을 통한 감염으로 태아의 선천성 기형을 초래할 수 있음 : 맥락망막염, 대뇌피질 위축증, 수신증, 피부와 하지골격의 결손 등 ② 가장 위험한 시기 : 임신 13~20주 ③ AZIG 투여 : 수두나 대상포진 바이러스에 노출된 임부, 분만 전후에 모체가 수두나 대상포진이 있으면 신생아에게도 투여 ④ 임신 중 수두 예방접종은 금기임
유행성 감기		① 임부와 태아는 감염의 이환율이 높고 조산과 유산의 빈도 증가, 폐렴 합병가능성 있음 ② 임신 후반기 횡격막 상승으로 더 위험함 ③ 예방 : 인플루엔자 예방백신은 임신 주수에 상관없이 임신부에게 안전함
홍역		① 분만 직전 임부가 감염되면, 신생아의 감염위험이 높아지므로 홍역에 노출된지 3일 이내에 면역 글로불린을 근육주사 ② 임신 중 홍역 예방접종은 금기임
베타 용혈성 연쇄상구균 감염		① 임부는 증상이 없이 질이나 직장에 용혈성 연쇄상구균 보유 ② 유산, 조기파막, 조산, 지연분만, 자궁내막염, 융모양막염, 패혈증, 봉와직염, 성홍열 초래 ③ 신생아 : 패혈증, 정신장애, 발달장애 초래 ④ 치료 : 페니실린, Ampicillin
결핵	원인	그람음성균인 내산성 간균의 의해 발생
	치료	가능하면 임신 전 치료완료, 임신 시 결핵진단을 받게 되면 INH, RIF, EMB 등 1차 결핵약물로 치료, INH 투여 시 임부나 수유부 모두 비타민 B_6 복용하게 함
	임신에 미치는 영향	저체중아, 결핵을 가진 신생아(아주 드묾)

3-2 출산 및 산후관리

영역			기출영역 분석	페이지
분만	영향 요인		5P, 태아 아두, 태아선진부, 골반의 주요경선, 분만시작 이론, 자궁수축 등	252
			태위 정의 `2024`	
			두정위를 태세를 중심으로 서술 `2024`	
	분만전구 증상		요통, 체중감소, 하강감, 가진통, 에너지 분출, 자궁경부연화, 양막파열 `2016`	260
	분만 간호	분만 1기	규칙적으로 5분마다 40초 이상 지속되는 통증을 보이는 분만 단계 `2018`	262
			자궁수축에서 안 아픈 시기가 모체와 태아에게 미치는 영향 `2018`	
			양막파수 확인방법 2가지 `2014`	
		분만 3기	자궁저부 마사지 `2009, 2014`	
			분만 시 태반 만출 방법 – 슐츠기전, 던칸기전 `2023`	
	고위험 분만		자궁기능부전	277
		조기진통	조기분만 시 관리법 `2013`	279
			지연임신과 과숙아 분만	282
		조기파막	아기가 산도진입 전 양막파열이 위험한 이유 `2018`	283
			제대탈출	284
		양수과다증과 양수과소증	양수과다증 시 체위 `2013`	285
			양수지수 3cm 의미 `2022`, 양수과소증의 양수지수 `2025`, 전자간증이 양수과소증을 초래하는 이유 `2025`	
			유도분만	287
			흡입만출	290
			제왕절개	291
			태반유착 `2022`	293
			자궁파열	294
			양수색전증	295

산욕	산모의 생리적 적응	산욕기 동안 생리적 변화	오로의 양과 특성으로 자궁내막 재생정도 파악 가능, 혈액량 변화, 복벽 회복, 자궁복구과정 중 자가분해작용으로 인한 혈액 요소질소 수치변화 2010	296
		분만 후 3주된 산모	오로 양상, 성교통 원인, 근골격 변화와 관련된 활동조절, 모유수유 피임효과, 복벽 회복 기간 2011	
		초산모 분만 후 3일째	자궁 저부 높이, 발한 및 소변량 변화, 회음 절개부위 양상, 모유수유와 오로관계 2012	
		모유수유가 피임이 되는 이유 2022		
	산모 간호	질 분만 산모 간호	조기이상의 영향 3가지 2009, 2014	306
		유즙분비 기전	산모의 모유수유반사 2011, 2015	310
	고위험 산욕간호	산후 출혈성 질환	산후 출혈	313
			자궁복구부전	
			자궁내번증 2022	
			산후 혈종	
		산후 감염	회음·외음의 감염, 경관염	317
			자궁내막염 2009	
			골반연조직염과 복막염	
			제왕절개분만 후 감염	
			혈전성 정맥염	
			유선염 : 유선염이 있을 떠 모유수유 2009	
			산후 비뇨기계 감염	

✓ 학습전략 Point

1st	분만간호	분만단계별 관리방법을 학습한다.
2nd	산모의 생리적 적응	오로, 자궁퇴축, 발한 등 산모의 생리적 변화를 그 기전과 함께 학습한다.

임신과 출산(출산 및 산후관리)

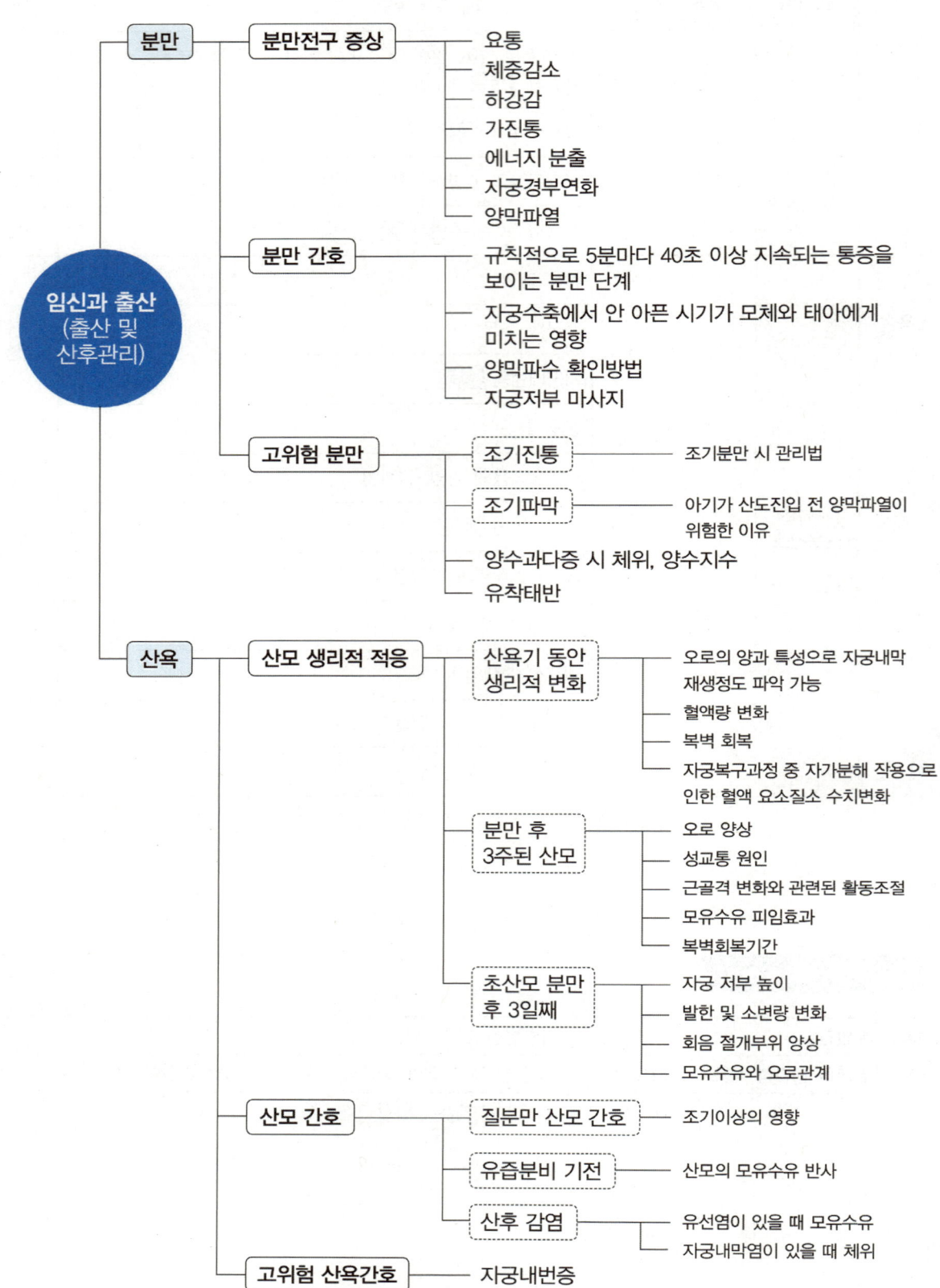

24-B5.
다음은 보건교사와 출산을 앞 둔 동료교사의 대화 내용이다. 〈작성 방법〉에 따라 서술하시오.

동료교사 : 선생님, 분만 예정일이 일주일 앞으로 다가오니 아기를 잘 낳을 수 있을지 걱정이 돼요.
보건교사 : 병원에서 산전 진찰은 받으셨지요?
동료교사 : 네, 어제 병원에 갔는데 의사 선생님이 제 배를 진찰하셨어요.
보건교사 : ㉠ 복부 검진을 하셨겠네요.
동료교사 : 네, 처음에는 양손을 제 배위에 두고 진찰하시더니 아기 머리가 밑으로 향해 있다고 하셨어요. 그리고 양손으로 제 배 옆을 만지셨어요.
보건교사 : ㉡ 태위에 대해서도 들으셨나요?
동료교사 : 잘 모르지만 다른 문제는 없다고 하셨어요.
보건교사 : 의사 선생님이 ㉢ 엄지와 나머지 손가락을 이용하여 하복부를 잡고 태아를 위로 밀어 보셨겠네요.
동료교사 : 네, 그리고 의사 선생님이 마지막 촉진을 하시면서 ㉣ 두정위라고 하셨어요.
보건교사 : 아, 그러시군요.

〈작성 방법〉
- 위 내용을 토대로 밑줄 친 ㉠에 해당하는 검진법의 명칭을 쓸 것.
- 밑줄 친 ㉡의 정의를 서술할 것.
- 밑줄 친 ㉢을 시행하는 목적을 서술하고, 밑줄 친 ㉣을 태세(fetal attitude)를 중심으로 서술할 것.

16-A4.
다음은 보건교사가 고등학생에게 '정상 분만의 전구증상'을 교육하기 위하여 작성한 자료이다. 전구증상 ㉠, ㉡의 발생기전을 쓰시오.

정상 분만의 전구증상
전구증상은 임신 말기의 분만을 암시하는 신체 변화이다. 임부들은 다음 전구 증상 중 1가지 이상을 경험한다.

〈표〉 분만전구증상의 발생기전 및 특징

전구증상	발생기전 및 특징
하강감	아두가 골반강 내로 들어가게 되어 복부 팽만이 완화되고 횡격막의 압박이 경감되는 증상
㉠ 요통	
가진통	불규칙한 자궁수축이 반복되면서 나타나는 복부 통증
㉡ 체중감소	
에너지 분출	에피네프린 방출 증가로 신체활동이 증가되는 것
자궁경부 연화	태아가 통과될 수 있도록 자궁경부가 부드러워지면서 부분적으로 소실되고 개대되는 것
양막파열	태아와 양수를 싸고 있는 막이 파열되는 것

25-B8.
다음은 보건교사와 임신한 동료교사의 대화 내용의 일부이다. 〈작성 방법〉에 따라 순서대로 서술하시오.

보건교사 : 선생님, 아기 낳을 때가 다 되어 가는 것으로 알고 있는데 배가 임신 주수보다 작은 것 같아요.
동료교사 : 네, 그렇지 않아도 어제가 임신 32주여서 산부인과에서 초음파검사를 했는데 ㉠ 양수과소증으로 진단 받았어요. 의사 선생님은 제가 ㉡ 전자간증이 있어서 양수과소증이 되었다고 하세요.
보건교사 : 아기가 많이 걱정되시겠어요.
동료교사 : 네, 그래서 의사 선생님이 매주 병원에 와서 ㉢ 무자극 검사를 하자고 하셨어요.
보건교사 : 이제 출산까지 두 달 남으셨는데 산전 진찰을 더 자주 하면서 태아 상태를 잘 보셔야겠네요.

〈작성 방법〉
- 밑줄 친 ㉠의 초음파 검사 결과를 양수 지수로 서술할 것.
- 밑줄 친 ㉡의 이유 1가지를 서술할 것.
- 밑줄 친 ㉢의 목적을 쓰고, 검사결과에서 반응(정상)의 기준을 서술할 것. (단, 검사를 20분 동안 진행하는 경우를 전제함.)

18-A14.
분만을 앞두고 있는 최 교사와 보건교사의 대화 내용이다. 〈작성 방법〉에 따라 서술하시오.

최교사 : 선생님, 분만 예정일이 아직 2주나 남는데 아침부터 배가 생리할 때처럼 살살 아파서 왔습니다.
보건교사 : 임신 38주니까 분만 진통이 시작된 것일 수도 있겠네요. 통증이 얼마나 자주 있는지, 얼마나 오래 가는지 한 번 측정해 보지요. 여기 침대에 누워 보실래요. (최 교사의 배에 손을 대고 시계를 본다.)
최교사 : (배가 아파 얼굴을 찡그리고 있다.)
보건교사 : ㉠ 통증은 규칙적으로 5분마다 있고 40초 이상 지속되는데요.
최교사 : 선생님, 그런데 통증이 계속 되는 게 가니고 아팠다 ㉡ 안 아팠다 하니까 견딜 만해요.
보건교사 : 네, 그것이 분만 통증의 특징입니다. 또 통증은 산부가 조절할 수 없습니다.
최교사 : 선생님, 잠깐만요. 아래로 물 같은 게 흐르는데요.
보건교사 : 그래요? 양수가 터졌나보네요. 양수가 터지면 분만이 빨리 진행되니 병원에 입원하시는 게 좋겠네요.
최교사 : 네, 제가 학교 앞에 있는 병원에 다니거든요. 빨리 입원하러 가야겠네요.
보건교사 : 선생님, ㉢ 아기가 아직 안 내려온 상태에서 양수가 터졌을 때는 아기가 위험할 수 있습니다. 저랑 같이 병원에 가요. 제가 휠체어로 모셔 드릴게요.
최교사 : 선생님 정말 고맙습니다.

〈작성 방법〉
- ㉠의 특성을 보이는 분만 단계의 구간을 제시할 것.
- 자궁수축에서 ㉡의 시기가 모체와 태아에게 미치는 영향을 각각 서술할 것.
- 보건교사가 ㉢과 같이 말한 이유를 서술할 것.

23-A9.
다음은 보건교사와 동료교사의 대화 내용의 일부이다. 〈작성 방법〉에 따라 서술하시오.

동료교사 : 선생님, 안녕하세요?
보건교사 : 선생님이 분만 휴가 중이라 얼굴 뵙고 싶었는데 이렇게 방문해 주셔서 반가워요.
동료교사 : 감사해요. 제가 궁금한 게 있어요. 분만실에서 전자 태아감시장치(Electronic Fetal Monitoring, EFM)를 부착하고 있었는데 이런 그래프를 받았어요.

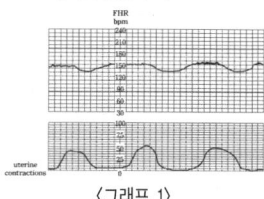
〈그래프 1〉

보건교사 : 〈그래프 1〉은 (㉠)을/를 의미하네요.
동료교사 : 분만실에서 제가 천장을 보고 똑바로 누운 자세로 있었더니 간호사 선생님이 체위를 (㉡) (으)로 변경해 주셨어요. 그랬더니 아기가 괜찮아졌다고 하더라고요.
보건교사 : 네. 다행이네요.
동료교사 : 그런데 제 옆에 있던 산부는 모니터상 태아심음이 매우 불안정하다고 하면서 갑자기 수술실로 갔어요. 왜 그런 걸까요?
보건교사 : 책에서 보여 드릴게요. 아마도 그 산부의 아기는 〈그래프 2〉와 같은 상태를 거예요. 이런 경우에는 태아가 위험할 수 있어요.

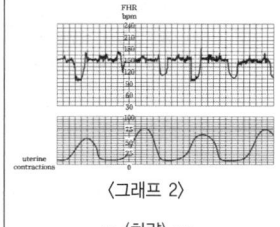
〈그래프 2〉

… (하략) …

〈작성 방법〉
- 괄호 안의 ㉠에 들어갈 태아 심박동 양상의 명칭을 제시할 것.
- 괄호 안의 ㉡에 들어갈 체위명을 제시하고, 이 체위로 태아의 상태가 개선되는 기전을 서술할 것.
- 〈그래프 2〉에 해당하는 태아 심박동 양상의 발생 원인을 서술할 것.

14-A[03~04] 다음의 교수·학습 지도안을 읽고 물음에 답하시오.

교수·학습 지도안

단원	임신·출산	지도교사	김○○
주제	임신 및 산전 관리/출산 및 산후관리	대상	○○ 여고
차시	2/3차시	장소	2-3 교실
학습목표	• 임신 및 산전 기간 중 자가 건강관리 방법을 이해할 수 있다. • 출산 및 산후 기간 중 자가 건강관리 방법을 이해할 수 있다.		

단계	교수·학습 내용
도입	• 전시 학습 내용 확인 : 인체의 신비 • 본시 학습 목표 확인 – 임신 및 산전 기간 중 자가 건강관리 방법의 이해 – 출산 및 산후 기간 중 자가 건강관리 방법의 이해
전개	1. 임신 및 산전관리 – 임신 1, 2, 3기 구분하기 – 수정이 일어난 후부터 자궁 내 성장 발달 3단계 설명하기 – 전통적, 현대적 태교 방법 비교하기 – ⊙ 임신 초기에 약물, 감염, 화학물질, 방사선 등을 피해야 하는 이유 설명하기 – ⓒ 임신 중 생리적 빈혈이 생기는 기전 설명하기 – 임신 중 불편감 완화 방법 설명하기 2. 출산 및 산후 관리 – 태아 폐 성숙을 확인하기 위한 shake test 방법 설명하기 – ⓔ 양막 파수를 확인하는 방법 2가지 설명하기 – 분만 1, 2, 3, 4기 구분하기 – 분만 통증 완화법 알아보기 – 산후 관리의 목적 설명하기 – ② 조기이상(early ambulation)이 출산과 관련된 산모의 생리적 변화에 미치는 영향 3가지 설명하기 … (하략) …
정리 및 평가	임신, 출산에 관한 O, X 질문

14-03. 밑줄 친 ⊙, ⓒ에 해당하는 내용을 각각 서술하시오.

14-04. 밑줄 친 ⓔ, ②에 해당하는 내용을 각각 서술하시오.

13-29. 그림은 임산부를 위한 블로그의 운영자와 회원 간의 '질문 및 답변'을 나타낸 것이다. (가)~(라) 중 옳은 것만을 있는 대로 고른 것은?

(가) ◎ 다음 달에 분만 예정인 초임부입니다. 진통이 시작되면 산부의 자세가 분만 과정에 영향을 준다고 들었습니다. 분만을 촉진시킬 수 있는 자세가 있나요?
Ⓐ 걷거나 앉아 있는 자세는 산부의 장축이 똑바로 되어서 분만에 도움이 됩니다.

(나) ◎ 철분제를 우유와 같이 복용하고 있는데 괜찮을까요?
Ⓐ 우유보다는 비타민 C가 많은 오렌지주스와 같이 드시면 흡수율을 높일 수 있어요.

(다) ◎ 임신 8개월 임부입니다. 임신 전에는 정상 체중이었는데, 지금은 일주일에 몇 kg의 체중이 증가하여야 정상인가요?
Ⓐ 네, 지금은 체중이 일주일에 0.8kg 이상 증가하여야 합니다. 임신 중에 영양이 결핍되면 합병증이 쉽게 생기니 충분한 영양을 섭취하세요.

(라) ◎ 임신 7개월 양수과다증 임부입니다. 배가 많이 불러서 힘들어요. 쉴 때 어떤 자세로 누워 있으면 좋을까요?
Ⓐ 앙와위, 즉 똑바로 눕는 자세가 좋습니다. 이 자세는 자궁-태반 혈류와 신장으로 가는 혈류를 증가시켜 줍니다.

13-20. 다음은 배가 아파서 응급실로 내원한 K 교사(여, 31세)의 검진결과이다. K 교사를 위한 관리 방안으로 옳은 것만을 〈보기〉에서 있는 대로 고른 것은?

성명	k	성별	여	나이	31세
입원날짜	2012.10.13. 16:30				
진단명	임신 29주				

간호력	경과 기록지
출산력 : 0-1-2-1 수축 간격 : 10~15분 수축 기간 : 30초 발생시점(Onset) : 3시간 전	경관 개대 : 2.0cm 경관 소실 : 50% 하강(Station) : -2 양막 : 파열되지 않음

〈보기〉
ㄱ. 좌측위를 취한다.
ㄴ. 침상 안정으로 활동을 제한한다.
ㄷ. 리토드린(Ritodrine)을 투여한다.
ㄹ. 태아의 폐 성숙을 촉진시키기 위해 베타메타손(Betamethasone)을 투여할 수 있다.

22-B8. 다음은 김 교사의 진료기록지 일부이다. 〈작성 방법〉에 따라 서술하시오.

진료기록지

성명	김○○	성별/연령	여/31세
진료일시	○○○○년 ○월 ○일 ○시		
교육내용	• 과거력 – 10년 전 우측 난소에 낭종(cyst)이 있어 수술함. – 임신 36주에 3,200g의 여아 1명을 질식 분만하여 현재 3세임. – 자연유산 1회함. • 현재력 – 임신 38주, 체중 67kg, 혈압 120/70mmHg – 이슬(show) 없음. 조기양막파열(premature rupture of membrane, PROM) 없음. – ⊙ 무자극 검사(nonstress test, NST) : 무반응(nonreactive) – ⓒ 양수지수(amniotic fluid index, AFI) : 3cm … (하략) …		
	○○병원		

〈작성 방법〉
• 김 교사의 산과력을, 임신력을 제외한 4자리 숫자체계로 제시할 것.
• 밑줄 친 ⊙에서 태아의 건강상태를 평가하는 요소 2가지를 제시할 것.
• 밑줄 친 ⓒ의 의미를 해석하여 서술할 것.

09-19. 산부인과 병동에 근무하는 간호사가 임부와 산모를 대상으로 수행한 간호중재로 옳은 것은?

① 자궁내막염이 있을 경우 오로 배출을 위해 트렌델렌버그 체위를 해 준다.
② 임신 1기 당뇨병 임부에게는 임신 전보다 더 적은 양의 인슐린을 투여한다.
③ 분만 후 출혈 예방을 위해 자궁이 부드러워질 때까지 자궁저부를 마사지한다.
④ 유선염인 경우에는 완치될 때까지 모유수유를 중단하라고 교육한다.
⑤ 자간전증 임부에게는 저단백, 저염분 식이를 제공한다.

11-20. 정상 분만 후 3주가 지난 여성을 면담한 결과이다. (가)~(마)에 대하여 교육해 준 내용으로 옳지 않은 것은?

(가) 백색 오로(lochia)가 소량 분비되고 (나) 성교 시 질분비물이 적어 통증이 있다고 하였다. (다) 하루 8시간 이상 서서 무거운 물건을 옮기는 일을 해야 하며, (라) 현재 모유수유 중이므로 월경이 시작되면 그때부터 피임을 할 예정이라고 하였다. (마) 복부가 늘어져서 임신 전과 같은 상태로 돌아가지는 않는다고 걱정하였다.

① (가) 태반 부착 부위의 치유가 완료된 시기이므로 백색 오로가 소량 나오는 것은 정상이다.
② (나) 에스트로겐 분비 부족으로 질분비물이 적어서 성교 시 통증이 올 수 있다.
③ (다) 자궁인대와 골반근육이 늘어나 있는 상태이므로 장시간 서서 일하는 것은 피해야 한다.
④ (라) 모유수유 중에도 월경이 시작되기 전에 배란이 될 수 있으므로 성교 시에는 피임을 하도록 한다.
⑤ (마) 개인차가 있으나 복벽이 임신 전의 상태로 회복되기까지는 약 6주 걸린다고 알려준다.

10-39. 산욕기 동안 산모에게 나타나는 생리적 변화에 대한 설명으로 옳은 것을 〈보기〉에서 고른 것은?

〈보기〉
⊙ 분만 후 자궁으로부터 분비되는 오로의 양과 특성으로 자궁내막의 재생정도를 알 수 있다.
ⓒ 분만 후 발생하는 혈액량의 변화는 분만 시 혈액 손실, 수분의 혈관 외 이동과 이뇨현상으로 초래된다.
ⓔ 분만 후 복벽의 탄력성이 회복되고 임신 동안 탄력섬유의 파열로 인해 생긴 임신선은 사라지게 된다.
② 자궁이 복구하는 과정에서 자가 분해 작용이 일어나 혈액 요소질소 수치가 증가한다.

22-A6. 다음은 보건교사와 동료교사의 전화통화 내용이다. 〈작성 방법〉에 따라 서술하시오.

동료교사 : 안녕하세요, 선생님. 제가 첫 아이를 2주 전에 출산하고 모유를 먹이고 있는데 궁금한 점이 있어 연락드렸어요.
보건교사 : 무엇이 궁금하신지 말씀해 보세요.
동료교사 : 제가 3년 뒤에 둘째를 낳으려고 생각 중인데 적당한 피임 방법을 잘 모르겠어요. 주변에서는 모유를 먹일 경우 임신이 안 된다고 말하지만……
보건교사 : ㉠모유수유가 피임을 가능하게 해요. 그렇지만 완전 하지는 않아요.
동료교사 : 그러면 혹시 모유수유 중에 경구피임약을 먹는 것이 가능한 건가요?
보건교사 : (㉡)이/가 함유된 복합 경구피임제는 피하셔야 하지만 (㉢)이/가 함유된 단일 경구 피임제는 모유의 양과 질에 영향을 미치지 않아 모유수유 중에 복용이 가능합니다.
동료교사 : 아, 그렇군요. 좋은 정보 감사드려요. 나중에 학교에서 뵙겠습니다.

〈작성 방법〉
• 밑줄 친 ㉠의 이유를 호르몬 조절기전으로 설명할 것.
• 괄호 안의 ㉡과 ㉢에 해당하는 호르몬의 명칭을 순서대로 제시할 것.

12-33. 초산모 신 씨(31세)의 사정 내용 중 정상 상태에 대한 설명만을 〈보기〉에서 있는 대로 고른 것은?

신 씨는 정상 질분만으로 3.1kg의 딸을 낳았으며 현재 분만 3일째이다.

〈보기〉
ㄱ. 자궁 저부는 제외부에서 촉진된다.
ㄴ. 발한이 심하고 소변량 증가를 호소한다.
ㄷ. 회음 절개 부위는 약간의 부종이 있으나 발적은 없고 깨끗하다.
ㄹ. 아기에게 모유를 먹일 때 오로가 더 많이 분비되며 배가 아프다고 한다.

15-A4. [그림 1]과 [그림 2]는 산모의 모유수유 반사를 나타낸 것이다. 모유수유와 관련하여 뇌하수체 전엽과 후엽에서 분비되는 ㉠, ㉡에 해당하는 호르몬의 명칭을 순서대로 쓰고, 분만 후 각 호르몬의 작용에 대하여 2가지씩 서술하시오.

모유수유 반사
[그림 1]   [그림 2]

22-B4. 다음은 고등학교 보건교사가 작성한 교육 자료의 일부이다. 〈작성 방법〉에 따라 서술하시오.

주제	산후 출혈성 건강문제	대상/장소	여교사 ○명/소회의실
교육목표	○산후 출혈성 건강문제의 원인, 증상 및 치료를 이해할 수 있다.		
구분	교육 내용		시간
도입	○동기 유발 : 산후 출혈에 대한 퀴즈		5분

전개	Ⅰ. 태반의 이상
	1. 태반 융모의 자궁 벽 침범 정도에 따른 분류
	 • (㉠)
	 • 감입태반(placenta increta)
	 • 첨입태반(placenta percreta)
	2. 원인
	 • 전치태반
	 • 소파수술
	 • 제왕절개술 등
	3. 증상
	 • 임신 중에는 증상이 거의 없음.
	 • 전치태반을 동반한 경우 산전 출혈이 있음.
	 • 태반 만출 시도 시 출혈
	   … (중략) …
	Ⅱ. (㉡)
	1. 원인
	 • 태반박리 전 제대를 잡아당김.
	 • 태반박리와 만출을 위해 고도하게 자궁저부를 압박하는 경우
	 • 태반의 용수박리 등
	2. 증상
	 • 질 내 무엇인가 꽉 찬 느낌
	 • 심한 통증
	 • 출혈
	 • 저혈량성 쇼크
	3. 치료법
	 • ㉢터부탈린(terbutaline) 투여 후 응급조치 시행
	 • ㉣옥시토신(oxytocin) 투여
	 • 자궁절제술(hysterectomy)
	   … (하략) …
			35분

〈작성 방법〉
• 괄호 안의 ㉠에 해당하는 용어를 제시할 것.
• 괄호 안의 ㉡에 해당하는 질병명을 제시할 것.
• 밑줄 친 ㉢과 ㉣의 목적을 순서대로 서술할 것.

23-B8. 다음은 고등학교 보건교사가 작성한 보건교육 자료의 일부이다. 〈작성 방법〉에 따라 서술하시오.

보건교육 자료
△△고등학교 보건교사 ○○

1. 태반의 내분비 기능

호르몬	특성 및 기능
융모생식샘 자극호르몬(hCG)	• 임신 60~70일경에 분비량이 가장 많음. • 임신 반응검사에 사용됨.
(㉠)	• 수유 준비를 위해 유방 발달을 촉진함. • 모체의 당, 단백 및 지방 수준을 조절하여 태아 성장을 증진함.
에스트로겐	• 임신 6~12주 사이에 태반과 태아로부터 분비되어 임신 말기까지 계속됨. • 유방의 샘(선)조직을 증식함.
(㉡)	• 임신 초기에는 황체에서 분비되고, 임신 12~13주경에 태반이 형성되면 태반에서 분비되어 32주에 분비량이 최고 수준에 도달함. • 유방의 포상조직(alveoli tissue) 발달과 모체의 신진대사를 촉진함.

2. 분만 시 태반 만출 방법
 – 슐츠 기전(Schultze mechanism)
 – ㉢ 던칸 기전(Duncan mechanism)
   … (하략) …

〈작성 방법〉
• 괄호 안의 ㉠에 들어갈 호르몬의 명칭을 제시할 것.
• 괄호 안의 ㉡에 들어갈 호르몬의 명칭을 제시하고, 이 호르몬이 임신 중 자궁에 미치는 영향을 서술할 것.
• 밑줄 친 ㉢에 해당하는 만출 방법을 서술할 것.

1 분만에 영향을 미치는 요인

1 분만에 영향을 미치는 요인(5P)

분만요소(5P)			특징
만출물질 (passenger)	태아와 그 부속물인 태반, 양수 등		
	태아		산도를 통과하는 것은 머리크기, 선진부, 태위, 태세, 태향 등의 여러 가지 요소가 서로 어떻게 관련되느냐에 따라 달라짐
		태아머리	① 분만 시 가장 중요하며, 아두가 산도를 무사히 통과할 수 있다면 신체의 나머지 부분은 큰 문제가 없음 ② 두개골은 두정골(2개), 측두골(2개), 전두골, 후두골로 구성되어 있으며, 이들 뼈는 막으로 된 봉합으로 연결되어 있음 → 이러한 구성의 특성으로 분만 시 압박을 받으면 주형이 생길 수 있음(주형은 생후 3일이면 원상복귀됨) ③ 봉합이 서로 닿은 부분은 부드러운 천문을 이루고 있으며 분만 시 파막되면 질을 통해 아동의 봉합, 천문을 촉진하여 태아의 선진부, 태향, 태세 등을 확인할 수 있음
		태위 24 임용	① 모체의 장축(척추)과 태아의 장축과의 상호관계 ② 종위와 횡위로 구별됨 | 종위 | 태아의 장축이 모체의 축과 평행선을 이룸 | | 횡위 | 태아의 장축이 모체의 축과 직각을 이룸 |
		태세	① 태아가 임신 후반기에 취하게 되는 자세 ② 태아의 머리, 몸통, 사지의 상호관계 　㉠ 완전굴곡 : 정상태세로 가장 짧은 경선인 소사경으로 골반 통과가 가능함 　㉡ 불완전굴곡, 불완전신전, 완전 신전 등이 있음
		선진부	① 골반입구에 먼저 들어간 태아의 신체부분 ② 두부, 둔부, 어깨 등이 선진부가 될 수 있으며, 선진부에 따라 두위, 둔위, 견갑위라고 함 ③ 두위가 태아의 약 98~97%에서 나타남
		태향	① 태아의 선진부와 모체 골반의 전후 좌우면과의 관계 ② 선진부가 두부인 두정위의 준거지표는 후두골, 안면위는 턱, 둔위는 천골, 견갑위는 견갑골임 ③ 두정위의 태향은 2/3가량이 좌측에 있고, 1/3은 우측에 있음 [위에서 본 산모골반의 4분면]
	태반과 양수 등		태아가 만출함에 따라 산도를 통과하여 드물게는 정상분만과정을 방해하기도 함

산도 (passageway)	구성	경산도(골반 : 골반입구, 골반출구, 골반형태), 연산도(경부, 질강, 회음조직 등)
	분만준비	임신이 진행됨에 따라 릴렉신과 에스트로겐은 결합조직을 더 이완시키고 유연하게 만들며, 이는 관절을 더 유동적으로 만들어 산모의 골반이 분만에 적합하게 해줌
만출력 (power)	\① 자궁의 수축과 견축의 일차적인 힘과 산부가 밑으로 힘을 주는 노력을 포함하는 복부근육의 긴장과 횡격막의 수축 등의 이차적인 힘 ② 분만과정별 만출력 　　분만 1기 : 자궁수축으로 자궁경부의 완전개대와 소실을 일으킴 　　분만 2기 : 산부가 아래로 힘주는 노력으로 복강내압(수의적 자궁수축)	
심리적 반응 (psychologic response)	산부 자신의 분만에 대한 이해와 준비성, 지지자의 도움과 환경문화의 조건	
산부의 자세 (position)	분만이 진행되는 동안 자세변경과 움직임은 몇 가지 이점을 제공해 줌 ① 자세변경과 걷는 것은 골반관절에 영향을 주고 이것은 태아하강과 회전을 용이하게 해줌 ② 쭈그리고 앉는 자세는 골반출구를 약 25%까지 넓혀줌 ③ 무릎을 바닥에 닿게 하는 자세는 산부의 하대정맥을 가해지는 압박을 제거하고 후방후두위에서 태아의 회전을 도움  ④ 앙와위나 쇄석위와 비교할 때 상체를 세운 자세나 측위의 특징은 다음과 같음 　분만촉진 : • 분만 1기와 2기 단축　• 하강에 도움을 주는 골반모양과 크기의 가동성 증가　• 태아 하강 도움 　안전분만 : • 분만보조기구(진공 흡입기와 겸자)의 사용 감소　• 회음절개와 회음부 열상 감소　• 비정상 태아심음 양상 감소에 기여 　통증조절 : • 산부의 통증조절 능력 향상 : 편안함 증가, 진통제 요구 감소	

2 태아의 아두

두개골	8개의 bone : 후두골 1, 두정골 2, 측두골 2, 전두골 1, 접형골 1, 사골 1
두개의 봉합선	두개골 사이의 막강 ① 전두봉합 – 전두골 봉합부위 ② 관상봉합 – 두정골과 전두골이 만나는 부위 ③ 시상봉합 – 두정골과 두정골이 만나는 부위 ④ 인자봉합 – 양 두정골과 후두골이 만나는 부위

③ 태아의 선진부 19,20,22,23 국시

구분	선진부	준거지표(지적부위)
두위: 약 96%	두정위: 태아의 두부는 앞으로 숙여지고 턱은 앞가슴에 바짝 붙은 완전굴곡 상태로 선진부는 후두골 24 임용	후두골(occiput : O)
	LOA LOT LOP	
	안면위: 태아의 목이 뒤로 젖혀지고 후두골이 태아의 등에 붙은 완전신전 상태로 안면이 선진부가 됨	턱(mentum : M)
	LMA LMT LMP	
	전정위: 두부가 약간 구부러진 불완전 굴곡 상태로 대천문이 선진부가 됨	대천문(전정)
	ROP 우후방 두정위 / LOP 좌후방두정위 / ROT 우측방 두정위 / LOT 좌측방 두정위 / ROA 우전방 두정위 / LOA 좌전방 두정위	
둔위: 약 3~4%	단둔위	천골(sacrum : S)
	LSA LST LSP	
	완전둔위	발과 엉덩이
	불완전둔위	다리
	족위	발바닥
견갑위	횡위시	견갑골(scapular : Sc) 혹은 견봉(acromion : A)

태향 확인 방법
① 선진부(후두, 턱, 천골, 견갑) 확인
② 선진부가 모체골반의 좌측인지, 우측인지 확인
③ 선진부가 모체골반의 전방에 있는지, 후방에 있는지 확인

태향 표시 방법

첫 글자: 모체 골반에 대한 선진부의 위치	두 번째 글자: 선진부 지적부위	세 번째 글자: 모체골반의 전후 횡축면에 대한 선진부 위치
오른쪽: R 왼쪽: L	두정위: 후두골 O 둔위: 천골 S 안면위: 턱 M 견갑위: 견갑골 Sc 혹은 견봉 A	전면: A 후면: P 측면: T

📝 레오폴드촉진법을 통해서 태아의 후두가 모체골반의 오른쪽 앞쪽에서 촉지되었다. 이 태아의 태향은?
우전방두정위(ROA)

- **골반의 유형**

유형	설명
여성형 골반	• 여성의 50% 이상을 차지하여 가장 흔함 • 골반입구가 둥그스름하고 횡타원형인 골반으로 정상 분단에 적합함 • 골반강에서 가장 짧은 경선인 좌골극 간경이 10cm 이상이며 치골궁이 넓음 • 아두는 골반입구의 횡경선이나 사경선으로 진입하여 빨리 하강하며, 골반강 내에서 회전하고 두정위인 경우 전방두정위로 자연분만 가능
남성형 (설상형) 골반	• 골반입구가 삼각형으로 된 골반 • 좌골극은 돌출되고 치골궁은 좁으며 골반이 전체적으로 거칠고 무거움 • 분만 중 태아의 진입이 어려워 선진부는 사위로 되며 아두의 하강이 느리고 대개 후방두정위로 되어 좌골극 부위에서 분만이 중단되기 쉬움 • 예후가 좋지 않으므로 제왕절개술이 높음

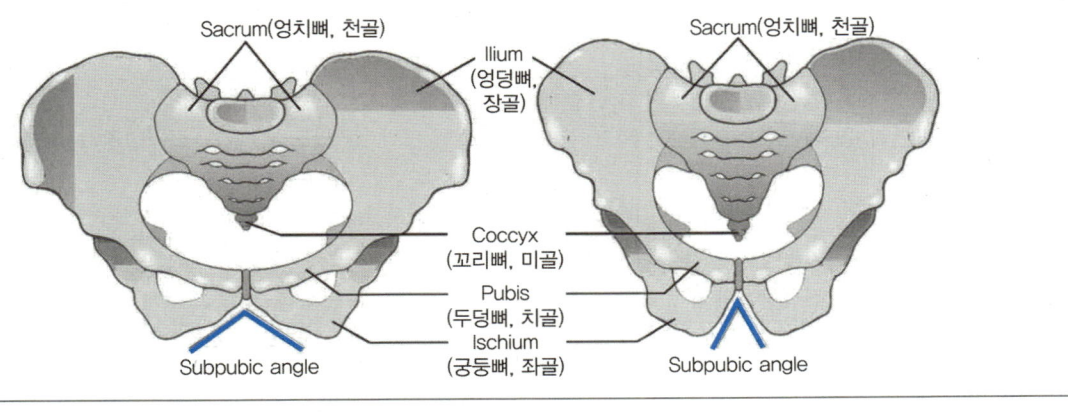

④ 골반의 주요 경선

주요경선		설명
골반 입구 (가골반과 진골반 경계 횡경> 전후경)	대각 결합선	① 치골결합 하연에서 천골갑까지의 길이로 임상적으로 중요한 경선이며, 대체로 12.5cm 이상임 ② 내진에 의해 직접 측정가능 ③ 진결합선과 산과적 결합선을 측정할 수 있음(진결합선과 산과적 결합선은 X-선으로 측정할 수 있음)
	전후경선, 진결합선	① 치골결합상연에서 천골갑까지의 연결된 길이로 평균 11cm임 ② 태아의 머리(선진부)가 진골반 내로 들어갈 수 있느냐, 없느냐를 결정하는 골반입구의 가장 짧은 경선 ③ 직접 측정할 수 없으므로, 대각결합선에서 1.5~2cm을 뺀 길이로 예측함
	산과적 결합선	① 치골결합의 내면과 천골갑 간의 길이로 분만 시 가장 짧은 경선 ② 진결합선에서 0.5cm를 뺀 길이로 보통 10cm 이상임
		[옆에서 본 모습]
	횡경선	① 골반입구의 최대경선으로 13.5cm ② 실제 태아의 머리가 진입하는 데에는 별 의미가 없음. 이유는 골반입구의 긴 경선으로 보통 아두는 비교적 전방으로 밀려 내려와 사경선으로 골반에 들어가는 것이 보통임
	사경선	① 천장골 관절로부터 반대측 장골융기까지 비스듬하게 내려온 거리로 길이는 12.75cm임 ② 우측과 좌측에 2개가 있어 우측 사경선, 좌측 사경선이라 하며 좌측을 제1, 우측을 제2로 정하기도 함

골반 출구 (전후경> 횡경)	전후경선	① 치골결합하단에서 천골단까지의 거리로 9.5cm ② 천미골관절과 미골끝이 얼마나 벌어지느냐에 따라 다양함 : 미골이 쉽게 움직이면 전후경선이 더욱 넓어짐
	횡경선	좌골결절(좌골극) 양측 내연 간의 거리로 10.5~11cm
	후종경선	횡경선의 중앙점에서 천골단(좌골극간 경선)까지의 거리로 7.5cm

※ 협골반 : 대각결합선 11.5cm 이하, 좌골결절 사이 8cm 이하

5 분만시작에 관한 이론

에스트로겐- 프로게스테론 이론	태반기능 저하 → 프로게스테론 수준 저하 → 프로스타글란딘 분비 증가 → 자궁수축 → 분만 시작
옥시토신 이론	임신 말기 뇌하수체 후엽에서 분비되는 옥시토신에 의하여 자궁근육이 직접적으로 자극되어 자궁수축을 자극
태아 내분비조절 이론	태아성숙 → 태아의 부신에서 코르티코스테로이드 분비 → 프로스타글란딘 전구물질 분비 → 자궁수축 유발 → 분만 시작
프로스타글란딘 이론	스테로이드에 의해 분비되는 지질 전구물질이 아라키돈산을 자극 → 프로스타글란딘 합성 증가, 활성화 → 자궁수축 유발 [15 국시] • 분만 시 여성의 양수에 아라키돈산이 현저히 증가되어 있음 • 혈액, 양수 내 프로스타글란딘 수치는 분만시작 전보다 분만 중이나 후에 더 높음) • 프로스타글란딘은 자궁의 탈락막, 제대, 양막에서 생성, 분만에서 자궁수축 유발
자궁신전 이론	• 자궁근육 신전에 한계가 있음 • 다태 임신이나 양수과다일 때 조기진통으로 분만이 유도될 수 있음 • 선진부가 하강하면서 자궁경관 신경절을 자극하여 분만 시작

6 분만과정에서의 호르몬 작용

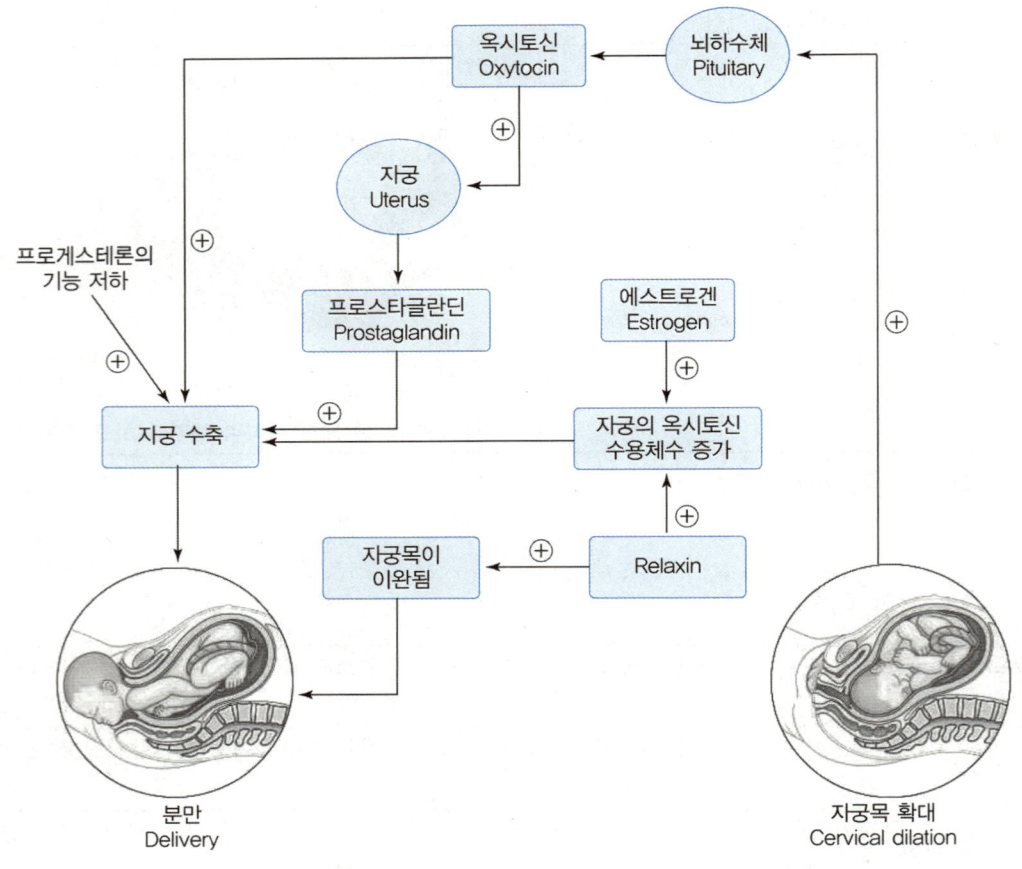

분만통증의 원인 (= 분만 중의 통증에 영향을 미치는 신체적 요인)	견인력	회음부와 자궁경부의 수축, 만출력 등으로 인한 자궁인대의 신장, 자궁하부의 팽창이 일어나는 힘
	압박	선진부 하강에 의한 방광·요도·질·골반 내의 기관, 자궁과 질 주위의 신경절이 받는 압박
	저산소증	자궁이 수축하는 동안 자궁근층과 인접조직에 혈류가 정체되어 나타나는 국소적 빈혈현상
분만 단계에 따른 분만통증 원인	분만 1기	• 경관거상 및 개대시키는 자궁근육의 수축에 의해 발생 • 통증부위는 하복부에 집중됨 • 자궁수축 시에만 통증을 느끼며, 이완 시에는 통증 없음
	분만 2기	• 태아하강으로 인한 자궁경부·질·회음부 팽창에 의해 발생 • 주로 회음부 불편감(파열되는 것 같은 느낌)으로 옆구리와 대퇴로 방사 • 심리적 긴장(분만 동안 불안과 공포로 인한 긴장)으로 통증과 통증지각 상승

7 자궁수축으로 인한 변화

변화	설명	
생리적 견축륜	① 자궁수축이 진행되면 자궁은 협부를 중심으로 상하로 구분됨 → 자궁저부 근육이 수축되었다가 이완될 때 전보다 덜 이완됨으로써 자궁근이 점차 두꺼워지면서 자궁하부와 경관의 조직을 잡아당겨서 자궁경부가 점차 얇아져서 종잇장처럼 되는 과정 ② 자궁저부는 근육세포를 가장 많이 포함하고 있어 활동적으로 수축을 하여 자궁 내에 태아와 그 부속물들을 아래로 내려보내는 기능을 함 ③ 분만이 진행되면서 자궁상부의 근육은 짧고 두꺼워지며, 하부의 근육은 늘어나고 얇아짐 ④ 난산이나 기능적 자궁부전이 있을 때는 병리적 견축륜이 나타남 - 병리적 견축륜은 자궁하부가 극도로 얇아지고 융기선이 위로 상승하여 치골결합과 제와부 사이에 융기선이 생기는 상태(자궁파열의 전조증상임)	**참고 생리적 견축륜** 자궁의 상부 2/3는 활발하게 수축한다. 아래 1/3과 경부는 수동적이다. 생리적 견축륜 자궁의 위와 아래 부분을 나누는 구역을 만든다. 분만 동안 자궁의 윗부분은 더 두꺼워진다. 아래 1/3과 경부는 더 낮아지며 위로 당겨진다.
자궁내압의 증가	강도 — 자궁수축	① 자궁근육의 수축이 시작하면 자궁내압이 상승함. ② 자궁내 압력은 분만 1기에 30~50(70)mmHg, 분만 2기에 80~100mmHg까지 증가
	강도 — 자궁이완	이완 시에는 8~15mmHg까지 떨어짐
	영향	① 자궁내압이 25mmHg 정도이면 임부가 통증을 느낌 ② 자궁내압이 30mmHg 이상이 되어야 경부개대가 시작됨
자궁경부의 소실과 개대	견축	태아가 자궁수축에 의해 만출되면서 자궁저부의 근육들은 점차 짧아지면서 두꺼워짐
	소실과 개대	① 자궁저부 근육이 수축되었다가 이완될 때에 전보다 덜 이완됨으로써 자궁근이 점차 두꺼워지면서 자궁하부와 경관의 조직을 잡아당겨 올리는 역할 → 자궁수축 시마다 자궁상부 근육이 점차 두꺼워지고 하부가 당겨져 올라가기 때문임 ② 약 2cm의 길이, 두께 1cm의 경부가 자궁수축이 시작되면서 점차 짧아지고 얇아져서 종잇장처럼 되는 과정 ③ 초임부는 경부소실 후 개대가 일어나나, 경산부는 경부소실과 개대가 동시에 일어남
	정상분만에서 자궁경부의 수축은 저부의 수축과 견축보다 약해야 소실과 개대가 가능함	

2 분만전구증상

1 분만전구증상

전구증상	발생기전 및 특징		
하강감 16 임용(지문) / 04,06 국시	기전		아두(태아선진부)가 골반강(진골반) 내로 들어가게 됨 → 복부팽만이 완화되고 자궁저부가 낮아져서 횡격막의 압박이 경감
		완화	① 호흡이 편해짐 ② 위장 압박 증상완화
		증가	① 골반과 방광의 압박이 증가되어 빈뇨 ② 좌골신경압박으로 인한 하지경련 또는 하지의 통증 ③ 정맥흐름의 정체증가로 하지부종 ④ 질 점막의 울혈로 인한 질 분비물 증가 발생
	발생 시기	초산부	분만예정일 2주 전에 태아하강이 일어남 04 국시 (출산을 해보지 않은 여성이 더 뚜렷이 느낌)
		다산부	진통이 시작되기 전까지 태아하강이 일어나지 않음
요통 16 임용	기전		① 릴락신 호르몬(골격 사이 연골의 연화작용을 함)에 의한 골반관절 이완으로 야기된 지속적인 요통과 천장골 부위의 불편감 호소 ② 분만 전 주에 더욱 분비량이 증가되어 치골결합과 천미골 관절을 늘어나게 하며 미골의 이동으로 골반크기를 2cm 정도 증가시키는데, 이때 요통이 증가됨
	임신 기간 중 요통발생		체중증가와 자궁증대 → 요천골 만곡이 커져서 척추전만증 발생, 척추중앙과 하부인대 근육 압박 → 요통 발생
가진통 16 임용(지문) / 05 국시	특징		① 분만이 시작되기 전에 불규칙적인 자궁수축이 반복되면서 나타나는 복부통증 ② 임신 전 기간에 걸쳐 나타나나, 분만이 가까워지면서 강하고 빈번한 불규칙한 자궁수축
	효과		① 임신 중에 자궁의 긴장유지를 도움 ② 태반의 융모간 강을 통과하는 자궁 혈액 공급 증진으로 태아에게 산소공급을 증진 ③ 임부가 걷거나 옆으로 누우면 완화됨

체중감소 16 임용	기전	에스트로겐과 프로게스테론 수준이 변하여 생긴 전해질 이동으로 임신 중에 축적해둔 과다한 체액이 배출되며 체중이 약 2~6kg 정도 감소될 수 있음
에너지 분출 16 임용(지문)	기전	에피네프린 방출증가로 신체활동이 증가되는 것
자궁경부 연화 16 임용(지문)	정의	① 태아가 통과될 수 있도록 자궁경부가 부드러워지고 거상되며 부분적으로 소실되며 1~2cm 정도 개대(부분적 소실과 개대) ② 자궁경관 소실 : 자궁경부의 길이가 짧아지면서 1cm 이하로 얇아지는 과정으로 최대 100%로 표시함. 초산부는 경관의 소실이 개대 전에 이루어지고, 경산부는 소실과 개대가 함께 일어남 ③ 자궁경관개대 : 자궁수축의 효율성과 분만진행 정도를 확인할 수 있는 징후임
	기전	릴렉신 호르몬과 진통 증가, 정맥의 양 증가 효과로 인해 부드러워짐 → 태아의 머리가 하강하면서 태아는 경부에 압력을 가함 → 경부는 소실과 개대 과정을 시작함
이슬 07,19 국시	정의, 기전	경관의 소실과 개대 시작 → 선진부가 하강하면서 자궁경관의 미세혈관 압박, 파열 → 흘러나온 혈액이 임신 중 자궁경관을 막고 있던 점액마개와 떨어져 함께 섞여 나옴 → 혈액 섞인 점액성 질 분비물(혈성 점액질)
	의미	임신 시 이슬이 나오면 분만이 이미 시작되었거나 24~48시간 이내에 분만이 시작될 것임을 의미
양막파열 16 임용(지문) / 19 국시	정의	태아와 양수를 싸고 있는 막이 파열되는 것으로 자연 파막은 분만이 가까워졌음을 나타내는 지표
	기전	진통이 강해지면 자궁내압이 상승하고 아두가 하강함 → 이 압력에 난막이 견디지 못하게 되면 태포 파열 → 내부에 고여 있던 양수가 유출됨
	효과	① 양수는 태아가 산도를 통과할 때 윤활제 역할을 함 ② 양수는 질에 존재하는 상재균으로부터 감염방지 효과가 있음
	의미	① 분만 시작의 신호 : 만삭 시 파막의 80~90%에서 24시간 내에 분만 시작됨 ② 제대탈출의 위험성 ③ 자궁 내 감염의 위험성 : 적극적으로 유도분만을 해야 함. 염증 있고 양수색이 변했으면 패혈증 위험을 의미함

2 가진통과 진진통 비교 99,04,05,06,07,14,22 국시

항목	가진통	진진통
자궁수축의 규칙성	불규칙적	규칙적
수축 간격	변화 없음	점점 짧아짐
수축 기간과 강도	변화 없음	점점 증가
통증 부위	• 주로 복부에 국한됨 • 활동(걷기 같은)을 하면 통증 완화	• 허리 부분에서 시작하여 복부로 방사 • 허리 통증이 지속될 수 있음 • 걸으면 더욱 심해짐 • 휴식을 취해도 통증이 감소되지 않음
자궁경부의 개대와 소실	변화 없음	점차적으로 소실과 개대가 일어남 (가장 중요한 특징)

3 분만 간호

1 분만 단계 12 국시

Fredman은 정상 진통에서 자궁경부 개대 양상은 S자 형태를 이룬다고 하였음

분만 1기 98,01,08,14 국시	분만 2기	분만 3기	분만 4기
개대기(0~10cm) (규칙적인 자궁의 수축 시작~자궁경관의 완전 개대까지) 3단계로 구성 ** 자궁경부 개대 기전 ① 양수의 압력 ② 자궁수축 ③ 태아선진부의 압력	태아만출기 <table><tr><td>골반기</td><td>태아하강기</td></tr><tr><td>회음기</td><td>활동적인 힘주기 단계</td></tr></table> ① 초산부 1시간, 경산부 30분 정도 소요 ② 자궁수축 : 간격 2~3분 이하, 기간 60~90초, 강도 강함 ③ 회음기 후기 동안 힘줄 것을 강하게 독려 20 국시	태반박리와 태반만출기 ① 태반박리 : 자궁벽으로부터의 분리 ② 태반만출 : 질구 밖으로 배출	회복기 태반만출 후 1~4시간, 산모의 생리적 적응 시기

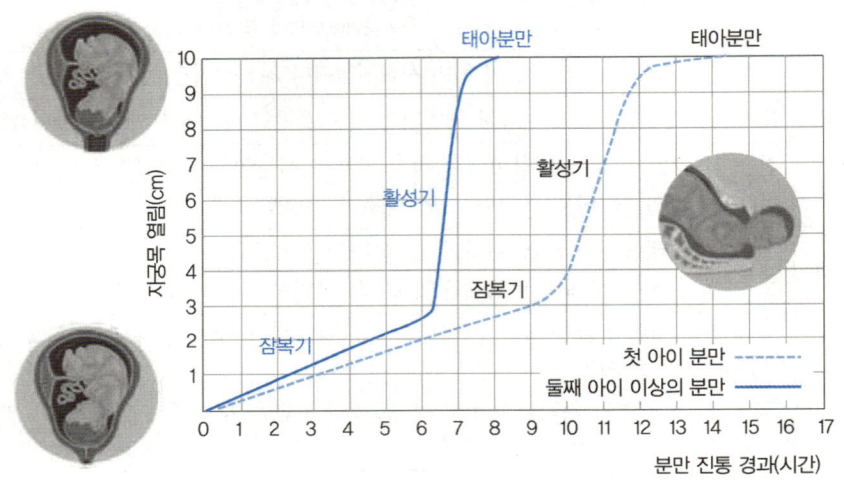

[프리드만 분만진통 곡선]

출처 : 질병관리청 국가건강정보포털

[분만 1기 경관개대와 자궁수축의 특성]

내용		경관개대에 따른 단계		
		0~3cm(잠재기) 05,20,21 국시	4~7cm(활동기) 18 임용/14 국시	8~10cm(이행기) 08,20 국시
수축	강도	경함	보통	강함
	리듬	불규칙	좀 더 규칙적	규칙적
	빈도	5~10(30)분마다	3~5분마다	1~2분마다
	기간	30~45초	45~60초	60~90초
하강 정도	초산부	0	+1~+2	+2~+3
	경산부	0~+2	+1~+2	+2~+3
경관소실		0~40%	40~80%	80~100%
이슬	색깔	갈색 분비물, 분홍빛 점액	분홍색~혈성 점액	혈성 점액
	양	소량	소량에서 보통	다량
행동과 외모		① 흥분, 자신과 진통 및 아기에게 집중함 ② 말이 많거나 혹은 조용함 ③ 긴장 ④ 진통을 잘 참음 ⑤ 가르치면 잘 받아들임	① 좀 더 심각해지고 진통을 참을 수 있을까 염려함 ② 격려해주기를 기대 ③ 관심이 분만에만 집중 ④ 피로, 얼굴이 붉어짐	① 진통이 심하다고 말함(요통) ② 통제력 상실에 대한 두려움과 불안, 수축 사이의 건망증 ③ 과호흡 시에 오심과 구토 ④ 이마와 입술 위에 땀이 나고, 장딴지가 떨리고, 항문에 압박감과 배변감이 주어짐
총 분만시간	초산부 16시간	9시간	6시간	1시간
	경산부 10시간	5~6시간	4시간	30분

* 하강 정도: 태아아두가 좌골극에 도달하는 지점이 0이 됨(좌골극 위는 -3,-2 -1 / 좌골극 아래는 +1,+2,+3) 19,21 국시

(1) **분만 1기**: 개대기(규칙적인 자궁의 수축 시작~자궁경관의 완전 개대), 소요시간은 초산부의 경우 평균 12~14시간, 경산부는 평균 6~7시간으로 보고되고 있음

분만진행 단계		
	잠재기	① 규칙적인 자궁수축과 함께 시작됨 ② 초산부의 경우 평균 소요시간은 9시간이며, 보통 20시간을 초과하지 않음. 경산부의 평균 소요시간은 5~6시간이며 14시간을 초과하지 않음 ③ 잠재기 동안 자궁수축의 빈도와 기간, 강도는 모두 점차 증가하며, 임부는 통증과 자신의 불안감을 표현함
	활동기	① 다시 가속 시, 최대경사기, 감속기의 3단계로 나뉨 ② 활동기가 되면 임부는 심한 통증을 느끼며 불안이 증가하기 시작함 ③ 이 시기 동안 자궁경부는 4cm에서 7cm로 개대되며 태아가 점차 하강함. 경부개대의 정도는 초임부의 경우 시간당 1.2cm 이상이며, 경산부의 경우 시간당 1.5cm 이상임 ④ 임부에 따라서는 자기 통제력을 상실할까보 두려워하기도 하고 여러 가지 대처기전을 사용하기도 함 → 통증과 불안으로 과호흡 시 호흡성 알칼리증 초래 21 국시 ⑤ 이 시기 동안 가족의 지지를 받은 임부의 경우 지지를 받지 않은 임부보다 불안의 정도가 낮고 만족감이 높은 것으로 보고 됨
	이행기	① 분만 1기의 마지막 단계임 ② 이행기 동안 자궁경부는 8cm에서 10cm로 개대되며, 개대 속도는 활동기에 비해 느려짐. 반면, 태아의 하강속도는 빨라져서 초산부는 시간당 1cm 이상 하강하며 경산부는 시간당 2cm 이상 하강함 ③ 초산부의 경우 이행기는 3시간을 넘지 않으며 경산부의 경우 1시간 이내임 ④ 이 시기의 임부는 매우 불안해하고 초조해하며 피로를 느끼게 됨. 임부는 몸을 계속 뒤척거리며 혼자 있는 것을 두려워함

분만진행 사정	자궁 수축 19 국시	방법	① 산부의 주관적 표현 ② 직접 복부 촉진으로 측정(불수의적으로 오는 부위이며, 자궁수축이 가장 일정하게 오는 부위라서 자궁저부에 손을 얹어 측정) ③ 자궁수축 감시기 이용			
		특성	수축의 주기성 (간격) 18 임용	수축	수축 조정기	• 수축이 시작되는 근육세포는 자궁저부의 난관접합부인 자궁각이며, 이 부위를 자궁의 수축조정기라고 함 • 수축은 자궁저부로 퍼진 후 자궁하부로 전달됨
					수축 주기	• 수축 주기 : 자궁수축 시작부터 다음 수축 시작까지 시간 • 초기에는 20~30분 간격으로 시작되다가 점차 2~3분 간격으로 빈번해짐 • 수축간격이 2분보다 짧거나 수축기간이 90초 이상 길 때는 태반 관류가 원활하지 못하여 태아는 산소 결핍으로 뇌손상으로 사망할 수도 있음
					수축과 견축	• 자궁저부근육의 수축과 견축이 조화를 이루며 경부 쪽으로 힘을 보내어 태아를 하강시킴 • 자궁저부는 점차 근육층이 두꺼워지고 경관은 얇아짐
				이완		• 수축 사이 이완기에 산부는 휴식할 수 있어 에너지를 비축하여 자궁수축기에 힘주기를 효과적으로 할 수 있게 함 • 자궁근육, 태반, 태아에게 혈액공급이 원활해짐
				기간		• 자궁이 단단하게 수축할 때부터 이완될 때까지의 시간 • 처음에는 30초에서 경관이 완전 개대될 때는 60~90초까지 증가
				강도		• 최고에 달했을 때 자궁수축의 강도, 분만진행에 따라 증가함 • 최고수축 시 자궁내압 50~70mmHg, 이완 시에는 8~15mmHg
					약한 수축	• 자궁저부 약간 긴장되어 손가락 끝으로 눌렀을 때 쉽게 들어가는 정도 • 30~45초간 지속
					중정도 수축	• 자궁저부가 단단해 손가락 끝으로 눌렀을 때 들어가기 힘든 정도 • 45~60초간 지속
					강한 수축	• 자궁저부는 판자처럼 단단, 손가락 끝으로 누르기가 불가능할 정도 • 60~90초간 지속
			수축의 불수의성			• 자궁근육은 액틴, 미오신의 결합에 의해 수축함 • 에스트로겐은 임신 말기까지 액틴과 미오신의 성장을 증진시켜 분만이 이루어짐 • 자궁의 평활근 수축은 옥시토신과 프로스타글란딘의 자극에 의해 시작되어 세포-세포 간의 결합으로 강화되는데 이로써 평활근 세포들이 수축 • 프로스타글란딘은 자궁근육 수축에 중요한 역할을 하고, 자궁경관을 유연하게 함
			수축의 통증성			• 자궁수축은 통증과 불편감을 동반(∵ 주된원인은 자궁근육의 저산소증) • 진통은 규칙적인 자궁의 수축과 관련 있음 • 분만통증을 심각하게 생각하고 있는 산부는 긍정적으로 준비한 산부보다 통증을 더 많이 호소함. 따라서 산전교육이 중요함

	복부 검진	① Leopold 4단계에 의한 복부 촉진 ② 확인 내용 : 자궁이나 골반, 태아의 이상 유무, 단태아 또는 쌍태아, 태위 이상(둔위나 횡위), 태동 유무, 태향, 선진부 진입 여부 등			
	질 검진	분만과정 중 질 검진 실시 목적(= 분만진행 동안 내진을 하는 목적) ① 분만 진행 확인 ② 경부의 거상과 개대가 어느 정도인지 확인 ③ 선진부 위치 파악 ④ 분만이 예상보다 지연될 때 원인 파악 ⑤ 선진부와 태위, 선진부와 골반의 관계, 미골의 운동성, 질과 회음부의 유연성, 파막 여부와 파막 시 제대탈출 유무 확인			
분만진행 사정	양막 파열 19 국시	의미	① 자궁수축이 강해지면서 자궁내압이 상승하면 개대된 경관 쪽으로 양수가 밀려 아래쪽으로 물주머니처럼 태포가 형성된다. → 이 태포가 터지는 현상이 양막파열임 ※ 태포형성 진통 시 양막은 태아 선진부보다 하방으로 유입되어 팽륜되며 자궁경관 내로 진입하는데, 이를 태포라고 한다. 태포 내의 양수를 전양수, 아두의 상방에 있는 후양수라 한다. 자궁경부가 완전 개대되면 쾌포는 파막되어 20~30mL의 전양수를 유출한다. A. 자궁하부 B. 양막강 C. 자궁체부 G. 태포 H. 아두 ② 보통 파막된지 24시간 이내에 분만이 시작(태아가 24시간 이상 자궁 내에 머물러 있게 될 경우 병원균의 자궁내 침입을 최소화시키지 못하면 자궁내 감염을 일으킬 수 있음)		
		사정 내용	양수에 대한 관찰은 냄새, 양, 색깔을 보는 것이 중요		
			색깔	정상	옅은 짚색깔
				비정상	• 두정위에서 녹갈색(태변 배출로 인함) : 태아의 저산소증을 의미 • 붉은색 : 쾌반 조기박리를 의미 • 황갈색 : 태아저산소증이 파막되기 36시간 전에 있었거나 태아용혈성 질환, 자궁내 감염 의미
			냄새	정상	양수 특유의 냄새가 남
				비정상	불쾌한 냄새는 감염을 의미함
		파막검사 (파막 확인방법) 14 임용 / 07,16 국시	Nitrazine paper test	• 약알칼리성인 양수를 산성인 질 분비물, 소변과 구분하기 위함 • 정상적 질 분비물의 pH는 4.5~5.5인 약산성 • 양수는 pH 7.0~7.5로 약알칼리성 → 검사지를 갖다대거나 혹은 무균 면봉을 질 내로 깊숙이 넣어 액을 채취하여 검사지에 묻혀 색상을 표준색상도표와 비교하여 판독	
				결과 판독	산성(질 분비물) 노랑, 올리브 녹색
					알칼리성(양수, 혈액) 청녹색, 청회색, 짙은 청색

분만진행 사정	양막 파열 19 국시	파막검사 (파막 확인방법) 14 임용/ 07,16 국시	양치 (Ferning) 검사	• 소량의 양수를 슬라이드 위에 올려놓아 형태를 보는 것 • 'ferning'이라고 불리는 고사리잎 모양의 특징적인 양상이 현미경으로 관찰됨 → 양치 모양의 잎 관찰 • 자궁 점액인 에스트로겐성 점액과 구별
			액팀파투스 (Actim)	• 질내 분비물을 묻혀서 2줄이 나오면 파막으로 판정 • 니트라진 검사보다 정확도가 높음
			세포학적 검사	현미경을 이용한 태아 솜털 등 확인
	항문 진찰	장점		질 검진보다 감염 가능성을 적게 하고 진찰 위한 특별한 준비가 필요 없어 용이함
		방법		장갑을 낀 시지에 윤활제를 묻혀 삽입, 엄지손가락이 질에 닿지 않게 주의할 것
		진찰내용		선진부, 태위, 경관개대, 선진부 하강 정도 등 알 수 있으나 내진만큼 정확하지 않음
중재	관장 04,10, 11 국시	목적 10 국시		① 대장을 비워 산도를 넓힘으로써 선진부 하강을 쉽게 해줌 ② 분만 시 오염방지 ③ 분만촉진 ④ 직장검진을 위해서
		시기		분만 초기
		주의점		① 관장용액을 따뜻하게 하여 주입 ② 주입 시 자궁수축이 오면 주입을 잠깐 멈춤 ③ 소량씩 천천히 주입
		금기증 04,11,22 국시		① 급속 분만, 분만이 빨리 진행될 때 ② 질 출혈 시 ③ 진입되지 않는 두정위나 횡위 시 ④ 경관이 10cm 가까이 개대된 경우
	회음 준비	부위		불두덩은 남겨두고 소음순, 회음부, 항문주위의 음모만 삭모
		방법		비눗물로 충분히 적신 후 면도날은 피부와 평행하게 하여 피부손상 예방
	배뇨			① 방광 팽만 시 분만지연, 산후출혈, 불편감, 산후 소변정체 및 방광염 발생 ② 2시간마다 배뇨 권장, 활동기 이후에는 변기 이용
	수분 섭취			① 잠재기에는 약간의 음료수 제공 ② 활동기 이후에는 구토발생으로 인한 기도흡인 위험으로 금식 후 정맥주입과 구강간호 필요
	안위 간호	산모 체위		① 산모가 원하는 체위를 취하도록 함 ② 산부의 체위지지

산부체위	효과 등
심스체위	• 모체의 혈액순환(정맥귀환)에 영향을 주지 않아 산부에게 더 편안하며, 자궁수축을 강하면서도 빈도는 적당하게 더 효과적으로 오도록 해줌 • 자궁혈액관류를 보다 좋게 하여 태아의 가스교환을 증진시켜 주는 장점이 있음
쭈그리고 앉기	• 회음부에 압력이 주어지고 태아심음 감시기를 적용하지 못함 • 산부의 무릎과 엉덩이가 쉽게 피곤해질 수 있기 때문에 오랫동안 자세를 취할 수 없음 • 요통완화, 중력이 가해져 출구가 최대로 확장되기 때문에 힘주는 노력이 덜 요구됨
걷거나 앉은 자세 13 임용	• 산부의 장축이 똑바로 되어 분만에 도움이 됨
선 자세	• 자궁수축을 효율적으로 일으킨다고 함

중재	안위 간호	산모 체위	무릎꿇기	• 요통을 완화하는데 도움을 줌 • 후방두정위에 있는 태아를 회전시키는데 도움이 됨
			책상다리 앉기	• 좋은 휴식 자세 • 태아 전자감시기를 사용할 수 있으며, 질 검진이 가능함
			앉아서 앞으로 기울인 자세	• 상승된 혈압을 하강시키고, 안위제공, 허리를 문지르는데 좋은 자세임
			cf) 산부가 앙와위를 취하면 대동맥과 상행정맥이 압박을 받아 심박출량이 감소되고 앙와위성 저혈압으로 태아심음 감소가 초래됨. 산부의 쇄석위 자세는 근육이나 인대에 손상을 줄 수 있으므로 주의해야 하고 1시간 이상 쇄석위를 취하면 골반부위에 혈액이 고이고 정맥혈의 귀환이 어려워져서 골반정맥염을 초래하는 요인이 될 수 있음	
		호흡법	▶ 라마즈 호흡법 사용 13 국시	
			잠재기	느린 흉식호흡
			활동기	규칙적이고 빠르고 얕은 흉식호흡
			이행기	빠르고 일정한 흉식호흡(히-히-히-후 호흡) - 아두발로 시에는 회음부 열상을 방지하기 위해 헐떡거리는 호흡 - 과호흡으로 호흡성 알칼리증(손발저리고 얼얼, 두통, 어지럼증)이 발생하지 않도록 주의할 것 21 국시
		접촉	① 분만 1기 말 이행기에는 혼자 있고 싶다고 표현하는데, 이는 이행기 말의 긍정적 표시로 해석하면 됨 ② 진통으로 불안해하는 산모에게 지속적으로 정보제공 및 심리적 지지제공	

PLUS+

• 라마즈 호흡법

단계	호흡법
잠재기	느리고 얕은 흉식호흡 • 가장 편안하고 이완이 잘 되는 호흡법 • 평상시 호흡의 1/2의 깊이로 호흡수는 1/2로 천천히 호흡하는 것 • 호흡의 깊이가 얕기 때문에 자궁수축의 시작과 끝에 섬호흡하는 것을 반드시 주지시켜야 함
활동기	빠르고 얕은 흉식호흡 • 평상시 호흡수의 2배의 속도로 얕은 흉식호흡 • 산부가 어지럽다고 하면 과호흡으로 인한 호흡성 알칼리증의 가능성이 있으므로 곧 종이봉투를 이용하거나 손을 컵 모양으로 만들어 자신이 뱉은 이산화탄소를 포함한 호기를 되마시게 하면 즉시 증상이 완화됨 • 이 호흡도 반드시 심호흡으로 시작하고 마쳐야 함 • 히-히-히 소리를 내며 호흡을 하면 쉽게 따라할 수 있음
이행기	빠르고 일정한 흉식호흡 • 호흡패턴과 호흡수는 규칙적인 빠르고 얕은 흉식 호흡과 동일하지만 옆에서 남편이나 간호사가 손가락으로 히-히-히-후-히-히-후 등의 호흡패턴을 지시해 주면서 호흡수가 너무 빨라지지 않도록 안내해 줄 것 • 보통은 '후' 호흡을 심호흡으로 혼동하는데, '히' 호흡이나 '후' 호흡의 깊이와 호흡수는 동일함
아두발로 시	• 회음부 열상방지를 위해서 헐떡거리는 호흡
분만 2기	• 자궁경부가 완전 개대되어 아기 머리가 보이는 분만 2기가 시작되면, 자궁수축과 동시에 온힘을 모아서 길게 힘을 주는 밀어내기 호흡법을 이용함 • 자궁수축이 시작되면 2회 심호흡을 하는데, 두 번째 호흡을 깊이 들이마신 후에는 내쉬지 않고 하나에서 여덟 정도까지를 헤아리면서 온 힘을 다하여 내미는 동작을 하고, 내쉬고 다시 깊게 들이마신 후 밀어내기를 하고 내쉬는 것을 한 후 자궁수축이 끝나면 심호흡으로 마치게 됨 • 모체와 태아 순환을 원활히 하기 위하여 입을 벌리고 힘을 주는 개방식 호흡을 유지하는 것이 중요함

(2) 분만 2기 : 태아만출기

분만 진행			
산도 변화	팽륜		① 선진부가 회음부를 압박하여 회음부가 불룩해지는 현상으로 회음부 뒷부분은 밀려서 얇게 골반구를 형성하고, 음순은 전상방으로 벌어지면서 산도가 형성됨 ② 태아의 선진부가 회음부를 자극하게 되면 옥시토신 분비가 촉진됨 ③ 선진부가 좀 더 하강하게 되면 질이나 골반층에 분포된 혈관이 압박을 받게 되어 상처를 입게 되면 출혈이 있음
	배림		선진부 하강과 더불어 자궁수축이 있을 때 아두가 양 음순 사이로 보이고, 수축이 멎으면 안보이는 현상
	발로		① 배림 현상이 나타나고, 곧이어 자궁수축 시에 밀려나온 아두가 수축이 없어도 안으로 들어가지 않고 양 음순 사이로 노출되어 있는 현상 ② 노출되어 있는 아두가 2~3cm 보일 때, 회음절개술이 필요하며 발로 후 한두 번의 수축이 있은 다음 아두가 만출되고 어깨, 몸체의 순으로 태아가 만출됨
두정위 분만 기전			① 태아의 선진부가 좁은 골반을 지나면서 저항을 가능한 한 적게 받으면서 가장 짧은 경선으로 골반을 통과하기 위함이며 주로 분만 1기 이행기에 일어남 ② 진입 → 하강 → 굴곡 → 내회전 → 신전 → 외회전 → 만출 과정으로 이루어짐
두정위 분만 기전 🔵 입하 굴내 신외 출	(1) 진입		① 태아선진부의 가장 큰 횡경선이 모체골반 가장자리나 진골반을 통과하는 것을 나타내는 용어를 진입이라고 하며, 대개 선진부 하강정도가 좌골극 지점과 일치함 ② 정상크기의 태아는 아두의 시상봉합이 골반입구의 전후경에 평행하게 진입하기는 어려우며 대개 시상봉합이 골반 횡경 또는 사경을 따라 진입함 ③ 진입의 여부는 복부검진, 질검진(내진) 통해 확인 가능함 ④ 진입 시기 : 초산부는 보통 분만 시작 2주 전에 이루어지나, 경산부는 분만과 동시에 이루어지기도 함 ⑤ 초산부에서 진입이 이루어지지 않는다면 협골반이나 전치태반, 골반종양, 이상태향 등 아두하강을 방해하는 요인이 있을 수 있음
	(2) 하강		① 태아가 골반입구를 지나 골반출구를 향해 내려가는 모든 과정 ② 기전 : 양수의 압력, 태아의 둔부에 가해지는 자궁저부의 직접적인 압력, 복부근육의 수축, 태아몸체의 신전 등 4가지 힘에 의해 일어남 ③ 초산부는 활동기 후반에 빠르게 진행되고, 경산부는 진입과 하강이 동시에 일어남 ④ station으로 표시 : -5~+5 19,21 국시
		-3	선진부가 골반 입구
		-2	선진부가 좌골극보다 2cm 위
		-1	선진부가 좌골극보다 1cm 위
		0	좌골극선, 진입완료
		+1	선진부가 좌골극보다 1cm 아래로 아두가 보임
		+3	선진부가 골반 출구
	(3) 굴곡		① 태아의 선진부가 하강을 시작하면 골반의 연조직과 골반저의 근육구조, 자궁경부의 저항을 받아 굴곡이 일어나게 됨 ② 태아가 완전굴곡(아두가 가슴에 밀착된 상태로 완전히 굴곡된 상태 자세로 선진부는 두정위가 됨)된 상태에서 아두가 가장 작은 경선인 소사경선(9.5cm)으로 골반을 통과하게 됨

분만 진행	두정위 분만 기전	(4) 내회전	① 모체의 골반입구는 횡경선이 길어 아두는 횡위로 진입하지만 골반출구는 전후경선이 길어서 아두가 만출하려면 회전해야 함 ② 후두가 전방 혹은 후방으로 회전함 ③ 내회전은 골반강에서 골반출구에 이를 때까지 시상봉합이 산부의 골반 전후경선에 일치하도록 회전하는 것
		(5) 신전 21,22 국시	① 골반저의 저항과 질구를 향한 기계적인 움직임에 의하여 아두가 신전하게 되어 치골결합 아래 쪽을 통과하게 됨(내회전하여 완전 굴곡된 태아의 머리가 회음부에 닿으면 후두가 치골결합 하단에 닿게 되는데, 이때 다시 고개를 들게 됨) ② 신전은 후두, 이마, 얼굴 순으로 이루어지며 질 밖으로 배출이 이루어지게 함
		(6) 외회전	① 머리가 만출된 후 태아는 잠시 전후위를 유지하다가 내회전 이전의 원래의 방향으로 다시 한번 회전하게 됨 ② 태아 어깨의 횡경선이 골반출구를 빠져나오기 위함임(태아 어깨의 횡경선을 골반출구의 전후경선에 맞추기 위함)
		(7) 만출	태아의 어깨가 먼저 질구를 통해 만출됨(어깨의 끝부분이 치골궁에 부딪혀 더 이상 만출되지 않으면 골반후방에 위치한 반대측 어깨가 질구를 향해 측방으로 굴곡하여 산부의 회음 및 질구를 확장시키면서 만출됨)
중재	사정	분만 2기 시작증상	① 수축이 강해지고 길어지면서 선진부가 골반상에 압박을 주면 산부 스스로 힘주기를 시작함 ② 수축이 강해지면서 산부는 불안이 좀 더 증가하여 안절부절못하게 되고, 접촉하는 것을 싫어하거나 심지어 울기도 함 ③ 혈액이 많은 이슬이 갑자기 증가함 ④ 산부는 때때로 오심, 구토를 호소함 ⑤ 선진부가 골반상에 압력을 주고 직장이 눌리므로 산부는 대변을 보겠다고 호소함 ⑥ 파막이 되지 않았다면 양막이 파열되어 양수가 흘러나옴 ⑦ 산부는 증가된 통증으로 인해 '자고싶다'라거나 '수술을 하고 싶다'라고 말하기도 함 ⑧ 회음이 얇아지고 항문이 개대됨
		산부 건강사정	① 15분마다 맥박을 측정하여 쇼크 예방 ② 학습에 대한 지각의 폭이 좁아지므로 필요한 사항은 짧게 반복해서 제공
		태아 건강사정	① 자궁수축 전후의 태아 심박수 확인 → 심박수가 떨어지면 좌측위, 산소 10~12 L/min 투여 ② 태아심박수의 변이성 하강이 나타나면 즉시 중재 실시
	산부 간호	힘주기 01,05 국시	① 자궁수축으로 힘이 주어질 때만 깊이 숨을 들이마신 상태에서 길게 힘을 주도록 함 ② 수의적인 힘주기는 6~7초 이상 지속적으로 주지 않도록 함(∵ 태아저산소증 발생 예방) ③ 아래로 힘이 주어질 때 힘을 주도록 함(분만 2기에는 수축이 강해지고, 길어지면서 선진부가 골반상에 압박을 주면 산부 스스로 힘주기 시작함) ④ 성문을 연채로 힘주기
		분만 중 배뇨 / 배뇨권장	적어도 3시간마다 배뇨하도록 권장함
		분만 중 배뇨 / 이유	① 자궁이 수축되면 자궁하부가 이완되고 늘어나며 경관이 견축되면서 방광은 상방으로 당겨 올라가게 되고, 진통으로 인해 배뇨하고 싶은 느낌이 감소함 ② 방광이 팽만해지면 산부의 불편감이 커지고 분만과정을 방해하거나 산욕기에 소변정체의 원인이 됨
		분만 후 배뇨의 목적	① 산후 감염예방 ② 방광기능확인 ③ 자궁수축 촉진 ④ 산후 출혈예방
		심리적 지지	① 의식은 명확하나 지시를 제대로 이행하기 어려우므로 명확하고 짧게 반복 지시 ② 잘했을 경우 격려와 지지로 자신감을 심어줌

중재	산부 간호				
		출산준비	분만실로 이송	초산부	자궁경관 완전 개대 후, 회음부 팽륜, 발로 초기에 옮김
				경산부	자궁경관이 7~8cm 개대 시 옮김
			출산자세		서거나 쪼그리거나 꿇어앉는 자세나 걷거나 앉는 자세 ① 산부의 장축이 똑바로 되어 분만진행에 도움이 됨 ② 분만시간 단축(자궁수축 강화, 아두하강 촉진, 개대/소실 촉진) ③ 산부의 혈액순환 및 태아에게 공급되는 혈액증진
				쇄석위	회음 봉합 시 용이함
				주의점	1시간 이상 쇄석위 시 골반정맥염 초래 요인이 됨
		회음 절개술 04 국시	목적		출산을 촉진하기 위하여 회음을 절개하는 시술 22 국시
			종류		정중선 절개법, 정사경 절개법, 측방회음 절개법
			시행 시기		외음 사이에서 아두가 3~4cm 보일 때 시행
			장점		① 치유촉진 : 열상보다는 깨끗한 절개가 되므로 회복 용이 ② 열상방지 : 거대아, 급속한 아두만출 및 선진부 이상으로 인해 항문까지 열상이 되는 것 방지 ③ 회음 근육들이 이완되어 방광류, 직장류가 되는 것을 방지 ④ 분만 2기의 단축 22 국시 ⑤ 질강확대 : 둔위나 겸자분만 시 손으로 질 확장이 필요한 경우에 시행
			정중 회음 절개술	적응증	정상 분만 시
				장점	쉽게 치유, 동통 경미, 출혈량 적음
				단점	3도 열상(항문괄약근), 4도 열상(직장) 위험
			중측방 회음 절개술	적응증	신생아가 아주 큰 경우, 회음이 짧을 경우
				장점	3도 열상을 감소시키거나 방지할 수 있음
				단점	출혈량이 많음, 치유가 어려움, 동통 심함
			형태		

	정중회음 절개술	중측방회음 절개술
봉합	용이함	어려움
출혈량	적음	많음
통증	적음	심함
치유속도	빠름	느린 편임
성교통	적음	가능성이 있음
기타	항문괄약근이나 직장손상 위험성이 높음	항문괄약근이나 직장손상 위험성이 낮음

			시행		아두 직경 3~4cm 보일 때 회음부위를 리도카인으로 국소침윤마취 후 시행
			간호	냉요법 04 국시	분만 후 처음 24시간 동안 얼음주머니 사용, 회음절개술 후 즉시 냉요법을 적용하면 통증이 경감되고 혈관수축이 증대되어 출혈과 부종을 감소
		리트겐 수기법			① 아두의 가장 작은 경선이 만출되도록 손가락을 이용하여 만출 속도와 방향을 조절하는 방법 ② 발로상태에서 회음절개술 실시한 후 적용 ③ 효과 : 아두 유출속도 조절로 회음부 열상방지, 분만촉진
		제대결찰			분만 후 탯줄 박동이 멈춘 후에 제와 가까이에서 결찰

• 분만을 위한 순서

행동	이론적 근거
분만이 가까워졌을 때 산모를 분만실로 옮기거나 분만침대 준비	• 분만 직전에 허둥대며 준비 시 산모, 보호자, 간호사 모두가 불안해짐 • 너무 오랫동안 분만자세로 있으면 산모가 피곤해질 수 있음
분만을 위한 최종 준비를 하면서 산모의 회음을 계속 관찰	아기가 예기치 않게 나올 수 있으므로, 의사가 도착 전이라면 아기를 받을 준비를 하고 있어야 함
태아감시장치나 간헐적인 청진으로 태아 심박수 계속 관찰	태아의 상태에 변화가 생겨 의사가 출산을 촉진시켜야 하는 상황이 발생할 수 있음
베개나 침대머리를 올려 산모의 등, 머리, 어깨를 높여주기	산모가 힘주는 것을 좀 더 효과 있게 해주고, 중력의 힘으로 태아의 하강을 도움
• 분만침대에 발걸이를 사용하여 산모의 다리와 발을 받쳐 주어도 됨 • 다리와 발이 표면에 직접 닿지 않도록 패드를 덧대줌	패드를 덧대면 압박을 줄여 정맥정체와 그로 인한 혈전형성을 예방해 줌
• 산모의 다리를 발걸이에 놓을 때 두 다리를 함께 올리고 함께 내림 • 다리를 너무 넓게 벌리지 않음	근육과 인대에 좌상을 줄여줌
회음절개는 필요하면 아두가 잘 발로되었을 때 의사가 시행함	회음절개로 인한 혈액손실을 최소화하기 위함
• 질 입구가 아두로 꽉 차면 의사는 한 손으로 회음을 살짝 누르고 다른 손으로 아두에 반대압력을 가함(리트겐 조작) • 의사는 산모에게 힘을 조금만 주라고 혹은 힘을 주지 않게 하려고 호흡을 내뱉으라고 시킬 수도 있음	아두가 급속히 만출되지 않고 서서히 나오도록 조절하며 산모의 조직이 외상을 입지 않도록 하기 위함

(3) **분만 3기** : 태반박리와 태반만출기

사정	태반만출	① 신생아 분만 후 5~7분 내에 박리되어 만출됨 ② 태반박리징후 확인 　㉠ 자궁이 동그란 공 모양으로 변함 　㉡ 복부에서 일시적으로 자궁저부의 위치가 제와부 이상으로 올라감 　㉢ 갑자기 소량의 혈액이 질을 통해 쏟아져 나옴 　㉣ 제대가 질 밖으로 늘어져 나옴	
	만출기전	Schultz 기전 23 임용	태반의 중앙부터 분리되어 질구에 태아면이 먼저 보이고 태반이 나온 후에 출혈이 있는 것
		Duncan 기전 23 임용	태반의 가장자리로부터 분리되어 출혈이 먼저 발생된 후 암적색의 모체면이 먼저 배출되는 것

※ 태반만출기전 비교표

	슐츠기전	던칸기전
빈도	전체 분만의 80%	전체 분만의 20%
박리시작 부위	태반의 중앙부터 박리	태반의 가장자리부터 박리
태반만출 양상	• 태아면이 먼저 보임 • 태반이 만출된 후 출혈발생(태반만출 → 질출혈)	• 모체면이 먼저 보임 • 질출혈이 먼저 있은 후 태반만출(질출혈 → 태반만출)

태반관찰	① 외양, 무게, 혈관의 분포 확인	
	외양	• 직경 15~20cm, 두께 1.5~3.0cm • 모체면은 검붉은색으로 여러 개의 태반소엽으로 이루어져 있음 • 두층의 태아막으로 태아와 직접 닿아있는 양막과 탈락막에 부착되어 있는 융모막으로 이루어져 있음(융모막이 양막에 비해 더 쉽게 찢어지고 불투명하며 두꺼움) • 성숙된 태반은 원형으로 가장자리가 부드럽고 둥글며, 태아면은 빛나는 투명한 회색을 띰 • 태반에 석회화, 색의 부분적 변성, 기형, 낭종 등의 기형유무 확인 　- 태반이 정상보다 클 경우 : 태아매독, 태아적아구증, 거대아 등 　- 태반이 정상보다 작을 경우 : 자궁내 성장지연 　- 태반 색이 옅은 경우 : 태아적아구증과 같은 빈혈 　- 태반의 경색이 심한 경우 : 모체의 중증 자간전증이나 자간증 　- 태반부종 : 모체의 심장질환이나 당뇨병 • 제대 : 태반 중앙에서 잘 뻗어나고 있는지와 평균길이 55cm 정도인지 확인
	무게	500g, 태아 체중의 1/6
	② 완전히 떨어졌는지 확인(∵ 자궁이완과 산후출혈의 원인이 되므로)	

중재	태반 배출을 위한 중재	탯줄 견인법	① 자궁이 수축될 때 탯줄을 잡아당기는 것 ② 자궁수축이 이루어지지 않을 때 탯줄을 잡아당기면 자궁내번의 위험이 있으므로 금기임 ③ 태반만출 후 자궁수축을 돕기 위해 에르고메트린, 메덜진 등 투여		
		치골 상부 압박법	① 탯줄 견인법을 적용하다가 탯줄이 끊어졌을 때 이용하는 방법 ② 자궁저부와 치골상부를 눌러주는 방법으로 치골상부를 후하방으로 눌러 태반배출을 도움 ③ 탯줄견인법에 비해 시간이 걸리고 통증이 있을 수 있으며, 기인대와 골반상의 근육이 약화될 수 있음		
		용수 박리법	① 태아만출 후 계속 출혈이 있으면서 태반이 완전히 박리되지 않을 때 최종적으로 사용하는 방법 ② 소독장갑을 낀 손을 자궁 내에 넣어 내막을 훑어내듯이 하여 제거하는 방법		
	자궁 저부 마사지	목적/ 장점	자궁근육 섬유를 수축시키고 응고된 혈액을 배출시키기 위함		
		방법	① 자궁저부가 단단하지 않을 때 시행 09 임용 ② 한 손은 치골결합 상부에서 다른 손은 자궁저부에서 너무 심하지 않게 마사지함 ③ 자궁지지 인대들이 이완되어 저항력이 거의 없으므로 천천히 부드럽게 해야 함 ④ 거칠게 할 경우 자궁이완, 자궁하수 등의 합병증 초래		
	자궁 수축 위한 약물 투여	목적	태반이 만출된 직후 자궁수축을 자극하기 위함		
		적응증	① 과거 분만 시에 자궁근무력 경험이 있는 경우 ② 분만 1, 2기 지연이 있었던 경우 ③ 자궁수축제를 이용하여 유도 분만한 경우 ④ 고령의 다산부 ⑤ 양수과다, 다태임신, 거대아 등으로 자궁이 과다하게 신장된 경우 ⑥ 임신 중 고혈압의 문제가 있었던 경우 ⑦ 분만을 위해 과다하게 진통제나 마취제를 사용한 경우		
		약물 11,17,19, 22 국시	methyl ergonovine (Methergine)	작용	① 혈관이나 자궁의 평활근에 직접 수축작용을 함 ② 투여 즉시 효과를 나타냄
				투여시기	태아만출 후 사용(태아 분만하기 전에 사용하지 않음)
				금기증	고혈압 산부, 태아 분만 전 → 말초혈관 수축으로 혈압 상승을 유발할 수 있으므로 고혈압의 문제를 지닌 산부에게는 사용하지 않음(산모 혈압이 140 / 90mmHg 이상)
				간호	주입하기 전과 주입 5~15분 후에 혈압측정
			Oxytocin	작용	강한 자궁 수축
				투여시기	임신 말기와 분만 직후
				부작용	① 항이뇨 작용(수분중독과 저나트륨혈증이 나타날 수 있으나, 투여 중지하면 수분 내에 사라짐) ② 희석하여 빠르게 정맥주입하면 혈관확장 작용으로 인해 저혈압이나 빈맥 증상 유발
	산도의 열상 관리	종류	1도 열상	음순소대의 피부열상	
			2도 열상	음순소대, 회음, 회음체까지 열상	
			3도 열상	음순소대, 회음, 회음체, 항문조임근까지 열상	
			4도 열상	음순소대, 회음, 회음체, 항문조임근, 직장까지 열상	
		열상 예방법	① 산전관리 시에 호흡법 등 회음부 힘조절 연습 ② 리트겐 수기법 적용으로 아두가 소사경으로 만출되게 함 ③ 아두만출 시 산부가 짧은 흉식호흡으로 서서히 만출되게 함		
		열상 관리법	① 2도 열상 이상 시에는 봉합처치 ② 봉합 후 냉찜질, 더운 물 좌욕, 건열요법으로 통증감소, 부종완화, 치유촉진, 감염예방 ③ 질 세척 금지, 안정, 휴식		

(4) 분만 4기 : 회복기

사정	자궁저부	간격	15분마다
		해석	① 단단 : 제와부나 제와 약 2cm 아래 정중선에 위치하면 정상소견 ② 부드러움 : 단단해질 때까지 자궁저부 마사지로 혈괴 배출 도움 ③ 우측 치우침 : 방광팽만 확인
	오로		① 보통 정도의 양 : 15분마다 확인, 정상이나 혈액이 분출되면 자궁경관 열상 확인 ② 양이 많을 때 : 3~5분마다 재확인하여 출혈과 변별
	회음부		① 오로 관찰 시에 함께 회음상태 확인 ② 상처가 깨끗하고 약간의 부종, 봉합이 잘 되어 있으면 정상소견
	방광		1~2시간마다 방광팽만 여부 확인
	V/S		① 혈압 : 안정시까지 15분마다 확인, 대개 1시간 내에 정상으로 회복됨 ② 맥박 : 15분마다 확인, 대개 1시간 내에 정상으로 회복됨 ③ 체온 : 1시간 간격으로 확인, 분만 24시간 이내 38℃ 이하는 정상임
중재	출혈 예방	출혈 원인	① 분만 1, 2기 지연 시(난산) ② 분만 동안 옥시토신 투여 ③ 급속분만 ④ 자궁이 현저히 커진 경우(거대아, 다태아 임신, 양수과다증) ⑤ PIH ⑥ 분만 동안의 수술과정(겸자 분만, 흡입 분만) ⑦ 경부나 회음 열상 ⑧ 태반 조각이 자궁강 내에 남아 있는 경우
		간호	① 자궁이완은 출혈의 첫 번째 소인 ② 자궁수축제 투여 ③ 태반 조각 제거 ④ 봉합(열상 시) ⑤ 자궁마사지 : 자궁이 이완되는 것 같은 경우에만 원형으로 마사지 실시 ⑥ 방광비우기
	배뇨간호	목적	① 팽만된 방광으로 인한 자궁수축과 산후출혈을 관찰·예방하기 위해 ② 팽만된 방광으로 초래되는 결과 | 난산 | 방광이 차 있으면 태아가 커진 방광에 걸려서 잘 내려오지 못하고 자궁문이 잘 열리지 않음 | | 방광기능장애 | 방광이 가득 찬 상태로 오래 두면 방광근육이 늘어나고 방광수축 기능이 나빠져서 분만 후에 배뇨장애 초래 | | 자궁수축 부전 | 분만 후에 소변을 못 보고 방광에 소변이 많이 차 있으면 자궁이 방광에 의해서 위로 떠밀려 올라가서 자궁수축이 약해져 이완성 자궁출혈이 많아짐 | | 요로감염으로 인한 방광염 | 방광에 소변이 남아 있으면 세균감염으로 방광염이나 신장염이 잘 생김 |
		방법	자궁저부 촉진 시 방광의 팽만 정도 확인
		간호	① 산모가 가능한 한 자연배뇨를 할 수 있도록 도와줌 ② 자연배뇨를 하지 못하는 경우 인공도뇨 시행
	감염 및 통증관리	패드 교환	① 필요에 따라 산모의 패드 교환, 교환 시마다 깨끗이 닦아줌 ② 외음부는 앞쪽에서 뒤쪽으로 닦고, 패드 교환 시 앞쪽에서 뒤쪽으로 빼냄
		산후통	① 분만 후 첫 12시간 동안 느끼는 불편감, 경산부가 특히 심함 ② 간호 : 방광 자주 비우기, 복부에 따뜻한 담요와 진통제, 이완 및 호흡운동
		회음절개 관리	① 거즈에 싼 얼음 덩어리(얼음팩)를 회음절개부에 적용 ② 압력이 가해지지 않도록 측와위를 취함

❷ 분만 단계 및 출산방법에 따른 통증조절

구분		통증조절	
분만 단계	분만 1기	① 진정제 : 세코날(seconal) 등	
		주의점	분만 1기 말과 2기 초에 투여할 경우 태아에게 심각한 중추신경계 억압증상이 나타날 수 있으므로 투약 시 주의할 것
		장점	통증감소보다 이완, 수면유도, 불안감소
		② 마약성 진통제, 마취제	
		종류	모르핀, 데메롤
		주입시기	분만 1기 활동기
		장점	진통효과가 큼
		단점	- 잠재기 투여 : 분만진행을 지연할 수 있음 - 분만 직전 투여 : 신생아의 호흡중추 억압증상 발생할 수 있기 때문, 신생아의 호흡중추 억제증상 발생 시 날록손 투여
		주의점	- 분만 초기와 분만 전 1~2시간 전에 투약하지 말 것 - 태아저산소증, 모체 저혈압, 호흡감소 시에 투여금지
		③ 요추경막외 마취	
		마취방법	요추 2~4번 사이에 경막외 마취
		적용시기	분만 1기 중 활동기와 분만 2기에 주입
		작용기전	흉추 10번~천추 4번까지 신경차단
		간호중재	혈압 모니터(교감신경절 차단작용으로 모체 저혈압 증상이 초래될 수 있기 때문임)
		장점	- 통증감소 - 제왕절개 시 적용하면 마취량을 조절하기 쉬움 - 저혈압, 두통 등의 합병증이 적은 편임 - 태아에게 영향주지 않음 - 산부의식에 영향주지 않음 - 감각신경만 마비되고 이완이 충분히 되어 출혈량 감소
		단점	모체 저혈압, 오심, 구토, 요정체, 분만 1기 지연
	분만 2기	① 신경차단 진통/마취, 국소침윤 마취, 음부신경차단, 지주막하 마취, 경막외차단, 경막외 및 척추 마약성 마취 ② 흡입성 진통/마취, 전신마취	
출산 방법	질 분만	국소침윤, 음부신경차단, 요추경막외차단, 지주닥하 마취	
	수술 분만	지주막하 마취, 요추경막외차단, 흡입성 전신마취	

PLUS⊕

• 척추마취의 합병증

합병증		설명
저혈압	기전	교감신경차단 효과로 말초혈관 저항이 감소하고 심박출량이 감소하여 저혈압 발생
	중재	① 저혈압 발생 시 즉각적으로 빠른 수액투여 `19 국시` ② 측위나 자궁을 복부의 좌측으로 밀어서 이동시키는 체위 교정 등
완전척추차단	기전	허용치보다 훨씬 많은 마취제를 주사한 경우에 저혈압과 횡격막 신경마비에 의해 호흡마비 초래, 치료하지 않으면 심장마비를 일으키게 됨
	중재	① 저혈압을 치료하고 산부를 좌측으로 눕히고 기관내 삽관과 산소공급 ② 에페드린 투여와 하지 상승 시 혈압상승에 도움이 됨
불안 및 불편감	중재	산부가 깨어있으므로 언행 주의할 것. 태아분만 후 제대결찰 후 모르핀이나 메페리딘, 펜타닐 등을 혈관주사하면 효과적임
두통	기전	뇌막의 주사부위에서 뇌척수액이 누출되어 산부가 앉거나 서면 뇌가 아래로 당겨져 발생
	중재	예방을 위해 척추마취 후 10~12시간 동안 누운자세를 취하게 함. 진통제 사용도 도움이 됨
소변의 정체 현상	기전	척추마취 후 수시간 동안 요의 감각이 미약해져서 소변정체현상을 일으킬 수 있음
	중재	산부 방광은 자주 점검하고 팽만 시 단순 도뇨

고위험 분만 – 자궁기능부전

(1) 저긴장성 자궁수축, 고긴장성 자궁수축

	저긴장성 자궁수축 15,22 국시	고긴장성 자궁수축 08,10,15,16 국시
정의	자궁경부의 소실과 개대, 태아하강 등 정상 진행을 방해하는 비정상적인 자궁수축	
위험요인	경산부에서 잘 발생	초산부에서 잘 발생
원인	① 자궁과도 신전 : 다태임신, 양수과다 ② 아두골반불균형, 이상 태위	① 자궁저부(자궁경부) 수축 < 자궁체부 수축 ② 수축의 조정이 잘 안됨
발생시기	① 분만 1기 활동기 ② 활동기 중의 경관개대 가속기 때 발생	분만 1기 잠재기
증상	① 약한 수축 ② 자궁수축 시 저부 부드러움 ③ 통증 : 약간 또는 없음	① 중등도 이상의 강한 수축 : 자궁긴장도 증가와 비정상적인 수축압 ② 극심한 통증 : 자궁근육세포의 산소결핍 ③ 태반조기박리의 원인
태아질식	늦게 발생	초기부터 발생
옥시토신 투여	옥시토신 투여로 자궁수축 활발	절대 금기 12 국시
진정제	도움 안됨	효과 좋음
합병증	① 산부의 탈진, 탈수 ② 파막 후 분만 지연 → 자궁 내 감염	① 모체 : 통증, 탈수, 피로, 불안, 태반조기박리 ② 태아 : 태아저산소증, 태아질식 징후
간호중재 06,11,19 국시	① 인공파막 : 자궁수축 자극 ② 옥시토신 정맥투여 ③ 직장관장 : 직장 비워 자궁수축을 자극하기 위함 ④ 협골반, 이상태향, 태아질식 시 → 제왕절개	① 휴식, 수분공급 ② 통증완화 → 진정제 및 진통제 투여 ③ 태아질식 시 → 제왕절개 ④ 정맥 내 수액공급 : 수분과 전해질 유지

(2) 기타 만출력 이상

수의적 만출력 이상	정의	경관 완전 개대 후 자궁수축 시 산모가 적절한 힘주기를 못하는 경우
	원인	피로, 부적절한 체위, 다량의 진통제, 마취 시 발생
	간호	① 호흡법 및 힘주기 격려 ② 산소공급
병리적 견축륜	정의	① 자궁상부와 하부 사이에 국소적인 견축륜 발생 : 심한 기능부전성 분만의 경고 증상 ② 태아하강은 중단되고 자궁상부와 하부 사이에 부분적인 수축이 발생하는 것 ③ 경산부에서 흔함
	기전	① 자궁상부와 하부 사이에 국소적인 견축륜 발생 : 심한 기능부전성 분만의 경고 ② 자궁상부는 계속적인 수축과 견축으로 비후되고, 자궁하부는 늘어나고 얇아지는 것 → 자궁하부와 상부 사이에 속 들어가는 반지모양 형성(자궁파열 전조 증상)
	증상	① 비정상적 견축륜 ② 태아하강 어려움 ③ 산부 : 심한 복통, 불안, 탈수, 자궁파열 ④ 태아 : 심한 산소결핍, 뇌손상, 태아질식
	간호	자궁파열 위험 : 모르핀 근육주사 후 수축력 감소시킨 후 신속히 제왕절개 옥시토신 중지 주의 : 자궁수축제 투여, 관장 절대 금지

(3) 급속분만과 지연분만

	급속분만 12 국시		지연분만	
정의	① 진통시작 후 분만이 3시간 이내에 끝나는 경우 ② 산도의 연조직 저항이 비정상적으로 낮거나 자궁과 복부의 수축이 비정상적으로 강할 때 나타남		분만이 24시간 이상 지속되는 경우	
합병증	모체	산도열상, 분만 이후 거꾸로 자궁수축 저하되면서 오는 산후출혈, 태반조기박리, 자궁파열, 양수색전(태지·머리카락·피부세포·태변 섞인 양수가 모체 순환계로 들어가 폐혈관을 막아 호흡질식과 순환계 차단을 초래하는 것) 23 국시	모체	감염, 탈수 등
	태아	저산소증, 산도의 압박으로 인한 경막하 출혈, 뇌손상, 저체온증	태아	질식, 저산소증

5 고위험 분만 - 조기진통 13 임용 / 10 국시

조기진통	① 임신 20~37주 사이에 자궁경부의 변화와 자궁수축이 시작되는 것(= 진통이 있는 것) 　cf) 임신 20주 이전에 분만은 유산이라고 하고, 20~37주까지는 조산, 38~42주까지는 정상 만기분만, 42주 이후의 분만은 과숙분만임 ② 조산의 위험성이 높은 상태		
조산	임신 37주가 되기 전에 분만하는 것		
원인	조기진통의 50%는 원인을 모름. 약 1/3은 조기파수 후에 발생		
	조기진통의 위험요소	조산의 일반적 원인·위험요인	
	• 생식기 감염 • 인종 : 아프리카계 미국인 • 다태임신 • 임신 2기 출혈 • 임신 중 저체중 • 이전 자연적 조산력	• 자간전증 • 태아가사 • 자궁 내 성장지연 • 태반조기박리 • 자궁내 태아사망 • 신장질환 • Rh 부적합증 • 선천적 기형	• 모체의 인구학적 요소 : 연령(20세 이하, 40세 이상), 흡연, 코카인, 심리적 스트레스, 피로, 장시간의 근무 • 모체의 신체적 질환 : 당뇨, 고혈압, 무징후성 세균뇨 등의 감염 • 산과적 이상 : 양수과다증, 다태임신과 같은 자궁의 과도신장, 자궁의 기형, 자궁의 수술력, 조산력 • 태아가 기형이 있을 때

징후 및 증상	자궁활동		① 자궁수축 간격이 10분보다 더 자주 발상하고 1시간 이상 지속 ② 자궁수축 시 통증은 있을 수도 있고 없을 수도 있음
	불편감	특성	① 하복부에 가스가 찬 통증과 비슷한 증상(설사가 있을 수 있음) ② 월경증상과 비슷한 통증
		부위	① 둔하고 간헐적인 하부요통(허리 아래) ② 치골상부 통증이나 압박감 ③ 골반 압박감 또는 무거움(아기가 내려온 것 같은 느낌)
	동반 증상		빈뇨
	질 분비물		양상과 양의 변화 : 점액성으로 탁하거나 물 같이 묽으며, 혈액성, 갈색 또는 무색일 수도 있고 양은 증가됨

진단	조기진통 주요 진단기준	① 임신 20~37주 ② 자궁활동 있음(자궁수축) ③ 자궁경부의 변화가 진행되고 있음[자궁경부소실 80%, 자궁경부개대 1cm 초과(2cm 이상)]
	조산 위험사정	① 감염을 알아보기 위한 혈구검사, 요로감염의 지표가 되는 박테리아를 확인하기 위한 소변분석 검사 ② 융모 양막염과 태아 폐 성숙도를 알아보기 위한 양수분석 검사 등 ③ 질 분비물에서 태아 섬유결합소 수치(융모막과 탈락막이 분리되지 않으면 검출되지 않음), 질식초음파, Estriol 수치, 가정에서의 자궁수축 감시

예방	① 위험요인을 조기에 알아내어 효과적인 관리 　- 조산 과거력이 있는 산모에게 예방적 조치로 프로게스테론을 투여함 ② 조산의 징조가 있을 때에는 가정에서 안정 취하는 것이 좋음(= 활동제한) ③ 조산에 민감한 임부는 부부관계를 피하는 것이 좋음 　→ 감염 위험 예방, 정액에 있는 프로스타글란딘이 자궁수축 자극할 수 있기 때문

치료 및 간호중재 [13 임용/ 05 국시]	비약물 치료	침상안정	침상안정으로 활동 제한으로 자궁이완과 자궁혈류 증진을 도모함		
		좌측위	좌측위는 태반의 혈류를 증가시키고 자궁경부에 가해지는 태아 압력을 감소시킴		
		수분공급	① 수분공급을 통한 자궁의 혈액 증가 유도 ② 탈수는 자궁수축을 초래하기도 함 ③ 반면 많은 양의 정맥 주입은 산모에게 폐부종을 일으킬 수 있기 때문에 수액량을 시간당 100mL의 속도로 조절해야 함 ④ Na^+를 포함된 수액요법 → 혈장 증가시켜 맥관 수축을 감소시키고 옥시토신 분비를 감소시키는 것으로 알려짐		
	약물요법	진통 억제제	전제 조건 [19,20 국시]	모체	① 양수파막이 되지 않았고, 경관 개대 4cm 이하, 경관 소실 (거상) 50% 이하이며, 자궁수축이 20분에 3~4회 정도로 강하지 않을 때 - 경관 개대는 분만 1기 동안 자궁경관이 확장되는 것. 자궁개대의 요인은 자궁수축 퇴축, 선진부의 압박, 양막의 압력임 - 경관 소실(= 거상)은 분만 1기 동안 경관의 길이가 짧아지고 경관의 두께가 얇아짐. 초산부는 개대가 일어나기 전에 먼저 소실되고, 경산부는 소실 및 개대가 동시에 일어남. 거상의 정도는 %로 표시함 ② 임상검사에서 내과와 산과적으로 임신을 지속할 수 없는 이상이 발견되지 않을 때 ③ 임부가 지시를 잘 이해할 수 있을 때
				태아	① 태아가 생존력이 있을 때 ② 태아질식의 증세가 없을 때
			기전	주작용	자궁의 평활근과 혈관, 기관지 평활근에 위치해 있는 β_2 아드레날린 수용기 활성화 : 세포내 유리 칼슘을 감소시켜 자궁의 수축력을 감소시킴 (= 자궁근 이완제 또는 자궁수축억제제)
				리토드린 (β효능제) [13 임용/ 07,15,17, 19,22,23 국시] 부작용	① 심장과 소장에 위치한 β_1 수용기를 동시에 자극하므로, 저혈압(60mmHg 이하)과 빈맥(110회/분 이상), 부정맥이 되는 부작용 → 약물을 중단하거나 용량을 줄이기 → 심장 부작용이 발생한 경우 베타수용체 억제제인 프로프라놀롤을 해독제로 투여할 수 있음 ② 베타효능제로 혈당 및 혈장 인슐린 상승이 동반됨에 따라 칼륨이 세포로 이동하여 저칼륨혈증이 나타날 수 있음 ③ 호흡곤란, 폐부종이 일어날 수 있고, 두통이나 오심·구토 등이 흔히 동반되나 두통이나 오심과 구토 등의 부작용으로 약물 투여를 중지하지 않음 ④ 그 외 부작용 : 불안, 가슴통증, 진전, 신경과민 등이 나타날 수 있음
				우선 사정요소	투약 시 자궁수축 정도는 우선 사정요소임

치료 및 간호중재 13 임용/ 05 국시	약물요법	진통 억제제	기전	터부탈린	작용	β_2 교감신경 효능제로 자궁근육의 활동억제와 기관지 확장에 일차적인 작용을 함
					부작용 심혈관계	태아빈맥, 심계항진, 심부정맥
					부작용 호흡기계	호흡곤란, 흉부 불편감
					부작용 중추신경계	어지러움증, 두통
					부작용 위장관계	오심, 구토, 장운동 감소
					부작용 기타	저칼륨혈증, 고혈당증 등
				황산 마그네슘		① 칼슘의 길항제로 사용하기 위해서는 고용량이 필요함(자간전증에서 요구되는 용량보다 더 많은 양을 사용해야 함) ② 해독제로 칼슘글루코네이트를 적용
				아토시반 (트랙토실)		① 옥시토신 길항제로 옥시토신 수용체를 차단하여 자궁을 이완시킴 ② 정맥으로 투여되며 산모나 태아, 신생아에게 심각한 부작용을 초래하지 않음
			사용상 주의 사항	금기사항		① 응급분만이 요구되는 산전출혈이 올 때 ② 자간증이나 중증의 자간전증 ③ 자궁내 태아사망, 융모양막염, 심맥관계 질환, 고혈압, 갑상샘기능항진증, 당뇨병, 이상체질 등
		steroid 제제 13 임용/ 20,22 국시				① 태아의 폐 성숙을 촉진시키기 위해 베타메타손(Betamethasone)을 투여할 수 있음 ㉠ 최소한 분만 24시간 전에 투여하고, 투여 후 7일 이내 분만이 이루어지지 않았으나 조산 우려가 있을 때 다시 투여할 것 ㉡ 금기 : 다태임신, 감염, 결핵, 고혈압 ② 재태연령 24~34주 사이의 임부가 7일 이내 분만 위험이 있는 경우 조산아를 위해 투여
조산 준비	① 조기진통이 진행되고 경관이 4cm 이상 개대된 경우 조산을 피하기 어려움 ② 분만이 예상된다면 미성숙하고 저체중인 출산아를 간호할 준비를 해야 함					

6. 고위험 분만 – 지연임신과 과숙아 분만

(1) 지연임신

정의	재태 기간이 42주 이상인 경우
문제점	① 38주부터 시작되는 태반노화로 인한 태반기능부전 : 영양소, 산소 감소로 인한 태아저산소증 및 질식 [17 국시] ② 거대아 ③ 양수과소증 : 제대압박을 초래(저산소증 가능성 증가)
치료 및 간호중재	유도분만	최근에는 42주가 되기 전에 여러 방식으로 미리 분만을 시도
	양수과소증 예방, 태변흡입증후군	NST, 양수량 측정평가
	자궁경부를 숙화시키거나 진통을 유발하기 위해 prostaglandin을 사용할 수 있음	
	좌측 앙와위	자궁태반관류 최적유지 → 태아에게 산소공급
	정서적 지지	피로, 불편감, 우울증, 불안

(2) 과숙아 분만

정의	재태 기간이 42주 이상 지연된 분만
원인	① 월경주기가 긴 여성 ② 살리실산염 다량 사용(프로스타글란딘 합성 방해)
임신 시 간호	복부촉진 및 초음파 검진	임신 주수 확인
	양수천자	태아 폐 성숙도 평가
	24시간 소변검사	에스트리올 수치 검사
	NST 검사	① 검사결과가 정상이고 초음파 결과 추정한 태아 크기가 정상 만삭아보다 작을 때 → 예정일 다시 계산 ② 검사결과가 비정상이고 초음파 결과 태아의 대횡경이 만삭크기일 때 → 유도분만
분만 시 간호	① 유도분만 ② 매일 분만징후와 자궁상태 관찰 ③ 분만 중 태아심음 관찰 ④ 과숙아 간호

고위험 분만 – 조기파막

정의	분만이 시작되기 24시간 전 파수되는 것(정상 : 분만 1기 말~2기 초에 파막)		
종류	만삭 조기파막	① 임신 37주 이후 분만이 시작되기 전에 양막이 파막되는 것 ② 보통 조기파막이라고 함 ③ 파막 후 24시간 이내에 80~90%가 분만이 시작됨	
	만삭 전 조기파막	① 임신 37주 이전 분만이 시작되기 전에 파막되는 것 ② 조산의 25%에서 발생함	
증상 14 임용 / 00,04,13, 16 국시	① 양수가 지속적 혹은 간헐적으로 흐름		
		Nitrazine test	• 약알칼리성인 양수를 산성인 질 분비물, 소변과 구분하기 위해서 실시하는 검사 • 경관구에 검사지를 갖다 대거나 혹은 무균 면봉을 질 내로 깊숙이 넣어 액을 채취하여 검사지에 묻혀 색상을 표준색상도표와 비교하여 판독 → 양막 무손상 시에는 노란색~올리브색(pH 5.0~6.0)이고, 양막 파열 시에는 청록색~청색(pH 6.5~7.5)임
		양치상(ferning) 형성 패턴검사	소량의 양수를 슬라이드에 올려놓아 형태를 보는 것으로 ferning이라고 불리는 고사리잎 모양의 특징적인 양상이 현미경으로 관찰됨
	질 분비물의 현미경 검사	세포학적 검사 (태아의 솜털, 모발 혹은 편평세포 검사)	무균 흡인주사기로 질의 후원개로부터 양수를 흡인하여 유리 슬라이드에 놓고 현미경 관찰, 편평세포는 황색 또는 청색으로 염색되고, 모발과 솜털은 청색으로 염색되는 nile blue 염색약으로 염색하여 확인
		액팀파투스	질내 분비물을 묻혀서 2줄이 나오면 파막으로 판정하는 것으로 니트라진 검사보다 정확도가 높음
	② 자궁크기 감소 ③ 복부 촉진 시 태아 부분이 잘 촉지됨		
조기파막 시 동반되는 문제 18 임용 / 99,03,08, 10 국시	① 산도 내 상행성 감염 : 파막 후 태아가 24시간 이상 자궁강 내 머물 경우 융모양막염, 자궁내막염 등의 발생위험 증가 ② 제대탈출(선진부 산도 진입 전 파막 시 발생함) : 태아선진부가 골반 내에 고정되어 있지 않으면, 제대탈출이 되어 제대압박 발생 ③ 조산, 분만 중단 ④ 병리적 견축륜, 자궁파열 cf) 생리적 견축륜은 자궁저부가 짧고 두꺼우며, 자궁하부는 늘어나고 얇아진 상태임		
치료 및 간호중재	공통	사정	① Nitrazine test ② 태아상태 관찰
		주의	① 내진제한 ② 감염주의
		보호/지지	① 침상안정 ② 정서적 지지
	임신 34주 이전	사정	① 제대압박 감시 ② 태아상태 확인 ③ 조기진통 확인
		투여	항생제 투여(융모양막염 예방)
	임신 34주 이후	① 관장하고 24시간을 기다려서 진전이 없으면 옥시토신을 이용하여 유도분만 진행 ② 24시간 이후부터 융모양막염 발생위험이 높으므로 항생제 투여	

8 고위험 분만 – 제대탈출

정의	① 아두만출 전에 제대가 선진부 앞 부분으로 밀려 내려온 것 → 제대 압박 → 태아태반관류 방해 또는 차단 ② 파막 후 제대가 중력에 의해 선진부 앞으로 내려오는 제대탈출이 가장 흔한 양상	
원인	① 조기파수, 선진부 진입 전 파막 ② 두정위 이외의 이상 태위(둔위, 견갑위, 안면위 등) ③ 양수과다증, 아두골반불균형, 다태임신 ④ 비정상적으로 긴 제대, 전치태반 ⑤ 선진부 진입을 방해하는 자궁 내 종양 ⑥ 선진부의 위치가 높을 때 인공파막술을 시행한 경우	
증상	① 질강으로 제대가 보임. 질, 경부에서 제대가 촉진 ② 태아감시기에서 가변성 감퇴 ③ 산부는 별다른 증상을 못 느낌	
분류 (일반적으로 내진에 의함)	은닉탈출	제대가 선진부의 옆에 위치
	전방탈출	제대가 선진부의 앞, 막 내에 위치
	완전탈출	막 파열 후 제대가 경부 통해 질로 하강
치료 및 간호중재 99,02,05 국시	응급분만	① 신속히 제왕절개술, 기계를 사용한 응급분만 시도 ② 15~30분 이내 분만 완료, 1시간 이상 지연 시 태아사망 50% 이상
	양막 내 수액주입	태아심음 하강의 완화
	제대압력 완화	도뇨관 삽입하여 방광 내 생리식염수 주입 → 아두를 들어 올려 제대 압력 완화
	자궁근 이완제	자궁활동을 감소 → 태반관류 항진, 산소공급 증진
	태아심음 사정	자궁수축 동안 제대압박과 관련된 급성 태아질식 증상 확인
	자세	골반고위, 슬흉위 또는 트렌델렌버그 체위, 둔부를 베개로 받친 좌측위 변경 → 더 심한 탈출 예방 및 선진부 압력 완화 → 제대 압박 감소로 태아의 산소포화도를 증가시킴
	고농도 산소공급 정맥 수액 요법	태반관류 증가, 태아저산소증 예방
	제대맥박 확인 및 유지	
	제대노출	탈출된 제대는 다시 밀어넣지 않고 소독된 따뜻한 생리식염수를 적신 거즈로 덮기 → 제대 건조 방지 12,15 국시
	유치도뇨관 삽입	방광 내 생리식염수 주입 및 응급 시 제왕절개 분만 준비
	정서적 지지, 불안 감소	

9 고위험 분만 - 양수과다증과 양수과소증

구분	양수과다증	양수과소증 [25 임용]
정의	① 양수의 추정량이 2,000mL 이상인 경우 - 정상 : 800~1,200mL ② 양수지수 24cm 초과 - 초음파를 이용해 산모 배꼽주위 4분원 안의 양수 포켓 길이를 재는 방법으로 양수 측정 ③ 임부의 약 3%에서 발생하며, 경산부에서 발생이 더 높음 ※ 양수 - 양수는 양막의 세포에서 형성 - 태아가 양수를 삼키면 장에서 흡수되고, 양수는 태아 혈류를 거쳐 태반을 통과하여 모체의 혈장과 교환되며, 태아가 배출한 소변과 섞이기도 함	① 32~36주 사이 양수의 양이 500mL 이하 ② 양수지수 5cm 미만 [22 임용]

원인
02,05,07,08 국시
	① 정확히 알 수는 없음
	② 양수의 과다축적은 태아가 삼키고 흡수하는 능력에 문제가 있음을 시사해줌
	③ 임부 관련 : 당뇨병 임부(전체 임부의 20~25%에서 발생), 자간전증, 울혈성 심부전증
	④ 태아 관련
	  ㉠ 다태아의 5% : 혈액을 받는 태아의 소변량이 증가하기 때문
	  ㉡ 무뇌아의 50%, 태아의 식도나 위장계통의 폐쇄 등 태아기형
	  ㉢ 태아 신경관 결손, 태아뇌수종 등
	⑤ 거대태반이나 태반이상
		① 요로폐쇄 또는 신장결손증
		② 쌍태아
		③ 과숙아
		④ 태반의 정상적 노화
		⑤ 태반기능부전 : 전자간증 발생 시 자궁내 태반의 혈액순환이 좋지 않아 태반기능부전으로 양수과소증이 발생됨
		⑥ 38주 이후 조기파막, 양수 누수

증상 06 국시	① 유산, 조산, 비정상태위, 자간전증, 조기파수 및 제대탈출, 태반조기박리 등의 발생위험이 높음 ② 산후 : 이완성 산후출혈의 가능성 有 ③ 50%의 높은 주산기 사망률 ④ 양수과다 징후 (아래 표)	① 임신 주수에 비해 작은 크기의 자궁 ② 복벽에서 태아부분이 쉽게 만져짐 ③ 제대압박의 위험, 자궁 태반기능부전 : 태아저산소증, 자궁내 성장지연, 태변흡인 초래 → 제왕절개술 빈도 높음 ④ 태아기형 : 신장계통의 비정상

양수과다 증상		경증	중증
자각 징후	복통	불편한 정도	심한 복통 호소
	호흡곤란	약간 숨이 차고 눕기 어려움	호흡곤란, 청색증, 심박급속
	부종	하지 부종	하지, 음순, 하복부 부종
	소화불량	상복부 불편감	오심, 구토증
검진	복부	원형으로 약간 부종	피부가 팽팽하고 윤이 나며, 임신선이 심하고 정맥선 뚜렷함
	촉진	• 선진부가 높고 불안정함 • 물이 움직이는 것을 느낌	• 태아 촉진이 잘 안됨 • 물이 흐르는 감이 있음
	청진	태아심음 약간 희미함	청진기도 잘 안 들림
	기타	자간전증 가능	자간전증 가능함

구분			양수과다증	양수과소증 25 임용
합병증 03,06,12, 18 국시			① 난산 　㉠ 선진부 진입 어려움 　㉡ 비정상 태위 유발 　㉢ 조기파수 및 제대탈출 　㉣ 태반조기박리 위험 ② 주산기 사망률 높음 : 유산, 조산, 이완성 산후 출혈, 사망	① 양수량이 적어 제대압박 위험 → 태아질식 위험 증가(태아저산소증, 자궁내 성장지연, 태변흡인 초래) → 제왕절개분만 빈도 높임 ② 주산기 사망률 높음 ③ 골격기형 : 자궁 내 공간 감소로 골격기형 ④ 태아기형 : 임신 초기에 심한 양수과소증이 발생하면 양막과 태아의 일부분이 유착되어 절단을 포함한 심한 태아 기형을 초래함 ⑤ 폐형성 부전증 : 양수에는 계면활성제가 포함되어 있으므로, 태아가 양수를 삼키면 폐를 드나들면서 폐 성숙을 촉진함
간호 중재 13 임용	경증~ 중증도		주의 깊은 관찰과 지속적 양수량 사정	① 생리식염수의 양막 주입 : 제대압박을 완화 - 태아안녕 지속사정, 임부의 V/S, 자궁수축 양상, 태아심음 촉진 ② 산부에게 2L 수분 공급 ③ 양수지수 5cm 미만 → 즉시 유도분만 시도 ④ 분만 후 신생아의 신장을 포함한 요로배설계의 이상 유무 조사
	중증	대증 요법	① 체위 　| 반좌위 또는 좌위 분만 | 호흡곤란 완화 | 　| 휴식 시 좌측위 | 자궁과 태반혈류와 신장으로 가는 혈류를 증가시킴 | ② indomethacin 투여 : 프로스타글란딘 합성억제제로 태아 요배설량을 저하시켜 양수생성 감소시킴(태아동맥관을 조기에 폐쇄시키는 합병증이 따름) ③ 양수천자 : 양수의 양이 1,500~2,000mL 이상일 때, 시간당 500mL 정도의 속도로 양수를 유출시킴 ◆ 양수천자는 압력을 줄일 수 있지만 일시적임	
		보존 및 지지 요법	① 안위제공, 정서적 지지 ② 관찰 및 사정 : 자궁수축상태와 경관개대 진행과 임신 주수에 따른 자궁저부 높이 확인 ③ 보행금기 : 자연 파막 및 제대탈출 방지 ④ 분만 중 옥시토신 주입 원칙적으로 금기 : 자궁파열 위험 ⑤ 자궁수축제 준비 : 자궁무력증과 산후 출혈 증가 위험 때문	

고위험 분만 - 유도분만

정의		자연적인 자궁수축이 있기 전 인위적으로 자궁수축을 유도하여 분만시키는 것				
적응증	태아	① 태아의 위험이 의심될 때 ② 자궁내 태아사망 : 혈액응고장애(DIC) 및 정서장애로부터 모체 보호				
	모체	① 24시간 이상 치료하여도 효과가 없는 자간전증 및 자간증 ② 임신성 고혈압, 당뇨병, Rh 부적합증 등의 모체질환 ③ 과거에 급속분만의 경험이 있고 병원에서 멀리 떨어진 곳에 사는 다산부 ④ 42~43주 과숙임신 : 태아부전 예방 목적				
	분만	① 자궁수축 미약으로 활동기에 분만지연이 있을 때 ② 파막 후 24시간이 지나도 분만이 시작되지 않을 때				
	유산	유산처치로 수정산물이 배출되도록 자궁 자극 시				
금기증 11 국시	태아	① 저체중아, 미숙아, 태아질식 ② 비정상적 태아 선진부				
	모체	① 산도기형, 아두골반불균형, 태위이상(횡위, 둔위) ② 자궁수축 자극검사상 비정상 소견 있을 때 ③ 과거 자궁반흔 및 자궁손상 : 과거 제왕절개술 또는 자궁수술 경험 ④ 다산부(4회 이상의 분만 경험) ⑤ 태반이상 : 전치태반, 태반조기박리 ⑥ 질의 헤르페스 감염 ⑦ 질 출혈				
옥시토신을 이용한 유도분만 19 국시	선행조건	조건	태아	종위에 선진부는 두위, 경부 소실이 시작되었을 때		
			태아 생존력 있을 때	폐 성숙도 측정		
			아두골반불균형이 없을 때	대횡경선 측정		
		Bishop 척도	① 경부상태를 결정하기 위한 기준을 정하여 점수를 부여한 척도 ② 자궁경부의 성숙도를 나타낸 경부의 크고 작음으로 분만의 개시 임박 정도를 알 수 있음 ③ 5개 항목 중 가장 중요한 것은 경관 개대임 ④ 점수가 높을수록 분만 소요시간이 짧고, 유도분만 성공률 높음 ⑤ 경산부의 경우 5점 이상, 초산부는 7점 이상이면 유도분만 가능, 초산부에서 9점 이상이면 유도분만에 적합한 상태로 유도분만이 성공적이고 12점 이상이면 분만이 거의 임박한 상태임 ** Bishop 척도			
			점수 항목	0	1	2	3
			경관 위치	경관 후방	경관 중앙	경관 전방	
			경관 경도	단단함	보통	부드러움	
			경관 개대	0	1~2	3~4	5~6
			경관 소실(%)	0~30%	40~50%	60~70%	80%
			하강 정도	-3	-2	-1~0	+1~+2

옥시토신을 이용한 유도분만 [19 국시]	옥시토신 효과	자궁수축		① 자궁근에 작용하여 수축을 유발 → 분만 유도 및 촉진 ② 태아에게는 직접적인 작용 없음
		항이뇨 효과		투여 중지 후 즉시 회복
		주의사항		큰 정맥 내로 투여하면 현저한 저혈압과 빈맥 유발
			수분중독	고용량에서는 항이뇨 효과가 일어나 요 배설량 감소, 경련, 혼수, 사망
			자궁파열	이전의 자궁수술 등으로 인해 자궁에 반흔이 있는 경우 사용 금기
				비정상 선진부, 양수과다증, 거대아, 다태아와 같이 자궁이 과도신전된 경우 사용금기
	과량 투여 시 문제점	태반기능부전		태아 산소결핍, 뇌외상
		고긴장성·강직성 수축		태반조기박리, 자궁파열, 경관열상, 산후출혈, 양수색전증
	옥시토신 투여 [13 국시]			태아의 박동수가 정상이고, 양수에 태변착색 상태가 의심되지 않은 태아에게 사용할 수 있음
		정맥투여		혈중 농도를 균일하게 유지 가능하며 문제 발생 시 즉각적 중지하기 위함. 투여 시 지속시간은 3분(근육 투여 금지, 근육주사 시 지속시간이 1시간임)
				자궁수축 간격이 3~4분, 기간이 40~60초, 자궁수축기 자궁내압이 50~75mmHg 정도 시까지 용량 늘림
		투여 중단 [11,13,17,20, 21,23 국시]		① 후기감퇴, 심한 가변성 감퇴가 나타나는 경우 ② 태아질식 징후가 나타나는 경우 ③ 태변이 배출된 경우 ④ 자궁수축 기간이 90초 이상이 되는 경우 ⑤ 자궁수축 간격이 2분 이내, 자궁 내 압력이 75mmHg 이상 시 ⑥ 두통(전두부) ⑦ 고혈압
	간호중재 [01,03,04, 09,11 국시]	설명		옥시토신 주입 전에는 주입목적, 처치과정 및 주입 중 주의사항에 대해서 설명하고, 주입 후에는 자궁수축 양상에 대해서 설명
		사정		태아감시기를 이용하여 태아상태 사정
		즉시 중단		태아심음 기록양상에 후기 감퇴현상이나 심한 가변성 감퇴현상이 일어나면 옥시토신 주입 즉시 중단
		중단 후 조치		태변배출 등의 태아질식 징후가 나타나면 주입 중단, 산부에게 좌측위를 취하게 하고 마스크 통해 산소주입
		지속사정		① 15분마다 태아심음과 산부의 맥박을 측정하고 매시간 혈압 측정 ② 자궁수축의 빈도와 강도 및 지속시간을 측정하여 자궁수축의 기간이 90초 이상이 되면 과도한 자극이므로 주입속도를 줄이거나 일시적 주입 중단
				옥시토신의 이뇨억제작용으로 인해 심장에 부담을 줄 수 있음을 고려하여 수액투여, I/O 기록
				정맥주입 투여 후 상태변화 평가
				최소한 1시간마다 주입속도 확인
프로스타글란딘을 이용한 경관성숙 [19 국시]	효과			① 자궁경관의 연화, 개대, 소실을 일으켜 옥시토신에 대한 자궁근층의 민감도를 높여 효과적인 자궁수축 유발 ② 임신 중 태아 사망 시 유도분만에 이용
	방법			옥시토신 투여 전날 prostaglandin E_2를 좌약이나 젤 형태로 질에 삽입

인공양막 파막술	정의		자궁경관 상태가 양호할 때 자궁수축을 자극하여 분만을 촉진시키기 위한 방법으로 무균기구를 내진 시 질 내로 삽입하여 인위적으로 양막파열 → 선진부의 하강 촉진, 경부에 선진부의 기계적 자극으로 자궁수축 유발 → 분만시간 단축(대개 파막 후 12시간 이내 분만 유발)
	선행조건 03,08 국시		① 자궁경관 상태가 양호하며 질식분만 조건 시 ② 선진부 진입 시 ③ 분만진통이 있을 때
	적응증 16 국시		① 옥시토신을 투여할 수 없을 때 ② 인공파막만으로 자궁수축 유발이 가능한 때
	금기증		① 선진부 진입이 안되었을 때 → 제대탈출의 위험 ② 둔위, 횡위 시 금기 ③ 분만예정일이 불확실할 때 ④ 전치태반 ⑤ 질내 음부포진
	간호중재	설명	시술 전 대상자에게 '불편감은 별로 없을 것이며 따뜻하고 축축하게 느껴질 것'이라고 설명 제공
		양수상태 관찰	색상, 양, 냄새 등 관찰
		사정	제대탈출, 제대압박 여부 사정(태아심음 통해 확인)
		감염징후 확인 위해 2시간마다 체온 측정	
		감염되지 않도록 내진을 삼가고 깨끗한 침구 제공	

고위험 분만 - 흡입만출

정의		① 특수 진공흡인 만출기를 이용하여 모자같이 생긴 흡인 컵을 아두에 부착하여 견인, 제왕절개술을 할 필요까지는 없는 만출력 이상인 경우에 이용 ② 태아 아두의 하강을 용이하게 하기 위해 적용 ③ 심폐기능부전증과 태아 가사에 대비하여 분만 2기를 단축하기 위하여 사용
적응증 21 국시	모체	① 분만 2기 지연 : 초산부에 있어 아두는 경관 완전 개대 후 약 1시간 내로 만출되어야 하는데 그렇지 못하거나 아두가 회음까지 내려와 15분 정도 경과해도 진행이 없을 경우 ② 산부가 힘을 주어서 안 되는 상태 : 심장병, 고혈압, 결핵 등 ③ 척추 또는 경막외 마취로 힘을 줄 수 없을 때 ④ 산부의 탈진
	태아	① 제대탈출 ② 분만 2기에 자궁 내 태아질식 발생 시
선행조건		① 아두가 진입되었으나 촉진상 아두가 만져지지 않는 정도에서 적용 ② 두정위, 아두골반 불균형이 없어야 함 ③ 양수파막된 후, 회음절개 후 ④ 경관의 완전 개대 ⑤ 방광을 비운 후 사용
금기증		조산아, 안면위, 둔위 시 금기

간호중재		① 자세 : 앙와위에서 무릎을 굽힌 자세, 쇄석위 취하고 이완하게 함
		② 자궁수축 동안 효과적인 힘주기 격려
		③ 태아나 산부의 손상 주의(경관/질 외상위험, 아두열상, 산류, 두혈종 등)
		  • 태아심음 측정
		  • 견인 도중 미끄럼 방지, 30분 이하 적용
		  • 개대 전에 억지로 잡아당기지 않아야 함
		④ 신생아의 두개내 적용 부위의 외상 사정

합병증	모체	회음/질/자궁경부 열상
	신생아	두개혈종, 두개열상, 경막외 혈종

12 고위험 분만 - 제왕절개

정의			산부의 복벽과 자궁벽을 절개하여 태아를 분만하는 외과적 수술법	
적응증	모체와 태아측 요인		아두골반 불균형, 유도분만 실패, 자궁기능부전 등으로 난산일 경우	
	모체측 요인		① 모체질병: 중증심장병, 고혈압성 질환(자간전증), 당뇨병, 자궁경부암 ② 중증감염: 음부포진, 활동성 병소 ③ 과거력: 제왕절개분만 경험, 자궁수술의 경험 ④ 난소종양이나 섬유종으로 인한 산도폐쇄 ⑤ 35세 이상의 초산부나 오랫동안 불임이었던 경우	
	태아측 요인		① 태아질식(제대탈출, 심한 태반기능부전) ② 횡위, 둔위 등 선진부 이상 ③ 다태아(선진부가 둔위인 경우)	
	태반 요인		전치태반, 태반조기박리	
	5대 적응증		① 아두골반 불균형(가장 흔한 원인) ② 과거 제왕절개분만 경험 ③ 아주 심한 자간전증 ④ 전치태반이나 태반조기박리 ⑤ 태아질식 또는 임박한 질식	
금기증			태아사망, 미숙아	
자궁절개 방법			자궁하부 제왕절개	자궁체부 제왕절개(고전적인 방법)
	절개 방법	피부	치모 수준의 횡적 절개	• 피부 및 자궁체부벽의 수직적 정중선 절개
		자궁	수평 또는 수직 절개 가능	
	장점		• 자궁의 하절에 수평적 절개선 – 봉합용이, 절개부위 쉽게 치유 – 치모에 가려져 잘 보이지 않음 (= 비키니 절개) – 향후: 임신 시 자궁반흔이 파열될 위험 적음 – 수술 후 복부팽만 적음, 혈액손실, 자궁무력, 반흔 파열의 위험 적음 → 자궁하부는 체부에 비해 얇고 수축력 적음 – 장폐색, 감염 등의 합병증이 적음	• 태아에게 접근이 쉽고 수술시간이 짧음 → 이전 수술로 인한 복부 유착이 있는 경우나 횡위인 경우 추천됨 • 태아만출 소요시간 짧음 → 응급분만 시 선호 (예 전치태반 등) • 방광과 자궁유착이 광범위 시, 자궁절제술 동반 시에 시행 가능
	단점		• 응급수술 또는 수술범위가 클 경우에는 시행하기 어려움	• 출혈량이 많음 → 자궁근육의 큰 혈관 절단 • 정중선 절개로 인해 자궁근 허약해짐: 이후 임신과 출산 시 자궁반흔 파열위험 증가 • 양수가 복강 내로 유입되어 수술 후 유착유발
수술 전 간호			① 교육: 수술하는 이유와 합병증, 심호흡법 등 교육 ② 정서적 및 가족 중심적 지지 제공 ③ 수술 전 산부준비: 면도, 유치도뇨관, 수술 전 검사, 정맥확보, 정서적 지지, 수술 전 투약, 수혈준비	

분만 중 간호	① 체위성 저혈압 증후군 예방 : 체위유지, 태아심호흡 모니터 ② 일반적인 수술 중 간호 및 출산 직후 신생아 간호 : 흡인, 필요시 산소투여, 제대결찰, 신생아 평가, Vit K 근육주사, 이름표 확인 등			
수술 후 간호	수술 후 산모사정	출혈 유무		자궁저부 높이, 자궁수축 정도, 오로 양과 특성, 수술 부위 등
		섭취량과 배설량		방광팽만, 소변 배설량
		진통제 필요성		통증 특성과 부위, 산모 표정, 자세, 신체 긴장 정도
		감염증상		수술부위, 오로
		활력징후		
		제왕절개술에 대한 산모와 가족의 반응 및 지식 정도		
		필요한 교육 및 도움의 결정		
	병원 입원기간 산모 간호	호흡기능 증진		심호흡과 기침, 체위변경, 기침 시 절개부위 지지
		영양 및 수분균형 유지		정맥주입 유지(24~48시간), I/O
		배뇨간호		24시간 유치도뇨관 유지, 유치도뇨관 제거 후 4~6시간 내 자연배뇨 확인
		출혈 및 감염예방 14 국시	출혈예방	패드관찰, 자궁수축 여부 관찰, 수술부위 상처부위의 출혈 유무, 상처봉합 관찰, 자궁수축제 투여, 부드러운 자궁저부 마사지
			감염예방	예방적 항생제 요법
		마취 후 회복간호	척추마취	하지감각 회복 시까지 앙와위, 마취수준 및 감각회복 사정
			전신마취	산모 상태 안정 시까지 회복 후 산욕기 병실로 이송
		조기이상		① 방광·장의 기능 향상 ② 순환기능 증진, 혈전생성 감소 ③ 호흡기 합병증 예방 ④ 기분전환 및 건강한 느낌 제공
		모아애착		
		활동과 휴식증진		2시간마다 산모 체위변경
		편안함 도모		진통제 투약 및 산모의 체위변경
		일반적 산모 간호		유방간호, 회음간호, 산후통이나 유방울혈에 따른 통증에 대한 간호 제공
	퇴원교육	대개 수술 후 5~7일째 퇴원		
		교육	불편감 완화	수유에 영향을 주지 않는 진통제 투약
			운동	지속적 산후운동, 2주 동안은 무거운 물건을 들지 않도록 함
			합병증 예방	감염증상, 출혈, 혈전증, 상처부위의 벌어짐 등
			성생활	피임에 대한 정보제공
			추후 검진 시기	분만 2~4주 후 방문
제왕절개술 후 질분만	① 제왕절개 후 질분만을 원하는 산부는 임신부터 잘 관리하면 질분만이 가능함 ② 합병증 : 자궁파열 – 출혈과 태아질식 초래 → 매우 위험 ③ 응급제왕절개술을 시행할 준비를 해둠			

13 고위험 분만 - 태반유착 22 임용

정의	태반이 자궁에 비정상적으로 견고하게 부착되어 분만 3기에 태반의 착상부위로부터 태반이 자연적으로 분리되지 않는 경우(분만 3기 전까지는 알 수 없고, 태반박리가 되지 않을 때 의심)
원인	① 전치태반 ② 과거력 : 소파수술, 제왕절개술 등
종류 (태반융모의 자궁벽 침범 정도에 따른 분류) 🔔 유감첨입	<table><tr><td>유착태반</td><td>기저탈락막을 통과하여 태반 영양막이 자궁근층을 약간 침투한 상태</td></tr><tr><td>감입태반</td><td>태반 융모의 부착이 더 진행되어 자궁근층을 깊게 침투한 경우</td></tr><tr><td>첨입태반 (=천공태반)</td><td>태반융모가 자궁근층을 관통하여 장막까지 침투한 경우</td></tr></table>
증상	① 임신 중에는 증상이 거의 없음 ② 전치태반을 동반한 경우 산전 출혈이 있음 ③ 태반만출 시도 시 출혈
합병증	<table><tr><td>태아</td><td>조산</td></tr><tr><td>산모</td><td>용수박리 과정에서의 심한 출혈, 자궁 및 다른 장기 손상(예 자궁내번증, 자궁파열 등)</td></tr></table>
치료 및 간호중재	① 태반용수 박리 실시 : 한 손을 복벽 위로 자궁저부를 잡고, 소독장갑을 낀 다른 한 손을 질 내로 넣은 후 탯줄을 따라 자궁 속으로 넣어 태반 가장자리를 확인 후 태반과 자궁벽 사이에 손을 밀어넣어 손을 자궁벽쪽으로 향하게 하여 서서히 태반분리(태아만출 후 계속 출혈이 있으며 태반이 완전히 박리되지 않을 때 최종적 방법으로 소독장갑을 낀 손을 자궁 내에 넣어 자궁내막을 훑어내듯이 제거) 22 임용 ② 실패 시 자궁절제술

14 고위험 분만 - 자궁파열

정의 00 국시	① 자궁근육이 열상을 입어 파열되는 현상으로 주로 협부나 체부에서 발생 ② 태아사망률 50~75%, 모체사망률도 높은 매우 심각한 산과적 문제		
원인	① 과거 제왕절개나 자궁체부 수술 반흔 혹은 인공유산으로 내막이 얇아진 경우(가장 흔함) ② 분만진행 중단 : 태위이상 등으로 인해 분만이 중단되었으나 수축 지속 시 병리적 수축륜 발생 ③ 다산부 : 다산으로 자궁근육이 늘어나 있어 탄력성이 약하고 분만 시 강한 수축 발생 ④ 자궁수축제 과도 사용 ⑤ 경관이 완전 개대되기 전에 겸자분만을 실시한 경우 ⑥ 이상태위의 무리한 교정 시 ⑦ 자궁저부의 지나친 압박		
증상	임박한 자궁파열	① 산부 민감, 안절부절못함, 불안, 심한 하복부 통증 ② 경관 개대와 태아하강 진전 부진, 병리적 견축륜, 강직성 수축 등	
	불완전 파열 (자궁외막까지 찢어지지 않은 상태)	① 자궁수축 시 복통 ② 수축은 계속되나 경관 개대 진전 안됨 ③ 경미한 질 출혈 → 쇼크 증세가 서서히 나타남	
		산부	구토, 어지러움, 복부압통(수축과 수축 사이 지속) 증가, 저긴장성 자궁수축, 분만진행 부전
		태아	후기감퇴 양상, 심박동 다양성 감소, 다량의 출혈, 태아심음 소실
	완전 파열 08,12 국시	진통 시 "찢어지는 듯한 느낌", 제대와 심와부의 산재성 또는 국소적 통증(어깨로 방사)	
		파열 시	파열부위(하복부) 날카로운 통증, 자궁수축 정지, 자궁벽 밖에서 태아부분 촉진, 복부강직, 오심, 구토, 저혈량성 쇼크(빠르고 약한 맥박, 혈압하강, 차고 창백한 피부), 혈뇨(방광 손상)
		파열 후	선명한 질 출혈, 자궁수축 정지, 태아사망
치료 및 간호중재	질식분만 불가능	응급 제왕절개술, 자궁적출술 시행	
	출혈량 사정	활력징후 측정, 수혈, 산소공급	
	불완전 파열 시	개복술로 태아출산, 자궁열상봉합, 수혈	
	완전 파열 시	자궁적출술, 수혈	
	수술 후 항생제 투여	복막염이나 패혈증 예방	

15 고위험 분만 – 양수색전증

정의	① 태지, 솜털, 태반 등이 섞인 양수가 모체혈류 속에 들어가 폐순환 차단 → 양막과 융모막의 파열 시 자궁수축 압력에 의해 양수가 유입되는 위험한 현상 ② 모체 호흡순환 부전, 쇼크, 파종성 혈관내 응고를 일으키는 심각한 질환	
원인	① 분만 직후 또는 난산 후에 옥시토신을 이용한 유도분만이나 분만 촉진을 한 경우 ② 심한 자궁수축 시에 발생	
증상 05 국시	전구증상	① 오한, 발한, 불안, 안절부절못함 ② 거품 섞인 불그스레한 객담, 흉통, 구토, 발작
	주요 증상	갑작스러운 호흡곤란, 빈맥, 저혈압, 청색증, 출혈 및 쇼크, 의식불명
	혈액응고 이상 시 DIC 소견 나타남	
치료 및 간호중재	① 반좌위 후 산소공급 ② 필요시 기관내 삽관하여 인공호흡기 적용, 심폐소생술 실시 ③ 수혈 ④ 응고결함의 치료 : 섬유소원과 항응고제(헤파린) 투여 ⑤ 지지간호	

16 산모의 생리적 적응

		분만 중 생리적 변화		산욕기(분만 후)		
자궁	불수의적 자궁 수축	① 자궁저부근육의 수축과 견축이 조화를 이루며 경부 쪽으로 힘을 보내어 태아를 하강시킴 ② 자궁근육의 수축이 시작하면 자궁내압이 상승	자궁 복구	① 임신 중 프로게스테론과 에스트로겐의 증가가 자궁을 과다하게 성장시키는 요인이었으나 분만 후에는 이들 호르몬이 감소됨으로써 자궁이 복구됨 ② 자궁복구를 사정하기 위해서는 자궁저부의 단단함 정도와 위치를 사정		
	태반 박리	• 태반박리의 징후 - 자궁이 동그란 공 모양으로 변함 - 복부에서 일시적으로 자궁저부의 위치가 제와부 이상으로 올라감 - 갑자기 소량의 혈액이 질을 통해 쏟아져 나옴 - 제대가 질 밖으로 늘어져 나옴	자궁 퇴축 기전 11 임용 / 06,08,11 12,13,15, 16 국시	자궁근 섬유의 수축과 견축	효과	자궁수축은 자궁 내 잔여물질을 밖으로 배출하고 산후 출혈을 예방
					기전	① 퇴축은 태반이 만출 되자마자 시작됨 ② 태반 결합부위의 혈관들 주위에 있는 자궁근육섬유들이 수축되어 단단해짐 ③ 이 수축 덕분에 태반이 떨어져 나가면서 노출된 부위의 출혈이 억제됨
					① 초산모, 수유부에서 빨리 일어남 <table><tr><td>초산모</td><td>자궁근섬유들의 탄력성이 높아 자궁근육의 수축성이 좋음</td></tr><tr><td>수유부</td><td>수유 동안 뇌하수체 후엽에서 옥시토신이 분비되어 자궁수축</td></tr></table> ② 거대아·쌍태아·양수과다 등으로 자궁근이 과다하게 신전된 경우에는 복구가 지연	
				자궁벽 세포의 단백물질 자가분해	자궁이 복구하는 과정에서 자가분해 작용이 일어나 혈액요소질소 수치가 증가함 → 자궁의 전체 세포수는 변함이 없지만 단백질로 된 세포형질들이 분해대사를 겪으면서 각 세포의 크기가 줄어듦. 이 분해대사의 산물들은 혈액 속으로 흡수되어 질소노폐물로 바뀌어 소변으로 배출됨 10 임용	
				자궁 내막의 재생	자궁상피의 내층도 분만 직후부터 재생을 시작	
					태반 부착 부위	① 다른 부위보다 개방된 상처가 깊고 크며 출혈성 상처 표면은 세균감염의 소인이 됨 ② 태반이 부착되었던 부위는 표면에 혈전들을 동반한 정맥들이 노출된 상태로 되어있어 완전 회복에 6~7주가 소요됨 10 임용 ③ 태반부착 부위를 제외한 부분은 급속히 진행되어 3주면 완치
					분만 후 2~3일	자궁내막 두 층 차이가 보임 <table><tr><td>표면층 (기능층)</td><td>백혈구 침투, 육아조직 형성 → 괴사되어 떨어짐</td></tr><tr><td>내층 (기저층)</td><td>내층만 남음, 새로운 자궁내막이 재생</td></tr></table>

분만 중 생리적 변화		산욕기(분만 후)			
자궁	[자궁복구와 오로] 오로: 적색 → 갈색 → 황색 → 백색 오로의 양 및 색의 변화 분만당일 3일 1주간 2주간 4주간 6주간	오로 11 임용 / 00,03, 07,08, 11,13,15, 16 국시	정의	자궁내막의 재생이 이루어지는 회복과정에 따라 나오는 분비물 / 알칼리성으로 독특한 냄새가 남 ∴ 오로의 양과 특성으로 자궁내막의 재생 정도를 알 수 있음 10임용		
			변화 양상	시간 / 유형	정상적인 분비물	비정상적인 분비물
				적색오로 (1~3일)	• 초기 분비물은 주로 혈액성분으로 태반부착 부위로부터 탈락된 세포조각, 탈락막 조각, 양수, 솜털, 태지, 소량의 점액을 포함	• 큰 덩어리들, 생리대가 푹 젖음, 역한 냄새
				갈색오로 (4~10일)	• 장액성으로 묽게 변하고 색깔이 점점 분홍빛에서 갈색으로 변함 • 혈액성분이 적고 혈장 성분이 대부분이며, 백혈구와 유기체가 섞여 있음	• 과다한 양, 역한 냄새, 붉은색이 계속 되거나 재발함
				백색오로 (10~20일, 최고 3~6주까지)	• 점점 색이 흐려지고 그 양도 많이 줄음 (흰색, 크림색) • 성분은 주로 백혈구, 유기체, 자궁경부 점액, 탈락막 세포, 지방 등 • 태반부착부위의 치유가 완료된 시기임	• 장액성 오로가 계속됨. 적색 오로로 되돌아감 • 역한 냄새, 분비물이 계속됨
			특성	① 오로는 보통 질구로 나오며 자궁이 수축할 때 심하게 흐름 → 아기에게 모유를 먹일 때 오로가 더 많이 분비되며 배가 아프다고 함 12임용 ② 자궁을 마사지하면 오로가 더 많이 나온다. 만약 오로의 색이 암적색이면 이완된 질에 고여 있던 것이 나오는 것임 ③ 과다한 오로는 자궁이완 때문이며 산욕기 출혈의 원인이 됨		
		산후통	정의	① 자궁내부로부터 응고된 혈액을 배출하기 위해 능동적으로 자궁이 간헐적으로 수축할 때 느끼는 통증 ② 자궁을 원래 크기로 되돌리기 위한 생리적 현상		
			특징	① 초산모 : 자궁근 강도가 강해 수축된 상태를 유지 → 거의 산후통을 호소하지 않음 ② 경산모 : 자궁근 강도가 약해져 자궁이 수축상태를 유지하지 못함 ③ 여러 번 임신, 쌍태아, 양수과다증 등 자궁이 과다 신전되었을 때 → 산후통 유발 ∵ 경산부, 다태임신, 양수과다증의 경우 정상 임신보다도 자궁의 증대 혹은 피로 정도가 크므로 강한 수축이 필요해져 보다 강력한 산후통이 일어남 ④ 모유수유 시에는 뇌하수체 후엽에서 옥시토신이 분비되어 산후통이 증강됨 ⑤ 대개 분만 48시간 이후에는 사라짐		

		분만 중 생리적 변화		산욕기(분만 후)	
자궁			자궁저부 위치 03,05, 16,17, 18,20 국시	의미	자궁퇴축 정도를 사정하는 지표
					매일 손가락 하나 폭(약 1cm) 만큼씩 낮아짐
				분만 직후	대개 배꼽 아래
				분만 12시간 후	상승되어 배꼽 위 ※ 상승 이유 – 분만으로 압박되었던 골반저부의 근육이나 방광근육의 긴장도가 산후 정상으로 돌아옴 – 태반이 제거되면서 자궁 내에 혈액이 모이고 응혈이 형성되면서 배꼽위치까지 점차 올라옴
				분만 3일 후	제와부 3cm 아래에서 12 임용
				분만 10~12일 후	복벽 촉지×(매일 1cm 낮아짐)
경관	개대	① 경관이 분만 1기에 확장되는 것 ② 1cm에서 태아가 만출할 수 있는 10cm까지 개대됨		분만 직후	① 늘어져 있고 강도가 약해 유연, 약간 부어 있고 작은 열상이 많은 상태 → 감염되기 쉬움 ② 자궁경부의 열상은 섬유아세포의 증식으로 회복됨
				분만 후 24시간	자궁경부는 짧아지고 단단, 두꺼워짐
	소실 (거상)	① 분만 1기에 경관의 길이가 짧아지고 경관의 두께가 얇아지는 것을 의미 ② 정상적으로는 2~3cm의 길이이며 두께는 1cm인 자궁경관이 분만이 진행되면 자궁저부 쪽으로 당겨지고 자궁경관의 길이가 짧아져 소실되는 것을 말함		수일 내	A : 둥근 모양(미산부) B : 길게 벌어진 모양(경산부) ① 자궁경부는 빠르면 분만 후 4일경부터 선의 비대와 비후가 퇴화, 세포간질 내의 출혈이 흡수되기 시작 ② 자궁경부의 퇴축 : 6주 이상 소요 ① 분만 동안 10cm 개대되었던 자궁경부 입구 ② 점차 닫히고 분만 후 4~6일째에는 손가락 두 개가 들어갈 정도로 개대되어 있음 ③ 2주 말이면 가장 작은 큐렛 정도만 들어갈 수 있음 ④ 외번증이나 열상이 있었다면 입구가 옆으로 길쭉한 모양으로 남음(물고기 입 모양 같은 길쭉한 모양)
				분만 후 6주 이후	자궁경부 괴사, 파열, 좌상 : 6~12주 사이 거의 완전히 회복(상처조직의 재상피화가 빠르게 이루어지기 때문)

		분만 중 생리적 변화		산욕기(분만 후)		
질		분만 시 질구가 과다 팽창되며 질 입구의 피부는 확연하게 확장	분만 직후	① 질벽이 부어 있고 작은 열상들이 많으며, 질벽의 주름이 거의 없음(질 점막 위축) ② 산후 estrogen 감소로 점막 얇아지고 추벽 소실 ③ 에스트로겐 결핍 → 질 분비물 감소		
			산후 3~4주	① 질의 상피세포 위축상태 ② 질추벽: 분만 후 4주 정도에 회복되나 주름이 다시 생김(비임부처럼 현저하지 않음) ③ 난소의 기능이 회복되며 estrogen이 분비되면 질 점막이 점차 두꺼워짐(에스트로겐이 부족하므로 질 분비물의 양이 적고 질 점막이 얇음, 정맥충혈 저하 → 산후 몇 주 동안 성적반응 떨어지고 성교통이 올 수 있음) 11임용		
			산후 6~10주	① 에스트로겐 수치 회복 ② 질의 긴장도를 되찾고 크기가 줄어들기는 하나, 임신 전의 상태로 완전히 되돌아가지는 않음 ③ 난소기능이 회복되면 질 점액은 다시 증가함(수유모는 다음 생리할 때까지 저하되는 것을 볼 수 있음)		
난관 인대			난관	① 조직학적 변화: 분비세포의 크기 축소, 섬모세포의 크기 및 수의 감소, 난관 상피세포의 위축을 볼 수 있음 ② 6~8주가 지나면 상피세포는 생리주기의 난포기 상태에 이르게 됨		
			난관 인대	① 자궁·난소·난관을 지지하는 인대 ② 임신 중 심하게 당겨지고 신전되었으나 분만 후 이완 → 원상복구하려면 2~3개월 정도 시간 소요		
회음				① 회음절개 부위나 열상을 통합한 곳에는 홍반성 부종과 통증이 있으나 발적은 없고 깨끗함 12임용 ② 4~5일이 지나면 홍반성 부종과 통증이 사라지면서 흉터가 남으며, 약 2주 정도 잘 관리하면 비임부와 거의 구분하기 어려울 정도로 회복 ③ 감염증상: 통증, 발적, 열감, 부종, 분비물이나 절개부 가장자리가 분리		
유방	임신 중	에스트로겐 & 프로게스테론 혈중농도↑ → 유방발달 자극, 뇌하수체에서 프로락틴의 분비와 유즙분비를 억제하는 효과		① 유즙생성: 태반만출 → 에스트로겐 & 프로게스테론 급격히 저하되면서(호르몬이 임신 전의 수준으로 회복되는데 소요되는 시간은 수유 여부에 따라 다름) → 프로락틴 분비(태반만출 후 최고수준으로 분비) ② 유즙분비: 유선발달 → 유즙생성 → 유즙분비 → 사출반사		
			수유부	① 모유 생성 전에는 유방이 부드러우며 분만 후 2~3일간 유두를 압박하면 노란 초유가 분비 ② 모유생성 후에는 유방이 따뜻하며 단단함		
				유방 울혈	울혈은 수유 시작 후 약 48시간 동안 지속되며 때때로 열이 나지만 24시간 이상 지속되지 않음	
			비수유부	일반적으로 유방에서 결절이 만져지며 아기에게 수유하지 않으면 프로락틴 수준이 급속하게 떨어짐		
				유방 울혈 03,08, 12 국시	분만 후 3~4일째부터 시작해 액와의 유방조직, 유방의 부속조직, 유두조직에도 나타남	
					원인	모유가 축적되어서가 아니라 정맥과 림프선의 일시적인 울혈 때문
					중재	• 불편감을 완화하기 위해 유방대 혹은 잘 맞는 브래지어, 얼음주머니, 약한 진통제 등을 사용 • 아기가 빨지 않으면 수일 내에 모유 분비가 중단됨

		분만 중 생리적 변화		산욕기(분만 후)
호흡 기계		① 분만 시 매 호흡마다 많은 양의 이산화탄소 배출 ② 자궁수축이 강할 때(자궁근육의 활동으로 산소 소모 증가), 분만 동안 신체활동 증가로 대사량 증가 → 산소요구량 증가 → 호흡의 수, 깊이의 증가 　- 분만 동안 과호흡시 호흡성 알칼리증, 저탄소증(얼얼, 저림, 어지럼증) 　- 저산소증 : 얕은 호흡을 계속 하거나 분만 2기 동안 숨을 참으며 과한 힘주기를 하는 경우에는 이산화탄소 배출 감소 ③ 분만 중 앙와위는 심박출량이 적어져 산소포화도↓	호흡 기능	① 호흡기능은 산후 6개월경 임신 전 상태로 회복 → 산욕기 동안 산모가 운동에 대해 반응하는 능력이 떨어짐 ② 복압의 변화, 자궁 크기의 감소 → 횡격막 하강, 복강 내 장기가 임신 이전 위치로 돌아가 흉곽 용적 증가 　㉠ 잔기용적, 기능적 잔기용량(호기성 예비용량 + 잔기량) → 급속히 정상화 　㉡ 호기성 예비용적, 흡기용량, 폐활량 → 서서히 정상화 　㉢ 잔기용적, 안정호흡, 산소 소모 등 → 증가 　㉣ 흡기용량, 폐활량, 최대호흡용량 등 → 감소
			혈중 가스 농도 변화	① 산소포화도 : 분만 중 앙와위 시 심박출량 저하 → 산소포화도 저하 → 분만 후 첫날에 95%까지 회복 cf) 산소포화도와 PO_2는 임신 동안 더 높음 ② 산욕기 탄산과다증(hypercapnia) 　㉠ 프로게스테론 저하로 초래하고 염기과다와 혈중 중탄산염을 동반 　　※ 프로게스테론 : 임신 중 폐포에서 과호흡 일어나도록 → 호흡수 관계없이 산소포화도 증가 → 호흡성 알칼리증, 보상기전으로 대사성 산증 　㉡ 회복 : 점차적으로 pH와 염기과다는 정상범위까지 상승하여 산후 3주경 회복
심혈 관계	심박 출량	분만 1기	10~15% 증가	심박 출량	분만 직후	① 분만 후 (12)24~48시간 동안 심박출량이 증가 ② 분만 전에 비해 80% 정도 증가 : 복부근육과 자궁근육 수축으로 인한 통증에 의해 분비된 카테콜라민에 의해 발생됨

| | | 분만
2기 | 30~35% 증가(최고조에 이름)
→ 수축 때마다 자궁과 태반에 있는 혈액이 모체의 혈관계로 들어가기 때문
→ 이로 인해 혈압, 심박동도 자궁수축 시 증가 | | 분만 후
48시간 | 임신으로 인해 증가된 1회 박출량은 분만 후 48시간 동안 증가된 상태를 유지
① 태반순환 상실로 인한 자궁이 혈관에 가하던 압박이 해소되며 자궁 순환량 감소에 의한 것
② 분만 후 여분의 세포외액이 혈관으로 들어옴으로 일시적인 순환혈량의 증가 현상이 겹쳐져 산욕 초기에 35% 정도의 심박출량이 증가 |
| | 혈량
변화 | | 분만 시 정상적으로 200~300mL의 혈액손실 有
① 임신 기간 동안 임부의 혈량이 30~50% 증가가 되어 있기 때문에 해가 되는 것은 아님
② 혈량을 임신 전 수준으로 감소시키는 역할을 하는 것으로 이해할 수 있음 | 혈량
변화 | | ① 분만 후 2주 이내에 30%가량 감소, 3주경 임신 전 수준으로 회복
② 분만 후 발생하는 혈액량의 변화는 분만 시 혈액 손실, 수분의 혈관 외 이동과 이뇨현상으로 초래됨
　[10 임용/22 국시]
　- 분만 후 산후부종 초래(호르몬의 급격한 변화, 옥시토신이 소변배출을 늦춤)
③ 이러한 생리적 변화로 혈액손실에 쉽게 적응
　- 자궁과 태반의 순환이 중단되어 혈관상의 크기가 10~15% 정도 감소
　- 태반에서 혈관을 확장하는 호르몬이 분비되지 않으므로 혈관이 탄력성을 회복함
　- 임신 중 저장된 혈관외액이 혈관 내로 이동해 혈액량이 증가 |

		분만 중 생리적 변화	산욕기(분만 후)	
심혈관계	맥박	증가 → 산부의 불안, 근육활동에 따른 대사량 증가, 자궁수축 시 증가	맥박	생리적 서맥(산후 24~48시간 내), 40~50회/분 → 1회 박출량, 심박출량이 함께 증가, 분만 동안 증가된 교감신경계의 활동에 대한 미주신경의 반사작용에 의함
	혈압	① 상승 → 복부근육, 자궁근육 수축으로 인한 통증/불안, 두려움 등에 따른 혈압 상승 ② 카테콜라민 발생, 말초혈관저항에 따른 CVP 상승 ③ 저하 : 산부가 앙와위로 누워 있는 동안(앙와위 시 자궁에 의해서 하대정맥이 압박 → 하지로부터 오는 정맥혈의 귀환을 저하시켜 우심방으로 돌아오는 혈량 감소로 심박출량 저하를 초래함)	혈압	내장의 울혈로 인한 기립성 저혈압(분만 후 48시간 이내)
조혈계		혈장섬유소원(피브리노겐) 증가, 혈액응고시간 약간 감소	→ 출산 후 3주까지 증가되어 있음	분만 후 혈액응고인자는 활성화되므로 부동, 외상이 생기면 산후 혈전성 색전증의 전구요인이 됨
		헤모글로빈 : 평균 1.2mg/dL 증가	① 출산 후 며칠 동안은 산모의 적혈구 수치와 적혈구 용적률을 해석하기가 어려움(여분의 체액들이 이동하여 재배치되고 배출되는 일들이 빠르게 진행되기 때문) ② 혈장이 증가하면 혈구의 농도가 희석되어 적혈구 용적률이 낮아지고 여분의 체액이 배출되면 희석 정도가 점차 감소	
		백혈구 : 현저한 증가 (경관 완전 개대 시 급격히 증가) ∵ 증가된 근육활동에 대한 반응	백혈구 증가증(산후 10~20일 경), 중성구/호산구 증가, 림프구 감소, ESR(적혈구 침강률) 증가	산후 감염과 구별 어려움
소화기계		위장운동, 위액분비 저하(소화되는 시간, 위가 비워지는 시간의 지연) → 자궁수축, 통증, 두려움, 투약, 합병증 등의 요인이 단독 혹은 복합적으로 나타나는 반응	① 산후 2~3일 심한 갈증 호소 → 분만 시 수분 손실, 이뇨와 관계된 순환, 간질 공간 사이의 수분의 이동 등과 관련 ② 산후 2주 내 : 위장관계 운동성, 근육 긴장도 회복 ③ 분만으로 인한 피로, 진통제, 마취제의 효과에서 회복 → 식욕이 좋아져 많은 양의 식사를 함 ④ 변비 : 임신으로 장 이완, 복근이 팽창되어 배설 돕지 못함 / 금식, 분만 전 관장, 약물 등 / 치질, 회음부 열상으로 인한 통증 등으로 유발됨 → 간호 : 변 완화제 복용, 장 탄력성 회복 후 규칙적 배변 습관을 가질 수 있음	

			분만 중 생리적 변화	산욕기(분만 후)
비뇨기계	신장		① 레닌과 안지오텐시노겐이 증가 : 자궁, 태반 간의 혈액순환 조절에 중요한 역할 ② 사구체 여과율, 신장 혈장 유출량의 증가	신장의 혈액량, 사구체 여과율, 혈장 크레아티닌, 질소 : 산후 6주경 임신 전 상태로 회복
		요농축	① 수분섭취 감소, 호흡에 의한 수분소실 증가로 발생 ② 1.020~1.030으로 정상범위 최대치로 증가	산후 이뇨현상(배뇨량이 산후 12시간 내에 증가) → 방광 급속히 채워져 과도 팽창 → 요실금, 잔뇨증 초래 ① 이뇨작용(산욕기 첫 2~3일) → 산욕기 동안 10L 이상의 체액 소실 → 산욕기 동안 4kg 정도의 체중 감소 [12 임용 / 19 국시] ㉠ 임신 동안 정체되었던 다량의 수분이 배설되는 것 ㉡ 이뇨는 임신 때 프로게스테론의 염 소모 작용에 대응하고자 증가하였던 부신호르몬인 알도스테론의 감소로 일어남. 나트륨 잔류가 줄어들고 액체의 배출이 가속화됨 ㉢ 발한 증가 : 임신 중 증가된 체액 배출과정 [12 임용 / 22 국시] ② 신장으로 혈장흐름, 신사구체 여과율 : 산후 첫 1주 동안 증가, 더불어 혈량도 증가
		단백뇨 (1+)	대사 작용의 증가로 인해 발생	정상인 수유모에서 소변 내 유당, 경증의 단백뇨, 아세톤(지방 대사 변화와 탈수로 인해) 보임
		케톤뇨증	피로, 탈수, 영양결핍, 전해질 불균형 등으로 초래	
	방광	방광 팽만	① 태아가 하강하면서 방광 전벽에 주는 압박 증가로 방광의 긴장도나 방광이 차 있는 느낌을 지각할 수 있는 능력을 감소시킴 ② 방광팽만은 선진부 하강을 막거나 효과적인 자궁수축 저해 ③ 방광팽만과 선진부의 지속적인 압박은 방광 손상을 초래해 방광 긴장도 저하, 소변정체, 비뇨기 감염 등을 일으킴 ④ 분만 시 지속적으로 방광 상태 사정, 2시간마다 배뇨 격려	① 분만 후 방광점막 부종과 충혈, 방광근 강도 저하, 진통제 사용, 골반부의 아픔 등으로 방광의 압박에 대한 감각이 떨어지고 방광용적은 늘어나게 됨 → 방광근 강도는 산후 5~7일경 회복되어 배뇨가 원활해짐 ② 비뇨기계 구조의 저긴장성과 확장 : 3개월간 유지 ③ 수뇨관, 신우는 확장된 상태로 있다가 3~6주(8~12주) 후 회복

		분만 중 생리적 변화	산욕기(분만 후)
피부 모발		질구는 과다한 신장능력이 있음에도 질 입구 주위 피부에 미세한 열상이나 경한 외상 등이 올 수 있음	① 임신 중 멜라닌 색소 활성화로 생긴 유두와 유륜, 임신선의 과도착색 → 분만 후 옅어지나 임신 이전의 상태로 완전히 회복되지 않음, 착색 상태 유지하기도 함 10 임용 ② 분만 후 에스트로겐 저하 → 확장된 혈관으로 생겼던 거미상 혈관종, 검은 모반, 장측 자반증, 치육종 등 호전/소양증 호전 ③ 임신 중 생긴 가는 털은 사라지나 거칠고 억센 모발은 그대로 남음 ④ 산욕 초기에 피부 통한 노폐물 배설로 발한 증가(주로 밤)
근골 격계	릴락신↑	치골결합, 천미골 관절 늘어남 → 미골의 이동 → 골반의 크기 증가(2cm 정도) → 요통 증가 → 걷거나 돌아누울 때 치골부위의 자극적 통증 발생	① 자궁, 질을 지지하는 근육과 근육층 지지구조가 출산 시 손상으로 늘어나고 약화되며 이완됨 → 분만 후 골반저근 훈련으로 골반 근육 회복이 빠르게 됨. 자궁인대와 골반근육이 늘어난 상태이므로 장시간 서서 일하는 것은 피해야 함 11 임용 ② 복벽은 분만 후 6주에 정상위치로 돌아옴 10,11 임용 : 복벽은 분만 후 한동안 부드럽고 축 처진 상태, 복근이 과도팽창되었거나 복근 강도가 떨어진 경우 → 복근이 심하게 분리되거나 복직근 이개 초래 → 복강 내 장기들을 제대로 지지하지 못함 → 휴식, 식이, 적절한 산후운동 및 좋은 신체기전과 올바른 자세는 복벽근의 회복을 도움 ③ 허리의 척추만곡, 척추후만 호전/수유로 자세불량 가능
	회음부	회음근 조직이 얇아짐 : 4~5cm → 1cm(경관 개대되고 아두가 질강을 하강할 무렵)	
		회음체 자연 마취효과 : 아두가 회음체 압박하여 질강 확대로 감각 신경종말부 차단	
		항문올림근과 회음체 근육이 아두의 만출을 돕는 역할을 함	
신경계	통증 관련 반응	분만 초기	자궁수축, 경부개대로 인한 불편감(제11, 12 흉신경)	① 임신 동안 서혜부 인대나 골반벽에 위치한 신경이 압박받아 생겼던 대퇴 저림감 사라짐 ② 부종 감소, 근막·건·결합조직의 물리적 변화로 정중신경 압박이 줄어 수근관 증후군 및 다리경련 호전
		분만 중	회음부에 통증 집중 (천골 제2~4에 연결)	
		• 행복감, 기억상실, 분만 후 피로, 새로운 흥미와 흥분의 표현 • 몸에서 자연적으로 분비되는 모르핀과 유사한 화학물질인 내인성 엔도르핀은 통증역치를 상승시켜 진정효과를 냄	
대사	혈당	분만 중 혈당치 감소 → 지연분만, 난산 시 현저하게 감소(자궁, 근골격계 활동의 증가로 봄)	① 기초대사율은 분만 후 1~2주간 계속 상승 ② 분만 시 탈진과 경미한 탈수로 인해 38℃까지 상승 가능 ③ 분만 24시간 이후 정상범위 이상의 열이 두 번 이상 지속될 경우, 감염 등 의심(맥박이 중요한 기준)
	대사	영양소 대사 - 탄수화물 대사 증가 : 산부 불안, 근골격 운동으로 증가	
	체온	분만 시 약간의 체온상승 : 분만지연 시 체온상승은 탈수 의심, 체온상승의 정도가 심하거나 조기파막이 된 경우는 감염의 징후	

	분만 중 생리적 변화	산욕기(분만 후)	
내분비계	분만 시작과 함께 프로게스테론이 하강하고, 프로락틴, 프로스타글란딘 및 옥시토신의 수치는 상승 산욕성 무월경의 기간 • 무월경의 기간은 수유 여부에 따라 크게 좌우된다. • 비수유부에서는 흡인자극이 없으므로, 프로락틴의 난소기능 억제작용이 비교적 약하다. 따라서 난소기능회복이 빠르고, 무월경기간이 짧아진다. 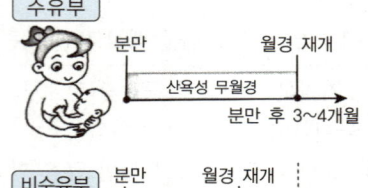  • 분만 후의 첫 월경은 무배란성 월경인 경우가 많다. 월경 시작 전에 배란이 확인되는 경우도 있으며, 임신되는 경우도 있다.	① 에스트로겐, 프로게스테론 급속 저하 | FSH	산후 3주경 난포기 수준으로 증가
에스트로겐	• 비수유모: 산후 3주경 난포기 수준으로 증가 • 수유모: 시간이 더 걸림 | ② 시상하부 - 뇌하수체 - 난소주기 재개될 때까지, 성선자극호르몬 낮은 수준 유지	산욕성 무월경(수유부는 월경재개가 늦어진다.) 수유와 무월경의 관계 • 무월경은 프로락틴에 의한 난소기능억제작용으로 에스트로겐과 프로게스테론의 분비가 억제된다. 그로 인해 모유수유가 피임을 가능하게 한다. 모유수유로 유두가 계속 자극받게 되면, 프로락틴 호르몬의 분비가 증가하여, 배란회복이 늦어지게 되고, 이는 자연피임을 가능하게 하며 임신 터울 조절을 가능하게 한다. 22 임용 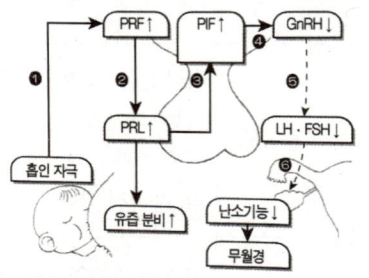 ❶ 태아의 흡인자극에 의해 프로락틴 방출인자(PRF)의 분비 항진 ❷ 프로락틴(PRL) 분비 항진 ❸ 단환 피드백에 의해, 시상하부에서 프로락틴억제인자(PIF)의 분비 항진 ❹ GnRH의 분비 억제 ❺ LH, FSH의 분비 억제 ❻ 에스트로겐·프로게스테론의 분비 억제	
		배란 월경	출산 후의 배란과 월경은 산모의 모유수유 여부에 따라 영향을 받는다(수유기간이 길수록 배란이 늦어짐).
			분만 후 첫 월경	① 무배란인 경우가 많음 ② 배란은 첫 월경이 있기 전에도 일어날 수 있음(출산 3(4)주만에 배란이 재개되기도 함) ∴ 수유를 하든, 하지 않든 성생활을 재개할 때는 피임법을 사용해야 함 ③ 분만 후 첫 월경이 재개되는 기간이 길수록 배란성 월경일 가능성 높아짐
			수유부	① 대개 수유기간이 길수록 배란 늦어짐(빠르면 분만 12주, 늦으면 18개월에 재개) ② 수유를 자주하고 분유를 먹이지 않는 산모도 6개월이나 그 전에는 피임을 시작해야 함 (배란과 월경이 재개될 가능성이 높아지기 때문)

● 심장질환 임부의 간호중재

임신 중	스트레스 감소		
	충분한 휴식	충분한 수면을 취하고, 오전과 오후에 30분씩 쉬거나 낮잠을 취할 것	
	영양	저염식, 고단백, 철분보충(빈혈예방)	
	임신 중 체중증가	10~12kg(심부담 감소)	
	감염예방	예방적 항생제 투여(세균성 심내막염 예방), 비뇨기 감염예방	
	자세	반좌위로 좌측위(심장부담 경감)	
	투약	강심제 투약받던 임부는 임신 중에도 계속 복용, 부정맥 시 키니딘 투여 등	
분만 시	① 일반적으로 자연분만 → 흡입분만으로 힘을 안주도록 함, 통증과 불안감소 → 심부담 감소, 분만 후 자궁수축제로 옥시토신 주입 ② methergine, ergonovine은 혈압상승 부작용이 있으므로 사용하지 말고, 옥시토신만 주입 [19 국시]		
분만 후	① 분만 직후 24시간 동안 가장 위험한 시기(심박출량 증가) ② 복대와 사지 압박대 착용(복압상실로 내장혈관의 울혈과 심장혈액 유입량의 증가로) ③ 활동제한, 충분한 휴식과 적절한 식이 ④ 변비예방		

※ 분만 후 24~48시간은 심장병 임부에게 가장 위험한 시기인데, 그 이유는 자궁·태반 순환 소실로 조직 내 수분이 혈관 내로 이동하여 정맥귀환 증가로 산모의 심부담이 증가하기 때문이다.

17 질 분만 산모 간호

신체적 간호	자궁퇴축 간호 [22 국시]	① 분만 후 24시간 동안 자궁저부 검진 통해 자궁의 이완 여부 확인 　- 자궁저부의 위치와 단단한 정도를 사정하여야 함 　- 정상적인 경우에는 자궁저부가 배꼽높이에서 단단히 수축되어 있음 　- 만약 자궁이 그것보다 높이 있거나 한쪽으로 치우쳐 있으면 방광이 팽창되어 있기 때문일 수도 있으므로 방광을 비운 다음 다시 측정해 보아야 함 ② 자궁이완 시 자궁이 견고하고 본래의 강도로 유지하게 될 때까지 간헐적으로 자궁 저부 마사지 시행 [09 임용 / 19,20,21,23 국시] ③ 출혈량을 기록, 단시간 내에 자궁이 알맞게 수축되지 않거나 단단하게 수축된 후에도 출혈 지속 시 의사에게 보고		
		정상결과	비정상결과	간호중재
		자궁저부가 단단히 수축되어 있음	자궁저부가 물렁물렁하고 "늪 같음", 수축되지 않거나 찾아내기 힘듦	자궁하부를 떠받치고 단단해질 때까지 기저부 마사지
		마사지를 멈추어도 자궁저부가 수축되어 있음	마사지를 멈추면 자궁저부가 수축되지 않고 물렁물렁해짐	한 손으로 자궁하부를 계속 떠받친 상태에서 다른 한 손으로 자궁저부를 단단해질 때까지 마사지 제공. 그 다음 자궁저부를 단단한 상태로 유지시키기 위해 처방받은 옥시토신이나 다른 약 투여
		자궁저부가 중앙선의 배꼽 높이에 있음	자궁저부가 배꼽 위에 있음 중앙선에서 치우쳐 있음	방광이 비었는지 사정. 방광을 비우기 위해 산모가 소변을 보도록 도와주거나 필요하면 도뇨 실시. 방광을 비운 후에 다시 자궁저부의 위치와 경도 사정
	산후통 관리 [20,21 국시]	① 생리통과 유사, 산후 2일경까지 있음 ② 초산모는 자궁이 강직성 수축을 하기에 산후통이 없고, 경산모는 간격을 두고 수축하기 때문에 산후통 초래 ③ 모유수유 시 더 심하게 호소 → 신생아가 젖을 빨 때 옥시토신 분비 자극되어 자궁수축을 야기하기 때문 ④ 감소 방법 : 방광 비우기, 자궁저부 마사지, 고온팩 적용, 배 깔고 눕기, 다리 들어 올리는 운동 등 → 순환과 자궁 근력에 도움을 주고 불편감 감소시킴 ⑤ 산후통 심한 경우 모유수유 30분 전 진통제 투여		
	배뇨 및 배변관리 [20 국시]	① 섭취량과 배설량 조사 → 수액 불균형 문제 확인 ② 분만 후 배뇨곤란 있을 수 있는데 방치할 경우 방광팽만을 초래, 감염위험 있음 　→ 자발적 배뇨 유도 위해 방광 팽창 정도 자주 사정, 화장실 가도록 도움, 필요시 침상 위 변기 제공 　→ 배뇨 자극 방법 : 흐르는 물소리나 물에 손가락을 담그는 것, 회음부에 더운물을 흘려주는 것 ③ 분만 후 4~6시간까지는 배뇨 격려, 배뇨 어려워지면 간헐적 도뇨 또는 정체도뇨 필요 ④ 변비 예방 위해 분만 후 처음 며칠간 배변완화제나 하제 등 사용, 수분과 섬유질 섭취 권장		

신체적 간호	회음부 간호 : 감염예방 20 국시	① 안위감 제공, 감염위험 최소화 위해 시행 ② 회음절개 부위 관찰(정상 : 약간의 부종, 발적은 없고 깨끗함) 　** 회음절개부 혹은 회음의 열상부위를 사정할 때는 다섯 가지 징후(REEDA) 척도 확인할 것 　　㉠ 발적(redness), ㉡ 부종(edema), ㉢ 반상출혈(ecchymosis), ㉣ 분비물(discharge), 　　㉤ 치유정도(approximation) ③ 분만 직후에는 냉요법 적용 → 통증 경감, 혈관 수축 증대시켜 출혈과 부종 감소, 외상 심해지는 것 방지 23 국시 ④ 이후 습열요법(좌욕)/건열요법(열전등 조사) 적용 → 하루 2~4회 제공, 위생상태 증진, 회음부 불쾌감과 부종 감소, 순환을 촉진시키고 상처를 아물게 함 20 국시 ⑤ 산부의 회음부 자가간호 | 간호중재 | 이론적 근거 | |---|---| | 손을 씻는다. | 미생물을 제거하여 감염의 위험을 막는다. | | 생리대를 앞에서 뒤로 제거한다. | 항문에서 질 방향으로 미생물이 전파되는 것을 막는다. | | 음순을 벌리지 않고 용액을 그대로 회음부에 붓는다. | 오로를 세척하고, 음부를 깨끗이 한다. 음부의 세균이 질로 옮겨가는 것을 막는다. | | 건조한 휴지로 앞에서 뒤를 향해 두드리듯 닦아낸다. | 마찰을 줄이고, 직장의 세균이 질로 전파되지 않는다. | | 스프레이를 뿌리거나 연고를 바른다. | 안위증진을 돕는다. | | 새로운 생리대를 앞에서 뒤로 착용하며, 생리대의 표면을 만지지 않도록 한다. | 안위를 제공하고, 세균의 전파를 막으며 생리대의 이탈을 막는다. |
	유방간호	① 유방 청결유지, 산모 안위 제공, 유방기능 정상화를 위한 지지간호 ② 수유부 : 깨끗한 물로 유두 청결히 관리, 비누·알코올·건조제 등의 사용을 피함 ③ 수유 시 유두열상을 예방하기 위해 아기 입 속에 유륜까지 완전히 들어가는 자세를 취하게 함 22 국시 ④ 비수유부 : 매일 목욕 또는 샤워 시 부드러운 비누로 유방을 씻어주는 것이 바람직함, 잘 맞는 브래지어 착용 외에 다른 특별한 처치 필요 없음 ⑤ 초유 분비되는 첫날 3시간마다 3~5분 등안 젖을 빨리도록 지도 ⑥ 울유 정도 다양, 산모의 불편감도 차이 있으나 대부분 상당한 통증 호소 ⑦ 유방 울혈 치료 : 냉온찜질, 양배추잎을 유방에 직접 붙이는 방법, 유방 마사지, 모유 유출 등
	조기이상 14 임용 / 20,22 국시	**효과** ① 순환을 돕고 혈전 정맥염 위험감소 ② 방광과 장의 기능증진으로 도뇨관 삽입의 필요성 또는 복부팽만, 변비 등 감소 ③ 기분 전환 및 건강한 느낌 제공 **시행** 특별한 부적응이 없다면 분만 후 4~8시간경에는 침대에서 일어나 앉거나 걷도록 권장 처음 조기이상 시 갑작스런 현기증과 쓰러짐에 대비하여 침대에 걸터앉고 다리는 아래로 떨어뜨린 자세로 수분간 앉아 있도록 함

- REEDA 척도

항목				
항목	발적 (Redness)	회음 절개 부위 주변의 충혈 평가로 이를 줄이기 위해서는 얼음주머니 적용		
		점수	0점	절개 부위 주변에 발적이 없음
			1점	절개 부위에서 양쪽 0.25cm 이내에 발적 있음
			2점	부위에서 양쪽 0.5cm 이내로 확장
			3점	0.5cm를 넘어 발적 있음
	부종 (Edema)	회음 절개 부위 주변의 부종 평가로 통증완화와 치유촉진을 위해 따뜻한 좌욕 적용		
		점수	0점	부종 없음
			1점	회음 절개 부위에서 1cm 이내에 있는 회음부 부종
			2점	1~2cm 이내 회음부 부종
			3점	부종이 2cm를 초과하고 또는 외음부 부위(예 질, 대음순, 소음순 및 음핵)에 영향을 미치는 경우
	반상출혈 (Ecchymosis)	혈종을 평가하는 것		
		점수	0점	눈에 보이는 반상출혈 없음
			1점	양쪽 0.25cm 이내 또는 절개 부위에서 한쪽 0.5cm 이내에 반상출혈
			2점	양쪽 0.25cm에서 1cm 사이 또는 한쪽 0.5cm에서 2cm 사이에 반상출혈
			3점	양쪽 1cm 이상 또는 한쪽 2cm 이상 반상출혈
	분비물 (Discharge)	절개 부위를 통해 배출되는 분비물 평가		
		점수	0점	절개 부위에서 분비물이 발견되지 않음
			1점	투명한 장액성 점액 관찰
			2점	분홍빛 장액성 분비물 관찰
			3점	혈행성 또는 농성 분비물 관찰
	치유 정도 (Approximation)	점수	0점	절개 부위가 완전히 닫힌 경우
			1점	피부 분리가 3mm 이하인 경우
			2점	피부와 피하지방이 분리된 경우
			3점	피부, 피하지방 및 근막층이 완전히 분리된 경우
결과 해석	• 치유됨 : 0점 • 치유되지 않음 : 11~15점			

심리적 간호	① 모성의 심리적 변화과정			
		의존기(= 소극기)	의존-독립기(= 적극기)	상호의존기(= 이행기)
	기간	분만 후 2~3일	분만 후 4~10일	분만 후 10~14일 이후 산욕기
	특징	산모가 보살핌과 보호적인 간호를 요구하는 시기 • 의존적이고 수동적인 행동을 보이며 자기중심적임 • 간단한 육체활동으로도 쉽게 피곤해 함 • 분만 과정의 전모를 알기 원하며 수다스러워짐 • 힘들었던 분만으로 애정과 관심을 받고 싶어함	분만으로 인한 피로가 회복되고 여성으로서의 새로운 역할을 독립적이고 자율적으로 행동하려고 노력하는 시기 • 자신의 보살핌을 계속적으로 받고자 하는 욕구와 아이 양육의 책임 욕구를 가짐 • 새로운 역할에 대한 책임감으로 인해 정서적으로 몹시 불안정함 • 신생아의 돌봄에 우울감과 피로 발생	새로운 어머니 역할에 대한 수용 및 시행에 적응해 나가는 시기
	간호	• 충분한 휴식과 수면 • 영양제공 • 격려 및 지지 • 사실 그대로 정보제공	• 육아법에 대한 교육과 시범 • 격려와 지지로 자신감 부여	

② 산후 우울감 : 출산 2~3일 후 산모에게 보이는 일시적 우울
 - 쉽게 울고 의기소침해지며 식욕 감퇴, 집중 곤란, 수면장애, 실망, 불안 등이 나타남
  → 흔히 1~2주 내에 소실되지만 증상이 계속되거나 점차 그 정도가 심해진다면 산후우울증으로 이행되고 있다는 조기 경고로 받아들여야 함

- 산후우울

	산후우울감 23 국시	산후우울증	산후정신증
정의	• 대부분의 산모가 겪는 일시적 정상적 우울	• 유사한 정신장애 cf) 일반적 우울증과 구별	• 급성 발병, 전구증상이 없을 수도 있다(1,000명당 1~2명).
시기	• 분만 후 2~4일, 5일 최고 → 자연해소 • 산욕 초기에 일시적으로 나타남	• 산후 2~6주에 발생	• 대개 산후 1개월 이내 (80%가 산후 3~14일 사이에 발생)
원인	• 호르몬 변화(에스트로겐 감소) • 어머니 역할 획득에 대한 스트레스(낮은 자존감) • 산욕기 신체 변화에 대한 적응장애 • 역할 실패에 대한 불안 • 출산이라는 생활 사건에 대한 일시적 적응장애 • 원하지 않은 아이 • 남편의 무관심	• 생리적: 호르몬 • 정신적: 성적 학대, 알코올증후군, 스트레스 • 사회적: 가족 내 역할 긴장, 역할 변화, 부부갈등 • 문화적 요인 • 우울증 기왕력	• 유전적 소인, 가족력, 과거력 • 호르몬 요인 • 생물학적 요인: 월경곤란증, 분만 합병증, 수면장애 • 심리학적 요인: 부부간, 모성과의 관계, 가정환경, 정체성 혼돈, 지지체계 결여
증상	• 이유 없는 눈물(경한 눈물), 우울, 울음, 자아퇴행, 책임회피, 의존적 요구의 증가, 불안, 수면장애, 식욕부진, 상실감, 집중저하, 피로, 빠른 기분변화	• 기분변화, 수면장애, 식욕상실, 피로, 불안, 죄책감과 불안정감, 흥미상실, 기억력과 집중력 저하, 사회적 도피, 아기에 대한 지나친 관심이나 무관심, 절망감, 무력감, 무가치감	• 단극성 우울증(망상, 환청, 무가치감, 정신운동방해, 자살충동, 죄책감, 불면, 식욕저하, 자가/신생아 간호 결핍) • 양극성 우울증(조울증)
간호	• 정상적인 현상임을 알려줌 • 자존감 증진 • 울도록 하고, 걱정이나 근심 주지 않은 환경제공 • 신체적 휴식을 최대로 도모 • 인정, 이해, 설명 • 기분표현 격려 • 분노 환기 • 인내, 지지, 이해를 도움	• 중증의 우울증일 때 정신과 전문의와 상담하거나 입원시킴 • 약물치료: 항우울제 • 정신적 치료: 상담, 그룹치료 • 남편과 가족의 참여, 사회적 지지 • 불안감과 지속적인 자살생각 시에는 입원	• 입원 필요 → 약물치료(항정신병 약물, 항우울증) → 사회적 지지, 정신요법
위험요소	• 적다.	• 자살위험이 있다.	• 자살위험과 신생아 살해할 위험이 있다.
예후	• 우울감은 인격성장의 한 과정으로 통합되며 예후는 매우 좋다.	• 대부분의 산모가 안정, 회복되며 산모의 어린 시절 과거력이 중요한 영향을 미친다.	• 예후가 나쁘며 계속적인 약물치료가 요구된다.
방어기전	• 신생아에게 집중하는 것으로 승화되거나 합리화, 지성화, 애타주의로 변화한다.	• 억압과 자아기능이 제한된다. 해리, 격리, 반동형성, 신체화, 투사 등의 방어기전을 사용하여 노력을 하며 감정조절을 할 수 있다.	• 심한 억압, 심상의 분열과 단절 사고 과정에 불가사의한 사고가 우선되어 자신과 신생아에게 위해 행동을 할 수 있다.
신생아에게 미치는 영향	• 적다.	• 애착행위와 모아관계의 발달이 지연될 수 있고 수유와 수면장애가 초래될 수 있다.	• 극단적인 상황 속에서 아기를 적절히 돌보지 못하면 아기는 퇴행할 수 있다.

18 유즙분비기전 - 산모의 모유수유반사 [11,15 임용]

유방의 변화 / 유선 발달	사춘기 여성		에스트로겐의 영향으로 유관 발달, 프로게스테론에 의해 유선소엽 발달
	임신		① 프로락틴과 성장호르몬에 의해 더욱 발달, 이 과정에서 부신피질자극호르몬과 갑상샘 자극호르몬도 관련 → 유선 발달의 시작 ② 프로게스테론은 주로 유관 생성을 위한 상피세포를 발달시키고 에스트로겐과 프로게스테론이 통합 → 유선 풍부해짐 ③ 임신 3개월에는 선방세포에서 초유 비슷한 물질이 분비, 이는 프로락틴에 의한 것임 (∴ 이 시기에 유산 또는 사산을 해도 유즙이 분비됨)
		프로락틴	• 유선의 acini cell(선방세포)에 작용, 유즙생성과 모유 분비에 관여 • 프로락틴이 유즙 생성을 자극하나 혈장 내 프로락틴이 많아도 유즙 생성이 지속되지 않는 이유 : 프로게스테론이 프로락틴과 길항작용 → 카제인 전달물질인 RNA합성을 억제하기 때문 • 출산 24~48시간 내 분비
		옥시토신	• 신생아가 젖을 빨 때 뇌하수체 후엽에서 분비됨 • 자궁수축과 유즙배출에 관여(자궁과 유선관이 수축됨) • 빠는 자극으로 인해 유즙사출과 자궁퇴축이 빨라짐

※ 프로락틴과 옥시토신의 비교 [15 임용]

	프로락틴(PL)	옥시토신(OT)
생성	뇌하수체 전엽	시상하부
분비	뇌하수체 전엽	뇌하수체 후엽
작용부위	유선세포	유방 평활근
작용	유즙생성↑ 난소기능 억제, 성호르몬 분비와 배란 모두 억제	유선관 내의 유즙방출 자궁복구 촉진

초유	① 임신 말기 소량 분비, 분만 3~4일경부터 많은 양 만들어짐 ② 면역글로불린 A와 위장관계 항체 등 포함 → 신생아 소화기계에 적합, 중요한 면역학적 보호기능 갖고 있음	
유방 울유	① 유방의 정맥 및 림프 순환량 증가, 유방소엽에 젖이 채워져 발생, 산후 3~4일부터 유즙 생산량 증가하면서 유방이 더욱 커지고 단단, 민감해짐(유방의 중압감, 작열감, 통증 호소) ② 1차적 울유 : 산욕 초기 유방의 민감성과 울혈이 오는 것 ③ 2차적 울유 : 유방 소엽에 젖이 채워지면서 유즙이 충만되어 발생 ④ 그대로 둘 경우 젖을 짜낼 때 매우 고통, 짜내지 않고 두면 유즙 분비가 정지될 수 있음	
유즙 생성	① 임신 3기에 시작되어 분만 2~3일까지 진행되면서 실질적으로 유즙이 분비되는 과정 ② 프로락틴 분비는 유두, 유륜에 대한 자극에 정비례 → 분만 6주 이전부터 유방 마사지를 하면 임신 기간에 축적된 유즙이 확장된 유관과 유관동을 통해 분만 후 배출되는데 도움	
	유즙생성 1단계	• 임신 후기 시작되며 초유가 나올 수 있음 • 이 시기에는 프로게스테론이 대부분의 유즙생성을 억제함
	유즙생성 2단계	• 태반 만출되어 프로게스테론, 에스트로겐, 태반락토겐이 현저히 저하 → 뇌하수체 전엽으로부터 프로락틴 분비 자극 → 프로락틴 분비 증가 → 유즙생성 자극되면서 시작 → 빨기에 의한 촉각자극과 초유 혹은 유즙의 제거는 프로락틴 수치를 계속 높게 유지시킴

유즙 분비	① 유즙 분비 : 생성된 유즙의 분비가 유지되는 기전으로 유즙 생성 이후에 나타남 → 선방세포에서의 유즙의 합성, 유선소엽으로부터 유즙의 분리, 그리고 유관으로의 유즙 이동이 자연스럽게 연결되는 과정 → 이때 유즙이 적절히 배출되면 유즙 분비 왕성해지지만, 규칙적으로 배출되지 않으면 유즙 분비 과정에 지장 ② 젖의 양을 늘리는 방법은 신생아에게 유륜까지 빨게 하는 것, 젖은 먹이면 먹일수록 많은 양이 생산 ③ 만약 유방이 규칙적으로 비워지지 않음 → 프로락틴의 분비가 자극을 받지 않으므로 젖 생산이 줄게 됨 → 이 상태 지속 시 결국 유즙 생산이 중지 ④ 유방에 젖이 충만할 때, 뇌하수체에서 프로락틴 분비 억지 → 유즙 생산 억제 ∴ 규칙적으로 유방을 완전히 비우는 것과 자주 비우는 것 → 지속적으로 젖을 생산하기 위해 반드시 필요 ⑤ 젖 분비는 지속적으로 소비되는 양에 의존하지만 분만 7~9개월이 지나면 정상적으로 양이 감소
사출 반사	① 사출반사 - 이미 유관이나 유관동에 고여 있는 유즙이 흘러나오는 현상 - 이전의 유선 발달, 유즙 생성, 유즙 분비과정이 연결선상에서 일어난 이후에 뒤따름 ② 젖 분비가 일단 시작되어 유선소엽과 유관을 통하여 지속적으로 유출되려면 사출반사 혹은 분출반사로 알려진 신경-내분비학적 기전이 작용되어야 함 ③ 유두와 유륜은 많은 신경의 지배를 받고 있음. 아기가 어머니 품에 안겨 젖을 빨 때에 생기는 접촉적 자극은 구심성 신경을 타고 올라가 시상하부에 전달 → 뇌하수체 전엽과 후엽 자극 → 전엽에서 프로락틴 분비 → 선방세포 내 젖 분비활동이 자극되고 유지 → 후엽에서 옥시토신 분비 → 선방세포와 근상피세포의 수축을 일으켜 유관을 따라 젖이 배출되어 유관동 내로 유즙이 수월하게 분출(사출반사 현상) 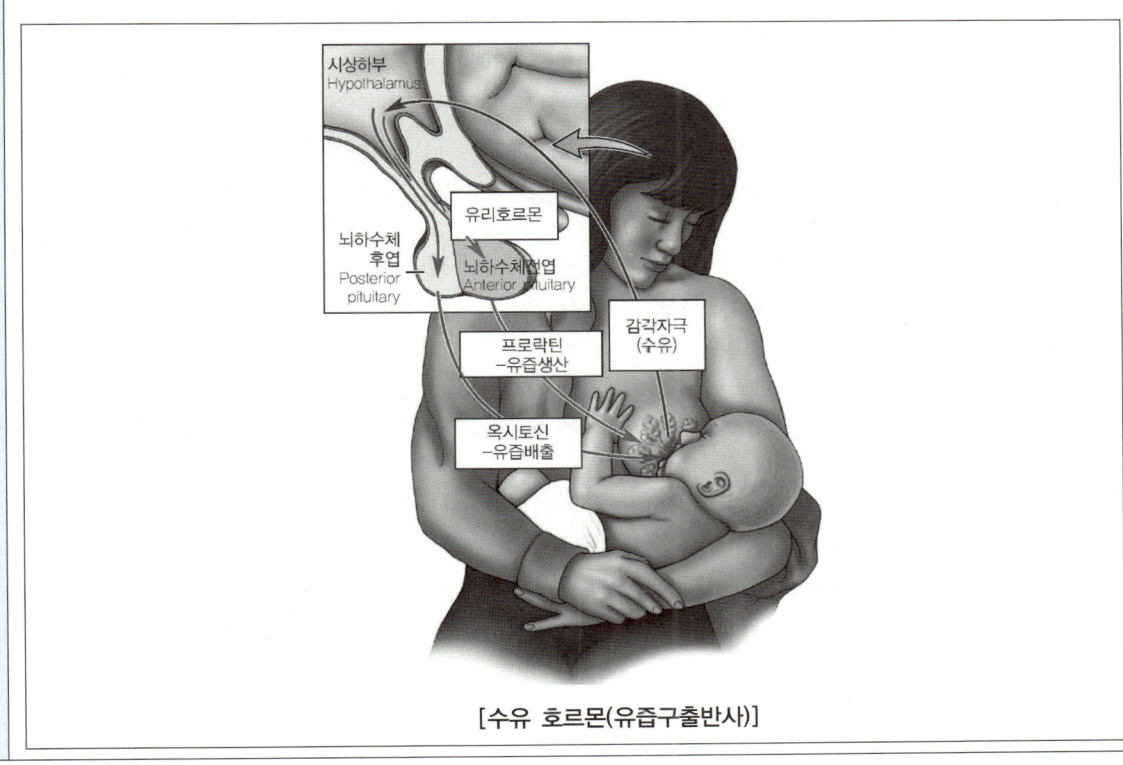 [수유 호르몬(유즙구출반사)]

모유수유	장점		① 아기에게 가장 이상적인 영양공급을 할 수 있음 ② 모유는 아기 두뇌 개발 및 성장에 필요한 최고의 식품임
		아기에게 좋은 점	① **면역학적 측면** : 면역글로불린(IgA) 획득으로 감염예방, 알레르기 반응예방 ② **영양학적 측면** : 단백질은 성장과 뇌 발달을 돕고, 주된 에너지원인 유당은 칼슘흡수를 돕고, 뇌 발달을 도움
		모체에 좋은 점 19 국시	① 산후회복을 도움 : 옥시토신이 분비되어 자궁퇴축이 증진되고 산후출혈 감소 ② 임신 중 늘었던 체중을 감소시킴 ③ 아기가 원할 때 바로 신선하고 청결한 수유가 가능함 ④ 엄마의 칼슘대사를 촉진시켜 엄마의 뼈 보호 ⑤ 완전 모유수유 시 자연피임 효과 ⑥ 유방암과 난소암 이환 확률 감소 ⑦ 프로락틴 호르몬 분비로 산후 우울증이 적고, 산후 회복이 빠름
	모유 내 영양소	단백질	① 아기의 성장과 뇌 발달에 충분한 양임 ② 모체음식 섭취량에 영향 받지 않음 ③ 소화흡수가 용이함
		지방	① 뇌 성장에 필요한 지방산을 포함하고 있음 ② 주요 에너지 공급원임 ③ 모체의 음식의 섭취량에 영향을 받음
		철분	① 아기 장내에 특수 전환 효소가 있어서 50% 흡수(인공유는 10%만 흡수됨) ② 철분결핍성 빈혈이 생후 6~8개월까지 예방됨
		기타	① 유당효소, 리파아제 등 소화효소가 풍부해서 소화 작용을 도움 ② 충분하게 흡수된 유당은 구루병을 예방하고 칼슘흡수를 촉진함
	초유		① 임신 7개월에 생성되어 출산 이후 3~4일에 분비됨 ② 초유의 양은 성숙유보다 적지만 면역물질, 단백질, 비타민 A가 풍부하고 신생아 신장 기능에 맞는 적절한 농도의 농축유임 ③ 자주 먹이면 태변을 빨리 배출시켜서 황달을 조기에 예방 가능함
	성공적인 모유수유		① 가능한 빨리, 자주, 오랫동안 젖을 주도록 함 ② 하루 8~12회, 매회 적어도 15분 이상 수유할 것 ③ 모유는 젖을 짠 후 48시간 동안 냉장고에서 안전하게 보관가능함, 24시간 내에 먹지 않을 때에는 냉동고에 냉동시키면 6개월간 보관가능함, 냉동모유는 중탕하거나 냉장고에서 녹여서 24시간 내 먹이기
	일반적 유방관리		① 유두는 물로만 닦아 유지방이 닦이지 않도록 해야 함 ② 유방울혈이나 유방염 예방을 위해 자주 젖을 먹일 것 ③ 유두균열 또는 찰과상 시 유두보호기 사용

19 산후 출혈성 질환

원인		① 자궁수축 지연 ② 회음부 절개부위의 부정유합 ③ 산도 열상 등
사정내용	자궁수축 정도	자궁저부 높이 확인(제와보다 위에 위치), 자궁수축 정도
	오로사정	양, 색, 냄새 확인(선홍색의 질 출혈과 혈괴 보임)
	V/S 사정	혈압 저하(수축기압 110mmHg 이하)와 맥박 상승(분당 90~100회) 확인 → 출혈징후
	방광팽만	산후 8시간 이내 자연배뇨 실시하게 됨
증상		① 과도한 출혈 또는 선홍색 출혈 ② 마사지에 반응하지 않는 물렁물렁한 자궁 ③ 비정상적인 혈괴 ④ 비정상적인 골반 불편감이나 통증 ⑤ 자궁이 단단하게 수축되었음에도 지속되는 출혈 ⑥ 상승된 자궁저부 높이 ⑦ 맥박의 상승 혹은 혈압의 감소 ⑧ 혈종 혹은 부풀어 오르고 반짝거리는 회음부위 피부

(I) 조기 산후 출혈

정의		① 분만 24시간 이내에 산도를 통해 500mL 이상 출혈 ② 이환율 높음 ③ 다량의 실혈 : 산모의 저항력 저하, 산후감염 초래, 합병증 유발
분류	1도	열상이 피부 및 피하조직에 국한된 것으로 출혈이 심할 수 있는 요도주위 열상이 포함됨
	2도	열상이 질 괄약근 등의 근막과 근육층에 영향을 미침, 항문괄약근에는 손상 없음
	3도	열상이 항문 괄약근 및 직장, 질 중격에 영향을 미치는 것
	4도	열상이 항문점막, 직장점막에 미치는 것으로 완전하게 치유하지 않으면 직장질루가 발생키도 함
원인	자궁경관무력증	임신 중	① 자궁의 과다팽만 : 거대아, 다태임신, 양수과다 등 22 국시 ② 융모양막염, 자간전증, 전치태반
		분만 중	① 급속분만 혹은 지연분만 ② 분만촉진을 위한 옥시토신 사용 ③ 방광팽만 ④ 마취제, 황산마그네슘, 칼슘통로차단제, 자궁수축억제제의 사용 ⑤ 분만 시 격렬한 자궁수축이나 저긴장성 수축으로 자궁근육에 피로가 왔을 때
		기왕력	① 다산부 ② 자궁이완증의 기왕력 ③ 산후출혈의 과거력
	연산도(회음부, 질, 자궁경관) 열상 21 국시		① 미산부 ② 경막외마취 ③ 급속분만, 겸자분만, 흡입분만, 거대아 분만 ④ 옥시토신 사용 ⑤ 모체 연산도의 선천성 이상 ⑥ 감염이나 수술 등으로 인한 반흔 ⑦ 제왕절개분만 후 손상 ⑧ 회음절개(특히, 중외측 회음절개) → 자궁탈수, 방광류, 직장류 발생 → 출혈의 근원이 되는 열상부위를 찾아내어 봉합하고 감염예방

원인	태반조직 잔류 19 국시	① 태반이 분리되기 전 시행하는 자궁마사지 → 태반의 부분적 분리로 태반조각 잔류 ② 소량이라도 부분적으로 자궁벽에 남아 있으면 자궁수축 방해함. 따라서 대부분 조기 산후 출혈보다는 산욕기 후반에 출혈이 발생함 ③ 태반만출 후 태반을 세밀히 관찰, 태반부분의 결손이 있을 시 자궁 내를 살펴보고 잔류태반을 제거
	자궁내번증, DIC	
사정	이완된 자궁	① 접시 모양의 원판형, 부드럽고 물렁물렁한 자궁촉진 ② 정상적 자궁수축 : 견고하고 작고, 단단한 주먹만한 공 모양의 구형
	질 출혈	① 출혈의 근원 : 태반부착 부위 ② 피가 자궁하부에 고여 있다가 자세변경이나 자궁에 압력을 주면 질 출혈
	방광팽만	자궁이 제와상부에 위치, 한쪽으로 치우친 경우 자궁이완의 원인인 방광팽만을 사정
증상	심한 출혈	출혈성 합병증, 모성사망 원인 1순위
	저혈량성 쇼크	맥박/호흡수↑, 혈압↓, 소변량↓, 차고 축축한 피부, 오심과 구토, 안절부절못함, 의식수준↓, 혼수, 사망
치료 및 간호중재	약물 요법	① **자궁수축제 투여** : 옥시토신, 메틸에르고노빈(메덜진), 프로스타글란딘 ② **미소프로스톨** : 합성프로스타글란딘으로 소화성 궤양 약물이나, 자궁수축 불량으로 인한 산후출혈에 효과적임
	외과적 중재	① **자궁동맥이나 하복부 동맥결찰, 자궁절제술** ② **자궁저부 마사지** : 한 손은 자궁저를 감싸고 다른 한 손은 산모의 치골결합위를 누르면서 두 손 사이에서 자궁은 컵모양으로 자궁을 부드럽게 마사지함. 이때 심하게 하면 자궁근의 피로와 자궁이완을 촉진하여 과다출혈이나 자궁탈출 등을 초래함 ③ **연산도 열상** : 열상부위 봉합 ④ **태반잔여조직** : 용수박리, 소파술
	간호	① **양손 자궁압박법** : 약물투여와 자궁마사지 시도 후에도 출혈 지속 시 적용 　㉠ 한 손의 주먹을 질원개에 놓고 자궁의 전벽을 향해 마사지하고, 다른 손은 복벽을 통해 자궁의 후벽 잡음 　㉡ 옥시토신 투여 이전에 사용 　㉢ 자궁이 나무처럼 단단해질 때까지 마사지 ② 활력징후 사정 ③ 실혈량 사정 : 쇼크 증상 파악 ④ 체액보충, 수혈 ⑤ 산소요법 ⑥ 하지 높이기 ⑦ 조기 모유수유 : 뇌하수체 후엽에서의 옥시토신이 분비되어 자궁수축을 도움 ⑧ 불안완화

(2) 후기 산후 출혈

정의	① 분만 24시간 이후~산후 6주 사이 발생하는 출혈 ② 속발성, 지연성 산후출혈 ③ 갑작스럽게 많은 출혈 발생 → 저혈량성 문제 야기 → 쇼크
원인	① 가장 흔한 원인 : 태반부착 부위 퇴축부전, 잔류태반 ② 생식기 감염(자궁내막염, 골반염증성 질환 등)

증상	① 산후 예상되는 자궁저부 높이보다 높음 ② 오로 : 적색 → 갈색 → 백색 → 적색 오로(2주 이상 지속) ③ 감염 : 백대하, 요통, 악취나는 오로 ④ 적은 양의 출혈이 지속적으로 나옴 ⑤ 자궁이완 : 정상보다 더 부드러운 자궁 ⑥ 촉진 시 자궁통증 ⑦ 경관입구가 2~3cm가량 열려 있음	
치료 및 간호	태반조각 잔류	소파술, 자궁수축제
	감염예방	항생제 투여
	출혈 시	수혈, 수액요법
	자궁적출술	출혈조절이 안될 경우

(3) 자궁복구부전

정의	① 자궁퇴축진행이 정지되거나 퇴행하는 것 ② 자궁복구과정이 지연되거나 불완전한 것 ③ 분만 24시간 후에 발생
원인	① 자궁근 탄력성의 저하로 수축이 안될 때 : 양수과다, 쌍태아, 다산으로 인한 자궁과대 팽만 ② 탈락막의 탈락이 안되거나, 태반조직이나 태아막의 잔류가 있을 때 ③ 자궁내막염, 골반염증성 질환 ④ 자궁근종
증상	① 자궁 크기의 증가, 자궁저부 촉진 시 부드러움 ② 다량의 출혈 ③ 오로배출의 지연(많은 양의 적색오로의 지속), 냄새나는 질 분비물 → 감염의 위험 ④ 복통, 요통, 골반중압감 ⑤ 미열, 피로감, 정서적 불안증세
치료 및 간호	① 자궁근 탄력성 저하 : 자궁수축제 투여 ② 태반조직의 잔류 : 소파술 ③ 자궁내막염, 골반염증성 질환 : 항생제 투여 ④ 모유수유 : 자궁수축 자극

(4) 자궁내번증 [22 임용]

정의	태아만출 후 태반박리 전후에 자궁이 뒤집혀서 내면이 바깥으로 빠져나온 상태로 과다출혈, 쇼크를 동반할 수 있음
원인 [22 임용]	① 태반박리 전 제대를 잡아당김 ② 태반박리와 만출을 위해 과도하게 자궁저부를 압박하는 경우 ③ 태반의 용수박리 ④ 과도한 자궁저부 마사지 ⑤ 유착태반 ⑥ 제대가 짧은 경우 ⑦ 다태임부의 급속분만, 분만 후 아래로 힘주는 것, 서 있는 자세로 급속분만 시
증상 [22 임용]	① 질 내에 무엇인가 꽉 찬 느낌 ② 심한 통증 ③ 감염 ④ 출혈, 출혈 지속 시 저혈량성 쇼크 증상(저혈압, 빈맥, 차고 축축한 피부 등) ⑤ 심한 저혈량성 쇼크, 시한증후군 발생

치료 및 간호 22 임용	① 정맥으로 수액공급 ② 산소를 투여하면서 활력징후 측정 ③ 자궁을 이완시켜서 정상위치로 복귀시키기 위해 터부탈린(자궁이완제) 투여, 이후 응급조치 시행 ④ 자궁 복원 후 : 자궁수축제 투여, 산소공급, 광범위한 항생제 투약 - 자궁수축제(옥시토신)는 자궁긴장도 자극, 자궁내번의 재발방지, 실혈을 줄임 ⑤ 한 손은 경관주위를 누르면서 다른 손바닥으로 받치고 있는 쪽으로 자궁저부를 서서히 밀어 넣어 자궁을 골반강 내로 복구해야 함 ⑥ 심한 통증 시 모르핀 투여 ⑦ 자궁절제술

(5) 산후혈종(회음혈종 등)

정의	출산 시 외상으로 인한 혈관손상의 결과로 발생되는 것으로 혈관손상으로 질이나 회음 피부 아래 결합조직 내로 혈액이 유출되는 것
원인	① 지연분만으로 인한 외상 ② 아두만출 시 압박으로 인한 혈관파열 ③ 기계분만 시 외상 ④ 질에 국소적인 괴사를 초래하는 분만 2기의 난산 ⑤ 급속분만, 분만 2기 지연, 거대아 분만, 겸자분만, 흡입분만 ⑥ 외음 정맥류의 과거력
증상	① 혈종부위의 심한 통증, 팽륜, 압통, 반상출혈, 부종, 조직긴장도 ② 소변보기 힘듦 ③ 질내 혈종의 경우 변의를 느낌 ④ 항문진찰이나 내진 시에 혈종 촉진 ⑤ 심한 경우 출혈과 통증으로 쇼크
치료 및 간호	① 혈종 크기에 따른 적용 | 혈종이 작은 경우 | 자연흡수, 얼음주머니와 진통제 적용 | |---|---| | 혈종이 큰 경우 | 외과적 관리, 절개 후 배액, 항생제 투여 | ② 손상 및 치유과정별 적용 | 손상 직후 | 외음부 냉찜질 손상부위에 압력이 가하지 않는 체위 출혈 및 감염 증상 확인 | |---|---| | 상처 재생기 | 좌욕, 건열요법 실시로 상처치유 촉진 | ③ 패킹으로 인해 소변배설 어려울 때 유치도뇨관 삽입 ④ 항생제 투여, 감염과 농양 예방

20 산후 감염

산후 감염은 출산 이후 생식기의 세균성 감염으로서 산욕감염의 동의어로 산욕 패혈증, 산욕열이라고 함
- 분만 후 첫 24시간 이후부터 10일 동안에 구강으로 1일 4회 측정하여 38℃ 이상의 체온상승이 2일 이상 지속되는 경우
- 산후 언제라도 39℃ 이상의 체온이 상승되거나, 38℃ 이상의 열이 분만 24시간 이후부터 4시간 간격으로 2회 이상 나타나는 경우

발생소인	전신적 요인 (산전요인)	빈혈, 영양결핍, 비만, 산전관리 부족, 낮은 사회·경제적 수준, 양막 파열 후 성관계, 면역억제 등
	분만 중 요인	지연분만, 파막 후 분만지연, 융모양막염, 자궁내 태아 모니터 조작, 분만 중 질 내진 횟수, 출혈
	수술적 요인	제왕절개술, 응급수술, 겸자분만, 전신마취, 수술조작 시 상처, 태반용수박리, 회음절개 및 열상

(1) 회음·외음의 감염, 경관염

회음, 외음의 감염	증상	• 봉합부위에 발적, 부종, 통증, 열감 • 봉합부위의 이개, 장액성 및 농성 분비물 배출, 배뇨 시 통증 • 전신증상으로 체온상승 및 맥박 증가
	치료	• 절개 배농을 돕고, 배액증진을 도움 • 상처를 깨끗하게 하여 주위조직에 파급을 예방 • 좌욕으로 통증경감 • 항생제 투여 • 수분섭취 권장 • 자가회음 간호법과 패드 청결법 교육
경관염		경관에는 림프관이 풍부하므로 염증이 골반주위 조직으로 파급이 잘됨

(2) 자궁내막염

특징		① 가장 흔한 산후 감염으로 개방된 상처에 세균이 침입되어 발생함 ② 자궁 내에는 오로나 괴사조직이 있어 세균의 좋은 배지가 되므로 세균번식이 흔함
	발생요인	지연분만, 지연된 조기파수, 빈번한 내진으로 인한 자궁하부의 감염기회 증가, 내부 태아 모니터 등
증상		① 체온상승 : 분만 후 48~72시간 사이에 38℃ 이상의 체온상승 ② 하복부 통증, 자궁의 민감성, 악취가 나는 분비물 ③ 빈맥, 백혈구 증가증, 오한과 권태감, 식욕부진, 두통 및 요통, 심하고 지연된 산후통 ④ 오로 배출 : 암갈색, 다량이며 농성 또는 거품이 섞이고 악취가 남
간호	원인제거	비경구적 항생제 투여 [21 국시]
	대증요법	① 오로 배출 증진 위해 파울러씨 체위 [09 응용 / 21,22 국시] ② 자궁수축제(옥시토신, 엘고노바인, 메틸엘고노바인 등) 투여
	보존 및 지지요법	① 수액공급 3,000~4,000mL 이상 ② 식이는 고단백, 고비타민 식이와 하루 8~10컵 정도의 수분공급 ③ 충분한 휴식과 안정을 취하도록 격려 [23 국시] ④ 모유수유는 보통 계속하지만, 중증인 경우 일시적 중지 가능 ⑤ 감염징후 계속 관찰하고, 약속된 병원 방문일을 지키도록 함

(3) 골반 연조직염과 복막염

특징	① 혈관이나 림프관을 따라 광인대의 측면을 따라 골반 측벽과 느슨한 결합조직에 감염이 파급된 것 ② 감염원은 열상이나 자궁내막염 ③ 흔한 원인균은 질 내 존재하는 세균총
증상	**전신** ① 39.5~40℃ 이상 고열지속 ② 오한과 권태, 기면상태 ③ 맥박 증가, 백혈구가 30,000mm³ 이상으로 증가 **국소** ① 자궁이 커져 있고, 침범부위 촉진 시 심한 통증과 압통호소 ② 골반주위염의 중심부에 농양 형성, 후맹낭 부위나 서혜인대 위쪽으로 흘러나와 축적됨 ③ 골반주위염의 가장 흔한 합병증은 복막염
치료 및 간호	① 수액, 전해질 공급, 항생제 치료 ② 정서적 지지와 교육, 상담

(4) 제왕절개 분만 후 감염

특징	① 감염발생 요인 : 지연분만, 난막 파열 후 12시간 이상 지연 시, 자궁내 태아모니터, 비만, 빈혈, 낮은 사회·경제적 상태 등 ② 상처감염 발생위험 요인들은 비만, 당뇨, 내진 횟수, 응급수술, 수술 소요시간 등
증상	수술 후 48시간 이내 체온상승, 절개부위에 경화와 발적, 통증 발생
치료 및 간호	① 항생제 투여 ② 정맥 내 수액공급 ③ 드레싱 교환 ④ 생리적 징후, 상처부위의 특성과 배액상태, 활력징후와 치유진행과정 사정

(5) 혈전성 정맥염 [20,21,22 국시]

특징	① 모든 산모들은 산욕기 동안 혈액의 응고요인들이 상승하므로 혈전성 정맥염의 잠재적 위험을 갖게 됨 ② 가장 흔한 정맥염은 대퇴 혈전성 정맥염으로 하지의 대퇴정맥, 오금정맥, 복재정맥 등으로 분만 후 10~20일 사이에 발생함 ③ 산욕기 동안 혈전은 감염보다는 정맥저류로 인해 더 자주 발생함 ④ 분만 시 1시간 이상 쇄석위 시 발생할 수 있음 ⑤ 유즙분비 억제(에스트로겐 사용)
증상	① 장딴지나 대퇴부위에 통증, 부종, 경직이 오고 피부가 창백해짐 ② 혈액순환의 장애로 형성된 혈괴가 정맥벽에 침착, 그 부위에 감염 발생 ③ 통증 시작 후 24시간이 지나면 다리에 부종이 오고 통증이 감소됨. 때로 통증은 수면을 방해할 만큼 심하며 감염부위의 피부는 종창이 있고 하얗게 윤이 남(Milk's leg) ④ 심한 경우 농양을 형성하여 혈괴가 떨어져 나와 폐경색의 원인이 될 수 있음 ⑤ 합병증 : 폐 농양, 폐렴 및 신장농양 등의 합병증이 발생할 수 있음 ⑥ 산모는 권태감, 오한과 발열감 호소
혈전성 정맥염 발생 우려 시 중재법	① 안정을 취하고 침범된 다리 상승(더 이상 혈전이 진행되지 않도록) [21 국시] ② 진통제 투여 ③ 항응고제로 헤파린과 디큐마롤을 주어 혈전형성 예방 ④ 침범된 혈관을 따라 냉찜질이나 온찜질을 제공 ⑤ 혈전박리 위험이 있으므로 마사지 금기 및 침상정리나 목욕시킬 때 조심스럽게 다루기

(6) 유선염 09 임용 / 09,10,11,12,14,20 국시

특징		① 산욕기에 젖샘조직에 오는 급성 감염 ② 1주일 이내에는 잘 발생하지 않고, 3~4주가 되어야 발생
원인		흔한 원인은 황색포도상구균이며, 때로 용혈성 연쇄상구균도 있음
발생기전		① 대개 유두나 젖무리에 열상이나 미란이 있을 때, 피하조직의 림프관에 균이 침입되어 발생함. 때로 유관이 막혀서 울혈이 있을 때도 세균이 성장할 수 있음 ② 신생아의 비강인후에 존재하는 병원균이 어머니의 열상된 유두의 피부로 침투되어 발생 ③ 산모의 손이 감염원이 되기도 함
증상	국소	① 염증부위 통증 ② 염증이 유방소엽의 국소부위에 국한되거나 유방염 전체로 확산되면 유방의 경결, 민감성, 발적이 나타남 ③ 림프관을 따라 적색선이 생기며 단단해지고 겨드랑이 림프결절이 현저하게 증대됨 ④ 항상 편측에 옴 ⑤ 치료가 잘 안되면 유선염 부위의 농양이 형성됨
	전신	권태감과 오한 및 체온상승
치료 및 간호	원인제거	원인에 따라 필요시 항생제 치료
	대증요법	① 수유 전 온찜질을 하고, 자주 모유수유 ② 2~3일간 유두덮개를 이용하여 수유하고, 유두를 자주 노출하여 햇볕이나 램프를 쪼여 말려줄 것 ③ 필요시 진통제 투여
	보존 및 지지요법	① 유두를 자주 관찰하여 유두균열과 민감성이 보이면 치료를 통해 예방할 것 ② 유두주위 피부에 아주 작은 열상이나 경한 미란 시 라놀린 크림을 발라주고 유두덮개를 이용하여 치료 ③ 모유수유를 중지할 필요 없음. 그러나 농양 발생 시에는 일시 중단할 것 09 임용 ④ 휴식과 수분 섭취 증가

(7) 산후 비뇨기계 감염

① 생리적 특성으로 인해 발생가능성이 증가함 : 생리적 소변정체, 요관 이완, 방광요관 반사저하 등
② 분만 후 소변을 완전히 비우지 못함 : 방광수용력 증가와 방광근 긴장도 감소, 회음부 손상으로 인한 요의 지각도 저하 등으로 인함
③ 옥시토신은 주입이 중지될 때까지는 잠재적 항이뇨 기능을 하고, 그 이후에는 즉각적인 이뇨현상을 초래함

04 가정폭력

영역	기출영역 분석	페이지
가정폭력	워커(L. Walker)의 폭력주기 2016, 2023	323

✓ 학습전략 Point

1st	가정폭력주기	주기의 진행과정 및 특성을 학습한다.

16-A13. 보건교사는 가정폭력을 주제로 사례발표 수업을 진행하였다. 발표한 사례의 토의 내용을 근거로 〈작성 방법〉에 따라 서술하시오.

사례발표

─〈사례〉─
- 발표자 : 김○○
- 대상자 : 여자 A(30세, 결혼 2년차)
- 폭력피해상황 : 일주일 전 A씨의 남편은 술을 먹고, 집에 들어와 갑자기 흥분하면서 A씨에게 "너 때문에 되는 일이 없어."라고 소리치며 폭력을 마구 휘둘렀다. 이때 가족들은 말렸지만 남편의 폭력 행동은 멈추지 않았다. 결국 A씨는 골절상을 입고 병원 응급실에 실려 가게 되었다. A씨의 남편의 폭력은 이번이 처음이 아니며 올해 들어서만도 세 번째이다.

〈사례 출처 : 여성 상담 전화센터〉

김○○ : 이상으로 사례발표를 마치겠습니다.
보건교사 : 수고했어요. 여러분은 지난 시간에 워커(L. Walker)의 폭력주기를 배웠습니다. 그러면 발표사례와 여러분이 배운 폭력주기를 한번 연결하여 설명해 볼까요?
… (중략) …
이○○ : 선생님, A씨의 사례는 폭력주기의 단계와 연관 지어 잘 이해할 수 있는데, 다른 단계들은 이해가 잘 안돼요.
… (하략) …

─〈작성 방법〉─
- 워커(L. Walker)의 폭력주기에 근거하여 A씨의 사례가 어느 단계에 해당하는지 그 명칭과 이유를 제시할 것.
- 워커(L. Walker)의 폭력주기에 근거하여 밑줄 친 나머지 2단계의 명칭과 특징을 제시할 것.

23-B9. 다음은 신문 기사의 일부이다. 〈작성 방법〉에 따라 서술하시오.

○○일보

'노인학대가해자'는 주로 배우자와 자녀

지난 1월 술을 마시고 폭력을 휘두르는 아들을 피하기 위해 80대 노인 A씨가 겨울인데 외투도 입지 않고 맨발로 집을 뛰쳐 나와 인근에 있는 슈퍼마켓에 도움을 요청했다. ㉠ 사업실패로 인한 경제적 어려움을 겪던 아들이 이혼 후 A씨가 사는 집으로 들어오면서 A씨는 아들로부터 지속적인 폭력을 당했다고 한다. 아들은 이튿날 술이 깨면 ㉡ 다시는 그러지 않겠다고 하였다. 그러나 A씨를 향한 폭력을 반복하였고 결국 A씨는 경찰에게 아들과 분리해 줄 것을 요청했다고 한다.
보건복지부의 〈2021 노인 학대 현황 보고서〉에 따르면 노인 학대 건수는 매년 늘고 있다. 특히 노인 학대가 가장 많이 발생한 장소는 가정이고 노인 학대 가해는 배우자와 자녀(아들) 순이었다.
전문가에 따르면 폭력은 만성적일수록 쉽게 긴장이 고조되고 폭력적 파괴가 커진다고 한다. 지속적인 폭력에 노출된 대상자들은 ㉢ 플래시백(flashback), ㉣ 학습된 무력감(learned helplessness), 폭력에 대한 두려움, 절망감, 낮은 자존감 등의 증상을 보여 적절한 치료와 중재가 매우 중요하다고 한다.
코로나19로 이동이 제한되는 상황에서 고립된 노인들이 폭력과 학대에 노출될 가능성이 커진 만큼 국가와 사회의 관심과 적극적인 노인 보호 정책이 필요하다.

─〈작성 방법〉─
- 밑줄 친 ㉠에 해당하는 위기 유형의 명칭을 제시할 것.
- 워커(L. E. Walker)의 폭력주기 이론에서 밑줄 친 ㉡에 해당하는 단계의 명칭을 제시할 것.
- 밑줄 친 ㉢과 ㉣의 개념을 순서대로 서술할 것.

1 가정폭력

1 가정폭력

가정폭력이란 가정구성원 사이의 신체적, 정신적 또는 재산상 피해를 수반하는 행위(가정폭력범죄의 처벌 등에 관한 특례법 제2조 제1호)

PLUS⊕

- **가정폭력범죄의 처벌 등에 관한 특례법 [법률 제19068호, 2022.12.13., 일부개정]**

제1조 (목적)	가정폭력범죄의 형사처벌 절차에 관한 특례를 정하고 가정폭력범죄를 범한 사람에 대하여 환경의 조정과 성행(性行)의 교정을 위한 보호처분을 함으로써 가정폭력범죄로 파괴된 가정의 평화와 안정을 회복하고 건강한 가정을 가꾸며 피해자와 가족구성원의 인권을 보호함을 목적으로 한다.
제2조 (정의)	이 법에서 사용하는 용어의 뜻은 다음과 같다. 1. "가정폭력"이란 가정구성원 사이의 신체적, 정신적 또는 재산상 피해를 수반하는 행위를 말한다. 2. "가정구성원"이란 다음 각 목의 어느 하나에 해당하는 사람을 말한다. 　가. 배우자(사실상 혼인관계에 있는 사람을 포함한다. 이하 같다) 또는 배우자였던 사람 　나. 자기 또는 배우자와 직계존비속관계(사실상의 양친자관계를 포함한다. 이하 같다)에 있거나 있었던 사람 　다. 계부모와 자녀의 관계 또는 적모(嫡母)와 서자(庶子)의 관계에 있거나 있었던 사람 　라. 동거하는 친족 3. "가정폭력범죄"란 가정폭력으로서 다음 각 목의 어느 하나에 해당하는 죄를 말한다. 　가. 「형법」 제2편 제25장 상해와 폭행의 죄 중 제257조(상해, 존속상해), 제258조(중상해, 존속중상해), 제258조의2(특수상해), 제260조(폭행, 존속폭행) 제1항·제2항, 제261조(특수폭행) 및 제264조(상습범)의 죄 　나. 「형법」 제2편 제28장 유기와 학대의 죄 중 제271조(유기, 존속유기) 제1항·제2항, 제272조(영아유기), 제273조(학대, 존속학대) 및 제274조(아동혹사)의 죄 　다. 「형법」 제2편 제29장 체포와 감금의 죄 중 제276조(체포, 감금, 존속체포, 존속감금), 제277조(중체포, 중감금, 존속중체포, 존속중감금), 제278조(특수체포, 특수감금), 제279조(상습범) 및 제280조(미수범)의 죄 　라. 「형법」 제2편 제30장 협박의 죄 중 제283조(협박, 존속협박) 제1항·제2항, 제284조(특수협박), 제285조(상습범)(제283조의 죄에만 해당한다) 및 제286조(미수범)의 죄 　마. 「형법」 제2편 제32장 강간과 추행의 죄 중 제297조(강간), 제297조의2(유사강간), 제298조(강제추행), 제299조(준강간, 준강제추행), 제300조(미수범), 제301조(강간등 상해·치상), 제301조의2(강간등 살인·치사), 제302조(미성년자등에 대한 간음), 제305조(미성년자에 대한 간음, 추행), 제305조의2(상습범)(제297조, 제297조의2, 제298조부터 제300조까지의 죄에 한한다)의 죄 　바. 「형법」 제2편 제33장 명예에 관한 죄 중 제307조(명예훼손), 제308조(사자의 명예훼손), 제309조(출판물등에 의한 명예훼손) 및 제311조(모욕)의 죄 　사. 「형법」 제2편 제36장 주거침입의 죄 　아. 「형법」 제2편 제37장 권리행사를 방해하는 죄 중 제324조(강요) 및 제324조의5(미수범)(제324조의 죄에만 해당한다)의 죄 　자. 「형법」 제2편 제39장 사기와 공갈의 죄 중 제350조(공갈), 제350조의2(특수공갈) 및 제352조(미수범)(제350조, 제350조의2의 죄에만 해당한다)의 죄 　차. 「형법」 제2편 제42장 손괴의 죄 중 제366조(재물손괴등) 및 제369조(특수손괴) 제1항의 죄 　카. 「성폭력범죄의 처벌 등에 관한 특례법」 제14조(카메라 등을 이용한 촬영) 및 제15조(미수범)(제14조의 죄에만 해당한다)의 죄 　타. 「정보통신망 이용촉진 및 정보보호 등에 관한 법률」 제74조 제1항 제3호의 죄 　파. 가목부터 타목까지의 죄로서 다른 법률에 따라 가중처벌되는 죄 4. "가정폭력행위자"란 가정폭력범죄를 범한 사람 및 가정구성원인 공범을 말한다. 5. "피해자"란 가정폭력범죄로 인하여 직접적으로 피해를 입은 사람을 말한다. 6. "가정보호사건"이란 가정폭력범죄로 인하여 이 법에 따른 보호처분의 대상이 되는 사건을 말한다. 7. "보호처분"이란 법원이 가정보호사건에 대하여 심리를 거쳐 가정폭력행위자에게 하는 제40조에 따른 처분을 말한다. 7의2. "피해자보호명령사건"이란 가정폭력범죄로 인하여 제55조의2에 따른 피해자보호명령의 대상이 되는 사건을 말한다. 8. "아동"이란 「아동복지법」 제3조 제1호에 따른 아동을 말한다.

❷ Lenore Walker의 가정폭력주기(구타행위 3단계) [16 임용]

(1) 구타행위의 3단계 주기는 구타를 유도하는 긴장감 증가 이후 남성 배우자의 친절, 사랑의 행위, 용서를 비는 행위를 하는 고요와 자책의 시기가 이어지는 것
(2) 밀월관계는 다른 요소나 스트레스가 갈등을 형성하고, 또 다른 구타를 향해 다시 긴장감이 고조되는 시기까지 지속됨
(3) 시간이 지나면서 밀월관계가 없어질 때까지 긴장감과 구타관계는 좀 더 오랫동안 지속되고 고요단계는 점점 짧아짐
(4) 모든 학대관계가 이 주기를 따르는 것은 아니나 많은 경우 이런 패턴을 경험함

세 가지 국면 🔂 고구해		설명
① 첫째 국면 : 긴장고조기	사소한 폭력 발생	긴장고조기 동안에는 사소한 폭력사건이 발생함
	폭력의 합리화	여성은 이때 주로 순종적이고 수동적이며 위축되어 남성의 화가 가라앉도록 그 장소를 피해있거나 부분적으로 자신의 책임도 인정하며 남성의 폭력을 합리화시킴
	인내	더 이상의 상해를 초래하지 않기 위해 화가 나더라도 참아냄
	잘못된 믿음	여성은 폭력상황을 조절할 수 있다는 믿음을 가지고 폭력행위가 멈출 거라고 기대하지만 폭력이 계속됨에 따라 여성은 자신의 믿음이 잘못된 것임을 알게 됨
	위축/순종	사소한 폭력사건들의 지속으로 여성은 평정심과 상황을 극복할 힘을 잃고, 남성은 더욱 난폭해짐
	사회적 격리	여성 스스로 또는 남성이 모욕스런 상처를 남겨서 격리시킴
② 둘째 국면 : 급성구타기	폭력촉발 요인	외적사건 혹은 여성의 반발에 의해 자극되어 갑작스런 폭력발생
	폭력전개	가벼운 폭력으로 시작하나, 결국 심한 폭력을 행사한 후 멈추게 됨
	가장 짧은 국면	세 가지 국면 중 가장 짧음, 대개 2~24시간 정도 지속됨
	도움을 청하지 않음	• 심한 폭력 후 의료처치를 요구하는 상황이 아니면 즉각적으로 도움을 찾지 않음 • 경찰도 자신을 보호해주지 못할 것이라고 느낌
	스트레스	신체적·정신적 스트레스 경험
③ 셋째 국면 : 화해기 [23 임용]	용서	남성은 용서를 구하고, 서로의 의미를 상기시킴
	재발방지 약속	남성은 자신이 통제력을 가질 것이라고 하고, 여성도 변화를 기대함
	자책	• 여성은 자책과 스스로 실패자로 간주함 • 남성의 문제와 실수를 부정하려고 함

③ 가정폭력 예방

(1) 예방 수준별 간호목표

1차 예방	간호사, 의사, 법조원, 교사, 변호사에 의한 지역사회 교육계획을 통해 폭력주기를 차단하는 것
2차 예방	폭력의 진행을 방지하는 목표를 가지고 초기에 피해자와 가해자에게 초점을 둠
3차 예방	피학대 여성과 아동이 회복되어 사회의 일원으로 돌아가도록 돕고, 활동의 중심은 폭력주기를 중단시키기 위한 가해자의 재활

(2) 학대받은 여성 간호 ABCDES

A(Assuring)	여성이 혼자가 아니라고 안심을 시키는 것
B(Belief)	여성 폭력은 어떤 사회에서나 용납될 수 없으며 그녀의 잘못이 아니라는 믿음을 갖게 해주는 것
C(Confidentiality)	피해여성은 폭력이 알려지면 가해자가 보복할 것이라고 믿기 때문에 비밀이 보장되어야 한다는 것
D(Documentation)	기록 • 학대에 대한 진술문 인용 • 상해에 대한 정확한 묘사와 상해 병력 • 처음, 최악, 가장 최근의 학대 사건의 정보 • 상해사진(피해자의 동의 필요)
E(Education)	폭력주기는 짧아지고 폭력의 강도는 점점 더 상승됨을 교육하는 것 • 학대와 학대의 건강영향에 대해 교육 • 대상자가 혼자가 아님을 이해하도록 도움 • 적절한 지역사회 지원과 의뢰를 제공함 • 학대가 지역사회 보건에 중요한 문제임을 알리는 포스터와 브로슈어를 게재함
S(Safety)	안전, 중재에서 가장 중요한 요소임

④ 가정폭력 통념

(1) 가정폭력은 경제적 및 학력수준이 낮은 사람에게만 일어남
(2) 가정폭력은 개인적인 문제이므로 다른 사람이 관여할 바가 아님
(3) 배우자를 학대하는 것은 자녀들에게 영향을 미치지 않음
(4) 술이나 약물 때문에 배우자를 학대함
(5) 가해자들은 모든 대인관계에서 폭력적임
(6) 가해자들은 자신들의 폭력적 행동을 통제할 수 없음
(7) 피해자들은 잘못된 행동이 폭력의 원인임
(8) 가정폭력은 일시적인 감정을 통제하지 못해서 발생하는 것임
(9) 피해자들은 가정폭력 관계에서 벗어날 수 없고 그것이 운명이므로 받아들이고 감수하고 살아야 함
(10) 피해자들은 정신이 이상하거나 열등함

5 가정폭력의 가해자와 피해자의 특성

가정폭력 가해자의 행동특성	① 폭력을 부인하고 축소해서 생각함 ② 자존감 저하와 표현능력 결핍을 폭력으로 표출함 ③ 전통적인 성역할 개념을 엄격하게 지배적으로 적용하는 태도를 보임 ④ 분노조절 능력이 결핍되는 경우가 많음 ⑤ 거절에 대한 두려움을 느끼고, 질투와 의심이 많음 ⑥ 정서적 미성숙함이 흔함 ⑦ 알코올과 약물의존이 흔함 ⑧ 아동기의 학대적 가족배경을 가지고 있으며, 잠재된 분노심을 가지고 있음 ⑨ 친밀관계형성에 문제를 가지고 있는 경우가 흔함
가정폭력 피해자의 특성	① 가정폭력과 관련된 잘못된 신념을 믿는 경향이 있음 ② 자존감이 낮고, 열등감이나 내성적, 희생적인 성격을 가지고 있는 경우가 많음 ③ 어린 시절 부모로부터 존중받고 배려받은 경험보다는 무시당하고 강압적이고 학대적인 분위기에서 자란 경험을 가지고 있음 ④ 가정에 대해 보수적이고 남녀 성역할에 대한 인습적 고정관념이 강함 ⑤ 어린 시절에 부모의 가정폭력을 목격한 경우가 많음 ⑥ 가정폭력의 원인을 자신의 탓으로 돌림 ⑦ 폭력과 관련된 침습적 생각과 공포반응을 나타냄

6 노인학대

정의	노인에 대하여 신체적·정신적·정서적·성적 폭력 및 경제적 착취 또는 가혹행위를 하거나 유기 또는 방임을 하는 것(노인복지법 제1조의2 제4호)

노인학대 신고의무와 절차 등 (노인복지법 제39조의6)	① 누구든지 노인학대를 알게 된 때에는 노인보호전문기관 또는 수사기관에 신고할 수 있다.
	② 다음 각 호의 어느 하나에 해당하는 자는 그 직무상 65세 이상의 사람에 대한 노인학대를 알게 된 때에는 즉시 노인보호전문기관 또는 수사기관에 신고하여야 한다.
	  1. 의료법 제3조 제1항의 의료기관에서 의료업을 행하는 의료인 및 의료기관의 장
	  2. 제27조의2에 따른 방문요양과 돌봄이나 안전확인 등의 서비스 종사자, 제31조에 따른 노인복지시설의 장과 그 종사자 및 제7조에 따른 노인복지상담원
	  3. 「장애인복지법」 제58조의 규정에 의한 장애인복지시설에서 장애노인에 대한 상담·치료·훈련 또는 요양업무를 수행하는 사람
	  4. 「가정폭력방지 및 피해자보호 등에 관한 법률」 제5조 및 제7조에 따른 가정폭력 관련 상담소 및 가정폭력피해자 보호시설의 장과 그 종사자
	  5. 「사회보장급여의 이용·제공 및 수급권자 발굴에 관한 법률」 제43조에 따른 사회복지전담공무원 및 「사회복지사업법」 제34조에 따른 사회복지시설의 장과 그 종사자
	  6. 「노인장기요양보험법」 제31조에 따른 장기요양기관의 장과 그 종사자
	  7. 「119구조·구급에 관한 법률」 제10조에 따른 119구급대의 구급대원
	  8. 「건강가정기본법」 제35조에 따른 건강가정지원센터의 장과 그 종사자
	  9. 「다문화가족지원법」 제12조에 따른 다문화가족지원센터의 장과 그 종사자
	  10. 「성폭력방지 및 피해자보호 등에 관한 법률」 제10조에 따른 성폭력피해상담소 및 같은 법 제12조에 따른 성폭력피해자보호시설의 장과 그 종사자
	  11. 「응급의료에 관한 법률」 제36조에 따른 응급구조사
	  12. 「의료기사 등에 관한 법률」 제1조의2 제1호에 따른 의료기사
	  13. 「국민건강보험법」에 따른 국민건강보험공단 소속 요양직 직원
	  14. 「지역보건법」 제2조에 따른 지역보건의료기관의 장과 종사자
	  15. 제31조에 따른 노인복지시설 설치 및 관리 업무 담당 공무원
	  16. 「병역법」 제2조 제1항 제10호 라목에 따른 사회복지시설에서 복무하는 사회복무요원(노인을 직접 대면하는 업무에 복무하는 사람으로 한정한다)
	③ 신고인의 신분은 보장되어야 하며 그 의사에 반하여 신분이 노출되어서는 아니 된다.
	④ 관계 중앙행정기관의 장은 제2항 각 호의 어느 하나에 해당하는 사람의 자격취득 교육과정이나 보수교육 과정에 노인학대 예방 및 신고의무와 관련된 교육 내용을 포함하도록 하여야 하며, 그 결과를 보건복지부장관에게 제출하여야 한다.
	⑤ 제2항에 따른 노인학대 신고의무자가 소속된 다음 각 호의 기관의 장은 소속 노인학대 신고의무자에게 노인학대예방 및 신고의무에 관한 교육을 실시하고 그 결과를 보건복지부장관에게 제출하여야 한다.
	  1. 제31조에 따른 노인복지시설
	  2. 「의료법」 제3조 제2항 제3호 라목 및 마목에 따른 요양병원 및 종합병원
	  3. 「노인장기요양보험법」 제2조 제4호에 따른 장기요양기관
	⑥ 제4항 및 제5항에 따른 교육 내용·시간 및 방법 등에 관하여 필요한 사항은 보건복지부령으로 정한다.

금지행위 (노인복지법 제39조의9)	누구든지 65세 이상의 사람(이하 이 조에서 "노인"이라 한다)에 대하여 다음 각 호의 어느 하나에 해당하는 행위를 하여서는 아니 된다. 1. 노인의 신체에 폭행을 가하거나 상해를 입히는 행위 2. 노인에게 성적 수치심을 주는 성폭행·성희롱 등의 행위 3. 자신의 보호·감독을 받는 노인을 유기하거나 의식주를 포함한 기본적 보호 및 치료를 소홀히 하는 방임행위 4. 노인에게 구걸을 하게 하거나 노인을 이용하여 구걸하는 행위 5. 노인을 위하여 증여 또는 급여된 금품을 그 목적 외의 용도에 사용하는 행위 6. 폭언, 협박, 위협 등으로 노인의 정신건강에 해를 끼치는 정서적 학대행위

임수진
보건임용

04

PART 08

정신간호학

CHAPTER 01 정신건강관리의 기초

CHAPTER 02 아동기 정신건강간호

CHAPTER 03 청소년 정신건강간호

PART 08 정신간호학

한눈에 보기 정신간호

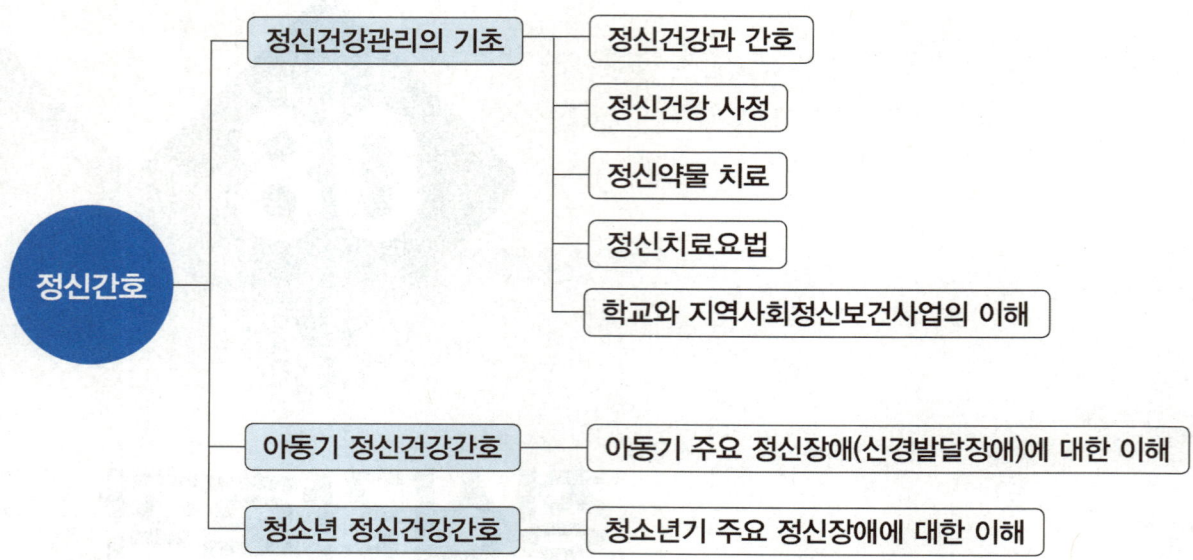

01 정신건강관리의 기초

영역			기출영역 분석	페이지
정신건강과 간호	정신역동		인격구조를 본능, 자아, 초자아로 나눈 학자 [1996]	343
			성격의 구조 : 이드가 추구하는 원칙의 명칭, 자아(ego)가 추구하는 현실의 원칙에서 현실의 명칭과 개념 [2021]	
		방어기제	방어기제의 특징 [2018]	346
			거부, 감정 전이, 억압, 반동형성 [1994]	
			보상, 전치, 대리형성, 고착 [1995]	
			보상, 이동, 격리, 대리형성 [1996]	
			억압, 억제, 투사, 반동형성, 함입, 상환, 전환, 해리 [2011]	
			부정 [2015]	
			퇴행 [2016, 2022]	
			합리화 [2018]	
			동일시 [2024]	
	정신성적 발달이론		프로이트의 심리성적발달(항문기) : 배변훈련과 성격형성관계 [2016]	351
			어느 시기 억압 시 강박적 성격이 나타나는지 [1996]	
	매슬로우의 욕구계층이론		둘째 아이를 출산 후 첫째 아이가 젖병을 달라고 요구하는 발달적 행동 특성이 해당되는 매슬로우의 욕구단계 이론의 단계 [2007]	353
	정신건강의 개념		마리야호다의 건강평가기준 [2009]	354
정신건강 사정	치료적 관계와 의사소통		치료적 관계	356
			페플라우의 대인관계 모델 : 치료적 인간관계 형성 4단계 [2011]	
		치료적 의사소통 방법	효과적인 의사소통 방법과 비효과적인 의사소통 방법 [2011, 2023]	361
			반영의 명칭과 개념 [2021]	
	간호사정내용	이상행동	신어조작증 / 생각의 비약 / 상동증 / 작화증 / 망상 / 착각 / 환각 / 거절증 [1995, 2019]	367
			작화증 / 실어증 / 기억과잉 / 기억착오 [1996]	
			작화증 / 실행증 [2010], 환각 / 환시 / 착각 [2014, 2019], 피해망상 [2015, 2017], 자책망상 [2020]	
			환청 / 이인증 [2025]	
			지리멸렬 [2023]	
			언어압박(= 언어압출) [2021]	
			지남력 [2010]	
			강박사고 / 강박행동 [2023]	
		심리검사	MMPI : 반사회성 척도, 부인척도(= 허구척도, 허구성척도) [2021]	373

정신약물 치료	뇌의 기능	뇌의 기능과 비정상적 증상		376
		마약복용 시 분비가 증가하는 신경전달물질 2024		
		뇌 검사법과 관련 정신질환		
	항정신성 약물	페노치아진 : 정신분열병(조현병)에서 가장 많이 투여하는 약물 1996		378
		할로페리돌 : 부작용 2011		
		추체외로계 부작용 : 가성파킨슨병, 정좌불능증, 근긴장이상증 2023		
	항우울제 1996	클로미프라민(clomipramine) 약리작용 2024		387
		MAO억제제(나르딜)의 부작용으로 발생할 수 있는 고혈압 위기와 관련된 주의사항 2012, 2017		
		Fluoxetine(Prozac)의 약물기전과 작용부위 2020		
	기분안정제	리튬		390
		항경련제 : 라모트리진(Lamotrigine) 일반명 2021		391
	항불안제 1996	알프라졸람 투여 중 임의 중단을 하면 안 되는 이유 2018		392
정신치료요법	개인치료	지지정신치료		394
		통찰정신치료	정신분석치료과정 : 자유연상 명칭 2021	395
	집단치료	집단치료과정 : 활동단계의 반응 2010		400
		사이코드라마(정신심리극)		403
		의사소통모형	상호교류분석모형(E. Berne)	405
	가족치료	구조적 가족치료 적용 2010, 2018		408
		다세대 가족치료 : 삼각관계 / 자기분화 개념 2014		411
		경험적 가족치료 2018		415
		전략적 가족치료		418
		이야기 가족치료		419
		해결중심 가족치료 : 예외질문 2010 - 보기		420
	인지행동치료	인지치료 목적 2024		422
		세 범주별 프로그램 내용 2011, 체계적 둔감법 / 사고중지 적용 2015, 체계적 둔감법 명칭 2025		
		정적 강화 2020		
		자기감시법(사고와 감정감시) 2019, 2020, 형성법 2020		
		노출 및 반응방지 2025		
		모델링 2022, 자기주장훈련 2022		
		사회기술훈련 2023, 인지적 재구성 2023		
		반응대가 2024		
		벡(A. Beck)의 인지치료관점 - 인지적 왜곡 2016, 2019, 파국화, 선택적 추론 2018		
		변증법적 행동치료 2024		433
		수용전념치료 2025		435
		앨리스의 합리적 정서행동치료 : ABCDE모형 적용 2016		436
학교와 지역사회 정신보건사업의 이해	위기	종류 2012, 2023		439
		단계 1994		
		간호과정(중재 시 집단지도자 역할) 1993		
	정신건강 법적·윤리적 상황	정신건강증진 및 정신질환자 복지서비스 지원에 관한 법률 2022		443

학습전략 Point

1st	프로이트의 심리성적 발달이론	인격구조, 발달단계와 성격(인격) 형성과의 관련성 등 기출된 내용을 포함하여 학습한다.
2nd	인지행동치료	구체적인 치료법의 명칭과 활용법 등을 학습한다.
3rd	항정신성 약물, 항우울제, 항경련제, 항불안제	주된 정신약물의 작용기전과 부작용, 관리법 등을 학습한다.

한눈에 보기 — 정신건강관리의 기초

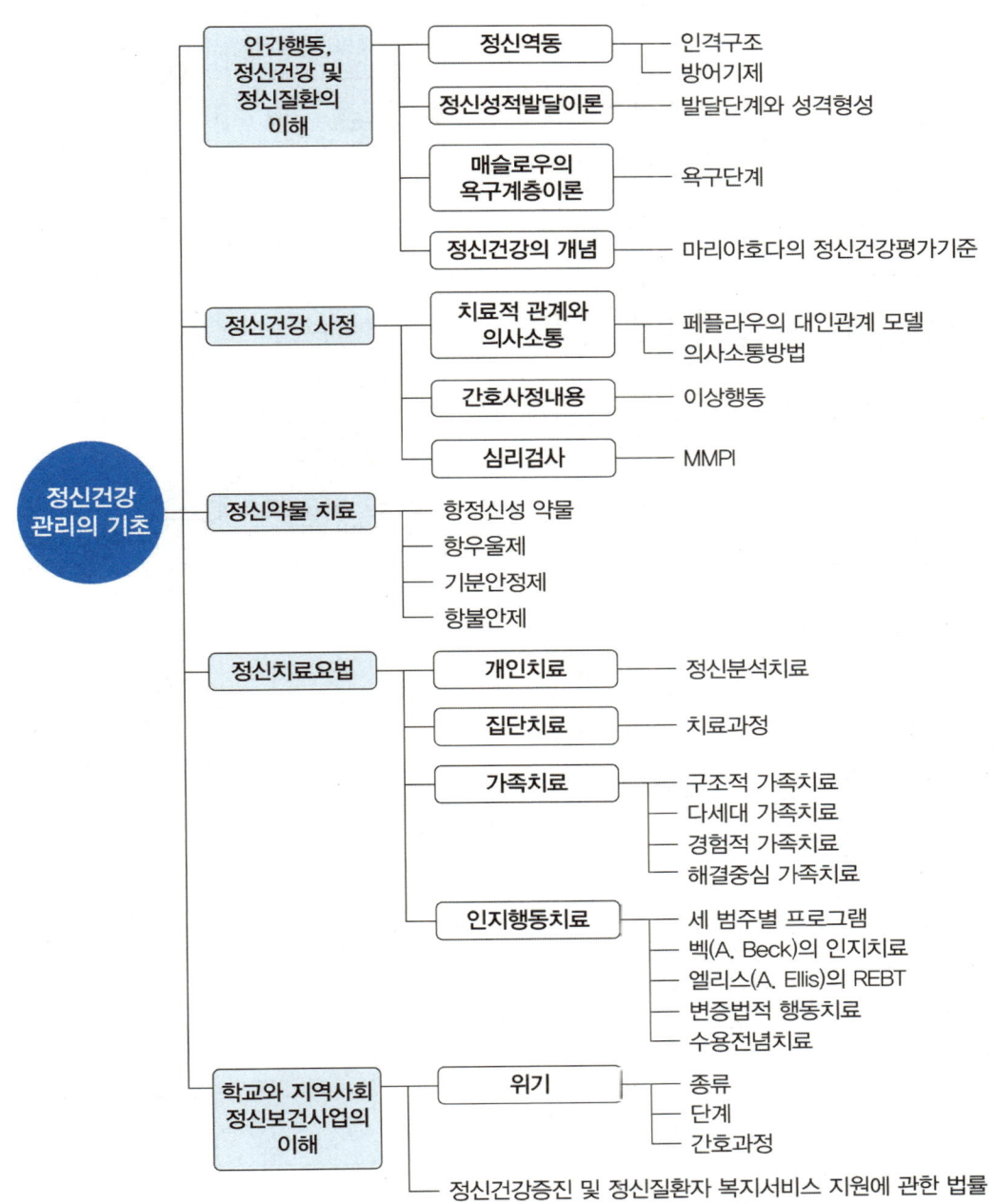

96-16.
인격구조를 Id, Ego, Superego로 나눈 정신분석 학자는?
① Freud   ② Caran
③ Jung   ④ Piaget

18-A12.
다음은 예비 보건교사가 작성한 교수·학습 지도안이다. 방어기제와 관련하여 〈작성 방법〉에 따라 서술하시오.

교수 · 학습 지도안			
단원	정신건강	보건교사	김○○
주제	방어기제	대상	2학년 1반 30명
차시	2/3차시	장소	2-1 교실
학습목표	방어기제의 특징과 분류를 설명할 수 있다.		
단계	교수·학습 내용		시간
도입	• 전시 학습 내용 확인 : 성격과 의식의 구조 • 동기 유발 : '프로이트의 정신역동' 그림 설명 • 본시 학습 목표 확인		5분
전개	Ⅰ. 방어기제의 특징 1. 방어기제는 갈등과 감정을 관리하는 주요 수단이다. 2. 방어기제는 불안으로부터 이드(id)를 보호하기 위한 수단이다. 3. 억제를 제외한 방어기제는 의식적인 수준에서 작용한다. Ⅱ. 방어기제의 분류 1. (㉠) • 사례 : 17세 여학생은 실력이 없어 시험 점수가 안 좋게 나오자 시험 당일 컨디션이 좋지 않아 시험을 잘 볼 수 없었다고 말한다. • 이솝우화 : 「여우와 포도」에서 여우의 '신 포도' 기제 … (하략) …		40분

─〈작성 방법〉─
• 위 자료에서 제시한 방어기제의 특징 3가지 중 잘못 기술된 2가지를 찾아 바르게 서술할 것.
• 괄호 안의 ㉠에 해당하는 방어기제의 명칭을 쓰고, 그 개념을 설명할 것.

94-63.
부부싸움을 하고 난 후 부인이 자녀에게 화를 낼 경우에 해당되는 방어기제는?
① 거부   ② 감정 전이
③ 억압   ④ 반동 형성

95-15.
방어기제 가운데 충분히 젖을 먹지 못한 어린애가 긴장해소를 위해 젖꼭지 대신 손가락이나 장난감을 빠는 것은?
① 보상   ② 전치
③ 대리형성 ④ 고착

96-33.
부하가 상사에 대한 미움으로 장작을 패거나 공을 차는 건설적인 행위로 감정을 표현하는 방어기제는?
① 보상   ② 이동
③ 격리   ④ 대리형성

11-21.
(가)~(라)의 내용과 관련이 있는 방어기전으로 옳은 것은?

외국어 고교를 가고 싶어 하는 현경이는 집안이 어려워지면서 학원을 다니지 못하게 되었고 지난 달 모의고사에서 성적이 떨어져 불안하고 초조해졌다. 아버지는 사업 실패에 대한 비관으로 자주 술을 마셨고 어머니를 때리거나 집안의 물건을 던져 부수는 일이 잦아졌다. (가) 아버지를 점점 미워하게 된 현경이는 최근 가출하고 싶은 생각이 들었지만 그래서는 안 된다고 스스로를 달래며 참고 있었다. 중간고사가 얼마 남지 않자 안절부절못하며 공부에 집중하기 힘들었고 점차 짜증이 늘어나 남자 친구들과 어울려 술을 마시게 되었다. 이를 알게 된 아버지로부터 심한 꾸중을 듣자 현경이는 (나) "내가 술 마신 것도 다 아빠 때문이야!"라고 소리치며 아버지에게 덤벼들었고 어머니는 (다) "착했던 네가 아빠한테 덤벼들다니 내가 교육을 잘못시킨 탓이다!"라고 통곡하며 울었다. (라) 현경이는 시험 당일 등교하던 중 갑자기 오른쪽 팔에 마비가 나타나 응급실을 방문하였고, 오후에 상태가 호전되어 귀가하였다.

─〈보기〉─
ㄱ. 억압(repression)
ㄴ. 억제(suppression)
ㄷ. 투사(projection)
ㄹ. 반동형성(reaction formation)
ㅁ. 함입(introjection)
ㅂ. 상환(restitution)
ㅅ. 전환(conversion)
ㅇ. 해리(dissociation)

	(가)	(나)	(다)	(라)
①	ㄱ	ㄷ	ㅁ	ㅅ
②	ㄱ	ㄹ	ㅂ	ㅇ
③	ㄴ	ㄷ	ㅁ	ㅅ
④	ㄴ	ㄷ	ㅁ	ㅇ
⑤	ㄴ	ㄹ	ㅂ	ㅅ

15-A4.
다음은 고등학교 3학년인 정수 어머니와 보건교사와의 전화 통화 내용이다. 밑줄 친 ㉠에 해당하는 정수의 정신 증상과 ㉡에 해당하는 어머니의 방어기제(defense mechanism)를 순서대로 쓰시오.

보건교사 : 정수 어머니! 정수가 학교 생활에 문제가 있어서 전화드렸습니다.
정수 어머니 : 무슨 문제가 있나요?
보건교사 : 정수가 친구와 어울리지 않고 말도 잘 안 하는데, 가끔씩 혼잣말로 알아들을 수 없는 말을 중얼거려요. 그리고 ㉠ 친구들이 욕하지도 않았는데 자꾸 자기를 욕한다고 생각하면서 친구들에게 따지는 거예요. 그래서 제가 면담을 해 보니 정수는 사실이 아닌데도 누군가가 자기를 대학에 가지 못하도록 모든 수단을 동원해서 괴롭히고 있다는 생각을 하고 있더군요.
정수 어머니 : 그렇지 않아도 남편이 정수를 데리고 정신과 병원에 간 적이 있어요.
보건교사 : 아, 그러셨어요. 병원에서는 뭐라고 하던가요?
정수 어머니 : 의사 선생님은 정수가 조현병(정신분열병)이라고 하면서 입원 치료를 권했지만, ㉡ 제 생각은 달라요. 우리 아들은 치료받을 필요가 없어요. 고3이라 힘들어서 그런 거지 아무 문제가 없거든요. 저는 정수를 어느 대학에 보낼지 고민하고 있어요. 정신과 의사 선생님이 잘못 진단하신 거예요.
… (하략) …

16-서술형07.
다음은 보건교사가 두 자녀를 둔 동료교사와 대화한 내용이다. 〈작성 방법〉에 따라 서술하시오.

보건교사 : 선생님! 이제 출산 휴가를 마치셨군요?
동료교사 : 네, 그동안 별고 없으셨지요? 저는 차라리 출근하는 게 더 힘든 것 같아요. 동생이 생기고 나니 민아가 저를 너무 힘들게 해요.
보건교사 : 민아가 지금 몇 살인가요?
동료교사 : 25개월 되었어요. 제가 요즘 걱정이 있어요.
보건교사 : 그게 뭔데요?
동료교사 : 민아에게 배변 훈련을 시키는 것도 힘든데… 동생이 태어난 후 민아가 변했어요.
보건교사 : 민아가 어떻게 변했나요?
동료교사 : 제가 동생을 안고 있으면 자기도 안아 달라고 떼를 써요. 게다가 동생 젖병을 물고 누워서 맘마 먹는다고 하고, 아기처럼 말하기도 해요.
보건교사 : 동생이 태어나서 민아가 스트레스를 받는군요.

─〈작성 방법〉─
• 프로이트(S. Freud)의 심리성적 발달이론에 근거했을 때 민아는 어느 단계에 해당하는지 제시할 것.
• 배변훈련과 성격형성과의 관계를 프로이트(S. Freud)의 심리성적 발달이론에 근거하여 제시할 것.
• 밑줄 친 민아의 행동에서 나타나는 심리적 방어기제의 명칭과 그 개념을 제시할 것.

11-24.
페플라우(Peplau)의 대인관계 모델은 치료적 인간관계 형성을 돕는 4단계 과정으로 각 단계마다 수행해야 하는 특정한 과업이 있다. (가)~(라)에 넣을 수 있는 내용으로 옳은 것은?

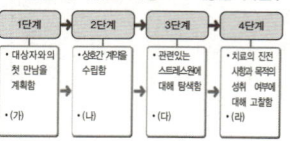

─〈보기〉─
ㄱ. 저항행위 극복하기
ㄴ. 상담자 자신의 느낌 탐색
ㄷ. 대상자의 생각 탐색
ㄹ. 상실감 탐색

	(가)	(나)	(다)	(라)
①	ㄱ	ㄴ	ㄷ	ㄹ
②	ㄴ	ㄷ	ㄱ	ㄹ
③	ㄴ	ㄷ	ㄹ	ㄱ
④	ㄷ	ㄴ	ㄱ	ㄹ
⑤	ㄹ	ㄷ	ㄴ	ㄷ

22-B2. 다음은 보건교사와 A 교사의 전화 통화 내용이다. 밑줄 친 ㉠과 ㉡에 해당하는 유아기 특성의 명칭을 순서대로 쓰시오.

> 보건교사 : 선생님, 둘째 아이 출산을 축하드려요.
> A 교사 : 네, 전화 주셔서 감사합니다.
> 보건교사 : 아기 돌보시느라 힘드시지요?
> A 교사 : 아기보다 3살 된 첫째 아이 때문에 무척 힘이 들어요. ㉠모든 질문에 대한 대답을 '싫어', '안 돼'라고 해요. 어떻게 해야 좋을지 모르겠어요.
> 보건교사 : 선생님이 당황하셨겠네요. 그 시기의 정상적 반응이에요. 아이에게 '예', '아니요' 라는 대답이 나오는 질문을 피하시고, 그 대신 아이가 선택할 수 있는 질문을 하시는 것이 좋겠어요.
> A 교사 : 그렇군요. 그런데 첫째 아이가 ㉡대소변 조절이 가능했는데, 옷에 소변을 보고 아기처럼 우유병을 빨려고 해요.
> 보건교사 : 첫째 아이가 스트레스를 받고 있는 것 같아요. 아이에게 더욱 관심과 사랑을 표현해 주고 아이의 행동에 대해서 일관성 있는 반응을 보여주세요.

21-A11. 다음은 정신분석이론에 대한 보건교사 연수 교재 내용의 일부이다. 〈작성 방법〉에 따라 순서대로 서술하시오.

> 정신분석이론
> 1. 개요
>   프로이트(S. Freud)는 정신분석이론을 통하여 성격 구조와 의식의 수준, 불안, 방어기전의 역할, 정신성적 발달단계를 제시하였다.
>   … (중략) …
> 2. 성격의 구조
>   ㉠이드(id)는 출생 시부터 존재하며 동기 부여, 충동, 본능, 반사, 욕구의 원천이다. 이드는 현실적인 제한이나 미래에 관계하지 않고 즉각적인 본능 충족을 추구한다. 자아(ego)는 모든 정신 현상을 총괄하며, 주관적인 경험, 기억의 이미지 등을 구분한다. 또한 성장 과정을 통하여 자아의 강도가 커지면서 (㉡) 원칙에 따라 움직이게 된다. 성숙한 성격으로 성장하기 위해서는 자아의 건전한 발달이 필수적이다.
>   … (중략) …
> 3. 정신분석 치료 과정
>   프로이트는 감정적으로 힘든 문제를 드러내는 것이 정신 질환을 일으키는 상처를 치유하는 잠재력이 있음을 설명했다. 그래서 정신분석 치료 과정에 ㉢어떤 의식적 점검이나 검열 없이 떠오르는 대로 생각과 느낌을 그대로 언어화하는 것과 꿈 분석을 사용하였다.
>   … (하략) …

〈작성 방법〉
- 밑줄 친 ㉠이 추구하는 원칙의 명칭을 쓸 것.
- 괄호 안의 ㉡에 들어갈 명칭을 쓰고, 그 개념을 서술할 것.
- 밑줄 친 ㉢에 해당하는 방법의 명칭을 쓸 것.

96-56. 강박적 성격은 어느 시기가 퇴행 억압일 때 나타나는가?
① oral stage ② anal stage
③ phallic stage ④ latency stage

07-10. 엄마가 둘째 아이를 출산한 후 아기 돌보기에 집중하고 있어 큰 아이에게 많은 관심을 보이지 못하자 2년 6개월 된 첫째 아이가 젖병을 달라고 요구하며 드러누워 발을 구르고 소리를 지르고 있다. 유아에서 흔히 볼 수 있는 이러한 발달적 행동특성이 무엇인지 2가지를 쓰고 매슬로우의 욕구단계이론 중 어떤 욕구에 해당되는지 쓰시오.

09-06. 마리아호가 제시한 건강평가기준에 부합하는 것을 〈보기〉에서 고른 것은?

〈보기〉
㉠ 자신의 욕구와 행동에 대한 인식
㉡ 새로운 성장과 발달에 대한 도전
㉢ 새로운 사물에 대한 이해와 인식 능력
㉣ 옳고 그름에 대한 윤리 의식
㉤ 외부 세계에 대한 검증 능력

19-A3. 다음은 보건교사와 담임교사의 대화 내용이다. 밑줄 친 ㉠, ㉡에 해당하는 이상행동의 명칭을 순서대로 쓰시오.

> 담임교사 : 선샌님, 안녕하세요. 상의 드릴 일이 있어서 왔어요.
> 보건교사 : 네, 안녕하세요.
> 담임교사 : 어제 중간고사 성적 면담을 하는데 학생이 ㉠성적 얘기가 끝나기도 전에 제 생일이 언제인지를 물어봤어요. 그러더니 제가 질문에 대답하기도 전에 친구와 도서관에 다녀온 얘기를 하다가 갑자기 키우고 있는 고양이 얘기를 하는 거예요. 학생의 얘기가 빠르게 바뀌니 정신이 없더라구요.
> 보건교사 : 그랬군요. 다른 이상한 점은 없었나요?
> 담임교사 : 한창 얘기 중에 ㉡창밖에서 들리는 빗소리가 친구들이 자기를 욕하는 소리라고 하더라고요. 그래서 제가 빗소리만 들린다고 얘기해준 적은 있는데…….
> 보건교사 : 제가 학생을 만나 볼게요.

11-주관식 02. 다음 사례를 읽고 물음에 답하시오.

고등학교 3학년 김대범 학생이 보건실로 찾아왔다. 보건교사는 학생을 면담하는 과정에서 다음과 같은 사실을 확인하였다.

〈주관적 사정 내용〉
"저는 마음에 안 드는 친구들이 많아요. 그래서 말은 못해도 신경 쓰이고 마음이 불편해요. 2학년 때부터 친구들과 어울리는 게 부담스럽고 힘들어요. 3학년이 돼서는 집중이 잘 안 되고 그래서 더 불안하고 조급해요. 밤에도 계속 공부해야 한다는 생각 때문에 잠들기가 힘들고, 또 잠들었다가도 쉽게 깨고, 그러다 보니 낮에는 너무 피곤하고……. 하루하루가 긴장의 연속이에요."

〈객관적 사정 내용〉
최근 1년 동안 소화불량이 잦고 현기증으로 인해 교실에서 2회 실신하였다. 대범이는 지난 6개월 동안 대학 입시와 관련된 생각이 날 때마다 빈뇨와 긴박뇨로 인해 수업 중에 꼭 한두 번은 화장실을 다녀와야 했고, 이로 인해 학교생활의 어려움을 호소하였다. 1개월 전에 ○○종합병원 신경외과와 비뇨기과에서 검사를 하였으나 특이 소견이 없었으며, 정신과 상담을 권유받았다. 보건교사와 면담 중에도 화장실에 2차례 다녀왔다.
가족 관계에서는 맞벌이를 하는 부모와는 평소 대화가 거의 없었다. 외아들인 대범이에 대한 부모님의 기대는 큰 편이었으며, 부모님은 대범이를 매우 엄격한 방식으로 양육하였다.

〈면담 내용(축어록)〉
대 범 : 저는 열심히 공부를 해도 성적이 오르질 않아요. 제 생각엔 그 누구보다도 열심히 공부를 하는 것 같은데 지난 기말고사 결과를 보면, 저의 이런 노력이 모두 수포로 돌아간 것 같아요. 앞으로 어떻게 해야 될지 모르겠어요.
보건교사 : 대범아, 네 이야기를 들어보니 정말 열심히 노력했는데도 원하는 결과를 얻지 못해서 실망스럽고 좌절한 것처럼 들리는구나.
대 범 : 솔직히 저 자신에게 실망스러워요. 저 자신에 대해서 많은 기대를 했고, 부모님도 마찬가지예요.
보건교사 : 나라면 그렇게 실망스러워하지 않을 거야. 대부분의 3학년 학생들은 자신에 대해 실망스러워한단다. 그러니 너무 걱정하지 않아도 돼.
대 범 : 저는 이제 제가 잘 할 수 있을 거라는 생각이 들지 않아요. 부모님도 실망이 크시고, 친구들도 자주 짜증나게 하고, 수업 중에 화장실 다니는 것도 불편하고, 시간이 지날수록 긴장되고 힘들어요.
보건교사 : 대범아, 방금 여러 가지 문제점들을 말했는데, 정리해 보면 자신감이 없고, 부모님의 실망감, 친구들과의 어려움, 그리고 화장실 다니는 것에 대한 불편함에 대해 이야기했어, 이 중에서 어떤 문제가 가장 중요한지, 그리고 어떤 문제를 가장 먼저 다루고 싶은지 말해주겠니?
대 범 : 선생님, 부모님이 원하시는 학과는 저에게 안 맞는 것 같아요. 그렇지만 저는 외아들이고, 그러니 당연히 책임 있게 행동을 해야겠지요? 아, 너무 혼란스러워요.
보건교사 : 대범이가 생각하고 있는 것을 분명하게 해 보자. 네가 부모님과 의견이 달라서 무책임하게 느껴진다고 말하는 거니?
대 범 : 매우 혼란스러워요. 제가 어느 때는 무책임하게 느껴지고, 또 어느 때는 너무 완벽하려고만 하는 것 같아요. 이런 나 자신이 모순이라는 생각이 들어요.
보건교사 : 그것은 네가 잘못 생각하고 있는 거야. 그러니 그것에 대해서는 다음에 이야기하도록 하고, 오늘은 왜 자꾸 화장실에 가야만 하는지에 대해 이야기하자.

위의 사례에서 DSM-Ⅳ-TR(정신장애의 진단 및 통계 편람) 기준에 따라 입시 불안(범불안 장애)으로 진단할 수 있는 근거를 제시하고, 또한 대범이와 보건교사의 대화 내용에서 보건교사의 언어적 반응 중 효과적인 의사소통 방법과 비효과적 의사소통 방법을 분류하고 그 근거를 제시하시오.

24-B10.
다음은 중학교 보건교사가 학생을 상담한 내용의 일부이다. 〈작성 방법〉에 따라 서술하시오.

학　생：선생님, 몸에 상처가 많아서 선생님께서 치료해 주셨으면 좋겠어요.
…(학생의 허벅지와 배에 난 자해 상처를 치료해 준 후)…
보건교사：무슨 일이 있었니?
학　생：사실은……. 제가 SNS에서 자해계를 운영하고 있어요. 하루에도 여러 번 몸에 상처를 내서 자해하는 사진이나 영상을 찍어서 SNS 계정에 올려요.
보건교사：그렇구나. 혹시 자해하는 이유를 물어봐도 될까?
학　생：네. 처음에는 ㉠ 웹툰 주인공이 친구 관계에서 받는 스트레스를 스스로 상처 내면서 푸는 것을 보고 따라 해 봤어요. 자해계를 시작한 건 모르는 사람이라도 나를 위로해 줬으면 좋겠다는 마음으로 했구요. 온라인 친구들도 생기고 스트레스도 풀리더라고요. 그만해야지 하면서도 습관처럼 자해를 계속 하게 돼요.
보건교사：자해 얘기를 꺼내는 게 어려웠을 텐데 용기 내어 말해 줘서 고마워. 상담이나 심리 치료를 받아 보는 건 어때?
학　생：위클래스에 가면 문제아로 보일까봐 안 갔는데요. 제가 어떤 심리 치료를 받으면 좋을까요?
보건교사：심리 치료에는 ㉡ 인지 치료와 행동 치료를 통합한 인지 행동 치료가 있어. 최근에는 변증법적 행동 치료가 효과적이라고 알려져 있어.
학　생：변증법이요?
보건교사：여기서의 변증법이란 현실에서 우리가 겪는 어려움은 두 가지 양극단 사이의 긴장에서 생기는 경우가 많은데, 그 양극단의 중도를 찾는 것을 의미해. 변증법적 행동 치료에서는 변화와 (㉢) 사이의 해결책을 찾는 게 중요하고, ㉣ 정서에 휩쓸리지 않고, 강한 정서적 경험 속에서 신중하게 행동하는 능력을 갖추는 게 중요해.
… (하략) …

〈작성 방법〉
• 밑줄 친 ㉠에 해당하는 방어 기제의 명칭을 쓸 것.
• 다른 심리 치료와 구별되는 밑줄 친 ㉡의 목적을 서술할 것.
• 괄호 안의 ㉢에 해당하는 용어를 쓰고, 변증법적 행동 치료의 핵심 개념 중 밑줄 친 ㉣에 해당하는 개념의 명칭을 쓸 것.

23-A2.
다음은 보건교사와 학생의 대화 내용의 일부이다. 밑줄 친 ㉠에 해당하는 치료적 의사소통기법과 밑줄 친 ㉡에 해당하는 비치료적 의사소통 기법의 명칭을 순서대로 쓰시오.

학　생：선생님, 요즘 반려견 때문에 학교 수업에 집중이 잘 안 되고 생활하기가 너무 힘들어요.
보건교사：㉠ 반려견 때문에 힘들다는 것이 무슨 말인지 더 얘기해 주겠니?
학　생：제가 10년 동안 키웠던 반려견이 지난달에 죽었어요. 제가 어릴 때부터 항상 곁에 있어 준 가장 친한 친구였거든요. 집에 가면 반려견 생각에 눈물만 나고 잠도 잘 못 자요. 전 이대로 괜찮을까요?
보건교사：그럼. ㉡ 너무 걱정하지 마. 금방 좋아질 거야.
학　생：네….
… (하략) …

25-A4.
다음은 보건교사와 여학생의 상담 내용의 일부이다. 밑줄 친 ㉠과 ㉡에 해당하는 증상의 명칭을 순서대로 쓰시오.

여학생：선생님, 제가 작년 봄에 다이어트를 해서 55kg에서 43kg으로 살 빼는 데 성공했어요. 그런데, 지금은 몸무게가 18kg 늘었어요.
보건교사：그랬구나.
여학생：살을 뺐을 때는 친구들이 모두 저에게 대단하다며 멋있다고 해 주었는데, 지금은 친구들의 시선이 무서워요.
보건교사：몸무게가 늘어서 친구들의 시선이 부담스러워졌구나.
여학생：네, 어제는 길 가다가 ㉠ 친구들의 비웃는 소리가 들려서 주변을 둘러봤는데 아무도 없었어요.
보건교사：다른 느낌은 없었니?
여학생：제가 요즘 숙제를 할 때, ㉡ 키보드를 치는 제 손을 보면서 제가 아닌 것 같은, 제 영혼이 밖으로 나와서 키보드를 두드리는 저를 보고 있는 것 같은 기분이 들어요. 다이어트를 잘못 해서 정신병이 생긴 걸까요? 살을 빼면 나아질 수 있을까요?

21-A5.
다음은 고등학교 보건교사와 학생의 상담 내용이다. 〈작성 방법〉에 따라 순서대로 서술하시오.

학생은 병원에서 ㉠ 사회불안장애(social anxiety disorder)로 진단을 받았고, 보건교사와 〈n차 상담〉을 하고 있다.

보건교사：오늘 하고 싶은 이야기는 무엇인가요?
학생：사실은… 저는 어려서부터 애들한테 못난이라고 자주 놀림을 받았어요.
보건교사：힘들었겠네요. 그럴 때는 어떻게 했어요?
학생：뭐 별로… 그냥 참고 지냈어요. 사람들 눈에 띄면 괜히 떨리고 불안해서요.
보건교사：그랬군요. 고등학교에 와서는 어때요?
학생：괜찮아요. 애들이 나한테 관심도 없으니까요.
보건교사：그러면 학교생활에서 또 다른 어려움은 없나요?
학생：있어요. 수업 중에 제가 발표를 해야 할 때는 실수할까 봐 걱정이 되면서 몸이 굳어져요.
보건교사：그럴 때는 어떻게 하는데요?
학생：어쩔 수 없이 떨면서 해요. 학교를 안 다닐 수도 없고요. 그래도 저는 다른 애들과 이야기도 하고 잘 지내려고 마음먹고 어떻게든 해 보려고 하는데 막상 닥치면 잘 안 돼요. 모든 것이 헛수고 같아요. 어떻게 해야 할지 모르겠어요.
보건교사：㉡ 학생의 이야기를 들어보니 열심히 노력했는데도 잘 안 되어서 답답하고 매우 속상한 것처럼 들리네요.
학생：네. 너무 답답하고 힘들어요.
… (하략) …

〈작성 방법〉
• 밑줄 친 ㉠의 증상인 '사회적 불안', '수행불안'을 나타내는 대화의 문장을 위 내용에서 찾아, 있는 그대로 각각 순서대로 제시할 것.
• 밑줄 친 ㉡에 해당하는 효과적인 의사소통 기법의 명칭을 쓰고, 그 개념을 서술할 것.

95-02.
기질적 뇌증후 장애로 입원한 노인환자가 "오늘 남북통일 문제를 의논하기 위해 청와대에 가야 한다."고 말하였다. 이러한 증상은?
① 신어 조작증　② 생각의 비약
③ 상동증　　　④ 작화증

14-A13.
김〇〇 교사의 남편은 알코올 의존(alcohol dependence) 진단을 받았다. 김〇〇 교사가 보건교사에게 상담한 다음 내용 중 괄호 안의 ㉠, ㉡, ㉢에 해당하는 정신 증상을 차례대로 쓰시오.

김 교사：남편이 술 때문에 병원에 여러 번 입원했었어요.
보건교사：네, 걱정이 많으시겠어요.
김 교사：그런데 이번에 이상한 증상을 보여서 무슨 일인지 궁금해요.
보건교사：어떤 증상인데요?
김 교사：이번에 술 때문에 다시 입원해서 4일째 되던 날 제가 병원을 방문하게 되었어요. 그런데 남편이 아무것도 없는데 허공을 보면서 수많은 뱀들이 얼굴로 쏟아져 내려온다면서 막 소리를 지르는 거예요. 그리고 정맥 수액이 들어가고 있는 주사줄을 보더니 뱀이 기어간다는 거예요. 왜 그런 증상이 나타나는지 걱정도 되고 궁금하기도 해요.
보건교사：네, 아무것도 없는데 뱀이 있다고 하는 것은 (㉠) 증상 중에서도 (㉡) 증상이고요, 정맥 수액 줄을 보고 뱀이라고 하는 것은 (㉢) 증상이라고 해요.
… (하략) …

96-04.
Korsakoff 정신증이나 노인성 질환에서 기억의 결함을 조작하여 메우는 현상으로 맞는 것은?
① 작화증　② 실어증
③ 기억과잉　④ 기억착오

95-38.
음식에 독이 있다면서 먹기를 거절하는 환자의 사고장애는?
① 망상　② 착각
③ 환각　④ 거절증

10-27. 다음 사례에서 (가)~(마)에 대한 설명으로 옳지 않은 것은?

김 씨는 75세의 노인으로 약 18개월 전부터 (가) 아침 식사를 했는지 안 했는지를 모르고 (나) 이웃집 여자를 아느냐는 질문에 "물론 알지, 어제 그 여자 남편과 맥주를 마셨어"라고 대답했다. 그녀의 남편은 5년 전에 사망하였고 김 씨는 그녀의 남편을 한 번도 만난 적이 없었다. 그리고 (다) "올해(2009년도)가 몇 년도냐?"는 질문에 1991년이라고 답하였다. (라) 시력장애가 없음에도 불구하고 의자나 연필 같은 물건을 지각하지 못하더니 결국은 가족까지도 알아보지 못했다. 이러한 증상으로 김 씨는 딸과 함께 병원에 가서 검사한 결과 양성자방출 단층촬영검사에서 양쪽 두정-측두엽 부위의 포도당 대사율이 떨어졌으며 (마) 알츠하이머병으로 진단받았다.

① (가)는 기억장애로, 질병 초기에는 장기기억보다 최근 기억을 하지 못한다.
② (나)는 작화증으로, 기억이 잘 나지 않은 부분을 무의식적으로 상상이나 사실이 아닌 경험으로 채우는 것이다.
③ (다)는 지남력장애로, 대부분 시간, 장소, 사람의 순으로 지남력 상실이 온다.
④ (라)는 실행증으로, 측두엽과 두정엽의 손상으로 인하여 나타난다.
⑤ (마)는 치매의 한 종류로, 대뇌 신경세포에서 콜린아세틸전달효소 효능이 떨어지고 아세틸콜린의 흡수가 저하된다.

23-A12. 다음은 보건교사와 동료교사의 대화 내용이다. 〈작성 방법〉에 따라 서술하시오.

동료교사 : 선생님, 고등학생인 제 조카가 얼마 전에 조현병(schizophrenia)으로 진단받았어요. 병명은 들어봤지만 잘 몰라서요.
보건교사 : 그런 일이 있으셨군요. 조현병은 현실과 비현실을 판단하는 기본적인 능력에 장애를 갖는 질환인데 흔한 증상으로 ⊙ 망상(delusion), ⓒ 지리멸렬(incoherence), 환각(hallucination)이 있어요. 그 외에도 주의력결핍이나 무의욕증과 같은 증상도 있을 수 있고요.
동료교사 : 다양한 증상들이 나타날 수 있군요. 병원에서 클로르프로마진(chlorpromazine)을 처방받았다고 하는데 약물의 부작용은 없나요?
보건교사 : 그 약물은 ⓒ 가성 파킨슨병(pseudoparkinsonism), 정좌불능증(akathisia), 근긴장이상증(dystonia) 등의 증상이 나타날지 잘 살펴보셔야 해요.
동료교사 : 네. 약물치료 외에 할 수 있는 치료가 있나요?
보건교사 : 다양한 사회적 기술과 일상생활 활동 기술을 가르치기 위해 사회기술훈련(social skills training)을 할 수 있어요. 예를 들면, 대화를 할 때 어떤 반응이 있어야 하는지 먼저 설명해 주고, 조카가 얘기하는 동안 선생님이 얘기를 들으면서 머리를 끄덕이는 반응을 보여 주세요. 그런 후 선생님이 얘기하는 동안 조카에게 머리를 끄덕여 보도록 하고 ⓔ 어떻게 반응하는 것이 좋았는지 혹은 어떻게 반응해야 하는지 얘기해 주는 방법이에요.
동료교사 : 그렇군요. 알려 주셔서 감사해요.

―〈작 성 방 법〉―
- 밑줄 친 ⊙과 ⓒ의 개념을 순서대로 서술할 것.
- 밑줄 친 ⓒ을 유발하는 부작용의 명칭을 제시할 것.
- 사회기술훈련의 습득 원리 중에서 밑줄 친 ⓔ에 해당하는 단계의 명칭을 제시할 것.

22-A4. 다음은 보건교사와 학생의 대화 내용이다. 괄호 안의 ⊙에 해당하는 숫자와 밑줄 친 ⓒ에 해당하는 입원 유형을 순서대로 쓰시오. (정신건강증진 및 정신질환자 복지서비스 지원에 관한 법률, 법률 제17794호, 2020.12.29., 일부개정)

학　생 : 선생님, 알코올 중독인 아버지가 어제 저녁에 술을 많이 드신 후 집 안의 물건을 부수고 엄마를 때려서 제가 경찰에 신고를 했어요. 출동한 경찰관이 아버지를 보시고, 경찰관과 의사의 동의로 정신병원에 입원 시키셨어요. 아버지는 어떻게 되시는 건가요?
보건교사 : 그랬구나. 많이 놀라고 힘들었겠다. 아버지는 정신 질환자의 응급입원 절차에 따라 공휴일을 제외하고 (⊙)일 이내에 입원이 가능하단다.
학　생 : 그 다음에는 어떻게 진행되나요?
보건교사 : 정신건강의학과전문의 진단 결과, 계속하여 입원할 필요가 있다고 인정되면 다른 입원 유형으로 조치되실 거야. 유형에는 ⓒ 아버지가 입원을 신청하는 경우, 아버지가 보호의무자의 동의를 받아 입원을 신청하는 경우, 보호의무자 2명 이상이 입원을 신청하는 경우, 정신건강의학과전문의나 정신보건전문요원이 특별 자치시장・특별자치도지사・시장・군수・구청장에게 대통령령으로 정하는 바에 따라 아버지의 입원을 신청하는 경우가 있단다.
학　생 : 네 그렇군요. 알려 주셔서 감사합니다.

21-B3. 다음은 보건교사와 담임교사의 대화 내용 중 일부이다. 〈작성 방법〉에 따라 순서대로 서술하시오.

담임교사 : 선생님, 우리 반에 제Ⅱ형 양극성장애를 진단받은 학생이 있는데, 이 질병은 어떤 특징이 있는지요?
보건교사 : ⊙ 제Ⅱ형 양극성장애(bipolar Ⅱ disorder)는 주요 우울(삽화)과 경조증(삽화)이 1번 이상 나타나는데, 거의 대부분 우울로 시작되어서 주로 침울하고 무기력할 때가 많을 거예요. 조용할 때는 없는 듯이 있다가 기분이 들뜨면 에너지가 넘치고, 평소보다 말이 많고 ⓒ 계속해서 말을 해요. 또 잠도 거의 안 자고 주의가 산만한 모습을 보이기도 합니다.
담임교사 : 그렇군요. 그래서 약을 먹고 있다는데 기분의 변화가 약으로 해결되는지요?
보건교사 : 네. 처음 진단받으면 ⓒ 1차 선택약이 주로 사용됩니다.
… (하략) …

―〈작 성 방 법〉―
- 밑줄 친 ⊙의 제Ⅱ형 양극성장애가 제Ⅰ형 양극성장애에 비해 진단이 늦어지는 이유와 그로 인해 발생할 수 있는 가장 심각한 위험을 서술할 것.
- 밑줄 친 ⓒ에 해당하는 증상을 DSM-5*에 근거하여 제시할 것.
- 밑줄 친 ⓒ의 약물 중 저조한 기분에 작용하며, 정기적인 혈중 농도 확인이 필요하지 않은 항경련제의 일반명을 제시할 것.

*DSM-5 : 정신장애의 진단 및 통계 편람(제5판)

15-논술형2. 다음은 중학교 1학년인 민수의 담임교사와 보건교사가 나눈 대화 내용이다. 〈보기〉의 지시에 따라 서술하시오.

담임교사 : 우리 반에 민수라는 아이가 있는데, 이상한 행동을 해서 걱정이 많아요.
보건교사 : 민수의 어떤 행동 때문인가요?
담임교사 : 수업 시간에 여러 번 화장실에 가서 손을 씻는 거예요. 그러다 보니 본인도 수업받기가 힘들고 다른 학생들도 수업에 방해를 받아요.
보건교사 : 민수 부모님을 만나 보셨나요?
담임교사 : 네, 부모님 말씀이 민수가 학교에서 사용한 책, 문고리 등 모든 것이 오염되었고, 세균이 있다는 생각을 계속한대요. 그래서 이런 물건을 만지기 전과 후에 수십 번씩 손을 씻거나 그런 물건을 피한다고 해요.
보건교사 : 민수가 학교생활이나 가정생활에서 힘든 점이 많겠네요.
담임교사 : 부모님 말씀이 민수가 집에서 학교 숙제를 하기도 힘들어 보인다고 해요. 그리고 손을 씻는 데 많은 시간이 필요하고, 이런 행동 때문에 친구들 앞에서 창피당하는 게 싫어 학교에 가기를 꺼린다고 하네요. 그래서 부모님도 걱정을 많이 하세요.
보건교사 : 걱정이 많이 되시겠어요. 병원에는 갔대요?
담임교사 : 네, 3일 전에 소아 정신과에서 강박장애라고 진단을 받았다고 해요. 이럴 때 병원에서는 어떤 치료를 하나요?
보건교사 : 약물 치료와 인지 행동 치료를 병행할 거예요.
담임교사 : 인지 행동 치료 중에서 어떤 유형의 치료를 하나요?
보건교사 : 강박장애일 경우에 체계적 둔감법, 사고 중지 등을 사용하여 치료할 거예요.
담임교사 : 아, 그렇군요. 그러면 오늘도 민수가 수업 시간에 손을 씻으러 가고자 할 때 제가 어떻게 해야 할까요?
… (하략) …

〈보기〉
1) 강박장애에서 강박 사고와 강박 행동의 개념을 서술하고, 각 개념과 관련한 민수의 증상을 위 대화문에서 찾아 서술하시오. 또, 강박 사고와 강박 행동 간의 심리적 기전에 대해 서술하시오.
2) 보건교사가 제시한 인지 행동 치료 중 체계적 둔감법(systematic desensitization)과 사고 중지(thought stopping)의 실시 방법을 각각 서술하시오.
3) 위의 대화를 고려하여 수업 시간 중에 민수가 손을 씻으러 가고자 할 때 담임교사가 취해야 할 적절한 대응 방법 1가지와 그 이유를 서술하시오.

17-B6. 다음은 조현병(정신분열병)으로 입원과 퇴원을 반복하고 있는 정아에 대하여 정아 어머니와 보건교사가 나눈 대화내용이다. 〈작성 방법〉에 따라 순서대로 서술하시오.

어머니 : 안녕하세요? 선생님! 우리 애가 조현병으로 계속 치료를 받고 있는데도 크게 나아진 게 없는 것 같아 걱정이에요.
보건교사 : 걱정이 많으시겠어요. 담임 교사가 그러던데 학교에서도 늘 외톨이로 친구들과 전혀 어울리지 않는다고 해요. 저도 관심 있게 보니 그렇더군요.
어머니 : 학교에서도 그렇군요. 집에서도 모든 일에 전혀 의욕이 없어요. 어제는 날씨가 추워져 겨울 옷으로 갈아 입으라고 했더니 ㉠'나를 더 이상 실험 대상으로 이용하지 말란 말이에요. 그리고 엄마가 동네 사람들한테 내 욕을 하고 다니는 걸 내가 모르는 줄 알아요!'라고 말하면서 저를 노려보더라고요.
보건교사 : 당황스러우셨겠네요. 그때 어머니는 어떻게 하셨어요?
어머니 : 하도 어이가 없어 ㉡'뭐라고? 내가 너를 실험 대상으로 이용하고 네 욕을 하고 다녔다니… 정말 어처구니가 없구나. 그런 생각을 할 만한 무슨 증거라도 있는 거야? 또 내가 네 욕을 하고 다닌다는 말은 어디서 누구한테 들었는데?'라고 따졌더니 글쎄… 참. 이럴 때는 내가 어떻게 대처하여야 할지 모르겠어요.
보건교사 : 어머니도 답답하시죠. 그런데 그렇게 말씀하시는 것은 정아의 증상 관리에 도움이 되지 않아요.
어머니 : 그럼 제가 어떻게 해야 할까요?
… (하략) …

〈작성 방법〉
• 대화 내용 중 조현병의 음성 증상에 해당하는 2개 문장을 찾아 그대로 쓸 것.
• 밑줄 친 ㉠은 조현병의 양성 증상 중에서 무엇인지 제시할 것.
• 밑줄 친 ㉡과 같은 대처 방법이 정아에게 도움이 되지 않는 이유를 서술할 것.

96-38. 정신분열증 환자에게 가장 많이 투여하는 약물은?
① 항우울제
② 항불안제
③ MAO억제제
④ Phenothiazine계

21-A4. 다음은 심리 검사에 대한 보건교사 보수 교육 자료의 일부이다. 괄호 안의 ㉠에 추가해야 할 임상 척도 1개의 명칭과 밑줄 친 ㉡에 해당하는 명칭을 순서대로 쓰시오.

1. 심리 검사의 개념
   심리 검사는 환자의 환경과 인지적, 정서적으로 상호 작용하는 최근의 인지, 성격 또는 정신 병리적 요소까지 측정할 수 있다.
2. 심리 검사 도구의 종류
   1) MMPI(Minnesota Multiphasic Personality Inventory, 미네소타 다면적 인성 검사)
   • MMPI는 자기 보고식의 객관적 인성검사 도구로 집단적인 인성 검사에 많이 이용되고 있다. 이 도구는 정신상태의 정도를 객관적으로 파악하고 수량적으로 표시할 수 있으며, 사회적, 정서적 적응과 관련된 정서 장애나 정신과적 장애의 특징을 측정하는 데 초점을 두고 있다.
   • MMPI는 임상 척도와 타당도 척도로 구성된다. 임상 척도는 건강염려증(Hs), 우울증(D), 히스테리(Hy), 편집증(Pa), 강박증(Pt), 조현병(Sc), 경조증(Ma), 사회적 내향성(Si), 남성여성성(Mf), (㉠) 척도로 구성된다.
   • 타당도 척도는 응답의 객관성이나 솔직성에서 문제 발생을 보완하기 위해 무반응척도, 신뢰도 척도(F), 교정척도(K), ㉡자신을 좋게 보이려는 고의적이고 부정직한 경향을 찾기 위한 척도로 구성된다. 타당도 척도들이 비교표의 규준 T점수 70점 이상이면 응답 전체의 신뢰성을 일단 의심한다.
   … (하략) …

12-11. 처방된 약물 복용으로 발생할 수 있는 고혈압 위기와 관련된 주의 사항으로 옳은 것만을 〈보기〉에 있는 대로 고른 것은?

〈처방전〉
환자이름 : 김〇〇
성별/나이 : 여/45세
진단명 : 주요 우울장애(major depressive disorder)

[10월 22일]
Nardil(phenelzine sulfate) 45mg 하루 두 번 복용하시오.

〈보기〉
ㄱ. 고혈압 위기로 서맥이 되면 의료진에게 알린다.
ㄴ. 교감신경 흥분제와 함께 사용하면 고혈압 위기를 막을 수 있다.
ㄷ. 치즈, 요구르트 등을 섭취하면 고혈압 위기가 올 수 있다.
ㄹ. 고혈압 위기 시 펜톨라민 (phentolamine, Regitine) 5mg을 천천히 정맥 주사한다.

24-A4. 다음은 신문 기사 내용의 일부이다. 〈작성 방법〉에 따라 순서대로 쓰시오.

제〇〇호 〇〇신문
2023년 〇월 〇일

'마약' 그놈의 호기심에…
빨간불 켜진 교육 현장

◇ 56% "호기심에 손대"…"몽둥이 맞은 듯" 금단 증상 호소

〇〇경찰청은 병·의원을 돌며 몸이 아픈 것처럼 통증을 호소해 마약성 진통제인 '펜타닐 패치'를 처방받아 판매·투약한 10대 청소년 50여 명을 적발했다. '좀비 마약'으로 불릴 정도로 무서운 마약성 진통제인 펜타닐은 모르핀의 100배, 헤로인의 50배에 이르는 마약성 의약품이다.

… (중략) …

청소년에게 들은 이야기에 따르면, 펜타닐 패치의 금단 증상은 처음에는 10~15일이 지나면 나타났지만 이후에는 10~15분이면 나타났다고 한다. 한 청소년은 "친구들 대다수가 ㉠야구 방망이로 두드려 맞은 듯한 고통을 느꼈다고 해요. 그래서 어쩔 수 없이 패치를 붙이지 않을 수 없었다고요."라고 하였다.

마약은 한번 시작하면 끊기가 어렵다. 그 이유는 마약이 주는 강렬한 쾌감의 기억으로 설명할 수 있다. 우리가 먹고 마시는 등 생존에 필요한 행위를 했을 때와 마찬가지로 마약을 복용하면, 우리 뇌의 보상 회로(reward pathway)의 측좌핵(nucleus accumbens)에서 (㉡) 분비가 증가한다. 즉, 이 신경전달물질은 마약을 복용하면 평소보다 더 많이 증가하게 되어 더 강한 쾌감을 준다.

… (하략) …

〈작성 방법〉
• 밑줄 친 ㉠과 같은 상태를 의미하는 용어를 쓸 것.
• 괄호 안의 ㉡에 해당하는 신경전달물질을 쓸 것.

24-B4. 다음은 중학교 보건교사가 학생을 상담한 내용의 일부이다. 〈작성 방법〉에 따라 서술하시오.

> 학 생 : 선생님, 저 너무 힘들어요.
> 보건교사 : 무슨 일이 있나요?
> 학 생 : 머릿속에서 ㉠ <u>생각하고 싶지 않은데, 자꾸만 '4'라는 숫자가 떠올라요. '4'는 죽음을 뜻하잖아요. '4'라는 숫자가 생각날 때마다 죽을 것 같아서 너무 불안해요.</u>
> 보건교사 : '4'라는 숫자가 생각날 때마다 죽을 것 같아서 불안하다는 거죠?
> 학 생 : 네. 그래서 ㉡ <u>'4'라는 숫자가 생각날 때마다 죽지 않으려고 '7'이라고 계속 말해야 해요.</u> '4'라는 숫자가 생각난다고 해서 바로 죽는다는 게 말이 안 된다는 걸 알아요. 그런데 생각을 안 하고 싶어도 안 할 수가 없어요.
> 보건교사 : 병원에서 진료를 받아본 적이 있나요?
> 학 생 : 네. 병원에 다니면서 ㉢ <u>클로미프라민(clomipramine)</u>을 먹고 있어요.
> … (하략) …

— 〈작성 방법〉 —
- 밑줄 친 ㉠과 ㉡의 증상에 해당하는 용어를 순서대로 쓸 것. (단, ㉠과 ㉡은 동일한 용어가 아니어야 함.)
- 밑줄 친 ㉢의 약리 작용 중 2가지를 서술할 것.

11-23. 환청을 호소하는 박씨(남, 42세)의 입원 간호 기록지를 읽고, 8월 9일 의사가 처방한 약물(bethanechol chloride)을 박씨에게 투여하였을 때 치료될 수 있는 증상으로 옳은 것은?

이름	박○○(남, 42세)
진단명	정신분열병(schizophrenia)

간호기록

날짜	내용	서명
6월 10일	haloperidol(Haldol) 50mg bid 처방을 받아서 경구 투여함.	주○○
… (중략) …		
8월 8일	환자는 진전(tremor), 경직(rigidity), 근긴장이상(dystonia), 정좌불능(akathisia), 요정체(urinary retention)를 호소함. haloperidol의 부작용으로 판단됨.	주○○
8월 9일	bethanechol chloride 10mg tid 추가 처방을 받아서 경구 투여함.	주○○

① 진전(tremor)
② 경직(rigidity)
③ 정좌불능(akathisia)
④ 근긴장이상(dystonia)
⑤ 요정체(urinary retention)

17-A7. 다음은 주요우울장애 진단 후 치료를 받고 있는 민지(여/18세)와 보건교사의 대화 내용이다. 괄호 안의 ㉠, ㉡에 해당하는 내용을 순서대로 쓰시오.

> 보건교사 : 민지야! 병원에서 처방받고 있는 토프라닐(삼환계항우울제)은 잘 먹고 있니?
> 민지 : 네! 선생님. 그런데 병원에서 약을 나르딜(모노아민 산화효소 억제제)로 바꾸어 주었어요.
> 보건교사 : 애 그래. 무슨 일이 있었어?
> 민지 : 입이 너무 마르고 변비 증상이 심해 약을 계속 복용하기가 힘들었어요.
> 보건교사 : 그랬구나. 바꾼 약에 대한 주의 사항은 들었니?
> 민지 : 소와 닭의 간, 발효 음식인 요거트 종류, 오래된 치즈, 훈제 생선, 절인 생선 같은 것은 먹지 말래요. 선생님! 왜 먹지 말아야 하지요?
> 보건교사 : 그런 음식은 (㉠)이/가 함유되어 있어 섭취 시 (㉡) 증상이 나타날 수 있단다.

18-B7. 다음은 보건교사와 민호(고3, 남)의 대화 내용이다. 〈작성 방법〉에 따라 순서대로 서술하시오.

> 보건교사 : 민호는 밝고 쾌활한데, 요즘 들어 많이 힘들어 보여요. 무슨 일이 있어요?
> 민호 : 네, 집에서 쉬고 있는데, 갑자기 가슴이 두근거리면서 몸이 떨리고 질식할 것 같았어요. 그래서 죽을 것 같은 공포가 드는 거예요. 그런데 이런 증상이 다시 생길 것 같아 두려워 자려고 할 때면 불안해서 쉽게 잠을 들지 못해요.
> 보건교사 : 언제부터 그랬어요?
> 민호 : 두 달 정도 됐어요.
> 보건교사 : 힘들겠어요. 그런 증상이 나타나는 특별한 상황이 있나요?
> 민호 : 상황을 예상하지 못하겠어요. 갑작스럽게 나타나요. 이유도 모르겠고요.
> 보건교사 : 그래요. 그럼 그런 증상이 나타나면 얼마나 지속되나요?
> 민호 : 10분간은 지속되다 사라져요.
> 보건교사 : 그래서 병원에는 갔었나요?
> 민호 : 네, 한 달 전에도 이런 증상이 나타나 제가 죽을 것 같아서 엄마랑 응급실에 갔었어요. 여러 검사를 하더니 다른 이상이 없어서, 정신과 진료를 받았는데 (㉠)(이)라고 했어요.
> 보건교사 : 그랬군요.
> 민호 : 참, 병원에서 알프라졸람(alprazolam)이라는 약을 주었어요. 약을 먹다가 내 맘대로 갑자기 약 먹는 걸 중단하지 말라고 하는데 이유가 뭔지 모르겠어요.
> 보건교사 : 그 이유는 (㉡) 때문이에요.
> 민호 : 네, 약 먹는 동안은 조심해야 하겠어요. 그런데 선생님! 제가 빨리 나아서 입시 준비도 해야 하는데 약물치료와 병행할 수 있는 또 다른 치료법이 있나요?
> 보건교사 : 벡(A. Beck)의 인지치료가 있는데, 예를 들면, ㉢ <u>파국화(catastrophizing)</u>, ㉣ <u>선택적 추론(selective abstraction)</u> 등과 같은 인지적 왜곡을 수정하는 거예요.

— 〈작성 방법〉 —
- 괄호 안의 ㉠에 해당하는 임상 진단명을 쓰고, 관련 증상 1가지를 위 대화문에서 찾아 서술할 것.
- 괄호 안의 ㉡에 해당하는 내용을 서술할 것.
- ㉢과 ㉣의 개념을 서술할 것.

10-11. 여러 사람 앞에서 발표를 하는데 어려움이 있는 청소년 8명을 대상으로 12회기로 구성된 집단치료를 하고 있다. 이번은 10회기로 활동 단계이며 대상자들은 모두 활동 단계에서 성취해야 하는 목적을 달성하였다. 이번 회기에서 대상자가 나타낼 수 있는 반응으로 옳은 것을 〈보기〉에서 모두 고른 것은?

— 〈보기〉 —
㉠ "이제 발표를 하게 된다면 피하지 않고 부딪혀 보겠어요."
㉡ "제 문제가 실수를 하지 않으려는 마음에서 비롯된다는 것을 알았어요."
㉢ "발표하는데 겪는 어려움에 대해 제 생각과 이 모임에 있는 다른 친구들의 생각이 달라 당황스럽네요."
㉣ "이 모임에서 서로 간에 문제점 등을 지적해 주는 경험을 하다 보니 제 문제를 명확히 알게 되었어요."

20-B5. 다음은 보건실에서 건강 상담을 받고 있는 학생과 보건교사가 나눈 대화 내용이다. 〈작성 방법〉에 따라 순서대로 서술하시오.

> 보건교사 : 요즘은 어때요?
> 학 생 : 정말 힘들어요. ㉠ <u>제 주변에서 일어나는 안 좋은 일들은 모두 다 제 탓이에요. 우리 학교 야구부가 전국 대회에서 진 것도 다 제 잘못이고, 저 때문에 이번 모의고사에서도 저희 학교가 꼴찌할 거예요.</u>
> 보건교사 : 그런 생각을 하니 많이 힘들겠어요. 지난번 병원 진료 받으라고 한 것은 어떻게 되었나요?
> 학 생 : 엄마와 함께 병원에 다녀왔어요. 의사 선생님이 '주요우울장애'라고 ㉡ <u>플루옥세틴(fluoxetine)</u>이라는 약을 처방해 주셨어요.
> 보건교사 : 약은 잘 복용하고 있나요?
> 학 생 : 네, 잘 먹고 있어요. 그런데 별로 좋아지지는 않고 오히려 더 힘든 것 같아요.
> 보건교사 : 약 복용 후 초기에는 여러 가지 불편한 증상도 있을 수 있어요. 시간이 지나면서 불편한 것도 나아지고 치료 효과가 나타날 거예요.
> 학 생 : 네. 그런데 ㉢ <u>경두개 자기 자극법(transcranial magnetic stimulation)</u>을 할 수도 있다고 했는데 그것이 무엇인가요?
> … (하략) …

— 〈작성 방법〉 —
- 밑줄 친 ㉠에 해당하는 '사고 내용 장애'의 구체적인 유형을 제시할 것.
- 밑줄 친 ㉡의 약물 작용 기전을 설명하고, 작용 기전이 이루어지는 부위를 제시할 것.
- 밑줄 친 ㉢이 주요우울장애의 치료에 효과를 나타내는 기전을 서술할 것.

10-15. 다음 사례의 가족에게 가족치료를 하고 있다. 이 가족에게 '구조적 가족치료'를 적용한 것으로 옳은 것을 〈보기〉에서 모두 고른 것은?

중학교 1학년생인 승기는 학교에서 다른 학생의 물품을 빼앗는 행동을 하거나 하교 길에 자신보다 키가 작거나 약해 보이는 학생에게 자신의 가방을 들고 가도록 하는 등 다른 학생들을 괴롭히는 행동을 하였다. 이에 담임교사가 가족에게 연락을 취해 상담을 받을 것을 권유하여 가족치료를 받게 되었으며 오늘이 3회기째이다. 승기의 어머니는 "승기가 외아들이라 저는 많은 관심과 정성을 쏟아 키우고 있지요. 승기와 저는 관계가 아주 좋은데 남편과 아들 간에는 전혀 대화가 없어요."라고 상담자에게 말하였다. 또한 "제가 이렇게 정성을 쏟아 키우고 있는데 아들이 지난주에도 일요일만 빼고는 일주일 내내 다른 학생들을 괴롭힌 행동을 해서 너무 속이 상해요."라고 말하였다.

〈보기〉
㉠ 승기의 문제 행동의 원인을 가족구조의 측면에서 파악한다.
㉡ 승기에게 지난 일주일간 문제행동을 하지 않았던 예외의 상황에 대해 이야기하도록 한다.
㉢ 승기 어머니에게 아들과 더욱 밀착된 관계가 될 수 있으므로 점차 적절한 경계선을 유지하도록 한다.
㉣ 승기 어머니에게 아들과 관계가 좋으므로 아들과 대화하는 시간이나 활동하는 시간을 예전보다 많이 갖도록 한다.

18-A11. 다음은 고등학교 3학년 담임교사가 보건교사에게 상담한 내용이다. 〈작성 방법〉에 따라 순서대로 서술하시오.

담임교사: 선생님, 안녕하세요.
보건교사: 네, 안녕하세요. 무슨 일로 오셨나요?
담임교사: 우리 반에 경철이라는 아이가 있는데, 자신의 진로에 대해 스스로 결정하지 못하고 부모님의 결정에 뭐든지 좌지우지 되는 거예요. 고등학교 3학년인데…… 걱정돼요.
보건교사: 진로 문제만 그런가요?
담임교사: 아니요. 학원문제, 대학문제, 친구문제 등 모든 일처리를 혼자서는 결정을 하지 못하고, 부모님이 모든 것을 결정하세요.
보건교사: 선생님이 보시기에 부모님과 경철이의 관계는 어때요?
담임교사: 경철이가 외아들이라 그런지 부모님이 모든 일에 일일이 간섭하는 거예요. 과잉보호를 하시면서 맹목적으로 사랑을 주시는 것 같았어요.

… (중략) …

담임교사: 선생님, 우리 반에 걱정되는 아이가 또 한명 있어요. 머리가 아프다고 하면서 항상 우울해 보이는 학생이에요.
보건교사: 아, 영수를 말씀하시는 거죠?
담임교사: 네, 맞아요. 선생님이 어떻게 아세요?
보건교사: 머리가 아프다고 보건실에 자주 오는데 지나치게 착해 보여요. 죄송할 일도 아닌데 죄송하다고 하면서 제 기분을 맞추려 하더라고요.
담임교사: 네, 맞아요. 저랑 이야기할 때도 모든 게 자신의 잘못이라며 본인 책임이라는 말을 자주 해요. 그리고 항상 하고 싶은 말을 제대로 하지 못하는 것 때문에 뒤돌아서면 속상하다고 하고요.
보건교사: 부모님과의 관계는 어떤가요?
담임교사: 아버지가 영수 어릴 때 조금만 잘못해도 고함을 치고 매를 들었다고 해요. 그래서 아버지를 대하는 것이 어려웠고 자주 야단을 맞았는데, 그때마다 아버지 기분을 맞추기 위해 열심히 공부를 했다고 해요.

… (하략) …

〈작성 방법〉
• 미누친(S. Minuchin)의 구조적 가족치료 관점에서, 경철이와 부모님 간의 경계선 유형을 쓰고, 이 유형에 의한 경철이의 심리적 특징을 '자율성' 측면에서 서술할 것.
• 사티어(V. Satir)의 경험적 가족치료 관점에서, 영수에게 해당하는 역기능적 의사소통 유형을 쓰고, 그 특징을 '자기(자기자신)', '타인', '상황'의 용어를 포함하여 서술할 것.

14-논술형2. 다음의 대화를 읽고 물음에 답하시오.

상담 1회기
보건교사: 철민아! 요즘 보건실에 자주 오는 걸 보니 힘든가 보구나?
철　민: 네, 힘들어요.
보건교사: 뭐가 철민이를 힘들게 할까?
철　민: 엄마 아빠가 매일 싸우시고 싸울 때마다 아빠가 엄마를 때려요.
보건교사: 철민이는 그럴 때 어떤 생각이 드니?
철　민: 제 입장이 난처해요.
보건교사: 뭐가 철민이를 난처하게 만드니?
철　민: 엄마가 아빠는 나쁜 사람이라고 자꾸 그러니까 이젠 아빠가 나쁜 사람 같고 엄마를 괴롭히는 아빠가 싫어져요.
보건교사: 철민이가 힘들겠구나.
철　민: 네, 친구들이 놀러 가자고 해도 엄마도 걱정되고, 내가 없으면 위험해질 것 같아 엄마 곁을 떠날 수 없어요.
보건교사: 아! 그랬어. 철민이가 많이 힘들겠구나.

… (중략) …

상담 3회기
보건교사: 어서와. 어떻게 지냈어?
철　민: 어제 엄마 아빠가 또 싸우셨어요.
보건교사: 엄마 아빠가 사이좋게 지내셨으면 좋겠는데 자꾸 싸우시니까 힘들지?
철　민: 네, 힘들어요. 선생님, 할머니가 편찮으세요. 근데 병원 가실 돈이 없어 엄마랑 아빠랑 싸우셨어요.
보건교사: 할머니가 많이 편찮으시니?
철　민: 네, 할머니가 병원에 안 가시면 돌아가실지도 몰라요.
보건교사: 그래! 병원에서 치료받을 방법을 함께 찾아보자.
철　민: 선생님, 할머니가 치료받으실 방법이 있을까요?
보건교사: 그럼!
철　민: 세상은 평등해야 하는데 돈이 없어서 치료를 못 받는 사람이 있다면 세상의 법은 바뀌어야 한다고 생각해요.

… (하략) …

보웬(M. Bowen)의 다세대가족치료(가족체계이론)에서 삼각관계 및 자기(자아)분화의 개념을 각각 설명하고, 각각의 개념과 관련된 상담 내용을 상담 1회기 내용에서 찾아 한 문장씩 쓰시오. 또한 상담 3회기 내용을 중심으로 콜버그(Köhlberg)의 도덕발달 6단계 중 철민이가 속한 단계의 명칭을 쓰고, 이 단계를 나타내는 문장 하나를 제시한 후, 그 문장이 이 단계에 해당하는 이유를 설명하시오.

16-B8. 다음은 보건교사가 '주요우울장애'로 진단받은 수지(고1, 여)와 상담한 내용의 일부이다. 수지의 증상에 대해 인지행동 치료관점에서 파악한 내용을 〈작성 방법〉에 따라 논하시오.

보건교사: 수지야. 요즘 기분이 어떠니?
수　지: 매일 모든 게 슬프고 우울해요. 학교 오기도 싫고, 하루하루 생활이 재미가 없고, 흥미도 없어요.
보건교사: 가장 힘든 게 뭔지 이야기해줄 수 있을까?
수　지: 잠 못자는 거예요. 그래서 학교에 오면 짜증이 나고 피곤해요. 밥맛도 없고요. 몸무게도 많이 빠졌어요.
보건교사: 언제부터 그랬어?
수　지: 중학교 때 그런 적이 있었어요. 그때 병원에서 우울증이라고 했어요. 약도 먹었는데…… 최근 다시 우울하고 불안해졌어요.
보건교사: 무슨 일이 있었니?
수　지: 중간고사에서 영어 시험을 망쳤어요.
보건교사: 아. 그랬어. 속상했겠구나. 영어 시험을 망쳤을 때 수지는 어떤 생각이 들었어?
수　지: 남은 과목들도 모두 망칠 거라는 생각이 들었어요.
보건교사: 그렇구나. 또 수지를 힘들게 하는 뭐니?
수　지: 선생님, 제가 봄 소풍 가는 걸 엄청 기대를 했었거든요.
보건교사: 기대를 많이 했겠구나.
수　지: 네, 그런데 제가 소풍갈 때 마다 비가 오는 거예요. 비가 오는 건 전부 제 탓이라고 생각해요.
보건교사: 그런 생각을 할 때 기분이 안 좋았겠네?
수　지: 네, 속상하고 우울했어요.

… (중략) …

보건교사: 이제부터 선생님과 함께 기분 나쁘게 하는 부정적인 생각들을 긍정적인 생각으로 바꾸는 연습을 할거야.
수　지: 아, 그런 게 있어요?

… (하략) …

〈작성 방법〉
• 정신질환의 진단 및 통계 편람 제5판(DSM-5)에 의한 수지의 주요우울장애 증상 4가지를 위 대화문에서 찾아 제시할 것.
• 벡(A. Beck)의 인지치료 관점에서 수지의 인지적 왜곡 2가지를 위 대화문에서 찾아 쓰고, 그 명칭을 각각 제시할 것.
• 엘리스(A. Ellis)에 의해 창시된 합리적 정서행동치료(REBT)의 'ABCDE' 모형을 설명하고, 위 대화문에서 나타난 수지의 비합리적 신념 2가지를 이 모형에 적용하여 ABC요소를 각각 제시할 것.
• 서론, 본론, 결론의 형식을 갖출 것.

19-B8. 다음은 보건교사와 학생이 나눈 대화의 일부이다. 이를 바탕으로 자살의 유형, 위험요인, 중재에 대해 〈작성 방법〉에 따라 논술하시오.

〈학생 정보〉
○ 고등학교 1학년(만 16세)인 여학생으로 '주요우울장애'로 진단받아 지속적으로 면담해 오고 있다.

보건교사: 잘 지내고 있는지 궁금했어요. 병원에서 준 약은 잘 먹고 있나요?
학　　생: 변비가 심하지만 억지로 먹고 있어요. 선생님, 제가 요즘 마음이 많이 무겁고 답답해요.
보건교사: 무엇이 마음을 무겁고 답답하게 하나요?
학　　생: 지난달 엄마가 자궁암으로 돌아가셨어요. 그날 이후 엄마와 함께했던 기억이 계속 떠오르고 엄마가 너무 보고 싶어서 눈물만 나요.
보건교사: 그런 일이 있었군요.
학　　생: 엄마가 안 계시니 마음 기댈 곳이 없어요. 넓은 우주에 혼자 남겨진 것 같아요. 엄마 생각을 하다 보면 밥도 먹기 싫고 잠도 안 와요. 한 달 동안 하루에 두세 시간밖에 못 잤어요. 잠이 안 오니 밤엔 엄마를 따라 죽는 방법밖에 없다는 생각만 자꾸 들고요.
보건교사: 그동안 많이 힘들었겠어요. 무엇이 제일 힘든가요?
학　　생: 엄마한테 너무 미안한 거예요. 엄마가 돌아가신 건 다 저 때문이에요. 제가 그렇게 속 썩이지만 않았어도 엄마한테 암 덩어리가 생기진 않았을 텐데……. 다 저 때문이에요. 전 태어나지 말았어야 해요.
보건교사: 어머니께서 돌아가신 것이 본인 탓인 것 같아 많이 속상하고 힘들 군요.
학　　생: 그것만이 아니에요. 제가 속 썩이는 바람에 아빠도 다니던 직장을 그만두시게 되었거든요. 결국 제가 문제예요. 저만 없어지면 다 행복해질 거예요.
… (중략) …
보건교사: 그럼 과제를 하나 내줄게요.
학　　생: 무슨 과제인가요?
보건교사: 어떤 상황에 대해 떠오르는 생각들을 써 보는 거예요.
학　　생: 어떻게 쓰면 되나요?
보건교사: ㉠ 노트에 두 칸을 만들어 한 칸에는 어떤 일에 대한 상황을 쓰고, 나머지 한 칸에는 그 상황에 대해 바로 떠오르는 생각을 쓰세요. 그 다음은……
… (하략) …

〈작성 방법〉
• 서론, 본론, 결론의 형식을 갖추되, 본론은 다음 4가지를 포함하여 논술할 것.
• 뒤르켐(E. Durkheim)의 자살유형을 바탕으로 학생이 속하는 유형을 제시하고 그 이유를 서술할 것.
• 학생 정보와 대화문을 통해 파악된 학생의 자살위험요인 4가지를 제시할 것.
• 보건교사가 학생에게 인지치료를 적용하려는 근거를 학생의 대화에서 찾아 서술할 것.
• 라이트, 벡과 태스(J. Wright, A. Beck, & M. Thase)의 인지치료 중 ㉠에 해당하는 기법의 명칭을 쓰고, 학생이 쓴 과제를 보건교사가 활용하는 방법과 효과를 서술할 것.

20-B10. 다음은 학기 초부터 거의 매일 보건실을 방문하여 건강 문제를 호소하는 고등학생과 보건교사가 나눈 대화 내용이다. 〈작성 방법〉에 따라 순서대로 서술하시오.

학　　생: 선생님, 오늘은 소화가 더 안 되는 것 같아요. 아무래도 불치병에 걸린 것이 확실해요. 6개월이 넘는데, 나아지지도 않고 오히려 더 심해지는 것 같아요.
보건교사: ㉠ 지난 번 병원에서 검사한 결과는 어땠나요?
학　　생: 의사 선생님이 검사결과는 정상이라고 했어요. 그렇지만 믿을 수가 없어요. 제가 죽을 병에 걸린 것 같아요. 걱정돼서 공부도 못하겠고, 아무 것도 못하겠어요. 엄마에게 다른 병원에 가서 다시 철저하게 검사를 받자고 해야겠어요. 곧 죽게 될 거라고 생각하면 초조하고 기분이 우울해요.
보건교사: 병원에서는 어떻게 하라고 했나요?
학　　생: 처방해 주는 약을 먹으라고 하셨어요. 그리고 학교 스포츠클럽에도 참여하라고 하셨는데 이해가 안 가요. 그게 제 병에 어떤 도움이 되나요?
보건교사: 스포츠클럽과 같은 ㉡ 다른 활동에 참여하는 것이 어떤 도움이 되는지 설명해 줄게요.
… (하략) …

〈작성 방법〉
• 밑줄 친 ㉠과 같은 질문이 위 사례에서 필요한 이유를 서술할 것.
• 밑줄 친 ㉡이 위 사례의 학생에게 필요한 이유를 서술할 것.
• '정적 강화(positive reinforcement)'의 원리를 설명하고, 밑줄 친 ㉡을 독려하기 위하여 정적 강화를 적용한 구체적인 예 1가지를 서술할 것.

11-25. 인지행동치료는 세 범주로 구성되어 있다. (가)~(다)에 해당하는 프로그램 내용으로 옳게 짝지어진 것은?

범주	인지행동치료 프로그램의 내용 구성		
불안 감소시키기	반응예방	감각기관에서의 노출	(가)
인지 재구성하기	증거탐문	대안검토	(나)
새로운 행동의 학습	우발적 계약	행동형성	(다)

	(가)	(나)	(다)
①	이완훈련	탈감작화	역할극
②	탈비극화	사고중지	토큰경제
③	홍수요법	사고중지	혐오요법
④	이완훈련	탈감작화	탈비극화
⑤	탈감작화	홍수요법	토큰경제

25-B4. 다음은 보건교사가 작성한 〈공황발작 및 공황장애〉에 관한 보건교육 자료의 일부이다. 〈작성 방법〉에 따라 순서대로 서술하시오.

[학습 주제: 공황발작 및 공황장애]

○ 정의
공황발작이란 명백한 이유 없이 갑작스럽게 시작되어 10분 이내에 급속하게 최고조에 달하는 극심한 불안과 공포를 의미하며, 아동·청소년이 경험하는 불안의 또 다른 형태이다. 공황장애는 적어도 1호 이상의 공황발작 이후에 1개월 이상 추가적인 공황발작이나 그에 대한 지속적인 걱정, 또는 공황발작을 회피하기 위한 행동을 하는 것을 말한다.

○ 중재
1. (㉠) : 불안을 야기하는 특정한 자극과 관련된 회피 행동을 감소시키기 위해 고안되었다. 불안을 야기하는 상황의 위계를 작성한다. 예를 들어, 엘리베이터 공포증과 관련된 사건들의 계층 구조 사례는 다음과 같다.
1) 엘리베이터 타는 것에 대해 치료사와 토론한다.
2) 엘리베이터 그림을 본다.
3) 건물의 토비에 걸어가서 엘리베이터를 바라본다.
4) 엘리베이터의 버튼을 눌러 본다.
… (중략) …

2. ㉡ 노출 및 반응 방지 :
… (중략) …

생각 상자 : 영수의 공황장애
15세 영수는 엘리베이터에서 극심한 불안을 경험하였다. 처음엔 가슴에 날카로운 통증을 느끼기 시작하였고, 죽을 것 같은 두려움에 엘리베이터에서 뛰쳐나가고 싶은 충동을 느꼈다. 미칠 것 같아서 바로 응급실을 찾아갔다.
그 이후 영수는 엘리베이터를 탈 수 없었다. 영수는 ㉢ 엘리베이터 대신에 계단을 이용했고, 지하철이나 버스를 타는 것도 거부하고, 친구들과 영화를 보러 가는 것도 거부했다. 다른 사람과 함께 있을 때 이런 불안을 경험하면, 사람들이 자신을 '미쳤다'고 생각할 것 같았기 때문이다.

〈작성 방법〉
• 괄호 안의 ㉠에 해당하는 행동 치료의 명칭을 쓸 것.
• 밑줄 친 ㉡의 방법을 영수의 공황장애에 적용하여 서술할 것.
• 밑줄 친 ㉢에 해당하는 증상의 명칭을 쓸 것.

25-B10. 다음은 보건교사와 동료교사의 상담 내용의 일부이다. 〈작성 방법〉에 따라 순서대로 서술하시오.

동료교사: 선생님, 제 딸이 얼마 전부터 "코가 자꾸 커진다, 자고 일어나면 코가 커져서 너무 괴롭다."라며 엉엉 우네요. 누가 봐도 코가 커진 것도 없고 자로 재서 확인을 시켜 줘도 믿지 않고, 왜 자기 말을 안 믿어 주느냐며 울고불고 그래요. 학교도 안 가고, 성형수술을 받아야 한대요. 멀쩡한 코가 커진다니 이게 도대체 무슨 병이에요?
보건교사: 제 생각에는 (㉠) 같아요.
동료교사: 예전부터 자기 얼굴 사진을 많이 찍고, 자기 사진만 계속 쳐다보는 아이였는데… 그 나이 때는 원래 그런가 보다 하고 넘겼거든요. 그럼 이제 어떻게 해야 해요?
보건교사: 우선 가까운 정신건강의학과에 가셔서 상담이나 치료를 받으시면 좋겠어요. 약물 치료를 하게 되면, 선택적 세로토닌 재흡수 억제제가 도움이 된다고 알고 있어요.
동료교사: 다른 치료 방법은 없나요?
보건교사: 인지 행동 치료가 효과적이라고 알려져 있어요. 인지 행동 치료의 발전된 형태인 ㉡ 수용 전념 치료도 효과적이라고 해요.

〈작성 방법〉
• 괄호 안의 ㉠에 들어갈 질병의 명칭을 쓰고, 동료교사 딸의 병식의 정도를 DSM-5(『정신질환의 진단 및 통계 편람』, 제5판)의 진단 기준에 따라 1가지를 서술할 것.
• 밑줄 친 ㉡에서 수용해야 하는 것 1가지와 전념해야 하는 것 1가지를 순서대로 서술할 것.

24-A7. 다음은 중학교 보건교사가 동료교사를 상담한 내용의 일부이다. 〈작성 방법〉에 따라 서술하시오.

동료교사	선생님, 우리 반 학생이 주의력결핍 과잉행동장애(Attention Deficit-Hyperactivity Disorder, ADHD) 진단을 받았어요. 주의력결핍 과잉행동장애는 어떤 질환인가요?
보건교사	부주의하고 과잉행동과 (㉠)이/가 나타나는 질환이에요. 12세 이전 아동기에 증상이 나타나기 시작해서 최소한 (㉡)개월 이상 지속되고, 사회적·학업적으로 부정적인 영향을 미칠 때 진단받는 질환이에요.
동료교사	그럼, 어떤 치료를 하나요?
보건교사	약물 치료와 인지 행동 치료를 하는데요. 약물 치료에는 메틸페니데이트(methylphenidate)라는 약을 사용해요.
동료교사	약을 먹고 있다는데 과잉행동과 산만함이 그대로인 것 같아요. 약 효과가 없는 건가요?
보건교사	아마 ㉢ 반동 효과 때문인 것 같은데, 약을 조절할 필요가 있겠네요.
동료교사	약물 치료 이외에 제가 학생을 도울 수 있는 방법이 있을까요?
보건교사	인지 행동 치료 중 행동 수정 방법으로 도울 수 있는 데요. 토큰 강화, 타임아웃, ㉣ 반응대가를 사용할 수 있어요.

… (하략) …

─〈작성 방법〉─
- 괄호 안의 ㉠을 DSM-5(정신질환의 진단 및 통계 편람, 제5판)의 진단 기준에서 제시한 증상으로 쓸 것.
- 괄호 안의 ㉡에 들어갈 숫자를 쓸 것.
- 밑줄 친 ㉢과 ㉣의 개념을 순서대로 서술할 것.

22-A11. 다음은 초등학교 보건교사가 작성한 학부모 상담일지이다. 〈작성 방법〉에 따라 서술하시오.

대상자	2학년 1반 이○○ 학생의 어머니		
상담일시	○월 ○일 ○시	상담방법	전화 통화
주요문제	학생의 문제 행동 및 가족 갈등		
상담내용	• 현재 상황 – 학생의 문제 행동 : ㉠ 작은 일에도 과민함, 짜증이 많음, 반려견을 발로 자주 참, 부모와 잦은 언쟁을 함, 담임 선생님에게 여러 차례 대듦. – 최근 학생이 ㉡ 적대적 반항장애(oppositional defiant disorder)로 진단받음. – 학생의 문제 행동으로 인해 어머니도 많이 힘들어하고 가족들도 스트레스가 많음. • 중재 – 어머니의 어려움을 경청하고 공감하며 정서적으로 지지함. – 가족들이 학생의 질병을 이해하고, 구성원 각자가 본인이 느끼는 감정을 수용하고 서로 지지할 것을 당부함. – 학생의 문제 행동 감소를 위해 행동치료 중 ㉢ 모델링, ㉣ 자기주장훈련에 대한 정보를 제공함.		

─〈작성 방법〉─
- 밑줄 친 ㉠의 내용 중 적대적 반항장애의 증상이 아닌 것을 1가지 찾아 있는 그대로 제시할 것(DSM-5 진단기준을 적용할 것).
- 밑줄 친 ㉡의 진단을 내릴 수 있는 증상의 최소 지속 기간을 제시할 것(DSM-5 진단기준을 적용할 것).
- 밑줄 친 ㉢과 ㉣의 의미를 순서대로 서술할 것.

12-16. 다문화 가족의 자녀인 김 군(9세)의 일기내용이다. 이 내용을 바탕으로 김 군의 어머니가 처해 있는 위기의 종류 (가)~(다)와 이에 해당하는 위기를 설명한 내용 ㄱ~ㄹ을 옳게 짝지은 것은?

2011년 10월 ○일 ○요일 / 날씨 : 흐림
제목 : 불쌍한 우리 엄마

나는 요즘 너무 슬프다. 우리 엄마는 매일 매일 우신다. 우리 엄마는 베트남 사람이다. 아빠는 우리와 살고 싶지 않은가 보다. 엄마와 안 사신다고 매일 싸우시더니 집을 나가서 오랫동안 안 들어 오신다. 엄마는 돈도 없다. 돈도 벌지 못하신다. 아빠는 우리가 미운가 보다. 돈도 안 주신다. 나는 아빠가 밉다. 동생이 울기만 한다. 불쌍하다.

(가) 성숙(발달) 위기
(나) 상황 위기
(다) 재난(우발적) 위기

ㄱ. 일상적인 사건이 개인의 정신적 평형 상태를 깨뜨릴 때 발생한다.
ㄴ. 위기의 출현은 점진적이며 인생 주기의 전환기에 발생한다.
ㄷ. 예측치 못한 사건이 개인의 생리적·심리적·사회적 통합을 위협할 때 발생한다.
ㄹ. 광범위한 환경적 변화로 큰 손실이 발생하며 많은 사람들이 같은 위기상황에 처하게 된다.

20-A9. 다음은 고등학교 보건교사가 작성한 교수·학습 지도안이다. 〈작성 방법〉에 따라 순서대로 서술하시오.

교수·학습 지도안			
단원	정신 건강	보건교사	박○○
주제	섭식 장애/인지행동치료기법	대상	2학년
차시	2/3	장소	2-1 교실
학습목표	• 주요 섭식 장애의 유형과 특성을 이해할 수 있다. • 인지 행동 치료기법의 종류를 설명할 수 있다.		

단계	교수·학습 내용		시간
도입	• 전시 학습 확인 • 동기 유발 : 섭식 장애에 관한 동영상 시청 • 본시 학습 문제 확인		5분
전개	1. 섭식 장애의 유형과 특성		35분
	(㉠)	• 지나치게 음식물 섭취를 제한함. • 체중 증가나 비만에 대한 극심한 두려움이 있음. • 체중 증가를 막기 위한 행동을 지속함. • 심각한 저체중 상태이나 이에 대한 심각성을 인지하지 못함.	
	(㉡)	• 식사 조절감을 상실함. • 반복적이고 부적절하게 스스로 구토를 유발하거나, 이뇨제나 설사제 등을 복용함. • 자기 가치에 대한 평가에 체형과 체중이 과도하게 영향을 미침. • 최소 3개월 동안 일주일에 1회 이상 지나치게 많은 양의 음식을 섭취하고 부적절한 보상 행동이 나타남.	
	2. 인지 행동 치료기법의 종류 가. ㉢ 자기 감시법 (self-monitoring) 나. ㉣ 형성법(shaping)		

… (하략) …

─〈작성 방법〉─
- 괄호 안의 ㉠, ㉡에 해당하는 섭식 장애 유형을 순서대로 제시할 것.
- 밑줄 친 ㉢의 목적을 서술할 것.
- 밑줄 친 ㉣의 개념을 서술할 것.

93-57. 위기중재를 할 때 집단 지도자가 해야 할 역할이 아닌 것은?
① 치료자 역할을 한다.
② 일반 대화나 잡담은 금하도록 한다.
③ 비언어적 행위를 언어적 대화로 옮겨준다.
④ 집단 구성원이 골고루 참여할 수 있는 촉진자의 역할을 한다.

94-57. 〈보기〉는 위기 이론에 있어서 위기의 단계를 나타낸 것이다. 단계의 순서가 바르게 나열된 것은?

─〈보기〉─
㉠ 현실화 단계
㉡ 승인 단계
㉢ 적응과 변화의 단계
㉣ 충격 단계
㉤ 방어적 후퇴

1 정신역동 96 임용

1 정신역동의 이해

정신역동	행동을 다스리는 힘, 정신에너지가 모든 행동으로 나타날 때 일어나는 모든 현상	
본능	삶의 본능	성, 배고픔, 자기보호 등 개인과 종족의 생존에 관련된 본능
	성적 본능	인간발달의 중요한 요인
	리비도	성적 본능에 의해 발생하는 에너지
	죽음의 본능 (공격의 본능)	• 인간의 마음속에 있는 모든 파괴적이고 공격적인 힘 • 자기주장, 야심, 경쟁심, 성공하고 싶은 욕구 등
정신에너지 14 국시	• 정신기능을 하기 위해서 요구되는 힘(이드에서 유래됨) • 자아의 유지 • 이드의 충동적 행위와 초자아의 이성적 행동 간 평형 유지	

2 프로이트의 지형이론(초기이론) 18 임용 / 00,02,04,05,06,08,13 국시

Freud는 정신분석이론을 통하여 성격구조와 의식의 수준, 불안, 방어기전의 역할, 정신성적발달 단계를 제시하였다. 21 임용(지문)

무의식	(1) 1차 사고과정의 지배, 쾌락원칙을 따름 (2) 정신의 가장 심층에 숨어있는 부분으로 의식될 수 없는 내용 (3) 대부분의 이드와 초자아, 자아로 구성됨 (4) 시공간의 차원을 뛰어넘으며 비논리적, 비합리적, 비현실적임 (5) 무의식의 강한 충동들이 항상 의식 밖으로 나오려 함 → 방어적 조치 때문에 긴장, 불안, 갈등 유발 (6) 의식할 수 없는 정신영역이지만 꿈 해몽, 최면 혹은 자우연상을 통하면 무의식도 알 수 있다고 함
전의식	(1) 잠재의식, 의식 밖에 있으나 집중하면 의식화되는 반기억상태로 이차사고과정을 지배함 00,02 국시 (2) 생각과 반응이 저장되었다가 부분적으로 망각되는 마음의 일부분 (3) 자아와 초자아로 구성됨 (4) 의식의 부담을 덜어주는 역할(일부 기억의 처리) (5) 무의식의 용납될 수 없는 충동이 의식으로 올라오지 않도록 조정하는 역할
의식	(1) 2차 사고과정 지배 : 자신과 환경을 인식할 수 있는 상태, 깨어있을 때만 작용하며 2차 사고과정을 지배함 (2) 대부분의 자아와 초자아로 구성됨 (3) 사고, 감각, 감정과 관계있으며 합리적이고 신중하게 행동하도록 함 (4) 열린 체계로 융통성 있고 변화가능하며 자유롭게 상호작용할 수 있는 영역 (5) 의식의 대부분은 자아와 초자아로 형성됨 (6) 현실원칙에 따라 논리적, 합리적으로 행동함

[프로이트의 정신역동]
18 임용(지문)

3 프로이트의 구조이론 96,21 임용 / 01,03,04,06,08,10,11,12,13,16 국시

본능(id) : 성격의 뿌리	(1) 성격의 근원적인 부분으로 전체 체계의 에너지 원천이며 동기부여·충동·본능·반사·욕구의 원천 (2) 자아와 초자아도 이드에서 시작함 (3) 인간의 본능을 말하며, 성적 본능, 공격적 본능, 자기보존의 본능으로 구성 (4) 비언어적이고 비과학적인 1차적 사고과정에 의해 움직임 (5) 출생 시부터 존재, 5~6세에 약해지다가 청소년기에 생물학적 변화에 따라 일시적으로 커짐(여성은 폐경기에 다시 한번 증가) (6) 쾌락원칙에 따라 움직임(즉각적 만족과 쾌락을 추구하고 불쾌감은 회피함) 21 임용 (7) 어린 영아의 사고나 정신병자의 환각, 환상, 꿈은 이드로 이루어짐 (8) 비언어적이고 1차적 사고과정에 의해 움직이며, 모든 정신력의 근원임 (9) 성격의 가장 원초적 부분 : 본능적 충동, 외적 현실 무시(현실적인 제한이나 미래에 관계하지 않고 즉각적인 본능 충족을 추구함) (10) 기능 : 성격을 형성하는 에너지와 창조의 잠재능력을 제공(무의식계)
자아(ego) : 외부세계의 직접적인 영향에 의해 수정된 본능의 일부(현실의 대변자, 상식)	(1) 성장과정을 통하여 자아의 강도가 커지면서 현실감을 갖고 욕구를 연기하는 현실원칙을 추구함 　① 현실은 환경과 상호작용하면서 인지하는 외부상황이나 외부세계임 21 임용 　② 현실원칙 : 합리적, 논리적, 언어적, 2차적 사고과정을 통해 기능 수행, 2차적 사고과정(모든 정신현상을 총괄하며 주관적인 경험, 기억의 이미지를 구분할 수 있음. 성장과정을 통하여 자아의 강도가 커지면서 현실원칙에 따라 움직이게 됨) 21 임용 　③ 성숙한 성격으로 성장하기 위해서는 자아의 적절한 발달이 필수적임 21 임용 (2) 출생 시부터 필요한 만큼 존재하고 생후 4~6개월부터 발달하기 시작함. 대체로 2~3세경 자아 형성 (3) 이드와 초자아 사이에 끼어 이들의 욕망에 대해 억제, 조정, 절충, 타협(모든 정신현상을 총괄함) (4) 현실을 감지하고 검증, 방어기제 운용하여 마음의 불안을 처리함(인격의 의식적 조절 부분) (5) 대부분 의식에 있지만, 전의식과 무의식에도 관여 (6) 동일시에 의한 부모와 닮음에 의해서 형성

	현실 검증	외적인 상황을 분별할 수 있고, 자신에게 일어나는 심리적 과정을 인지하는 능력
	현실 감각	현실검증에서 분리된 자아기능으로 자신의 경험에서 생기는 외부세계에 대한 경험이나 개인의 유일성에 대한 느낌, 그리고 자기 신체나 자신의 부분에 대한 감각
	판단력	행동의 결과를 예측할 수 있고 현실에 부합하게 행동할 수 있는 식별 능력
기능	본능·정서·충동의 조절과 조정	충동적인 쾌락추구 행동을 더 큰 만족을 위해 지연시킬 수 있고, 불안이나 우울감 같은 고통스러운 정서를 참을 수 있는 능력
	대상관계	좋고 나쁜 대상(사람)과의 융합이나 분리 정도를 결정할 수 있는 능력, 서로 만족하는 관계를 형성하는 능력은 부모나 중요한 사람과의 초기의 상호작용에서 비롯되는 내재화 양상과 관련됨
	사고과정	현실과 부합하는 인지와 2차적 사고를 처리하는 능력, 주의, 기억, 집중, 예측, 개념 형성을 추진 및 촉진시킴
	적응적 퇴행	더 나은 성취를 위해 적응 시 퇴행이 필요할 때 자아 기능 수준이 적응을 위해 퇴보할 수 있는 능력
	방어적 기능	위협적인 내·외적 자극에 대해 방어하고 이러한 방어 기능을 관리하는 능력
	자극관문	여러 수준의 감각자극을 통합하고 조절해서 받아들이는 능력

자아 (ego)	기능	자율적 기능	관심, 집중력, 학습된 지식이나 기술, 습관, 취미, 취향 등에 관한 것으로 정신장애가 발생해도 손상받지 않음. 이 기능이 보전되어 있으면 다른 약한 자아기능의 회복을 도움
		통합기능	모순되는 태도나 가치, 정서 상태 등을 통합하여 외부로 나타나는 행동이 전체적으로 통합되는 능력
		숙달과 자신감	환경을 지배할 수 있고 타인에게 영향을 줄 수 있는 능력과 그것을 자신이 깨닫는 능력
초자아 (super ego) : 자아로부터 분리되어 나온 것 16 국시	\(1\) 부모나 그 외의 외부 영향으로부터 얻어지는 양심, 가치, 도덕으로 행동을 통제함 　① 초자아가 이드의 충동을 심하게 억제하면 죄의식, 불안을 느껴 신경증적인 성격이 됨 　② 초자아가 나약하여 이드의 충동을 조절 못하면 반사회적인 성격이 되기 쉬움 \(2\) 이상을 추구하며 쾌락보다는 완성을 위해 투쟁하며 옳고 그름을 판단하는 재판관 같은 역할을 함 \(3\) 1세 전후에 약간 생겨나며 주로 5~6세에 칭찬을 해주는 주위사람을 동일화함으로 시작하여 청년기까지 발전 \(4\) 가장 나중에 형성(남근기 후기) \(5\) 부모와 사회의 금지, 도덕규범을 동일화하는 데서 시작 \(6\) 자아와 초자아의 성격발달에 중요한 방어기제는 부모와의 동일시임 \(7\) 기능 　① 본능조절, 이드를 다스림, 자아와 싸우기도 함 　② 의식・전의식・무의식을 모두 포함하나 대개 무의식임 　③ '재판관', '사법부'의 역할을 함		

4 프로이트의 불안

원인에 대한 명확한 대상이 없이 두려움을 느끼는 것을 불안으로 보았으며, 모든 불안은 현실 및 본능, 자아, 초자아 간의 갈등에 의해 야기됨

현실적 불안	① 자아가 현실을 지각하여 두려움을 느끼는 불안으로 실제적 위험에서 보호하는 데 기여함 ② 외부 세계에서 오는 위험(독사, 지진, 맹수 등)에 대한 두려움이며 불안의 정도는 실제 위험의 정도에 비례함 ③ 두려움과 같은 의미로 어느 정도 수준일 때까지는 효과적으로 대처할 수 있다는 점에서 적응적인 측면이 있으나 너무 높으면 대처능력을 저하시킴
신경증적 불안	① 현실을 고려하여 작동하는 자아와 본능에 의해 작동되는 본능 간의 갈등에서 비롯된 불안 ② 이드가 통제되지 않아 벌을 받을 어떤 일을 하게 되는 것에 대한 불안 ③ 성적 또는 공격적 본능을 자아가 조절할 수 없을 것이라는 두려움이 원인임
도덕적 불안	① 본능과 초자아 간의 갈등에서 비롯된 불안으로 본질적으로 자신의 양심에 대한 두려움임 ② 자아가 초자아로부터 과도한 기대(초자아의 자아이상)나 처벌(초자아의 양심)의 위협을 받을 때 경험하는 불안

2 정신역동 : 방어기제

(1) 정의
① 이드의 사회적으로 용납될 수 없는 욕구, 충동과 이에 대한 초자아의 압력 때문에 발생하는 불안으로부터 자아를 무의식적으로 보호하기 위한 기전
② 자아가 불안에 대처하기 위해 자동으로 동원하는 갖가지 심리적 전략임
But 방어기전을 지나치게 많이 사용하면 현실을 왜곡하게 되고 인간관계의 장애 초래, 건설적인 작업 능력에 제한 받아 자아의 부조화가 나타남

(2) 특징(George Eman Vaillant) 18 임용
① 억제를 제외한 모든 방어기제는 무의식적으로 사용
② 불안에 대처하는 데 몇 가지 방어기제를 동시에 사용
③ 갈등과 감정을 관리하는 주요 수단(방어기제는 불안으로부터 자아를 보호하기 위한 수단임)
④ 방어기제는 서로 별개임
⑤ 종종 주요 정신의학 증후군의 특징이지만, 이것은 가역성이 있음
⑥ 방어기제는 병적이기도 하지만 적응력도 있음(정신질환을 가진 사람들은 투사, 부정, 합리화, 퇴행을 가장 많이 사용함)

자기애적 방어기제 : 현실을 부인하거나 현저하게 왜곡하는 형태로 가장 원시적임. 주로 소아나 정신병적 장애에서 주로 나타남		
부정 / 거부 94 임용(보기), 15 임용 / 05,07,14 국시		① 현실에서 야기되는 고통 또는 불안으로부터 탈출하기 위해 갈등을 일으키는 존재를 무의식적으로 부정함으로써 불안을 회피함 ② 감당하기 어려운 사실을 거부함 ③ 무의식적인 기전으로 꾀병 또는 거짓말 등의 현실 부정의 의식적인 과정과는 다름
	예	• 알코올 의존 환자가 자신의 문제점을 인식하지 못함 • 남편과 사별한 상태인데, 남편은 장기출장 중이라고 생각하고 있음 • 정신과의사가 아들을 조현병으로 진단 내렸는데, 어머니가 아들은 고3이라 힘들어서 그런 것이지 아무 문제가 없다고 하며, 의사선생님이 잘못 진단한 것이라고 하는 경우 15 임용
왜곡		외적 현실을 내적 요구에 따라 크게 변형시키는 것
신경증적 방어기전 : 초자아가 이드를 억제하였지만 그 과정에서 발생한 긴장과 충돌을 자아가 소화해내지 못하여 분출된 형태로 신경증적 장애, 스트레스하의 성인에서 주로 나타남		
억압 94,11 임용(보기) / 07 국시		① 바람직하지 않고 용납될 수 없는 생각이나 욕구, 반사회적 충동 등을 무의식의 영역에 묻어버리는 기전 ② 모든 방어기전의 기초, 가장 보편적이고 1차적인 자아방어기전 ③ 고통스러운 사고, 충동이 의식화할 때 나타나는 불안에 대한 1차적인 방어
	예	• 애인에게 버림받은 후 기억상실 • 귀찮은 과제 잊기 • 어릴 적 기찻길에서 형의 죽음을 목격한 뒤에 사건을 기억하지 못하나 기차소리에 불안과 초조함을 느끼며 기차 외의 다른 교통수단 이용
전치 / 이동 / 대치 95,96 임용(보기)/ 04,08,17 국시		특정한 사람, 대상 또는 상황과 관련된 감정을 보다 덜 위협적인 사람, 대상 또는 상황으로 돌리는 것 (대리형성은 대상)
	예	• 학교에서 선생님께 꾸중을 듣고 기분이 나빴던 것을 집에 돌아와 어머니에게 화풀이를 하는 경우 • 부하가 상사에 대한 미움으로 장작을 패거나 공을 차는 것으로 표현하는 것(→ 이동) 96 임용 • 부부싸움을 하고 난 후 부인이 자녀에게 화를 내는 경우(→ 감정전이) 94 임용 • (속담) 동대문에서 뺨 맞고, 남대문에서 화풀이 한다.
반동형성 94,95,11 임용(보기) / 08 국시		① 받아들이기 힘든 감정, 생각, 충동을 억제 → 이와 반대의 태도나 행동을 보이는 것 ② 정반대의 행동(내면과 반대로 행동함)
	예	• (속담) 미운 아이 떡 하나 더 주기 • 화재에서 간신히 살아남은 뒤에 소방관이 됨 • 전쟁에 참가하는 것을 극도로 불안해하는 젊은 군인이 오히려 최전선 임무를 지원

신체화	심리적 갈등이 감각기관, 수의근계를 제외한 신체부위의 증상으로 표출되는 경우	
	예	• (속담) 사촌이 땅을 사면 배가 아프다.
합리화 95,18 임용 / 03,05,08, 15,18 국시	① 용납할 수 없는 감정과 행동에 이유를 붙여 정당화하는 것 ② 현실을 자신에게 유리한 쪽으로 해석하는 것 ③ 신 포도 기제 : 상대방의 가치를 평가절하하여 정당화시키는 것 ④ 단 레몬 기제 : 자신의 행동을 극대화시켜 정당화시킴 ⑤ 흔히 자존감을 지속하고 죄책감을 감소시키거나 사회적 승인이나 수용을 얻기 위하여 사용됨	
	예	• 단 레몬 기제 : B학점 받고 건강한 것이 A학점 받고 빨리 죽는 것보다 낫다. • 신 포도 기제 : 키가 작아서 딸 수 없는 포도를 신 포도라고 합리화 18 임용(지문) • 17세 여학생은 실력이 없어 시험점수가 안 좋게 나오자 시험 당일 컨디션이 좋지 않아 시험을 잘 볼 수 없었다고 말한다. 18 임용(지문)
주지화	① 고통스런 경험과 연관된 어려운 감정을 피하기 위해 그 경험 자체에 대해 지나치게 논리적 사고를 하려는 것(자신의 문제를 이론적으로 접근하는 것) ② 상당히 궤변적인 것으로 주로 지능이 높거나 교육 정도가 높은 사람에게서 발견됨	
	예	• 난치병 환자가 질병에 대한 학술적인 통계치나, 논문 내용을 이야기하며 자신의 감정은 보이지 않음 • 아침에 치른 시험 결과가 만족스럽지 못했을 때 감정을 억누르고 아침식사를 하지 않아 혈중포도당이 낮아져 에너지원이 부족한 대뇌세포가 잘 작동하지 않아 시험을 망쳤다고 장황한 논리를 펴는 경우

미성숙한 방어기전 : 현실이해를 왜곡하지는 않지만 이드의 욕망이 충분히 통제되지 않고 직접적으로 또는 변형되어 분출되는 형태로 청소년기, 일부 인격장애에서 주로 나타남

투사 11 임용 / 05,14,19,21 국시	① 자신의 수용할 수 없는 감정, 충동, 책임을 다른 사람에게 전가하는 것 ② 다른 사람의 탓으로 돌리고 비난하여 수치심을 갖게 하며 자신의 속성을 부정함으로써 자아상 보호 → 자기인식과 성장을 방해하고 타인에 대한 지각을 왜곡시킴으로써 대인관계 어려움 초래 ③ 투사 기전은 환각, 망상의 증상으로 작용해서 편집증 환자에게 많고, 자아능력이 아주 약해졌을 때 사용함	
	예	• 바람을 피운 남편이 아내가 정숙하지 못해서 그런 것이라고 말하는 것 • 아버지에게 서운한 마음이 있는 아들이 아버지가 자신을 미워한다고 생각 • 알코올중독 환자가 "내가 술을 마신 것은 아내의 잔소리 때문이에요."라고 말하는 것 • 술을 마신 청소년이 술을 마신 이유가 아버지 때문이라고 소리치는 것 11 임용
해리 11 임용(보기) / 08 국시	① 마음을 불편하게 하는 자신의 성격 일부가 그 사람의 의식적인 지배를 벗어나, 별개의 독립적인 성격을 지닌 존재처럼 행동하는 것 ② 인격의 각 부분(이드, 자아, 초자아)이 잘 조절되지 않을 때 만족을 추구하기 위해 일어나는 것으로 성격의 어느 국면이 그 사람의 지배를 벗어나 하나의 독립된 기능을 하는 것	
	예	• 다중 인격자 : 지킬 박사와 하이드 • 몽유병, 잠꼬대, 건망증, 해리성 둔주 • 강간을 당한 사람이 기억하지 못하면서 단정치 못한 모습으로 공공장소를 배회하는 것
행동화	① 소망이나 충동이 즉시 만족되지 못하고 연기됨으로 인해 생기는 좌절감이나 갈등을 해소하기 위해 즉각적인 행동을 표출하는 것 ② 공격, 비행, 충동적 행동의 파괴적 방법 사용	
	예	• 화가 나면 무조건 앞에 있는 물건을 던지거나 폭행을 행하는 경우 • 경계성 인격장애 환자의 반복적 자해
공상	실제로는 이루어질 수 없는 욕구나 소원을 마음속으로 만족시키기 위하여 상상된 사건이나 정신 이미지 속에서 비현실적인 것을 상상하는 방어기전으로 백일몽이 있음	

성숙한 방어기전 : 자아가 중재와 균형을 충분히 잡아주어 이드, 자아, 초자아가 조화를 이루는 현상으로 건강한 성인에서 주로 나타남

승화 95 임용 / 06 국시		사회적으로 용납될 수 없는 충동이나 행위를 사회적으로 용납될 수 있는 활동으로 방향을 바꾸는 것
	예	• 공격적인 충동을 운동으로 승화시키거나 성적인 욕망을 예술행위로 승화한 것 • 대변에 대한 관심을 도예로 승화
억제 11 임용 / 04,05,23 국시		① 받아들이기 힘들거나 고통스러운 생각, 충동을 의도적으로 통제, 조절 ② 억제를 통해서 위협적인 충동, 감정, 사고 등으로부터 자아를 보호하는 것 ③ 의식적 방어기전
	예	• 한밤중에 무서운 곳을 지나갈 때 무서운 생각을 하지 않으려고 의도적으로 유쾌한 상상을 하면서 길을 걷는 것 • 상대에게 화가 났을 때 맞서 욕하지 않고 자제하며 침착하게 행동 • 아버지를 점점 미워하게 된 자녀가 최근 가출하고 싶다는 생각이 들었지만 스스로 달래며 참는 것 11 임용
유머		① 심리적 부담이나 갈등이 웃음을 유발하는 행동을 통해 긴장을 줄이는 것 ② 웃음을 유발하여 갈등이나 부담을 감소시키는 것
	예	• 면접시험을 치르기 위해 입장하던 중 발이 미끄러지자 "제 발이 먼저 여러분께 인사드립니다."라고 말하여 웃음을 주는 것
이타주의		자신의 갈등과 스트레스 요인을 타인의 요구를 충족시켜 해결하는 것으로 대상자가 대리만족을 얻거나 타인의 반응에서 만족감을 획득

기타 방어기전		
고착 95 임용(보기)		① 발달이 그 다음 단계로 진행되지 못하고, 어느 시기에 멈추어버리는 것 ② 퇴행은 회복되나, 고착은 인격발달이 중단되어 회복이 어려움
	예	• 성인이 스트레스 상황에서 손가락을 빠는 경우 • 알코올 의존환자는 발달단계 중 구강기에 고착된 것이라고 보는 경우
퇴행 95,07,16, 22 임용		현재의 갈등이나 고통을 감소시키기 위해 현재 겪고 있는 어려움이 없는 이전의 발달단계로 후퇴하는 것
	예	• 2년 6개월 된 아동이 동생이 태어난 후 젖병을 요구, 25개월된 민아가 동생 젖병을 물고 아기처럼 말하는 것, 세 살된 첫째아이가 대소변 조절이 가능했는데 옷에 소변을 보고 아기처럼 우유병을 빨려고 해요. • 조현병, 강박장애
동일시 24 임용 / 04,15,16 국시		① 자신에게 중요한 사람이나 좋아하는 사람의 특징, 태도, 감정을 들여와서 자신의 성격의 일부로 삼는 것 　cf) 의식적인 과정인 역할모델이나 모방과는 다름 ② 자아와 초자아의 형성에 가장 큰 역할 → 3세에서 5세 사이의 아동이 부모를 동일시하는 시기부터 시작됨 : 성격발달에 큰 영향을 줌
	예	• 웹툰 주인공이 친구관계에서 받는 스트레스를 스스로 상처 내면서 푸는 것을 보고 따라 해봤어요. • 유치원에 다니는 여아가 친구들과 소꿉놀이를 할 때 엄마 역할을 즐기며 구두를 신거나 립스틱을 바르며 노는 것을 좋아하는 경우 • 호된 시집살이를 한 며느리가 나중에 더 호된 시어머니가 되는 것

함입 / 섭취 11 임용 / 04 국시	① 남에게 향했던 모든 감정을 자신에게로 향하는 기전 → 생각이나 행동의 책임을 자신에게 향하게 하는 것 ② 다른 사람들의 기준이나 가치관을 받아들임(사회적 처벌 또는 벌을 받는 것을 회피할 수 있게 도와주고 초자아 발달에 중요함) ③ 넓은 의미의 동일시에 포함되지만 동일시보다는 어린 나이에 나타남 ④ 자학, 우울, 자살 유발	
	예	• 일이 이렇게 된 것은 모두 제가 잘못해서 그렇게 된 거예요. • 8살 된 현규는 여동생에게 "모르는 사람 따라가지 마라."라고 하였다. • 착했던 네가 아빠한테 덤벼들다니 내가 교육을 못시킨 탓이다. 11 임용
보상 95,96 임용(보기) / 22 국시	자신이 가지고 있는 실제의 혹은 상상속의 결점을 보완하기 위해 다른 부분에 전력을 다하여 자존감을 유지하려는 것	
	예	• 키가 작은 자신의 결점을 보완하고자 힘을 키워 보상하고자 함(나폴레옹 콤플렉스) • (속담) 작은 고추가 맵다.
대리 형성 95,96 임용(보기)	목적하던 것을 갖지 못함에 따른 좌절감을 줄이기 위해 원래 대상과 비슷하며 사회적으로 수용될 수 있는 대상으로 대신 만족하는 것	
	예	• 오빠에게 매력을 느끼는 여동생이 오빠와 비슷한 외모를 가진 오빠의 친구와 사귀는 경우 • 충분히 젖을 먹지 못한 어린애가 긴장해소를 위해 젖꼭지 대신 손가락이나 장난감을 빠는 것 95 임용 • (속담) 꿩 대신 닭
상환 11 임용(보기)	① 무의식적 죄의식에 대한 상환반응 ② 상황적 행동(일부러 꾸면서 행봉하거나 배상행위)을 통해 죄책감으로 인한 마음의 부담을 줄이려는 행동	
	예	• 다이너마이트를 발명한 노벨이 노벨평화상을 제정 • 죄책감을 줄이기 위해 자선행위를 하는 경우
상징화	① 어떤 대상, 사상을 대변하는 다른 대상, 사념을 내세우는 것 ② 원초적 대상은 금기의 성질을 띠고 내세워지는 대상은 중립적임 ③ 불편한 감정을 상징적 의미를 지닌 사물에 옮겨 표현	
	예	• 꿈, 공상, 농담, 문화, 예술작품 등 • (속담) 자라 보고 놀란 가슴 솥뚜껑 보고 놀란다.
격리 / 고립 96 임용(보기) / 13 국시	① 고통스러운 기억, 생각과 함께 하는 감정을 의식에서 몰아내는 과정 ② 그 고통스러웠던 사실은 기억하지만 감정은 억압함으로써 무의식에 남도록 하는 것 ③ 보통 강박사고나 강박행위는 감정과는 격리되어 있음	
	예	• 암 환자가 자신의 암 발병 사실에 대해 아무런 감정 없는 무표정한 모습으로 이야기하는 것 • 고통스러운 경험을 자신의 일이 아닌 듯 이야기하는 것
전환 06,08 국시	① 정서적 갈등이 신체증상으로 신체감각기관이나 수의근계 증상이 무의식적으로 표출되는 것 ② 정신적인 갈등은 신체증상으로 위장되며 대신 신체증상을 호소함으로써 심리적인 갈등을 신체적 증상으로 상징적으로 표출하는 것	
	예	• 부부싸움을 한 다음에 부인의 손이 마비되는 경우 • 시험 당일 등교하면서 갑자기 오른쪽 팔에 마비가 나타나서 응급실을 방문했고, 당일 오후 호전을 보여 귀가한 경우 11 임용 • (속담) 남의 일은 오뉴월에도 손이 시리다.
저항	불안을 야기하는 정보가 의식으로 나오게 되면 고통스럽기 때문에 의식으로 나오는 것을 막는 것	
	예	• 가족 간의 갈등이 있는 환자가 가족과 관련된 이야기를 할 경우 의식적이지 않지만, 기억이 나지 않는다고 함

취소 05,16,20 국시	① 반동형성과 유사한 것 ② 불편했던 경험을 실제적으로나 상징적으로 지워버리기 위한 목적으로 특정한 행동을 함 ③ 과거의 어떤 행동으로 되돌아가 고치거나 보상하는 방법 ④ 무의식적으로 없었던 것처럼 취소하는 행동 ⑤ 상대방의 피해에 대한 책임을 면제받고자 함
예	• 아침부터 부인과 싸운 남편이 귀가할 때 선물을 사가지고 가는 것 • 성적인 공상이나 자위행동을 많이 한 사람이 반복하여 손을 씻는 행위 • 욕을 하고 난 뒤에 항상 기도문을 외움

※ 혼동하기 쉬운 방어기제

		구별
억압과 억제 04 국시	억압	무의식적 과정(억누른다는 것도 모르면서 원인 모를 불편 호소)
	억제	의식적 과정(욕망이나 갈등을 알고서 자제하므로 불편하지 않음)
퇴행과 행동화	퇴행	나이나 상황에 맞지 않게 이전 발달단계로 되돌아간다는 점에 주목
	행동화	욕망이 통제되지 않고 분출되는 점에 주목
취소와 반동형성, 이타주의	취소	불편한 욕구나 기억을 지우거나 중화하는 상징적 행동
	반동형성	욕구와 정반대로 행동, 공포의 대상에 오히려 몰두함
	이타주의	갈등을 유발하지 않으며 만족감을 주는 발전된 형태의 반동형성
신체화와 전환	신체화	상징적 의미가 뚜렷하지 않은(주로 자율신경계) 증상(예 두통, 복통 등)
	전환	상징적 의미가 있는(주로 가성신경학적) 증상(예 마비, 경련 등)
전치와 상징화	전치	특정 대상에 가지는 불편한 감정을 덜 불편한 대상에 옮겨 표현
	상징화	특정 대상에 대한 불편한 감정을 대상과 연관된 상징적 의미를 지닌 사물에 옮겨 표현하는 전치의 일종
합일화와 함입, 동일시	합일화	자신과 외부의 구별이 없는 시기에 발생하는 가장 원시적 동일시
	함입	발달과정에서 타인의(주로 부정적) 특성을 받아들여 자기 것으로 함(공격자와의 동일시는 함입의 일종)
	동일시	타인의 특성을 받아들여 자기 것으로 함. 포괄적 혹은 긍정적 의미
합리화와 주지화	합리화	자신의 행동에 대한 일종의 자기변명 또는 핑계
	주지화	일반적, 추상적인 지식에 몰두하여 자신의 구체적, 개인적 갈등을 회피
격리와 해리	격리	사고, 기억에서 감정을 분리
	해리	인격의 일부와 나머지 부분을 분리

3 정신성적 발달이론 [96,16 임용 / 10,11,12,13,14,16 국시]

모든 인간행동에는 원인이 있고, 행동에 대해 설명할 수 있다는 견해로 억압된 성적충동과 욕망이 대부분의 인간행동을 동기화한다고 믿음

※ 리비도(libido) : 개인의 성적 에너지, 이 에너지가 집중된 신체 부위를 성감대라 함

구강기 (0~18M) [96 임용(보기)]		① 입을 통해 세상을 느끼고 평가하며 쾌감대가 입에 집중된 시기 ② 보통 4개월 정도가 되면, 자신의 몸이 엄마의 몸과 다르다는 인식하는데, 이것을 신체자아라고 하며, 6개월경 자아가 발달하기 시작함
	성격 형성	이 시기를 적절히 잘 지내면 자신감과 관대함, 남에게 의존하지 않고 타인을 신뢰하며 주고받을 줄 알고 사교적이며 새로운 지식을 잘 받아들이는 긍정적인 성격이 형성됨
	구강기적 성격	이 시기에 성격의 잔재가 남는 것을 구강기적 성격이라고 함 ① 과잉보호를 받고 자란 경우 : 의존적이고 준비성이 없으며 남이 자신을 도와주기만을 바라는 성격이 됨 ② 좌절감을 심하게 느끼고 자란 경우 : 억지를 쓰고 요구가 많으며 잔인하고 욕심이 많은 성격을 형성하여 말로 상대방을 공격함으로써 쾌감을 느끼기도 함
항문기 (18~36M) [16 임용]		① 리비도가 항문, 그 주위에 집중되며 대변을 배설하거나 보유하는 데서 쾌감 ② 배변훈련이 성격형성에 영향을 많이 미치며 부모의 통제로 애증이 얽힌 감정(양가감정)으로 갈등 ③ 운동기술과 질서감이 발달하고 여러 가지 감각이 세련화되며 손재주가 많이 발달하는 시기로 다양한 감각자극을 제공해야 함
	성격형성	자율성 발달, 자존심이 강하며 리더십이 있는 아이로 성장함, 본능적 충동조절 능력 발달
	항문기적 성격	① 과잉충족이나 좌절을 맛보면 강박적인 성격으로 질서정연하고 정리정돈을 잘하는 항문기적 성격이 형성됨 [96 임용] ② 또는 더 지저분하고 순종, 반항, 분노, 가학피학성, 양가감정이 심한 성격기반을 지닌 사람이 되기도 함
남근기 (3~5Y) [96 임용(보기) / 21 국시]		① 프로이트는 이 시기를 가장 중요한 시기라고 보며 음경이 쾌감대가 됨 ② 남녀의 성 차이를 깨닫고 성에 호기심을 갖게 되며 정상적으로 수음행위를 함 ③ 아동이 동성 부모를 제거하고 이성 부모를 차지하고자 하는 무의식적인 욕망으로 오이디푸스 콤플렉스, 일렉트라 콤플렉스가 나타남
	성격 형성	① 이 시기에 초자아가 형성되므로 죄책감이 생김 ② 아동은 거세공포에 의해 좌절당하며 동성 부모와 강하게 동일시하여 그 부모의 태도, 신념, 가치체계를 받아들임으로써 내적 갈등 해소
	남근기적 성격	① 발달과제 실패 시, 심한 불안 등 신경증의 요인이 되며, 초자아 형성 장애로 반사회적 성격형성의 기반이 됨(뻔뻔함, 자기 자랑을 함, 남들이 알아주기를 바람) ② 성에 대한 호기심을 너무 빨리 억제하면 후에 학습에 혼란을 가져옴 ③ 남근기에 정서적 고착이 오면 노출증, 관음증 등 성생활에 지장을 초래하며 사랑과 일에 장애를 초래함

잠복기 (6~11Y) 96 임용(보기)	① 영아적인 성욕기의 마지막 단계로 성적 쾌감대가 온몸에 퍼져 관심이 잠재된 상태(리비도 : 지적 활동에 집중) ② 8세가 지나면 지적인 능력이 발달, 선악의 개념을 스스로 구분, 11세에는 초자아가 더욱 굳어짐 ③ 부모로부터 독립하고 집단생활을 함으로써 집단의식이 형성되는 사회화 시기로 동성 간의 동일시와 자기 성확립이 일어남(정상적인 동성애 시기)	
	성격 형성	① 사회적 기술, 인지적 기술 습득 ② 사회적응능력, 집단생활에 적응하는 유능한 성격 형성
	정서적 고착	동성 간에 정서적 고착이 심하면 성인 동성애로 발전할 수 있음
성기기 (12Y~)	① 성기에 관심이 집중되는 시기로 이성에 대한 관심이 크며 2차 성징이 나타나는 시기(리비도 : 이성 동료에 집중) ② 부모에게서 자주 독립, 근친상간적이 아닌 성숙한 이성관계 수립, 개인적인 주체성 확립, 성인으로서의 부과된 역할을 맡아 수행하는 시기 ③ 이 시기에 갈등은 모순이 많으며 부모로부터의 독립과 의존 사이에서 갈등이 있고 일생에서 가장 이기적이기도 하고 가장 희생적인 시기이기도 함	
	성격 형성	① 성적 충동이 증가하면서 성적 환상과 함께 수음행위를 하게 되며 갈등, 죄의식, 열등감을 느낌 → 부모가 이해를 잘하고 대화가 되며 부모와의 관계가 좋으면 부모의 말보다 행동을 모델로 삼고 잘 이겨나감 ② 부모가 배타적이고 위압적이며, 냉정하고 징벌적이면 성적 발달이 좌절되거나 잘못된 방향으로 전환되어 나갈 수 있음

4 매슬로우의 욕구계층

(1) 매슬로우는 개인의 욕구와 동기에 대해 연구하였으며, 인간의 단면이 아니라 총체성에 초점을 두었음
(2) 인간을 동기화하는 기본적인 욕구와 충동을 실례로 들어 구체적으로 설명하고 배열하기 위해 피라미드 모형을 사용하여 욕구단계설을 주장함
(3) 피라미드의 가장 아래에 있는 기본욕구가 개인의 행동을 지배한다고 보고 이것이 충족된 후에야 그 다음 단계의 욕구가 우세해진다고 봄

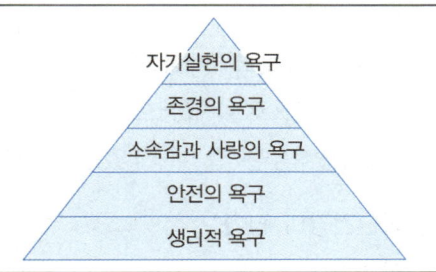

1단계	**생리적 욕구** 14 국시 ① 인간의 기초적인 기능을 영위하는 데 필요 불가결한 욕구로서, 타고난 본능이라고도 말할 수 있음 ② 생리적 욕구에는 음식, 산소, 수분, 수면, 주거, 성, 고통으로부터 자유롭고자 하는 욕구가 포함됨 ③ 다른 모든 욕구와 마찬가지로 생리적 욕구에 있어서도 그것이 충족되었느냐 그렇지 못했느냐 혹은 그것이 어떻게 충족되었느냐 하는 것은 다만 생리적으로 신체의 발달에만 영향을 주는 것이 아니라 인격의 발달, 특히 정서의 발달에도 중요한 영향을 미치게 됨
2단계	**안전의 욕구** 01,03,12 국시 ① 안전의 욕구는 안정, 의존, 일정한 상태의 유지, 보호 등에 대한 욕구, 공포, 불안, 혼동으로부터 벗어나고자 하는 욕구, 질서가 유지되는 조직과 안전한 한계가 이루어지기를 바라는 욕구 등이 포함됨 ② 특히 위험에 대한 반응이 명백하고, 억제하는 힘이 약한 어린이에게서 현저하며, 노인에게서도 역시 비슷한 현상이 일어나는데, 노인들은 그들이 친숙한 환경하에서는 좀 더 편안하고 안정감을 갖는 경향이 있음 ③ 안전의 욕구가 만족되지 못할 경우 사람들은 신체적, 심리적으로 불안감을 경험하게 됨
3단계	**소속감과 사랑의 욕구** 07 임용 / 05,11,14 국시 ① 지속적인 친밀감, 우정, 수용 등의 욕구로 사회적, 인격적 욕구 중 가장 기본이 되는 욕구라고 할 수 있음 ② 어려서 부모로부터 건전한 사랑을 받으며 자랐느냐 그렇지 못했느냐 하는 것은 그 사람의 인격형성에 중대한 영향을 가져옴 ③ 사람은 다른 사람들과 떨어져서는 못 살며, 남들과 잘 어울려 지냄으로써 고독의 불안을 해소하려는 욕구를 충족시킬 수 있음 예) 둘째 아이를 출산한 엄마가 아기 돌보기에 집중하고 있어서 첫째 아이에게 많은 관심을 보이지 못하자 퇴행을 나타내는 것은 첫째 아이의 욕구 07 임용
4단계	**존중의 욕구** ① 타인으로부터의 자기존경 및 존중의 욕구임 ② 인간은 다른 사람과 함께 참여한다는 데에서 만족을 얻는 동시에 또한 그들로부터 사랑받고 한 멤버로서 승인되어 인정받기를 원함 ③ 자신의 신념이나 가치관이 받아들여졌을 때에 사람들은 자신이 존경받고 있다는 느낌을 갖게 됨 ④ 다른 사람들이 자신을 원한다고 생각할 때에, 그리고 자신이 쓸모 있고 존경받는 인간이라고 느낄 수 있을 때에 자존심은 유지되는 것임 ⑤ 주위 사람들로부터 그 가치를 인정받지 못하고 있다고 생각될 때 인간은 열등감에 빠지며 심하면 의욕조차도 잃게 되는 경우가 있음
5단계	**자아실현의 욕구** ① 가장 높은 수준으로 아름다움, 신뢰감, 정의에 대한 욕구 ② 자기실현의 욕구는 어떠한 생산적인 활동과 기여를 통해서 자기가 뜻하는 목적을 달성하고자 하는 욕구로서, 자신의 가장 높은 차원의 잠재적인 능력을 실현함으로써 만족을 얻게 되는 것임 ③ 반대로 이러한 욕구가 좌절되어 목적을 달성시키지 못하게 되면 패배감과 불만을 느끼게 되며 이러한 경험이 반복되면 자신을 잃게 되고 더욱 심해지면 스스로를 혐오하고 자포자기하게 됨 ④ 자기실현에 도달하는 사람의 성격 특성으로는 현실에 대한 적절한 지각, 자발성, 고도의 자율성과 독립성, 만족스러운 대인관계 능력, 유머감각, 강한 윤리감, 창조성 등을 들 수 있음

5 정신건강의 개념 - 마리야호다의 정신건강평가기준 09임용 / 00,04,05,07 국시

(1) **정신건강**

생리적, 심리적, 사회적 측면에서 상호 심각한 갈등이 없이 고유의 기능을 발휘하여 최적의 정신적 기능을 성공적으로 수행함으로써 정신기능의 모든 하위 영역이 조화되고 이상적인 상태를 이루어 사회집단과 현실적 적응을 잘 하고 있는 것을 의미함

(2) **정신건강의 평가**

신체적, 심리적, 사회적 요소를 기초로 함

(3) **정신건강의 평가기준**

정신질환을 평가하는 기준보다는 분명하지 못하지만 현재 가장 보편적으로 사용되는 정신건강의 평가기준은 마리야호다가 제시한 6가지임

정신평가 기준		설명
1. 자신에 대한 긍정적 태도	자기이해 (=자기인식)	① 자아수용과 객관적으로 자아인식(긍정적 자아개념, 자아이상, 자존감 유지) ② 자신에 대한 현실적이고 정확한 평가(자신의 장점과 단점, 능력과 한계 인식) ③ 자기의 욕구와 행동에 대한 인식 09임용
	자기수용	자신을 있는 그대로 하나의 인간으로 수용(주체성, 소속감, 안정감 등)
	자기개방	다른 사람에게 있는 그대로 자신을 솔직히 나타내 보임
2. 성장, 발달, 자기실현		① 자기의 잠재력을 개발하여 실현, 새로운 성장과 발달, 도전을 할 수 있어야 함 09임용 ② Maslow의 자아실현 = Rogers의 충분히 기능하는 인간
3. 통합력		① 개인의 내적, 외적 갈등 및 역동과 기분 및 정서의 조절 간에 균형을 이루는지, 겉으로 표현되는 것과 내적으로 억압되는 것 간에 균형을 이루는 것(본능, 자아, 초자아의 조화) ② 개인이 스트레스를 견디고 불안에 대응하는 능력을 살펴봄으로써 그 개인의 통합능력을 부분적으로 측정할 수 있음(스트레스 상황에서 자신을 조절함) ③ 정서적 감응성 및 통제와 총합된 인생철학 개념들을 포함함
4. 자율성	자기결정	① 의사결정과 행동을 스스로 조절하는 개인의 능력 ② 자기의 결정, 행동, 사고, 감정 등에 대하여 개인 스스로가 책임을 지는 것 ③ 의존과 독립의 조화, 자기행동결과의 수용성 등도 포함함 ④ 가치체계에 대해 갈등을 일으키는 사회적 기대에 순응하려는 것에 반대하고자 하는 능력
	타인존중	타인의 자율성과 선택의 자유를 존중할 수 있음
5. 현실지각	구분	현실과 이상을 구분하며, 현실을 인지하는 능력
	지각검증	외부세계에 대한 추측을 경험행위로써 검증해보는 능력 09임용 (개인이 주위를 어떻게 파악하고 그에 대해 어떻게 움직이는가 하는 것)
	민감성	공감능력, 사회적 민감성, 타인의 감정과 태도를 존중하는 것
6. 환경의 지배	역할	정신적으로 건강한 사회에서 인정하는 역할에 성공적으로 기능하고 환경에 효율적으로 대처하여 자기 주변 환경을 지배
	사랑	① 공격성, 고독, 좌절 등에 잘 대응하는 자질이 있음 ② 남을 사랑하고 남들로부터 사랑을 받으며 호혜적 관계를 가짐. 새로운 사람과 우정 관계를 이루고 만족스런 집단생활을 하는 것 등으로 자기의 주변 환경을 지배함

- **사례**

A씨는 중소기업을 운영하는 사장이었다. 대기업에 납품 후 대금을 받지 못해 업체는 부도났다. B업체가 어려움에 처했을 때 A씨가 도와줬던 일이 있어 B업체 대표에게 도움을 청해봤지만 도움은 커녕 문전박대를 당했다. A씨는 점점 말수가 적어지고 술을 먹지 않을 때는 방안에서 나오지 않고 가족들과 눈도 마주치지 못하였고, 술을 먹고 나면 가족들에게 심하게 화를 냈다. A씨는 부인과 함께 정신건강증진센터의 정신보건간호사를 찾아갔다.

[마리야호다의 정신건강기준에 따른 정신건강의 연속성]

자신에 대한 태도
사업을 실패한 자신을 용서할 수 없다며 술을 마시고, 술 기운에 가족에게 화를 냄

성장발달 자기실현
사업 실패로 무척 괴로운 상황이므로 자신은 아무것도 할 수 없다고 함

자율성
다른 사람들한테 실패한 모습을 보이고 싶지 않으므로 자신이 품위를 유지할 수 있도록 일정금액 이상의 용돈(부도나기 이전 수준으로)을 요구함. 가족의 생계를 자녀에게 책임지라고 함

환경지배
부도를 막을 자금을 융통해 달라고 부탁했지만 들어주지 않았던 B업체 사장을 폭력배를 동원하여 협박함

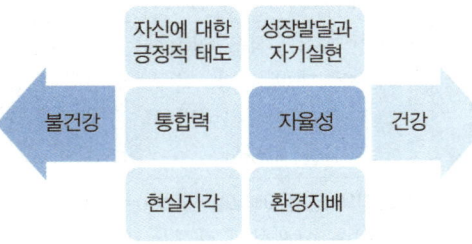

자신에 대한 태도
사업을 실패한 후 사업실패가 인생의 실패는 아니라고 생각하고 재기함

성장발달 자기실현
기존사업 실패의 원인을 탐색함. 재기를 위하여 자신이 습득하여야 하는 직업역량을 찾고 배움

자율성
동종업계 공장관리자로 근무하게 된 A는 직장상사를 대하는 일이 불편할 때가 많았는데, 사장으로 있을 때의 처신과 직원으로 있을 때 직장상사를 대할 때는 다름을 인정하여 불편감이 줄어듦

환경지배
직장을 다니며 빚을 갚아 감. 힘든 시기를 이겨내기 위해 가족이 서로 이해하고 보듬기로 함

- **정신장애(미국정신의학회)**
  - 현존하는 고난, 불능 혹은 확연하게 증가된 죽음의 가능성, 통증, 무능, 현저한 자유의 상실 등과 관련하여 개인에게 임상적으로 유의하게 나타나는 행동적 및 심리적 증후군 또는 양상
  - 정신장애는 대개 갑자기 발병하지 않고 정신기능의 모든 영역인 지능, 지각, 사고, 기억, 의식, 정동, 성격, 정신운동 등에서 병리학적인 현상을 장기간 지속적으로 진행시킴으로써 개인, 가족, 지역사회의 다양한 측면에서 부조화를 초래하게 함

치료적 (인간)관계

1 치료적 관계

개념	① 대상자가 계획된 목적을 달성할 수 있도록 돕는 역동적 상호작용 과정을 말함 ② Peplau의 치료적 상호작용이론과 Sullivan의 대인관계 이론에서 도출된 개념임
목적	대상자의 성장을 가져오는 것 ① 대상자의 자기인식, 자기수용, 자존심의 강화 ② 정체감과 자기통합의 증진 ③ 사랑을 주고받을 수 있는 능력, 친밀하고도 상호의존적인 대인관계를 형성할 수 있는 능력 ④ 자아기능 향상 ⑤ 욕구를 충족하고 현실적으로 목표를 성취할 수 있는 능력
치료자로서 간호사의 자질	**자기인식** [14 국시] / **자기** · 자신이 속한 환경 안에서 타인과 구별되는 자기 자신 　- 일정하지 않으며, 계속 새롭게 변화됨 　- 새로운 자신의 출현은 환경 및 타인과의 상호작용에 영향을 받음 **자기인식** · 개인의 독특성을 인정하는 것으로 자기 자신에 대해 알기(행동과 영향, 타인에 대한 감정, 욕구, 인생목적 등) 　- 타인을 이해하려면 그 전에 자신을 이해해야 함 　- 자신을 이해하고 수용함으로써 대상자의 독특성 인식 **조하리의 창문(Johari Window, Luft, 1969)** · 자신을 이해하게 해주는 유용한 도구임 · 자기인식 정도에 따라 4개의 영역으로 나눠 그림으로 나타냄 |1. 대중적 자기 : 자신도 알고 타인도 알고 있는 정보|2. 반대중적 자기 : 타인은 알고 있으나 자신은 모르는 자신에 대한 정보
3. 사적 자기 : 나만 알고 있는 자로 감추어져 있어 타인들에게는 비밀로 하는 자신에 대한 정보	4. 내적 자기 : 자신도 모를 뿐만 아니라 다른 사람에게도 알려지지 않은 자신에 대한 정보	 · 자기인식을 증진시키기 위한 단계 〈1. 대중적 자기의 영역을 확장하는 방법〉 	첫 번째 단계: 자신 경청	자신을 경청하는 것으로 시작됨. 이것은 자신의 생각, 감정, 기억, 충동 등에 귀를 기울이고 탐구하는 것을 포함함
두 번째 단계: 경청과 학습	남의 말을 경청하고 타인으로부터 학습함으로써 2영역의 크기를 감소시킴. 자신에 대한 인식은 자기 혼자서는 안됨. 다른 사람과 관계를 맺으면서 자신에 대한 지각을 확장시키며, 그러한 학습은 적극적인 경청과 타인의 피드백에 대한 열린 마음을 요구함
세 번째 단계: 자기노출	자신의 중요한 측면을 남에게 나타내 보임으로써 3영역의 크기를 감소시킴. 자기노출은 건강한 인격을 가질 수 있는 한 방법임	
	윤리의식과 책임감	간호사는 자신의 장점과 한계를 알고 수용하며, 언행은 언제나 신중해야 하고, 다른 사람에게 부담이 되지 않도록 깊이 생각하고 행동해야 함

치료자로서 간호사의 자질	공감력	① 대상자의 느낌과 의미를 지각하여 이해된 것을 대상자에게 전달하는 능력 ② 대상자의 느낌을 알아차리고 인정하는 것 ※ 공감과 동정의 비교	
		공감	동정
		타인과 함께 느끼는 것(feeling with)	타인에 대하여 느끼는 과정(feeling for)
		타인의 느낌에 초점	타인의 느낌과 관련된 또는 그 느낌으로 인한 자신의 느낌에 초점
		객관적으로 상대방의 입장에서 상대방의 느낌에 초점을 둠	내 입장에서 상대의 문제를 주관적으로 이해하고 수용하는 것
	이타주의	① 다른 사람에게 관심을 가지고 인본주의적 사랑으로 다른 사람을 도우려고 함 ② 다른 사람들의 이익과 행복을 우선 배려하는 정신을 함양	
	역할모델	① 간호사는 대상자에게 건강한 역할모델이 되어야 함 ② 간호사가 자신을 치료적으로 이용	
	정체감	① 자신이 다른 사람들과는 구별되는 한 개인임을 인식하는 것 ② 신체상과 자아개념의 통합, 지속적인 변화	
	감정에 대한 탐색	자기감정에 개방적인 간호사는 자신이 대상자에게 어떻게 반응하는지 대상자에게 어떻게 보이는지 알 수 있음	
	성장촉진	대상자의 강점을 강화해주고, 지지해줌을 통해서 대상자의 성장을 촉진함	
	치료적 의사소통기술	의사소통의 중요성을 인식하고 의사소통기술 향상을 위해 노력해야 함	
핵심요소	Carkhoff & Berenson	① 진실성 ② 구체성 ③ 공감 ④ 직면 ⑤ 존중 ⑥ 간호사의 자기노출 ⑦ 공감적인 이해 ⑧ 정서적인 카타르시스	
	Rogers	① 신뢰성 ② 공감적 이해 ③ 수용성 ④ 긍정적 관심 ⑤ 진실성	
	간호사가 지녀야 할 특성	① 윤리적 책임감 ② 가치관 정립 ③ 이타주의 ④ 감정에 대한 인식 ⑤ 자기인식 ⑥ 역할모델	

❷ 치료적 관계의 장애요인

저항	정의	대상자가 불안을 야기하는 상황을 인식하지 않은 채 머물러 있으려고 하는 것
	발생	① 간호사가 감정에 대해 지나치게 빨리 또는 깊숙이 탐색할 때의 대상자의 반응 ② 간호사가 대상자에 대한 존경심이 결핍되었을 때 대상자의 반응 　예 치료시간에 지각하거나 치료시간에 침묵으로 일관함 ③ 이차적 이득(질병의 결과, 대상자에게 유리한 환경, 대인관계, 상황적인 변화)
	해결	경청하면서 대상자가 자신의 저항을 인식하도록 도와주어야 함
전이	정의	대상자가 과거 대상자의 삶에서 중요한 인물에 대한 경험이나 태도가 간호사에게 동일하게 나타나는 무의식적 반응으로 불안감소와 관련 있음
	반응	① 간호사와 대상자 사이에 저항을 유발함 ② 적대적인 반응 전이와 의존적인 반응 전이 　- 적대적인 반응 전이 	내재화	침묵이나 우울 등의 반응 | 	외재화	반항적이거나 공격적인 반응 | 　- 의존적인 반응 전이 : 지나치게 순종적인 반응
	해결	① 비합리적인 행동과 감정의 가능성을 인식하고 준비가 되어 있어야 함 ② 경청하면서 명료화와 반영기법을 이용해서 대상자의 자기인식을 도와줄 수 있어야 함
역전이	정의	대상자의 특성에 의해 생긴 간호사의 정서적인 반응으로 인한 치료적인 장애요인임
	반응	① 어떤 특정한 문제를 가지고 있는 대상자에게 공감하는 데 어려움 ② 면담을 가지기 전과 후에 우울한 감정, 면담에 늦거나 시간을 초과하는 것에 대한 약속을 하는 데 부주의함 ③ 면담을 가지는 동안 지루함을 느낌 ④ 대상자의 의존심/칭찬/애정을 격려함. 간호목적에 관련되지 않은 방식으로 대상자를 도와주려는 시도 등
	해결	① 역전이 반응에 대해 꾸준히 경계하고 반응이 일어나는 것을 인식하려고 해야 함 　- 인식하기 위해서는 정직한 자기평가와 자기분석이 필요함 ② 반응의 표출 보류 ③ 치료적인 목적에 이용하려고 함 ④ 대상자가 공격을 하거나 비평할 때 자기분석 기법 이용
경계선 침해		간호사가 치료적 관계의 경계선을 넘어 대상자와 개인적이고 사회적인 관계를 맺으려고 할 때 발생됨

❸ 페플라우의 치료적 인간관계 과정 [11 임용 / 10,11,12,13,14,17,18,19,20,21,22 국시]

1단계: 상호작용 전 단계		① 치료적 인간관계 형성 전에 간호사 자신의 느낌 탐색 ② 두려움에 대한 탐구, 자기분석(합리적이고 안정적인 자기개념과 자기존중감을 가져야 하므로) ③ 대상자에게 유용한 자료수집 ④ 대상자와의 첫 만남에 대해 계획
2단계: 초기 단계		① 오리엔테이션 단계 [19 국시] ② 수용적/개방적 의사소통을 하면서 협력관계를 형성 ③ 상호 간에 계약 수립(한계설정, 계약설정, 면담시간, 역할 설명 등) [23 국시]
	협력관계 형성하기	수용적이고 개방적인 의사소통하면서 협력관계 형성(간호사와 대상자가 각자 소개하고 역할 설명, 관계의 초점은 대상자의 경험과 갈등의 영역에 주어짐)
	도움이 필요한 문제 파악하기	간호사정의 기반이 되며 대상자의 문제에 초점을 두고 동기화를 결정하는 데 도움
	대상자의 생각 탐색, 감정에 대한 탐색	① 초기 단계에서 간호사와 대상자 모두 서로를 잘 알지 못하는 상황이므로 어느 정도 신경이 예민해짐 ② 대상자들은 간호사가 일관성 있는 태도를 유지하는지 확인하기도 하고, 간호사의 의도를 파악하기 위해 조종하거나 시험해 보려는 행위를 하면서 탐색함
	초기 단계의 목표	다음 단계로 넘어가기 전에 목표달성 여부를 평가할 것 ① 신뢰감이 형성됨에 따라 안정감을 느끼게 되었음 ② 대상자가 자신의 생각과 감정을 말로 표현하도록 도움을 받았음 ③ 부적절한 스트레스 영역이 확인되었음 ④ 대상자의 강점과 약점이 사정되었음 ⑤ 간호사와 대상자 관계의 목적이 설정되었음
3단계: 활동 단계		① 대상자와 관계가 활발하게 이루어지는 단계 → 초기 단계에서 세운 목표를 달성하기 위한 적극적 행동 ② 분석: 대상자의 의미 있는(관련 있는) 스트레스 요인 탐색 ③ 문제해결: 대상자의 행동/사고/감정을 연결하여 통찰력 발달 ④ 불안 극복, 독립심과 책임감 증대, 건설적인 적응기전 향상 ⑤ 실제적 행동변화가 이 단계의 초점임
	간호사	대상자가 자신의 감정을 표현하고 새로운 적응방법을 시도할 수 있도록 격려, 효과적인 문제해결 방법 강화
	대상자	① 방어적인 태도나 거절하는 반응 등 저항행위를 나타낼 수 있음 ② 문제에 대해 솔직하게 말할 수 있으며 배우려는 자세와 새로운 대처기술 개발 ③ 통찰력 증가로 건설적인 적응기전 발달 [21 국시]
	치료적 과제	① 대상자는 특수한 개인적 경험에 대한 현실감이 증가되어야 함 ② 자아개념이 발달되고 자신감이 증진되어야 함 ③ 불편한 감정이 일어날 수 있음을 인식하고 그것을 표현할 수 있어야 함(저항행위 극복하기) ④ 대상자가 독자적으로 기능할 수 있도록 준비되어 있는가를 사정하여 독립의 기회 제공

4단계 : 종결 단계	① 대상자와 간호사에게 학습경험이 최대로 일어나는 단계 ② 치료의 진행사항, 목적달성 여부를 평가하며 상호느낌과 기억을 나누며 고찰함 22국시 ③ 대상자와 간호사 모두 이별로 인한 상실을 극복하는 과정을 학습하며, 이때 부정적인 경험을 한 대상자에게 퇴행이 나타날 수 있는 단계 ④ 이별에 대해 대상자가 가질 수 있는 거절감, 분노 등의 느낌을 표현하도록 격려(상실감 탐색) 20국시 ⑤ 종결에 대한 반응을 인식, 수용하고 공감적·개방적 태도로 적절히 반응	
	종결 결정 요건	① 대상자의 현재 문제의 해결 ② 대상자의 사회적 기능이 증진되고 고립감 감소 ③ 대상자의 자아기능이 강화되고 정체감을 갖게 되었음 ④ 대상자가 효율적이고 생산적인 방어기전 사용 ⑤ 계획했던 치료목표 성취 ⑥ 저항이나 역전이 등의 어려움이 해결되었음

4 치료적 관계에서의 간호사의 과업

단계	과업	간호목표
상호작용 전 단계	① (자기탐색) 자기 자신의 느낌, 환상, 두려움 등 탐색 ② (자기분석) 전문적인 강점과 한계점에 대해서 분석 ③ (대상자에 대한 유용한 자료수집) 가능하다면 대상자에 대한 자료 수집 ④ 대상자와의 첫 만남에 대해 계획	자기지각 탐색
초기 단계	① (협력관계 형성) 신뢰적이고, 수용적이고, 개방적인 의사소통 수립 ② (도움을 필요로 하는 문제파악) 대상자가 왜 도움을 청하는지 사정 ③ (감정에 대한 탐색) 대상자의 생각, 느낌, 행동 등 탐색 ④ 대상자와 목적 수립 ⑤ (계약수립) 상호 간에 계약 수립	신뢰형성 중재에 대한 계약맺기
활동 단계	① 관련 있는 스트레스원에 대해서 탐색 ② 대상자가 통찰력을 발전시키고 건설적인 대처기전을 이용하도록 도와줌 ③ 저항행위 극복	대상자 변화 촉진
종결 단계	① 이별이라는 현실 상황 수립 ② 거부감, 상실감, 슬픔, 분노, 그 밖의 관련된 행위에 대해서 상호 간에 탐색 ③ 치료의 진전사항과 목적의 성취 여부에 대해서 고찰	목표달성 평가 치료의 종결 확인

치료적 의사소통 – 효과적인 의사소통 방법과 비효과적인 의사소통 방법

(1) **의사소통의 정의** : 사람들과 그들의 환경 사이에서 생각과 느낌 같은 정보가 전달되는 연속적인 순환과정

(2) **의사소통과정의 구성요소** : 송신자, 수신자, 메시지, 의사소통 기술, 상황, 매체, 피드백, 환경, 메시지 변수 (언어적 의사소통, 비언어적 의사소통)

(3) **치료적 의사소통의 원리와 기술**
   ① 참여기술 : 신체적 참여기술(정면으로 바라보기, 개방적 자세, 몸 기울이기, 눈 접촉, 이완된 분위기 조성, 프라이버시 보장), 심리사회적 참여기술(경청, 비언어적 행동 등)
   ② 치료적 의사소통 기술

기법	정의	효과	사례
경청 22임용(지문)/ 15,16,17 국시	• 정보를 받아들이고 받은 메시지에 반응하는 적극적 과정 • 언어적, 비언어적 행동에 주의하고 반응(피드백 제공) • 내용 및 의미와 내면의 동기, 바람, 정서까지 이해	• 신뢰감 형성 및 자기개방 • 비언어적으로 대상자에게 간호사의 관심과 수용 전달 • 대상자의 문제를 명확히 이해 • 대상자의 기분 환기 : 생각이나 감정을 자유로이 표현	• 눈 맞춤 • 수용적, 비언어적 의사소통 유지
일반적 주제로 이끌기 (= 개방적 대화) 22 국시	• 대상자에게 이야기할 수 있는 기회를 주는 방법 → 광범위하고 일반적인 주제로 대화를 시작하는 것 cf) 폐쇄적 질문은 대상자가 단답형의 제한된 답을 하도록 함	• 대상자가 하고 싶은 주제를 선택하도록 격려함 • 대상자가 '지금 여기' 있다는 것을 확인시킴	• "요즈음 주로 무엇을 생각하세요?" • "오늘은 무엇에 대해서 이야기할까요?" • "오늘 기분이 어떠세요?"
재진술 (= 반복) 14 국시	• 대상자가 표현한 주요 내용을 다시 말하는 것	• 대상자의 말을 경청하고 있음을 알림 • 일부분만 반복 : 중요한 사항에 주의를 집중하게 함 • 의사소통 촉진, 정확한 의사소통	• 대상자 : "잠을 잘 수가 없어요. 밤새 내내 깨어 있어요." 간호사 : "잠드는 것에 어려움이 있군요." • 대상자 : "밤새 한잠도 못 잤어요." 간호사 : "밤에 한잠도 못 주무셨군요."
명료화 하기 11,23 임용/ 14,16,17,19 국시	• 대상자의 말에서 명확하게 표현하지 않은 모호한 생각을 확인하거나 언어화하려고 할 때 사용	• 내담자의 모호한 느낌, 생각을 분명하게 함 • 간호사의 이해를 확인 : 잘못된 의사소통 예방	• "반려견 때문에 힘들다는 것이 무슨 말인지 더 얘기해 주겠니?" • "대범이가 생각하고 있는 것을 분명하게 해 보자. 네가 부모님과 의견이 달라서 무책임하게 느껴진다고 말하는 거니?"
해석	• 대상자가 새로운 방식으로 자신의 문제를 볼 수 있도록 사건의 의미를 설명해주고, 대상자가 자신의 문제를 새로운 각도에서 이해하도록 그의 생활경험과 행동의 의미를 설명하는 것	• 대상자의 말속에 포함된 새로운 의미를 대상자에게 설명해주는 기법으로 대상자의 자기이해와 수용을 도움	

기법	정의	효과	사례
반영 11,21 임용 / 14,15,17, 18 국시	• 대상자의 사고나 감정 및 경험을 대상자에게 되돌리는 기법	• 대상자에게 깊은 관심을 나타냄	
㉠ 내용 반영 (다른 말로 표현하기) 08 국시	• 대상자가 가지고 있는 주요 생각을 좀 더 새롭고 간략한 언어로 반복하는 것	• 대상자의 말을 경청하고 있다는 것과 내용을 이해하고 있음을 알도록 함	• 대상자 : "결혼해서 남편은 돈도 안 벌어요. 직장도 구하려고 하지 않았어요." 간호사 : "남편 분은 결혼한 뒤로 더 이상 일하려는 의지가 없었군요."
㉡ 감정 반영 11,21 임용 / 20,21,23 국시	• 대상자가 표현한 언어의 내용에 담겨져 있는 감정에 대한 반응	• 대화의 내용보다는 느낌에 초점, 막연한 감정을 분명하게 함 • 공감전달(대상자의 감정을 인식하고 있음을 전달함) • 대상자와 간호사의 관계 수준을 증진시킴	• 대상자 : "나는 직업을 바꿀 생각은 별로 하지 않았습니다. 그러나 나의 직장 동료들은 나를 싫어하고 쫓아내려고 합니다." 간호사 : "직장 동료 때문에 화가 나고 미운 감정이 들겠군요." • "대범아, 네 이야기를 들어보니 정말 열심히 노력했는 데도 원하는 결과를 얻지 못해서 실망스럽고 좌절한 것처럼 들리는구나." 11 임용(지문) • "학생의 이야기를 들어보니 열심히 노력했는 데도 잘 안되어 답답하고 매우 속상한 것처럼 들리네요." 21 임용(지문)
㉢ 경험 반영	• 객관적으로 관찰한 것을 피드백하는 것	• 비언어적 신체 언어의 느낌을 반영해 언어적 느낌 이상의 것	• 간호사 : "부인 이야기를 하실 때 얼굴이 빨개졌고 손을 꽉 쥐고 있군요. 부인에게 화가 나신 것 같군요?"

※ 반영기법을 사용할 때 초래할 수 있는 실수
  ㉠ 상투적인 반응 : "당신은 …하게 생각하고 있네요." 혹은 "당신은 …하게 느끼고 있네요."와 같은 반복적이고 단조로운 방식으로 반영기법을 사용할 수 있음
  ㉡ 적절하지 못한 시기 : 대상자가 표현하는 모든 것에 대해 반영을 하는 것은 분노나 좌절감을 야기할 수 있음. 이런 경우 비치료적인 반응이 될 수 있고, 대상자가 간호사를 진실하지 못하다고 생각할 수 있음
  ㉢ 길게 독점적으로 이야기를 하는 대상자를 중단시키지 못하는 경우 : 대상자가 지나치게 장황하게 자신의 말을 하는 경우 감정을 포착하는 것이 어려울 뿐만 아니라 간호사가 대상자와의 관계에 있어서 책임감 있고 적극적인 파트너가 되지 못함
  ㉣ 감정의 부적절한 깊이 : 대상자의 감정을 사정하는 데 있어서 지나치게 표면적이거나 지나치게 깊게 분석적인 것은 치료적이지 않을 수 있음
  ㉤ 대상자의 사회문화적 경험과 교육수준에 적절하지 않은 언어의 사용 : 효과적인 언어란 자연스러우면서도 대상자가 이해할 수 있는 언어이어야 함

기법	정의	효과	사례
초점 맞추기 11 임용 / 04 국시	• 중요한 문제에 대해 대상자가 좀 더 이야기하도록 돕는 것 → 주제에 초점을 맞춰 구체적으로 표현을 하도록 함	• 주제에서 벗어나지 않도록 이끌어감(추상화나 일반화를 피함) • 하나의 주제에 집중하도록 함 • 한꺼번에 많은 이야기를 하려거나 혼동이 있는 대상자에게 사용할 수 있음	• "어떤 일이 일어났던 것인지 한 가지만 예를 들어 얘기해 보세요." • "당신을 괴롭히는 것이 구체적으로 무엇입니까?" • "~에 대해 이야기했어. 이 중에서 어떤 문제가 가장 중요한지, 그리고 어떤 문제를 가장 먼저 다루고 싶은지 말해주겠니?"
주제 확인	• 주제는 대상자와의 의사소통 과정 동안에 반복적으로 나타나는 내용으로 이를 확인	• 대상자가 느끼는 감정, 행동, 경험한 사건들을 연결함 → 자신의 중요한 문제점 인지	• "나는 당신이 말한 모든 관계 속에서 거절당하고 상처를 받았다는 것을 알았습니다. 당신은 이것이 근원적인 문제라고 생각하나요?"
침묵 16 국시	• 치료적 이유의 대화 단절	• 대화 조절 : 의사소통의 속도 조절, 대상자 스스로 대화 시작 유도 • 통찰력 부여 : 대상자에게 생각할 시간 부여	• 대상자의 관심사나 어려움에 대해 대화하지 않고 함께 앉아 있는 것
유머	• 단어에 새로운 의미부여로 대상자와 간호사 사이 웃음 공유 • 익살스러운 즐거움으로 불완전한 에너지 방출	• 웃음이나 즐거움을 통해 긴장이나 갈등 에너지 발산 • 유머는 억압된 것들을 의식화하게 하고 통찰력을 향상시키게 함 • 건설적인 대처행위	• 유쾌한 익살, 해학, 농담

유머	\multicolumn{3}{l}{• 유머가 치료적인 가치를 지니게 되는 경우
	  – 약한 수준이나 중등도의 불안을 경험하고 있는 대상자에게 유머로써 긴장을 완화, 단 공황수준의 불안에는 유머사용은 부적절함
	  – 유머로써 대상자가 효율적으로 대처하도록 도움을 줄 때, 혹은 학습을 촉진시킬 때, 삶을 바라보는 관점을 변화시켰거나 사회적인 거리감을 줄인 경우
	  – 유머가 대상자의 사회적 가치 및 문화적 가치와 일치할 때, 유머로 인해 자신이 놓인 상황이나 사람들 간의 상황, 특정한 스트레스원에 편안해진 경우}

정보제공	• 암시나 충고와 다른 것 • 대상자에게 정보 제공	• 건강교육을 돕거나 대상자 건강과 자가간호에 관련된 것들을 대상자에게 교육	• "약물 효과에 대해 좀 더 알려드리겠습니다."
제안	• 문제해결과 관련된 대안을 제안하거나 추천하는 것으로 충고는 아님	• 활동단계에서 활용 • 여러 가지 선택사항에 대해 대상자의 지각을 증진시킴	• "당신의 상관이 당신에게 어떤 문제점을 지적했을 때 좀 다른 방식으로 대응해야겠다는 생각을 해 본적은 없나요? 예를 들어, 구체적으로 무슨 문제인지 물어볼 수도 있지 않을까요?"

기법	정의	효과	사례
직면하기 13 국시	• 대상자의 말과 행동 사이 모순, 진술된 내용 중 상호 모순된 것을 지적하여 내담자로 하여금 알게 하는 것 • 비판단적인 태도를 유지하는 것이 중요함	• 내담자의 자기인식 • 언어적 의사소통과 비언어적 의사소통을 일치하도록 함 • 방해행동을 줄이고 직접적, 개방적으로 문제를 다루게 함	• "말로는 아빠에 대해 괜찮다고 하지만 말하는 동안 얼굴 표정이 굳어지고 주먹을 불끈 쥐더구나."
자기노출	• 간호사는 자신을 노출시킴으로써 대상자의 경험 등이 공유되고 있음을 알림 • 대상자가 자신의 느낌, 감정을 표현한 후 사용		• 대상자 : "직업소개소에서 일자리를 구하는 것이 두렵습니다." 간호사 : "당신이 무엇을 말하는지 알 것 같습니다. 저도 새로운 직장을 구할 때 겁이 났어요."
요약 11 임용 / 09 국시	• 대화가 끝난 다음 그동안 나눈 대화의 느낌, 사고 등을 정리해주는 기술 • 중요한 초점, 진행상 강조해야 되는 시기에 사용가능	• 자신이 이해받고 있다고 느낌 • 상호작용 주제나 문제에 초점을 맞춤 • 다음 모임과의 연속성 제공	• "우리는 지금까지 ~~에 대한 내용을 이야기했습니다." • "대범아, 방금 여러 가지 문제점들을 말했는데, 정리해 보면 자신감이 없고, 부모님의 실망감, 친구들과의 어려움, 그리고 화장실 다닌 것에 대한 불편함에 대해 이야기했어."

③ 비치료적 의사소통 기술

기술	정의	미치는 영향	사례
일시적 안심 11,23 임용 / 14 국시	• 실제로 문제가 있는 데도 일시적으로 대상자를 안심시키기 위해 모든 것이 괜찮다고 말함	• 대상자에게 실제로 존재하고 있는 문제를 최소화하거나 무시, 경시하는 태도로 받아들여질 수 있음	• 너무 걱정하지 마. 금방 좋아질거야. • 당신은 잘 해 나가고 있어요. • 곧 나아지실 거예요. → 치료적 의사소통 : 그것에 대해 걱정되는 것이 무엇인가요? 생각하고 있는 것이 무엇이죠?
불필요한 칭찬	• 대상자의 생각이나 행동에 칭찬하는 반응	• 판단하는 권리가 대상자보다 간호사에게 있다는 의미를 전달함	• 그거 참 좋습니다. • 아주 잘 하셨어요.
비난	• 대상자의 행동이나 생각을 비난하는 것	• 대상자가 솔직하게 생각한 바를 말하고 행동하는 자유를 제한할 수 있음 • 칭찬을 받으려는 방향으로만 말하고 행동하려 함	• 그건 좋지 않아요. • 나는 오히려 당신이 …하지 않는 편이 좋다고 생각해요.
거절	• 대상자의 생각/행동에 숙고하지 않거나 거부하는 경우	• 대상자의 대화가 거절당했다고 지각 → 치료적 관계 지속되기 어려움 • 환자의 생각이나 행동에 대한 탐색 방해	• …은 말하지 맙시다. • 나는 …에 대해서 듣고 싶지 않아요.

기술	정의	미치는 영향	사례
지나친 동의	• 대상자의 판단 기준보다는 간호사의 판단을 우위에 둔 경우	• 대상자 자신의 의견을 주장하기보다 간호사의 의견에 따르려는 경향이 강해질 수 있음 • 환자의 관점 변화의 기회 박탈	• 나도 그렇게 생각합니다. • 옳다고 생각합니다.
지나친 이견 11 임용	• 대상자 의견에 반대하는 경우	• 대상자가 틀렸다는 것을 내포 → 불안, 방어 및 논쟁 일으킴	• 그것은 틀려요. • 절대로 동의하지 않아요. • 그건 네가 잘못 생각하고 있는 거야.
충고	• 대상자의 질문이나 요청에 정보를 제공하지 않고 특별한 제안을 하는 것	• 간호사가 대상자보다 높은 위치에 있음을 암시함 • 대상자의 문제해결능력 부인 • 책임감 부정, 의존심 증가	• 대상자 : 우울해요. → 간호사 : 우울할 땐 자원봉사를 하면 괜찮아져요. • 내가 당신이었다면…
탐지 (과다한 질문)	• 대상자에게 심문하듯이 캐묻는 것	• 간호사를 심문자로 생각하게 함 • 방어적 반응 야기 • 스트레스 상황 유발, 위축, 분노 야기	• 대상자 : 무슨 후회를 하셨단 말입니까? • 죄는 무슨 죄란 말입니까? → 치료적 예 : 그것에 대해 더 말해주세요.
도전	• 대상자의 지각과 인지를 증명하도록 요구하는 것	• 도전이나 위협으로 받아들임 → 방어적 태도 • 관계 저하	• 대상자 : 아무도 나를 돌보지 않아요. → 간호사 : 여동생이 면회 왔잖아요.
시험	• 대상자의 병식 정도를 시험하는 경우		• 아직도 망상을 가지고 계세요? • 아직도 부모님이 미우세요? → 치료적 예 : 무슨 생각을 하면서 지내는지 말해주세요.
표현된 감정의 경시	• 대상자가 처한 상황이나 문제를 대수롭지 않게 생각함	• 대상자의 느낌이 일시적이거나 잘못된 것이며 그다지 중요하지 않다는 것을 함축함	• 뭐 그런 것 가지고 그렇게 심각하게 고민하세요?
상투적 반응 (=상투어) 11 임용	• 의미가 없는 상투적 문구나 틀에 박힌 반응을 하는 경우	• 대상자의 개별성 무시 • 성의 없음 • 감정표현 감소	• 날씨가 좋군요. • 용기를 잃지 마세요. • 아, 참 안됐군요. • 대부분의 3학년 학생들은 자신에 대해 실망스러워 한단다. 11 임용
문자적 반응	• 대상자가 말하는 내용이 담긴 의미에 대해서는 생각하지 않고 말 그대로 받아들여 대답하는 것	• 대상자의 감정 이해하지 못함 → 치료적 관계 진행 어려움	• 대상자 : 아내가 면회 온 지 2주일이 넘었어요. 집에 무슨 사고가 나지 않았나 싶어요. → 간호사 : 사고라니요, 그런 일은 없었어요.

기술	정의	미치는 영향	사례
관계없는 주제 (=주제의 회피, 주제 바꾸기) 11 임용 / 06 국시	• 대상자가 말하고 싶은 주제를 피하거나 주제를 바꾸는 것	• 대상자의 발언권을 빼앗는 것 • 민감한 주제를 피하거나 간호사의 불안을 감소하기 위함	• 대상자 : 유방절제술 후 남편이 나에게 매력을 못 느껴요. → 간호사 : 유방암이 있는지 몰랐어요. 가족들은 사이가 좋은가요? • 그것에 대해서는 다음에 이야기하도록 하고, 오늘은 왜 자꾸 화장실에 가야만 하는지에 대해 이야기하자.
지시하기	• 대상자에게 특별한 지시를 내리고 따르도록 하는 것	• 간호사가 대상자보다 높은 위치에 있음을 암시함 • 대상자의 문제해결능력 부인 • 책임감 부정, 의존심 증가	• 당신은 이 지시를 따라야 합니다. → 치료적 예 : 가장 좋다고 생각하는 것은 어떤 것입니까?
판단	• 자신의 가치 기준으로 대상자에게 가치가 내재된 판단으로 비판적, 평가적 진술을 하는 것	• 간호사가 대상자보다 높은 위치에 있음을 암시함 • 대상자의 특성을 용납하지 않고 상투적 태도를 취하게 됨 • 환자의 자기 가치감을 손상시킴	• 대상자 : 저는 다른 사람의 물건을 훔쳤어요. → 간호사 : 도둑질을 해서는 안돼요. 이건 나쁜 짓이에요.
방어	• 대상자의 언어적 공격, 불평, 비평하는 것을 방어하고 보호하고 자신의 입장을 변호하는 것	• 대상자 느낌의 표현 감소 → 거절감을 전달받음	• 이 병원은 평판이 좋습니다. • 담당의사와 간호사는 매우 유능한 선생님입니다.
이중 구속	• 간호사가 모순된 언어적, 비언어적 메시지를 전달함	• 어떤 메시지가 진실한 것인지 결정하기 어렵고 난감해함	

8 간호사정내용

❶ 정신사회적 사정요소

일반적 배경	① 연령 ② 발달단계 ③ 문화적 고려사항 ④ 영적 신념 ⑤ 과거력	역할과 관계	① 현재 역할 ② 역할에 대한 만족도 ③ 역할에 대한 성공도 ④ 의미 있는 관계 ⑤ 지지체계
외모와 행동양상	① 위생과 몸단장 ② 적합한 의상 ③ 자세 ④ 눈맞춤 ⑤ 특이한 움직임 혹은 버릇 ⑥ 말투	자아개념	① 자신에 대한 개인적 관점 ② 자신의 신체에 대한 묘사 ③ 개인적 자질과 특성
		기분과 정동	① 표현되는 감정 ② 얼굴표현
사고과정과 내용	① 사고내용 ② 사고과정 ③ 사고의 명료 ④ 자해 혹은 자살충동	판단력과 통찰력	① 판단력(환경해석) ② 결단력 ③ 인식(현재 상황에서 자신과 관련된 부분의 일을 이해하는지)
감각과 인지과정	① 지남력　② 혼란 ③ 기억력　④ 집중력 ⑤ 추상적 사고능력	신체와 자가간호의 내용	① 식습관　② 수면양상 ③ 건강문제　④ 일상생활 수행 능력 ⑤ 처방된 약의 정확한 복용

❷ 정신상태사정 : 대상자에 대한 일반적인 기술, 정서 상태, 경험, 사고, 감각 및 인지에 관한 사정으로 구성됨

일반적 기술	외모			① 머리에서 발끝까지 전반적 외모 사정 ② 키와 몸무게 확인, 옷차림이 계절이나 신분에 적절한지, 화장 정도 등 ③ 개인 위생상태, 머리카락 색깔이나 결의 상태, 문신, 손톱 상태 등 ④ 자세, 눈맞춤을 잘하는지 못하는지, 동공의 크기, 동공 빛 반사 등
	행동양상			① 대상자에게 진전, 틱이나 정형화된 움직임, 버릇이나 몸짓, 과다활동이 있는지 관찰하고 산만하거나 불안증상이나 공격적 행동이 있는지 사정 ② 행동양상 사정 용어
		자동증		자신의 의지나 생각은 전혀 없는 것처럼 목적 없이 반복되는 행동, 예를 들어 손가락을 두드리는 것, 머리카락을 뭉쳐서 꼬는 것, 발바닥을 치는 등 • 자동적 복종 : 타인의 요구대로 자신의 의지없이 움직임 • 반향행동, 반향언어 : 타인을 그대로 따라서 행동하거나 말하는 것
		반복행동	긴장증	자발적인 운동이 없거나 극도의 초조성 흥분을 나타냄
			강직증	반복적 행동의 가장 심한 경우로 보통사람이라면 견디기 힘들 정도로 일정한 자세를 움직이지 않고 유지(부자연스럽게 강직된 자세 유지)
			납굴증	자세나 위치가 어색하거나 불안한 데도 전혀 움직임이 없이 한 가지 자세가 계속 지속되는 것(극심한 형태의 강직증)
			상동증	운동의 반복적인 유형을 말하며, 타인의 행동을 모방한 것일 수도 있음. 특별한 의미가 없는 행동을 무의식적 긴장이나 갈등을 해결하기 위한 방안 95 임용(보기)
		과다활동		정신운동이 증가되어 있는 상태로서 안전부절 못하고 공격적이고 파괴적인 행동을 하는 것
		과소활동		운동이 감소되고 인지된 행동이 감소하며 정신운동이 지연되고 사고, 언어, 운동의 흐름이 느린 상태

일반적 기술	행동양상	강박행동	불합리한 행동임을 알면서도 그 행동을 하려는 병적으로 저항할 수 없는 충동
		거부증 (= 거절증)	모든 요구에 대하여 극도로 반대 자세를 취함. 함구증이나 거식증 등 • 함구증 : 말을 할 수 있지만 전혀 말을 하지 않음 • 거식증 : 식사를 거부하는 것 95 임용(보기) / 17 국시
		실행증	운동마비나 운동장애가 아니면서 행위를 이해하지 못하고, 수의적 행위가 불가능한 상태(옷을 입는 것과 같은 다소 복잡하거나 조직적인 일을 수행하는 데 어려움이 있음) 10 임용
	언어양상		대상자의 말의 속도, 크기, 양, 특성을 파악하고 양적·질적 특성, 비정상적인 요소를 사정
	일반적 태도		① 질문에 대답을 잘하는지, 질문에 대답을 거부하는지를 통해 협조적인지, 비협조적인지 판단하는 것 ② 사교적인지, 관심을 보이는지, 빈정대는지, 불안정한지를 관찰하여 친근한지, 적대적인지, 방어적인지 사정 ③ 무관심하거나 무감동인지, 신중한지, 의심이 많은지 관찰
정서 장애	기분		대상자에게 전반적으로 스며들어있는 오래 지속된 정서상태로 대상자가 기분에 대해 주관적으로 말하는 것
		우울	"아무것도 하고 싶지 않아요, 아무도 날 돌봐주지 않아서 우울해요."
		들뜬 기분	"(밝게 웃으며) 오늘은 무슨 일을 해도 다 잘될 것 같아요. 기분이 너무 좋아요."
		불안정한 기분변화	"(밝은 표정으로) 제가 쓴 글이 상을 받을 것 같아요. (화를 내며) 내가 못할 것 같아요? (울면서) 저는 정말 잘할 수 있어요."
	정동		대상자의 정서상태가 외부로 표출되는 것으로 대상자의 자세, 몸짓, 목소리의 톤, 얼굴 표정과 같은 자료로 객관적인 정동상태
		둔마된 정동	① 얼굴표정이 거의 없거나 천천히 반응하는 것처럼 보여지는 것 ② 자극에 대한 주관적 느낌이 없음, 감정표현의 강도가 많이 감소된 무딘 감정 상태
		편평한 정동	① 둔마보다 심해 목소리 톤이나 얼굴의 움직임 등에서 감정을 나타내는 흔적이 없거나 거의 없는 상태 ② 자극에 대해 주관적 느낌이 없음. 얼굴표정이 없이 감정표현이 많이 감소된 무딘 감정상태
		무감동 14 국시	주관적 느낌이 없음. 객관적 반응조차도 없어진 상태
		무쾌감증 02 국시	즐거움을 느끼지 못하고 즐거움과 기쁜 감정이 전혀 표현되지 않는 상태
		부적절한 정동 04 국시	① 얼굴표정이 상황이나 감정에 부적절하게 표현됨 ② 종종 어리석고 주변상황에 무관심
		제한된 정동	표현이 한 가지 형태로 나타남. 일반적으로 심각하거나 침울
		들뜬 기분	다행감 : 쾌적 정서의 첫 단계로 낙천적이며 마음 편한 즐거운 느낌
			의기양양 (= 고양감) : ① 다행감에 행동상의 항진이 동반된 경우, 다변증(수다증)이 나타남 ② 합리적 사고와 판단력에 장애가 있어 쉽게 흥분하거나 주변 사람들과 자주 의견 충돌을 일으키고 지나치게 독선적 행동이 나타남
			기고만장 : 극심한 의기양양감에 위풍과 존대의 요소가 있고 자기 과대평가 태도가 동반되며, 과대적 사고를 동반함
			황홀감 : 가장 기분이 좋은 상태의 극치감, 무아지경에 이른 것 같은 정서상태
		양가감정 05 국시	동일한 사물, 사람, 상황에 상반된 감정이 공존되는 것으로, 단순한 결정 조차 내릴 수 없는 상태

사고 형태 장애 10,11,12, 13 국시	자폐적 사고		① 자기만의 뜻과 생각 속에 빠져서 현실과 단절되어 있는 상태 ② 비현실적인 사고가 이성이나 논리를 대신하므로 현실과 단절되어 백일몽, 환상, 망상 등에 몰두하게 되는 마음의 상태
	마술적 사고		특수한 생각이나 말 등이 초자연적 방법에 의해 소원성취를 시킬 수 있고 초능력을 발휘할 수 있다고 믿음
사고 과정 장애	사고 흐름의 목적성	우회증 (우원증) 15 국시	① 연상되는 사고는 많고 선택적 억제기능은 약하여 많은 사고가 의식계로 나오는 연상의 장애 ② 애초 목적한 사고에 도달하기는 하지만 불필요한 지엽적 생각으로 탈선 ③ 조현병, 기질성 정신장애, 지적장애에서 흔히 나타남
		사고의 이탈	불필요한 지엽적인 생각으로 탈선하고, 목적한 사고에 도달하지 못하는 것
	사고 흐름의 속도	사고의 지연 (= 사고의 지체)	연상 속도가 매우 느려져 생각의 속도, 사고, 말의 진행이 매우 느리고 원활치 못한 현상으로 어떤 결론에 도달하지 못하는 경우(우울삽화의 특징)
		사고의 비약 (= 생각의 비약) 95,19 임용(보기)/ 13 국시	한 주제에서 다른 주제로 연상활동이 지나치게 빠르게 진행되어 목적에 도달하지 못하고 생각들이 전체적 논리성은 떨어지지만 단편적으로 서로 연결됨(지엽적 내용에 따라 진행, 조증삽화의 특징) 예 "성적 얘기가 끝나기도 전에 제 생일이 언제인지를 물어봤어요. 그러더니 제가 질문에 대답하기도 전에 친구와 도서관에 다녀온 얘기를 하다가 갑자기 키우고 있는 그양이 얘기를 하는 거예요."
	사고의 이완 (= 연상의 해리, 연상의 이완) 20 국시		생각과 생각 사이에 논리적 관계의 결핍으로 한 주제에서 전혀 관련되지 않은 다른 것으로 이동하여 모호, 분산, 초점이 없음
	지리멸렬 23 임용 / 08 국시		사고나 말에 적절한 문장 법칙과 논리적 연결성이 없어 앞뒤가 연결되지 않아 줄거리가 없고, 이해할 수 없는 상태(연상이완의 극단적 증상)
		말비빔	지리멸렬의 극심한 상태 → 논리적으로 연결되지 않는 일련의 단어 나열
	사고 흐름의 진행 장애	사고의 두절 (= 사고 단절)	① 사고나 말하는 도중에 생각이 떠오르지 않은 것처럼 갑자기 중간에 말을 중단하는 현상 ② 사고의 흐름이 정지되었다가 얼마 후 다시 진행(이유 설명 못함)
		보속증	① 새로운 자극을 주어도 사고가 더 이상 진행되지 못하고 이전 자극에 머물러 한 가지 반응, 생각, 활동을 과도하게 지속, 반복 반응 ② 다른 질문에도 같은 대답, 생각의 반복, 언어, 움직임 반복 예 내가 학교에 가다가… 가다가…, 새로운 동작 노력해도 반복적 동작
	음송증 07 국시		① 언어의 상동증 : 말이나 문장을 이유 없이 반복하는 것 ② 의미 없는 낱말이나, 어구 되풀이 / 온전히 단절된 낱말들 cf) 보속증은 일과적이며, 자극이 있어야 하는 반면 음송증은 버릇처럼 습관화되어 지속되는 것임
	음연상 (= 음향연상) 10 국시		새로운 관념이 말의 의미보다 소리의 음향, 음에 따라 새로운 사고가 연상되어 소리가 비슷하게 나는 단어나 그 자체를 반복하는 것 예 우연히 시작된 '사' 발음으로 사슴, 사람, 사랑… 무의미한 언어 연결
	반향언어 21 국시		앵무새처럼 기계적으로 부적절하게 남의 말을 따라하는 것
	추상적 사고 결여		기질적 뇌질환 환자에게 흔함

사고 내용 장애	망상 95,15,23 임용 / 12,16,17 국시		① 사실과 다른 불합리하고 잘못된 믿음이나 생각 : 이성과 논리적 설명으로 바꾸지 못하며 그릇되고 불합리하다는 분명한 증거에도 그 신념을 계속 가짐 ② 대상자의 교육수준, 문화적 환경과 맞지 않음 ③ 방어기제 : 투사
		피해망상 95,15,17 임용 / 12 국시	① 다른 사람이 자신이나 가족을 해치려고 하거나 감시한다고 생각하는 피해망상적 내용의 믿음 예 음식에 독이 있다며 먹기를 거절, 친구들이 욕을 하지 않았는데도 자기욕을 한다고 생각하고 사실이 아닌데 누군가 자기를 괴롭히고 있다고 생각함. 어머니가 자신을 실험대상으로 이용하고 동네사람들에게 욕을 하고 다녔다고 하는 딸 ② 편집망상 : 비현실적으로 다른 사람, 행위를 지나치게 의심, 경계 ③ 추적망상, 관찰망상, 독약망상
		관계망상 15 임용 / 02,06,12, 16,19,21,22 국시	실제로 자신과 아무런 관계가 없는 주위에서 일어나는 일상적, 객관적 모든 일에 모두 자신과 관련이 있다고 믿는 망상 : 자기비판이 투사된 것임 예 남들이 대화로 자신을 비난이나 흉본다고 믿는 경우
		색정망상	누군가가 자신을 몹시 사랑한다고 믿음
		신체망상	신체기능이나 구조에 이상이 있다고 비현실적으로 믿고 있는 망상
		자책망상 20 임용	초자아가 심하게 비판적일 때 자기징벌과 죄의식을 내용으로 하는 망상 예 제 주변에 좋지 않은 일이 일어나는 것은 모두 제 탓이에요, 우리 학교 야구부가 전국대회에서 진 것도 제 탓이에요. 등
		빈곤망상	자신은 가진 것이 없다. 망했다. 등 예 자신이 굶어죽을 만큼 가난하다고 확신하는 망상
		허무망상 07 국시	자신은 이미 존재하지 않는다. 죽었다. 존재가치가 없다. 등
		종교망상	자신이 절대적 존재에게서 사랑을 받고 있으며, 그러한 존재의 도구라 믿음
		과대망상 20 국시	자신이 위대함, 특별한 힘을 지니고 있다고 생각하는 믿음 : 열등감, 불안감의 투사로 발생 예 신통력, 축지법 등
		조종망상 17 국시	자신의 생각, 행동이 타인에 의해 또는 미지의 존재에 의해 조종된다고 믿는 망상
		사고유출	자신의 생각이 밖으로 빠져 나간다고 믿는 경우
		사고전파	말하지 않아도 남들이 자신의 생각을 안다고 믿는 것
	이인증 25 임용		자기 정체감을 잃어버린 느낌, 자신이 평소 때와는 달리 낯설다고 느낌 예 키보드를 치는 제 손을 보면서 제가 아닌 것 같은, 제 영혼이 밖으로 나와서 키보드를 두드리는 저를 보고 있는 것 같은 기분이 들어요.
	비현실증		자신의 주위에 있는 것들이 평소 때와 달리 생소하고 낯설다고 느낌
	공포증		어떤 특수한 자극이나 상황에 대한 비현실적인 병적 두려움
	강박증		어떤 생각, 정서, 충동을 떨쳐버리고 싶지만 반복적이고 지속적으로 의식화하게 되는 것
	질병불안 장애		신체기능이나 신체감각에 대해 지나친 관심과 병적인 주의집중

지각	환각 95,14 임용(보기) / 19 국시			① 외부자극이 실제로 없음에도 마치 외부에서 자극이 있는 것 같이 느끼는 현상 ② 정신증적 반응의 초기나 급성기에 더욱 흔히 발생함(∵ 억압이 실패하여 갈등이 해결될 수 없기 때문임)
		환청 25 임용 / 18 국시		실제 외부의 청각자극이 없는데도 실제처럼 들리는 것 ⑩ 친구들의 비웃는 소리가 들려서 주변을 둘러봤는데 아무도 없었어요.
			조현병	환청내용의 대부분이 불쾌하고 비난하는 내용으로 그의 망상과 밀접한 관계가 있음
			우울증	자신의 죄책감, 허무감과 연관되어 남들이 자신을 꾸짖거나 얕보는 내용으로 흔히 들림
			조증	위대한 인물, 조물주 등이 자신과 얘기하고자 하는 내용이 흔함, 과대망상과 연관됨
		환시 14 임용		실제 외부의 시각자극이 없는데도 실제처럼 보이는 것 ⑩ 빛이나 죽은 사람, 동물 등 현재 존재하지 않는 것의 형상이 보임. 위협적이고 놀라운 괴물이나 광경이 보이기도 함
		환후		실제 외부의 후각자극이 없는데도 실제처럼 냄새를 맡게 되는 것 ⑩ 냄새나 악취가 나는 것처럼 느껴 코를 쥐고 냄새를 맡는 것처럼 킁킁거림
		환미		실제 외부의 미각자극이 없는데도 실제처럼 맛을 느끼게 되는 것 ⑩ 쓴맛이나 독특한 맛을 느낀다고 표현하거나 음식이나 음료를 거절하고 뱉어내며 식사를 거부하는 증상으로 이어짐
		환촉		실제 외부자극이 없는데도 실제처럼 자신의 피부와 접촉하거나 누르거나 압박하는 등의 촉각을 경험하는 것 ⑩ 몸에 전기가 흐르고 있는 느낌이나 피부에 벌레가 기어가고 있는 것 같은 느낌
		입면 시 환각		잠이 들 때 나타나는 환각
		왜소환각		물체가 실제보다 작게 보이는 것
		신체환각		느낄 수 없는 장기의 기능을 느끼는 것 ⑩ 소변이 만들어지는 느낌이나 충동이 뇌를 통해 전해지는 느낌을 호소함
		운동환각		대상자가 움직이지 않으나 신체 움직임을 느끼는 것 ⑩ 바닥에서 떠오르는 것 같은 비정상적 신체 움직임을 경험하는 것
	착각 95,14,19 임용(보기) / 06,20 국시			실제 외부자극을 잘못 인식하는 것(= 감각자극을 잘못 인식하는 지각장애) ⑩ 정맥 수액 줄을 보고 뱀이라고 하는 것 14 임용(지문) 창밖에서 들리는 빗소리가 친구들이 자기를 욕하는 소리라고 하더라구요. 19 임용(지문)
	실인증 (= 언어불능증) 10 임용			감각기관의 손상은 없으나 뇌의 두정엽 또는 후두엽 손상으로 사물을 인지하지 못하는 것
언어 장애	운동성 실어증			말을 안 하거나 말을 이해하나 말하지 못함
	지각성 실어증			말을 이해하지 못함
	총체성 실어증			운동성 + 지각 실어증
	명칭 실어증			대상에 맞는 이름을 발견하지 못함
	문장 실어증			단어들을 올바르게 연결하지 못함
	무언증			지적장애나 치매 등으로 인하여 말할 수 없는 상태
	발음장애			단어선택이나 문법은 적절하나 발음이 곤란한 경우
	언어빈곤			말의 양이 적고 모든 질문의 대답이 단음절인 경우가 많음
	언어압박 (= 언어압출) 21 임용			① 말의 흐름이 매우 빠르고 많아서 중단시키기 어려운 상태 ② 말의 양이 많아지는 상태로 스스로 통제가 안 되며 중단하기 어려운 상태
	신어조작증 95 임용(보기) / 08 국시			① 환자 자신이 새로운 말을 만들어냄 ② 자신만 뜻을 아는 독특한 새로운 말을 조합하거나 만들어내는 현상 ⑩ 두 부부를 압축하여 '두부'라는 새로운 단어

기억 장애	기억과다 (= 기억과잉) 96 임용		① 과거에 지각된 일상을 사소한 것까지 자세히 기억해내는 상태 ② 조증삽화, 망상(특히 편집형)에서 간혹 관찰됨
	기억상실		기질적 요소나 심인성 요소에 의해 등록, 보유, 회상의 문제를 보임
		심인성 기억상실	① 사춘기와 청년기에 시작, 여자에게 많음 ② 전형적인 해리성 기억상실에서 나타남 　예 남편의 교통사고 사망 후 최근의 일을 기억하지 못함. 지남력 장애와 의식의 혼돈상태를 보임
		기질성 기억상실	① 기억의 등록과 저장의 장애가 많으면 서서히 발생 ② 기억상실이 산재되어 있고 회복은 서서히 불완전하게 되는 경우가 많음 ③ 노인성 치매에서 흔히 나타남
		전진성 기억상실	최근의 것을 기억하지 못함 　예 알츠하이머병으로 진단받은 김씨는 아침에 식사를 했는지 안 했는지를 모름
		역행성 기억상실	특정 사건 이전의 것을 기억하지 못함
		국소성 기억상실	특정 부분, 기간에 대해서만 기억하지 못하는 경우
	기억착오 96 임용(보기)		전에 없던 것을 있었던 것으로 착각하는 회상의 왜곡 → 감당할 수 없는 불안에 대한 방어에서 발생
		작화증 95,96,10 임용	① 기억이 잘 나지 않는 부분을 무의식적으로 상상이나 사실이 아닌 경험으로 채우는 것 ② 뇌의 기질적 병소가 있는 대상자에게 나타남(Korsakoff 정신증이나 노인성 질환) 96 임용(보기) 　예 이웃집 여자를 아느냐는 질문에 "물론 알지, 어제 그 여자 남편과 맥주를 마셨어."라고 대답했다. 그녀의 남편은 5년 전에 사망하였고 김씨는 그녀의 남편을 한 번도 만난 적이 없다. 10 임용(보기) 　　기질적 뇌증후 장애로 입원한 노인환자가 "오늘 남북통일 문제를 의논하기 위해 청와대에 가야 한다." 95 임용(보기)
		회고 곡해	기억착각, 자신의 정서욕구에 부합되도록 사실을 각색하거나 무의식적으로 자신의 관심에 알맞은 것만 골라내 자기방어적으로 기억
		기시감 (데자뷰)	처음 보는 것을 이미 보거나 경험했던 것으로 느끼는 현상, 정상인에서 나타남
		미시감 (자메뷰)	실제로 익숙하게 경험했던 상황이 생소하게 느껴지는 현상, 조현병, 정신신경증, 측두엽 손상, 피로나 중독 시 나타날 수 있음
인지 과정 장애	지남력 10 임용		시간, 장소, 사람에 대한 지남력 　예 "올해(2009년)가 몇 연도냐?"는 질문에 1991년이라고 답하였다. 　　이는 지남력 장애로 시간, 장소, 사람의 순으로 지남력 상실이 온다.
	집중력		태극기를 거꾸로 말해보세요, 일주일의 요일을 거꾸로 다시 말하세요.
	계산능력		100에서 시작하여 7을 빼고 계속해서 7을 빼세요.
	추상적 사고 21 국시		상황과 설명에 대하여 관련성을 만들거나 해석하는 능력으로 "소 잃고 외양간 고친다."와 같은 흔한 속담을 해석하게 함
	지적능력		새로운 상황에 과거경험을 토대로 적절한 반응을 할 수 있는 능력, 대상자에게 2개의 사물을 제시하면서 그들 간의 유사성을 묻는 질문을 통해 사정
	판단력 23 국시		대상자가 환경과 상황을 올바르게 해석하고 그 환경과 상황에 적응하고 올바른 결정을 하는 능력
	통찰력		대상자가 자신의 문제나 질병의 특성을 이해할 수 있는 능력, 대상자가 자신의 행동에 있어서 실질적인 강점과 약점을 묘사하는 능력으로 통찰력 추론 가능

의식 장애	혼돈	당황해하고 어쩔 줄 몰라 난처해하며 지남력 상실, 사고연상 장애와 사고 빈곤이 특징
	혼탁	① 혼돈보다 정도가 심한 상태 ② 뇌의 광범위한 기능장애를 초래하는 감염증과 같은 기질적 변화에 수반, 간질발작 전후 ③ 히스테리의 해리형태
	섬망	① 의식의 혼탁이 심해지면서 나빠지게 되는 상태 ② 지남력 장애, 외부자극에 대한 주의력 감소, 다양한 인지장애의 징후, 심한 정서적 불안정, 초조, 당황, 자율신경의 부조화 증상, 착각과 환각의 특징임 예 알코올 중독 대상자의 금단 시에 나타나는 진전섬망
	몽롱	심인성으로 나타나며 환자는 자신의 주위상황을 알지 못하는 상태가 되고 마치 딴 세계에 있는 것 같이 행동함
	혼미	강한 통증자극으로 깨울 수 있으며 약간의 의식은 남아 있음
	혼수	모든 정신활동과 신경조직의 기능마비

❸ 심리검사

대상자의 환경과 인지적, 정서적으로 상호작용하는 최근의 인지, 성격 또는 병리적 요소까지 측정할 수 있음

질문지법	미네소타 다면적 인성검사(MMPI) ① 임상에서 가장 널리 이용되는 심리검사이다. ② 자기보고식의 객관적 인성검사도구로 집단적 인성검사에 많이 이용되고 있다. ③ 정신상태의 정도를 객관적으로 파악하고 수량적으로 표시할 수 있으며 사회적, 정서적 적응과 관련된 정서장애나 정신과적 장애의 특징을 측정하는 데 초점을 두고 있다. ④ 임상척도와 타당도 척도로 구성된다.		
	임상 척도 🅣 강우조조건강남녀편히반향	설명	• 처음 나온 8개의 임상척도는 해당되는 정신병리의 이름을 따서 건강염려증, 우울증, 히스테리, 반사회성, 편집증, 강박증, 조현병, 경조증 척도로 명명되었음 • 후에 남성성-여성성 척도와 내향성 척도가 구성되어 임상척도에 포함되었음
		건강염려증(Hs)	신체적 증상에 대한 과도한 관심과 염려
		우울증(D)	우울증상 측정 - 슬픔, 사기저하, 미래에 대한 비관적인 생각, 무기력 및 절망감 등
		히스테리(Hy)	현실적인 갈등, 어려움을 회피하는 방법으로 부인을 사용하는 정도
		편집증(Pa)	대인관계 예민성, 피해의식, 만연한 의심, 경직된 사고, 관계망상 등을 포함하는 편집증의 임상적 특징
		강박증(Pt)	강박적 행동 외 자기비판, 자신감 저하, 주의집중 곤란, 우유부단 및 죄책감 등
		조현병(Sc)	정신적 혼란을 측정 - 기괴한 사고방식이나 행동양식 지닌 자를 판별
		경조증(Ma)	정신적 에너지를 측정 - 인지영역 : 사고의 다양성, 비약 및 과장성을 보임 - 행동영역 : 불안정성, 흥분성, 민감성 및 기분의 고양을 나타냄
		반사회성(Pd)	공격성의 정도 : 가정, 권위적 대상에 대한 불만, 자신 및 사회와의 괴리, 권태 등 21임용
		남성성-여성성(Mf)	직업과 취미에 대한 흥미, 취향 등의 남성특성과 여성특성을 측정
		내향성(Si)	내향성과 외향성을 측정 - 사회적 접촉의 기피, 대인관계의 기피, 비사회성 등 인성요인 측정

질문지법	타당도 척도	구성 🎧 신부 무교	설명	• 응답의 객관성이나 솔직성에서 문제발생을 보완하기 위한 척도 • 비교표의 규준 T점수 70점 이상이면 응답 전체의 신뢰성을 일단 의심함(평균 50, 표준편차 10)
			?척도(무반응 척도)	빠뜨린 문항과 '그렇다'와 '아니다'에 모두 응답한 문항들의 총합(생략되거나 중복표기 문항들로, 이 항목의 점수가 클 경우에는 다른 척도들의 신뢰도가 떨어짐)
			F척도(비전형 척도, 신뢰도 척도)	- 보통과는 다르거나 비전형적인 방법으로 응답하는 경향을 찾기 위한 척도(심각한 정신병리를 지니고 있을 경우 F척도가 높게 나타남) - 생각이나 경험이 일반대중들과 다른 정도를 측정함(T점수 65~79점은 문제를 과장표현한 것, 39점 이하는 문제를 부인해서 응답했을 가능성이 있음, 40~64점은 유효한 결과, 80점 이상은 무효일 수 있음) 예) 내혼이 가끔 몸을 떠난다. (예) 법은 엄격히 진행되어야 한다고 생각한다. (아니다)
			L척도(부인척도, 허구성 척도)	- 피검자가 방어적인 마음가짐으로 검사에 응했을 가능성을 평가하기 위해 고안된 척도(= 자신을 좋게 보이려고 고의적이고 부정직한 경향을 찾기 위한 척도) 21 임용 예) 때때로 욕설을 퍼붓고 싶은 때가 있다. (아니다) 가끔 화를 낸다. (아니다)
			K척도(교정척도)	- L척도를 보완하여 검사 문항에 방어적으로 응답하는 정도를 측정하고, 이러한 방어적 태도가 임상척도 점수에 미치는 영향을 교정하기 위해서 개발됨(정신적 장애를 가지고 있으면서도 정상적인 프로파일을 보이는 사람들을 식별하는 척도) - 보다 세련된 방어적 수검태도를 찾기 위한 척도 - 방어성과 경계심 측정 위한 척도 예) 처음 만나는 사람들과 얘기하는 것이 거북하다. (아니다)
투사법 (투사적 인성검사들은 개념상의 혼란이나 사고장애를 결정하는 데 유용할 수 있음. 특히 이 검사들은 전형적인 임상 면담에서는 분명하지 않은 사고의 혼란 또는 망상적 사고를 알아내는 데 큰 도움이 될 수 있음)	로르샤하 검사			① 10장의 카드로 구성, 각 카드는 먹물이나 물감을 떨어뜨려서 반으로 접었다 폈을 때 나타나는 막연하고 무의미한 그림으로 구성됨 ② 피검사자에게 이 그림을 보여주고 지각반응을 분석하여 그 개인의 성격 경향을 추론하는 검사로 각각 카드에 대한 반응내용, 반응방법, 반응의 수 등에 의해 해석함
	주제통각검사 (TAT)			① 우리 주변에서 비교적 흔히 볼 수 있는 광경이나 소설에 나오는 한 장면 같은 그림들로 구성됨 ② 검사 시 30매의 그림과 1매의 백지를 도판으로 사용하여 카드의 그림을 피검사자에게 한 장씩 보여주고 각 그림에 대해서 자기 나름대로 과거, 현재, 미래를 연관 지어 이야기를 꾸미게 함 ③ 개인의 과거의 경험, 현재의 욕구, 감정, 태도를 파악하는 데 도움이 됨 : 그림에 있는 인물과 자기자신을 동일시 하여 자신의 원망, 갈등, 공포 등을 투사함 ④ 아동용으로 동물자극으로 구성된 CAT가 있음
	문장완성검사			① 50~100개의 개방형 미완결형의 비교적 짧은 문장을 제시하여 공백부분을 연상하되, 자기 자신의 이야기를 자유롭게 써넣게 함으로써 하나의 문장으로 완성시키는 검사법임 ② 문항은 개인의 욕구, 과거, 현재, 자신감, 능력, 미래, 목표, 소원 등이 포함되어 있음 ③ 아동용과 성인용이 있으며, 시간제한은 없음 1. 내가 가장 좋아하는 사람은 2. 내가 백만장자라면 3. 이번 방학에 꼭 하고 싶은 것은 4. 내가 신이라면
	집-나무-사람 그림 검사 (HTP)			① 검사시간이 많이 걸리지 않고, 특별한 검사도구가 필요하지 않는 것으로 지능이나 연령, 학력과 무관하게 누구에게나 실시할 수 있으며, 특히 언어표현이 어려운 사람에게도 실시할 수 있음 ② 그림을 그리면서 내적 욕구나 갈등이 표출될 수 있기 때문에 그 자체가 치료적 효과가 있음 ③ 그림의 해석은 그림이 치료자에게 주는 주관적인 인상에 근거하여 해석하는 인상주의적 해석과 그림의 여러 구조적 요소들, 즉 그림의 크기, 그린 순서, 위치 등에 대해 해석하는 구조적 해석을 함께 함 ④ 대상자의 내면 및 대상자의 주변환경과의 관계를 알아보는 검사법임

투사법	단어연상법	① 피검사자에게 일련의 자극어를 제시하고 맨 먼저 떠오른 연상을 말하도록 함 ② 의미 있는 반응은 반응시간이 매우 길거나 짧은 것, 반응이 없는 단어, 곤란을 보이는 자극어, 반복되는 반응, 음향연상 등임
	인물화 검사	① 지능검사로 처음 개발됨 ② 검사재료는 지우개가 있는 연필과 16절지 크기의 백지를 주고 "사람을 그려보세요."라는 지시를 하고, 검사자는 그리는 순서와 행동을 기록하고, 다 그린 후에는 먼저와 다른 이성을 그리도록 함 ③ 검사에서의 신체상은 자아상을 반영하며, 그림에서 강조하거나 생략한 신체부분은 피검사자의 심리적 갈등이나 내면의 정신기능과 관련이 있을 것으로 해석함
지능검사	웩슬러 성인용 지능검사 (WAIS)	① 만 16세부터 69세까지 대상으로 하는 지능검사 ② 수검자의 언어능력을 반영하는 언어이해 영역, 시공간 정보를 평가하는 능력인 지각추론영역, 짧은 시간 동안 정보를 유지함과 동시에 조작하는 능력인 작업기억 영역, 비언어적 문제를 해결할 때 요구되는 정신적 속도 및 운동 속도인 처리속도 영역으로 구성됨
			언어이해 영역(4)	공통성, 어휘, 상식, 이해
		지각추론 영역(5)	토막짜기, 행렬추리, 공통그림 찾기, 빠진 곳 찾기, 단어추리
		작업기억 영역(3)	숫자, 산수, 순차 연결
		처리속도 영역(3)	동형찾기, 기호쓰기, 선택
	웩슬러 소아용 지능검사 (WAIC)	아동 및 청소년의 종합적인 인지능력 평가검사로 만 6세 0개월부터 만 16세 11개월까지의 연령을 대상으로 하는 지능검사

PLUS⊕

- **다양한 간호기록방법들**

서술적 기록		전통적인 간호기록 방법으로 대상자의 상태, 간호에 대한 정보를 이야기 형태로 기록하는 양식
문제중심기록		주관적 자료(S), 객관적 자료(O), 사정(A), 계획(P), 중재(I), 평가(E) 형식으로 되어 있음
	S & O	구두기록과 직접관찰, 간호사에 의한 검진
	A	S와 O에 대한 간호사의 해석
	P	문제해결의 목표를 정하고 이를 달성하기 위해 적절한 간호수행을 서술
	I	실제로 수행한 간호를 서술
	E	간호수행의 결과를 결정하기 위해 상황을 재사정하고 평가
집중기록		간호사가 집중하고자 하는 간호진단, 현재 대상자의 상태, 문제 또는 문제행동, 대상자 행동의 중요한 변화, 대상자의 치료에 중요한 일 등에 초점을 맞추어서 자료(D), 수행(A), 반응(R)이라는 DAR 형식에 따라 간호기록을 함
	D	집중해야 하는 대상자의 상태나 문제
	집중 (핵심)	간호진단, 현재 대상자의 상태, 문제 또는 문제행동, 대상자 행동의 중요한 변화, 대상자의 치료에 중요한 일
	A	즉각적이거나 계획된 간호중재나 변화가 필요한 현재의 치료계획
	R	의학적·간호학적 치료에 대한 대상자의 반응
간호과정기록	A	사정된 주관적·객관적 자료
	P	문제 목록 또는 간호진단 목록
	I	문제 해결을 위한 간호수행
	E	간호중재의 효과 및 대상자의 반응평가

9 뇌의 기능 96,11 임용

1 뇌의 기능과 비정상적 증상

분류			기능	비정상 증상
대뇌	대뇌피질은 대뇌의 바깥층으로 감각을 종합하고 고도의 지적기능을 담당하는 회백질 층으로 열과 구로 인해 전두엽, 두정엽, 측두엽, 후두엽의 네 개의 엽으로 나뉘며, 각각 담당하는 주요기능이 있으며 서로 연합하여 기능하기도 함			
	전두엽		• 고차원적인 생각, 추상적 추론 • 이성적 사고, 도덕적 행동, 신체운동 조절 • 운동피질 : 근육운동조절 • 전운동피질 : 각 근육의 협응운동 관장 • 전전두연합피질(운동영역을 제외한 전두엽 피질) : 정보통합, 계획세우기, 문제해결 등 고도의 지적 기능 수행	• 부적절하고 억제되지 않은 행동 • 부적절한 감정 • 치매
	두정엽		• 얼굴, 손, 몸체, 다리 등 운동지배 중추 : 자세, 근육 조절 • 촉각, 후각, 청각, 시각과 관련된 감각 정보 해석과 수용 　- 좌측 두정엽 : 언어정보처리 　- 우측 두정엽 : 시각-공간 정보처리	• 좌우 방향감 상실 • 자가간호 능력의 손상 • 공간지각 능력 감소 • 신체상의 손상
	후두엽		• 인지 및 시각기능	• 시각적 착각, 환각 • 히스테리성 실명
	측두엽		• 후각정보해석 • 청각중추 : 소리를 이해 • 추상적 사고, 판단, 기억 • 언어, 기억, 정서 관련 • 베르니케 영역 : 언어 이해 작용	• 환후와 환청, 언어 이상
	변연계 22 국시	해마	• 단기기억을 장기기억으로 전환시키는 다량의 신경전달물질을 포함함(알코올 중독, 알츠하이머 질환 → 세포성 변성이 있으면 새로운 기억을 하지 못함) • 인지능력 전반에 영향을 미침	• 시각적·청각적 인지 불능
		편도체 18 국시	• 사고와 지각으로부터 감정을 만듦 • 성난 감정을 유발하고 불안과 공포의 조절기능을 함	• 정동둔마, 무감동
간뇌	시상		• 모든 감각경로를 받아 대뇌피질의 각 영역으로 연계 • 의식주도 • 아편 수용체가 많아서 통증과도 밀접히 연관됨	• 동기결여의 원인 • 충동조절에 관여
	시상하부		• 호르몬, 섭식, 음주, 수면, 각성, 체온, 화학적 균형, 심박동 • 성, 감정, 성적 행위 조절, 생체리듬 • 뇌하수체 조절, 면역체계 조절 중추	• 수면-각성 주기의 이상 • 과식과 과음 • 성적 기능부전 • 기분장애
뇌간	중뇌		• 시각피질 중추이며 청각경로의 일부로 눈의 움직임, 시청각, 운동기능 조절, 도파민 분비와 연관됨 • 운동반응의 무의식적인 조절중추	• 틱 장애, 추체외로 증상 등 상동증적 움직임
	교		• 소뇌와 대뇌를 연결하고 중뇌를 연수까지 연결 • 호흡조정계 호흡수 조정	
	연수		• 심박동, 호흡, 연하, 구토, 기침, 재채기 등 중요한 반사 중추	
소뇌			• 공간에서의 신체방향감각 • 항중력 근육의 조절, 근육긴장도 조정	• 움직일 때 진전 • 부정확한 발음

② 뇌 검사법과 관련 정신질환

뇌영상기법	설명	관련 정신질환	
뇌전기신호			
EEG	두피에 전극을 연결하여 뇌로부터 전기적 신호를 기록	뇌의 기능적 결함에 대한 광범위한 정보제공	
뇌구조적 특성			
CT	X-선을 이용하여 3D 컴퓨터 단층 촬영	조현병	피질위축, 제3뇌실 확장, 인지적 장애, 기형적 구조 등
MRI	자기장 내에서 고주파를 전시하여 3D 컴퓨터 영상 촬영	조현병	뇌실확장, 측두엽 및 전두엽 감소
뇌기능적 특성			
fMRI	뇌의 어떤 부분이 활동하고 있는지를 혈액의 산소소모 정도로부터 유추하여 뇌의 기능진단	MRI와 동일	
PET	양전자를 방출하는 방사선 물질을 체내에 주입하여 정상세포보다 포도당 이용률이 높은 비정상 부위 진단	조현병	전두엽의 뇌 대사활동 감소
		강박장애	전두엽의 뇌 대사활동 증가
		우울증	전두엽 피질의 뇌 활동 감소
		알츠하이머	측두엽과 두정엽의 대사 저하 [10 임용(지문)]
SPECT	PET와 유사하나 감마방사선을 인체에 투여 후 분포를 진단		

10 항정신성 약물 96,11 임용

1 신경전달물질과 항정신성 약물의 작용

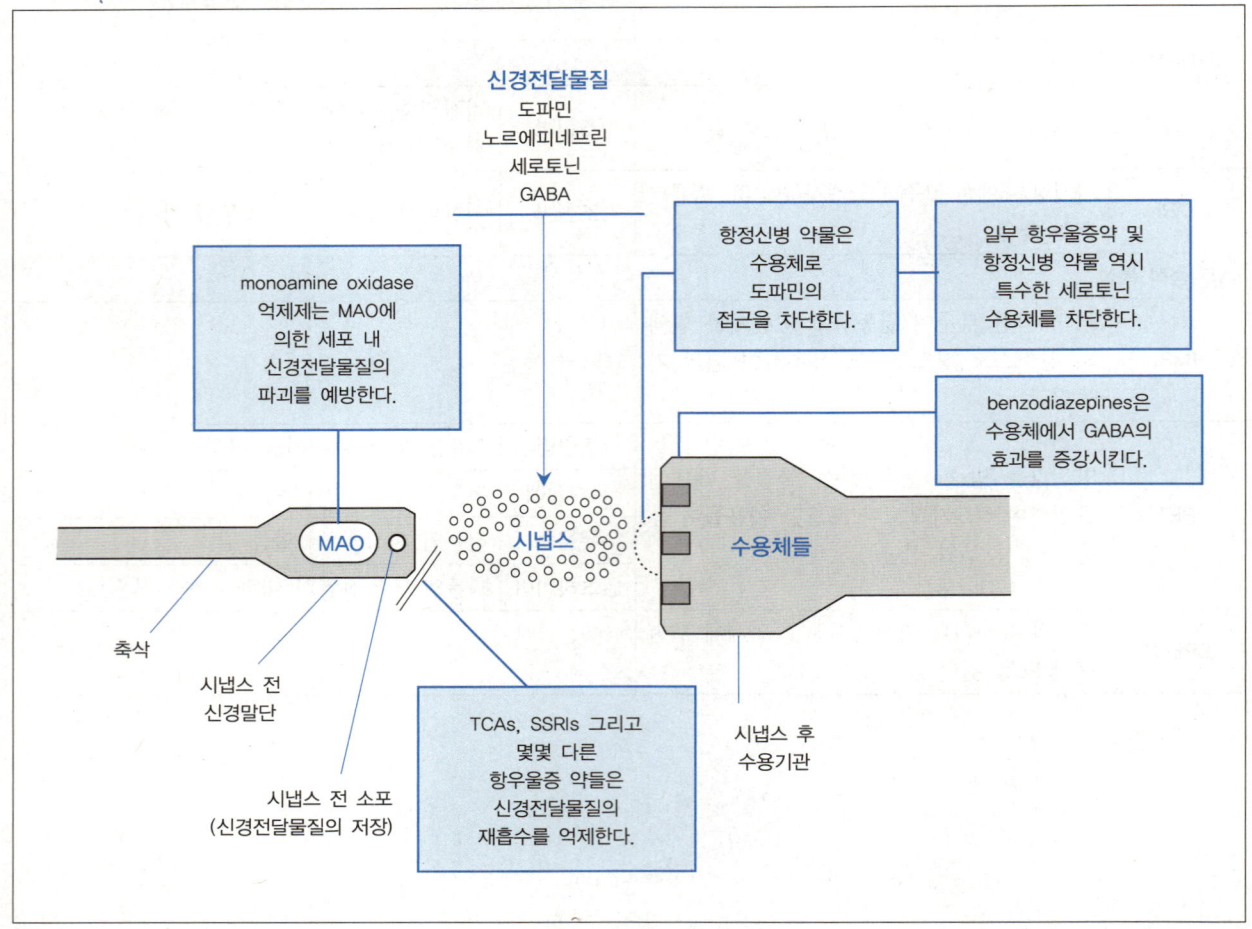

2 신경전달물질 종류

신경전달물질		설명
모노아민		
도파민 24 임용 / 15 국시	(1) 합성	식이성 아미노산인 티로신에서 도파민 생성
	(2) 대사	MAO(Monoamine Oxide)에 의해 대사됨(참고로 monoamine은 도파민, 노르에피네프린, 세로토닌, 히스타민 등의 총칭임)
	(3) 도파민의 4가지 경로	① 흑색질에서 기저신경절에 이르는 추체외로계 부분인 흑질선조체 경로 : 운동기능, 움직임 조절, 기분조절, 환각, 마약의 쾌감 등과 연관됨. 항정신병 약물로 인한 이 경로의 도파민 기능억제로 추체외로계 증상의 부작용이 나타남 ② 중뇌변연계 경로 : 기쁨, 약물 남용에서의 강한 쾌감, 정신증의 환청이나 망상 증상과도 연관되는 것 ③ 중뇌의 뇌실계에서 시작되며, 변연계 경로와도 연결되어 있는 중피질계 경로는 조현병의 음성증상과 연관됨 ④ 시상하부에서 뇌하수체 전엽과 연결된 결절누두부 경로는 항정신병 약물 사용 시 프로락틴 분비증가로 인한 유즙분비의 부작용과 관련됨
	(4) 일반적으로 흥분성 신경전달물질로 작용하는 것으로 파킨슨 질환이나 조현병, 자폐장애, 틱장애, 주의력결핍과잉행동장애 등에서 도파민 조절이상이 관여함	
	(5) 신경전달계의 기능	① 정교한 근육운동 : 복잡한 운동, 의도적 움직임 ② 감정과 사고의 통합 : 동기화, 인지, 감정적 반응 조절 ③ 자발적 의사결정 능력 조절 ④ 시상하부 호르몬 분비 억제 : 프로락틴 분비 억제
	(6) 관련 정신장애	
	조증 06 국시	도파민 증가, 세로토닌 증가, 노르에피네프린 증가
	조현병 08 국시	도파민 증가, 세로토닌 증가
	뚜렛장애	도파민 증가
	파킨슨병	도파민 감소
	우울증	도파민 감소, 세로토닌 감소, 노르에피네프린 감소
	ADHD	도파민 감소, 노르에피네프린 감소
	(7) 조현병에서 도파민 수용체를 차단하여 도파민 활동을 감소시키는 항정신병 약물, 주의력결핍과잉행동장애에서 도파민 재흡수억제제가 치료약물로 사용되고 있음	
	(8) 마약을 복용하면 뇌의 보상 회로의 측좌핵에서 도파민이 분비됨. 마약 복용 시 평소보다 더 많은 도파민이 분비되어 더 강한 쾌감을 줌 24 임용	
노르에피네프린	(1) 합성	카테콜라민계 신경전달물질로 도파민에서 합성됨
	(2) 대사	MAO(Monoamine Oxide)에 의해 대사됨 (참고로, monoamine은 도파민, 노르에피네프린, 세로토닌, 히스타민 등의 총칭임)
	(3) 신경전달계의 기능	① 각성, 주의력, 공포반응, 스트레스 반응에 관여함
		② 감정 관련 • 노르에피네프린 항진은 여러 불안장애와 관련, 결핍은 기억손상, 사회적 위축과 우울에 기여함 • 우울증에서는 노르에피네프린, 세로토닌, 도파민 등의 감소가 발견되어 노르에피네프린의 재흡수 차단이나 MAO를 억제하여 노르에피네프린의 대사를 막는 기전의 항우울제를 사용하기도 함

노르에피네프린	(4) 관련 정신장애		
		조증	노르에피네프린 증가, 도파민 증가, 세로토닌 증가
		불안장애	노르에피네프린 증가, GABA 감소
		우울장애	노르에피네프린 감소, 세로토닌 감소
		ADHD	노르에피네프린 감소, 도파민 감소
	(5) 삼환계 항우울제는 노르에피네프린이 시냅스 전 세포로 재흡수되는 것을 차단함		
세로토닌	(1) 합성		식이성 아미노산인 트립토판에서 합성됨
	(2) 대사		MAO에 의해 대사됨
	(3) 신경전달계의 기능 ① 수면, 섭식, 통증, 체온조절, 심혈관계 반응, 성행위, 불안, 우울 등 ② 세로토닌 저하 : 공격성, 충동성, 자살과 관련됨 ③ 주로 억제성으로 기분, 감정, 공격성, 불안, 강박장애, 조현병의 음성증상		
	(4) 관련 정신장애		
		조증	세로토닌 증가, 노르에피네프린 증가, 도파민 증가
		조현병	세로토닌 증가(음성증상), 도파민 증가
		불안장애/공황장애	세로토닌 관련, 노르에피네프린 증가, GABA 감소
	(5) 정신장애 별 세로토닌 경로이상		
		공황장애	변연계, 해마
		강박장애	기저신경절
		우울장애	전전두엽
		섭식장애	시상하부

아세틸콜린

아세틸콜린	(1) 합성과 대사		Acetyl-CoA(acetyl coenzyme A)와 choline으로부터 합성되고, acethylcholinesterase에 의해 choline과 acetate로 분해
	(2) 신경전달계의 기능 ① 각성, 기억, 학습, REM 수면 조절 ② 항콜린제 복용 시 증상 : 기억의 장애, 착란, 환각, 지남력 장애 ③ 무스카린 수용체 효과 : 타액 분비, 땀 분비, 축동, 호흡곤란, 복통, 설사, 현기증		
	(3) 관련 정신장애		
		파킨슨병	아세틸콜린 증가, 도파민 감소
		알츠하이머	아세틸콜린 저하, 세로토닌 저하, 노르에피네프린 저하

아미노산

글루타민산	(1) 신체의 모든 세포에서 발견되는 흥분성 아미노산계 신경전달물질임 (2) 글루타민산에 과다 노출되면 신경세포에 해를 주는 신경독성 효과가 있음 (3) 뇌졸중, 저혈당, 지속적인 저산소증, 허혈, 헌팅톤, 알츠하이머 같은 퇴행성 질환에 의한 뇌손상에서 글루타민산이 발견됨
GABA	(1) GABA는 글루타민산 유도체로서 억제성 아미노산계 신경전달물질로 직접적인 자극을 주기보다는 다른 신경전달물질 시스템을 조절하는 역할을 함 (2) 불안과 공황장애가 GABA 수용체의 결손과 연관되는 것으로 밝혀짐 (3) GABA 기능을 증가시키는 벤조디아제핀과 같은 약물이 사용됨

❸ 신경전달물질이 분해되는 과정

(1) 시냅스 후 세포막에서 신경전달물질이 비활성화되는 것이다.

아세틸콜린의 경우 아세틸콜린 에스테라아제라는 효소가 시냅스 후 세포막에 있다가 아세틸콜린이 시냅스 후 세포에 있는 니코틴 수용체(부교감신경, 교감신경의 신경절, 뼈대근육의 신경이음부에 분포)나 무스카린 수용체(주로 내장기관에 말초성 분포)에 결합한 직후 아세틸콜린을 분해한다.

(2) 시냅스에서 수용체와 상호작용 후 시냅스 전 세포로 회수되는 과정을 신경전달물질의 재흡수라 하며, 흔히 정신치료약물이 작용하게 되는 표적이 된다.

일단 신경전달물질이 재흡수되어 시냅스 전 세포로 들어가면 세포 내에서 효소에 의해 재사용되거나 비활성화된다. 모노아민 신경전달물질(노르에피네프린, 도파민, 세로토닌)은 분해효소인 모노아민산화효소에 의해 이 방식으로 분해된다.

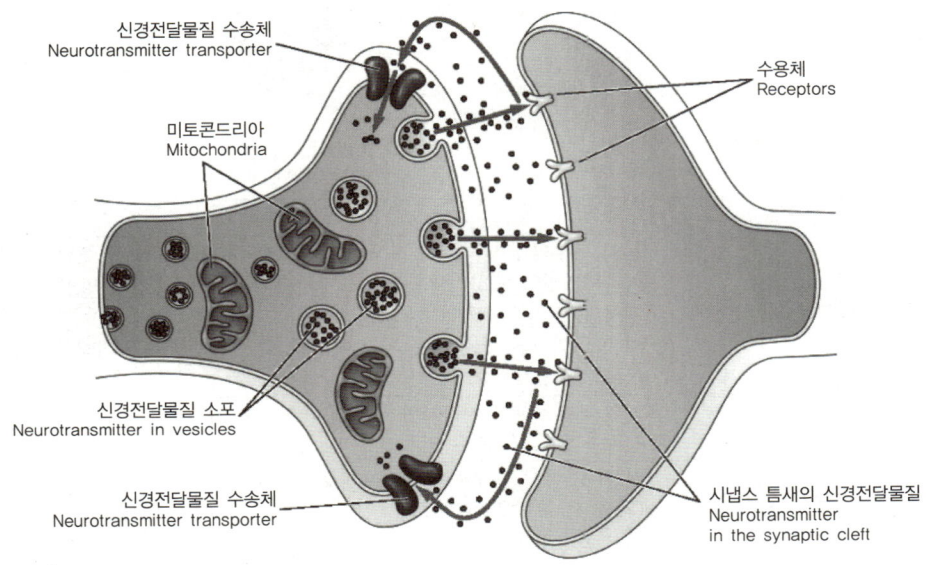

❹ 약물에 의해 변화가 일어나는 시냅스 전달부위

(1) 한 뉴런의 축삭말단으로부터 다른 뉴런의 수상돌기까지 전기적 충격의 전달은, 시냅스 틈새로 신경전달물질을 통제하에 방출하면서 이루어진다.
(2) 일단 점화되면, 신경전달물질은 시냅스 이후 뉴런의 세포막에 있는 수용체와 만나게 될 시냅스 틈새로 방출된다.
(3) 각 신경전달물질은 그에 맞는 특정 수용체를 갖고 있다.
(4) 정신작용제는 시냅스 전달부위에서 다양한 방법으로 작용을 나타낸다.
  ① 재흡수 억제제는 수송체에 의한 신경전달물질의 재흡수를 차단하고 그 결과 세포외 신경전달물질을 증가시킨다.
  ② 효소를 억제하는 약들은 시냅스 부위의 신경전달물질을 과잉으로 축적하게 한다.
  ③ 어떤 약들은 수용체를 차단하고 그 결과 신경전달의 감소와 신경전달물질의 활동저하를 가져온다. 이러한 약물들을 길항제라고 한다.

5 항정신병 약물

(1) 정형적 항정신병 약물(제1세대 항정신병 약물)

작용기전	대뇌의 도파민 경로는 중뇌변연계 경로, 흑질선조체 경로, 결절누두 경로, 중피질계 경로가 있다. 정형적 항정신병 약물은 대뇌의 도파민 수용체를 비선택적으로 차단하여 도파민을 감소시킴 이를 통해서 신경이완효과(주변에 대한 흥미의 감소와 감정이나 정서적 표현을 둔화시킴)와 진정효과가 있음 15,20 국시

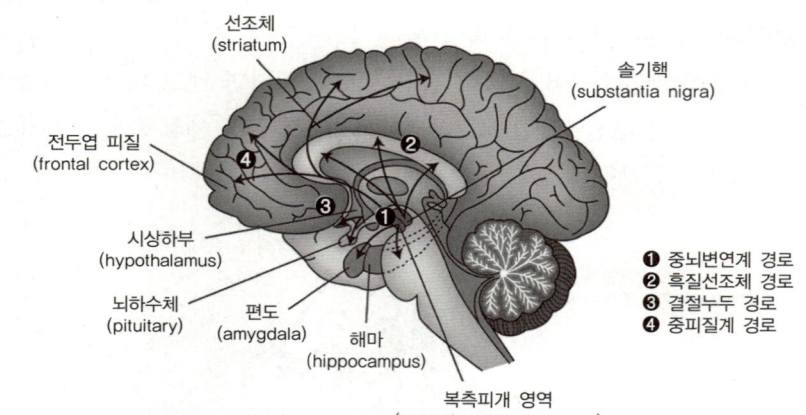

❶ 중뇌변연계 경로
❷ 흑질선조체 경로
❸ 결절누두 경로
❹ 중피질계 경로

경로	설명
중뇌변연계 도파민 경로	• 뇌의 복부피개 영역에서 시작하여 편도체, 해마를 포함한 변연계로 투사되는 경로 • 복측피개영역의 신경세포에서 도파민을 생성하여 측좌핵 영역으로 분비, 측좌핵은 쾌락과 중독의 중추임 24 임용 • 이 경로의 과다한 활성은 환각과 망상 같은 조현병의 양성증상과 관련 있음 (상승 시 양성증상)
흑질선조체 경로	• 뇌의 흑색질에서 시작하여 기저핵의 선조체에서 끝남 • 운동조절기능과 관련 있음(저하 시 추체외로 증상)
결절누두 경로	• 시상하부에서 유래하여 뇌하수체로 투사되어 내분비 기능과 관련됨 (저하 시 고프로락틴혈증)
중피질계 경로	• 뇌의 복부피개 영역에서 시작하여 전두엽 피질 쪽으로 투사됨 • 전전두피질은 대뇌피질의 앞부분임, 앞쪽에 가까울수록 추상적 사고를 담당하고, 뒤로 갈수록 구체적 사고를 담당함 • 인지, 사회적 행동, 계획, 행동, 문제해결, 동기부여 등과 관련 있음

효과	긴장, 흥분, 초조, 과도한 불안, 파괴적 행동, 편집증적 혹은 적대적 행동, 망상, 환각에 효과 有 • 진정작용 – 1주 내 흥분, 초조, 불안, 불면 호전 • 망상, 환청 등 정신병적 증상 – 2주부터 효과가 나타나기 시작하고, 4~6주경 효과↑

분류 96,11,23 임용	저역가 (같은 효과를 얻기 위해 높은 투여량)	thioridazine(Mellaril), chlorpromazine(Thorazine : phenothiazine계) – 진정, 기립성 저혈압이 흔한 부작용임, 고역가에 비해 추체외로 증상 발생 빈도 저하, 항콜린 부작용, 프로락틴 상승 → 성기능장애
	고역가 (적은 용량으로 높은 효과)	haloperidol(Haldol), trifluoperazine – 추체외로 증상이 흔한 부작용임

 PLUS⊕

• 도파민 수용체 종류

D_1, D_5	도파민과 결합하면 아데닐산 고리화효소(adenylyl cyclase)작용을 증가시킴, D_1 계열의 도파민 수용체는 신호를 받는 쪽 세포에 있는 시냅스 후에 주로 위치함
D_2, D_3, D_4	도파민과 결합하면 아데닐산 고리화효소(adenylyl cyclase)작용을 감소시킴, D_2 계열의 도파민 수용체는 신호를 전달하는 쪽인 시냅스 전과 시냅스 후 모두에 존재함

부작용 15,17 국시	증상	치료와 간호중재
추체외로계 부작용 23 임용 / 15,18,20 국시	흑질선조체 경로 도파민 수용체의 차단 : 도파민과 아세틸콜린의 균형파괴	
	급성 근긴장 이상증(dystonia) 11 임용(보기),23 임용(지문) ① 투여 수시간~수일째 발생 ② 근육긴장 정도의 갑작스러운 증가, 특히 얼굴, 목, 팔, 다리의 불수의적 근육경련(사경, 눈이 위로 치켜 떠짐), 후두경련 발생 시 치명적일 수 있음	① 후두경련 발생 시 의사에게 연락할 것 ② 항콜린제(benztropine), 벤조디아제핀, 항히스타민제 투여 ③ 공포스러운 시간 동안 대상자와 함께 있어주며 지지 ④ 증상이 금방 없어지며 심한 부작용이 아님을 설명
	정좌불능증(akathisia) 11 임용(보기),23 임용(지문) ① 투여 수시간~수일째 발생 ② 가만히 있지 못하고 계속 왔다 갔다 하거나 안절부절못함(팔다리를 끊임없이 움직이므로 잠을 잘 수 없음). 다리 통증은 운동으로서 완화될 수 있음	① 항정신병 약물 용량 감량, 다른 계열 약물로 대체 ② 불안한지 / 초조한지 구별 ③ 항파킨슨 약물 투여, 베타차단제(propranolol), benzodiazepam(lorazepam) 투여
	파킨슨증후군(= 가성 파킨슨증) 23 임용(지문) ① 치료 10주 이내(대개 3~6주) 발생 ② 3대 증상 : 진전, 경직, 서행증 11 임용(보기) ③ 기타, 안면 무표정, 가속보행 등	① 의사에게 보고 ② 항파킨슨약물(benztropine, Biperiden, Benadryl)은 2~3개월 사용 후 중단해봄 ③ 항정신병 약물 용량 감소
	만발성 운동장애(= 지연성 운동장애) ① 다량의 항정신병 약물 장기투여로 발생 ② 도파민 수용체 감수성 항진이 원인으로 추정됨 ③ 추체외로 증상 중 하나로 몸통 및 팔다리에 반복적, 불수의적 상동적 운동장애(혀 내밀기, 씹기, 눈 깜박이기, 다리와 가슴의 무도형 움직임, 어깨 으쓱임, 손목이나 발목의 굴곡 및 회전, 발바닥 치기 등)	① 치료제는 없으므로 가능한 최소량의 항정신병 약물을 단기간 사용해서 예방해야 함 ② diazepam, 고용량의 lecithin, lithium, valproate 등으로 증상완화 시도 ③ 비정형 항정신병 약물로 대체 ④ 초기 위험징후 교육하여 조기발견 ⑤ 대상자의 우울지지, 유동식이, 발 움직임을 위해 부드러운 신발 필요

※ 항정신병 약물의 부작용(도파민 차단 작용과 관련된 추체외로 부작용) 완화를 위한 약물

종류	대표적 약물 예시	부작용
항콜린성 약물	benztropine(Cogentin), trihexyphenidyl(Artane), biperiden(Akineton)	요정체, 변비, 구갈, 구토, 흐릿한 시야, 기립성 저혈압
항히스타민제	diphenylhydramine(Benadryl)	어지러움, 졸림, 빈맥, 복시, 오심
도파민 효현제	amantadine(Symmetrel)	간질환, 신질환 대상자에서 주의, 발기 대상자 금기, 임산부 및 수유부 금기
베타차단제	propranolol(Inderal)	저혈압, 서맥, 만성폐쇄성 폐질환이나 천식 대상자에게 사용 시 기관지 수축이 일어나므로 금기, 갑자기 중단 시 반동성 빈맥이 있을 수 있으므로 서서히 중단해야 함

부작용 15, 17 국시		증상	치료와 간호중재
자율신경계 부작용	항콜린성 작용 (저역가에서 흔함)	구강건조	① 치료하지 않아도 1~2주 후 완화 ② 수분섭취, 구강세척제, 무설탕 껌, 얼음 ③ 충치, 치주질환 예방 ④ 콜린성 약물처방
		시력장애 : 시야 흐림, 갈색시야	① 치료하지 않아도 1~2주 후에 완화 ② 큰 글씨체의 책이나 잡지 제공
		소변장애 : 요정체(urinary retention) 11 임용	① 촉진, 타진으로 방광팽만 사정 ② 배뇨촉진법 사용, 필요시 도뇨 ③ bethanechol chloride(콜린성 약물) 투여 ④ 용량을 줄이거나 항콜린성 작용이 적은 약물로 대체
		변비	① 섬유질, 수분섭취 ② 운동, 완화제 처방
		마비성 장폐색, 녹내장 악화, 위액 감소	
		아트로핀 정신증 : 목적 없는 과잉행동, 혼돈, 초조, 지남력 상실, 건조하고 상기된 피부, 빈맥, 이완된 동공, 방광운동 감소, 발성곤란, 기억력 손상	① 항정신병 약물, 항콜린성 약물 투여 정지 ② 콜린성 약물 투여 ③ 대상자 안심, 환경자극 감소
	α 아드레날린성 수용체 차단효과 17 국시	비충혈	① 치료하지 않아도 1~2주 후에 완화 ② 수분섭취, 비강충혈 완화 스프레이
		기립성 저혈압, 심계항진	① 체위변경 시 서서히 움직이도록 교육 ② 탈수는 증상을 더욱 악화시키므로 수분섭취 권장
알러지 반응	혈액계 : 무과립구증 발열, 권태, 궤양성 인후염		① 드물지만 위험한 상태 ② 약물복용을 중단하고 필요시 항생제 사용
	피부계	반점성 구진, 홍반성 소양증, 발진	① 약물투여 중단, 반점이 사라지면 조심스럽게 다시 시작, 다른 약제로 바꿔 사용
		광선 과민증(phototoxicity) 00,02,05,08,12,15 국시	① 강한 햇볕을 피하고 외출 시 피부 전체를 덮을 수 있는 옷이나 모자 착용 ② 외출 시 선크림, 선글라스 등 사용
간장계	황달, 발열, 오심, 소양증		① 약물투여 중단 ② 가역적, 고단백/고섬유성 식이
신경계	경련발작, 전조 증상 없음		① 용량 줄임, 약효가 높은 약물로 대체
심장계	심장독성, 서맥, 기초대사율 저하		① 심전도 사정, 활력징후 사정 ② 약효가 높은 약물로 대체
악성 신경이완 증후군	드물지만 생명위협 : 고열(40℃ 이상), 심계항진, 근긴장, 혼미, 진전, WBC 증가, K^+ 증가, CPK 증가, 신부전, 빈맥		① 즉각적인 응급처치가 필요함 ② 모든 약물을 즉시 중단시킴 ③ 초기에 발견하는 것이 중요하며 고열을 내려주어 탈수를 막음 ④ 대중적인 간호가 필요함(영양, 수분공급) ⑤ 신부전 시 혈액투석, 급성호흡부전에는 인공호흡기 사용 ⑥ 브로모크립틴 치료로 증상이 완화되면 다른 항정신병 약물을 조심스럽게 다시 투여

기타	진정작용 : 항히스타민 작용, 저역가에서 흔함 (대개 쉽게 내성이 생기므로 큰 문제가 되지 않음)	① 처치 없이 1~2주 사이에 사라짐 ② 대상자 안심시키고 아침에 일어나서 움직이도록 격려 ③ 낮 동안 수면방지 위해 활동요법 참가
	프로락틴 증가(도파민 차단으로)로 유즙분비, 무월경, 성욕감퇴, 식욕증가(칼로리 제한 식이)	

(2) 비정형성 항정신병 약물

세로토닌과 도파민 길항제에 속함
→ 조현병의 양성증상 + 음성증상(정서적 둔마, 사회적 위축, 무감각 등) 치료에도 효과적

약물	특성
clozapine 14,19,22,23 국시	▶ 도파민 수용체 차단, D_1 수용체를 강하게 차단하고 D_2 수용체 차단은 약함. 이러한 수용체 차단효과로 추체외로계 부작용이 적고, 세로토닌 차단 정도가 높아 치료효과가 크다고 할 수 있음 | 부작용	간호중재
발열	• 38℃ 이상인 경우 주의 : 무과립구증의 증상, 인후통 동반 시 백혈구 검사
타액 과분비 (야간수면 동안 특히 심함)	• 베개는 타월이나 시트로 덮어주기 • 정도가 심한 경우 benztropine 투여
빈맥(120회/분 이상)	• 증상이 있거나 심장에 위험이 있는 경우에는 베타차단제 투여
무과립구증 02,04,19,22 국시	• 매주 백혈구 검사, 고열, 발열, 인후통, 감염증상 관찰 • 백혈구 2,000개/mm³ 이하, 과립구 1,000개/mm³ 이하인 경우 약물 투여 중지 • 무과립구증의 위험은 거의 3개월에 최고조에 이르고 치료의 첫 6개월 동안 가장 심함. 따라서 첫 6개월 동안에는 일주일에 한 번, 그 다음에는 치료가 계속되는 동안에는 2주일에 한 번씩 백혈구 수치를 모니터링해야 함. 최소한 18~24주까지 매주 모니터링해야 함	
risperidone	① 세로토닌-도파민 차단제, 리스페리돈은 D_2 수용체에 높은 친화력을 가지고 있어 양성증상을 조절하며, 또한 5-HT_2 수용체 차단에 효과적이어서 음성증상을 개선함 ② 치료시작 시 초기용량은 일반적으로 0.5~1mg, 기립성 저혈압을 최소화하기 위해 용량을 서서히 증가시킴. 하루 3mg까지 증량하고 주어진 용량에 적응할 때까지 최소 1주일 동안 유지, 치료용량은 4~6mg
olanzapine (Zyprexa), quetiapine 14,17 국시	① 조현병의 양성 및 음성 증상에 효과적임 ② 올란자핀은 구조적으로 클로자핀, 퀘티아핀과 유사함 ③ 올란자핀은 심한 체중증가, 당뇨병과 같은 대사장애 유발가능 ④ 세로토닌-도파민 길항제로 선조체가 아니라 변연계 및 전두엽의 뉴런에 선택적이어서 운동 부작용을 감소하기 때문에 추체외로계 부작용이 적음
aripiprazole	① 도파민 수용체에 부분 강화제로 작용하여 도파민 기능이 저하되어 있을 때는 증가시키고 반대로 항진되어 있을 때는 저하시키는 작용을 하는 것으로 생각됨 ② 장기사용 시 부작용 측면에서 장점이 있음(독성이 거의 없음)
ziprasidone	① 세로토닌과 도파민 수용체 길항제로 할로페리돌과 비슷한 효과를 지니고 있음 ② 음성증상에도 효과가 있음

6 항정신병 약물의 대표적인 부작용

1세대	항콜린성 효과	구강점막건조, 시야조절력 감소로 인한 흐린 시야, 변비, 요정체, 동공산대, 연동작용 감소, 인지적 손상 등
	추체외로계 증상	① 흔히 두경부의 급성 지속성 근육수축이 나타나는 급성 운동이상증 ② 가만히 있지 못하고 안절부절못하는 정좌불능증 ③ 진전, 운동감소, 보행장애, 근육경직 등 일시적으로 파킨슨 장애의 증상군이 나타나는 파킨슨 위증 → 약물용량을 감소하거나, 항콜린제제, 항파킨슨약물을 추가하는 경우 추체외로계 증상 감소
	만발성(= 지발성) 운동이상증	① 장기치료 시 환자의 10%에서 나타남, 약물중단 후 지속되기도 함 ② 전형적으로 혀나 얼굴이 불수의적으로 꿈틀거리는 것으로 나타나는데, 혀가 벌레처럼 꿈틀거리거나 입맛을 다시는 움직임, 혀를 안팎으로 움직이는 것 등이 관찰됨 ③ 더 진행되면 손가락, 발가락, 목, 몸통 등에도 유사한 움직임이 나타나나 치료방법은 없음
	기립성 저혈압	① 저강도 약물에서 가장 흔히 나타나는 부작용 ② 치료 초기에 나타나며 이후 내성이 발달하므로 일반적인 치료적 용량보다 낮은 용량으로 시작하는 것이 바람직함
	기타, 체중증가, 성기능부전, 유즙분비, 무월경 등과 같은 내분비 장애, 심전도 변화, 발작가능성, 침흘림, 진정효과, 광과민성 등이 있음(→ 심각한 체중증가나 성기능장애를 보이면 약물 변경 고려)	
	** 항콜린성 부작용, 추체외로계 부작용, 진정효과에 따라 저강도와 고강도 약물로 구분됨	
	저강도 약물	높은 항콜린성 부작용 + 낮은 추체외로계 증상 + 높은 진정효과
	고강도 약물	낮은 항콜린성 부작용 + 높은 추체외로계 증상 + 낮은 진정효과
2세대	무과립구증	① 클로자핀을 복용한 사람의 0.8~1% 정도에서 발생, 경련의 위험이 있음 ② 클로자핀은 다른 항정신약물에 반응하지 않았던 환자를 극적으로 진전되게 했으며 무과립구증의 위험 때문에 처음 6개월간 매주 백혈구를 체크해야 함
	고혈당증과 당뇨	① 체중증가, 이상지질혈증, 당대사 이상 등을 포함하는 대사증후군은 인슐린 저항성에 기인하는 것으로 보임 ② 인슐린 저항성의 증가는 당뇨, 고혈압, 죽상경화성 심장병의 위험을 증가시킴

11 항우울제 [96 임용 / 14 국시]

종류	작용기전	적응증	부작용 및 간호

삼환계 항우울제 : amitriptyline (Elavil), clomipramine, [24 임용] imipramine, (토프라닐) [17 임용(지문)] 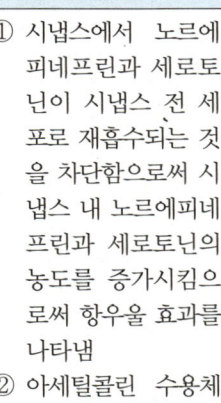 [NE = 노르에피네프린]	① 시냅스에서 노르에피네프린과 세로토닌이 시냅스 전 세포로 재흡수되는 것을 차단함으로써 시냅스 내 노르에피네프린과 세로토닌의 농도를 증가시킴으로써 항우울 효과를 나타냄
	② 아세틸콜린 수용체를 차단하여 항콜린 작용, 항히스타민 작용(진정)을 함
		① 주요우울장애와 기분부전장애에 대한 원칙적인 항우울제
		② 양극성 및 단극성 우울증 그리고 2차성 우울증 모두 해당
		③ 신경증적 우울증, 조현정동, 만성 조현병이나 기타 정신질환에 동반되는 우울증상, 걱정, 불안, 절망감, 무력감, 주의집중장애에도 사용
		④ clomipramine → 강박장애, imipramine 등 → 공황장애 (그러나 효과가 나타나기까지는 2~3주 소요, 따라서 벤조디아제핀계 약물을 주로 사용), 외상후 스트레스 장애에도 효과적임
		⑤ 기타 악몽, 기면증, 신경성 식욕부진증, 코카인 금단증상에 사용됨
			① 항콜린성 부작용
			- 가장 흔하고 먼저 나타나는 것은 구강건조, 변비, 요정체, 시력장애 등
			② 기립성 저혈압(α 수용체 차단효과)
			③ 항콜린작용을 하므로, 녹내장과 전립선 비대가 있을 때는 금기
			④ 심혈관계 부작용
			  ㉠ 부정맥
			  ㉡ 심전도 변화 : T파 변화, PR 연장, QRS 연장
			  ㉢ T파 편평화 같은 비특이성 변화는 심근의 카테콜라민 감소 때문에 오며 40세 이후 흔함
			⑤ 항히스타민 부작용 : 식욕증가, 체중증가, 진정작용, 수면 등
			⑥ 장기간 복용 후 중단 시 금단현상 : 불안, 불면, 두통, 근육통, 오한, 오심, 어지러움증 등
			⑦ 약물 중단 시 서서히 감량 후 중단

선택적 세로토닌 재흡수 차단제 paroxetine (Serozac), fluoxetine(Prozac), sertraline(Zoloft), escitalopram, citalopram [20 임용 / 10 국시] 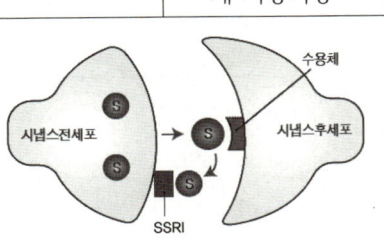 [s = 세로토닌]	① 시냅스 전 신경세포에서 세로토닌의 재흡수를 선택적으로 차단하여 뇌에서 세로토닌의 신경전달물질을 증가시킴으로써 항우울 효과를 나타냄
	② 삼환계 항우울제에 비해 부작용이 적음
	③ 항콜린작용, 항히스타민작용, 항아드레날린 작용이 적어 이로 인한 부작용이 거의 없으므로 심혈관 질환에서도 안전하게 사용가능
		① 주요우울증, 기분부전장애
		② 강박장애, 불안장애, 범불안장애, 외상후 스트레스장애
		③ 섭식장애
			① 위장관계 부작용
			  ㉠ 가장 흔한 부작용은 위장계 부작용
			  ㉡ 오심, 구토, 설사, 복통, 식욕감퇴가 초기에 발생
			② 중추신경계 부작용 : 두통, 불면, 악몽, 불안과 초조, 진전, 발한
			③ 비뇨생식기계 : 성욕소실, 성기능 저하, 발기와 사정장애
			④ 세로토닌 증후군
			  ㉠ 설사, 좌불안석, 심한 걱정, 과도한 신전, 간대성 근경련, 고열, 진전, 경직 등 심하면 섬망, 혼수, 중첩성 간질, 심장혈관허탈, 사망을 초래하기도 함
			  ㉡ 예방을 위해서 MAOI와 SSRI를 동시투여해서는 안됨(함께 투여 시 세로토닌 증후군 발생), 약물 변경 시에도 최소 2주 이상 기간을 두어야 함
			⑤ 임신부, 수유부에서 사용금기
			⑥ 간기능, 신기능 장애 대상자에게는 신중하게 투여

PLUS+

- 선택적 세로토닌 재흡수 차단제 작용

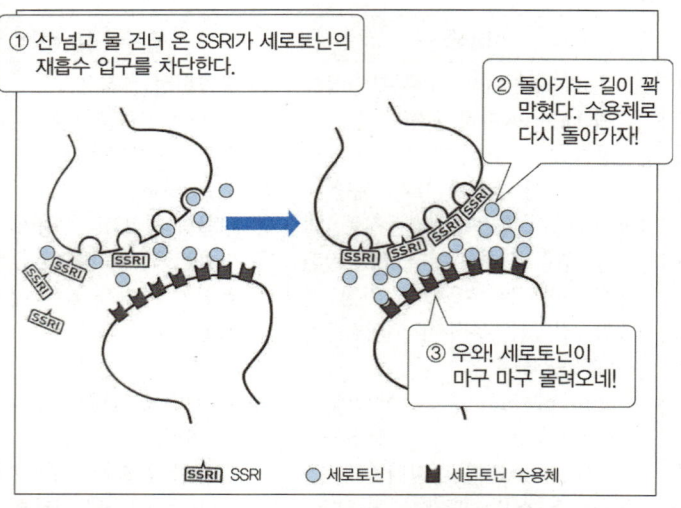

① 산 넘고 물 건너 온 SSRI가 세로토닌의 재흡수 입구를 차단한다.
② 돌아가는 길이 꽉 막혔다. 수용체로 다시 돌아가자!
③ 우와! 세로토닌이 마구 마구 몰려오네!

SSRI ● 세로토닌 ▮ 세로토닌 수용체

세로토닌의 작용
① 보통 세로토닌은 신경세포 말단에서 시냅스로 방출되어 다음 신경세포 수용체와 결합함으로써 자극을 전달함
② 시냅스 소포에서 방출된 세로토닌이 자극을 전달받은 다음 신경세포의 수용체와 모두 결합하지는 않음
③ 꽤 많은 양이 수용체와 결합하지 않은 채 시냅스를 떠돌다가 원래의 신경세포로 재흡수됨

SSRI(세로토닌 재흡수 억제제) 작용
① 경구투여로 뇌의 뇌혈관관문을 통과한 SSRI가 세로토닌이 원래 신경세포로 되돌아가는 입구(재흡수 입구)를 차단
② 다음 신경세포의 수용체와 결합하지 않은 세로토닌은 SSRI의 투여로 원래의 신경세포로 돌아가지 못하고 시냅스 주위를 떠돌게 됨
③ 시냅스를 떠도는 세로토닌의 양이 증가하여, 결과적으로 많은 양의 세로토닌이 방출되는 것과 같은 효과를 얻을 수 있음

종류	작용기전	적응증	부작용 및 간호
단가아민 산화효소 억제제(MAOI) : phenelzine(Nardil), tranylcypromine (Parnate) 96,12,17 임용 / 14 국시	시냅스전 신경세포에서 단기아민산화효소(MAO)를 억제하여, 시냅스 전 신경세포에 단기아민 신경전달물질(도파민, 노르에피네프린, 세로토닌)을 농축시키고, 활동전위가 있을 때 더 많은 단기아민 신경전달물질을 분비하도록 함	① 불안증상이 있는 우울증에 효과적, 공황장애, 광장공포증, 사회공포증 ② 외상후 스트레스장애 ③ 신경성 식욕부진증 등에 효과적임	① 삼환계 항우울제와 달리 항콜린성, 항히스타민 부작용은 없음 ② phenelzine은 약물처방을 바꿀 때, 대사효소의 회복을 위한 'wash out' 기간이 필요함 ③ α-아드레날린 차단효과는 강해 기립성 저혈압 ④ 금기 : 울혈성 심부전, 심혈관 질환, 두통, 간기능부전, 심한 신장손상 ⑤ 심혈관계 : 심계항진, 부정맥, 고혈압성 위기 ⑥ 신경계 자극 : 불면증, 조증, 불안증가, 흥분 등 ⑦ 심전도검사, 혈압체크, 어지러움증, 현기증 관찰 ⑧ 불면발생 시 아침에 복용

MA = 단기아민
MAO = 단기아민산화효소

단가아민 산화효소 억제제(MAOI) : phenelzine(Nardil), tranylcypromine (Parnate) 96,12,17 임용 / 14 국시	• 가장 심각한 부작용은 티라민이 대사되지 않고 <u>혈관수축 및 혈압상승을 유발하여 발생하는 <u>고혈압성 위기</u>로 tyramine 함유 음식(오래된 치즈, 적포도주, 훈제, 칠갑상어 알젓, 절인 청어, 간장소스 등), 삼환계 항우울제 등과 같이 사용할 때 나타날 수 있음 → <u>고혈압성 위기</u> 발생 시 <u>알파차단제(펜토라긴 5mg/IV 투여)</u> 12,17 임용 / 21 국시	

티라민을 함유하고 있는 음식들	
높은 티라민 함유 식품	숙성된 치즈(체다, 스위스, 블루치즈), 건포도, 누에콩, 레드와인, 훈제 및 가공육(소시지, 퍼퍼로니, 볼로냐), 절인 청어, 소금에 절인 쇠고기, 쇠고기 또는 닭고기의 간, 간장, 맥주, 고기 연화제(MSG)
중간 정도 티라민 함유 식품	고다치즈, 아메리칸 치즈, 모짜렐라 치즈, 요구르트, 샤워크림, 아보카도, 바나나, 맥주, 화이트 와인, 커피, 콜라, 차, 핫초콜릿, 초콜릿
낮은 티라민 함유 식품	저온 살균치즈(크림치즈, 리코타치즈, 코티지치즈), 무화과, 증류주

※ 고혈압성 위기

	경고	혈압상승, 심계항진, 두통
증상	위기	갑작스런 혈압상승, 터질듯한 후두부 통증, 심계항진, 흉통, 동공이완, 눈부심, 머리와 얼굴에 홍조와 찬(full) 느낌
중재		① 반좌위 & 산소 공급 ② 이완기혈압이 90mmHg가 될 때까지 5~15분마다 혈압측정을 반복하고, 그 다음부터 이완기 혈압이 75mmHg가 되지 않도록 혈압을 30분마다 측정하며 감시 ③ 신경계, 심혈관계합병증 관찰(경련, 두감각, 허약감, 사지저림, 부정맥, 흉통 등) ④ 응급 시 투여약물 : 응급상황에서 벗어난 후 이뇨제와 베타차단제 등의 복합적 처방을 함
	혈관이완제	nitroprusside, nitroglycerine, diazoxide, hydralazine
	교감신경차단제	chlorpromazine(단기작용 α차단제) 100mg/IM 또는 phentolamine(단기작용 α차단제) 5mg/IV 서서히 주입

새로운 항우울제	벤라팍신 (venlafaxine)	• 저농도에서는 세로토닌을, 고농도에서는 노르에피네프린의 고갈을 억제함 • 약효가 비교적 신속하여 자살시도자 같은 사람에게 투여가능, 심한 우울증 환자에게 효과적임 • 부작용 : 오심, 구토, 졸음, 구갈, 어지러움, 불안 등이 흔히 나타나고, 고혈압환자에게 사용할 때 이완기 혈압이 증가될 수 있으므로 혈압감시가 필요함
	멀타자핀 (mirtazapine)	• 노르아드레날린 및 세로토닌의 선택적 작용을 도움 • 알파아드레날린성 수용체 길항제로 작용하여 세로토닌과 노르에피네프린의 유리를 촉진해 우울증 억제효과를 나타내며 불안증상이나 수면장애에 빠르게 작용 • 부작용 : 약물 사용자 절반에서 약물 복용 초기에 진정작용이 심하게 나타나며, 체중증가, 혈중 지질 상승, 간효소 상승, 무과립구증 등을 유발할 수 있음, 그러나 순환계나 성기능에는 거의 영향을 주지 않음
	부프로피온 (bupropion)	• 도파민과 노르에피네프린의 재흡수를 막아 이들이 활성도를 높여 선택적 세로토닌 재흡수 억제제와 동등한 우울증 억제 효과를 나타내며 무기력증, 성기능부전, 체중증가, 위장관 부작용 등이 적은 것이 장점임 • 흡연요구를 줄여주어 금연치료제로도 활용됨 • 부작용 : 중추신경계 이외의 다른 인체장기에는 영향을 미치지 않으나 고혈압 환자에서는 혈압을 증가시키기도 함, 흔히 두통, 구역, 불안감, 진전, 불면증, 발한 등이 나타나지만 시간이 지나면 대부분 사라짐 • 가장 문제점은 고용량 투약 시 경련의 발생가능성이 높아지므로 주의해야 함
항우울제 투약 시 공통 간호 14 국시		• 약물의 효과는 2~3주 이후부터 나타남을 설명 • 약물 복용을 임의로 중단하지 말고, 증상이 완화되어도 처방된 기간만큼 투약할 것

12 기분안정제

1 리튬

작용기전 16 국시	① 뇌에서 신경전달물질의 활성도를 변화시키거나 안정화(신경과 근육세포에서 일시적으로 증가된 나트륨을 정상화시킴)시키는데, 특히 노르에피네프린, 세로토닌, 도파민의 시냅스 전달을 정상화하거나 안정화시킴 ② 갑상선호르몬과 테스토스테론의 분비를 억제하고 교란된 일주기 리듬이 다시 평형을 이루도록 함
적응증	① 양극성장애의 조증삽화와 우울증삽화 모두에 치료와 예방효과가 있으며 심한 순환성 장애에도 효과적임 ② 분열 정동장애, 반복성 우울증 등에 효과적임
사용지침	① 치료시작 전 신체검사(특히 신장기능, 심장기능, 전해질 농도, 갑상선 기능, 혈액검사, 임신검사 등 파악), 특히 신장배설기능은 반복 확인해야 함 ② 리튬은 하루에 여러 번 식사와 함께 분복하여 투여하는 것이 부작용을 완화시킬 수 있음
부작용 및 간호 99,00,03, 04,06,07, 08,20,22 국시	① 치료용량에 의한 부작용으로 50%에서 다뇨증, 다갈증이 나타남 ② 40%에서 손의 미세한 떨림, 오심과 구토, 복통 등 소화기계 장애, 피부발진 및 나트륨 축적에 의한 부종 및 체중증가가 나타남 ③ 리튬의 투여위험은 혈중리튬농도가 너무 높을 때 발생하는 독성효과임 ㉠ 보통 혈중리튬농도가 1.5mEq/L 이상에서 복통, 구토, 설사 등의 증상이 나타나기 시작하고 혈중 농도가 높을수록 심함 ㉡ 치료농도는 0.5~1.2mEq/L의 혈중농도임(치료농도의 범위가 좁아서 독성이 큼, 혈중농도 1.5mEq/L 이상 시 약물 중단, 2.5mEq/L 이상 시 치명적임) 16 국시

분류		일반적 부작용	중독 초기 증상	중독증상
혈중 농도		관계 없음	1.5mEq/L 이상	2.5mEq/L 이상
증상	소화	오심, 설사, 구갈, 구토	식욕부진, 지속적 N/V, 설사, 연하곤란	심해진 초기 증상
	신경	진전, 근무력, 현훈, 언어장애, 안구진탕, 피로감, 기억력장애	거칠고 큰 진전, 시력장애, 간대성 운동, 건반사 항진, 경련, 혼수	두통, 이명, 혼미, 혼수, 전신경련, 사망
	심장	EKG 이상, 조혈기관의 이상	혈압하강, 심부정맥, 전도이상	EKG 이상, 백혈구 증가
	신장	나트륨 축적 : 부종, 체중증가	다뇨증, 다갈증	핍뇨, 신부전, 탈수
	피부	여드름, 피부발진		
	분비	갑상선 기능저하증, 갑상선자극호르몬 증가, 부갑상선호르몬 증가 당뇨로 식이, 인슐린요법 필요		
관리		혈중농도 확인 후 치료용량범위이면 투약시간이나 약의 형태 조절	약물의 감량 또는 투약 중지	투약중지 적극적 체내 리튬 배설 : 수액, 이뇨제 치료, 혈액투석, 위세척

㉢ 리튬 유지 요법 시 고려사항

3개월마다	혈장 농도 검사(첫 6개월 동안)
6개월마다	신장 상태 사정, 혈장 리튬 농도 검사, TSH
12개월마다	갑상선 기능 재사정, 심전도

④ 리튬은 나트륨과 균형을 유지하는데, 체내에 나트륨이 감소하면 리튬이 신장에서 재흡수되어 리튬농도가 증가하므로 나트륨 결핍이 나타나지 않도록 해야 함(리튬은 나트륨과 유사한 화학적 성질을 가져 생체에서 리튬을 나트륨처럼 이용함)

리튬복용
대상자를
위한
교육지침
	① 치료용량 도달까지 오래 걸림 : 리튬은 일반적으로 충분한 치료용량에 도달하기 위해 여러 주가 걸림. 만약 약을 걸렀다고 해서 다음에 2배 용량을 복용해서는 안됨. 빨리 정규 계획대로 돌아가야 함. 약을 건너뛰지 않는 것이 중요함
	② 매일, 적정량 염분 섭취 : 리튬은 나트륨(염분)과 화학적 구조가 유사하여, 신체의 염분 정도의 변화는 자동적으로 리튬 수준의 변화를 유발함. 그러므로 매일 일정량의 염분섭취가 필요함
	③ 평소에 먹던 정도의 염분 음식을 그대로 유지, 염분의 감소는 혈중 리튬 수준 증가 유도
	④ 카페인은 리튬의 효능을 방해하므로 카페인류를 피할 것
	⑤ 충분한 수분 섭취 : 적어도 하루에 2리터 이상의 물을 섭취
	⑥ 과도한 수분과 염분 손실 방지 : 더운 날씨나 사우나, 온천 및 운동과 같은 땀을 많이 흘리는 활동을 할 경우는 더 주의깊은 관리가 필요함. 과도한 신체의 수분과 염분의 손실은 심각한 부작용을 유발할 수 있음.
	⑦ 부작용
	   ㉠ 리튬은 기면을 유발하거나 의식의 혼탁을 일으킬 수 있음. 알코올, 수면제, 진통제와의 동시 투여는 위험함
	   ㉡ 리튬을 먹는 대상자의 체중증가는 흔히 발생함. 균형 있는 식사를 권장하고 스낵 및 당류를 피할 것
	⑧ 매년 다음의 검진을 해야 함
	   ㉠ 신장기능 검사(전해질, 혈중 요소치, 크레아틴 청소율)
	   ㉡ 간 효소치(LDH, AST, ALT)
	   ㉢ 갑상선 기능검사(T_3, T_4, Free T_3, TSH), 리튬은 간혹 갑상선 기능을 변화시키므로 갑상선 약물이 필요할 수도 있음
	   ㉣ 심기능 검사(EKG)

② 항경련제 : GABA의 작용을 증가시켜서 Cl^-의 유입을 촉진함(과분극을 유도하여 역치를 증가시킴)
리튬에 효과적인 반응을 보이지 않거나 리튬을 감내하지 못하는 대상자들을 위해 사용함

발프로에이트 (valproate) Depakene Depakote	① 양극성 치료의 일차적 선택약 ② 기전 : Na^+과 Ca^{2+} 유입억제, GABA를 통한 Cl^- 유입촉진 ③ 리튬의 혼재성 삽화나 급성 순환성 삽화에서 낮은 효과, 높은 부작용 위험성, 신장이나 갑상선 손상의 위험성을 보완할 수 있음 ④ 부작용 : 오심, 식욕부진, 구토, 설사, 진정과 진전, 혈장의 간 아미노기 전이효소 증가, 혈소판 감소증, 백혈구 감소증 ⑤ 간호 : 대부분 자연소실, 혈액학적 이상 시는 용량 줄이기
카르바마제핀 (carbamazepine) Tegretol	① 급성 조증치료에 리튬과 발프로에이트의 대용약물로 사용됨 ② 부분발작, 대발작에 효과가 있음. 그러나 소발작과 근간대성 발작에 사용 시 증상을 더욱 악화시킬 수 있음(소발작과 근간대성발작에는 발프로에이트가 처방됨) ③ 전형적 조증보다 급성 순환성 조증, 불쾌성 조증, 신체증상이 있는 경우 등에서 효과 나타남 ④ 부작용 : 피부발진, 위장관계 증상, 백혈구 감소, 재생불량성 빈혈, 간염, 박리성 피부염, 심장 전도에 영향
라모트리진 (lamotrigine) 21 임용	① 양극성 치료의 일차 선택약 : 조증삽화와 우울삽화 모두에 대한 예방효과가 있으나, 우울삽화에 대한 예방효과가 더 큼 ② 기전 : 신경세포로 Na^+ 유입을 억제하여 신경세포막을 안정시킴. GABA의 작용 증진 ③ 발프로에이트, 카르바마제핀은 적절한 혈중농도 유지를 위해 정기적인 검사가 필요하나, 라모트리진은 일반적으로 부작용이 적어서 장기간 복용에 매우 적합함 ④ 정기적인 검사가 필요 없음 ⑤ 부작용 : 피부발진이 가장 흔하고 두통, 어지러움증, 오심, 구토, 복시 등이 나타날 수 있음
페니토인 (phenytoin)	세포 내로 Na^+이온 유입억제로 발작을 유발할 수 있는 뇌의 비정상적 전기신호가 확산되는 것을 막을 수 있음

13 항불안제 96 임용

1 종류

약물		작용	부작용	간호중재
벤조디아제핀 17 국시	고역가 lorazepam (Ativan) alprazolam (Xanax) 18 임용 / 05 국시	① 뇌의 GABA 수용체에 작용하여 GABA의 중추신경 억제 기능 증대 : 항불안, 항경련, 근이완 효과를 나타냄 ② 고역가 약물은 짧은 반감기, 저역가 약물은 긴 반감기를 나타냄 　㉠ 고역가 약물 : 반감기가 짧으므로, 일시적인 불안에서 적용, 하루 3~4회 투약 　㉡ 저역가 약물 : 반감기가 길기 때문에 심한 불안이 지속될 때 적용, 하루 1~2회 투약 ③ 불안감소 : 범불안, 공황 ④ 수면장애, 야경증, 몽유병(NREM 3, 4단계 감소) ⑤ 경련감소	① 심리적/신체적 의존 ② CNS 억제 : 졸음, 진전, 두통, 기면증, 어지러움, 혼돈, 반사저하, 인지장애, 기억력장애, 지남력장애, 시력장애 ③ 호흡억제 ④ 저혈압 12 국시 ⑤ 피부발진	① 약물 중단은 서서히 감량해야 함(∵ 반감기가 짧아서 금단증상이 유발되므로) ② 금단증상 　㉠ 심리적 증상 : 불안, 자극과민성, 불면증, 불쾌감 등 　㉡ 생리적 증상 : 진전, 심계항진, 현기증, 발한, 근육경련, 발작 　㉢ 지각적 증상 : 감각과민성, 이인증, 지각이상 또는 어지러움, 금속성 맛 등 ③ 마약, 알코올 등과 함께 복용× 　- 현저한 졸음, 호흡억제, 혼수, 사망 ④ 진정, 운동실조, 기억력 문제 등에 대한 주의 필요 　- 운전이나 위험한 기계조작은 피해야 함 ⑤ 음식과 함께 복용
	저역가 diazepam (Valium) 16 국시			① 반감기가 길어서 하루에 1~2회 투여함 ② 약물 중단 시 금단증상이나 반동성 불안 없음(반감기가 짧을수록 금단증상, 반동불안 등이 현저하게 발생됨)
비벤조디아제핀 buspirone (Buspar)		부분적 세로토닌성 항불안제 ① 진정/기억/운동기능 영향력 적음 ② 금단증상 없음	① 두통, 오심, 어지러움, 수면장애 ② 진정작용 없음	① 항불안 효과는 벤조디아제핀에 뒤지지 않으나 효과가 늦게 나타남 → 약물 사용 초기 환자교육 필요 ② 금기증 : 심한 호흡기장애, 급성 간헐성 포르피린증
기타 수면제 Zolpidem 20 국시		비벤조디아제핀계	① 기면 ② 어지러움증(10mg 이상 적용 시 심하게 나타날 수 있음) ③ 의존성이 생기므로 단기사용해야 함	
바비츄레이트		항경련제로 이용되었으나 최근에는 많은 부작용으로 거의 사용하지 않음	① 의존성, 금단현상 및 내성의 빠른 증가 ② 독성 강함	

※ 벤조디아제핀 투약 시 주의사항
- 알코올 사용 금기(알코올은 다른 중추신경억제제와 동시 사용 시 중추신경억제제를 증가시킴)
- 벤조디아제핀과 시메티딘의 동시사용은 진정효과를 강화시킴(시메티딘은 벤조디아제핀의 간대사를 억제하므로, 상호작용을 예방하기 위해서 벤조디아제핀의 투여는 시메티딘을 투여 후 몇 시간 지나서 분리해서 투여할 것)
- 흡연은 벤조디아제핀의 청소율을 증가시키므로 흡연하는 환자에 대한 약물의 효과성을 주의깊게 모니터해야 함

2 항불안제 작용기전

(1) **벤조디아제핀계 약물**: 뇌의 GABA 수용체에 작용하여 GABA의 중추신경 억제 기능 증대로 항불안, 항경련, 근이완 효과가 나타나게 됨

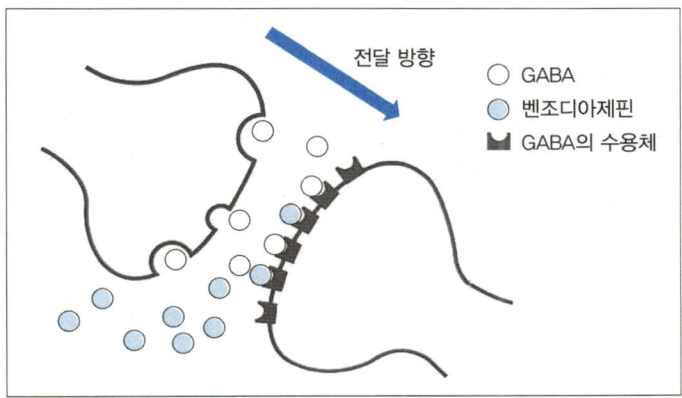

경구 투여되어 뇌혈관관문을 통과해 온 벤조디아제핀이 GABA와 마찬가지로 GABA 수용체와 결합해서 GABA 부족분을 보충함

시냅스	신경과 신경의 접합부에 있는 틈
전기신호전달	신경세포 말단 소포 안에 들어있는 신경전달물질이 시냅스 안으로 방출
수용체	신경세포의 수상돌기 표면에 신경전달물질 수용체가 있음
신경전달물질	
노르에피네프린	증가 시 불안, 공포
GABA	억제성 전달물질, 노르에피네프린 활동억제

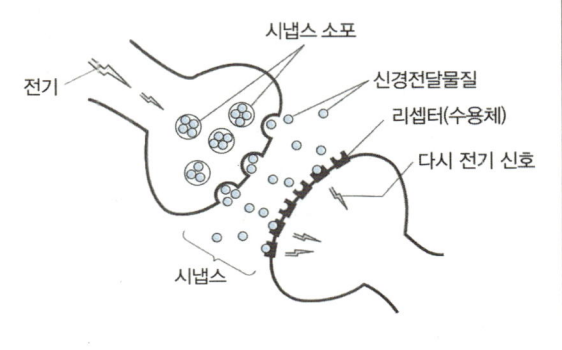

(2) **부스피론**: 세로토닌성 항불안제, 진정작용이 적고 기억 및 운동기능에의 영향력이 적음. 벤조디아제핀에 전혀 뒤지지 않는 항불안 효과를 가지나 효과가 비교적 늦게 나타나 상황불안의 치료제로는 적합하지 않음

PLUS+

• **약물 반감기에 따른 장·단점**

짧은 반감기 약물	장점	• 약물 축적이 없음 • 낮에 졸리지 않음
	단점	• 금단증상이 빠르고 심하게 나타남 • 반동성 불면, 기억장애 유발
긴 반감기 약물	장점	• 가끔 주어도 됨 • 금단증상이 적음
	단점	• 약물 축적의 위험이 있음 • 낮에 졸림

14 개인치료

1 지지정신치료

정의	환자-치료자 간의 rapport를 기본으로 하여, 치료자가 지지, 안심, 이완, 설득, 환기 등의 기법을 통해, 환자의 약해진 자아를 지지해줌으로써 현실생활과 이에서 파생된 문제들과 부딪쳤을 때 좀 더 잘 견디어 나갈 수 있게 해주는 것(= 지지적 정신치료는 증상의 완화와 제거가 목적인 정신치료 방법임. 대상자의 인격을 건드리지 않고 안심, 설득, 지지, 환기 등을 사용하여 자아기능을 강화하고 외적자극과 내적갈등을 이겨내고 해결할 수 있도록 도와주는 방법)	
특징	① 자아기능 보강, 잠정적 치료수단, 무의식적 측면은 탐색하지 않음 ② 병식 또는 성격변화는 다루지 않고 단지 증상제거, 완화만 목적으로 함 ③ 분석적 정신치료의 보조방법으로 쓰이기도 함	
적용	① 원만한 성격의 사람이 스트레스를 받아 일시적인 동요가 있을 때 단기응급처치 수단임 ② 경계성 성격장애, 의존성 성격장애의 장기적 치료방법 ③ 자아를 보강하기 위한 1차 치료법 ④ 통찰정신치료를 받는 도중에 감당하기 어려운 불안이 야기되는 경우 잠정적인 치료수단	
문제점	① 재발할 가능성이 큼 ② 잠재적 정신병에서는 더 병을 유발시킬 수 있음	
유형 🎧 안제환 설암 마지최	안심	① 치료자의 권위를 이용해서 위로해주고 괜찮다고 마음을 든든히 해주는 것 ② 일시적 효과이긴 하나 증세가 가벼운 경우에 효과적이기도 함 예 "공황장애로 걱정하시는 것처럼 사람이 죽거나 미치지 않습니다."
	제반응 (정화)	① 신경증적 장애를 자아낸 스트레스 상황을 감정적으로 재체험함으로써 불안을 완화시키는 방법 예 감정을 실은 넋두리나 신세한탄 등 ② 무의식 속에 억압되었던 기억이 되살아나는 것과 동시에 쌓였던 감정(울분)이 분출되는 것으로 인해 치료효과를 봄 예 교통사고 당시의 당황스러움과 두려움, 사고차량의 운전자에 대한 분노 등 상황을 감정적으로 재경험함으로써 긴장이나 불안을 완화시키는 방법임. 눈물을 흘리거나 소리를 지르는 등의 사고 당시의 감정을 재경험하는 것 cf) 환기: 사고 당시의 두려움이나 분노 등을 다른 사람들에게 토로하거나 표현하고 나서 후련한 느낌을 경험하게 되는 것(은근히 감싸주고 수용해주는 따뜻한 분위기나 대상에게 토로한 후 후련한 느낌을 경험하는 것) ③ 최면술에 의해 야기되기도 함 ④ 경계성 조현병 대상자 등에게 위험하기도 함
	환기	① 은근하게 감싸주는 분위기에 젖어 속마음을 털어보임 → 불안, 초조, 꽉 막혔다는 느낌에서 다소 해방되는 '후련한 느낌'을 맛보게 하는 것 ② 종교의 고해성사로 사용되어 왔음 예 "말로라도 이야기를 하고 나니 속이 후련하네요."
	설득	① 치료자가 권위를 이용하여 어른이 어린아이에게 타이르듯 환자의 이성과 도덕에 호소하기도 하고, 교육적인 면에서도 설명도 해주어 약화된 자아를 부축해 줌으로 증상을 극복하자는 방법임 ② 충동을 없애고 완화시키며, 전환시키도록 하는 방법 예 "주변 사람을 힘들게 하는 그런 행동은 그만 하는게 좋지 않을까요?"
	암시	① 간접적으로 넌지시 괴로운 증상이 없어지고 있다는 생각이나 신념이 들도록 해주는 방법 예 (전환장애 환자에게) 치료를 받으시면 서서히 팔에 감각이 다시 돌아올 겁니다." ② 치료자의 자신만만하고 권위 있는 동정적 태도가 핵심임. 그러나 병식을 넓히기보다 좁힐 수 있음, 자기이해, 진정한 변화와는 거리가 먼 방법 ③ 어린아이, 덜 지적인 사람, 미숙하고 히스테리적 성격을 지닌 사람, 심각한 성격장애가 없는 경우, 사고 뒤에 오는 불안 상태 ④ 최근 발생하여 뿌리가 아직 그리 깊지 않은 히스테리성 전환증상의 경우 효과적임

유형 🔍 안제환 설암 마지최	마취합성	① 마취약물을 통해 잠들기 직전의 긴장이 풀린 상태를 유도하여 의식적 자제가 사라지고 억제에서 해방된 상태에서 긍정적·부정적 감정 경향을 노출시켜 질문, 설명, 설득, 암시를 통해 문제를 극복, 해결하도록 도와주는 방법 ② 급성불안상태, 외상성 신경증 초기, 전환장애, 심인성 기억상실, 심인성 둔주 등의 치료에 효과적임
	지지	① 이야기를 진지하게 듣고, 수긍해주고, 동정적 말투로 과연 그렇겠다고 이해하는 자세를 취하고, 용케 잘 견딘다고 격려하고, 이러저러하면서 좀 낫지 않겠냐는 충고도 해주고, 어려움에 처한 환경을 직접·간접적으로 조정해주기까지 하는 것 ② 일시적 호전일 수 있음
	최면	① 의식의 변화 상태로 중요하지 않은 정보, 환경의 자극에 대한 의식을 철회시켜 어떤 목표, 사건, 사람에 대해 의식을 집중시킨 상태 ② 지각 감소로 현실에 대해 무비판적이 되며 치료자가 제시하는 현실을 쉽게 받아들이게 됨 ③ 무아지경에 들어 증상완화, 무의식 발굴, 태도변경 등에는 효과가 있으나 병식(통찰)이나 성격기능의 변화를 가져오지는 못함

❷ 통찰정신치료

정신분석치료	정의	① 억압되어 있는 무의식에 숨어있는 병인의 근원 요소들을 의식화하여 인격의 병적인 부분을 수정하는 방법 → 병식을 갖도록 하는 것으로 대상자의 무의식 세계를 다루는 것 ② 감정적으로 힘든 문제를 드러내는 것이 정신질환을 일으키는 상처를 치유하는 잠재력이 있음을 설명함 21 임용(지문)	
	치료기법 98,05 국시	통찰	대상자가 억압된 감정이나 사회적으로 수용불가능한 사고, 분노 등에 대해 의식적인 자각이 있을 때 | 지적 통찰 | 증상이나 행동의 원인과 결과에 대한 이해 | | 감정적 통찰 | 증상이나 행동과 관련된 감정이해 또는 재경험(감정정화) |
		억압	원치 않거나 받아들여질 수 없는 생각을 의식계로부터 쫓아내려는 무의식적인 과정
		자유연상 21 임용/ 16,19 국시	① 어떤 의식적 점검이나 검열 없이 떠오르는 대로 생각과 느낌을 그대로 언어화하는 것 ② 어떤 대상과 관련하여 마음속에 떠오른 생각, 감정, 기억을 수정없이 이야기하도록 함 → 증상과 관련된 기억이나 과거경험이 드러나 내담자의 증상이 무의식적으로 어떤 의미를 지니는지 이해함 ③ 환자 마음속에 있는 무의식적 갈등을 불러일으킴 → 자신의 갈등이나 문제를 명료하게 의식케 함(저항극복 가능)
		꿈의 분석	꿈은 내적 갈등의 상징적 의사소통으로 해석을 이용해 대상자들이 내적갈등을 인식하게 함 06 국시
		저항	자신의 무의식적 갈등이나 감정이 의식화되는 것을 받아들이기 힘들어 억압하고 드러내지 않으려 하는 것
		전이	① 대상자가 자신에게 중요한 사람에게서 느꼈던 감정을 치료자에게 향하는 무의식적 현상 15,19 국시 ㉠ 치료 과정에서 생긴 환자의 전이반응(전이는 대상자가 어린 시절 어떤 중요한 인물에 대해 가졌던 관계를 치료자에게 표출하는 것)을 치료에 이용하는 전략 → 전이를 통해 현재와 과거의 대인관계상의 문제점을 인식시킴 ㉡ 전이관계에서 치료자는 환자 마음속에 있는 전이에서 우러난 욕구나 기대를 충족시켜주는 데 있어서 되도록 절제를 지켜야 함 ㉢ 치료과정에서 생긴 전이를 통해 현재와 과거의 대인관계상의 문제점을 인식시켜 줄 수 있기 때문임
			치료자가 환자에 대해 도덕적 가치 판단으로 응하지 않고 중립적인 수용태세를 견지하는 전략 → 결국 환자는 가치판단, 비판, 상벌의 예상과 기대는 자기 마음속에서 나왔음을 이해하게 됨
			치료자는 환자에게 치료자 자신의 사적 정보를 알리지 않음 → 치료자와의 동일시를 줄일 수 있음

정신분석치료	치료과정	환자	자유연상(머리에 떠오르는 것을 순서대로 정직하게 빠짐없이 말함)
		치료자	경청, 적절한 시기에 해석(조각그림 맞추기), 치료자는 객관성과 중립성을 가져야 함 (교감을 안하는 것은 아님)
	적응증		갈등의 원인이 내면적인 경우, 오이디푸스 콤플렉스 관련 갈등, 불안장애, 전환·우울장애, 약물중독이나 알코올 중독을 겸하지 않은 인격장애자, 성 장애 등
분석적 정신치료	정의		정신분석치료법보다 무의식을 덜 다루고, 현재 갈등과 정신역동을 다루어 증상완화와 제한적 인격변화를 목적으로 하는 치료법
	치료기법		① 초기 아동기의 경험회상과 꿈의 분석 → 이드, 자아, 초자아의 발달을 연구 ② 자유연상을 덜 사용하며, 서로 마주보고 이야기하는 식의 대화기법을 많이 사용하고, 명료화와 직면 기법 사용(현존하는 방어기전을 현실적으로 보강) ③ 치료자는 대상자의 기억을 관찰, 보다 적극적으로 지지, 자신의 감정 노출이 가능하게 함 (그러나 기억회상이 느리고 어려움)
	적응증		정신분석 과정에서 일어나는 자아의 일시적 퇴행이나 강력한 전이현상을 감내하기에 충분한 자아의 힘을 갖고 있지 않다고 평가되는 환자나 만성적으로 심각한 자기파괴적 행동을 보이는 환자에게 정신분석보다 우선적으로 권장됨
	장점		① 정신분석보다 시간과 돈이 적게 들어감 ② 치료자 양성이 정신분석보다 수월하여 수적으로 월등히 더 많은 치료자를 확보가능 ③ 정신분석에서는 쉽사리 손을 대지 못하는 정신질환들, 조현병, 양극성 장애, 경계성 정신병 등을 치료 가능 ④ 약물치료, 집단치료, 가족치료, 환경조성, 지지치료 같은 기타 치료법을 동시에 사용
단기역동정신치료	정의		치료자가 적극적으로 현재의 문제를 해석, 직면, 명료화하고, 저항에 도전하며, 환자의 감정을 이끌어내는 치료방법
	치료기법		성격적 문제는 제외하고 현재 일어나는 비교적 간단한 문제에 초점을 두어, 정신역동적 패턴을 이해하고 탐색
	치료과정		① 치료 초기 : 약물사용, 생각과 느낌을 이야기하도록 하여 환자의 경험을 파악 ② 치료자가 파악한 것을 환자에게 이야기해주고 환자는 이해한 바를 토대로 자기 인생방향을 재조정
실존치료 20 국시	정의		자신의 존재 의미를 상실했거나 환경에 대한 비현실감을 느끼는 것이 이상행동으로 자아를 찾으려는 노력이 방해받을 때 증상이 나타나므로 자신과 주위 환경에 확실한 자기인식을 하는 것 (자기 존재의 의미를 인식을 하여 자신의 정체감 발견)
	이상행동		개인이 자신이나 환경에서 멀어질 때 이상행동이 발생하며 이를 소외현상이라고 함. 소외의 원인은 개인이 자신에게 가하는 억제나 제한의 결과임
	치료기법	게슈탈트 치료	① 정신분석치료의 지나친 주지주의적 경향을 비판하며, 개체와 환경 간의 유기적 통합성을 강조하였음 ② 치료자와 대상자 간의 대화를 중시하고, 대상자가 단지 어떤 문제나 증상을 가진 치료대상이 아니라 대화를 통해 치료자와 인격적 교류를 하고 있고, 인간으로서 존엄성을 지닌 온전한 존재로 인식함 ③ 인간의 신체와 감각, 감정, 욕구, 사고와 행동은 서로 분리된 현상이 아닌 하나의 의미 있는 전체이므로 치료자는 대상자의 언어적 표현 외에도 표정, 목소리, 자세, 신체동작, 제스처 등 다양한 비언어적 행동과 꿈, 환상, 이미지 등 비언어적 매체를 통합적으로 치료에 활용하여 통합적 접근을 시도함

실존 치료 20 국시	치료기법	현실치료	① 현실치료자들은 모든 대상자들의 기본적인 문제가 특정한 뇌병리와는 별개로 현재의 인간관계가 불만족스럽거나 인간관계라고 할 만한 것이 없는 두 가지 상태 중 하나라고 하였음 ② 인간은 불만족스러운 관계에 의해 발생한 좌절감을 다루는 방법으로 가벼운 우울증에서 심각한 정신이상에 이르기까지의 행동들을 선택하게 됨 ③ 인간은 자신들이 통제할 수 없는 상황의 희생자가 아니라 자신의 생활에 대한 책임을 가짐 ④ 치료목표 : 특정대상자가 자신의 삶에서 필요한 행동을 더 효과적으로 선택할 수 있도록 가르치는 것 ⑤ 치료자와 대상자는 만족스런 관계를 확립해야 하며, 치료자는 교사나 역할 모델로서 기능함
		합리적 정서행동 치료	① 개인의 정서적인 문제는 비논리적 신념체계 또는 비합리적 가치관에서 기인함 ② 개인의 비논리적 신념체계나 비합리적인 가치관을 합리적인 것으로 대치할 때 정서적인 문제들이 해소될 수 있다는 것
		의미치료	① 현대인이 생존수단은 가지고 있지만, 생활의 의미를 가지고 있지 못한 경우가 많음을 지적하면서 우리 시대의 사회적 질병은 무의미, 즉 실존적 공허임을 강조하였음 ② 개인의 고통이나 일, 사랑을 통해 의미와 목적을 찾도록 돕는 것에 초점을 둠
		인간중심 치료	① **가정** : 인간이 자신의 삶에서 불행을 초래하는 요인을 이해할 능력과 삶에 있어서 자기방향을 설정하고, 건설적인 변화를 일으킬 수 있는 능력이 있다는 것 ② **치료목적** : 충분히 기능하는 인간으로의 성장이며, 이러한 목적을 달성하기 위해서는 치료자의 진실성과 무조건적인 긍정적 관심, 공감적 이해, 무비판적 경청과 수용이 필요함
		수용전념 치료	① 문제를 문제로 보지 않고, 있는 그대로 인정하고 수용하며 감정이나 생각을 변화시키려는 노력을 중지함 ② 첫 번째 핵심은 아무리 부정적인 감정이나 생각이 들더라도 그 경험을 회피하던 경험을 수용하는 것이고, 두 번째 핵심은 회피하던 경험을 수용하도록 돕는 동력을 지니기 위해 개인적 삶의 가치와 목표를 명료화시키는 것임
	치료과정		① 대상자로 하여금 자기존재에 대한 진정한 인식을 되찾게 하는 것 ② 대상자가 호소하는 문제 자체보다는 대상자의 있는 그대로의 경험을 주된 내용으로 다룸
	치료자		환자와 대등한 관계에서 안내자 역할을 통해 환자가 자신의 정체감을 발전시키고 인생의 목적을 세워 달성하도록 도움, 돌봄과 따뜻함, 현실감을 명확히 함
	대상자		자신의 행동에 책임을 지고 적극적 참여가 요구됨

3 지지정신치료와 통찰정신치료의 비교표

양상	지지정신치료	통찰정신치료(표현형 정신치료)
목표	① 자아기능 및 대처능력 유지 ② 이전의 평형상태 회복, 좋은 적응, 증상감소 ③ 환경조절, 입원방지	① 인격변화 및 방어 재구성 ② 갈등해결, 증상제거 ③ 대상관계 개선
빈도	아주 다양 : 주 1회, 월 1회	주 1~3회
시간	아주 다양 : 5~90분	45~50분
장면	마주 보는 면담	마주 보는 면담
치료자 역할	중립성 유예, 적극성 : 지시, 노출	수정된 중립성
선택기준	약간의 동기와 심리적 이해, 치료 동맹 형성 능력	충분한 동기와 심리적 이해, 좋은 대상관계
주 기법	① 자유연상 금기, 주로 지지기법 ② 이차적 직면, 명료화, 해석, 발생적 해석 금기 ③ 치료 동맹과 실제 대상관계, 전이 욕구 충족 ④ 퇴행 없음, 긍정적 함축 강조	① 제한적 자유연상, 직면, 명료화, 해석 ② 제한적 발생적 해석, 역동 방어 부분 해석 ③ 제한적 전이 조장 및 해석, 제한된 퇴행 ④ 부정적 함축 탐색
부가적 치료	흔히 필요(약물, 가족, 재활, 입원)	필요할 수 있음(약물)

4 간호학적 이상행동 모형

구분	이상행동모형	대표 이론가	이상행동	이상행동의 원인	치료방법
신경생물학적 관점	생물학적 모형		중추신경계 이상으로 인한 정신기능전반의 문제행동	• 중대뇌피질, 뇌간, 소뇌, 변연계(시상, 시상하부, 해마, 편도체), 기저핵 등의 구조 및 기능 결함 • 도파민, 세로토닌, 노르에피네프린, 아세틸콜린, 감마아미노뷰티르산(GABA), 글루타민 등 신경전달물질의 전달회로 이상	• 약물치료 • 전기충격요법 • 빛치료 • 미주신경자극법
심리적 관점	정신분석모형	• Freud • Erikson	결핍된 욕구와 발달과업의 미성취(불신, 수치심/의심, 죄책감, 열등감, 자아정체성 혼란)로 인한 모든 행동	어린 시절 발달과정에서 경험한 발달욕구 및 발달과업의 갈등으로 인한 불안을 해결하기 위해 과도한 방어기제 사용	• 정신분석 : 자유연상/꿈분석 기법
	실존모형	• A. Ellis • V. Frankl • W. Glasser • F. S. Peris • Carl Rogers	자신에 대한 혼란과 비현실감으로 인한 사회적 상황에 대한 회피행동	자기인식 결여, 자기소외로 인한 삶의 의미와 목표 상실	• 합리적 정서요법 • 현실요법 • 의미치료 • 게슈탈트요법
	인지모형	A. Beck	부정적 감정과 부적응적 행동	과거경험으로부터 형성된 비합리적이고 비논리적인 신념체계	• 자동적 사고(비합리적 신념체계)의 교정

구분	이상행동모형	대표 이론가	이상행동	이상행동의 원인	치료방법
사회·문화·환경적 관점	대인관계모형	• Sullivan • Peplau	대인관계의 위축 또는 단절	• 부정적 자기체계로 인한 신체적 만족에 대한 욕구충족 실패 • 부정적 자기체계로 인한 심리적 안정에 대한 욕구충족 실패	• 신뢰관계 형성 • 대인관계 안정감
	의사소통모형	Eric Berne	의사소통의 위축 또는 단절, 대인관계 위축과 단절	• 의사소통하는 사람들의 부적절한 자아형태 • 의사소통하는 사람들의 부적절한 의사소통패턴	• 의사소통하는 자아형태와 의사교류패턴 분석 • 긍정적 의사소통 경험
	사회모형	Caplan	사회적 위축행동, 부적응 행동 및 부적절한 대처행동	• 경제적 어려움, 부적절한 교육, 불안정한 가족, 소수민족 등의 사회·문화·환경적 상황 • 스트레스 상황에서 이용할 사회·문화·환경적 지지부족	• 지역사회 내 전문가 또는 비전문가를 활용한 1차, 2차, 3차 정신건강예방 서비스
	행동모형	• Pavlov • Skinner	일탈행동, 부적절한 행동, 부적응적 행동	바람직하지 않은 행동의 학습 및 강화	• 보상을 통한 바람직한 행동의 강화 • 벌을 통한 부적절한 행동감소
스트레스 관점	스트레스모형	• Walter Cannon • Homes & Rahe • Lazarus & Folkman	심리적, 정서적 및 행동적 급·만성 스트레스 반응	• 적응을 필요로 하는 개인의 과도한 내외적 자극 • 개인의 부적절한 대처자원 및 대처전략	• 정서중심대처전략 • 문제중심대처전략
간호학적 관점	간호모형	• Nightgale • Peplau • Hall	잠재적이고 실재적인 정신건강문제에 대한 부적응적 반응패턴	유전적, 신경생물학적, 심리적, 사회문화적 취약성과 스트레스 요인	제시된 정신이상행동모형에 따른 원인을 분석하고 통합적이고 전인적 간호중재전략

15 집단치료

1 집단치료

개념

(1) 일종의 정신치료, 충분히 훈련된 전문가가 대상자들의 심리적인 갈등, 잘못된 의사소통, 편협적인 대인관계 문제들을 해결하는 것 → 목적 : 집단 내의 대인관계를 통해 각자의 무의식적 동기나 의도에 관심을 기울이게 하며, 대상자가 가지고 있는 정서적 갈등과 장애를 치료하는 것을 주목적으로 함

(2) 집단치료에서 나타나는 치료적 요인(= 집단치료에서 치료적 변화를 위한 중요치료인자, Yalom)

요소	정의
정보공유	교훈적인 정보와 충고를 주고받는 것
희망고취	삶에 대한 희망감, 집단원에게 희망을 주고 성공적 집단치료 경험에 대한 낙관적인 생각
보편성	자신의 문제, 생각, 느낌이 자신만의 것이 아님을 알게 됨, 비슷한 경험을 한 사람과 서로 이해하고 지지하면서 불안이 감소
이타주의	자신도 타인을 돕는 입장임을 경험하고, 타인에게 의미 있는 존재로서의 가치 경험
교정적 재경험	마치 한 가족과 같은 느낌을 갖게 되고, 경험에서 학습이 일어남
상호작용 개발	자신의 상호작용 형태를 인식하고, 발달시킬 수 있는 기회이며, 갈등을 해결하고 타인에 대해 조언을 줄 수 있는 사회적 기술 습득
모방행위	다른 집단원들이나 집단상담자의 행동을 관찰하여 필요한 것을 자신의 것으로 취함
대인관계 학습	인간관계의 책임과 복잡성에 대한 이해를 증진시키고 인간관계의 장애를 감소시킴
실존적 요소	집단원이 자신의 삶의 방향을 결정, 결정에 따른 자신의 삶에 대한 책임을 지도록 도움
감정정화	무비판적인 분위기에서 과거에 표출해 본 적이 없던 감정 방출(카타르시스)
응집력	집단의 일원이라는 점에서 애착을 느끼고 나보다 우리라는 동료의식 형성

집단 종류

교육집단	목표	스트레스 관리, 약물복용관리, 자기주장훈련과 같은 특정한 문제들에 대한 정보를 구성원에게 제공하는 것
	집단지도자	해당 분야에 전문적인 지식을 갖추고 있는 간호사, 치료자 또는 기타 보건전문가
	특징	일반적으로 정해진 횟수의 모임을 갖고 같은 구성원을 유지하며 집단지도자가 정보를 제시하면 구성원들이 질문하거나 새로운 기술을 연습할 수 있음
지지집단 (= 치료 집단)	목표	주요 관심은 참여자들에게 상황 또는 발달위기에서의 정서적 스트레스를 다루는 효과적인 방법을 가르침으로써 앞으로 혼란 상황을 막는 것
	집단지도자	구성원들의 생각과 감정을 살피고, 편안한 의사표현을 할 수 있도록 수용적인 분위기를 조성해야 함
	특징	• 종종 집단의 구성원들에게 자신의 좌절, 지루함 또는 불행함을 표현하고 공통적인 문제와 잠재적인 해결책에 대해 토론할 수 있는 안전한 장소를 제공해야 함 • 지지집단의 규칙은 정신치료집단과는 달리 서로 접촉하고 모임 외에서 교류하는 것이 오히려 권장됨 • 비밀엄수가 일부 집단에서는 규칙 중 하나이고 구성원들이 이를 결정함 • 필요에 따라 가입과 탈퇴가 자유로운 개방집단이기 쉬움 • 일반적인 지지집단에는 암 또는 뇌졸중, AIDS 환자 그리고 자살한 사람의 가족들을 위한 집단에 속함
자조집단	정의	특수한 건강문제나 스트레스를 중심으로 형성된 집단치료 유형
	목표	대처기술이나 적응기법에 관한 교육, 충동조절, 사회화 등
	집단지도자	집단의 책임은 구성원에게 있으며, 전문가는 많은 개입을 하지 않고 조력자 정도의 도움을 제공함
	특성	• 일부 자조집단은 조직적이며 명확한 규범과 규칙들이 있음 • 주위 환경의 다른 사회체제와 함께 집단구성원을 돕기도 하며, 새로운 구성원에게는 성공적 역할모델이 됨으로써 희망을 고취하는 기능을 함

장점	(1) 집단원 상호 간에 동등한 느낌을 가지게 되어 편안한 마음으로 스스로 문제를 내어놓고 취급할 수 있음 (개인치료에서는 치료자를 높은 위치에 있는 사람으로 느끼기 쉬움) (2) 개인으로 하여금 외적인 비난이나 징벌에 대한 두려움 없이 새로운 행동에 대하여 현실검증을 해볼 수 있는 기회 제공 (3) 쉽게 소속감과 동료의식을 발전시켜, 자신만이 유일하게 그러한 문제를 가지고 있지 않음을 인식하게 되어 자신이나 타인을 보다 더 이해할 수 있음 (4) 폭넓고 다양한 성격의 소유자들과 관계할 수 있는 기회를 가지게 되어 개인치료에서는 불가능한 여러 가지 학습경험을 풍부히 할 수 있음 (5) 집단원 상호 간에 치료자의 역할을 감당하게 되어 지도성의 측면에서 유리함 (6) 어떤 집단원이 특정한 대화의 내용을 다루는 데 고통이나 위협을 느끼는 경우 물러나서 침묵을 지키고 앉아 있을 수 있고, 그러면서 계속 다른 사람들의 이야기나 행동을 경청하고 관찰하면서 함께 생각하고, 느끼므로 집단 활동에 참여할 수 있음
제한점	(1) 집단치료가 행동변화를 위한 만병통치약이 아님 : 짧은 기간의 집중적 집단치료 경험이 인간의 삶을 다시 만들어 주지 못하며, 행동변화를 일으키는 절대적 방법이 아님 (2) 집단치료의 경험이 바람직한 행동을 학습하는 장소이기보다 현실도피의 기회가 될 우려가 있음 (3) 모든 사람이 집단치료에 적합하지 않음 : 편집증, 적대감, 정서적 장애를 심하게 경험하는 대상자는 적합하지 않음 (4) 집단치료자의 부적절한 훈련과 지도성으로 자신과 타인에게 해를 끼칠 가능성이 문제가 됨 (5) 집단치료를 통해 생활양식 및 가치관의 변화를 초래하게 되므로 개인생활에 균열을 경험하여 안정감을 상실할 가능성이 있음
적응증	(1) 부끄러움이 많거나 외로운 사람(집단의 일반화를 통해 자기만 그런 것이 아니라는 것을 이해함) (2) 개인의 치료자에게 지나치게 의존하는 환자(집단에서 이것이 다른 환자에게 확산됨) (3) 공포증(집단원의 격려와 도움을 받아 완화) (4) 부모·권위자에 대한 지나친 공포(집단에서 치료자에 대한 감정표현이 비교적 쉽기 때문에 완화) (5) 형제간의 관계가 좋지 않거나 독자인 경우(인간관계 경험) (6) 자기중심적이어서 대인관계가 어려운 환자(다른 회원들이 이를 지적해주고, 지지해줌) (7) 성적 혼란이 있는 청소년(성적 동일화를 줌) (8) 특정 문제를 가진 환자끼리의 집단(서로 격려해줌으로써 지지가 됨) (9) 문제부부끼리의 모임(치료자가 공동문제로 부부 상담할 수 있음)
금기증	(1) 심한 우울이나 자살위험이 높은 대상자 (2) 망상장애(특히 피해망상) (3) 집단 자체를 견디지 못하거나 규범을 못 따르거나 다른 구성원과 심한 충돌을 하는 대상자
과정 (Yalom)	집단의 발달단계는 명확하지 않고 단계가 중복될 수 있으며 이전 단계로 퇴행도 가능 | 투크만	얄롬	정의	과제	대인활동
---	---	---	---	---
형성기	오리엔테이션	집단원 소개	주어진 과제의 규명	관계를 평가하고 대인경계 확인
격정기	갈등기	주어진 과제와 집단의 영향에 저항	과제에 감정적인 반응	집단 내부의 갈등
표준기	응집기	저항이 극복됨	과제 관련 의견들이 친밀하게 표현	새로운 역할과 기준이 설정되고 집단 응집력이 커짐
성취기	활동기	창조적 문제해결	집단에너지가 과제해결로 집중됨	집단원 간의 상호관계 구조가 과제해결의 도구로 사용되고 역할에 융통성과 기능성이 높아짐	

과정 (Yalom)	(1) 치료 전 단계	① 집단의 목표 설정	
		② 집단치료계획서 작성	목표, 치료자 수, 구성원 범주, 집단장소, 시간, 구성원 수, 유지기간, 필요자원, 예상비용 등
		③ 대상자 선정	• 목표일치도, 동기, 집단 경험 등을 고려 • 이질적 집단이 더 효과적 : 성별, 나이, 개별적 역동성을 다양하게 구성 • 동질집단(알코올중독, 동성애, 과대망상증) : 서로의 방어기전 지지 • 뇌손상, 지적발달장애, 파괴적 편집증 환자는 부적절
		④ 집단의 조직	• 모임장소, 모임시간 및 빈도, 회원 수, 집단일정, 자리배치, 필요한 자원 기술 • 집단원 수는 10명 이내(5명 이하 다양한 역동 부족)
	(2) 초기단계 (시작단계, 도입단계, 탐색기)	집단구성원들이 치료를 위해 자리를 잡아가기 시작하는 시기 : 집단구성원들에 의한 수용 여부, 규칙설정, 여러 가지 역할의 배당 등에 관한 불안이 특징, 감정정화, 보편성과 같은 치료적 요인들이 작용을 시작	
		오리엔 테이션	① 집단활동이 첫 출발하는 시기, 조심스럽게 상호 간 눈치를 보며 탐색 ② 행동에 대한 불안, 집단구조에 대한 불확실성, 지도자에게 의존적
		지도자	• 지시적, 적극적 개입, 규칙 정하기, 역할 정하기 인도 • 목표, 비밀유지, 회합시간, 정직성, 의사소통 규칙 등 합의 이끌어내기 • 집단원들이 서로 도와주는 방법 제시, 집단의 응집력과 유인력 만들기 • 구성원 상호 간에 상호작용 격려, 상호의존 지지
		갈등 단계	① 치료자가 집단원들로 하여금 갈등이나 문제에 대해 스스로 해결방법을 결정하도록 맡김 → 집단원들이 치료자, 다른 집단원에 불만표시, 원망, 저항, 공격 ⑩ "발표하는 데 겪는 어려움에 대해 제 생각과 이 모임에 있는 다른 친구들의 생각이 달라 당황스럽네요." 10 임용 ② 의존갈등 : 의존, 역의존, 독립적 환자
		지도자	• 토의를 통해서 집단을 성숙시키고, 희생양을 만들지 않도록 조절 • 일관된 태도로 집단원들에게 결정하도록 해야 함 • 집단구성원의 불안을 회피하거나 억제하지 않도록 도움 → 적개심을 표현하도록 격려
		응집 단계	① 갈등 해결 후 부정적 감정은 억제되고 서로에 대한 애착을 느낌 ② 신뢰도 증가, 집단의 사기가 높아짐. but 아직 생산적이지 않음 ③ 협력하는 능력과 과업성취능력에 보다 현실적으로, 정직한 견해를 가지게 됨
		지도자	• 일차적 과업과 관계된 집단원의 자기노출을 더욱 심화시켜서 탐구해가도록 촉진 • 집단응집력을 해치지 않으면서 문제해결능력을 이용하도록 집단원을 격려
	(3) 활동단계 10 임용	① 집단 내 결속, 문제해결, 의사결정과 같은 과업 달성을 위한 생산적인 활동이 이루어짐 ㉠ 자신에 대한 깊은 통찰 : 문제탐색, 문제이해, 문제해결 ㉡ 집단원 상호 간의 유대관계를 통해 피드백이나 문제 직면도 가능 → 교정적 정서경험 : 공감과 자기노출을 활용하여 문제와 관련된 감정을 표현하고 집단에서 이해받고 수용함 ㉢ 문제에서 해결할 수 있는 바람직한 대안행동 탐색, 선정, 실습, 실행 : 책임은 균등하게 배분, 불안이 감소되며 집단 안정성이 높고 현실적이게 됨 ⑩ "이제 발표를 하게 된다면 피하지 않고 부딪혀 보겠어요.", "제 문제가 실수를 하지 않으려는 마음에서 비롯된다는 것을 알았어요.", "이 모임에서 서로 간에 문제점 등을 지적해 주는 경험을 하다 보니 제 문제를 명확히 알게 되었어요."	

과정 (Yalom)	(3) 활동단계 10 임용	① 집단활동에 대한 개인의 저항 : 토론 회피, 오랜 침묵, 치료자에 대한 의존, 과대평가, 적개심과 공격, 자신이 보조치료자가 되려 함, 결석 ② 집단의 저항 : 한 개인을 집단의 희생양으로 만들기, 집단 차원의 적개심 표현, 집단 내 하위 집단의 형성, 집단 갈등 해결을 위한 마술적 해결책 바라기 ③ 저항은 변화나 갈등을 겪으면서 증가되는 불안 때문에 발생 ④ 해결책 : 집단 내의 심리적 과정, 개인행동을 관찰 → 해석 → 저항을 중화, 적응행동 시범보임
	지도자	• 상담자같이 행동 • 집단응집을 강화시켜주고 집단유지 기능을 관찰, 집단경계 유지, 집단 과업 성취 격려
	(4) 종결단계	① 바람직하지 못한 행동을 버리고, 새로운 행동을 학습하게 되면 목적달성 ② 집단원은 자신의 문제를 해결하게 되어 자기노출이 감소되는 경향, 분리불안 경험
	지도자	• 상실감에 대한 토의 • 진행되어 온 집단과정을 반성할 기회를 제공, 실생활 장면에서의 적용에 대해서 토의

❷ 사이코드라마(정신심리극)

구성요소 15 국시 🎧 주연 보조 관객 무대	주인공	① 정신심리극의 중심인물이며 사건의 주인공임 ② 주인공은 자기 자신과 습관적, 보수적인 역할로부터 벗어난 자유로운 인간이 됨
	연출자	① 연출자는 주인공이 자신의 문제를 탐구하도록 이끌어주는 사람으로 대개 집단 내에서 집단지도자, 치료자, 교사 또는 상담자임 ② 주인공의 심리적인 차원을 이해해야 하고 객관성을 갖고 주인공에게 신뢰감을 주어 극적인 분위기를 형성할 수 있어야 하며, 자기 자신에 대한 확신을 가지고 정신심리극에 임할 수 있어야 함
	보조 자아	① 보조자아는 주인공의 상대역으로 동시에 주인공을 이끌어 가는 이중기능의 역할을 함 ② 주인공에게 있어 가장 중요한 사람(예 부부, 부모, 친지, 자식, 교사 등)의 역할이나 주인공의 변형된 자아 또는 환상적인 인물(예 신, 재판관, 악마, 이상적인 아버지 등)의 역할과 더불어 주인공과 밀접한 관계가 있는 생활필수품이나 무생물(예 침대, 현관, 집, 책상 등)의 역할도 하게 됨
	관객	① 관객은 정신심리극이 진행되는 동안 참석하고 있는 나머지 사람들을 말함 ② 일반적 의미의 관객과는 달리 정신심리극에서의 관객은 때때로 극 상황에 능동적으로 참여하기도 하고, 주인공이 자신의 감정들을 탐구하는 과정에 직접 참가하는 적극적인 역할을 맡음
	무대	① 무대는 연기가 행해지는 장소이므로 극 진행에 무리가 없다면 어떤 장소라도 가능하며 기본적으로 특수한 무대장치가 필요한 것은 아님 ② 몇 개의 의자와 테이블만 있으면 충분함 ③ 정교한 보조기구들이 필수적인 것은 아니지만 상당한 효과를 줄 수 있음 ④ 특수 조명은 여러 분위기를 유발시키는 데 도움이 됨, 음악도 정신심리극에 강력한 보조기구가 될 수 있음
기본기법	역할 놀이	① 정신심리극의 가장 기본적인 기법 ② 자기가 위치한 장면에서 어떤 역할을 선택하여 그것을 연기함 → 개인이 자유로이 역할을 창출해서 즉흥적으로 행동하거나 연극적인 역할이나, 특정 상황 속의 역할 등을 연기해 보면서 적응성/창조성/자발성을 발휘하게 됨

기본기법	자기 표현 기법	① 자신의 주관과 판단에 의한 자기 방식의 행위화 기법 ② 자신의 있는 그대로의 모습과 실생활에서의 역할, 주변 인물들에 대해 이야기함 ③ 자기소개로서는 이름, 연령, 가족, 경우에 따라 현재 겪고 있는 문제, 자기감정, 생활 속에 등장하는 모든 사람, 죽은 사람, 일상생활에서 현재 접하고 있는 사람들을 이야기함. 그리고 한 사람 내지 몇 사람의 보조자아와 함께 이중의 한 장면을 연기함
	대화법	① 자아표현 기법의 일종으로 주인공과 보조자아가 대화를 서로 나누면서 연기를 진행해나감 ② 상호 교류로서의 대화는 정신심리극에서 많이 사용되는 장면으로 2~3명 사이의 교류가 이루어지며, 단순한 형식으로서의 대화는 일상생활에서의 것과 비슷함 ③ 문제의 원인을 찾는 진단의 기초로 이용됨
	독백	① 주인공이 어떤 장면을 연기하고 있으면서 일상적으로 혼자서 말하지 않는 때의 머릿속에 떠오르는 생각이나 느낌을 말하도록 하는 것 ② 보통 주인공이 자기 자신과 나누는 대화로 방백의 형식으로 표현됨 ③ 주인공의 숨겨진 생각이나 감정이 말을 통해 드러나게 되어 주인공의 감정을 이해하는 데 도움이 됨
	역할 전환	① 어떤 장면이나 상황에서의 결정적인 순간에 두 사람 사이의 역할을 서로 바꾸게 함. 그 두 사람이 서로에 대해 더 잘 알고 있을수록 역할을 바꾸기가 쉬워짐 ② 역할 바꾸기는 두 사람 사이의 어긋난 태도를 교정하는 데 도움이 됨 ③ 때로 타인의 역할을 이해할 수 있도록 해서 관계의 개선을 가져오기도 함
	거울 기법	① 주인공은 관중석에 앉아 있고 보조자아가 주인공의 역할을 하면서 그 행동 방식, 다른 사람의 눈에 비친 모습을 무대 위에서 연기하여 본인에게 보여 줌 ② 목적은 남의 눈에는 자신이 사회적으로 어떻게 보이는가를 보여주는 것과 동시에 그에 따른 반응을 유도하는 데 있음
	이중 자아	① 보조자아는 주인공의 뒤에 서서 주인공의 또 다른 자아의 역할을 함 ② 주인공의 심리적인 쌍둥이가 되어 그의 내면의 소리를 숨겨진 생각, 관심, 감정 등을 드러내어 주인공이 다시 이것을 충분히 표현할 수 있도록 함. 또한 고립된 기분의 주인공에게는 다른 누군가가 자신을 이해하고 있다는 느낌을 주어 주인공의 심리적 경험을 최대한 표출시킬 수 있게 도와주기도 함 ③ 주인공의 감정을 유발시키는 데 가장 효과적인 방법임
	다중 자아	① 세분화된 이중 자아로서 각 보조자아는 주인공의 전인격의 한 부분으로서 연기함 ② 혼자서 감당하기 어려운 상황이나 대상과의 관계가 피상적이고, 억압적인 경우, 고립된 감정에 주인공이 압도되어 있는 경우에 이용함
	빈 의자 기법	① 연출자의 빈 의자를 무대 중앙에 놓고 주인공에게 누가 그 의자에 앉아 있는가를 상상해 보며 가장 얘기하고 싶은 사람을 그려보라고 말함 ② 주인공이 대상을 선택하고 묘사할 수 있으면 주인공에게 그 대상자에 대해 마음속으로 하고 싶은 말을 하게함 ③ 주인공이 그 대상에 대한 자신의 감정을 쏟고 나면 주인공으로 하여금 그 대상이 되어 의자에 앉아 자신이 한 말에 대한 대답을 하도록 유도함 ④ 정신심리극의 준비 단계에서 사용되며, 주인공의 사고나 느낌을 효과적으로 표현하고 정리할 수 있도록 도와줌
	마술 가게	① 특별히 유용하게 사용되는 기법으로서 진행자는 참석자들로 하여금 무대에 있는 진열대 위에 훌륭한 모든 것들이 있다고 상상을 하게 한 후 누구든지 원한다면 물건을 살 수 있다고 설명함 ② 정신심리극에서 중요한 것은 화려한 기법보다는 집단의 특성에 따른 충분한 준비기를 사용하여 극을 준비하고, 주인공의 문제나 상태에 따라 적절한 기법을 사용하여 진행할 수 있어야 한다는 것임

16 의사소통모형 - 상호교류분석모형(E. Berne) [09 국시]

1 개요

정의	인간은 부모, 성인, 아동의 세 가지 자아상태를 가지고 있으며 어떠한 세 가지 자아상태가 개인의 동력으로 작용하느냐에 따라 인간관계 및 의사소통의 양상이 달라짐
특성	① 인간의 모든 행동은 다른 것과 의사를 교류하는 것으로 이해함 ② 행동의 의미를 이해한다는 것은 송신자와 수신자 사이에 의사를 분명히 하는 것을 뜻함 ③ 인간은 부모형, 성인형, 아동형의 3가지 자아상태(ego state) 중 하나로 의사소통함 ④ 어느 한 자아 상태에서 다른 자아 상태로 향하는 메시지가 무엇을 기대하고 그에 따른 반응이 어떠했느냐에 따라 의사소통 패턴이 달라짐
목적	자아상태들이 자유롭게 기능하며 상황에 따라 개인의 모든 자아들이 자유롭게 작용하도록 돕는 것이며, 자아상태 간의 경계가 분명하고 개방적일 수 있도록 상황에 적절한 자극이나 반응이 나타날 수 있음(사람들이 관계를 맺는 방식에 관한 분석을 통해 개인의 성장과 변화 도모)

2 주요 개념

일탈행동		① 일탈행동도 일종의 의사소통을 위한 시도나 메시지가 가려지거나 왜곡되거나 전달 방법이 간접적이어서 나타나는 현상이라고 이해한다. ② 행동장애는 의사소통 과정에 장애가 있는 것으로 간주될 수 있고, 성공적인 의사소통의 장애는 불안과 좌절을 일으키게 된다.	
자아상태		부모 자아, 성인 자아, 아동 자아 상태의 세 가지 상태로 구성되어 있으며 이러한 자아상태의 현상에 기초한 인간의 사고·감정·행동에 대한 분석이 구조분석이다. 자아상태란 감정, 사고 및 이에 관련된 일련의 행동양식을 종합한 하나의 체제라고 정의한다.	
	부모 자아	① 출생 시부터 약 5세까지의 어린 시절에 부모나 부모 대리인과 같은 정서적으로 중요한 인물과 직접적·실질적인 상호작용을 한 결과 발달하는 성격의 부분임 ② 성격 중에서 윤리, 도덕, 규범, 지시하는 것이 부모 자아에 해당하는 부분이다. ③ 분류	
		비판적 부모 자아 (Critical Parent, CP)	훈계하고 벌을 주고 거절하고 승인하지 않고 어린이에게 불편과 불안한 감정을 줌
		양육적 부모 자아 (Nurturing Parent, NP)	어린이를 칭찬하고 안락하게 하고 자주적이며, 창조적이고 친절하게 그리고 사려깊게 되도록 안정성을 제공함
	성인 자아	① 생후 약 10개월부터 점진적으로 형성됨 ② 가장 합리적이고 현실 지향적이며 객관적인 부분으로 무엇이 진행되고 있는가를 알게 하는 성격의 부분임 ③ 외부와 개체 내부의 부모 자아와 아동 자아로부터 정보를 수집, 정리, 분석하여 문제에 대한 최선의 해결책을 모색함	
	아동 자아	① 생후 5세까지의 내부 경험기록으로서 느끼고 생각하고 말하고 행동하는 작은 소년, 소녀로서 개념화됨 ② 어린아이 같은 철없는 것보다는 오히려 어린이다운 정직함과 관계되고 매력으로 나타나며 통찰력, 자발성, 창의력, 충동 등 감정적인 측면으로 표현되는 성격의 부분임 ③ 분류	
		자연적 아동(순진이) (Adapted Child, AC)	제어당하지 않거나 훈련받지 않은 생긴 대로의 자아상태
		어린 교수 자아(꾀돌이) (Free Child, FC)	일종의 성인의 축소판으로, 창조적이고 탐구적이며 조정적인 기능을 가진 선천적인 지혜나 통찰

		부모 자아, 성인 자아, 아동 자아 상호 간의 관계에서 이루어지는 대인적 교류교환분석을 의미하며 이 분석의 목표는 각 자아의 사회적 적용과 조정에 있다.
교류분석 유형	상보적 교류 (보완교류)	• 어떤 자아가 보내는 메시지에 기대했던 반응이 되돌아오는 것 • 언어적 메시지와 비언어적 메시지가 일치됨 • 자극과 반응이 평행임 예 전달자의 부모 자아가 수신자의 아동 자아에게 말할 때, 수신자의 아동 자아가 부모의 자아에 대해 반응하는 것 or 전달자 : 성인 자아, 수신자 : 성인 자아 학 생 : "선생님, 저는 성적이 떨어지거나 공부가 잘 안되면 그 짜증이나 화풀이를 엄마에게 해요." 보건교사 : "짜증이 나거나 화가 날 때 이를 풀 수 있는 다른 방법을 함께 생각해 보자."
	교차교류	• 발신자가 기대하지 않았던 자아상태로 반응이 되돌아오는 것 • 갈등이 야기되고 대화가 단절됨 • 자극과 반응이 교차됨 예 전달자의 성인 자아가 성인 자아에게 말할 때, 수신자의 부모 자아가 전달자의 아동 자아에게 반응을 보내는 경우 학 생 : "선생님, 저는 성적이 떨어지거나 공부가 잘 안되면 그 짜증이나 화풀이를 엄마에게 해요." 보건교사 : "보통 자식들은 그렇게 해도 된다고 쉽게 생각하지만, 어머니들은 그것 때문에 마음 고생을 한단다."
	저의적 교류 (이면교류)	• 사회적 수준과 심리학적 수준을 가지며 겉으로 합리적 대화를 하는 것 같으나 대화이면에 다른 동기나 진의를 감추고 있는 대화형태 • 언어적 메시지와 비언어적 메시지의 내용이 다름 • 동시에 두 가지 자아상태가 관여함 예 성인 자아가 다른 성인 자아에게 말하는 것처럼 보이나 이면에서는 부모 자아, 아동 자아일 때 학 생 : "선생님, 저는 성적이 떨어지거나 공부가 잘 안되면 그 짜증이나 화풀이를 엄마에게 해요. 하지만 별도리가 없어요." 보건교사 : "공부가 안되는 이유가 무엇일까?" 학 생 : "이유가 너무 많죠. 피곤한 것도 있고, 친구들과 놀고 싶은 마음도 있고…" 보건교사 : "피곤하면, 휴식도 계획에 포함시켜서 계획표를 짜서 실천해 보는 것은 어떨까?" 학 생 : "이미 짜봤죠. 해봐도 전혀 도움이 되지 않았어요."

3 치료과정

(1) 대상자의 언어적, 비언어적 의사소통을 분석하고 피드백을 통해 문제를 분명히 함
(2) 우선 의사소통 형태를 사정하고, 문제를 진단하며, 환자가 잘못된 의사소통 형태를 인식하고 도움을 청하도록 함
(3) 치료자는 의사소통 과정을 통해 환자가 변화하도록 돕는 데 효과적인 의사소통을 강화하고 비효과적인 의사소통은 다른 대안을 찾도록 함

- 교류의 오류, 지배와 제외

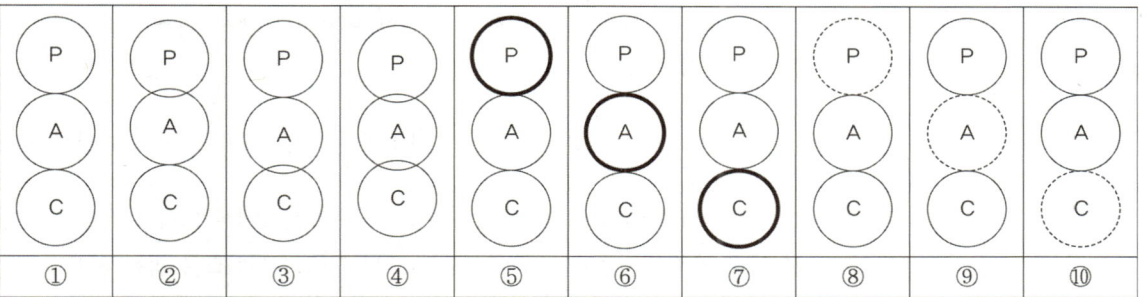

① 건강한 사람의 구조
② 성인(A)이 부모(P)의 과거 자료를 점검하지 않은 채 그대로 받아들인 경우로 성인(A)의 오염이다. 이것은 편견이나 선입견으로 일컬어짐
③ 아동에 의해 성인이 오염되어 있는 경우로 오래된 경험이나 감정 때문에 현재의 상태가 혼란됨. 이때는 아동이 성인의 기능을 지배하여 객관적으로 무섭지 않은 상황에서 어린아이같이 심하게 무서움을 탄다든지 욱하고 성미가 잘 치미는 경우임. 화를 잘 내고 안절부절못하는 부모 밑에서 항상 무섭게 생활하고 있던 아동이 성인이 되어 어떠한 스트레스 상태에 놓이게 되면 어린 시절의 공포가 재현되어 성인이 제대로 기능할 수 없게 됨
④ 중첩 오염된 경우에는 부모의 메시지와 아동의 공포가 중첩되어 성인이 기능을 할 수 없게 된 경우로, 정신질환이나 사회병질적 증상을 나타나게 되는 심한 상태가 됨
⑤ 부모의 기능이 너무 강해서 다른 두 기능을 지배해버린 경우로서, 경찰, 기타 전문가들에게 흔히 나타남. 이들은 의무심이 강하고 언제나 늦게까지 일을 하고 만사를 일 중심으로 삶. 이것은 어린 시절에 착실하고 엄격하고 의무심이 강한 부모에게 완전히 억눌려 버렸기 때문임
⑥ 성인의 기능이 너무 강해서 다른 두 기능을 지배해버린 것으로 컴퓨터 같은 사람에게 볼 수 있음. 이들은 생각을 너무 많이 해서 감정이 차갑고 즐길 줄 모르며 매사에 논리적으로 따지기를 잘함. 이들의 부모는 둔하며 말이 없고 그렇다고 칭찬도 하지 않음. 이러한 부모의 아동은 활기 있는 세상을 경험하는 일이 없으며 소위 착한 아이로서 문제를 일으키는 일은 거의 없음. 그의 성인은 현실을 바르게 볼 수도 있으나 그 현실자체가 권태로움. 그는 자유로운 성인을 가지고 성장해왔는지 모르지만 타인에게 손을 뻗어 관계를 가지는 일에 적극적인 가치를 갖지 못함
⑦ 아동의 기능이 강해서 감정이 강하고 흥분하기를 잘하며 합리적인 생각이나 평가는 잘하지 않음. 이것은 부모가 너무나도 잔인하고 무섭다든지, 반대로 지나치게 관대할 때 일어남. 이들은 사회적으로 필요한 억제, 해야만 한다든지 하지 않으면 안 된다라는 적절한 지시, 문화적 기준, 양심 등이 결여되어 있음. 그의 행동은 아동에 의해 지배되어 있어서 자신의 목적을 위해 타인을 이용함
⑧ 부모의 기능이 제외된 경우로서 영리하면서도 생각을 많이 하나, 양심이 없고 타인에 대한 관심이 적으며 남을 조정하려고 함
⑨ 성인의 기능이 제외된 경우로서 현실검증 능력이 부족하여 정신증적으로 되기 쉬움
⑩ 아동의 기능이 제외되어 감정이 메마르기 쉬움

17 가족치료

	미누친의 구조적 가족치료 10 임용
특징	① 가족을 개인들이 살면서 적응해야만 하는 사회체계로 보며, 개인들은 가족 내 스트레스를 일으키거나 거기에 반응하는 존재 → 가족이 조직화되는 과정에서의 구조적 결함이 문제를 발생 ② 가족의 구조와 조직화를 이해하고 변화시킴으로써 가족구성원의 상호작용을 향상시키고자 하는 것 　→ 고착되어버린 가족의 왜곡된 상호작용 패턴을 수정하고 관계를 재정립, 가족 내에 잠재되어 있는 위계질서를 효과적으로 활성화시킴 ③ 가족구조를 이해하기 위해서는 가족구성원 간에 존재하는 규칙을 이해하는 것이 필요함 　- 규칙을 이해하기 위한 매개개념 경계선, 제휴, 권력 등에 대한 이해 필요 ④ 가족체계의 상호교류규칙 재구조화: 가족 하위체계 간의 명확한 경계선 설정, 가족위계 질서의 강화, 가족의 현실에 맞는 규칙으로 대체 등이 필요함 ⑤ 치료자 　㉠ 정보와 충고를 제공하는 지도자로서 합류하기를 통해 가족에 들어가 가족의 구조를 파악한 후 가족의 스타일에 맞춰 가족구조를 변화시킴 　㉡ 가족의 관점을 재정의하는 데 있어 실연을 활용하되 반드시 치료현장에서 드러난 내용만 다룸
치료 목표 10 임용	① 분리된 가족구조를 변화시켜 가족의 상호작용과 가족균형·항상성을 유지하도록 돕는 치료법 ② 역기능적 가족구조로 인해 생긴 증상을 감소시키고 문제를 해결하기 위해 가족구조를 변화시키는 것 　→ 가족이 서로 지지하면서 개인의 문제행동을 해결하고 성장 + 가족체계의 성장 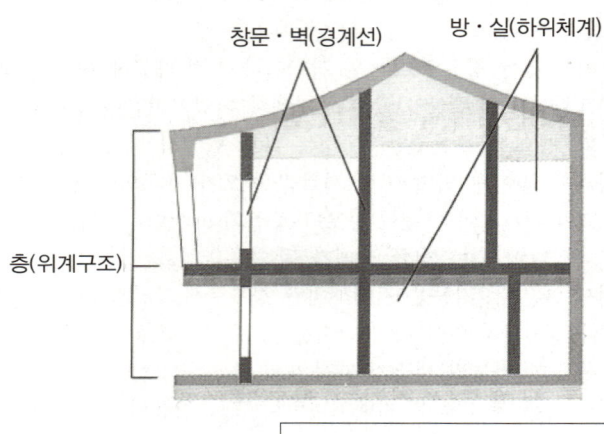 ③ 하위체계 간의 명확한 경계선 설정 / 가족위계 질서의 강화 / 가족실상에 맞는 규칙의 대체 ④ 밀착된 가족은 구성원을 개별화하고 하위체계의 경계를 강화하며, 분리된 가족은 경계를 융통성 있게 바꾸고 상호작용을 증진시키는 것
치료 과정	① 치료자는 가족구조의 패턴에 합류하기: 가족구성원들과 관계형성 ② 가족의 역기능적 구조를 평가하고 사정하기: 가족구조의 이해를 위해서 가족구성원들의 상호작용을 시연 ③ 가족구조를 변화시키기 위해 환경을 조성하며 재구성하기: 가족구조가 가지고 있는 복잡성과 미묘함을 충분히 인식하고 창의적으로 다룰 수 있어야 함

		기능적 가족과 역기능적 가족

① 가족의 스트레스 상황에 효과적으로 대처하는 능력에 따라 기능적 가족과 역기능적 가족으로 명확하게 구분하고 있음
② 기능적 가족은 가족 내외의 환경변화에 잘 적응하는 반면, 역기능적 가족은 변화에 잘 적응하지 못하는 구조적 특성을 가지고 있음

기능적 가족	역기능적 가족
가족의 규칙과 역할이 유연하다.	가족의 규칙과 역할이 경직되어 있다.
세대 간의 경계가 명확하다.	세대 간의 경계가 불분명하거나 경직되어 있다.
의사소통이 개방적이고 협동적이다.	의사소통이 폐쇄적이고 일방적이다.
가족주기 단계에 따라 유연하게 적응한다.	특정한 가족주기 단계에 고착되어 변화에 잘 대응하지 못한다.
자율성과 책임을 강조한다.	서로 의존하거나 통제하려 한다.
책임이 적절하게 분산되어 배분된다.	책임을 한 사람에게 몰아 희생양을 만든다.
가족체계가 개방적이다.	가족체계가 폐쇄적이다.
구성원 간의 협상과 조정이 가능하다.	구성원 간의 협상과 조정이 어렵다.
가족들이 현실적인 기대와 욕구를 지닌다.	가족들이 비현실적이고 이상적인 기대나 욕구를 지닌다.
가족의 자원이 풍부하며 서로 지원한다.	가족의 자원이 부족하며 서로 지원되지 않는다.

주요 개념

가족 구조 [02 국시]
① 가족구성원들이 다른 구성원과 관계하는 방식을 조직화하는 보이지 않는 기능적 요구
② 다른 구성원과의 상호작용 형태, 가족규칙, 규범, 권력, 역할, 행동패턴, 기대를 규정
③ 반복적이고 체계화되어 있어서 예측할 수 있는 가족의 행동양식
④ 가족의 상호교류 패턴을 유심히 관찰하면 누가, 언제, 어떻게, 누구와, 얼마나 자주 관계를 맺는지, 그들의 관계는 얼마나 친밀한지, 반면 누구와 상호교류를 하지 않는 소원한 관계인지 파악할 수 있음

하위체계
① 가족구성원의 상호작용 단위
② 하위체계 간의 규칙은 위계질서임 – 각각 하위체계는 나름대로 고유한 규칙과 기능을 가지고 있고, 각각의 하위체계 간의 일정한 위계질서가 존재함
③ 성별, 세대, 공통 관심사는 다양한 활동과 참여에 따라 하위체계가 형성됨
④ 부모 하위체계, 부모자녀 하위체계, 자녀 하위체계
⑤ 드러나지 않은 연합이나 동맹에 의해 형성된 하위체계는 분명하게 드러난 하위체계보다 의미가 있음

경계선 [10,18 임용]
① 경계선은 가족 내의 구성원 간 또는 개인과 하위체계 간에 접촉과 개입을 허용하는 정도를 의미함
② 가족의 건강성은 가족 경계선의 명료성과 적절성에 달려있음. 적절하지 않은 경계선에 의해서 하위체계가 보호받지 못하면, 그 하위체계 내의 개인들이 상호작용하는 기술을 제대로 발달시키지 못하게 됨(예 부모가 항상 자녀들 간의 싸움에 끼어들어 중재자 역할을 하게 되면 자녀들은 갈등해결 기술을 배울 수 없게 됨)
③ 경계선은 경직상태, 명료상태, 애매한 상태의 연속적 개념으로 구분됨

경직 상태	• 경계선이 지나치게 엄격하고 경직되어 가족구성원 간의 감정적 교류(개입)가 극단적으로 없는 상태로 유리된 가족(가족구성원 또는 하위체계 간의 의사소통이 잘 이루어지지 않은 것, 구성원 개인이 독립적이지만 가족 간의 애정과 지지가 부족함, 독립적이고 자율적이나 소외감이나 거리감, '나는 나, 너는 너', 최소한의 접촉과 의사소통을 함) 예 승기와 저는 관계가 아주 좋은데 남편과 아들 간에는 전혀 대화가 없어요.
명료 상태	• 가족이 적절하게 기능하기 위해 명확하면서 유연성 있는 경계 • 개인의 개성을 잘 유지하면서 스트레스에 유연하게 대처 • 권위구조 : 부모의 권위, 권력 > 자녀, 자녀 중 나이가 많을수록 책임 多
밀착 (모호한) 상태	• 밀착된 가족 : 심리적 경계가 모호하여 서로 생활에 지나치게 개입하고 관여(협동, 지지, 소속감과 충성심이 있으나 '너도 나, 나도 나', 최대한의 접촉과 의사소통을 함) • 의존성이 심해지고 가족 외의 다른 사람들과 관계 맺는 것을 어려워함 • 경계에 의해 하위체계가 보호받지 못하면 하위체계 내 개인들은 상호작용 기술을 발달시키지 못함(의존, 과잉보호, 하위체계 내의 분화 부족으로 적응적 기능 방해) 예 승기가 외아들이라 저는 많은 관심과 정성을 쏟아 키우고 있지요. 승기와 저는 관계가 아주 좋은데….

주요 개념	경계선 10,18 임용	경직된 경계선 명확한 경계선 모호한 경계선 독립 관여 자율 협동 실험 지지 소외감, 거리감 소속감, 충성심 '나는 나, 너는 너' '너도 나, 나도 너' 최소한의 접촉과 의사소통 최대한의 접촉과 의사소통
	위계구조	① 가족이 적절히 기능하기 위해서는 효율적인 위계구조가 확립됨으로써 가족구성원이 각자 적합한 위치에 있어야 함 ② 기능적인 가족이 되기 위해서는 부모와 자녀의 분화된 권위를 가져야 하며, 자녀의 성장과 발달을 책임지는 부모 하위체계가 자녀 하위체계보다 위계구조에서 위쪽에 위치해야 함
	제휴	① 가족체계 안에서 개인이 다른 구성원과 협력적인 관계를 맺는 것 ② 연합: 두 사람이 제3자에 대항하기 위해서 힘을 합하는 것 ③ 동맹: 두 사람이 또 다른 공동의 목적을 위해 제3자와 제휴하는 것으로 반드시 누군가에게 대항하기 위한 것일 필요는 없음 ④ 가족은 부부, 부모, 형제자매의 세 하위체계로 구성되어 있으며 하위체계 간의 제휴가 존재함
	권력위계	① 가족의 하위체계는 다른 하위체계나 가족구성원에게 영향력을 행사하는 권력을 지님. 가족은 일종의 작은 정치집단으로서 구성원은 자신의 입장을 반영하기 위해 서로 영향력을 주고받음 ② 가족 내에는 권력의 위계가 존재하며, 일반적으로 부모 하위체계가 권력의 정점에 있으며 자녀 하위체계는 가장 낮은 수준에 위치함 ③ 건강한 가족에서는 부모가 적절한 권위를 가지고 자녀들과 협상하며 자녀양육을 주도하게 되나 경계선이 모호한 가족은 권력의 위계 역시 불분명하여 가족구성원 간의 충돌이 자주 일어나게 됨

치료 기법	구조형태 그리기
	(= 가족지도 그리기)
		① 치료자는 관찰결과에 따라 가족의 구조적 문제를 가족지도의 형태로 그려서 분석하고 지속적으로 정교하게 다듬어감
		
		부모
		- - - - - -
		아들 딸
		부모-자녀 하위체계 사이의 경계선이 명확하며 적절한 위계구조가 형성된 기능적인 가족
		
		부 ─┤├─ 모
		      ↘ 자녀
		부부간 갈등을 자녀에게 우회한 가족
		
		부 / 모
		   자녀
		부부간의 갈등이 장기화되면서, 아내가 자녀와 동맹하여 모호한 경계선을 형성하고 남편은 다른 가족원과 경직된 경계선을 형성한 가족
		
		모 - - - - - / 계부
		   자녀
		어머니의 재혼 후 계부를 받아들이는 데 실패한 가족
		
		② 가족에 대한 사정은 첫 만남에서 관찰한 상호작용을 기초로 모든 가족구성원이 포함
		③ 가족구조, 하위체계, 경계가 어떻게 가족기능에 영향을 미치는지 파악
		④ 첫 만남에서 가족들의 상호작용, 표현하는 말의 내용, 문제가 되는 교류방법, 역할평가
		  예 승기의 문제 행동의 원인을 가족구조의 측면에서 파악한다.

	실연화 (상호작용 규정, 재현하기)	① 가족구성원들은 가족문제나 역기능적 상호작용을 자신의 관점에 따라 일방적으로 기술하는 경향이 있어서 활용하는 기법임 ② 재현하기는 치료시간 중에 가족구성원들에게 역기능적인 행동이나 반응을 실제로 재현하도록 하는 것 예 아내가 남편이 너무 엄격하다고 불평하면, 치료자는 남편에게 "지금 부인께서 당신이 너무 엄격하다고 말씀하셨는데 아내에게 어떻게 대답하시겠습니까?"라고 요청하여 남편이 아내에게 어떻게 행동하는지를 실제로 나타내도록 하는 것

치료 기법	실연화 (상호작용 규정, 재현하기)	상호작용 다루기	치료자가 각자에게 이야기할 기회를 주어 다른 구성원에 대해 말하게 함으로써 가족 상호작용을 실연할 수 있는 기회를 이끌어냄
		상호작용 조정하기	문제가 되는 상호작용을 부각시킨 후 강력하게 개입하여 조정
		치료자	문제가 되는 연결고리에 주의하고 치료자가 실연을 주도, 수정하도록 지도
	합류하기, 적응하기	합류	서로 이해받지 못하고 있음을 주고받은 악순환의 고리를 끊기 위해 공감적 연결을 제공
		① 구조적 가족치료자는 가족의 일원으로 그들의 상호작용에 들어가 합류하여 개입 ② 치료자는 가족들이 자신을 이방인이자 침입자로 여기지 않도록 자연스럽게 적응하는 것이 중요함 ③ 가족에의 합류를 통해서 새로운 상호작용을 촉발하고 가족구조를 새롭게 재구성함	
	경계선 설정하기	① 치료자는 가족의 경계선이 지나치게 경직되어 있을 때는 그것을 유연하게 변화시키고 지나치게 모호할 경우에는 명료하게 경계선을 설명함 ② 융합된 가족의 경우에 치료자는 개입을 통해서 부모와 자녀의 하위체계 간의 경계선을 강화하고 개인의 독립성을 키워줌	
		밀착된 가족	치료자가 개입하여 하위체계 간의 경계선을 강화하고 각 개인의 독립성을 고취시킴 예 승기 어머니에게 아들과 더욱 밀착된 관계가 될 수 있으므로 점차 적절한 경계선을 유지하도록 한다.
		경직된 가족	가족원 간 상호작용의 빈도를 증가시킴으로 분명한 경계선을 가짐 예 아들과 대화하는 시간이나 활동하는 시간을 예전보다 많이 갖도록 한다.
	균형 무너뜨리기 (가족의 재구성)	① 치료자는 가족의 고착된 관계구조를 변화시키기 위해서 의도적으로 균형을 무너뜨리며 새로운 구조가 생성되도록 노력함 ② 가족들이 특정한 문제에 고착되어 갈등관계의 가족들이 균형상태를 이루고 있는 경우에는 변화가 일어나기 어려움, 이런 경우 치료자는 균형을 무너뜨리기 위해 가족에 합류해서 특정한 개인이나 하위체계를 지지함	
	가족 신념에 도전하기	역기능적인 가족은 구성원들이 경직된 가족신념을 공유하고 있는 경우가 흔함. 이러한 가족신념은 가족의 상호작용에 부정적인 영향을 미치며 가족문제를 지속시킬 수 있음. 이러한 경우에 치료자는 역기능적인 가족신념을 포착하여 도전함으로써 가족구성원이 새로운 관점에서 상호작용할 수 있도록 유도함	

보웬의 다세대 가족치료 / 가족체계이론 14 임용

가정	① 체계는 항상 유동적이고 변화함 ② 체계의 한 부분의 변화는 다른 부분에서 상응하는 변화를 일으킴. 또한 가족은 전체로서 이해되어야 하며 부분 또는 하위체계의 연결망으로 볼 수 있는데 이는 부분의 합보다 크다고 할 수 있음	
특징	가족	① 가족은 하나의 체계이며, 한 가족구성원 변화는 가족 전체의 변화를 가져옴 ② 가족은 부부, 부모-자녀, 형제자매와 같은 하위체계로 구성 ③ 하위체계는 개인이라는 하위체계로 나누어짐
	문제원인	① 가족구성원이 원 가족으로부터 심리적으로 분리되지 못하여 발생함 ② 행동문제는 한 세대에서 다음 세대로 전수된 정서적 융합 때문(건강하지 못한 가족은 부모의 미해결된 정서적 반응을 대인관계에서 반복하며, 미분화된 가족은 부부관계나 자신의 자녀와의 관계에서 건강하지 못한 양상을 반복함)
	이상적 가족상태	가족 내 연합성과 분리하는 힘의 이상적 조화
	불균형 상태	융합, 미분화
치료 목표	① 탈삼각 관계 과정을 통해 다세대에 걸친 삼각관계 속에 있는 개인을 해방시키는 것 ② 불안을 감소시키고 자아분화를 증진시킴으로써 불안의 결과로 생긴 행동상의 문제를 해결하는 것 ③ 자기분화(=자아분화): 성장목표, 치료목표 → 정체성 확립, 생각과 행동의 자유를 얻도록 함	

치료 과정		① 문제를 이해하고 정의, 전체 가족배경 이해 → 주된 삼각관계가 무엇인지 이해, 가족의 불안을 줄이는 데 초점 ② 가족이 변화하도록 돕는 단계 : 가족과 함께 계획을 세우고 정서적 반응을 예상한 후 새로운 치료방법을 가족들에게 연습시켜 실제로 변화하는 과정에 익숙하도록 함 ③ 가족구성원들이 치료자의 역할을 하게 하는 것
주요 개념	자기분화 (= 자아분화) 14 임용	① 개념 : 분화된 사람은 사고와 감정이 균형을 이루며, 자제력과 객관적 사고기능을 가지고 다른 사람과 친밀과 정서적 접촉을 하면서도 확고한 자아정체감과 독립성을 유지하는 것 ② 가족구성원들로부터 심리적인 독립을 이루면서도 그들과의 친밀한 관계를 유지하는 능력 ③ 자기분화가 잘 된 사람은 충분히 사고하고 자신이 믿는 바에 따라 결정하기 때문에 어떤 문제에서든 분명하게 자신의 입장을 취할 수 있음 ④ 자아가 미분화된 사람은 자주적인 정체감이 부족하고 주변 사람들에게 순종 또는 반항하는 정서적 반응을 보이며, 충동적으로 반응하는 경향을 지님 ⑩ 친구들이 놀러가자고 해도 엄마가 걱정, 내가 없으면 위험해질 것 같아 엄마 곁을 떠나지 못함
	삼각관계 14 임용	① 개념 : 불안과 긴장이 적은 동안 두 사람은 안정된 관계를 지니나, 불안과 감정이 높아지면 가족 내의 제3자를 끌어 들여 문제를 해결하려는 과정에서 삼각관계를 형성하게 됨 안정된 이인관계 ➡ 긴장된 이인관계와 제3자 개입 ➡ 삼각관계 ② 한 사람이 다른 가족구성원과 갈등을 겪을 때 그와 직접 소통해서 해결하지 않고, 가족 내의 제3자를 갈등관계로 끌어 들여 삼각관계를 만드는데, 이를 가족의 삼각관계화라고 함 → 이런 경우 대부분 두 사람이 연합하여 다른 가족구성원을 따돌리거나 외톨이로 만들어 가족의 갈등을 심화시키게 함 ⑩ 엄마가 아빠는 나쁜 사람이라고 자꾸 그러니깐 이젠 아빠가 나쁜 사람 같고 엄마를 괴롭히는 아빠가 싫어졌어요.
	핵가족 정서체계	미분화된 가족 자아덩어리를 핵가족 정서체계로 대치하는 것 : 부모와 자녀로 구성된 핵가족에서 가족문제가 발생하면 흔히 다음과 같은 4가지의 관계 패턴으로 정서적 문제를 해결하는데 이를 지칭함 ① 부부간의 갈등이 발생하는 경우 　가족 문제가 증가해서 불안해지면 부부는 배우자에게 문제의 원인을 전가하며 배우자의 약점에 초점을 맞추어 비난하거나 상대방을 통제하려고 함. 이에 대해서 배우자가 저항하거나 반발하게 되면 부부갈등이 유발됨 ② 부부 중 한 사람의 역기능이 발생하는 경우 　부부 중 한 사람이 상대방에게 압력을 가하고 그 배우자는 순종하거나 굴복함. 이 경우에 부부는 특별한 갈등 없이 의사소통하지만 어느 수준에 이르면 순종적인 배우자의 스트레스가 증가하여 신체적 또는 심리적 역기능이 나타나게 됨 ③ 자녀 중 한 명 또는 그 이상의 문제가 발생하는 경우 　부부는 자신들의 불안을 자녀에게 투사하여 한 명 또는 그 이상의 자녀를 특별히 이상화하여 집착하거나 부정적으로 매도함. 부모의 특별한 관심을 받는 자녀는 부모의 행동에 민감해지며 자기분화를 이루기 어려울 뿐만 아니라, 가족갈등의 영향을 많이 받기 때문에 신체적 또는 심리사회적 문제를 유발할 수 있음 ④ 부부가 정서적으로 거리를 두는 경우 　가족 갈등이 발생하면, 불안을 회피하기 위해서 부부가 서로를 멀리하며 관계의 강도를 약화시킴. 이런 상태가 지속되면 부부나 가족 간의 관계가 너무 소원해짐

주요 개념	가족투사 과정	① 부모가 자신의 심리적 문제를 자녀에게 전달하는 과정 ② 부모가 지닌 타인에 대한 과도한 관심과 집착, 타인의 기대에 부응하려는 과도한 부담감, 다른 사람에게 과도한 책임전가 등이 가족투사과정을 통해서 자녀에게 전달되어 자녀의 심리적 기능을 손상시킬 뿐만 아니라 심리적 장애에 대한 취약성을 증가시킬 수 있음 ③ 세 단계를 통해서 이루어짐 　㉠ 부모는 자녀 중 한 명에게 무언가 잘못된 일이 벌어지지 않을까 걱정하며 그 자녀에게 집중적인 관심을 보임 　㉡ 부모는 그 자녀의 행동을 그들이 걱정하는 것이 나타나고 있다고 해석함 　㉢ 부모는 자녀가 정말 무언가 잘못된 점을 지니고 있는 것처럼 취급함 　예 과도한 애착패턴을 지닌 어머니는 자녀에게 사랑이 부족하지 않을까 걱정하고, 자녀의 의기소침한 행동을 애정부족으로 여기며, 과잉보호를 하게 됨. 과잉보호를 받은 자녀는 부모에게 의존하거나 과도한 어착을 통해 자기분화를 이루지 못함
	다세대 전이과정	① 부모의 낮은 자기분화수준이나 심리적 문제가 여러 세대를 거치면서 후손에게 전수되거나 강화되는 과정을 의미함 ② 자기분화수준이 낮은 부모는 자녀에게 집착하며 심리적 융합을 이루어 자녀의 자기분화를 저해함. 또한 자녀의 낮은 자기분화수준은 성장하여 배우자를 선택하는 과정에도 영향을 미치게 됨 　예 자신의 아버지가 어머니에게 했던 것 같이 자신의 배우자와 정서적 거리감을 갖는다.
		조현병 역기능의 문제 — 미분화된 가족이 갖고 있는 문제를 특정인에게 투사하여 또 다시 미분화를 낳게 되는 가족투사과정이 여러 세대에 걸쳐 계속되어 세대가 내려갈수록 분화수준이 더 낮아지고 3대 또는 그 이상의 세대까지 미분화된 상태가 전이되면 조현병이나 정서적 질환을 낳게 됨
	형제순위	① 자녀의 출생순위가 성격형성과 가족역할에 영향을 미침 　- 각기 다른 환경에서 태어난 사람도 출생순위가 같은 경우 비슷한 성격을 가지고 있음 ② 부모의 기대수준이 높은 위치의 자녀는 부모들과 삼각관계를 쉽게 형성하고 정서체계 역시 밀착관계가 형성되기 때문에 분화수준이 낮아져 독립된 생각이나 행동이 어렵고 자신의 감정을 솔직하게 말하지 못하는 습성에 익숙해짐. 반면 그런 위치에 있지 않은 자녀는 삼각관계나 정서체계에 매이지 않기 때문에 독립적으로 생각하고 행동하게 됨으로써 높은 분화수준을 보임
		불안도가 심해지는 경우 — 장남과 장녀는 더 권위적이고 규칙에 집착하고 막내는 당혹해하는 경향을 보임
	정서적 단절	① 원 가족과 관련된 정서적 불편감을 회피하기 위해 가족을 멀리 떠나거나 대화를 회피하는 것 ② 정서적 단절은 직접적인 불안을 감소시킬 수는 있지만, 미해결 문제들은 해결하지 못한 채 가족관계의 단절을 초래함으로써 부정적인 영향을 미칠 수 있음 ③ 가족과의 미해결 문제는 해결되지 않으면 다른 인간관계로 전이되어 나타나게 됨 　예 원 가족과 거리를 두거나 정서적 접촉을 단절 or 이사, 최소한으로 제한된 방문을 하여 심리적 거리를 둠
	사회적 정서과정	① 사회에서의 정서적 과정이 가족의 기능에 영향을 미침 　- 가족과 사회는 장기적 불안으로 사회적 퇴행, 기능저하 문제 증가 ② 사회생활에 잘 적응하면 대인관계에서 친밀감을 유지 　- 개별적인 행동이 가능하게 되면 가족 안에서 분화수준이 올라갈 수 있음 ③ 범죄와 폭력의 증가, 이혼율 증가, 법정 소송의 증가, 인종차별, 약물남용, 파산증가

치료 기법	가계도 그리기	① 가계도를 활용하여 3세대의 가족체계와 구조로 3세대에 걸쳐 내려오는 가족체계의 스트레스, 갈등관계, 정서적 단절, 주요 삼각관계를 사정하고 평가 ② 자기분화(상호작용 관찰, 분화분석), 삼각관계, 다세대 간 전달과정, 정서적 단절, 형제 위치 파악
	치료적 삼각관계 만들기	① 치료자의 주된 초점은 가족 내의 역기능적인 삼각관계를 파악하여 해체하는 것으로 이를 위해서 치료자는 가족의 주요 인물 두 사람과 함께 새로운 삼각관계를 만들어 기존의 삼각관계를 무력화시킬 수 있음 ② 치료자가 가족들의 정서적 반응에 휘말려들지 않고 중립적 입장을 유지하면, 가족구성원들은 자신의 정서적 충동에 의한 반응을 자제하면서 자신들의 문제에 대해 좀 더 분명하게 사고하기 시작함
	탈삼각화 과정	① 삼각관계를 끊기 위해 가족치료자가 제3의 인물이 되어 치료자 스스로 정서적 삼각관계에 연루되지 않으면서 두 사람과 접촉해 나가야 함 ② 원 가족과 융합으로 부부문제가 있을 때 배우자들의 부모와 자아분화 수준을 높임 → 삼각관계에서 벗어나 배우자들의 부모와 관계가 손상되지 않도록 하면서 부부간의 관계를 증진시킴 예 삼각관계로 끌어들이려는 아버지와 탈삼각관계를 하려고 노력하는 딸의 시도 　아버지 : 네 엄마는 내가 네 엄마에게 얼마나 많은 위로를 필요로 했는지 결단코 모르는 사람이야. 　딸 : 만약 엄마가 아빠가 원하는 모든 지지와 위로를 해주었다면, 엄마 역시 아빠에게 요구하는 기대 정도도 높아졌을 거예요.
	코칭하기	① 객관적이고 중립적인 조언을 통해 가족의 정서적 상호작용 과정과 개인의 역할을 이해하도록 도움 → 가족들 간의 삼각관계에 끌려가는 것을 방지하고 스스로 분화할 수 있도록 지도 ② 가족이 자신의 능력과 기능을 최대로 발휘할 수 있도록 돕는 활동 ③ 치료자의 객관성과 정서적 중립성을 강조(내담자들이 정서적 과정 속에서 자신의 역할을 이해하는 데 도움을 주기 위한 질문을 하는 것임, 어떻게 하라고 요구를 하는 것은 아님)
	과정질문 (= 순환질문) 하기	① 가족치료자들은 내담자가 가족 내에서 자신의 역할을 생각해보도록 다양한 질문을 던지는 것 ② 개인의 반응이 다른 가족구성원에게 어떤 영향을 미치는지 순환적 과정을 이해하도록 촉진하는 순환질문을 사용("당신이 무엇을 어떻게 했기에 남편이 그토록 화를 내는지 생각해 보셨나요?", "당신의 원 가족 중에서 누가 당신과 비슷한 행동을 했으며 이러한 행동이 당신의 자녀에게 어떻게 나타나고 있습니까?", "지금 화가 나 있는데 화가 난 자신에 대해 어떤 느낌이 듭니까?"라는 질문 등)하면, 내담자가 자신의 감정을 인식하고, 지적으로 통제하도록 촉진할 수 있음 ③ 감정이나 정서에 초점을 두기보다는 인지에 초점을 두고, 가족들이 어떤 방식으로 관계유형에 관여되어 있는지 질문함 ④ 가족에게 격양된 감정을 가라앉히고 불안을 낮추며 사고를 촉진하는 질문 － 불안이 감소되면 보다 분명한 사고를 할 수 있어 문제해결에 많은 가능성을 발견하게 해줌 → 객관적 관찰과 분명하게 사고하여 가족구성원이 문제에 대한 지각과 관계유형을 인식하게 하여 문제를 해결 → 가족이 직접 치료자의 역할을 해보게 함 예 보건교사 : 민규가 술을 마시고 집에 오면 어머니는 어떤 생각을 하세요? 　어 머 니 : 화가 막 나죠. 　보건교사 : 민규가 술을 자꾸 마시는데 어머니께서 해 오신 역할은 무엇이었나요? 　어 머 니 : 글쎄요. 잘 모르겠어요. 모르는 척하기도 했고, 혼도 냈고. 　보건교사 : 민규가 어머니에게 속마음을 털어놓은 적이 있었나요? 　어 머 니 : ……

치료 기법	관계실험	① 치료자는 가족 내의 삼각관계를 변화시키기 위해서 가족구성원에게 새로운 관계를 시도해보는 과제를 줄 수 있음 ② 관계실험은 가족체계의 역기능적 관계를 변화시키도록 가족에게 부여하는 행동적 과제를 의미함 ③ 치료자는 가족의 삼각관계를 파악하여 구성원들에게 삼각관계를 설명한 뒤에 그와 반대되는 삼각관계 방향으로 행동하게 하여 그 정서적 과정을 경험하는 관계실험을 부여함으로써 가족들이 삼각관계의 역기능성을 이해하고 자발적으로 삼각관계를 해체할 수 있음
	나의 입장 표현하기	① 가족구성원들이 대화과정에서 서로의 행동을 통제하며 격렬한 정서적 반응을 나타낼 때 '나의 입장' 기법을 사용할 수 있음 ② 정서적으로 격앙된 상황에서 상대방의 행동을 지적하고 싶은 정서적 충동에서 벗어나 자신의 견해를 조용하고 분명하게 진술하도록 하는 것 **예** "당신은 게으르기 짝이 없어."라고 말하는 대신에 "나는 당신이 도와줬으면 좋겠어요."라고 말하는 것 ③ 상대방의 행동을 비난이나 지적하기보다 자신의 감정에 초점을 맞추어 표현하도록 하는 방법

경험적 가족치료(주요 이론가 – 사티어와 휘태커)

특징	① 경험, 만남, 직면, 직관과정, 성장, 존재, 자발성, 행동, 현재와 지금 ② 가족문제의 원인(= 역기능적 의사소통의 원인) : 정서적 억압 ③ 가족조직보다 가족구성원의 경험에 초점을 맞추고, 가족의 실존적 만남 강조 → 개인의 성장과 가족의 결속력 도모 ④ 치료자가 강력하게 개입
목표	① 가족구성원이 변화에 잘 대처하도록 분명하게 의사소통하고 가족관계에 대한 인식을 확장하며 자기존중감(내적 평정과 안정을 느끼고 자신감을 가지고 살아가도록 해주는 것)을 향상시켜 성장을 향해 나가도록 하는 것 ② 치료를 통해 자아존중감을 높이고, 바람직한 일치형 의사소통을 하도록 함 ③ 자아존중감의 3요소는 타인, 상황, 자기임 ㉠ 가족구성원들이 자신이 보고 듣고 느끼고 생각하는 것을 정직하게 보고할 수 있어야 함 ㉡ 가족의 결정은 권위에 의해서 이루어지는 것이 아니라 구성원의 개인적 의견을 탐색하여 협상을 통해서 이루어져야 함 ㉢ 가족구성원의 차이는 인정되어야 하며 가족 내에서 성장을 위해 활용되어야 함

주요 개념	가족규칙	① 해야 할 것과 해서는 안 되는 것을 규정한 것으로 가족구성원 간의 상호작용에 영향을 미침 ② 건강한 가족은 규칙이 적고, 일관성 있게 적용되며, 실천가능하고 융통성이 있음
	기능적 의사소통과 역기능적 의사소통	① **기능적 의사소통** : 구성원의 독특한 의견을 인정하는 동시에 서로의 의견을 공유함 ② **역기능적 의사소통** : 낮은 자아존중감을 지닌 부모를 둔 가족에서 나타나며 폐쇄적이고 경직된 방식으로 소통이 이루어짐
	의사소통 유형 18 임용	① 사람들이 긴장할 때 보여 주는 의사소통 유형 ② 의사소통이론 : 이중 메시지를 자주 사용하는 자존감 낮은 대상자의 경우, 치료를 통해 자존감을 높이고 바람직한 일치형 의사소통을 할 수 있도록 도움

주요 개념	의사소통 유형 18 임용 🎧 일산초 회비	회유형	① 타인과 상황만을 고려하는 것(자기 무시) ② 자신의 내적감정 및 생각을 부인하거나 억압하고, 다른 사람에게 맞추려고 함 ③ 일이 잘못되면 자신에게 책임이 있고 비난을 받아야 한다고 생각함 ④ 상대방을 위한 쪽으로 모든 것을 맞추려 하며 다른 사람에게 해가 될까 두려워하는 유형, 매우 순종적이고 자아개념이 약하며 의존적이고 상처받기 쉬우며 자기 억압적일 뿐만 아니라 소화불량, 당뇨, 편두통, 변비 등의 신체적인 문제를 나타낼 수 있음 → 자기존중감을 강화하는 동시에 분노 감정을 표현하고 자기주장을 할 수 있는 단계적인 훈련이 필요함 예 우리 아들을 배고프게 하다니 엄마 노릇도 제대로 못하는구나. 회유형　　　＊음영 처리된 부분은 무시된 요소임
		비난형	① 자신과 상황만 고려하고, 타인을 고려하지 않은 것 ② 다른 사람을 무시하고, 자신의 사고가 맞는 것이라고 생각함 ③ 상대방의 말이나 행동을 비난하거나 통제하며 명령함 ④ 상대방을 무시하고 오직 자신의 의견이 최선이라고 생각하며 상대방이 받아들이지 않으면 화를 내는 유형, 완고하고 독선적이며 명령적이고 융통성이 없으며 다혈질적이고 다른 사람에게 책임을 전가함 → 자신의 감정을 조절하고 긍정적인 사고를 하며 타인을 존중하고 배려하는 노력이 필요함, 감정에 휘둘리기보다 합리적이고 이성적으로 사고하는 훈련이 필요함 예 배가 고프면 일찍 들어왔어야지, 네가 잘한 것이 뭐니? 비난형　　　＊음영 처리된 부분은 무시된 요소임
		초이성형	① 상황만 고려하고, 자신이나 타인을 고려하지 않은 것 ② 타인을 신뢰하지 못하며 갈등을 해결하고자 자료나 연구결과를 인용함 ③ 감정표현을 억제하며 매우 냉정한 태도를 취하는 유형, 이러한 사람들은 자신의 일에 지나치게 섬세하고 철두철미하며 타인을 신뢰하지 못함 → 상대방의 감정을 인식하고 공감할 뿐만 아니라 배려하는 노력이 필요함. 이를 위해서 감수성훈련, 신체이완훈련, 비언어적인 훈련 등이 도움이 될 수 있음 예 (팔짱을 끼고) 오늘은 엄청 바쁜 날이구나. 초이성형　　　＊음영 처리된 부분은 무시된 요소임

주요 개념	의사소통 유형 18 임용 🎧 일산초 회비	산만형 (= 부적절형)	① 자기, 상황, 타인을 모두 고려하지 않은 것 ② 심리적인 불균형 상태에 있으며, 스트레스를 받는 상황에서 벗어나고자 쉬지 않고 움직이거나 초점을 잃은 이야기를 하면서 관심을 분산시킴. 그러나 이러한 대화내용이나 행동이 상황에 부적절함 ③ 다른 사람의 말이나 행동을 고려하지 않고 대화의 초점 없이 부적절하게 반응하는 것 → 주의집중을 통해 상대방의 말을 끝까지 경청할 뿐만 아니라 자신의 생각을 조리 있게 표현하는 훈련이 필요함 예 (엉뚱한 곳을 쳐다보며) 저런 무슨 일이야. 비가 오네. 산만형 　　 * 음영 처리된 부분은 무시된 요소임
		일치형	① 자기, 상황, 타인을 다 고려한 조화로운 의사소통 및 생활태도 ② 자신의 사고, 감정, 기대, 원하는 것, 싫어하는 것에 대해 솔직하게 표현하며, 상대방의 이야기를 경청하며 존중하고 배려함 예 배가 고프구나. 엄마가 바빠서 아직 식사준비를 못했어, 미안해. 엄마가 금방 밥 해줄게. 일치형 　　 * 모든 요소가 존중됨
치료 기법	가족조각, 안무, 은유, 재정의, 유머, 의사소통 등			
	가족지도 그리기	① 가족구성원들 간의 관계와 의사소통 구조를 이해하도록 도움 ② 가족 생애-사실 연대기는 가족 3대의 역사와 생애사를 열거하는 것임 : 경계, 상호작용, 과정을 좀 더 분명하게 드러낼 수 있음		
	가족조각	① 가족이 어떻게 기능하며 다른 사람들에게 어떻게 보이는지를 인식하기 위해서 사용하는 기법 ② 가족구성원의 의사소통 태도를 고려하여 각 구성원을 가족 전체와의 관계 속에서 공간상에 위치시킴으로써 가족의 경계, 상호작용, 과정을 좀 더 분명하게 드러낼 수 있음		
	가족재구성	사이코 드라마와 같은 시연을 통해서 내담자가 가족 상대의 중요 사건을 탐색하도록 하는 것		
	가족예술 치료	음악치료, 원예치료, 그림치료 등 자연스러운 예술적 표현으로 가족의 행동을 변화시킴		
	역할놀이	가족구성원들이 서로 다른 가족의 역할을 해보게 하여 이해를 높임(실제경험을 바탕으로 현재감정을 노출시키는 것)		
	빙산탐색	가족규칙, 의사소통 유형 뒤에 내재되어 있는 감정, 개인의 느낌, 기대 등을 사정하고 진단, 개입하는 것		

	전략적 가족치료(주요 이론가 - 헤일리)	
목표	① 내담자의 증상을 완화시키기 위해 가족의 의사소통 방식과 위계구조를 건강하게 변화시키는 것 ② 전략적 가족치료자는 가족구성원의 깨달음이나 통찰보다 행동의 변화에 초점을 둠 ③ 지배관계 안에서 가족구성원의 인간적 존엄성과 가치, 자율성이 유지되지 않을 때 의사소통이론과 행동이론에 입각하여 전략적으로 지배적인 가족체계의 변화를 유도하는 치료	

특징	① 가족문제 해결에 필요한 전략을 찾아내는 것
	② 문제해결 강조 : 문제해결치료, 제2의 의사소통치료(상호작용적 의사소통접근법 사용)
	③ 행동이 변하면 감정도 변한다 : 마음보다는 행동에 주의, 행동의 이유보다는 행동의 변화가 목적
	   → 문제를 지속시키는 행동을 발견하여 수정하고자 함
	④ 가족의 상호작용 변화 → 의사소통 유형 변화 : 건강한 의사소통 유형은 분명하고, 구체적 메시지, 상황과 연결되어 자연스러움, 개인의 자존감을 증진시킴
	⑤ 치료자 : 가족의 변화를 이끌어낼 책임, 지도자 역할
	   → 가족에게 지시, 과제 부과, 가족관계와 의사소통 재조직, 재해석
	⑥ 헤일리는 성공적인 치료를 위해서 첫 면접이 중요함을 강조하고, 치료의 첫 면담은 구조화되어 있으며 4단계를 따름	

	㉠ 친화단계	치료자는 문제를 지닌 내담자뿐만 아니라 가족구성원들과 친밀한 관계를 형성함
	㉡ 문제규명단계	내담자의 문제가 유지되는 원인을 가족체계와 의사소통의 맥락에서 발견하고 구체화함
	㉢ 상호작용단계	가족구성원들이 가족에 대해 갖고 있는 다양한 관점을 자유롭게 이야기하도록 격려함. 치료자는 문제에 대한 의견교환에서 가족구성원들이 어떻게 연합하고 대항하는지 관찰
	㉣ 목표설정단계	관찰결과를 근거로 가족의 역기능을 개선할 수 있는 분명한 목표를 세우는 것
주요 개념	이중구속 의사소통	① 언행불일치 ② 모순된 말이 연속될 때, 비언어적 표현이 언어적 의사소통과 일치되지 않을 때 → 개인의 발달 방해 ③ 의사소통장애, 오해증진, 혼돈, 당황, 초조, 무능감, 분노, 양가감정 → 정신적 위축
	가성 친밀감	역기능적 가족체계에서 관계의 숨겨진 의미에 대한 현실적 방어로 실제적 감정보다 겉으로만 친밀하게 보여짐
	가성 적대감	고정적, 엄격한 유형으로 겉으로 가족구성원들 사이에 만성적 갈등, 소외감 유지
	부부분열 (결혼분파)	① 만성적 불균형, 불일치로 별거의 위협을 경험하는 단계 ② 배우자 각각은 성격의 부조화, 자신의 심리적 갈등으로 상호불신임, 배타적 태도, 쌍방 비난으로 서로에게 상처를 주고, 결혼에 대한 진실성이 없음 ③ 자녀들과 친밀감을 형성하기 위해 경쟁적이고 자녀들을 자기편으로 끌어들이려고 편애로 가정 내 분파 형성 → 자녀들은 적절한 역할 모델 제공받지 못함
	부부편중 (결혼왜곡)	동등한 협력의 부족으로 한 배우자는 다른 배우자와 관계에서 우위에 있으며, 상대배우자를 지배로 나머지 배우자는 완전히 수동적 → 자녀들은 적절한 역할 모델 제공받지 못함

치료 기법	지시적 기법	① 가족의 특성에 맞추어 사려깊게 고안된 행동방식을 제안하는 것 ② 치료자가 가족의 상호작용 패턴을 변화시키는 것임
	과제 부여하기	① 치료자가 고안한 행동변화방법을 내담자와 가족구성원들이 가정에서 수행하도록 매 회기마다 과제로 제시하는 것으로 과제 부여하기는 지시하기와 밀접하게 연결되어 있음 ② 과제를 부여한 다음 회기에는 반드시 과제수행을 확인하고, 그 결과를 검토하는 것이 필수적인 과정임
	증상 처방하기 (= 시련 처방하기)	① 내담자가 증상이나 문제행동을 포기하도록 하는 방법 중 하나임 ② 내담자의 증상을 유지하기 어렵게 만드는 시련을 처방하는 것으로 내담자가 증상을 유지하는 것이 그것을 포기하는 것보다 더 힘들게 함으로써 결국 증상을 포기하도록 하는 것(예 내담자가 증상을 보일 때마다 자신과 관계가 좋지 않은 가족구성원에게 선물을 하거나 한밤중에 격렬한 운동을 하게 하는 것)
	역설적 개입	① 내담자와 가족의 문제행동은 오랜 기간 익숙해져서 쉽게 변화하지 않음. 이런 경우 치료자의 지시에 가족구성원들이 저항할 수 있는데 이럴 때 적용하는 기법임 ② 치료자가 내담자나 가족구성원에게 문제행동을 오히려 과장하여 표현하게 하는 것(예 사소한 갈등에도 큰소리를 지르거나 눈물을 흘림으로써 가족구성원을 통제하려는 여자 내담자에게 새로운 갈등이 생겼을 경우에 더욱 큰소리를 지르거나 통곡을 하여 가족들이 자신의 요구에 따르도록 하는 것)

이야기 가족치료(주요 이론가 – 화이트, 앱스턴)

목표	고정된 관점을 확대하고 이해의 폭을 넓게 함: 현실을 더 잘 보게 해주고, 더 많은 대안을 찾게 해줌	
특징	전제	자신에 대해 말하는 이야기와 설명이 자신들의 경험을 구성하고 행동을 결정한다는 것
	이야기 변화가 행동의 변화를 가져온다.	
	→ 새로운 이야기(대안) : 문제에 대한 객관적 시각, 인내심을 가지고 결속력을 갖게 됨	
	공동저작	가족구성원으로 하여금 다른 사람들을 연결시키는 도움이 되는 방법을 강조한 새로운 이야기를 만들게 함 → 갈등에 직면, 정직해지도록 하여 사람과 문제를 분리시킨 후 가족이 연합하여 공동으로 대처하게 함
	대상자의 이해와 경험, 자신과 문제를 보는 대안이 중요시됨	
	치료	대상자로 하여금 과거를 재조명하고 미래와 자신의 삶의 이야기를 쓰도록 도움
	치료자	치료과정을 통해 부정적이고 패배적인 견해는 반박하고 문제를 해결할 수 있는 힘을 찾아서 이야기를 새롭게 쓸 수 있도록 도움(공동 저작자가 되기도 함)
치료 기법	문제 외재화	① 내담자가 자기 문제를 외재화하도록 조력 ② 자신을 문제에서 분리된 건강한 개체로 인식 → 문제에 대한 통찰력을 갖게 함으로써 문제해결에 의지를 갖게 함
	독특한 결과 찾아내기	① 대상자가 비슷한 문제를 처리할 수 있었던 때를 기억함 ② 문제 대신 긍정적 결과에 초점을 갖음
	전체이야기 다시 쓰기	① 독특한 결과와 관련하여 과거에 행했던 일을 구체적으로 질문하고 문제를 다른 시각으로 본다면 어떻게 달라질 것인지에 대해 함께 새로운 이야기를 만들어 냄 ② 이야기 초점을 미래로 옮겨 이야기는 과거, 현재, 미래를 갖게 되며 완전한 이야기가 새롭게 구성됨 → 문제가 되는 생각, 감정, 행동에 다른 시각과 새로운 의미 개발, 자신에게 긍정적 이야기가 자신의 경험을 구성하고 행동결정

해결중심 가족치료(주요 이론가 – 드 세이저)				
특징	① 목적 지향적 모델: 과거보다는 현재와 미래에 초점을 둠 ② 가족이 자신들의 문제를 해결하는 데 효과적이었던 경험에 중점을 둠 → 문제파악보다 가족이 원하는 해결, 새로운 행동유형을 만드는 데 초점을 둠 ③ 인간관계에서는 분명한 원인과 결과가 존재하지 않는다고 봄 ④ 가족이 이미 가지고 있는 강점, 건강한 특성, 능력, 자원 등을 적극 활용 ⑤ 현재 문제해결에 효과가 있는 것에 관한 해결 중심적 대화, 낙천적 대화로 질문 활용			
	치료자	① 대상자와 함께 새로운 이야기를 만들어 냄 ② 치료자가 주도하거나 지시하지 않음 ③ 가깝고 우호적인 대화를 통해서 대상자가 자신의 미래를 새롭게 구상해보도록 함		
목표	① 작고 성취할 수 있는 목표: 해결의 목표가 대상자가 선정하여 가족이 중요하다고 의미를 두는 것 ② 가족의 힘, 자원을 활용하여 가족이 스스로 문제를 해결하도록 도움			
변화를 위한 질문	상담 이전의 변화에 대한 질문	① 해결중심 단기치료의 기본 가정은 "변화란 불가피하며 계속적으로 일어난다."이므로, 내담자가 상담을 약속한 후 상담소에 오기까지 경험한 변화에 대해 알아보는 상담 전 변화에 관한 질문은 문제해결에 매우 중요한 단서를 제공할 수 있음 ② 상담 전 변화가 있는 경우, 내담자가 이미 보여준 해결능력을 인정하고 칭찬하여 확대할 수 있도록 격려 제공 ③ 치료 이전의 변화를 찾아내는 질문을 하여 그것을 통해 가족의 잠재능력과 가족 스스로 인식하지 못한 해결방안을 모색한다.		
		효과	가족의 잠재능력을 발견, 가족 스스로가 인식하지 못한 해결방안을 찾아내기 위함	
		예시	(제가 경험한 바로는) 처음 상담을 신청했을 때와 상담을 받으러 오시는 사이에 어려운 상황이 좀 나아진 사람들이 많았습니다. 전화로 상담약속을 하고 오늘 여기에 오시기까지 혹시 어떤 변화는 없었나요?	
	척도질문 (평가질문)	① 감정이나 기분, 의사소통과 같은 관찰하기 어려운 인간경험에서 변화가 필요할 때 스스로 점수를 매겨보도록 하는 질문 → 문제 심각도 수준을 숫자로 나타내어 스스로 그 수준을 인지, 동기를 부여 ② 가족에게 문제의 심각성이나 치료목표, 성취 정도를 양적으로 측정하여 수치로 답할 수 있게 할 질문 ③ 가족이 해결방안을 찾기 위한 것과 관련된 보다 많은 정보를 제공하며, 변화에 대한 동기를 강화하고 다음 단계로 발전하기 위해 무엇을 해야 할지 탐색하기 위해 만들어진 질문		
		효과	변화 정도를 사실적으로 설명할 수 있고, 구체적인 상담목표를 설정 시 유용함	
		예시	• 어머님이 무척 어려운 상황에 처해 있다는 것을 공감할 수 있어요. 0이라는 숫자는 아이와의 관계가 최악일 때를 의미해요. 10은 모든 것이 해결되어 아이가 아무런 문제가 없는 안정된 상태라면 지금 어머니는 0과 10 사이 어디에 있습니까? • 4점에서 5점으로 올라간다면 무엇이 달라질까요? • 무엇을 보면 '아, 이제 내가 원하는 8점이구나' 하실까요?	
	예외질문 (예외발견 질문) 10 임용	① 현재의 부정적인 점에 집착해 있는 가족이 자신의 과거사에서 예외적인 상황을 찾아 가족이 가지고 있는 자원을 찾아냄으로써 가족의 자존감을 강화해 줌 ② 예외: 내담자가 문제로 생각하고 있는 행동이 일어나지 않은 상황이나 행동 ③ 내담자가 일상생활에서 성공적으로 잘하고 있으면서도 의식하지 못하는 것을 발견하고 성공했던 행동을 찾아내서 의도적으로 강화시키는 것		
		효과	내담자가 가지고 있는 자원이 활용되게 하여 자존감을 강화할 수 있음	
		예시	• 최근 문제가 일어나지 않은 때는 언제였습니까? • 문제가 일어나는 때와 그렇지 않을 때의 차이점은 무엇인가요? • 문제가 조금이라도 나아진 때에 대해 말씀해 주세요.	

변화를 위한 질문	기적질문	문제가 해결된 것을 상상하게 하여 가족이 원하는 것을 구체화하고 명료화하는 데 도움이 되는 질문기법	
		효과	문제와 분리하여 해결을 상상하게 하므로 문제에 대한 집착으로부터 벗어나게 할 뿐만 아니라 치료 목표를 설정하는 데 도움이 되기도 함
		예시	• 그렇게 된다면 정말 기적이겠군요, 언젠가는 그런 기적이 일어나겠지만, 지금은 아주 작은 기적을 한 번 생각해 볼까요? • 기적이 일어나면 선생님의 기분이 나아진다고 하셨는데, 부인께서는 무엇을 보면 선생님의 기분이 나아진 것을 알 수 있을까요? • 몸무게가 10kg 덜 나가는 것을 기적이라고 하셨는데, 맨 처음 1kg이 준다면 어머니의 생활에서 무엇이 달라질까요? • 기적이 일어나면 남편은 부인의 어떤 점이 달라졌다고 할까요?
	대처질문	① 매우 비관적인 상황에 있을 때 치료자의 위로와 격려는 오히려 문제에 집중하게 함 ② 가족에게 약간의 성취감을 맛보게 하는 질문을 함 ③ 과거에 사용했거나 가지고 있는 대처기술이나 자원을 활용하도록 자신과 가족의 강점과 자원을 발견하여 해결하기 위해 노력하게 함 ④ 만성적인 어려움과 위기 등 어려운 상황에 처해 있어 가족이 미래를 비관적으로 보고 아무 희망이 없다고 생각하는 비관적 상황에 빠져 있을 때 그 당시의 대처행동에 관한 질문	
		효과	치료자는 내담자의 신념체계와 무력감에 대항하는 동시에 내담자에게 일종의 성공을 느낄 수 있게 할 수 있음 : 치료자가 의도하는 것은 내담자 자신이 대처방안의 기술을 갖고 있음을 깨닫게 하는 것임
		예시	• 누구라도 이러한 상황에 처하면 아마 여러분들처럼 버티지 못할 것입니다. 그런데 어떻게 더 나빠지지 않고 버틸 수 있었는지요? • 어떻게 모든 것을 포기하지 않고 여기까지 지속시켜 왔는지요?
	관계성 질문	내담자와 중요한 관계에 있는 사람들이 갖고 있는 생각, 의견, 지각 등에 대해 묻는 질문	
		효과	① 내담자는 자신의 입장에서 자신을 보다가 중요한 타인의 눈으로 보게 되면, 이전에는 없었던 가능성을 만들어 낼 수 있음 ② 문제해결을 위한 잠재적 자원을 더 많이 활용하고 가족 간의 상호영향과 변화 가능성을 파악할 수 있음
		예시	• 네가 약속한 대로 행동하면 어머니는 어떤 반응을 보이니? • 부인이 남편에게 잔소리를 하지 않았을 때 남편의 태도는 어떠합니까? • 지금 이 자리에 아버지가 계신다면, 아버지는 뭐라고 말씀하실까요?

18 인지행동치료

인지행동이론	행동이론	행동이론에서 '행동'이란 관찰, 기록, 측정이 가능한 행위 또는 반응을 말하는 것		
		고전적 조건화	① 무의식적 행동이 습득되는 과정에 관한 것 ② **파블로프의 고전적 조건형성 모델**: 무조건반응(타액 분비)이 무조건자극(음식을 먹다)에 반응하여 나타난다는 것을 발견하고, 무조건자극과 함께 주었을 때 연관성이 없던 자극만으로도 동일한 특정반응, 즉 조건반응을 이끌어낼 수 있음을 발견함, 연관성 없는 자극을 조건자극이라고 함 📖 생후 6개월 된 영유아 　① [조건자극] 흰색 유니폼을 입은 간호사 A가 방에 들어옴 → 반응 없음 　② [무조건 자극] 간호사 A가 주사를 놓음　　　　　　　　→ [무조건 반응] 운다. 　③ [조건자극] 흰색 유니폼을 입은 간호사 A가 방에 들어옴 → [조건반응] 운다. 　④ [조건자극] 흰색 유니폼을 입은 간호사 B가 방에 들어옴 → [조건반응] 운다. 　　　또는 흰옷 입은 가족이 방에 들어옴　　　　　　　　→ [조건반응] 운다. ③ 높은 곳이나 공공장소에 대해 불안을 느끼는 사람들은 그러한 상황에서 공포심을 느끼도록 조건화되었기 때문에 탈조건화를 통해서 부적응행동에 초점을 두어야 한다고 봄 ④ 고전적 조건형성에 기초한 대표적인 치료기법: 체계적 둔감법, 홍수법		
		조작적 조건화	① 어떤 행동이 긍정적인 결과를 가져오면 그 행동이 반복되며, 부정적인 결과를 가져오는 행동은 약화되어 발생빈도도 낮아진다는 것 ② 이에 근거하여 사용되는 기법들은 행동수정에 속함, 행동을 증가시키는 방안과 행동을 감소시키는 방안		
			행동증가 15,16,17,18 국시		
			1. 적극적 강화 (= 정적강화) 20 임용	행동의 결과로 긍정적인 보상자극을 제공함으로써 그 행동이 다시 일어날 가능성을 증가시킴(칭찬, 용돈, 상금 제공 등)	
				토큰강화 24 임용(지문)	
				📖 행동 → 보상자극 → 행동↑ 교사가 교실에서 자신의 의자에 가만히 앉아있는 학생을 칭찬한다면, 학생들은 칭찬을 받기 위해 각자 자리에 가만히 앉아있을 것이다.	
			2. 소극적 강화 (= 부적강화)	행동의 결과로 혐오스러운 자극을 제거함으로써 그 행동이 다시 일어날 가능성을 증가시킴(청소나 숙제 면제 등)	
				📖 혐오스런 자극 → 행동 → 혐오스런 자극 제거 → 행동↑ 아이가 말썽을 부리고 나서 어머니를 껴안고 뽀뽀를 했더니 어머니가 꾸중하지 않았다는 것을 경험하게 되면, 아이는 꾸중을 피하기 위해 어머니에게 이런 행동을 하는 횟수가 많아짐	
			행동감소 17 국시		
			1. 벌 (= 정적처벌)	행동의 결과로 혐오스런 자극을 줌으로써 그 행동이 다시 일어날 가능성을 감소시키는 것(회초리나 청소 부과 등)	
				📖 행동 → 혐오스런 자극 → 행동↓ 동생을 때린 형에게 벌을 서게 하여 동생을 때리는 행동을 감소시킴	
			2. 반응대가 (= 부적처벌, 권력박탈) 24 임용	• 행동의 결과로 강화물(토큰, 특권 등)을 제거 또는 감소시켜 그 행동이 일어날 가능성을 감소시키는 것 • 쾌자극 제거, 타임아웃 포함	
				타임아웃 24 임용(지문)	한정된 공간에 한정된 시간 동안 격리시켜 타임아웃 시간 동안 조용하게 잘못된 행동을 반성하게 하고 격리된 곳으로 둠으로써 다시 어울리기 위해서 올바른 행동을 하는 것임
				📖 행동 → 강화물의 제거 → 행동↓ 아이가 자신의 요구대로 되지 않을 때 떼를 쓰면 어머니가 아이의 요구를 들어주게 되는 결과가 반복되어 그 행위가 강화되었다. 하지만 아이가 떼를 쓸 때 어머니가 더 이상 관심이나 눈길을 주지 않게 되면 아이의 떼쓰는 행동은 감소됨	
			3. 소멸(= 소거, 강화물 유보)	바람직하지 못한 행동을 했을 때 관심이나 강화를 중단하는 것	
				📖 행동 → 강화 → 행동 → 강화 없음(강화유보) → 행동↓	

행동이론	조작적 조건화		**예**) 다음 상황에서 길동이에게 행동수정기법 정적강화, 부적강화, 벌을 적용한다면, 구체적으로 어떻게 할 것인지 각각 답할 것

길동이는 학교에 습관적으로 지각을 하여 여러 번 혼이 났다. 담임교사는 이 문제를 해결하기 위해 상담을 의뢰하였다. 상담자는 정시에 등교하는 것을 목표행동으로 정하였다. 상담자는 길동이가 학교에서 빵 사먹는 것을 가장 좋아하고 청소하는 것을 가장 싫어한다는 것을 파악하였다.

① 정적강화	정시에 등교하면 정적강화물인 빵을 사먹게 하여 목표행동인 정시에 등교하는 행동을 강화시킨다.
② 부적강화	정시에 등교하면 부적강화물인 청소하는 것을 면제시켜 주어 목표행동인 정시에 등교하는 행동을 강화시킨다.
③ 벌	지각하면 빵을 못 사먹게 하거나(부적처벌) 청소를 시켜서(정적처벌) 지각하는 행동을 감소 또는 소거시킨다.

인지행동이론

인지이론

어떤 상황에 대한 개인의 기대와 판단, 사고, 신념체계, 가치관 및 이미지 등의 인지적 활동은 개인의 정서와 행동에 많은 영향을 미침

인지

목적	부적응행동을 하도록 영향을 끼치는 혹은 원인이 되는 인지적인 활동을 수정함으로써 행동의 변화를 가져오는 것
가정	• 행동은 단지 어떤 자극에 영향을 받아 나타나는 반응이 아니라 그 개인의 기대, 사고, 신념체계 등 인지적 활동의 영향을 받아서 나타나는 것 • 행동을 통제할 수 있는 능력이 개인에게 있음을 강조하며, 자기통제의 관점에서 행동변화를 가져오는 데 초점을 둠 • 인지적 활동은 감시가 가능하며, 변화가능하다고 봄

[핵심믿음] : 나는 무능력하다.
⇩
[중간믿음] : 책 내용을 완전히 이해할 수 없다면 나는 우둔한 것이다.
(규칙, 태도, 가정들)
⇩
[상황] ⇨ [자동적 사고] ⇨ [반응] (감정, 행동, 생리적 반응, 슬픔, 책 덮기, 두통 등)
: 책 내용이 너무 어렵다. 나는 결코 이해할 수 없을 것이다.

인지모델

① 핵심믿음	• 가장 근원적인 수준의 믿음 • 모든 영역에 영향을 미침, 고정, 일반화되어 있음 • 경험을 통해 자신과 타인, 세상에 믿음을 형성하면서 구축됨	나는 무능력하다.
② 중간믿음	• 상황 특정적인 자동적 사고와 핵심믿음 사이 존재 → 핵심믿음의 영향을 받음, 평소 잘 인식하지 못함 • 구성 : 개인의 태도, 규칙, 가정	책 내용을 완전히 이해할 수 없다면 나는 우둔한 것
③ 자동적 사고	• 어떤 특정한 상황에서 그 사람의 마음속에 스쳐가는 단어나 영상 • 인지의 가장 표면적 수준으로 의식하기 쉬움	책 내용이 너무 어렵다. 나는 결코 이해할 수 없을 것이다.
④ 개념화	• 치료자에게 대상자를 이해하는 기본 틀 제공 • 대상자가 제시한 자료를 근거로 대상자에 대한 가설을 세움 → 유동적 : 새로운 자료 추가, 정확성 입증, 수정될 수 있음	반응 : 감정, 행동, 슬픔, 책 덮기, 두통

(1) 인지행동치료에서는 대상자의 부적응적 행동과 자동적 사고(= 역기능적 사고)를 변화시키기 위해 인지적 접근과 행동적 접근을 병행해서 사용함(= 역기능적 사고와 부적응적 행동의 변화에 중점을 둠) 21 국시
(2) 치료목적 : 자동적 사고가 왜곡되어 있는 경우 자동적 사고에 대해 평가하고 합리적 사고로 수정함으로써 기분과 행동의 호전을 가져오도록 함 24 임용
(3) 인지적 왜곡은 정신장애에서 보이는 왜곡된 자동적 사고, 우울이나 불안과 같이 심리사회적 요소의 영향이 큰 정신병리학적 상태의 발현 및 지속과정에서 나타나는 과장된 혹은 비이성적 사고 유형임
(4) 흔한 인지적 왜곡은 아래와 같음

	정의 / 예시
과잉일반화 (= 절대적 사고) 16 임용 / 23 국시	• 한가지 사건을 근거로 여러 가지 결론을 유도 예 중간고사에서 영어시험을 망쳤다. 남은 과목들도 모두 망칠거라는 생각이 들었어요. / 시험에 실패한 한 학생이 이번 학기의 다른 시험도 통과하지 못할 것이고, 성적이 나빠서 퇴학당할 것이라고 생각한다.
개인화 16, 19 임용	• 외부에서 일어난 일을 근거없이 자신과 연결시킴 • 자신과 관계없는 사건을 자신의 상황을 반영하여 해석한 것 예 제가 속 썩이는 바람에 아빠도 다니던 직장을 그만 두게 되었어요. 결국 제가 문제예요. 저만 없어지면 다 행복해질 거예요. / 제가 소풍을 갈 때마다 비가 오는 거예요. 비가 오는 것은 전부 제 탓이에요. / 사장이 우리 회사의 생산량이 올해 감소했다고 말했지만 그것이 나에게 한 소리인 줄 안다.
이분법적 사고 (= 흑백논리)	• 항상 좋은 것 또는 나쁜 것이라는 식으로 극단적으로 생각함(항상 최악의 상태를 생각함) • 자신의 성취를 '성공' 아니면 '실패'로 평가하거나 다른 사람의 반응을 '칭찬' 아니면 '비난'으로 해석하며, 그 중간의 회색지대를 생각하지 못하는 경우 예 남편이 날 떠난다면 나는 차라리 죽는 것이 나을 거야.
비극화 (= 파국화, 재앙화) 18 임용	• 미래에 대하여 현실적인 어떤 고려도 없이 부정적으로 예상하는 것 예 나는 승진 신청을 하지 않을 것이다. 왜냐하면 나는 어차피 안될 것이고 나는 괜히 기분만 나빠질 것이기 때문이다. / 이 일을 실패하면 결코 행복하게 살 수 없을 것이다.
선별적 추상화 (= 선택적 추론) 18 임용	• 사소한 일에만 관심을 두고 연관된 다른 정보에는 무관심함 • 전체 문맥에서 사소한 것을 취하여 전체 경험을 오염시키는 데 사용함 예 재키는 4.0 만점에 3.98점의 평점으로 고등학교를 졸업했다. 그녀는 집 근처의 주립대학에서 장학금을 받았다. 그녀는 고등학교에서 스포츠 활동에 적극적이었고 친구들 사이에서 인기도 높았다. 하지만 그녀는 유명한 아이비리그 대학에서 장학금을 받지 못한 사실이 생각에서 떠나지 않았으며 우울해했다.
독단적 추론 (= 임의론적 추론) 19 임용	• 뒷받침할 만한 증거 없이 부정적 결론을 유도 • 사건이나 상황에 대해 잘못된 결론을 내림 예 엄마가 돌아가신 것은 다 저 때문이에요. 제가 그렇게 속 썩이지만 않았어도 엄마에게 암덩어리가 생기지 않았을텐데. 다 저 때문이에요. / 젊은 여성이 생일날 축하카드를 받지 못했기 때문에 친구가 더 이상 자신을 좋아하지 않는다고 생각하는 경우
다른 사람 마음읽기(= 독심)	• 근거 없이 자신이 다른 사람의 마음을 알고 있다고 생각함(= 독심) 예 사람들은 나를 뚱뚱하고 게으르다고 생각할 거야.
극대화/극소화	• 사건의 중요성·의미를 과장하거나 하찮아하는 것 • 우울한 사람들은 부정적인 일의 의미는 크게 확대하고 긍정적인 일의 의미는 축소하는 잘못을 범하는 경향이 있음 예 내가 저녁밥을 태운 것은 나의 무능력함을 바로 나타내는 거야.
완벽주의	• 자신이 만족할 때까지 모든 것을 완벽하게 해야 직성이 풀리는 경우 예 시험에서 A학점을 얻지 못하면 나는 실패자가 될 것이다.
자기가치의 외면화	• 다른 사람으로부터의 인정을 바탕으로 자신의 가치를 결정 예 늘 친절하게 보여야 해. 그렇지 않으면 친구들이 나와 어울리지 않을 거야.

인지행동이론 — 인지이론

	정의	대상자의 부적응적 행동과 자동적 사고를 변화시키기 위해 인지적 접근과 행동적 접근을 병행해서 사용하는 것
	목표	건강한 적응행동 촉진, 부적응행동 변화, 자기통제를 획득 cf) 적응행동이나 부적응행동 등은 학습과정을 통해 획득된 것
	가정	(1) 행동은 단지 어떤 자극에 영향을 받아 나타나는 반응이 아니라 그 개인의 기대, 사고, 신념체계 등 인지적 활동의 영향을 받아서 나타나는 것 (2) 행동을 통제할 수 있는 능력이 개인에게 있음을 강조하며, 자기통제의 관점에서 행동변화를 가져오는 데 초점을 둠 (3) 인지적 활동은 감시가 가능하며, 변화가능하다고 봄
인지 행동 치료 기법 11 임용	특성	(1) 인지행동치료의 특성 ① 현재 일상생활에서 발생한 문제를 정의하고 해결하는 데 초점을 둠. 즉, 지금-여기에 초점을 두고, 과거에 관심두지 않음 ② 치료과정에 있어 치료자와 대상자의 협조적 관계와 대상자의 적극적 참여가 중요 ③ 개방적 진행 : 문제인식, 치료목적 수립, 치료진행, 치료결과 평가 등을 대상자, 치료자가 함께 함 ④ 대상자에게 자료수집, 학습한 기술적용, 새로운 반응의 강화를 위해 과제를 줌 ⑤ 치료평가를 위해 문제행동에 대한 측정을 치료과정 내내 일정 간격 두고 반복함 ⑥ 치료에서의 변화와 진보는 대상자에게 의미가 있어야 하며, 대상자의 삶의 질에 긍정적인 영향을 미쳐야 함 (2) 아동, 청소년, 성인, 노인을 포함한 모든 연령층에게 적용할 수 있으며 불안장애, 기분장애, 섭식장애, 조현병, 물질남용 등의 다양한 임상문제를 다루는 데 효과적임 (3) 대상자 가족에게도 적용할 수 있으며, 개인이나 집단형태로 수행할 수 있음
	인지 행동 사정	(1) 특정상황에 대한 대상자의 행동, 생각, 느낌을 평가하는 것에 중점을 둠 반면, 개인의 성격 특성, 방어유형, 성격 역동 혹은 개인적 성향에 관심을 두지 않음 (2) 사정과정 : 대상자로부터의 자료수집, 수집한 자료로부터 문제 확인, 문제행동의 정의, 문제행동의 측정방법의 결정 등을 포함함 ① 대상자의 문제를 정의함, 문제의 빈도, 강도, 기간에 대해서도 사정 ② 문제와 관련된 대상자의 경험 조사 ㉠ 선행사건(문제행동이 있기 전에 일어나는 자극이나 단서) ㉡ 행동(그 사람이 행하는 문제행동이나 회피행동) ㉢ 결과(그 행동으로 인해 그 사람에게 끼친 영향력)를 파악 선행사건 ⇨ 행동 ⇨ 결과 [행동의 단계]

(1) 인지행동치료 프로그램의 내용 구성

범주	불안감소	인지재구성	새로운 행동의 학습
인지행동치료 프로그램의 내용 구성	① 이완훈련 ② 바이오피드백 ③ 체계적인 둔감법 ④ 탈감작화 ⑤ 감각기관에의 노출 ⑥ 홍수요법 ⑦ 반응예방(방지, 차단)	① 사고와 감정의 감시 ② 증거탐문 ③ 대안검토 ④ 탈비극화 ⑤ 재구성 ⑥ 사고중지	① 모델링 ② 행동형성 ③ 토큰경제 ④ 역할극 ⑤ 사회기술훈련 ⑥ 혐오요법 ⑦ 수반관계 계약(우발적 계약)

(2) 행동적 기법
① 인지는 행동에 영향을 미치고 행동은 인지에 영향을 미친다는 개념에 기반
② 목표 : 부정응적 행동을 변화시키고, 새로운 적응행동을 학습시키는 것
③ 불안을 완화시키는 기법, 건강하지 않은 행동을 감소시키고 새로운 행동을 학습하는 기법 포함

인지 행동 치료 기법 11 임용	불안 완화 기법	이완 요법	• 긴장을 이완시키고 교감신경계의 반응을 감소시키는 기술적인 과정임
			• 이완요법은 긴장과 두려움을 효과적으로 감소시킴
			• 점진적 근육이완법
			  – 신체 일부의 이완을 전신으로 점진적으로 진행시키는 방법
			  – 몸 전체가 이완될 때까지 순차적으로 수의근의 긴장과 이완을 반복

		바이오 피드백	• 인체의 생리적 변화를 알려주는 전자장치를 활용해 자신의 생체신호(뇌파, 근전도, 체온 등)를 스스로에게 피드백해 줌으로써 자신의 생리상태 조절, 이완효과를 얻음 → 이완할 수 있는 능력을 충분히 갖추게 된 후에는 스트레스를 유발하는 상황에서 스스로 이완하는 기법을 적용하도록 격려

		체계적 둔감법, 탈감작 15,25 임용 / 20,23 국시	• 자극을 약한 것에서 강한 것으로 단계적으로 부여하여 자극에 의해 발생하는 불안 및 공포 등의 반응을 서서히 경감시키는 절차
			• 근육이완 반응 훈련 → 불안위계 작성 → 위계별 상황에 직면
			  – 근육이완 반응 훈련 : 먼저 머리에서부터 차차 아래로 내려오면서 점진적으로 이완시키는 방법
			  – 불안위계 작성 : 불안을 야기시키는 원인(사건)을 모아놓은 목록을 근거로
			  예 승강기 공포증과 관련된 사건들의 계층 구조 사례
			    1. 승강기 타는 것에 대해 치료사와 토론하기
			    2. 승강기 그림 보기
			    3. 건물의 로비에 걸어가서 승강기 바라보기
			    4. 승강기의 버튼 눌러보기
			    5. 신뢰할 수 있는 사람과 승강기 안으로 들어가기 : 문이 닫히기 전에 내리기
			    6. 신뢰할 수 있는 사람과 승강기 안으로 들어가기 : 문을 닫아본 후 다시 문을 열고 나오기
			    7. 신뢰할 수 있는 사람과 승강기를 타고 한 층을 올라간 후 걸어서 내려오기
			    8. 신뢰할 수 있는 사람과 승강기를 타고 한 층 올라간 후, 다시 승강기를 타고 내려오기
			    9. 혼자서 승강기 타기
			    고통과 상극인 행동으로 이완운동을 짝지어 실시하기
			• 대상자가 불안이 없는 상태에서 차츰 불안을 많이 일으키는 상태로 나아감에 따라 이완상태를 유지하는 것을 상상하거나, 실제 생활에 노출하면서 적용
			• 불안을 야기하는 자극에 직면하도록 긍정적 강화제공, 불안을 야기하는 상황에 노출되었을 때 두려워하는 부정적 결과가 일어나지 않는다는 것을 깨닫게 함

		감각 기관에 노출	• 공황발작 중 경험했던 신체적 감각에 노출시키는 것으로 인공적으로 제작된 장치하에서 발작증상을 일으키게 해서 이들 증상이 공황발작으로 진행되지 않는다는 것을 깨닫게 함 • 호흡을 빠르게 하기, 뛰기, 계단 빨리 올라가기 등 신체 단서 경험 → 신체 단서에 대한 극단적 해석을 하면서 야기되는 불안 이완
		홍수법 22 국시	• 가장 높은 수준의 불안을 일으키는 자극에 대상자를 즉각적으로 노출시킴 → 불안상황의 회피는 불안을 강화시킨다고 전제 → 상황에서 피하지 않고 견뎌내도록 하여 회피하는 행동이 조건화되는 것을 막음 • 성공 : 불안상황에서 진정과 성취감을 느낄 수 있을 때까지 견뎌내는 것

		노출 및 반응 방지 (= 예방, 차단) 24 임용	• 특정 불안, 공포상황에 노출되었을 때 불안, 불쾌감을 줄이기 위해 하는 행동을 못하게 함으로써 불안을 감소시키는 것(증상을 가진 환자에게 두려움과 거부감의 대상이 되는 자극을 체계적이고 반복적으로 노출시킴으로써 환자는 자신의 강박적 사고가 근거없는 것이며 강박적 행동에 의한 중화 또한 불필요하다는 사실을 깨닫게 됨)
			• 실시순서 : 노출 → 반응방지
			  – 노출 : 강박적 사고를 유발하는 자극에 대해 충분한 시간 동안 직면하도록 하는 것
			  – 반응방지 : 강박적 사고에 의해 나타나는 강박적 행동을 제지하는 것
			  예 공중화장실 사용 두려워하는 대상자 – 하루에 20번 넘게 씻음
			    → 60초만 손을 씻도록 함 : 짧은 시간 손을 닦아도 세균감염, 질병 발생×
			  예 알코올 중독 : 술잔을 만지거나 술 냄새를 맡게 하여 음주욕구를 유발시키고, 음주는 금함

인지 행동 치료 기법 11 임용	새로운 행동 학습 기법	모델링 22 임용	• 타인의 행동을 관찰하여 그 행동을 모방함으로써 새로운 행동을 학습하도록 하는 기법 • 모델선정 → 관찰 → 따라하기 : 혼자 할 수 있게 될 때까지 → 혼자 하기 • 모델링의 5가지 치료기능 : ① 적응적 행동이 어떤 것인지를 가르칠 수 있음, ② 적응적 행동을 실제로 행하도록 촉진할 수 있음, ③ 적응적 행동을 하려는 동기를 강화할 수 있음, ④ 내담자가 두려워하는 행동을 하는 모델을 관찰함으로써 불안감소, ⑤ 문제행동을 하지 않도록 단념하게 할 수 있음

		형성법
		(shaping)
		20 임용
			• 목표행동을 명확히 세워놓고, 초반에는 목표행동과 근접한 행동에서부터 차츰 수준을 높여 최종적으로 목표행동을 형성하도록 하는 기법
			예 철이는 공부를 거의 하지 않는다.
			  ① 연필, 책, 공책을 책상 위에 올려둔다. → 강화제공
			  ② 연필을 쥔다. → 강화제공
			  ③ 책을 폈다. → 강화제공
			  ④ 실제로 책을 읽는다. → 강화제공
			• 목표행동에 근접한 행동을 했을 때 강화를 제공함

		프리맥의 원리	• 자주 발생하는 반응(R_1)이 자주 발생하지 않는 반응(R_2)에 대한 긍정적인 강화물로 작용할 수 있다는 것 • R_2가 발생한 직후에만 R_1이 발생하도록 허용 **예** 몇 주 동안 친구들과 전화 통화하는 데 많은 시간을 보내고 숙제를 안 한 철수에게 숙제를 마치면(R_2) 친구들과 전화통화를 할 수 있도록(R_1) 허용 → 친구들과의 전화통화가 숙제 마치는 것을 강화
		토큰경제 03,13 국시	• 대상자가 바람직한 행동을 했을 때 토큰이나 스티커, 점수 등 다양한 방식으로 보상물을 제공함 • 대상자에게 강화로 쓰일 수 있는 중요한 아이템과 상황을 미리 결정하고 긍정적인 피드백은 즉각 제공함
		역할극	• 대상자가 목표행동을 연기하도록 한 후 그 행동에 대해 피드백을 제공하여 새로운 행동을 학습하도록 하는 기법 • 의사결정에 대한 연습과 결과를 살펴볼 수 있는 기회 제공, 다른 사람의 입장 경험
		사회기술 훈련 23 임용	**전제** : 사회적 기술은 학습되는 것이며, 교육을 통해 습득될 수 있다는 것 **원리** : 지도, 시범, 연습, 피드백임 **진행순서** : <u>학습할 새로운 행동에 대한 기술 → 지도와 시범을 통한 새로운 행동 학습 → 새로운 행동의 연습과 피드백 → 실생활에서 새로운 행동을 적용</u>
		자기주장 훈련 22 임용	• 대인관계에서 억제된 생각이나 감정을 적절한 방식으로 표현하게 하는 것 • 분노나 적개심을 표현하지 못하는 사람, 거절하지 못하는 사람, 지나치게 겸손하여 이용당하는 사람, 애정표현에 어려움이 있는 사람에게 적용함
		혐오 요법	• 부적응 행동에 대해 혐오자극을 제공함으로써 부적응 행동을 제거하는 것 **외현적 민감화** : • 부적절한 행동에 대하여 불쾌한 결과를 제공하는 혐오요법의 한 종류 **예** 디설피람(기전 : 아세트알데히드 탈수소효소를 억제하여 술을 마신 후 심한 숙취를 느끼게 함)은 술을 끊고자 하는 개인들에게 주어지는 약으로 치료 중에 술을 마신다면 높은 강도의 메스꺼움과 구토, 호흡곤란, 심계항진, 두통이 발생하게 됨. 술로 인해 일반적으로 나타나는 몽롱한 느낌 대신 받아들일 수 없는 행동을 소멸시키기 위한 높은 강도의 처벌을 받게 함 **내현적 민감화** : • 약물에 의존하기보다 불쾌한 증상을 발생시키는 개인의 상상력을 필요로 함 • 심상을 통해서 개인은 불쾌한 장면을 시각화하는 방법 그리고 약한 정도의 불쾌한 느낌도 유도하는 방법을 학습해야 함 • **내폭법** : 상상을 통해 불안이나 두려움을 야기하는 자극상황에 노출시키는 방법 **예** 금연을 하려는 내담자에게 담배와 관련된 질병에 걸려 고통스러워하는 장면을 상상하게 함 / 대상자가 제어하지 못한 불필요한 사고로 방해받을 때마다 손목에 고무밴드를 튕겨 아픔을 주는 것, 섭식장애 환자가 폭식행위와 그로 인한 혐오스런 결과를 상상함으로써 폭식 행동을 하지 않도록 함
		행동계약 (= 우발적 계약)	• 대상자에게 어떤 행동이 변화되어야 하며, 변화된 행동에 대해 어떤 결과가 따르게 되는지에 대해 대상자와 치료자 간의 계약 • 서면으로 작성, 강화물 및 벌 제시, 계약에 대한 공통책임 강조

(3) 인지적 기법(인지적 재구조화)
① 환자의 문제를 '인지'에서의 문제로 규명하는 인지개념화 과정을 통해 이루어짐
② 치료 초반에는 인지의 표면적인 수준에 있기 때문에 인식하기 비교적 용이한 자동적 사고에 초점을 둠. 이후 역기능적 사고, 기본 믿음 순으로 치료에 초점을 옮겨나갈 것
③ 역기능적 사고를 변화시키는 인지의 재구조화 과정

인지 행동 치료 기법 11 임용	사고와 감정 감시 (=자기감시법) 19,20 임용	• 목적: 대상자로 하여금 자신의 행동과 태도, 감정, 사고 등을 관찰하거나 기록하게 하여 자동적 사고와 연관된 감정들을 식별하고 자동적 사고와 부적응적 감정 및 행동과의 관계를 깨닫기 시작함 • 활용법: 역기능적 사고 기록지 작성 : 상황, 감정, 자동적 사고, 합리적 반응, 결과 → 자동적 사고와 연관된 감정들 식별, 자동적 사고와 부적응적 감정 및 행동과의 관계 깨닫기 시작함 ※ 역기능적 사고의 일일기록지 | 일시	상황	감정	자동적 사고	합리적 반응	결과
	불쾌한 감정을 유발하는 실제 사건, 상상, 기억 내용 기록	불쾌 감정을 구체적으로 기록, 감정의 강도를 1~100 숫자로 평가	감정에 선행한 자동적 사고를 기록, 사고의 확신 정도를 0~100 숫자로 평가	자동적 사고에 대한 합리적 반응과 그 확신 정도를 0~100 숫자로 평가	자동적 사고의 확신 정도와 결과적 감정 강도를 0~100 숫자로 재평가	
	증거탐문	• 자동적 사고를 뒷받침하기 위해 사용된 증거를 검토, 정보의 출처를 검토 → 그 생각을 뒷받침할 만한 증거는 무엇입니까? → 잘못된 정보임을 깨닫도록, 증거에 대해 합리적이고 적절한 해석 도움 • 왜곡된 사고를 지닌 대상자 : 모든 정보에 같은 비중을 두거나 왜곡된 생각을 뒷받침하는 정보에만 선택적으로 집중하고 그 이외의 정보에는 무시하는 경향이 있음
	대안검토	• 자동적 사고의 증거가 되는 정보에 대해 다른 설명이 존재하는지 생각해 보도록 함 • 자신의 강점이나 대처자원에 기초하여 그 상황에 대해 부차적인 선택을 가능하게 함
	탈비극화	• 대상자가 상황으로 인해 초래될 수 있는 비극적 특성을 과대평가하는 것은 아닌지 생각해 볼 수 있는 기회를 줌 → 생각하는 것만큼 극단적이지 않음 • 일어날 수 있는 가장 나쁜 일은 무엇인가? 그것이 정말 일어난다면 그렇게 끔찍할 것인가?
	인지적 재구성 23 임용	• 문제 상황에 대한 인식을 변화시키는 기법 → 문제 상황을 다른 측면, 다른 시각에서 바라보도록 하는 것 • 대상자의 부정적이고 자기패배적인 사고를 대신하여 긍정적이고, 자기향상적 사고를 갖도록 가르치는 전략 • 문제 상황으로 나타나는 긍정적이고 부정적인 결과를 동시에 이해 → 문제 상황에 대해 긍정적 측면으로 해석, 긍정적 정서, 해결지향적 행동결정 • 방법 : 사고와 감정 모니터링 → 증거탐문 → 대안검토 → 탈비극화 → 재구성순
	사고중지 15 임용	• 역기능적 사고는 눈덩이처럼 커지는 효과를 초래할 수 있으므로, 역기능적 사고가 처음 생겼을 때 적용하는 것이 가장 효과적임 • 치료자가 우선 "중지, 그만!"이라고 말을 하고, 뒤이어 대상자가 따라하거나 반복하게 하거나 어떤 글귀나 이미지를 상상하면서 역기능적 사고의 진행을 제지

19 활동치료

정의		환경치료의 일부로서 대상자에게 오락, 음악, 작업, 그림, 무용, 연극, 문학 등과 같은 다양한 활동에 참여할 수 있는 기회를 제공하여 대상자가 자신의 에너지를 건설적인 방향으로 사용하도록 유도함으로써 치료적 효과를 도모하는 방법 22 국시
목적		대상자 개개인의 심리적 힘과 문제가 무엇인지 알아내고 치료과정을 통해 환각, 망상, 퇴행 등과 같은 대상자의 정신병리를 치료하기도 하며, 일상생활에 잘 적응하고 건강한 사회구성원으로 기능하는데 필요한 지식과 기술을 배워 사회복귀를 돕는데 있음
음악치료	정의	① 정신적·신체적 건강을 회복, 유지 및 증진시키기 위해 음악을 과학적, 기능적으로 적용하는 치료방법 ② 치료적 상황에 음악을 적용하여 인간에게 감추어져 있는 무의식의 세계를 일깨우며 정신적 안정감을 가져 올 수 있음
	특징	언어를 매개로 하지 않으며 회화나 미술에 비해서 정서를 보다 직접적으로 표현하기 쉽다는 점에 있음
	목적	주의를 환기시키거나 기분을 전환하고 공상과 연상을 자극하여 생활적응과 사회화를 돕고 자기표현의 기회를 높이는 데 있음
	효과	① 자율신경계에 영향을 미침으로써 신체적, 정신적 긴장을 이완시킴 ② 상상이나 연상을 증진시키고 억압된 기억이나 무의식을 각성시키고 활기를 증진시킴 ③ 각성된 무의식을 자신이나 타인에게 위협이 되지 않는 음악이라는 형태로 큰 저항없이 안전하게 배출할 수 있어 카타르시스를 경험하고 인격의 통합을 촉진시킴 ④ 자신을 표현하고 전달하는 의사소통 수단으로 타인과의 공감대와 연대감의 형성을 촉진하여 사회성을 향상시킴
미술치료	정의	① 그림, 조소, 서예, 공예 등 미술의 모든 표현양식을 통하여 자신의 생각과 느낌을 표현함으로써 치료효과를 얻는 방법임 ② 환자 심리의 평가와 치료활동에 이용하는 데 환자의 무의식이 하나의 상을 산출하고, 그것이 가지는 상징적 의미를 파악하며 무의식의 내용을 이해하도록 도움
	효과	① 그림은 심상과 같은 언어 이전의 사고형태로 표현됨 ② 언어보다도 의식적 조직이 어렵고 자아의 검열을 적게 받기 때문에 개인의 무의식적 세계를 더 솔직하게 드러낼 수 있음 ③ 보거나 만질 수 있는 구체적인 그림이나 결과물을 얻을 수 있어 객관적인 자료가 됨 ④ 일차원적인 의사소통 방식인 언어와는 달리, 시간적·공간적 제약없이 경험을 동시에 나타낼 수 있음 ⑤ 자료의 영속성이 있어 치료의 과정을 한 눈에 볼 수 있고 필요에 따라 재검토할 수 있으므로 치료자와 대상자 간의 상호 의견교환이나 대상자의 문제에 대한 객관적 통찰을 용이하게 함 ⑥ 아동의 사회성을 향상시키며, 의사소통 기술발달에도 도움을 줌 ⑦ 노인에게는 우울과 스트레스 등 정서적 문제와 치매환자는 문제행동을 개선하는데 도움이 되고, 청소년의 스트레스 감소에 대한 효과적 대응방안으로 선택되고 있음
작업치료	정의	① 정신질환자들에게 생산적인 일을 하게 함으로써 그들의 에너지를 건전한 방향으로 전환시켜 건강한 생활을 할 수 있도록 도와주는 치료방법 ② 작업을 통하여 흥미를 갖도록 하며 일을 해낸 성취감으로 새로운 용기를 느끼도록 하는 치료임 ③ 활동적이고 생산적인 작업은 창조적인 힘을 동기화시키는 적극적 활동치료가 됨
	목적	① 작업과정을 통해 환자 개개인의 성격상의 장점과 약점을 알아내어 심리적 문제가 어디에 있는가를 파악하는 진단적 목적과 작업과정을 통해 환각, 망상, 퇴행 등 환자의 정신병리를 치료하는 치료적 목적이 있음 ② 궁극적으로는 사회에서 생산적인 직업을 갖도록 훈련시켜 건전한 사회생활을 하도록 하는 재활의 목적이 있음

작업치료	효과	① 환각이나 사고장애와 같은 질병의 증상을 감소시키고 치료과정에서 쉽게 생겨날 수 있는 정신적 퇴행을 예방함 ② 자신의 문제와 갈등을 부분적으로 승화시키거나 밖으로 표출시킬 기회를 제공함 ③ 일을 해냄으로써 '나도 무엇인가 할 수 있다.'는 자심감, 성취감, 만족감을 갖게 하므로 삶의 태도를 능동적이고 적극적인 방향으로 변화시킴 ④ 집단활동을 통해 대인관계를 증진시킴 ⑤ 자기 스스로 일을 해서 이룩한 성취는 환자의 자존감 및 자신감을 발달시키는데 도움이 됨
오락치료	정의	대상자들에게 놀이나 오락의 기회를 제공하여 회피, 고립, 자폐적인 경향을 완화시키고 즐거움과 자발성을 고취시킴으로써 긍정적인 생활태도를 강화시키는 치료방법
	효과	① 여러 가지 오락 활동은 혈액순환을 촉진시켜 신체적 건강을 도모하고, 기억력과 주의력 및 집중력을 증진시킴 ② 자기표현의 기회가 되고 다른 대상자들과의 대인관계에서 협동심을 배우며, 적절한 경계심과 사회성을 배울 수 있는 기회가 됨
무용치료	정의	특정한 모형이나 규칙의 제한이 없이 자유롭고 율동적인 몸 움직임을 통하여 자기를 표현하고 정신적 변화를 추구하는 비언어적 치료방법임
	효과	신체의 각 부분에서의 감각과 느낌에 대해 주의를 기울이고 느낌으로써 자기인식을 증진하고, 감정표현과 기분전환을 하며 여럿이 함께 율동을 즐김으로써 대인관계 상호작용을 증진시키는데 있음
독서치료	정의	선정된 글을 읽고 생각과 느낌을 서로 토론함으로써 감정을 완화시키거나 자극시켜 현실에 대한 인식을 증진시키는 치료방법임
	효과	집중력을 기르고 새로운 지식과 정보를 제공하며, 상상력을 자극하고 바람직한 태도나 사고를 길러주어 정신활동을 증진시킴
문예치료	정의	대상자의 사고나 감정 또는 심정 갈등을 일기, 시, 소설 등과 같은 문학적 형식을 통해 표현함으로써 카타르시스를 경험하고 객관적인 사고와 방식을 증진시키기 위한 치료방법임
	효과	① 주로 언어를 사용하기 때문에 객관적인 사고를 증진시키며, 상징적이고 간접적인 방법으로 표현하기 때문에 안전하게 자신의 감정을 표출시킬 수 있음 ② 말보다는 글로써 자신을 더 잘 표현하는 대상자, 고독하고 위축된 대상자, 융통성이 부족하거나 긴장이 심한 대상자에게 도움이 됨
직업치료	정의	병원 내 보호작업장이나 공장 등에서 실제적으로 직업과 관련된 일을 경험하는 기회를 제공하는 치료방법임
	효과	대상자에게 직업기술을 습득시켜 생산적인 직업을 갖도록 하는 직업재활의 한 방법으로서, 대상자의 빠른 치유와 사회로의 복귀 그리고 재발방지에 매우 중요하고 필요한 치료방법임

동기강화상담(Miller & Rollnick)

개요	정의	치료적 의사소통을 이용한 코칭을 통해서 대상자의 행동변화를 촉진하기 위한 상담 → 양가감정을 탐구하고 해결하는 것을 도움으로써 행동변화를 이끌어내는 환자 중심의 지시적 상담스타일
	양가감정	• 불확실한 망설임의 상태 • 현실에 안주하면서 변화하지 않으려고 하는 쪽 VS 행동변화를 위한 여정을 시작하려고 하는 쪽
MI의 요소	MI 원리	
	공감표현하기	• 공감받는 상황에서 대상자들은 자신의 주요목표를 유지하고 현재 건강상태에 관한 양가감정을 인식할 수 있음
	자기효능감 지지하기	• 대상자가 취하는 행동의 긍정적인 면을 격려받음으로써 자신들이 변화할 수 있는 능력에 대한 자신감과 개인적인 목표를 성취할 수 있다는 믿음을 갖게 됨
	불일치감 만들기	• 불일치감 : 현재의 상태와 희망하는 상태 간의 차이 • 불일치를 인식할 때 자신의 현 상태의 문제점과 희망하는 상태에 도달하기 위한 현실적인 목표를 명확히 확인하게 됨
	저항과 함께 구르기	• 환자 스스로가 자신의 저항을 탐색하도록 함
	미세기술 OARS	• 치료적 의사소통 : 환자들의 양가감정을 탐색하고 변화하고자 하는 동기를 강화하는 데 활용되는 의사소통 기술 • 개방형 질문하기(open Q), 인정하기(affirming), 반영하기(reflecting), 요약하기(summarizing)
	변화 대화 DARN-CT	변화열망 (Desire)	• 현재 상태를 더 이상 편안해하지 않을 때 변화하고자 하는 열망 표현
		변화능력 (Ability)	• 환자가 무언가를 성취할 수 있다는 느낌을 표현한 것
		변화이유 (Reason)	• 환자가 변화해야 하는 근거로 환자는 왜 변화가 좋은지에 대해 변화하면 올 수 있는 좋은 점이나 장점의 형태로 변화이유를 표현
		변화필요성 (Need)	• 변화하지 않았을 때 나타날 부정적인 결과에 대해 인식할 때 • 변화를 위한 열망은 無, 다른 선택은 없고 변화가 절대적으로 필요하다고 느끼는 경우
		결심공약 (Commitment)	• 변화의 장단점에 대해 논의하는 수준을 넘어서서 이미 변화를 위해 준비한 대상자에게 나타남 • 저는 ~할 것입니다., 저는 ~하기로 약속합니다.
		변화실행하기 (Tasking steps)	• 변화실행한 것을 표현하는 것 • 변화실행의 어려움 인정, 노력 강화, 변화격려
	MI 정신	협동성	• 대상자가 자신의 과거와 현재의 경험 그리고 이전의 변화 시도 경험에 대한 최고의 전문가라는 사실을 인정하는 태도
		유발성	• 행동변화를 위한 아이디어와 해결책이 대상자로부터 나올 수 있도록 돕는 것 → 환자의 느낌, 관점, 인생목표, 가치관을 탐색하고 활용해서 행동변화의 동기를 강화하는 것
		자율성	• 환자가 행동변화 선택의 자유와 변화된 행동을 유지해 갈 능력이 있음을 믿고, 환자 스스로가 그러한 변화대화를 말하도록 유도하고 촉진하는 것 • 간호사 : 대상자가 선택한 목적지에 도달하는 방법에 대한 정보 제공

협상 로드맵 (진행 과정)	상담 시작하기	• 자기소개 및 역할 소개 • 방문이유 확인하기 • 상담기간 정하기 • 허락요청하기	• 개방형 질문하기 • 판단과 방해 없이 듣기 • 환자 말 요약하고 반영하기 • 적절하게 정보 교환하기
	안건 정하기	• 선택지 제공하기 • 환자의 선택 유지하기 : 집중적으로 다루고자 하는 문제?, 추가?, 조금 더 이야기? • 적절하게 정보교환하기	
	양가감정 탐색하기	• 왜 현재 상태에 머물기를 원하는가? • 변화하고자 하는 이유는 무엇인가? • _____의 좋은 점은 무엇인가? • _____의 좋지 않은 점은 무엇인가? • 요약하기	
	준비도 평가하기	• 준비도 : 0~10	
		• 직접적인 질문	왜 5입니까?
		• 역방향 질문	왜 2가 아닌 5입니까?
		• 순방향 질문	5에서 7 또는 8로 이동하는 데 필요한 것이 무엇입니까?
		• 요약하기	
	변화 이끌어 내기	• 준비되지 않음 : 0~3	인식 높이기, 변화대화 이끌어내기, 조언 및 격려
		• 불확실한 준비 정도 : 4~6	양가감정 평가하기, 변화대화 이끌어내기, 준비도 구축하기
		• 준비 정도 : 7~10	결의 다지기, 변화대화 이끌어내기, 계획 협상하기
	상담 종결하기	• 인정해 주기 • 긍정적인 행동 확인하기 • 결정 존중해 주기 • 이용 가능하고 연결할 수 있는 지원 제시하기	• 적절히 조언하기 • 선택 강조하기 • 자신감 나타내기

변증법적 행동치료(Dialectical Behavior Therapy, DBT)

특징	(1) 1980년대에 자살 의도를 가진 내담자를 치료하기 위해 리네한(M. Linehan) 등에 의해 개발되었고, 이후 경계성 성격장애로 진단받은 내담자에게 적용하기 위한 심리치료법으로 발전하였음 (2) 경계성 성격장애 환자는 감정조절에 어려움을 겪게 하는 정서적 취약성을 지님. 이러한 정서적 취약성은 정서자극에 예민하고, 정서자극에 매우 강렬하게 반응하며, 평상시의 정서상태로 돌아오는 데 시간이 걸리는 특성을 의미함 (3) 최근에는 진단과 상관없이 강렬한 정서적 고통이나 충동을 경험하는 내담자들에게 효과적인 것으로 알려져 있음
상담 목표	(1) 내담자의 경험에 대한 <u>수용</u>과 변화의 변증법적 갈등을 해결하고 <u>균형을 이루게 하는 것</u> [24 임용] (2) 자살행동 저하, 치료를 방해하는 행동이나 반응 줄이기, 삶의 질을 저해하는 행동 줄이기, 외상후 스트레스 반응 감소시키기, 자아존중감 증진하기, 집단에서 배운 행동기술 습득하기 등
치료법	(1) 변화 대 수용의 변증법에 따르면, 치료자는 내담자를 그 순간에 있는 그대로 수용해주어야 하는 동시에 그들의 목표를 성취하기 위해 일어나야 할 변화들이 무엇인지를 밝혀주어야 함. (2) 변증법적 행동치료 치료자는 회기 내에 수용이 변화를 이끌 수 있고, 변화가 다시 수용을 이끌 수 있음을 강조함 (3) 마음상태를 3가지로 제시함 |	
합리적 마음상태	지적으로 경험에 접근하고 합리적이고 논리적으로 사고하며 문제를 해결할 때 냉철함을 유지하는 것
감정적 마음상태	어떤 사람의 생각과 행동이 그 사람의 현재 정서상태에 따라 좌우되는 것임
지혜로운 마음	합리적 마음과 감정적 마음을 통합한 상태로, 두 개의 마음 상태를 뛰어 넘어 감정적 경험과 논리적 분석에 직관적 인식을 추가해 놓은 상태임 | (4) 변증법적 치료법: <u>마음챙김기술</u>과 고통감내기술은 주로 수용에 기반하고, <u>정서조절기술</u>과 대인관계 기술은 변화기반 기술임 |	
수용	① <u>마음챙김기술</u>을 연습하고 실행하면서 내담자는 점차 기꺼이 그리고 비판단적으로 자신의 순간순간 경험에 몰입하게 됨. 또한 <u>마음챙김기술</u>은 내담자가 충동적인 행동을 멈추고 행동하게 된다면 '지혜로운 마음'을 바탕으로 행동하도록 도움. <u>정서에 휩쓸리지 않고, 강한 정서적 경험속에서 신중하게 행동하는 능력</u> [24 임용] ② <u>고통감내기술</u>은 충동적인 행동으로 상황을 악화시키지 않으면서 고통을 견디는 임시방편인 위기 생존을 포함함. 또한 명상의 심리적 행동적 버전인 현실 수용기술도 포함됨. 이는 알아차림과 지혜를 바탕으로 삶에 참여하는 방식을 만들어 가기 위해 고안된 것임
변화	③ <u>정서조절기술</u>은 내담자의 부정적 감정을 변화시키거나 줄이고 긍정적 감정을 늘리기 위해 감정의 적응적이고 자연스러운 기능을 배우고 감정조절 어려움을 예방하기 위한 실용적인 기술을 배우는 것임 ④ <u>대인관계 기술</u>은 내담자들이 대인관계의 갈등을 관리하는 법을 배우는 것으로 자신이 원하는 것을 요구하거나 거절하면서 자기의 목적을 얻는 동시에 좋은 관계와 자기존중도 유지하는 방법을 배움	

	수용기반기술	변화기반기술
	마음챙김기술	정서조절기술
DBT 기술	마음을 간직하기 • 합리적 마음(이성적 마음) : 논리적 분석 • 감정적 마음 : 감정적 경험 • 지혜로운 마음 : 이성과 감정에 직관적인 지식을 더함 '무엇을' 기술 • 관찰하기 • 서술하기 • 참여하기; 경험을 허용하기 '어떻게' 기술 • 비판단적으로 • 한번에 하나씩 • 효과있게	감정반응을 변화시키기 • 사실관계 확인 • (감정과) 반대 행동하기 • 문제해결 취약성 줄이기 : ABC PLEASE • 긍정적 경험 쌓기(Accumulate positives) • 숙달감 만들기(Build mastery) • 미리 대처하기(Cope ahead of time) • 신체적 질병 치료하기(Treat Physical illness) • 균형 잡힌 식사(Balanced Eating) • 기분에 영향을 주는 약물 피하기(Avoid mood-altering drugs, 처방약 제외) • 균형 잡힌 수면(Balanced Sleep) • 운동(Exercise)
	고통감내기술	대인관계 기술(대인관계 효율성)
	위기생존 • TIP 기술로 신체화학반응 조절하기 　- 얼굴온도낮추기(얼음 이용) 　- 강도 높은 운동 　- 점진적 근육 이완 • 지혜로운 마음으로 주의 분산 : ACCEPTS 　- 활동하기(Activities) 　- 타인돕기(Contributing) 　- 더 힘든 타인과 비교하기(Comparisons) 　- 반대되는 감정 사용하기(use opposite Emotions) 　- 문제를 마음에서 잠시 밀어내기(Pushing away) 　- 다른 생각이나 정신활동하기(Thoughts) 　- 오감을 이용하기(Sensations) • 오감을 이용한 자기위안 　- 미각　　　　- 후각 　- 시각　　　　- 청각 　- 촉각 • 지금 이 순간을 증진하기 : IMPROVE 　- 좋은 심상 떠올리기(Imagery) 　- 의미찾기(Meaning) 　- 기도하기(Prayer) 　- 이완하기(Relaxation) 　- 한번에 하나씩 하기(One thing at a time) 　- 휴가 떠나기(Vocation) 　- 스스로 격려하기(Encouragement) • 장·단점 비교 　- 현실 수용하기 　- 기꺼이 하기 　- 수용하기로 마음 돌리기 　- 완전한 수용 　- 현재 생각에 대한 마음챙김	목적 효율 : DEARMAN • 서술하기(Describe) • 표현하기(Express) • 주장하기(Assert) • 상대를 강화하기(Reinforce) • 주제에 집중하기(Mindfully) • 자신감 있는 모습 취하기(Appear confident) • 협상하기(Negotiate) 관계 효율 : GIVE • 온화하게(Gentle) • 흥미를 가지고(Interested) • 수인하기(Validated) • 편안한 태도로(Easy manner) 자기존중 효율 : FAST • 공평하게(Fair) • 불필요한 사과 자제하기(Avoid apologies) • 자신의 가치 지키기(Stick to values) • 진실된 태도(Truthful)

21 수용전념치료(Acceptance and Commitment Therapy, ACT)

개념	• 제3세대 인지행동치료로서 마음챙김을 주요한 치료적 요소로 포함하고 있음 • ACT는 변화가 가능한 영역에서는 구체적인 행동을 통해서 변화를 유발하는 데 초점을 두는 한편, 변화가 불가능하거나 유익하지 않은 영역에서는 수용과 알아차림에 역점을 두는 균형적인 접근을 취함

전제	• ACT에서는 인간의 정신병리가 '경험회피'와 '인지적 융합'으로 인한 '심리적 경직성' 때문이라고 주장함
	  – 경험회피는 인간이 고통스러운 경험을 직면하기보다 그것을 제거하거나 변화시키려고 통제하려는 노력을 의미함. 그러나 이러한 통제의 노력은 오히려 역설적 효과로 인해 고통을 가중시킴
	  – 인지적 융합은 언어로 인해서 생각을 현실로 인식하면서 개념의 틀 속에 갇혀 고통을 겪는 것을 뜻함. 즉, 인간은 경험을 있는 그대로 바라보는 것이 아니라 언어를 통해 재구성하여 생각이 마치 '현실'인 것처럼 또는 '자기'인 것처럼 인식하는 것임
	• 경험회피와 인지적 융합으로 인해 인간은 자신이 원하는 가치에 따라 살지 못할 뿐만 아니라, 경직된 삶의 방식으로 인해 다양한 정신장애를 경험하게 됨

목표	개인의 심리적 유연성을 증대시키는 것 ** 심리적 유연성이란 개인이 추구하는 가치에 기여하는 행동을 지속할 수 있는 능력을 뜻함
치료적 요소	**수용 (수용해야 하는 것)** [25 임용] • 언어적인 설득과 지적인 통찰을 삼가고 마음챙김 명상을 비롯하여 비유, 게임이나 연습, 게슈탈트 치료기법 등과 같은 체험적 기법이 활용됨 • 내담자는 점진적인 연습을 통해 지금껏 회피해온 자신의 생각, 감정, 신체적 감각 등의 경험을 알아차리고 수용하는 것을 배울 뿐만 아니라, 그동안 추구하지 못했던 구체적인 행동 목표를 수용의 맥락에서 추구하게 됨 **인지적 탈융합** • 생각, 심상, 감정, 기억을 언어적 개념으로 추상화하지 말고 있는 그대로 체험하도록 하는 것 • 예를 들어, '우유'를 반복적으로 외치면서 '우유'는 현존하는 실체가 아니라 단지 '언어'일 뿐임을 깨닫는 것 **맥락으로서의 자기** • 지금-여기의 경험을 '조망하는 자기' 혹은 '관찰하는 자기'를 의미함 • 언어로 인해 개념화된 자기(예 '나는 쓸모없는 사람이다.')와의 과도한 융합이 심리적 경직성을 초래한다고 보기 때문에 개념화된 자기로부터 벗어나 생각, 감정, 기억, 신체적 감각 등과 같은 사적인 사건이 일어나는 '맥락으로서의 자기', 즉 지금-여기의 경험을 '조망하는 자기' 혹은 '관찰하는 자기'로 경험하는 것으로 이를 위해 마음챙김, 명상을 비롯한 체험적인 연습과 비유 등을 사용함 **현재에 존재하기** • 언어로 인해 과거와 미래에 집착하는 것으로부터 벗어나 지금-여기의 체험을 알아차리며 현재에 존재하도록 하는 것 • 내담자로 하여금 과도한 판단이나 평가없이 현재에 존재하는 것을 명명하거나 기술하도록 가르치는 것 • '현재에 존재하기'위한 기법으로 흔히 알아차림 연습과 함께 행동치료에서 많이 사용하는 행동적, 인지적 노출을 사용함 **가치** • 개인이 실현하기를 원하는 삶의 중요한 가치나 목표를 의미함 • 내담자는 진정으로 삶을 통해 실현시키고자 하는 가장 소중한 가치를 생각하고, 개인의 가치가 명료해지면 그에 따른 구체적인 목표와 행동들을 정할 수 있음 • 가치는 인간으로 하여금 불가피한 고통과 심리적 장애를 직면할 수 있는 이유이자 근거가 됨 **전념적 행동 (전념해야 할 것)** [25 임용] • 소중한 가치와 목표를 실현하기 위한 구체적인 행동에 전념하는 것 • 변화가 가능한 영역에서는 구체적인 행동을 통해서 변화를 유발하는 데에 초점을 두는 한편, 변화가 불가능하거나 유익하지 않은 영역에서는 수용과 알아차림에 역점을 두는 균형적인 접근을 취함

앨리스의 합리적 정서행동치료(ABCDE 모형 적용)

	A. Ellis의 인지·정서·행동 상담 치료
특징	(1) 앨리스(Albert Ellis)에 의해 창안된 심리치료법 (2) 정서적·행동적 장애는 비현실과 비합리적인 사고의 결과이므로, 잘못된 사고과정(인지과정)을 재구성하는 것이라고 간주함(인지는 인간정서의 가장 중요한 핵심요소임, 역기능적 사고는 정서장애의 중요 요인임) (3) 기본전제 　① 대상자의 심리적 고통이나 문제는 그의 비합리적인 신념체계에서 비롯된 것임 　② 대상자가 가진 비합리적인 신념체계를 합리적 신념체계로 바꾸게 되면 문제해결이 가능함
인간관	(1) 타고난 이중적인 존재 (2) 비합리적인 사고로 정서문제를 창출하는 존재 (3) 인지·정서·행동변화의 능력이 있는 존재
상담 목표	대상자의 인지적 과정에서 발견되는 비합리적 신념을 합리적 신념으로 바꾸어 수용할 수 있는 합리적 결과를 갖게 하는 것
ABCDE 모형 16 임용 / 18 국시	상담과정: 피상담자의 비합리적인 신념과 그를 토대로 형성된 불안, 우울, 분노, 죄책감 등의 부적절한 정서적 결과를 확인하고 → 비합리적인 신념을 논박함 → 피상담자가 합리적 신념을 갖게 하여 → 이를 토대로 적절한 정서와 행동을 할 수 있도록 하는 것

		관련 내용
	A (Activating event) 선행사건	개인에게 정서적 혼란을 야기하거나 행동에 영향을 미치는 어떤 사건이나 행위 예 시험결과 낙방, 다른 사람들의 무시
	B (Belief system) 신념체계	① 어떤 사건이나 행위 등과 같은 환경적 자극에 대해서 각 개인이 가지게 되는 태도 또는 그의 신념체계나 사고방식 ② 합리적 신념체계와 비합리적인 신념체계가 있음. 특징은 아래와 같음 | 합리적 신념	비합리적 신념
---	---
논리적, 내적 일치	논리적 비일치, 극도의 과장된 표현 등을 함
경험적으로 증명가능	경험적 현실과 일치하지 않음
절대적이지 않고 조건적이며 상대적임	절대적이며 교의적임
논리적, 현실적, 실용적, 융통성을 가지고 있으며 적절한 정서와 적응적 행동에 영향을 줌	논리적 모순이 많고, 현실적 경험과 불일치, 삶의 목적 달성에 방해, 절대적이며 경직되어 있음. 부적절한 정서와 부적응적 행동에 영향을 줌	
	C (Consequence) 정서적 결과	① 선행사건을 경험한 후 개인의 신념체계를 통해 사건을 해석함으로써 생기는 정서적·행동적 결과 ② 비합리적인 신념체계로 인해 초래될 수 있는 결과는 불안, 우울, 분노, 죄책감, 심리적 상처, 질투 등이 있음
	D (Dispute) 논박	① 자신이 가지고 있는 비합리적인 신념이나 사고에 대해 도전해 보고 과연 그 생각이 맞는지 다시 검토해 보도록 상담자가 논박하는 것 ② 자신이 가지고 있는 비합리적인 신념이나 사고에 대해 그것이 사리에 부합하는 것인지 논리성·현실성·실용성(=효용성)에 비추어 반박하는 것으로, 비합리적 신념체계를 수정하기 위한 것 　㉠ 논리성: ~라고 생각하는 것이 과연 논리적으로 타당한가? 　㉡ 현실성: 사람은 누구든지 실수를 저지르는데, 나라고 실수를 저지르지 않겠는가? 　㉢ 실용성(효용성): 이렇게 생각하는 것이 나에게 어떤 도움이 되겠는가? ③ 앨리스는 대상자가 가지고 있는 비합리적 사고에 논박을 가해 선행사건에 관한 내담자의 사고방식을 바꿈으로써 대상자가 정서적·행동적 결과를 변화시키는 것을 치료목표라고 하였음
	E (Effect) 효과	① 비합리적인 신념을 철저하게 논박함으로써 합리적 신념으로 대체한 다음 대상자가 느끼게 되는 자기수용적 태도와 긍정적인 감정의 결과 ② 논박의 효과는 논박을 통하여 이성적으로 생각하게 되는 인지적 효과, 바람직한 정서로 바뀌는 정서적 효과, 바람직한 행동으로 바뀌는 행동적 효과 3가지가 있음

치료 과정	(1) 부적절한 정서적/행동적 결과(C) 탐색하기 (2) 치료목표 정하기 (3) 선행사건(A) 파악하기 (4) 정서적/행동적 결과와 사고 간의 관계 설명하기(B와 C의 관계) (5) 정서적/행동적 결과를 일으킨 근본적 사고탐색하기 (6) 탐색된 비합리적인 신념체계를 논박을 통해 바꾸어주기 : 논박 시에는 피상담자의 사고양식이나 생각체계를 조사한 뒤, 대상자를 위한 기능적이고 효율적인 대안적 사고양식을 개발하여 은유, 우화, 유추 등의 다양한 기법을 활용하여 제시할 수 있음 (7) 생각이 바뀜에 따라 나타나는 정서적/행동적 효과를 알게 하기(E) (8) 치료목표 달성확인 및 종결하기	
치료 기법	(1) ABC 기법 : 비합리적 신념 포착하기	
	① 내담자가 고통을 느끼는 문제 상황을 정밀하게 분석하여 비합리적인 신념을 포착하는 방법 ② 내담자가 가장 고통스러워하는 부적응적인 감정과 행동(C)을 선택하여 구체화하기 → 어떤 감정과 행동이 내담자의 부적응에 가장 중요한지를 명료화하기 → 부정적 감정을 느끼거나 부적응 행동을 나타낸 상황이나 사건(A)을 가능한 한 객관적으로 기술하기 → 이미 확인된 A와 C를 연결하는 B를 찾아내기	
	(2) 비합리적 신념 논박하기	
	① 소크라테스식 문답법	다양한 질문을 던짐으로써 내담자가 스스로 자기신념의 비합리성을 깨닫도록 유도하는 방법
	② 설명식의 논박법	'강의식' 설명을 통해서 내담자의 비합리적 신념을 논박하여 변화시키는 적극적인 방법
	③ 풍자적 방법	내담자의 신념을 과장하거나 우스꽝스러운 것으로 희화함으로써 그러한 신념의 비합리성을 깨닫게 하는 방법(예 시험에 낙방한 것은 참을 수 없는 끔찍한 일이라고 우기는 내담자에게 "맞아요. 그건 끔찍한 일일 뿐 아니라 당신이 앞으로 어떻게 살아갈 수 있을지 걱정되네요. 그건 내가 들은 최악의 뉴스네요. 너무 끔찍해서 차마 입에 담기가 힘드네요. 다른 이야기로 넘어갑시다. 빨리요!!!" 이러한 방법은 내담자 자체가 아니라 내담자의 생각을 웃음거리로 만든다.)
	④ 대리적 모델링	치료자는 내담자와 유사한 사건을 경험했지만 심각한 정서적 문제 없이 살아가거나 오히려 성장의 기회로 승화시킨 사람들을 모델로 제시하는 방법
	(3) 정서적/체험적 기법	
	① 합리적 정서 심상법	내담자가 문제 상황에서 느낄 수 있는 적절하고 건강한 정서를 찾을 수 있도록 돕는 방법으로, 치료자는 내담자에게 눈을 감게 한 후 그들에게 강력한 부정적 감정을 불러일으킨 문제 상황을 생생하게 떠올리게 함 → 내담자가 문제 상황을 충분히 떠올리면 그때 느끼는 고통스러운 감정을 구체적으로 명확하게 함 → 내담자에게 그 고통스러운 감정을 합리적인 수준의 건강한 부정적 정서로 바꾸도록 요청함 → 내담자가 이러한 상태에 도달하면 서서히 현실로 돌아와 눈을 뜨게 함
	② 합리적 역할극	내담자가 심리적 고통을 겪었거나 그러할 것으로 예상되는 상황을 치료자와 함께 역할연기를 통해 체험해 보는 방법으로 치료자는 내담자와 함께 구체적인 상황을 설정하고 기본적인 시나리오를 만든 후에 서로 역할을 맡아 상황을 재연함 → 역할극이 끝나면 치료자는 내담자에게 역할극을 하면서 어떤 생각과 감정이 들었는지 역할극 중에 달리하고 싶었던 것이 있었는지 질문함 → 내담자는 비합리적 신념을 확인하는 기회가 되기도 하고, 치료자에게 다양한 피드백으로 받을 수 있음

치료 기법			
		③ 대처진술 숙달시키기	내담자로 하여금 합리적으로 대처하는 진술문을 작성하게 한 후 치료회기 내에 또는 회기 간에 스스로 연습하게 하는 방법(예 실패할 때마다 자신을 실패자라고 생각해 온 내담자에게 "내가 실패하더라도 내 자신이 실패자가 되는 것은 절대로 아니야!"와 같은 진술문을 강력하게 반복함으로써 비합리적 신념에 저항하며 적절한 감정을 체험하게 할 수 있음)
		④ 유머	내담자의 비합리적 신념을 극단적으로 과장하여 우스꽝스럽게 결론에 도달하게 함으로써 그 어리석음을 익살스럽게 깨닫도록 하는 방법(예 비합리적 신념을 노랫가락에 맞추어 내담자가 부르게 권하는 법)
	(4) 행동적 기법		
		① 강화와 벌칙 기법	내담자가 특정한 과제를 성공적으로 수행했을 때 보상하고 실패했을 때는 벌칙을 주는 방법(예 비합리적 신념을 찾아 스스로 논박하고 합리적 신념을 찾아보는 일, 미루는 일을 해보기, 두려워하는 행동을 실천해보기 등이 있음)
		② 수치심 깨뜨리기 연습	수치심 극복하기 위한 다양한 행동(예 모르는 사람에게 돈 빌리기, 거리에서 노래 부르기, 승강기에 탑승해 멈출 때마다 소리지르기 등)을 많은 사람 앞에서 해보도록 권유, 이러한 연습을 통해서 내담자들은 자신의 행동에 대한 불안과 부적절감을 덜 느끼게 될 뿐 아니라 타인의 인정을 받지 못하더라도 충분히 견딜 수 있다는 것을 깨닫게 됨
		③ 기술훈련	내담자에게 부족한 행동기술을 향상시킬 수 있도록 교육하고 훈련하는 것으로 구체적인 기술훈련을 통해서 내담자는 직업 활동이나 대인관계에서 자신감을 증가시킬 수 있음
		④ 역설적 과제	겉으로 보기에 내담자가 치료를 통해 변화하고자 하는 모습과 반대로 행동해 보도록 하는 것(예 불면증에 시달리는 내담자에게 자지 말라는 과제를 주고, 불안한 생각으로 고통받는 사람에게 하루에도 몇 번씩 의도적으로 그 생각을 해보라고 하는 것)

23 위기

1 위기의 개념

갈등, 문제, 중요한 상황이 위협적으로 지각되고 과거에 해결했던 방법으로 해결되지 않을 때 발생
→ 평소 대처방법으로는 문제를 해결할 수 없어 일상의 항상성을 깨뜨리는 갑작스런 사건
→ 이로 인해 불안이 증가하여 인지기능이 감소하고 행동이 와해

2 위기의 형태 12,23 임용 / 98,10,16,17,20,21,23 국시

성숙위기 (발달위기)	① 정상적인 성장과 발달과정의 한 부분으로 간주함 ② 위기의 출현은 점진적이며 인생 주기의 전환기에 발생 → 인격발달과정에서 다음 단계로 이행할 때 일어남. 이전 단계의 발달과업이 성취되지 않으면 다음 단계의 성장발달이 방해를 받게 됨 ③ 성장에 따른 새로운 역할에 대한 준비가 되어 있고, 대인관계 자원이 풍부하며 가족 혹은 주변 사람들이 역할변화를 받아들이는 경우 성공적으로 대처할 수 있음 예 정상적인 발달과정에서 불안과 스트레스를 유발하는 특정 시기로 다음 단계로 이행하는 과정에서 일어나는 신체적 변화, 결혼, 임신, 형제 출생, 학교 입학, 퇴직 등
상황위기	① 예상치 못한 위협적 사건이 생리적, 사회적, 심리적 통합을 위협할 때 ② 일상적 사건이 개인의 정신적 평형 상태를 깨뜨릴 때 발생함 → 상실과 관련이 있고 우울증상이 동반됨 ③ 자아상은 성장하면서 중요한 사람으로부터 받는 반응이나 주어진 역할의 설정에 따라 형성되므로, 자아상을 유지하는 데 필요한 역할을 상실하거나 위협받게 될 때 상황위기를 경험함 예 사랑하는 사람의 죽음, 직업의 변화나 상실, 원치 않은 임신 등이 포함
재난위기 (사회적 위기)	① 광범위한 환경적 변화를 포함하는 큰 손실(우발적이고 흔하지 않고 다양한 상실)이 발생하며 많은 사람들이 같은 위기상황에 처하게 됨 ② 개인 또는 다수의 사람들에게 영향을 주는 갑작스럽고 예상치 못한 사건에 의해 발생함 ③ 부상, 외상, 살인이나 희생을 수반하는 극도로 위혐한 사건에 직면할 수 있음 ④ 자연적 혹은 인위적인 원인으로 인하여 대량 파괴나 인명 손실이 나타난 위기 상황 예 지진, 전쟁, 폭동, 학살, 대구 지하철 가스 폭발, 장기간 코로나 대유형, 범죄 등

③ 위기의 단계

Caplan	\multicolumn{2}{l	}{위기기간이 4~6주간 지속되며 다음 4단계 적응과정을 거친다고 하였음}
	1단계	① 촉진적 스트레스원에 노출되는 단계 → 위기사건의 결과 긴장 발생 ② 긴장이 고조되기 시작할 때 평소에 사용하던 문제해결 방법으로 위기를 극복하려고 노력함
	2단계	① 평소에 사용하던 방법으로 위기를 해결할 수 없을 때 불안이 더욱 가중되어 더 높은 긴장상태 ② 대처능력의 실패로 혼란과 무기력의 기간
	3단계	① 대내외적으로 모든 가능한 자원을 동원하여 문제를 해결하고 불편감을 완화해 보려고 노력하는 단계 → 문제를 다른 관점에서 보거나 특정한 측면을 살펴보려고 노력하고 새로운 문제해결 방식을 사용하기도 함 ② 긴장도는 여전히 고조되어 있으므로 개인은 허탈과 무력감을 느끼고 급성 우울증을 경험할 수도 있음
	4단계	① 3단계에서 문제가 해결되지 않았을 때 긴장감이 견딜 수 있는 수준을 넘어서 부담감이 증폭되는 단계 ② 심한 정서 및 정신장애가 나타나며 긴장을 완화시키는 부적응적인 방법으로 위기를 해결할 수 있음, 미래의 사회적 기능에 손상을 가져올 수도 있음 ③ 공황, 인지기능 왜곡, 정서 불안정 등이 나타남
Fink 94 임용 🔔 충실방승적	① 충격단계	최고의 스트레스를 느끼고, 불안, 무력감, 혼동, 공황, 이인화가 나타날 수 있음 1~2시간, 1~2일 지속
	② 현실화 단계	평소의 문제해결기능을 사용할 수 없고 판단력이 상실되고 불합리한 행위로 보임. 불안을 상승시키는 시기로 외부의 도움이 요구됨
	③ 방어적 후퇴단계	현실을 부정하고 도피하려는 경향이 나타나며 많은 대처기전 사용(부정, 환상, 합리화, 투사)
	④ 승인단계	객관적으로 현실을 인식하고 서서히 재확인하는 시기로서 문제해결을 시도, 해결이 어려운 경우에는 불안은 더욱 상승하고, 자아개념 붕괴, 포기, 자살 가능성이 증가
	⑤ 적응과 변화의 단계	재조직과 안정의 시기, 최고의 성숙과 적응 수준에 도달

4 간호과정

간호사정		위기중재에서 가장 어렵고 중요한 단계, 대상자가 불안이 높고 명확한 사고를 할 수 없으며 문제해결을 못하는 경우, 먼저 상황에 대해 이야기하도록 격려 - 감정을 말로 표현하게 함. 과거가 아닌 현재 문제에 초점을 맞추어야 함
	증상과 행동 특성	① 분노, 무감동, 슬픔, 우울, 울음, 성적 욕구의 감소, 무력감, 피로, 초조, 악몽, 집중력 저하, 죄책감, 자살사고, 건망증, 요통, 두통, 불면, 사회적 위축, 자살사고 등 다양한 증상을 보일 수 있음 ② 대상자가 자해에 대한 생각을 가지고 있는지 사정해야 함
	촉진사건	촉진사건 확인 위해 자존감, 역할성취 정도, 의존성, 생물학적 욕구 등을 사정하고, 이러한 욕구를 위협하는 사건들을 탐색해야 함
	사건에 대한 지각	① 사건에 대한 대상자의 지각과 인지가 중요함. 사건이 대상자에게 주는 의미 파악 ② 대상자의 관심주제와 기억들은 촉진사건의 단서가 되고, 과거의 문제와 연결되어 있음 ③ 대부분의 위기는 상실 혹은 상실에 대한 위협과 관련됨
	지지체계와 대처자원	① 대상자를 지지해줄 수 있는 인적자원 확인 ② 신앙이 좋은 지지자원이 될 수 있기 때문에 개인이나 가족의 종교 파악 ③ 대상자의 지지체계가 적다면, 위기치료 집단에 참여시키는 것이 바람직함
	대처기전	대상자의 강점과 과거의 성공적인 대처기전 사정
간호진단		비효과적 대처, 높은 불안, 사고내용과 문제해결능력의 변화, 사회적 상호작용의 장애, 무력감, 부모역할의 변화, 역할수행 장애, 수면장애, 의사소통 장애, 자해가능성, 자아개념 장애 등
간호계획과 수행		위기중재자는 평온함을 유지하고 공감능력으로 상황을 명확하게 인식하고 문제를 해결하기 위한 계획을 세울 수 있어야 함
	환경조성	상황적 지지를 제공하거나 스트레스를 제거하기 위해 대상자의 주변 상황에 직접적으로 변화를 주는 것
	심리적 지지 제공	심리적 응급처치로 안심, 온정, 승인, 감정이입, 돌봄, 경청, 돕고자 하는 의지와 같은 치료적 의사소통 등을 사용
	위기집단 모임	대인관계에 어려움이 있는 사람이나 정신과 전문인이나 권위자로부터 정보를 받는 데 어려움이 있는 대상자는 개인치료보다 위기집단이 더욱 유익함
	위기가족 중재	어떤 가족이 위기상황에서 가장 고통받고 있는가를 확인해야 함
	특징 10,14,16 국시	① 과거의 무의식 갈등에 초점을 두지 않고, 현재 문제해결에 초점을 둠 ② 즉각적 중재 ③ 위기에 처한 사람에게 직접적인 도움을 제공하는 단기적 치료(보통 4~6주 이내에 해결) ④ 신체적 문제 우선 중재 ⑤ 환자와 함께 중재 한계선 설정, 중요한 인물 선택 ⑥ 대상자의 대처능력, 강점, 잠재적, 문제해결능력에 초점을 맞춤

	위기중재 기법	① 감정정화, 제안, 조작, 강화행동, 명료화, 방어기전의 지지, 자존감의 고양, 해결책의 탐색 등이 있음
		② 위기중재 기법 적용의 원칙
		   ㉠ 대상자가 자신의 위기상태에 대해 인지적으로 이해하도록 조력
		   ㉡ 현재의 느낌을 말로 표현하도록 조력
		   ㉢ 적응방법 또는 대처기전에 대해 탐색
		   ㉣ 사회와의 관계 재형성
		   ㉤ 긴장과 불안을 감소하는 데 효과적이었던 적응기전 강화

간호평가		간호평가내용 ① 대상자의 기능이 위기 전 단계로 돌아왔는가? ② 촉진적 혹은 긴장적인 사건으로 인해 위협을 받았던 대상자의 원래 욕구가 충족되었는가? ③ 대상자의 효과적인 대응기전이 다시 기능을 찾았는가? ④ 대상자가 강한 지지체계에 의존하고 있는가?

5 위기중재

위기중재 단계	① 환경적 조작	• 대상자의 물리적 환경, 인간관계 환경을 직접적으로 변경 ⓓ 6명의 자녀를 양육하는 데 어려움을 호소하는 대상자는 몇 명의 아이를 조부모에게 맡김으로써 스트레스 감소
	② 심리적 지지(= 일반적 지지) 제공	• 간호사가 환자 옆에서 감정을 사정하고 도움을 주는 중재 • 중재기간 동안 온화함, 수용, 돌봄, 격려 등을 통해 중재 제공
	③ 일반적 접근	• 가능한 신속하게, 고위험에 속한 개인과 집단에 도달하기 위한 것 • 유사한 위기에 직면한 대다수의 사람들에게 특별한 방법을 제시, 하나의 특정위기를 분석하고 연구 ⓓ 재난사고로 희생된 가족과 같은 고위험집단이 슬픔을 극복할 수 있도록 하기 위하여 사용하는 방법이 통합적 접근법
	④ 개인적 접근	• 환자의 독특한 성격을 이해하고 위기에 적응적인 반응을 보일 수 있는 중재를 수행하여야 함 • 상황적 위기와 성숙적 위기의 혼합 형태에서 유용함
위기 중재자 역할	문제해결의 적극적 참여자	① 대상자의 위기상황 분석 ② 감정의 정당성을 확인시켜줌 ③ 대상자의 대처능력, 강점, 잠재력, 문제해결능력에 초점을 맞춤 ④ 정보와 지지제공 ⑤ 의사소통과정에 깊이 관여, 경우에 따라 지시적 역할도 수행
	집단지도자의 역할	대상자들을 현존하는 문제에 결부시키고 대상자들의 수용성을 높이도록 조력자, 촉진자의 역할 수행 93 임용
위기중재 기술	제반응	사건에 대한 느낌을 털어놓을 때 감정이 해소됨. 정화는 종종 위기중재에서 사용되는 방법
	명료화	환자가 사건, 행동, 감정 간의 관계를 인식하도록 도울 때 사용하는 방법 대상자가 감정을 좀 더 정확하게 이해하고 위기상황을 일으킨 원인을 인식하도록 도움
	암시	한 개인에게 생각과 신념을 받아들이도록 영향을 주는 데 쓰이는 기법 환자를 도울 수 있다는 확신이 환자의 불안을 다소 감소시킴
	조작	치료과정에서 이득을 위해 환자의 감정, 희망, 가치 등을 이용하는 기법
	행동강화	건강하고 적극적인 행동을 하는 환자에게 이루어짐. 대상자가 스스로 감정을 인식함으로써 긍정적인 반응을 강화함
	지지적 방어체계	간호사가 부적응적 방어체계를 막고, 건강한 방어기전을 사용할 수 있도록 돕는 것

24 정신건강 법적·윤리적 상황

1 정신건강 관련법

	정신건강증진 및 정신질환자 복지서비스 지원에 관한 법률(약칭: 정신건강복지법)	
1. 목적 (제1조)	정신질환의 예방·치료, 정신질환자의 재활·복지·권리보장과 정신건강 친화적인 환경 조성에 필요한 사항을 규정함으로써 국민의 정신건강증진 및 정신질환자의 인간다운 삶을 영위하는 데 이바지함을 목적으로 한다.	
2. 기본이념 (제2조)	① 모든 국민은 정신질환으로부터 보호받을 권리를 가진다. ② 모든 정신질환자는 인간으로서의 존엄과 가치를 보장받고, 최적의 치료를 받을 권리를 가진다. ③ 모든 정신질환자는 정신질환이 있다는 이유로 부당한 차별대우를 받지 아니한다. ④ 미성년자인 정신질환자는 특별히 치료, 보호 및 교육을 받을 권리를 가진다. ⑤ 정신질환자에 대해서는 입원 또는 입소(이하 "입원등"이라 한다)가 최소화되도록 지역 사회 중심의 치료가 우선적으로 고려되어야 하며, 정신건강증진시설에 자신의 의지에 따른 입원 또는 입소(이하 "자의입원등"이라 한다)가 권장되어야 한다. ⑥ 정신건강증진시설에 입원등을 하고 있는 모든 사람은 가능한 한 자유로운 환경을 누릴 권리와 다른 사람들과 자유로이 의견교환을 할 수 있는 권리를 가진다. ⑦ 정신질환자는 원칙적으로 자신의 신체와 재산에 관한 사항에 대하여 스스로 판단하고 결정할 권리를 가진다. 특히 주거지, 의료행위에 대한 동의나 거부, 타인과의 교류, 복지서비스의 이용 여부와 복지서비스 종류의 선택 등을 스스로 결정할 수 있도록 자기결정권을 존중받는다. ⑧ 정신질환자는 자신에게 법률적·사실적 영향을 미치는 사안에 대하여 스스로 이해하여 자신의 자유로운 의사를 표현할 수 있도록 필요한 도움을 받을 권리를 가진다. ⑨ 정신질환자는 자신과 관련된 정책의 결정과정에 참여할 권리를 가진다.	
3. 정의 (제3조)	(1) 정신질환자	망상, 환각, 사고(思考)나 기분의 장애 등으로 인하여 독립적으로 일상생활을 영위하는 데 중대한 제약이 있는 사람을 말한다.
	(2) 정신건강 증진사업	정신건강 관련 교육·상담, 정신질환의 예방·치료, 정신질환자의 재활, 정신건강에 영향을 미치는 사회복지·교육·주거·근로 환경의 개선 등을 통하여 국민의 정신건강을 증진시키는 사업을 말한다.
	(3) 정신건강 복지센터	정신건강증진시설, 「사회복지사업법」에 따른 사회복지시설, 학교 및 사업장과 연계체계를 구축하여 지역사회에서의 정신건강증진사업 및 제33조부터 제38조까지, 제38조의2·제38조의3에 따른 정신질환자 복지서비스 지원사업을 하는 기관 또는 단체를 말한다. [시행일: 2026.1.3.]
	(4) 정신건강 증진시설	정신의료기관, 정신요양시설 및 정신재활시설을 말한다.
	(5) 정신의료기관	다음 각 목의 어느 하나에 해당하는 기관을 말한다. 가. 「의료법」에 따른 정신병원 나. 「의료법」에 따른 의료기관 중 제19조 제1항 후단에 따른 기준에 적합하게 설치된 의원 다. 「의료법」에 따른 병원급 의료기관에 설치된 정신건강의학과로서 제19조 제1항 후단에 따른 기준에 적합한 기관

3. 정의 (제3조)	(6) 정신요양시설	정신질환자를 입소시켜 요양 서비스를 제공하는 시설을 말한다.
	(7) 정신재활시설	정신질환자 또는 정신건강상 문제가 있는 사람 중 대통령령으로 정하는 사람(이하 "정신질환자등"이라 한다)의 사회적응을 위한 각종 훈련과 생활지도를 하는 시설을 말한다.
		〈시행령 제2조〉 정신재활시설 이용자의 범위 「정신건강증진 및 정신질환자 복지서비스 지원에 관한 법률」(이하 "법"이라 한다) 제3조 제7호에서 "대통령령으로 정하는 사람"이란 다음 각 호의 어느 하나에 해당하는 장애를 가진 사람을 말한다. 1. 기질성 정신장애 2. 알코올 또는 약물중독에 따른 정신장애 3. 조현병 또는 망상장애 4. 기분장애 5. 정서장애, 불안장애 또는 강박장애 6. 그 밖에 제1호부터 제5호까지의 장애에 준하는 장애로서 보건복지부장관이 정하여 고시하는 장애
	(8) 동료지원인	정신질환자등에 대한 상담 및 교육 등의 역할을 수행할 수 있도록 정신질환자이거나 정신질환자이었던 사람 중 보건복지부령으로 정하는 동료지원인 양성 과정을 수료한 사람을 말한다.
4. 정신건강상 문제의 조기발견 등 (제11조)		① 보건복지부장관, 시·도지사 및 시장·군수·구청장은 정신질환의 원활한 치료와 만성화 방지를 위하여 정신건강복지센터, 정신건강증진시설 및 의료기관을 연계한 정신건강상 문제(우울·불안·고독 등 정신건강 악화가 우려되는 문제를 포함한다)의 조기발견 체계를 구축하여야 한다. 〈개정 2024.1.2.〉 ② 보건복지부장관, 시·도지사 및 시장·군수·구청장은 생애주기 및 성별 정신건강상 문제의 조기발견·치료를 위한 교육·상담 등의 정신건강증진사업을 시행한다. ③ 국가와 지방자치단체는 조기치료가 필요한 정신건강상 문제가 있는 사람에 대하여 예산의 범위에서 치료비를 지원할 수 있다. ④ 제2항에 따른 생애주기 및 성별 정신건강상 문제의 조기발견·치료를 위한 정신건강증진사업의 범위, 대상 및 내용 등과 제3항에 따른 조기치료비 지원의 대상 및 내용 등은 대통령령으로 정한다.
		〈시행령 제5조〉 정신건강증진사업 ① 보건복지부장관은 법 제11조 제2항에 따라 생애주기 및 성별 정신건강상 문제의 조기발견·치료를 위하여 다음 각 호의 정신건강증진사업을 시행한다. 1. 정신건강증진시설과의 연계를 통한 진료 및 치료 2. 정서행동 특성검사 등 정서발달 평가 3. 정신건강 상담 및 교육 4. 정신건강 검사 5. 그 밖에 생애주기 및 성별 정신건강상 문제의 조기발견·치료를 위하여 보건복지부장관이 필요하다고 인정하는 사업 ② 보건복지부장관은 제1항에 따른 정신건강증진사업을 다음 각 호에 따른 대상별로 구분하여 그 특성에 따라 시행한다. 1. 「영유아보육법」 제2조 제1호에 따른 영유아 2. 「아동·청소년의 성보호에 관한 법률」 제2조 제1호에 따른 아동·청소년(제1호에 따른 영유아는 제외한다) 3. 중·장년 4. 노인 5. 임산부

5. 학교 등에서의 정신건강증진 사업 실시 (제13조)	① 다음 각 호에 해당하는 기관·단체·학교의 장 및 사업장의 사용자는 구성원의 정신건강에 관한 교육·상담과 정신질환 치료와의 연계 등의 정신건강증진사업을 실시하도록 노력하여야 한다.
	  1. 국가 및 지방자치단체의 기관 중 업무의 성질상 정신건강을 해칠 가능성이 높아 정신건강증진사업을 실시할 필요가 있는 기관으로서 대통령령으로 정하는 기관
	  2. 「초·중등교육법」 및 「고등교육법」에 따른 학교 중 대통령령으로 정하는 학교
	  3. 「근로기준법」에 따른 근로자 300명 이상을 사용하는 사업장
	  4. 그 밖에 업무의 성질이나 근무자 수 등을 고려하여 정신건강증진사업을 실시할 필요가 있는 기관·단체로서 대통령령으로 정하는 기관·단체
	② 보건복지부장관은 제1항에 따른 정신건강증진사업의 효율적인 시행을 위하여 그 구체적 내용 및 방법 등에 관한 지침 시행, 정보 제공, 그 밖의 필요한 사항의 권고를 할 수 있다.
	③ 보건복지부장관은 제1항 각 호의 기관·단체·학교 및 사업장 중 구성원의 정신건강 증진을 위하여 적극적으로 노력한 기관 등을 선정·공표할 수 있으며, 해당 기관·단체·학교 및 사업장에 대하여 지원을 할 수 있다.
	〈시행령 제8조〉 정신건강증진사업 실시에 노력하여야 하는 기관·학교·단체
	① 법 제13조 제1항 제1호에서 "대통령령으로 정하는 기관"이란 다음 각 호의 기관을 말한다.
	  1. 「국가경찰과 자치경찰의 조직 및 운영에 관한 법률」 제13조에 따른 경찰서(「제주특별자치도 설치 및 국제자유도시 조성을 위한 특별법」 제88조에 따른 자치경찰단을 포함한다)
	  2. 「지방소방기관 설치에 관한 규정」 제5조에 따른 소방서 및 같은 법 제8조에 따른 119안전센터, 119구조대, 119구급대, 119구조구급센터 및 소방정대
	  3. 「국군조직법」 제2조 제1항에 따른 육군, 해군(해병대를 포함한다) 및 공군
	  4. 「형의 집행 및 수용자의 처우에 관한 법률」에 따른 교정시설
	② 법 제13조 제1항 제2호에서 "대통령령으로 정하는 학교"란 다음 각 호의 학교를 말한다.
	  1. 「초·중등교육법」 제2조에 따른 초등학교, 중학교, 고등학교 및 특수학교
	  2. 「고등교육법」 제2조에 따른 대학, 산업대학, 교육대학, 전문대학 및 기술대학
	③ 법 제13조 제1항 제4호에서 "대통령령으로 정하는 기관·단체"란 사회복지시설을 말한다.

6. 자의입원등 (제41조) 22 임용	① 정신질환자나 그 밖에 정신건강상 문제가 있는 사람은 보건복지부령으로 정하는 입원등 신청서를 정신의료기관등의 장에게 제출함으로써 그 정신의료기관등에 자의입원등을 할 수 있다. ② 정신의료기관등의 장은 자의입원등을 한 사람이 퇴원등을 신청한 경우에는 지체 없이 퇴원등을 시켜야 한다. ③ 정신의료기관등의 장은 자의입원등을 한 사람에 대하여 입원등을 한 날부터 2개월마다 퇴원등을 할 의사가 있는지를 확인하여야 한다.
7. 동의입원등 (제42조)	① 정신질환자는 보호의무자의 동의를 받아 보건복지부령으로 정하는 입원등 신청서를 정신의료기관등의 장에게 제출함으로써 그 정신의료기관등에 입원등을 할 수 있다. ② 정신의료기관등의 장은 제1항에 따라 입원등을 한 정신질환자가 퇴원등을 신청한 경우에는 지체 없이 퇴원등을 시켜야 한다. 다만, 정신질환자가 보호의무자의 동의를 받지 아니하고 퇴원등을 신청한 경우에는 정신건강의학과전문의 진단 결과 환자의 치료와 보호 필요성이 있다고 인정되는 경우에 한정하여 정신의료기관등의 장은 퇴원등의 신청을 받은 때부터 72시간까지 퇴원등을 거부할 수 있고, 퇴원등을 거부하는 기간 동안 제43조 또는 제44조에 따른 입원등으로 전환할 수 있다. ③ 정신의료기관등의 장은 제2항 단서에 따라 퇴원등을 거부하는 경우에는 지체 없이 환자 및 보호의무자에게 그 거부 사유 및 제55조에 따라 퇴원등의 심사를 청구할 수 있음을 서면 또는 전자문서로 통지하여야 한다. ④ 정신의료기관등의 장은 제1항에 따라 입원등을 한 정신질환자에 대하여 입원등을 한 날부터 2개월마다 퇴원등을 할 의사가 있는지를 확인하여야 한다.

8. 보호의무자에 의한 입원등 (제43조)

① 정신의료기관등의 장은 정신질환자의 보호의무자 2명 이상(보호의무자 간 입원등에 관하여 다툼이 있는 경우에는 제39조 제2항의 순위에 따른 선순위자 2명 이상을 말하며, 보호의무자가 1명만 있는 경우에는 1명으로 한다)이 신청한 경우로서 정신건강의학과전문의가 입원등이 필요하다고 진단한 경우에만 해당 정신질환자를 입원등을 시킬 수 있다. 이 경우 정신의료기관등의 장은 입원등을 할 때 보호의무자로부터 보건복지부령으로 정하는 바에 따라 입원등 신청서와 보호의무자임을 확인할 수 있는 서류를 받아야 한다.

② 제1항 전단에 따른 정신건강의학과전문의의 입원등 필요성에 관한 진단은 해당 정신질환자가 다음 각 호의 모두에 해당하는 경우 그 각각에 관한 진단을 적은 입원등 권고서를 제1항에 따른 입원등 신청서에 첨부하는 방법으로 하여야 한다.
  1. 정신질환자가 정신의료기관등에서 입원치료 또는 요양을 받을 만한 정도 또는 성질의 정신질환을 앓고 있는 경우
  2. 정신질환자 자신의 건강 또는 안전이나 다른 사람에게 해를 끼칠 위험(보건복지부령으로 정하는 기준에 해당하는 위험을 말한다. 이하 같다)이 있어 입원등을 할 필요가 있는 경우

③ 정신의료기관등의 장은 정신건강의학과전문의 진단 결과 정신질환자가 제2항 각 호에 모두 해당하여 입원등이 필요하다고 진단한 경우 그 증상의 정확한 진단을 위하여 2주의 범위에서 기간을 정하여 입원하게 할 수 있다.

④ 정신의료기관등의 장은 제3항에 따른 진단 결과 해당 정신질환자에 대하여 계속 입원등이 필요하다는 서로 다른 정신의료기관등에 소속된 2명 이상의 정신건강의학과전문의(제21조 또는 제22조에 따른 국립·공립의 정신의료기관등 또는 보건복지부장관이 지정하는 정신의료기관등에 소속된 정신건강의학과전문의가 1명 이상 포함되어야 한다)의 일치된 소견이 있는 경우에만 해당 정신질환자에 대하여 치료를 위한 입원등을 하게 할 수 있다.

⑤ 제4항에 따른 입원등의 기간은 최초로 입원등을 한 날부터 3개월 이내로 한다. 다만, 다음 각 호의 구분에 따라 입원등의 기간을 연장할 수 있다.
  1. 3개월 이후의 1차 입원등 기간 연장 : 3개월 이내
  2. 제1호에 따른 1차 입원등 기간 연장 이후의 입원등 기간 연장 : 매 입원등 기간 연장 시마다 6개월 이내

⑥ 정신의료기관등의 장은 다음 각 호의 모두에 해당하는 경우에만 제5항 각 호에 따른 입원등 기간의 연장을 할 수 있다. 이 경우 정신의료기관등의 장은 입원등 기간을 연장할 때마다 관할 특별자치시장·특별자치도지사·시장·군수·구청장에게 대통령령으로 정하는 기간 이내에 그 연장에 대한 심사를 청구하여야 한다.
  1. 서로 다른 정신의료기관등에 소속된 2명 이상의 정신건강의학과전문의(제21조 또는 제22조에 따른 국립·공립의 정신의료기관등 또는 보건복지부장관이 지정하는 정신의료기관등에 소속된 정신건강의학과전문의가 1명 이상 포함되어야 한다)가 입원등 기간을 연장하여 치료할 필요가 있다고 일치된 진단을 하는 경우
  2. 제1항에 따른 보호의무자(이하 "신청 보호의무자"라 한다) 2명 이상(제1항에 따른 입원등 신청 시 신청 보호의무자가 1명만 있었던 경우에는 1명으로 한다)이 제5항에 따른 입원등의 기간 연장에 대한 동의서를 제출한 경우

⑦ 정신의료기관등의 장은 제6항에 따른 입원등 기간 연장의 심사 청구에 대하여 특별자치시장·특별자치도지사·시장·군수·구청장으로부터 제59조(제61조 제2항에서 준용하는 경우를 포함한다)에 따라 퇴원등 또는 임시 퇴원등(일시적으로 퇴원등을 시킨 후 일정 기간이 지난 후 다시 입원등 여부를 결정하는 조치를 말한다. 이하 같다) 명령의 통지를 받은 경우에는 해당 정신질환자를 지체 없이 퇴원등 또는 임시 퇴원등을 시켜야 한다.

⑧ 정신의료기관등의 장은 제1항이나 제3항부터 제5항까지의 규정에 따라 입원등을 시키거나 입원등의 기간을 연장하였을 때에는 지체 없이 입원등을 한 사람 및 보호의무자에게 그 사실 및 사유를 서면으로 통지하여야 한다.

8. 보호의무자에 의한 입원등 (제43조)	⑨ 정신의료기관등의 장은 입원등을 한 사람 또는 보호의무자가 퇴원등을 신청한 경우에는 지체 없이 그 사람을 퇴원등을 시켜야 한다. 다만, 정신의료기관등의 장은 그 입원등을 한 사람이 제2항 각 호에 모두 해당하는 경우에는 퇴원등을 거부할 수 있다. ⑩ 정신의료기관등의 장은 제9항 본문에 따라 입원등을 한 사람을 퇴원등을 시켰을 때에는 지체 없이 보호의무자에게 그 사실을 서면으로 통지하여야 하고, 제9항 단서에 따라 퇴원등을 거부하는 경우에는 지체 없이 정신질환자 본인과 퇴원등을 신청한 보호의무자에게 그 거부사실 및 사유와 제55조에 따라 퇴원등의 심사를 청구할 수 있다는 사실 및 그 청구 절차를 서면으로 통지하여야 한다. ⑪ 제4항 및 제6항 제1호에 따른 서로 다른 정신의료기관등에 소속된 2명 이상의 정신건강의학과 전문의의 진단은 해당 지역의 정신의료기관등 또는 정신건강의학과전문의가 부족한 사정이 있는 경우에는 보건복지부령으로 정하는 바에 따라 구체적인 시행방안을 달리 정하여 진단하도록 할 수 있다.
9. 특별자치시장·특별자치도지사·시장·군수·구청장에 의한 입원 (제44조)	① <u>정신건강의학과전문의 또는 정신건강전문요원은 정신질환으로 자신의 건강 또는 안전이나 다른 사람에게 해를 끼칠 위험이 있다고 의심되는 사람을 발견하였을 때에는 특별자치시장·특별자치도지사·시장·군수·구청장에게 대통령령으로 정하는 바에 따라 그 사람에 대한 진단과 보호를 신청할 수 있다.</u> ② 경찰관(「국가공무원법」 제2조 제2항 제2호에 따른 경찰공무원과 「지방공무원법」 제2조 제2항 제2호에 따른 자치경찰공무원을 말한다. 이하 같다)은 정신질환으로 자신의 건강 또는 안전이나 다른 사람에게 해를 끼칠 위험이 있다고 의심되는 사람을 발견한 경우 정신건강의학과전문의 또는 정신건강전문요원에게 그 사람에 대한 진단과 보호의 신청을 요청할 수 있다. ③ 제1항에 따라 신청을 받은 특별자치시장·특별자치도지사·시장·군수·구청장은 즉시 그 정신질환자로 의심되는 사람에 대한 진단을 정신건강의학과전문의에게 의뢰하여야 한다. ④ 정신건강의학과전문의가 제3항의 정신질환자로 의심되는 사람에 대하여 자신의 건강 또는 안전이나 다른 사람에게 해를 끼칠 위험이 있어 그 증상의 정확한 진단이 필요하다고 인정한 경우에 특별자치시장·특별자치도지사·시장·군수·구청장은 그 사람을 보건복지부장관이나 지방자치단체의 장이 지정한 정신의료기관(이하 "지정정신의료기관"이라 한다)에 2주의 범위에서 기간을 정하여 입원하게 할 수 있다. ⑤ 특별자치시장·특별자치도지사·시장·군수·구청장은 제4항에 따른 입원을 시켰을 때에는 그 사람의 보호의무자 또는 보호를 하고 있는 사람에게 지체 없이 입원 사유·기간 및 장소를 서면으로 통지하여야 한다. ⑥ 제4항에 따라 정신질환자로 의심되는 사람을 입원시킨 정신의료기관의 장은 지체 없이 2명 이상의 정신건강의학과전문의에게 그 사람의 증상을 진단하게 하고 그 결과를 특별자치시장·특별자치도지사·시장·군수·구청장에게 서면으로 통지하여야 한다. ⑦ 특별자치시장·특별자치도지사·시장·군수·구청장은 제6항에 따른 진단 결과 그 정신질환자가 계속 입원할 필요가 있다는 2명 이상의 정신건강의학과전문의의 일치된 소견이 있는 경우에만 그 정신질환자에 대하여 지정정신의료기관에 치료를 위한 입원을 의뢰할 수 있다. ⑧ 특별자치시장·특별자치도지사·시장·군수·구청장은 제7항에 따른 입원 의뢰를 한 때에는 보건복지부령으로 정하는 바에 따라 그 정신질환자와 보호의무자 또는 보호를 하고 있는 사람에게 계속하여 입원이 필요한 사유 및 기간, 제55조에 따라 퇴원등 또는 처우개선의 심사를 청구할 수 있다는 사실 및 그 청구 절차를 지체 없이 서면으로 통지하여야 한다. ⑨ 특별자치시장·특별자치도지사·시장·군수·구청장은 제3항과 제4항에 따라 정신질환자로 의심되는 사람을 진단하거나 입원을 시키는 과정에서 그 사람이 자신의 건강 또는 안전이나 다른 사람에게 해를 끼칠 위험한 행동을 할 때에는 「119구조·구급에 관한 법률」 제2조에 따른 119구급대의 구급대원(이하 "구급대원"이라 한다)에게 호송을 위한 도움을 요청할 수 있다. ⑩ 지정정신의료기관의 지정기준, 지정취소 및 지정취소 기준, 지정 및 지정취소 절차 등에 관하여 필요한 사항은 보건복지부령으로 정한다.

10. 응급입원 (제50조)	① 정신질환자로 추정되는 사람으로서 자신의 건강 또는 안전이나 다른 사람에게 해를 끼칠 위험이 큰 사람을 발견한 사람은 그 상황이 매우 급박하여 제41조부터 제44조까지의 규정에 따른 입원등을 시킬 시간적 여유가 없을 때에는 의사와 경찰관의 동의를 받아 정신의료기관에 그 사람에 대한 응급입원을 의뢰할 수 있다. ② 제1항에 따라 입원을 의뢰할 때에는 이에 동의한 경찰관 또는 구급대원은 정신의료기관까지 그 사람을 호송한다. ③ 정신의료기관의 장은 제1항에 따라 응급입원이 의뢰된 사람을 3일(공휴일은 제외한다) 이내의 기간 동안 응급입원을 시킬 수 있다. 22 임용 ④ 제3항에 따라 응급입원을 시킨 정신의료기관의 장은 지체 없이 정신건강의학과전문의에게 그 응급입원한 사람의 증상을 진단하게 하여야 한다. ⑤ 정신의료기관의 장은 제4항에 따른 정신건강의학과전문의의 진단 결과 그 사람이 자신의 건강 또는 안전이나 다른 사람에게 해를 끼칠 위험이 있는 정신질환자로서 계속하여 입원할 필요가 있다고 인정된 경우에는 제41조부터 제44조까지의 규정에 따라 입원을 할 수 있도록 필요한 조치를 하고, 계속하여 입원할 필요가 없다고 인정된 경우에는 즉시 퇴원시켜야 한다. ⑥ 정신의료기관의 장은 제3항에 따른 응급입원을 시켰을 때에는 그 사람의 보호의무자 또는 보호를 하고 있는 사람에게 입원이 필요한 사유·기간 및 장소를 지체 없이 서면으로 통지하여야 한다.
11. 입원 등의 금지 (제68조)	① 누구든지 제50조에 따른 응급입원의 경우를 제외하고는 정신건강의학과전문의의 대면 진단에 의하지 아니하고 정신질환자를 정신의료기관등에 입원등을 시키거나 입원등의 기간을 연장할 수 없다. ② 제1항에 따른 진단의 유효기간은 진단서 발급일부터 30일까지로 한다.

2 대상자의 입원과 퇴원

입원	자의	(1) 자의입원	대상	정신질환자나 그 밖에 정신건강상 문제가 있는 사람
			절차	보건복지부령으로 정하는 입원 등 신청서를 정신의료기관의 장에게 제출함으로써 그 정신의료기관에 자의입원을 할 수 있음
		(2) 동의입원	대상	정신질환자
			절차	보호의무자의 동의를 받아 보건복지부령으로 정하는 입원신청서를 정신의료기관의 장에게 제출함으로써 그 정신의료기관에 입원할 수 있음

	타의	(1) 보호의무자에 의한 입원		① 정신질환자의 보호의무자 2명 이상이 신청한 경우에 정신건강의학과전문의가 입원이 필요하다고 진단한 경우에만 해당 정신질환자를 입원시킬 수 있음
				② 입원 시 첨부 서류
				   ㉠ 보호의무자 : 입원신청서, 보호의무자임을 확인할 수 있는 서류
				   ㉡ 정신건강의학과전문의 : 입원치료를 받을 정도의 정신질환을 앓고 있고 정신질환자 자신의 건강 또는 안전이나 다른 사람에게 해를 끼칠 위험이 있어 입원을 할 필요가 있는 경우에 그 각각에 관한 진단을 적은 입원 권고서를 입원신청서에 첨부해야 함. 이때 그 증상의 정확한 진단을 위하여 2주의 범위에서 기간을 정하여 입원하게 할 수 있음. 진단결과 계속 입원이 필요하다는 서로 다른 정신의료기관에 소속된 2명 이상의 정신건강의학과 전문의 일치된 소견이 있는 경우에만 치료를 위한 입원을 할 수 있으며, 최초로 입원한 날로부터 3개월 이내로 함

입원	타의	(2) 특별자치시장·특별자치도지사·시장·군수·구청장에 의한 입원		① 정신건강의학과 전문의 또는 정신건강전문요원은 정신질환으로 자신의 건강 또는 안전이나 다른 사람에게 해를 끼칠 위험이 있다고 의심되는 사람을 발견했을 때 특별자치시장·특별자치도지사·시장·군수·구청장에게 대통령령으로 정하는 바에 따라 그 사람에 대한 진단과 보호를 신청할 수 있음 ② 경찰관이 발견한 경우 정신건강의학과 전문의 또는 정신건강전문요원에게 그 사람에 대한 진단과 보호의 신청을 요청할 수 있음 ③ 신청을 받는 즉시 정신건강의학과전문의에게 의뢰하여 진단받은 후 2주 범위에서 기한을 정하여 입원하게 할 수 있음. 이 경우에 보호의무자에게 지체 없이 입원 사유, 기간 및 장소를 서면으로 통지하여야 함
		(3) 응급입원	대상	정신질환자로 추정되는 사람으로서 자신의 건강 또는 안전이나 다른 사람에게 해를 끼칠 위험이 큰 사람을 발견한 사람은 그 상황이 매우 급박하여 규정에 따른 입원을 시킬 시간적 여유가 없을 때 의사와 경찰관의 동의를 받아 정신의료기관에 그 사람에 대한 응급입원을 의뢰할 수 있음
			절차	① 입원을 의뢰 시, 이에 동의한 경찰관 또는 구급대원이 정신의료기관까지 그 사람을 호송 ② 정신의료기관의 장은 응급입원이 의뢰된 사람을 3일 이내의 기간 동안 응급입원을 시킬 수 있고, 지체 없이 정신건강의학과 전문의에게 증상을 진단하게 해야 함. 진단결과 정신질환자로서 계속 입원할 필요가 있다고 인정된 경우에는 입원할 수 있도록 조치해야 함 ③ 정신의료기관의 장은 응급입원을 시켰을 때에 그 사람의 보호의무자 또는 보호를 하고 있는 사람에게 입원이 필요한 사유·기간 및 장소를 지체없이 서면으로 통지하여야 함
퇴원	▶ 자의입원이나 동의입원한 대상자			
	① 대상자가 퇴원을 신청한 경우 지체 없이 퇴원을 시켜야 함 ② 입원한 날로부터 2개월마다 퇴원을 할 의사가 있는지 확인해야 함 ③ 단, 동의입원의 경우 정신질환자가 보호의무자의 동의를 받지 않고 퇴원을 신청한 경우에 정신건강의학과 전문의 진단결과 치료와 보호 필요성이 있다고 인정된 경우에 한정하여 퇴원신청을 받은 때부터 72시간까지 퇴원을 거부할 수 있고, 퇴원을 거부하는 기간 동안 보호의무자에 의한 입원 또는 특별자치시장·특별자치도지사·시장·군수·구청장에 의한 입원으로 전환가능			
	▶ 보호의무자에 의한 입원한 경우			
	① 최초 입원기간은 3개월 ② 연장에 대한 심사를 청구하여 규정에 맞는 경우 입원기간을 연장할 수 있음			
	▶ 정신의료기관의 장은 입원을 한 사람 또는 보호의무자가 퇴원을 신청한 경우 지체 없이 퇴원을 시켜야 하나, 정신질환자 자신의 건강 또는 안정이나 다른 사람에게 해를 끼칠 위험이 있어 입원할 필요가 있는 경우 등이 규정에 해당하는 경우 퇴원을 거부할 수 있음			

③ 정신질환자의 권리

(1) 병원 밖의 사람과 의사 소통을 유지할 권리	대상자가 다른 사람의 방문을 받고 사적인 전화로 대화를 할 수 있으며 판사, 변호사, 가족, 치료진을 포함하여 자기가 선택한 사람에게 밀봉한 편지를 보낼 수 있는 권리	
(2) 개인의 소지품을 관리할 수 있는 권리	대상자는 유용한 보관 공간을 고려하여 옷을 비롯한 개인 물품을 병원에 가져올 수 있음	
(3) 계약관계에서의 권리	정신과 대상자가 계약의 상황과 그 결과를 이해한다면, 법정은 계약이 타당한지 고려해야 함	
(4) 사생활 유지의 권리	어떤 개인정보를 완전 비밀보장이나 기밀성을 유지하는 것으로 기밀성은 그 사람에 대한 권한이 없으면 그 외 누구에게도 대상자에 대한 정보를 노출하지 않는 것임	
(5) 고지에 입각한 동의의 권리	대상자가 보다 나은 결정을 하도록 돕는 것으로, 주치의가 대상자에게 제안된 치료에 대한 정해진 정보를 주어야 하고, 이해하고, 능숙하게 자의로 대상자의 동의를 얻어야 함	
(6) 치료받을 권리	① 모든 대상자가 치료받을 권리를 보장받고 있는 것이 아니라, 타의입원이나 강제적으로 입원한 대상자에게만 적용됨 ② 치료받을 권리는 최적의 치료가 아니라 최소의 치료기준을 의미함	
(7) 치료거부의 권리	① 치료거부의 권리는 강제입원을 거부하는 권리를 포함함 ② 자의입원한 대상자는 치료를 거절할 권리를 가지지만, 대상자가 자신이나 타인에게 매우 폭력적일 때와 최소한의 억제수단이 소용이 없는 예외적인 상황에서는 제외됨	
(8) 최소한 제약 상황에서의 치료의 권리	치료를 결정하는 데 있어서 각 대상자의 요구를 평가하고 최대한의 인간적인 자유, 자율성, 품위와 진실성을 유지하는 것	

※ 회전문 증후군 : 정신장애인들이 병원에서 지역사회로, 그리고 또다시 병원으로 가는 증후군으로 원인은 지역사회자원의 부족 때문임

02 아동기 정신건강간호

영역		기출영역 분석		페이지
아동기 주요 정신장애 (신경발달 장애)에 대한 이해	지적(발달)장애	중증정신지체 설명 2010		456
	특정 학습장애	읽기장애의 정의, 역학적 특성, 증상 2011		458
	자폐스펙트럼장애	유아자폐증 증상 1992		462
		레트장애/아스퍼거 장애 2010 - 보기		
	주의력결핍 과잉행동장애	메틸페니데이트 : 작용 및 부작용 2010		464
		약물요법을 제외한 일반적 관리방법 5가지 2003, 2013		
		과잉행동 - 충동성 진단기준 6가지 2008		
		ADHD 환아 어머니의 대처방안 2009		
	운동장애	틱장애	설명 1992, 명칭 2021	469
		뚜렛장애	정의 2010, 명칭 2021	
		cf) 습관장애의 종류 1992		
	주요 아동·청소년 정신장애의 치료약물			472

✓ 학습전략 Point

1st	주의력결핍 과잉행동장애	DSM-5 진단기준, 약물요법을 포함한 관리법 등 기출된 내용을 포함하여 꼼꼼히 학습한다.
2nd	운동장애	틱장애와 뚜렛장애의 진단기준과 특성을 학습한다.
3rd	자폐스펙트럼장애	DSM-5 진단기준, 특성을 학습한다.

한눈에 보기 | 아동기 정신건강간호

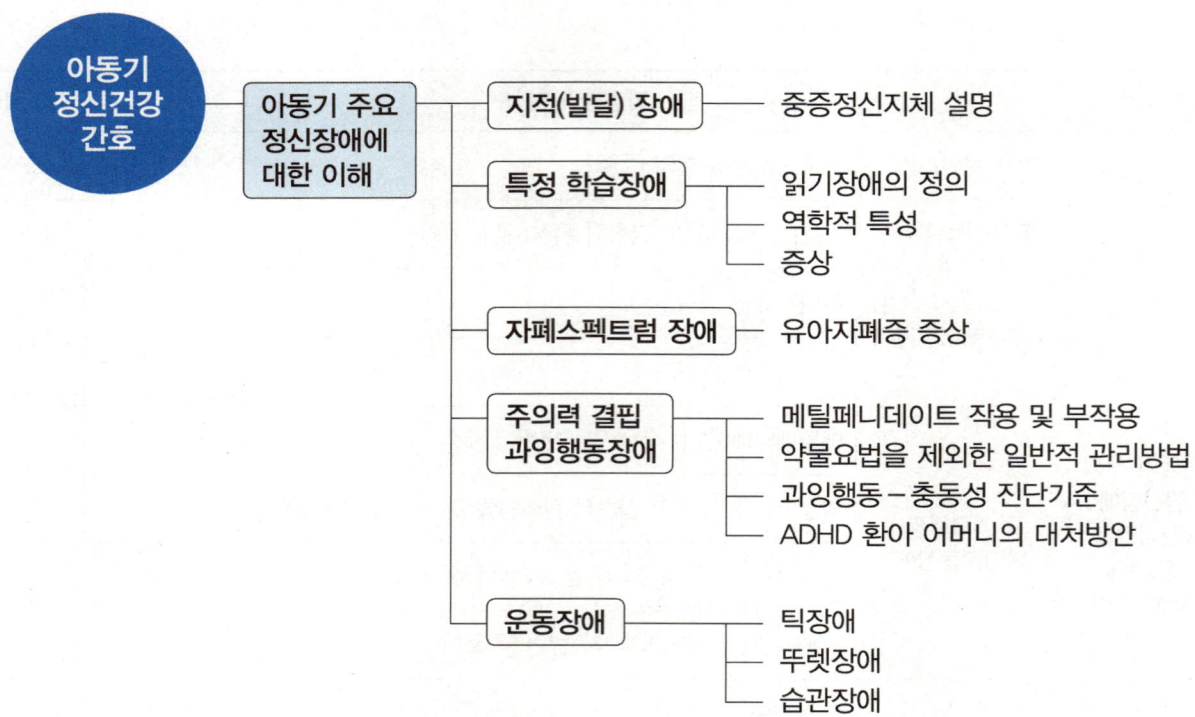

10-13. 아동정신장애와 그에 따른 특성에 대한 설명으로 옳은 것은?

① 뚜렛장애 : 다양한 운동틱과 하나 또는 그 이상의 음성틱이 1년 이상 지속되며, 운동틱과 음성틱이 동시에 또는 각각 나타난다.
② 레트장애 : 자폐장애와 유사하며 사회적 교류의 장애를 보이지만 지능이 정상이고 언어장애가 없다.
③ 품행장애 : 거부적 행동, 적대적 행동, 반항적 행동이 주요 증상이나 사회적 규범을 위반하거나 타인의 권리를 침해하는 공격적 행동을 보이는 경우는 드물다.
④ 중증 정신지체 : IQ 35~49 정도로서 정신연령은 4~8세 정도에 머무르고 적절한 지도를 받아야 단순 작업이 가능하다.
⑤ 적대적 반항장애 : 다른 사람의 기본 권리를 침해하거나 사회적 규범이나 규율을 위반하는 행동이 반복적이고 지속적으로 나타난다.

92-57. 다음 〈보기〉에서 유아 자폐증에 대한 설명만으로 짝지어진 것은?

〈보기〉
㉠ 사람들과 눈 접촉을 피한다.
㉡ 대화의 목적으로 언어를 사용하지 않는다.
㉢ 신체적 접촉은 싫어하나 지각 장애는 없다.
㉣ 특정 행동을 반복한다.

03-08. 학령기 아동의 주의력결핍 과잉행동장애(ADHD)는 적절한 중재를 하지 않는 경우 사춘기, 성인기까지 연장되어 여러 가지 문제를 유발하게 된다. ADHD아동의 관리방법 중 약물요법을 제외한 일반적인 관리방법을 5가지만 쓰시오.

13-08. 다음은 주의력결핍 과잉행동장애(ADHD) 진단을 받은 K 군(남, 9세)을 위한 교사 교육 내용이다. K 군의 지도를 위해 교사가 알아야 할 내용으로 옳은 것만을 〈보기〉에서 있는 대로 고른 것은?

〈보기〉
ㄱ. 아동이 할 수 있는 일상 활동을 목록으로 만들어 메모해주고, 하루의 계획에 미리 대비할 수 있도록 한다.
ㄴ. 집중력 부족, 과다행동, 충동성이 특징임을 이해한다.
ㄷ. 과제의 양은 아동이 스스로 할 수 있는 만큼 조정해 주고, 과제는 구체적이고 쉽게 제시하여 자신감을 키워준다.
ㄹ. 아동은 자극에 민감하고 충동적이므로 환경적 자극을 최소화하고, 환경을 일관성 있게 유지한다.
ㅁ. 보건교사는 아동의 특별한 요구를 이해하고, 담임교사나 관련 교사와 협력하여야 한다.

24-A7. 다음은 중학교 보건교사가 동료교사를 상담한 내용의 일부이다. 〈작성 방법〉에 따라 서술하시오.

동료교사 : 선생님, 우리 반 학생이 주의력결핍 과잉행동장애(Attention Deficit-Hyperactivity Disorder, ADHD) 진단을 받았어요. 주의력결핍 과잉행동장애는 어떤 질환인가요?
보건교사 : 부주의하고 과잉행동과 (㉠)이/가 나타나는 질환이에요. 12세 이전 아동기에 증상이 나타나기 시작해서 최소한 (㉡) 개월 이상 지속되고, 사회적·학업적으로 부정적인 영향을 미칠 때 진단받는 질환이에요.
동료교사 : 그럼, 어떤 치료를 하나요?
보건교사 : 약물 치료와 인지 행동 치료를 하는데요. 약물 치료에는 메틸페니데이트(methylphenidate)라는 약을 사용해요.
동료교사 : 약을 먹고 있다는데 과잉행동과 산만함이 그대로인 것 같아요. 약 효과가 없는 건가요?
보건교사 : 아마 ㉢ 반동 효과 때문인 것 같은데, 약을 조절할 필요가 있겠네요.
동료교사 : 약물 치료 이외에 제가 학생을 도울 수 있는 방법이 있을까요?
보건교사 : 인지 행동 치료 중 행동 수정 방법으로 도울 수 있는데요. 토큰 강화, 타임아웃, ㉣ 반응대가를 사용할 수 있어요.
… (하략) …

〈작성 방법〉
• 괄호 안의 ㉠을 DSM-5(정신질환의 진단 및 통계 편람, 제5판)의 진단 기준에서 제시한 증상으로 쓸 것.
• 괄호 안의 ㉡에 들어갈 숫자를 쓸 것.
• 밑줄 친 ㉢과 ㉣의 개념을 순서대로 서술할 것.

11-26. 올해 초등학교에 입학한 성길이는 소아정신과 진료결과 '읽기장애(reading disorder)'로 진단받았다. 성길이의 학교생활을 걱정한 어머니는 보건교사와 상담을 하였다. (가)~(마)의 내용 중 옳지 않은 것은?

어 머 니 : 읽기장애가 도대체 뭐지요?
보건교사 : (가) 읽기장애는 정상적 수업을 받았는데도 글자를 인지하지 못하는 것입니다.
어 머 니 : 그럼 읽기장애가 있다는 것은 지능이 떨어진다는 말인가요?
보건교사 : (나) 아니에요. 단지 읽기에 어려움이 있는 것이지 지능은 정상입니다.
어 머 니 : 지능이 정상이라면 눈에 이상이 있다는 말인가요?
보건교사 : (다) 읽기장애 아동의 10% 정도에서 시각장애를 보입니다.
어 머 니 : 여동생이 있는데 그 아이는 괜찮을까요?
보건교사 : (라) 여자 아이는 남자아이보다 읽기장애가 더 많으니까 검사를 미리 해보는 것이 좋습니다.
어 머 니 : 지금까지는 별 문제없이 잘 자랐는데 왜 이제 문제가 생긴 건가요?
보건교사 : (마) 읽기장애는 일곱 살에서 아홉 살 사이에 진단이 가능합니다.

10-12. 사례에서 보건교사가 정 군의 어머니에게 약물에 대하여 설명한 내용 중 옳은 것을 〈보기〉에서 모두 고른 것은?

8세인 정 군은 돌출된 행동과 차례를 기다리지 못하는 태도 때문에 친구와 싸움이 잦았다. 또한 정 군은 교실에서 주의를 집중하지 못하고 자리를 지키지 못해 수업에 방해를 준다고 담임선생님의 지적을 받았다. 정 군은 정신과에서 주의력결핍 과잉행동장애로 진단을 받고 메틸페니데이트를 처방받았다. 그 후 정 군의 어머니는 약물에 대해 궁금하여 보건교사를 찾아왔다.

〈보기〉
㉠ "잠을 자지 못할 수도 있습니다. 그때는 담당의사와 상의하여 투약 시간을 조절하십시오."
㉡ "식욕이 증진될 수 있으므로 영양 섭취를 제한하여 비만을 예방하여야 합니다."
㉢ "중추신경이 억제되므로 집중력이 증가되고 충동적인 행동이 줄어듭니다."
㉣ "장기복용으로 인한 부작용을 예방하기 위해 학습에 영향이 적다고 생각되는 기간에는 약물투여를 일시 중단할 수 있습니다."
㉤ "복통, 오심, 두통 등이 나타날 수 있습니다."

08-14. 국내의 질병분류기준에서 적용하고 있는 미국정신의학협회의 주의력결핍 과잉행동장애(ADHD) 진단기준에 따르면 주의력결핍과 과잉행동-충동성에 대해 각각 9가지 특징적인 증상 중 6가지 이상이 해당될 경우 진단을 내리도록 제시하고 있다. 그중 과잉행동-충동성의 진단기준을 6가지만 쓰시오.

09-39. 주의력결핍/과잉행동장애 진단을 받은 아동의 어머니가 보건교사와 상담 중에 "우리 아이가 이런 병에 걸린 건 내가 아이한테 뭔가 잘못한 것 같아요. 병을 낫도록 하기 위해 아이와 더 많은 시간을 함께 보내고 신경을 써야 했는데 때때로 참을 수 없이 아이의 행동에 화가 치밀어 스스로 겁이 나요."라고 말하였다. 보건교사가 아동의 어머니에게 제시한 대처방안 중 가장 적절한 것은?
① 주의력결핍/과잉행동장애는 증상이 나아지기 어려우므로 어머니에게 성취감을 느낄 수 있는 다른 일을 찾아보도록 권유한다.
② 매일 이웃이나 친구를 만나 차를 마시며 대화를 나누도록 권유한다.
③ 어머니를 화나게 하는 아이의 분노나 공격심과 같은 감정은 어머니가 수용할 수 없다는 것을 아이에게 이해시키도록 권유한다.
④ 어머니가 아이의 문제를 다루기 어렵다고 생각되면 특수시설에 맡길 것을 고려해 보도록 제시한다.
⑤ 아이를 잠깐씩 돌보아 줄 수 있는 자원을 활용해 어머니에게 규칙적인 휴식을 취하도록 권유한다.

92-64. 틱(tic)에 대한 설명 중 옳은 것은?
① 아동이 불안할 때 의식적으로 나타난다.
② 심한 경우 정신과 치료를 받는다.
③ 보통 3세 이전에 많이 나타난다.
④ 틱(tic) 할 때마다 주의를 주어야 한다.

92-73. 습관장애에 해당하는 것은?
① 치아갈기   ② 물건 훔치기
③ 거짓말하기   ④ 무단결석

21-B1. 다음은 보건교사가 동료교사와 나눈 대화 내용의 일부이다. 밑줄친 ㉠과 ㉡에 공통으로 해당하는 장애의 명칭과 괄호 안의 ㉢에 들어갈 장애의 명칭을 순서대로 쓰시오.

> 동료교사 : 우리 반 남학생 한 명이 ㉠ 스트레스 상황이 되면 갑자기 반복적으로 눈을 깜박이고 머리를 흔들며 헛기침을 하고 얼굴이나 이마를 씰룩거리기도 해요. 왜 그럴까요?
> 보건교사 : ㉡ 정확한 원인은 밝혀져 있지 않으나 여러 요인이 복합적으로 작용해서 발생해요. 남자에게 더 많이 발생하고요. 불수의적이고 반복적인 신체 움직임으로 잘 알아차리지 못하는 경우도 있지만, 심하면 일상생활에 지장을 주기도 하지요.
> 동료교사 : 어떻게 하면 관리가 될까요?
> 보건교사 : 일반적으로 관리는 학생의 일상생활에서 스트레스를 줄여 주는 데 중점을 두어야 합니다. 행동에 대해 야단치거나 못하게 하고 지적하는 것은 오히려 증상을 더 심하게 할 수 있어요.
> 동료교사 : 아… 그렇군요. 그런데 그런 아이들 중에는 소리도 내고 욕도 같이 하는 경우도 있다는데요. 그건 뭔가요?
> 보건교사 : 그것은 다른 유형으로, 그 증상이 1년 이상 지속되면 (㉢)(이)라고 합니다. 때로는 사회적으로 용납되지 않는 단어나 욕설 등을 반복적으로 하기도 하지요.
> … (하략) …

1 아동·청소년 정신장애의 유형(DSM-5-TR)

신경발달장애 DSM-5-TR			
지적(발달)장애			
의사소통장애	언어장애		
	말소리 장애		
	아동기 발병 유창성 장애(= 말더듬)		
	사회적(실용적) 의사소통 장애		
자폐스펙트럼장애			
주의력결핍 과잉행동장애			
특정 학습장애	읽기장애		
	쓰기장애		
	산술장애		
운동장애	발달협응장애		
	상동운동장애		
	틱장애	뚜렛장애	
		만성적 운동 및 음성 틱장애	
		일과성(= 잠정적인) 틱장애	

2 지적(발달)장애

정의	발달단계 동안에 발병하는 장애로 개념적인 영역, 사회적 영역, 일상적 수행영역에서 인지적 기능과 적응 기능의 결함을 보임 → 집, 학교, 지역사회 등 다양한 환경에서 지속적인 지원 없이 일상생활(의사소통, 사회적 참여, 독립적 생활)을 하는 데 한 가지 이상의 기능제한이 있을 때 적응적 기능에 문제가 있다고 판단
특징	(1) 지적기능의 결함 (2) 적응기능의 결함 및 개인적 독립과 사회적 책임에 대한 기준 부합 실패 (3) 발달기간 동안 발병
역학	전체 인구에서 유병률 1%

관련 요인			
	유전적 요인 (약 5% 관련)	선천성 대사이상	테아-삭스병, 페닐케톤뇨증 등
		염색체 질환	다운증후군, 클라인펠터 증후군 등
		단일 유전자 기형	결절성 경화증, 신경섬유종증 등
	배아기 발달의 위험요인 (약 30% 관련)	산모의 알코올 섭취나 기타 약물에 대한 독소반응	태아알코올증후군 등
		임신 중 산모의 질환이나 감염	풍진, 거대세포바이러스 등
		임신 합병증	임신중독증, 비조절성 당뇨병 등
	임신과 주산기 요인 (약 10% 관련)	임신 기간 중 처한 환경	태아, 영양결핍, 바이러스 감염 혹은 기타 감염, 조산 등
		출산과정	출산 시 초래되는 두부외상, 전치태반, 태반조기박리와 제대탈출 등
	영아기 혹은 아동기에 겪은 일반적 의학적 상태 (약 5% 관련)	감염	수막염이나 뇌염 등
		중독	살충제, 약물과 납중독
		외상	두부외상, 질식과 고열 등
	사회문화적 요인과 기타 정신장애 (약 10~15% 관련)	양육과 사회적 자극의 박탈이나 열악한 태아기 및 주산기 간호와 부적당한 영양상태 등	

ICD-10 (국제질병 사인 분류)			
	경도 (IQ 50~69)	기준	① 9~12세의 정신연령 ② 지적장애의 70~75% ③ 우리나라 장애 3등급
		행동 특성	① 학습에 어려움이 있으나 사회에 공헌할 수 있고 사회적 관계를 유지할 수 있음 ② 교육가능
	중등도 (IQ 35~49) 10 임용	기준	① 6~8세의 정신연령 ② 지적장애의 20% ③ 우리나라 장애 2등급
		행동 특성	① 소아기 현저한 발육지연이 있으나 자립자행의 독립성, 적당한 의사소통 및 평범한 기술을 획득할 수 있음(적절한 지도를 받아야 단순작업이 가능함) ② 훈련가능
	고도(= 중증) (IQ 20~34)	기준	① 3~5세의 정신연령 ② 지적장애의 3~4% ③ 우리나라 장애 1등급
		행동 특성	① 훈련 시 겨우 신변처리 정도만 가능하므로 생활전반에 보호가 필요함 ② 완전보호
	최고도(= 최중증) (IQ 20 미만)	기준	① 3세 미만의 정신연령 ② 지적장애의 1~2% ③ 우리나라 장애 1등급
		행동 특성	① 자립자행, 자세, 의사소통 및 기동에 있어 매우 제한됨 ② 완전보호

		발달 시기에 시작되며, 개념·사회·실행 영역에서 지적 기능과 적응 기능 모두에 결함이 있는 상태를 말함. 다음의 3가지 진단기준을 충족해야 함
DSM-5-TR	A	지적기능(추론, 문제해결, 계획, 추상적 사고, 판단, 학업, 경험 학습)의 결함 : 임상적 평가와 개별적으로 실시된 표준화된 지능검사로 확인함
	B	적응기능의 결함 : 독립성과 사회적 책임 의식에 필요한 발달학적·사회문화적 표준을 충족하지 못함 지속적인 지원이 없다면 적응 결함으로 인해 다양한 환경(가정, 학교, 직장, 공동체)에서 한 가지 이상의 일상 활동 기능(의사소통, 사회적 참여, 독립적 생활)에 제한을 받음
	C	(발병시기) 지적 결함과 적응 기능의 결함은 발달 시기 동안에 시작됨

① 진단기준의 세 영역

영역	설명
개념적(학술적) 영역	기억, 언어, 읽기, 쓰기, 수학적 추론, 실질적인 지식의 획득, 문제해결, 새로운 상황에서의 판단이 포함된다.
사회적 영역	㉠ 타인의 생각이나 감정, 경험 등을 인지하는 능력, ㉡ 공감, ㉢ 의사소통 기술, ㉣ 친선 능력, ㉤ 사회적 판단 등이 포함된다.
실행적 영역	학습과 개인적 관리, 직업적 책임의식, 금전 관리, 오락, 자기행동 관리, 학교나 직장에서의 업무 관리 등과 같은 삶에서의 자기관리가 포함된다.

② 진단기준의 기능 결함

장애	확인방법	구체적인 기능
지적 기능	㉠ 임상적 평가 ㉡ 개별적으로 실시된 표준화된 지능검사	추론, 문제해결, 계획, 추상적 사고, 판단, 학업, 경험 학습
적응 능력	다양한 환경(가정, 학교, 직장, 공동체)에서 한 가지 이상의 일상 활동 기능에 제한	독립성과 사회적 책임의 발달학적, 사회문화적 기준을 만족시키지 못하는 경우 ㉠ 의사소통　　㉡ 자기보호 ㉢ 가정생활　　㉣ 사회/대인관계 ㉤ 공공시설 이용　㉥ 자기관리 ㉦ 학습　　　　㉧ 작업 ㉨ 취미생활　　㉩ 건강/안전

변별	학습부진	① 정상지능임에도 불구하고 우울, 불안 등 정서적 문제에 기인되어 학습에 어려움을 보이는 경우 ② 지적장애와 변별을 위해 지능수준을 확인해야 함
치료	예방법	① 산전진단검사 ② 신생아 대사이상 검사 실시 ③ 임신기간에 엽산을 복용하여 신경관 결손발생을 줄이는 것
	약물치료	① 핵심적인 지적 손상 그 자체를 호전시키기 위해서가 아님 ② 동반되는 정서행동 증상의 호전을 위해 항정신병 약물, 항경련제, 항우울제, 정신자극제 등의 약처방
	통합된 프로그램	행동치료 전문가, 언어치료사, 작업치료사, 특수교사 등이 학문적인 것과 자립에 필요한 생활 기술을 교육, 사회기술향상과 직업훈련 제공

3 특정 학습장애

정의 및 특성	(1) 학습이나 학업기술, 특히 읽기, 쓰기표현, 수학에서 특징적인 문제를 보이는 장애 (2) 신체감각기관의 결함이나 지적장애 혹은 발달신경학적 장애가 있으면 이 진단을 배제함 　(IQ가 70±5 이상이고 불충분한 교육환경 때문에 발생하지 않아야 함) (3) 학업성취도가 낮으므로 학교를 중퇴하기 쉬우며 소외감이나 좌절감 등을 겪는 등 정신건강수준이 낮음	
역학	(1) 보통 초등학교 1학년이 되어야 읽기와 쓰기 표현에 특정하게 장애가 있는지 알 수 있음 (2) 수학 장애는 5학년이 될 때까지 알기 어려움	
DSM-5-TR	A	학업 기술을 배우고 사용하는 데 있어서의 어려움. 이러한 어려움에 대한 적절한 개입을 제공함에도 불구하고 다음에 열거된 증상 중 적어도 한 가지가 최소 6개월 이상 지속된다. (1) 부정확하거나 느리고 힘겨운 단어읽기 　예 단어를 부정확하거나 느리게 더듬더듬 소리 내어 읽기, 자주 추측하며 읽기, 단어를 소리 내어 읽는 데 어려움이 있음 (2) 읽은 것의 의미를 이해하기 어려움 　예 본문을 정확하게 읽을 수 있으나 읽은 내용의 순서, 관계 추론 또는 깊은 의미를 이해하지 못함 (3) 철자법의 어려움 　예 자음이나 모음을 추가, 생략 또는 대치하기도 함 (4) 쓰기의 어려움 　예 한 문장 안에서 다양한 문법적·구두점 오류, 문단 구성이 엉성함, 생각을 글로 표현하는데 있어 명료성이 부족함 (5) 수 감각, 단순 연산값 암기 또는 연산 절차의 어려움 　예 숫자의 의미, 수의 크기나 관계에 대한 빈약한 이해; 한 자릿수 덧셈을 할 때 또래들처럼 단순 연산값에 대한 기억력을 이용하지 않고 손가락을 사용함; 연산을 하다가 진행이 안 되고 연산 과정을 바꿔 버리기도 함 (6) 수학적 추론의 어려움 　예 양적 문제를 풀기 위해 수학적 개념, 암기된 연산값 또는 수식을 적용하는 데 심각한 어려움이 있음
	B	보유한 학습 기술이 개별적으로 실시한 표준화된 성취도 검사와 종합적인 임상 평가를 통해 생활연령에서 기대되는 수준보다 현저하게 양적으로 낮으며, 학업적 또는 직업적 수행이나 일상생활의 활동을 현저하게 방해한다는 것이 확인되어야 함 17세 이상인 경우 학습의 어려움에 대한 과거력이 표준화된 평가를 대신할 수 있다
	C	(발병시기) 학습의 어려움은 학령기에 시작되나 해당 학습 기술을 요구하는 정도가 개인의 능력을 넘어서는 시기가 되어야 분명히 드러날 수도 있다. 예 주어진 시간 안에 시험 보기, 길고 복잡한 리포트를 촉박한 마감 기한 내에 읽고 쓰기, 과중한 학업 부담
	D	(배제진단) 학습의 어려움은 지적장애, 교정되지 않은 시력이나 청력 문제, 기타 정신질환 또는 신경학적 장애, 정신사회적 불행, 학습 지도사가 해당 언어에 능숙하지 못한 경우 또는 불충분한 교육적 지도로 더 잘 설명되지 않는다.
	주의점	4가지의 진단기준은 개인의 과거력(발달력, 의학적 병력, 가족력, 교육력), 학교의 보고와 심리교육적 평가 결과를 임상적으로 통합하여 판단한다.
	부호화 주의점	• 손상된 모든 학업 영역과 보조 기술에 대해 세부화하시오. • 한 가지 이상의 영역에 손상이 있는 경우 다음의 명시자에 따라 개별적으로 부호화하시오.

DSM-5-TR	▶ 다음의 경우 명시할 것	
	읽기 손상 동반	단어 읽기 정확도, 읽기 속도 또는 유창성, 독해력
	쓰기 손상 동반	철자 정확도, 문법과 구두점 정확도, 작문의 명료도 또는 구조화
	수학 손상 동반	수 감각, 단순 연산값의 암기, 계산의 정확도 또는 유창성, 수학적 추론의 정확도
	주의점 : 난산증(ayscalculia)은 숫자 정보 처리, 단순 연산값의 암기, 계산의 정확도 또는 유창성 문제의 어려움을 특징으로 하는 또 다른 용어이다. 만일 이러한 특수한 패턴의 수학적 어려움을 난산증으로 명명한다면, 수학적 추론이나 단어 추론의 정확성과 같은 부수적인 어려움이 동반되었는지 살펴보고 명시하는 것이 중요하다.	
	* 현재의 심각도를 명시할 것 - 경도 : 1가지 또는 2가지 학업 영역의 학습 기술에 있어 약간의 어려움이 있으나 적절한 편의나 지지 서비스가 제공된다면(특히 학업 기간 동안), 개인이 이를 보상할 수 있거나 적절히 기능할 수 있을 정도로 경미한 수준이다. - 중등도 : 1가지 이상의 학업 영역의 학습 기술에 있어 뚜렷한 어려움이 있으며, 그로 인해 학업 기간 동안 일정한 간격을 두고 제공되는 집중적이고 특수화된 교육 없이는 능숙해지기 어렵다. 활동을 정확하고 효율적으로 완수하기 위해서는 적어도 학교, 직장 또는 집에서 보내는 시간의 일부 동안이라도 편의 또는 지지 서비스가 제공되어야 한다. - 고도 : 여러 학업 영역에 영향을 끼치는 학습 기술의 심각한 어려움이 있으며, 그로 인해 대부분의 학업 기간 동안 집중적이고 개별적이며 특수화된 교육이 지속되지 않는다면 이러한 기술을 습득하기 어렵다. 가정, 학교 또는 직장에서 일련의 적절한 편의 또는 서비스를 제공받았음에도 불구하고 모든 활동을 효율적으로 수행하지 못할 수도 있다.	
장애 유형	읽기장애 11 임용	• 감각기능이나 지능에 이상이 없는 데도 읽기를 정확히 못하는 것, 단어인식의 어려움, 즉 음소처리의 결함과 관련이 있음(정상적 수업을 받았는데도 글자를 인지하지 못함)	대개 남아, 초 1학년에 진단
	쓰기표현장애	• 다양한 철자법 오류를 보이는 것으로 악필을 의미하는 것은 아님 • 문법, 띄어쓰기, 구두점의 적절한 사용에도 어려움이 있음	
	수학장애	• 계산의 수학적 절차, 숫자의 의미를 자동적으로 인출하는 과정, 시·공간적 기술과 관련된 인지적 능력의 결함 때문에 숫자의미를 모름 • 수의 크기나 관계도 잘 이해하지 못하여 수학적 개념이나 수식을 적용하는 데 어려움을 보임	대개 여아, 초 5학년에 진단
치료	집중적이고 개인수준에 맞는 특수교육이 가장 효과적임		

4 의사소통장애

의사소통장애		진단기준(DSM-5-TR)
말소리장애 : 말의 명료성 저해 또는 언어적 의사소통을 막는 말소리 생성 곤란	A	(1) (발성↓) 말소리 생성에 지속적인 어려움 (2) (전달↓) 언어 명료도를 방해하거나 전달적인 언어적 의사소통을 막음
	B	장해가 효과적인 의사소통을 제한하여, 사회적 참여, 학업적 성취 또는 직업적 수행을 각각 혹은 조합해서 방해함
	C	(발병시기) 증상의 발병은 초기 발달 시기에 시작됨
	D	(배제진단) 이러한 어려움은 뇌성마비, 구개열, 난청 또는 청력 소실, 외상성 뇌손상이나 다른 의학적 또는 신경학적 상태와 같은 선천적 혹은 후천적 조건으로 인한 것이 아님
아동기 발병 유창성장애 (= 말더듬) : 평소 말의 유창성과 시간 패턴상의 장애	A	말의 정상적인 유창성과 말 속도 양상의 장해로서 이는 연령과 언어 기술에 비해 부적절하며, 오랜 기간 지속됨. 다음 중 1가지 이상이 자주, 뚜렷하게 나타나는 것이 특징임 (1) 음과 음절의 반복(그, 그러니까..) (2) 자음과 모음을 길게 소리 내기(그러~~니까) (3) 단어의 깨어짐(한 단어 내에서 끊김이 있음 : 그러..니까) (4) 소리를 동반하거나 동반하지 않는 말 막힘(말의 중단 사이가 채워지거나 채워지지 않음) (5) 돌려 말하기(문제 있는 단어를 피하기 위한 단어 대치) (6) 과도하게 힘주어 단어 말하기 (7) 단음 단어의 반복(나-나-나-나는 그를 본다.)
	B	개별적으로나 복합적으로 장해는 말하기에 대한 불안 혹은 효과적인 의사소통, 사회적 참여 또는 학업적이나 직업적 수행의 제한을 야기한다.
	C	(발병시기) 증상의 발병은 초기 발달 시기에 시작된다 주의점 : 늦은 발병의 경우 성인기 발병 유창성장애로 진단한다.
	D	(배제진단) 장해는 언어-운동 결함 또는 감각 결함, 신경학적 손상(예 뇌졸중, 종양, 외상)에 의한 비유창성 또는 다른 의학적 상태로 인한 것이 아니며, 다른 정신질환으로 더 잘 설명되지 않는다.
	특징	① 사춘기 이전 어린이들의 1% 정도에서 나타남 ② 남아에서 3배 정도 더 흔함 ③ 가족력이 있는 경우가 많고 성장하면서 자연스럽게 없어지기도 하지만 그중 1/5은 성인까지 지속되며, 여아가 호전되는 비율이 더 높음 ④ 주로 자음의 반복으로 시작되고 이후 음절이나 단어를 반복하게 됨 ⑤ 치료가 가능한 경우 대개 16세 이전에 치료됨 ⑥ 6세 이전에 발병 ⑦ 처음에 말더듬을 시작했을 때 주위에서 지나친 관심을 보이지 않는 쪽이 도움이 되고, 말더듬는 상태가 상당기간 지속되면 언어치료가 필요함

언어장애
: 언어습득 및 사용곤란 (대체로 조기 청소년기까지 잘 드러나지 않음, 진단 즉시 언어치료 시행)
	A	언어에 대한 이해 또는 생성의 결함으로 인해 언어 양식(즉, 말·글·수화 또는 기타)의 습득과 사용에 지속적인 어려움이 있으며, 다음 항목들을 포함함
		(1) 어휘감소 예 단어에 대한 지식과 사용
		(2) 문장 구조의 제한
		   예 문법이나 형태론적 법칙을 기초로 단어와 어미를 배치하여 문장을 만드는 능력
		(3) 담화의 손상
		   예 어떤 주제나 일련의 사건을 설명하거나 기술하고 또는 대화를 나누기 위해 어휘를 사용하고 문장을 연결하는 능력

	B	언어 능력이 연령에 기대되는 수준보다 상당히, 그리고 정량적으로 낮으며, 이로 인해 개별적으로나 어떤 조합에서나 효율적인 의사소통, 사회적 참여, 학업적 성취 또는 직업적 수행의 기능적 제한을 야기함
	C	(발병시기) 증상의 발병은 초기 발달 시기에 시작됨
	D	(배제진단) 이러한 어려움은 청력이나 다른 감각 손상, 운동 기능이상 또는 다른 의학적 신경학적 상태에 기인한 것이 아니며, 지적발달장애(지적장애)나 전반적 발달지연으로 더 잘 설명되지 않음

의사소통장애		진단기준(DSM-5-TR)
사회적(실용적) 의사소통 장애 : 언어적·비언어적 의사소통의 사회적 사용 곤란	A	언어적·비언어적 의사소통의 사회적인 사용에 있어서 지속적인 어려움이 있고, 다음과 같은 양상이 모두 나타남 (1) 사회적 맥락에 적절한 방식으로 인사 나누기 및 정보 공유하기와 같은 사회적 목적의 의사소통을 하는 데 있어서의 결함 (2) 교실과 운동장에서 각기 다른 방식으로 말하기, 아동과 성인에게 각기 다른 방식으로 말하기, 그리고 매우 형식적인 언어의 사용을 피하는 것과 같이 맥락이나 듣는 사람의 요구에 맞추어 의사소통 방법을 바꾸는 능력에 있어서의 손상(예 운동장에서는 의사소통을 잘하는데 교실에서는 잘못함) (3) 순서에 맞추어 대화하기, 알아듣지 못했을 때 좀 더 쉬운 말로 바꾸어 말하기, 상호작용을 조절하기 위해 언어적·비언어적 신호를 사용하기와 같이 대화를 주고받는 규칙을 따르는 데 있어서의 어려움(예 잘못 들었을 대 되묻기를 어려워함) (4) 명시적으로 기술되지 않은 것을 이해하기(예 추측하기), 언어의 비문자적 또는 애매모호한 의미(예 관용구, 유머, 은유, 해석 시 문맥에 따른 다중적 의미)를 이해하는 데 있어서의 어려움
	B	개별적으로나 복합적으로 결함이 효과적인 의사소통, 사회적 참여, 사회적 관계, 학업적 성취 또는 직업적 수행의 기능적 제한을 야기함
	C	(발병시기) 증상의 발병은 초기 발달 시기에 나타남(그러나 결함은 사회적 의사소통 요구가 제한된 능력을 넘어설 때까지는 완전히 나타나지 않을 수 있음)
	D	(배제진단) 증상은 다른 의학적 또는 신경학적 상태나 부족한 단어 구조 및 문법 영역의 능력에 기인한 것이 아니며, 자폐스펙트럼장애, 지적발달장애(지적장애), 전반적 발달지연 또는 다른 정신질환으로 더 잘 설명되지 않음

【공통증상】
- (기능 저하 ○) 이로 인해 효율적인 의사소통, 사회적 참여, 학업적 성취 혹은 직업적 성과에 기능적 저하가 야기됨
- (다른 원인 ×) 다른 의학적 혹은 신경학적 상태로 인한 것이 아님

5 자폐스펙트럼장애

정의	언어적·비언어적 의사소통의 장애, 사회적 상호작용의 질적인 결함, 상동적 행동 및 관심 범위의 제한을 주 증상으로 하는 발달성 장애	
특성	(1) 사회적 의사소통과 사회적 상호작용상의 결함 (2) 행동, 흥미 또는 활동의 제한적·반복적 패턴	
역학 99 국시	(1) 남아가 더 많음, 보통 12~24개월 사이에 장애를 발견 (2) 10% 서번트 증후군 : 한 가지 분야에서 뛰어난 능력을 보임	
증상 및 특성	(1) 언어기술과 제한적 지적 수준이 궁극적인 예후에 관계되는 가장 중요한 요인으로 작용함 (2) 단지 소수의 개인들만이 성인기에 독립적으로 살아가며 1/3은 부분적인 독립이 가능함 (3) 자폐성 장애를 지닌 성인의 기능수준이 높은 편이라고 할지라도 제한된 관심과 활동, 사회적 상호작용이나 의사소통 등 여러 분야에서 지속적인 문제가 발생됨	
DSM-5-TR	사정 방법	① 발달지연, 고르지 못한 발달 혹은 능력부족 사정함. 아동용 책이나 일기, 사진, 비디오테이프 혹은 돌봄 제공자(가족이 아닌)의 일화보고서를 사용함 ② 결속력, 불안, 긴장 그리고 적합한 기질의 증거로 부모-자식 관계를 사정함 ③ 신체적·정서적 학대의 가능성을 사정함. 행동과 발달상에 문제를 가진 아동들은 학대의 위험성이 있다는 것을 인지해야 함 ④ 부모와 아동을 위한 부모교육, 상담, 방과후 프로그램을 포함한 지역사회 프로그램에 대한 지식 정도를 사정함
	진단 기준 92 임용 / 11,14,17, 20,21,22, 24 국시	다음 A, B, C, D, E 진단기준을 모두 충족해야 함 A. 다양한 분야에 걸쳐 나타나는 사회적 의사소통과 사회적 상호작용의 지속적인 결함으로 현재 또는 과거력상 다음과 같은 특징이 모두 나타남(예시들은 실례이며 증상을 총 망라한 것이 아님) (1) 사회적-감정적 상호성의 결함 01,14,17 국시 예) 비정상적인 사회적 접근과 정상적으로 주고받는 대화의 실패, 흥미나 감정 공유의 감소, 사회적 상호작용의 시작 및 반응의 실패 (2) 사회적 상호작용을 위한 비언어적인 의사소통 행동의 결함 예) 언어적·비언어적 의사소통의 불완전한 통합, 비정상적인 눈 맞춤과 몸짓 언어 또는 몸짓의 이해와 사용의 결함, 얼굴 표정과 비언어적 의사소통의 전반적 결핍 (3) 관계 발전, 유지 및 관계에 대한 이해의 결함 예) 다양한 사회적 상황에 적합한 적응적 행동의 어려움, 상상 놀이를 공유하거나 친구 사귀기가 어려움, 동료들에 대한 관심 결여

DSM-5-TR	진단 기준 92 임용 / 11,14,17, 20,21,22, 24 국시	B		제한적이고 반복적인 행동, 흥미 또는 활동이 현재 또는 과거력상 다음 항목들 가운데 적어도 2가지 이상 나타난다(예시들은 실례이며 증상을 총망라한 것이 아님). 04 국시
			(1)	상동증적이거나 반복적인 운동성 동작, 물건 사용 또는 말하기 예 단순 운동 상동증, 장난감 정렬하기 또는 물체 튕기기, 반향어, 특이한 문구 사용 등
			(2)	동일성에 대한 고집, 일상적인 틀에 대한 융통성 없는 집착 또는 의례적인 언어적 · 비언어적 행동 양상 예 작은 변화에 대한 극심한 고통, 변화의 어려움, 완고한 사고방식, 의례적인 인사, 같은 길로만 다니기, 매일 같은 음식 먹기
			(3)	강도나 초점에 있어서 비정상적으로 극도로 제한되고 고정된 흥미 예 특이한 물체에 대한 강한 애착 또는 집착, 과도하게 국한되거나 고집스러운 흥미
			(4)	감각 정보에 대한 과잉 또는 과소 반응 혹은 환경의 감각 측면에 대한 특이한 관심 예 통증/온도에 대한 명백한 무관심, 특정 소리나 감촉에 대한 부정적 반응, 과도한 냄새 맡기 또는 물체 만지기, 빛이나 움직임에 대한 시각적 매료
		C		(발병시기) 증상은 발달 시기부터 나타나야 함(하지만 사회적인 요구가 제한된 능력을 상회할 때까지는 완전히 드러나지 않을 수 있음)
		D		증상은 매일의 기능을 제한하고 장해를 유발해야 함
		E		(배제진단) 이러한 장애는 지적장애 혹은 전반적 발달지연으로 설명 안됨(지지요함, 상당한 지지요함, 매우 상당한 지지요함)으로 심각도를 평가함
		주의점		• DSM-5 진단기준상 자폐성장애, 아스퍼거장애 또는 달리 분류되지 않는 전반적 발달장애로 진단된 경우에는 자폐스펙트럼정애의 진단이 내려져야 함 • 사회적 의사소통에 뚜렷한 결함이 있으나 자폐스펙트럼장애의 다른 진단 항목을 만족하지 않는 경우에는 사회적(실용적) 의사소통장애로 평가해야 함
		현재의 심각도를 사회적 의사소통 손상과 제한적이고 반복적인 행동 양상에 기초하여 명시할 것 상당히 많은 지원을 필요로 하는 수준, 많은 지원을 필요로 하는 수준, 지원이 필요한 수준 * 다음의 경우 명시할 것 – 지적 손상을 동반하는 경우 또는 동반하지 않는 경우 – 언어 손상을 동반하는 경우 또는 동반하지 않는 경우 – 알려진 유전적 또는 기타 의학적 상태나 환경적 요인과 연관된 경우 – 신경발달, 정신 또는 행동 문제와 연관된 경우 – 긴장증 동반			
치료 및 간호 중재	(1) 치료목표 : 사회적 의사소통과 사회적 상호교류를 증진, 비효율적이고 반복적 행동 감소 (2) 행동치료, 발달학적 치료를 결합한 포괄적 치료모델 적용 (3) 애착증진치료, 사회기술훈련, 의사소통 기술 훈련 (4) 상동증, 공격적 행동, 의도적 자기손상, 빠른 기분변화 등에 소량의 할로페리돌 또는 리스페리돈투여			

6 주의력결핍 과잉행동장애

정의	12세 이전 아동 초기에 발생하고 주의산만, 과잉행동, 충동성을 보이는데 그 경과가 만성적이며 가정, 학교, 사회에서 여러 기능에 문제를 보이는 장애		
역학	(1) 여자보다 남아에서 호발, 남녀의 비율은 2 : 1~9 : 1까지 다양함. ADHD 아동의 30~50%가 성인기까지 지속됨 (2) 성인 ADHD의 약 70~75%는 사회공포증, 양극성 장애, 주요 우울장애, 알코올 의존과 같은 공존 진단을 하나 이상 받음		
	관련 요인	아동학대나 무관심, 다양한 양육 장소, 신경독소(예 납중독), 감염(예 뇌염), 자궁 내 약물 노출, 저체중아, 지적장애의 과거력 등	
DSM-5-TR 08 임용 / 21 국시	A	기능 또는 발달을 저해하는 지속적인 부주의 및/또는 과잉행동-충동성이 (1), 그리고/또는 (2)의 특징을 갖음	
		(1)	부주의점(= 주의력 결핍, 주의산만, 집중력 부족) : 다음 9가지 증상 중 6가지(또는 그 이상)가 적어도 6개월 동안 발달수준에 적합하지 않고 사회적, 학업적/직업적 활동에 직접적으로 부정적인 영향을 미칠 정도로 지속됨 주의점 : 이러한 증상은 단지 반항적 행동, 적대감 또는 과제나 지시 이해의 실패로 인한 양상이 아니어야 함. 후기 청소년과 성인(17세 이상)의 경우에는 적어도 5가지의 증상을 만족해야 함
			① 부주의한 실수 : 종종 세부적인 면에 대해 면밀한 주의를 기울이지 못하거나, 학업, 작업 또는 다른 활동에서 부주의한 실수를 저지름 (예 세부적인 것을 못 보고 넘어가거나 놓침, 작업이 부정확함)
			② 주의집중 어려움 : 종종 과제를 하거나 놀이를 할 때 지속적으로 주의집중을 할 수 없음 (예 강의, 대화 또는 긴 글을 읽을 때 계속해서 집중하기가 어려움)
			③ 경청하지 않음 : 종종 다른 사람이 직접 말을 할 때 경청하지 않는 것처럼 보임(예 명백하게 주의집중을 방해하는 것이 없는데도 마음이 다른 곳에 있는 것처럼 보임)
			④ 수행하지 못함 : 종종 지시를 완수하지 못하고, 학업, 잡일 또는 작업장에서의 임무를 수행하지 못함(예 과제를 시작하지만 빨리 주의를 잃고 쉽게 곁길로 샘)
			⑤ 체계화 어려움 : 종종 과제와 활동을 체계화하는 데 어려움이 있음(예 순차적인 과제를 처리하는 데 어려움, 물건이나 소지품을 정리하는 데 어려움, 지저분하고 체계적이지 못한 작업, 시간 관리를 잘하지 못함, 마감 시간을 맞추지 못함)
			⑥ 회피 : 종종 지속적인 정신적 노력을 요구하는 과제에 참여하기를 기피하고, 싫어하거나, 저항함(예 학업 또는 숙제 : 후기 청소년이나 성인의 경우에는 보고서 준비하기, 서류 작성하기, 긴 서류 검토하기)
			⑦ 분실 : 과제나 활동에 꼭 필요한 물건들(예 학습 과제물, 연필, 책, 도구, 지갑, 열쇠, 서류 작업물, 안경, 휴대폰)을 자주 잃어버림
			⑧ 쉽게 산만 : 종종 외부 자극(후기 청소년과 성인의 경우에는 관련이 없는 생각들이 포함될 수 있음)에 의해 쉽게 산만해짐
			⑨ 망각 : 종종 일상적인 활동을 잊어버림(예 잡일하기, 심부름하기 ; 후기 청소년과 성인의 경우에는 전화 회답하기, 청구서 지불하기, 약속 지키기)

DSM-5 -TR 08 임용 / 21 국시	A	(2)	과잉행동-충동성 : 다음 9가지 증상 가운데 6가지(또는 그 이상)가 적어도 6개월 동안 발달수준에 적합하지 않고 사회적, 학업적/직업적 활동에 직접적으로 부정적인 영향을 미칠 정도로 지속됨 주의점 : 이러한 증상은 단지 적대적 행동의 표현, 반항, 적대감 또는 과제나 지시 이해의 실패로 인한 양상이 아니어야 함. 후기 청소년과 성인(17세 이상)의 경우, 적어도 5가지의 증상을 만족해야 함
			① 꼼지락거림 — 종종 손발을 만지작거리며 가만두지 못하거나 의자에 앉아서도 몸을 꿈틀거림
			② 자리를 떠남 — 종종 앉아 있도록 요구되는 교실이나 다른 상황에서 자리를 떠남(예 교실, 사무실이나 다른 업무 현장 또는 자리를 지키는 것이 요구되는 상황에서 자리를 이탈)
			③ 뛰거나 기어오름 — 종종 부적절하게 뛰어다니거나 기어오름 주의점 : 청소년 또는 성인에서는 주관적으로 좌불안석을 경험하는 것에 국한될 수 있다.
			④ 차분하지 못함 — 종종 조용히 놀거나 여가 활동에 참여하지 못함
			⑤ 모터 달린 것처럼 행동함 — 종종 '끊임없이 활동하거나' 마치 '태엽 풀린 자동차처럼' 행동함(예 음식점이나 회의실에 장시간 동안 가만히 있을 수 없거나 불편함. 다른 사람에게 가만히 있지 못하는 것처럼 보이거나 가만히 있기가 어려워 보일 수 있음)
			⑥ 말이 많음 — 종종 지나치게 수다스럽게 말함
			⑦ 성급하게 대답함 — 종종 질문이 끝나기 전에 성급하게 대답함(예 다른 사람의 말을 가로채거나 대화 시 자신의 차례를 기다리지 못함)
			⑧ 차례를 기다리지 못함 — 종종 자신의 차례를 기다리지 못함(예 줄 서 있는 동안)
			⑨ 다른 사람 활동을 방해함 — 종종 다른 사람의 활동을 방해하거나 침해함(예 대화, 게임이나 활동에 참견함; 다른 사람에게 묻거나 허락을 받지 않고 다른 사람의 물건을 사용하기도 함; 청소년과 성인의 경우 다른 사람이 하는 일을 침해하거나 꿰찰 수 있음)
	B		(발병시기) 몇 가지의 부주의 또는 과잉행동-충동성 증상이 12세 이전에 나타난다.
	C		몇 가지의 부주의 또는 과잉행동-충동성 증상이 2가지 이상의 환경에서 존재한다. (예 가정, 학교나 직장; 친구들 또는 친척들과의 관계; 다른 활동에서)
	D		증상이 사회적, 학업적 또는 직업적 기능의 질을 방해하거나 감소시킨다는 명확한 증거가 있다.
	E		(배제진단) 증상이 조현병 또는 기타 정신병적 장애의 경과 중에만 발생하지는 않으며, 다른 정신질환(예 기분장애, 불안장애, 해리장애, 성격장애, 물질 중독 또는 금단)으로 더 잘 설명되지 않는다.
	부주의 우세형		지난 6개월 동안 진단기준 A1(부주의)은 충족하지만 A2(과잉행동-충동성)는 충족하지 않음
	과잉행동 / 충동 우세형		지난 6개월 동안 진단기준 A2(과잉행동-충동성)는 충족하지만 A1(부주의)은 충족하지 않음
	복합형		지난 6개월 동안 진단기준 A1(부주의)과 진단기준 A2(과잉행동-충동성)를 모두 충족함

지난 6개월 동안	A1(부주의) 충족 여부	A2(과잉행동-충동성) 충족 여부
부주의 우세형	○	×
과잉행동/충동 우세형	×	○
복합형	○	○

DSM-5-TR
08 임용/
21 국시
	* 다음의 경우 명시할 것
	  - 부분 관해 상태 : 과거에 완전히 진단기준을 충족하였고, 지난 6개월 동안에는 완전히 진단기준을 충족하지는 않지만 여전히 증상이 사회적, 학업적 또는 직업적 기능에 손상을 일으키는 상태임
	* 현재의 심각도를 명시할 것
	  - 경도 : 현재 진단을 충족하는 수준을 초과하는 증상은 거의 없으며, 증상으로 인한 사회적 또는 직업적 기능의 손상은 경미한 수준을 넘지 않음
	  - 중등도 : 증상 또는 기능적 손상이 '경도'와 '고도' 사이에 있음
	  - 고도 : 진단을 충족하는 수준을 초과하는 많은 증상 또는 특히 심각한 몇 가지 증상이 있음 또는 증상이 사회적 또는 직업적 기능에 뚜렷한 손상을 야기함		

간호 사정	측정도구	① 행동이나 증상 체크리스트 사용 : 직접 관찰, 부모 혹은 교사로부터 정보를 수집 ② 청소년 행동평가척도 K-CBCL, Conners 평정척도	
	병력	① 영유아기에 까다롭고 문제가 없는 경우도 있음 ② 부모는 아동의 행동을 통제할 수 없는 느낌, 훈육하거나 행동을 교정하는 데 성공하지 못했다고 말함	
	동작/ 기분/ 사고	① 산만하고 충동적, 과잉행동 : 대화진행이 어렵고 대화하다가 주제를 갑자기 바꿈 ② 기분변화가 심하고 불안, 초조, 좌절감을 보임 ③ 사고과정이나 내용, 지각에는 손상 없음	
	감각/ 인지판단/ 병식	① 의식은 명료, 주의집중능력은 현저한 손상을 보임 ② 질문에는 '몰라요'라고 대답하는 경우가 많아 기억력 사정하기 어려움 ③ 행동하기 전에 생각하지 않음	
	자기 개념	① 왜 자기행동이 다른 사람에게 해가 되는지 깨닫지 못함 ② 자기행동 때문에 친구가 없다는 것을 연관시키지 못함 ③ 자존감 낮음	
	역할관계	① 부모 : 진단받기 전까지 아동이 고집이 세며 일부러 나쁜 행동을 한다고 생각함 ② 교사도 부모도 좌절감을 느끼게 되어 아동을 돌보지 않으려고 함	
간호 진단	가족기능장애, 자긍심 저하, 방어적 대처, 비효율적 대처, 불안, 불이행, 손상 위험성		
목표	(1) 더 이상 상해 위험이 없음, 다른 사람의 권한을 침해하지 않음 (2) 나이에 적절한 사회적 역할 수행, 자신의 과제 완수, 타인의 지시에 따름		
치료 및 중재	환경 관리	아동은 자극에 대하여 민감하고 충동적이므로 환경적 자극을 최소화하고, 환경을 일관성 있게 유지 (조용한 공간, 장난감을 한 번에 1~2가지 정도만 제공)	
	약물 치료 03 임용	중추신경 자극제(메틸페니데이트, 암페타민 등), TCA 사용	
		메틸페니 데이트 (= 리탈린) 10 임용	작용	중추신경자극제로 시냅스에서 도파민의 농도를 증가시키는 약리작용을 함 : 과잉행동/충동성/기분변동 감소, 주의집중 향상, 특히 과다활동이 호전 잘 됨 (도파민 증가에 의해 틱을 유발하거나 악화시킬 수 있으므로 틱의 가족력이나 과거력이 있으면 메틸페니데이트 금기, 클로니딘 사용)
			주의 사항	① 1개월 내 효과 없으면 치료중단 ② 낮에 투여 : 불면증 예방, 불면증 시 담당의사와 상의해 투약시간 조절 ③ 아침식사와 함께 투여, 오후 및 취침에 간식제공 : 영양분 섭취 도움 ④ 장기복용으로 인한 부작용을 예방하기 위해 학습에 영향이 적다고 생각되는 기간에는 약물투여를 일시 중단할 수 있음 ⑤ 반동효과 : 간혹 약 효과가 떨어질 시간이 될 즈음 더 악화된 증상이 나타나기도 함. 이런 경우 더 잦은 투약이 요구됨 24 임용 ⑥ MAOI 투여 후 14일 이후 약물 복용 : 14일 이내 고혈압 위기 발생 가능 ⑦ 금기 : 뚜렛장애, 녹내장, 갑상선기능항진증, 부정맥, 협심증, 중증의 불안, 흥분, 항경련제와 병용금기, 카페인 복용금지(신경질의 정도 심해짐) ⑧ 심한 부작용 시 desipramine, bupropion 항우울제 사용

치료 및 중재 03 임용	약물 치료	메틸페니데이트 (= 리탈린) 10 임용	부작용	CNS	불면증, 초조, 흥분, 신경과민증, 환각, 망상, 두통, 어지러움, 진전, 우울상태, 공격성, 주의력 결핍
				위장계	복통(가끔 처음 며칠 동안 나타나며 지속되지는 않음), 식욕부진, 오심, 구토, 변비, 구갈, 설사, 구내염
				순환기	빈맥, 심계항진, 부정맥, 혈압상승 또는 저하
				과민증	발진, 관절통, 박탈성 피부염, 홍반 → 투여중지
	인지 행동 치료	(1) 인지적·행동적 충동성을 변화시키고 좌절에 대한 인내력 및 자기조절능력을 발달시키는 데 효과적임 (2) 체계적 탈감작법, 주장훈련, 조작적 조건화, 사고중지, 재구성, 사회기술훈련, 자기통제절차 행동연습, 과제할당, 토큰경제					
		자기주장훈련	① 대인관계에서 억제된 생각이나 감정을 적절한 방식으로 표현하게 함 ② 유형 : 요청거부하기, 분위기에 맞지 않는 의견 표현하기, 자신의 약점 인정하기, 칭찬 수용하기, 긍정적인 감정표현하기, 행동변화 요구하기, 대화를 주도하고 유지하기 ③ 이완훈련, 자기진술훈련, 역할연기, 시범의 관찰, 행동연습 등의 기법 사용				
		조작적 조건화 24 임용	① 주변 환경으로부터의 자극, 관심 또는 보상을 얻기 위한 목적으로 시도된 행동 ② 정적강화(강화물 제공), 부적강화(혐오자극 제거) ③ 토큰강화 ④ 타임아웃 ⑤ 반응대가				
		자기통제 절차	내담자가 자신의 특정한 문제와 행동을 잘 자각하도록 하는 과정				
			자기평가	자신의 행동을 관찰하고 이를 기록하도록 함			
			자기강화	자신의 행동을 지속적으로 평가하면서 스스로 강화하도록 함			
			자기지도	잠깐 멈춤, 자세히 보고, 듣는다는 식의 일련의 단계를 적용하는 것으로 문제를 해결할 때 단계를 적용			
		과제할당	치료회합 사이에 실생활의 특정 과제들을 수행하는 것				
	놀이 치료	(1) 아동의 생각과 느낌을 이해하고 의사소통을 증진함 (2) 역할극을 통해 불안을 표출, 망치놀이/달리기/진흙놀이로 에너지 배출					
	심리 치료	주의력 문제로 인한 우울증, 반항적 부적응행동, 사회적 고립, 자신감 저하, 가족 간의 만성적 갈등 등 2차 문제가 있을 때 도움이 됨					
	행동 치료	(1) 가정이나 학교에서 일관되게 수행했을 때 효과가 높음 → 일관된 보상, 지속적 칭찬, 타임아웃, 언어적 질책이나 긍정적·부정적 행동에 대한 점수 카드 등 행동수정 원칙사용, 미리 생각하고 크게 말하기, 자기지시훈련 (2) 부모가 행동기록표 사용하여 목표성취를 주기적으로 점검					
	부모 교육	안전 확보	① 세심하게 관찰하고 안전하지 않은 행동을 멈추게 함 ② 받아들일 수 있는 행동과 받아들이지 못할 행동에 대해 분명한 지침을 줌				
		향상된 역할수행	① 기대에 부응하면 긍정적 피드백 제공함 ② 환경조성 : 과제완수를 위해 자극이 없는 조용한 장소를 제공함				
		지침과 지시의 단순화 23 국시	① 아동을 100% 집중시킴 ② 복잡한 과제를 여러 단계로 나눔 ③ 중간중간 휴식시간을 줌				

치료 및 중재 03 임용	부모 교육	일상의 구조화 13 임용	① 일일 계획을 수립함 ② 변화를 최소화함 ③ 환자의 일상생활과 목표행동을 구조화하고 일관성을 가지도록 함 ④ <u>일상활동을 목록으로 만들어 메모해 주고, 하루의 계획에 미리 대비할 수 있게 함</u>
		아동 & 가족 교육과 지원 09 임용	① 부모의 느낌과 좌절감 들어줌 ② 부모와 함께 계획하고 간호제공, 부모에게 지지그룹 안내(<u>아이를 잠깐씩 돌보아 줄 수 있는 자원을 활용해 어머니에게 규칙적인 휴식을 취하도록 권유함</u>) ③ 환자의 문제 행동뿐 아니라 강점에 초점을 맞춤 ④ 적절한 투약과 부작용에 대해 교육 ⑤ 적합한 특수교육 서비스에 대한 정보제공 ⑥ 가정에서 사용할 수 있는 행동접근에 대해 알려줌 - 행동교정과 칭찬 조화롭게 제공
	학교 지도 13 임용		<u>보건교사는 아동의 특별한 요구를 이해하고, 담임교사나 관련 교사와 협력하여야 함</u>
		행위의 구체성 제공	① 아이의 한계(집중력 부족, 과다행동, 충동성)를 알아야 하고, 행위를 구체적으로 알려주어야 함 ② 학생들에게 교실에서 지켜야 할 규칙을 상기시키며 규칙에 대해 토론과 예를 들어 교육해야 함 ③ 학생이 할 수 있는 일상 활동의 목록 부여 : 하루의 계획에 미리 대비할 수 있도록 함 ④ 학교에서 하는 활동을 학생 개인에게 단순하고 구체적으로 지시 19 국시 ⑤ 특정한 일을 시작하기 전 꼭 해야 할 일 명시
		과제	① <u>스스로 할 수 있는 만큼 조정, 구체적, 쉽게 조정 → 자신감을 키워줌</u> ② 과제에서 다른 과제로 넘어가는 것에 대해 미리 계획하여 신속하게 이동
		수업장면	① 학습 시 적절한 눈맞춤 ② 교실 전체를 돌아다니면서 성가시지 않는 방법으로 관찰하고 적절한 지시 ③ 다른 분야를 가르칠 때 비언어적 신호를 보내는 것이 좋음 ④ 수업시간 활용법 명확히 전달
		환경관리	<u>아동은 자극에 민감하고 충동적이므로 환경적 자극을 최소화하고, 환경을 일관성 있게 유지</u>

7 운동장애 [12 국시]

정의 00 국시	갑작스럽고, 빠르며 반복적이고, 비율동적이며 상동적인 움직임이나 소리를 말하는 운동장애의 하나	
	단순 운동틱	순간적으로 눈 깜박임, 목을 경련하듯 움직이기, 얼굴 찡그리기, 어깨 으쓱거리기
	복합 운동틱	얼굴표정 짓기, 손짓하는 행동, 만지기, 뛰어오르기, 발 구르기 등 마치 목적을 가진 행동같이 보이기도 함
	단순 음성틱	꿀꿀거리기, 킁킁거리기, 콧바람 불기, 입 내밀기, 동물처럼 짖기
	복합 음성틱	관계없는 단어나 구절 반복하기, 외설적인 단어사용하기, 자기만의 반복적인 소리인 동어 반복증, 반향언어

역학 92 임용	남아가 여아보다 2배 정도 호발	
	악화요인	① 불안하거나 스트레스를 받거나 흥분할 때, 피곤할 때 무의식적으로 발생 ② 목표로 하는 활동에서 조용할 때 심해짐 ③ 누군가 어려운 사람이 쳐다볼 때 ④ 유전적 요인도 증상 표출과 심각성에 영향을 줌

DSM-5 -TR 진단 기준 10 임용	틱장애 21 임용	뚜렛장애 10, 21 임용 / 22 국시	A. 다수의 운동틱과 한 가지 이상의 음성틱이 질병 경과 중 일부 기간 동안 나타남. 2가지 틱이 반드시 동시에 나타날 필요는 없음 B. 틱 증상은 빈도에 있어서 악화와 완화를 반복하지만 처음 틱이 나타난 시점으로부터 1년 이상 지속됨 C. 18세 이전에 발병함 D. (배제진단) 장해는 물질(예 코카인)의 생리적 효과나 다른 의학적 상태(예 헌팅턴병, 바이러스성 뇌염)로 인한 것이 아님 ※ 주의점 : 틱은 갑작스럽고, 빠르며, 반복적이고, 비율동적인 동작이나 음성증상임
		지속성 (만성)운동 또는 음성 틱장애	A. 한 가지 또는 다수의 운동틱 또는 음성틱이 장애의 경과 중 일부 기간 동안 존재하지만, 운동틱과 음성틱이 모두 나타나지는 않음 B. 틱 증상은 자주 악화와 완화를 반복하지만 처음 틱이 나타난 시점으로부터 1년 이상 지속됨 C. 18세 이전에 발병함 D. (배제진단) 장해는 물질(예 코카인)의 생리적 효과나 다른 의학적 상태(예 헌팅턴병, 바이러스성 뇌염)로 인한 것이 아님 E. 뚜렛장애의 진단기준에 맞지 않아야 함
		잠정적 틱장애	A. 한 가지 또는 다수의 운동틱 및/또는 음성틱이 존재함 B. 틱은 처음 틱이 나타난 시점으로부터 1년 미만에 나타남 C. 18세 이전에 발병함 D. (배제진단) 장해는 물질(예 코카인)의 생리적 효과나 다른 의학적 상태(예 헌팅턴병, 바이러스성 뇌염)로 인한 것이 아님 E. 뚜렛장애나 지속성(만성) 운동 또는 음성 틱장애의 진단기준에 맞지 않아야 함

	뚜렛장애	지속성(만성)운동 또는 음성 틱장애	잠정적 틱장애
A	틱은 갑작스럽고, 빠르며, 반복적이고, 비율동적인 동작이나 음성증상		
	다수의 운동틱 + 음성틱	운동틱 or 음성틱	
B	1년 이상 지속		1년 미만
C	18세 이전 발병		
D	(배제진단) 물질의 생리적 효과나 다른 의학적 상태로 인한 것이 아님		
E	–	뚜렛장애 아님	뚜렛장애, 만성적 틱장애 아님

치료 및 교정	• (간호진단) 자신 혹은 타인에 대한 폭력의 위험 • (관련요인) 좌절에 대한 인내심 부족 • (단기목표) 아동은 자신 혹은 남에게 해를 입히는 생각을 하게 될 때 치료자나 지지해 줄 사람을 찾을 것임 • (장기목표) 아동은 자신 혹은 남에게 해를 주지 않을 것임

간호중재	이론적 근거
1. 자주 일상적인 행동과 상호작용 등을 관찰하고, 아동이 동요되는 기미가 보이는 행동이 나타나는지 관찰한다.	▶ 스트레스가 있으면 틱이 증가한다. 공격심을 유발하는 행동을 미리 파악하여 폭력적 행동이 나타나기 전에 미리 중재한다.
2. 자기파괴행동과 충동적 행동을 모니터하고, 치료자는 자기 손상행동을 막기 위해 아동과 함께 있을 필요가 있다.	▶ 아동의 안전이 간호의 최우선 순위이다.
3. 아동의 자기 손상행동을 막기 위해 손을 덮개로 씌우거나 다른 억제대를 사용한다.	▶ 자신에 대하여 공격적으로 행동할 때는 즉시 외부에서 제재를 가한다.
4. 공격적 행동을 신체적 운동으로 대치시켜서 좌절감을 배출시킨다.	▶ 과도한 에너지는 신체적 활동을 통해 분출되고, 이로 인해 긴장이 감소될 수 있다.

간호	• (간호진단) 사회적 상호작용의 손상 • (관련요인) 충동성, 적대적, 공격적 행동 • (단기목표) 아동은 1주일 이내에 간호사 혹은 지지해 줄 누군가와 1:1 상호작용 관계를 형성한다. • (장기목표) 아동은 치료자나 또래와 연령에 적합한 적절하게 상호작용을 할 수 있다.

간호중재	이론적 근거
1. 아동과 신뢰관계를 발달시킨다. 받아들일 수 없는 아동의 행동과 분리하여 아동 자체를 수용한다.	▶ 무조건적 수용은 자신에 대한 가치를 높여준다.
2. 아동과 수용할 수 있는 행동과 없는 행동에 대해 토의한다. 그리고 수용할 수 없는 행동을 했을 때 실제로 어떤 결과가 일어나는지 이야기한다. 수용할 수 있는 행동에 대하여 긍정적 피드백을 제공한다.	▶ 정적 강화는 바람직하지 않은 행동을 변화시킨다.
3. 집단활동을 하게 한다.	▶ 또래의 긍정적 또는 부정적인 피드백을 통하여 적절한 사회적 행동을 배울 수 있다.

• (간호진단) 낮은 자아존중감
• (관련요인) 틱으로 인한 수치심
• (단기목표) 아동은 틱과는 상관없이 자신을 긍정적으로 이야기한다.
• (장기목표) 아동은 자기 자신과 과거의 성과, 미래계획에 대해 긍정적 표현함으로써 자아존중감이 증가될 것이다.

간호중재	이론적 근거
1. 무조건적 수용과 긍정적 존중을 제공한다.	▶ 아동이 가치 있는 존재라는 것을 이야기하면 자아존중감이 높아진다.
2. 남을 조종하는 행동에 제한을 한다. 아동이 원하는 관심을 표현하여 남을 조정하는 행동을 강화하지 않도록 주의하고, 조종하는 행동의 결과를 확인한다. 조종하는 행동이 일어났을 때의 결과를 실제 보여준다.	▶ 부정적인 결과를 알게 되면 수용불가능한 행동이 감소한다.
3. 자아존중감을 높이기 위하여 어떤 행동을 해야 하는지 아동이 이해하도록 돕는다. 간호중재는 이 목표를 달성하도록 아동의 행동에 영향을 주어야 한다.	▶ 아동이 스스로에 대하여 좋은 감정을 느낄 때에 남을 조종하려는 욕구가 감소된다.
4. 아동이 다른 사람이 있을 때에 틱을 억제하기 위하여 혼자 있거나 치료자와 있을 때 틱을 할 수 있는 시간을 준다.	▶ 틱을 허용하고 증상을 조절할 수 있다는 점을 지지한다.
5. 치료자와 규칙적으로 1:1 면담시간을 갖는다.	▶ 1:1 면담시간에 질병에 대하여 교육시키고 틱 증상에 대하여 교육한다. 질병에 대한 느낌을 표현하도록 하고 질환을 건강한 자아와 통합시킨다.

치료 및 교정	습관역전훈련 : 틱에 연관되지 않은 근육에 힘을 주어서 문제가 되는 틱증상 대신 다른 움직임을 할 수 있도록 하는 것으로 틱증상을 억제하고, 틱증상이 나타나기 전에 느껴지는 전조충동과 같은 불편한 감각을 견디는 능력을 키울 수 있도록 도움

	발달성 협응장애
특성	연령에 기대되는 것보다 상당히 낮은 수준의 협응운동 기술습득과 실행
DSM-5-TR 진단 기준	A. 협응된 운동의 습득과 수행이 개인의 생활연령과 기술습득 및 사용의 기회에 기대되는 수준보다 현저하게 낮음, 장애는 운동기술 수행(예 물건 잡기, 가위나 식기 사용, 글씨 쓰기, 자전거 타기 또는 스포츠 참여)의 지연과 부정확성뿐만 아니라 서투른 동작(예 물건 떨어뜨리기 또는 물건에 부딪히기)으로도 나타난다. B. 진단기준 A의 운동 기술 결함이 생활연령에 걸맞은 일상생활의 활동(예 자기관리 및 유지)에 현저하고 지속적인 방해가 되며, 학업과 학교생활의 생산성, 직업 활동, 여가, 놀이에 영향을 미친다. C. 증상은 초기 발달 시기에 시작된다. D. 운동 기술의 결함이 지적발달장애(지적장애)나 시각 손상으로 더 잘 설명되지 않으며, 운동에 영향을 미치는 신경학적 상태[예 뇌성마비, 근육퇴행위축(muscular cystrophyl, 퇴행성 질환]에 기인한 것이 아니어야 한다.

	상동증적 운동장애
특성	반복적, 충동적 그리고 목적이 없어 보이는 운동행동
DSM-5-TR 진단 기준	A. 반복적이고 억제할 수 없는 것처럼 보이고, 목적이 없어 보이는 운동 행동(예 손 흔들기, 손장난하기, 몸 흔들기, 머리 흔들기, 물어뜯기, 자기 몸 때리기) B. 반복적인 운동 행동이 사회적·학업적 또는 기타 활동을 방해하고, 자해의 원인이 될 수 있다. C. 초기 발달 시기에 발병한다. D. 반복적인 운동 행동은 물질의 생리적 효과나 신경학적 상태로 인한 것이 아니며, 다른 신경발달장애나 정신질환(예 발모광, 강박장애)으로 더 잘 설명되지 않는다. ◆ 현재의 심각도를 명시할 것 - 경도 : 감각자극이나 주의 전환에 의해 증상이 쉽게 억제됨 - 중등도 : 증상에 대한 확실한 방어책과 행동 조절이 필요함 - 고도 : 심각한 부상을 예방하기 위해 지속적인 관찰과 예방책이 필요함

	습관장애
정의 및 특성	(1) 아동은 성장과정 중에 반복적 행동을 할 경우가 많은데 이런 행동이 아동의 일상생활에 신체적, 정서적 또는 사회적으로 지장을 줄 경우 이를 습관장애라고 함 (2) 습관장애에는 손가락 빨기, 손톱 물어뜯기, 머리카락 잡아당기기, 이갈기 등이 있음 (3) 습관장애는 잠이 들기 전이나 혼자 있을 때, 즉 사람과의 접촉을 통한 자극을 받지 못하는 대신 자신에게 스스로 위안을 주는 방법의 하나이며, 혼자 있을 때에 불안을 완화하는 방법이기도 함
유형 92 임용	(1) 이 갈기 : 억압된 분노나 원망의 감정을 표현하는 것으로 치아에 2차적인 문제를 일으킬 수 있음 (2) 손가락 빨기 : 영아기에는 정상이지만 그 후로도 지속되면 특히 치아의 배열이나 손가락의 기형을 초래할 수 있음
치료 및 교정	아동이 다른 방법으로 즐겁고 기분 좋은 감정을 가지도록 해줌

주요 아동·청소년 정신장애의 치료약물

질환	치료약물	작용	부작용 및 주의사항	
ADHD	메틸페니데이트	① 중추신경 자극제 ② 과잉행동/충동성/기분변동 감소, 주의집중 향상	① 1개월 내 효과 없으면 치료중단 ② 낮에 투여 : 불면증 예방 ③ 아침식사와 함께 투여, 오후 및 취침에 간식제공 : 영양분 섭취 도움 ④ MAOI 투여 후 14일 이후 약물 복용 : 14일 이내 고혈압 위기 발생가능 ⑤ 금기 : 뚜렛, 녹내장, 갑상선기능항진증, 부정맥, 협심증, 중증의 불안, 긴장, 흥분, 항경련제와 병용금기 ⑥ 심한 부작용 시 desipramine, bupropion 항우울제 사용	
			중추 신경계	불면증, 초조, 흥분, 신경과민증, 환각, 망상, 두통, 두중감, 어지러움, 진전, 우울상태, 공격성, 주의력 결핍
			위장계	식욕부진, N/V, 변비, 구갈, 설사, 구내염
			순환기	빈맥, 심계항진, 부정맥, 혈압상승 또는 저하
			과민증	발진, 관절통, 박탈성 피부염, 홍반 → 투여중지
기분장애	항우울제(SSRI)		① TCA에 비해 부작용 적음 ② 흥분, 오심, 불안증가, 불면증, 식욕변화 ③ 양극성 장애는 리튬, 항경련제 등 기분안정제 투여	
불안장애	항우울제(TCA, SSRI), 항불안제		① 분리불안장애, 선택적 함구증 : SSRI – fluoxetines ② 극심한 불안에는 벤조디아제핀을 불안증상이나 수면장애에 단기적으로 쓸 수 있음	
틱장애	항정신성약물 (할로페리돌, 피모자이드, 리스페리돈), 항우울제(SSRI)		① ADHD가 동반된 경우 clonidine(중추성 아드레날린 작동제)가 효과적임 ② 할로페리돌 ③ 피모자이드 : 뚜렛장애에 효과적	
PTSD 식이장애	SSRI		① 신경성 식욕부진 SSRI 효과적 ② 폭식증 : 욕구 감소, 우울증 치료	
자폐증	할로페리돌		행동문제가 행동수정으로 잘 조절되지 않을 때만 약물 투여	
강박장애	항우울제(TCA, SSRI), 항불안제 (벤조디아제핀)		① TCA : clomipramine ② SSRI : fluoxetines	

03 청소년 정신건강간호

영역			기출영역 분석	페이지
청소년기 주요 정신 장애에 대한 이해	불안장애		중증불안의 증상 / 관리법 2012 , 공황수준 / 중증불안 간호중재 2010	486
			공황장애 설명 2009 , 공황장애 증상 2018, 2025	
			범불안장애 진단기준 2011	
			선택적 함구증 2018	
			분리불안장애(학교공포증)	
			사회적 불안장애 : 사회적 불안, 수행불안의 나타내는 대화의 문장 제시 2021	
			공포장애	
	외상 및 스트레스 관련 장애	외상후 스트레스장애	PTSD진단기준 주요 임상적 양상 : 재경험, 회피 2016	496
			간호중재 6가지 2007, 2012	
			플래시백(flashback) 개념 2023	
		급성 스트레스 장애		502
		반응성 애착장애		503
		탈억제성 사회적 유대감 장애		504
	강박 관련 장애	강박장애	강박사고와 강박행동의 개념과 이들 간의 심리적 기전 2015	505
			강박행동 시 대응방법 및 그 이유 2015, 2020	
			강박사고와 강박행동의 개념 2020, 2024	
		발모광 2014		
		신체이형장애 2025		
		수집광, 피부뜯기 장애		
	파탄적, 충동조절 및 품행장애	품행장애 1992, 2010		510
		적대적 반항장애의 정의 2010, 2022		
		간헐적 폭발장애 2014		
		병적방화(= 방화광), 병적도벽(= 절도광)		
	신체화 증상 관련 장애	신체증상장애	증상 명칭, 꾀병과의 차이점 2025	514
		전환장애	관련 방어기제(억압, 전환), 증상 특성 2012, 2017	
			히스테리실신 : 증상 1992 , 응급조치 5가지 2005	
		질병불안장애	히포콘드리성 신경증 설명 1994	516
			건강염려신경증 형성과 관련된 방어기제(전치와 퇴행) 1995	
			임상검사결과 확인 이유 2020	
			대상자에게 다른 활동의 참여가 필요한 이유 2020	
		인위성장애		517
	해리성 장애	해리성 정체성 장애(다중인격)		519
		해리성 기억상실		
		이인증 / 비현실감 장애		

청소년기 주요 정신 장애에 대한 이해	조현병 스펙트럼 장애	유형 `1995`		522
		음성증상 `2012`		
		증상 및 망상의 간호중재 `2017`		
		기타 조현병 스펙트럼 장애		530
	우울장애	슬픔과정 5단계 – 엘리자베스 퀴블러로스의 인간의 죽음 수용단계 `1995`		533
		학습된 무력감 개념 `2023`		535
		DSM-5에서 주요 우울장애 증상 `2016`		
		파괴적 기분조절부전장애 `2018`		
		중재법	경두개 자기자극법 치료효과 `2020`	
			우울증상을 해결 위한 가족적 접근 외 할 수 있는 간호중재 4가지 `2002`	
			나르딜(MAOI) 투약 시 발효음식을 먹지 말아야 하는 이유, 먹는 경우 나타날 수 있는 증상 `2012, 2017`, 플루옥세틴 약물기전과 작용기전이 이루어지는 부위 `2020`	
	양극성 장애	양극성 장애 Ⅰ형 증상 `2010`		542
		제Ⅱ형 양극성 장애가 제Ⅰ형 양극성 장애에 비해 진단이 늦어지는 이유와 그로 인해 발생할 수 있는 가장 심각한 위험 `2021`		
		1차 선택 약물 중 저조한 기분에 작용하며 정기적인 혈중농도 확인이 필요하지 않은 항경련제의 일반명 `2021`		
	인격장애	인격장애 유형 `1994, 2012`		546
	섭식장애	신경성 식욕부진증	진단명 `2017, 2020`	554
			신체적 증상 5가지 `2005, 2011`	
			대상자 간호중재 4가지 `2005`	
		신경성 폭식증	진단명 `2020`, 진단기준 5가지 `2006`	556
			신경성 폭식증 증상 `2011`	
청소년기 정신장애 특징과 중재전략		폭력잠재성 위험을 해결하기 위해 적용할 수 있는 간호 `2012`		561
	자살	자살예고 행동단서 / 자살위험 정도 사정 시 포함해야 할 내용 5가지 `1999, 2019`		563
		뒤르켐의 자살유형 `2019`		
		청소년 자살심리 `2008`		
		자살원인 및 징후 `2012`		
		자살위험도 사정하기 위한 질문 `2009`		
		자살위험증상과 자살예방 간호계획 `2010`		

학습전략 Point

1st	불안장애	공황장애, 범불안장애, 선택적 함구증 등의 불안장애의 진단기준(DSM-5), 약물요법을 포함한 관리법 등을 학습한다.
2nd	우울장애	우울장애의 진단기준(DSM-5)과 약물요법을 포함한 관리법을 학습한다.
3rd	섭식장애	신경성 식욕부진증, 신경성 폭식증의 진단기준(DSM-5)과 관리법을 학습한다.

청소년 정신건강간호

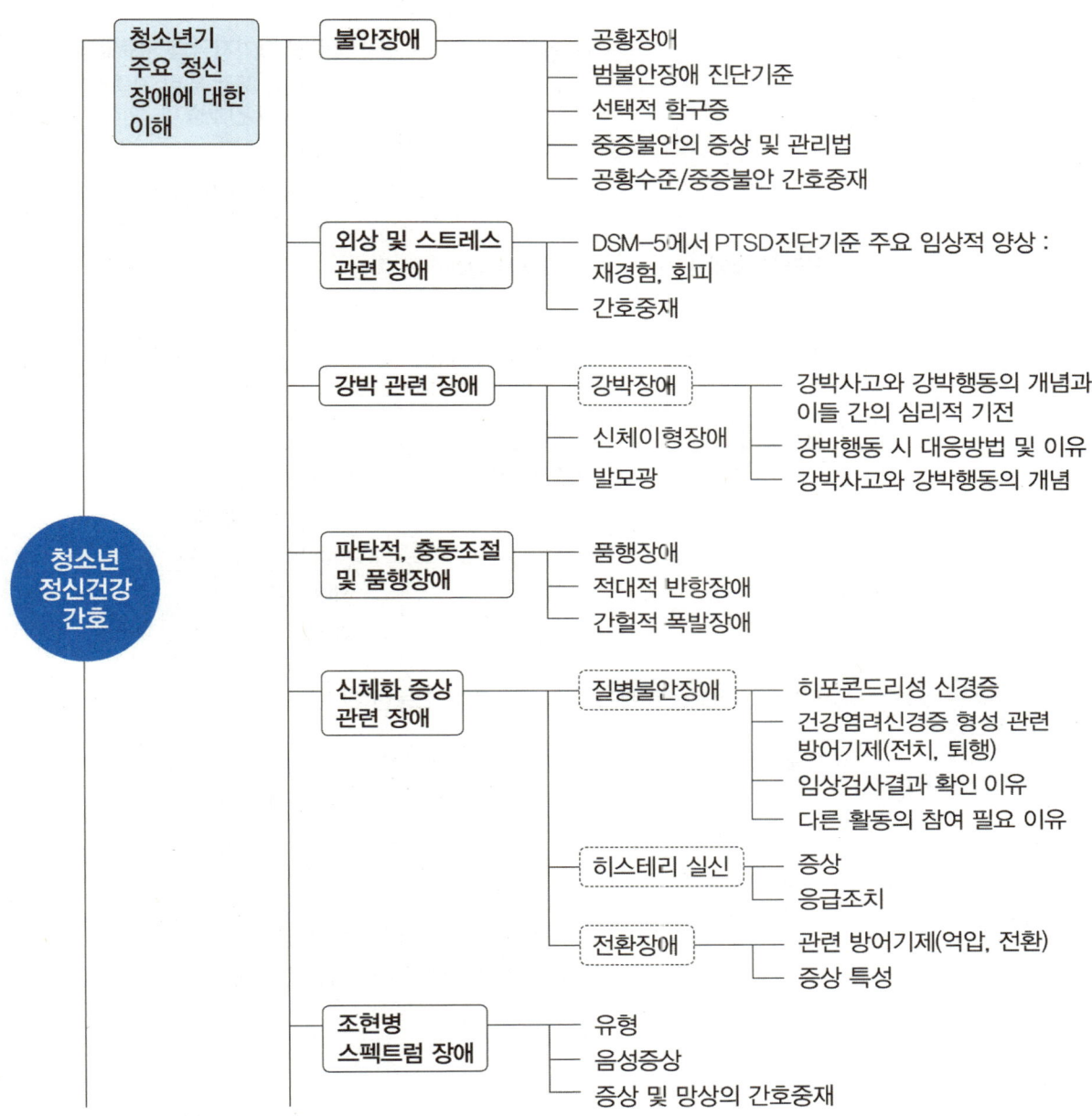

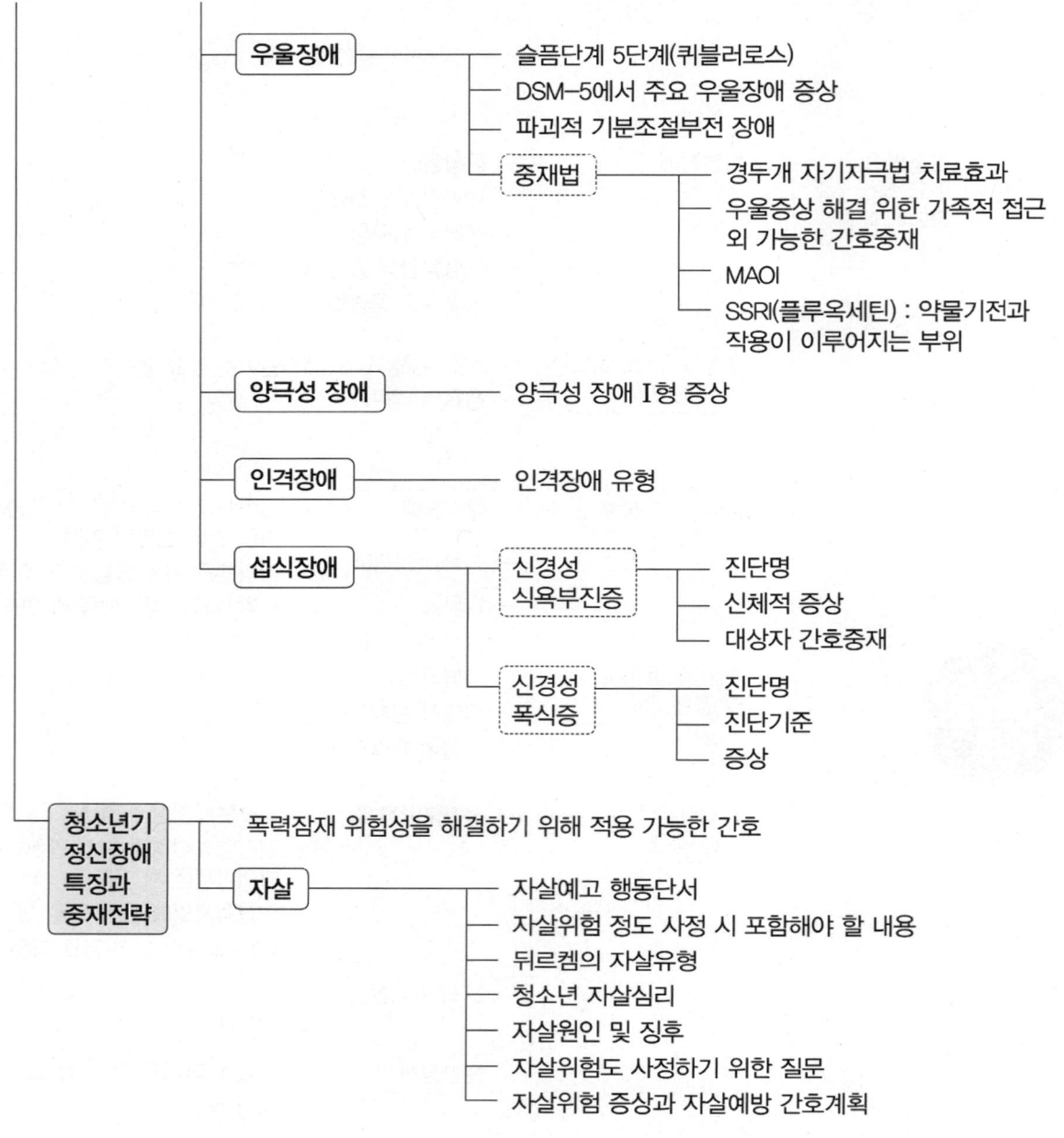

09-21. 공황장애에 대한 설명 중 옳은 것을 〈보기〉에서 고른 것은?

〈보기〉
㉠ 공황발작을 경험한 후에는 다음에 올 공황 발작에 대해 지속적으로 염려한다.
㉡ 공황발작이 시작되면 즉시 약을 먹어야 한다.
㉢ 공황장애의 증상은 자기 통제가 가능하다.
㉣ 유아기에 분리불안 경험이 있던 사람에게 더 자주 발생한다.
㉤ 공황발작의 증상은 한시적으로 시간이 지나면 완화된다.

10-10. 고등학생이 수업을 마친 후 불안을 호소하여 보건실에 왔다. 보건교사가 학생을 사정한 결과는 다음과 같다. 이 학생에게 나타나는 불안 수준에 적절한 간호중재를 〈보기〉에서 고른 것은?

학생은 불안하고 초조하여 보건교사의 질문에 집중을 하지 못해 대답하는데 어려움이 있다. 손이 떨려 연필을 잡는데 어려움이 있다고 호소하였으며 손가락의 진전, 안절부절, 심한 발한, 혈압 및 맥박상승 등의 신체 증상을 보이고 있다.

〈보기〉
㉠ 학생에게 친구들과 어울려 놀거나 대화를 나누게 한다.
㉡ 학생을 심리적으로 지지하고 감정을 표현하도록 한다.
㉢ 학생이 심리적인 고통이나 불안에 대해 호소하는 것을 적극적으로 경청한다.
㉣ 학생에게 자신이 경험하는 불안한 상황에 직면하도록 하여 스스로 불안을 극복하게 한다.

25-B4. 다음은 보건교사가 작성한 〈공황발작 및 공황장애〉에 관한 보건교육 자료의 일부이다. 〈작성 방법〉에 따라 순서대로 서술하시오.

[학습 주제: 공황발작 및 공황장애]

○ 정의
공황발작이란 명백한 이유 없이 갑작스럽게 시작되어 10분 이내에 급속하게 최고조에 달하는 극심한 불안과 공포를 의미하며, 아동·청소년이 경험하는 불안의 또 다른 형태이다. 공황장애는 적어도 1회 이상의 공황발작 이후에 1개월 이상 추가적인 공황발작이나 그에 대한 지속적인 걱정, 또는 공황발작을 회피하기 위한 행동을 하는 것을 말한다.

○ 중재
1. (㉠): 불안을 야기하는 특정한 자극과 관련된 회피 행동을 감소시키기 위해 고안되었다. 불안을 야기하는 상황의 위계를 작성한다. 예를 들어, 엘리베이터 공포증과 관련된 사건들의 계층 구조 사례는 다음과 같다.
 1) 엘리베이터 타는 것에 대해 치료사와 토론한다.
 2) 엘리베이터 그림을 본다.
 3) 건물의 로비에 걸어가서 엘리베이터를 바라본다.
 4) 엘리베이터의 버튼을 눌러 본다.
 … (중략) …

2. ㉡ 노출 및 반응 방지:
 … (중략) …

생각 상자: 영수의 공황장애
15세 영수는 엘리베이터에서 극심한 불안을 경험하였다. 처음엔 가슴에 날카로운 통증을 느끼기 시작하였고, 죽을 것 같은 두려움에 엘리베이터에서 뛰쳐나가고 싶은 충동을 느꼈다. 미칠 것 같아서 바로 응급실을 찾아갔다.
그 이후 영수는 엘리베이터를 탈 수 없었다. 영수는 ㉢ 엘리베이터 대신에 계단을 이용했고, 지하철이나 버스를 타는 것도 거부하고, 친구들과 영화를 보러 가는 것도 거부했다. 다른 사람과 함께 있을 때 이런 불안을 경험하면, 사람들이 자신을 '미쳤다'고 생각할 것 같았기 때문이다.

〈작성 방법〉
• 괄호 안의 ㉠에 해당하는 행동 치료의 명칭을 쓸 것.
• 밑줄 친 ㉡의 방법을 영수의 공황장애에 적용하여 서술할 것.
• 밑줄 친 ㉢에 해당하는 증상의 명칭을 쓸 것.

11-주관식 02. 다음 사례를 읽고 물음에 답하시오.

고등학교 3학년 김대범 학생이 보건실로 찾아왔다. 보건교사는 학생을 면담하는 과정에서 다음과 같은 사실을 확인하였다.

〈주관적 사정 내용〉
"저는 마음에 안 드는 친구들이 많아요. 그래서 말은 못해도 신경 쓰이고 마음이 불편해요. 2학년 때부터 친구들과 어울리는 게 부담스럽고 힘들어요."
"3학년이 돼서는 집중이 잘 안 되고 그래서 더 불안하고 조급해요. 밤에도 계속 공부해야 한다는 생각 때문에 잠들기가 힘들고, 또 잠을 쉽게 깨요, 그러다 보니 낮에는 너무 피곤하고……. 하루하루가 긴장의 연속이에요."

〈객관적 사정 내용〉
최근 1년 동안 소화불량이 잦고 현기증으로 인해 교실에서 2회 실신하였다. 대범이는 지난 6개월 동안 대학 입시와 관련된 생각이 날 때마다 빈뇨와 긴박뇨로 인해 수업 중에 꼭 한두 번은 화장실을 다녀와야 했고, 이로 인해 학교생활의 어려움을 호소하였다. 1개월 전에 ○○종합병원 신경외과와 비뇨기과에서 검사를 하였으나 특이 소견이 없었고, 정신과 상담을 권유받았다. 보건교사와 면담 중에도 화장실에 2차례 다녀왔다.
가족 관계에서는 맞벌이를 하는 부모님과는 평소 대화가 거의 없었다. 외아들인 대범이에 대한 부모님의 기대는 큰 편이었으며, 부모님은 대범이를 매우 엄격한 방식으로 양육하였다.

〈면담 내용(축어록)〉
대 범: 저는 열심히 공부를 해도 성적이 오르질 않아요. 제 생각엔 그 누구보다도 열심히 공부를 하는 것 같은데 지난 기말고사 결과를 보면, 저역 이런 노력이 모두 수포로 돌아간 것 같아요. 앞으로 어떻게 해야 할지 모르겠어요.
보건교사: 대범아 네 이야기를 들어보니 정말 열심히 노력했는데도 원하는 결과를 얻지 못해서 실망스럽고 좌절한 것 같구나.
대 범: 솔직히 저 자신에게 실망스러워요. 저 자신에 대해서 많은 기대를 했고, 부모님도 마찬가지예요.
보건교사: 나라면 그렇게 실망스러워하지 않을 거야. 대부분의 3학년 학생들은 자신에 대해 실망스러워 한단다. 그러니 너무 걱정하지 않아도 돼.
대 범: 저는 이제 제가 잘 할 수 있을 거라는 생각이 들지 않아요. 부모님도 실망이 크시고, 친구들도 자꾸 짜증나게 하고, 수업 중에 화장실 다니는 것도 불편하고, 시간이 지날수록 긴장되고 힘들어요.
보건교사: 대범이, 방금 여러 가지 문제들을 말했는데, 정리해 보면 자신감이 없고, 부모님의 실망감, 친구들과의 어려움, 그리고 화장실 다니는 것에 대한 불편함에 대해 이야기 했는데, 이 중에서 어떤 문제가 가장 중요한지, 그리고 어떤 문제를 가장 먼저 다루고 싶은지 말해주겠니?
대 범: 선생님, 부모님이 원하시는 학과는 저에게 안 맞는 것 같아요. 그렇지만 저는 외아들이고, 그러니 당연히 책임 있게 행동을 해야겠지요? 아, 너무 혼란스러워요.
보건교사: 대범이가 생각하고 있는 것을 분명하게 해 보자. 네가 부모님과 의견이 달라서 무책임하게 느껴진다고 말하는 거니?
대 범: 매우 혼란스러워요. 제가 어느 때는 무책임하게 느껴지고, 또 어느 때는 너무 완벽하려고만 하는 것 같아요. 이런 나 자신이 모순이라는 생각이 들어요.
보건교사: 그것은 네가 잘못 생각하고 있는 거야. 그러니 그것에 대해서는 다음에 이야기하도록 하고, 오늘은 왜 자주 화장실에 가야만 하는지에 대해 이야기하자.

위의 사례에서 DSM-Ⅳ-TR(정신장애의 진단 및 통계 편람) 기준에 따라 입시 불안(범불안 장애)으로 진단할 수 있는 근거를 제시하고, 또한 대범이와 보건교사의 대화 내용에서 보건교사의 언어적 반응 중 효과적인 의사소통 방법과 비효과적 의사소통 방법을 분류하고 그 근거를 제시하시오.

18-A8. 다음은 정신장애에 대한 상반기 보건교사 연수교재 중 일부이다. 괄호 안의 ㉠, ㉡에 해당하는 임상 진단명을 정신질환의 진단 및 통계 편람 제5판(DSM-5)에 근거하여 순서대로 쓰시오.

우울장애(Depressive Disorders)

○ (㉠)
• 사례
초등학교 2학년인 9세의 김 군은 부모가 자신의 요구사항을 들어주지 않는다고 물건을 집어던지고, 욕을 해대며 몸을 부르르 떠는 행동 등 분노발작이 지속되었다. 학교에서도 이러한 증상을 보여 부모가 여러 차례 학교에 불려간 적이 있었으며, 분노발작 사이에 지속적인 과민성과 분노기분이 부모와 선생님에 의해 관찰되었다. 이러한 증상은 발달 수준에 비해 극도로 비정상적이었으며, 1년 이상 지속되었다. 또한 평균적으로 1주일에 3회 이상 증상이 나타나고, 증상이 없는 기간이 연속해서 3개월을 넘지 않았다.
… (중략) …

불안장애(Anxiety Disorders)

○ (㉡)
• 사례
초등학교 2학년인 9세의 이 양은 초등학교 입학하기 전까지 친구, 가족들과도 대화에는 별 문제가 없었다. 1학년에 입학해서는 담임교사가 이 양과 대화하기 쉽지 않았지만 물어보는 질문에는 '예, 아니오' 정도의 대답은 했었다. 그런데 2학년 때 학교를 옮긴 후 친구들과 대화를 거의 하지 않았으며, 특히 선생님과는 전혀 말을 하지 않았다. 이러한 증상은 6개월 이상 지속되었다. 그러나 여전히 집에서는 가족들과 정상적인 대화를 하며 아무런 문제가 없었다. 이 양은 학습진단결과 기초학습 능력은 보통이었으나, 의사를 표현하는 적극적인 학교 활동에서는 심하게 위축되어 학습에 어려움이 있었다.
… (중략) …

21-A5.
다음은 고등학교 보건교사와 학생의 상담 내용이다. 〈작성 방법〉에 따라 순서대로 서술하시오.

학생은 병원에서 ㉠ 사회불안장애(social anxiety disorder)로 진단을 받았고, 보건교사와 〈n차 상담〉을 하고 있다.
보건교사 : 오늘 하고 싶은 이야기는 무엇인가요?
학　생 : 사실은… 저는 어려서부터 애들한테 못난이라고 자주 놀림을 받았어요.
보건교사 : 힘들었겠네요. 그럴 때는 어떻게 했어요?
학　생 : 뭐 별로… 그냥 참고 지냈어요. 사람들 눈에 띄면 괜히 떨리고 불안해서요.
보건교사 : 그랬군요. 고등학교에 와서는 어때요?
학　생 : 괜찮아요. 애들이 나한테 관심이 없으니까요.
보건교사 : 그러면 학교생활에서 또 다른 어려움은 없나요?
학　생 : 있어요. 수업 중에 제가 발표를 해야 할 때는 실수할까 봐 걱정이 되면서 몸이 굳어져요.
보건교사 : 그럴 때는 어떻게 하는데요?
학　생 : 어쩔 수 없이 떨면서 해요. 학교를 안 다닐 수도 없고요. 그래도 저는 다른 애들과 이야기도 하고 잘 지내려고 마음먹고 어떻게든 해 보려고 하는데 막상 닥치면 잘 안 돼요. 모든 것이 헛수고 같아요. 어떻게 해야 할지 모르겠어요.
보건교사 : ㉡ 학생의 이야기를 들어 보니 열심히 노력했는데도 잘 안 되어서 답답하고 매우 속상한 것처럼 들리네요.
학　생 : 네. 너무 답답하고 힘들어요.
… (하략) …

〈작성 방법〉
- 밑줄 친 ㉠의 증상인 '사회적 불안', '수행불안'을 나타내는 대화의 문장을 위 내용에서 찾아, 있는 그대로 각각 순서대로 제시할 것.
- 밑줄 친 ㉡에 해당하는 효과적인 의사소통 기법의 명칭을 쓰고, 그 개념을 서술할 것.

25-B10.
다음은 보건교사와 동료교사의 상담 내용의 일부이다. 〈작성 방법〉에 따라 순서대로 서술하시오.

동료교사 : 선생님, 제 딸이 얼마 전부터 "코가 자꾸 커진다, 자고 일어나면 코가 커져서 너무 괴롭다."라며 엉엉 우네요. 누가 봐도 코가 커진 것도 없고 자로 재서 확인을 시켜 줘도 믿지 않고, 왜 자기 말을 안 믿어 주느냐며 울고불고 그래요. 학교도 안 가고, 성형수술을 받아야 한대요. 멀쩡한 코가 커진다니 이게 도대체 무슨 병이에요?
보건교사 : 제 생각에는 (㉠) 같아요.
동료교사 : 예전부터 자기 얼굴 사진을 많이 찍고, 자기 사진만 계속 쳐다보는 아이였는데… 그 나이 때는 원래 그런가 보다 하고 넘겼거든요. 그럼 이제 어떻게 해야 해요?
보건교사 : 우선 가까운 정신건강의학과에 가셔서 상담이나 치료를 받으시면 좋겠어요. 약물 치료라고 하게 되면, 선택적 세로토닌 재흡수 억제제가 도움이 된다고 알고 있어요.
동료교사 : 다른 치료 방법은 없나요?
보건교사 : 인지 행동 치료가 효과적이라고 알려져 있어요. 인지 행동 치료의 발전된 형태인 ㉡ 수용 전념 치료도 효과적이라고 해요.

〈작성 방법〉
- 괄호 안의 ㉠에 들어갈 질병의 명칭을 쓰고, 동료교사 딸의 병식의 정도를 DSM-5『정신질환의 진단 및 통계 편람』, 제5판의 진단 기준에 따라 1가지를 서술할 것.
- 밑줄 친 ㉡에서 수용해야 하는 것 1가지와 전념해야 하는 것 1가지를 순서대로 서술할 것.

12-12.
방 양(11세)에게 적절한 간호 사정 및 중재만을 〈보기〉에서 있는 대로 고른 것은?

방 양은 자다가 갑자기 몸을 떨고 울면서 괴성을 질렀다. 그래서 부모님은 방 양을 데리고 소아정신과를 방문하였고 면담 내용은 아래와 같다.

면담 내용 : 방 양은 2개월 전 성폭행을 당하였고, 경찰관에게 발견되어 곧바로 가까운 응급실로 후송되었다고 한다. 당시 방 양은 엄마를 알아보지 못하였고 가쁜 숨을 몰아쉬었으며 안절부절못하였다고 한다. 또한 경찰관이 다가가자 화들짝 놀라며 구석으로 도망쳐 아빠가 불러도 나오지 않았다고 한다.
진단 : 외상후 스트레스장애

〈보기〉
ㄱ. 외상성 사건이 재현하는 것 같은 플래시백(flashbacks)을 경험한다.
ㄴ. 외상 당시 방 양이 보였던 불안, 충격 반응은 중등도 불안 수준에 해당한다.
ㄷ. 이완 요법을 적용하면 외상상황에 대한 강박적 반추를 조절하는데 도움이 된다.
ㄹ. 외상 사건의 회상을 동반하는 정서적 반응을 관리하기 위해 인지 행동치료를 한다.

18-B7.
다음은 보건교사와 민호(고 3, 남)와의 대화 내용이다. 〈작성 방법〉에 따라 순서대로 서술하시오.

보건교사 : 민호는 밝고 쾌활했는데, 요즘 들어 많이 힘들어 보여요. 무슨 일이 있어요?
민　호 : 네, 집에서 쉬고 있는데, 갑자기 가슴이 두근거리면서 몸이 떨리고 질식할 것 같아요. 그래서 죽을 것 같은 공포가 드는 거예요. 그런데 이런 증상이 다시 생길 것 같아 두려워 자려고 할 때면 불안해서 쉽게 잠을 들지 못해요.
보건교사 : 언제부터 그랬어요?
민　호 : 두 달 정도 됐어요.
보건교사 : 힘들겠네요. 그런 증상이 나타나는 특별한 상황이 있나요?
민　호 : 상황을 예상하지 못하겠어요. 갑작스럽게 나타나요. 이유도 모르겠고요.
보건교사 : 그래요. 그럼 그런 증상이 나타나면 얼마나 지속 되나요?
민　호 : 10분간은 지속되다 서서히 사라져요.
보건교사 : 그래서 병원에는 갔나요?
민　호 : 네, 한 달 전에도 이런 증상이 나타나 제가 죽을 것 같아서 엄마랑 응급실에 갔어요. 여러 검사를 하더니 아무 이상이 없어서, 정신과 진료를 받았는데 (㉠)(이)라고 했어요.
보건교사 : 그랬군요.
민　호 : 참, 병원에서 알프라졸람(alprazolam)이라는 약을 주었어요. 약을 먹다가 내 맘대로 갑자기 약 먹는 걸 중단하지 말라고 하는데 이유가 뭔지 모르겠어요.
보건교사 : 그 이유는 (㉡) 때문이에요.
민　호 : 네, 약 먹는 동안은 조심해야 하겠군요. 그런데 선생님! 제가 빨리 나아서 입시 준비도 해야 하는데 약물치료와 병행할 수 있는 또 다른 치료법이 있나요?
보건교사 : 벡(A. Beck)의 인지치료가 있는데, 예를 들면 ㉢ 파국화(catastrophizing), ㉣ 선택적 추론(selective abstraction) 등과 같은 인지적 왜곡을 수정하는 거예요.

〈작성 방법〉
- 괄호 안의 ㉠에 해당하는 임상 진단명을 쓰고, 관련 증상 1가지를 위 대화문에서 찾아 서술할 것.
- 괄호 안의 ㉡에 해당하는 내용을 서술할 것.
- ㉢과 ㉣의 개념을 서술할 것.

07-16. 최근 집의 화재를 경험한 학생이 심한 불안증상을 보이며 보건실을 방문하였다. 보건교사는 '외상후 스트레스장애'로 판단하고 간호중재를 하려고 한다. 이에 포함할 내용을 6가지만 쓰시오.

16-A7. 정신질환의 진단 및 통계 편람 제5판(DSM-5)에서는 '외상후스트레스장애(PTSD)'의 진단기준에 주요 임상적 양상 4가지를 제시하고 있다. 보건 상담기록부에서 학생이 호소하는 증상을 근거로 하여 주요 임상적 양상 2가지를 쓰시오.

보건 상담 기록부			
학년/반	2-3	성명	최○○
성별	여	나이	17세
상담일	2015년 ○월 ○일 월요일		
상담 개요	8개월 전에 등교 중 횡단보도를 건너다가 교통사고를 당하였다고 함. 사고 당시 의식을 잃지는 않았으나, 여러 신체부위에 골절을 당하여 응급수술을 받았다고 함. 이후 교통사고가 일어나는 끔찍한 꿈을 반복적으로 꾸어 괴롭다고 함. 학교 버스 타는 것을 피하게 되고, 횡단보도 앞에서 갑자기 극심한 두려움을 느꼈다고 함. 그리고 친구들이 교통사고에 대해 물어보면 대화를 피하게 되고 TV에서 교통사고 장면이 나오면 자신의 사고 장면이 떠올라 TV를 꺼야 한다고 함. … (중략) … 이러한 증상으로 병원을 방문해 '외상후 스트레스장애(PTSD)'로 진단받았다고 함.		
조치 사항			

15-02. 다음은 중학교 1학년인 민수의 담임교사와 보건교사가 나눈 대화 내용이다. 〈보기〉의 지시에 따라 서술하시오.

담임교사 : 우리 반에 민수라는 아이가 있는데, 이상한 행동을 해서 걱정이 많아요.
보건교사 : 민수의 어떤 행동 때문인가요?
담임교사 : 수업 시간에 여러 번 화장실에 가서 손을 씻는 거예요. 그러다 보니 본인도 수업받기가 힘들고 다른 학생들도 수업에 방해를 받아요.
보건교사 : 민수 부모님을 만나 보셨나요?
담임교사 : 네, 부모님 말씀이 민수가 학교에서 사용한 책, 문고리 등 모든 것이 오염되었고, 세균이 있다는 생각을 계속한대요. 그래서 이런 물건을 만지기 전과 후에 수십 번씩 손을 씻거나 그런 물건을 피한다고 해요.
보건교사 : 민수가 학교생활이나 가정생활에서 힘든 점이 많겠네요.
담임교사 : 부모님 말씀이 민수가 집에서 학교 숙제를 하기도 힘들어 보인다고 해요. 그리고 손을 씻는 데 많은 시간이 필요하고, 이런 행동 때문에 친구들 앞에서 창피당하는 게 싫어 학교에 가기를 꺼린다고 하세요. 그래서 부모님도 걱정을 많이 하세요.
보건교사 : 걱정이 많이 되시겠어요. 병원에는 갔다 왔대요?
담임교사 : 네, 3일 전에 소아 정신과에서 강박장애라고 진단을 받았다고 해요. 이럴 때 병원에서는 어떤 치료를 하나요?
보건교사 : 약물 치료와 인지행동 치료를 병행할 거예요.
담임교사 : 인지행동 치료 중에서 어떤 유형의 치료를 하나요?
보건교사 : 강박장애일 경우에 체계적 둔감법, 사고 중지 등을 사용하여 치료할 거예요.
담임교사 : 아, 그렇군요. 그러면 오늘도 민수가 수업 시간에 손을 씻으러 가고자 할 때 제가 어떻게 해야 할까요?
… (하략) …

〈보기〉
1) 강박장애에서 강박 사고와 강박 행동의 개념을 서술하고, 각 개념과 관련한 민수의 증상을 위 대화문에서 찾아 서술하시오. 또, 강박 사고와 강박 행동 간의 심리적 기전에 대해 서술하시오.
2) 보건교사가 제시한 인지행동 치료 중 체계적 둔감법(systematic desensitization)과 사고 중지(thought stopping)의 실시 방법을 각각 서술하시오.
3) 위의 대화를 고려하여 수업 시간 중에 민수가 손을 씻으러 가고자 할 때 담임교사가 취해야 할 적절한 대응 방법 1가지와 그 이유를 서술하시오.

20-B10. 다음은 학기 초부터 거의 매일 보건실을 방문하여 건강 문제를 호소하는 고등학생과 보건교사가 나눈 대화 내용이다. 〈작성 방법〉에 따라 순서대로 서술하시오.

학 생 : 선생님, 오늘은 소화가 더 안 되는 것 같아요. 아무래도 불치병에 걸린 것이 확실해요. 6개월이 넘었는데, 나아지지도 않고 오히려 더 심해지는 것 같아요.
보건교사 : ㉠ 지난 번 병원에서 검사한 결과는 어땠나요?
학 생 : 의사 선생님이 검사결과는 정상이라고 했어요. 그렇지만 믿을 수가 없어요. 제가 죽을 병에 걸린 것 같아요. 걱정돼서 공부도 못하겠고, 아무 것도 못하겠어요. 엄마에게 다른 병원에 가서 다시 철저하게 검사를 받자고 해야겠어요. 곧 죽게 될 거라고 생각하면 초조하고 기분이 우울해요.
보건교사 : 병원에서는 어떻게 하라고 했나요?
학 생 : 처방해 주는 약을 먹으라고 하셨어요. 그리고 학교 스포츠클럽에도 참여하라고 하셨는데 이해가 안 가요. 그게 제 병에 어떤 도움이 되나요?
보건교사 : 스포츠클럽과 같은 ㉡ 다른 활동에 참여하는 것이 어떤 도움이 되는지 설명해 줄게요.
… (하략) …

〈작성 방법〉
• 밑줄 친 ㉠과 같은 질문이 위 사례에서 필요한 이유를 서술할 것.
• 밑줄 친 ㉡이 위 사례의 학생에게 필요한 이유를 서술할 것.
• '정적 강화(positive reinforcement)'의 원리를 설명하고, 밑줄 친 ㉡을 독려하기 위하여 정적 강화를 적용한 구체적인 계 1가지를 서술할 것.

14-12. 다음은 충동조절장애에 대한 상반기 보건교사 연수 교재 내용이다. 괄호 안의 ㉠, ㉡에 해당하는 임상 진단명을 차례로 쓰시오.

충동조절장애
(Impulse-Control Disorders)

• (㉠)
김○○(여, 13세)의 사례
보건교사는 김○○의 머리 정수리 부분에 군데군데 머리카락이 빠져 있는 것을 보고 머리카락이 왜 이렇게 빠졌냐고 묻자, 김○○은 잠시 머뭇거리다가 피부질환은 없는데 자기 전에 머리카락을 반복적으로 잡아 뽑는 버릇이 있다고 대답하였다. 보건교사가 그 이유를 묻자, 일곱 살 때 엄마 아빠가 이혼한 후 엄마가 밖에 나가 일을 해야 했고, 자기는 혼자 집에 있게 되면서부터 가끔씩 머리카락을 잡아 뽑기 시작했던 것 같다고 하였다. 또한 머리카락을 뽑지 않으려고 참으면 불안하고 긴장이 심해지지만 잡아 뽑으면 기분이 좋아진다고 하였다. 그리고 머리카락을 뽑을 때 아프지는 않지만 머리카락이 없는 것을 사람들이 알아볼 것 같아 친구들도 만나지 않는다고 하였다.
… (하략) …

• (㉡)
이△△(남, 17세)의 사례
이△△의 어머니는 이△△가 신체적으로 아무런 문제가 없고 평소에는 괜찮은데, 사소한 상황에서 지나치게 화를 내고 공격적으로 변한다며 걱정이 되어 담임교사를 찾아왔다. 어머니가 말리려고 해도 아무 소용이 없고 발작적이고 폭발적으로 기물을 부수고 소리를 지른다고 한다. 여러 차례 이런 일이 있었고, 한번은 어머니가 운전하면서 함께 차를 타고 가다가 화가 난다고 의자를 발로 차고 소리를 질러 차 내부가 일부 파손되고 사고의 위험도 있었다고 한다. 이△△은 이런 행동에 대해 후회스럽고 어머니께 미안하지만, 이런 행동을 하지 말아야 하는 걸 알면서도 강렬한 충동으로 어쩔 수 없다고 한다.
… (하략) …

주) 본 교재에서 사용한 진단명은 정신장애 진단 및 통계편람 DSM-IV-TR에 의한 것임.

92-73. 습관장애에 해당하는 것은?
① 치아갈기
② 물건 훔치기
③ 거짓말하기
④ 무단결석

10-13. 아동정신장애와 그에 따른 특성에 대한 설명으로 옳은 것은?
① 뚜렛장애: 다양한 운동틱과 하나 또는 그 이상의 음성틱이 1년 이상 지속되며, 운동틱과 음성틱이 동시에 또는 각각 나타난다.
② 레트장애: 자폐장애와 유사하며 사회적 교류의 장애를 보이지만 지능이 정상이고 언어장애가 없다.
③ 품행장애: 거부적 행동, 적대적 행동, 반항적 행동이 주요 증상이나 사회적 규범을 위반하거나 타인의 권리를 침해하는 공격적 행동을 보이는 경우는 드물다.
④ 중증 정신지체: IQ 35~49 정도로서 정신연령은 4~8세 정도에 머무르고 적절한 지도를 받아야 단순 작업이 가능하다.
⑤ 적대적 반항장애: 다른 사람의 기본 권리를 침해하거나 사회적 규범이나 규율을 위반하는 행동이 반복적이고 지속적으로 나타난다.

94-36. 신체적·정신적 건강에 대하여 지나치게 생각하는 정신 장애에 속하는 것은?
① 히포콘드리성 신경증
② 공포신경증
③ 강박신경증
④ 불안신경증

95-21. 건강염려신경증의 형성에 기본적으로 관여되는 방어기제는?
① 퇴행과 승화
② 반동형성과 합리화
③ 전치와 퇴행
④ 대리형성과 투사

17-A8. 다음은 보건교사가 작성한 건강 상담 카드이다. 괄호 안의 ㉠에 들어갈 임상 진단명과 밑줄 친 ㉡에 해당하는 용어를 순서대로 쓰시오.

건강 상담 카드			
○○고등학교			
날짜	2016년 ○○월 ○○일	학년-반	2-4
성명	최○○	성별	여

〈면담 및 관찰 내용〉
• 학기말고사를 보기 위해 교실에 앉아 답안지를 작성하려 하자 갑자기 손가락을 움직일 수가 없어 시험을 볼 수 없었다.
즉시 병원으로 후송되어 신경과에서 정밀 검사를 받은 결과 정상으로 판정되었다.
그 후 정신과로 의뢰되어 상담 및 검사를 받은 결과 '신체 증상 및 관련 장애' 중 (㉠)(으)로 진단을 받았다.
• 학생은 ㉡ 손가락을 움직일 수 없는 증상에 대하여 걱정을 하지도 않으며 무관심한 태도를 보였다.
… (하략) …

95-01. 〈보기〉에서 설명하고 있는 정신분열증의 유형은?
〈보기〉
• 잠정적으로 진전되며 예후가 나쁘다.
• 자발성 결여, 무감동, 주위환경에 무관심하다.
• 학교생활에 적응이 어렵고 성적이 떨어진다.
• 의지와 소망이 없는 무능한 인간으로 변한다.
① 단순형 ② 파괴형
③ 긴장형 ④ 망상형
*DSM-5에서 삭제됨

25-A7. 다음은 신문 칼럼 내용의 일부이다. 〈작성 방법〉에 따라 순서대로 서술하시오.

제○○호 ○ ○ 신 문
2024년 ○월 ○일

(○○대학교 간호학과 교수)

[우리 아이 정신건강 이해하기]
아이의 마음을 알아주세요

이서(가명·10)는 누구보다 밝고 활발한 아이였다. 학원에 다니는 것도 즐거워했다. 이서는 하교 후 영어·수학·논술·과학·미술·피아노 등 모두 6개의 학원을 가야 해서, 친구와 놀 시간이 없었다.
그런데 몇 개월 전부터 이서는 ㉠ "머리 아프다", "배 아프다" 등의 이야기를 자주 하며 학원에 가는 것을 힘들어했다. 점점 밥도 먹기 싫어하고, 잠을 이루지 못했다. 병원에서 받은 신경계·위장관계 검사 결과는 모두 정상이었다. 엄마는 이서가 '소아우울증'이 있다는 얘기를 들었다. 소아우울증에서 보이는 증상인 두통이나 복통은 ㉡ 숙제를 하지 않은 아이가 선생님께 혼날 것이 두려워 배가 아프다며 학원이나 학교에 가지 않는 것과는 다르다.

…(중략)…

아동·청소년이 느끼는 우울과 무력감을 설명하는 이론으로 귀인양식이 있다. ㉢ 우울에 취약한 사람의 귀인양식은 부정적이어서, 스트레스가 높을수록 우울 정도가 높았다.

〈작성 방법〉
• 밑줄 친 ㉠에 해당하는 증상의 명칭을 쓰고, 이 증상과 밑줄 친 ㉡에 해당하는 증상과의 차이점 1가지를 서술할 것. (단, 증상의 명칭은 지문에 제시된 것이 아니어야 함.)
• 밑줄 친 ㉢을 가진 사람은 부정적인 사건과 긍정적인 사건에 대해 어떻게 인식하는지 순서대로 서술할 것.

22-A11. 다음은 초등학교 보건교사가 작성한 학부모 상담일지이다. 〈작성 방법〉에 따라 서술하시오.

대상자	2학년 1반 이○○ 학생의 어머니		
상담일시	○월 ○일 ○시	상담방법	전화통화
주요문제	학생의 문제 행동 및 가족 갈등		

상담내용
• 현재 상황
 - 학생의 문제 행동: ㉠ 작은 일에도 과민함, 짜증이 많음, 반려견을 발로 자주 참, 부모와 잦은 언쟁을 함, 담임 선생님에게 여러 차례 대듦.
 - 최근 학생이 ㉡ 적대적 반항장애(oppositional defiant disorder)로 진단받음.
 - 학생의 문제 행동으로 인해 어머니도 많이 힘들고 가족들도 스트레스가 많음.
• 중재
 - 어머니의 어려움을 경청하고 공감하며 정서적으로 지지함.
 - 가족들이 학생의 질병을 이해하고, 구성원 각자가 본인이 느끼는 감정을 수용하고 서로 지지할 것을 당부함.
 - 학생의 문제 행동 감소를 위해 행동치료 중 ㉢ 모델링, ㉣ 자기주장훈련에 대한 정보를 제공함.

〈작성 방법〉
• 밑줄 친 ㉠의 내용 중 적대적 반항장애의 증상이 아닌 것을 1가지 찾아 있는 그대로 제시할 것(DSM-5 진단기준을 적용할 것).
• 밑줄 친 ㉡의 진단을 내릴 수 있는 증상의 최소 지속 기간을 제시할 것 (DSM-5 진단기준을 적용할 것).
• 밑줄 친 ㉢과 ㉣의 의미를 순서대로 서술할 것.

12-14. 손 양이 보이는 정신 심리 현상에 대한 설명으로 옳은 것을 <보기>에서 고른 것은?

• 타과 의뢰서

환자 이름 : 손○○
성별/나이 : 여/19세

정신과 ○○○ 교수님 귀하

상기 환자는 대학수학능력시험을 보기 위해 전철을 타고 이동하던 중 갑자기 아무 것도 보이지 않아 병원으로 후송되었습니다.
안과 정밀 검사 결과 신체적 병리 소견이 없어 정신과로 의뢰합니다.
　　　　　　　안과의 : ○○○배상

〈보기〉

ㄱ. 손 양의 증상 형성에 관여한 방어기전은 억압과 전환이다.
ㄴ. 손 양에게는 만족스러운 무관심(la belle inciffierence)이 나타날 수 있다.
ㄷ. 손 양의 갑작스러운 시력 장애는 해리성 장애(disscciative disorder)에서 보이는 증상이다.
ㄹ. 손 양은 시력 장애로 인해 시험을 보지 않아도 되는 일차적 이득(primary gain)을 얻었다.

92-67. 히스테리 실신의 설명으로 옳은 것은?

① 졸도하기 전에 현기증을 느낀다.
② 의식을 잃기 전에 창백하고 식은 땀이 난다.
③ 전구 증상이 없고 쓰러져도 상처를 받지 않는다.
④ 수축기 혈압이 20mmHg 이상 떨어지면 맥박수가 증가한다.

05-16. 한 여중생이 동아리 선배에게 심한 꾸지람을 듣다가 발작인 행동을 보이며 의식을 잃고 쓰러졌다. 이 학생은 신체검진 결과에서는 특별한 문제가 없었다. 이때 보건교사가 제공해야 할 응급조치를 5가지만 쓰시오.

12-09. 정신과 병동에 입원 환자의 간호 기록지이다. '음성증상(negative symptom)'으로 옳은 것은?

이름	한○○(남, 56세)
진단명	정신분열병

날짜	시간	내용
10월 21일	○○ am	병실에 들어가며 (가) 인사해도 무감동한 얼굴로 쳐다봄. 질문에 상관없이 (나) 횡설수설하며 앞뒤가 맞지 않는 말을 계속 중얼거림.
	○○ pm	(다) 주위에 아무도 없는데 창문 커튼 옆에서서 "시끄러워 그만해."라고 말함. 데이룸(day room)으로 나가자고 격려하자 병실이 더운데도 (라) "암살에 대비하여 방탄조끼를 입어야 해."라며 겨울 점퍼를 입고 나옴.
10월 22일	○○ pm	차 모임(tea time)에도 참여하지 않고 저녁 식사 시간까지 병실에서 나오지 않음. (마) 사람들을 계속 피하고 하루 종일 혼자 지냄.

17-B6. 다음은 조현병(정신분열병)으로 입원과 퇴원을 반복하고 있는 정아에 대하여 정아 어머니와 보건교사가 나눈 대화내용이다. 〈작성 방법〉에 따라 순서대로 서술하시오.

어머니 : 안녕하세요? 선생님! 우리 애가 조현병으로 계속 치료를 받고 있는데 크게 나아진 게 없는 것 같아 걱정이에요.
보건교사 : 걱정이 많으시겠어요. 담임 교사가 그러던데 학교에서는 늘 외톨이로 친구들과 전혀 어울리지 않는다고 해요. 저도 관심 있게 보니 그렇더군요.
어머니 : 학교에서도 그렇군요. 집에서도 모든 일에 전혀 의욕이 없어요. 어제는 날씨가 추워져 겨울 옷으로 갈아 입으라고 했더니 ㉠ '나를 더 이상 실험 대상으로 이용하지 말란 말이에요. 그리고 엄마가 동네 사람들한테 내 욕을 하고 다니는 걸 내가 모르는 줄 알아요!'라고 말하면서 저를 노려보더라고요.
보건교사 : 당혹스러우셨겠네요. 그때 어머니는 어떻게 하셨어요?
어머니 : 하도 어이가 없어 ㉡ '뭐라고? 내가 너를 실험 대상으로 이용하고 네 욕을 하고 다녔다니… 정말 어처구니가 없구나. 그런 생각을 할 말한 무슨 증거라도 있는 거야? 또 내가 네 욕을 하고 다닌다는 말은 어디서 누구한테 들었는데?'라고 따졌더니 글쎄… 츠: 이럴 때는 내가 어떻게 대처하여야 할지 모르겠어요.
보건교사 : 어머니도 답답하시죠. 그런데 그렇게 말씀하시는 것은 정아의 증상 관리에 도움이 되지 않아요.
어머니 : 그럼 제가 어떻게 해야 할까요?
　　　… (하략) …

〈작성 방법〉

• 대화 내용 중 조현병의 음성 증상에 해당하는 2개 문장을 찾아 그대로 쓸 것.
• 밑줄 친 ㉠은 조현병의 양성 증상 중에서 무엇인지 제시할 것.
• 밑줄 친 ㉡과 같은 대처 방법이 정아에게 도움이 되지 않는 이유를 서술할 것.

23-B9. 다음은 신문 기사의 일부이다. 〈작성 방법〉에 따라 서술하시오.

○○일보

'노인학대 가해자'는 주로 배우자와 자녀

지난 1월 술을 마시고 폭력을 휘두르는 아들을 피하기 위해 80대 노인 A씨가 겨울인데 외투도 입지 않고 맨발로 집을 뛰쳐 나와 인근에 있는 슈퍼마켓에 도움을 요청했다. ㉠ 사업실패로 인한 경제적 어려움을 겪던 아들이 이혼 후 A씨가 사는 집으로 들어오면서 A씨는 아들로부터 지속적인 폭력을 당했다고 한다. 아들은 이튿날 술이 깨면 ㉡ 다시는 그러지 않겠다고 하였다. 그러나 A씨를 향한 폭력을 반복하였고 결국 A씨는 경찰에게 아들과 분리해 줄 것을 요청했다고 한다.

보건복지부의 〈2021 노인학대 현황 보고서〉에 따르면 노인학대 건수는 매년 늘고 있다. 특히 노인학대가 가장 많이 발생한 장소는 가정이고 노인학대 가해자는 배우자와 자녀(아들) 순이었다.

전문가에 따르면 폭력은 만성적일수록 쉽게 긴장이 고조되고 폭력적 파괴가 커진다고 한다. 지속적인 폭력에 노출된 대상자들은 ㉢ 플래시백(flashback), ㉣ 학습된 무력감(learned helplessness), 폭력에 대한 두려움, 절망감, 낮은 자존감 등의 증상을 보여 적절한 치료와 중재가 매우 중요하다고 한다.

코로나19로 이동이 제한되는 상황에서 고립된 노인들이 폭력과 학대에 노출될 가능성이 커진 만큼 국가와 사회의 관심과 적극적인 노인 보호 정책이 필요하다.

〈작성 방법〉

• 밑줄 친 ㉠에 해당하는 위기 유형의 명칭을 제시할 것.
• 워커(L. E. Walker)의 폭력주기 이론에서 밑줄 친 ㉡에 해당하는 단계의 명칭을 제시할 것.
• 밑줄 친 ㉢과 ㉣의 개념을 순서대로 서술할 것.

95-59. 엘리자베스 퀴블러로스가 말한 인간이 자기의 죽음을 받아들이기까지 겪는 단계로 옳은 것은?

① 부정 → 분노 → 타협 → 우울 → 순응
② 분노 → 부정 → 우울 → 타협 → 순응
③ 부정 → 분노 → 우울 → 타협 → 순응
④ 분노 → 우울 → 부정 → 순응 → 타협

20-B5. 다음은 보건실에서 건강 상담을 받고 있는 학생과 보건교사가 나눈 대화 내용이다. 〈작성 방법〉에 따라 순서대로 서술하시오.

보건교사 : 요즘은 어때요?
학   생 : 정말 힘들어요. ㉠ 제 주변에서 일어나는 안 좋은 일들은 모두 다 제 탓이에요. 우리 학교 야구부가 전국 대회에서 진 것도 다 제 잘못이고, 저 때문에 이번 모의고사에서도 저희 학교가 꼴찌할 거예요.
보건교사 : 그런 생각을 하고 있으니 많이 힘들겠어요. 지난 번 병원 진료받으라고 한 것은 어떻게 되었나요?
학   생 : 엄마와 함께 병원에 다녀왔어요. 의사 선생님이 '주요우울장애'라고 ㉡ 플루옥세틴(fluoxetine)이라는 약을 처방해 주셨어요.
보건교사 : 약은 잘 복용하고 있나요?
학   생 : 네, 잘 먹고 있어요. 그런데 별로 좋아지지는 않고 오히려 더 힘든 것 같아요.
보건교사 : 약 복용 후 초기에는 여러 가지 불편한 증상도 있을 수 있어요. 시간이 지나면서 불편한 것도 나아지고 치료 효과가 나타날 거예요.
학   생 : 네, 그런데 ㉢ 경두개 자기 자극법(transcranial magnetic stimulation)을 할 수도 있다고 했는데 그것이 무엇인가요?

… (하략) …

〈작성 방법〉
• 밑줄 친 ㉠에 해당하는 '사고 내용 장애'의 구체적인 유형을 제시할 것.
• 밑줄 친 ㉡의 약물 작용 기전을 설명하고, 작용 기전이 이루어지는 부위를 제시할 것.
• 밑줄 친 ㉢이 주요 우울장애의 치료에 효과를 나타내는 기전을 서술할 것.

16-B8. 다음은 보건교사가 '주요 우울장애'로 진단받은 수지(고1, 여)와 상담한 내용의 일부이다. 수지의 증상에 대해 인지행동 치료관점에서 파악한 내용을 〈작성 방법〉에 따라 논하시오.

보건교사 : 수지야. 요즘 기분이 어떠니?
수   지 : 매일 모든 게 슬프고 우울해요. 학교 오기도 싫고, 하루하루 생활이 재미가 없고, 흥미도 없어요.
보건교사 : 가장 힘든 게 뭔지 이야기 해줄 수 있을까?
수   지 : 잘 못자는 거예요. 그래서 학교에 오면 짜증이 나고 피곤해요. 밥맛도 없고요. 몸무게도 많이 빠졌어요.
보건교사 : 언제부터 그랬어요?
수   지 : 중학교 때 그런 적이 있었어요. 그때 병원에서 우울증이라고 했어요. 약도 먹었는데… 최근 다시 우울하고 불안해졌어요.
보건교사 : 무슨 일이 있었니?
수   지 : 중간고사에서 영어 시험을 망쳤어요.
보건교사 : 아, 그랬어. 속상했겠구나. 영어 시험을 망쳤을 때 수지는 어떤 생각이 들었어?
수   지 : 남은 과목들도 모두 망칠 거라는 생각이 들었어요.
보건교사 : 그렇구나. 또 수지를 힘들게 하는 뭐니?
수   지 : 선생님, 제가 봄 소풍 가는 걸 엄청 기대를 했었거든요.
보건교사 : 기대를 많이 했겠구나.
수   지 : 네, 그런데 제가 소풍갈 때마다 비가 오는 거예요. 비가 오는 건 전부 제 탓이라고 생각해요.
보건교사 : 그런 생각을 할 때 기분이 안 좋겠네?
수   지 : 네, 속상하고 우울해요.
… (중략) …
보건교사 : 이제부터 선생님과 함께 기분 나쁘게 하는 부정적인 생각들은 긍정적인 생각으로 바꾸는 연습을 할 거야.
수   지 : 아, 그런 게 있어요?
… (하략) …

〈작성 방법〉
• 정신질환의 진단 및 통계 편람 제5판(DSM-5)에 의한 수지의 주요우울장애 증상 4가지를 위 대화문에서 찾아 제시할 것.
• 벡(A. Beck)의 인지치료 관점에서 수지의 인지적 왜곡 2가지를 위 대화문에서 찾아 쓰고, 그 명칭을 각각 제시할 것.
• 엘리스(A. Ellis)에 의해 창시된 합리적 정서행동치료(REBT)의 'ABCDE' 모형을 설명하고, 위 대화문에서 나타난 수지의 비합리적 신념 2가지를 이 모형에 적용하여 ABC요소를 각각 제시할 것.
• 서론, 본론, 결론의 형식을 갖출 것.

02-09. 아래의 내용은 A중학교 보건교사가 기록한 학생건강 상담일지의 일부분이다. 김**학생의 두통을 가족적 문제에서 기인한 것으로 판단한 보건교사는 문제해결을 위해 가족적 접근을 하고자 한다. 다음 물음에 답하시오.

* 내담 학생 : ×학년 ×반 김**
* 내담자 호소내용 : 거의 매일 두통
* 병리적 소견 : 병원의뢰결과 특이한 병리적 소견 없음.
* 담임 소견
  - 학교생활태도 : 잦은 결석과 정서 불안, 낮은 학습 집중력, 불결함, 친구도 별로 없고 모든 활동에 의욕이 없으며 항상 우울해 보임.
  - 가족생활 : 부모의 이혼으로 현재 할머니, 아버지, 동생과 살고 있음.

위 학생이 보이는 우울증상을 해결하기 위하여 가족적 접근 외에 할 수 있는 간호중재를 4가지만 쓰시오.

12-11. 처방된 약물 복용으로 발생할 수 있는 고혈압 위기와 관련된 주의 사항으로 옳은 것만을 〈보기〉에서 있는 대로 고른 것은?

〈처방전〉
환자이름 : 김○○
성별/나이 : 여/45세
진단명 : 주요 우울장애(major depressive disorder)
[10월 22일]
Nardil(phenelzine sulfate) 45mg 하루 두 번 복용하시오.

〈보기〉
ㄱ. 고혈압 위기로 서맥이 되면 의료진에게 알린다.
ㄴ. 교감신경 흥분제와 함께 사용하면 고혈압 위기를 막을 수 있다.
ㄷ. 치즈, 요구르트 등을 섭취하면 고혈압 위기가 올 수 있다.
ㄹ. 고혈압 위기 시 펜톨라민(phentolamine, Regitine) 5mg을 천천히 정맥주사 한다.

17-A7. 다음은 주요 우울장애 진단 후 치료를 받고 있는 민지(여/18세)와 보건교사의 대화 내용이다. 괄호 안의 ㉠, ㉡에 해당하는 내용을 순서대로 쓰시오.

보건교사 : 민지야! 병원에서 처방받고 있는 토프라닐(삼환계항우울제)은 잘 먹고 있니?
민   지 : 네! 선생님. 그런데 병원에서 약을 나르딜(모노아민 산화효소 억제제)로 바꾸어 주었어요.
보건교사 : 얘 그래. 무슨 일이 있었어?
민   지 : 입이 너무 마르고 변비 증상이 심해 약을 계속 복용하기가 힘들었어요.
보건교사 : 그랬구나. 바뀐 약에 대한 주의 사항은 들었니?
민   지 : 소와 닭의 간, 발효 음식인 요거트 종류, 오래된 치즈, 훈제 생선, 절인 생선 같은 것은 먹지 말래요. 선생님! 왜 먹지 말아야 하지요?
보건교사 : 그런 음식은 (㉠)이/가 함유되어 있어 섭취 시 (㉡) 증상이 나타날 수 있단다.

10-14. '양극성 장애 Ⅰ형, 조증 삽화, 반복형'이 의심되어 입원한 대상자에게 나타날 수 있는 증상을 〈보기〉에서 모두 고른 것은?

〈보기〉
㉠ 사고의 비약
㉡ 정신운동 지연
㉢ 수면 욕구 감소
㉣ 망상

21-B3. 다음은 보건교사와 담임교사의 대화 내용 중 일부이다. 〈작성 방법〉에 따라 순서대로 서술하시오.

> 담임교사 : 선생님. 우리 반에 제Ⅱ형 양극성장애를 진단받은 학생이 있는데, 이 질병은 어떤 특징이 있는지요?
> 보건교사 : ㉠ 제Ⅱ형 양극성장애(bipolar Ⅱ disorder)는 주요 우울(삽화)과 경조증(삽화)이 1번 이상 나타나는데, 거의 대부분 우울로 시작되어서 주로 침울하고 무기력할 때가 많을 거예요. 조용할 때는 없는 듯이 있다가 기분이 들뜨면 에너지가 넘치고, 평소보다 말이 많고 ㉡ 계속해서 말을 해요. 또 잠도 거의 안 자고 주의가 산만한 모습을 보이기도 합니다.
> 담임교사 : 그렇군요. 그래서 약을 먹고 있다는데 기분의 변화가 약으로 해결되는지요?
> 보건교사 : 네. 처음 진단받으면 ㉢ 1차 선택약이 주로 사용됩니다.
> … (하략) …

〈작성 방법〉
- 밑줄 친 ㉠의 제Ⅱ형 양극성 장애가 제Ⅰ형 양극성 장애에 비해 진단이 늦어지는 이유와 그로 인해 발생할 수 있는 가장 심각한 위험을 서술할 것.
- 밑줄 친 ㉡에 해당하는 증상을 DSM-5*에 근거하여 제시할 것.
- 밑줄 친 ㉢의 약물 중 저조한 기분에 작용하며, 정기적인 혈중 농도 확인이 필요하지 않은 항경련제의 일반명을 제시할 것.

*DSM-5 : 정신장애의 진단 및 통계 편람(제5판)

94-42. 성격 장애 유형 중 수줍고, 내성적이며, 특히 대인 관계가 어려운 유형은?

① 분열성 성격
② 편집형 성격
③ 반사교적 성격
④ 긴장형 성격

12-10. 정신 장애의 진단 및 통계 편람(Diagnostic and Statistical Manual of Mental Disorder-Ⅳ-Text Revision, DSM-Ⅳ-TR)에 의하면 인격 장애를 행동의 유사성에 근거하여 세 군으로 분류한다. 분류군과 세부 진단 및 행동 특성을 옳게 연결한 것은?

분류군	세부 진단	행동 특성
A군	(가) 회피적 인격 장애 (나) 의존성 인격 장애	ㄱ. 자기 욕구를 경시하고 주요 결정을 타인에게 넘기는 사람
B군	(다) 경계성 인격 장애 (라) 분열형 인격 장애 (마) 반사회적 인격 장애	ㄴ. 정서 변화가 심하고 충동적이어서 예측 불가능한 행동을 많이 하는 사람
C군		ㄷ. 마술적 사고, 천리안 또는 투시력이 있다고 주장하기도 하고 자신이 초능력자라고 믿는 사람
		ㄹ. 자존감이 낮아 타인의 거절에 상처받고 타인과의 관계 형성이 어려워 위축된 사람
		ㅁ. 가까운 사람 특히 성적 대상과의 관계 유지가 어려운 사람

17-A12. 다음은 영재(여/16세) 어머니와 보건교사의 대화 내용이다. 〈작성 방법〉에 따라 순서대로 서술하시오.

> 어머니 : 안녕하세요, 선생님! 우리 아이가 식사를 거의 하지 않아 걱정이 많아요. 애가 말랐는데도 자신이 뚱뚱하다고 생각해요. 그리고 체중이 증가하는 것에 대한 두려움까지 느끼며 매일 시간을 정해서 3시간씩 열심히 운동을 하고 있어요.
> 보건교사 : 어머니의 걱정이 크시겠어요. 영재의 건강 기록을 보니 키가 162cm인데 체중은 지난주 측정한 게 40kg이군요. 그 문제로 병원을 방문하신 적은 있으신가요?
> 어머니 : 안 그래도 정신과 병원에 가서 (㉠)(이)라고 진단을 받았어요.
> 보건교사 : 당황스러우시겠어요. 집에서 어머니는 영재 상태에 대해 어떻게 대처하실 건가요?
> 어머니 : 제 생각에는 ㉡ 일단은 식사를 하도록 하여 체중이 정상이 되어야 할 것 같아요. 그래서 체중 증량식단을 짜서 1주일 내에 정상 체중으로 회복하는 것을 목표로 하려고 해요. 그리고 운동이야 건강을 위해 매일 하는 게 좋으니까 지금처럼 그대로 두려구요.
> 보건교사 : 평소 영재가 자신이 말랐음에도 불구하고 뚱뚱하다고 생각하는 것에 대해 대화를 나누시나요?
> 어머니 : ㉢ 워낙 바쁘게 생활하는 아이라서 때로 그것에 대해 대화할 시간은 없어요. 또 우리 딸이 성적이 나쁜 것도 아니고 무슨 문제를 일으키는 것도 아니라서 특별히 대화를 나누고 있지는 않아요.

〈작성 방법〉
- 괄호 안의 ㉠에 해당하는 임상 진단명을 제시할 것.
- 밑줄 친 ㉡, ㉢에 제시된 어머니의 대처 방법에서 잘못된 내용 3가지를 수정하여 서술할 것.

20-A9. 다음은 고등학교 보건교사가 작성한 교수·학습 지도안이다. 〈작성 방법〉에 따라 순서대로 서술하시오.

교수·학습 지도안			
단원	정신	보건교사	박○○
주제	섭식장애/인지행동 치료기법	대상	2학년
차시	2/3	장소	2-1 교실
학습 목표	○ 주요 섭식장애의 유형과 특성을 이해할 수 있다. ○ 인지행동 치료기법의 종류를 설명할 수 있다.			
단계	교수·학습 내용		시간
도입	○ 전시 학습 확인 ○ 동기 유발 : 섭식장애에 관한 동영상 시청 ○ 본시 학습 문제 확인		5분
전개	1. 섭식장애의 유형과 특성		35분
	(㉠)	· 지나치게 음식물 섭취를 제한함. · 체중 증가나 비만에 대한 극심한 두려움이 있음. · 체중 증가를 막기 위한 행동을 지속함. · 심각한 저체중 상태이나 이에 대한 심각성을 인지하지 못함.	
	(㉡)	· 식사 조절감을 상실함. · 반복적이고 부적절하게 스스로 구토를 유발하거나, 이뇨제나 설사제 등을 복용함. · 자기 가치에 대한 평가에 체형과 체중이 과도하게 영향을 미침. · 최소 3개월 동안 일주일에 1회 이상 지나치게 많은 양의 음식을 섭취하고 부적절한 보상 행동이 나타남.	
	2. 인지행동 치료기법의 종류 가. ㉢ 자기 감시법(self-monitoring) 나. ㉣ 형성법(shaping) … (하략) …		

〈작성 방법〉
- 괄호 안의 ㉠, ㉡에 해당하는 섭식장애 유형을 순서대로 제시할 것.
- 밑줄 친 ㉢의 목적을 서술할 것.
- 밑줄 친 ㉣의 개념을 서술할 것.

05-[08-09] 다음을 읽고 물음에 답하시오.
05-08. [신경성 식욕부진]으로 진단할 수 있는 중요한 신체적 증상을 5가지만 쓰시오.
05-09. 보건교사가 [신경성 식욕부진]의 소견을 보이는 위의 여학생에게 제공할 수 있는 간호중재를 4가지만 쓰시오.

11-27. 보건교사는 전교생을 대상으로 식이 태도를 조사한 결과 섭식장애가 의심되는 A, B 두 학생을 상담하게 되었다. 두 학생의 증상에 대한 설명으로 옳은 것은?

요양호 학생 상담일지			
일시	2010년 ○월 ○일 ○시	장소	보건실
이름	A	문제	신경성 폭식증
증상	• 많은 양의 음식을 빠른 속도로 먹고 음식 먹는 것을 멈추기 어려움.		
… (중략) …			
일시	2010년 ○월 ○일 ○시	장소	보건실
이름	B	문제	신경성 식욕 부진증
증상	• 극단적으로 음식을 거부함. • 매우 마른 몸매임에도 불구하고 지나치게 과격한 운동에 집착함.		

① A 학생은 지난 3개월 이내 15% 이상의 체중감소가 있다.
② A 학생은 심각한 저혈압, 저체온을 보인다.
③ B 학생은 피부건조와 모발손상이 심하다.
④ B 학생은 음식을 감추어 놓고 몰래 먹는 행동을 자주 보인다.
⑤ B 학생은 빨리 먹고 쉽게 토할 수 있는 부드럽고 단맛이 나는 고칼로리 음식을 먹는다.

06-10. 미국정신의학협회에서 제시한 거식증(대식증, Bulimia)의 진단기준 5가지를 쓰시오.

12-13. 정 군(17세)의 입원 후 폭력 잠재성 위험을 해결하기 위해 적용할 수 있는 간호로 옳은 것만을 〈보기〉에서 있는 대로 고른 것은?

정 군은 방과후 친구를 때리고 돈을 빼앗는 등의 행동 문제로 소아정신과에 입원하였다. 정 군은 "난 미치지 않았는데 정신병원에 왜 입원시켜!" 라고 소리치며, 병실 문 앞에 서서 노려보면서 주먹을 불끈 쥐고 있다.

〈보기〉
ㄱ. 신체 활동을 통해 긴장을 감소시킨다.
ㄴ. 정 군과 낮고 조용한 어조로 이야기한다.
ㄷ. 정 군에게 일관성 있고 확고한 태도로 대한다.
ㄹ. 정 군이 안전하다고 느끼도록 넓은 공간을 제공한다.
ㅁ. 간호사는 정 군에게 화가 나더라도 자신이 수행할 간호행위를 다른 간호사에게 위임하지 않는다.

99-08. 10대들이 자살하는 사례가 증가하여 사회문제가 되고 있으므로 보건교사는 이러한 문제에 대한 예방교육을 실시하여야 한다.
8-1. 보건교사가 학부모 및 교사들을 대상으로 자살예방교육을 실시할 때 학부모와 교사에게 알려주어야 하는 자살예고 행동 단서를 10가지 이상 나열하시오.
8-2. 교육실시 후 어느 담임교사로부터 자살 위험이 있는 학생의 상담을 의뢰받았다. 이 학생의 자살 위험정도를 사정할 때 반드시 포함되어야 할 내용을 5가지 이상 제시하시오.

19-B8. 다음은 보건교사와 학생이 나눈 대화의 일부이다. 이를 바탕으로 자살의 유형, 위험요인, 중재에 대해 〈작성 방법〉에 따라 논술하시오.

〈학생 정보〉
○ 고등학교 1학년(만 16세)인 여학생으로 '주요우울장애'로 진단받아 지속적으로 면담해 오고 있다.

보건교사: 잘 지내고 있는지 궁금했어요. 병원에서 준 약은 잘 먹고 있나요?
학 생: 변비가 심하지만 억지로 먹고 있어요. 선생님, 제가 요즘 마음이 많이 무겁고 답답해요.
보건교사: 무엇이 마음을 무겁고 답답하게 하나요?
학 생: 지난달 엄마가 자궁암으로 돌아가셨어요. 그날 이후 엄마와 함께했던 기억이 계속 떠오르고 엄마가 너무 보고 싶어서 눈물이 나요.
보건교사: 그런 일이 있었군요.
학 생: 엄마가 안 계시니 마음 기댈 곳이 없어요. 넓은 우주에 혼자 남겨진 것 같아요. 엄마 생각을 하다보면 밥도 먹기 싫고 잠도 안 와요. 한달 동안 하루에 두세 시간밖에 못 잤어요. 잠이 안 오니까 밤엔 엄마를 따라 죽는 방법밖에 없다는 생각만 자꾸 들고요.
보건교사: 그동안 많이 힘들었겠어요. 무엇이 제일 힘든가요?
학 생: 엄마한테 너무 미안한 거에요. 엄마가 돌아가신 건 다 저 때문이에요. 제가 그렇게 속 썩이지만 않았어도 엄마한테 암 덩어리가 생기진 않았을 텐데……. 다 저 때문이에요. 전 태어나지 말았어야 해요.
보건교사: 어머니께서 돌아가신 것이 본인 탓인 것 같아 많이 속상하고 힘들군요.
학 생: 그것만이 아니에요. 제가 속을 썩이는 바람에 아빠도 다니던 직장을 그만두시게 되었거든요. 결국 제가 문제에요. 저만 없으면 다 행복해질 거에요.
… (중략) …
보건교사: 그럼 과제를 하나 내줄게요.
학 생: 무슨 과제인가요?
보건교사: 어떤 상황에 대해 떠오르는 생각들을 써 보는 거에요.
학 생: 어떻게 쓰면 되나요?
보건교사: ㉠ 노트에 두 칸을 만들어 한 칸에는 어떤 일에 대한 상황을 쓰고, 나머지 한 칸에는 그 상황에 대해 바로 떠오르는 생각을 쓰세요. 그 다음은……
… (하략) …

〈작성 방법〉
• 서론, 본론, 결론의 형식을 갖추되, 본론은 다음 4가지를 포함하여 논술할 것.
• 뒤르켐(E. Durkheim)의 자살유형을 바탕으로 학생이 속하는 유형을 제시하고 그 이유를 서술할 것.
• 학생 정보와 대화문을 통해 파악된 학생의 자살위험요인 4가지를 제시할 것.
• 보건교사가 학생에게 인지치료를 적용하려는 근거를 학생의 대화에서 찾아 서술할 것.
• 라이트, 벡과 태스(J. Wright, A. Beck, & M. Thase)의 인지치료 중 ㉠에 해당하는 기법의 명칭을 쓰고, 학생이 써온 과제를 보건교사가 활용하는 방법과 효과를 서술할 것.

08-07. 청소년의 자살을 예방하기 위해서는 청소년기의 특성과 이들의 다양한 자살 심리를 이해하는 것이 중요하다. 청소년의 주요한 자살 심리를 4가지만 쓰시오.

12-08. 방송 뉴스의 내용 (가)~(마) 중 박 씨(남, 35세)의 자살 원인 및 징후로 볼 수 있는 것만을 있는 대로 고른 것은?

다음은 오늘의 사건 사고 뉴스입니다. 2011년 10월 ○○일 새벽 6시 경기도 ○○의 한 모텔에서 자살 시도로 의식을 잃은 박○○씨가 발견되었습니다. (가) 학창 시절에 친구들 사이에서 인기도 많았고 활달했던 박 씨는 졸업 후 (나) 계속 취업에 실패하면서 점차 우울해졌습니다. 친구들과 만날 때마다 박씨는 (다) "나 자살할 거야."라고 농담 반 진담 반으로 말하였지만 (라) 가족이나 가까운 친구과는 좋은 관계를 유지하고 있었습니다. 그러나 가끔 술에 만취하여 지나가는 사람에게 시비를 걸어 싸울 때가 많아졌습니다. 이틀 전 박 씨를 만난 친구 송 씨는 "박 씨가 (마) 오랜만에 밝은 표정이어서 반가웠어요. 자기가 아끼던 물건을 주어서 받아 왔어요." (이하 생략) ○○방송 사회부 강○○ 기자였습니다.

① (가), (나)
② (나), (다), (마)
③ (다), (라), (마)
④ (가), (다), (라), (마)
⑤ (나), (다), (라), (마)

09-22. 우울증이 있는 16세 청소년의 자살 위험도를 사정하기 위한 질문으로 가장 적절한 것은?
① "자살에 대해 어떻게 생각하세요?"
② "요즘 죽고 싶다는 생각을 하세요?"
③ "가족 중에 혹시 자살을 하신 분이 있으세요?"
④ "최근에 본 죽음에 관한 영화나 책의 제목이 무엇인가요?"
⑤ "지난달에는 얼마나 자주 매사에 흥미가 없어 괴로워하였나요?"

10-주관식 02. 다래의 글을 읽고 A양의 자살 위험 증상을 도출하고 A양의 자살예방을 위한 간호계획을 구체적으로 서술하시오.

> 고등학교 2학년 학생이 보건교사에게 와서 자신의 친구 A양이 보낸 "죽고만 싶다."라는 문자를 보여 주면서 걱정을 했다. 그래서 보건교사가 A양의 담임교사와 부모를 통해서 다음과 같은 내용을 파악하였다.
>
> • 가족관계 : 2년 중 막내이다.
>   부모는 언니와 밀착되어 있다.
>   아버지가 지배적이고 성격이 강박적이며 완벽주의자이다.
>   부모 사이가 갈등상태에 있다.
>
> • A양의 상황
>   A양의 언니는 중학교 때부터 대학교 1학년 현재까지 계속 장학금을 받아왔으며 팔방미인이라는 소리를 듣고 있고 부모님의 사랑을 독차지하고 있다. 반면에 A양은 어렸을 때부터 언니와 비교되면서 자신이 열등하다는 생각에 사로잡히고 자신을 무가치하다고 여기며 의기소침해지는 경우가 많다. 자신도 인정을 받으려고 노력하여 1학년 때는 성적이 상위권이었으나 요즘 들어 성적은 계속 떨어져 불안해지면서 잠을 제대로 잘 수 없다. 성적에 대한 아버지의 비난과 질책으로 고통스러워했고 아버지에 대한 분노가 마음속에 있지만 두려워서 표현하지 못하고 그냥 참고 지낸다. 학교에서 친구들이 부모님 이야기를 하면 슬그머니 자리를 피하곤 했다. 그동안 친하게 지내던 몇 명 안되는 친구들과 사이가 멀어지면서 외로움이 밀려와 공부를 해도 집중이 안 된다. 친구들로부터 자기만 따돌려지는 것 같아 소외감이 들고 자신감이 없어지고 한편으로는 화가 나고 한없이 자신이 초라하게 느껴졌다. 방과 후에도 거의 활동을 하지 않고 집안에서는 부모님과 대화를 거의 하지 않고 방에 들어가 울기만 하면서 이렇게 사는 것보다 "차라리 죽는 것이 낫지 않을까."라는 생각을 자주 한다.

20-A3. 다음은 보건교사가 담임교사에게 의뢰받은 학생과 처음으로 면담한 내용이다. 밑줄 친 ㉠, ㉡과 같은 증상에 해당하는 용어를 순서대로 쓰시오.

> 학 생 : 선생님, 안녕하세요!
> 보건교사 : 그래, 어서 와요. 담임 선생님으로부터 힘들어한다는 얘기를 들었어요. 요즘은 어떻게 지내고 있어요?
> 학 생 : 힘들어요. 계속 같은 생각이 떠올라 멈춰지지 않아요.
> 보건교사 : 어떤 생각이 떠오르나요?
> 학 생 : 수업시간에 ㉠'중간고사 답안지를 백지로 내서 망칠 것 같다.'는 생각이 자꾸 떠올라요. 아무리 생각을 멈추려고 해도 제 마음대로 되지 않아요. 수업에 집중이 안 되고, 선생님이 설명하시는 것도 머리 속에 들어오지 않아요.
> 보건교사 : 많이 힘들겠어요. 그럴 때는 어떻게 하나요?
> 학 생 : ㉡글씨를 똑같은 크기로 쓰려고 해요. 그리고 마음속으로 1부터 100까지 1분 안에 틀리지 않게 세려고 해요. 그러면 불안이 조금 나아져요.
> … (하략) …

24-B4. 다음은 중학교 보건교사가 학생을 상담한 내용의 일부이다. 〈작성 방법〉에 따라 서술하시오.

> 학 생 : 선생느, 저 너무 힘들어요.
> 보건교사 : 무슨 일이 있나요?
> 학 생 : 머릿속에서 ㉠생각하고 싶지 않은데, 자꾸만 '4'라는 숫자가 떠올라요. '4'는 죽음을 뜻하잖아요. '4'라는 숫자가 생각날 때마다 죽을 것 같아서 너무 불안해요.
> 보건교사 : '4'라는 숫자가 생각날 때마다 죽을 것 같아서 불안하다는 거죠?
> 학 생 : 네. 그래서 ㉡'4'라는 숫자가 생각날 때마다 죽지 않으려고 '7'이라고 계속 말해야 해요. '4'라는 숫자가 생각난다고 해서 바로 죽는다는 게 말이 안 된다는 걸 알아요. 그런데 생각을 안 하고 싶어도 안 할 수가 없어요.
> 보건교사 : 병원에서 진료를 받아본 적이 있나요?
> 학 생 : 네. 병원에 다니면서 ㉢클로미프라민(clomipramine)을 먹고 있어요.
> … 하락) …

〈작성 방법〉
• 밑줄 친 ㉠과 ㉡의 증상에 해당하는 용어를 순서대로 쓸 것. (단, ㉠과 ㉡은 동일한 용어가 아니어야 함.)
• 밑줄 친 ㉢의 약리 작용 중 2가지를 서술할 것.

1 불안 관련 장애

DSM-5-TR (DSM-5와 동일)	불안장애 분류	• 공황장애 • 특정공포증 • 범불안장애 • 광장공포증 • 선택적 함구증 • 물질/치료 약물로 유발된 불안장애 • 분리불안장애 • 다른 의학적 상태에 의한 불안장애 • 사회불안장애 • 기타 특정/비특정 불안장애

DSM-5	DSM-Ⅳ-TR
공황장애	광장공포증을 동반하는/동반하지 않는 공황장애
범불안장애	범불안장애
선택적 함구증	외상후 스트레스장애
분리불안장애	강박장애
사회불안장애	사회공포증
특정공포증	특정공포증
광장공포증	공황장애 과거력이 없는 광장공포증
	급성 스트레스장애
물질/약물 유도성 불안장애	물질/치료 약물로 유발된 불안장애
다른 의학적 상태에 의한 불안장애	다른 의학적 상태에 의한 불안장애
달리 분류되는 불안장애/분류되지 않는 불안장애	달리 분류되지 않는 불안장애/분류되지 않는 불안장애

[변경사항]
- 새로운 범주화 : DSM-Ⅳ-TR의 불안장애의 하부유형이었던 강박장애, 외상후 스트레스장애, 급성 스트레스장애가 DSM-5에서는 각각 '강박 및 관련 장애', '외상 및 스트레스 관련 장애'의 하부유형으로 변경됨
- 새로운 하부유형의 추가 : DSM-Ⅳ-TR의 소아·청소년기의 장애로 분류되었던 분리불안장애, 선택적 함구증이 불안장애의 하부유형으로 추가되었음
- 광장공포증의 분리 : 광장공포증이 반드시 공황발작을 동반하지 않는다는 사실에 근거하여 공황장애에 속해있던 광장공포증을 독립된 하부유형으로 분리함

불안의 정의 99,00,01, 02,07,11, 17 국시	(1) 위협적 상황에 대한 방어적 반응 (2) 내적인 조절능력의 상실로 마음속으로부터 일어나는 모호하고 막연한 감정 (3) 내적·외적 자극에 대한 반응으로, 이 반응은 행동이나 감정으로 나타날 수 있고, 인지나 신체증상으로도 나타날 수 있음(→ 막연하고 불쾌하며 모호한 느낌) 　cf) 공포는 구체적인 대상에 대한 반응(자신에게 위험이 된다고 판단한 뚜렷한 외부적 자극에 대해 두려워하거나 위협을 느끼는 감정), 스트레스는 개인에게 영향을 주는 외부의 압력 (4) 잠깐씩 불안을 느끼는 것은 정상으로 간주하나, 불안이 지속되고 스스로 대처하지 못해 일상생활, 사회적·직업적 기능이 방해 받으면 불안장애로 발전함
불안 관련 신경전달 물질	(1) 신경전달물질인 GABA(GABA 활성 감소)는 불안 발생과 관련이 있는 뇌신경 활동을 조절함 　- 벤조디아제핀은 뇌의 여러 부분의 GABA 수용체에 영향을 미쳐 세포의 발화율을 감소시킴으로써 불안 경감효과 (2) 공황발작이 뇌에서의 노르에피네프린의 기능과 세로토닌의 시냅스 경로 및 세로토닌 기능과 연관 있음 　① 감정과 기분을 조절하는 세로토닌(세로토닌 감소)은 강박장애, 공황장애 그리고 일반 불안장애에서 분명한 역할을 함 　② 노르에피네프린의 증가는 불안장애와 관련 있음

불안 발생 관련 심리사회 요인 10,11,16 국시	정신분석 이론	① 불안은 외적인 위험이나 무의식적·내적인 갈등이 자아의 심리적 평형상태를 위협하는 것에 대한 경계신호(본능이나 초자아로부터 무의식적인 위협으로 인해 자아가 위협을 받는 위험한 상태에 있다는 신호)		
		② 불안종류를 현실적인 불안, 신경증적 불안, 도덕적 불안으로 나누었음		
			현실적인 불안	외부에 실제적인 위험이 있을 때 느끼는 불안으로, 합리적으로 이해가 되는 불안
			신경증적 불안	무의식에 존재하고 있던 외면하고 싶은 본능적인 욕구나 충동이 의식 세계로 올라오려 할 때 느끼는 불안
			도덕적 불안	양심으로부터 오는 위협을 감지할 때 자아가 죄책감이나 수치심을 느끼는 불안
	대인관계 이론	유아기에 양육자로부터 인정받지 못하거나 사랑을 상실하여 부정적인 자아개념이 형성되고 그로 인해 자존감이 낮아졌을 때 불안 발생		
	행동이론	① 불안이 특수한 환경자극에 대한 조건화된 반응으로 고통을 피하려는 본능 때문에 강화된 욕구가 불안 → 탈감작 요법이 도움이 됨 ② 사회적 학습이론에서는 생의 초기에 큰 두려움에 노출된 경험이 있는 사람과 사소한 스트레스에도 쉽게 불안해지는 부모를 보면서 자란 경우 쉽게 불안을 느낌		
	인지이론	인지적 과정이 왜곡되어 불안이 발생함 : 왜곡된 인지적 과정으로 인해 발생하는 불안에는 자기도 모르게 떠오르는 생각, 즉 자동적 사고가 중요한 역할을 함		
	실존주의 이론	① 실존이론에서 불안은 인간의 원초적인 경험으로서 인간이 이 세상에 막 태어났을 때 경험하는 세상의 방대함과 낯섦에 갑자기 노출되었을 때 느끼는 답답함과 관련된 인간의 기본적 기분을 의미함 ② 인간이 자신의 본연의 모습으로 살지 못하고 현존하는 삶의 가치에 연연하며 진정성을 지니지 못한 채 살아갈 때 본래성을 되찾기 위해 근원적 불안이 발생한다고 함		
단계	증상 및 불안 수준에 따른 간호중재 10 임용 / 98,06,08,12,13,14,16 국시			
경증 불안	(1) 경증 불안은 매일의 생활의 긴장과 관련 (2) 신체적인 증후가 없음 (3) 감각이 민첩해지고 지각 영역이 확대되어 예전보다 잘 보고 듣고 파악 (4) 경증 불안은 학습을 동기화시키며 성장과 창조성 증진(문제해결력, 주의력, 학습능력↑)			
중등도 (moderate) 불안 19,21 국시	(1) 약간의 생리적 증후 : 약간의 발한, 근육긴장 (2) 잘 울고 화내고 요구도 많아짐, 안절부절못하는 행동 (3) 지각영역이 좁아져 당면한 문제만 관심 집중, 비교적 문제해결능력은 있음 (4) 선택적 부주의 : 불안을 야기하는 자극에 대해서만 즉각적 주의(중요한 것만 초점을 맞추고 그 외의 사건 무시함) (5) 간호중재(불안수준의 모니터링과 불안 완화를 위한 개입 필요)			
	① 신뢰관계 형성	• 지지적이고 보호적 간호활동 • 첫 간호중재는 개방적이고 신뢰하는 관계 수립 • 단순한 대화 : 대화는 짧고, 단순하고, 이해하기 쉬운 문장으로 말하는 것이 효과적 • 수용, 간호사 불안 인식		

	② 불안의 인식	• 행동인식 : "지금 불안을 느끼십니까?"
		환자의 행동 확인 & 불안의 감정과 연결시킴
		  - 비위협적 주제에서 갈등의 중심주제로 옮겨가는 질문이 환자의 동기유발을 촉진
		  - 불안반응에 대해서 이야기할 수 있으면 불안대상이나 상황, 사건에 대한 신체적 반응 설명하도록 함		

중등도 (moderate) 불안 19,21 국시	③ 불안에 대한 통찰력	• 환자가 자신의 불안을 인지한 후 불안이 증가하기 직전의 상황과 관계를 기술하도록 요청 • 환자에게 자신이 경험하는 불안한 상황에 직면하도록 하여 스스로 불안을 극복하게 함 10 임용(오답) • 불안반응을 증가/감소시키는 요인 스스로 파악하고 이전의 대처반응 분석

	④ 건설적인
	대처방법
	증진
		• 과거 적응적, 건설적 대처방법을 찾아 문제해결 격려
		• 새로운 건설적 대처반응 증진
		  - 불안감소, 인지적 재구성, 새로운 행동학습
		  - 인내심, 일관성 필요, 자신의 불안을 평가

	⑤ 이완반응 향상	• 스트레스와 관련된 정서적 고통을 조절함으로써 스트레스에 대처해 가도록 도움 • 스스로의 조절이 가능하면 자기 신뢰가 증진됨
	⑥ 대처관계 자원	• 중요한 인물, 가족, 친구를 대인관계 자원으로 간호계획에 포함 - 친구들과 어울려 놀거나 대화를 나누게 함 10 임용(오답) • 사회적 지지 제공
	⑦ 교육	• 불안에 대한 대상자의 적응 반응을 향상시킴 - 건강교육 요구확인, 요구를 충족시키기 위한 계획수립

중증
(severe)
불안
		(1) 신체적 증상 증가
		  ① 몸의 과도한 움직임, 동공확대, 손가락의 진전, 안절부절못함, 심한 발한, 설사, 변비, 혈압 및 맥박 상승, 가쁜 숨을 몰아 쉼 등
		  ② 초조(agitation) : 불안이 심해 근육계에도 영향을 미쳐 동작이 안절부절(예 손이 떨려 연필을 잡는 데 어려움이 있다고 호소함), 긴장(tension) 10 임용(지문)
		  ③ 행동이 자동적으로 됨
		(2) 지각 영역이 현저히 축소, 사소한 것에만 주의하고 위협을 주는 대상에 집중할 수 없음. 다른 것은 생각하기 어려움(예 학생은 불안하고 초조하여 보건교사의 질문에 집중을 하지 못해 대답하는 데 어려움이 있다.) 10 임용(지문)
		(3) 심리적으로 극도로 고통스러움(예 방 양에게 경찰관이 다가가자 화들짝 놀라며 구석으로 도망쳐 아빠가 불러도 나오지 않았다.) 12 임용(지문)
		(4) 수많은 방어기전 이용(억압, 억제, 투사, 함입, 반동형성, 취소, 전치, 퇴행)
		(5) 중증 불안의 간호중재 10 임용 / 21 국시
		  ① 환자와 함께 있기, 낮고 조용하게 부드러운 목소리로 이야기, 심호흡을 하도록 함
		  ② 심리적으로 지지하고 감정(불안, 적개심, 죄책감, 좌절)을 표현하도록 함
		  ③ 심리적 고통이나 불안에 대해 호소하는 것을 적극적으로 경청, 반응, 이야기 격려 - 불안감소

공황 상태 (panic)		(1) 극심한 불안 상태 : 심한 공포 → 도움을 주어도 아무것도 할 수 없을 것 같은 느낌 (2) 성격분열 : 자아개념의 붕괴와 분열(해리), 무력감 (3) 현실적 판단, 문제해결, 학습, 논리적 사고와 의사결정이 불가능 (4) 순간적인 정신증적 상태로 즉각적인 중재가 요구됨 : 사망 가능, 괴이하고 난폭적인 행동을 함 (5) 중증 및 공황수준의 불안의 간호중재

중재	(1) 환자보호
	(안전과
	안위증진)
		① 중재의 가장 중요한 부분
		② 환자의 행동을 사정하며, 환자가 조용해질 때까지 함께 함
		  ㉠ 방어기전 보호 : 완화행동 사용 허락, 행동에 질문하지 말 것(저지하면 방어선 무너져 공황상태로 치닫게 됨)
		  ㉡ 시간이 지나면 약간의 행동제한을 두거나 다른 대처행위의 시도를 도울 수 있음
		  ㉢ 공포대상에 맞서도록 강요하지 않음
		  ㉣ 불안감소방법 : 환자에게 자신이 당시 조절할 수 있는 스트레스 양을 정하도록 허용

	(2) 안전한 환경제공	① 환경적 자극 최소화, 조용한 장소에 있도록 함 ② 다른 환자로부터 격리(불안의 전파 방지) ③ 조용하고 침착한 태도로 한계 설정 ④ 신체적 지지 : 과호흡 시 재호흡백, 더운물 목욕, 마사지, 월풀 등 제공 ⑤ 불안의 원인, 상황 규명

중재	(3) 신뢰관계 형성	① 지지적·보호적 경청, 표현 격려 ② 환자의 느낌을 인지하고 수용함을 전달 ③ 개인적 공간 존중, 적절한 거리 유지(180cm) ④ 환자의 사고에 어떠한 내용 투입도 간호사에 의해 이루어져서는 안됨(왜곡시킴)
	(4) 간호사의 자기인식	① 자기 내부의 불안의 신호를 알고 적절히 대처할 때 치료적 간호수행이 가능 ② 간호사는 자신의 감정과 역할을 계속적으로 명료화 → 환자의 불안 수용
	(5) 활동격려	① 다른 측면의 즐거움 증가시킴 ② 단순한 게임, 구체적인 일, 작업이나 예술치료, 신체활동(걷기, 활동적인 취미) ③ 지지를 위해 간호사가 함께 참여
	(6) 투약	① 필요시 처방된 약물 투여 : 항불안제, SSRI, TCA, MAOI 등 ② 1차 치료는 행동치료
	(7) 교육	불안 고조 증상/징후, 불안의 진행을 막기 위한 방법 교육

(1) 공황장애

정의 04 국시	• 적어도 1회 이상의 공황발작 이후에 1개월 이상 추가적인 공황발작이나 그에 대한 지속적인 걱정, 또는 공황발작을 회피하기 위한 행동을 하는 것 • 특별한 기질적 원인 또는 실제적으로 생활을 위협하는 자극 없이 → 예기치 않게 → 공황발작(불안이 극도로 심해지며 숨이 막히고 심장이 두근대고 죽을 것만 같은 극단적인 공포증세)이 반복적으로 발생
특징 09,25 임용	① 호발시기 : 공황장애는 후기 청소년기와 30대 중반에 가장 많음 ② 삶을 위협하는 상황을 경험하는 사람에게서 일반적으로 나타나지만 자극 없이도 정서적, 신체적인 반응을 경험함 ③ 위험요인 : 공황장애의 주증상인 공황발작은 가족원 중에 발병경험이 있고, 유아기에 분리불안 경험이 있는 사람에게 자주 발생함. 물질과 자극제 사용이나 남용, 흡연, 몇 가지 불안증상이 있는 사람, 심한 스트레스원(삶을 위협하는 상황을 경험)을 가진 사람에서 흔함 ④ 예기불안 : 공황발작을 경험한 후에는 다음에 올 공황발작에 대해 지속적으로 염려함 ⑤ 공황장애의 증상은 자기통제가 불가능하며 최초 몇 초에서부터 한 시간 정도까지 아주 심한 불안이 반복해서 일어나며 자살율이 높음 ⑥ 공황 발작 : 명백한 이유 없이 갑자스럽게 시작되어 10분 이내에 급속하게 최고조에 달하는 극심한 불안과 공포를 의미함, 증상은 한시적으로 시간이 지나면 완화됨(10분 정도 심해져서 20~30분 지속 뒤에 소실됨. 한 시간 이상 지속되는 경우는 드묾) : 공황발작을 즉시 완화할 수 있는 약물이 없음 ⑦ 관련 신경전달물질 : 세로토닌, 노르에피네프린, GABA

DSM-5-TR 09,16,18, 25 임용 / 07,12,15, 22 국시	A	예기치 못한 공황발작이 반복되는 경우. 공황발작은 극심한 공포나 불편감이 갑자기 급증하여 몇 분 이내에 정점에 이르고, 이 기간 동안 다음 증상 중 4가지(또는 그 이상)가 발생할 수 있다 주의점 : 갑작스러운 증상의 발생은 평온한 상태 또는 불안한 상태에서 모두 발생할 수 있다.
		[공황발작의 진단기준] 갑작스럽게 급증하는 극심한 공포 또는 극심한 불편감이 몇 분 이내에 정점에 도달하며, 이 기간 동안 다음과 같은 증상 중 4가지(또는 그 이상)가 발생한다.

		신체적 증상	자율신경계	① 심계항진, 가슴 두근거림 또는 심장박동이 빨라짐 ② 발한(= 땀을 흘림) ③ 몸의 떨림 또는 흔들거림 ④ 오한 또는 열감
			흉부/복부	⑤ 흉통 또는 흉부불쾌감　　⑥ 오심 또는 복부불쾌감 ⑦ 숨이 차거나 답답한 느낌　　⑧ 질식감
			정신증상	⑨ 어지럽거나, 불안정하거나, 현기증 또는 기절하는 느낌 ⑩ 비현실감(현실이 아닌 것 같은 느낌) 또는 이인증(자신으로부터 분리된 듯한 느낌)
			말초증상	⑪ 감각이상(마비 또는 따끔거리는 느낌)
		인지적 증상		⑫ 통제력을 잃거나 '미쳐 가는 것'에 대한 두려움 ⑬ 죽음의 공포
		주의점 : 문화 특이적 증상(예 이명, 목 통증, 두통, 제어할 수 없는 비명 또는 울음)이 나타날 수 있다. 이러한 증상은 4가지 필수 증상 중 하나로 간주해서는 안 된다.		

DSM-5-TR 09,16,18, 25 임용 / 07,12,15, 22 국시	B	적어도 1회의 발작 이후에 다음 중 하나 또는 2가지가 1개월간 뒤따른다. 1. 추가적인 공황발작이나 그 결과에 대한 지속적인 우려 또는 걱정 　(예 자제력 상실, 심장마비, '미쳐 가는 것') 2. 발작과 관련된 행동의 현저한 부적응적 변화 　(예 엘리베이터 대신에 계단을 이용했고, 지하철이나 버스를 타는 것도 거부하고, 친구들과 영화를 보러가는 것도 거부했다.)
	C	(배제진단) 장해가 물질(예 남용약물, 치료약물) 또는 다른 의학적 상태(예 갑상선기능항진증, 심폐장애)의 생리학적 효과로 인한 것이 아니다.
	D	(배제진단) 장해는 다른 정신질환에 의해 더 잘 설명되지 않는다(예 공황발작은 사회불안장애에서처럼 두려운 사회적 상황에 대한 반응으로만 발생하지 않는다. 특정공포증에서와 같이 제한된 공포 대상이나 상황에 대한 반응, 강박장애에서와 같이 강박 사고에 대한 반응, 외상후 스트레스장애에서와 같이 외상적 사건을 상기시키는 것에 대한 반응, 또는 분리불안장애에서와 같이 애착 대상과의 분리에 대한 반응으로만 발생하지 않는다).

클락(D. Clark)의 공황장애 인지모델

내·외적인 촉발요인 → 지각된 위협 → 걱정과 염려 → 고양된 신체감각 → 신체감각에 대한 오해석(파국적 해석) → 지각된 위협

치료
20,21 국시

▶ 공황발작의 1차 치료는 행동치료를 적용함

- 인지행동치료접근, 심호흡, 이완법

인지치료	병태생리 교육, 검사결과 제시, 심장마비 등의 질환과의 차이, 다양한 치료방법 효과 다룸	
행동치료	노출치료 (= 감각기관에의 노출)	공황발작 중에 경험했던 신체적 감각에 노출시키는 것으로 인공적으로 제작된 장치하에서 발작증상을 일으키게 해서 이들 증상이 공황발작으로 진행되지 않는다는 것을 깨닫게 하는 것으로, 공황이 왔을 때 경험하는 신체감각과 유사한 감각을 다른 방법을 통해 유발하여 경험하면서 이러한 신체감각이 결코 위험한 것이 아님을 인식하도록 함
	홍수법, 내폭법, 역조건 형성, 체계적 탈감작	

- 약물 : 벤조디아제핀, SSRI, TCA, 항고혈압제[클로니딘, 프로프라놀롤(인데랄)]

급성기	벤조디아제핀, 프로프라놀롤
유지기	SSRI, TCA (첫 4주 동안 항우울제와 벤조디아제핀 동시 투여, 그 후 벤조디아제핀 유지용량으로 감량)

(2) 범불안장애

정의	만성적이며 광범위하고 지속적인 불안을 느끼는 장애로 보통 6개월이나 그 이상 지속됨. 개인생활 중 몇몇 사건이나 상황에 대해 비현실적인 걱정과 불안을 심하게 지속적으로 하는 것 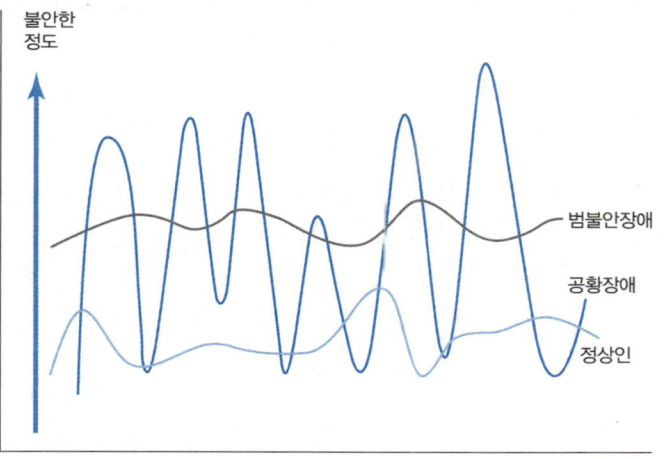 [범불안장애, 공황장애와 정상적인 불안의 비교]

DSM-5-TR 11 임용 / 17,18 국시		
	A	(기간) (업무나 학업 성과와 같은) 많은 사건이나 활동에 대해 최소 6개월 이상 지속되는 과도한 불안과 걱정(불안한 예견) 예 현재 고3이며 대학입시에 대한 과다한 불안과 걱정이 있다. 2학년 때부터 친구들과 어울리는 게 부담스럽고 힘들어요. 최근 1년 동안 여러 증상들로 보건실을 방문함
	B	(조절 힘듦) 걱정을 통제하기 어렵다고 느낌 예 밤에도 계속 공부해야 한다는 생각 때문에 잠들기가 힘들고, 하루하루가 긴장의 연속
	C	(증상) 불안과 걱정은 다음 6가지 증상 중 최소 3가지(또는 그 이상)와 관련이 있음(지난 6개월 동안 최소한 몇 가지 증상이 있었던 날이 없었던 날보다 많다.) ① 안절부절못하거나, 긴장하거나, 신경이 곤두선 느낌 예 하루하루가 긴장의 연속이에요. ② 근육 긴장 예 빈뇨와 긴박뇨 증상, 잦은 소화불량, 현기증과 2회의 실신 ③ 수면 장애(입면 또는 수면 유지가 어렵거나, 제대로 쉬지 못하는 불만족스러운 수면) 　　예 밤에도 계속 공부해야 한다는 생각 때문에 잠들기가 힘들고 또 잠들었다 쉽게 깨고. ④ 집중하기 어렵거나 머릿속이 하얗게 됨 예 3학년이 돼서는 집중이 잘 안되고 더 불안하고 조급해요. ⑤ 과민성 예 마음에 안 드는 친구들이 많고 신경 쓰이고 마음이 불편하다. 짜증나게 한다. ⑥ 쉽게 피로해짐 예 ~그러다보니 낮에는 너무 피곤하고… | 범불안 장애 증상 | 안 근수 집 민성 피 | | 의미 | 안(녕) 근수 집(에 가서) 민성(이랑) (양장)피 (먹자) |
	D	(영향) 불안, 걱정 또는 신체 증상이 사회적, 직업적 또는 기타 중요한 기능 영역에서 임상적으로 현저한 고통이나 손상을 초래함 예 지난 6개월 동안 대학 입시와 관련된 생각이 날 때마다 빈뇨와 긴박뇨로 인해 수업 중에 꼭 한 두 번은 화장실을 다녀와야 했고, 이로 인해 학교생활의 어려움을 호소하였다.
	E	(배제진단 : 물질/신체질환) 장해가 물질(예 남용약물, 치료약물)이나 다른 의학적 상태(예 갑상선 기능항진증)의 생리적 효과에 의한 것이 아님
	F	(배제진단 : 다른 정신질환) 장해가 다른 정신질환으로 더 잘 설명되지 않음(예 공황장애에서 공황발작에 대한 불안이나 걱정, 사회불안장애에서 부정적 평가, 강박장애에서 오염 또는 기타 강박관념, 분리불안장애에서 애착 대상과의 분리, 의상후 스트레스장애에서 외상 사건을 상기시키는 것, 신경성 식욕부진증에서 체중증가, 신체증상장애에서 신체적 불만, 신체이형장애에서 인식된 외모 결함, 질병불안장애에서 심각한 질병, 조현병이나 망상장애에서 망상적 믿음의 내용)

(3) 선택적 함구증 18 임용

정의	소아기에 발병하는 정신장애로 소아가 말을 이해하고 할 줄 알면서도 어떤 특정 상황에서 입을 다물고 말하기를 거부하는 질환
진단 기준	① 언어표현에 문제가 없던 아동이 특정 상황에서 말을 해야 하는데 하지 않고 그로 인해 교육, 직업, 사회적 의사소통에 문제가 생길 때 진단한다. ② 적어도 1개월 이상 지속될 때 문제가 된다. ③ 입학 초기처럼 많은 아동들이 말하기 어려워할 때만 나타나는 것은 제외한다. ④ 사회생활에 필요한 언어지식이 아주 없을 때나 언어가 불편해서 잘 사용하지 않은 경우 제외
DSM-5-TR	A (증상) 다른 상황에서는 말을 함에도 불구하고 말을 할 것으로 기대되는 특정 사회적 상황(예 학교)에서 지속적으로 말을 하는 것을 실패함
	B (영향) 장해가 학습이나 직업상의 성취 또는 사회적 의사소통을 방해함
	C (기간) 이러한 장해의 기간이 최소 1개월 이상 지속됨(학교 등교 시작 이래 첫 1개월에만 국한되지 않는 경우)
	D (배제진단) 말을 못하는 이유가 사회적 상황에서 필요한 말에 대한 지식이 부족하거나, 언어가 익숙하지 않은 것으로 인해 말을 하지 않는 것이 아님
	E (배제진단) 장해가 의사소통장애(예 아동기 발병 유창성장애)로 더 잘 설명되지 않고, 자폐스펙트럼장애, 조현병 또는 다른 정신병적 장애의 경과 동안에만 유일하게 발생하지는 않음

(4) 분리불안장애(학교공포증)

정의	① 주 애착대상에서 분리될 때 지속적으로 나타나는 불안상태 ② DSM-Ⅳ에서는 소아·청소년 정신장애에 포함되어 있었으나, 성인에서도 이 장애가 나타나면서 DSM-5에서는 불안장애로 재분류되었음 ③ 7~8세 아동, 특히 여아에서 흔함
특징	① 집이나 애착 대상과 분리되는 것에 대해 심한 불안을 보이는 것이 특징인 장애 ② 아동의 경우, 최소 지속기간은 4주, 성인은 6개월 이상
DSM-5-TR 23 국시	A (증상) 개인이 애착이 있는 대상과의 분리와 관련된 공포나 불안이 발달수준에 비추어 볼 때 부적절하고 지나친 정도로 발생함. 이는 다음의 3가지 이상의 상황에서 나타나야 함 ① 집 혹은 주 애착 대상과의 분리를 예상하거나 경험할 때 과도한 고통을 반복적으로 겪음 ② 주 애착 대상을 잃거나 질병이나 상해, 재앙 혹은 죽음 같은 가능한 해로운 일들이 일어날까 지속적이고 과도하게 걱정함 ③ 주 애착 대상과의 분리를 야기하는 곤란한 일(예 길을 잃거나, 납치 당하거나, 사고를 당하거나, 병에 걸리는 것)을 경험하는 것에 대하여 지속적이고 과도하게 걱정함 ④ 분리에 대한 공포 때문에 집을 떠나 학교, 직장 혹은 다른 장소로 외출하는 것을 지속적으로 거부하거나 거절함 ⑤ 집이나 다른 장소에서 주 애착 대상 없이 혹은 혼자 있는 것에 대해 지속적이고 과도하게 두려워하거나 거부함 ⑥ 집에서 떠나 잠을 자는 것이나 주 애착 대상 곁이 아닌 곳에서 자는 것을 지속적이고 과도하게 거부하거나 거절함 ⑦ 분리와 관련된 주제로 반복적인 악몽을 꿈 ⑧ 주 애착 대상과 분리가 발생하거나 예상되는 상황에서 신체 증상을 반복적으로 호소함(예 두통, 복통, 오심, 구토)
	B (기간) 공포, 불안, 회피 반응은 아동·청소년에서는 최소한 4주 이상, 성인에서는 전형적으로 6개월 이상 지속되어야 함
	C (영향) 장해가 사회적, 직업적 또는 다른 중요한 기능 영역에서 임상적으로 현저한 고통이나 손상을 초래함
	D (배제진단) 장해가 자폐스펙트럼장애에서 변화에 대한 저항 때문에 집 밖에 나가는 것을 회피하는 것, 정신병적 장애에서 분리에 대한 망상이나 환각이 있는 경우, 광장공포증으로 인해 믿을 만한 동반자 없이 밖에 나가기를 거절하는 경우, 범불안장애에서 건강 문제나 다른 해로운 일이 중요한 대상에게 생길까 봐 걱정하는 것, 질병불안장애에서 질병에 걸릴까 봐 걱정하는 것과 같은 다른 정신질환으로 더 잘 설명되지 않음

증상 08 국시	인지적 증상	• 애착대상에게 나쁜 일이 생길지 모른다며 따라다니거나 방에 혼자 있기 싫어하고 친구 집에 갈 수도 없으므로 자긍심과 사회성에도 손상을 받음 • 방화에 의한 가족의 죽음, 살인에 의한 가정의 파괴, 큰 재해에 대한 두려움이 악몽으로 표현됨
	행동적 증상	애착대상과 격리되어 있을 때 애착대상이 어디에 있는지 알고 싶어 하고 접촉을 원함 → 아동에게서 보통 등교거부, 학교공포증으로 나타남
	신체적 증상	분리가 예상되거나 실제적인 분리를 경험할 때 복부통증, 두통, N/V, 심계항진, 어지러움 등을 호소
	정서적 증상	사회적 위축, 무감동, 슬픔, 일이나 놀이에 집중하지 못함
	성인이 되어도 집을 떠나지 않거나 자신의 배우자와 자녀를 지나치게 보호하는 경향이 있음	
치료 및 간호 03, 05 국시	① 가장 먼저 아이의 걱정이 어디에서 오는지 아이와 대화하는 것이 중요함 ② 가족치료 병행, 지지적 면담치료, 놀이치료 ③ 인지행동치료 : 이완요법, 체계적 탈감작법, 긍정적 강화요법(등교, 심부름 보내기, 잠자리 분리를 목표로 함) ④ 아이에게 휴대전화를 주어 하루 한두 차례 집으로 전화를 걸 수 있게 함 ⑤ 학교등교를 지속적으로 거부하면 약물치료와 입원치료가 필요함	

(5) 사회불안장애 23 국시

정의	① 사회적 불안(타인이 부정적으로 평가할 수 있는 사회적 상황에 노출되는 것에 대한 심한 불안) + 수행불안(시연상황에 노출되는 것에 대한 심한 불안을 경험) 21 임용
	  ⑩ 사회적 불안 : 사람들 눈에 띄면 괜히 떨리고 불안해요.
	      수행불안 : 수업 중에 제가 발표를 해야 할 때는 실수할까 봐 걱정이 되면서 몸이 굳어져요.
	② 대중 앞에서 바보처럼 말할까 봐 두렵고 교실에서 대답을 하지 못할까 봐 두려워함. 이러한 장애를 가진 대상자는 가능하면 사회적 상황을 피하고 만약 피하는 것이 불가능하면 심한 불안과 스트레스 상황을 견뎌내야 함	

특성	① 사회불안장애는 흔히 우울증이 동반되는데, 사회불안장애 환자의 1/3 정도가 우울증을 가지는 것으로 추측됨 ② 10대 후반에 가장 호발함	
DSM-5-TR	A	(사회적 불안) 타인에게 면밀하게 관찰될 수 있는 하나 이상의 사회적 상황에 대한 두드러진 공포 혹은 불안. 그 예로는 사회적 교류(⑩ 대화하기, 낯선 사람 만나기) 관찰됨(⑩ 먹기, 마시기), 타인 앞에서의 수행(⑩ 연설하기) 등이 포함됨 21 임용 주의점 : 아동에서 불안은 친구들이 있는 상황에서 나타나는 것이어야 하며, 성인들과의 상호작용하는 동안에는 아님
	B	(수행불안) 부정적으로 평가(즉, 수치스럽거나 부끄러움, 타인에게 거부당하거나 거부감을 줌)되는 방식으로 행동하거나 불안 증상을 보일 것을 두려워함 (⑩ 많은 사람 앞에서 이야기할 때, 대중화장실에서 소변을 볼 때, 이성에게 만남을 신청할 때 심한 불안감을 경험함) 21 임용
	C	사회적 상황은 거의 언제나 공포 혹은 불안을 유발함 주의점 : 아동에서 공포와 불안은 울기, 생떼 부리기, 경직, 매달리기, 움츠러들기 혹은 사회적 상황에서 말하지 못하는 것으로 표현될 수 있다.
	D	사회적 상황을 회피하거나 극심한 공포 혹은 불안 속에서 견딤
	E	공포 혹은 불안은 사회적 상황이 주는 실제 위협과 사회문화적 맥락에 비례하지 않음 (실제위협보다 과장됨)
	F	(기간) 공포, 불안 혹은 회피는 지속적이며 전형적으로 6개월 이상 지속됨
	G	(영향) 공포, 불안 혹은 회피는 사회적, 직업적 또는 다른 중요한 기능 영역에서 임상적으로 현저한 고통이나 손상을 초래함
	H	(배제진단 : 물질) 공포, 불안 혹은 회피는 물질의 생리적 효과 때문이 아님(⑩ 남용약물, 치료약물)
	I	(배제진단 : 다른 정신질환) 공포, 불안, 혹은 회피는 공황장애, 신체이형장애 또는 자폐스펙트럼장애와 같은 다른 정신질환의 증상으로 더 잘 설명되지 않음
	J	(배제진단 : 신체질환) 다른 의학적 상태(⑩ 파킨슨병, 비만, 화상이나 상해로 인한 신체결손)가 있는 경우 공포, 불안 혹은 회피는 명백히 무관하거나 과도함
	*다음의 경우 명시할 것 – 수행 시 한정 : 공포가 대중 앞에서 말하거나 수행하는 것에 국한되는 경우	

치료 및 간호	① 일반적인 사회불안장애
	– SSRI와 MAOI가 주로 사용됨 – 이들 약물은 복용 6주 후부터 효과가 나타나기 시작하여 12~16주가 되면 최대효과에 도달하게 됨 – 최소 6~12개월간 치료가 지속되어야 함
	② 특정한 상황이나 행위와 연관된 사회불안장애
	– 벤조디아제핀(clonazepam, lorazepam)이나 베타차단제(propranolol)가 사용될 수 있음 – 이들 약물을 불안유발 행위를 하기 전 또는 불안이 유발되는 상황 30~60분 전에 복용함

(6) 특정공포증

관련된 방어기제	전치	원래의 무의식적인 두려움을 그것을 상징하는 다른 대상, 생각, 상황으로 옮기는 것
	상징화	공포의 대상은 상징화된 것

공포 자극을 기준으로 한 부호화	• 공포반응을 유발하는 대상에 따라	
	동물형	동물이나 곤충에 대한 공포(뱀, 거미, 바퀴벌레, 개)
	자연환경형	천둥, 번개, 높은 장소, 강, 바다 등의 자연에 대한 공포
	혈액–주사–상해형	혈액, 주사 및 수혈, 상처, 침습적인 의학적 시술, 기타 의학적 치료에 대한 공포
	상황형	터널, 다리, 엘리베이터, 대중교통, 비행기 등 밀폐된 장소, 운전 등에 대한 폐쇄공포 등
	기타	질식 혹은 구토를 유발할 수 있는 상황(소아의 경우 시끄러운 소리 등) 질병에 걸리는 것 등

DSM-5-TR	A	특정 대상이나 상황에 대해서 극심한 공포나 불안이 있음(예 비행기 타기, 고공, 동물, 주사 맞기, 피를 봄). 주의점 : 아이들의 경우 공포나 불안은 울기, 발작, 얼어붙거나 매달리는 것으로 표현될 수 있음
	B	공포 대상이나 상황은 거의 항상 즉각적인 공포나 불안을 유발함
	C	공포 대상이나 상황을 적극적으로 회피하거나 아주 극심한 공포나 불안을 경험하면서 참아냄
	D	공포나 불안이 특정 대상이나 상황이 줄 수 있는 실제 위험에 대한 것보다 극심하며, 사회문화적 맥락에서 통상적으로 받아들여지는 것보다 심함
	E	공포, 불안, 회피 반응은 전형적으로 6개월 이상 지속됨
	F	공포, 불안, 회피는 사회적, 직업적 또는 다른 중요한 기능 영역에서 임상적으로 현저한 고통이나 손상을 초래함
	G	장해가 공황 유사 증상과 연관된 공포, 불안, 상황에 대한 회피 혹은 무력화시키는 증상들(광장공포증), 강박 사고와 관련된 대상이나 상황(강박장애) 외상 사건을 상기(외상후 스트레스장애), 집이나 애착 대상으로부터의 분리(분리불안장애), 사회적 상황과 연관(사회불안장애)과 같은 다른 정신질환으로 더 잘 설명되지 않음

공포장애 환자가 얻는 이차적 이득	① 공포장애 환자는 자신의 공포를 통해 주위 사람에게 영향을 줌으로써 이차적 이득을 획득하고자 함 ② 공포로부터 피할 수 있다는 결과를 내세워 자신이 원하는 무의식적 욕구를 충족하려고 하는 것이 이차적 이득 → 이러한 이차적 이득의 충족은 공포를 영구화시킴

특정 공포증의 행동치료 방법	체계적 탈감작	① 단계적 노출과 이완기법을 함께 적용하는 방법 ② 상반된 반응을 일으키는 자극을 동시에 제시하면 각각의 반응이 상쇄되는 현상(= 상호억제)을 이용한 치료방법 ③ 이완기법으로 심호흡, 근육이완기법, 최면 등 적용 예 고소공포증의 체계적 탈감작 : 고층건물 1층에서부터 옥상까지의 각층에서 내려다본 사진을 준비하고 근육이완훈련을 시행 → 충분히 이완된 상태에서 가장 공포를 적게 일으키는 장면을 20~30초 보여줌 → 한 장면에 공포를 느끼지 않게 되면 좀 더 두려운 장면으로 넘어감
	홍수법	① 한 번에 매우 강한 자극에 노출시켜 공포반응이 소실될 때까지 지속하는 기법 ② 최근에는 가상현실을 이용한 가상 노출기법이 시도되고 있음 예 고소공포증을 가진 대상자에게 한 번에 번지점프를 하게 함 ③ 갑작스러운 교감신경계 항진이 해로울 수 있는 대상자에게는 금기임

(7) 광장공포증

DSM-5-TR 10,18,19 국시	A	다음 5가지 상황 중 2가지(또는 그 이상)에 대한 현저한 공포 또는 불안 ① 대중교통 이용(예 자동차, 버스, 기차, 선박, 비행기) ② 개방된 공간(예 주차장, 시작, 다리)에 있는 것 ③ 밀폐된 장소(예 상점, 극장, 영화관)에 있는 것 ④ 줄을 서거나 군중 속에 있는 것 ⑤ 집 밖에 혼자 있는 것
	B	공황 유사 증상 또는 무력감을 느끼게 하거나 당황스러운 다른 증상(예 노인의 낙상에 대한 공포, 요실금에 대한 공포)이 발생할 경우 그 상황을 벗어나거나 도움을 받기 어려울 수 있다는 생각 때문에 해당 상황을 두려워하거나 회피함
	C	광장공포 상황은 거의 항상 공포나 불안을 유발함
	D	광장공포 상황을 적극적으로 회피하거나, 동반인을 필요로 하거나, 강렬한 공포나 불안 속에서 견뎌냄
	E	공포나 불안은 광장공포 상황이나 사회문화적 맥락에 의해 유발되는 실제 위험과 비례하지 않음
	F	공포, 불안 또는 회피는 지속적이며, 일반적으로 6개월 이상이 지속됨
	G	공포, 불안 또는 회피는 사회적, 직업적 또는 기타 중요한 기능 영역에서 임상적으로 현저한 고통이나 손상을 초래함
	H	다른 질환(예 염증성 장질환, 파킨슨병)이 존재하는 경우, 공포, 불안 또는 회피는 분명히 과도함
	I	공포, 불안 또는 회피는 다른 정신질환의 증상으로 더 잘 설명되지 않음 예를 들어, 증상이 특정공포증, 상황형에만 국한되지 않음, (사회불안장애와 같이) 사회적 상황에서만 수반되지 않음, (강박장애와 같이) 강박 사고에만 관련되거나, (신체이형장애와 같이) 외모의 결함이나 흠과만 관련되거나, (외상후 스트레스장애와 같이) 외상 사건을 기억하게 할 만한 사건에만 국한되거나, (분리불안장애와 같이) 분리에 대한 공포에만 국한되지 않음
	주의점 : 광장공포증은 공황장애 유무와 관계없이 진단된다. 만약 공황장애와 광장공포증의 진단기준을 모두 만족한다면 2가지 진단이 모두 내려져야 한다.	
1차적 이득과 2차적 이득	1차적 이득	집을 떠나면 불안해질 것 같아 안전한 장소인 집에 머무름으로 인해 불안이 완화되는 것
	2차적 이득	이들 행동의 결과로서 다른 사람들의 주목을 받는 것(예 광장공포증이 있는 대상자가 가족구성원들로부터 관심과 돌봄을 받음. 또한 일이나 시장보기 등 가정 밖에서의 일상생활을 하지 않아도 가족들로부터 이해를 받을 수 있음)

외상 및 스트레스 관련 장애 - 외상후 스트레스장애

① 외상 및 스트레스 관련 장애의 진단분류

DSM-5-TR(DSM-5와 동일)
새롭게 추가된 장애군 : DSM-Ⅳ-TR에서 소아·청소년 정신장애에 속해있던 '반응성 애착장애', '탈억제성 사회적 유대감 장애', '외상후 스트레스장애', '급성 스트레스장애', '적응장애'가 속해있음
• 반응성 애착장애 • 탈억제성 사회적 유대감 장애(탈억제된 사회활동 장애, 부적절한 사회참여장애) • 외상후 스트레스장애 • 급성 스트레스장애 • 적응장애(외상후 스트레스장애와 급성 스트레스장애는 극심한 스트레스 요인에 의해 발생하는 것과 달리, 적응장애는 부부싸움이나 이사, 전학과 같은 누구나 일상생활에서 겪을 만한 스트레스 요인과 관련됨) • 달리 분류되는 외상 및 스트레스 관련 장애/분류되지 않는 외상 및 스트레스 관련 장애

DSM-5	DSM-Ⅳ-TR	
반응성 애착장애	소아기 반응성 애착장애	위축성
탈억제성 사회적 유대감 장애		무분별/탈억제성

[변경사항]
하부유형의 분리 : DSM-Ⅳ-TR에서는 '소아기 반응성 애착장애'의 아형 속에 위축성과 무분별/탈억제성이 있었으나, DSM-5에서는 반응성 애착장애, 탈억제성 사회적 유대감 장애로 외상 및 스트레스 관련 장애의 독립된 하부유형이 되었음

② 외상후 스트레스장애

정의 13 국시	'실제적이거나 위협적인 죽음, 심각한 손상 또는 성폭행'을 ① 직접 경험하거나, ② 이러한 사건을 직접 목격하거나, ③ 가까운 가족이나 친구에게 일어난 실제적이고 위협적인 사망 또는 폭력사건을 직면하거나, ④ 혐오스런 사건에 직접적으로 반복 노출되는 경우에 발생하는 것으로 외부상황으로 인한 스트레스에 대한 반응증상
관련 요인	심리사회이론에서 외상적 사건에 노출된 개인이 겪은 외상 경험의 특성, 개인 내적인 특성, 개인이 처한 환경적 특성 등에 따라 어떤 사람은 정상생활을 회복하게 되지만, 일부는 외상 관련 장애로 발전한다고 설명함

외상경험	개인 내적 요인	환경적 특성
• 스트레스원의 심각성 정도와 기간 • 사건에 대해 예상하고 준비한 정도 • 죽음에의 노출 여부 • 생명의 위협을 느낀 횟수 • 재발에 대한 통제력 • 외상을 경험한 장소(예 친숙한 환경, 집, 다른 나라)	• 자아의 강도 • 대처 자원의 효과성 • 기존 정신질환의 존재 여부 • 스트레스/외상에 대한 이전 경험의 결과 • 성향이나 기질 • 현재의 심리사회적 발달단계 • 인구 통계학적 요인(예 나이, 사회경제적 상태, 교육)	• 이용 가능한 사회적 지지 • 가족과 친구의 응집력과 보호능력 • 경험에 대해 가지는 사회의 태도 • 문화적인 영향

주요 행동특성		세부내용
주요 증상 🔂 재회부각	재경험	① 사건과 관련하여 원치 않는 회상 ② 사건과 관련한 악몽 ③ 사건을 생생하게 다시 겪고 있는 듯한 느낌(flashback) 23임용 　** 플래시백 : 예전에 겪은 외상사건을 생생하게 다시 겪고 있는 듯한 느낌, 매우 갑작스럽 　고 강력하게 과거경험이나 그 일부를 재경험하는 현상. 플래시백은 해리반응에 해당됨 　(해리는 흔히 감각이나 지각 또는 기억 등이 의식과 분리되는 현상으로 현재 이 장소에 　있으면서도 동떨어진 느낌이 들거나 사물이나 상황이 비현실적으로 느껴지는 것임) ④ 사건을 떠오르게 하는 단서에 노출되었을 때의 심리적 고통 ⑤ 사건을 떠오르게 하는 단서에 노출되었을 때의 생리적 반응
	회피	① 사건과 관련되어 떠오르는 생각, 느낌, 대화를 회피 ② 사건과 관련된 장소, 행동, 사람을 회피
	부정적 인지와 감정상태 (둔화)	① 사건 관련 기억상실　　　　② 자신, 타인, 세계에 대한 부정적 인식 ③ 지속적으로 부정적인 감정　④ 흥미 저하 ⑤ 남들과 동떨어진 느낌　　　⑥ 긍정적인 감정 경험의 어려움 ⑦ 외상 사건의 원인과 결과에 대한 왜곡된 인지
	각성과 반응의 변화	① 예민, 분노폭발　　　　　　② 난폭함 또는 자기 파괴적 행동 ③ 경계 과도한 각성 태도　　④ 경악반응 ⑤ 집중력 저하　　　　　　　⑥ 불면
DSM-5-TR 12,16 임용 / 08,17,18,20 국시		※ 6세를 초과한 외상후 스트레스장애 주의점 : 아래 진단기준은 성인, 청소년, 6세를 초과한 아동에게 적용함
	A	실제적이거나 위협적인 죽음, 심각한 부상 또는 성폭력에의 노출이 다음과 같은 방식 가운데 한 가지(또는 그 이상)에서 나타남 ① 외상성 사건(들)에 대한 직접적인 경험 ② 그 사건(들)이 다른 사람들에게 일어난 것을 생생하게 목격함 ③ 외상성 사건(들)이 가족, 가까운 친척 또는 친한 친구에게 일어난 것을 알게 됨. 가족, 친척 또는 친구에게 생긴 실제적이거나 위협적인 죽음은 그 사건(들)이 폭력적이거나 돌발적으로 발생한 것이어야만 한다. ④ 외상성 사건(들)의 혐오스러운 세부 사항에 대한 반복적이거나 지나친 노출의 경험 　(예) 변사체 처리의 최초 대처자, 아동 학대의 세부 사항에 반복적으로 노출된 경찰관) 주의점 : 진단기준 A4는 노출이 일과 관계된 것이 아닌 한 전자미디어, 텔레비전, 영화 또는 사진을 통해 노출된 경우는 적용되지 않는다.
	B	▶ 재경험 : 1가지 이상 외상성 사건(들)이 일어난 후에 시작된, 외상성 사건(들)과 연관이 있는 침습 증상의 존재가 다음 중 한 가지(또는 그 이상)에서 나타남 ① 외상성 사건(들)의 반복적, 불수의적이고, 침습적인 고통스러운 기억 　주의점 : 6세를 넘은 아동에서는 외상성 사건(들)의 주제 또는 양상이 표현되는 반복적인 놀이로 나타날 수 있다. ② 꿈의 내용 및/또는 정동이 외상성 사건(들)과 관련되는 반복적으로 나타나는 고통스러운 꿈(외상성 사건에 대한 반복적인 악몽) 　주의점 : 아동에서는 내용을 알 수 없는 악몽으로 나타나기도 한다. ③ 외상성 사건(들)이 재생되는 것처럼 그 개인이 느끼고 행동하게 되는 해리성 반응 　(예) 플래시백) → 그러한 반응은 연속선상에서 나타나며, 가장 극한 표현은 현재 주변 상황에 대한 인식의 완전한 소실 수 있음 　주의점 : 아동에서는 외상의 특정한 재현이 놀이로 나타날 수 있다. ④ 외상성 사건(들)을 상징하거나 닮은 내부 또는 외부의 단서에 노출되었을 때 나타나는 극심하거나 장기적인 심리적 고통 ⑤ 외상성 사건(들)을 상징하거나 닮은 내부 또는 외부의 단서에 대한 뚜렷한 생리적 반응

DSM-5-TR 12,16 임용 / 08,17,18,20 국시	C	▶ 회피 : 1가지 이상 외상성 사건(들)이 일어난 후에 시작된, 외상성 사건(들)과 연관이 있는 자극에 대한 지속적인 회피가 다음 중 한 가지 또는 2가지 모두에서 명백함 ① 외상성 사건(들)에 대한 또는 밀접한 연관이 있는 고통스러운 기억, 생각 또는 느낌을 회피 또는 회피하려는 노력 ② 외상성 사건(들)에 대한 또는 밀접한 연관이 있는 고통스러운 기억, 생각 또는 느낌을 불러일으키는 외부적 암시(사람, 장소, 대화, 행동, 사물, 상황)를 회피 또는 회피하려는 노력
	D	▶ 인지나 감정의 부정적인 변화 : 2가지 이상 외상성 사건(들)이 일어난 후에 시작되거나 악화된, 외상성 사건(들)과 연관이 있는 인지와 기분의 부정적 변화가 다음 중 2가지(또는 그 이상)에서 나타남 ① 외상성 사건(들)의 중요한 부분을 기억할 수 없는 무능력(두부 외상, 알코올 또는 약물 등의 이유가 아니며 전형적으로 해리성 기억상실에 기인) ② 자신, 다른 사람 또는 세상에 대한 지속적이고 과장된 부정적인 믿음 또는 예상(예 "나는 나쁘다.", "누구도 믿을 수 없다.", "이 세상은 전적으로 위험하다.", "나의 전체 신경계는 영구적으로 파괴되었다.") ③ 외상성 사건(들)의 원인 또는 결과에 대하여 지속적으로 왜곡된 인지를 하여 자신 또는 다른 사람을 비난함 ④ 지속적으로 부정적인 감정 상태(예 공포, 경악, 화, 죄책감 또는 수치심) ⑤ 주요 활동에 대해 현저하게 저하된 흥미 또는 참여 ⑥ 다른 사람과의 사이가 멀어지거나 소원해지는 느낌 ⑦ 긍정적 감정을 경험할 수 없는 지속적인 무능력(예 행복, 만족 또는 사랑의 느낌을 경험할 수 없는 무능력)
	E	▶ 과각성 : 2가지 이상 외상성 사건(들)이 일어난 후에 시작되거나 악화된, 외상성 사건(들)과 연관이 있는 각성과 반응성의 뚜렷한 변화가 다음 중 2가지(또는 그 이상)에서 현저함 ① 전형적으로 사람 또는 사물에 대한 언어적 또는 신체적 공격성으로 표현되는 민감한 행동과 분노폭발(자극이 거의 없거나 아예 없이) ② 무모하거나 자기파괴적 행동 ③ 과각성 ④ 과장된 놀람 반응 ⑤ 집중력의 문제 ⑥ 수면 장애(예 수면을 취하거나 유지하는 데 어려움 또는 불안정한 수면)
	F	장해(진단기준 B, C, D, E)의 기간이 1개월을 넘어야 함
	G	장해가 사회적, 직업적 또는 다른 중요한 기능 영역에서 임상적으로 현저한 고통이나 손상을 초래함
	H	장해는 물질(예 치료약물, 알코올)의 생리적 효과나 다른 의학적 상태로 인한 것이 아님

* 다음 중 하나를 명시할 것
 - 해리 증상 동반 : 개인의 증상이 외상후 스트레스장애의 기준에 해당하고, 또한 스트레스에 반응하여 그 개인이 다음에 해당하는 증상을 지속적이거나 반복적으로 경험한다.

이인증	스스로의 정신 과정 또는 신체로부터 떨어져서 마치 외부 관찰자가 된 것 같은 지속적 또는 반복적 경험 (예 꿈속에 있는 느낌, 자신이나 신체의 비현실감 또는 시간이 느리게 가는 감각을 느낌)
비현실감	주위 환경의 비현실성에 대한 지속적 또는 반복적 경험 (예 개인을 둘러싼 세계를 비현실적, 꿈속에 있는 듯한, 멀리 떨어져 있는 또는 왜곡된 것처럼 경험)

주의점 : 이 아형을 쓰려면 해리 증상은 물질의 생리적 효과(예 알코올 중독 상태에서의 일시적 기억상실, 행동)나 다른 의학적 상태(예 복합부분발작)로 인한 것이 아니어야 한다.

* 다음 중 하나를 명시할 것
 - 지연되어 표현되는 경우 : (어떤 증상의 시작과 표현은 사건 직후 나타날 수 있더라도) 사건 이후 최소 6개월이 지난 후에 모든 진단기준을 만족할 때

※ 6세 이하 아동의 외상후 스트레스장애

DSM-5-TR 12,16 임용 / 08,17,18,20 국시	A	실제적이거나 위협적인 죽음, 심각한 부상 또는 성폭력에의 노출이 다음과 같은 방식 가운데 한 가지(또는 그 이상)에서 나타남 ① 외상성 사건(들)에 대한 직접적인 경험 ② 그 사건(들)이 다른 사람들, 특히 주 보호자에게 일어난 것을 생생하게 목격함 ③ 외상성 사건(들)이 가족, 가까운 친척 또는 친한 친구에게 일어난 것을 알게 됨
	B	▶재경험 : 1가지 이상 외상성 사건(들)이 일어난 후에 시작된 외상성 사건(들)과 연관이 있는 침습 증상의 존재가 다음 중 한 가지(또는 그 이상)에서 나타남 ① 외상성 사건(들)의 반복적, 불수의적이고, 침습적인 고통스러운 기억 　주의점 : 자연발생적이고 침습적인 기억이 고통스럽게 나타나야만 하는 것은 아니며 놀이를 통한 재현으로 나타날 수도 있다. ② 꿈의 내용 및/또는 정동이 외상성 사건(들)과 관련되어 반복적으로 나타나는 고통스러운 꿈 　주의점 : 꿈의 무서운 내용이 외상성 사건과 관련이 있는지 없는지 확신하는 것이 가능하지 않을 수 있다. ③ 외상성 사건(들)이 재생되는 것처럼 그 아동이 느끼고 행동하게 되는 해리성 반응(⑩ 플래시백) → 그러한 반응은 연속선상에서 나타나며, 가장 극한 표현은 현재 주변 상황에 대한 인식의 완전한 소실 수 있음. 그러한 외상의 특정한 재현은 놀이로 나타날 수 있다. ④ 외상성 사건(들)을 상징하거나 닮은 내부 또는 외부의 단서에 노출되었을 때 나타나는 극심하거나 장기적인 심리적 고통 ⑤ 외상성 사건(들)을 상기하는 것에 대한 현저한 생리적 반응
	C	▶회피 : 1가지 이상 외상성 사건(들)이 일어난 후에 시작되거나 악화된, 외상성 사건(들)과 연관이 있는 자극의 지속적인 회피 또는 외상성 사건(들)과 연관이 있는 인지와 기분의 부정적 변화를 대변하는 다음 중 한 가지(또는 그 이상)의 증상이 있음 | 자극의 지속적 회피 | 1. 외상성 사건(들)을 상기시키는 활동, 장소 또는 물리적 암시 등을 회피 또는 회피하려는 노력 2. 외상성 사건(들)을 상기시키는 사람, 대화 또는 대인관계 상황 등을 회피 또는 회피하려는 노력 | | 인지의 부정적 변화 | 3. 부정적 감정 상태의 뚜렷한 빈도 증가(⑩ 공포, 죄책감, 슬픔, 수치심, 혼란) 4. 놀이의 축소를 포함하는, 주요 활동에 대해 현저하게 저하된 흥미 또는 참여 5. 사회적으로 위축된 행동 6. 긍정적인 감정 표현의 지속적인 감소 |
	D	▶과각성 : 2가지 이상 외상성 사건(들)이 일어난 후에 시작되거나 악화된, 외상성 사건(들)과 연관이 있는 각성과 반응성의 변화가 다음 중 2가지(또는 그 이상)에서 명백함 ① 전형적으로 사람 또는 사물에 대한 언어적 또는 신체적 공격성으로(극도의 분노발작 포함) 표현되는 민감한 행동과 분노폭발(자극이 거의 없거나 아예 없이) ② 과각성 ③ 과장된 놀람 반응 ④ 집중력의 문제 ⑤ 수면 장애(⑩ 수면을 취하거나 유지하는 데 어려움 또는 불안정한 수면)
	E	(기간) 장해의 기간이 1개월을 넘어야 함
	F	(영향) 장해가 부모, 형제, 또래나 다른 보호자와의 관계 또는 학교생활에서 임상적으로 현저한 고통이나 손상을 초래함
	G	(배제진단 : 물질, 의학적 상태) 장해는 물질(⑩ 치료약물, 알코올)의 생리적 효과나 다른 의학적 상태로 인한 것이 아님

DSM-5-TR 12,16 임용 / 08,17,18,20 국시	* 다음 중 하나를 명시할 것 – 해리 증상 동반 : 개인의 증상이 외상후 스트레스장애의 기준에 해당하고, 그 개인이 다음에 해당하는 증상을 지속적이거나 반복적으로 경험한다.	
	이인증	스스로의 정신 과정 또는 신체로부터 떨어져서 마치 외부 관찰자가 된 것 같은 지속적 또는 반복적 경험 (예 꿈속에 있는 느낌, 자신이나 신체의 비현실감 또는 시간이 느리게 가는 감각을 느낌)
	비현실감	주위 환경의 비현실성에 대한 지속적 또는 반복적 경험 (예 개인을 둘러싼 세계를 비현실적, 꿈속에 있는 듯한, 멀리 떨어져 있는 또는 왜곡된 것처럼 경험)
	주의점 : 이 아형을 쓰려면 해리 증상은 물질의 생리적 효과(예 일시적 기억상실)나 다른 의학적 상태(예 복합부분발작)로 인한 것이 아니어야 한다. * 다음 중 하나를 명시할 것 – 지연되어 표현되는 경우 : (어떤 증상의 시작과 표현은 사건 직후 나타날 수 있더라도) 사건 이후 최소 6개월이 지난 후에 모든 진단기준을 만족할 때	

간호중재
07,12 임용
	(1) 치료적 관계 형성	① 환자가 외상 사건의 회상에 관한 사항들을 표현할 때 적극적으로 경청
		② 외상 사건 중에서 가장 힘들고 무력감을 느끼는 것이나 자기 억제가 어려운 점을 확인하고 표현하도록 격려 19,21 국시
		③ 기본적 욕구 충족 : 휴식, 영양, 배설 → 건강과 안녕증진, 과거 회상으로 인한 고통↓
		④ 자살의 위험성과 불안을 사정하며 증상이 확대되는 것을 예방
		  ㉠ 환자가 견딜 수 있는 정도에 따라 상호작용할 수 있도록 대화 권장
		  ㉡ 오락 활동, 단체 활동 참여 격려
		  ㉢ 치료진과 자주 일대일 관계 갖도록 함, 함께 식사
		    → 고립감, 격리감 감소, 사회화 강화, 과거회상으로 인한 고통 감소

	대처기술증진
	(2) 인지행동
	    치료
	(3) 집단치료
	    참여
		① 호흡법, 이완요법, 인지치료, 체계적 둔감법, 행동요법 제공
		② 이완요법을 적용하면 외상 상황에 대한 강박적 반추를 조절하는데 도움이 됨 12 임용
		③ 외상 사건의 회상을 동반하는 정서적 반응을 관리하기 위해 인지행동치료를 함
		12 임용

			인지 요법	• 환자의 비합리적인 사고, 믿음, 이미지를 보다 현실적으로 대체 • 객관적으로 현실 파악, 자기비난, 죄책감 극복

		행동
		치료
			지속적
			노출치료
				• 상상의 상황에서 외상 사건에 반복해서 노출하도록 하여 외상경험에서 가지는 감정적 반응을 표현하도록 함
				• 외상 관련 상황에서 실제 노출은 안전한 범위 내에서 적응적 대처를 하도록 함
				• 감정표현은 부정적 기억을 중화하는 역할을 함
				• 절차
				  – 합리적 행동지침 : 외상에 대한 일반적 반응 교육
				  – 호흡유지법 : 편안하게 하기 위한 호흡법 재훈련
				  – 행동노출 : 대상자가 외상 관련 스트레스나 불안 때문에 회피하는 상황이나 사물에 대한 반복적이고 실제적인 행동노출
				  – 심상노출 : 외상기억에 대한 지속적 심상노출
				    → 심상으로 이상 기억을 다시 토의하고 다시 설명하는 것을 시키는 것

간호중재 07,12 임용	대처기술증진 (2) 인지행동치료 (3) 집단치료 참여	행동치료	안구운동 탈감작 및 재처리법	• EMDR(Eye Movement Desensitization & Reprocessing) : 외상사건을 회상하도록 한 후 치료자의 안내에 따라 좌우로 움직이는 안구운동을 하게 함. 외상사건을 재처리하는 과정을 통해 동반하는 부정적 정서를 관리하는 방법임 • 효과 : 심리적 스트레스 감소, 기억력 회복, 외상사건의 회상을 동반하는 정서적 반응 관리 • 금기증 : 신경학적 장애, 중증의 해리장애, 물질남용, 자살경험 있는 정신증 환자 및 망막이 분리되거나 녹내장이 있는 환자 등
			디브리핑	• 외상경험에 대해 진술하게 하는 것으로 대상자가 외상사건에 대해 이야기할 수 있도록 격려하되, 반드시 대상자가 원하는 때에 할 수 있도록 해야 함. 원하지 않는 대상자에게 시행하게 되면 스트레스를 악화시킬 수 있음
		집단치료		• 자조그룹 : 전문가 없이 환자들이 참여하여 유사한 삶의 경험을 가진 개인들이 경험을 나누는 경험을 제공하는 것 • 비슷한 경험 공유, 조언 주고받고, 대처전략 공유, 서로에 대한 지지와 격려 제공
	(4) 위기개입	① 치료자가 단기간에 생활의 일부가 되어 문제를 해결하고 필요한 자원을 동원할 수 있도록 지도와 지원을 제공함 ② 대상자가 불안을 관리하고 외상후 스트레스 반응을 감소하기 위해 학습된 전략을 사용하려고 할 때마다 현실적인 피드백과 칭찬을 제공하고, 점차 현실적인 삶의 목표를 정하도록 도움		
	(5) 약물치료	① SSRI가 우선됨, TCA, MAOI, 트라조돈(세로토닌재흡수차단제 + 세로토닌길항제) ② 항불안제 : 알프라졸람 - 항우울, 항불안효과, 벤조디아제핀 ③ 침습적 회상, 플래시백, 악몽, 충동성, 예민성, 과잉행동 : 카르바마제핀, 발프로에이트, 리튬		
외상치료	1단계 : 안정화	① 안전하고 예측가능한 환경제공 ② 치료적 관계형성 ③ 지지자원 개발 ④ 이완법 ⑤ 필요한 경우 약물치료		
	2단계 : 통합	안전한 치료환경 내에서 외상기억을 적절히 노출함으로써 외상기억의 정서적 처리과정이 일어나도록 함		
	3단계 : 재연결	① 문제해결기술증진 ② 자기인식증진 ③ 사회기술훈련 및 가치체계 발달		

③ 급성 스트레스장애

DSM-5-TR	A	PTSD A와 동일	
	B	외상성 사건이 일어난 후에 시작되거나 악화된 침습, 부정적 기분, 해리, 회피와 각성의 5개 범주 중에서 어디서라도 다음 증상 중 9가지(또는 그 이상)에서 존재함	
		침습 증상	① 외상성 사건(들)의 반복적, 불수의적이고, 침습적인 고통스러운 기억 〈주의점 : 아동에서는 외상성 사건(들)의 주제 또는 양상이 표현되는 반복적인 놀이가 나타날 수 있음〉 ② 꿈의 내용과 정동이 외상성 사건(들)과 관련되는 반복적으로 나타나는 고통스러운 꿈 〈주의점 : 아동에서는 내용을 알 수 없는 악몽으로 나타나기도 함〉 ③ 외상성 사건(들)이 재생되는 것처럼 그 개인이 느끼고 행동하게 되는 해리성 반응(예 플래시백) 〈주의점 : 아동에서는 외상의 특정한 재현이 놀이로 나타날 수 있음〉 ④ 외상성 사건(들)을 상징하거나 닮은 내부 또는 외부의 단서에 노출되었을 때 나타나는 극심하거나 장기적인 심리적 고통 또는 현저한 생리적 반응
		부정적 기분	⑤ 긍정적 감정을 경험할 수 없는 지속적인 무능력(예 행복이나 만족 또는 사랑의 느낌을 경험할 수 없는 무능력)
		해리 증상	⑥ 주위환경 또는 자기 자신에의 현실에 대한 변화된 감각(예 스스로를 다른 사람의 시각에서 관찰, 혼란스러운 상태에 있는 것, 시간이 느리게 가는 것) ⑦ 외상성 사건(들)의 중요한 부분을 기억하는 것에 대한 장애(두부외상, 알코올 또는 약물 등의 이유가 아니며 전형적으로 해리성 기억상실에 기인)
		회피 증상	⑧ 외상성 사건(들)에 대한 또는 밀접한 관련이 있는 고통스러운 기억, 생각 또는 감정을 회피하려는 노력 ⑨ 외상성 사건(들)에 대한 또는 밀접한 관련이 있는 고통스러운 기억, 생각 또는 감정을 불러일으키는 외부적 암시(사람, 장소, 대화, 행동, 사물, 상황)를 회피하려는 노력
		각성 증상	⑩ 수면 장애(예 수면을 취하거나 유지하는 데 어려움 또는 불안한 수면) ⑪ 전형적으로 사람 또는 사물에 대한 언어적 또는 신체적 공격성으로 표현되는 민감한 행동과 분노폭발(자극이 거의 없거나 아예 없이) ⑫ 과각성 ⑬ 집중력의 문제 ⑭ 과장된 놀람 반응
	C	장해(진단기준 B의 증상)의 기간은 외상 노출 후 3일에서 1개월까지임	
	D	장해가 사회적, 직업적 또는 다른 중요한 기능 영역에서 임상적으로 현저한 고통이나 손상을 초래	
	E	장해는 물질(예 치료약물이나 알코올)의 생리적 효과나 다른 의학적 상태(예 경도 외상성 뇌손상)로 인한 것이 아니며 단기 정신병적 장애로 더 잘 설명되지 않음	

④ 반응성 애착장애 [10,16 국시]

특징	(1) 성인보호자에 대한 억제된, 정서적으로 위축된 행동 패턴 (2) 문제행동을 초래하는 극도의 불충분한 돌봄	
DSM-5-TR	다음 A, B, C, D, E, F, G 진단기준을 모두 충족해야 함	
	A	성인 보호자에 대한 억제되고 감정적으로 위축된 행동의 일관된 양식이 다음의 2가지 모두로 나타남 ① 아동은 정신적 고통을 받을 때 거의 안락을 찾지 않거나 최소한의 정도로만 안락을 찾음 ② 아동은 정신적 고통을 받을 때 거의 안락에 대한 반응이 없거나 최소한의 정도로만 안락에 대해 반응함
	B	지속적인 사회적·감정적 장해가 다음 중 최소 2가지 이상으로 나타남 ① 타인에 의한 최소한의 사회적·감정적 반응성 ② 제한된 긍정적 정동 ③ 성인 보호자와 비위협적인 상호작용을 하는 동안에도 설명되지 않는 과민성, 슬픔 또는 무서움의 삽화
	C	아동이 불충분한 양육의 극단적인 양식을 경험했다는 것이 다음 중 최소 1가지 이상에서 분명하게 드러남 ① 성인 보호자에 의해 충족되는 안락과 자극, 애정 등의 기본적인 감정적 요구에 대한 지속적인 결핍이 사회적 방임 또는 박탈의 형태로 나타남 ② 안정된 애착을 형성하는 기회를 제한하는 주 보호자의 반복적인 교체 (예 위탁 보육에서의 잦은 교체) ③ 선택적 애착을 형성하는 기회를 심각하게 제한하는 독특한 구조의 양육 (예 아동이 많고 보호자가 적은 기관)
	D	진단기준 C의 양육이 진단기준 A의 장해 행동에 대한 원인이 되는 것으로 추정됨 (예 진단기준 A의 장해는 진단기준 C의 적절한 양육 결핍 후에 시작했음)
	E	진단기준이 자폐스펙트럼장애를 만족하지 않음
	F	장해가 5세 전에 시작된 것이 명백함
	G	아동의 발달연령이 최소 9개월 이상이어야 함
	* 다음 중 하나를 명시할 것 — 지속성 : 장애가 현재까지 12개월을 넘어 지속되어 있음 * 현재의 심각도를 명시할 것 — 반응성 애착장애에서 아동이 장애의 모든 증상을 드러내며, 각각의 증상이 상대적으로 높은 수준을 나타낼 때 고도로 명시	

⑤ 탈억제성 사회적 유대감 장애

특징	(1) 아동이 낯선 성인들에게 능동적으로 접근 또는 상호작용하는 행동패턴 (2) 문제행동을 초래하는 극도의 불충분한 돌봄		
DSM-5-TR 진단기준	A	아동이 낯선 성인에게 활발하게 접근하고 소통하면서 다음 중 2가지 이상으로 드러나는 행동 양식이 있음	
		① 낯선 성인에게 접근하고 소통하는 데 주의가 약하거나 없음 ② 과도하게 친숙한 언어적 또는 신체적 행동(문화적으로 허용되고 나이에 합당한 수준이 아님) ③ 낯선 환경에서 성인 보호자와 모험을 감행하는 데 있어 경계하는 정도가 떨어지거나 부재함 ④ 낯선 성인을 따라가는 데 있어 주저함이 적거나 없음	
	B	진단기준 A의 행동은 (주의력결핍 과잉행동장애의) 충동성에 국한되지 않고, 사회적으로 탈억제된 행동을 포함함	
	C	아동이 불충분한 양육의 극단적인 양식을 경험했다는 것이 다음 중 최소 1가지 이상에서 분명하게 드러남	

		① 성인 보호자에 의해 충족되는 안락과 자극, 애정 등의 기본적인 감정적 요구에 대한 지속적인 결핍이 사회적 방임 또는 박탈의 형태로 나타남
		② 안정된 애착을 형성하는 기회를 제한하는 주 보호자의 반복적인 교체
		   (예 위탁 보육에서의 잦은 교체)
		③ 선택적 애착을 형성하는 기회를 심각하게 제한하는 독특한 구조의 양육
		   (예 아동이 많고 보호자가 적은 기관)	

	D	진단기준 C의 양육이 진단기준 A의 장해 행동에 대한 원인이 되는 것으로 추정됨 (예 진단기준 A의 장해는 진단기준 C의 적절한 양육 결핍 후에 시작했음)	
	E	아동의 발달연령이 최소 9개월 이상이어야 함	

	* 다음 중 하나를 명시할 것
	  - 지속성: 장애가 현재까지 12개월을 넘어 지속되어 있음
	
	* 현재의 심각도를 명시할 것
	  - 탈제성 사회적 유대감 장애에서 아동이 장애의 모든 증상을 드러내며, 각각의 증상이 상대적으로 높은 수준을 나타낼 때 고도로 명시		

강박 및 관련 장애

1 강박 및 관련 장애의 진단분류

DSM-5-TR(DSM-5와 동일)
강박장애
신체이형장애
수집광(저장장애)
발모광(털 뽑기 장애)
피부뜯기장애(표피박리장애)
물질/약물 유발성 강박 및 관련 장애
다른 의학적 상태로 인한 강박 및 관련 장애
달리 분류되지 않는 강박 및 관련 장애
분류되지 않는 강박 및 관련 장애

[변경사항]
- 새로운 범주화
  - DSM-Ⅳ-TR의 신체형 장애의 하부유형이었던 신체이형장애가 DSM-5에서는 '강박 및 관련 장애'의 하부유형으로 변경됨
  - DSM-Ⅳ-TR에서 발모광은 충동조절장애에 속하였으나 DSM-5에서는 '강박 및 관련 장애'의 하부유형으로 변경됨
  - DSM-Ⅳ-TR에서 피부뜯기장애는 달리 분류되지 않는 충동조절장애에 속하였으나, DSM-5에서 '강박 및 관련 장애'의 하부유형으로 변경됨
- 새로운 유형으로 분리 : DSM-Ⅳ-TR에서 강박성 인격장애의 하나의 증상으로 보았던 수집광(저장장애)이 DSM-5에서 새로 하나의 진단으로 분리되었음

2 강박 및 관련 장애

(1) 강박장애

정의	병적이고 저항할 수 없는 충동, 불안의 간접적 표현으로 자신의 의지와는 상관없이 반복적인 사고와 반복적인 행동을 되풀이하는 것	
특징	① 자각적인 강박감 ② 자각적인 강박감에 대한 저항 ③ 병식이 있다는 점이 특징임	
원인	① 생물학적 원인 : 유전, 신경화학적(세로토닌 저하) ② 정신분석이론 : 항문기적 성격	

증상	강박사고
	20,24 임용
		① 아무 의미가 없는 비합리적인 생각이 반복해서 계속 떠오르므로 계속 그 사고에 집착함
		② 흔한 유형
		  - 오염 → 세척 또는 회피
		  - 병적 의심 → 확인
		  - 대칭성, 정확성 → 강박적 지연
		예 생각하고 싶지 않은데 자꾸만 '4'라는 숫자가 떠올라요. '4'는 죽음을 뜻하잖아요. '4'라는 숫자가 생각날 때마다 죽을 것 같아서 너무 불안해요.

증상	강박행동 24임용 / 20,22,23 국시		① 이해할 수 없는 기괴한 행위를 계속 반복하는 것으로써 불안을 감소시키기 위한 행위 ② 강박행위는 강박사고를 직접 수행한 행동반응, 강박행위로 불안이 일시적으로 해소되어 강박행위는 계속 반복해야 함 → 강박행동에 저항 시 불안·긴장 고조 예 '4'라는 숫자가 생각날 때마다 죽지 않으려고 '7'이라고 계속 말해야 해요.
	★ 강박사고와 강박행동 간의 심리적 기전 15임용 : 강박사고로 불안을 경험하고 강박사고의 반응으로 강박행동이 생기고 강박행동이 불안을 감소시킴		
	강박적 반추		다른 모든 일은 잊어버리고 다만 어떤 한 가지 생각만 집착된 상태
	방어기제 05,08,10, 12,15 국시	① 취소	지속적인 강박사고는 공포감, 죄책감, 불안감을 야기 → 불안을 제거하기 위해 정신에너지를 신체활동으로 돌리는 의식행동을 반복적으로 행하여 자신을 보호하려 함
		② 고착	강박적 관념이나 행위가 현실적이지 못하고 무분별, 항문기의 장애로 표현됨
		③ 격리 (=고립)	강박적 생각이나 행위는 원래 불안을 일으켰던 감정과는 분리되고 단지 그에 따른 느낌은 불안뿐임
		④ 반동형성	겉으로 나타나는 태도나 언행이 억압된 충동과 반대로 나타남
	• 자신의 의지와는 상관없이 반복적인 사고와 반복적인 행동을 되풀이하는 것으로 병적이고 저항할 수 없는 충동이며 불안의 간접적 표현임 → 자각적 강박감, 그에 대한 저항, 병식 有 → 억압, 적대감, 공격성, 성적인 충동에서 기인됨		
	• 병전 성격		항문기적 성격 or 강박적 성격
		완벽주의자	까다롭고 짜증을 잘 내며, 시간을 잘 지키고, 양심과 청결을 중시, 끈덕지고 완고, 인색함, 반면 양가감정이 강하게 작용하여 결정을 내리지 못하고 우유부단함
DSM-5-TR 15,20 임용 / 11,12,13,14, 17 국시	강박사고 혹은 강박행동이 각각, 혹은 둘 다 존재한다.		
	A	강박사고	① 반복적이고 지속적인 생각, 충동 또는 심상이 장해 시간의 일부에서는 침투적이고 원치 않는 방식으로 경험되며 대부분의 개인에게 현저한 불안이나 고통을 초래한다. ② 이러한 생각, 충동 및 심상을 경험하는 개인은 이를 무시하거나 억압하려 노력하고, 다른 생각이나 행동(즉, 강박행동을 함으로써)을 통해 이를 중화시키려고 노력한다.
		강박행동	① 개인이 경험하는 강박사고에 대한 반응으로 반복적 행동(예 손 씻기나 정리정돈하기, 확인하기)과 정신적인 행위(예 기도하기, 숫자 세기, 속으로 단어 반복하기)를 엄격한 규칙에 따라 수행한다. ② 불안감이나 괴로움을 예방하거나 감소시키고, 두려운 사건이나 상황의 발생을 방지하려는 목적으로 반복적 행동이나 정신적 행위를 수행한다. 그러나 이러한 행동이나 행위들은 그 행위의 대상과 현실적인 방식으로 연결되지 않거나 명백하게 지나치다. 〈주의점: 어린 아동들은 이런 행동이나 정신적인 행위들의 목적에 대해서 인식하지 못할 수 있다.〉
	B		강박사고나 강박행동은 시간을 소모하게 만들거나(예 하루에 1시간 이상), 사회적, 직업적 또는 다른 중요한 기능 영역에서 임상적으로 현저한 고통이나 손상을 초래함
	C		강박 증상은 물질(예 남용약물, 치료약물)의 생리적 효과나 다른 의학적 상태로 인한 것이 아님
	D		장해가 다른 정신질환으로 더 잘 설명되지 않음(예 범불안장애의 과도한 걱정; 신체이형장애의 외모에 대한 집착; 저장장애(수집광)의 소지품을 버리기 어려움; 발모광[털뽑기장애]의 털뽑기; 피부뜯기장애의 피부뜯기; 상동증적 운동장애의 상동증; 섭식장애의 의례화된 섭식 행동; 물질관련 및 중독 장애의 물질이나 도박에 대한 집착; 질병불안장애의 질병에 대한 지나친 몰두; 변태성욕장애의 성적인 충동이나 환상; 파괴적, 충동조절, 그리고 품행 장애의 충동; 주요우울장애의 죄책감의 반추; 조현병 스펙트럼 및 기타 정신병적 장애의 사고 주입 혹은 망상적 몰입; 자폐스펙트럼장애의 반복적 행동 패턴)

| DSM-5-TR
15,20 임용 /
11,12,13,14,
17 국시	* 다음의 경우 명시할 것 – 좋거나 양호한 병식 동반 : 강박적 믿음이 사실이 아니라고 분명하게 인식하거나 사실이 아닐 수도 있다고 인식하는 경우 – 저하된 병식 동반 : 강박적 믿음이 아마도 사실일 것이라고 생각하는 경우 – 병식 없음/망상적 믿음 동반 : 강박적 믿음을 사실로 생각하는 경우 * 다음의 경우 명시할 것 – 틱과 관련된 : 현재 또는 과거력상 틱장애가 있는 경우

※ 흔한 유형

강박사고 유형	연관 강박행동	예
오염	세척 또는 회피	하루의 깨어있는 시간 내내 목욕과 방청소에 보내며 항상 장갑을 끼고 생활하고, 자신의 방 바깥으로는 지저분해서 나오지 못함
병적 의심	확인	문을 잠그지 않아서 도둑이 들까 봐, 가스 불을 켜놓고 나와서 불이 날까 봐 걱정이 되어 출근하다가도 수십 번씩 집으로 되돌아가느라 매번 결근하다가 직장에서 해고
침습적 사고만 있는 경우	–	전혀 모르는 아이를 자신이 목 졸라 죽이는 상상이나 길에 가는 여성을 강간하는 상상 등이 자꾸 떠올라 괴로움(기도, 주문 외우기, 숫자 세기 등이 동반될 수 있음)
대칭 및 정확성	강박적 지연	하루 종일 빨래를 모서리가 정확하게 맞게 개어 크기별, 색깔별로 정리하느라 청소도 요리도, 아이 돌보기도 전혀 하지 않는 가정주부, 병사들의 오와 열을 정확히 맞추는 데만 골몰하느라 작전을 수행하지 못해 막상 전투에는 지는 장교

행동 치료기법	노출과 반응예방 (= 방지)	노출	두려움의 대상을 직접 경험하게 하는 것(강박적 사고를 유발하는 자극에 대해 충분한 시간동안 직면하게 하는 것)
		반응예방 (= 반응방지)	강박행동을 참게 하는 것
		노출과 반응예방	강박사고를 유발하는 상황에 노출시키고 이에 수반되던 강박행동을 막음. 이를 반복하면서 대상자는 불안이 점차 감소하게 됨 (예 자주 손을 씻는 대상자에게 더러운 물건을 만지게 한 후 손을 씻지 못하게 하는 것)
		cf) 공포장애에서는 노출기법을 적용하고, 강박장애에서는 노출 및 반응방지방법을 적용해야 함	
	자기주장 훈련	① 감정을 과도하게 억제하지 않도록 유도하는 치료기법 ② 적절한 표현방법을 익혀서 지나친 자기억제를 줄이도록 하며, 상대방을 공격하지 않으면서 자신의 감정과 의견을 솔직하게 표현하도록 도움	
	사고중지법 15 임용(지문)	① 강박사고가 주증상인 대상자에게 적용 ② 강박사고가 떠오를 때마다 중지를 지시하는 치료기법 ③ 환자는 '그만'이라고 외침으로써 자신을 괴롭히는 생각과 집착을 차단할 수 있으며 자신의 주의를 보다 적응적인 생각에 기울일 수 있게 됨	
	역설적 의도	① 강박행동을 오히려 과장된 방식으로 하도록 지시하는 치료기법 ② 강박사고에 의한 불안을 완화시키는 것은 물론 강박행동을 해야 한다는 심리적 압박감에서 벗어나도록 돕는 것	
간호중재
15 임용 /
16,19,21 국시	① 치료적 환경조성	㉠ 환자의 강박증상에 대해 벌을 주거나 강압적으로 금지하면 안됨 ㉡ 허용적 방법으로 수용 예 손 씻기 반복 – 자신의 더러운 옷 빨거나 설거지하기 ㉢ 강박행동에 대한 적당한 시간 허락 : 서둘러 행위를 종결시키면 불안↑, 반복행위↑ ㉣ 논리적으로 설명× : 증상 악화, 죄책감 부여	
	② 신뢰관계 형성 치료적 대화	㉠ 행동이 아니라 강박적인 주제를 적극적으로 경청함 ㉡ 자동적 생각과 습관적 행동이 환자에게 미치는 영향에 대해 감정이입 사용 ㉢ 언어적 상호작용을 통해 압도적인 감정과 충동에 대한 통제력을 얻을 수 있게 함	

간호중재 15 임용 / 16,19,21 국시	③ 대상자 보호		대상자의 건강상태와 생활의 질을 위협받을 만큼 행동을 하는 경우, 학습된 방법에 의식적으로 행동이 조절될 때까지 신체(건강)를 보호할 수 있도록 대화 통해 타협 예 손 씻기에 강박증이 있는 사람 – 손 씻기 시간 줄여나가기
	④ 문제해결 능력증진	㉠ 사정	환자의 능력, 강박적 행동의 강도/기간/빈도, 치료활동에 대한 환자의 순응 정도 사정
		㉡ 일과표 작성	환자를 안심시킬 수 있는 활동을 계획하여 강박적 생각과 충동적 행동의 기회를 감소시킴. 세밀하게 짜인 활동과 의식적 행동 사이에 휴식시간 계획
		㉢	의식적 행동을 위한 적당한 시간 부여, 습관적 행동에 대한 대체물 제공
		㉣	칭찬과 긍정적 강화 제공
	⑤ 건강교육		환자의 가족에게 강박장애에 대해 교육

(2) 발모광(= 모발(털)뽑기장애) 14 임용

정의	① 체모를 지속적으로 뽑아서 없앰(뚜렷한 모발의 상실을 동반함) ② 행동하기 직전과 이 충동을 누르려 할 때 긴장이 갑자기 증가함 ③ 하루 중 잠깐 동안 조금씩 반복 또는 몇 시간씩 지속 → 발모 동안에는 만족, 쾌락, 안도감을 느낌
특성	① 소아에서는 남녀 비율이 유사하나, 성인에서는 여성이 많음 ② 발모광의 1/3은 뽑은 털을 먹음, 이들 중 1/3은 위석초래
DSM-5-TR	A	탈모로 이어질 수 있는, 반복적인 스스로의 털뽑기임(머리카락, 눈썹, 속눈썹이 흔함)
	B	털을 뽑는 행위를 줄이거나 멈추려는 반복적인 시도
	C	털을 뽑는 것은 사회적, 직업적 또는 기타 중요한 기능 영역에서 임상적으로 현저한 고통이나 손상을 초래함
	D	털을 뽑는 것은 다른 의학적 상태(예 피부과적 상태)에 기인한 것이 아님
	E	털을 뽑는 것은 다른 정신질환의 증상(예 신체이형장애 환자가 인식하고 있는 외관상 결함을 개선하려는 시도)에 의해 더 잘 설명되지 않음

(3) 신체이형장애(= 신체변형장애) 25 임용

특성	억압, 해리, 왜곡, 상징화, 투사의 방어기제 사용 → 감정적 갈등이 관련성이 없는 신체부위로 옮겨진 것
DSM-5-TR	A	관찰할 수 없거나 다른 이에게는 크지 않음에도 신체적인 외모에서 하나 이상의 결점에 대해 몰입함 예 얼마 전부터 "코가 자꾸 커진다. 자고 일어나면 코가 커져서 너무 괴롭다."라며 엉엉 우네요. 누가 봐도 코가 커진 것도 없고 자로 재서 확인을 시켜줘도 믿지 않고, 왜 자기 말을 안 믿어 주느냐며 울고불고 그래요. 학교 안 가고 성형수술을 받아야 한대요.
	B	질환의 경과 중 어느 시점에서, 외모에 대한 우려로 반복적 행동(예 거울 보기, 과도한 손질, 피부뜯기, 안심을 위해 확인하기)을 하거나 또는 정신적인 행위(예 다른 사람의 외모와 비교)를 함
	C	몰입은 사회적, 직업적 또는 기타 중요한 기능 영역에서 임상적으로 현저한 고통이나 손상을 초래함
	D	외모에 대한 몰입은 섭식장애 진단기준을 충족하는 개인에서 체지방이나 체중에 대해 걱정하는 것으로 더 잘 설명되지 않음
	* 다음의 경우 명시할 것 – 근육신체이형 동반 : 자신의 체격이 너무 작거나 근육이 없다는 생각에 몰입한다. 이 명시자는 다른 신체 부위에 몰입해도 적용 가능하다. * 다음의 경우 명시할 것 신체이형장애에 대한 병식의 정도를 나타낸다(예 "나는 못생겼다." 또는 "나는 기형적으로 보인다."). – 좋거나 양호한 병식 동반 : 신체이형장애에 대한 믿음이 사실이 아니라고 분명하게 인식하거나 사실이 아닐 수도 있다고 인식하는 경우 – 저하된 병식 동반 : 신체이형장애에 대한 믿음이 아마도 사실일 것이라고 생각하는 경우 – 병식 없음/망상적 믿음 동반 : 신체이형장애에 대한 믿음을 사실로 생각하는 경우

치료	약물치료	선택적 세로토닌 재흡수 억제제(SSRI) 또는 클로미프라민(TCA)가 효과적임
	인지행동치료	• 수용전념치료 : 내담자로 하여금 고통스러운 감정에 저항하지 말고 수용하면서 자신이 원하는 가치와 목표를 실현하는 데 전념하도록 돕는 것임 • 습관반전치료 : 외모에 대한 몰입이 나타날 때 다른 사고나 행동을 하도록 하는 것

(4) 수집광(= 저장장애)

DSM-5-TR	A	실제 가치에 관계없이 소유물을 버리거나 분리하는 데 지속적으로 어려움을 겪음
	B	이러한 어려움은 소유물을 저장해야 한다는 욕구와 버릴 때 따르는 고통 때문임
	C	소유물을 버리기 어려워 물건이 쌓이게 되며, 이는 거주 환경을 어지럽고 혼란스럽게 하여 소유물의 원래 용도를 상당히 손상시킴. 환경이 어지럽지 않다면 이는 제3자(예 가족 구성원, 청소부, 다른 권위자)의 개입이 있을 경우뿐임
	D	저장(수집광) 증상은 사회적, 직업적 또는 기타 중요한 기능 영역(자신과 타인을 위한 안전한 환경 유지 포함)에서 임상적으로 현저한 고통이나 손상을 초래함
	E	저장(수집광) 증상은 다른 의학적 질환(예 뇌손상, 뇌혈관 질환, 프래더-윌리 증후군)에 기인하지 않음
	F	저장(수집광) 증상은 다른 정신질환의 증상(예 강박장애의 강박, 주요우울장애의 활력 감소, 조현병 또는 다른 정신병적 장애에서의 망상, 주요 신경인지장애의 인지적 결함, 자폐스펙트럼장애의 제한된 관심)으로 더 잘 설명되지 않음
	* 다음의 경우 명시할 것 - 과도한 수집 동반 : 필요 없거나 사용 가능한 공간이 없는 품목에 대한 과도한 수집과 함께 소유물 폐기가 어려운 경우 * 다음의 경우 명시할 것 - 좋거나 양호한 병식 동반 : 저장(수집광) 증상과 관련된 믿음과 행동(물건을 버리기 어렵거나, 소유물을 채우고 어지럽히거나, 과도한 수집과 관련된 것)이 문제가 된다는 것을 인지하는 경우 - 저하된 병식 동반 : 저장(수집광) 증상과 관련된 믿음과 행동(물건을 버리기 어렵거나, 소유물을 채우고 어지럽히거나, 과도한 수집과 관련된 것)이 반대되는 증거에도 불구하고 문제가 되지 않는다고 대체로 확신하는 경우 - 병식 없음/망상적 믿음 동반 : 저장(수집광) 증상과 관련된 믿음과 행동(물건을 버리기 어렵거나, 소유물을 채우고 어지럽히거나, 과도한 수집과 관련된 것)이 문제가 되지 않는다고 완전히 확신하는 경우	

(5) 피부뜯기장애(= 표피박리장애)

DSM-5-TR	A	피부 병변으로 이어지는 반복적인 피부뜯기
	B	피부뜯기를 줄이거나 멈추려는 반복적인 시도
	C	피부뜯기는 사회적, 직업적 또는 기타 중요한 기능 영역에서 임상적으로 현저한 고통이나 손상을 초래함
	D	피부뜯기는 물질(예 코카인) 또는 다른 의학적 상태(예 옴)에서 기인한 것이 아님
	E	피부뜯기는 다른 정신질환(예 정신병적 장애에서 망상이나 환촉, 신체이형장애에서 인식된 외모상 결함이나 결함을 개선하려는 시도, 상동증적 운동장애에서 상동증 또는 비자살적 자해에서 자해 의도)으로 더 잘 설명되지 않음

파탄적, 충동조절 및 품행장애

(1) 품행장애

정의 10 임용	다른 사람의 기본적인 권리를 침해하거나 규범을 위반하는 반사회적 행위를 지속하는 것 → 성인기로 이어질 경우 반사회적 인격장애로 발전함	
	아동기 발병유형	10세 이전 품행장애 증상의 최소 1개 이상 보이는 유형
	청소년기 발병유형	10세까지 품행장애 증상을 보이지 않는 유형
DSM-5-TR 10임용 / 04,05,07, 08,13,17,23 국시	다른 사람의 기본적 권리를 침해하고 연령에 적절한 사회적 규범 및 규칙을 위반하는 지속적이고 반복적인 행동 양상으로, 지난 12개월 동안 다음의 15개 기준 중 적어도 3개 이상에 해당되고, 지난 6개월 동안 적어도 1개 이상의 기준에 해당됨	
	A	사람과 동물에 대한 공격성(7개)	① 자주 다른 사람을 괴롭히거나, 위협하거나, 협박함 ② 자주 신체적인 싸움을 검(시비걸기) ③ 다른 사람에게 심각한 신체적 손상을 입힐 수 있는 무기 사용(예 방망이, 벽돌, 깨진 병, 칼, 총) ④ 다른 사람에게 신체적으로 잔인하게 대함 ⑤ 동물에게 신체적으로 잔인하게 대함 ⑥ 피해자가 보는 앞에서 도둑질을 함(예 노상강도, 소매치기, 강탈, 무장강도) ⑦ 다른 사람에게 성적 행동을 강요함
		재산파괴(2개)	⑧ 심각한 손상을 입히려는 의도로 고의적으로 불을 지름(방화) ⑨ 다른 사람의 재산을 고의적으로 파괴함(방화로 인한 것은 제외, 기물파손)
		사기 또는 절도(3개) (= 속이기와 훔치기)	⑩ 다른 사람의 집, 건물 또는 자동차에 무단 침입(가택 침입) ⑪ 어떤 물건을 얻거나 환심을 사기 위해 또는 의무를 피하기 위해 거짓말을 자주함 ⑫ 피해자와 대면하지 않은 상황에서 귀중품을 훔침(예 부수거나 침입하지 않고 상점에서 물건 훔치기, 문서 위조)
		심각한 규칙위반(3개)	⑬ 부모의 제지에도 불구하고 13세 이전부터 자주 밤늦게까지 집에 들어오지 않음 ⑭ 친부모 또는 부모 대리인 가정에서 사는 동안 밤에 적어도 2회 이상 가출 또는 장기간 귀가하지 않는 가출이 1회 있음 ⑮ 13세 이전부터 무단결석을 자주 함
	B	(영향) 행동의 장해가 사회적, 학업적 또는 직업적 기능에 임상적으로 현저한 손상을 초래함	
	C	(변별) 18세 이상일 경우, 반사회성 성격장애의 기준에 부합되지 않음	

* 다음 중 하나를 명시할 것
  - 아동기 발병 유형 : 10세 이전에 품행장애의 특징적인 증상 중 적어도 1개 이상을 보이는 경우
  - 청소년기 발병 유형 : 10세 이전에는 품행장애의 특징적인 증상을 전혀 보이지 않은 경우
  - 명시되지 않는 발병 : 품행장애의 진단기준에 충족되지만, 첫 증상을 10세 이전에 보였는지 또는 10세 이후에 보였는지에 대한 정보가 없어서 확실히 결정하기 어려운 경우

* 다음의 경우 명시할 것
  - 제한된 친사회적 정서 : 이 명시자를 진단하려면, 적어도 12개월 이상 다양한 대인관계나 사회적 장면에서 다음 중 적어도 2개 이상의 특징을 보여야 함. 이러한 특성은 해당 기간 동안 그 개인의 대인관계적, 그리고 정서적 기능의 전형적인 형태를 반영해주며, 몇몇 상황에서만 가끔 발생하는 것이 아니다. 따라서 명시자를 평가하기 위해서는 다양한 출처에서 정보를 얻는 것이 필수적임. 자기-보고뿐만 아니라 그 개인을 장기간 동안 알고 있는 사람들(예 부모, 교사, 동료, 친척, 또래)의 보고를 반드시 고려해야 함
  - 후회나 죄책감 결여 : 본인이 잘못을 저질러도 후회나 죄책감을 느끼지 않음(붙잡히거나 처벌을 받는 상황에서만 양심의 가책을 표현하는 경우는 배제해야 한다.) 자신의 행동으로 인한 부정적인 결과에 대해 일반적으로 염려가 결여되어 있음. 예를 들면, 다른 사람을 다치게 하고도 자책하지 않거나 규칙을 어겨 발생하는 결과에 대해 신경을 쓰지 않음

DSM-5-TR 10임용/ 04,05,07, 08,13,17,23 국시		– 냉담-공감의 결여 : 다른 사람의 감정을 무시하거나 관심 없음. 다른 사람들은 이들을 차갑고 무정한 사람으로 묘사함. 심지어 자신이 다른 사람에게 상당한 피해를 주는 경우에도, 자신이 타인에게 미치는 영향보다는 자기 자신에게 미치는 영향에 더 관심이 있어 보임 – 수행에 대한 무관심 : 학교나 직장 또는 다른 중요한 활동에서 자신이 저조한 수행을 보이는 것을 개의치 않음. 심지어 충분히 예상 가능한 상황에서도, 좋은 성과를 보이기 위해 필요한 노력을 기울이지 않으며, 전형적으로 자신의 저조한 수행을 다른 사람의 탓으로 돌림 – 피상적이거나 결여된 정서 : 피상적이거나, 진실되지 않고, 깊이가 없는 정서(예 행동과 상반되는 정서 표현; 빠르게 '전환되는 감정')를 제외하고는 다른 사람에게 자신의 기분이나 정서를 표현하지 않음. 또는 얻고자 하는 것이 있을 때만 정서를 표현함(예 다른 사람을 조종하거나 위협하고자 할 때 보이는 정서 표현) ＊현재의 심각도를 명시할 것 – 경도 : 진단을 충족시키는 품행 문제가 있더라도, 품행 문제의 수가 적고, 다른 사람에게 가벼운 해를 끼치는 경우(예 거짓말, 무단결석, 허락 없이 밤늦게까지 집에 들어가지 않는 것, 기타 규칙 위반) – 중등도 : 품행 문제의 수와 다른 사람에게 끼치는 영향의 정도가 '경도'와 '고도'의 중간에 해당되는 경우(예 피해자와 대면하지 않는 상황에서 도둑질하기, 공공기물 파손) – 고도 : 진단을 충족시키는 품행 문제가 많거나 또는 다른 사람에게 심각한 해를 끼치는 경우(예 강요된 성관계, 신체적 잔인함, 무기 사용, 피해자가 보는 앞에서 도둑질, 파괴와 침입)
예후		① 품행장애는 적극적으로 치료하지 않으면, 반사회적 성격장애로 발전하게 됨(품행장애는 30~50%가 성인기에 반사회적 성격장애로 진단받게 됨) ② 나중에 반사회적 성격장애로 발전하지 않더라도 대인관계가 어렵고 생활양식이 건강하지 못하고 다른 사람을 지지하는 능력이 없음
품행장애 청소년을 위한 간호 수행	폭력감소와 치료이행 증진 20 국시	① 환자의 공격이나 조정으로부터 다른 사람 보호 ② 수용할 수 없는 행동 제한 ③ 치료계획을 일관성 있게 제공 ④ 행동계약 사용 ⑤ 타임아웃 설정
	대처기술과 자존감 증진	① 행동은 아니더라도 청소년 자체에 대한 수용을 보여줄 것 ② 일기를 쓰도록 격려 ③ 문제해결력을 가르치고 연습하게 함
	사회적 상호작용 증진	① 나이에 적절한 사회적 기술을 가르치기 ② 역할모델이 되고 사회적 기술을 연습시키기 ③ 수용 가능한 행동에 대해 긍정적 피드백 제공
	환자교육이나 가족교육 제공	① 부모에게 필요한 사회적 기술이나 문제해결 기술 가르치기 ② 부모 자신의 문제 해결책을 찾도록 격려 ③ 부모가 나이에 적합한 활동과 기대를 정하도록 돕기 ④ 부모가 명확한 활동과 기대를 정하도록 돕기 ⑤ 부모가 때로 환자를 구출해내지 않도록 돕기 ⑥ 부모가 효과적인 제한 설정을 하도록 가르치기 ⑦ 부모가 적절한 훈육전략을 정하도록 돕기

(2) 적대적 반항장애(= 반항성 장애)

정의 10 임용	① 품행장애와 비슷하나 폭력을 보이지 않으면서 권위자에게 비협조적이고 부정적이며, 적대적이고, 도전적 행동을 보이는 장애 ② <u>거부적 행동, 적대적 행동, 반항적 행동이 주요증상이나 사회적 규범을 위반하거나 타인의 권리를 침해하는 공격적 행동을 보이는 경우는 드묾</u> ③ 논쟁을 많이 하고 다른 사람을 괴롭히며, 짓궂은 행동을 보여 다루기 어려우므로 부모에게 아동의 행동 관리 방법을 교육함 ④ 8세경 시작, 약 25%가 품행장애로 발전, 10%는 반사회적 인격장애가 됨

DSM-5-TR 22 임용	A	분노/과민한 기분, 논쟁적/반항적 행동 또는 보복적 양상이 적어도 <u>6개월</u> 이상 지속되고, 다음 중 적어도 <u>4가지</u> 이상의 증상이 존재함 이러한 증상은 형제나 자매가 아닌 적어도 한 명 이상의 다른 사람과의 상호작용에서 나타나야 함	
		분노/과민한 기분	① 자주 욱하고 <u>화를 냄</u> ② 자주 과민하고 쉽게 <u>짜증을 냄</u> ③ 자주 화를 내고 <u>원망</u>을 쉽게 품음
		논쟁적/반항적 행동	④ 자주 <u>권위자와 논쟁</u>을 함. 아동이나 청소년의 경우는 <u>어른과 논쟁</u>함 ⑤ 자주 적극적으로 <u>권위자의 요구나 규칙을 무시하거나 거절</u>함 ⑥ 자주 고의적으로 <u>타인을 귀찮게</u> 함 ⑦ 자주 자신의 실수나 잘못된 행동을 <u>남의 탓으로</u> 돌림
		보복적 양상	⑧ <u>지난 6개월 안에 적어도 두 번 이상 악의에 차 있거나 앙심을 품고 있음</u> 주의점 : 진단에 부합하는 행동의 지속성 및 빈도는 정상적 범위 내에 있는 행동과 구별되어야 함. 다른 언급이 없다면, 5세 이하의 아동인 경우에는 최소한 6개월 동안 거의 매일 상기 행동이 나타나야 함(진단기준 A8) 5세 이상의 아동인 경우에는 6개월 동안 일주일에 최소한 한 번 이상 상기 행동이 나타나야 함(진단기준 A8). 이런 빈도에 대한 기준은 증상을 기술하기 위한 최소 기준을 제공한 것일 뿐이며, 반항적 행동이 동일한 발달수준에 있고 젠더나 문화적 배경이 같은 다른 사람들에서 전형적으로 관찰되는 것보다 더 빈번하고 강도가 높은지와 같은 다른 요인들도 고려해야 함
	B	행동의 장해가 개인 자신에게 또는 자신에게 직접적으로 관련 있는 사회적 맥락(예 가족, 또래 집단, 동료) 내에 있는 상대방에게 고통을 주며, 그 결과 사회적, 학업적, 직업적, 그리고 다른 주요한 영역에서의 기능에 부정적인 영향을 줌	
	C	이 행동은 정신병적장애, 약물사용장애, 우울장애 또는 양극성장애의 경과 중에만 국한해서 나타나지 않음. 또한 파괴적 기분조절부전장애의 진단기준을 충족시키지 않아야 함	

＊현재의 심각도를 명시할 것
  - 경도 : 증상이 단지 한 가지 상황(예 집, 학교, 직장, 또래집단)에서만 나타나는 경우
  - 중등도 : 증상이 적어도 2가지 상황에서 나타나는 경우
  - 고도 : 증상이 3가지 이상의 상황에서 나타나는 경우

(3) 간헐성 폭발장애(DSM-Ⅳ-TR에서는 충동조절장애의 한 범주였음)

정의	① 공격충동을 억제하지 못하고 기물을 파손하거나 폭력을 행사함 → 자극원에 비해 지나치게 공격적임 ② 자신의 충동적 행동에 대한 자책감·후회 가지고 있음 예 이런 행동에 대해 후회스럽고 어머니께 미안하지만, 이런 행동을 하지 말아야 하는 걸 알면서도 강렬한 충동으로 어쩔 수 없다. 14 임용	
DSM-5-TR 14 임용	A	① 재산의 손상이나 신체적 손상을 초래하지 않는 정도의 언어적 공격성 또는 신체적 공격성이 3개월 동안 평균적으로 일주일에 2회 이상 발생하거나, ② 재산의 손상이나 파괴를 초래하는 행동 폭발, 동물이나 다른 사람에게 신체적 손상을 초래하는 신체적 폭행이 12개월 이내에 3회 이상이 있어야 함
	B	<u>공격성은 정신사회적 스트레스요인에 의해 유발되는 정도를 심하게 넘어섬</u>
	C	<u>미리 계획된 것이 아니고 돈이나 권력 등 목적을 성취하기 위한 것이 아님</u>
	D	반복적인 공격적 행동폭발은 개인에게 심각한 괴로움을 일으키거나 직업이나 대인관계의 기능에 중대한 장애를 초래하거나 중요한 재정적 또는 법적인 일과 관련됨
	E	<u>6세 이상</u>의 발달단계 수준의 생활연령이어야 함
	F	(배제진단) 다른 정신질환으로 더 잘 설명되지 않아야 함. 주의력결핍 과잉행동장애, 품행장애, 적대적 반항장애, 자폐스펙트럼장애와 함께 진단하는 경우, 반복적인 충동적·공격적 행동 폭발이 각 질환들에서 보일 수 있는 정도를 초과하여야 함

(4) 병적방화벽(= 방화광)

특징	① 1회 이상의 고의성 또는 목적 있는 방화 ② 방화행동 전에 긴장감 또는 정서적 각성(흥분) ③ 불에 대한 매료, 흥미, 호기심 ④ 방화 시 쾌감, 희열, 안도감
DSM-5-TR	A. 1회 이상 고의적이고 목적을 가지고 불을 지름
	B. 불을 지르기 전에 긴장 또는 정서적 흥분이 있음
	C. 불 또는 불과 관련된 용품, 불과 연관된 상황적 맥락(예 방화용품, 그것의 사용, 방화 결과)에 대한 흥미, 호기심을 가지고 있음
	D. 불을 지르거나 불이 난 것을 목격하거나 불이 난 이후의 상황에 참여할 때의 기쁨, 만족 또는 안도감을 느낌
	E. 금전적 이득, 사회·정치적 이념의 표현, 범죄행위 은폐, 분노나 복수심 표현, 생활환경 개선, 망상이나 환각에 대한 반응 또는 손상된 판단력의 결과(예 주요 신경인지장애, 지적장애, 물질 중독)에 의한 것이 아니어야 함
	F. (배제진단) 품행장애, 조증 삽화 또는 반사회적 인격장애로 더 잘 설명되지 않아야 함

(5) 병적도벽(= 절도광)

특징	① 필요하지 않거나 또는 금전적 가치가 없는 물건을 훔치는 것에 대한 충동억제의 반복적 실패 ② 물건 훔치기 전 긴장감 증가 ③ 물건을 훔치는 순간의 쾌감, 희열 또는 안도감
DSM-5-TR	A. 개인적인 용도 또는 금전적인 가치 때문에 필요한 것이 아닌 물건을 훔치려는 충동을 반복적으로 억제하지 못함
	B. 훔치기 전에 긴장감이 증가함
	C. 훔쳤을 때의 기쁨, 만족 또는 안도감이 있음
	D. 훔치는 행동은 분노나 복수심의 표현이 아니며, 망상이나 환각에 대한 반응이 아님
	E. 훔치는 행위가 품행장애, 조증 삽화 또는 반사회적 인격장애로 더 잘 설명되지 않아야 함 (품행장애나 반사회적 인격장애의 경우 계획적인 경우가 대부분임)

5 신체증상 및 관련 장애

1 신체증상 및 관련 장애의 진단분류

DSM-5-TR(DSM-5와 동일)		DSM-Ⅳ-TR	
신체증상 및 관련 장애	신체증상장애	신체형 장애, 허위성 장애	신체화 장애
	질병불안장애		건강염려증
			통증장애
	전환장애		전환장애
	허위성 장애(= 인위성 장애)		신체변형장애(= 신체이형장애)
	정신생리장애		정신생리장애

[변경사항]
- 하부유형의 통합 : DSM-Ⅳ-TR의 통증장애를 DSM-5에서는 신체증상 장애의 특정형 중 주된 통증 동반형으로 포함함

〈특징〉
① 명백한 병리적 소견 없이 신체기능상의 장애가 나타남
② 증상발현과 유지·악화가 정신생물학적 요인과 관련되지 않음
③ 대상자의 증상이나 건강에 관한 지나친 염려가 의식수준에서 이루어지지 않음

※ 신체증상 및 관련 장애의 구분

1) 여러 장기계통에 걸친 다양한 신체화 증상 호소 : 신체증상장애
   예) 만성 소화불량과 전신통증으로 십수년간 전국 병원과 한의원을 전전함
2) 주로 신경계의 상징적 의미를 가진 단일한 전환증상을 호소 : 전환장애
   예) 부부싸움 후 뒷목의 저림을 호소하며 쓰러져서 응급실에 내원, 뇌 MRI와 뇌파 검사 결과 정상임
3) 신체증상을 오인하여 심각한 질병에 걸렸다고 걱정 : 질병불안장애
   예) 자기 변비가 대장암 때문이라고 믿으며 대장 내시경 정상소견 때마다 재검사를 요구함

2 신체증상 및 관련 장애

(1) 신체증상 장애(= 기능성 신경학적 증상장애) 25 임용

신체증상장애와 꾀병의 차이점 25 임용	신체증상장애의 증상은 무의식수준에서 일어나는 반면, 꾀병은 의식수준에서 의도적으로 신체증상을 만들어냄 ● 신체증상장애와 꾀병의 비교표		
	구분	신체증상장애	꾀병
	공통점	• 스트레스나 우울, 불안 등과 같은 부정적인 감정과 심리적 갈등을 겪을 때 이를 억압하고 해소하지 못하는 과정에서 신체증상 발생	• 신체증상을 경험하지 않지만, 증상을 통해서 심리적인 어려움과 스트레스 상황으로부터 회피함
	차이점	• 실제로 통증, 불편감 등 증상이 존재함 • 어떤 의도를 가지고 증상을 활용하지 않음, 무의식적으로 신체적 증상이 나타남	• 신체증상으로 자신의 심리적 어려움과 갈등을 표현하나, 실제로 증상을 경험하지 않음 • 신체적 증상을 의도적으로 활용함으로써 이득을 취함

(2) 전환장애 17 임용 / 11,14,15,16,18 국시

정의	① 신경학적 또는 내과적 질환에 기인하지 않는 하나 이상의 신경학적 증상으로 감각기관이나 수의적 운동의 극적인 기능상실이 특징적임 ② 하나 또는 그 이상의 수의적 운동이나 감각기능의 변화뿐 아니라 환자의 증상과 신경학적, 의학적 소견이 잘 맞지 않는 경우	
역학	① 사춘기나 성인 초기에 호발, 여성에게서 약 2~5배 많음 ② 사회경제적 하류계층, 농촌지역, 저학력자, 지능이 낮은 사람, 전쟁의 위협에 놓인 군인에게 많이 발생 ③ 성격적 특성 : 수동공격형, 의존성, 반사회적, 연극적	
원인	① 억압된 욕구, 감정, 생각에서 생기는 불안이나 내적 갈등이 원인 → 기관 및 신체적 증상으로 상징적 '전환'됨(무의식적 과정) ② 관련 방어기제 : 억압, 전환 12 임용 — 본능적인 공격적/성적 욕구(이드) ↔ 이를 옳지 않다고 느끼는 죄책감(초자아) 사이에서 무의식적 갈등이 발생하고, 이 갈등이 보다 성숙한 방식(예 유머, 승화, 억제)으로 표출되지 못하고 억눌려(= 억압) 쌓여 있다가 그 에너지가 상징적인 내용의 신체증상으로 표출(= 전환, 여기서 전환은 일종의 전치 또는 상징화라고 볼 수 있음)	
특징	억압된 욕구, 감정, 생각에서 생기는 정신적 불안, 감당하기 어려운 정서적 갈등이 그대로 표현되지 않고 → 증상으로 주위환경과 대화하고 갈등을 통제하려는 목적이 있음 → 증상을 나타냄으로써 심리적 이득을 얻음	

특징	전환 반응		
	무의식적이고 심리적인 반응양식이나 목적이 있음		
	1차적 이득 12 임용	① 환자가 자신의 충동을 수행할 수 없기 때문에 팔과 손의 마비로 불안해소 ② 내적 갈등을 깨닫지 않고도 내적긴장 해소(불안해소)	
	2차적 이득 12 임용	① 간접적 이득 → 정서적 배려 받음/다른 사람 조종 가능/불쾌한 상황이나 책임으로부터 해방 등 ② 불쾌한 상황을 피하고 관심을 끌어 의존욕구 해결	
	만족스런 무관심 (= 기분좋은 무관심, labelle indifference) 12,17 임용 / 13,22,23 국시	① 전환증상과 그 결과로 인하여 생기는 장애에 대하여 불안이나 걱정을 거의 나타내지 않는 증상 ② 일차적 이득과 이차적 이득으로 나타남 예 손가락을 움직일 수 없는 증상에 대하여 걱정을 하지도 않으며 무관심한 태도를 보였다.	
	증상	감각기능 증상	마비, 실명, 청력상실
		운동기능 증상	마비, 떨림, 무언증
		기질적 증상	요정체, 두통, 호흡곤란

DSM-5-TR 진단기준 17 임용 / 05 국시	A	하나 이상의 변화된 수의적 운동이나 감각 기능의 증상이 있음
	B	임상소견은 증상과 파악되는 신경학적 또는 의학적 상태 사이에 불일치의 증거를 보임
	C	(배제진단) 증상이나 결함이 다른 의학적 장애 드는 정신질환으로 더 잘 설명되지 않음
	D	증상이나 결함이 사회적, 직업적 또는 다른 중요한 기능 영역에서 임상적으로 현저한 고통이나 손상을 초래하거나, 의학적 평가를 필요로 함
	* 증상 유형을 명시할 것 — 쇠약감이나 마비 동반 — 이상 운동 동반(예 떨림, 근육긴장이상, 간대성 근경련, 보행장애) — 삼키기 증상 동반 — 언어 증상 동반(예 발성곤란, 불분명한 언어)	

DSM-5-TR 진단기준 17 임용 / 05 국시	– 발작이나 경련 동반 – 무감각증이나 감각 손실 동반 – 특정 감각 증상 동반(예 시각, 후각 또는 청력 장해) – 혼재성 증상 동반 *다음의 경우 명시할 것 – 급성 삽화 : 증상이 6개월 이하로 존재할 때 – 지속성 : 증상이 6개월이나 그 이상 지속될 때 *다음의 경우 명시할 것 – 심리적 스트레스 요인을 동반하는 경우(스트레스 요인을 명시할 것) – 심리적 스트레스 요인을 동반하지 않는 경우	
치료	① 지지적 정신치료가 효과적이며 벤조다이아제핀계 약물이 도움이 되기도 하고, 환기요법/암시요법/행동치료가 도움이 됨 ② 스트레스에 의한 급성 히스테리 반응으로 나타나기도 한다. 심적 스트레스를 겪은 후에 운동이나 감각의 이상 또는 경련 등의 증상으로 나타남	

	뇌전증	급성 히스테리반응
유발인자	없거나 알코올, 약물중단 등	감정적 스트레스 92 임용
환경	장소, 시간에 상관없음(주로 야간)	대개 주변에 사람이 있을 때 증상이 심해짐
발병	갑자기	갑자기
전조	다양	없음
경련 형태	자동적, 상동적, 긴장성-간대성, 시작할 때 소리 지름, 말이 없음, 혀를 깨물음, 흔히 소변을 봄, 기간은 대개 수분간	다양, 몸부림 같음, 중간에 소리 지름, 흔히 말을 함, 입술/손/타인을 깨물음, 소변보기는 드묾, 간질보다 장기간
경련 후 상태	의식저하, 통증, 깊은 수면	이상 없음
외상	흔히 있음	없음
사후 기억	기억 없음	다소 기억함

③ 급성 히스테리 반응 시 응급처치 05 임용
  ㉠ 기도유지
  ㉡ 조이는 옷을 풀어주고, 순환 도모
  ㉢ 곁에 머물면서 관찰하고 기록
  ㉣ 의식이 돌아온 후 고통과 문제를 다룸
  ㉤ 필요시 의뢰
④ 가능한 한 독립적으로 활동하도록 격려 제공 19 국시

(3) 질병불안장애(히포콘드리성 신경증 → DSM-Ⅳ의 건강염려증)

정의	신체적 징후 또는 감각을 비현실적으로 부정확하게 인식하여 자신이 심각한 병에 걸렸다는 집착과 공포를 가지게 된 상태(변화가능 / 신체적 증상은 실제 없거나 있어도 경미함) cf) 망상 : 고정불변의 믿음
역학	① 사춘기에 호발 ② 불안, 우울, 강박인격의 경향이 흔함 ③ 남녀 모두 같은 빈도로 발생하며 30대의 남자, 40대의 여자에게서 시작됨 ④ 결혼 상태, 사회경제적 계층이나 교육수준 등과는 상관없음 ⑤ 경과는 회복되었다가 다시 재발하는 등 삽화적임

	관련 방어기제	전치, 퇴행, 억압, 상환 95임용	
특징		전치	특정한 사람, 대상 또는 상황과 관련된 감정을 덜 위협적인 사람, 대상 또는 상황으로 돌리는 것을 통해 신체증상으로 표현
		퇴행	현재의 갈등이나 고통을 감소시키기 위해 보살핌을 받을 수 있는 환자나 약자로 퇴행(현재의 갈등이나 고통을 감소시키기 위해 현재 겪고 있는 어려움이 없는 이전의 발달단계로 후퇴하는 것)
		억압	적대감이나 공격성 등이 억압(바람직하지 않고 용납될 수 없는 생각이나 욕구, 반사회적 충동 등을 무의식의 영역에 묻어버리는 기전)
		상환	죄책감에 대한 방어로 상환(무의식적 죄의식에 대한 상환반응)에 의한 자기징벌
	정신역동 이론		타인에 대한 공격심, 증오가 신체 호소로 전이 → 낮은 자존심, 부적절감, 지각 및 인지적 장애에 대한 방어적 결과

DSM-5-TR 20 임용(지문)/ 14 국시	A	심각한 질병에 걸려 있거나 걸리는 것에 대해 몰두함
	B	신체 증상들이 나타나지 않거나, 신체 증상이 있더라도 단지 경미한 정도임 다른 의학적 상태가 나타나거나 의학적 상태가 악화될 위험(예 강한 가족력이 있음)이 클 경우, 병에 대한 몰두가 분명히 지나치거나 부적절함
	C	건강에 대한 높은 수준의 불안이 있으며, 건강 상태에 대해 쉽게 경각심을 가짐
	D	지나친 건강 관련 행동(예 질병의 증거를 찾기 위해 반복적으로 검사하고, 질병의 신체 징후를 확인함)을 보이거나 순응도가 떨어지는 회피 행동(예 의사 예약과 병원을 회피함)을 보임
	E	질병에 대한 집착은 적어도 6개월 이상 지속되지만, 그 기간 동안 두려움을 느끼는 구체적인 질병은 변화할 수 있음
	F	질병에 대해 집착하는 것이 다른 정신질환, 즉 신체증상장애, 공황장애, 범불안장애, 신체이형장애, 강박장애 또는 신체형 망상장애 등으로 더 잘 설명되지 않음

* 다음 중 하나를 명시할 것
  - 진료추구형 : 왕진 또는 검사와 시술을 진행하는 것을 포함하여 의학적 치료를 자주 이용한다.
  - 진료회피형 : 의학적 치료를 거의 이용하지 않는다.

치료 20 임용	치료 어려움, 스트레스 감소 위해 약물치료·정신치료 시행	
	지지적인 치료자 – 환자 관계가 환자를 안정시키는 데 도움이 되며, 약물치료 및 적절한 정신치료를 병행	
	객관적 검사 확인	• 기질적 이상 여부 확인, 객관적인 검진결과 확인으로 불안과 우울 경감에 도움이 됨 • 철저한 검사 후에 재검사 불허용해야 함 : 2차적 이득만족을 제한하기 위함 • 신체증상이 감정표현의 하나라는 것을 이해하고 신체질환을 인정하지 않지만 증상은 무시하지 말 것
	스포츠 클럽 같은 다른 활동참여 격려	증상을 평가하고 검사하는 데 집중하기보다는 다른 쪽으로 관심을 옮겨가는 전략이 질병불안을 경감하는 데 도움이 됨
	확신과 재교육적 지지 치료	의료진의 관심을 보여주어 의존욕구, 관심욕구 충족

(4) 인위성 장애(= 허위성 장애)

DSM-5-TR	스스로에게 부여된 (자발적) 인위성 장애	A	분명한 속임수와 관련되어 신체적 혹은 심리적인 징후나 증상을 허위로 조작하거나, 상처나 질병을 유도함
		B	다른 사람에게 자기 자신이 아프고, 장애가 있거나 부상당한 것처럼 표현함
		C	명백한 외적 보상이 없는 상태에서도 기만적 행위가 분명함
		D	행동이 망상장애나 다른 정신병적 장애와 같은 다른 정신질환으로 더 잘 설명되지 않음. 단일 삽화, 재발 삽화(질병을 조작하거나 혹은 부상을 유도하는 2회 이상의 사건)가 있음

* 다음의 경우 명시할 것
  - 단일 삽화
  - 재발 삽화(질병을 조작하거나 혹은 부상을 유도하는 2회 이상의 사건)

DSM-5-TR	타인에게 부여된 인위성 장애	A	분명한 속임수와 관련되어 다른 사람에게 신체적 혹은 심리적인 징후나 증상을 허위로 조작하거나, 상처나 질병을 유도함
		B	제3자(피해자)가 아프고, 장애가 있거나 부상당한 것처럼 다른 사람에게 내보임
		C	명백한 외적 보상이 없는 상태에서도 기만적 행위가 분명함
		D	행동이 망상장애나 다른 정신병적 장애와 같은 다른 정신질환으로 더 잘 설명되지 않음. 단일 삽화, 재발 삽화(질병을 조작하거나 혹은 부상을 유도하는 2회 이상의 사건)가 있음 주의점 : 가해자가 인위성 장애 진단을 받는다. 피해자에게 내리는 진단이 아니다.
	* 다음의 경우 명시할 것 - 단일 삽화 - 재발 삽화(질병을 조작하거나 혹은 부상을 유도하는 2회 이상의 사건)		
인위성 장애와 꾀병의 차이점 17 국시	(1) 인위성 장애는 고의로 신체질환(드물게 다른 정신질환)을 꾸며내는 정신장애로 꾀병과 달리 실질적인 이득(금전적 보상이나 임무 기피) 없음 (2) 꾀병은 의도적으로 거짓된 신체적·정신적 증상을 만들어 내거나 과장하는 것으로, 그 결과로 일을 회피하거나 범죄 기소를 피하기 위해 또는 약물을 얻거나 재정적인 보상을 얻기 위함임  PLUS⊕ • 인위성 장애와 꾀병의 구별 | 구분	인위성 장애	꾀병 | |---|---|---| | 대상자의 태도 | • 협조적이고 의존적이고 징징거림 • 침습적 검사, 치료에 협조적임 • 증상과 관계없는 업무나 책임은 적극적임 | • 비협조적, 비판적이며 의심스러워하는 태도 • 침습적 검사, 치료에 거부적임 • 증상과 관계없이 업무나 책임에도 회피적임 | | 병력 | • 애매하여 앞뒤가 안 맞는 호소 | • 특정 진단명에 짜맞춘 듯한 빈틈없는 병력 |		

6 해리성 장애

1 해리성 장애의 진단분류

DSM-5-TR(DSM-5와 동일)	DSM-Ⅳ-TR
해리성 정체성 장애	해리성 정체성 장애
해리성 기억상실 (세분화) 해리성 둔주를 보이는/보이지 않는 유형	해리성 기억상실 해리성 둔주
이인증/비현실감 장애	이인성 장애
달리 명시된 해리장애(특정 해리성 장애)/명시되지 않은 해리장애(비특정 해리성 장애)	달리 분류되지 않는 해리성 장애

[변경사항]
- 하부유형의 통합 : DSM-Ⅳ-TR의 해리성 둔주를 DSM-5에서는 해리성 기억상실의 아형으로 분류함

※ 해리 vs 억압

억압은 외상경험을 종적으로 분리, 해리는 횡적으로 분리한다고도 설명함
하나의 통합된 인격을 유지하고 있기 위해서는 의식이 온전한 상태를 유지해야 하는데,
- 억압은 의식에서 감당하기 어려운 감정을 수반하는 내용(수치, 죄의식, 분노, 절망 등)을 무의식 속에 가둬놓음으로써 의식을 온전하게 보존하는 반면,
- 해리는 의식 내에 다른 칸을 만들어 놓고, 외상경험을 분리해 두기 때문에 이로 인하여 정체성 혼란, 기억장애, 이인감 등을 경험하게 됨

※ 해리장애의 특성

정서 측면	정체성 상실의 느낌(자신의 인식이나 경험 상실), 자신으로부터의 소외감, 불안전감, 열등감, 두려움, 수치심, 비현실감, 높은 고립감, 내적 영속성의 결핍, 즐거움이나 성취감을 얻을 수 없음
지각적 측면	환청과 환시, 자신의 성에 대한 혼란, 자기를 타인과 구별하기 어려움, 신체상 장애, 세계에 대한 꿈같은 관점(외상현장으로부터 격리, 외상경험 분리)
인지적 측면	혼돈(자신에 대한 인식과 삶의 목적에 대한 혼란), 시간에 대한 식별력 상실, 왜곡된 사고, 기억장애(해리와 관련된 사건/경험의 선택적 회상이 불가능함), 판단력 손상, 한 사람 내에 분리된 성격이 존재
행동적 측면	정서둔마, 감정적인 수동성과 무반응성, 일치하지 않거나 특이한 의사소통, 자발성과 활기부족, 충동 조절의 상실, 주도성과 의사결정능력의 상실, 사회적 위축

※ 해리장애의 구분

신체질환 또는 물질의 영향에 의한 것이 아닌
1) 완전히 다른 두 가지 이상의 인격으로의 분리 : 해리성 정체성 장애
2) (자폐스펙트럼장애나 외상후 스트레스장애 없이) 개인정보와 관련된 광범위 기억장애 : 해리성 기억상실
3) (자폐스펙트럼장애, 공황장애 없이) 현실감을 유지한 상태에서의 이인감 : 이인성 장애(이인증/비현실감)

2 해리성 장애

(1) 해리성 정체성 장애(다중인격)

정의	자기 고유의 인격 이외의 한 가지 혹은 그 이상의 다른 인격과 교체되어 새로운 인격에 의해 지배되는 상태
역학	① 사춘기 후반이나 성인 초기에 있는 여성에게 주로 나타남 ② 방어기제 : 해리
증상	① 둘 이상의 분명한 정체성, 인격상태의 존재 　㉠ 각각의 인격은 자신과 환경에 대해 인지하고 관계를 맺고 생각하는 패턴 존재 　㉡ 각 인격은 서로 모순되며, 전혀 반대되는 성격을 지님 ② 인격전환 : 인격의 주체성 변화는 환경의 급격한 자극이 있을 때 급작스럽게 일어남 　- 인격의 변화는 반복되고 만성적 경과를 취함 ③ 변화된 인격은 의식이 뚜렷하고 그 나름대로 결합되어 있어 그 인격을 가졌을 때의 기억과 행동, 친분관계가 어느 정도 유지되어 있음 　반면, 원래 인격으로 되돌아왔을 때는 변화되었던 인격의 주체성과 그 시기의 모든 경험은 망각됨 ④ 해리성 정체성 장애환자는 자기에게 다른 인격이 존재한다는 사실에 무관심함 **해리성 정체성 장애의 DSM-5-TR 진단기준** A. 둘 이상의 별개의 성격 상태로 특징되는 정체성의 붕괴로 자기감각과 행위 주체감에 현저한 비연속성을 포함함 (어떤 문화권에서는 빙의 경험으로 설명된다.) 관련된 변화가 정동, 행동, 의식, 기억, 지각, 인지, 그리고/또는 감각-운동 기능에 동반됨. 이러한 징후와 증상들은 다른 사람들의 관찰이나 개인의 보고에 의해 알 수 있음 B. 매일의 사건이나 중요한 개인적 정보, 그리고/또는 외상적 사건의 회상에 반복적인 공백으로 통상적인 망각과는 일치하지 않음 C. 증상은 사회적, 직업적 또는 다른 중요한 기능 영역에서 임상적으로 현저한 고통이나 손상을 초래함 D. (배제진단) 장해는 널리 받아들여지는 문화적 또는 종교적 관례의 정상적인 요소가 아님 〈주의점 : 아동에서 증상은 상상의 놀이 친구, 또는 다른 환상극으로 더 잘 설명되지 않는다.〉 E. (배제진단) 증상은 물질의 생리적 효과(예 알코올 중독 상태에서의 일시적 기억상실 또는 혼돈된 행동)나 다른 의학적 상태(예 복합부분발작)로 인한 것이 아님

(2) 해리성 기억상실(Dissociative Amnesia)

정의	뇌의 기질적 손상 없이 기억에 저장되었던 개인적인 중요한 사항에 대한 기억회상능력이 급작스럽게 변화된 상태 - 기억회상장애
역학	① 해리장애 중 가장 흔함 / 심인성 기억상실이라고 불림 ② 전시에는 청년층에 많이 발생 ③ 주로 사춘기나 성인 초기 여성에게 발생, 노인에게 드묾
증상	① 정보회상 장애 　㉠ 심각한 심리적 스트레스 후 발병됨 　㉡ 어떤 스트레스 사건과 관련되어 심적 자극 부분을 선택적, 전체적으로 기억하지 못함 　㉢ 광범위한 기억상실 : 보통 스트레스가 심했거나 상처가 컸던 사건에 대한 기억망각 　㉣ 새로운 정보를 학습하는 능력은 남아 있음 ② 기억상실이 있는 동안 혼동, 목적 없는 방황이 있을 수 있으나 기억이 회복되면 소실됨 ③ 기억상실을 인식하나 걱정하거나 괴로워하지 않으며 무관심함 ④ 회복 : 급작스럽게 회복, 재발 드묾, 합병증도 없음 ⑤ 관련 방어기제 : 억압, 부정

<table>
<tr><td rowspan="2">증상</td><td colspan="3">해리성 기억상실의 DSM-5-TR 진단기준</td></tr>
<tr><td colspan="3">
A. 통상적인 망각과는 일치하지 않는, 보통 외상성 또는 스트레스성의, 중요한 자전적 정보를 회상하는 능력의 상실
〈주의점 : 주로 특별한 사건이나 사건들에 대한 국소적 또는 선택적 기억상실이 있음. 또한 정체성과 생활사에 대한 전반적 기억상실도 있다.〉

① 국소적 기억상실	아주 특히 특정 사건이나 사건들에 대한 국한된 기억상실 예 교통사고로 가족 사망 - 사건 자체와 그 뒤 얼마간의 일 기억 ×(국한된 기간)
② 선택적 기억상실	국한된 기간에서 일부분을 기억하지 못함
③ 전반적 기억상실	자신의 생활사에 대한 기억 전부를 잃는 것

B. 증상은 사회적, 직업적 또는 다른 중요한 기능 영역에서 임상적으로 현저한 고통이나 손상을 초래함
C. 장해는 물질(예 알코올이나 기타 남용약물, 치료약물)의 생리적 효과나 신경학적 상태 또는 기타 의학적 상태(예 복합부분발작, 일과성 전기억상실, 두부 손상에 의한 후유증/외상성 뇌 손상, 기타 신경학적 상태)로 인한 것이 아님
D. 장해는 해리성 정체성장애, 외상후 스트레스장애, 급성 스트레스장애, 신체증상장애, 주요 또는 경도 신경인지 장애로 더 잘 설명되지 않음

* 다음의 경우 명시할 것
  - 해리성 둔주 동반 : 정체성 또는 다른 중요한 자전적 정보에 대한 기억상실과 연관된 외관상으로는 목적이 있어 보이는 여행 또는 어리둥절한 방랑
</td></tr>
</table>

(3) 이인증 / 비현실감 장애(Depersonalization / Derealization disorder)

정의	이인증과 비현실감을 호소하는 등 지속적이고 반복적인 지각의 변화로서 현실감각이 일시적으로 상실되는 장애(이인증 : 자기 자신이 변화했다. / 비현실감 : 외부세계가 달라졌다.)
증상	① 해리 - 자신이 자신의 정신과정이나 신체로부터 분리되어 있다고 느낌 - 신체 밖에서 자신을 관찰하는 것 같은 느낌 / 기간이 있음 ② 이인증 : 자기 지각의 변화 - 자신에 대한 지각장애, 신체상 변화 ③ 비현실감 : 외부세계에 대한 지각의 변화 - 늘 대하던 사람 / 사물이 달라졌다거나 낯설다는 느낌 ④ 현실검정능력은 정상, 장애를 인식하고 증상에 대해 고통을 느낌 <table><tr><td colspan="2">이인성 / 비현실감 장애의 DSM-5-TR 진단기준</td></tr><tr><td colspan="2">A. 이인증, 비현실감 또는 2가지 모두에 대한 지속적이고 반복적인 경험이 존재함</td></tr><tr><td>이인증 25 임용</td><td>비현실감, 분리감 또는 자신의 사고, 느낌, 감각, 신체나 행동에 관하여 외부의 관찰자가 되는 경험(예 인지적 변화, 왜곡된 시간 감각, 비현실적이거나 결핍된 자기, 감정적 및/또는 신체적 마비)</td></tr><tr><td>비현실감</td><td>비현실적이거나 자신의 주변 환경과 분리된 것 같은 경험(예 개인 또는 사물이 비현실적이거나, 꿈속에 있는 것 같거나, 안개가 낀 것 같거나, 죽을 것 같거나, 시각적으로 왜곡된 것 같은 경험)</td></tr><tr><td colspan="2">B. 이인증이나 비현실감을 경험하는 중에 현실 검증력은 본래대로 유지됨 C. 증상은 사회적, 직업적 또는 다른 중요한 기능 영역에서 임상적으로 현저한 고통이나 손상을 초래함 D. (배제진단) 장해는 물질(예 남용약물, 치료약물)의 생리적 효과나 다른 의학적 상태(예 발작)로 인한 것이 아님 E. (배제진단) 장해는 조현병, 공황장애, 주요 우울장애, 급성 스트레스장애, 외상후 스트레스장애 또는 다른 해리 장애와 같은 다른 정신질환으로 더 잘 설명되지 않음</td></tr></table>
치료	① 치료목적 : 정상적인 사고처리 과정(감정의 치유와 표현, 자아의 재통합, 부적응적 행동다루기)에 의존하게 하는 것 ② 환경으로부터 해리 대신 다른 수단들을 이용해 스트레스에 대처할 수 있는 전략들을 결정할 수 있도록 도움제공 ③ 최면치료, 지지정신치료, 인지치료, 집단치료, 단기적 항불안제 사용

7 조현병 스펙트럼장애

개념 13 국시	(1) '지적, 정서적, 행동적 장애가 다각도로 혼합되어 현실관계와 개념형성에 장애를 나타내는 정신증적 반응군'으로, 정신증이란 인격의 와해, 사회적 기능의 와해, 현실과의 접촉상실과 현실왜곡이 나타나는 심각한 정신 상태를 일컫는 것으로 환각과 망상적 사고가 있음 (2) 조현병은 진단명이 아니라 발달과정임 ※ 조현병의 발달과정(발달전기 → 전구증상기 → 정신증 활성기 → 잔류기)

발달전기(= 발병전기)	전구증상기	정신증 활성기	잔류기
• 사회적 부적응 또는 위축 • 과민 • 모순된 사고와 행동 • 조용하고 수동적이며 내성적인 모습 • 조현성 또는 조현형 성격과 유사함 • 아동기 : 학교생활, 사회적 활동을 잘 해내지 못하거나 친구가 거의 없고, 비정상적인 운동발달을 보임 • 청소년기 : 가까운 친구나 이성관계가 없고 사회적 활동을 회피하고 혼자하는 활동을 함	전구증상기 기간은 평균 2~5년, 이 시기에는 확인된 문제에 대한 치료적 중재, 인지적 치료, 가족 중재, 학교생활에 대한 지지 필요 [전구증상기 초기 증상] • 기능변화와 함께 수면장애, 불안, 초조, 우울, 주의집중의 어려움, 피로 • 침습적 사고, 사고의 탈선으로 생각을 일관적으로 유지하기 어려움 • 학업과 직장에서의 기능 와해 [전구증상기 후기 증상] • 양성증상 : 지각이상, 관계망상, 의심, 사고의 왜곡	• 한 가지 이상의 정신증적 증상 : 환각, 망상, 혼란된 언어 → 조현병으로 진단 • 아동 : 중요한 발달과정이 심하게 손상 • 성인 : 가족, 사회, 직업 등에서 극도의 어려움을 겪거나 기능 수행하지 못함. 개인위생, 영양, 기본 욕구의 무시 • 6개월 정도 정신증적 증상이 나타나지 않기도 하지만 무감동, 우울 경험하는 경우가 많음	• 대개 급성기 이후에 나타남 • 급성기 : 증상이 없거나 현저하지 않지만 편평 정서와 기능 손상이 흔함 • 증상 감소되거나 잘 드러나지 않는 시기와 악화되는 경과가 반복적으로 나타나는 것이 전형적임 • 활성기 정신증 삽화가 많아질수록 손상 정도는 증가됨

역학	(1) 인종, 사회적 지위, 성별, 문화에 관계없이 발생 (2) 평생 유병률은 인구의 약 1% (3) 대부분 후기 청소년기 또는 성인 초기에 발병

(4) 호발연령	남성 15~25세 > 여성 25~35세 / 도시
뇌의 구조적 이상 有	25세 이전 발병, 발병 전 기능장애, 무감동 흔함
만발성 발병	25세 이후, 여성은 뇌의 구조적 이상이 있는 경우가 적음
아동기, 45세 이후 발병은 드묾	

(5) 예후 예측이 어려우나 병전 기능으로 회복 어려움 : 잔류증상, 기능장애 상태로 있게 됨

예후가 좋지 않은 경우	2~3년에 걸쳐 점진적으로 발병한 경우, 젊은 나이 발병, 치료지연, 치료받지 않은 기간이 긴 경우, 음성증상이 많은 경우
예후가 좋은 경우	병전 기능이 양호한 경우, 명확한 촉발인자가 있는 경우, 증상 발현이 갑작스러운 경우, 늦은 나이에 발병한 경우, 기분장애가 있는 경우, 활성기 증상이 빨리 해결된 경우, 뇌 구조의 비정상 소견이 없는 경우, 정상적인 신경학적 기능, 조현병 가족력이 없는 경우, 여성인 경우

원인 05,06, 07,12 국시	(1) 생물학적 요인		
	① 유전적 요인	조현병 환자 형제의 평생 유병률 10%, 한쪽 부모의 조현병일 경우 자녀 5~6%, 쌍생아 일란성 4배 > 이란성	
	② 신경화학적 요인	도파민(양성/음성)/NE/세로토닌(음성) 증가, GABA/글루타메이트 저하	
	③ 생리적 요인	㉠ 출생 전 바이러스 감염, 임신기 영양결핍/저산소증/임부의 감염, 임신 당시 아버지의 나이가 35세 이상, 늦은 겨울이나 이른 봄에 태어난 것	
		㉡ 뇌의 구조적 이상	측두엽과 전두엽의 회백질 감소가 클수록 환각, 망상, 기괴한 사고, 우울과 같은 증상 有
		㉢ 신체건강	측두엽 간질, 무도병, 출생 시 외상, 성인기 뇌손상, 알코올 남용, 뇌종양, 뇌혈관손상, 전신성 홍반성 낭창, 점액수종, 파킨슨병, 윌슨병
	(2) 심리사회적 요인		
	① 심리적 스트레스원	발달위기나 스트레스 상황에서 나타남 → 스트레스 : 코티졸 분비 증대 → 시상하부의 발달 방해, 개인의 취약성을 높임	
	② 사회환경, 문화적 요인	하위계층, 아동기 성적 학대 피해, 불우한 사회환경, 이질적 문화권의 성장, 심리적 외상이나 사회적 좌절 경험	

조현병		
DSM-5 -TR 03,07 국시	A (증상)	다음 증상 중 2가지(혹은 그 이상)가 1개월의 기간(성공적으로 치료가 되면 그 이하) 동안의 상당 부분의 시간에 존재하고, 이들 중 최소한 하나는 ① 내지 ② 혹은 ③이어야 함 ① 망상 ② 환각 ③ 와해된 언어(예 빈번한 탈선 혹은 지리멸렬) ④ 극도로 와해된 또는 긴장성 행동 ⑤ 음성 증상(예 감퇴된 감정 표현 혹은 무의욕증)
	B (영향)	(현저한 기능장애 또는 고통) 장해의 발병 이래 상당 부분의 시간 동안 일, 대인관계 혹은 자기관리 같은 주요 영역의 한 가지 이상에서 기능 수준이 발병 전 성취된 수준 이하로 현저하게 저하됨 (혹은 아동기 또는 청소년기에 발병하는 경우, 기대 수준의 대인관계적·학문적·직업적 기능을 성취하지 못함)
	C (기간)	(질병의 계속적 징후가 6개월 이상 지속) 장해의 지속적 징후가 최소 6개월 동안 계속됨 - 이러한 6개월의 기간은 진단기준 A에 해당하는 증상(예 활성기 증상)이 있는 최소 1개월(성공적으로 치료되면 그 이하)을 포함해야 하고, 전구증상이나 잔류증상의 기간을 포함할 수 있음 - 이러한 전구기나 잔류기 동안 장해의 징후는 단지 음성 증상으로 나타나거나, 진단기준 A에 열거된 증상의 2가지 이상이 약화된 형태(예 이상한 믿음, 흔치 않은 지각경험)로 나타날 수 있음
	D	(배제진단 : 다른 정신질환) 조현정동장애와 정신병적 양상을 동반한 우울 또는 양극성 장애는 배제됨 왜냐하면 ① 주요우울 또는 조증삽화가 활성기 증상과 동시에 일어나지 않기 때문이거나 ② 기분삽화가 활성기 증상 동안 일어난다고 해도 병의 활성기 및 잔류기 전체 지속기간의 일부에만 존재하기 때문임
	E	(배제진단 : 물질/신체질환) 장해가 물질(예 남용약물, 치료약물)의 생리적 효과나 다른 의학적 상태로 인한 것이 아님
	F (추가 진단)	자폐스펙트럼 장애나 아동기 발병 의사소통장애의 병력이 있는 경우, 조현병의 추가 진단은 조현병의 다른 필요 증상에 더하여 뚜렷한 망상이나 환각이 최소 1개월(성공적으로 치료되면 그 이하) 동안 있을 때에만 내려짐

DSM-5-TR 03,07 국시	*다음의 경우 명시할 것 다음의 경과 명시자들은 장애 지속 기간이 1년이 지난 후에, 그리고 진단적 경과 기준에 반대되지 않을 경우에만 사용되는 것이다. - 첫 삽화, 현재 급성 삽화 상태 : 정의된 진단적 증상과 시간 기준에 합당한 장애의 첫 발현. 급성 삽화란 증상 기준이 충족되는 시간적 기간을 일컫는다. - 첫 삽화, 현재 부분 관해 상태 : 부분 관해란 앞 삽화 이후 호전이 유지되고 정의된 장애 기준이 부분적으로만 충족되는 시간적 기간을 일컫는다. - 첫 삽화, 현재 완전 관해 상태 : 완전 관해란 앞 삽화 이후 더 이상 장애 특이적 증상이 존재하지 않는 시간적 기간을 일컫는다. - 다중 삽화, 현재 급성 삽화 상태 : 다중 삽화는 최소 2회의 삽화(즉, 첫 삽화 이후 관해와 최소 1회의 재발) 이후에 결정될 수 있다. - 다중 삽화, 현재 부분 관해 상태 - 다중 삽화, 현재 완전 관해 상태 - 지속적 : 장애의 진단적 증상 기준을 충족하는 증상들이 질병 경과의 대부분에서 그대로 남아 있고, 역치 아래의 증상 기간은 전체 경과에 비해 매우 짧다. - 명시되지 않는 경우 *다음의 경우 명시할 것 - 긴장증 동반 *현재의 심각도를 명시할 것 심각도는 망상, 환각, 와해된 언어, 비정상적 정신운동 행동, 음성 증상 등과 같은 정신병의 일차 증상에 대한 양적 평가를 통해 등급화됨 이러한 증상 각각은 현재 심각도(지난 7일 중 가장 심한)에 대하여 0(증상 없음)부터 4(고도의 증상이 있음)까지의 5점 척도를 이용해 등급화될 수 있음('평가척도' 장의 임상가-평정 정신병 증상 심각도 차원 참조) *주의점 : 조현병의 진단은 이러한 심각도 명시자의 사용 없이 내려질 수 있다.
임상적 특성	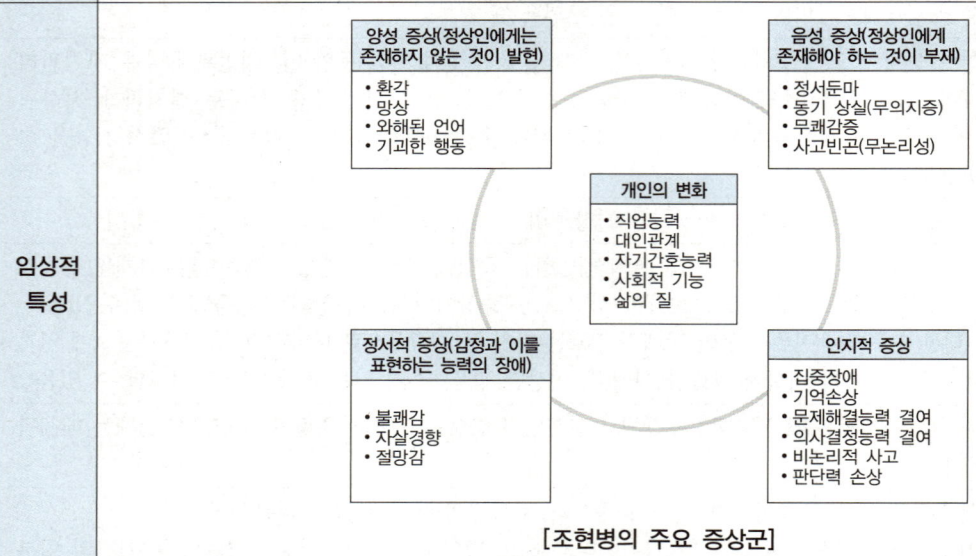 [조현병의 주요 증상군]

임상적 특성	주요 기본증상	자폐증(Autism), 사고연상의 이완(Association looseness), 정동장애 : 무감동(Apathy), 양가감정(Ambivalence)				
	증상 17 임용 / 99,00,01, 02,04,06, 07,10,14 국시	양성 증상 15,17 임용	정상적인 기능이 지나치거나 왜곡된 증상, 정상인에게 없지만 환자에게 있는 증상			
			(1) 정신병적 증상	① 환각	빈도는 청각 > 시각 > 촉각, 후각, 미각 순서	
					환청의 내용은 사람 목소리가 흔함, 욕설이나 지시, 대화 등 예 주위에 아무도 없는데 창문 커튼 옆에 서서 "시끄러워 그만해."라고 말함	
				② 망상 23 임용 / 23 국시	과대망상, 종교망상, 신체망상, 관계망상, 조종망상 등으로 이성적인 사고로 수정되지 않는 잘못되고 고정된 신념	
				피해망상	조현병에서 가장 흔함. 누군가가 자신을 해치려고 하거나 감시하고 있다고 믿는 것	
					예 병실이 더운데도 "암살에 대비하여 방탄조끼를 입어야 해."라며 겨울 점퍼를 입고 나옴 12 임용 "나를 더 이상 실험 대상으로 이용하지 말란 말이에요. 그리고 엄마가 동네 사람들한테 내 욕을 하고 다니는 걸 내가 모르는 줄 알아요!" 17 임용	
			(2) 와해된 증상	① 와해된 언어 23 임용		
				연상이완	생각이 연관성 없는 다른 주제로 진행하는 것	
				지리멸렬	연상이완이 심해져 전혀 이해되지 않는 말을 횡설수설하는 것	
				말비빔	연관 없는 여러 개의 단어나 구절을 아무렇게나 섞어서 말함	
				우회증	말하고자 하는 바를 직접적으로 말하지 못하고 불필요하게 상세한 설명이나 언급을 지나치게 돌아서 말하는 것	
				사고의 이탈	우회증보다 심한 형태, 애초에 말하고자 하는 바와는 전혀 다른 방향으로 생각이 흘러가 버리는 것	
				음향연상	뜻은 전혀 다르지만 소리가 비슷한 단어를 연상하여 말함	
				반향언어	상대방에게서 들은 마지막 단어를 병적으로 따라함	
				음송증	특별한 말이나 구절을 의미 없이 반복	
				신어 조작증	몇 개의 단어를 합성하여 환자만이 알 수 있는 새로운 단어를 만들어 냄	
				사고 차단	말하는 도중 다른 어떤 사람이 자신의 생각을 지우거나 뺏어갔다고 생각하여 갑자기 말이 중단됨	
				함구증	입을 닫고 말을 전혀 하지 않는 상태	

임상적 특성	증상 17임용 / 99,00,01, 02,04,06, 07,10,14 국시	양성 증상 15,17 임용	(2) 와해된 증상	② 와해된 행동		
					긴장성 혼미	깨어있으면서 꼼짝하지 않고 말도 하지 않고 모든 자극에 전혀 반응 안 보임
					긴장성 흥분상태	스스로 행동 조절 못하고 목적 없는 운동성 활동 보임
					상동증	뚜렷한 목적 없이 신체적인 운동을 반복
					매너리즘	어떤 목적하에는 정상적인 행동같이 보이지만 그 양상이 이상하거나 내용이 없는 것
					반향행동	다른 사람의 동작, 제스처를 따라함
					자동복종	간단한 명령에 로봇같이 그대로 따라함
					거부증	타당한 이유 없이 간단한 요구도 거절함
					그 외	위생과 의복 상태 불량, 기이한 외양 꾸밈, 사회적·성적 이상행동
				③ 정동 불일치 사고의 내용이나 상황과 정동이 일치하지 않음. 부적절한 정동 ◉ 슬픈 주제를 말하며 미소를 짓거나 특별한 이유 없이 웃음		
		음성 증상 12,17 임용	정상인에게는 있지만 보다 감소 또는 부족한 기능 및 증상			
			① 정동둔마	얼굴표정이 거의 없거나 천천히 반응하는 것처럼 보여지는 것 ◉ 인사해도 무감동한 얼굴로 쳐다봄 12 임용(지문)		
			② 무감동	주관적 느낌이 없음, 객관적 반응조차도 없어진 상태		
			③ 실어증	사고와 인지기능의 빈곤을 의미		
				언어빈곤	단음절로 대답하거나 대답을 안 함	
				언어내용 빈곤	말은 하지만 사용하는 언어가 애매모호하고 지나치게 추상적, 반복적, 상동적 양상	
			④ 무의욕증	목표지향적인 행동을 시작하고 완수하는 능력의 상실 ◉ "집에서도 모든 일에 전혀 의욕이 없어요." 17 임용(지문)		
			⑤ 무쾌감증	즐거움을 경험하지 못함. 환자는 감정적으로 비어 있는 느낌이라고 말함		
				◉ 여가활동·성적활동 및 관심 부족, 억양변화 없음, 친밀감 부족, 대인관계 부족 → 사람들을 계속 피하고 하루 종일 혼자 지냄, 12 임용(지문) "담임교사가 그러던데 학교에서도 늘 외톨이로 친구들과 전혀 어울리지 않는다고 해요." 17 임용(지문)		
			⑥ 주의력 손상	주의집중을 못하거나 외부의 많은 자극 중 필요한 자극만 걸러내지 못해 혼란에 빠짐		
		기타	보통 의식, 지남력은 유지되어 있으나, 병식은 결여되어 있음			

간호중재	(1) 상담지지 교육적 상담	치료적 의사소통	목적	환자의 불안 감소, 신뢰감 수립, 명확한 의사소통 격려, 자기인식증진, 상호작용 격려, 자아존중감 증진, 현실검증력과 주장능력의 증대
			방법	명확하고 직접적이며 이해하기 쉬운 표현으로 설명
			현실적 지각 돕기 00,05,07,17 국시	간호사 이름 먼저 말하고 환자이름 부르기, 이름 부르고 날짜와 시간 알려주기, 자주 접촉하고 시간 함께 보내기 (짧고 빈번하게, 일관성 있게 지속적으로)

		망상 관리
		17 임용 /
		10,11,12,
		14,17,20,
		21,22 국시
				① 망상은 대상자의 충족되지 않은 욕구를 반영, 불안 감소 → <u>논리적 설득과 비평 효과 없음</u>, 신뢰 관계 형성이 중요(대상자가 현실검증능력이 향상되기 전까지 망상에 대한 논쟁이나 동조 또는 망상으로부터 <u>빠져나오도록 대상자를 설득하려는 시도는 유용하지 않음 → 오히려 비합리적 신념 강화하게 됨</u>, 망상내용보다는 그 이면의 감정상태를 지지할 것) 17 임용 / 21 국시
				② 대상자 이해가 필수 → 망상으로 충족되었던 욕구를 다른 방법으로 채워주면 망상 감소
				③ 지나친 친절이나 신체적 접촉은 유의(자기중심적 사고로 오해를 생길 수 있음)
				④ 단순하고 명료한 언어 사용
				⑤ 비지시적, 수용적 태도 : 환자의 감정을 부정하지 않고 자신의 생각과 불안, 두려움에 대해서 표현하도록 격려
				⑥ 다른 환자와 이야기할 때 작은 소리로 속삭이거나 귓속말을 하지 않도록 함
				⑦ 망상의 사정
				  ㉠ 망상유발요인, 망상의 강도, 빈도, 그리고 지속기간 사정 : 망상에 관해 토론할 필요가 없어질 때까지 조용히 경청
				  ㉡ 망상의 감정적 구성요소들을 확인 : 기저의 감정 파악, 망상의 논쟁 없이 두려움, 불안, 분노에 대한 표현 격려
				  ㉢ 구체적 사고의 증거 관찰 : 문자 그대로 받아들이고 있는가? 같은 방법으로 언어를 사용하는가?
				  ㉣ 사고장애의 증상들을 확인하기 위해 언어행위를 관찰 : 횡설수설, 빗나간 사고, 쉽게 주제 바꾸기
				  ㉤ 원인과 결과 추론능력이 있는지 확인 : 과거 경험에 근거한 논리적 예측력, 시간의 개념화, 최근 기억과 장기적 기억 사정하고 의미 있게 사용할 수 있는가?
				  ㉥ 경험에 대한 설명과 상황적 사실을 구별
				    ⓐ 실제적 상황에 관한 잘못된 믿음 확인(자신의 생각을 글로 쓰고 가끔씩 확인하도록 함)
				    ⓑ 현실테스트에 대한 환자의 능력 증진(대상자와 함께 그들의 믿음에 대한 증거를 조사하고 어떻게 다른 시각으로 볼 수 있는지를 지적함)
				    ⓒ 대상자가 환각상태에 있는지 확인(현실·감각 능력 사정)
				  ㉦ 제시하는 것에 따른 사실들과 그 의미들을 신중히 물어봄
				    ⓐ 망상에 관하여 환자와 이야기 : 사실이 아니라는 것을 알도록 하는데 도움
				    ⓑ 전 단계들이 완결되기 전에 다음 단계를 취한다면, 망상이 강화될 수 있음
				  ㉧ 대상자가 준비가 되어 있을 때, 망상의 결과들에 관하여 토론
				  ㉨ 망상에서 벗어나도록 현실에 초점을 두어 주의를 이끔(현실감 제공)

간호
중재
	(1) 상담지지
	교육적
	상담
		환각
		관리
		10,13,15,
		20,21,22,
		23 국시
			① 안전간호
			  ㉠ 명료하고 개방적인 의사소통 증진
			  ㉡ 지나친 친절이나 신체적 접촉은 유의(자기중심적 사고로 오해가 생길 수 있음)
			  ㉢ 현재와 과거의 환각을 묘사하고 비교할 기회 제공
			  ㉣ 적절하게 감정을 표현하도록 격려
			  ㉤ 행동하기보다는 감정이나 충동에 대하여 상의하도록 격려
			② 신뢰적이고 인간적인 관계 확립
			③ 지속, 강도, 그리고 빈도를 포함한 환각의 증상 사정
			④ 증상에 초점을 두고 환자에게 일어나고 있는 일을 묘사하도록 요청
			  ㉠ 경험되고 증명되는 증상들을 환자가 이해하도록 도움
			  ㉡ 환각에 대한 통제력을 찾도록 돕고, 도움이 되는 기분전환 거리를 찾고, 강도 최소화
			  ㉢ 환각의 내용보다는 그것에 대한 근원적인 감정에 초점
			⑤ 마약이나 알코올이 사용되어 왔는지 확인
			⑥ 환각에 관한 질문을 받을 경우, 같은 자극 경험하지 않는다고 간단히 지적
			  ㉠ 나는 아무것도 느껴지지 않는다고 말해줌(같이 비현실적 대응하면×)
			  ㉡ 지각 차이에 대해 대상자와 논쟁×
			  ㉢ 혼자 내버려 두지 않음
			⑦ 증상관리기법 : 대인관계의 활용을 제안하고 강화시켜주기
			⑧ 대상자가 현재와 과거의 환각을 묘사하고 비교하도록 도움
			⑨ 환각의 내용에 반영되어 있을 욕구들을 환자가 확인하도록 도움
			⑩ 대상자의 증상들이 일상생활에 미치는 영향 확인

	(2) 치료적 환경, 안전의 제공	활동 참여	맡은 일을 완성할 수 있는 기회와 성공확률이 높은 활동 참여 → 위축감소, 직원과 동료로부터 지지와 피드백 촉진, 사회적 기능 증진
		공격성 관리 20,23 국시	급성기 동안 명령환청, 망상, 편집증, 판단력이나 충동 조절력 손상에 의해 신체적 폭력의 위험이 높게 나타남, 자살 위험 有 ① 환자와 타인을 보호가 최우선 ② 감독의 강화, 소음감소나 환자의 활동제한 등을 통한 자극감소 ③ 증상관리, 건설적인 전환과 신체적 에너지의 출구제공 ④ 인지행동접근 : 대응기술의 훈련과 연습, 비현실적 기대와 파괴적 공격성 수정 ⑤ 언어적으로 긴장을 감소시키는 것 ⑥ 격리나 화학적 억제, 신체적 억제가 최후의 수단이 됨
	(3) 심리적 중재	① 개인정신치료	약물치료와 병행하여 정신역동치료나 통찰정신치료 시행
		② 집단치료	사회적 고립의 감소, 결속감의 증진, 현실 검증력의 향상에 효과적
			㉠ 약물요법을 병행하는 외래환자들에게 효과적 ㉡ 치료 초기 사용하지 말 것
		③ 행동치료	대상자의 바람직하지 않은 행동을 변화시키는 데 매우 강력한 방법
			기괴하거나 와해된 행동을 감소시키고 적절한 행동을 증진시킴
		④ 사회기술 훈련	대인관계능력, 사회행동기술, 자기주장 기술의 향상에 효과적
		역할극	환자가 전형적으로 경험하는 상황에 대한 시나리오
	(4) 자가간호 활동		개인위생과 옷차림, 수면, 영양, 운동, 건강요구 등 스스로 할 수 있도록 격려하고 필요시 도움

	행동	간호진단
조현병 환자의 행동 특성과 간호 진단	**양성증상**	
	망상적 사고, 집중력 장애, 의지의 손상, 문제해결 또는 추상적 사고의 어려움, 타인에 대한 불신, 환경에 대한 잘못된 해석	사고과정장애
	부적절한 반응, 급변하는 기분, 지남력 손상, 소리를 듣는 듯 고개를 들어 올리는 행동	감각지각장애 : 청각/시각
	공격적 행동단서, 공격적 언어, 긴장증적 흥분, 명령환청, 분노, 폭력의 과거력, 고의적 기물파손, 자해행동	자신/타인에 대한 폭력의 위험
	연상의 이완, 신어조작증, 음연상, 반향언어, 눈맞춤 결여, 의사표현 결여	언어적 의사소통장애
	음성증상	
	위축, 슬프고 멍한 표정, 자신만의 생각에 몰두, 거부당한 또는 외로움의 표현, 혼자 있으려고 함	사회적 고립
	자신을 '나쁜 사람', '선량하지 않은 사람'으로 표현	만성적 자존감 저하
	자신의 '나쁜 생각'에 대한 죄책감, 주변에 대한 과도한 민감성 또는 멸시당하는 것으로 인식	자신에 대한 폭력의 위험
	개인위생, 의복, 몸단장, 섭식, 대소변 관리 등의 어려움, 동기부족, 사회적 접촉을 시도하지 못함	자기 돌봄 결핍

8 기타 조현병 스펙트럼장애 03,05,07 국시

<table>
<tr><th colspan="5">DSM-5-TR</th></tr>
<tr><th></th><th>망상장애 05,16 국시</th><th>단기정신병적 장애</th><th>조현양상장애</th><th>조현정동장애</th></tr>
<tr><td>A</td><td>1개월 이상의 지속 기간을 가진 1가지(혹은 그 이상) 망상이 존재함</td><td>다음 증상 중 하나(혹은 그 이상)가 존재하고, 이들 중 최소한 하나는 ① 내지 ② 혹은 ③이어야 함
① 망상
② 환각
③ 와해된 언어(예 빈번한 탈선 혹은 지리멸렬)
④ 극도로 와해된 또는 긴장성 행동
* 주의점 : 문화적으로 인정되는 반응이면 증상에 포함하지 마시오.</td><td>다음 증상 중 2가지(혹은 그 이상)가 1개월의 기간(성공적으로 치료가 되면 그 이하) 동안의 상당 부분의 시간에 존재하고, 이들 중 최소한 하나는 ① 내지 ② 혹은 ③이어야 함
→ 조현병 A 부합
① 망상
② 환각
③ 와해된 언어(예 빈번한 탈선 혹은 지리멸렬)
④ 극도로 와해된 또는 긴장된 행동
⑤ 음성 증상(예 감퇴된 감정 표현 혹은 무의욕증)</td><td>조현병의 연속기간 동안 조현병의 진단기준 A와 동시에 주요 기분(주요 우울 또는 조증)삽화가 있음

* 주의점 : 주요 우울삽화는 진단기준 A1(우울 기분)을 포함해야 한다.</td></tr>
<tr><td>B</td><td>조현병의 진단기준 A에 맞지 않음
* 주의점 : 환각이 있다면 뚜렷하지 않고, 망상 주제와 연관된다(예 벌레가 우글거린다는 망상과 연관된 벌레가 꼬이는 감각).
A. 다음 증상 중 2가지(혹은 그 이상)가 1개월의 기간(성공적으로 치료가 되면 그 이하) 동안의 상당 부분의 시간에 존재하고, 이들 중 최소한 하나는 ① 내지 ② 혹은 ③이어야 한다.
① 망상
② 환각
③ 와해된 언어(예 빈번한 탈선 혹은 지리멸렬)
④ 극도로 와해된 또는 긴장성 행동
⑤ 음성 증상(예 감퇴된 감정 표현 혹은 무의욕증)</td><td>장해 삽화의 지속 기간이 최소 1일 이상 1개월 이내이며, 결국 병전 수준의 기능으로 완전히 복귀함</td><td>장해의 삽화가 1개월 이상, 6개월 이내로 지속된다. 진단이 회복까지 기다릴 수 없이 내려져야 할 경우에는 '잠정적'을 붙여 조건부 진단이 되어야 함</td><td>평생 유병기간 동안 주요 기분(주요 우울 또는 조증) 삽화 없이 존재하는 2주 이상의 망상이나 환각이 있음</td></tr>
</table>

C	망상의 영향이나 파생 결과를 제외하면 기능이 현저하게 손상되지 않고 행동이 명백하게 기이하거나 이상하지 않음	장해가 정신병적 양상을 동반한 주요 우울장애나 양극성장애 혹은 조현병이나 긴장증 같은 다른 정신병적 장애로 더 잘 설명되지 않으며, 물질(예 남용약물, 치료약물)의 생리적 효과나 다른 의학적 상태로 인한 것이 아님	조현정동장애와 정신병적 양상을 동반한 우울 또는 양극성 장애는 배제된다. 왜냐하면 ① 주요 우울 또는 조증삽화가 활성기 증상과 동시에 일어나지 않기 때문이거나, ② 기분삽화가 활성기 증상 동안 일어난다고 해도 병의 활성기 및 잔류기 전체 지속 기간의 일부에만 존재하기 때문임 → 조현병 D 부합	주요 기분삽화의 기분에 맞는 증상이 병의 활성기 및 잔류기 부분의 전체 지속 기간의 대부분 동안 존재함
D	조증이나 주요 우울삽화가 일어나는 경우, 이들은 망상기의 지속기간에 비해 상대적으로 짧음		장애가 물질(예 남용약물, 치료약물)의 생리적 효과나 다른 의학적 상태로 인한 것이 아님 → 조현병 E 부합	장애가 물질(예 남용약물, 치료약물)의 효과나 다른 의학적 상태로 인한 것이 아님
E	장해가 물질의 생리적 효과나 다른 의학적 상태로 인한 것이 아니고, 신체이형장애나 강박장애와 같은 다른 정신 질환으로 더 잘 설명되지 않음			

망상장애	*다음 중 하나를 명시할 것 - 색정형 : 이 아형은 망상의 중심 주제가 또 다른 사람이 자신을 사랑하고 있다는 것일 경우 적용된다. - 과대형 : 이 아형은 망상의 중심 주제가 어떤 굉장한 (그러나 확인되지 않은) 재능이나 통찰력을 갖고 있다거나 어떤 중요한 발견을 하였다는 확신일 경우 적용된다. - 질투형 : 이 아형은 망상의 중심 주제가 자신의 배우자나 연인이 외도를 하고 있다는 것일 경우 적용된다. - 피해형 : 이 아형은 망상의 중심 주제가 자신이 음모, 속임수, 염탈, 추적, 독극물이나 약물 주입, 악의적 비방, 희롱, 장기 목표 추구에 대한 방해 등을 당하고 있다는 믿음을 수반한 경우 적용된다. - 신체형 : 이 아형은 망상의 중심 주제가 신체적 기능이나 감각을 수반한 경우 적용된다. - 혼합형 : 이 아형은 어느 한 가지 망상적 주제도 두드러지지 않은 경우 적용된다. - 명시되지 않는 유형 : 이 아형은 지배적 망상적 믿음이 분명히 결정될 수 없는 경우 혹은 특정 유형에 기술되지 않은 경우(예 뚜렷한 피해 혹은 과대 요소가 없는 관계망상) 적용된다. *주의점 : 망상장애의 진단은 이러한 심각도 명시자의 사용 없이 내려질 수 있다.
단기 정신병적 장애	*다음의 경우 명시할 것 - 현저한 스트레스 요인을 동반하는 경우(단기 반응성 정신병) : 개인의 문화권에서 비슷한 상황이 되면 대개 어떤 사람에게든 현저하게 스트레스를 주는 단일 사건 혹은 중복 사건에 반응하여 증상이 일어나는 경우 - 현저한 스트레스 요인을 동반하지 않는 경우 : 개인의 문화권에서 비슷한 상황이 되면 대개 어떤 사람에게든 현저하게 스트레스를 주는 단일 사건 혹은 중복 사건에 반응하여 증상이 일어난 경우가 아닐 때 - 주산기 발병 동반 : 임신 기간 혹은 산후 4주 내에 발병한 경우 *주의점 : 단기 정신병적 장애의 진단은 이러한 심각도 명시자의 사용 없이 내려질 수 있다.
조현양상장애	*다음의 경우 명시할 것 - 양호한 예후 특징을 동반하는 경우 : 이 명시자는 다음의 4가지 특징 중 최소 둘이 있어야 한다. 그 특징은 통상적 행동이나 기능에서 처음 눈에 띄는 변화가 생긴 지 4주 이내에 뚜렷한 정신병적 증상의 발병, 혼돈 혹은 당혹감, 양호한 병전 사회 및 직업 기능, 둔마 혹은 평탄 정동의 부재 등이다. - 양호한 예후 특징을 동반하지 않는 경우 : 이 명시자는 앞의 특징 중 둘 이상이 존재하지 않는 경우 적용된다. *주의점 : 조현양상장애의 진단은 이러한 심각도 명시자의 사용 없이 내려질 수 있다.
조현정동장애	*다음 중 하나를 명시할 것 - 양극형 : 이 아형은 조증삽화가 발현 부분일 경우에 적용된다. 주요 우울삽화도 일어날 수 있다. - 우울형 : 이 아형은 단지 주요 우울삽화만이 발현 부분일 경우에 적용된다. *주의점 : 조현정동장애의 진단은 이러한 심각도 명시자의 사용 없이 내려질 수 있다.

9 슬픔에 대한 심리적 적응단계 – 인간의 죽음 수용단계 95 임용 / 98,18 국시

1 상실에 대한 반응

(1) Kűbler-Ross(1969)는 말기 암 환자의 광범위한 연구를 통해 실재적, 지각된 혹은 예기적인 상실에 대한 반응으로 경험하는 감정과 행동을 다섯 단계로 정의
(2) 모든 사람들이 상실의 반응으로 이 각각의 단계를 경험하지 않을 수도 있으며, 반드시 이와 같은 순서로 경험하지 않을 수도 있다.

	적응단계	간호적 의미
1단계 부정	① 충격과 불신의 단계 ② 부정은 더 효과적인 방어 전략을 조직하는 동안 갑작스런 충격에 대처하기 위한 보호기전 ③ 현실감이 떨어지고 합리적 사고와 능력감소 ④ 더 나은 소견을 줄 다른 의료진을 찾거나 심리적 고통, 걱정과는 달리 행동함	① 부정은 나쁜 소식 후에 완충작용을 하며 방어기전을 활성화하는 시간을 줌 ② 간호사는 공감적 경청, 교육 및 정서적 지지를 위한 기초를 세우기 위해 환자와 가족의 대처 스타일, 정보 요구도, 질병과 치료에 대한 이해를 사정 ③ 간호사는 그가 두려움과 걱정을 나누도록 격려, 열린 질문이나 진술은 근심을 표현할 도약대를 제공함
2단계 분노	① 더 이상 거부할 수 없는 자신의 현실을 직면하면서 격분하고 복수하고 싶은 마음이 생기는 아주 극단적인 상태 ② "왜 하필이면 내가 죽어?" ③ 분노감 표현과 자신의 문제를 주변에 투사시키는 비합리적 태도, 행동을 보임 ④ 대상자는 까다롭고, 지나친 요구를 하며 감사를 모르는 것처럼 보일 수 있음	① 분노는 매우 고립적일 수 있고 사랑하는 사람이나 의료진은 뒤로 물러나기도 함 ② 간호사는 분노의 근원이 임박한 상실에 대한 비탄이라는 이해심과 존중, 지식을 갖고 환자와 가족을 치료하며, 그들이 분노를 표현하도록 허락
3단계 협상	① 보통 타인에 의해 관찰되지 않음 ② 분노를 표시하고 나면 환자는 상실을 되돌리거나 연기시키기 위해 타협을 시도 ③ "내가 잘 기도하면 신이 은혜를 베푸실지도 모른다."라든가, 착한 행동을 하고 헌신하여 봉사하면 그 보상을 받을 수 있다고 생각하여 죽음을 보다 연기하고자 함	① 말기환자들은 때때로 예후보다 더 살 수 있고, 미래의 목표를 달성할 수 있음 ② 환자와 가족에 대한 인내심이 있어야 하고, 감정의 표현을 허락하며, 현실적이고 긍정적인 희망을 지지해주어야 함
4단계 우울	① 상실감이 강하고 슬픔과 우울감이 압도함 ② 피로감과 상실감, 치료연장과 계속되는 입원으로 자존감과 자제력 저하 ③ 상실 실체와 관련된 모든 것으로부터 완전하게 분리되고 관계가 끊어지는 시간 ④ 병적인 우울과 다른 것으로 이전의 비애과정 단계에 고착되기보다는 해결해나가는 전진을 나타냄	① 정상적이고 적응적 반응, 임상적 우울증이 있으면 사정되고 치료되어야 함 ② 간호사는 환자와 가족이 그들의 슬픔을 완전히 표현하도록 격려해야 함 ③ 비현실적인 희망에 대한 격려나 거짓된 안심은 피함
5단계 수용	① 두려움을 극복하고 내·외적 평화를 얻게 됨 ② 대상자는 중요한 한두 사람만이 옆에 조용히 앉아 자신을 잡아주고 편안하게 해주기를 원하기도 함	① 환자는 자신의 관심 범경이 감소함에 따라 퇴행하기도 함. 가족은 환자가 자신을 거절한다고 느끼기도 함 ② 가족의 감정표현을 보조하고 그들이 환자 옆에 계속 있어 주도록 격려할 필요가 있음

❷ 정상적 애도반응과 임상적 우울증상의 비교

정상적 슬픔	임상적 우울증상
자존감은 온전하다.	자존감이 불안정하다.
공개적으로 분노를 표현하기도 한다.	보통 분노를 직접적으로 표현하지 못한다.
"좋은 날과 나쁜 날"을 경험한다.	지속적인 불쾌감 상태에 있다.
즐거운 많은 시간을 경험할 수 있다.	무쾌감증이 흔하다.
타인으로부터 지지와 편안함을 수용한다.	사회적 상호작용이나 타인의 지지에 반응하지 않는다.
희망감을 유지한다.	절망감이 우세하다.
상실의 어떤 면에 대해 죄책감을 표현할 수 있다.	일반화된 죄책감을 가진다.
우울감을 특정한 상실경험과 연관시킨다.	특정한 경험에 감정을 관련시키지 않는다.
일시적인 신체증상을 경험할 수 있다.	만성적인 신체증상을 호소한다.

10 우울장애

	DSM-5-TR(DSM-5 동일)	DSM-IV-TR
우울장애의 진단분류	주요 우울장애	주요 우울장애
	지속적 우울장애	기분부전장애
	파괴적 기분조절부전장애	달리 분류되지 않는 우울장애
	월경전 불쾌장애	
	물질 또는 약물로 유발된 우울장애	
	기타 의학적 상태와 관련된 우울장애	
	달리 분류되지 않은 우울장애	
	기타 우울장애	

[변경사항]

새로운 범주화	DSM-IV-TR에서 기분장애의 하부유형에 있었던 우울장애와 양극성 장애를 분리하여 범주화
새로운 하부유형의 추가	파괴적 기분조절부전장애, 월경전 불쾌장애가 추가되었음
하위유형의 통합	DSM-IV-TR의 기분부전장애 + 만성 주요 우울장애 = DSM-5의 지속적 우울장애

관련 용어	기분	사람이 내적으로 경험하는 전반적이고 지속적인 감정의 톤(정동 : 외적으로 관찰되는 기분의 표현)
	기분장애	정상적으로 기분을 경험하거나 표현하지 못하는 상태가 문제의 핵심의 질환으로 주요 우울장애, 양극성 장애 등이 대표적임
	기분삽화	특정기간 동안에 국한되어 나타나는, 기분변화의 주도하에 나타나는 전반적인 정신 기능의 변화

우울장애의 심리사회적 요인	정신분석 이론 02,07 국시	프로이트는 구강기에 어머니와의 관계에 문제가 있는 사람이 실제 혹은 상징적인 대상의 상실을 경험한 경우 그 고통을 감당하기 위한 방어기전으로 함입(= 내재화, 섭취)을 이용하여 상실한 대상에 지녔던 분노나 공격성이 자기 자신에게로 향하게 되는 것
	대상상실 이론	대상상실이란 애착대상으로부터의 충격적인 분리를 의미하는 용어로, 어린 시절의 상실 경험과 성인기에 경험하는 이별이 우울의 소인이 된다고 봄
	성격구조 이론	우울증이 발생하기 쉬운 세 가지 성격유형을 설명하였음 • 지배적인 타인에게 의존하여 자존감이 유지되는 의존적 성격으로, 수동적이고 타인의 관심, 보호, 도움을 바라며 이러한 욕구가 충족되지 않을 때 쉽게 절망하고 의욕을 상실함 • 강박적인 성격으로 성취하기 어려운 비현실적인 목표를 세우고, 비가시적인 표준을 평가하여 목표달성에 실패할 경우 우울증에 빠짐 • 강력한 금기사항 때문에 어떤 형태의 만족을 억제하는 유형으로, 공허감을 경험하고 건강염려증과 불충분한 대인관계, 자신이나 타인에 대해 지나치게 엄격하고 비판적인 태도를 가짐
	인지이론 (인지삼제)	벡은 우울증에 잘 걸리는 사람은 자신, 세상, 미래에 대한 인지왜곡을 지니고 있다고 함 • 자신에 대한 부정적 기대(= 자아에 대한 부정적 기대) • 세상에 대한 부정적 기대(= 환경이 자신을 못살게 굴거나 요구만 하는 대상으로 부정적 인식) • 미래에 대한 부정적 기대(= 미래가 고통과 실패뿐일 것이라고 생각함)

우울장애의 심리사회적 요인	귀인이론 (귀인양식) 25 임용	① 실패경험의 내부적-외부적 귀인 : 내부적 귀인은 행위자의 내부적 요인(예 성격, 능력, 동기)에 그 원인을 돌리는 것, 외부적 귀인은 행위자의 밖에 있는 요소, 즉 환경, 상황, 타인, 우연, 운 등의 탓으로 돌리게 되는 경우를 말함. 내부적 요인으로 돌리면 자존감 손상과 우울증의 발생에 영향을 미침 ② 안정적-불안정적 귀인 : 안정적 귀인은 그 원인이 내부적인 것이든 외부적인 것이든 시간이나 상황에 상관없이 비교적 변함이 없는 원인에 돌리는 경우를 의미하고, 불안정적 귀인은 자주 변화될 수 있는 원인에 돌리는 경우임. 실패경험을 능력부족이나 성격적 결함과 같은 안정적 요인에 귀인하게 되면, 무기력과 우울감이 강화될 수 있음 ③ 전반적-특수적 귀인 : 귀인요인이 얼마나 구체적으로 한정되어 있는지의 정도를 의미하는 것으로 실패경험을 전반적인 요인에 귀인하게 되면, 우울증이 전반적인 상황으로 일반화될 수 있음 ④ 우울한 사람들은 실패경험(부정적인 사건)에 대해서는 지나치게 내부적, 안정적, 전반적 귀인을 하는 반면, 성공경험(긍정적인 사건)에 대해서는 지나치게 외부적, 불안정적, 특수적 귀인을 하는 경향이 있음
	행동이론 07 국시	① 기분장애를 학습된 무력감으로 설명함 23 임용 • 무력감을 '아무도 자신을 도와주지 않을 것이라는 믿음'으로 절망감을 '나뿐 아니라 그 누구도 어쩔 수 없다.'는 믿음으로 정의하였음(아무도 자신을 도와주지 않을 것이라는 믿음으로 자포자기하는 현상) ② 우울은 상황 자체가 아니라 상황을 바꿔줄 수 있는 것은 아무것도 없다고 생각하는 개인의 믿음 때문이며 이것이 적응을 방해한다고 주장하였음
	스트레스와 환경이론	① 우울장애를 유발시킬 수 있는 스트레스원으로는 애착상실, 주요 생활사건, 역할 변화 등이 있음 ② 심리사회적 스트레스 중에서 가장 큰 영향을 미치는 것은 '상실'로서 상실은 실제 존재하거나 상상에 의한 것일 수 있으며, 사랑하는 사람, 신체적 기능, 지위, 자존심의 상실 등을 포함함

(1) 주요 우울장애

정의		거의 매일 지속되는 우울한 기분, 흥미·즐거움 저하 등의 증상으로 인한 생리·인지·정서·행동적 변화 20대 여성에게 호발
DSM-5-TR 12,16,17, 20 임용 / 00,02 국시	A (증상)	다음의 증상 가운데 5가지(또는 그 이상)가 2주 동안 지속되며 이전 기능과 비교하여 변화를 보임. 증상 가운데 적어도 하나는 ① 우울 기분이거나 ② 흥미나 즐거움의 상실이어야 함 (*주의점 : 명백히 다른 의학적 상태로 인한 증상은 포함되지 않아야 한다.) ① 하루 중 대부분, 거의 매일 지속되는 우울한 기분이 주관적인 보고(예 슬픈, 공허한 또는 절망적인)나 타인에 의한 관찰(예 눈물 흘리는 모습)에서 드러남 (*주의점 : 아동·청소년의 경우는 과민한 기분으로 나타나기도 함) ② 거의 매일, 하루 중 대부분, 거의 또는 모든 일상 활동에 대해 흥미나 즐거움이 뚜렷하게 저하됨 ③ 체중 조절을 하고 있지 않은 상태에서 의미 있는 체중의 감소(예 1개월에 5% 이상의 체중 변화)나 체중의 증가, 거의 매일 나타나는 식욕의 감소나 증가 (*주의점 : 아동에서는 체중 증가가 기대치에 미달되는 경우) ④ 거의 매일 나타나는 불면이나 과다수면 ⑤ 거의 매일 나타나는 정신운동 초조나 지연(타인에 의해 관찰 가능한, 단지 안절부절 또는 처지는 주관적인 느낌만이 아닌) ⑥ 거의 매일 나타나는 피로나 활력 상실

DSM-5-TR 12,16,17, 20 임용 / 00,02 국시	A (증상)	⑦ 거의 매일 무가치감 또는 과도하거나 부적절한 죄책감(망상적일 수도 있는; 단순히 아픈 데 대한 자책이나 죄책감이 아닌) ⑧ 거의 매일 나타나는 사고력이나 집중력의 감소 또는 우유부단함(주관적 설명에 의하거나 타인에 의해 관찰 가능한) ⑨ 죽음에 대한 반복적인 생각(단지 죽음에 대한 두려움이 아닌), 구체적인 계획 없이 반복되는 자살 사고, 구체적인 자살 계획 또는 자살 시도
	B (영향)	증상이 사회적, 직업적 또는 다른 중요한 기능 영역에서 임상적으로 현저한 고통이나 손상을 초래함
	C	(배제진단 : 물질/신체질환) 삽화가 물질의 생리적 효과나 다른 의학적 상태로 인한 것이 아님
		주의점 · 진단기준 A부터 C까지는 주요 우울삽화를 구성함 · 중요한 상실(예) 사별, 재정적 파탄, 자연재해로 인한 상실, 심각한 질병이나 장애)에 대한 반응으로 진단기준 A에 기술된 극심한 슬픔, 상실에 대한 반추, 불면, 식욕 부진, 체중 감소가 나타날 수 있고, 이는 우울삽화와 유사함. 비록 그러한 증상이 이해 가능하고 상실에 적절한 반응이라고 간주할지라도, 중요한 상실에 대한 정상 반응에 덧붙여 주요 우울삽화가 존재할 수 있음을 신중하게 고려해야 함. 이 결정을 위해서는 개인의 과거력과 상실에 대한 고통 표현의 문화 규범에 근거한 임상적 판단 훈련이 반드시 필요함
	D	(배제진단 : 다른 정신질환) 최소 1회의 주요 우울삽화가 조현정동장애로 더 잘 설명되지 않으며, 조현병, 조현양상장애, 망상장애, 달리 명시되는, 그리고 명시되지 않는 조현병 스펙트럼 및 기타 정신병적 장애와 겹쳐서 나타나지 않음
	E	(예외) 조증 삽화 혹은 경조증 삽화가 존재한 적이 없음
	주의점	조증 유사 혹은 경조증 유사 삽화가 물질로 유발되거나 다른 의학적 상태의 생리적 효과로 인한 경우라면 이 제외 기준을 적용하지 않음

(2) 지속적 우울장애 20,23 국시 ※ DSM-IV-TR 만성적 우울장애와 기분저하장애를 합친 것

DSM-5-TR	A	적어도 2년 동안, 주관적 설명이나 타인에 의한 관찰에서 나타나듯이, 하루의 대부분 우울 기분이 있고, 우울 기분이 없는 날보다 있는 날이 더 많음 (*주의점 : 아동과 청소년에서는 기분이 과민할 수도 있으며, 기간은 적어도 1년이 되어야 함)
	B	우울 기간 동안 다음 2가지(또는 그 이상)의 증상이 존재 ① 식욕 부진 또는 과식 ② 불면 또는 수면과다 ③ 활력 저하 또는 피로감 ④ 자존감 저하 ⑤ 집중력 불량 또는 결정하기의 어려움 ⑥ 절망감
	C	장애가 있는 2년 동안(아동이나 청소년에서는 1년), 진단기준 A와 B의 증상이 한 번에 존재하지 않았던 경우는 2개월 미만임
	D	주요 우울장애의 진단기준이 2년간 지속적으로 존재할 수 있음
	E	조증 삽화나 경조증 삽화가 없었음
	F	장애가 지속적인 조현정동장애, 조현병, 망상장애, 달리 명시되는 또는 명시되지 않는 조현병 스펙트럼 및 기타 정신병적 장애로 더 잘 설명되지 않음
	G	증상이 물질(예 남용약물, 치료약물)의 생리적 효과나 다른 의학적 상태(예 갑상선기능저하증)로 인한 것이 아님

DSM-5-TR	H	증상이 사회적, 직업적 또는 다른 중요한 기능 영역에서 임상적으로 현저한 고통이나 손상을 초래함 [*주의점 : 2년의 우울 기분 동안에 어느 때고 진단기준이 주요 우울삽화의 진단에 충분하다면, 적절한 명시자(예 간헐적 주요 우울삽화, 현재 삽화 동반)와 함께 지속성 우울장애 진단에 덧붙여 주요 우울장애의 별도 진단을 내려야 함]

	* 다음의 경우 명시할 것
	  – 불안증 동반
	  – 비전형적 양상 동반	

	* 다음의 경우 명시할 것
	  – 조기 발병 : 발병이 21세 미만일 경우
	  – 후기 발병 : 발병이 21세 이상일 경우	

	* 다음의 경우 명시할 것(지속성 우울장애의 최근 2년간)
	  – 순수한 기분저하 증후군 동반 : 적어도 지난 2년 이내에 주요 우울삽화의 진단기준을 충족시키지 않았다.
	  – 지속성 주요 우울삽화 동반 : 지난 2년의 기간 내 주요 우울삽화의 진단기준을 충족시켰다.
	  – 간헐적 주요 우울삽화 동반, 현재 삽화 동반 : 주요 우울삽화의 진단기준을 현재 충족하지만, 주요 우울삽화 진단에 미치지 못하는 증상이 적어도 지난 2년 이내에 최소 8주의 기간 동안 있었다.
	  – 간헐적 주요 우울삽화 동반, 현재 삽화를 동반하지 않음 : 주요 우울삽화의 진단기준을 현재 충족하지 않지만, 적어도 지난 2년 이내에 1회 이상의 주요 우울삽화가 있었다.	

(3) 파괴적 기분조절부전장애

정의	• 반복적으로 심한 분노를 표출하는 행동을 나타내는 경우, 불쾌한 기분을 조절하지 못하고 분노행동으로 표출하는 장애로 주로 아동기나 청소년기에 나타남 • 남 > 여, 소아 > 청소년	
DSM-5-TR 18 임용	A	심각한 반복성 분노폭발이 언어로(예 폭언), 그리고/또는 행동으로(예 사람이나 재물에 대한 물리적 공격성) 나타나며, 상황이나 도발 자극에 비해 강도나 기간이 극도로 지나침
	B	분노폭발이 발달수준에 부합하지 않음
	C	분노폭발이 평균적으로 일주일에 3회 이상 발생함
	D	분노폭발들 사이의 기분이 거의 매일, 하루, 대부분 지속적으로 과민하거나 화가 나 있으며, 타인(예 부모, 선생님, 또래)에 의해 관찰 가능함
	E	진단기준 A~D가 12개월 이상 존재한다. 그 시간 내 진단기준 A~D에 해당하는 모든 증상이 없는 기간이 연속 3개월 이상 되지 않음
	F	진단기준 A와 D가 세 군데(즉, 가정에서, 학교에서, 또래와 함께) 중 최소 두 군데 이상에서 존재하며 최소 한 군데에서는 심각함
	G	6세~18세에 처음 진단 가능함
	H	과거력이나 관찰에 의하면, 진단기준 A~E의 발병 연령은 10세 이전임
	I	조증 혹은 경조증 삽화에서 기간을 제외하고 증상 기준을 충족하는 분명한 기간이 1일 이상 지속되지 않음
		주의점	매우 긍정적인 사건이나 그 기대감의 맥락에서 일어나는 것처럼 발달상으로 적절한 기분 고조는 조증 혹은 경조증 증상으로 고려되지 않아야 함

DSM-5-TR 18 임용			(배제진단) 행동들은 주요 우울장애의 삽화 중에만 나타나지 않고, 다른 정신질환(예 자폐스펙트럼장애, 외상후 스트레스장애, 분리불안장애, 지속성 우울장애)으로 더 잘 설명되지 않음
	J		이 진단은 적대적 반항장애, 간헐적 폭발장애, 양극성 장애와 공존할 수 없으나, 주요 우울장애, 주의력결핍 과잉행동장애, 품행장애, 물질사용장애를 포함하는 다른 장애와는 공존할 수 있음
		주의점	파괴적 기분조절부전장애와 적대적 반항장애 양자 모두의 증상 기준을 만족시키는 사람은 파괴적 기분조절부전장애 진단만 내려야 함
			만약 조증이나 경조증 삽화를 경험한 적이 있다면 파괴적 기분조절부전장애의 진단을 내려서는 안됨
	K		(배제진단) 증상이 물질의 생리적 효과나 다른 의학적 또는 신경학적 상태로 인한 것이 아님

(4) 월경전 불쾌장애

DSM-5-TR	A		대부분의 월경 주기에서 월경 시작 1주 전에 적어도 5가지 증상이 존재하고, 월경 시작 후 수일 안에 증상이 호전되기 시작하며, 월경이 끝난 주에는 증상이 경미하거나 없어져야 함
	B		다음 증상 중 적어도 한 가지(또는 그 이상)는 있어야 함 ① 현저한 정동 불안정성(예 기분 변동; 갑자기 슬퍼지거나 울고 싶거나, 거절에 대한 민감성 증가) ② 현저한 과민성 혹은 분노 또는 대인관계 갈등 증가(예 짜증, 분노, 다른 사람들과 잦은 갈등) ③ 현저한 우울 기분, 절망감 또는 자기비하적인 사고(예 우울한 기분 혹은 절망감) ④ 현저한 불안, 긴장, 예민해지거나 신경이 곤두선 느낌
	C		다음 증상 중 한 가지(또는 그 이상)는 추가적으로 존재해야 하며, 진단기준 B에 해당하는 증상과 더해져 총 5가지의 증상이 포함되어야 함 ⑤ 일상 활동에서 흥미의 저하(예 직업, 학교, 친구, 취미) ⑥ 주관적인 집중곤란 ⑦ 무기력, 쉽게 피곤함 혹은 현저한 활력 부족 ⑧ 식욕의 현저한 변화; 과식; 또는 특정 음식의 갈망 ⑨ 수면과다 또는 불면 ⑩ 압도되거나 자제력을 잃을 것 같은 느낌 ⑪ 유방의 압통이나 부종, 관절통이나 근육통, 붓는 느낌 혹은 체중 증가와 같은 신체 증상들 (* 주의점 : 진단기준 A~C의 증상들은 전년도에 발생한 대부분의 월경 주기 동안에 충족되어야 한다.)
	D		증상이 직업, 학교, 일상적인 사회 활동, 타인과의 관계에 임상적으로 현저한 고통이나 방해를 초래함(예 사회 활동 회피; 직장, 학교, 가정에서 생산성과 효율성 감소)
	E		이 장애는 주요 우울장애, 공황장애, 지속성 우울장애, 혹은 성격장애와 같은 다른 장애의 증상들이 단순히 악화된 것이 아님(비록 이러한 장애 중 어느 장애와도 공존할 수 있지만)
	F		진단기준 A는 적어도 2회의 증상 (월경) 주기 동안 전형적인 일일 평가로 확인되어야 함 (* 주의점 : 이 확인이 있기 전에 진단을 잠정적으로 내릴 수도 있다.)
	G		(배제진단) 증상은 물질(예 남용약물, 치료약물, 기타 치료)의 생리적 효과나 다른 의학적 상태(예 갑상선기능항진증)로 인한 것에 기인하지 않음

간호중재 02 임용 / 10,12,13, 16,18,21, 22 국시	치료적 환경제공	① 안전		
			입원	자살위험이 있는 경우, 증상이 급속도로 악화될 때, 적절한 지지체계가 없는 경우
			자살가능성 여부 사정	우울증 회복기 가장 위험 (에너지가 생김 → 죽음에 대한 양가감정의 해결로 자살시도 위험이 매우 높음)
				1:1 관찰 및 간호, 위험한 소지품 제거, 자살계획 및 시도에 대해 직접적으로 초점
		② 환경자극의 감소		온화한 조명, 소음 감소, 단순한 장식

간호중재 02 임용 / 10,12,13, 16,18,21, 22 국시	치료적 관계형성 의사소통	① 조용하고 따뜻하며 수용적인 태도로 솔직함, 감정이입, 관심 보여주기 ② 비록 말을 하지 않더라도 함께 있어주기 ③ 환자의 이름을 불러주고 대화하며 경청 ④ 환자의 수준에 맞추어 천천히 말하고 대답할 수 있는 시간 여유 부여
	일상생활 활동	자가간호능력↓, 신체적 안녕에 대해 관심이 없음 ① 식욕감소, 체중감소 　- 식사하는 동안 환자와 함께 있어주고, 좋아하는 음식을 앞에 놓아주기 　- 조금씩 자주 먹도록 하기, I/O check, body Wt. check ② 수면장애 │ 환자의 체력상태에 따라 신체적 활동 계획 　- NREM 3, 4단계 줄어듦 : 낮잠×, 규칙적 식사, 활동 권유 ③ 개인위생 문제 │ 청결과 외모에 대해 주목하고 목욕이나 옷 입는 일 도와주기 ④ 규칙적 활동프로그램 작성, 실행 │ 지나치게 어렵거나 많은 시간 소요하지 않도록 해야 함
	감정 표현하기	현재의 고통 때문에 감정은 억압 → 감정을 표현하는 것이 정상적이며 필요함을 알려주기, 고통스런 감정 표현하면 긴장 해소, 생동감과 자신감 얻게 됨
	인지치료	인지적 재구성 • 자신의 느낌 탐색, 문제 인식, 사고방식의 왜곡 통찰 → 자신의 부정적 생각 확인, 중지, 희망적인 다른 생각으로 대치 • 자신의 강점과 장점, 성과, 기회들을 검토하며 긍정적 사고 증가 → 자존감 강화 • 앨리스(A. Elis)에 의해 창시된 합리적 정서행동치료(REBT)의 'ABCDE' 모형 활용
	사회기술	① 직업, 문화, 종교 및 개인적 관심을 파악 　→ 지역사회 모임이나 공공기관, 클럽 등을 통해서 관심을 추구하는 방법 확인하여 도움 ② 사회적 상호작용의 효율성을 증진시키는 사회기술전략 제공 → 사회적 위축과 상반되는 경험하여 우울장애 교정
	전기경련 치료	① 전류가 뇌를 통과하여 세로토닌, 노르에피네프린, 도파민과 같은 여러 신경전달물질의 기능과 효과에 영향을 주어 우울증을 완화시킴 ② 적응증 : 치료저항성 우울증, 특히 심각한 자살위험이 있거나 약물치료를 시행하기 어려운 노인, 임신, 긴장증 동반 조현병, 급성 조증환자, 치료저항성 조현병 등의 일반적으로 약물치료에 효과가 없거나 빠른 효과를 기대하기 어려운 경우에 사용 ③ 부작용 : 두통, 지남력 장애, 기억력 저하 등 ④ 치료 시 근육이완제를 정맥주사함 : 골절이나 탈구가능성을 감소시키기 위해 투여함
	가족치료	부적절한 감정반응에 대해서는 무관심하고, 적절한 감정반응에 대해서는 강화시켜 주기
	약물치료	① 치료효과가 투약 2~6주 후에 나타남 　→ 재발, 약물치료반응 보이지 않은 경우 : 전기경련치료(ECT) 시도, 광선치료 ② TCA(삼환계 항우울제)는 고용량에서 치명적 : 자살가능성 유의 ③ MAOI 복용 시 주의사항·부작용(고혈압성 위기) 교육 ④ SSRI(선택적 세로토닌 재흡수 억제제)

간호중재 02 임용 / 10,12,13, 16,18,21, 22 국시	경두개 자기자극법 20 임용	① 강한 전기로 자기장을 생산하여 반복되는 자기자극으로 좌측 전전두엽 대뇌피질의 신경세포 탈분극을 유도하여 기능변화를 통한 항우울 효과를 나타냄 ② 원리 : 강력한 전기를 짧은 기간 내에 on-off하여 100~200ms(세컨드) 동안 지구장의 약 4만 배에 해당하는 약 2테슬라의 자기장 생성 → 이러한 자기장을 머리 주위의 적절한 위치에 두고 자기장 파동의 변동으로 인한 에너지를 두피와 두개를 통해 뇌의 특정 부위로 전달 → 신경세포의 탈분극을 유도하여 특정 뇌회로의 기능변화를 유도하는 것 ③ 우울장애는 뇌영상 연구 결과, 좌측 전전두엽과 관련 있다고 여겨지기 때문에 이 부위를 목표 부위로 함 ④ 부작용 : 국소적 두통과 난청이 있을 수 있으며 드물게 경련이 발생할 수 있음
	심부뇌 자극술	① 신경세포체 또는 신경말달을 자극하게 되는데, 대뇌기저핵 내에서 서로 연결된 신경의 활동성과 신경화학신호 전달에 영향을 주어 치료적인 효과를 나타냄 ② 적응증 : 만성적이고 심각하며 치료저항성 우울장애 ③ 부작용 : 뇌에 직접 시술하는 것으로 인한 전극 자체의 감염, 미용상의 문제, 뇌출혈 가능성, 우울장애의 악화나 자살사고 등이 있음
	미주신경 자극술	중추신경 및 말초신경계와 광범위하게 연결된 미주신경을 자극함으로써 대뇌와 신체 간의 불균형의 회복을 시도하는 뇌수술 방법
	광치료	① 계절성 기분장애뿐만 아니라 우울장애, 월경전 불쾌감장애, 분만 후 우울증, 신경성 식욕부진증에 동반된 우울, 치매, 불면치료에 적용 ② 일주기 리듬의 변화를 조절하여 우울증상을 개선시키고자 하는 치료법임
우울한 청소년 간호중재		① 청소년들이 자신의 능력을 평가해볼 수 있는 기회를 제공하여 긍정적인 성격에 관심을 집중하여 자신감을 향상시키는 데 초점을 둠 ② 수용하고 조용히 옆에 함께 있어줌 ③ 정직, 일관성, 감정이입으로 진실하게 대해줌으로써 신뢰관계 형성 ④ 의사결정 시 의존적인 습성을 독립적으로 발전시키도록 돕고, 일상생활에서 도움을 필요로 할 때 도와주지만 자기관리를 할 수 있는 방향으로 이끌어줌 ⑤ 음식섭취상태를 검토하여 대상자가 좋아하는 음식을 주고 정기적으로 체중을 측정 ⑥ 혼자 격리되어 있지 않도록 하고 가능한 집단 내에 같이 동참할 수 있도록 하며, 간호사는 대상자가 집단활동에 참여할 수 있도록 완충작용을 해주어 점차로 사회적 상호작용을 늘려줌

11 양극성 장애

1 양극성 장애의 진단분류

DSM-5-TR(DSM-5와 동일)	DSM-IV-TR
제Ⅰ형 양극성 장애	제Ⅰ형 양극성 장애
제Ⅱ형 양극성 장애	제Ⅱ형 양극성 장애
순환성 장애	순환성 장애
물질/약물로 유발된 양극성 및 관련 장애	물질 또는 약물로 유발된 기분장애
다른 의학적 상태에 기인한 양극성 및 관련 장애	다른 의학적 상태에 기인한 기분장애
기타 특정/비특정 양극성 장애	달리 분류되는/분류되지 않는 기분장애, 기타 기분장애

[변경사항]
- 새로운 범주화 : DSM-IV-TR에서 기분장애의 하부유형에 있었던 우울장애와 양극성 장애를 분리하여 범주화

2 양극성 장애

정의	우울증과 조증이나 경조증 상태가 일생 동안 주기적으로 발생하는 만성재발성 질환	
	• 기분, 에너지, 기능에서의 변화가 뚜렷하고 심한 조증에서 우울증까지 증상이 다양하며 질병과정이 가변적임 • 정상으로 기능하는 시기와 질병 삽화가 번갈아 나타남 • 흔히 환자들은 자신의 질병을 인식할 수 없음	
	※ 삽화란 1) 증상이 나타날 때와 나타나지 않을 때가 뚜렷이 구분됨 2) 자연적 증상소멸 가능 3) 삽화기간 중에는 증상이 거의 매일, 하루 종일 나타남	
조증삽화 분류		
조증삽화 DSM-5-TR 10 임용 / 07,11,22 국시	A	비정상적이고 지속적으로 들뜨거나 의기양양하거나 과민한 기분, 그리고 비정상적이고 지속적으로 증가된 활동이나 에너지가 나타나는 분명한 기간이 적어도 일주일간 계속되고(혹은 입원이 필요하면 기간과 상관없이), 거의 매일, 하루 중 대부분 존재함
	B	기분 이상 및 증가된 에너지나 활동을 보이는 기간 중, 다음 증상 가운데 3가지(또는 그 이상)가 유의미한 정도로 존재하며(기분이 단지 과민하기만 하다면 4가지), 평소 행동과 다른 뚜렷한 변화를 나타냄 ① 과장된 자존감 또는 과대성(자신이 다른 사람보다 더 낫고, 특별한 대우를 받을 만하다고 생각함. 실제로는 존재하지 않는데도 자신에게 특별한 재능이 있다고 생각함) ② 수면에 대한 욕구 감소(예 단 3시간의 수면으로도 피로가 풀린다고 느낌) ③ 평소보다 말이 많아지거나 계속 말해야 한다는 압박감 21 임용 ④ 사고 비약 또는 사고가 질주하는 주관적인 경험 ⑤ 보고하거나 관찰되는 주의산만(즉, 중요하지 않거나 관계 없는 외부 자극에 너무 쉽게 주의가 분산됨) ⑥ 목표 지향적 활동의 증가(직장이나 학교에서의 사회적 활동 혹은 성적 활동) 또는 정신운동 초조(즉, 의미 없는 비목표 지향적인 활동) ⑦ 고통스러운 결과를 초래할 가능성이 높은 활동에의 지나친 몰두(예 흥청망청 쇼핑하기, 무분별한 성행위, 또는 어리석은 사업 투자에 관여)

조증삽화 DSM-5-TR 10 임용 / 07,11,22 국시	C	기분장애가 사회적, 직업적 기능의 현저한 손상을 초래하거나 자해나 타해를 예방하기 위해 입원이 필요할 정도로 충분히 심각하거나, 정신병적 양상이 동반됨
	D	(배제진단) 삽화가 물질(예 남용약물, 치료약물, 기타 치료)의 생리적 효과나 다른 의학적 상태로 인한 것이 아님
	주의점	• 조증 삽화가 항우울제 치료(예 치료약물, 전기경련요법) 중에 나타났다 할지라도 치료의 생리적 효과를 넘어서는 명백한 수준에서 지속되는 경우 조증 삽화 및 제1형 양극성 장애로 진단 내리기에 충분함 • 진단기준 A부터 D까지가 조증 삽화를 구성한다. 제1형 양극성 장애의 진단을 위해서는 평생 적어도 1회의 조증 삽화가 필요함
경조증 삽화 DSM-5-TR	A	비정상적이고 지속적으로 들뜨거나 의기양양하거나 과민한 기분, 증가된 활동이나 에너지가 나타나는 분명한 기간이 적어도 4일 연속 계속되고, 거의 매일, 하루 중 대부분 존재함
	B	기분 이상 및 증가된 에너지나 활동을 보이는 기간 중, 다음 증상 가운데 3가지(또는 그 이상)가 지속되고(기분이 단지 과민하기만 하다면 4가지), 평소 행동과 다른 뚜렷한 변화를 나타내며, 유의미한 정도로 존재함 ① 과장된 자존감 또는 과대성 ② 수면에 대한 욕구 감소(예 단 3시간의 수면으로도 피로가 풀린다고 느낌) ③ 평소보다 말이 많아지거나 계속 말해야 한다는 압박감 ④ 사고 비약 또는 사고가 질주하는 주관적인 경험 ⑤ 보고하거나 관찰되는 주의산만(즉, 중요하지 않거나 관계 없는 외부 자극에 너무 쉽게 주의가 분산됨) ⑥ 목표 지향적 활동의 증가(직장이나 학교에서의 사회적 활동 혹은 성적 활동) 또는 정신운동 초조(즉, 의미 없는 비목표 지향적인 활동) ⑦ 고통스러운 결과를 초래할 가능성이 높은 활동에의 지나친 몰두(예 흥청망청 쇼핑하기, 무분별한 성행위, 또는 어리석은 사업 투자에 관여)
	C	삽화는 증상이 없을 때의 개인답지 않은 명백한 기능 변화와 연관됨
	D	기분 이상과 기능의 변화가 타인에 의해 관찰 가능함
	E	삽화가 사회적, 직업적 기능의 현저한 손상을 일으키거나 입원이 필요할 정도로 심각하지는 않음. 만약 정신병적 양상이 있다면, 이는 정의상 조증 삽화임
	F	삽화가 물질(예 남용약물, 치료약물, 기타 치료)의 생리적 효과나 다른 의학적 상태로 인한 것이 아님
	주의점	경조증 삽화가 항우울 치료(예 약물치료, 전기경련요법) 중에 나타났다 할지라도 치료의 생리적 효과를 넘어서는 명백한 수준에서 지속되는 경우 경조증 삽화로 진단 내리기에 충분함. 하지만 진단 시 주의가 필요한 바 1~2가지 증상(항우울제 사용 이후에 특히 증가된 과민성, 예민성, 초조)만으로는 경조증 삽화를 진단하기에 충분하지 못하고, 이는 반드시 양극성 장애 체질을 시사하는 것 또한 아님

(1) 제 I 형 양극성 장애 10 임용

정의		조증과 우울증이 교대 또는 조증이 반복적으로 나타나는 장애 일생 동안 반드시 최소한 한 번의 조증삽화가 있어야 함
DSM-5-TR	A	적어도 1회의 조증 삽화를 만족하고, 경조증이나 주요 우울삽화에 선행하거나 뒤따를 수 있음
	B	적어도 1회의 조증 삽화는 조현정동장애로 더 잘 설명되지 않으며, 조현병, 조현양상장애, 망상장애, 달리 명시되는 또는 명시되지 않는 조현병 스펙트럼 및 기타 정신병적 장애와 겹쳐서 나타나지 않음

(2) 제Ⅱ형 양극성 장애

정의	조증의 정도가 심하지 않으며, 한 번 이상의 주요 우울증 삽화와 적어도 한 번의 경조증 삽화(뚜렷한 기간이 최소한 4일 이상)가 동반, 우울증이 주를 이루는 양극성 장애

특징
 21 임용
	① 제Ⅰ형 양극성 장애보다 조기에 발병함
	 ② 여성에게 더 흔함. 특히 출산 직후 삽화를 경험할 위험
	 ③ 자살위험 높음
	    ㉠ 진단이 되지 않거나 주요 우울장애 등으로 잘못 진단되는 경우가 많고, 항우울제 사용으로 급속히 순환형이 되는 등의 경과가 나빠지는 경우가 있음
	    ㉡ 제Ⅰ형의 양극성 장애에 비해 자살률이 높음
	 ④ 제Ⅰ형 양극성 장애에 비해 진단이 늦어짐
	    ㉠ 주요 우울장애나 기분가변성과 충동성 때문에 성격장애로 종종 오진되기도 하고, 특히 우울삽화가 먼저 나타나는 경우 제Ⅱ형 양극성 장애로 진단하는 것이 어려울 수 있음
	    ㉡ 제Ⅱ형 양극성 장애를 가진 대상자들은 많은 시간을 우울증 상태로 지내게 되고, 주요 우울삽화 때문에 병원을 찾음. 경조증의 경우 대상자들이 질병으로 느끼기 힘들기 때문에 진단이 늦어질 수 있음
	 ⑤ 무단결석, 학업수행의 실패, 직업실패, 이혼, 물질남용, 신경성 식욕부진증, 신경성 폭식증, 주의력결핍 과잉행동장애, 공황장애, 사회공포증, 경계성 인격장애 등과도 관련 있음

DSM-5-TR	A	적어도 1회의 경조증 삽화와 적어도 1회의 주요 우울삽화('주요 우울장애' 진단기준 A~C)의 진단기준을 만족시킴
	B	조증 삽화는 1회도 없어야 함
	C	(배제진단) 최소 1회의 경조증 삽화와 최소 1회의 주요 우울삽화가 조현정동장애로 더 잘 설명되지 않으며, 조현병, 조현양상장애, 망상장애, 달리 명시되는 또는 명시되지 않는 조현병 스펙트럼 및 기타 정신병적 장애와 겹쳐서 나타나지 않음
	D	우울증의 증상 또는 우울증과 경조증의 잦은 순환으로 인한 예측 불가능성이 사회적, 직업적 또는 다른 중요한 기능 영역에서 임상적으로 현저한 고통이나 손상을 초래함

간호 목표	자존감의 증가로 정서적으로 적절히 반응하고 질병 이전 상태로 기능 회복

간호중재 10,12,14, 15,17 국시	치료적 환경조성	① 비도전적·비자극적인 편안하고 조용한 분위기 조성 ② 자극적 색깔, 엄격한 분위기를 최소한으로 줄이고 자극적이고 위험한 물건 제거 ③ 친절하지만 엄격한 태도로 병실규칙을 지키도록 행동계약 설정 ④ 바람직하지 못한 행동은 사무적인 태도 유지 ⑤ 공격적인 에너지를 발산할 수 있는 활동 제공(예 샌드백 치기 등)
	심리적 중재	① 마음속 부적절감, 의존감, 우울감의 직면을 피하고 있음을 인식하도록 도움 ② 적절한 의사소통 기술을 사용하여 감정을 말로 표현하도록 격려
	신체적 간호	① 너무 바빠서 식사할 시간이 부족하다면, 간편하게 들고 다니며 먹을 수 있는 음식 제공 → 체중은 매주 1회 측정하고 식사는 소량씩 자주하며, 섭취과정을 감독 ② 목욕, 속옷 갈아입기 등 개인위생 관리를 도와줌 ③ 활동과다로 잠잘 시간이 없으므로 취침 전에 적당한 운동으로 긴장 완화 권장 ④ 외부자극을 차단하고 조용한 분위기 조성으로 수면촉진 ⑤ 성관계가 문란할 수 있으므로 성병 감염에 대한 치료 및 조기발견, 조기대책 필요
	사회적 상호작용	① 의사소통 시, 주제가 빗나갈 때 본래의 주제에 초점을 두고 대화 ② 타인의 의견을 존중·경청하고 이해하는 태도를 갖도록 분위기 조성 ③ 바람직한 행동을 할 때는 칭찬과 격려로 자존감의 격려를 도와야 함

(3) 순환성 장애 [18 국시]

정의	최소 2년 이상(소아와 청소년은 1년 이상) 지속되는 만성기분장애 → 경우울증과 경조증이 수차례 나타나지만 주요 우울증이나 조증같이 증상이 심하지 않음
특징	① 알코올이나 약물남용 병력이 흔함 ② 10대 중·후반에 흔하며 만성적 경과 보임, 여성 발병률 높음 ③ 양극성 장애 I보다 주기는 짧고 불규칙적이며 급격한 기분변화를 보임
DSM-5-TR	**A** 적어도 2년 동안(아동·청소년에서는 1년) 경조증 삽화의 진단기준을 충족하지 않는 경조증 기간과 주요 우울삽화의 진단기준을 충족하지 않는 우울증 기간이 다수 있음
	B 2년 이상의 기간 동안(아동·청소년에서는 1년), 진단기준 A의 증상 기간이 절반 이상 차지하고, 증상 없는 기간이 한 번에 2개월 이상 지속되지 않음
	C 주요 우울삽화, 조증 삽화 또는 경조증 삽화의 진단기준이 충족되지 않음
	D 진단기준 A의 증상이 조현정동장애, 조현병, 조현양상장애, 망상장애, 달리 명시되는 또는 명시되지 않는 조현병 스펙트럼 및 기타 정신병적 장애로 더 잘 설명되지 않음
	E 증상이 물질(예 남용약물, 치료약물)의 생리적 효과나 다른 의학적 상태(예 갑상선기능항진증)로 인한 것이 아님
	F 증상이 사회적, 직업적 또는 다른 중요한 기능 영역에서 임상적으로 현저한 고통이나 손상을 초래함

12 인격장애(= 성격장애)

정의	한 개인의 생각과 감정, 대인관계나 행동양식이 그가 속한 사회의 문화적 기대로부터 심하게 벗어난 상태 + 일생을 거쳐 비교적 지속적으로 나타나며 개인적 생활과 사회생활 전반에 넓게 퍼져 있는 경우			
특징	(1) 성격장애는 대개 청소년기나 성인기 초기에 나타나며 전 생애에 걸쳐 지속됨 [10 국시] (2) 성격장애는 시간이 흘러도 별로 변하지 않고 지속되는, 자기와 대인관계에 대해 생각하고 느끼고 행동하는 방식의 장애를 의미함 (3) 성격장애 중 반사회성 성격장애와 경계성 성격장애 등은 나이를 먹으면서 덜 드러나거나 호전되는 경향이 있지만, 강박성 성격장애나 조현형 성격장애와 같은 유형은 거의 일생 동안 변화없이 지속됨 (4) 경계성 성격장애를 가진 성인은 불안장애나 기분장애와 관련이 있으며, 70% 이상에서 물질남용과 관련되어 있다고 보고됨			
관련요인	가족력			
	정신역동	초자아 결여		
	대상관계이론	내재화된 자기로 인한 표상이 성격형성에 결정적임		
	발달적 요인	① 프로이트는 성격성향을 정신성적 발달단계에 고착된 결과라고 보았음 • 구강기적 성격은 그들이 음식을 다른 사람에게 의존하는 구강기에 고착되어 있기 때문에 수동적이고 의존적임 • 항문기적 성격은 항문기 때 대소변 가리기 훈련의 투쟁 때문에 고집이 세고 인색하고 매우 양심적임 ② 대인관계의 패턴과 방어기제를 통해 알 수 있음 • 성격발달과정에서 대인관계의 특정패턴이 내재화되는데, 소아는 함입을 통해 부모나 주요 타인을 내재화된 대상으로 갖게 됨		
	사회문화적 요인	비기능적 가족	부모의 정신병리, 특히 충동장애가 문제가 됨	
		가족붕괴	특히 경계성 성격장애 환자는 소아기 시절에 가족이 붕괴된 경우가 더 많음	
		양육문제	오래전부터 정신역동, 자기심리학 및 애착이론에서는 부모의 양육문제가 성격장애를 야기한다고 보았음	
		• 불안정한 아이를 불안정한 어머니가 키우면 안정된 어머니가 키울 때에 비해 더 많은 성격문제가 발생될 것		
일반적 인격장애 DSM-5-TR	A	개인이 속한 문화에서 기대되는 바로부터 현저하게 편향된 내적 경험과 행동의 지속적인 패턴. 이러한 형태는 다음 중 2가지(또는 그 이상)에서 나타남 ① 인지(자신, 타인, 사건을 인식하고 해석하는 방식) ② 감정 성향(감정 반응의 범위, 강도, 가변성, 적절성) ③ 대인관계 기능 ④ 충동 조절		
	B	지속적인 패턴이 개인적·사회적 상황에 광범위하게 경직되고 만연되어 나타남		
	C	지속적인 패턴이 사회적, 직업적 또는 다른 중요한 기능 영역에서 임상적으로 현저한 고통이나 손상을 초래함		
	D	패턴은 안정적이고 오랜 기간 있어 왔으며, 최소한 청소년기 혹은 성인기 초기부터 시작됨		
	E	지속적인 패턴이 다른 정신질환의 발현이나 결과로 더 잘 설명되지 않음		
	F	지속적인 패턴이 물질(예 남용약물, 치료약물)의 생리적 효과나 다른 의학적 상태(예 두부 외상)로 인한 것이 아님		

유형 분류 12 임용 / 00,01,02, 03,04,05, 09 국시	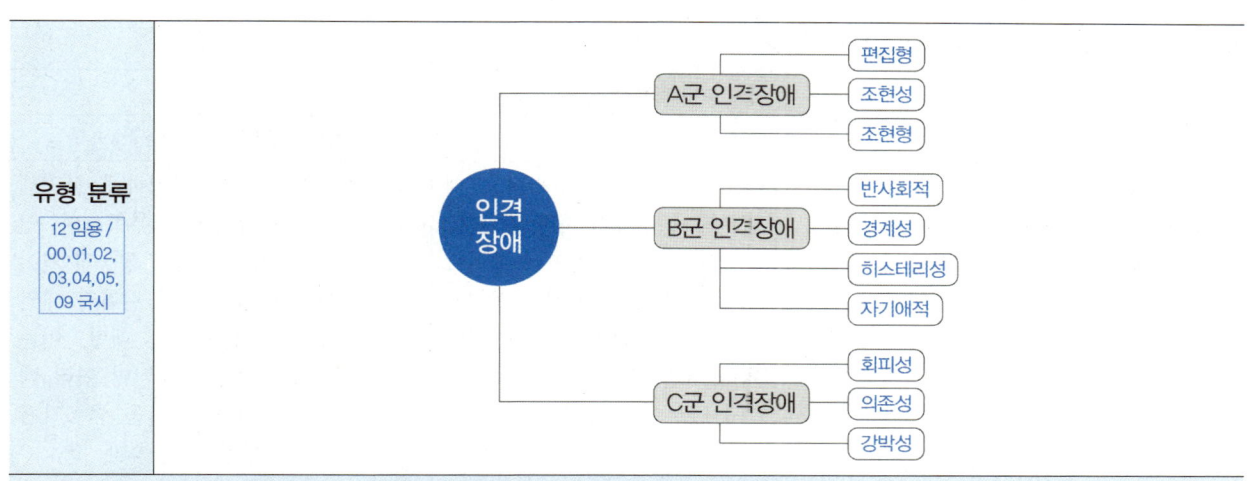

A군: 괴상함, 별남, 상식적인 범위에서 벗어나 이상하게 행동하는 인격장애군

장애 유형		특징
편집형 96 임용 / 19,21 국시		타인에 대한 지속적 불신과 질투, 경계증상(다른 사람이 자신을 부당하게 이용하고 속일 것이라 추측)
		과민과 오해(화를 잘 냄), 감정적 제한, 유연성 결핍, 유머감각 없음
	자아상	자기 중요성이나 신용에 대해 집착, 다른 사람과 정보공유를 꺼림
	행동	방어적이고 불신과 의심이 많음
	대인관계	깊은 대인관계를 피하고, 이기적이고 자존심이 강함
	방어기제	투사, 부정, 반동형성, 투사적 동일시
	간호 시 주의점	① 대상자의 인격을 존중할 것 ② 솔직하고 포용적인 태도를 견지하여 신뢰관계 구축 ③ 일관되고 중립적이면서도 치료적 태도 견지 ④ 너무 잘해주거나 관심을 표시하면 동기를 의심받을 소지가 있으므로 이러한 태도는 지양할 것
조현성 92,94 임용		사회적 관계형성 능력결여, 타인에게 따뜻함과 부드러움 결여
		대인관계 형성 및 반응능력에 심각한 장애로 대안관계에 무관심 → 사회적 고립 (회피성 인격장애와 달리 조현성 인격장애는 능동적 고립을 택한 것)
		칭찬이나 비판 혹은 타인의 느낌에 무관심
		사회적 참여에 대한 욕망 결여, 친한 친구 없음
		일반적으로 서먹함, 위축, 은둔적, 혼자 하는 일이나 취미를 좋아함
		이상한 단어선택, 사회적 고립, 부적절한 정서(빈약한 정서, 무감동)
	자아상	고독함을 즐기고 자폐적 사고, 자기만족
	행동	무기력해 보이고 칭찬·비난·타인 시선에 무관심함
	대인관계	사회적 관계 형성 능력 결함, 철회양상
		정서적으로 빈약한 정서(멍하거나 평이함), 차가워 보이고 혼자 떨어져 있음
	방어기제	주지화
조현형 12 임용 / 22 국시		기이하거나 이상한 사고·행동, 대인관계 장애
	정서	불안, 우울, 혼란스러움
	자아상	소외당하는 느낌, 이인증, 비현실감
	행동	사고, 언어, 행동에 괴이한 증상, 마술적 사고, 관계사고, 편집성 사고
	대인관계	사회적 관계에서 격리, 부적절
	방어기제	취소
	간호 시 주의점	지지적이며 구조화되고 엄격한 접근, 집단요법은 조현형 대상자들에게 타인에 대한 교정적인 감정을 제공하여 사회화 형성에 효과적

A군 성격장애(= 인격장애)의 진단기준					
DSM-5-TR					
편집형 성격장애기 11,17 국시		조현성 성격장애 11,18 국시		조현형 성격장애 12 임용 / 13 국시	
A	다른 사람의 동기를 악의가 있는 것으로 해석하는 등 다른 사람에 대한 만연된 불신과 의심이 있다. 이 패턴은 성인기 초기에 시작되며 다양한 맥락에서 나타나고, 다음 중 4가지(또는 그 이상)를 충족함 (1) 충분한 근거 없이, 다른 사람이 자신을 착취하고 해를 끼치고 속인다고 의심함 (2) 친구들이나 동료들의 충정이나 신뢰에 대한 근거 없는 의심에 사로잡혀 있음 (3) 어떠한 정보가 자신에게 나쁘게 이용될 것이라는 잘못된 두려움 때문에 다른 사람에게 비밀을 털어놓기를 꺼림 (4) 그리 악의 없는 말이나 사건에 대해 자신을 비하하거나 위협하려는 숨은 의미가 있는 것으로 해석함 (5) 지속적으로 원한을 품음(모욕, 상처 혹은 경멸을 용서하지 못함) (6) 다른 사람에게는 명백하지 않은 자신의 성격이나 평판을 공격으로 인지하고 즉각 화를 내고 반격함 (7) 정당한 이유 없이 배우자나 성행위 파트너의 정조를 반복적으로 의심함	A	사회적 관계에서 고립되고 대인관계 환경에서 제한된 범위의 감정 표현이 만연된 패턴으로 나타나고, 이 패턴이 성인기 초기에 시작되며 다양한 맥락에서 나타나고, 다음 중 4가지(또는 그 이상)를 충족함 (1) 가족의 일원이 되는 것을 포함해서 친밀한 관계를 바라지 않고 즐기지도 않음 (2) 항상 혼자서 하는 행위를 선택함 (3) 다른 사람과의 성적 경험에 대한 관심이 거의 없음 (4) 거의 모든 분야에서 즐거움을 취하려 하지 않음 (5) 일차 친족 이외에 친한 친구가 없음 (6) 다른 사람의 칭찬이나 비난에 무관심함 (7) 감정적 냉정, 냉담, 혹은 평평한 감정 성향을 보임	A	친밀한 관계를 극심하게 불편해하고 유지할 능력이 부족하며, 인지 및 지각의 왜곡과 행동의 기이성이 특징인 사회적 결함과 대인관계 결함이 만연된 패턴. 이는 성인기 초기에 시작되며 여러 맥락에서 나타나고, 다음 중 5가지(또는 그 이상)를 충족함 (1) 관계사고(관계망상은 제외) (2) 행동에 영향을 미치고, 소문화권의 기준에도 맞지 않는 유별난 믿음이나 마술적인 사고(예 미신, 천리안에 대한 믿음, 텔레파시, 아동과 청소년에서 육감, 기이한 공상이나 몰두) (3) 신체적 착각을 포함한 일반적이지 않은 지각 경험 (4) 이상한 사고와 언어(예 모호하고, 우회적·은유적·과장적으로 수식된 또는 상동적인) (5) 의심 또는 편집적 사고 (6) 부적절하고 제한된 정동 (7) 이상하거나, 기이하거나, 독특한 행동이나 외모 (8) 일차 친족 이외에 친한 친구나 측근이 없음 (9) 익숙함으로도 줄어들지 않고 자신에 대한 부정적인 판단보다는 편집적 공포와 연관되는 경향이 있는 과도한 사회불안
B	조현병, 정신병적 양상을 동반한 양극성 장애 또는 우울장애, 다른 정신병적 장애의 경과 동안에만 발생한 것이 아니고, 다른 의학적 상태의 생리적 효과로 인한 것이 아님 * 주의점 : 진단기준이 조현병의 발병에 앞서 만족했다면 '병전'을 추가해야 한다. 즉, '편집성 성격장애'(병전)	B	조현병, 정신병적 양상을 동반한 양극성 장애 또는 우울장애, 다른 정신병적 장애 혹은 자폐스펙트럼장애의 경과 동안에만 발생한 것이 아니고, 다른 의학적 상태의 생리적 효과로 인한 것이 아님 * 주의점 : 진단기준이 조현병의 발병에 앞서 만족했다면 '병전'을 추가해야 한다. 즉, '조현성 성격장애'(병전)	B	조현병, 정신병적 양상을 동반한 양극성 장애 또는 우울장애, 다른 정신병적 장애 혹은 자폐스펙트럼장애의 경과 동안에만 발생하지 않음 * 주의점 : 진단기준이 조현병의 발병에 앞서 만족했다면 '병전'을 추가해야 한다. 즉, '조현형 성격장애'(병전)

B군: 극적임, 변덕스러움, 충동적임(만성적 불안정, 빈번한 자살사고, 좌절을 못 견딤, 사회적 위축, 지나친 간섭, 타인을 조정함, 충동성, 사랑하는 사람과의 분리불안, 다양한 직업을 전전, 타인의 행동에 대한 통제 및 타인의 비판에 과민한 반응)

장애유형		특징
반사회적 94,12 임용 / 20,22 국시		사회적 규범 무시 → 지속적 반사회적·범죄 행위, 타인 무시
		초자아가 나약하여 이드의 충동을 조절하지 못함(= 조절되지 않은 이드와 약한 초자아)
	정서	냉정, 무감각
	자아상	인상과는 달리 신의가 없고, 내면에 거짓이 가득 차 있는 성향
	대인관계	겉으로는 매력적이고, 남의 기분을 잘 알아주는 것 같음. 타인과 의미 있는 관계형성 부족
	방어기제	행동화
	간호 시 주의점	공감과 사회적 책임감이 부족하기 때문에 치료가 어려움
경계성 12 임용 / 19 국시		정서, 정체성, 대인관계의 불안정성, 버림받는 느낌을 피하기 위해 대인관계 형성에 필사적임
	정서	만성적인 허무감, 권태와 우울, 부적절한 분노와 충동성
	자아상	정체감 혼란 및 불안정성
	행동	충동적, 예측불가, 자기 파괴적인 행동(자해), 변덕스러운 행동, 성적 문란
	대인관계	불안정한 대인관계(극적 이상화와 평가절하의 반복)
	방어기제	퇴행
	간호 시 주의점	주요우울증, 우울신경증으로 발전하기 쉬움
		역전이 주의 : 치료자에 대한 극적 이상화와 평가절하의 반복, 공격적 성향보임
		현실지향적 접근 : 심층 무의식 해석보다는 현실에서 매일 경험하는 대인관계상의 문제를 중심으로 해석
히스테리성 (= 연극성) 20 국시		타인의 관심·주의를 끌기 위한 과장된 행동을 하나 실제는 의존적, 무능함, 지속적이고 깊은 인간관계를 맺지 못함
	정서	변덕스러움
	자아상	스스로 사교적이라고 생각함
	행동	외부에 대한 반응이 지나치게 빠르고 자기를 과시, 관심을 끌기 위해 과장된 표현, 연극적, 상대방의 의사를 자기 환상대로 해석
	대인관계	피상적이고 불성실한 대인관계 장애, 상대방을 조정하려 함
	방어기제	해리
	간호 시 주의점	– 내적 감정의 명료화 : 감정상태를 분명히 알게 하는 것이 중요한 치료과정 – 치료과정 중 환자의 거짓감정에 반응하지 말아야 함 – 극적인 가성병식 유의
자기애적		자신의 중요성과 성취에 대한 비현실적 과대평가, 공감능력 부족
	정서	경쾌하지만 스스로 열등의식, 수치감, 허무감에 사로잡힘
	자아상	무한한 성공욕에 차 있고, 주위 사람들의 존경과 관심을 끌려고 애씀
	행동	자기중심적, 오만, 무제한적 능력, 재물, 높은 지위, 아름다움이나 이상적 사람을 원함, 상대를 지나치게 높게 평가하거나 경멸
	대인관계	타인에게 지속적 관심·칭찬요구, 공감능력 부족 → 협소하고 착취적 대인관계
	방어기제	합리화
	간호 시 주의점	– 대상자의 자기애적 손상에 대한 취약성 인지 → 대상자의 예민함, 실망에 대한 공감 – 취약성에 직면하게 하여 대상자들이 자신의 과대성 및 비적응적 결과를 인식할 수 있도록 함

B군 성격장애(= 인격장애)의 진단기준	
DSM-5-TR	
히스테리성(= 연극성) 성격장애 07,10,14 국시	자기애성 성격장애
A. 과도하게 감정적이고 지나치게 주의를 끄는 만연된 패턴으로 이는 성인기 초기에 시작되며 여러 맥락에서 나타나고, 다음 중 5가지(또는 그 이상)를 충족함 (1) 자신이 관심의 중심에 있지 않는 상황을 불편해함 (2) 다른 사람들과의 상호작용은 종종 부적절한 성적 유혹이나 도발적인 행동으로 특징지어짐 (3) 감정 표현이 피상적이고 빠르게 변함 (4) 지속적으로 신체적 외모를 이용하여 자신에게 관심을 유도함 (5) 지나치게 인상적이면서 세밀함이 결여된 언어 스타일 (6) 자기극화, 연극성, 그리고 과장된 감정의 표현 (7) 피암시적임(즉, 다른 사람이나 상황에 쉽게 영향을 받음) (8) 관계를 실제보다 더 가까운 것으로 간주함	A. 과대성(공상 또는 행동에서), 감탄 요구, 공감 부족이 만연된 패턴으로 성인기 초기에 시작되며 여러 맥락에서 나타나고, 다음 중 5가지(또는 그 이상)를 충족함 (1) 자기-중요성에 과대한 느낌을 가짐(예 성취와 능력을 과장, 상응하는 성과 없이도 우수한 것으로 인식될 것을 기대) (2) 무한한 성공, 권력, 명석함, 아름다움 혹은 이상적인 사랑에 대한 환상에 몰두 (3) 자신은 '특별'하고 특이해서 또 다른 특별하거나 높은 지위의 사람(또는 기관)만이 자신을 이해할 수 있고 또는 관련해야 한다는 믿음 (4) 과도한 감탄을 요구함 (5) 특권의식이 있음(예 특별히 호의적인 대우를 받기를, 자신의 기대에 대해 자동적으로 순응하기를 불합리하게 기대함) (6) 대인관계에서 착취적임(예 자신의 목적을 달성하기 위해서 타인을 이용함) (7) 공감의 결여 : 타인의 느낌이나 요구를 인식하거나 확인하려 하지 않음 (8) 다른 사람을 자주 부러워하거나 다른 사람이 자신을 시기하고 있다는 믿음 (9) 오만하고 건방진 행동이나 태도
반사회성 성격장애 12 임용 / 12,14,16 국시	경계성 성격장애 12 임용 / 15,18 국시
A. 다른 사람들의 권리를 무시하고 침해하는 만연된 패턴이 15세부터 시작되고, 다음 중 5가지(또는 그 이상)를 충족함 (1) 체포의 사유가 되는 행동을 반복하는 것으로 나타나는 법적 행위에 관련된 사회적 규범을 준수하지 않음 (2) 반복적인 거짓말, 가명 사용, 자신의 이익이나 쾌락을 위해 다른 사람을 속이는 것으로 나타나는 사기성 (3) 충동적이거나 미리 계획을 세우지 못함 (4) 반복되는 몸싸움이나 폭력으로 나타나는 성마름과 공격성 (5) 자신이나 다른 사람의 안전을 무시하는 무모성 (6) 반복적으로 일관된 업무 태도를 유지하지 못하고 재정적 의무를 준수하지 못하는 것으로 나타나는 지속되는 무책임성 (7) 다른 사람에게 상처를 입히거나, 학대하거나, 훔치는 것을 아무렇지도 않게 여기거나 이를 합리화하는 것으로 나타나는 반성의 결여	A. 대인관계, 자아상 및 감정의 불안정성과 현저한 충동성이 만연된 패턴으로 성인기 초기에 시작되며 다양한 맥락에서 나타나고, 다음 중 5가지(또는 그 이상)를 충족함 (1) 실제 혹은 상상 속에서 버림받지 않기 위해 필사적으로 노력함 (주의점 : 진단기준 5번에 있는 자살 행동이나 자해 행동은 포함되지 않음) (2) 이상화와 평가 절하의 극단 사이를 오락가락하는 것을 특징으로 하는 불안정하고 열정적인 대인관계 패턴 (3) 정체성 장해 : 현저하게 지속되는 불안정한 자아상 또는 자기감 (4) 자신이 손상될 가능성이 있는 최소한 2가지 이상 영역에서의 충동성(예 소비, 성행위, 물질 남용, 난폭운전, 폭식) (주의점 : 진단기준 5번에 있는 자살 행동이나 자해 행동은 포함되지 않음) (5) 반복적인 자살 행동, 자살 제스처, 자살 위협 혹은 자해 행동

B	최소 18세 이상이어야 한다.	
C	15세 이전에 품행장애가 시작된 증거가 있다.	
D	반사회적 행동은 조현병이나 양극성장애의 경과 동안에만 발생하지 않는다.	

(6) 현저한 기분의 반응성으로 인한 감정의 불안정성(예 격정적인 불쾌감 삽화, 성마름 또는 불안이 보통 수시간 동안 지속되며 아주 드물게는 수일간 지속됨)
(7) 만성적인 공허감
(8) 부적절하고 격렬하게 화를 내거나 화를 조절하지 못함(예 자주 성질을 부리거나, 늘 화를 내거나, 몸싸움을 반복함)
(9) 일시적으로 스트레스와 관련된 편집성 사고 혹은 심각한 해리 증상들

B군 성격장애(= 인격장애) 대상자의 환경치료

환경치료의 원칙	① 참여를 회피할 대안의 여지가 없도록 통제한다. ② 경험이 풍부하고 일관성 있는 간호사를 배치한다. ③ 확고하고 일관성 있게 시행규칙을 적용하되 엄격하게 구조화된 체계로 실행한다. ④ 대상자가 고통스런 감정을 겪어내고 새로운 행동적 반응을 시도해 보는 기간 동안 지지한다.
환경치료 시 간호사 역할	① 구조화된 환경을 제공한다. ② 대상자의 정서적 표현을 들어준다. ③ 대상자 행동의 갈등을 명확히 하고 진단한다.

PLUS⊕

- 충동적인 행동을 나타내는 대상자의 행동수정을 위한 교육계획

내용	활동지침	평가
(1) 충동행동의 특징과 결과를 서술한다.	• 충동행동이 발생했던 상황을 선택한다. • 무슨 일이 일어났는지 환자에게 질문한다. • 환자에게 종이와 펜을 제공한다. • 발작 전/후 사건의 서술을 포함하여 충동행동에 대한 일기를 쓰도록 지시한다.	• 환자는 충동적인 행동을 확인하고 설명할 것이다.
(2) 대인관계 불안의 행동특성 및 불안과 관련된 충동행동을 서술한다.	• 환자와 함께 일기를 검토한다. • 충동행동과 관련된 대인관계 불안을 확인하도록 환자를 돕는다.	• 환자는 충동적인 행동과 대인관계에서의 불안한 감정을 연결시킬 것이다.
(3) 스트레스 관리기법을 설명한다.	• 스트레스 반응을 설명한다. • 이완훈련을 시범한다. • 시범 보였던 이완훈련을 환자가 그대로 따라할 수 있도록 돕는다.	• 환자는 불안증후가 나타날 때 이완훈련을 수행할 것이다.
(4) 불안을 일으키는 상황에서 대안적인 반응들을 확인한다.	• 일기와 이완훈련에 대한 지식을 토대로 그 상황에서 환자가 가능한 대안적 반응을 작성하도록 돕는다.	• 환자는 불안을 일으키는 각 상황에 최소한 두 개의 대안적 반응을 확인할 것이다.
(5) 불안을 일으키는 상황 관련된 상황에서 대안적 반응 방법을 연습한다.	• 확인된 각 대안적 행동을 역할 연습한다. • 충동적인 행동 및 대안과 관련된 감정을 토의한다.	• 환자는 행동과 감정을 설명할 것이다. • 환자는 불안감소 행동을 선택하고 수행할 것이다.

C군 : 걱정, 두려움(고립, 위축, 강박적으로 일하는 습관, 일에 몰입, 여가를 즐길 틈이 없음, 타인에 대한 지나친 비판, 불안, 자기행동에 대한 무책임)

장애유형	특징	
회피성 92,12 임용	대인관계를 갈망하나 타인 거절에 대한 극도의 예민함 → 대인관계 접촉이 필요한 모든 상황에서의 회피와 사회적 억압	
	정서	걱정이 많음, 우울, 불안장애, 분노가 함께 나타나기도 함
	자아상	자존감이 낮음
	행동	매우 조심스러움, 타인 평가에 집착, 거절에 대한 예민성
	대인관계	관계 형성을 원하지만 해내지 못함, 사회불안장애를 일으킬 수 있음
	방어기제	환상(비현실적인 것을 상상하는 것으로 갈등해결을 위해서 이를 사용함) cf) 해리는 내부세계 재구성, 환상은 외부세계 재구성
	간호 시 주의점	면담 시 불안을 느낌, 명료화나 해석을 비난으로 오해할 수 있음
	※ 부정적인 사고중지 사용법 ① 대상자는 눈을 감은 채, 원하지 않는데도 계속해서 떠오르는 생각에 집중한다. ② 일단 생각이 마음속에 명백하게 정리되면, "멈춰"라고 외침 → 이런 행동은 하던 생각을 가로막고, 하던 생각을 실제로 관심에서 없어지게 함 ③ 그런 다음 바람직하고 유쾌하다고 여겨지는 생각으로 즉시 마음을 변경함	
의존성 12 임용	타인에 대한 의존·복종, 관계가 끝나면 급히 대체물을 찾음	
	자아상	자신감 없고, 자기 확신 결여
	행동	모든 면에서 타인의 도움과 보살핌에 의지, 남이 시키는 대로 따라하는 것에 만족
	대인관계	자신을 도와주는 몇 사람들과만 대인관계를 맺음, 순종적임
	방어기제	함입
	간호 시 주의점	치료자의 지시 속에서 자신의 행동 내면에 잠재된 원인 탐색하면 효과적임
강박성 21 국시	규칙, 순서, 인내심, 완고함, 완벽주의, 감정표현의 인색함	
	정서	긴장되고 경직, 완고, 엄격함
	자아상	자신을 신용할 수 있고 부지런하고 유능한 사람이라고 생각함
	행동	우유부단, 융통성 없음, 인정이 없고 질서, 규칙, 효율성, 완벽함, 세밀함에 집착, 즐거운 감정이 느껴지면 그것을 말살하고 계획적이고 능률적이어야 한다고 생각함
	대인관계	지배와 복종적 관계, 대인관계의 기쁨과는 관계없이 일에만 열중
	방어기제	반동형성

C군 성격장애(= 인격장애)의 진단기준			
DSM-5-TR			
	회피성 성격장애 12 임용 / 94,12,16 국시	의존성 성격장애 12 임용	강박성 성격장애 16 국시
A	사회적 억제, 부적절감, 부정적 평가에 대한 예민함이 만연된 패턴으로 성인기 초기에 시작되며 여러 맥락에서 나타나고, 다음 중 4가지(또는 그 이상)를 충족함 (1) 비난, 거부, 거절에 대한 두려움 때문에 의미 있는 대인 접촉과 관련된 직업적 활동을 회피함 (2) 확실한 호감이 가지 않는 한 사람들과 관계하는 것을 꺼림 (3) 수치심을 느끼거나 조롱당할 것에 대한 두려움 때문에 친밀한 관계를 제한함 (4) 사회적 상황에서 비난받거나 거절당하는 것에 대해 집착함 (5) 부적절감으로 인해 새로운 대인관계 상황을 제한함 (6) 자신을 사회적으로 서툴고, 개인적으로 매력적이지 않으며, 다른 사람들보다 열등하다고 바라봄 (7) 당황스러움이 드러날까 염려하여 어떤 새로운 일에 관여하거나 개인적인 위험을 감수하는 것을 유별나게 꺼림	만연된 지나친 돌봄을 받고자 하는 욕구가 복종, 매달림, 이별 공포를 초래하는데, 이는 성인기 초기에 시작되며 여러 맥락에서 나타나고, 다음 중 5가지(또는 그 이상)를 충족함 (1) 다른 사람으로부터의 과도히 많은 충고나 확신 없이는 일상의 판단을 하는 데 어려움을 겪음 (2) 자신의 생활 중 대부분의 주요 영역에서 다른 사람이 책임져 줄 것을 요구함 (3) 지지와 인정을 잃는 것에 대한 공포 때문에 다른 사람과의 의견 불일치를 표현하는 데 어려움이 있음(주의점 : 보복에 대한 현실적인 공포는 포함하지 않는다.) (4) 계획을 시작하기 어렵거나 스스로 일을 하기가 힘듦(동기나 에너지의 결핍이라기보다는 판단이나 능력에 있어 자신감의 결여 때문) (5) 다른 사람의 돌봄과 지지를 지속하기 위해 불쾌한 일이라도 자원해서 함 (6) 혼자서는 자신을 돌볼 수 없다는 심한 공포 때문에 혼자 있을 때 불편함과 절망감을 느낌 (7) 하나의 친밀한 관계가 끝나면, 자신을 돌봐 주고 지지해 줄 근원으로 다른 관계를 시급히 찾음 (8) 자신을 돌보기 위해 혼자 남는 데 대한 공포에 비현실적으로 집착함	융통성, 개방성, 효율성을 희생하더라도 정돈, 완벽, 정신적 통제 및 대인관계의 통제에 몰두하는 만연된 패턴이 성인기 초기에 시작되며 여러 맥락에서 나타나고, 다음 중 4가지(또는 그 이상)를 충족함 (1) 내용의 세부, 규칙, 목록, 순서, 조직 혹은 스케줄에 몰두하여 활동의 주요 요점을 놓침 (2) 과제의 완수를 방해하는 완벽함(예 자신의 지나치게 엄격한 기준을 충족하지 못해 프로젝트를 완수할 수 없음) (3) 여가 활동과 친구 교제를 마다하고 일과 성과에 지나치게 열중함(경제적으로 필요한 것이 명백히 아님) (4) 도덕, 윤리 또는 가치관에 대해 지나치게 양심적이고, 꼼꼼하며, 융통성이 없음(문화적 혹은 종교적 정체성으로 설명되지 않음) (5) 감상적 가치조차 없는데도 낡고 쓸모없는 물건을 버리지 못함 (6) 자신의 일하는 방법에 정확하게 복종적이지 않으면 일을 위임하거나 함께 일하지 않으려 함 (7) 자신과 다른 사람 모두에게 돈을 쓰는 데 인색함. 돈을 미래의 재난에 대비하는 것으로 인식함 (8) 경직성과 고집스러움을 보임

13 섭식장애

① 급식 및 섭식장애의 진단분류

DSM-5-TR(DSM-5와 동일)	
이식증	
되새김장애(= 반추장애)	
회피적/제한적 음식섭취장애	
신경성 식욕부진증	제한형
	폭식-제거형
신경성 대식증	
폭식장애	
• 체중과 체형에 집착하며 식사와 관련된 행동문제를 보이는 것은 공통적임 • 신경성 대식증은 심리/행동 문제와 더불어 제거행동에 의한 내과적 문제 • 신경성 식욕부진증은 저체중과 영양결핍에 의한 내과적 문제까지 추가, 보다 내과적 응급, 나쁜 예후 • [변경사항] DSM-Ⅳ-TR의 소아식사장애에 속했던 이식증, 반추장애, 회피/제한적 섭식장애가 모두 DSM-5에서 섭식장애의 하위에 포함됨	

② 급식 및 섭식장애

생물학적 요인	① 시상하부 식욕조절중추의 기능장애 ② 트립토판의 고갈 ③ 코티졸의 과잉분비, 세로토닌 감소 → 식욕저하			
(1) 신경성 식욕부진증(Anorexia nervosa) 17,20 임용 / 12,16,17 국시				
정의	심각한 저체중을 유지하도록 에너지 섭취를 지속적으로 제한 • 병식 無 : 신체상의 왜곡, 체중증가에 대한 강한 공포 → 배고픔을 느끼지만 배고픔과 기운이 없고 피곤한 신체적 징후를 무시			
	생물학적 요인	발달적 요인	가족요인	사회문화적 요인
고위험 요인 02,16 국시	• 비만 : 어렸을 때 다이어트를 시행하는 것 • 신경내분비 이상 (시상하부의 기능장애와 관련성) • 신경화학적 요인 (노르에피네프린, 세로토닌 관련)	• 자율성 발달(정신역동적 영향은 섭식장애가 초기 모아 상호작용의 심각한 장애로 인한 결과)과 자신 및 환경에 대한 통제능력의 문제 • 정체감 발달 • 불만족스러운 신체상	• 가족의 정서적 지지 부족 • 부모의 학대 • 갈등을 제대로 다루지 못함	• 마른 몸매를 이상화하는 문화적 분위기 • 아름다움, 마른 몸매 등을 강조하는 대중매체 • 이상적인 몸매를 이루기 위한 집착

DSM-5-TR 11,17,20 임용 / 12,16 국시	A	필요한 양에 비해 지나친 음식물 섭취 제한으로 연령, 성, 발달과정 및 신체적인 건강 상태에 비해 현저하게 저체중을 유발하게 됨. 현저한 저체중은 최소한의 정상 수준보다 체중이 덜 나가는 것으로 정의되며, 아동과 청소년의 경우, 해당 발달 단계에서 기대되는 최소한의 체중보다 체중이 적게 나가는 것을 의미함
	B	체중이 증가하거나 비만이 되는 것에 대한 극심한 두려움 혹은 체중 증가를 방해하는 지속적인 행동. 이러한 행동은 지나친 저체중일 때도 이어짐
	C	다음 중 한 가지 이상 ① 기대되는 개인의 체중이나 체형을 경험하는 방식에 장애(체중, 체형에 대해 왜곡하여 받아들임) ② 자기평가에서 체중과 체형에 대한 지나친 압박 ③ 현재의 저체중에 대한 심각성 인식의 지속적 결여가 있음

* 다음 중 하나를 명시할 것
  - 제한형 : 지난 3개월 동안, 폭식 혹은 제거 행동(즉, 스스로 구토를 유도하거나 하제, 이뇨제, 관장제를 오용하는 것)이 반복적으로 나타나지 않는다. 해당 아형은 저체중이 주로 체중 관리, 단식 및 과도한 운동을 통해 유발된 경우를 말한다.
  - 폭식/제거형 : 지난 3개월 동안, 폭식 혹은 제거 행동이 반복적으로 나타났다.

* 현재의 심각도를 명시할 것
  성인의 경우, 심각도의 최저 수준은 현재의 체질량 지수(Body Mass Index : BMI)를 기준으로 한다. (다음을 참조하시오.) 아동/청소년의 경우, BMI 백분위수를 기준으로 한다. 다음의 범위는 세계보건기구(WHO)에서 제공하는 성인의 마른 정도의 범주에 따른다. 아동/청소년의 경우 BMI 백분위수에 해당하는 기준을 사용한다. 심각도의 수준은 임상 증상, 기능적 장애 정도, 그리고 관리의 필요성을 반영하여 증가될 수도 있다.
  - 경도 : BMI≥17kg/m^2
  - 중등도 : BMI 16~16.99kg/m^2
  - 고도 : BMI 15~15.99kg/m^2
  - 극도 : BMI<15kg/m^2

| 증상 및 징후
05,11 임용 /
98,99,04,19,
20,22 국시 | ① 체중증가를 두려워함, 야위었을 때조차 자신을 비만한 것으로 생각함
② 음식에 대한 생각에 몰두함, 음식을 독특한 방법으로 다룸 : 작은 조각으로 절단, 접시 주위의 음식조각을 밀어서 떨어뜨림, 극단적으로 음식을 거부함
③ 가혹한 운동방법 개발(매우 마른 몸매임에도 불구하고 지나치게 과격한 운동에 집착함), 스스로 토하기, 설사제, 이뇨제 사용
④ 매우 혼란스럽고, 체중으로 자신의 자아가치를 판단하고 인식함 |

증상	원인
체중 저하	칼로리 제한, 과도한 운동
노란 피부	체중 저하
솜털	과카로틴 혈증
피부건조, 모발손상	영양 부족
말초부종, 사지의 냉감, 저체온	영양 부족
근육약화	저알부민혈증 및 재영양공급 증상
변비	영양 부족, 전해질 불균형
임상검사수치 이상 – T$_3$, T$_4$ 저하	영양 부족
심혈관 이상 – 저혈압, 서맥, 심정지	영양 부족, 탈수
신기능 손상, 탈수	전해질 불균형
저칼륨혈증	전해질 불균형
빈혈성 범혈구 감소증	영양 부족
골밀도 감소	에스트로겐 부족, 칼슘섭취 저하

간호중재 05,17 임용	① 급성중재		
		환경치료	구조화된 환경은 엄밀한 식사시간, 선택메뉴의 유지, 식사 중·후의 관찰, 규칙적인 체중측정
		의사소통 지침	치료자는 교육, 상담, 정신치료 기능 수행
		건강교육	건설적인 대처기술, 사회기술 향상, 문제해결과 의사결정 기술개발에 관한 학습제공
		정신치료	식습관의 정상화와 함께 체중회복과 대상자의 경험을 통합한 인간관계, 심리·사회적 문제에 초점을 두어 치료 수행
	② 장기중재		개인, 집단, 가족치료(부모와 자녀의 의사소통 증진, 가족기능 향상)
	③ 정신약물치료		선택적 세로토닌 재흡수 억제제는 체중증가를 향상시키고, 재발발생을 감소시킴

(2) 신경성 폭식증(Bulimia)

정의	① 폭식과 구토 행위에 대해 병적이라 인식, but 스스로 통제 및 변화× ② 폭식삽화 : 통상 2시간 이내 보통 사람이 먹는 양보다 많은 양을 먹고, 먹는 것을 멈출 수 없다는 통제력의 상실 ③ 신경성 식욕부진에 비해 늦게 발병, 후기 청소년기, 초기 성인기(18~19세)

고위험 요인	생물학적 요인	발달적 요인	가족 요인	사회문화적 요인
	• 비만 : 어린 시절 다이어트 • 세로토닌과 노르에피네프린 장애 • 염색체 1번 취약성	• 자신에 대해 뚱뚱하고 매력없으며 보잘 것없다고 느낌 • 불만족스러운 신체상	• 애매한 경계선으로 혼란된 가족 • 신체적, 성적 학대를 포함한 부모의 학대	• 체중과 관련된 과도한 걱정

DSM-5-TR 06,11,20 임용 / 17,21 국시	A	반복되는 폭식 삽화. 폭식 삽화는 다음 2가지로 특징지어진다. ① 일정 시간 동안(예 2시간 이내) 대부분의 사람이 유사한 상황에서 동일한 시간 동안 먹는 것보다 분명하게 많은 양의 음식을 먹음 ② 삽화 중에 먹는 것에 대한 조절 능력의 상실감을 느낌(예 먹는 것을 멈출 수 없거나, 무엇을 혹은 얼마나 많이 먹어야 할 것인지를 조절할 수 없는 느낌)
	B	체중이 증가하는 것을 막기 위한 반복적이고 부적절한 보상 행동(예 스스로 유도한 구토, 이뇨제, 관장약, 다른 치료약물의 남용, 금식 혹은 과도한 운동 등)의 재발
	C	폭식과 부적절한 보상 행동이 둘 다, 평균적으로 적어도 3개월 동안 일주일에 1회 이상 일어남
	D	체형과 체중이 자기평가에 과도하게 영향을 미침
	E	이 장해가 신경성 식욕부진증의 삽화 기간 동안에만 발생하는 것이 아님
	* 현재의 심각도를 명시할 것 심각도의 최저 수준은 부적절한 보상 행동의 빈도를 기반으로 하고 있다. 심각도 수준은 다른 증상 및 기능적 장애의 정도를 반영하여 증가할 수 있다. - 경도 : 평균적으로 일주일에 1~3회의 부적절한 보상 행동 삽화가 있다. - 중등도 : 평균적으로 일주일에 4~7회의 부적절한 보상 행동 삽화가 있다. - 고도 : 평균적으로 일주일에 8~13회의 부적절한 보상 행동 삽화가 있다. - 극도 : 평균적으로 일주일에 14회 이상의 부적절한 보상 행동 삽화가 있다.	

증상 및 징후 05,11 임용	① 폭식행동(음식을 감추어 놓고 몰래 먹는 행동을 자주 보이며 멈추기 어려움, 빨리 먹고 쉽게 토할 수 있는 부드럽고 단맛이 나는 고칼로리 음식을 먹는다.) 11 임용 ② 자가유발 구토(설사제/이뇨제 사용) ③ 1/3~1/4은 신경성 식욕부진증의 과거력을 가지고 있음. 우울증의 증상 및 징후 있음 ④ 비만에 대한 공포심, 흔히 어릴 때 비만했던 병력이 있음. 일부 신경성 식욕부진 병력이 있음 ⑤ 불안과 강박성의 증가를 경험함. 인간관계, 자기개념, 충동적 행동의 문제가 있음 ⑥ 충동적 도벽이 발생할 수 있음 ⑦ 화학약물 의존이 흔히 있음 ⑧ 무월경은 드물고 불규칙한 월경	

임상증상	관련 요인
정상에서 약간 낮은 체중	하제, 과도한 운동과 함께 지나친 칼로리 섭취
치아부식, 충치	구토 → 에나멜에 염산이 역류
이하선 종창	혈청 아밀라아제 수치의 증가
위 확장, 파열	폭식
못 박힌 피부, 손등의 흉터	자기유발 구토, Russell's sign(구토하면서 손가락을 깨물어서 생긴 굳은 살)
말초부종	이뇨제 사용 시 수분의 반향
근육약화	전해질 불균형
비정상 임상검사수치 : 전해질 불균형, 저칼륨혈증, 저나트륨혈증	하제 : 구토, 설사제, 이뇨제 사용
심혈관 이상 : 심근장애, ECG변화	전해질 불균형
심정지(심근장애)	최토제 중독

간호중재 05 임용	① 급성중재	
	환경치료	구조화된 환경은 폭식/하제 순환을 차단하고 문제가 있는 섭식행동을 예방
	정신치료	개인, 집단, 가족치료
	② 장기중재	인지행동치료
	③ 정신약물치료	정신치료와 함께 항우울제 중 선택적 세로토닌 재흡수 억제제 치료가 우울증이 공존하지 않거나 또는 우울증이 공존하는 폭식증 환자의 폭식과 구토 에피소드를 감소시킴

PLUS+

• 신경성 식욕부진증/신경성 폭식증/폭식장애 증상의 차이점

구분	차이점
신경성 식욕부진증	심각한 저체중, 극도로 왜곡된 신체상
신경성 폭식증	대개 정상체중이거나 경도의 저체중 혹은 과체중, 폭식 후 부적절한 보상행동
폭식장애	중증도의 과체중 혹은 비만

(3) 폭식장애

DSM-5-TR		
	A	반복되는 폭식 삽화. 폭식 삽화는 다음과 같이 특징지어짐 ① 일정 시간 동안(예 2시간 이내) 대부분의 사람이 유사한 상황에서 동일한 시간 동안 먹는 것보다 분명하게 많은 양의 음식을 먹음 ② 삽화 중에 먹는 것에 대한 조절 능력의 상실감을 느낌(예 먹는 것을 멈출 수 없거나, 무엇을 혹은 얼마나 많이 먹어야 할 것인지를 조절할 수 없는 느낌)
	B	폭식 삽화는 다음 중 3가지(혹은 그 이상)와 연관됨 ① 평소보다 많은 양을 급하게 먹음 ② 불편하게 배가 부를 때까지 먹음 ③ 신체적으로 배고프지 않은데도 많은 양의 음식을 먹음 ④ 얼마나 많이 먹는지에 대한 부끄러운 느낌 때문에 혼자서 먹음 ⑤ 폭식 후 스스로에 대한 역겨운 느낌, 우울감 혹은 큰 죄책감을 느낌
	C	폭식으로 인해 현저한 고통이 있다고 여겨짐
	D	폭식은 평균적으로 최소 3개월 동안 일주일에 1회 이상 발생함
	E	폭식은 신경성 폭식증에서 관찰되는 것과 같은 부적절한 보상 행동과 연관되어 있지 않으며, 신경성 폭식증 혹은 신경성 식욕부진증의 기간 동안에만 발생하는 것이 아님

* 현재의 심각도를 명시할 것
심각도의 최저 수준은 폭식 행동(다음을 참조하시오.)의 빈도를 기반으로 하고 있음. 심각도 수준은 다른 증상 및 기능적 장애의 정도를 반영하여 높아질 수 있다.
- 경도: 평균적으로 일주일에 1~3회의 부적절한 폭식 행동 삽화가 있다.
- 중등도: 평균적으로 일주일에 4~7회의 부적절한 폭식 행동 삽화가 있다.
- 고도: 평균적으로 일주일에 8~13회의 부적절한 폭식 행동 삽화가 있다.
- 극도: 평균적으로 일주일에 14회 이상의 부적절한 폭식 행동 삽화가 있다.

(4) 섭식장애 간호관리 [17 임용 / 06,07,18 국시]

간호사정	① 식이태도검사	식사와 음식에 대한 감정을 사정, 치료가 끝날 무렵 효과 평가
		- 20점 이상이면 섭식장애 고위험군 / 한국판 식이태도 검사는 19점 이상
	② 식사일기	환자에게 먹는 음식의 형태와 양, 폭식 여부, 구토 및 하제사용 여부, 먹을 때 먹고 난 후와 운동할 때의 감정 등을 기록하게 하는 것
	③ 과거력, 신체상 사정, 역할 수행과 대인관계 양상, 신체적 증상 사정	
	④ 면담 태도	신경성 식욕부진증 - 치료개입 피하려 함, 신경성 폭식증 - 개방적 태도
	⑤ 자해나 자살 생각, 행동 관찰	

간호중재	① 영양관리: 영양회복과 식이패턴의 정상화 [17 임용 / 19,22 국시]	
	신경성 식욕부진증	신경성 폭식증
	• 대상자의 신체적, 사회적, 발달적 상태 확인 • 치료 초기 1,400~1,800kcal 정도 유동식 제공 → 체중증량을 주당 1~1.5kg 정도 증가될 수 있도록 식단을 짜기 • 환자가 식사할 때 함께 앉아서 식사와 간식을 제대로 먹는지 확인 • 유동식으로 체중 증가가 없는 경우 비경구(비위관) 고려 • 강요, 설득 없이 조용하고 일관성 있는 태도로 음식 제공 • 행동수정요법, 처방에 따른 약물 투여 • 다른 사람과 함께 식사하도록 함 • 자신의 음식은 스스로 선택하도록 함 • 단식은 자기파괴행동임을 인지하도록 함 • 혼돈된 가족경계와 과잉보호로부터 대상자가 통제감을 가질 수 있도록 함 • 대상자의 음식에 대한 몰두에 초점을 두거나 반응하는 것을 피하도록 함	• 폭식과 구토 행위에 관련된 요인 사정 • 식사 후 2시간은 같이 있도록 함(토하지 않도록), 감독 없이 화장실 가는 것 제한 • 세 끼의 식사와 세 번의 간식을 나누어서 공급 • 대상자를 간호계획과정에 포함시켜 치료에 대한 책임을 지며 자율성과 자기 확신을 증진시킬 수 있도록 함 • 필요시 약물 투여 • 자신이 원하는 음식, 체중, 매력에 대한 합리적 신념을 갖도록 함 • 자신의 음식은 스스로 선택하도록 함 • 미리 식단을 계획해 구매할 식료품만 구입해 폭식충동 예방 • 숨겨둔 음식 버리기

간호중재	② 상담			
	㉠ 감정 확인 및 대처전략 개발			
		ⓐ 자기인식의 문제		자기감정 인식 – 신체적 감각으로 자신의 감정을 표현하려는 경향이 있음 → 느끼는 감정을 묻고 대답할 충분한 시간부여
		ⓑ 인지행동치료기법		신경성 폭식증 환자 – 셀프 모니터링(식사일기 작성)
			대체행동	역기능적인 식사행동을 건강한 대안적 행동으로 대체
			시각화	• 긍정적이고 창의적인 심상을 통해 행동의 변화를 프로그래밍하는 방법 • 체중조절자 대상자, 스트레스, 불안 및 수치감 감소에 효과적임 • 사고장애, 정서장애, 경계성 인격장애 대상자에게는 부적절함
			계약	• 간호사와 대상자가 동의한 일련의 규칙, 강화 및 결과 • 금지된 행동과 허용된 행동목록, 계약 이행에 대한 보상, 강화 포함
			인지적 재구조화	비합리적 신념을 탐색하고 좀 더 현실적이며 합리적인 신념으로 대체하는 것
			정적강화와 부적강화	바람직한 행동에 대한 보상과 바람직하지 않은 행동에 대한 처벌 포함
			자기주장훈련	폭식이나 배출이 아닌 직접적이고 건설적인 방법으로 감정을 표현할 수 있도록 함
	㉡ 신체상 다루기			신체상 왜곡과 신체상 불만족 구분
		ⓐ 신체상 왜곡		실제 자신의 신체치수를 왜곡하여 인지
		ⓑ 신체상 불만족		자신의 신체치수에 대해 적절히 인지하고 있으나 이에 대해 매우 불만족스럽게 여기는 것
		ⓒ 환자가 자기 자신을 체중, 신체 사이즈, 체형, 신체상에 대한 만족감이 아닌 측면에서 인식하도록 도움 → 환자가 가진 재능과 관심 분야, 성격의 긍정적인 면 파악하여 자기인식 넓힘		
	③ 환자와 가족교육			
	㉠ 환자가 스스로 영양소 요구량을 조절할 수 있도록 교육			
		ⓐ 식사에 대한 현실적 목표 설정 격려 : 낮 동안 샐러드, 야채만 → 지방, 탄수화물 부족 → 늦은 밤에 폭식		
		ⓑ 구토나 하제 : 신경내분비계 손상, 실제 체중감소에는 효과 없음, 폭식으로의 악순환 교육		
		ⓒ 다양한 대체행동이 폭식에 대한 집착을 분산시키고 폭식욕구를 지연시킴		
	㉡ 가족, 친구교육			
		ⓐ 정서적 지지와 사랑, 관심을 주는 것이 그들 돕는 최선의 방법임을 설명		
		ⓑ 건강에 대한 표현은 OK. but 먹는 음식, 칼로리, 체중에 대해 구체적 관여 ×		
		ⓒ 부모와 자녀의 의사소통을 증진시켜 내면의 갈등이나 문제를 해결하도록 돕고 가족기능을 향상시킴		

(5) 급식장애(feeding disorder)

이식증	① 유아기가 지난 연령에서 페인트나 머리카락, 옷, 낙엽, 모래, 진흙 등 음식이 아닌 물질을 지속적으로 섭취하는 것 ② 가정환경 밖에서는 선택적으로 결코 이러한 식이행동을 보이지 않음 ③ 흔히 지적장애 아동에서 나타남 ④ 장폐색이나 감염, 납중독 등의 독성상태와 같은 부작용이 있을 수 있음	
	DSM-5-TR	A. 적어도 1개월 동안 비영양성·비음식 물질을 계속 먹음 B. 비영양성·비음식 물질을 먹는 것이 발달수준에 비추어 볼 때 부적절함 C. 먹는 행동이 사회적 관습이 아니거나 혹은 문화적 지지를 받지 못함 D. 만약 먹는 행동이 다른 정신질환(예 지적발달장애[지적장애], 자폐스펙트럼장애, 조현병)이나 의학적 상태(임신 포함) 기간 중에만 나타난다면, 이 행동이 별도의 임상적 관심을 받아야 할 만큼 심각한 것이어야 함
되새김 장애 (= 반추 장애)	① 소화기에 의학적 문제가 없는 데도 반복적으로 음식을 토해내거나 음식을 역류시켜 다시 씹고 삼키는 반추행동을 보임 ② 평소에 안절부절못하고 배고픔을 느낌 ③ 부모의 무관심이나 부모-아동 갈등, 정서적 자극의 결핍 등이 원인임 ④ 남아에서 많이 발생함 ⑤ 영양실조로 약 25%가 사망할 수 있음	
	DSM-5-TR	A. 적어도 1개월 동안 음식물의 반복적인 역류가 있음. 역류된 음식은 되씹거나, 되삼키거나, 뱉어낼 수 있음 B. 반복되는 역류는 동반되는 위장 상태 또는 기타 의학적 상태(예 식도 역류, 유문협착증)로 인한 것이 아님 C. 섭식 장해는 신경성 식욕부진증, 신경성 폭식증, 폭식장애 혹은 회피적/제한적 음식섭취장애의 경과 중에만 발생되지는 않음 D. 만약 증상이 다른 정신질환(예 지적발달장애[지적장애]나 다른 신경발달장애)과 관련하여 발생한다면 이 증상은 별도로 임상적 관심을 받아야 할 만큼 심각한 것이어야 함
회피적/ 제한적 음식섭취 장애	• 영아나 초기 아동기에 나타남 • 적절하게 먹지 못하는 것이 지속되면서 결과적으로 심각한 체중저하를 보임 • 신체상 왜곡은 보이지 않음 • 식사시간에 아이를 돌보는 데 있어 부모의 지지와 교육의 부족이 원인인 경우가 많음	

	DSM-5-TR	A. 섭식 또는 급식 장해(예 음식 섭취에 대한 명백한 흥미 결여, 음식의 감각적 특성에 근거한 회피, 섭식의 부정적 결과에 대한 걱정)이며, 다음 중 1가지 이상의 증상을 나타냄
		  1. 심각한 체중 감소(혹은 아동에서 기대되는 체중에 미치지 못하거나 더딘 성장)
		  2. 심각한 영양 결핍
		  3. 위장관 급식 혹은 경우 영양 보충제에 대한 의존
		  4. 심리사회적 기능에 현저한 방해
		B. 장해는 구할 수 있는 음식이 없거나 문화적으로 허용되는 관습에 의해 더 잘 설명되지 않음
		C. 섭식 장해는 신경성 식욕부진증이나 신경성 폭식증의 경과 중에 나타나는 것이 아니고, 사람의 체중이나 체형에 관한 장해의 증거가 없어야 함(신체상 왜곡이 없음)
		D. 섭식 장해는 의학적 상태로 인한 것이 아니고, 다른 정신질환으로 더 잘 설명되지 않음. 만약 이 섭식 장해가 다른 상태나 질환과 관련하여 발생한다면, 섭식 장해의 심각도는 일반적으로 나타나는 것보다 심해야 하거나 별도로 임상적 관심을 받아야 할 만큼 심각한 것이어야 함

14 폭력잠재성 위험을 해결하기 위해 적용할 수 있는 간호

폭력의 원인	배경	가족의 해체, 학교생활, 사회제도의 취약성
	가족 요인	가족의 불안정, 지능부족 및 주의결핍, 경제적 빈곤, 부모의 양육태도 **양육특성과 성격적 유형** • 과잉보호 : 사회적응력 저하, 의존적 성향 • 거부와 방치 : 공격성, 반항성, 싸움 잘함 • 지배와 강압 : 복종적, 열등감, 눈치 보기 • 복종적인 부모 : 고집, 반항 • 긍정과 수용 : 협동성, 우정, 정서적 안정, 명랑, 긍정적인 삶 등

폭력의 증상 및 징후	(1) 폭력 전에 다음과 같은 상황이 선행된다. ① 활동과다 : 임박한 폭력의 가장 중요한 예측요인 ② 불안이나 긴장의 증가 : 자세가 경직되고, 긴장된 얼굴표정(대상자는 발한이나 맥박이 증가될 수 있음) ③ 언어적 폭력, 큰 목소리, 강력한 눈맞춤이나 눈맞춤을 피함 (2) 최근의 폭력 행위 (3) 침묵 (4) 알코올이나 약물 중독 (5) 무기나 무기로 사용될 수 있는 물건의 소지 (6) 폭력을 유발하는 환경 ① 사람이 붐비는 환경 ② 경험 부족, 자극적이거나 통제적인 의료진 ③ 환경제한의 부족 ④ 독단적으로 특권을 가져가 버리는 행위

분노나 공격성에 대한 사정지침	(1) 폭력의 과거병력은 미래 폭력의 가장 중요한 예측요인임 (2) 과다활동, 충동적, 자극적인 소인이 있는 대상자는 폭력의 위험군임 (3) 대상자의 폭력 위험성을 사정함 ① 해치려는 요구나 의도가 있는지? ② 계획이 있는지? ③ 계획을 수행할 가능성이 있는지? ④ 인구학적 변수를 고려한다 : 성별(남자), 나이(14~24세), 사회경제적 상태(저소득), 지지체계(낮은 상태) (4) 대상자의 공격성은 간호사에 의해 제한되는 상황에서 가장 흔히 나타남 (5) 대처기술이 부족한 대상자(자기주장 부족, 친밀감 부족)는 폭력을 사용할 위험이 높음 (6) 대상자의 폭력을 상승시킬 수 있는(인내심이 부족한, 자극적이거나 방어적인) 대상자의 성격이나 상황을 포함한 개인적 촉발요인과 반응을 스스로 사정함 (7) 잠재적인 갈등상황일 때 개인의 능력을 사정하고 다른 의료진에게 도움을 요청할지 등을 고려함

공격성과 관련된 간호계획	(1) 간호진단 : 분노와 관련된 타인에 대한 폭력 위험성 (2) 기대되는 결과 : 대상자는 타인을 해치거나 기물을 파괴하지 않을 것이다.		
	간호중재 12 임용 / 20 국시		**이론적 근거**
	가능한 한 빨리 대상자와 신뢰관계를 구축 → 공격적 행위를 바람직하게 표출하도록 함		의료진과의 친밀감과 신뢰는 대상자의 두려움을 감소시킬 수 있고 의사소통을 촉진한다.
	폭력적 행위와 초조감을 증가시키는 요인을 인식 → 대상자의 행동이 파괴적이거나 폭력적이기 전에 언어적 의사소통이나 PRN약물을 사용하고, 필요하면 신체적인 억제를 한다.		행동화나 폭력행위가 나타나기 전에 야기되는 긴장 고조시기 동안 약물중독자나 정신증 대상자는 경고 없이 폭력적일 수 있다. 초조감이 증가되는 증상에는 안절부절, 언어적 단서, 위협, 운동활동 증가, 고성, 좌절을 참는 능력 저하, 인상을 찌푸림, 주먹을 음켜쥠 등이 있다.

	간호중재 12 임용 / 20 국시	이론적 근거
공격성과 관련된 간호계획	환경적 자극 감소 → 다른 대상자, 방문객 등을 그 장소에서 내보냄(혹은 간호사가 다른 방으로 대상자와 함께 갈 수도 있다.)	만약 위협감을 느끼고 있는 대상자라면 자극을 위협적으로 인지할 수 있다. 대상자는 초조할 때 심한 자극에 대처할 능력이 없다.
	대상자가 적대감, 공격심이나 파괴적 감정이 있다고 말하면, 그 감정을 언어적으로나 비언어적으로, 비파괴적인 방법으로 표현하도록 한다.	대상자는 비파괴적인 방법으로 자신의 감정을 표현하는 방법을 배울 필요가 있다. 대상자는 비위협적인 환경에서 간호사와 함께 새로운 행동을 시험해볼 수 있고 행동하기보다는 감정에 초점을 두도록 배울 수 있다.
	대상자가 스스로 통제할 수 없다면 간호사가 대상자를 통제할 것이라고 안심시킨다. 간호사는 대상자를 위협하지 않는다.	대상자가 통제력 상실에 대해 두려워할 수 있고, 통제 해줄 것임을 다시 안심시킨다. 대상자는 자신이 분노를 표현하기 시작하면 통제력을 상실할 것 같은 두려움을 갖게 될지 모른다. 간호사는 대상자와 겨루거나 하지 않고, 자존심이 손상되지 않고 통제할 수 있음을 보여준다.
	항상 자신과 상황에 대한 통제를 유지하기 위해 침착해야 한다. 그 상황을 다룰 자신이 없으면 가능한 한 도움을 요청한다.	간호사의 행동은 대상자에게 역할모델이 되며, 간호사가 통제할 수 있고, 통제할 것임을 전달하는 것이다.
	대상자의 신체적 공간을 인식하여 넓은 장소에 머물게 한다(= 안전하다고 느끼도록 넓은 공간 제공).	폭력적인 대상자는 잠재적으로 다른 대상자보다 훨씬 더 넓은 공간(4배 이상)이 필요하다. 대상자가 갇힌 것 같고 위협적으로 느끼지 않도록 물리적으로 넓은 공간을 허용할 필요가 있다.
	대상자와 낮고, 조용한 어조로 이야기한다. 간호사는 대상자를 재교육할 필요가 있다. 대상자의 이름을 부르고 간호사의 이름을 이야기하고 간호사가 어디에 있다는 것 등을 재인식시킨다.	낮은 목소리로 말하는 것은 대상자를 진정시키고, 초조감과 흥분을 예방하는데 도움을 줄 수 있다. 대상자는 지남력이 상실되고 무슨 일이 일어났는지 인식하지 못할 수 있다.
	간호사는 무엇을 하려하고, 무엇을 하고 있는지를 대상자에게 말해야 한다. 이때 단순하고 명확한 용어로 직접 이야기한다. 대상자를 위협하지 않는 범위 내에서 제한범위와 기대를 말한다.	대상자의 상황에 대한 이해능력이나 정보과정에 대한 능력은 손상되어 있으므로 분명한 제한은 대상자에게 기대되는 것이 무엇인지 알게 한다.
	대상자의 감정(두려움 포함), 위엄성 및 권리를 인식한다.	대상자는 받아들일 수 없는 행동과 상관없이 가치 있는 존재이다.
	대상자를 주의 깊게 관찰하고, 신속하고 완전하게 기록하며, 병원이나 병동의 규칙에 따라 보고한다. 가능한 법적 적용을 명심한다.	정확한 기록정보는 법률적 상황에서 중요하다. 억제, 격리, 폭행 등은 법적 제재를 야기할 수 있다.
	상황이 종료되면, 다른 대상자와 이야기하고, 그 상황과 관련된 감정을 환기시키도록 한다.	다른 대상자는 자신의 요구나 문제들을 가지고 있다. 행동화한 대상자에게만 관심을 두지 않도록 주의한다.
공격성 예방, 조절	(1) 학교 내의 정책적, 제도적 정의 확립 (2) 문화적 가치를 변화시킬 수 있는 교육 : 자기의 감정을 냉각시킬 수 있는 시간, 공격적 분노를 분산시킬 수 있는 활동계획, 화나게 한 행동의 배경을 설명할 기회제공 (3) 정서적 표현 촉진 (4) 적절한 보상과 집단 소속 격려 (5) 갈등의 해소	
청소년 갈등 관리	갈등의 학습	갈등을 다루는 방법, 갈등의 이유, 갈등과 관련 있는 감정과 태도
	의사소통 방법의 학습과 연습	적극적인 경청 기술, 중립적인 언어 사용연습, 감정과 욕구를 분명하게 표현하는 방법
	문제해결 방법 학습	서로 함께 요구를 충족시킬 수 있는 협력활동, 새로운 선택 방향의 창출, 논쟁거리를 해소하기 위한 협상 방법, 논쟁해결을 위한 중재

15 자살

자살의 정의	자살	자신의 목숨을 의도적으로 스스로 끊는 행위 → 자살에 대한 생각, 자살시도, 자살행동은 연속적 개념으로 이해되어야 함
	자해 24 임용(지문)	자기 신체에 대한 고의적 손상행동[DSM-5의 '후속연구를 위한 조건'에서 자살의도를 동반하지 않은 자해장애(= 비자살성 자해장애)]

※ 비자살성 자해와 자살시도 간의 차이점

특성		비자살적 자해	자살시도
의도/행동의 목적		• 심리적 고통으로부터의 일시적 도피 • 자기 자신/상황의 변화추구	• 영구적인 의식단절, 삶을 끝내는 것 • 참을 수 없는 심리적 고통에서 완전히 끝냄
방법의 치명성/심각성		• 낮음	• 높음
행동빈도		• 높음(때로 100회 이상) • 반복적, 만성적	• 낮음(일반적으로 1~3회)
시도된 방법		• 다양한 방법	• 단일한 방법
인지적 상태		• 고통스러우나 희망은 있음 • 문제해결이 어려움	• 희망이 없음, 무기력함 • 문제해결이 불가능
결과/영향	개인	• 안도감 : 진정 • 일시적 고통의 감소	• 좌절, 실망감 • 고통의 증가
	대인관계	• 타인의 비난, 거절	• 타인의 돌봄, 관심

	자살행동	자살위협(언어적, 비언어적 경고), 자살시도, 자살수행	
자살 원인	생물학적 원인	세로토닌이 밀접하게 관련	
	정신적 원인	정신분석적	자기 자신으로 향하는 공격성
		현대 자살이론	① 보복적 유기 : 자살에 의해 똑같이 상대를 버림으로써 복수 ② 죽은 자와의 재결합 : 기념일 자살 ③ 죄의식에 의한 자기징벌 ④ 자신의 문제를 자신이 해결한다는 힘과 통제를 획득 ⑤ 다시 태어남 혹은 새로운 인생
	사회·문화적 원인(뒤르켐) 19 임용	이기형 자살	① 개인이 자신이 속한 사회집단 내에 강하게 통합되지 못했기 때문에 일어나는 자살 ② 개인에게 독자적인 사고의 영향을 허용하는 사회에서 호발 (예) 미혼자의 자살, 농촌사회에서의 자살, 어머니가 돌아가시고 그리워서 하는 자살)
		이타형 자살	① 개인이 자신이 속한 사회집단 내에 지나치게 융합, 결속되어 그 집단을 위해 희생적으로 자살하는 것 ② 개인에게 독자적으로 사고할 영역을 지나치게 제약하는 사회나 단체에서 호발(예) 종교를 위한 순교)
		아노미형 자살 (= 무통제적 자살)	① 개인이 사회에 대한 적응이 갑자기 차단, 와해되어 자살하는 것 ② 지나치게 느슨한 사회규범이 문제가 됨. 특히 대중매체가 자살을 유도하는 일이 많음 (예) 경제적 파산, 사회경제적 공황상태, 인터넷 자살동호회 등)

자살 심리 12 임용	① 고통을 피하기 위한 마지막 방법 ② 심리적 욕구불만 : 자신에게 중요한 심리적 필요가 충족되지 않을 때 ③ 해답을 찾음 : 위기 극복을 위한 자살 ④ 의식을 단절하려는 시도 ⑤ 무기력과 절망 : 자기존중감이 상실되고 무가치한 존재로 전락될 때 ⑥ 선택의 폭 제한 : 인지적 협착이나 제한적 사고 ⑦ 양가감정 ⑧ 자살의도 표출 ⑨ 탈출 : 문제해결 능력 부재, 인간관계 부재 ⑩ 과거의 대처방식 : 대처기제의 제한

청소년 자살 증가 원인	성장발달	성호르몬의 증가	성욕과 공격성의 증가, 감정기복이 심함
		지적 성장	논리적 사고력 증가 → 기존의 가치, 규범에 도전 → 부모 또는 기성세대로부터의 심리적 독립 꾀함
		정체성의 미확립	자신에 대한 확신 부족 (또래집단과 동일시 경향이 강함 → 또래집단에 속하지 못할 경우 심한 소외감 경험)
		공부 스트레스 증가	심리적 부담감 증가
	정신장애		우울증, 약물남용, 반사회적 인격장애, 조현병
	사회적 요인		지지체계의 부족(가정의 심리적 유대관계 저하), 대중매체의 자살보도
청소년 자살의 특징	시기적 특성		① 문제가 장기적으로 축적되는 시간 ② 소아 때 있었던 약점이 청소년기에 들어와 가정이나 사회 환경 등의 주위 도움을 받지 못하여 더욱 악화되는 시기 ③ 사회로부터의 고립이 심화되는 시기 : 자살행위는 도움을 청하는 기능이 있는데 청소년들은 도움을 청하지 못하고 행동에 옮긴다.
	청소년 자살심리 08 임용	① 도피성(회피심리)	문제해결능력 부족, 문제해결에 필요한 자원부족으로 입시부담, 학내폭력, 부모처벌 공포 등의 어려운 상황을 피하기 위한 회피심리
		② 보복심리	부모나 교사에 대한 복수심/적개심
		③ 자기처벌	성취욕이 높은 경우, 자신의 기대 수준에 미치지 못한 경우 or 주위 사람의 기대에 못 미치는 죄책감에 의한 못난 자기 징벌성 심리
		④ 충동적 자해심리	욕구좌절 시 감정을 자제하지 못하는 충동, 중요한 인물로 자신에게 주의를 기울이기 위한 충동적 자해심리
		⑤ 재결합	친구, 부모, 형제의 죽음 같은 사건에 직면하였을 때 세상을 떠난 사람과 재회하려는 의도로 자살하는 경우
	기타		① 분명한 동기가 있다. ② 피암시성이 강하다 : 동반자살이나 모방자살이 많다. ③ 치사도가 높은 자살 수단을 이용한다.
자살 징후 99,09,12 임용 / 96,05,09, 14,17 국시	① 치명적 자살징후 ㉠ 과거 자살행동 시도 경력 ㉡ 자살협박 ㉢ 우울증과 절망감 ㉣ 성격의 갑작스런 변화 ㉤ 행동의 갑작스런 변화 ㉥ 죽음을 준비 ② 일반적 자살징후		

감정	행동	변화
• 절망감 • 무능력감 • 죄책감, 수치감, 자기 증오감 • 심한 슬픔/ 지속적인 슬픔 • 지속적인 초조감 • 지속적인 분노, 적대감, 짜증 • 혼돈감	• 전형적이지 않은 공격성 • 위험감수 행동 • 무기나 자살수단 획득 • 친구를 만나는 것이나 사회적 활동을 중단함 • 사고를 내려고 함 • 일상적 생활을 자포자기함 • 문제를 일으켜 징계받을 행동을 함	• 성격변화(퇴행적, 무감각, 수다스럽거나 외향적, 자신감이 넘치는 태도) • 술이나 마약의 사용 증가 • 개인위생이나 외모, 자신이 가지고 있는 사물에 대한 흥미 상실 • 취미, 일, 성에 대해 흥미 상실 • 업무수행능력 감퇴 • 수면량 감소 혹은 증가 • 식욕감퇴 혹은 증가

- **교사용 학생 자살징후 체크리스트(교육부)**

구분	자살징후 내용
언어	① 자살이나 살인, 죽음에 대한 말을 자주 한다. ② 신체적 불편감을 호소한다. ③ 자기비하적인 말을 한다. ④ 자살하는 방법에 대해 질문한다. ⑤ 자살한 사람들에 관한 이야기를 꺼낸다.
행동	① 편지, 일기, 노트 등에 죽음에 관한 내용을 적혀있다. ② 수면상태의 변화(평소보다 너무 많이 자거나 적게 잔다. 또는 잠들기 어려워하거나 일찍 깬다.) ③ 식사 상태의 변화(평소보다 덜 먹거나 더 많이 먹는다. 체중이 급격하게 감소하건 증가한다.) ④ 평소와 다른 행동을 하거나 주어진 일을 끝까지 못 마친다. ⑤ 집중력 저하, 사소한 일에 대한 결정의 어려움이 있다. ⑥ 자해행동이나 물질남용(술, 담배 등)
정서	① 감정상태의 변화(죄책감, 외로움, 무기력 또는 평소보다 화를 잘 내거나 짜증을 내거나 멍한 모습) ② 대인기피, 흥미 상실(평소 기쁨을 느끼던 활동을 더는 즐기지 않는 모습, 타인과의 관계를 피함)

간호과정	사정			위험요인	대상자의 행동관찰, 대상자의 과거력, 친구나 가족에 대한 정보, 자살시도의 과거력, 신체검진, 정신상태 검진, 간호사의 통찰력
				대처자원	의미 있는 타인이나 자원, 대처 전략
				대처기전	간접적인 자기파괴 행위와 관련된 방어기제는 부정, 합리화, 주지화, 퇴행 등임
		자살시도 환경 사정	① 자살준비		자살노트, 유언작성, 자살에 대한 대화, 주변정리(보험, 물품), 소중한 물건 남 주기
			② 자살계획		직접적 질문이 효과적 • 자살에 대한 생각의 경험, 얼마나 자주? • "요즘 죽고 싶다는 생각을 하세요?"
				구체적 계획	자살에 대한 실행을 위해 실제로 준비했는지, 자살에 사용하려고 계획한 물건들을 구할 수 있는지, 방법의 치명성 및 미수에 대한 준비
				실행 가능성	현실적 가능과 시도할 기회가 있는지, 실제로 자살할 능력이 있다고 생각하는지
			③ 자살 방해요인	통제력	자신의 행동을 통제하고 충동을 행동으로 옮기는 것을 조절할 수 있다고 생각하는가?
				방해물	실제로 자살 시도하는 것에 마음에 걸리는 방해물이 있는가?
	진단				① 무증상적 행위와 관련된 항고혈압제의 복용 불이행 ② 질병에 대한 부정과 관련된 당뇨식이에 대한 불이행 ③ 배우자 상실과 관련된 자해 위험성 ④ 펜사이클리딘(PCP) 남용과 관련된 자해 위험성 ⑤ 긴장 및 무가치감과 관련된 자해 위험성
	계획				대상자의 행동관찰, 안전한 환경제공, 대상자가 자신의 가치감과 희망감 증진, 대처기술 증진, 사회적 고립방지, 자존감을 세움으로써 자해위험성 감소

간호
과정
09,10 임용 /
03,04,05,
08,20,21,
22 국시
	수행
	10 임용 /
	20 국시
		① 안전한 환경제공
		② 안전에 대한 약속 : 일정기간 동안 자신을 해치지 않을 것이라는 것을 환자가 수용하는 약속
		③ 자존감 증진 / 감정과 행동의 조절 / 대처기술 향상
		④ 가족과 사회적 지지
		⑤ 환자교육 : 자가간호에 관한 교육, 건강상태를 확인하는 방법교육 등
		⑥ <u>자살예방</u>
		   ㉠ 총 통제, 치명적 무기 사용가능성 감소
		   ㉡ 술이나 약물판매와 사용 제한
		   ㉢ 우울과 자살에 대한 공공의 인식을 증가시킴
		   ㉣ 매스컴에서 자살행위에 대해 강화하지 않도록 함
		   ㉤ 지역사회 위기중재센터 설립
		   ㉥ 정신과 치료와 관련된 사회적 낙인을 감소시키는 캠페인
		   ㉦ 정신과 및 약물남용에 대한 보험혜택을 늘릴 것
		⑦ **비밀유지** : 절대적인 비밀유지를 약속해서는 안 되고 필요시 외부에 이를 알리고, 도움을 받아야 함. 이때 대상자에게 이 사실을 미리 안내하고 설득해야 함
		
		비밀보장의 예외사항 : 자신이나 타인에게 해가 될 위험이 있는 경우, 학대나 성폭력 등 중대한 범죄 등이 포함됨
		
		⑧ **기타 치료방법** : 약물치료, 통찰치료 등

	평가	간호진단의 정확성, 대상자의 반응에 대한 중재와 시기의 적절성 등 고려

참고문헌

강남미 외(2019). 여성건강간호학 Ⅰ/Ⅱ. 학지사메디컬
강진령(2023). 쉽게 풀어 쓴 상담이론과 실제. 학지사
공성숙 외 공역(2021). 정신건강간호학. 군자출판사
권석만(2012). 현대심리치료와 상담이론. 학지사
권숙희 외(2020). 여성과 건강. 수문사
권영란 외(2024). 정신건강간호학. 현문사
권정혜(2020). 인지행동치료 원리와 기법. 학지사
권준수 외 공역(2023). DSM-5-TR 정신질환의 진단 및 통계 편람. 학지사
권준수 역(2024). DSM-5-TR 간편 정신질환진단통계편람. 학지사
김경희 외(2025). 정신건강간호학. 현문사
김계숙 외(2018). 여성건강간호와 비판적 사고 2. 군자출판사
김계숙 외(2016). 여성건강간호와 비판적 사고. 군자출판사
김도연(2023). 임상심리사 2급 실기. 학지사
김도연 번역(2022). 변증법적 행동치료 기술워크북. 군자출판사
김성재 외(2023). 정신간호총론 제9판. 수문사
김수진 외 편역(2020). 정신건강간호학. 현문사
김연희, 노주희 편역(2016). 보고 배우는 산부인과. 군자출판사
김영혜 외(2019). 여성 및 아동간호 임상술기 매뉴얼. 수문사
김주희 외(2021). 산부인과 임상사례로 공부하는 여성건강간호학 Ⅰ/Ⅱ. 수문사
김혜원 외 편역(2025). 여성건강간호학 Ⅰ/Ⅱ. 현문사
김희숙 외(2019). 최신정신건강간호학 개론/각론(제5판). 학지사메디컬
노안영(2018). 상담심리학의 이론과 실제(제2판). 학지사
민성길 외(2023). 최신정신의학(제7판). 일조각
박영주 외(2020). 여성건강간호학 Ⅰ/Ⅱ. 현문사
성미혜 외(2021). 여성건강간호학 Ⅰ/Ⅱ. 수문사
안숙희 외(2025). 모성·여성 건강간호학 Ⅰ/Ⅱ. 현문사
여성건강간호교과 연구회 편(2025). 여성건강간호학 Ⅰ/Ⅱ. 수문사
여성건강간호학 편찬위원회(2024) 여성건강간호학 Ⅰ/Ⅱ. 학지사메디컬
우미영 외(2023). 정신건강간호학 제8판. 수문사
유성진 번역(2017). 변증법적 행동치료. 학지사
이영분 외(2020) 사례로 배우는 가족상담. 학지사
이한별 외 공역(2023). 마샤리네한 변증법적 행동치료. 학지사
전성숙 외(2020). 원리 및 실무중심의 정신건강간호학(제10판). 수문사
조성근 외 공역(2024). 새로운 삶의 시작 수용전념치료. 학지사
홍강의 외(2014). DSM-5에 준하여 새롭게 쓴 소아정신의학. 학지사

저 자
임수진

경희대학교 간호학 박사
경희대학교 보건학 석사
경희대학교 간호학 학사

현 G스쿨 보건교수
경희대학교 교육대학원 출강

전 경희대학교 간호학과 겸임교수
삼육대학교 간호학과 겸임교수
윌비스 임용고시학원 보건교수
희소고시학원 보건교수

저서 임수진 보건임용 이론서(1~4권)
임수진 보건임용 기본이론 복습노트(1~4권)
임수진 보건임용 기출분석 완전학습(1, 2권)
임수진 보건임용 임수진 마이맵
임수진 보건임용 쏙쏙 암기노트(e-book)
임수진 보건임용 DSM-5-TR
임수진 전공보건 1~4(이론서 + 기출응용편)
임수진 전공보건 암기카드
임수진 전공보건 단권화 노트 기출분석편(1, 2권)
임수진 전공보건 단권화 노트 기출응용편(1, 2권)

임수진
보건임용 [4]

인 쇄	2025년 3월 12일
발 행	2025년 3월 19일
편저자	임수진
발행자	윤록준
발행처	BTB
등 록	제2017-000090호
주 소	서울 동작구 보라매로 19길 8
전 화	070-7766-1070
팩 스	0502-797-1070
가 격	40,000원
ISBN	979-11-94690-01-6 13510

ⓒ 임수진, 2025
- 낙장이나 파본은 교환해 드립니다.
- 이 책의 무단전재 또는 복제행위는 저작권법 제136조에 의거하여 처벌을 받게 됩니다.